서머싯 몸(1874~1965) 영국의 작가. 파리 외교공관에서 출생.

▲1870년대 파리 오페라궁전(극장)

서머싯 몸은 아버지 로버트 몸이 파리 주재 영국대사관 고문변호사로 있을 때 파리에서 태어나고 그곳에서 어린시절을 보냈다.

◀파리주재 영국대사관 19세기

▶ 불타버린 파리 코뮌의 본부였던 호텔 드 빌
파리 코뮌은 1871년 3월 18일~5월 28일에 파리 시민·노동자 등의 봉기로 세워졌던 혁명적 노동자 정권이었다. 정부군은 일주일 동안(5월 21일~28일) 잔학한 학살극을 연출하면서 파리 코뮌을 파괴했다.

▼〈물랭 드 라 갈레트의 무도회〉 르누아르, 1876.
파리 코뮌 무렵 지도부가 있던 호텔 드 빌 광장이 바로 무도회장이다. 르누아르는 파리 코뮌 기간에 첩자로 오인당해 총살당할 뻔했다.

▲ 킹즈 스쿨 캔터베리. 영국.
8세 때 어머니를, 10세 때 아버지를 잃은 몸은 고아가 되어 영국 워터스테이블에 사는 작은아버지에게 맡겨져 킹즈 스쿨을 다니게 된다. 사실상 프랑스어가 모국어가 된 서머싯 몸은 정서적으로도 불안정한 상태에다 극심한 말더듬이로 따돌림을 당해 학교생활에 적응하지 못한다. 유년시절 겪은 이러한 고뇌가 《인간의 굴레》에 그대로 투영된다.

◀ 워터스테이블 성
캔터베리는 워터스테이블의 인접도시이다.

워터스테이블 해변 노을　잉글랜드 동남부 켄트 북쪽 해안

워터스테이블 항구

▲하이델베르크 성과 네카어강의 올드브리지 하이델베르크는 네카어강 연안에 자리잡고 있는 도시이다.

◀하이델베르크대학교
1890년 킹즈 스쿨 재학 도중 폐결핵에 감염된 몸은 프랑스 이에르로 전지요양을 갔다가, 영국으로 가지 않고, 1891년, 19세기 독일의 대표적인 대학으로 알려진 하이델베르크대학에서 청강생으로 문학·철학·독일어를 배운다.

하이델베르크 구시가 야경　오른쪽이 네카어강

하이델베르크 성에서 내려다본 구시가 전경

▲성 토머스병원 의과대학(킹스칼리지런던 부속)
1892년 영국으로 돌아온 몸은 성 토머스병원 의과대학에 입학한다. 그는 실습생으로 빈민굴 주민들을 치료할 때 얻은 체험을 바탕으로 첫 작품 《램버스의 리자》(1897)를 썼다.

◀제1차 세계대전
1914년(40세) 전쟁이 일어나자 프랑스 적십자 야전의무대에 지원, 외과수술 조수 겸 운전병으로 복무하면서 죽어가는 사람들이 그들의 운명에 대해 다르게 반응하는 것을 직접 관찰했다. 그는 다양한 언어능력을 인정받아 첩보원으로 활약하게 된다.

〈볼셰비키〉 보리스 쿠스토디예프. 1920. 10월 혁명(볼셰비키혁명)은 1917년 레닌의 지도하에 볼셰비키들에 의해 이루어진 공산주의 혁명. 몸은 영국으로부터 볼셰비키 혁명을 막으라는 비밀임무를 띠고 러시아에 잠입했으나 실패했다.

카프 페라의 빌라 라 모레스크 1926년 몸은 남프랑스 리비에라의 카프 페라(페라곶)에 있는 무어풍의 빌라 라 모레스크를 샀다. 그곳에서 그는 희곡·단편·장편소설·에세이 및 여행기를 쓰면서 1940년 프랑스가 독일에 점령되어 리비에라를 떠날 때까지 활발히 활동했다.

서머싯 몸 초상화 제라드 켈리, 1911. 몸이 극작가로 처음 성공했을 때 그의 친구 켈리가 그려준 초상화이다.

서머싯 몸의 풍자화 데이비드 로우 그림

▲킹즈 스쿨 정원 입구

서머싯 몸은 무덤이 없다. 몸은 1965년(91세) 남프랑스 니스의 한 병원에서 죽은 뒤 마르세유에서 화장되었다. 그의 유해는 사제단의 승인을 얻어 모교 킹즈 스쿨 운동장에 있는 정원에 뿌려졌다. 그의 유해가 뿌려진 정원 출입문과 정원의 기념명판 아래에는 쇠로 가공한 무어인 양식 상징물이 있다.

◀정원에 있는 기념명판과 무어인 양식의 상징물

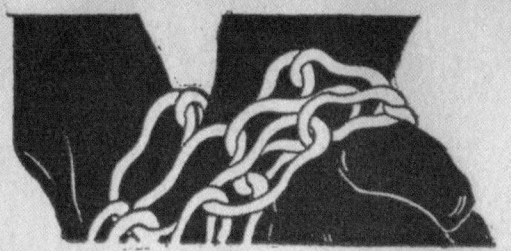

OF HUMAN BONDAGE
by
W. SOMERSET MAUGHAM

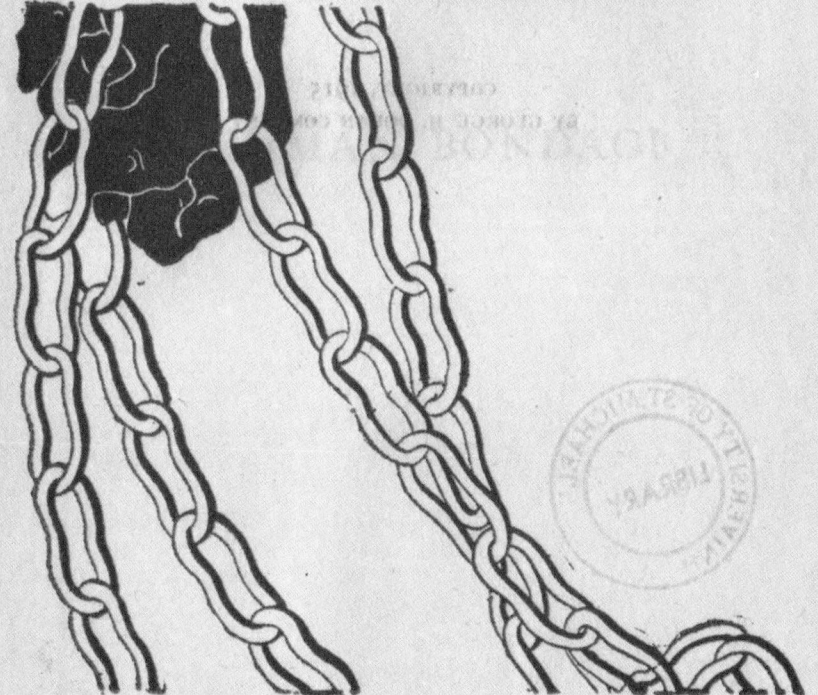

GROSSET & DUNLAP ~ ~ *Publishers*
by arrangement with DOUBLEDAY, DORAN & COMPANY

《인간의 굴레》(1915) 초판 속표지

영화 〈인간의 굴레〉 존 크롬웰 감독, 레슬리 하워드·베티 데이비스 주연. 1934.

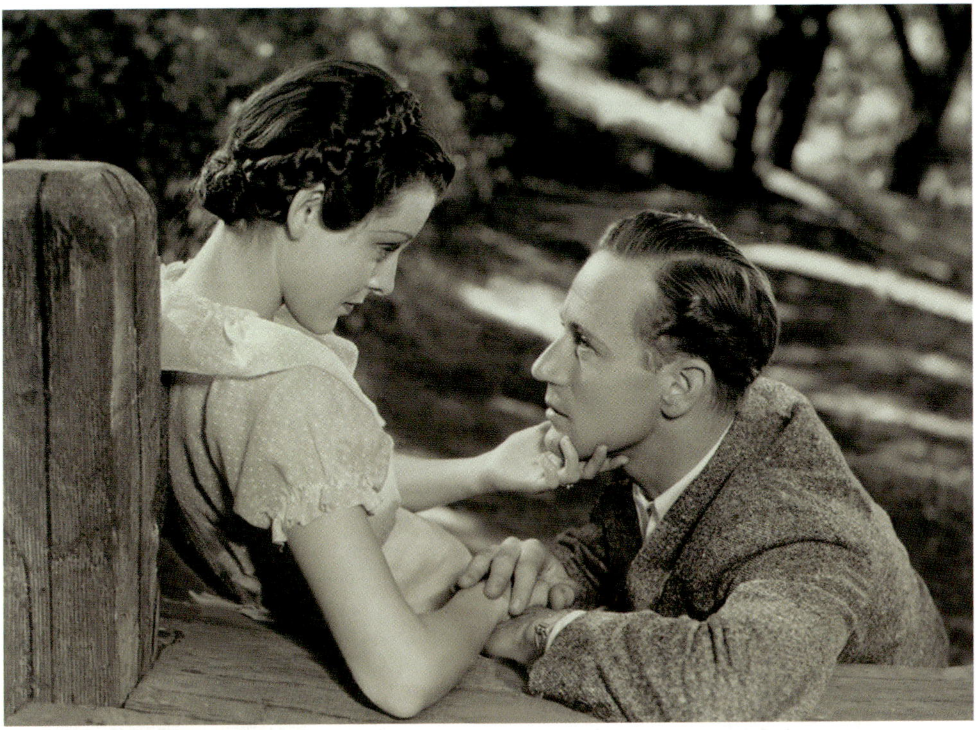

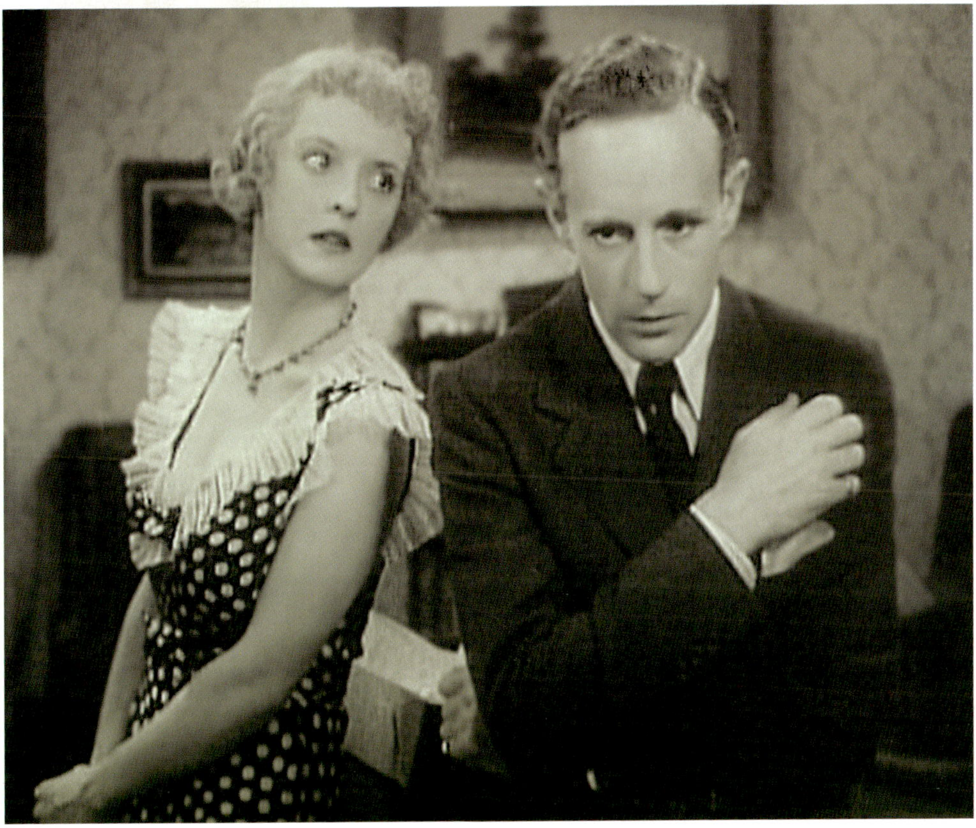

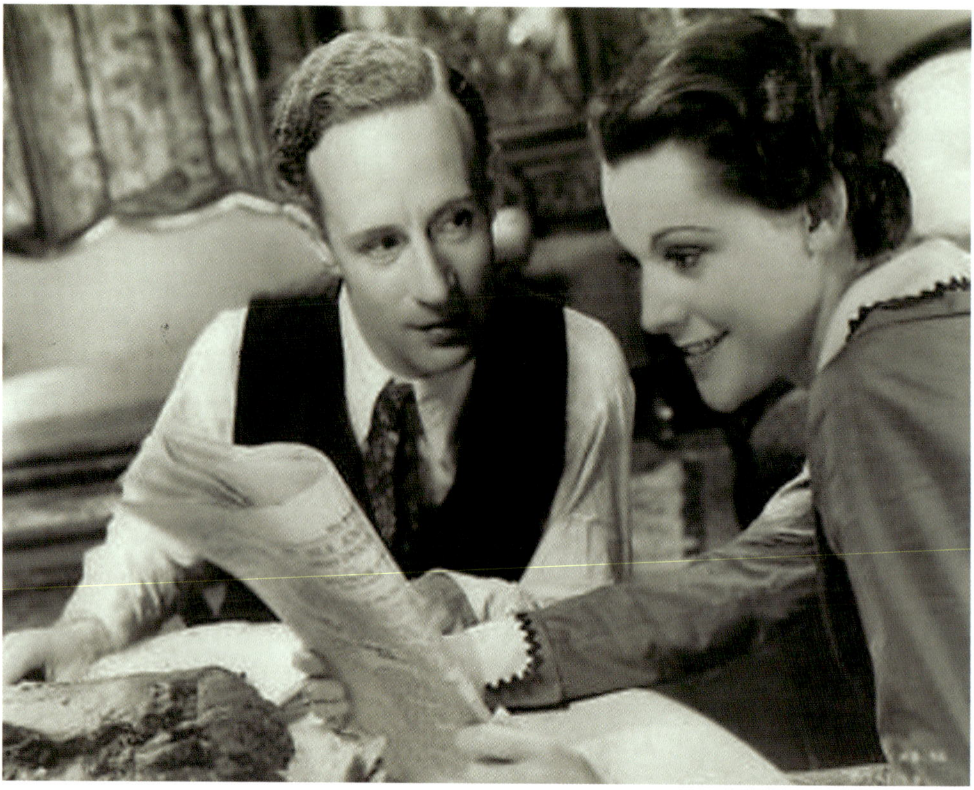

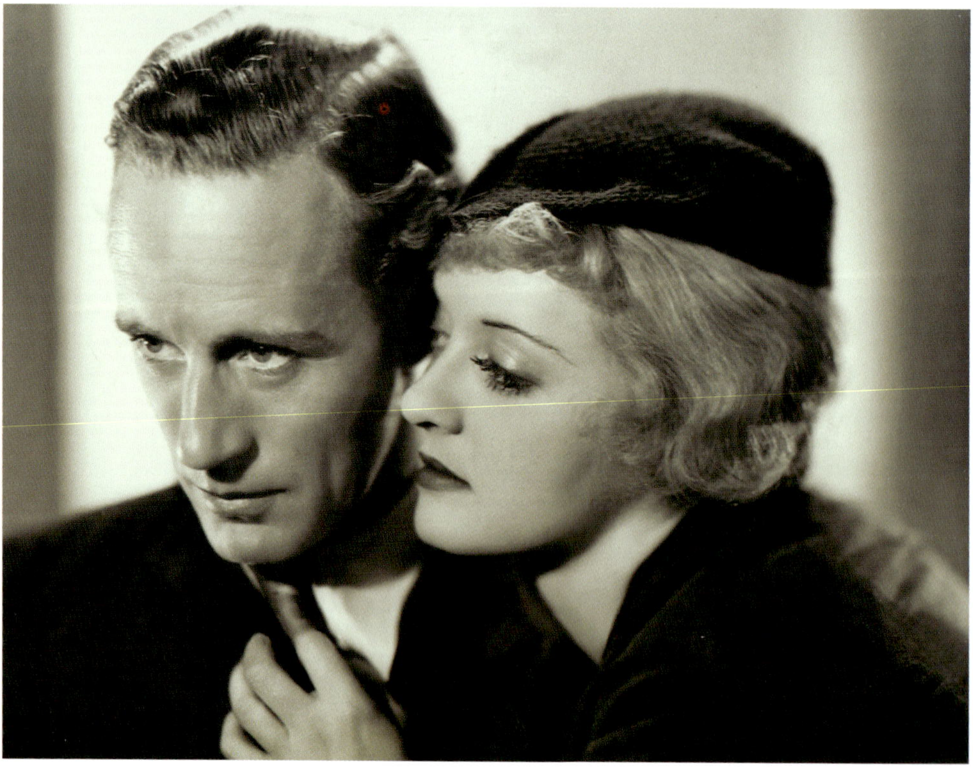

150
Somerset Maugham
OF HUMAN BONDAGE
인간의 굴레
서머싯 몸/조용만 옮김

동서문화사

디자인 : 동서랑 미술팀

인간의 굴레
차례

머리말 … 11
인간의 굴레 … 15
서머싯 몸의 생애와 작품 … 795
서머싯 몸 연보 … 814

주요인물

필립 캐리 주인공. 불행하게도 나면서부터 절름발이인 데다 어려서 부모를 여읜다. 그 뒤 갖가지 인생 경험과 고뇌를 맛보고, 삶의 의미를 깨닫는다.

윌리엄 캐리 필립의 큰아버지. 블랙스테이블의 교회 목사. 고아가 된 조카를 맡아 기르는, 완고하고 편협한 인물. 필립의 반항 때문에 애를 먹는다.

루이자 캐리 윌리엄의 아내. 남편을 헌신적으로 뒷바라지하는 여인. 아이가 없어 필립을 어떻게 대해야 하는지 모르면서도 친자식처럼 귀여워한다. 파리로 간 필립을 걱정하면서 죽는다.

톰 퍼킨즈 킹즈 스쿨의 새 교장. 오래된 학교에 새 기풍을 불어넣는다. 필립을 성직의 길로 인도하려 한다.

헤이워드 하이델베르크 시절 알게 된 문학청년. 그의 감화로 필립은 예술과 문학을 깊이 동경하게 된다. 보어전쟁에 참전했다가 허무하게 죽는다.

윌크스 미국 태생의 이단자적인 신학생. 무신론자인 헤이워드와 종교에 대해 논한다.

윌킨슨 아저씨 집에 머물렀던 노처녀. 필립과 정사(情事)를 맺지만 싸늘한 대접을 받는다.

파니 프라이스 파리의 미술 학도. 실제와 달리 자신이 그림에 재능이 있다고 믿으며, 남들과 어울리지 못하는 외톨이. 남몰래 필립을 사랑하지만 실망과 고독 속에 스스로 목숨을 끊는다.

크론쇼 자칭 시인인 보헤미안. 파리의 예술가 지망생들에게 영향력을 행사하는 인물. 필립에게 삶에 대한 깨달음을 주는 융단을 선물한다.

로우슨 필립의 친한 벗. 파리의 하숙에서 함께 살기도 하며 예술과 문학 등에 대해 의견을 나눈다.

프와네 아틀리에의 선생. 필립의 그림이 평범함을 지적하고 달리 살길을 찾으라고 권한다.

밀드레드 찻집 여종업원. 요염한 매력에 사로잡힌 필립을 농락한다. 전형적인 탕녀.

네스비트(노라) 남편과 별거 중인 통속 작가. 역경 속에서도 명랑함을 잃지 않고 상심한 필립에게 모성적인 사랑을 쏟는다.

밀러 아내와 아이들이 있으면서도 밀드레드를 속여서 결혼한다.

그리피스 의학교 시절 친구. 필립의 눈을 속여 가며 밀드레드의 정사 상대가 된다.

도프 아델니 필립이 의학도 시절 만난 카피라이터. 어딘가 허풍선이 같으면서도 유쾌하고 긍정적인 사나이. 그의 가족과 필립은 한 식구처럼 지내게 된다.

샐리 아델니의 딸. 여성스럽고 가정적이며 조용하면서도 솔직한 성격. 필립에게 거리를 두면서도 살뜰하다.

머리말

그렇잖아도 매우 긴 이 소설을 스스로 머리말을 붙여 더욱 길게 만든다는 것은 참으로 떳떳치 못한 일이라고 생각된다. 자신의 작품에는 절대로 적절한 평을 할 수 없는 인간이 바로 작가다. 이에 관해서는 저명한 프랑스 소설가 로제 마르탱 뒤 가르가 마르셀 프루스트에 대해 한 유익한 이야기가 있다.

프루스트는 프랑스 어느 잡지에 자기의 위대한 소설에 대한 중요한 논문이 실리기를 바랐다. 그런데 아무래도 자기만 한 적임자가 없다는 생각이 들어 책상에 앉아 손수 그것을 썼다. 그러고 나서 그는 친구인 젊은 문학가에게 그의 이름으로 그 논문을 편집자에게 부쳐 달라고 부탁했다. 젊은이는 그가 원하는 대로 해 주었는데 며칠 뒤에 편집자에게 불려갔다.

"당신의 논문은 거절해야겠습니다." 편집자는 말했다. "그분의 작품에 대해서 이렇게 평범하고 냉담한 비평을 싣는다면 마르셀 프루스트가 결코 저를 용서하지 않을 테니까요."

작자들은 대부분 자기 작품에 대해 신경과민이어서 호의적 비평이 아닐 때에는 화내기 일쑤지만, 또한 좀처럼 자기만족 같은 것도 느끼지 못하는 법이다. 엄청난 시간과 노고를 쏟아서 완성한 작품이 자기 구상에 어느 정도 맞지 않았다는 것을 그도 분명히 알고 있다. 그래서 스스로도 만족하는 몇몇 문장에 기뻐하기는커녕 최초의 구상대로 완전하게 표현하지 못했음을 자책하게 된다. 그들의 목표는 완전함이나, 그들은 거기에 이를 수 없음을 비참하게도 오롯이 받아들일 수밖에 없다.

그래서 나는 내 책 자체에 대해서는 아무 말도 하지 않겠다. 다만 이 머리말을 읽는 독자에게, 소설로서는 꽤나 오래 생명을 유지해 온 이 작품이 대체 어떻게 해서 쓰인 것인가 하는 경위를 이야기하는 것만으로 만족하고 싶다. 만일 이것이 독자의 흥미를 끌지 못한다면 용서를 비는 수밖에 없다.

이 소설은 내가 성 토마스 병원에서 5년을 보내고 스물셋에 의사 면허증을 받은 다음 작가로서 독립을 결심하고 세비야로 갔을 때 처음으로 쓴 것이다. 그때 쓴 원고가 아직도 남아 있으나 타이핑한 것을 교정하고 난 뒤 한 번도 들여다본 적이 없으며, 그것이 매우 미숙한 것이라는 데는 조금도 의혹을 품고 있지 않다. 나는 그것을, 내 최초의 책을 출판해 준 피셔 안빈에게 보냈는데(내가 아직 의대생이었을 때 《램버스의 라이자》라는 소설을 써서 얼마간의 성공을 거둔 적이 있다), 그는 인세로서 내가 원하던 1백 파운드를 내놓길 거절했다. 그뿐 아니라 그 뒤 원고를 보낸 다른 출판사들도 모조리 어떤 값에도 받아주려고 하지 않았다. 이에 나는 낙심했으나 이제 와 생각해 보면 운이 좋았던 것이다.

만약에 어떤 출판사가 내 책을 받아주었더라면(그때는 제목이 《스티븐 캐리의 예술적 기질》이었다), 나는 젊어서 아직 적절하게 다룰 줄 몰랐던 주제 하나를 잃게 되고 말았을 것이다. 스스로 구상한 사건 역시 시일이 얼마 흐르지 않아서 능숙하게 이용할 수도 없었을 뿐 아니라, 뒷날에 결국 완성을 보게 된 책을 풍요롭게 만들어 줄 약간의 인생 경험조차 채 쌓지 못했었다. 또한 모르는 것보다는 아는 것을 쓰는 편이 쉽다는 진실도 아직 몰랐다. 이를테면 나는 주인공을, 내가 독일어 공부를 위해 오랜 기간 머물렀던 하이델베르크 대신 프랑스어를 배우러 단지 가끔 들렸던 루앙으로 보내거나 했던 것이다.

이렇게 처음부터 좌절감을 느꼈으므로 나는 그 원고를 궤짝 속에 집어넣고 말았다. 그 뒤 나는 몇몇 다른 소설을 써서 출판에 성공하고 희곡도 썼다. 머지않아 나는 매우 성공한 극작가가 되었고, 생애를 연극에 바치겠다 결심까지 하기에 이르렀다. 그러나 자기 결심을 헛되이 만들어 버리는 자기 안의 어떤 힘을 별로 고려하지 않고 있었다. 나는 행복하고 수입이 좋았으며 바빴다. 머릿속에는 쓰고 싶은 희곡으로 가득 차 있었다.

그러나 성공을 거두어도 예기했던 결과를 얻을 수 없었기 때문인지, 아니면 성공에 대한 자연적인 반동 때문이었는지 모르지만, 그 무렵으로서는 최고의 인기 작가라는 지위를 확보하자마자 다시 지난날의 수많은 기억에 사로잡히기 시작했다. 잘 때나 걸을 때나 리허설 때나 파티에서도 나를 짓누르듯이 그것들이 되살아났으므로 나는 거기서 해방되는 길은 하나뿐이라고 결론 내렸다. 모조리 종이에다 쓰리라. 몇 년 동안 숨 돌릴 새도 없이 연극에 몸 바쳐온 뒤에서 소설의 폭넓은 자유가 무척 그리웠다. 마음속에 그리던 것이 두꺼운 책이 되리라는 사실을 알고 있었고 아무런 방해도 없이 일하고 싶었으므로, 나는 매니저들이 열심히 제안하던 계약을 거절하고 당분간 극단에서 물러섰다. 서른일곱 살 때였다.

전업작가가 되고부터 오랫동안 나는 창작을 배우기 위해 많은 시간을 들였고, 문체를 닦으려고 스스로 무척 괴로운 훈련을 하고 있었다. 그러나 내 희곡이 상연되기 시작할 무렵에는 그러한 노력을 포기했고, 다시 소설을 쓰기 시작했을 때는 목적이 다른 데 있었다. 나는 이제는 주옥같은 산문과 부드러운 문체를 위한 헛된 노력을 되풀이하지 않게 되었다. 뿐만 아니라 알기 쉽고 단순한 문장을 신조로 삼았다. 적절하게 제한된 범위 내에서 말하고 싶은 것은 산더미만큼 있었으므로 말을 낭비할 여유 같은 건 없었다. 의미를 뚜렷하게 하는 데 필요한 말만 쓰자는 생각으로 일을 시작했다. 꾸밀 필요는 전혀 없었다. 뿐만 아니라 극장에서의 경험으로 간결의 가치를 깨닫고 있었다.

나는 2년 내내 쉬지 않고 썼다. 이 책에 어떤 제목을 붙여야 좋을지 몰라서 여기저기를 자세히 찾아 본 뒤에 '재에서 태어난 미(美)'라는 〈이사야서〉 구절을 발견하고 이것이 꼭 어울린다고 생각했다. 그러나 이 표제는 이미 최근에 쓰인 적이 있다는 사실을 알았으므로 다른 것을 찾아야만 했다. 결국 스피노자의 《에티카(윤리학)》 가운데 한 권의 표제를 골라서 나의 소설을 《인간의 굴레》라고 이름 지었다. 처음에 생각해 낸 표제를 붙일 수 없었던 것도 하나의 행운이었다고 생각한다.

《인간의 굴레》는 자서전이 아니라 자서전적인 소설이다. 사실과 허구가 완전히 하나가 되어 있다. 감정은 나 자신의 것이지만 사건은 실제와 완전히 들어맞진 않으며, 어떤 것은 친한 사람들의 경험을 주인공에게 옮겨온 것이다. 이 책은 내가 바라던 결과를 가져다주었고, 이것이 세상에 나오자(그 시절은 무서운 전쟁으로 고통당하여 자신의 고뇌와 공포에 마음을 빼앗긴 나머지 소설 속 인물의 모험 따위에는 관심을 둘 여유조차 없는 세상이었으나) 나는 자신을 괴롭히던 고통과 불행한 추억에서 완전히 벗어났다.

반응은 꽤 좋아서 시어도어 드라이저가 〈뉴리퍼블릭〉지에 긴 비평을 보내왔다. 그는 그가 쓴 모든 문장을 돋보이게 하는 저 총명함과 동정으로 내 작품을 다루어 주었다. 그러나 아무래도 이 작품 역시 다른 많은 소설들과 같은 평범한 길을 밟아 햇빛을 본 지 두서너 달만 지나면 영구히 잊히고 말리라 생각했다. 그런데 무슨 우연인지 어쩌다 몇 년 지난 뒤에 이 작품이 미국의 몇몇 저명한 작가들의 주목을 끌었고, 그들이 신문과 잡지에서 늘 그것을 언급해 준 덕분에 조금씩 일반 독자의 관심도 받게 되었다. 이 책이 이렇게 수명을 늘일 수 있었던 것은 이들 작가의 덕분이다. 세월이 흐름에 따라 차차 큰 성공을 거두게 된 데 대해 그들에게 그저 고마울 따름이다.

인간의 굴레

1

어두운 잿빛 하늘에 먼동이 터왔다. 구름이 나직이 끼고 몹시 쌀쌀해서 곧 눈이라도 내릴 것만 같았다. 어린아이가 자고 있는 방에 유모가 들어가 커튼을 젖혔다. 유모는 현관이 붙은 맞은편 회벽 집을 기계적으로 흘끗 보고는 곧장 아이가 자는 침대로 다가갔다.

"자 그만 일어나요, 필립."

이렇게 말하며 이불을 들추고 아이를 안아서 아래층으로 내려갔다. 아이는 아직도 잠이 덜 깨어 있었다.

"엄마가 오라고 하셔요."

아래층 방문을 열고, 한 여인이 누워 있는 침대로 그를 데려갔다. 아이의 어머니였다. 여인은 두 팔을 벌렸다. 아이는 여인의 옆자리로 파고들었다. 왜 깨웠느냐고 묻지도 않았다. 여인은 그의 눈에 키스하고 조그맣고 여윈 손으로 흰 플란넬 잠옷 위로 아이의 따뜻한 몸을 어루만졌다. 그리고 꼭 껴안아 주었다.

"졸리니, 아가?"

몹시 힘없는 목소리, 어딘지 먼 세상에서라도 들려오는 듯한 목소리였다. 아이는 대답도 없이 그저 좋아서 생긋 웃어 보였다. 큼직하고 따뜻한 침대, 그리고 부드러운 팔에 안겨 무척 행복했다. 엄마에게로 파고들면서 바싹 몸을 오그렸다. 그리고 꿈결 속에 뽀뽀했으나 다음 순간에는 벌써 눈을 감고 깊은 잠에 빠져 버렸다. 의사가 들어와 침대 곁에 섰다.

"아, 제발 아이를 데려가지 말아 주세요."

괴로운 듯이 그녀가 말했다.

이 말에는 대답도 않고 의사는 심각한 얼굴로 여인의 얼굴을 바라보았다. 이제 더는 아이를 곁에 둘 수 없음을 알자 그녀는 다시 한 번 아이에게 키스했다. 그리고 한 손으로 아들의 몸을 발목까지 더듬어 내려갔다. 오른쪽 발을 잡고 조그만 다섯 발가락을 만지작거리다 천천히 왼발로 손을 옮기던 그녀는 갑자기 흐느껴 울기 시작했다.
"왜 그러시나요. 피로하신가 보군요."
의사가 말했다.
기력이 없던 그녀는 말없이 고개를 저었다. 눈물이 볼을 타고 흘러내렸다. 의사가 허리를 굽히며 말했다.
"아이는 제가 맡지요."
맞설 기력이 없었다. 그녀는 힘없이 아이를 넘겨주었다. 의사는 뒤에 서 있는 유모에게 아이를 넘겨주면서 말했다.
"제 침대에 누이시죠."
"네."
아이는 잠든 채 안겨 가 버렸다. 그 순간 어머니는 숨이 넘어갈 듯이 흐느껴 울었다.
"가여워라, 저 아이는 이제 어떻게 되는지……."
시중드는 간호사가 그녀를 위로했다. 얼마 가지 않아 그녀는 지친 나머지 울음을 그쳤다. 의사는 방 저편 테이블로 다가갔다. 테이블 위에는 수건에 덮인 사산된 아이가 놓여 있었다. 그는 수건을 들추고 바라보았다. 의사의 모습은 칸막이에 가리어 침대에서는 보이지 않았지만 그가 무엇을 하는지 여인은 알고 있었다.
"계집애였나요, 아니면 사내아이?"
나직이 작은 소리로 간호사에게 물었다.
"또 사내아이였어요."
여인은 대답하지 않았다. 잠시 뒤 유모가 돌아와 침대 곁으로 왔다.
"도련님은 깨지도 않고 아주 잘 자요."
잠시 침묵이 흐른 뒤 의사는 다시 한 번 환자의 맥을 짚었다.
"지금 당장은 더 할 일이 없을 듯하니 아침을 먹고 다시 오겠습니다."
"그럼 제가 모셔다 드릴게요."
유모가 말했다.
두 사람은 말없이 계단을 내려갔다. 현관에서 의사는 발을 멈추었다.

"아기의 큰아버지에게 오시라고 기별은 하셨겠지요?"
"네."
"언제쯤 오실까요?"
"글쎄요, 실은 전보를 기다리고 있는 중이에요."
"그리고 아이는 어떻게 하시려는지? 어디다 맡기는 편이 좋을 것 같은데요."
"윗킨이 데려간다는 말이 있습니다만."
"그분이 누구신데요?"
"아이 대모(代母)예요. 그런데 어떤가요, 마님은 회복할 가망이 있나요?"
의사는 고개를 가로저었다.

2

 일주일 뒤였다. 필립은 온슬로우 가든즈에 있는 윗킨네 집 객실 마룻바닥에 앉아 있었다. 그는 외아들이었으므로 혼자 노는 데는 익숙했다. 방 안은 큼직한 가구들로 가득 차 있고 소파마다 큼직한 쿠션이 셋씩 얹혀 있었다. 안락의자에도 저마다 쿠션이 하나씩 놓여 있었다. 그것들을 죄다 모으고, 거기다 가볍고 움직이기 쉬운 도금한 야회용 의자까지 끌어다가 그는 정성스럽게 동굴을 만들었다. 커튼 뒤에 숨어 있는 아메리칸 인디언들로부터 몸을 숨기는 것이 그의 속셈이었다. 마룻바닥에 귀를 대고 초원을 달리는 물소 떼의 발소리에 귀를 기울였다. 이윽고 문이 열리자 들키지 않게 가만히 숨을 죽였다. 그때, 누군가의 손이 거칠게 의자 하나를 확 잡아당기자 의자가 와르르 무너졌다.
"어머나 도련님, 이러면 안 돼요. 윗킨 아주머니한테 야단맞아요."
"아아, 엠마였구나!"
 유모는 몸을 구부려 키스해 주었다. 그리고 쿠션을 털어 제자리에 갖다 놓았다.
"벌써 집으로 가는 거야?"
"그럼요, 난 도련님을 데리러 온 거예요."
"엠마, 새 옷 입었구나."
 1885년의 일이었다. 그녀는 아직도 치마에 허리받이를 대고 있었다. 윗옷은 까만 벨벳인데 소매는 착 달라붙고 어깨는 날씬했다. 치마에는 큼직한 주름 장식이 세 단 달려 있었다. 그리고 벨벳 끈이 달린 까만 모자를 쓰고 있었다. 그녀는 잠시 망설였다. 필립이 당연히 물으리라고 생각했던 것을 묻지 않아 미리 준비해 두었던 대답을 할 수가 없었기 때문이다.

"도련님은 엄마가 어떠신지 알고 싶지 않아요?"

마침내 그녀 쪽에서 말을 꺼냈다.

"아, 깜박 잊었어. 엄마는 어때?"

끝내 사실을 말할 때가 왔다.

"엄마는 이제 아주 행복해지셨어요."

"그래? 잘됐다."

"엄마는 이제 가 버리셨어요. 다시는 엄마를 만나지 못해요."

필립은 그녀의 말뜻을 잘 알아들을 수 없었다.

"왜 못 만나?"

"엄마는 이제 천국에 가 계시니까요."

그녀는 울음을 터뜨렸다. 필립은 무슨 영문인지도 모르면서 덩달아 울었다. 유모인 엠마는 키가 크고 금발이며 뼈대가 굵은, 생김새가 모두 큰 여자였다. 데본셔 태생으로, 오랫동안 런던에서 일하고 있었으나 그 사투리는 조금도 고쳐지지 않았다. 울면 감정도 격해지는지 그녀는 그를 힘껏 껴안았다. 이 세상에 남겨진 오직 하나밖에 없는 순수한 애정까지 빼앗겨 버린 이 아이에 대한 측은함이 그녀의 가슴에 치밀어 오른 것이다. 알지도 못하는 낯선 사람 손에 넘겨질 것을 생각하니 견딜 수가 없었다. 그러나 잠시 뒤에 정신을 가다듬고 말했다.

"윌리엄 큰아버지가 오셔서 기다리고 계셔요. 자, 윗킨 아주머니에게 인사하고 와요, 같이 가게요."

"인사 같은 거 하기 싫어."

그는 어쩐지 본능적으로 눈물을 감추고 싶었던 것이다.

"그럼 안 해도 좋으니까 2층에 가서 모자를 갖고 와요."

그는 모자를 가져왔다. 벌써 엠마는 현관에서 기다리고 있었다. 식당 뒤 서재에서 사람들 목소리가 났다. 그는 잠시 발을 멈추었다. 윗킨 자매가 친구들과 이야기하고 있는 것이다. 지금 들어가면 틀림없이 모두 나를 동정할 것이다. 왠지 모르게—그는 아홉 살이었다—그런 생각이 들었다.
"나, 가서 윗킨 아줌마께 인사하고 올까?"
"그래요, 그러는 게 좋아요."
"그럼 엠마가 먼저 들어가서 내가 들어간다고 일러줘."
어떻게든지 이런 기회를 놓치고 싶지 않았다. 엠마는 노크하고 안으로 들어갔다. 엠마의 말소리가 들려왔다.
"필립이 작별인사를 하겠답니다."
갑자기 이야기 소리가 그쳤다. 필립은 절뚝거리며 방 안으로 들어갔다. 헨리에타 윗킨은 불그레한 얼굴에 머리를 물들인, 억세게 생긴 여인이었다. 그때만 해도 머리를 물들이거나 하면 모두 쑥덕쑥덕 흉보던 시대였다. 필립은 그의 대모 윗킨 아주머니가 머리를 물들였을 때 집안사람들이 이러쿵저러쿵 수군거리는 걸 들은 일이 있었다. 윗킨은 결혼도 하지 않고 늙어가는 대로 몸을 내맡긴 채 체념한 그녀의 언니와 함께 살고 있었다. 그 서재에는 또 다른 알지 못하는 부인이 두 사람 와 있었다. 그녀들은 호기심에 가득 찬 눈으로 필립을 바라보았다.
"아이, 가엾어라!"
윗킨은 두 팔을 벌렸다.
그녀는 울기 시작했다. 필립은 그제야 윗킨 아주머니가 왜 점심시간에 보이지 않았으며 검은 옷을 입고 있었는지를 알았다. 그녀는 더 이상 말을 잇지 못했다. 마침내 필립이 입을 열었다.
"나 집에 돌아가야겠어요."
그는 윗킨의 팔에서 빠져나왔다. 그녀는 필립에게 또 한 번 키스해 주었다. 필립은 그녀의 언니에게도 작별인사를 했다. 낯선 부인 가운데 하나가 그에게 키스해도 좋으냐고 물었을 때 필립은 의젓한 표정으로 승낙했다. 그는 자기로 말미암은 좌중의 이 기분을 은근히 만족스럽게 생각했다. 그래서 사람들이 모두 자기를 동정해 주는 이곳에 있고 싶었다. 그러나 모두 돌아가기를 바라는 것같이 보여 엠마가 기다린다 말하고는 밖으로 나왔다. 엠마는 지하실에 내려가 어떤 아는 사람과 이야기하고 있었다. 그는 층계 옆에서 기다렸다. 헨리에타 윗킨의 말소리가 들려왔다.
"그 애 어머니와 나는 아주 친한 사이였어. 난 그 애 어머니가 죽었다는 걸 생각하면 정말 견딜 수가 없어."

"헨리에타, 너는 그 장례식에 가지 말았어야 했어. 마음만 더 상할 줄 알고 있었지."

헨리에타의 언니가 말했다.

이때 손님 가운데 한 부인이 입을 열었다.

"가엾기도 하지! 그 애가 이 세상에 외톨이로 남았다는 걸 생각하면 정말 안타까워. 게다가 다리까지 절던데."

"그래, 그 애는 다리를 절어요. 그게 그 애 어머니의 큰 걱정거리였죠."

이때 엠마가 돌아왔다. 그녀는 마차를 불러 마부에게 갈 곳을 일러주었다.

3

그들이 집에 이르렀을 때는 이미 캐리 부인의 장례를 치른 뒤였다. 그 집은 켄싱튼의 노팅 힐 게이트와 하이 스트리트 사이 쓸쓸한 거리에 자리 잡고 있었다. 엠마는 필립을 응접실로 데리고 들어갔다. 필립 큰아버지는 장례식 때 보내온 화환에 대한 감사장을 쓰고 있었다. 장례식이 끝난 뒤에 도착한 화환 하나가 마분지 상자에 든 채 큼직한 테이블 위에 아직도 놓여 있었다.

"필립 도련님이 왔습니다."

엠마가 말했다.

캐리 씨는 천천히 몸을 일으켜 이 조그마한 조카의 손을 잡고 악수했다. 그리고 잠시 있다가 무슨 생각을 했는지 다시 허리를 굽혀 그의 앞이마에 키스해 주었다. 그는 보통 키보다 약간 작은 편이었으며 몸집은 뚱뚱하고 대머리를 감추기 위해 기다란 머리카락 몇 올을 얇게 펴서 빗질하고 있었다. 수염은 없었다. 그의 단정하게 균형 잡힌 용모는 잘생겼던 젊은 시절을 짐작케 했다. 그의 시곗줄에는 황금 십자가가 달려 있었다.

"필립, 넌 이제부터 나하고 같이 살게 된다. 어때, 좋겠니?"

캐리 씨가 물었다.

2년 전, 작은마마를 치른 뒤에 필립은 큰아버지의 목사관에 가서 지낸 일이 있었다. 그러나 그의 머릿속에 남은 것은 큰아버지나 큰어머니보다도 오히려 다락방과 넓은 정원에 대한 기억뿐이었다.

"네."

"이제부터 큰아버지와 큰어머니를 친아버지, 친어머니로 알아야 한다."
아이의 입술이 조금 떨리고 얼굴이 발개졌으나 대답은 없었다.
"어머니가 너를 내게 맡기셨단다."
캐리 씨는 이 말을 하기가 꽤 힘들었다. 하기야 제수가 죽어간다는 전갈을 받고 곧 서둘러서 런던으로 오긴 했지만 오는 내내, 제수가 죽고 그 아들을 맡아 키우게 된다면 생활이 얼마나 시끄러워질 것인가 하는 생각만 했다. 그는 이미 50고개를 훨씬 넘었고 결혼한 지 30년이 되었지만 아내는 이제까지 아이를 낳지 못했다. 이런 집에 원치도 않는 사내아이 하나가 들어와 버릇없이 굴 것을 생각하니 유쾌하지만은 않았던 것이다. 더욱이 그는 일찍이 제수에게 호감을 가져보지도 못했다.
"내일 너를 블랙스테이블로 데려가야겠다."
"엠마도 함께 가나요?"
필립은 엠마의 손을 살그머니 끌어당겼다. 엠마는 그의 손을 꼭 쥐어 주었다.
"아니야, 엠마는 자기 집으로 돌아가야 해."
"싫어요, 난 엠마와 같이 갈래요."
필립은 흐느껴 울기 시작했다. 엠마도 울음을 참을 수가 없었다. 캐리 씨는 난처한 표정으로 두 사람을 바라보았다.
"필립과 단둘이 있고 싶으니 잠깐 좀 나가 줄 수 없겠소?"
"네, 그렇게 하겠어요."
필립이 매달렸지만 엠마는 부드럽게 떼어 놓았다. 캐리 씨는 필립을 두 팔로 안아 무릎 위에 앉혔다.
"울면 못 쓴다. 넌 이제 유모가 필요 없어. 이젠 학교에 갈 것도 생각해야 한단다."
그는 달래듯이 말했다.
"난 엠마와 같이 가고 싶어요."
아이는 또 한 번 되풀이했다.
"돈이 너무 많이 들어, 필립. 너의 아버지가 남기고 간 돈은 조금밖에 안돼. 그것도 앞으로 어떻게 되는지 몰라. 그러니까 이제부터는 한 푼이라도 함부로 써선 안 된다."

캐리 씨는 이틀 전에 단골 변호사를 찾아갔었다. 그의 아우인 필립의 아버지는 경험 많은 이름난 외과 의사였다. 완비된 병원 설비로 미루어 그의 경제적 기반은 탄탄하리라 짐작했다. 그러나 그가 패혈증으로 갑자기 죽고 난 뒤, 그 자신의 생명 보험료와 세놓을 수 있는 브루튼 거리의 집 말고는 거의 한 푼도 미망인에게 물려줄 돈이 없다는 사실을 알고 크게 놀랄 수밖에 없었다. 불과 여섯 달 전의 일이었다. 그때 이미 몸이 허약해진 데다가 아이까지 가졌다는 사실을 알게 된 제수는 낭패한 나머지 정신 차릴 겨를도 없이 저택을 세 얻겠다는 사람이 나타나자 놓칠세라 서둘러 응낙해 버렸다. 그러고는 가구를 창고에 넣어 둔 뒤, 어떻게든 아이를 낳을 때까지 불편이 없도록 별도로 비싼 집세를 주고 가구 딸린 작은 집을 1년 기한으로 빌렸다. 그녀는 금전을 다루는 데 익숙하지 못했으므로 갑자기 달라진 환경에 맞추어 그 생활비를 조절할 수 없었다. 그리하여 가졌던 돈도 이럭저럭 다 써버리고 죽고 말았던 것이다. 그래서 모든 비용을 청산하고 나니 조카 필립이 성장해서 생계를 유지할 수 있을 때까지의 양육비로 남은 것은 겨우 2천 파운드에 지나지 않았다. 그렇다고 해서 이 모든 사정을 어린 필립에게 이야기해 본들 별 도리가 없는 노릇이었다. 필립은 아직도 훌쩍훌쩍 울고만 있었다.

"그럼 엠마한테 가보려무나."

캐리 씨는 엠마가 그 누구보다도 쉽게 이 아이를 달랠 수 있으리라고 생각했던 것이다.

아무 말 없이 필립은 큰아버지의 무릎에서 미끄러져 내려왔다. 그러나 큰아버지는 다시 그를 불러 세웠다.

"다음 주일날 설교를 준비해야 하니까, 네 짐을 오늘 모두 꾸려 놓도록 이야기해야 해. 장난감은 모두 가져가도 좋아. 그리고 네가 원한다면 아버지와 어머니를 기념할 물건을 하나씩 가져가도 좋다. 다른 것은 모두 팔아 버릴 거야."

필립은 말없이 밖으로 나갔다. 캐리 씨는 사무적인 일에는 익숙하지 못했으므로 화가 났으나 계속해서 감사장을 쓰기 시작했다. 책상 한쪽에는 청구서 뭉치가 그득히 쌓여 있었다. 이것을 보았을 때 그는 더욱 화가 치밀었다. 그 가운데 한 장은 엄청나게 비싼 값을 요구하는 청구서였다. 캐리 부인이 죽자 곧 엠마는 흰 꽃을 많이 주문해 들였던 것이다. 그것은 정말 쓸데없는 낭비였다. 엠마는 그렇게 시키지도 않은 짓을 제멋대로 나서서 하는 여자였다. 경제적인 문제가 아니더라도 그는 엠마와 같은 여자는 집에 두고 싶지 않았다.

그러나 필립은 엠마에게로 가서 그녀의 품 안에 얼굴을 묻고 가슴이 터져라 울어댔다. 엠마는 필립을 자기 친자식처럼 여겼으므로—그녀는 필립을 생후 1개월 때부터 돌보고 있었다—상냥스러운 말로 달랬다. 자주 가서 그를 만나 주고 영영 잊지 않겠노라고 약속하는가 하면, 필립이 살게 될 시골에 대한 이야기와 데본셔에 있는 그녀 자신의 집에 대해서도 이야기해 주었다. 그녀의 아버지는 익세터(데본셔 주 수도)로 통하는 국도에서 통행세를 받는 관리이며 외양간에는 돼지도 있고 소도 있고 얼마 전에 송아지를 낳았다는 등 여러 이야기를 하는 동안, 필립은 눈물을 거두고 내일 떠날 생각에 흥분하기 시작했다. 엠마에게는 아직 할 일이 많았다. 그녀는 그를 무릎에서 내려놓았다. 그리고 그의 옷을 침대 위에 늘어놓고 챙기기 시작하자 필립도 같이 거들었다. 다음에는 장난감을 모아 오라고 아이를 방으로 보냈는데 그는 거기서 재미있게 놀고 있었다.

마침내 혼자 놀기에도 싫증이 나서 침실로 돌아와 보니 엠마가 그의 물건을 커다란 함석 궤짝에 담고 있었다. 그때 그는 아버지와 어머니를 기념할 물건을 하나씩 가져가도 좋다고 한 큰아버지의 말이 생각났다. 필립은 무엇을 가져가는 것이 좋겠느냐고 엠마에게 물어보았다.

"응접실에 가서 마음에 드는 물건을 골라와요."

"윌리엄 큰아버지가 계신걸."

"상관없어요. 거기 있는 건 이제 다 도련님 것이니까요."

필립이 살짝 아래층으로 내려가 보니 문은 열린 채로 있었다. 캐리 씨는 방 안에 없었다. 필립은 이리저리 다니며 살펴보았다. 이 집에 산 지 얼마 되지 않았으므로 그의 흥미를 끌 만한 것은 없었다. 남의 방이나 다름없이 필립의 마음에 드는 것은 아무것도 눈에 띄지 않았다. 그러나 어느 것이 어머니 것이며 어느 것이 집주인 것인가를 잘 알고 있어서, 전에 어머니가 좋다고 말한 적이 있던 조그마한 탁상시계를 선택하기로 했다. 그는 시계를 가지고 우울한 기분으로 2층으로 올라갔다. 필립은 어머니가 계시던 침실문 밖까지 와서는 발을 멈추고 귀를 기울여 보았다. 아무도 그 방에 들어가선 안 된다고 한 적 없지만, 어쩐지 그렇게 해서는 안 될 것 같은 생각이 들었다. 그는 은근히 무서워졌다. 가슴은 불안하게 두근댔다. 동시에 그 손잡이를 돌려 보고 싶은 생각이 일어났다. 그는 방 안에 있는 사람들에게 들킬까 봐 조심스럽게 소리 없이 손잡이를 돌리고, 천천히 문을 밀었다. 한참 동안 문지방에 멈춰 서서 마음을 가다듬고 겨우 들어갈 용기를 얻었다. 이젠 무서운 생각은 없어졌으나 야릇한 느낌이었다. 안에 들어서자 문을 닫았다. 덧문은 닫혀 있었고, 정월 오후의 차가운 빛이 비치는 방 안은 어두컴컴했다. 화장대에는 어머니가 쓰던 머리빗과 손거울이 놓여 있었고 조그마한 접시에는 머리핀이 들어 있었다. 벽난로 위에는 필립 자신의 사진과 아버지 사진이 놓여 있었다. 그전에도 어머니가 계시지 않을 때 가끔 이 방에 혼자 들어와 본 일이 있는데 지금은 그때와는 사뭇 다른 느낌이었다. 침대는 마치 누가 오늘 밤 자기나 할 것처럼 잘 매만져져 있었고, 베갯머리에 놓인 상자 속에는 잠옷이 들어 있었다.

필립은 옷들이 가득 들어 있는 커다란 상자를 열고 그 속에 있는 옷을 한 아름 안고 얼굴을 파묻었다. 그 옷에선 어머니가 쓰던 향내가 그윽이 풍겼다. 그는 또 어머니의 물건이 든 서랍을 들여다보았다. 리넨 옷 갈피에 넣어 둔 라벤더(구충 또는 향내를 내기 위한 것) 향주머니가 형언할 수 없는 향기를 풍기고 있었다. 그러자 처음 방 안에서 느꼈던 이상한 기분은 사라지고, 어머니가 방금 밖으로 산책 나간 듯한 느낌이 들었다. 곧 돌아와서 그와 함께 차를 마시러 위층으로 올라갈 것만 같았다. 그는 문득 그의 입술에 어머니의 따뜻한 키스를 느꼈다.

어머니를 다시는 만날 수 없다니, 거짓말이다. 그럴 리가 없다. 틀림없이 거짓말이다. 그는 침대에 기어 올라가 베개를 베었다. 그대로 그는 가만히 누워 있었다.

4

필립은 눈물로 유모 엠마와 헤어졌다. 그러나 블랙스테이블로 가는 여행은 아주 즐거웠고 거기에 닿았을 때는 모든 것을 잊어버리고 기운을 되찾았다. 블랙스테이블은 런던에서 60마일 떨어진 곳이었다. 짐을 짐꾼에게 맡기고 캐리 씨는 필립과 함께 목사관을 향해 걸어갔다. 목사관까지는 5분 남짓 걸렸다.
 거기 이르렀을 때 필립은 그 정문을 보자 갑자기 옛날 일이 생각났다. 그 문은 붉은 칠을 한 다섯 개의 창살로 된 문이었다. 안팎으로 열고 닫을 수 있는 돌쩌귀가 달려 있었다. 그래서 그 문에 매달려 앞뒤로 흔들며 그네를 탈 수도 있었으나 어른들은 언제나 하지 못하게 말렸다. 그들은 정원을 지나서 현관으로 갔다. 이 현관은 방문객이 있을 때나 일요일 그리고 목사가 런던에 오갈 때 같은 특별한 때에만 쓰는 문이었다. 보통 때는 옆문을 사용했고, 이 밖에 원예사나 걸인, 방랑자를 위한 뒷문도 따로 있었다. 이 집은 약 25년 전에 교회식으로 지은, 누런 벽돌 벽에 붉은 지붕으로 된 제법 큰 건물이었다. 입구는 교회 현관처럼 만들어졌고 응접실 창문은 고딕식이었다.
 캐리 부인은 그들이 몇 시 차로 올 것인가를 미리 알았으므로 응접실에 앉아 대문 소리에 귀 기울이고 있었다. 대문 소리를 듣자 부인은 현관으로 마중 나왔다. 캐리 씨는 부인을 보자 필립에게 말했다.
 "저기 큰엄마가 나오신다. 뛰어가서 키스하렴."
 필립은 절름거리는 다리를 끌고 볼썽사납게 달려가다가 이윽고 서 버렸다. 캐리 부인은 키가 작고 퍽 늙어 보였으나, 사실은 그녀의 남편과 동갑이었다. 그녀의 얼굴엔 유난히 깊은 주름살이 잡히고 눈은 푸르스름했다. 흰 머리칼이 섞인 머리는 처녀 시절에 유행하던 머리 모양 그대로 곱슬곱슬하게 빗겨져 있었다. 검은 드레스를 입은 그녀의 유일한 장식품은 십자가 달린 금목걸이였다. 부인의 태도는 점잖고 목소리도 부드러웠다.
 "윌리엄, 걸어오셨군요?"
 남편에게 키스하면서 거의 나무라듯 말했다.
 "그것까진 미처 생각 못했어."
 캐리 씨는 조카를 힐끗 보며 대답했다.
 "걸어오느라고 힘들었겠구나, 필립."
 "괜찮아요. 전 언제든지 걸어 다니는걸요."
 캐리 씨는 이들이 주고받는 말을 듣고 내심 놀라지 않을 수 없었다. 루이자 큰어머니는 필립에게 어서 안으로 들어오라고 말했다. 그들은 현관으로 들어갔다. 바닥에는 빨갛고 노란 타일이 깔려 있었다. 그리고 그 사이사이에 그리스식 십자가와 그리스도 상이 무늬 놓여 있었다. 방 밖으로 통하는 큰 계단은 특유한 향내가 나는 소나무를 잘 다듬어 만든 것이었다. 그것은 교회의 좌석을 늘릴 때 마침 재목이 많이 남아서 만든 것이었다. 난간에는 복음서 저자 네 인물을 상징하는 무늬가 아로새겨져 있었다.
"돌아오면 추우실까 봐 난로를 피워 놓았어요."
캐리 부인이 말했다.
방 한가운데 크고 검은 난로가 놓여 있었다. 이 난로는 날씨가 몹시 춥다든지 목사가 감기에 걸렸다든지 할 때만 피우는 것이었다. 그러나 캐리 부인이 감기에 걸렸을 때는 피우지 않았다. 그것은 석탄 값이 비싼 탓도 있었지만 하녀 메어리 앤이 여러 곳에 불 피우기를 그리 달갑게 생각하지 않았기 때문이다. 난로마다 불을 피우려면 하녀 하나가 더 필요했다. 겨울이 되면, 캐리 씨 부부는 난로를 하나만 쓰기 위해 식당에서 생활했다. 이것이 버릇이 되어 여름에도 식당에서 벗어나지 못하고 응접실은 다만 일요일 오후에 캐리 씨가 낮잠을 잘 때만 쓰였다. 그러나 토요일에는 설교문을 쓰기 위해 으레 서재에도 불을 피웠다.
루이자 큰어머니는 필립을 위층으로 데리고 올라가 길이 내다보이는 조그마한 침실로 안내했다. 창문 앞에는 커다란 나무가 서 있었다. 그 나뭇가지는 매우 낮게 뻗쳐 있어 필립은 그것을 타고 높이 올라가 놀던 생각이 불현듯 떠올랐다.
"네게는 작은 방이 알맞을 거야. 혼자 자도 무섭지 않겠지?"
"네, 안 무서워요."
필립이 처음 이곳에 왔을 때는 유모와 함께였으므로 캐리 부인은 거의 소년과 마주하지 않았다. 그러나 지금은 조금 걱정스러운 듯이 그를 바라보며 물었다.
"손은 씻을 수 있겠지? 내가 대신 씻겨 줄까?"
"혼자 씻을 수 있어요."
필립은 자신 있게 말했다.
"그럼 차 마시러 내려오면 내가 보아 주마."
그녀는 어린아이에 대해 아무것도 아는 것이 없었다. 필립이 이곳 블랙스테이블에 오기로 결정되었을 때 캐리 부인은 그를 어떻게 다룰지 여러 가지로 생각해 보았다. 그녀는 큰어머니로서의 의무를 다하려고 마음먹었다. 그러나 막상 만나고 보니 필립이 큰어머니에게 그러하듯이 그녀도 서먹함을 느낄 수밖에 없었다. 남편이 거칠고 시끄러운 애들을 싫어한다는 것을 생각할 때 필립은 그러지 않기를 바랐다. 부인은 볼일이 있다며 내려가더니 곧 다시 돌아와 방문을 노크하고 밖에 서서 혼자 수돗물을 틀 수 있겠느냐고 물었다. 그리고 아래층으로 내려가자 시간을 알리는 벨을 울렸다.

넓고 잘 조화된 식당은 양쪽에 창문이 있고 붉고 묵직한 커튼이 드리워져 있었다. 한가운데에는 식탁이 있고 방 한쪽에는 큰 거울이 달려 있었으며 값져 보이는 마호가니 찬장도 놓여 있었다. 벽난로 양옆에는 의자 두 개가 놓여 있는데 모두 덮개가 씌워져 있었다. 그 가운데 팔걸이가 달린 안락의자는 '남편'이라 부르고, 팔걸이가 없는 다른 하나는 '부인'이라 불렀다. 부인은 너무 편한 의자는 좋아하지 않는다고 말했다. 사실 늘 좀 분주한 그녀가 안락의자에 앉게 된다면 좀처럼 거기서 떠날 생각이 나지 않을 것이다.

필립이 들어왔을 때 캐리 씨는 불을 피우고 있었다. 그는 부젓가락 두 개를 조카에게 보여 주었다. 하나는 크고 윤이 나는 새것인데 '목사'라는 이름이고, 또 하나는 작고 자주 불에 들어갔던 것으로 '목사보'라는 이름이 붙어 있었다.

"무엇을 기다리는 거요?"

"메어리 앤더러 달걀 요리를 하라고 했어요. 여행 뒤에는 시장하실 것 같아서요."

캐리 부인은 별로 여행 경험이 없었지만 런던에서 블랙스테이블까지 오가려면 퍽 힘들 것이라고 생각했다. 목사의 봉급은 1년에 겨우 3백 파운드밖에 되지 않았다. 그래서 남편이 휴가 여행을 떠날 때에도 둘이 함께 갈 돈의 여유가 없어 목사 혼자만 가게 되는 것이었다. 남편은 교파대회(敎派大會)에 참석하는 것을 매우 즐겨서 보통 1년에 한 번씩은 런던에 갔고, 박람회 관람차 파리에도 한 번 다녀왔으며 스위스에도 두세 번 간 일이 있었다. 메어리 앤이 달걀을 가져왔으므로 모두 식탁에 둘러앉았다. 의자가 필립에게는 너무 낮아 한참 동안 캐리 씨도 부인도 어떻게 해야 좋을지 몰랐다.

"책을 의자에 놓아 주어야겠어요."

메어리 앤이 말했다.

그녀는 오르간 위에서 커다란 성경책과 목사가 늘 읽는 기도서를 집어 들고는 필립이 앉을 의자에 놓았다.

"이것 봐요, 윌리엄! 성경책 위에 앉힐 순 없어요. 서재에서 다른 책을 가져오도록 하세요."

놀란 목소리로 캐리 부인이 말했다.

캐리 씨는 이 말을 듣고 잠시 생각하더니 말했다.

"메어리 앤, 한 번쯤은 기도서 위에 앉혀도 괜찮을 거야. 기도서는 우리와 같은 사람이 만든 거니까. 그건 하느님께서 만드신 것은 아니니까."

"아, 난 그 생각은 미처 못 했어요."

부인이 말했다.

필립은 그 책 위에 앉았다. 목사는 기도를 드린 다음 달걀 윗부분을 도려냈다.

"자, 먹고 싶으면 이걸 먹어도 좋아."

그는 필립에게 그것을 주면서 말했다.

필립은 달걀 하나를 통째로 주길 바랐으나 그러지 않았으므로 별수 없이 그것이라도 받았다.

"나 없는 동안에 닭이 알을 잘 낳았소?"

목사가 물었다.

"아뇨, 아주 좋지 못했어요, 하루 한두 개가 고작이었어요."

"필립, 그 달걀 맛 어떠냐?"

큰아버지가 물었다.

"아주 맛있어요, 고맙습니다."

"주일날 오후에 또 하나 주마."

캐리 씨는 언제나 일요일 차 시간이면 저녁 예배 때 기운을 내려고 으레 삶은 달걀을 하나씩 먹었다.

5

필립은 앞으로 함께 살아갈 사람들에 대해 조금씩 알게 되었고, 처음부터 자기에게 들려주기 위한 것은 아니라며 그들이 나누는 이런저런 이야기 속에서 자기 자신에 대해, 또 돌아가신 부모님에 대해 많은 것을 알게 되었다.

필립의 아버지는 블랙스테이블의 목사인 큰아버지보다도 훨씬 나이가 적었다. 성 누가 병원 과정을 우수한 성적으로 마친 다음 정식 의사가 된 그는 꽤 많은 돈을 벌어들이게 되었으나, 번만큼 활달하게 썼다. 목사인 형이 교회의 재건을 계획하고 그에게 기부를 부탁했을 때도, 2백 파운드의 큰돈을 보내 주어 오히려 형을 놀라게 한 일도 있었다. 본디 인색한 데다가 눈앞의 경제적 사정으로 절약을 거듭해 오던 캐리 씨로서는 퍽 복잡한 심정으로 그 돈을 받아들였다. 물론 교회를 위해서는 그지없이 즐거운 일임에는 틀림없었으나, 그만한 금액을 내놓을 수 있는 아우의 처지가 부럽기도 하고, 생색이나 내는 듯한 그의 대범한 행위에는 어쩐지 막연한 반감조차 느꼈다.

그리고 아우는 자기 환자 가운데 한 사람, 미인이고 훌륭한 집안 출신이기는 하나 무일푼인 데다가 당장 몸 붙일 친척도 제대로 없는 고아 처녀와 결혼하고 말았다.

그 결혼식에는 쟁쟁한 인사들이 모여들었다. 목사 자신도 런던으로 나오면 으레 그녀를 찾기는 했으나 내심 서먹한 마음이었다. 괜스레 조심스러울 뿐만 아니라, 은연중에 그 화려한 미모에 어쩐지 반감이 들기도 했기 때문이다. 어떻든 바쁜 외과 의사의 아내로서 그녀가 입고 있는 옷은 지나칠 정도로 사치스러웠다. 눈부신 가구류나 겨울철에도 꽃에 파묻혀 산다는 것은 아무리 보아도 한숨이 저절로 나올 정도로 지나친 사치임에 틀림없었다.

그녀가 초대받는 연회에 대한 이야기도 들었다. 집에 돌아와 그가 아내에게 말한 것이지만 초대를 받았으면 그만한 인사가 뒤따르는 게 아닐까! 식당에는 줄잡아 1파운드에 8실링은 주어야 살 수 있는 값진 포도주가 있고, 점심때에는 아스파라거스가 나오기도 했는데 그것은 목사관 정원에서 재배되는 것보다도 두 달이나 이른 것들이었다. 한데 그가 미리부터 걱정해 오던 사태가 오자, 목사는 자기의 충고를 받아들이려 하지 않은 도시가 불과 유황에 타고 있는 것을 바라보는 예언자(창세기 19:24)와도 같은 만족감을 맛보았던 것이다.

가엾게도 현재 필립은 무일푼이나 다름없는 처지다. 죽은 어머니의 훌륭했던 친구들이 지금에 와서 무슨 소용이란 말인가. 죽은 아버지의 낭비가 실로 엄청났다는 뒷공론이 있었다. 어쨌든 이 아이의 사랑하는 어머니를 하느님께서 그 팔에 받아들이기를 응낙하신 것은 실로 하늘의 자비라고 할 수밖에 없다. 그녀는 금전 문제에 대해서는 어린아이보다도 생각이 못한 여자였으니까.

필립이 블랙스테이블에 도착한 지 꼭 일주일 되던 날, 큰아버지를 몹시 불안하게 만든 일이 일어났다. 어느 날 아침 식탁 위에 조그마한 소포 한 개가 놓여 있었다. 그것은 런던에 있는 돌아가신 어머니가 살던 집에서 부쳐온 것인데 수신인이 어머니로 되어 있었다. 뜯어보니 그 속에서 어머니 사진 열 장이 나왔다. 머리에서 어깨까지의 상반신 사진이었는데 머리를 앞이마에 늘어뜨리고 여느 때보다 수수하게 손질했으므로 평상시 그녀와는 달라 보였다. 얼굴은 여위고 초췌하였으나 어떤 질병도 그녀의 아름다움을 해칠 수는 없었던 모양이다. 그녀의 크고 검은 눈에는 필립도 미처 생각해 낼 수 없었던 슬픔이 서려 있었다. 캐리 씨는 이 죽은 제수의 사진을 보자 다소 놀라운 감정을 금할 수 없었지만, 이 감정은 곧 의아심으로 변하고 말았다. 대체 누가 이 사진을 주문했는지 알 수 없었던 것이다.

"필립, 너 이 사진에 대해 무슨 말 들은 적 있니?"

"그러고 보니 어머니가 사진 찍었다고 하시는 걸 들은 것 같아요. 그래서 윗킨 아주머니에게 꾸중을 들었죠. 제가 자란 뒤에 무언가 기념이 될 만한 물건을 남기고 싶다 하셨어요."

캐리 씨는 순간 필립을 힐끗 바라보았다. 어린아이는 높고 맑은 소프라노로 지껄이고 있었다. 어머니의 말을 기억하고는 있었지만, 그 말의 뜻을 알 도리가 없었다.

"한 장만 네가 갖도록 해라. 나머지는 내가 간직해 둘 테니까."

그는 그중 한 장을 윗킨에게로 보냈다. 얼마 안 있어 그녀에게서 편지가 와 사진 찍은 그때의 사정을 알아낼 수 있었다.

어느 날 캐리 부인은 침대에 누워 있었는데, 여느 때보다 기분이 좋았다. 의사의 태도도 그날은 한결 희망적으로 보였다. 엠마는 아이와 함께 나간 듯했고 하녀들은 지하실에 내려가고 없었다. 갑자기 캐리 부인은 절망적인 고독감에 사로잡혔다. 분만 예정일은 2주일 앞으로 다가왔는데, 혹시나 회복하지 못하진 않을까, 하는 무서운 예감이 그녀를 엄습했다. 아들의 나이는 이제 겨우 아홉 살, 그 나이로 어떻게 나를 기억해 내겠는가. 다 자란 뒤 자기를 잊어버릴 텐데, 그래도 모두 잊게 된다면 어떻게 된단 말인가. 생각만 해도 몸서리쳐지는 일이었다. 연약하고 불구이므로, 아니 내 아들이므로 뜨겹게 사랑해 왔던 것이다. 결혼한 뒤로 사진이라고는 한 번도 찍어 본 적이 없었다. 그것은 이미 10년이 지난 먼 옛날의 일이 아닌가. 그녀는 자신의 마지막 모습이나마 아이에게 남기고 싶었다. 그러면 아이도 엄마를 잊어버리지 않을 것이다. 적어도 모두 잊어버리는 일은 없을 것이 아닌가. 그러나 하녀를 부르면 분명 못 일어나게 하고 의사를 불러 댈 것이 틀림없었다. 그녀에게는 지금 하녀와 다툰다든가 입씨름을 한다든가 할 기력이 없었다. 그녀는 침대에서 몸을 일으켜 옷을 갈아입기 시작했다. 병석에 너무 오래 누워 있었으므로 다리에 힘이 빠져 맥없이 부들부들 떨렸고, 발바닥이 저려서 마룻바닥을 밟기조차도 힘들 지경이었다. 그러나 단념하지 않았다. 제 손으로 머리 손질을 해 본 일이 없었으므로, 두 팔을 높이 쳐들어 머리를 빗자니 현기증 같은 것을 느꼈다. 하녀의 솜씨를 도저히 따를 수가 없었다. 그녀는 몹시 가늘고 짙은 금빛의 아름다운 머리칼을 넉넉히 가지고 있었다. 눈썹은 곧고도 검었다. 치마는 검은 것을 고르고 보디스(부인용 윗옷)는 그녀가 가장 아끼던 야회복으로 했다. 그 무렵 한창 유행하던 흰빛의 다마스크로 만든 바로 그 보디스였다. 거울에 비친 자신의 모습을 물끄러미 들여다보았다. 얼굴빛은 창백했으나 살결은 아름다웠다. 언제나 창백한 얼굴빛이었기에 입술의 붉은 빛깔이 더욱 돋보이고 있었다. 그녀는 북받쳐 오르는 울음을 누를 길이 없었다. 이제는 슬픔을 억누를 이유도 없다. 벌써 지칠 대로 지쳤다. 지난해 크리스마스에 헨리가 선물로 준 모피 외투—그녀의 크나큰 자랑이고 또한 그 시절은 얼마나 행복하기만 했던가—를 두르고 가슴을 죄면서 살짝 계단을 내려왔다. 무사히 집을 빠져나와 사진관으로 마차를 달렸다. 사진 열두 장 값을 치렀다. 촬영 시간을 못 견뎌 물을 한 컵 얻어 마셔야 할 형편이었다. 촬영 조수는 병세가 심각한 것을 알고 뒷날 다시 찍도록 권했으나 그녀는 그냥 찍겠다며 고집을 부렸다. 사진관에서 나와 그 조그마하고 음침한 켄싱튼의 집으로 돌아왔으나 그녀는 그 집이 참으로 보기 싫었다. 이 집에서 죽는다고 생각하니 몸이 오싹해졌다.

집으로 돌아오니 현관문이 열려 있었다. 마차가 가까이 이르자 엠마와 하녀가 층계에서 달려내려와 그녀를 부축했다. 텅 빈 방을 보고 그들은 몹시 당황했던 모양이다. 처음엔 윗킨의 집으로 갔나 해서 요리사를 찾으러 보내기도 했다. 윗킨은 그 요리사와 함께 달려와 걱정하면서 응접실에서 기다리고 있다가, 그녀가 마차에서 내리는 것을 보자 야단을 쳤다. 그렇지 않아도 심한 긴장이 환자의 체력을 몹시 소모시키고 있던 터라, 긴장이 풀리자 그녀는 그만 정신을 잃고 말았다. 엠마의 팔에 몸을 내맡긴 채 2층으로 온 그녀는 한동안 의식을 잃고 있었다. 급히 의사를 부르러 보냈으나 의사는 이내 오지 않았다. 그 이튿날 겨우 좀 회복되었을 즈음, 비로소 윗킨은 자초지종을 물어보았다.

필립은 그때 어머니 병실에서 놀고 있었으나 두 여인은 그의 존재를 의식하지 못했다. 그녀들이 주고받는 이야기를 어렴풋이 이해는 했으나, 다음과 같은 말을 왜 지금도 또렷이 기억하는지는 자신도 알 수 없었다.

"저 애가 큰 뒤에 나를 기억할 만한 것을 남겨 주고 싶었어요."

캐리 씨는 다음과 같이 자기 의견을 말했다.

"왜 열두 장씩이나 주문했는지 도무지 이해가 가질 않아. 두 장이면 충분했을 텐데."

6

목사관에서는 날마다 단조로운 생활이 이어졌다. 아침을 먹고 나면 곧 메어리 앤이 〈타임스〉를 가져왔다. 캐리 씨는 이웃 몇 집과 어울려 구독하고 있었다. 10시부터 1시까지 그가 읽고 나면 정원사가 라임즈의 엘리스 씨에게 넘겨주는데, 그는 7시까지 읽고, 그 다음에는 영주의 저택에 살고 있는 부룩스 양에게 전달했다. 제일 늦게 읽는 대신 그녀에게는 신문을 갖는다는 특전이 부여되어 있었다. 여름철에 캐리 부인이 잼을 만들 때면 곧잘 찾아와, 항아리에 덮으려 하는데 한 장만 줄 수 없느냐고 얻어갈 때도 있었다. 캐리 씨가 정신없이 읽는 동안 큰어머니는 보닛을 쓰고 쇼핑을 나갔다. 그때마다 필립이 동행하기 마련이었다.

블랙스테이블은 보잘것없는 어촌이다. 이 마을 큰길가에는 상점, 은행, 병원, 그리고 석탄선(石炭船) 소유주들이 살고 있었다. 항만 기슭에는 보잘것없는 길이 몇 개나 있었으며 거기에 어부와 빈민들이 모여 살고 있었다. 그러나 그들은 거의 비국교도(非國敎徒)였으므로 관심 밖이었다. 만일 한길에서 비국교 교회파 사람들과 마주치게 되면, 캐리 부인은 일부러 딴 방향으로 몸을 피하거나 그럴 여유조차 없을 때는 땅바닥만을 내려다보고 걸었다. 거리에는 이런 비국교파 교회당이 셋이나 있었는데 캐리 씨는 도저히 용납 못할 수치라며 공격을 서슴지 않았다. 이런 비국교 교회당은 법이 개입하여 그 설립을 방지하는 것이 옳다고 생각한 것이다.

블랙스테이블에서는 쇼핑도 그리 쉬운 일이 아니었다. 왜냐하면 교구 교회가 마을에서 2마일이나 떨어져 있어 여기에 비국교 교회파가 꽤 판을 치고 있기 때문이었다. 그리고 물건을 사들인다 하더라도 반드시 교회에 나오는 사람들의 가게에서 사야만 했다. 캐리 부인은 목사님 단골 가게라는 사실이 그 상인들의 신앙과 중대한 관계가 있음을 너무나 잘 알고 있었다.

교회에 나오는 정육점 주인이 두 사람 있었다. 그들은 목사님이 한꺼번에 두 집을 단골로 삼을 수 없다는 사정을 이해하려 들지 않았다. 더구나 반년은 이쪽 가게와, 나머지 반년은 저쪽 가게와 거래한다는 캐리 씨의 고충 섞인 계획에도 만족하지 않았다. 교회에 고기를 납품 못하는 쪽은 으레 교회에 나오지 않겠다는 위협적 태도로 나오므로, 때에 따라서는 목사 자신도 본의 아닌 위협을 가할 수밖에 없는 형편이었다. 교회에 나오지 않겠다는 것은 말도 안 되는 소리다, 만약 당신이 죄를 뉘우칠 줄 모르고 정말로 비국교파 교회당에 다닌다면 당신 정육점 고기가 아무리 좋다 해도 영영 거래가 끊기고 말 것이라는 식이었다.

캐리 부인은 자주 은행에 들러, 성가대장이자 경리이며 이 지방 교구 위원인 조사이어 그레이브즈 씨에게 말을 전할 때가 많았다. 그는 코가 긴 편이고 혈색이 좋지 못하며 후리후리한 키에 여윈 몸집이었다. 머리가 백발이어서 필립의 눈에는 몹시 늙은 것처럼 보였다. 그는 교회 회계를 도맡아 보고 성가대나 학교의 소풍을 계획하기도 했다. 교구 교회에는 비록 파이프 오르간은 없었지만, 그가 지도하는 성가대는 켄트 지방에서 가장 뛰어나다고 정평이 나 있었다. 견신례(堅信禮)에 주교가 온다든가, 추수 감사절에 지방 교회 감사가 온다든가 하는 따위의 모든 행사 때 필요한 준비 절차는 그의 손을 거쳐서 이루어졌다. 그와 같은 상황이었으므로 가끔 목사와 형식적이나마 상의도 없이 온갖 일을 제멋대로 처리해 버려 노력을 덜어 주기는 했으나, 목사는 이 교구 위원의 지나친 독선에는 못내 아니꼬움을 느껴온 터였다. 그는 자기가 이 교구에서 제일가는 인물이라고 자처하는 모양이었다. 캐리 씨는 조사이어 그레이브즈가 조심하지 않고 이대로 계속해 나간다면 언제 한번 단단히 혼을 내주어야겠다고 여러 차례 자기 부인에게 말해왔다. 그러나 부인은 참아야 한다고 늘 남편에게 충고했다. 그가 악의로야 그러겠느냐, 신사는 못 된다 할지라도 어디 그게 그 사람만의 잘못이겠느냐고 입버릇처럼 이야기했다. 목사는 기독교도로서의 덕행을 쌓는 일에서 보람을 찾고 있었으므로 참고 견디기는 하였으나, 뒤에서는 그를 비스마르크(독재자라는 뜻)라는 별명으로 불러 울분을 풀고 있었던 것이다.

한번은 두 사람 사이에 큰 싸움이 벌어진 일이 있었는데 캐리 부인은 지금도 그때 일을 생각하면 몸이 떨렸다. 어느 날 보수당 입후보자 한 사람이 블랙스테이블에서 유세하겠다고 말해 오자 조사이어 그레이브즈 씨는 강연장을 '미션 홀'로 정한 다음, 캐리 씨를 찾아와 그날 몇 마디 인사를 해달라고 부탁했다. 그런데 아무래도 후보자는 조사이어 그레이브즈에게 사회를 맡아달라고 부탁했던 모양이었다. 일이 이렇게 되고 보니 목사로서는 도저히 참을 수가 없었다. 성직자의 사회적 지위라는 점에 있어서는 확고한 신념이 있었으며, 적어도 목사가 참석한 집회에서 교구 위원이 사회를 맡아 보다니, 너무나 우스꽝스러운 일이었다. 그는 그레이브즈에게 교구 목사는 어디까지나 주요 인물을 뜻한다, 즉 교구에서는 제1인자임에 틀림없다고 역설했다. 조사이어도 이에 맞서, 교회의 권위는 어디까지나 인정하는 바이나 이번 문제는 정치적 문제가 아니냐, 또 전능하신 구세주도 시저의 것은 시저에게 돌리라 하지 않았느냐며 오히려 역습을 해 왔다. 이 말에 지고 있을 목사가 아니었다. 악마가 자의로 성경 구절을 인용하는 수도 있지 않겠느냐고 반박하면서, 미션 홀의 전 관리권은 자기 소관이니, 자신이 사회를 맡지 못할 바에는 정치적 집회로 사용하는 것을 단호히 거절한다고까지 하였다. 조사이어 그레이브즈도 마침내 그렇다면 좋을 대로 하라고 하면서 웨슬리교파 예배당을 정치적 집회에 사용하면 그만이 아니겠느냐고 맞섰다. 하지만 캐리 씨에게도 할 말은 있었다. 만일 한 걸음이라도 사교도(邪敎徒)의 사원이나 다름없는 그곳에 들어가는 날이면 그때는 이미 그리스도 교회의 위원을 맡아 볼 자격이 없어지고 말 것이라고. 그리하여 마침내 조사이어 그레이브즈는 그의 모든 직분을 그만두고서 그날 밤 사람을 시켜 법의를 돌려보내고 말았다. 한편 집안일을 맡아 보는 그의 누이동생 그레이브즈 양 또한 어머니회의 서기직을 그만두고 물러나 버렸다. 캐리 씨는 이제는 내 세상이 되었다고 말했지만, 얼마 안 가 자기로서는 처리하기 어려운 여러 잡무를 도맡아 보아야 한다는 사실을 알게 되었다. 한편 조사이어 그레이브즈도 처음의 흥분이 가라앉자 무언가 인생의 가장 큰 관심사를 잃어버리고 만 느낌이 들었다.

캐리 부인과 그레이브즈 양은 이 싸움에 크게 상심하여 몇 차례 편지를 주고받은 뒤, 두 사람이 만나 사태를 수습하기로 결심했다. 이리하여 한 사람은 남편을, 한 사람은 오빠를 아침부터 밤까지 설득했는데, 사실 두 신사는 한결같이 속으로 바라던 것을 설득 당했으므로 3주일의 불화 끝에 화해가 이루어졌다. 그것은 두 사람의 이익과 들어맞는 일이었으나 그들은 '구주 예술에 대한 공통된 사랑으로 인하여'라고 했다. 유세는 물론 미션 홀에서 거행되었고 사회는 그 마을 의사가 맡았으며, 캐리 씨와 그레이브즈 씨는 두 사람 다 한 차례씩 연설했다.

캐리 부인은 은행가 조사이어 그레이브즈와의 볼일을 끝마치면 언제나 2층으로 올라가 그의 누이동생과 쓸데없이 지껄였는데, 두 여인이 나누는 화제는 교구 문제와 목사보에 대한 것이 아니면 윌슨 부인의 새로 산 모자―윌슨 씨는 블랙스테이블에서는 제일가는 부자이고, 1년 수입이 5백 파운드나 되는데, 부인이란 사람은 바로 그 집의 요리사였다―에 대한 것 따위였다. 그들이 얘기를 주고받는 동안 필립은 손님이 있을 때만 쓰는 딱딱한 분위기의 응접실에 얌전히 앉아, 쉬지 않고 헤엄쳐 다니는 어항 속의 금붕어만 열심히 들여다보았다. 창문은 아침에 환기할 때 몇 분간만 열어 놓아서 숨막힐 듯한 냄새가 풍겼는데, 필립에게는 그것이 마치 은행업과 어떤 신비한 관계가 있는 것처럼 생각되었다.

그러다 캐리 부인이 갑자기 식료품점에 갈 일이 생각나면 두 사람은 다시 걸었다. 쇼핑이 끝나면 그들은 작은 목조 건물들이 쭉 늘어선 골목길로 들어선다. 거기는 어부들이 사는 지역인데, 문 앞 층계에 어부들이 앉아 그물 손질을 하고 있고 문에는 어망을 펴놓아 말린다. 이 골목길을 지나면 좁다란 해안으로 나오게 되는데, 양편에 창고가 가득 들어서 있어도 바다는 바라볼 수 있었다. 캐리 부인은 한참 동안 우뚝 서서 바다를 내려다보았다. 혼탁한 누런 빛깔의 바다였다(도대체 무슨 생각이 캐리 부인의 가슴속에 오가고 있는지). 필립은 납작한 돌을 물에다 던져 튀기며 놀았다. 그리고 두 사람은 천천히 걸음을 옮겼다. 정확한 시간을 알아보기 위해 우체국 안을 들여다보고, 창가에서 뜨개질하는 위그램 부인에게 인사하고 집으로 돌아왔다.

점심시간은 1시였다. 월·화·수요일에는 구운 쇠고기, 다진 고기 요리, 엷게 썬 고기 요리가 나오고, 목·금·토요일에는 양고기가 나왔다. 일요일에는 집에서 기르는 닭을 잡았다. 오후는 필립의 공부 시간으로 정해져 있어 라틴어와 수학을 큰아버지에게서 배웠는데 사실 큰아버지 자신도 이 두 과목에는 자신이 없었다. 프랑스어와 피아노는 큰어머니의 지도를 받았다. 큰어머니도 프랑스어는 잘 몰랐지만, 피아노는 그녀가 과거 30년간 불러온 노래의 반주 정도는 할 수 있었다. 큰아버지 말에 따르면 그가 목사보이던 시절에 큰어머니는 노래를 열두 가지쯤 외고 있어서 청하기만 하면 그 자리에서 부를 수 있었다고 한다. 지금도 목사관에서 티 파티가 열릴 때면 큰어머니는 곧잘 노래를 불렀다. 목사 부부가 초청할 만한 사람은 별로 많지 않아 모임에 참석하는 사람은 언제나 목사보, 조사이어 그레이브즈 오누이, 마을 의사, 위그램 부부로 정해져 있다시피 했다. 티 파티가 끝나고 그레이브즈 양이 멘델스존의 《가사 없는 노래》 가운데에서 한두 곡 연주하면, 캐리 부인이 〈제비가 고향으로 떠나는 계절〉 아니면 〈달려라 망아지야〉 따위의 노래를 불렀다.

캐리 씨 부부는 티 파티를 자주 열지 않았다. 준비만 하는 데도 정신을 못 차릴 정도로 힘든 일이었으므로 손님들이 돌아간 뒤면 두 사람 다 녹초가 되어 버리고 말았다. 대개 둘이서만 차를 마시고 그 시간이 끝나면 같이 주사위 놀이를 했다. 부인은 남편이 이기도록 마음을 썼다. 남편은 승부욕이 무척 강했기 때문이다. 8시에는 냉육(冷肉)으로 저녁식사를 했다. 메어리 앤은 차 시간 뒤에는 움직이기를 싫어하여 찌꺼기 음식을 먹었고 캐리 부인이 설거지까지 도와주었다. 캐리 부인은 여느 때와 같이 버터 바른 빵 한 조각과 익힌 과일을 조금 먹고, 큰아버지는 냉육을 한 조각 먹었다. 저녁식사가 끝나면 캐리 부인은 기도 시간을 알리는 벨을 울렸고, 얼마쯤 있다 필립은 침실로 갔다. 그는 메어리 앤이 옷을 벗겨 주는 것이 싫어서 마침내 옷을 벗고 입는 일은 자기 자신이 하도록 습관을 들였다. 9시에는 메어리 앤이 달걀을 바구니에 넣어 가지고 들어왔다. 캐리 부인은 달걀 하나하나에 날짜를 쓰고 장부에 적어 두었다. 그리고 그녀는 바구니를 팔에 끼고 2층으로 올라갔다. 캐리 씨는 그냥 눌러앉아 한동안 오래된 책을 읽다가, 시계가 10시를 알리면 램프 불을 끄고 아내의 뒤를 따라 침실로 갔다.
 필립이 처음 왔을 때, 어느 날 밤에 목욕시키는가를 결정하는 일로 한참 옥신각신했다. 보일러가 잘 돌지 않아 물을 충분히 데우기가 쉽지 않았기 때문이다. 하루에 두 사람 이상 목욕탕에 들어간다는 것은 거의 불가능한 일이었다. 블랙스테이블에서는 윌슨 씨 집에만 목욕탕이 있는데, 이것으로도 그는 허영심이 많다는 뒷공론을 들었다.
 메어리 앤은 주방에서 월요일 날 저녁에 목욕하는데 그것은 한 주일을 깨끗한 몸으로 시작한다는 생각에서였다. 윌리엄 큰아버지는 토요일에 목욕할 수는 없었다. 벅찬 일이 내일로 닥쳐 있는데 목욕을 하면 지친다는 것이다. 그래서 금요일에 하기로 결정했다. 그와 똑같은 이유에서 캐리 부인은 목요일로 정했다. 그래서 자연스럽게 토요일에는 필립이 하게 될 줄로 알았는데, 뜻밖에 메어리 앤이 불평하고 나섰다. 토요일 밤에 계속 불을 피워야 한다는 것도 귀찮은 일이지만, 일요일에 필요한 파이 같은 요리도 만들어야 하니 도저히 도련님 목욕물 시중까지 할 수 없다는 것이었다. 더구나 필립은 혼자서 목욕할 수가 없었다. 캐리 부인은 사내아이를 목욕시키기는 겸연쩍다고 하고, 목사 자신은 설교 준비가 있는 실정이고 보니, 필립을 돌보아 줄 사람이라고는 아무도 없었다. 그래도 주님의 날을 맞기 위해 필립의 몸만은 깨끗이 해야 한다고 캐리 씨는 강경하게 주장했다. 또 메어리 앤은 지금보다 더 일이 늘어난다면 차라리 그만두겠다고 했다.
 18년이나 일해 온 마당에 새 일이 또 생기리라고는 꿈에도 생각지 못했으니, 일하는 사람의 처지도 좀 헤아려 달라는 것이었다. 그러자 필립은 혼자서 목욕할 수 있으니 아무도 상관 말아 달라고 딱 잘라 말했다. 이래서 일은 끝났다. 그러자 메어리 앤이 다시 말하기를, 도련님은 제대로 목욕할 줄 모를 테니 차라리 자기 몸이 피곤해지는 한이 있더라도 토요일에 상관없이 필립을 돌보겠다고 나섰던 것이다.

7

 일요일은 여러 일로 온종일 바쁘게 지내야 하는 날이었다. 캐리 씨는 교구에서 일주일에 이레 동안 사무만 보는 사람은 자기밖에 없을 것이라고 푸념했다. 식구들은 여느 날보다 반 시간 일찍 일어났다. "가난뱅이 목사는 휴일에도 아침 잠 한번 제대로 못 자나!" 정각 8시에 메어리 앤이 노크하면 식구들은 이렇게 투덜거렸다. 옷 갈아입는 시간이 오래 걸리는 캐리 부인은 9시에야 겨우 아침식사를 하러 내려왔다. 가볍게 숨을 몰아쉬면서 남편보다 조금 먼저 들어서는 것이다. 캐리 씨의 장화가 난로 앞에 세워져 있는 것은 따뜻하게 하기 위해서였다. 아침 기도가 어느 때보다 길고 식사도 실속 있게 분량이 많았다. 아침식사가 끝나면 목사는 성찬용 빵을 얇게 썰었다.

뻣뻣하게 굳어진 빵껍데기를 잘라내는 것은 언제나 필립의 의무였다. 끝나면 서재에 가서 대리석 문진을 가져온다. 캐리 씨는 그것으로 빵을 꽉 누르고, 얇게 밀어 다시 작은 네모꼴로 썰어 놓았다. 분량은 날씨에 따라 달라졌다. 날씨가 나쁘면 교회에 나오는 사람 수가 엄청나게 줄어들게 마련이고, 날씨가 좋은 날은 사람들이 많이 모이기는 하지만 성찬 시간까지 남아 있는 사람은 별로 많지 않았다. 교회로 오는 길이 알맞게 말라 걷기에 좋고, 그러면서도 급히 서둘러 집으로 돌아가고 싶을 정도로 좋은 날씨가 아닌 날에 사람 수가 가장 많았다.

이윽고 캐리 부인이 식기실의 찬장에서 성찬용 큰 쟁반을 꺼내오면 캐리 씨가 그것을 영양 가죽으로 닦았다. 10시가 되면 전세 마차가 왔다. 캐리 씨는 장화를 신는다. 캐리 부인이 보닛을 쓰는 데 시간이 5~6분은 걸리므로, 그동안 캐리 씨는 헐렁헐렁한 외투를 입고 현관에서 기다렸다. 초기의 그리스도교 순교자가 막 투기장으로 끌려 나가기 직전의 그런 광경이었다. 결혼한 지 30년이나 되었는데도 일요일 아침에 그의 아내가 시간 맞춰 준비하지 못한다는 것은 실로 어처구니없는 일이었다. 이윽고 검은 공단 옷차림의 부인이 나타났다. 캐리 씨는 언제 어디서든 목사의 아내가 빛깔이 요란한 옷을 입는다는 사실을 탐탁히 여기지 않았으므로 일요일만은 반드시 검은색을 입기로 작정해 두었다. 가끔 미스 그레이브즈와 짜고 보닛에 흰 깃털 장식을 달거나 분홍빛 장미라도 한 송이 달게 되면 목사는 당장에 떼어 버리라고 야단이 났다. 그런 '부정한 여자'와 함께 교회에 가는 일은 절대 있을 수 없다는 것이 그의 한결같은 주장이었다. 캐리 부인도 여자이므로 한숨은 짓지만, 으레 아내로서 복종했다. 마차에 몸을 싣고 막 떠나려는 순간, 뒤늦게 목사는 아무도 그에게 달걀을 주지 않았다는 사실을 깨달았다. 목소리를 좋게 하기 위해 달걀을 먹어야 한다는 일쯤은 식구가 다 알고 있는 일, 게다가 여자가 둘이나 있는 집에서 아무도 그를 생각하는 사람이 없었다니. 큰어머니는 메어리 앤을 꾸짖고, 메어리 앤은 자기가 신이 아닌 이상 어떻게 하나에서 열까지 다 정신 차리겠느냐며 대꾸했다. 그녀는 만사를 제쳐놓고 황급히 달걀을 가지러 뛰어갔다. 셰리주 잔에 달걀을 깨뜨려 큰아버지는 그것을 쭉 들이켰다. 성찬용 큰 쟁반이 마차에 실렸다. 자, 이제 출발이다.

마차는 '레드 라이온' 점포에서 빌린 전세 마차인데, 썩은 짚내 같은 어떤 독특한 냄새가 심하게 풍겼다. 그러나 목사가 감기에 들지 않도록, 마차는 양쪽 창문을 꼭 닫은 채로 달려갔다. 교회 잡역부가 현관에서 성찬이 든 큰 쟁반을 받아들었다. 목사가 법의실(法衣室)에 들어가 있는 동안 캐리 부인과 필립은 가족석에 앉았다. 캐리 부인은 자기 앞에 6펜스짜리 은화를 내놓았다. 언제나 쟁반에 넣는 헌금이었다. 같은 용도로 쓰일 3펜스짜리 은화 한 개를 필립에게도 주었다. 사람들이 하나씩 모여들기 시작하면 곧 예배가 시작되었다.

설교 도중에 필립은 싫증이 나기 일쑤였다. 조금이라도 안절부절못하는 기색이 보이면 큰어머니는 그의 팔을 상냥하게 쓰다듬으며 그러면 못 쓴다는 듯이 노려보았다. 그러나 마지막 찬송가가 시작되고 쟁반을 가지고 돌아다닐 무렵이면 그는 다시 흥미를 되찾았다.

사람들이 모두 돌아가 버리면, 캐리 부인은 그레이브즈 양에게 가서 남자들이 나올 때까지 잡담을 나누었다. 그동안 필립은 법의실에 가보았다. 큰아버지와 목사보와 그레이브즈 씨도 법의를 입은 채로 있다가 그에게 남은 빵을 주면서 먹어도 좋다고 말했다. 버린다는 것은 하느님께 죄스러운 마음이 들어 자기가 먹어 왔었는데, 요즘은 필립의 왕성한 식욕 덕분에 그런 일에서 벗어날 수 있었다. 헌금 셈이 시작되었다. 1페니짜리 동전, 6펜스짜리 은화에 3펜스짜리 은화가 뒤섞여 있었다. 그런데 그 속에는 언제나 1실링짜리 은화 두 개가 섞여 있는데 한 개는 캐리 씨가, 또 한 개는 그레이브즈 씨가 넣은 것이었다. 그 밖에 때로는 플로린 은화가 섞여 있는 경우도 있었다. 그레이브즈 씨는 누가 넣었는가를 목사에게 보고한다. 그것이 언제나 이 고장 사람은 아니어서, 대체 어떤 사람일까 의아해한다. 그레이브즈 부인은 그 민첩한 행동을 주의 깊게 살핀 끝에, 돈을 헌납한 사람은 런던 출신으로, 결혼하여 아이들이 있다는 사실을 캐리 부인에게 알린다. 마차로 돌아오는 길에 캐리 부인이 그 정보를 전하자 캐리 씨는 한번 방문하여 목사보 연합회에 기부를 청하리라 결심한다. 그런 다음 캐리 씨는 필립이 오늘 얌전했었는지를 물어보고, 캐리 부인은 위그램 부인이 새 외투를 입고 왔다는 것과 콕스 씨가 예배에 결석했고, 필립 양이 약혼했다고 알려 주는 사람이 있었다는 것 따위를 이야기한다.

이윽고 목사관에 닿으면, 모두가 넉넉한 오찬을 먹을 권리가 있는 것 같은 마음이 들었다. 점심이 끝나면 캐리 부인은 방으로 들어가 푹 쉬고 캐리 씨도 응접실 안락의자에 누워 한동안 낮잠을 잤다. 5시에 차를 마시고 그는 저녁 예배를 위해 달걀 한 개를 또 먹었다. 메어리 앤을 대신 보내고 부인은 집에 있게 되지만 그 대신 기도서를 읽고 찬송가를 부르는 일만은 잊지 않았다.

밤에는 큰아버지도 걸어서 교회로 갔다. 필립도 절뚝거리면서 그와 나란히 걸었다. 밤의 시골길은 그에게 형언할 수 없는 깊은 인상을 안겨 주었고, 등불을 환히 켜놓은 교회의 건물이 멀리 보이다가 차차 가까워지면 무척이나 정다운 마음이 들었다. 처음에는 큰아버지와 함께 가는 일이 부끄러운 듯했으나 차차 익숙해지자 이제는 큰아버지의 손을 꼭 잡고 느긋한 마음으로 걸을 수 있게 되었다.

귀가해서는 곧 저녁식사를 했다. 난로 앞 발판 위에는 큰아버지의 슬리퍼가 놓여 있고, 바로 곁에 필립의 것도 놓여 있었다. 한 짝은 아주 작은 어린아이 신발이고 또 한 짝은 보기 흉하게 일그러져 있었다. 필립은 잠자리에 들 무렵이면 아주 지쳐 메어리 앤이 옷을 벗겨도 마다하지 않았다. 그녀는 그를 담요로 감싸고 살며시 키스해 주었다. 그는 메어리 앤이 조금씩 좋아지기 시작했다.

8

필립은 언제나 외톨이로 고독한 생활을 해왔으므로, 목사관에서의 쓸쓸함도 어머니가 살아 있을 때와 그다지 다르지 않았다. 그는 메어리 앤을 친구처럼 여기게 되었다. 어부의 딸인 메어리 앤은 서른다섯 살이었으며 뚱뚱하고 키가 작았다. 그녀가 이 목사관에 온 것은 열여덟 살 되던 해였다. 이곳이 그녀의 첫 일자리며 또한 그녀는 이곳을 떠날 생각도 하지 않았다. 그러나 가끔 결혼 이야기를 꺼내 겁 많은 주인 부부를 놀라게 했다. 그녀는 밤이면 아버지 어머니가 사는 항구 밖 조그마한 집에 가기도 했다. 그녀가 들려주는 바다 이야기는 필립의 공상의 날개를 마음껏 펴게 했고 항구의 좁은 골목들은 어린 공상이 낳는 로맨스로 물들었다.

어느 날 밤 필립은 큰아버지와 큰어머니께 메어리 앤과 함께 그녀의 집에 놀러가도 좋으냐고 물었다. 그러나 큰어머니는 그가 혹시 점잖지 못한 것을 배우지나 않을까 염려했고, 큰아버지도 잘못된 교제가 반듯한 품행을 그르칠까 걱정해 반대했다. 그는 성질이 거칠고 사나우며 비국교파 교회당에 다니는 어부들을 몹시 싫어했던 것이다. 그러나 필립은 식당에 있을 때보다는 부엌에 있는 편이 더 마음 편했다. 그는 시간만 나면 장난감을 가지고 부엌으로 갔다. 큰어머니도 그것을 나쁘게 생각지는 않았다. 난잡한 것을 좋아하지는 않는 부인은 사내아이가 있으면 으레 집안이 지저분해진다고 생각해, 그럴 바엔 차라리 부엌에서 노는 편이 나으리라 여겼던 것이다.

필립이 소란을 피우면 큰아버지는 곧 마음이 초조해져서 필립이 학교에 갈 나이가 넘었다는 것을 이야기했다. 그러나 캐리 부인은 필립이 학교에 가기에는 아직 어리다고 생각했다. 그녀는 이 부모 잃은 아이에게 마음이 쏠렸으나 애정을 얻으려는 방법이 너무나 서툴러서, 수줍은 이 어린아이는 큰어머니의 그런 사랑에 늘 무뚝뚝하게 반응했다. 그래서 그녀는 또 마음이 상하곤 했다. 때로 부인이 부엌에서 들려오는 필립의 유쾌한 듯한 웃음소리에 이끌려 그리로 가면 필립은 곧 웃음을 뚝 그쳤고, 메어리 앤이 필립이 웃은 까닭을 설명하면 그는 겸연쩍은 듯이 낯을 붉히곤 했다. 캐리 부인은 무엇이 우스운지 알지도 못한 채 억지웃음을 지을 수밖에 없었다.

"여보, 필립은 우리와 함께 있는 것보다 메어리 앤과 같이 있는 것이 더 즐거운가봐요."

바느질감을 붙잡으며 그녀는 남편에게 말했다.

"그 아이는 가정교육을 잘못 받았어. 교육을 단단히 받아야 해."

필립이 이곳에 와서 두 번째 되는 일요일, 작은 사고가 일어났다. 캐리 씨는 평상시와 같이 점심을 먹고 낮잠을 자러 응접실로 갔으나 기분이 좋지 않아 도무지 잠을 이룰 수 없었다. 그날 아침 조사이어 그레이브즈 씨가, 캐리 씨가 성단에 꾸며 놓은 촛대에 강경하게 반대했던 것이다. 그 중고품 촛대는 그가 캔터베리에서 사온 것인데 썩 보기 좋다고 생각해 왔다. 그런데 조사이어 그레이브즈는 그 촛대가 가톨릭적 취미라고 하지 않는가! 이런 식의 비난을 캐리 씨는 견딜 수 없었다.

그는 에드워드 매닝이 영국 국교로부터의 분리로 종결을 맺은 종교 운동을 일으켰을 때 옥스퍼드 대학에 있었고, 로마 교회에도 어느 정도 호감이 있었다. 또한 블랙스테이블의 일반 교회 교구에서 흔히 하는 것보다 좀더 예배 장식을 화려하게 하고 싶었으며 은근히 로마 가톨릭교회의 성가 행렬이나 촛불 장식을 동경했던 것이다. 다만 향불을 피우는 것만은 반대해 왔다. 그리고 그는 프로테스탄트라는 말을 싫어하여 그 자신을 가톨릭교도라고 부르기까지 했다. 가톨릭교도는 또 하나의 형용사를 덧붙여 로마가톨릭교도라 불러야 한다고 했다. 영국 국교는 더할 나위 없이 완전하고 가장 고귀한 뜻에서의 가톨릭교라는 것이었다.

그는 깨끗이 면도한 자기 얼굴이 사제다운 풍모를 갖췄다고 생각해 기뻐했으며, 또 젊었을 때의 금욕주의적 풍채가 여전히 남아 있는 것을 좋아했다. 언젠가 그는 휴가를 받아 돈을 절약하기 위해 부인을 동반하지 않고 프랑스 불로뉴에 간 일이 있었다. 어느 날 가톨릭교회에 앉아 있으려니까 사제가 와서 설교를 청했다. 그 사제는 캐리 씨도 사제인 줄 알았던 것이다. 캐리 씨는 이 이야기를 가끔 자랑삼아 했다.

그는 부목사가 결혼하게 되면 해임시켜 버렸다. 아직 성직록(聖職祿)을 받지 않는 성직자는 모두 독신이어야 한다는 견해를 고집했던 것이다. 그러면서도 언젠가 선거 때 자유당원들이 그의 정원 울타리에 푸른 글씨로 커다랗게 '이 길은 로마로 통한다'고 써놓았을 때는 크게 노하여 블랙스테이블의 자유당 지도자들을 제소하겠다고 날뛰었다. 그는 조사이어 그레이브즈가 무어라고 지껄이든 간에 절대로 그 촛대를 성단에서 치워 버리지 않겠다고 굳게 결심했다. 그러면서 성난 듯 한두 번 중얼거렸다.

그때 별안간 시끄러운 소리가 들려왔다. 얼굴에 덮였던 손수건을 벗기고, 누워 있던 소파에서 벌떡 일어난 그는 식당으로 갔다. 필립이 식탁에 올라앉아 있었고 주위에 온통 장난감 더미가 흩어져 있었다. 어마어마하게 큰 성을 쌓았는데 토대가 잘못되어 성이 우렁찬 소리를 내며 무너져 버렸던 것이다.

"나무토막을 갖고 뭘 하는 거냐, 필립? 주일날 장난을 해서는 안 된다는 것쯤이야 알고 있겠지?"

필립은 겁먹은 눈초리로 큰아버지를 쳐다보며 언제나 그렇듯이 얼굴이 새빨개졌다.

"집에서는 주일날에도 늘 놀았는데요."

그는 대답했다.

"아니다, 너희 엄마가 이렇게 나쁜 짓을 하도록 내버려 두었을 리가 없다."

필립은 그것이 나쁜 짓이란 것을 몰랐으나, 만일 그렇다면 엄마가 그런 나쁜 일을 하도록 내버려 두었다고 인정받기는 싫었다. 그는 고개를 푹 숙인 채 아무 대답도 하지 않았다.

"넌 주일날에 장난하는 것이 아주 나쁜 일이라는 것을 모르고 있구나. 왜 안식일이라 부르는지 아니? 오늘 저녁엔 교회에 가야 하지 않아? 넌 오후에 하느님의 율법을 어기고 어떻게 저녁에 하느님 앞에 나갈 수 있겠니?"

캐리 씨는 곧바로 나무토막을 죄다 치워 버리라고 호통치고는 필립이 그것을 치우는 동안 그 자리에 가만히 서서 지켜보았다.

"넌 아주 말썽꾸러기로구나. 천당에 계신 엄마가 슬퍼하실 것을 생각해 봐라."

필립은 울고 싶었으나 본디 남에게 눈물을 보이기 싫어하는 성질이었으므로 쏟아져 나오려는 눈물을 애써 참았다. 캐리 씨는 안락의자에 앉아 책장을 억지로 넘기기 시작했다. 필립은 창가에 서 있었다. 목사관은 캔터베리로 가는 큰길을 등지고 있었는데 식당에서 반원형의 조그마한 잔디밭이 내다보였다. 그 너머로 지평선 저쪽까지 푸른 들판을 바라볼 수 있었다. 들판에서는 양 떼가 풀을 뜯고 있었다. 하늘은 쓸쓸한 잿빛이었다. 필립은 끝없는 불행을 느꼈다.

이때 메어리 앤이 차를 가지고 들어왔다. 루이자 큰어머니도 2층에서 내려왔다.

"한잠 주무셨어요?"

그녀가 물었다.

"아니, 필립이 어찌나 시끄럽게 떠들어 대는지 조금도 못 잤어."

목사는 대답했다.

그는 자기 자신의 생각 때문에도 잠을 이루지 못했으므로 이 말은 정확하다고는 할 수 없었다. 필립은 침울한 표정으로 듣고 있었다. 그는, 단지 한 번 시끄러운 소리를 냈을 뿐인데 왜 소리가 나기 전에도 그 뒤에도 잠을 이루지 못했을까 생각해 봤으나 도무지 이유를 알 수 없었다. 캐리 부인이 이유를 묻자 목사는 사실을 말했다.

"글쎄, 그러고도 잘못했다는 말은 한마디를 하지 않는구려."

그는 이렇게 말끝을 맺었다.

"어머 필립, 넌 잘못했다고 생각지 않니?"

캐리 부인은 필립이 큰아버지에게 필요 이상으로 나쁘게 보일까 걱정하며 말했다.

필립은 아무런 대답도 하지 않았다. 다만 버터 바른 빵을 우물우물 먹기만 했다. 왜 잘못했다는 말이 하기 싫었는지 그 자신도 알 수가 없었다. 귀가 윙윙거리고 울고 싶은 마음이었으나 말은 한마디도 나오지 않았다.

"그렇게 얼굴을 찡그리고 기분 나빠할 건 없다."

캐리 씨가 말했다.

모두 입을 다문 채 차를 마셨다. 캐리 부인은 가끔 필립을 힐끔 훔쳐보았으나 목사는 애써 그를 무시했다. 큰아버지가 교회 갈 준비를 하려고 위층으로 올라가자 필립도 현관으로 나가 모자를 쓰고 코트를 입었다. 그러나 큰아버지가 내려와서 그에게 이렇게 말했다.

"오늘 밤은 가지 않아도 좋다. 넌 하느님 집에 발을 들여놓을 만한 마음의 준비가 되어 있지 않아."

필립은 아무 말도 하지 않았다. 크나큰 굴욕을 느꼈다. 얼굴이 새빨개졌다. 가만히 서서 큰아버지가 챙 넓은 모자를 쓰고 커다란 외투를 입는 모습을 보고 있었다. 캐리 부인은 다른 때와 같이 남편을 문 앞까지 배웅하러 나갔다. 그리고 필립을 향해 말했다.

"필립, 걱정 마라. 다음부턴 다시 장난하지 말고. 그러면 큰아버지가 밤에 교회에 데려가실 게다."

그녀는 필립의 모자와 외투를 벗기고 식당으로 데려갔다.

"나와 둘이서 기도문을 읽고 오르간에 맞춰 찬송가를 부르자. 어때, 좋지?"

필립은 단호하게 머리를 가로저었다. 캐리 부인은 놀랐다. 저녁 예배를 함게 드리는 것조차 싫다고 하다니, 대체 어찌해야 좋다는 말인가?

"그럼 큰아버지가 돌아오실 때까지 뭘 할까?"

필립이 겨우 입을 열었다.

"혼자 있고 싶어요."

"필립, 넌 왜 그런 말을 함부로 하니? 큰아버지도 나도 모두 너 하나만 위해 준다는 걸 모르니? 내가 싫으니?"

"싫어요! 죽어 버렸으면 좋겠어요!"

캐리 부인은 순간 숨이 콱 막혔다. 멈칫할 만큼 그것은 심한 말투였다. 더는 할 말이 없었다. 그녀는 남편 의자에 주저앉았다. 그녀는 아이를 못 낳은 여자였다. 그것이 틀림없는 신의 뜻이라는 것을 알면서도, 그녀는 때로 귀여운 어린아이의 얼굴을 대하면 마음이 저려왔다. 그러니만큼 이 오갈 데 없는 절름발이 필립을 애써 사랑하려는 마음, 그리고 역시나 애정을 갈망하는 듯한 그의 마음을 생각하니 그만 슬픔이 복받쳐 이윽고 눈물이 한 방울 한 방울 뺨을 타고 흐르기 시작했다. 필립은 넋을 놓고 바라봤다. 그녀는 손수건을 꺼내더니 더 참지 못하고 울음을 터뜨렸다. 그러자 갑자기 그는 알아차렸다. 큰어머니가 자신의 말 때문에 울고 있다는 것을. 그렇게 생각하니 미안한 마음이 들었다. 그는 잠자코 다가가 살그머니 키스했다. 마음이 내켜 한 첫 키스였다.

머리를 묘하게 틀어 올리고 검정 공단으로 휘감은, 본디 몸집이 작은 큰어머니는 지금 한결 더 작아 보이고 얼굴빛마저 파리해져서 그를 꼭 껴안고 숨이 끊어질 듯이 흐느껴 우는 것이었다. 그러나 그 눈물은 어쩌면 행복의 눈물이기도 했다. 둘 사이의 스스러움이 단번에 사라진 것 같은 기쁨이었다. 오늘까지 괴로워해 왔다는 그 이유로 이제 오히려 새로운 애정으로 사랑할 수 있었다.

9

다음 일요일, 캐리 씨는 언제나 하는 것처럼 낮잠을 자려고 응접실로 갈 채비를 하고 있었고—그의 생활은 모든 게 규칙적이었다—캐리 부인도 2층으로 올라가려고 할 때였다. 필립이 별안간 물어왔다.

"놀면 안 되니까 전 뭘 할까요?"

"단 하루도 가만히 앉아 있을 수 없겠니?"
"차 시간까지 가만히 앉아 있을 수가 있어야죠."
 캐리 씨는 창 너머로 밖을 내다보았다. 바깥은 쌀쌀하고 차가웠으므로 차마 밖으로 나가라고까지는 할 수 없었다.
"음, 좋은 수가 있다. 오늘의 기도문을 외어라."
 그러면서 그는 기도할 때 쓰는 기도서를 오르간 위에서 가져다가 책장을 넘겨 필요한 대목을 찾아냈다.
"길지는 않다. 만약 차 마시는 시간까지 안 틀리고 외면 달걀을 주마."
 캐리 부인은 필립의 의자를 식당 테이블 앞에 갖다 놓고—그때는 이미 필립에게 높은 의자를 사주었다—필립 앞에 기도서를 놓았다.
"빈둥거리는 사람에겐 악마가 일을 찾아 주게 마련이거든."
 캐리 씨가 말했다.
 그리고 뒤에 차 시간이 됐을 때 기분 좋게 타오르도록 난로에 석탄을 더 넣고서 응접실로 들어가 버렸다. 그는 옷깃을 풀어 젖히고 쿠션을 늘어놓은 다음 소파에 편안하게 드러누웠다. 큰어머니는 응접실이 조금 춥겠다 생각했는지 홀에서 담요를 가져다가 그의 다리를 덮고 발까지 곱게 감싸 주었다. 그리고 태양 빛살이 눈에 닿지 않도록 커튼을 쳤는데, 그때는 남편이 이미 눈을 감고 있었으므로 그대로 살그머니 까치발로 걸어 나왔다. 캐리 씨도 오늘만은 마음의 평정을 얻었던 터라 10분 뒤에는 깊은 잠이 들게 되었다. 코 고는 소리가 조용하게 들려왔다.
 주현절로부터 8주일째 되는 주일날이었다.
 그날의 기도문은 다음과 같은 말로 시작되었다.
"아버지시여, 당신의 아드님을 이 세상에 보내사 악마의 헛된 장난을 쳐부수게 하시옵고, 영원토록 생명의 후사(後嗣)되게 하시니, 아버지시여." 필립은 이 기도문을 한번 쭉 훑어보았다. 뜻을 조금도 알 수 없었다. 그는 소리 내어 읽어 보았다. 단어 하나하나가 거의 낯설 뿐만 아니라 구문 자체도 이상하게 생각되어 두 줄도 못 읽어 그만 막혀 버렸다. 그러자 끊임없이 주위가 흩어져 버렸다. 목사관 담에는 손질 잘된 과일나무가 늘어서 있었는데 가끔 그 긴 나뭇가지가 유리창을 두드렸다. 정원 저쪽 들판에서는 양 떼들이 풀을 뜯고 있었다. 머릿속에 응어리라도 생긴 듯한 기분이었다. 도저히 차 시간까지 외우지 못할 것 같다고 생각하니 갑자기 두려워졌다. 빠르고 나직한 목소리로 몇 번이나 계속해서 외어 보았다. 그 뜻을 이해하려고도 하지 않았다. 그냥 앵무새처럼 머릿속에 억지로 집어넣었다.

그날 오후 캐리 부인은 잠을 이루지 못했다. 4시까지 뜬눈으로 있다가 아래층으로 내려왔다. 제발 필립이 기도문을 다 외어 남편 앞에서 한마디 실수도 없이 암송해 주면 얼마나 좋을까 하는 마음이 간절했다. 그러면 남편은 틀림없이 기뻐할 것이다. 그리고 아이의 마음이 비뚤어지지 않았다는 사실도 함께 인정받을 수 있으리라. 그러나 캐리 부인이 식당 안으로 막 들어서려는 순간, 별안간 걸음을 멈추게 할 정도로 요란한 소리가 들려왔다. 깜짝 놀란 그녀는 발길을 돌려 밖으로 나왔다. 집을 돌아 식당 창문으로 안을 들여다보았다. 아니나 다를까, 필립은 자기가 앉혀 놓은 의자에 그대로 앉아 있었으나 머리를 책상에 댄 채 두 팔에 얼굴을 파묻고 숨이 끊어질 듯 울고 있었다. 경련을 일으킨 듯 어깨가 들먹거렸다. 캐리 부인은 가슴이 덜컥 내려앉았다. 그녀는 이제까지 이 아이가 무척이나 침착하다고만 느껴왔다. 우는 것을 한 번도 본 적이 없었다. 이제 보니 그의 냉정함은 남에게 감정을 내보이길 부끄러워하는 본능에서 온 것이었다. 숨어서 울었을 것이 틀림없다.

갑자기 깨우는 것을 남편이 싫어한다는 것도 잊어버리고 그녀는 응접실로 달려 들어갔다.

"여보, 여보, 아이가 숨이 끊어질 것처럼 울고 있어요."

캐리 씨는 일어나 다리에 걸쳤던 담요를 벗어던졌다.

"무슨 울 일이라도 있었소?"

"잘은 모르겠지만, 여보…… 그래도 아이를 울게 해서는 안 되잖아요. 우리가 뭘 잘못했을까요? 우리에게도 아이가 있다면 다루는 방법을 알 텐데."

캐리 씨는 난처한 듯한 얼굴로 부인을 쳐다보았다. 어쩔 수 없지 않느냐는 듯한 표정이었다.

"설마, 고작 기도문 암송하랬다고 우는 건 아닐 테지. 열 줄도 안 되는 건데……"

"여보, 그림책이라도 갖다 주면 어떻겠어요? 팔레스타인 그림책이 있을 텐데요. 그거라면 나쁘지 않겠죠?"

"암, 좋아, 좋고말고."

캐리 부인은 서재로 들어갔다. 서적 수집은 캐리 씨의 유일한 취미이기도 했다. 캔터베리에 들를 때면 으레 한두 시간은 고서점에 있었다. 그리고 돌아올 때는 곰팡내 나는 책을 네댓 권은 사들고 오는 것이었다. 그렇다고 다 읽은 것은 결코 아니다. 책 읽는 습관은 이미 오래전에 버렸다. 삽화라도 들어 있으면 그것을 보고, 그리고 책장이 떨어지려고 하면 곱게 매만져 놓는 일만이 낙이었다. 비가 오는 날을 가장 좋아했다. 양심의 가책 없이 집에 있을 수 있어 오후에는 달걀 흰자위와 아교 냄비를 가져다가 떨어진 4절 판본의 러시아 가죽을 수선하면서 심심찮게 시간을 보낼 수 있었기 때문이다. 동판화가 들어 있는 오래된 여행기도 많았다. 캐리 부인은 팔레스타인을 그린, 그런 여행기 두 권을 금방 찾아냈다. 문간에 이르자 필립에게 마음을 가다듬을 여유를 주기 위해 일부러 크게 기침했다. 울고 있는데 들어가면 무안해하지 않을까 하는 마음에서였다. 그런 뒤 커다란 소리를 내며 문손잡이를 돌렸다. 들어가 보니 필립은 운 흔적을 보이지 않으려고 두 손으로 눈을 가리면서 열심히 기도서를 읽고 있었다.

"기도문은 다 외었니?"

그는 얼른 대답하지 않았다. 그녀는 '자신이 없어서 아무 소리 못하는구나' 생각했다. 그녀로서도 좀 난처했다.

"욀 수가 없어요."

마침내 그는 흐느끼듯 말했다.

"뭐 괜찮아, 괜찮아요. 큰엄마가 그림책 갖고 왔다. 이리 와서 내 무릎에 앉아요, 같이 보게."

필립은 의자에서 미끄러져 내려와 절뚝거리며 그녀에게로 갔다. 그는 눈길을 내리깔고 눈물 자국을 안 보이려고 애썼다. 그녀는 살며시 그를 안았다.

"자, 봐요, 여기가 예수님께서 태어나신 곳이다."

그녀는 평평한 지붕이랑 둥그런 회당 지붕, 높은 첨탑이 늘어서 있는 동방 도시의 그림을 그에게 보여 주었다. 전경에는 종려나무 한 그루가 하늘 높이 솟았고, 그 그늘 아래에는 아라비아 사람 둘이 낙타 몇 마리와 함께 쉬고 있었다. 필립은 그림 속의 집들과 유목민들이 입은 헐렁한 옷을 마치 직접 손으로 만져 보려는 듯이 책장을 손으로 어루만졌다.

"이것 좀 읽어 주세요. 뭐라고 쓰여 있어요?"

캐리 부인은 조용한 목소리로 반대쪽 글을 읽기 시작했다. 그것은 1830년대의 여행가가 엮은 퍽 낭만적인 이야기였다. 저 유명한 바이런이나 샤토브리앙 바로 다음 세대의 사람들 눈엔 동방 세계가 어떻게 비쳤는가, 그것을 짐작케 하는 정취가 향기를 뿜어내고 있었다. 그러나 1, 2분도 채 못 가서 필립은 금방 이야기를 가로막았다.

"우리 다른 그림 봐요."

그때 메어리 앤이 들어왔다. 캐리 부인도 일어나 티테이블 준비를 거들기 시작하자, 필립은 책을 손에 들고 성급히 삽화를 찾았다.

차 마실 시간이라며 큰어머니가 겨우 책을 내려놓게 했다. 그는 기도문을 외던, 그 무서운 고통을 벌써 씻은 듯이 잊어버렸다. 운 일도 잊었다.

다음 날은 비가 왔다. 그는 또 그 책을 보고 싶다고 보챘다. 캐리 부인은 선뜻 넘겨주었다. 그녀는 언젠가 한 번 그의 장래에 대하여 남편과 상의한 일이 있었는데, 약속이나 한 듯이 부부가 똑같이 성직자가 되어 주기를 바란다는 사실을 알게 되었다.

따라서 지금 예수님의 출생으로 말미암아 성지(聖地)가 된 지방의 그림책을 그가 이다지도 열심히 보고 싶어 한다는 것은 참으로 좋은 징조처럼 생각되었다. 아이의 마음이 천성적으로 신앙의 길과 들어맞는 것같이 보이기도 했다. 한데 하루 이틀 지나자 그는 다른 책을 좀 보여 달라고 했다. 캐리 씨는 그를 서재로 데려가서 삽화가 든 책이 꽂힌 책장을 보여 주고, 로마에 대해서 쓴 책 한 권을 그에게 골라 주었다. 필립은 홀린 듯 읽어 나갔다. 그림을 보는 일이 새로운 즐거움이 되었다. 판화가 있는 바로 앞 페이지나 바로 뒤 페이지를 읽고 그것이 무슨 그림인가를 이해할 수 있게 됨에 따라 장난감에 대한 그의 흥미는 거의 없어졌다.

아무도 없을 때는 스스로 책을 꺼내게끔 되었다. 그리고 그에게 첫 인상을 준 것이 동방 도시 그림이었기 때문인진 모르나 그가 가장 흥미로워 한 것은 레반트(오늘의 시리아, 소아시아 등 지중해 연안 지방의 옛이름) 지방에 관한 책이었다. 이슬람교 사원이나 아름다운 궁전 등을 그린 그림을 보며 그의 마음은 흥분에 울렁거렸다. 특히 그 가운데에서도 콘스탄티노플에 관한 이야기를 쓴 것으로, 끝없이 그의 상상을 자극한 책이 한 권 있었다. 《만주랑기(萬柱廊記)》라는 제목의 책으로, 만주랑이란 요컨대 비잔틴의 물탱크를 말하는데, 사람들의 공상이 그것을 터무니없이 커다란 무언가로 만들어 버렸던 것이다. 그가 읽은 전설에 따르면, 그 어귀에는 언제나 작은 배 한 척이 매어져 있어 얼빠진 인간을 유혹해 데려갔고, 한번 암흑 속으로 들어간 길손들은 두 번 다시 돌아온 적이 없었다는 것이다. 필립은 기이하게 생각했다. 배는 기둥이 줄지어 늘어선 수로(水路)에서 수로로 영원히 노 저어 가고 있을까, 아니면 나중에 어떤 불가사의한 궁전에라도 가 닿을까 하고.

어느 날 그는 행운을 만났다. 레인이 번역한 《아라비안나이트》를 발견한 것이다.

처음에는 그 삽화에 매혹당하고, 다음에는 마법을 다룬 이야기에, 그리고 그 다음은…… 하는 식으로 다음에서 다음으로 읽어 나갔다. 마음에 드는 대목은 하루의 일과조차 잊은 채 몇 번이나 반복하여 읽었다. 식사 시간에도 두세 번 넘게 부르기 전에는 오지 않았다. 모르는 사이에 최고의 습관, 즉 독서의 습관을 몸에 붙였던 것이다. 그것이 모든 삶의 괴로움에서 벗어나는 도피처를 만들어 준다는 점 따위는 물론 몰랐으며, 또 이렇게 비현실적인 세계를 창조해 냄으로써 거꾸로 날마다의 현실 세계를 더욱더 쓰라린 환멸로 이끌어 간다는 사실도 몰랐다.

그러는 동안에 그는 다른 것도 읽기 시작했다. 그의 머리는 조숙한 편이었다. 큰아버지와 큰어머니는 그가 책에 열중하여 장난도 치지 않고 떠들지도 않는 것을 보고 그에 대해 더는 걱정하지 않았다. 캐리 씨는 장서가 너무 많아 자신도 모르는 책이 있을 뿐만 아니라, 때로 싸다는 이유만으로 사둔 허섭스레기 책이 있다는 사실 따위는 실제로 읽는 일이 거의 없었으므로 완전히 잊어버리고 있었다. 설교집이나 여행기, 성도(聖徒)・교부(敎父) 등의 전기나 교회사(敎會史) 사이에 섞여서 때로는 옛날 소설책 등도 나왔다. 필립은 끝내 그것을 찾아내었던 것이다. 우선 제목을 보고 골랐다. 맨 처음 읽은 것이 《랭카셔의 요마(妖魔)》였고, 다음은 《훌륭한 크라이튼》, 그 밖에도 숱하게 읽었다. 우선 첫머리가 험준한 산골짜기를 따라서 고독한 나그네 두 사람이 말을 타고 간다는 식으로 시작되면 틀림없이 재미있다는 것을 그는 경험으로 알았다.

여름이 왔다. 선원이었던 늙은 정원사는 그에게 해먹을 만들어 수양버들 가지에 매달아 주었다. 거기서 그 누구의 훼방도 받지 않고 그는 몇 시간이고 그야말로 홀린 듯이 책을 읽었다. 날이 흘러 7월이 되었고 8월이 왔다. 주일날 교회에는 낯선 사람이 부쩍 늘어났고, 헌금 액수가 2파운드로 오르는 일도 가끔 있었다. 이 기간에는 큰아버지도 큰어머니도 거의 바깥출입은 하지 않았다. 모르는 사람의 얼굴을 대하기가 싫었기 때문이다. 더욱이 런던에서 온 피서객들에게는 혐오의 눈길을 보내고 있었다. 바로 맞은편 집에는 6주일 간 계약으로 사내아이 둘을 거느린 피서객이 묵게 되었는데, 그 집에서 필립도 와서 함께 놀지 않겠느냐고 초청해 왔으나 캐리 부인은 정중하게 거절했다. 런던 아이들의 영향으로 필립이 나빠지지 않을까 그것이 걱정되었기 때문이다. 그는 장차 성직자가 될 아이다, 나쁜 습관에 물들게 해서는 안 된다, 그녀는 필립에게서 소년 사무엘(구약성서에 나오는 예언자)을 보고자 했던 것이다.

10

캐리 씨 부부는 필립을 캔터베리의 킹즈 스쿨에 보내기로 결정했다. 근처 성직자들은 모두 자녀들을 거기에다 넣었던 것이다. 전통 깊은 이 학교는 영국 대성당과 연관되어 있으며 교장은 대성당 명예 회원이었고 전 교장 가운데엔 부주교였던 인물도 있었다. 아이들은 여기서 성직자를 지망하도록 지도되었고 선량한 사람들이 일생을 하느님께 봉사하도록 교육되었다. 이 학교에는 또 예비교가 부설되어 있었는데 필립은 여기에 들어가게 되었다. 9월도 다 간 어느 오후의 일이다. 캐리 씨는 그를 데리고 캔터베리로 갔다. 그날 온종일 필립은 흥분했다기보다 차라리 겁에 질려 있었다. 그는 《소년신문》에서 읽은 이야기 말고는 학교생활에 대해 거의 아무것도 몰랐다. 《에릭 이야기》나 《차근차근히》 같은 것을 읽은 일은 있었다.

캔터베리에 도착해 기차에서 내렸을 때 필립은 걱정 때문에 속이 두근거렸다. 차를 몰아 거리로 가는 동안에도 파랗게 질려 말없이 앉아 있었다. 학교 정면에 있는 높은 담은 마치 감옥 같은 인상을 주었다. 담에 조그만 문이 있어 초인종을 누르자 문이 열렸다. 키가 작고 협수룩한 사나이가 나와 필립의 트렁크와 물건 넣은 상자를 받아들었다. 필립과 그의 큰아버지는 응접실로 안내되었다. 방 안에는 크고 보기 흉한 가구들이 빽빽하게 들어차 있고 똑같은 의자들이 위엄 있게 놓여 있었다. 그들은 교장이 나타나기를 기다렸다.

"윗슨 교장 선생님은 어떤 사람인가요?"
한참 뒤에 필립이 물었다.
"만나보면 알아."
다시 잠깐 침묵이 흘렀다. 캐리 씨는 왜 교장이 나타나지 않을까 이상스럽게 생각했다. 이윽고 필립은 큰맘 먹고 다시 입을 열었다.
"제 발이 굽었다는 걸 말씀드려야죠."
큰아버지가 미처 대답하기도 전에 문이 열리더니 윗슨 교장이 방 안으로 들어섰다. 필립에게는 그가 무서운 거인처럼 보였다. 넉넉히 6피트(약 180센티미터) 이상은 됨직한 키에 어깨가 넓고 손이 큼직하며 붉은 턱수염을 기른 당당한 남자였다. 우렁찬 목소리로 쾌활하게 이야기했는데 그 압도하는 듯한 쾌활함은 오히려 필립의 마음을 두렵게 했다. 그는 캐리 씨와 악수한 다음 필립의 조그마한 손을 잡았다.
"너 이 학교에 오니까 기쁘지?"
마치 고함치듯 큰 소리로 말했다. 필립은 얼굴이 새빨개졌다. 어떻게 대답할지를 몰랐던 것이다.
"몇 살?"
"아홉 살."
"아홉 살이에요, 라고 해야지."
큰아버지가 주의를 줬다.
"공부할 것이 아주 많다."
교장은 큰 목소리로 호탕하게 말했다.
필립에게 안도감을 주기 위해서인지 그는 그 우악스러운 손가락으로 필립을 간질였다. 필립은 부끄럽고 거북하여 몸을 움츠렸다.
"당분간 기숙사에 넣기로 합시다. 어때, 좋지? 뭐 기숙사래도 8명뿐이니까. 별로 낯설 것은 없을 거야."
그는 필립을 보고 말했다.
그때 문이 열리고 윗슨 부인이 들어왔다. 검은 머리를 한가운데서 곱게 갈라 빗고, 얼굴이 가무스레한 여자였다. 입술은 기이할 정도로 두텁고 코는 조그맣고 둥글었다. 눈은 크고 검었다. 보기만 해도 묘한 차가움을 느끼게 하는 여인이었다. 말하는 일이 거의 없고 더구나 웃는 일은 전혀 없었다.

교장은 먼저 캐리 씨를 소개하고 다음에 필립을 가만히 그녀에게 밀었다.
"헬렌, 이 아이가 이번에 새로 들어온 학생이야. 이름은 필립 캐리."
그녀는 말없이 필립의 손을 잡고 조용히 의자에 앉았다. 교장은 캐리 씨에게 필립은 얼마나 공부했으며 또 어떤 책을 읽어 왔는가를 차례로 물었다. 캐리 씨는 윗슨 씨가 너무 떠들썩하게 서두르는 바람에 당황하여 곧 자리에서 일어섰다.
"이제 필립은 선생님께 맡기고 저는 가봐야겠습니다."
"염려 마십시오. 우리에게 맡기고 가시면 걱정 없으실 겁니다. 잘 다뤄서 공부하게 할 테니까요. 그렇지, 필립?"
필립이 대답할 사이도 없이 그는 너털웃음을 터뜨렸다. 캐리 씨는 필립의 이마에다 키스하고는 돌아갔다.
"자, 날 따라와, 교실을 보여 줄 테니."
윗슨 씨는 우렁찬 목소리로 말했다.
그가 뚜벅뚜벅 응접실에서 걸어 나가자 필립은 절뚝거리며 서둘러 따라갔다. 마침내 그는 기다랗고 살풍경한 방으로 안내되었다. 이쪽 구석에서 저쪽 구석까지 닿는 긴 책상이 두 개 놓여 있고, 그 양편에 나무 벤치가 놓여 있었다.
"아직 아무도 없구먼. 자, 다음은 운동장. 나머지는 네 맘대로 보도록 해라."
윗슨 씨가 말했다.
그가 앞장섰다. 이윽고 세 면이 높은 벽돌담으로 둘러싸인 널따란 운동장으로 나왔다. 남은 한쪽은 철책인데 철책 너머로 넓은 잔디밭이 보이고 그 저쪽으로 왕립 학교 건물의 일부가 보였다. 조그마한 소년 하나가 자갈을 차면서 시름없이 걷고 있었다.
"얘, 베닝, 너 언제 돌아왔니?"
교장이 큰 소리로 소년에게 물었다.
소년은 가까이 와서 교장과 악수했다.
"새 친구가 하나 생겼다. 나이도 많고 키도 크니까 놀려서는 안 돼."
교장은 두 아이를 귀엽다는 듯이 번갈아 바라보았다. 그러나 그의 큰 목소리는 그들을 두렵게 할 뿐이었다. 그는 한바탕 껄껄 웃고는 가버렸다.

"너 이름이 뭐니?"

"캐리야."

"아버지는?"

"죽었어."

"흐음, 그럼 엄마가 몸을 씻어 주니?"

"엄마도 죽었어."

이렇게 하면 말을 붙일 수가 없어 상대방이 난처해하리라고 생각했으나 그 정도로 장난질을 그만 둘 베닝은 아니었다.

"그럼 그전엔 엄마가 씻어 줬겠구나?"

"응."

필립은 약간 화가 나서 아무렇게나 대꾸했다.

"그럼 너희 엄만 세탁부였구나?"

"아니야, 세탁부가 아냐."

"그럼 뭘 씻었다지?"

소년은 자기의 궤변이 성공했다는 기쁨으로 의기양양해졌다. 이윽고 그의 눈길이 필립의 다리에 머물렀다.

"너, 다리가 왜 그러니?"

필립은 본능적으로 그 다리를 감추려고 성한 다리 뒤로 숨겼다.

"난 절름발이야."

"왜 그렇게 됐니?"

"처음부터 그래."

"좀 보여 줘."

"싫어."

"그럼 좋아."

그렇게 말하면서 그 소년은 느닷없이 필립의 정강이를 힘껏 걷어찼다. 전혀 예기치 않았으므로 미처 막아낼 틈도 없었다. 아픔이 너무 심해 숨이 막힐 것만 같았다. 그러나 아픔보다 더한 것은 놀라움이었다.

그는 베닝이 왜 그렇게 찼는지 도무지 알 수가 없었다. 그렇다고 상대방의 눈두덩을 시퍼렇게 멍들게 해줄 마음의 여유도 없었다. 게다가 그는 자기보다 작은 것 같았다. 《소년신문》에서 읽은 바로는 자기보다 어린아이를 때린다는 것은 비겁한 짓이라고 했다. 필립이 아픈 정강이를 어루만지고 있을 때 저쪽에서 또 한 소년이 나타났다. 그러자 필립을 괴롭히던 베닝은 자리를 떠나 그쪽으로 갔다.

한동안 그들 두 소년은 필립에 대한 이야기를 하는 모양이었다. 필립은 그들이 자기 다리만 보는 것 같아 자꾸 신경이 쓰였다. 얼굴이 달아오르고 불쾌하기 짝이 없었다. 얼마 안 있어 다른 아이들도 왔다. 모두 열 명 남짓, 아니 그 이상 모여들었다. 그리고 저마다 방학 동안의 생활, 어디를 갔었다든가, 얼마나 재미있게 크리켓을 했나 하는 따위의 이야기를 늘어놓았다. 신입생도 몇 사람 왔다.

어느 사이엔가 필립은 이 신입생들과 이야기하고 있었다. 그러나 영 주눅이 들고 수치스럽기만 했다. 어떻게 좀 재미있는 이야기를 해 보고도 싶었으나 무슨 말을 할지 도무지 생각나지 않았다. 여러 아이들이 많은 질문을 해 왔는데, 그때마다 그는 진심으로 기꺼이 대답해 주었다. 그 가운데 하나가 크리켓을 할 줄 아느냐고 물었다.

"할 줄 몰라, 절름발이라서."

상대방은 갑자기 얼굴을 숙이고 새빨개졌다. 아픈 데를 건드려서 미안하게 여긴다는 것을 알 수 있었다. 마음이 약해서 사과하지도 못하는 모양으로, 안됐다는 듯이 필립의 얼굴을 보았다.

11

이튿날 아침, 필립은 기상을 알리는 종소리에 잠을 깨곤 깜짝 놀라 그의 침실을 둘러보았다. 그때 노랫소리가 들려왔다. 그제야 그는 비로소 거기가 어디인가를 생각해냈다.

"싱거, 일어났니?"

침실은 미끄러운 송판으로 칸막이를 하고 정면에는 녹색 커튼이 쳐져 있었다. 그때만 하더라도 통풍이라는 것을 거의 고려하지 않았으므로 창문은 열어 놓지 않았다. 아침에 기숙사 전체를 환기시킬 때 잠깐 열 뿐이었다.

필립은 일어나자 무릎을 꿇고 기도드렸다. 추운 아침이어서 몸이 제법 떨렸다. 그러나 일찍이 큰아버지에게서 아침 기도는 옷을 갈아입고 하기보다 잠옷을 입은 채 하는 것이 주님의 뜻에 합당한 것이라고 배웠다. 이것에 그는 그다지 놀라지 않았다. 자기는 하느님 아들이요, 더욱이 하느님은 기도하는 자의 아픔이나 괴로움을 반드시 알아주신다는 것을 조금씩 깨닫기 시작했기 때문이다. 기도를 마치고는 세수를 했다. 목욕탕 두 곳을 기숙생 50명이 써야 해서 목욕은 각각 일주일에 한 번 하는 꼴이었다. 여느 때는 세면대의 조그만 대야에서 하게 되는데 침대와 의자를 합친 이 세 가지가 각 침실의 전 재산이었다. 소년들은 옷을 갈아입으면서 떠들썩하게 이야기를 주고받았다. 필립은 열심히 귀를 기울였다. 종이 울리자 모두 아래층으로 내려갔다. 그들은 교실에 있는 두 개의 긴 책상 양편에 놓인 걸상에 앉았다. 이윽고 윗슨 교장이 부인과 심부름꾼들을 거느리고 들어와 함께 앉았다. 이어 자못 감동적인 태도로 아침 기도를 올렸는데, 낭랑한 큰 목소리로 읽어 나가는 기도문은 마치 소년들 하나하나에게 직접 무슨 위협이라도 하는 것같이 들렸다. 필립은 불안스러운 마음으로 듣고 있었다. 성서 낭독이 끝나자 심부름꾼이 떼지어 밖으로 나갔다. 잠시 뒤 그리 단정치 못한 젊은이 하나가 커다란 찻그릇을 나르고, 다음 차례로 버터 바른 빵을 무척 커다란 쟁반에 담아 가져왔다.

　필립은 음식에는 여간 까다롭지 않아 싸구려 버터를 마구 두껍게 바른 그 빵을 보자 먹기도 전에 속이 메스꺼워졌다. 다른 아이들을 보니 모두가 버터를 긁어내는 모양이었다. 그도 그렇게 했다. 애들은 모두 고기 통조림 따위를 통에 넣어 가지고 왔는데 그 가운데에는 '특별 회계'로 달걀이나 베이컨을 사 먹는 아이도 있었다. 결국 이것이 그대로 윗슨 교장의 수입이 되는 것이다. 필립에게도 그것을 먹게 하겠느냐고 미리 윗슨 교장이 캐리 씨에게 물어보았었다. 그는 아이의 버릇이 나빠져서는 안 된다고 잘라 말했었다. 윗슨 교장은 자기도 같은 의견이라면서, 한창 자라는 아이들에게는 버터 바른 빵보다 좋은 것이 없는데 세상에는 아이들의 어리광을 그대로 받아주는 부모들이 있어 그와 같은 요구를 해오므로 하는 수 없이 한다고 말했다.

　그러나 필립은 아무래도 이 특별 회계 여부에 따라 소년들에 대한 대우가 많이 달라지는 것 같아, 루이자 큰어머니에게 편지를 보낼 때 부탁해 보기로 했다.

　아침식사가 끝나자 학생들은 운동장으로 나갔다. 그리고 나니 통학생들이 모여들기 시작했다. 근처에 사는 성직자, 연대 본부의 장교들, 아니면 이 오랜 거리의 공장주, 실업가들의 자제였다. 이윽고 종이 울리자 모두 줄지어 교실로 들어갔다. 교실은 긴 방과 그것에 붙은 작은 방으로 이루어져 있었다. 큰 교실은 두 평교사가 각기 양쪽 끝을 쓰게 되어 있었는데, 이것이 2학년과 1학년이었다. 작은 교실은 윗슨 교장 자신이 썼는데, 그는 3학년을 가르쳤다. 본교에 부속된 예비 학교였으므로 졸업식이나 공문 보고서에는 그 호칭을 각기 초등 상급, 초등 중급, 초등 하급 식으로 정해 놓았다. 필립이 입학한 것은 바로 끝 반인 초등 하급반이었다. 목소리가 유쾌한 선생님은 붉은 얼굴이었고 이름이 라이스라고 했다. 그는 매우 재미있게 가르쳐 아이들은 시간 가는 줄도 모를 정도였다. 11시 15분 전에 모두가 10분 쉬는 시간으로 밖에 나가게 되었을 때 필립은 놀라서 눈이 휘둥그레졌다.

학생들은 우르르 몰려 운동장으로 나갔다. 신입생을 한가운데 모여 서게 하고 다른 학생들은 양편 담가에 늘어섰다.

'돼지잡기 놀이'를 시작할 참이었다. 상급생들이 담에서 담으로 달리면 그것을 신입생들이 붙잡았다. 만약 붙잡히면, '하나, 둘, 셋, 자아, 나는 돼지 다리다'라는 기묘한 말을 외치고, 붙잡힌 아이도 술래가 되어 공격과 수비의 순서를 바꿔 아직 잡히지 않은 사람을 잡는 일을 돕게 된다. 필립은 순간 한 소년이 자기 옆을 달려가는 것을 보고 잡아 보려고 애썼으나 절뚝이는 다리로는 무리였다. 이것을 기회로 아이들은 필립이 맡은 구역으로 우르르 몰려들었다. 바로 그때였다. 한 소년이 기발한 생각이라도 한 듯 필립의 흉한 걸음걸이를 흉내내기 시작했다. 소년들은 "와아" 하고 웃음을 터뜨렸다. 그리고 이번에는 모두 일제히 그 소년을 흉내내면서 필립의 주위를 깔깔대고 까불면서 흉물스럽게 절름대며 뒤따랐다. 이 새로운 못된 장난에 그들은 좋아서 어쩔 줄 모르며 숨이 막힐 정도로 재밌어했다. 그때 그중 하나가 필립의 다리를 걸어 쓰러뜨렸다. 그는 언제나 그렇듯이 엉덩방아를 찧으며 나자빠져 무릎을 다쳤다. 그가 일어나자 그들은 더욱 소리 높여 웃어댔다. 그러다 또다시 누군가가 뒤에서 필립을 밀었다. 만약 다른 하나가 잡아 주지 않았더라면 그는 영락없이 또 쓰러지고 말았을 것이다. 필립의 다리를 놀리느라 놀이고 뭐고 모두 잊어버린 꼴이 됐다. 다시 한 아이가 이상스럽게 몸을 뒤흔들면서 절름발이 흉내를 냈는데, 그 모양이 어찌나 우스웠던지 끝내 몇 소년은 땅 위에 뒹굴면서 숨넘어가는 소리로 웃어댔다. 필립은 완전히 기가 질렸다. 왜 모두 자기를 놀리는지 알 수 없었다. 심장은 고동이 멎을 정도로 뛰었다. 흉내를 내고 웃어대며 모두가 주위를 뛰어다니는 동안 그는 바보처럼 서 있었다. 어서 잡아 보라고 저마다 소리를 질러도 그는 움직이지 않았다. 더 이상 달리는 모습을 보이기가 싫었다. 그는 울지 않으려고 죽을힘을 다해서 참았다.

그때 종이 울렸다. 모두 줄을 지어 교실로 들어갔다. 필립의 무릎은 피가 어리고, 옷은 먼지투성이 수세미가 되었다. 이 새롭고 신기한 놀이에 모두가 흥분하여 한참은 라이스 선생도 반을 수습할 수가 없었다. 필립은 아직도 한두 소년이 다리를 보고 있는 것을 알아차리고 얼른 다리를 의자 아래로 들여놓았다.

오후에는 모든 반이 축구를 하러 갔다. 그러나 윗슨 교장은 점심 뒤에 문어귀에서 필립을 부르더니 물었다.

"캐리, 넌 축구를 못하겠지?"

필립은 머뭇거리며 얼굴이 새빨개졌다.

"네, 선생님."

"그렇겠지. 하지만 그래도 운동장에는 나가는 편이 좋을 거야. 그 정도는 걸을 수 있겠지?"

필립은 운동장이 어디 있는지조차 몰랐다. 그럼에도 이렇게 대답해 버렸다.

"네, 선생님."

소년들은 라이스 교사가 인솔해 갔는데 라이스 선생은 필립이 운동복으로 갈아입지 않은 것을 보고 왜 입지 않았느냐고 물었다.

"교장 선생님이 하지 않아도 좋다고 말씀하셨어요."

"왜?"

소년들은 그를 어느새 에워싸고 이상스러운 듯이 바라보고 있었다. 필립은 수치심으로 가슴이 터질 것만 같아 아무 말 없이 아래만 내려다보고 있었다. 대신 다른 소년들이 대답했다.

"개는 절름발이에요, 선생님."

"음, 그래?"

라이스 선생은 아직 젊었다. 겨우 1년 전에 교사가 된 사람이었다. 그는 순간 당황하고 말았다. 본능적으로 사과를 해야 한다고 생각했으나 멈칫거리다가 때를 놓쳤다. 그래서 불쑥 퉁명스러운 말씨가 되었다.
"너희 뭘 기다리고 있어? 출발이다, 출발."
그 가운데에는 이미 떠난 아이들도 있었다. 남은 아이들도 둘셋씩 짝을 지어 걷기 시작했다.
"너도 같이 가는 게 좋을 거야. 길을 모르지?"
필립은 뒤늦게야 선생님의 친절을 깨닫고 울음이 복받쳤다.
"하지만 선생님, 전 빨리 걷질 못해요."
"그럼, 선생님도 천천히 걸을 테니 같이 가자꾸나."
라이스 선생은 빙그레 웃으면서 말했다. 불그레한 얼굴의 매우 평범한 청년이었지만, 상냥히 말을 걸어 준 이 선생에게 필립은 저도 모르게 마음이 끌렸다. 갑자기 구원받은 듯한 느낌이었다.
그런데 밤에 취침 시간이 되어 모두 잠옷으로 갈아입고 있는데, 싱거라는 소년이 침실에서 나와 느닷없이 필립의 코앞에 얼굴을 들이대고 말했다.
"얘 필립, 그 다리 좀 보여 줘."
"싫어."
필립이 대답했다.
"싫다면 통하는 줄 알아? 메이슨, 너도 이리와!"
싱거가 고함쳤다.
옆 침실 소년이 머리를 내밀고 들여다보다가 이 말을 듣자 얼른 들어왔다. 그리고 둘이서 필립에게로 다가오더니 다짜고짜 그의 담요를 벗기려 들었다. 그는 꽉 붙잡고 놓지 않았다.
"너희는 왜 날 못 살게 구니?"
싱거는 거기에 있던 브러시 따위로 담요를 잡고 있던 그의 손을 후려쳤다. 마침내 필립은 울음을 터뜨리고 말았다.
"왜 잠자코 다릴 보여 주지 못해?"
"싫어, 싫어!"
결사적이라고나 할까, 필립은 주먹을 불끈 쥐고 싱거의 얼굴을 마구 내리쳤다. 그러나 필립이 지고 말았다. 싱거는 그의 팔을 잡고 비틀기 시작했다.
"아아, 그러지 마, 그러지 마. 팔이 부러져."

"그럼 잠자코 다리를 내놔 봐."

필립은 울며 숨을 헐떡였다. 싱거는 한 번 더 세게 비틀었다. 견딜 수 없이 아팠다.

"보여 줄게."

그렇게 말하고 그는 다리를 내밀었다. 싱거는 필립의 손목을 잡은 채 신기한 듯이 기형으로 굽은 발을 들여다보았다.

"징그럽다, 애."

메이슨이 말했다. 또 다른 아이가 들어와서 들여다보았다.

"웩!"

그는 구역질하는 듯한 소리를 냈다.

"괴상하게 생겼구나."

얼굴을 찡그리면서 싱거가 말했다.

"단단할까?"

이렇게 말하면서 그는 마치 무슨 신기한 것이라도 대하듯이 집게손가락 끝으로 살짝 만져 보았다. 바로 이때 윗슨 교장 선생의 무거운 발소리가 층계에서 들려왔다. 그들은 담요를 먼저대로 덮어 주고 토끼처럼 날쌔게 자기들 침실로 돌아갔다. 윗슨 교장이 들어왔다. 발돋움하면 녹색 커튼을 매단 가로 막대 위로 안이 들여다보이게 되어 있었다. 그는 침대를 두셋 들여다보았다. 소년들은 조용하게 침대에 누워 있었다. 그는 불을 끄고 나가 버렸다.

싱거가 다시 말을 붙여왔으나 필립은 대답하지 않았다. 흐느낌이 새지 않도록 베개를 꽉 물고 있었다. 그러나 운 것은 아픔 때문도, 다리를 보였던 굴욕감 때문도 아니었다. 고문을 이기지 못해 스스로 다리를 내밀었던 일, 그것이 그로서는 견딜 수 없었던 것이다.

그는 처참할 수밖에 없는 자신의 앞날을 생각하며 더욱 슬픔에 젖어들었다. 이 불행이 아마도 영원히 이어지리라는 것이 어린 마음에도 느껴졌던 것이다. 그는 문득 어느 추운 날 아침, 엠마가 침대에서 안아 일으켜 엄마 곁에 뉘어 주던 때의 일이 생각났다. 그 뒤로 그 일이 한 번도 생각난 적 없었는데, 웬일인지 갑자기 그때의 느낌이 또렷하게 되살아나고 엄마 품에 꼭 안겨 있는 것 같은 느낌마저 들었다. 어머니의 죽음도, 목사관에서의 생활도, 그리고 이 학교에서의 비참했던 이틀간도 어쩌면 모두 꿈이 아닐까? 내일 아침 잠이 깨면 집에 돌아가 있을지도 모른다. 그런 생각을 하고 있으려니까 어느새 눈물이 말랐다. 그렇더라도 너무나 불행하다. 모두가 다 꿈일 것이다. 어머니도 살아 있고, 이제 엠마가 오면 자러 간다…… 그는 깊은 잠에 떨어졌다.

그러나 이튿날 잠을 깨운 것은 역시 그 종소리였고, 맨 처음 눈에 비쳐든 것 또한 기숙사 침실의 녹색 커튼이었다.

12

시간이 흐르면서 필립의 온전치 못한 다리는 더 이상 흥미를 끌지 않게 되었다. 어느 아이가 빨간 머리고 어느 아이가 지독한 뚱뚱보라는 사실과 마찬가지로 당연하게 여겨졌다. 그런데 그 사이에 그는 무섭게 신경과민이 되어 있었다. 절뚝거리는 것이 덜 표가 나도록 될 수 있는 대로 뛰지 않았다. 걸음걸이도 독특해졌다. 다른 아이들의 주의를 끌지 않도록 성한 다리 뒤에 불구 다리를 숨기고 되도록 가만히 서 있었으며 언제나 남이 그 다리를 흉보지나 않을까 눈치를 살폈다. 다른 아이들이 하는 놀이에는 전혀 낄 수도 없었으므로, 필립은 그들과 섞여 지낼 수 없었다. 다만 그들이 하는 일에 가끔씩 흥미를 보일 뿐이었다. 그들과의 사이에는 어떤 장벽이라도 서 있는 것 같았다. 때때로 아이들은 필립이 축구를 하지 못하는 것을 그의 허물이라고 생각하는 것 같았으나, 그렇지 않다는 것을 그들에게 이해시킬 수도 없었다. 그는 언제나 외톨이었다. 원래는 수다스러웠던 그도 차차 말이 적어졌다. 다른 아이들과 자기는 전혀 다른 인간이라고 생각하게 되었다.

기숙사에서 제일 덩치 큰 아이는 싱거였는데 바로 그가 필립을 가장 미워하여, 나이에 비해 작은 편이었던 필립은 심한 학대를 참아 내야만 했다. 학기 중간 무렵 '펜촉 놀음'이라 불리는 놀이가 온 학교를 휩쓸었다. 책상이나 의자에서 두 사람이 펜촉을 갖고 하는 놀이였다. 손가락 끝으로 펜촉을 퉁겨서 그 끝이 상대의 펜촉 위에 올라타게 하는 것인데, 상대도 자기 나름대로 그것을 교묘히 피해 가며 거꾸로 자기 펜촉을 적의 펜촉에 올려놓아야 한다. 뜻대로 올려놓기에 성공하면 다음에는 엄지손가락 밑 부분의 불룩한 곳에 입김을 확 불어서 두 개의 펜촉이 위에서 꼭 눌려서 안 떨어지고 붙어 올라오면 두 개 다 자기 것이 된다. 얼마 안 있어 어디서고 이 놀이를 안 하는 아이는 하나도 없게 되었고, 잘하는 아이는 엄청나게 숱한 펜촉을 끌어들였다. 그러나 윗슨 교장은 이것이 뚜렷한 도박이라며 엄격히 금지시켰고, 아이들이 가졌던 펜촉까지도 몰수하고 말았다. 필립은 이 놀이의 명수였다. 마지못해 딴 것을 내놓기는 하였으나 늘 손가락 끝이 근질거렸다. 며칠 뒤 그는 축구 경기장으로 가던 중 어떤 가게에 들러 J펜촉 1페니어치를 샀다. 그리고 풀어서 주머니 속에 넣고 은근히 그 촉감을 즐겼다. 싱거가 그것을 눈치챘다. 물론 그도 몰수당해 버렸지만 꼭 한 개 '점보'라 불리는, 거의 겨룰 만한 것이 없을 정도로 지독히 큰 펜촉을 숨겨두고 어떻게든 필립의 J펜촉을 빼앗고 싶어 못 견디 하고 있었다. 필립은 제 것은 작은 펜촉이어서 불리하다는 사실을 잘 알고 있었지만 의외로 배짱이 세어서 어디 해보자고 도전에 응했다. 어차피 싫다고 해도 들어 주지 않을 거라는 점도 고려하였던 것이다. 어쨌든 일주일 동안 한 번도 하지 않았던 터라 스릴에 가까운 흥미를 느끼며 그는 놀이를 시작했다. 순식간에 필립이 두 개를 잃었다. 싱거는 여간 좋아하지 않지만 어떻게 된 셈인지 세 번째 놀이에서는 문제의 점보가 미끄러지고, 반대로 필립이 그의 J펜을 재치 있게 그 위에 비스듬히 올려놓고 말았다. 그는 승리의 환호성을 올렸다. 바로 이때 윗슨 교장이 들어왔다.

"뭣들 하는 거냐?"

그는 싱거와 필립의 얼굴을 번갈아 쳐다보았다. 두 아이는 모두 대답하지 않았다.

"이런 바보짓은 하지 말라고 그랬지! 잊어버렸니?"

필립의 심장은 마구 뛰었다. 다음에 어떻게 될 것인가를 너무도 잘 알고 있었으므로 겁을 먹고 떨었으나, 거기에는 어느 정도의 기쁨도 섞여 있었다. 그는 이제까지 맞아 본 일이 한 번도 없었다. 아플 건 틀림없겠지만 나중에는 자랑거리가 된다.

"내 서재로 따라와."

교장은 홱 발길을 돌렸다. 두 아이는 나란히 따라갔다. 싱거가 나직한 소리로 속삭였다.

"이젠 다 틀렸어."

윗슨 교장은 싱거를 손가락으로 가리키며 말했다.

"엎드려!"

회초리가 닿을 때마다 싱거의 몸뚱이가 떨리는 것을 보고 필립의 얼굴은 새파랗게 질렸다. 싱거는 세 번째부터 울기 시작했다. 그 뒤로도 세 번 더 때리고 나서 그는 말했다.

"됐어, 일어나."

싱거는 일어섰다. 눈물이 줄줄 흘러내리고 있었다. 그 다음 필립이 앞으로 나섰다. 그러나 윗슨 교장은 흘끗 그의 얼굴을 쳐다보더니 말했다.

"넌 매 맞지 않아도 돼, 신입생이니까. 더욱이 절름발이를 때릴 수는 없지. 자, 돌아가도 좋다. 다신 그런 장난치면 못 써."

교실에 돌아오니 한 떼의 학생들이 어디서 어떻게 소문을 들었는지 두 사람을 기다리고 있었다. 그 즉시 싱거는 질문의 화살을 받게 되었다. 그는 매 맞은 곳이 아파서 아직도 볼이 빨갛게 달아올라 있었고, 얼굴에는 눈물자국이 그대로 남아 있었다. 그러나 질문 하나하나에 또박또박 대답했다. 그리고 바로 뒤에 서 있는 필립을 턱으로 가리키며 심술이 나서 말했다.

"요 자식은 절름발이라 매를 안 맞았지 뭐냐."

필립은 입을 다문 채 얼굴을 붉히고 서 있었다. 그들이 멸시의 눈초리로 보고 있는 것 같아 견딜 수가 없었다.

"그래 몇 대 맞았니?"

한 소년이 싱거에게 물었다.

그는 그 물음에는 대답하지 않았다. 매를 맞은 것을 생각하니 화가 치밀어서 견딜 수 없었기 때문이다.

"알겠니, 앞으론 다시 펜촉 놀이를 하자고 하지 말란 말야. 너야 재미있었겠지, 매 맞을 걱정이 없으니까."

싱거가 필립에게 말했다.

"난 먼저 하자고 그런 적 없어."

"뭐가 어째?"

그는 잽싸게 한쪽 다리를 뻗쳐 필립의 다리를 걸었다. 언제나 다리가 불안정한 필립은 곧바로 힘없이 나가떨어졌다.

"이 병신자식이 그냥!"

싱거가 말했다.

그 일이 있은 뒤로, 학기 중 내내 그는 필립을 잔인하게 괴롭혔다. 필립은

인간의 굴레 63

애써 그의 옆에는 가지 않으려 했으나 워낙 학교가 작아 뜻대로 되지 않았다. 때로는 일부러 정다운 체하기도 했다. 칼을 사서 선물하는 둥 속이 훤히 들여다보이는 재간도 부려 보았으나 그는 선물만 받을 뿐 태도는 끝내 바뀌지 않았다. 한두 번 참다못해 그 몸집 큰 소년에게 덤벼들기도 했지만 워낙 상대가 힘이 세어 필립으로서는 당해낼 도리가 없었다. 겨뤄 보다가 혼이 난 뒤에는 결국 사과하는 수밖에 없었다. 이것은 다시없는 큰 굴욕이었다. 고통에 못 이겨 할 수 없이 사과한다는 이 굴욕감은 아무리 생각해 보아도 안타까운 일이었다. 게다가 더 비참한 것은 이 상태가 당분간 이어질 것이라는 사실이었다. 싱거는 겨우 열한 살, 열세 살이 되어야 본교로 진학하게 된다. 그렇다면 앞으로도 2년이라는 세월을 이 가해자와 함께 지내야 한다. 도저히 달아날 길은 없다. 공부 시간과 자는 시간만이 행복했다. 그러면 또다시 저 기묘한 감정, 불행에 가득 찬 이 생활은 모두가 꿈이어서 내일 아침 잠이 깨면 틀림없이 런던의 그 작은 침대에 누워 있을 것이라는 그 감정이 다시금 되살아나는 것이었다.

13

두 해가 지났다. 필립은 이제 만 열두 살이 되었다. 그는 초급반에서 상급반으로 진급했고, 그 반에서의 석차도 이삼 등 안에 들었다. 크리스마스가 지나 몇몇 학생이 본교로 진학하게 되면 그때는 최우등생이 될 것이다. 벌써 상도 몇 번이나 받았다. 상이라고는 하나 조잡한 종이에 인쇄한 너절한 책들로, 다만 학교 휘장이 찍혀 있고 꽤 그럴듯한 장정을 했다는 것뿐이지만 말이다. 그리하여 아이들은 그를 놀리지 않게 되었고, 그도 그다지 불행을 느끼지 않게 되었다. 그의 동무들은 그의 그러한 성공을 불구 탓으로 돌려 시기하지도 않았다. 그들은 이렇게 말했다.

"그놈은 쉽게 상을 탈 수밖에 없지. 공부밖에 할 게 없거든."

윗슨 교장도 처음같이 두렵지 않았다. 그는 윗슨 교장의 큰 목소리에도 익숙해졌으며, 그의 묵직한 손이 어깨에 놓일 때면 막연한 애정마저 느낄 정도였다. 필립은 기억력이 좋았는데, 그것은 지적 능력보다는 학자적인 학문에 더 적합했다. 윗슨 교장도 그가 장학금을 받고 예비교를 졸업할 것을 기대하는 모양이었다. 그것은 필립도 짐작하고 있었다.

한편 필립에게는 이미 충분한 자의식이 싹트고 있었다. 갓난아이는 자기 몸이 주위 사물에 속한 것이 아니라 자신의 것임을 깨닫지 못한다. 그래서 자기 발이 곁에 있는 장난감 방울과는 다른 자기 몸의 한 부분임을 알지 못하고 발가락을 주무르며 노는 것이다. 자신의 육체를 뚜렷이 의식하는 것은 아주 서서히 고통을 통해서만 느끼는 것이다. 인간이 자기를 의식하게 되는 과정에서도 이와 똑같은 경험이 필요하다. 다만 이 경우 한 가지의 차이점이 있다. 육체가 하나의 완전한 독립된 개체라는 사실은 누구나 다 같이 깨닫는 바이나, 자신을 완전히 독립한 개성으로 의식하는 과정은 반드시 모든 사람이 한결같지 않다는 점이다. 자기와 남을 별개의 것으로 가르는 것은 사춘기 때부터지만, 이러한 감정이 반드시 자기와 남과의 차이점을 깨달을 수 있을 정도까지 발달된다고는 할 수 없다. 이 세상에서는 마치 벌집 속에 있는 꿀벌같이 자신을 거의 의식하지 못하는 인간이 가장 행복하다. 그들에게는 행복을 포착할 좋은 기회가 많기 때문이다. 그가 하는 일은 곧 다른 사람들도 하는 일이며, 그래서 그들의 기쁨은 바로 모든 사람과 더불어 기뻐할 수 있음으로써 기쁨이 되는 것이다. 독자들은 아마 그러한 인간을, 성탄 강림제 다음 날인 월요일, 햄스테드 히스에서 춤추는 남녀와 축구 구경을 하면서 아우성치는 군중이나 또는 팰맬 클럽 창문으로 왕의 행차에 환호성을 보내는 사람들에게서 볼 수 있을 것이다. 인간이 사교적 동물이라고 하는 것도 필립은 그 까닭에 지나지 않는다고 생각했다.

필립은 그의 불구 다리가 빚어낸 비웃음으로 말미암아 이제 무심한 어린 아이의 영역을 벗어나 고뇌에 가득 찬 자의식을 지닌 인간으로 성장했다. 그의 경우는 사정이 특별했으므로 인생 일반에 두루 쓰이는 기성 척도는 하나도 도움이 되지 않았다. 싫어도 자기 혼자 생각할 수밖에 없었다. 이제까지 읽은 많은 책으로 그의 머리는 꽉 들어찼으나, 그 사상들이 어중간했으므로 오히려 이제 와서는 그것이 한층 더 상상력을 자극해 줬다. 더할 나위 없이 고통스러운 수치심 아래서 무엇인가가 조금씩 성장하여 어렴풋하게나마 자신의 개성에 눈떴던 것이다. 한데 가끔 그것은 기이하게 그를 놀라게 하고, 또 이렇다 할 까닭 없이 무엇인가 해버린 뒤에 돌이켜보면 뭐가 뭔지 모르는 일이 일어나게도 했다.

필립은 루아드라는 소년과 사이좋게 지내고 있었다. 어느 날 둘이 교실에서 놀고 있으려니까 그가 불쑥 필립의 까만 펜대를 만지작거리기 시작했다.
"만지지 마."
필립이 말했다.
"부러져."
"괜찮아."
그런데 그 말이 끝나기도 전에 펜대는 두 동강이 나 버렸다. 루아드는 어쩔 줄 몰라 하며 필립을 쳐다보았다.
"아아 미안해, 내가 잘못했어."
눈물이 필립의 뺨을 타고 흘렀다. 그러나 한마디도 하지 않았다.
"왜 그래, 응?" 루아드는 놀라서 말했다. "내가 똑같은 걸 사 줄게."
"아냐, 펜대가 아니야." 필립은 떨리는 목소리로 말했다. "이거 엄마가 죽기 전에 준 거라서 그래."
"아…… 그래? 잘못했어, 정말!"
"괜찮아, 네가 잘못한 게 아냐."
필립은 부러진 펜대를 들고 물끄러미 바라보았다. 억지로 눈물을 참았다. 괜히 슬펐던 것이다. 그러면서도 왜 그런지는 몰랐다. 문제의 그 펜대는 먼젓번 휴일에 자신이 블랙스테이블에서 1실링 2펜스에 산 것에 지나지 않았다. 그러한 사실을 물론 자신도 너무나 잘 알고 있었다. 한데 왜 그런 슬픈 거짓말을 만들어 냈을까? 도무지 그 이유를 알 수가 없었다. 그러면서도 이 일이 생각할수록 마치 정말이기나 한 것처럼 말할 수 없이 슬펐다. 목사관에서의 경건한 분위기, 거기다가 학교에서의 종교적인 기풍, 이런 것들이 그의 양심을 극도로 민감하게 만들었던 것이다. 끊임없이 악마가 불사(不死)의 영혼을 앗아가려고 노리고 있다는 그러한 주위의 감정을 자기도 모르는 사이에 빨아들이고 있었다. 그는 다른 소년들에 비해 훨씬 정직하다고는 할 수 없었지만 그래도 거짓말을 하면 그 순간 반드시 뉘우쳤다. 그리하여 이 일만 하더라도 여간 괴로운 것이 아니었다. 루아드에게 자기가 한 말이 거짓말이었다고 해야 한다. 굴욕이라는 것을 무엇보다도 두려워하는 그였으나 덕분에 2, 3일 동안은 하느님의 영광 앞에 꿇어 엎드린다는, 고통스럽기는 하지만 황홀한 기쁨에 잠겼다. 그러나 그 이상으로 나아가진 않았다. 다만 뉘우침을 하느님 앞에 고백한다는, 말하자면 자위적 방법만으로 양심을 달랬던 것이다. 그런데 자기가 만들어 낸 거짓말에 왜 그다지도 감동했었는지 그 자신도 몰랐다. 그렇지만 그의 뺨을 타고 흘러내린 눈물은 진실한 눈물이었다. 한데 문득 어떤 계기로 일어난 연상인지, 엠마가 어머니의 죽음을 알려 주던 그 장면이라든가, 또 눈물 때문에 말도 제대로 못하면서 오직 슬픔을 보여줌으로써 동정을 받으려고 윗킨 아주머니들에게 작별인사를 한다며 억지 부렸던 일들이 이상하게 문득 떠오르는 것이었다.

14

그즈음이었다. 어떤 광신(狂信)이 온 학교를 휩쓸었다. 품위 없는 말씨는 싹 없어지고, 소년들의 하찮은 비행조차 용서되지 않았다. 소년들은 중세의 봉건귀족들처럼 힘으로 억눌러서라도 약한 자를 덕행으로 이끌어가려고 했다. 안정이 없는, 그리고 무엇이든 새것이라면 덤벼들던 필립은 금방 이 일에 열중해 버렸다. 얼마 뒤엔 성서 협회에 가입할 수 있다는 말을 듣고 곧 런던으로 안내서를 청구하는 편지를 띄웠다. 입회 규정은 지원자의 이름과 연령, 학교 등을 기입한 입회 신청서와 1년 동안 매일 저녁 지정된 성경구절을 읽겠다는 선서를 서명해서 보낼 것과 그 밖에 반 크라운의 입회금을 내기만 하면 되었다. 이 마지막 입회금에 대해서는 첫째로는 연맹 회원이 되고자 하는 희망자의 열의를 증명하기 위함이고, 둘째로는 협회 비용으로 채운다는 설명이 붙어 있었다. 필립은 지체 없이 지원서와 돈을 보내고, 대신 매일 읽을 성경구절을 인쇄한 고작 1페니 정도의 캘린더와 붉은 줄로 테두리 한 종이 한 장을 받았다. 그 종이 한쪽에는 선한 목자이신 그리스도와 양의 그림이 그려져 있고, 다른 한 쪽에는 매일 성경을 읽기 전에 욀 짧은 기도문이 인쇄되어 있었다.

그는 저녁마다 가스등이 꺼지기 전에 약속된 일과를 마칠 수 있도록 재빨리 잠옷으로 갈아입었다. 그의 독서는 언제나 그랬지만 별다른 비평도 없이 성경에 있는 잔학행위, 사기, 배은망덕, 부정, 비열한 교활에 관한 이야기를 차례로 열심히 읽었다. 만약 그것이 그의 생활 주변에서 일어난다면 아마도 공포에 몸을 떨었을 것이나, 활자로만 읽으니까 그것은 아무런 느낌 없이 그의 마음을 스쳐 지나갔다. 즉, 그 모든 죄악은 하느님의 직접적인 영감 아래서 이루어진다고 생각되었기 때문이다. 구약성서와 신약성서를 번갈아 읽힌다는 것이 성서협회 방침이었다. 어느 날 밤 그는 다음과 같은 그리스도의 말씀에 부닥쳤다.

"만일 너희가 믿음이 있어 의심하지 아니하면 이 무화과나무에 이뤄진 일과 같은 일을 이룰 것이며 산을 들어 옮겨 바다에 들라고 하여도 되리니, 너희가 기도할 때 무엇이든지 믿고 구하면 다 얻으리라."

그때는 별다른 감동을 주지 않았으나 2, 3일 뒤 일요일에 목사가 설교할 성구(聖句)로 이 성경구절을 택했던 것이다. 킹즈 스쿨 학생들은 성가대석에 앉아 있었고, 설교단은 한구석에 있었으므로 설교자는 그들과 거의 등지고 있었다. 소용없는 일이었다. 설교단까지의 거리는 꽤 떨어져 있었으므로 목소리가 성가대까지 들리도록 하려면 잘 울리는 목소리와 게다가 발성법 지식이 필요했다. 더욱이 오랜 관례로 캔터베리의 목사는 큰 교회를 운영하는 재능보다는 오히려 학문이나 견식에 따라 선발되는 것이 통례였다. 그러나 이 성경구절만은 바로 2, 3일 전에 읽었던 탓인지는 모르나 필립의 귀에 뚜렷이 들려와 별안간 이것은 나를 두고 하는 이야기로구나, 하는 마음이 들었다. 설교가 계속되는 동안 그는 이 구절에 대해 골똘히 생각하고 있었다. 그는 그날 밤 침대에 들었을 때, 곧 복음서의 책장을 넘겨 다시 그 성구를 찾아냈다.

대체로 그는 책에서 읽은 것은 모두 맹목적으로 믿는 습관이 있었는데, 다만 성경에선 겉에 나타난 말과 그것이 포함한 신비한 뜻이 모두 다를 수 있음을 그도 이미 어느 정도는 알고 있었다. 그러나 학교에서는 아무에게도 물어보기가 싫었으므로 이 의문은 크리스마스 방학 때까지 미뤄 두었다. 그러던 어느 날 마침 기회를 얻었다. 저녁식사와 기도가 끝난 바로 뒤였는데 캐리 부인은 언제나 그러하듯이 메어리 앤이 가져온 달걀을 세어 날짜를 적고 있었다.

필립은 테이블 앞에서 무심히 성경을 뒤적거리는 체하다가 마치 우연히 발견한 것처럼 손가락으로 그 구절을 가리키며 물었다.

"저, 큰아버지, 여기 이런 구절이 있는데 정말 이 말씀대로예요?"

캐리 씨는 안경 너머로 바라보았다. 그는 마침 난로 앞에서 〈블랙스테이블 타임스〉를 펼쳐놓고 있었다. 저녁때 신문사에서 잉크가 채 마르기도 전에 배달하는 것으로 큰아버지는 언제나 읽기 전에 한 10분쯤 난롯불에 말리는 버릇이 있었다.
"어떤 구절 말이냐?"
그가 되물었다.
"'믿음이 있으면 산도 옮긴다'는 이 구절 말이에요."
"성경에 그렇게 쓰여 있으면 그대로겠지."
캐리 부인이 접시 담는 광주리를 들어 올리며 조용히 말했다. 그러나 필립은 대답을 구하는 듯이 큰아버지의 얼굴을 바라보았다.
"그건 믿음 문제다."
"그렇다면 큰아버지, 믿음이 있으면 그대로 할 수 있단 말씀인가요?"
"그렇지, 주님의 도우심을 받아서 말이지."
"자, 그만 큰아버지께 인사드리고 가서 자거라. 오늘 저녁에 곧바로 산을 움직일 것은 아닐 테니까."
루이자 큰어머니가 말했다.
필립은 캐리 씨가 앞이마에 키스해 주자 캐리 부인 앞에 서서 2층으로 올라갔다. 듣고 싶은 것은 다 들었다. 필립의 작은 방은 얼음처럼 냉랭하여 옷을 갈아입을 땐 온몸이 떨렸다. 그러나 기도는 불편과 부자유를 참고 견디는 상황에서 함으로써 더욱 하느님을 기쁘게 해드리는 것이라고 믿었다. 차가운 손과 발은 말하자면 전능하신 하느님께 바치는 제물인 것이다. 그날 밤도 그는 무릎을 꿇고 두 손에 얼굴을 파묻고는 굽은 발을 낫게 해 주십사 열심히 기도드렸다. 굽은 발 따위는 산을 옮기는 데 비하면 아무것도 아니다. 하느님 뜻이라면 반드시 나을 것이다. 또 그러한 그의 신앙에는 한 점의 의심도 없었다. 이튿날 아침, 다시금 같은 소망을 기도드리고 나서 그는 그 기적이 일어날 기한까지 정했다.
"오 하느님, 당신의 사랑과 인자하심을 베푸사. 만일 당신의 뜻이옵거든 제가 학교로 돌아가기 전까지 이 다리를 고쳐 주시옵소서."
그는 자기의 이 간절한 소원을 기도문으로 만들어 놓았다. 그 뒤로는 식당에서 큰아버지가 기도를 마치고 일어날 때까지의 잠깐 사이에도 반드시 입속으로 이 기도문을 외었다. 또 저녁에도 침대에 들기 전에 잠옷 바람으로 추위에 떨면서 거듭 똑같은 기도를 드렸다. 그는 믿고 있었던 것이다.
이번만은 방학이 빨리 끝나기를 목을 길게 늘이고 기다렸다. 층계를 한 번에 세 단씩 뛰어 내려가면 큰아버지가 얼마나 놀랄까! 아침식사 뒤에는 큰어머니와 같이 새 구두를 사러 달려가야겠지? 그런 일을 차례차례 생각하고 있으려니까 저절로 웃음이 나왔다. 학교에서도 모두 깜짝 놀랄걸.

"야, 캐리, 네 다리 어쩐 일이야?"

"응, 이제 다 나았어."

마치 아주 당연한 일인 것처럼 천연스럽게 대답해 주는 것이다.

축구도 할 수 있겠지. 그는 누구보다도 더 빨리 뛰는 자기 모습을 눈앞에 그려보며 가슴이 두근거리는 것을 느꼈다. 부활절 학기말에는 운동회가 있을 것이다. 아마 그때는 경주에도 참가할 수 있으리라. 다른 아이들과 똑같이 된다면, 아아, 얼마나 신나는 일일까? 그렇게 되면 그가 절름발이라는 것을 모르는 신입생들의 이상한 눈초리도 받지 않게 되리라. 여름에 해수욕할 때, 다리가 물에 감춰질 때까지 옷을 벗는 동안에도 얼마나 신경을 써야 했던가. 아아, 그렇게만 된다면 그와 같은 신경을 쓸 필요도 없게 되는 것이다.

그는 정성을 다해 기도했다. 조금도 의심은 없었다. 진심으로 하느님 말씀을 믿고 있었다. 마침내 학교로 돌아가는 전날 밤이 되었다. 그는 흥분으로 떨리는 가슴을 안고 자리에 들었다. 땅에는 눈이 쌓이고 큰어머니도 이날만은 여느 때와 달리 침실에 불을 피우게 했다. 그러나 필립의 방은 이날도 몹시 추웠다. 손이 곱아 옷깃을 풀 수 없을 정도였다. 이가 절로 딱딱 마주쳐졌다. 하느님의 주의를 끌기 위해서는 무엇인가 튀는 일을 해야 한다. 그리하여 침대 앞의 양탄자를 걷고 마룻바닥에 무릎을 꿇었다. 다음에는 잠옷으로 입은 속옷 한 벌, 이것도 몸뚱이를 아끼는 어리광이라 하여 하느님을 기쁘게 하지 못하리라. 끝내 잠옷마저 벗어 버리고 알몸으로 기도드렸다. 침대에 들어갔을 때는 몸이 너무나 얼어 한참 동안은 잠을 이루지 못했다. 그러나 일단 잠이 들자 깊은 잠에 빠져, 이튿날 아침 메어리 앤이 더운물을 가지고 들어왔을 때에도 마구 흔들어 깨워야만 했다. 커튼을 젖혀 놓으면서 그녀는 말을 걸었다. 그러나 그는 대꾸하지 않았다. 드디어 기적이 일어날 아침이라는 것을 생각해 냈기 때문이다. 그의 가슴은 기쁨과 감사로 가득 찼다. 맨 먼저 본능적으로 생각한 것은 살그머니 팔을 뻗쳐 완전히 나아 버린 발목을 만져 보는 일이었다. 그러나 한편으로는 그렇게 하는 것조차도 하느님의 사랑을 의심하는 것처럼 느껴졌다. 틀림없이 다리는 나아 있다. 마침내 결심하고 오른편 발가락으로 왼발을 건드려 보았다. 그리고 이번에는 손을 뻗쳐 만져 보았다.

메어리 앤이 기도하러 식당으로 들어가려고 했을 때, 필립은 절뚝거리며 층계를 내려와 아침 식탁에 앉았다.

"필립, 무척 얌전하구나. 오늘 아침엔."

한참 뒤에 큰어머니가 말했다.

"그 애는 내일부터 다시 먹어야 할 학교 아침식사를 생각하고 있겠지."

큰아버지가 말했다.

필립은 가끔 엉뚱한 대꾸를 잘하여 큰아버지를 화나게 하곤 했다. 큰아버지는 정신을 딴 데다 팔고 있는 건 나쁜 버릇이라고 늘 일렀는데 지금 필립은 또 엉뚱한 말을 꺼냈다.

"저 말이죠, 큰아버지. 하느님께 어떤 일을 해주십시오, 하고 기도드릴 때, 이를테면 산을 움직이는 일 같은 것 말이에요. 정말 그것이 이루어질 것을 굳게 믿었는데 원하던 대로 이루어지지 않는 것은 무엇 때문일까요?"

그러자 큰어머니가 말했다.

"참 별스런 녀석이로구나. 요전에도 산을 움직이느니 뭐니 하고 묻더니만."

큰아버지는 이렇게 말했다.

"그건 네 믿음이 모자란다는 뜻이야."

필립은 이 설명으로 납득했다. 하느님이 다리를 고쳐 주시지 않은 것은 그의 믿음이 진실하지 않았기 때문이다. 그러나 어떻게 그 이상의 믿음을 가질 수 있단 말인가? 그는 알 수가 없었다. 아마 하느님께 충분한 시간적 여유를 드리지 않았던 탓인가 보다. 그는 고작 19일 동안 하느님께 기도했던 것이다. 이번에는 부활절까지로 하고 하루 이틀 뒤에 다시 기도를 시작했다. 그날은 하느님의 아들 예수님의 영광된 부활의 날이다. 하느님도 틀림없이 자비로운 마음이 되시리라고 여겨졌다. 그러나 이번에는 필립도 그의 소원을 이루는 데 지금까지와는 다른 새로운 방법을 썼다. 즉, 초승달이나 얼룩말을 보면 다리를 낫게 해달라 빌었고, 또 열심히 유성을 찾으려고 애썼다.

외박 허가를 맡고 집에 돌아오면 언제나 병아리를 한 마리 잡아 주었는데 그는 큰어머니와 같이 행운의 다리뼈를 뜯으며 다리가 낫도록 빌었다. 저도 모르는 사이에 이스라엘의 신보다 더 오랜 신에게 호소하고 있었던 것이다. 생각만 나면 하루에도 몇 번씩 똑같은 말로 전능하신 하느님께 열심히 기도 드렸다. 몇 번이고 같은 말로 기도드리는 것이 중요하다고 생각되었기 때문이다. 그러나 또 이번에도 믿음이 모자라지나 않을까 하는 의심이 생기기 시작하는 것을 막을 수가 없었다. 그는 자기만의 경험을 그대로 일반원칙으로 삼았다.

'충분한 믿음을 가진 사람은 결국 한 명도 없을 것이다.'

그것은 마치 전에 유모가 들려주던 소금 이야기—소금을 새 꼬리 위에 올려놓으면 어떤 새라도 잡을 수 있다는 이야기와 같았다. 한번은 정말 조그만 주머니를 가지고 켄싱튼 공원으로 간 일이 있었다. 한데 끝내 새 꼬리에 소금을 놓을 수 있을 만큼 가까이 가질 못했다. 부활절을 기다릴 것도 없이 그는 기도를 그만두었다. 필립은 자기를 속인 큰아버지에 대하여 분한 마음을 금할 수 없었다. 산을 움직인다는 성구 자체도 결국 그 나타낸 말과는 다른 뜻을 지닌 이야기에 지나지 않는다고 생각했다. 어쩐지 큰아버지에게 놀림당한 기분이 들었다.

15

필립은 열세 살이 되자 캔터베리의 킹즈 스쿨로 전학했다. 이곳은 오랜 전통을 자랑하는 학교로 그 설립은 멀리 노르만 정복(1066년) 이전으로 거슬러 올라간다. 수도원 부속 기숙사 학교로서 그 시절엔 어거스틴과 수도사들이 학문의 기초를 가르쳤다. 이런 종류의 기숙학교가 대개 그러하듯 수도원 해체와 더불어 헨리 8세 시대의 관리들이 재조직해, 왕립학교라는 이름이 붙었다. 그 뒤로 매우 꾸준히 발전을 거듭한 끝에, 근처의 상류 계급과 켄트 주(州)의 전문직 종사자 자제들의 교육을 맡아왔다. 이 학교 출신 가운데에는 셰익스피어 못지않다는 시인을 비롯하여 필립 또래 세대의 인생관에 심각한 영향력을 끼친 산문가에 이르기까지 한두 사람의 문인이 있었으며, 뛰어난 법률가와(원래 뛰어난 법률가는 세상에 많은 법이지만) 훌륭한 군인도 더러 있었다. 그러나 수도원과 분리된 뒤로 힘들여 양성한 것은 성직자, 즉 주교, 주임사제, 참사회원 그리고 그중에서도 목사들이었다. 그래서 재학생 가운데에는 아버지·할아버지·증조할아버지에 이르기까지 모두 이 학교에서 교육을 받고, 모두가 캔터베리 감독관구(監督管區)의 각 교구에서 저마다 목사직을 맡아 보았다는 사람들이 많았다. 그들은 입학 때부터 이미 성직자가 되겠다는 결심으로 들어왔다. 그러나 한편으론 여기에도 어떤 변화의 바람이 불고 있었다. 어떤 학생은 집에서 들은 말을 그대로 옮겨 교회도 이미 옛날과 달라졌다는 둥 함부로 지껄여 댔다. 금전 문제보다도 입학생이 소속한 사회층이 달라진 것이다. 한두 명의 학생들은 그 아버지가 상인이었다는 부목사도 알고 있었다. 그들은 신사도 아닌 사람 밑에서 부목사가 되느니 차라리 식민지에라도 가겠다고 말했다. 블랙스테이블의 목사관에서도 그랬지만 이 왕립학교에서도 상인이라면 운이 나빠 토지를 못 얻은 사람이거나, 아니면 당연히 신사의 직업이어야 할 네 직업(종교, 법학, 의학, 교육) 가운데 어느 것도 붙잡지 못한 인간이라는 식으로 결정지어 놓고 있었다. 통학생은 거의 지방 상류 계급과 연대본부 재임 중인 군인들의 자제로서 약 150명 정도 되었는데, 그들 사이에서 아버지가 상업에 종사하는 사람은 괜히 열등감 같은 것을 느끼게 되었다.

  선생님들은 때때로 〈타임스〉나 〈가디언〉지에서 읽을 수 있는 교육계의 새로운 사조를 절대로 용납하지 않았으며, 이 킹즈 스쿨의 오랜 전통만은 어떤 일이 있어도 굳게 지켜 나가야 한다고 강경하게 주장했다. 그리스·라틴어 등 사어(死語)도 너무나 철저히 가르쳤으므로 졸업생들은 뒷날, 호머나 버질의 이름만 들어도 진저리가 쳐질 지경이라고 했다. 휴게실에서 점심식사를 할 때 대담한 한두 선생은 수학이 점점 중요한 학문으로 되어 간다고 주장했으나, 많은 선생들은 역시 고전이 수학보다 더 고상한 학문이라고 생각했다. 독일어나 화학은 전혀 가르치지 않았다. 다만 프랑스어를 담임선생이 틈틈이 가르칠 뿐이었다. 그들이 외국인 교사보다 통솔력이 더 뛰어날 뿐더러 문법도 프랑스 사람 못지않게 잘 알고 있다는 것이었다. 이를테면 불로뉴의 레스토랑에 들어가 영어를 아는 급사가 없어서 커피 한 잔도 제대로 시킬 수 없다 해도 아무래도 좋다고 생각하는 모양이었다. 지리시간에는 주로 학생들에게 지도를 그리게 했는데, 이 방법은 특히 산악지대가 대부분인 나라를 다루는 데는 딱 알맞았다. 안데스 산맥이나 아페닌 산맥 같은 것을 그리는 데는 많은 시간이 걸렸다. 선생님들은 옥스퍼드나 케임브리지 졸업생으로 모두 성직이 있는 독신자였다. 만약 결혼하고 싶다면, 목사회(牧師會)

권한으로 처리할 수 있는 아주 낮은 보수의 성직으로 만족해야만 했다. 그러나 실제로는 아직, 기병 연대가 있기 때문에 단순한 교회색뿐만 아니라 군인 색도 크게 넘쳐흐르고 있는 이 세련된 캔터베리의 사교계를 버리고 일부러 시골 교사의 단조로운 생활을 택하려는 사람은 하나도 없었다. 그래서 모두 이미 중년이 되어 있었다.

그러나 교장 선생님은 싫어도 결혼해야 했다. 그리고 정년에 이르기까지 학교 경영과 지도를 맡아 줘야 했다. 그 대신 퇴직하면 평교사는 쳐다보지도 못할 정도의 높은 보수를 받고, 또 저 명예로운 참사회원의 칭호도 얻게 되는 것이다.

그런데 필립이 입학하기 1년 전에 여기도 마침내 일대 변화가 일어났다. 거의 25년에 걸쳐 교장직을 지낸 플레밍 박사가 마침내 귀가 멀어 더는 현직에 머물러 하느님의 영광을 나타낼 수 없다는 사실이 뚜렷해진 것이다. 마침 변두리에 연수입 6백 파운드의 한 교구가 비었으므로 즉시 목사단에서는 은퇴하기에 알맞은 시기라는 암시를 주고 그 땅을 그에게 주었다. 이만한 수입이면 노후의 휴양도 할 수 있을 것이었다. 진작에 승진을 바라던 부목사 두셋은 젊고 건강하고 정력적인 청년을 필요로 하는 교구를, 교구의 일이라고는 별로 아는 것도 없고 이미 재산도 마련해 놓았을 이 늙은이에게 맡긴다는 것은 부당한 일이라며 아내들에게 푸념을 늘어놓았다. 하지만 그들의 불평 따위가 목사회 귀에 들어갈 리가 없었다. 게다가 교구의 이견이 있을 턱도 없고 따라서 그 의향을 물으려고도 하지 않았다. 더욱이 감리교파나 침례교파는 저마다 마을에 자기네 교회당을 가지고 있었다.

그런데 이렇게 플레밍 박사의 문제를 처리하고 보니 후계자를 찾아내야 했다. 그렇다고 평교사 가운데에서 뽑는다는 것은 학교 전통에 어긋나는 일이었다. 교직원 회의에서는 예비교의 교장인 윗슨 씨가 선출되기를 원한다는 의견 일치를 보았다. 윗슨 씨는 킹즈 스쿨 본과 선생이라고는 할 수 없으나 그들 모두가 20여 년 전부터 아는 처지여서, 그라면 새 교장으로 들어와도 자기네들을 괴롭힌다든가 하는 염려는 없을 터였기 때문이다. 그런데 목사회의 결정은 그들을 깜짝 놀라게 했다. 퍼킨즈라는 사람을 선출했던 것이다. 처음에는 퍼킨즈가 어떤 사람인지도 알지 못했으며 첫째 이름에서 풍기는 인상부터가 좋지 않았다. 그런데 그 놀라움도 웬만큼 가실 무렵, 퍼킨즈가 바로 포목상 퍼킨즈 씨 아들이라는 사실이 알려졌다. 플레밍 박사는 점심시간 직전에 선생들에게 이 사실을 발표했는데 그 자신도 몹시 당황한 표정이었다. 선생들도 같은 기분으로 말없이 점심을 먹으며 사환들이 물러갈 때까지 끝내 아무도 이 문제를 꺼내지 않았다. 그 자리에 모인 분들의 이름은 아무래도 좋지만, 그 뒤 오래도록 학생들이 전하는 바로는 '한숨' '콜타르(석유를 건류할 때 생기는 끈끈한 검은 기름)' '눈깜박이' '물딱총' '어깨 두들기기' 따위의 별명으로 알려진 선생들이었다.

　모두 톰 퍼킨즈를 알고 있었다. 먼저 논의가 된 것은 그가 신사가 아니라는 점이었다. 그는 키가 작고 가무잡잡하며 헝클어진 검은 머리카락에 눈이 큰, 마치 집시처럼 생긴 소년이었다. 통학생이었으나 이 학교가 재학생에게 줄 수 있는 최고의 장학금을 받았으므로 자기 돈은 한 푼도 들이지 않고 공부했다. 물론 그는 우수한 학생이었다. 종업식 때면 으레 많은 상품을 탔던 것이다. 그는 이 학교의 자랑거리였으며 그가 행여 어딘가 더 큰 사립학교의 장학금을 받고 가 버리지나 않을까 걱정한 일도 있었다. 일부러 플레밍 박사가 아이의 아버지인 포목점 주인을 친히 찾아가서―그들은 캐더린 거리에 있는 퍼킨즈 쿠퍼 상점을 잘 기억하고 있었다―톰 퍼킨즈가 옥스퍼드 대학에 갈 때까지는 이 학교에 그대로 두어 주기 바란다고 부탁한 일조차 있었다. 학교는 퍼킨즈 쿠퍼 상점의 첫손가락 꼽히는 거래처였으므로 퍼킨즈 씨는 쾌히 승낙했었다.

　퍼킨즈는 계속해서 우수했으며 플레밍 박사가 기억하는 제자 가운데 가장 우수한 고전어(古典語) 학자가 되었다. 졸업할 때는 이 학교에서 낼 수 있는 한의 최고 장학금을 받았고, 옥스퍼드와 케임브리지 내의 맥덜 단과 대학에서도 또 하나 받았으며, 대학에서는 더욱 찬란한 재질을 발휘했다. 교지(校誌)는 해마다 그가 얻은 숱한 명예에 대해 보도했고, 과목 최우수상을 받았을 때는 플레밍 박사가 친히 펜을 들어 찬사를 썼을 정도였다. 그즈음 퍼킨즈 쿠퍼 상점은 불경기에 빠졌으므로 그의 이러한 성공은 더욱 환영받았다. 쿠퍼 씨는 술고래였는데 톰 퍼킨즈가 학사 학위를 얻기 직전에 드디어 파산선언을 했다.

　그 뒤 톰 퍼킨즈는 성직에 들어가 그의 처지에 맞는 일을 하게 되었던 것이다. 먼저 웰링튼 스쿨의 조교사로 있다가 뒤에 럭비 스쿨로 옮겼다. 그런데 다른 학교에서의 그의 성공을 기뻐하는 것과 막상 자기 학교가 그의 지도 아래 들어가게 된다는 것과는 이야기가 다르다. 일찍이 '콜타르'는 그에게 가끔 벌을 준 일이 있으며 '물딱총'은 그의 따귀를 때린 일도 있었다. 어떻게 목사회가 이러한 잘못을 저질렀는지 그들은 알 수 없었다. 아무도 그가 파산한 포목상의 아들이라는 것을 잊지 않았다. 더구나 쿠퍼 씨의 술버릇이 그들의 심사를 더한층 사납게 한 모양이었다. 그의 부임을 주임사제가 열렬히 지지했다는데 그렇다면 주임사제는 틀림없이 톰 퍼킨즈를 만찬에 초대할 것이다. 한데 톰 퍼킨즈가 식탁에 끼게 된다면 언제나 즐거웠던 교내 만찬회가 마찬가지로 즐거울 것인가? 또 그 지방 주둔부대에서는 그를 어떻게 대할 것인가? 톰 퍼킨즈가 장교와 유지들 사이에 버젓이 낄 수 있으리라고 기대할 수는 없는 것이다. 그렇다면 학교로서도 여간 불리한 일이 아니다. 학부모들도 불만이 클 것이며 자제들의 일제 자퇴라는 사태가 일어난다고 해도 이상할 것이 없지 않은가! 그를 퍼킨즈 교장 선생이라고 부르다니! 선생들은 항의의 수단으로 모두 한꺼번에 일을 그만두자고까지 생각했으나, 두말없이 사표가 받아들여질지도 모른다는 두려움 때문에 보류했다. 25년간이나 거의 비길 데 없는 무능 무재주로 5학년을 담임해 온 '한숨'은 "별수 없지. 새로 부임하는 교장을 맞아들일 준비를 하는 수밖에……" 하고 한숨지었다.

마침내 그가 부임해 왔을 때도 그들은 마음을 놓지 못했다. 플레밍 박사는 모든 직원을 점심에 초대하여 그와 대면시켰다. 그는 키도 컸고 여위고 벌써 서른두 살이나 되었지만 겉모습은 어릴 때와 조금도 다를 바 없이 초라한 몰골이었으며 값싼 옷을 아무렇게나 걸치고 있었다. 옛날 그대로의 검은 장발로 빗질이라고는 배워 보지도 못한 모양이었다. 몸을 움직일 때마다 앞이마에 머리가 내려덮였는데, 그러면 그는 그것을 허둥지둥 위로 추켜올리곤 했다. 검은 코밑수염에 짙은 턱수염, 그것이 광대뼈 언저리까지 차지하고 있었다. 선생님들에게는 마치 한두 주일 전에 헤어졌던 것처럼 거리낌 없는 이야기를 건넸다. 확실히 재회를 기뻐하는 것 같았다. 그는 공기가 이상한 것 따위는 전혀 모르는 모양이며 퍼킨즈 교장 선생이라고 부르는 그들의 어색한 태도도 알아차리지 못하는 것 같았다.

드디어 돌아갈 시간이 되었을 때 선생 하나가 그래도 한마디는 해야겠다고 생각했던지 그에게 말했다.

"아직 기차 시간은 충분합니다."

"아니, 가게에 좀 들러 보려구요."

그는 웃음 지었다. 여러 사람의 얼굴에 당황한 빛이 또렷이 감돌았다. 어떻게 좀 재치 있는 대답이 없을까 하는 기색이었다. 게다가 더욱 난처한 것은 플레밍 박사가 이 말을 듣지 못한 일이었다. 그것을 또 그의 부인이 큰 소리로 말했다.

"돌아가서 아버님의 가게를 구경하시겠대요."

그런데 모두가 느끼는 어색함을 느끼지 않는 사람은 바로 당사자인 톰 퍼킨즈뿐이었다. 플레밍 부인을 돌아다보며 그가 말했다.

"요즘은 누가 주인인지요?"

그녀는 거의 할 말이 없었다. 괜스레 화가 났다. 그녀는 내뱉듯이 말했다.

"역시 포목점이에요. 그로브란 사람인데요. 하기야 우리와는 거래가 없지만."

"집 안을 보여 줄까요?"

"그럴 거예요, 선생님이 누구라고 말씀하신다면."

모두들 마음에는 있으면서도 말 못하다가, 다시 그의 일이 집회실에서 화제가 된 것은, 겨우 그날 밤 식사가 끝난 뒤였다. '한숨'이 먼저 입을 떼었다.

"여러분 어때요, 이번 교장이?"

그들은 일제히 점심때의 대화를 생각해 보았다. 그것은 대화라고 부르기에는 곤란한 독백이었다. 퍼킨즈만이 끊임없이 지껄였는데 말씨가 빨라서 물 흐르듯이 입 밖으로 튀어나왔다. 나지막하고 잘 울리는 목소리였다. 가끔 기묘한 웃음을 흘렸는데, 그럴 때마다 흰 이가 드러났다. 화제에서 화제로, 때로는 그들이 미처 알아들을 수 없을 정도로 말이 비약하여 따라가기조차 어려웠다. 교수법에 대한 이야기도 했다. 당연한 일이기는 했지만 그는 독일의 근대 교육 이론에도 일가견이 있었는데, 그들로서는 귀에 익숙하지 않은 새로운 이론이어서 그만큼 조금 불안감을 지닌 채 듣게 되었다. 고전에 대한 말도 많이 했는데 과연 그리스에서 유학한 적이 있는 그인 만큼 도도한 이론이었다. 또 고고학에 대해서도 말을 많이 했다. 어느 해 겨울에는 발굴에 종사한 일도 있었다는데, 과연 그것이 시험 합격을 위한 교육에 얼마만큼의 효과가 있는지 교사들로서는 의심스러웠다. 정치도 논했다. 비컨스필드 경(디즈레일리를 말함)과 알키비아데스를 비교해서 이야기하는 것이 그들 귀에는 오로지 기이할 뿐이었다. 글래드스턴과 아일랜드 자치문제도 화제에 올랐다. 그들은 그가 자유당 지지자라는 것을 알았을 때 몹시 마음이 무거웠다. 독일 철학, 프랑스 문학도 화제의 하나였다. 이렇게도 여러 방면으로 흥미를 쏟아대는 인간을 그들은 도저히 깊이 있는 인물이라고는 생각할 수가 없었다.

그런데 그의 인상을 종합적으로 총정리하여 결정적이라고 해도 좋을 만큼 지독한 한마디로 집약한 사람은 바로 '눈깜박이'였다. '눈깜박이'는 상급반 3학년의 담임이었는데, 다리에는 힘이 없고, 눈꺼풀은 축 늘어져 있었다. 체력에 비해 키가 몹시 컸으므로 동작은 아주 느렸다. 보기에도 무기력하여 꼭 들어맞는 별명이었다.

"말하자면 지독한 몽상가다 이 말이죠."

'눈깜박이'는 말했다. 몽상가란 본디 가정교육이 나빴다는 말이다. 몽상은 적어도 신사가 할 짓은 못 되는 것으로 그것은 구세군의 소란한 북과 피리를 연상시켰다. 몽상은 또한 변화를 뜻하기도 한다. 그들은 숱한 즐거운 관례들이 이제 곧 뒤엎어진다고 생각하니 몸이 오싹해지는 것이었다. 미래를 한발 물러나 바라볼 용기가 그들에게는 없었다.

"그러고 보니 어딘지 집시와 비슷한 점도 있단 말이야."

잠시 뒤에 누군가가 한마디 했다.

"그건 그렇고 그 사나이를 택했을 때 주임사제나 목사회는 그 사나이가 급진파란 사실을 알고 있었는지?"

내뱉듯이 또 한 사람이 말을 이었다. 그러나 대화는 거기서 끊어졌다. 걱정 때문에 말도 나오지 않았던 것이다.

그로부터 일주일 뒤 졸업식날, '콜타르'와 '한숨'이 목사관을 향해 걷고 있었는데 독설가인 '콜타르'가 문득 동반자를 보며 말했다.

"이제까지 졸업식을 많이 치렀지만 아무래도 이번이 마지막일 것 같군."

'한숨' 역시 전에 없이 우울한 투로 말했다.

"어디 성직자 월급이라도 제대로 준다는 데가 있으면 그만둬도 좋으련만."

16

1년이 지났다. 필립이 입학했을 때는 오래된 선생들이 모두 그대로 있었으나 그들의 완강한 저항에도 변화는 여러 가지로 일어나고 있었다. 저항이라야 어차피 표면으로는 새 교장의 의견에 동조하는 체하면서 슬그머니 뒤에서 하는 데 지나지 않았지만, 그렇다고 해서 결코 무시할 수는 없는 것이었다. 하급 학년에서는 여전히 담임선생이 프랑스어를 가르치고 있었다. 그러나 상급 학년에서는 하이델베르크 대학에서 언어학 학위를 받고 프랑스 관립학교에서 3년간 교편을 잡았던 새 선생이 부임해 와 프랑스어와, 또 그리스어 대신 독일어를 배우겠다는 학생에게 독일어를 가르쳤다. 뿐만 아니라 가장 체계적으로 수학을 가르친다는 선생도 또 한 사람 들어왔다. 두 사람 모두 성직자가 아니었다. 이것은 확실히 혁신이었다. 그 두 선생이 새로 부임했을 때 오래된 교사들은 모두 의혹에 찬 눈으로 바라보았다. 실험실이 생기고 교련반이 창설되었다. 학교 자체의 성격이 변해 간다고 모두가 말했다. 앞으로 퍼킨즈 씨가 그의 헝클어진 머릿속에서 또 어떤 계획을 생각해 낼지 아무도 몰랐다. 킹즈 스쿨은 사립학교로서는 그다지 큰 학교가 아니었다. 기숙사생은 2백 명을 넘지 못했고, 학교는 교회 건물에 덧붙여 질서 없이 세워져서 더는 늘려 짓기가 곤란했다. 구내는 교사들이 사는 한 동을 빼놓고는 모두 교회 관계 성직자들이 살고 있어 늘려 지을 여지도 없었다. 한데 퍼킨즈 씨는 고심 끝에 한 가지 계획을 세웠다. 학교 건물을 두 배로 늘릴 만큼의 공간을 만들겠다는 것이다. 그로선 런던에서도 학생을 오게 하고 싶었다. 퍼킨즈 씨 말을 빌리면, 그들이 켄트 주의 시골 아이들과 접촉하는 것은 그들 도회지 소년들에게도 좋고 여기 시골 아이들의 머리가 닦이는 데도 조금은 도움이 되리란 것이었다. 퍼킨즈 씨가 이 계획을 '한숨'에게 이야기하자 그는 한마디로 말했다.

"하지만 그것은 본교의 전통과 어긋나는 일입니다. 즉, 우리는 일부러 런던 아이들과의 접촉을 피하는 쪽으로 해왔으니까요."

"어리석은 소리요, 그건!"

아직까지 교사의 말에 어리석은 생각이라고 한 교장은 하나도 없었다. 이 말을 들은 '한숨'은 한마디 신랄한 응수, 즉 틈을 보아 슬그머니 포목상 아들이라는 것을 꼬집으려 했지만 적당한 말을 생각하는 사이 교장 편에서 역습해 왔다.

"바로 구내에 있는 교사 주택 말입니다. 당신이 결혼만 하신다면 제가 목사회에 건의해서 2층으로 올리도록 말해 보죠. 그러면 기숙사도 자습실도 만들 수 있습니다. 그리고 부인께서는 선생을 도우실 테고."

나잇살이나 먹은 '한숨'도 어안이 벙벙하여 말도 나오지 않았다. 결혼한다고 생각해 보니 이미 쉰하고도 일곱이다. 쉰일곱이나 되어 결혼을 하다니, 천만의 말씀! 이제 새삼스럽게 식구를 거느릴 수는 없다. 결혼하든가, 아니면 어느 시골 목사로 가든가 하라면 물론 기꺼이 사직하겠다. 이제 그의 소망은 평화와 안정, 그것뿐이었다.

"결혼이라뇨, 그런 건 생각해 본 적도 없습니다."

퍼킨즈 씨는 검고 맑은 눈을 들어 상대방을 쏘아보았다. 그의 눈에는 번쩍 빛나는 것이 있었으나 '한숨'에게는 보이지 않았다.

"그거 유감스럽군요. 나를 위해서도 결혼할 수 없단 말인가요? 선생께서 계시는 그 건물을 개축해 달라시면 부감독이나 목사회에 대해서도 체면이 서게 될 텐데요."

그런데 퍼킨즈 씨의 그런 여러 계획 가운데에서도 가장 선생들이 싫어한 것은 때때로 그가 다른 선생의 학급을 대신 맡아 가르치는 일이었다. 호의로 하는 것이라고 그는 말하지만 결국 이 호의는 절대로 거절할 수 없는 호의이니만큼, '콜타르' 선생인 터너 씨도 말했던 것처럼 다른 선생들에게는 더할 나위 없는 모멸이었다. 교장은 예고도 없이 아침기도가 끝나자마자 느닷없이 교사 가운데 누군가를 붙잡고 말하는 것이었다.

"오늘은 11시부터 6학년을 맡아 줘야겠는데 어떨는지요. 앞으로 가끔 서로 바꾸기로 합시다."

이런 식이었다. 다른 학교에서는 흔히 있는 일일는지 모른다. 하지만 적어도 캔터베리에서는 이제까지 한 번도 없었다. 터너 선생(그가 처음 희생자였다)은, 오늘은 교장 선생님이 대신 라틴어를 맡는다는 말을 반에 알리고, 이어 너희도 너무 바보로 보여서는 안 될 테니 어디 잘 모르는 건 물어보아라, 하고 말했다. 그리하여 그는 역사 시간의 마지막 15분을 할애하여 그날 예정이었던 리비(로마 역사가)의 한 구절을 일부러 해석해 주었다. 그런데 뒤에 다시 반에 들어간 그는 퍼킨즈 씨가 채점한 표를 보고 놀랐다. 언제나 1, 2등을 하는 두 학생은 너무나 점수가 나쁜 반면 어느 때는 도무지 신통치 않았던 무리들이 어엿이 만점을 받고 있었다. 대체 어떻게 된 일이냐고 공부를 제일 잘하는 엘드리지에게 물어보았다. 그는 볼멘소리로 대답했다.

"교장 선생님은 해석 같은 건 한 줄도 하지 않으셔요. 저더러는 고든 장군이 누구냐고, 그렇게 물어 보셨어요."

터너 씨는 놀라서 그를 보았다. 학생들은 모두 부당한 취급을 당했다는 표정이었는데 그도 그들의 무언의 불만에 동감할 수밖에 없었다. 고든 장군과 리비가 어떤 관계에 있는지 그 역시 몰랐다. 그는 나중에 용기를 내어 물었다.

"교장 선생님, 엘드리지는 고든 장군이 누구냐는 질문을 받고 혼이 났었더군요."

그는 자신의 무지함을 들키지 않으려고 일부러 키득키득 웃어가며 물어보았다.

퍼킨즈 씨도 웃었다.

"그 카이우스 그라쿠스(고대 로마 정치가. 민권을 위해 싸우다 죽음)의 농지법에 대한 것이 나왔기에, 어디 혹시 아일랜드 농업문제에 대해서도 뭣 좀 아는가 잠깐 생각했을 뿐이지요. 그런데 아일랜드에 대한 지식이라곤 고작 더블린 시가 리페이 강(江) 가에 있다는 걸 아는 게 전부더군요. 그래서 고든 장군에 대한 것을 들은 적이 있느냐고 물어보았죠."

여기서 놀라운 사실 하나, 즉 새 교장이 이른바 지식광이라는 것이 알려지게 되었다. 그는 필요에 따라 그때그때 주입된 학과시험은 아무런 가치가 없다고 생각했다. 그는 보편적인 상식을 원했다. '한숨'은 날이 갈수록 더욱더 근심에 싸이게 되었다. 이러다가는 언제 어느 때 결혼 날짜를 정하라고 할는지 모른다는 걱정이 늘 머리에서 떠나지 않았다. 교장의 고전문학에 대한 태도도 도무지 마음에 들지 않았다. 과연 훌륭한 학자임에는 틀림없었고 현재 저작하고 있는 논문도 정통적인 것이었다. 즉, 라틴문학에 나타난 나무들이라는 논문인데 다만 그 일을 그는 쉽게, 마치 아무것도 아닌 소일거리, 가령 심심풀이는 될지라도 설마 그것을 인생의 큰 문제로 생각하는 자는 없겠지, 하고 마치 당구 이야기하듯 말하는 것이었다. 3학년 중급 담임 '물딱총'도 날로 우울해졌다.

필립이 입학하여 처음 들어간 반이 '물딱총'반이었다. B.B. 고든 목사는 본디 성격이 교사로서는 알맞지 않은 사나이였다. 조급하고 화를 잘 냈다. 어떻든 상대가 모두 어린아이들이어서 누구 하나 건드리는 인간이 없었으므로 자제력이라는 것은 모두 잃어버리고 말았다. 수업은 분노로 시작하여 격정으로 끝났다. 크지도 작지도 않은 보통 키에 살이 찐 그는 희어져가는 잿빛 머리를 뭉툭하게 깎아 올리고, 코밑에는 억센 수염이 듬성했다. 얼굴은 크지만 윤곽이 뚜렷하지 못했다. 푸르고 작은 눈, 원래가 뻘건 얼굴이 화가 치밀면 언제나 자줏빛이 됐다. 손톱은 거의 살까지 물어 뜯겨 있었다. 그것은 이를테면 학생이 일어서서 떨면서 해석할 때, 그는 화가 치밀어 책상에 앉아 손가락을 물어뜯기 때문이었다. 부풀린 점도 있겠지만 그의 폭력에 대해선 많은 이야기가 있었다. 2년 전 어느 학생의 아버지가 더 참지 못해 고소를 결심했다는 소문이 돌았을 때는 학교에서도 적잖이 긴장했다. 월터즈라는 소년의 귀를 책으로 때렸는데, 그 때문에 귀가 먹어 학교를 다니지 못하게 되었던 것이다. 그 애의 아버지는 캔터베리에 살고 있었는데, 시에서는 꽤 큰 소동거리가 되어 지방 신문들도 떠들어댔다. 그러나 월터즈는 고작 양조장 주인에 불과했으므로 여론은 완전히 두 갈래로 나뉘었다.

당사자 아닌 다른 학생들은 '물딱총'을 좋아하지는 않았지만—그 이유는 그들이 잘 알 텐데—이 문제에 관한 한 선생 편을 들었다. 교내에서 일어난 일을 학교 밖에서 처리했다는 불만에서였다. 그들은 그 화풀이를 아직 학교에 다니고 있는 월터즈의 동생에게로 돌렸다. 즉, 사사건건 오금을 박는 것이었다. 겨우 시골 행을 면한 고든 씨는 그 뒤로 때리는 버릇만은 없어졌다. 그 다음부터는 학생의 손을 회초리로 갈긴다는 교사의 권리를 박탈당하고 따라서 '물딱총'도, 이제는 그 책상을 매로 쾅쾅 두들기며 분노를 과시할 수가 없게 되었다. 기껏해야 학생의 어깨를 움켜쥐고 마구 흔드는 정도였다. 그래도 휘어잡기 어려운 개구쟁이를 10분이나 반시간 정도 팔을 들고 서 있게 하는 벌 정도는 여전히 주었고 독설도 여전했다.

필립처럼 수줍은 아이를 가르치는 데는 아마 이 선생만큼 부적당한 교사도 없었을 것이다. 물론 그는 처음 왓슨 씨가 교장으로 있는 예비교에 들어갔을 때만큼은 겁내지 않았다. 예비교 시절에 알던 아이들도 많았고 기분도 제법 어른스러워졌으며 게다가 본능적이라고 할 수 있겠지만, 사람 수가 많으면 그만큼 자기의 불구도 눈에 잘 띄지 않는다는 것을 알았다. 그러나 첫

날부터 고든 씨는 그의 가슴에 공포심을 일으켰다. 더욱이 자기를 두려워하는 학생을 찾는 덴 재주가 있는 고든 씨인지라 필립을 유난히 미워하는 듯 보였다. 필립은 겨우 공부에 재미를 붙였으나 그 뒤로 다시 학교에서 지내는 시간이 지옥 같았다. 섣불리 틀린 대답을 해 야단을 맞느니 차라리 바보처럼 가만히 앉아 있는 편이 나았다. 일어서서 읽을 차례가 가까워 오면 가슴이 쓰리고 두려움으로 새파래졌다. 즐거운 시간이라고는 퍼킨즈 씨가 대신 수업을 맡을 때뿐이었다. 무엇보다도 교장 선생님은 그 백과사전적 지식, 그것에 대한 필립의 맹렬한 호기심을 마음껏 충족시켜 주기 때문이었다. 이제까지 그는 나이에 비해 여러 종류의 책을 읽어왔다. 수업 중에 가끔 교장 선생님은 모두에게 돌려가며 질문을 하다가 필립 앞에 와서 미소 지으며(그것만으로도 그는 무한히 기뻤다) 말했다.

"캐리, 네가 좀 말해 봐."

그럴 때마다 올라가는 그의 좋은 성적이 고든 씨의 분노에 불을 질렀다. 어느 날, 필립이 해석할 차례가 되자 그는 필립을 무섭게 쏘아보며 미친 듯이 엄지손가락을 물어뜯었다. 대단한 기세였다. 필립은 기어드는 소리로 시작했다.

"더 큰 소리로!"

무서운 고함이 그의 입에서 터져 나왔다.

"어서, 어서 빨리 해!"

고함은 점점 높아갔다. 그 결과 필립은 알던 것도 날려 보냈을 뿐이었다. 그는 멍하니 활자만 바라보고 있었다. 고든 씨는 숨결이 거칠어졌다.

"모르면 왜 모른다고 말 안 해? 아는 거냐, 모르는 거냐? 전 시간에 똑똑히 해석해 주지 않았어? 딴전 부리느라고 듣지 않았지? 왜 말 못해, 바보같으니!"

그는 마치 필립에게 달려가려는 것을 억누르려는 듯 의자 팔걸이를 꽉 붙들고 있었다.

전에는 걸핏하면 아이들의 멱살을 움켜잡아 숨이 막힐 지경으로 졸랐던 것이다. 앞이마에는 핏줄이 퍼렇게 서고 얼굴은 무서운 형상으로 변했다. 제정신 같지 않았다. 필립은 어제는 잘 알고 있었는데 지금은 하나도 생각나지 않았다.

"모르겠습니다."

헐떡이듯 그는 말했다.

"왜 몰라? 자, 하나하나 말해 봐. 아는지 모르는지 금방 알아낼 테니까."

필립은 말없이 고개를 푹 숙이고 하얗게 질린 채 떨면서 서 있었다. 고든 씨의 숨결은 거칠 대로 거칠었다.

"교장 말로는 네가 잘한다던데, 뭐 모르겠다고? 어디다 대고 그런 말을 해! 하하하하, 그게 박식이란 게로구나! 너 같은 놈이 어떻게 이 학급에 들어왔는지 알다가도 모르겠구나, 이 돌대가리야!"

꽤나 이 말이 마음에 든 모양이었다. 그는 한껏 큰 소리로 또다시 되뇌었.

"돌대가리! 이 다리병신, 돌대가리!"

이렇게 고함을 지르고 난 선생은 약간 화가 풀린 모양이었다. 순간 필립의 얼굴은 새빨개졌다. 선생은 필립에게 징계자 명부를 가져오라고 했다. 필립은 들고 있던 교과서 《시저》를 내려놓고 잠자코 밖으로 나갔다. 징계자 명부는 잘못을 저지른 학생들 이름이 죽 적혀 있는 검은 표지의 장부로 세 번 적히면 매를 맞게 되어 있었다. 필립은 교장 선생님 방문을 노크했다. 퍼킨즈 씨는 책상 앞에 앉아 있었다.

"교장 선생님, 징계자 명부 좀 주세요."

"거기 있다."

그는 턱으로 가리키며 말했다.

"뭐 잘못이라도 저질렀니?"

"잘 모르겠습니다."

교장은 필립을 힐끗 쳐다보더니 아무 말 없이 일을 계속했다. 필립은 명부를 가지고 나왔다. 수업이 끝나자 그는 교장 선생님에게 명부를 도로 가져갔다.

"어디 좀 보자. 고든 선생이지? '태도 극히 불순'이라, 흐음 무슨 짓을 했니?"

교장 선생님이 물었다.

"잘 모르겠어요. 선생님은 다리병신 돌대가리라고 하셨어요."

퍼킨즈 교장은 그를 다시 한 번 훑어보았다. 어쩌면 이 대답이 빈정거림이 아닌가 했으나 그런 태도치고는 어딘지 몹시 겁을 먹은 것 같았다. 얼굴이 창백하고 눈은 분명히 공포의 빛을 띠었다. 그는 일어나서 책을 내려놓았다.

그리고 사진 대여섯 장을 집어 들며 조용한 목소리로 말했다.
"친구가 오늘 아침에 아테네의 멋진 사진을 보내왔어. 이것 봐, 이게 아크로폴리스야."
그는 한 장 한 장 자세히 설명해 주었다. 그에 따라 폐허의 모습이 또렷하게 떠올랐다. 디오니소스의 극장 자리를 보여 주면서, 어떤 모양으로 앉았으며, 또 극장 저쪽으로 보이는 것은 에게 해라는 것도 설명해 주었다. 그러다가 갑자기 그는 이렇게 말했다.
"그래 이제 생각이 난다만, 나도 예전에 고든 선생님 반이었을 때 언제나 이 집시 심부름꾼 녀석, 이 집시 심부름꾼 녀석! 이런 소릴 들었었지."
그리고 사진에 열중한 필립이 그 말뜻을 미처 생각할 겨를도 없이 벌써 교장은 살라미스의 사진을 보여 주면서 손톱 가장자리가 꺼메진 손가락으로, 그리스 함대는 이쪽, 페르시아 함대는 저쪽, 해 가며 쌍방의 포진 상황을 설명해 주고 있었다.

17

그 뒤 2년 동안은 단조롭기는 하나 즐거웠다. 놀림도 같은 또래 아이들보다 더 받거나 하지는 않았다. 불구여서 경기에 참가하지 못했으므로 완전히 무시당했으나 차라리 그편이 다행한 일이었다. 인기도 없고 그야말로 고독했다. 3학년 상급반에서는 '눈깜박이' 밑에서 두 학기를 보냈다. 이 '눈깜박이'는 늘 기운 없이 눈꺼풀을 축 늘어뜨리고 어쩔 수 없는 권태에 짓눌린 듯한 사나이였다. 수업은 하지만 전혀 의욕이 없어 보였다. 상냥스럽고, 친절하고 그리고 우둔했다. 어린이의 인격을 존중하여, 어린이가 거짓말을 못하게 하려면 무엇보다도 먼저 우리 어른이 '어린이는 거짓말한다'는 생각을 머릿속에서 떨쳐 버려야 한다는 것이 그의 굳은 신념이었다. 그는 자주 다음과 같은 말을 인용했다. '많이 구하라, 그리하면 많이 얻으리라.'
상급반 3학년 수업은 비교적 힘들지 않은 편이었다. 해석 시간만 하더라도 어느 줄이 차례로 돌아올지 곧 알 수 있었다. 더욱이 교실을 한 바퀴 돌아오는 커닝 페이퍼로 2분도 채 안 되어 필요한 해답을 얻을 수 있었다. 질문이 돌아가는 사이에 무릎 위에 라틴어 문법책을 살짝 펴놓고 읽을 수도 있었다. 생각할 수조차 없는, 똑같은 실수가 여러 번 다른 연습 문제에서 거듭

되어도 도무지 그는 이상스럽다고 느끼지 못했다. 시험 따위는 그다지 믿지 않았다. 평상시보다 성적이 나쁘다는 것을 알고 있었기 때문이다. 기대에 미치지 못해 마음이 상해 하는 이야기지만 그러나 그런 것쯤은 대단할 것이 없었다. 일부러 진실을 비뚤어지게 만들고 좋아하는 뻔뻔스러움 말고는 거의 아무것도 배우지 못한 채 저절로 모두 상급으로 올라갔다. 아마도 이 적당주의가 나중에 실생활에서는 라틴어 따위를 선 자리에서 억지로 읽을 수 있는 능력보다 훨씬 유리하리라 생각되기 때문일 것이다.

다음에는 '콜타르'가 담임이 되었다. 이름은 터너였는데 그는 나이 많은 교사들 가운데선 가장 활기가 있었다. 배 나온 키 작은 사나이로 검은 수염은 이제 희끗희끗하고 살갗은 가무스름했다. 목사복을 입은 모습은 사실 어딘지 콜타르 통을 떠올리게 했다. 학생들이 별명을 부르거나 하면 그는 벌칙을 세워 반드시 필사를 백 줄 해오는 벌을 내렸는데, 그러면서도 교내 만찬회 같은 데서는 곧잘 이 별명에 대해 농담을 벌였다. 그는 교사들 가운데에서 세속적이라면 첫손가락에 꼽혔다. 누구보다도 외식을 많이 하고 교제대상도 성직자만으로 한정되어 있지 않았다. 학생들은 오히려 그를 시시한 인간으로 알았다. 휴가만 되면 성직자 옷을 벗어 버리고 화려한 트위드 양복 따위를 걸치고 스위스 등지로 돌아다녔다. 그는 포도주와 좋은 음식을 좋아하여, 한 번은 카페 로열에서 꽤 친분이 있는 듯한 여성과 함께 있는 모습을 들킨 일이 있는데 그 뒤로 학생들은 그가 때로는 어떤 종류의 방탕—그 구체적 사실에 대해서는 결국 그 원칙적 인간악이라는 것을 무조건 믿을 수밖에 없지만—을 즐기는 것이라고 제멋대로 결정 내렸다.

3학년 상급반에서 온 학생들은 어느 정도 길들이자면 적어도 한 학기는 걸린다는 것이 터너 씨의 계산이었다. 그리하여 가끔, 너희가 지난 학급에서 어떤 짓을 했었는지 모조리 안다고 은연중에 비치는 것이었다. 물론 크게 걱정하지는 않았다. 본디 그의 학생관은, 요컨대 그들은 개구쟁이이고, 그들이 거짓말을 못하게 하려면 거짓말은 반드시 탄로 난다는 것을 알리는 방법이 제일이다, 그들의 염치란 그들만의 독특한 것이며 교사와 학생과의 관계에 적용할 수 있는 것은 아니다, 소득이 없음을 알았을 때 비로소 정신을 차린다는 것이었다. 그는 자기 반을 크게 자랑으로 삼았는데 55세인 지금도 처음 부임해 왔을 때와 마찬가지로 제발 시험만은 다른 어느 반보다 잘 치러 달라고 부탁하는 열성파였다. 그는 화도 잘 냈지만 식는 것도 빨라, 따라서 아이들도 입이야 사납지만 마음은 제법 친절하다는 것을 곧 알아차렸다. 바보, 천치에 대해서는 그야말로 용서 없었으나 버릇이 없거나 고집 센 것은 일단 쓸 만하다고 보기만 하면 자진해서 정성껏 보살펴 줬다. 학생들을 차(茶) 시간에 초대하는 일을 몹시 즐겼는데 그들은, 뭐 우리가 과자나 머핀에 눈이 어두운 것은 아니야(즉, 그의 비만증은 맹렬한 식욕 때문이며 또 그 무서운 식욕은 촌충 때문이라는 것이 통설이었다), 하면서도 모두 초대에는 기꺼이 응해 주었다.

 이제 필립은 학교생활이 훨씬 재미있고 즐거웠다. 그 이유는 장소가 너무나 비좁아 상급반에서는 전체가 학생 자습실이 되었기 때문이다. 이제까지는 커다란 홀에서 한데 지내며 거기서 모두 식사도 하고 하급생들과 같이 예습도 해야 했는데 그는 어쩐지 그것이 여간 싫지가 않았다. 가끔 사람들과 같이 있으면 견딜 수 없이 불안해져서 고독이 몹시 그리워지는 것이었다. 그럴 때면 그는 혼자 교외로 산책 나갔는데, 거기 푸른 들에는 시냇물이 한 줄기 흐르고 양쪽으로 다듬어진 나무들이 길게 늘어서 있었다. 둑을 걷고 있으면 왠지 모르지만 행복했다. 피로해지면 풀 위에 엎드려 멀거니 피라미와 올챙이가 꼬리치는 모양을 바라보았다. 교정을 이리저리 거니는 것도 정말 즐거웠다. 교정 한가운데 있는 풀밭에서 여름 한철에는 네트(크리켓 경기의 네트) 연습을 할 때도 있었지만, 다른 계절은 조용하기 그지없었다. 간혹 학생들이 팔짱을 끼고 걸어 다닐 때도 있었고, 공부 좋아하는 학생이 무엇인가 암송숙제를 입속으로 외며 방심한 듯 천천히 거니는 일도 있었다. 느릅나무 고목에는 까마귀 한 떼가 몰려와 주위에 구슬픈 울음소리를 퍼뜨리곤 했다. 한쪽으로는 중앙에 큰 탑이 있는 교회가 있어서, 아직까지 아름다움에 대해 아무것도 모르는 필립도 그것을 바라보았을 때는 무엇인지 자기로서는 알 수 없는 가슴 아픈 듯한 환희를 느꼈다. 학습실을 할당받았을 때, 제일 먼저 사온 것은 거기서 바라보았던 교회 사진이었는데, 핀으로 책상에 눌러 꽂아 놓았다. 그리고 그는 어느 때부턴가 4학년 교실 창문에서 내다보이는 경치에 흥미를 기울이기 시작했다. 거기서는 손질이 잘된 해묵은 잔디밭과 울창한 숲이 내려다보였다. 그 광경은 그에게 어떤 기묘한 감정을 느끼게 했다. 고통인지 쾌감인지를 알 수 없는 야릇한 감정이었다. 심미적 감정에 처음으로 눈떴던 것이다.

또 다른 변화도 함께 일어났다. 목소리가 변했다. 자기로서도 어쩔 수가 없었다.

그때부터 그는 차 시간이 끝나면 곧 교장 선생님 서재에서 열리는 견신례 준비반에 참석하기 시작했다. 어차피 필립의 신앙은 시간의 시련에 견디어 낼 성질의 것이 못 되어서 매일 저녁 성경 읽는 습관은 이미 오래전에 없어지고 말았다. 그러나 요즘 와서, 첫째로 교장 선생님의 감화도 받고 둘째로 최근 그를 불안하게 하는 육체적 조건에 관한 일도 있고 해서 그는 다시 지난날의 감정이 되살아나 그 자신의 타락을 맹렬히 자책하게 되었다. 지옥의 불길이 그의 상상 속에서 무섭게 타오르고 있었다. 거의 이교도와 다름없는 이 모양으로 만일 죽기라도 한다면 지옥행은 의심할 여지도 없었다. 그는 은연중에 영원한 고통을 믿고 있었다. 영원한 행복 이상으로 굳게 믿고 있었다. 그는 그가 오늘날까지 지나온 위험을 생각하면 몸서리가 쳐졌다.

그로서는 견딜 수 없는 예의 그 굴욕에 허덕이고 있을 때, 뜻하지 않게 퍼킨즈 교장 선생님이 들려준 자애로운 말씀은 그로 하여금 교장 선생님에 대한 지극한 존경심을 자아내게 했다. 어떻게 해서든지 그의 마음에 들려고 애썼다. 어쩌다 한 번이라도 칭찬을 받으면 아무리 하찮은 말이라도 소중하게 마음속에 지녔다. 그래서 교장 사택에서의 이 작은 집회에 나가게 되었을 때도 처음부터 전적으로 순종할 각오였다. 눈 한 번 깜짝 하지 않고, 뚫어지게 그의 번쩍이는 눈을 쳐다보며 입을 반쯤 벌린 채 머리를 앞으로 내미는 듯한 자세로 한마디라도 놓칠세라 열심히 들었다. 주위가 변화 없는 사회니만큼 그들이 다루는 문제는 더욱 감동 깊게 느껴졌다. 교장 선생님 자신도 논제의 신비성에 도취되어 책을 밀어 넣고 마치 심장의 고동이라도 가라앉히려는 듯 두 손을 가슴에 얹고 신앙의 신비성을 차근히 설교하는 것이었다. 때로는 이해가 안 가는 대목도 있었으나 굳이 알려고도 하지 않았다. 다만 막연히 느끼기만 하면 된다고 생각했다. 그럴 때는 검고 듬성한 머리의, 창백한 얼굴빛의 교장 선생님의 모습이 저 왕을 규탄한 이스라엘 예언자같이 보였으며, 또 구세주 예수를 머리에 그리면, 그 환영은 으레 검은 눈의 그리고 혈색 나쁜 교장 선생님의 얼굴과 겹쳐지는 것이었다.

퍼킨즈 교장은 그의 이 일을 매우 진지하게 생각했다. 본디부터 유머를 잘하는 사람이어서 그 때문에 교사들에게서 불성실하다는 원성을 듣지만 그것조차 이 시간에는 전혀 없었다. 바쁜 와중에서도 견신례를 준비하는 소년들을 따로 만나 15분이나 20분 동안 지도하는 것이었다. 견신례가 그들의 삶에서 최초의 가장 소중한 자각 행위라는 것을 충분히 인식시키고 싶었던 것이다. 그들의 영혼 깊이 파고들어가 그 자신의 강렬한 신앙을 그들 마음속에 그대로 불어 넣고 싶었던 것이다. 그리고 그는 필립에게서 자기와 똑같은 정열의 가능성을 보았다. 그의 성정은 교장의 눈에는 본질적으로 종교적인 것으로 비쳤다. 어느 날, 하던 이야기를 갑자기 멈추고 그가 말했다.

"너는 장차 무엇이 될까 생각해 본 적이 있니?"

"큰아버지는 성직자가 되라고 하세요."

"네 생각은?"

필립은 눈길을 돌렸다. 자기는 도저히 성직자 자격이 없다고 말해 버리기가 부끄러웠다.

"아마 세상엔 우리 성직자만큼 행복하게 생활하는 사람도 없을 게다. 얼마나 근사한 특권인가를 너도 알게 됐으면 싶구나. 사람은 모든 분야에서 저마다 하느님께 봉사할 수는 있다. 그러나 우리 생활은 더한층 하느님과 가깝다. 내가 네 마음을 어떻게 하려는 것은 아니다. 그러나 만일 네 마음만 결정된다면 지금 당장에라도 영원한 기쁨과 마음의 안정을 얻을 수 있을 게다."

필립은 아무 대답도 하지 않았다. 그러나 교장은 방금 자기가 한 말을 필립이 잘 이해하고 있다는 것을 그의 눈빛으로 알 수 있었다.

"너는 이대로 계속하면 얼마 안 가서 전교 최우등생이 될 거다. 졸업할 때 장학금을 받게 될 것은 틀림없다고 믿어도 돼. 그런데 네 재산은 얼마나 되지?"

"큰아버지 말씀이 제가 스물한 살이 되면 한 해에 백 파운드는 받을 수 있다고 하셨습니다."

"그럼 부자구나. 난 한 푼도 없었어."

교장은 한동안 머뭇거리다가 앞에 놓인 압지에 연필로 선을 그으면서 말을 이었다.

"직업 선택이라는 문제에선 뭐니뭐니해도 너는 제한되어 있어. 첫째 신체적인 활동을 요구하는 직업은 택할 수 없을 테니까."

자기의 불구에 대한 말이 나올 때마다 언제나 그렇듯이 필립은 머리끝까지 빨개졌다. 퍼킨즈 씨는 엄숙한 표정으로 그를 바라보았다.

"너는 너의 불행에 너무 신경 쓰는 것 같구나. 그것 때문에 오히려 하느님께 고마운 생각은 없었니?"

필립은 번쩍 눈을 들었다. 그리고 입술을 꼭 깨물었다. 전에 자신이 남의 말을 곧이듣고 하느님께서 그 옛날 문둥이와 맹인을 고쳐 주신 것처럼 자기 다리도 고쳐 주시리라고 몇 달이나 애써 기도한 일이 생각났기 때문이다.

"불행을 반항적으로 받아들인다면 그것은 너에게 부끄러움이 될 수밖에 없겠지. 그러나 만일 네가 그것을 하느님의 은총의 표시로 받아들이고, 그것을 충분히 짊어지고 나갈 수 있기에 네게 주신 십자가로 생각한다면, 그것은 비참한 불행이기보다는 오히려 큰 행복의 원천이 될 게다."

자신의 불행에 대해 이야기하는 것을 필립이 싫어한다는 걸 알고 교장은 그날 그를 그대로 돌려보냈다.

필립은 교장 선생님의 말을 몇 번이나 되짚어 생각해 보았다. 그리고 이윽고 다가올 견신례에 온 정신이 쏠리게 되자, 어떤 신비로운 환희에 사로잡혔다. 그의 정신은 육체의 멍에에서 벗어나 무엇인가 새로운 삶을 사는 것만 같았다. 그는 온갖 정열을 기울여 완전해지기를 열망했다. 모든 것을 내던져 하느님께 봉사하고 싶었다. 그는 성직자가 될 것을 굳게 결심했다. 마침내 그날이 되자 그의 마음은 그때까지의 모든 준비, 가령 공부한 서적, 아니 그보다도 특히 압도하는 듯한 교장의 감화력에 감동되어 기쁨과 불안으로 거의 가만히 있을 수가 없었다. 다만 하나, 마음을 괴롭히는 것이 있었다. 그것은 성단 앞을 다만 홀로 걸어가야 할 일이었다. 식에 참여한 전교 학생들뿐만 아니라 일반 시민들과 자녀의 견신례를 보러온 어버이들에게까지 자기의 온전치 못한 다리를 여지없이 보여 주어야 할 일이 불안했다. 그러나 막상 그 시간이 되었을 때는 그 굴욕도 즐거이 받아들이겠다는 결심이 솟아올랐다. 그리하여 그 높다란 교회의 둥근 천장 아래를 조그맣고 초라하게, 마치 겨자씨처럼 성단을 향해 걸어가면서 그는 뚜렷이 의식적으로 자신의 불구를 그를 사랑하시는 하느님께 바치는 제물로 삼았던 것이다.

18

그러나 필립은 산 정상의 맑은 대기 속에 오래 살지는 못했다. 언젠가 처음으로 신앙의 열정에 사로잡혔을 때 일어났던 일이 이제 또 일어난 것이다.

그는 신앙의 아름다움을 너무나 강렬하게 느꼈고, 자기희생의 열망이 마치 보석과 같은 빛을 내면서 그의 가슴속에서 불타오르면 오를수록 그 소망에 대한 자신의 힘이 모자란다는 것을 뼈아프게 느꼈다. 격한 정열에 지쳐 버린 것이다. 그의 영혼은 갑자기 기이한 목마름으로 가득 찼다. 그를 에워싸고 늘 같이 계시던 하느님의 존재가 점차 잊히기 시작했다. 그리고 모든 종교적 일과도 빠짐없이 지키기는 했으나 모두 형식적인 것이 되고 말았다. 그래도 처음에는 이 마음의 변화를 스스로 꾸짖기도 하고, 지옥 불에 대한 공포로 다시금 정열을 일깨우기도 했으나, 정열 그 자체가 사라져 버리자 조금씩 다른 일에 대한 관심이 마음을 어지럽혔다.

친구도 거의 없었다. 독서하는 습성이 사람을 멀리하게 만들었던 것이다. 어떻든 독서가 그에게는 꼭 필요했으므로 얼마 동안 친구들과 같이 있으면 곧 지쳐서 초조해졌다. 더욱이 독서에서 얻은 광범위한 지식 때문에 우쭐해서 마음은 언제나 긴장해 있었다. 그는 친구들의 어리석음에 대한 경멸을 감추는 재간조차 없었다. 모두가 그것은 자만심이라고 비난했다. 그의 뛰어난 점이라는 것도 그들 눈에는 실로 하찮아 보여서 그들은 도대체 무엇이 그다지도 자랑스러우냐고 비웃음조로 묻기도 했다. 바로 그때 그에게는 하나의 해학이라고 할까, 그런 버릇이 생겨나 상대방의 아픈 데를 찌르는 비상한 재주를 갖게 된 듯했다. 그것이 남의 마음을 얼마나 아프게 하는지는 생각지도 않고 다만 자신이 재미있었으므로 흔히 했던 것이다. 그러면서도 피해를 받은 친구가 자기를 미워한다는 사실을 알게 되면 그는 몹시 화를 냈다. 처음 학교에 왔을 때 받은 숱한 굴욕이 자기도 모르는 사이에 친구들에 대한 어떤 공포심을 품게 했고, 그것을 끝내 이겨내지 못한 채 소극적이고 말 없는 성격이 되어 버렸다.

그는 동무들의 인기를 마음속으로 동경하면서도 언제나 호감을 사지 못할 일만 하고 다녔다. 개중에는 이런 인기라는 것을 쉽게 얻는 소년도 있었다. 그것을 또 그는 멀리서 바라보고 감탄해 마지않았다. 그런 축들에 대해 굳이 밉상을 부리고 빈정대면서 약 올려 주면서도, 다른 한편으로는 만약 자신과 그들을 바꿀 수 있다면 어떤 대가를 치르도 좋다는 마음도 드는 것이었다. 그뿐 아니라 팔다리만 멀쩡하다면 학교에서 제일 머리가 우둔한 아이하고라도 서슴없이 바꾸리라 생각했다.

그에게는 묘한 습관이 생겨났다. 이를테면 누구라도 자기 마음에 드는 아이가 있으면 그는 어느 틈에 그 아이가 된 듯 상상해 버리는 것이었다. 다시 말하면 자신의 영혼을 그 아이 속에 던져 버리고 그의 목소리로 말하고 그의 웃음소리로 웃는 것이었다. 그 아이가 하는 일은 그대로 모두 자기가 하고 있다고 떠올렸다. 더욱이 그것이 기이할 정도로 또렷하여 순간적으로나마 이렇게 하여 실로 자주 기괴한 행복감에 잠기는 일도 있었다.

견신례가 끝나고 겨울학기로 접어들자 그의 학습실이 변경되었다. 이번에 같은 방에 있게 된 학생 가운데에 로즈라는 아이가 있었다. 필립과 같은 학년 아이였는데 언제나 그가 부러움에 가까운 찬탄으로 바라보아 오던 미소년은 아니었다. 큰 손과 건장한 뼈대는 앞으로 몸집이 매우 큰 남자가 될 것처럼 보였으나 미끈한 체격은 아니었다. 다만 그 눈만은 자못 매력적이어서 웃을 때면(언제나 웃는 얼굴이었다) 얼굴 전체가 눈을 중심으로 하여 잔주름이 물결처럼 일어나, 보는 사람의 마음에 한결같은 호감을 안겨 주었다. 특별히 머리가 좋은 편은 아니었지만 둔한 편도 아니었다. 중간 정도의 성적인데 운동 경기에 뛰어났다. 선생들과 학생들 사이에 인기가 대단했고, 그 역시 누구에게나 차별 없이 호의를 보였다.

필립이 새로 입실하니 지난 세 학기 동안 함께 있어 온 선참학생들의 환영 태도가 몹시 냉담하다는 것을 느끼게 되었다. 어쩐지 침입자 같은 마음이 들어 불안스러웠으나, 그는 이미 자기 감정을 감추는 일쯤은 몸에 밴 터라, 아이들은 그를 조용하고 조심스러운 사람으로 보는 모양이었다. 로즈에 대해서는 그도 역시 다른 아이들과 마찬가지로 끌렸으나 오히려 그 앞에서는 무뚝뚝하게 굴었다. 그리고 이 때문인지(필립은 그것이 결국 그가 지닌 어떤 매력임을 알았고 무의식적으로 그것을 썼다), 혹은 그저 친절한 마음에서인지는 모르겠지만 하여튼 그를 한 친구로 맞아들인 사람이 바로 로즈였다. 어느 날, 그는 갑자기 축구장에 가자고 말을 건네 왔다.

"난 빨리 못 걸어."

"쓸데없는 데 신경 쓰지 말고 가자."

막 출발하려고 할 때 한 아이가 문을 열고 로즈에게 같이 가자고 말했다.

"안 돼, 캐리와 같이 가기로 했는걸."

그는 대답했다.

"난 괜찮아."
필립은 당황하여 입을 열었다.
"난 괜찮대도."
"쓸데없는 소리 마."

그는 언제나 호감을 주는 그 눈웃음을 지으면서 그를 보며 웃었다. 그 순간 필립은 어떻게 나타내기 어려운 기묘한 마음의 설렘을 느꼈다.

두 사람의 우정은 그 순간에 아이들다운 속도로 자라 떼려야 뗄 수 없는 사이가 되어 버렸다. 다른 아이들은 너무나 갑작스레 친해진 두 사람을 보고 놀라면서 필립의 어디가 좋으냐고 로즈에게 물었다.

"글쎄 그건 모르지만, 어쨌든 나쁜 아이는 아니야."

그는 대답했다.

얼마 안 가서 두 사람이 팔짱을 끼고 교회로 가거나, 이야기를 나누며 교정을 거니는 모습에 그들은 익숙해졌다. 두 사람은 마치 수레의 양쪽 바퀴처럼 같이 다녔다. 끝내는 어떤 소유권 비슷한 것이 인정되어 로즈에게 볼일이 있는 아이는 필립에게 쪽지를 전할 정도였다. 처음에 필립은 소극적이었다. 자랑스러움을 가슴 가득히 느끼면서도 그것에 빠져 버리는 일은 없었다. 그러나 그의 운명에 대한 불신감도 마침내 이 벅찬 행복감에 지고 말았다. 로즈야말로 이제까지 만난 사람 가운데 가장 멋있는 사람이라고 생각했다. 책 같은 것은 이제 중요한 존재가 못 되었다. 그를 끄는 무한히 중대한 관심사가 따로 생겼기 때문이다. 로즈의 친구들은 자주 차 시간에 모이고 또 달리 할 일이 없으면 그대로 앉아 놀다가 가곤 했는데, 로즈는 함께 모여서 떠드는 것이 좋았던 모양이다. 그들도 모두 필립을 좋은 친구라고 생각했다. 그는 행복했다.

학기말이 되자 두 사람은 어느 기차로 돌아올 것인가를 미리 약속해 두었다. 정거장에서 만나 학교에 들어가기 전에 시내에서 잠깐 차를 마시자는 것이었다. 필립은 내키지 않는 기분으로 집에 돌아왔다. 방학 중에도 내내 로즈 생각에 잠겨 있었으며 새 학기에는 둘이서 무얼 하고 지낼까 하는 따위의 공상만 했다. 목사관은 이제 싫증이 났다. 큰아버지는 방학이 끝나는 날이면 농담조로 늘 하는 질문을 던졌다.

"어때, 학교에 돌아가는 것이 즐겁지?"

"물론이죠."

필립은 기쁜 듯이 대답했다.

정거장에서 어김없이 만날 수 있도록 그는 여느 때보다 하나 앞선 기차로 떠나 플랫폼에서 한 시간씩이나 기다렸다. 로즈가 중간에 갈아탄 파버샴에서 오는 기차가 닿자, 설레는 가슴을 안고 차창 안을 보며 달렸다. 그런데 로즈는 타고 있지 않았다. 짐꾼에게 다음 기차의 도착시간을 확인한 다음 그대로 기다렸다. 그러나 또 실망이었다. 춥고 배도 고팠다. 할 수 없이 골목길과 빈민가를 빠져나와 지름길로 학교로 돌아왔다. 학습실로 뛰어 들어가자 로즈가 있었다. 그는 난로에 발을 뻗고, 아무 데나 마구 걸터앉은 예닐곱 명의 아이들을 상대로 열심히 지껄이고 있었다. 그는 반가운 듯이 필립의 손을 잡았다. 그러나 필립은 풀이 죽었다. 그가 약속을 까맣게 잊고 있다는 것을 알았기 때문이다.

"왜 이렇게 늦었니? 난 네가 안 오는 줄만 알았어."

로즈가 말했다.

"너 4시 반에 정거장에 있었지? 도착했을 때 널 보았어."

한 아이가 말했다.

필립은 낯이 붉어졌다. 기다리고 있었다는 것을 로즈에게 알리기가 싫어졌다. 그래서 슬쩍 꾸며댔다.

"우리 집과 잘 아는 사람을 전송 나갔었어."

그러나 역시 실망은 그의 마음을 어둡게 했다. 묵묵히 앉아 묻는 말에 마지못해 대답할 뿐이었다. 로즈와 단둘이 되면 물어보리라 마음먹었다. 딴 아이들이 다 가버리자 로즈는 금방 다가와 그가 앉은 의자 팔걸이에 걸터앉았다.

"좀 좋아? 이번 학기에도 같이 있게 됐으니."

필립과 다시 만나 정말로 기쁜 모양이었다. 그렇게 생각하니 필립의 마음은 풀어졌다. 잠시도 헤어져 있지 않았던 것처럼 두 사람은 끊임없이 여러 가지 이야기에 열중했다.

19

처음에 필립은 로즈의 우정에 감사했을 뿐, 그로서는 아무런 요구도 하지 않았다. 다만 있는 그대로를 받아들이고 그것만으로 충분히 행복했다. 그러나 얼마 안 가 로즈의 팔방미인적인 태도에 화가 나기 시작했다. 둘만의 우정이 아닌 것이 못내 아쉬웠다. 이제까지는 다만 은혜로 받아들이던 것을 이번에는 권리로 요구하게 되었다. 로즈와 딴 아이들의 교제를 그는 질투의 눈으로 보았다. 그리고 무리한 일이라 생각하면서도 때로는 로즈에게 심한 말을 한 적도 있었다. 로즈가 남의 방에 들러 한 시간씩이나 부질없이 떠들고 오기라도 하면 공연히 화가 나서 심술을 부렸다. 온종일 부어 있을 때도 있었다. 그러나 로즈는 그의 기분을 모르는지 아니면 알면서도 일부러 그러는지 무시하는 태도였다. 그 때문에 필립은 더욱 애가 탔다. 곧잘 그는 어리석은 줄 알면서도 일부러 싸움을 걸어 이틀 사흘 서로 말을 안 할 때가 있었다. 그러나 도저히 오랫동안 화를 내고 있을 수가 없어서 자기가 정당하다는 확신이 있을 때조차 결국은 굽히고 들어갔다. 그러면 한 주일은 그전대로 친해졌다. 그러나 우정의 전성기는 지나갔다. 로즈로서는 단순한 습관에서가 아니면, 화를 내면 성가시다는 생각에서 함께 거닐어 준다는 것을 필립도 알 수 있었다. 처음 만났을 때처럼 자주 이야기하지도 않았다. 로즈는 가끔 지루해했다. 나의 절름발이가 마침내 로즈의 눈에 거슬리게 되었구나, 하고 필립은 느꼈다.

　학기가 끝날 무렵 학생 두어 명이 성홍열에 걸려 전염을 막기 위해 모든 학생을 귀가시켜 버리자는 이야기가 나왔다. 그러자 병자는 격리수용 되고 그 뒤 새로운 환자가 나오지 않아 일단 전염병은 그친 것으로 생각되었다. 그런데 그 환자 가운데 하나가 필립이었다. 봄방학은 내내 병원에서 지냈고 여름 학기 초에 요양을 해야 한다고 해서 목사관으로 돌아왔다. 의사가 이제 전염의 우려는 전혀 없다고 했음에도 캐리 씨는 매우 경계하면서 그를 맞아들였다. 의사는 회복기에는 바닷가에서 요양을 하게 하라고 권했지만 다른 데 보낼 만한 곳이 없었으므로 하는 수 없이 맞아들이기로 동의한 것이다.

　필립은 학기 도중에 학교로 돌아왔다. 로즈와 다툰 일은 다 잊어버리고, 그가 둘도 없는 친한 벗이라는 사실만 기억하고 있었다. 자기가 어리석었던 것이다. 앞으로는 좀더 현명해져야겠다고 마음먹었다. 요양 중에도 로즈는 두 번 짧은 글을 보냈는데 끝은 반드시 '빨리 나아서 돌아오라'는 말로 맺고 있었다. 필립으로서는 로즈도 자기와 마찬가지로 어서 만나고 싶어 못 견뎌

하는 줄 알고 있었다.
  학교에 돌아와 보니, 6학년 학생 하나가 성홍열로 죽어 학습실 편성에 조금 변화가 생겨, 로즈는 다른 방으로 옮겨가고 없었다. 실망이 컸다. 닿자마자 그의 방으로 뛰어갔다. 마침 로즈는 헌터라는 아이와 같이 책상에서 공부하고 있다가, 그가 들어서자 사뭇 못마땅하다는 듯이 돌아보며 고함을 쳤다.
  "누구야. 대체?"
  로즈는 필립이라는 것을 알자 건조한 투로 다시 말했다.
  "아아, 너니?"
  필립은 어리둥절하여 그 자리에 섰다.
  "뭘 하나 들러 본 거야."
  "공부하고 있었어."
  그러자 헌터가 옆에서 물었다.
  "언제 왔니?"
  "5분밖에 안 돼."
  두 아이는 필립을 방해꾼이나 되는 듯이 바라보았다. 어서 나가 달라는 얼굴이었다. 필립은 얼굴이 화끈 달아올랐다.
  "그럼 난 갈게, 끝나거든 들러."
  그가 로즈에게 말했다.
  "그렇게 하자."
  필립은 문을 닫고 절룩거리며 자기 방으로 돌아갔다. 무섭게 화가 났다. 로즈 녀석 같으니, 반가워하기는커녕 싫은 얼굴을 하다니, 그러고 보면 처음부터 단순한 학교 친구 이상의 아무것도 아니었는지 모른다. 그래도 행여 로즈가 오면 어쩌나, 하고 방 밖으로 한 발짝도 나가지 않은 채 기다리고 있었으나 그는 끝내 나타나지 않았다. 그 이튿날 아침 기도시간에 나갔더니 로즈와 헌터가 팔짱을 끼고 걸어오는 것이 아닌가. 그 밖에 목격하지 못한 일들은 딴 아이들이 일러주었다.
  초 중등 학교생활에서 3개월이면 꽤 오랜 시간이라는 것을, 그리고 필립 자신은 외톨이로 지내왔으나 로즈는 넓은 세상에서 살았다는 것을 그는 잊고 있었다.
  말하자면 빈자리를 헌터가 알뜰히 메우고 있었던 것이다.

필립은 은연중에 로즈가 자기를 피한다는 것을 알았다. 그러나 필립은 잠자코 사태를 받아들이는 인간은 아니었다. 로즈가 혼자 있을 때 그의 방으로 갔다.

"들어가도 괜찮아?"

로즈는 난처하다는 표정으로 그를 보았다.

"들어오고 싶거든 들어와."

"그거 고마운데."

필립도 빈정대듯 말했다.

"무슨 일이야?"

"너, 내가 돌아온 뒤로 어쩌면 사람이 그렇게 변했니?"

"무슨 바보 같은 소릴."

"헌터의 어디가 그렇게 좋지? 난 모르겠구나."

"무슨 상관이야?"

필립은 눈길을 떨어뜨렸다. 가슴에 가득한 것이 아무래도 입 밖에 나오지 않았다. 어쩐지 스스로 품격을 떨어뜨리는 느낌이었다. 로즈는 자리에서 일어났다.

"난 체육관에 가야 해."

그가 문을 나서려고 할 때 필립은 딱 잘라 말했다.

"로즈, 너, 너무 인정 없이 굴지 마."

"쳇, 바보같이!"

로즈는 문을 쾅 닫고 밖으로 나가 버렸다. 혼자 남은 필립은 노여움으로 몸이 부들부들 떨렸다. 자기 방으로 돌아와 그들이 나눈 대화를 되씹어 보았다. 이제는 로즈가 미웠다. 어떻게 해서든지 골탕 먹일 걸 그랬구나 싶었다. 이렇게 말해 주었으면 좋았을걸, 하고 생각되는 뼈아픈 말들이 연달아 머릿속에 떠올랐다. 우정도 이제 마지막인가 생각하니 슬펐다. 그러고 보니 온 학교에 소문이 퍼져 웃음거리가 된 모양이었다. 필립은 신경이 곤두서서, 자기 일 같은 건 염두에도 없을 터인데도 소년들의 일거수일투족이 모두 자신에 대한 조소나 비평으로밖에 생각되지 않았다. 그들의 주고받는 말투까지 떠올렸다.

"결국 오래갈 게 아니었어. 캐리 같은 녀석을 도대체 지금까지 참아온 것만 해도 장하단 말이야."
 그는 또 아무렇지도 않다는 것을 과시하기 위해 미워하고 멸시해 온 샤프라는 학생과 갑자기 무섭게 친해졌다. 그는 런던 출신으로 굼뜨고, 너저분한 분위기를 풍겼으며, 코밑에 수염이 나기 시작하고, 송충이 같은 눈썹이 미간을 잇고 있었다. 손은 부드럽고 나이에 어울리지 않게 몸가짐이 차분했다. 말투에는 약간 런던 말씨가 섞여 있었다. 그 역시 둔해서 운동경기를 못했는데 무엇이나 강제적인 일이라면 교묘하게 피해 나가 그야말로 핑계에는 천재였다. 그는 친구들이나 선생들로부터 이유 없이 미움을 받았는데 필립이 특히 그런 그에게 접근한 것은 순전히 어떤 오만에서였다. 두어 학기 지나면 그는 1년쯤 독일에 가게 되어 있었다. 그는 도무지 학교라는 걸 싫어했다. 학교란 기껏해야 사람이 성장해서 세상에 나갈 때까지 어떻든 참아나가야 하는, 어떤 굴욕 정도로밖에 여겨지지 않는 것이었다. 좋아하는 것은 런던뿐이었다. 그리고 방학 중 거기에서 일어난 여러 가지 일을 재미있게 이야기해 주었다. 그의 이야기―부드럽고 나직한 목소리로 말했다―를 들으면 런던의 밤거리 공기를 막연하게나마 느낄 수 있었다. 필립은 빨려드는 것 같은, 동시에 반발하는 듯한 미묘한 느낌으로 솔깃해서 이야기를 들었다. 극장 주변에 몰려든 인파와 싸구려 식당의 번쩍이는 전등불 그리고 술집에서 엉망으로 취한 사나이들이 높다란 의자에 걸터앉아 여급들과 농탕질을 하는 광경, 그런가 하면 가로등 아래 환락을 찾아 헤매는 군중의 신비로운 물결 따위를 그는 또렷이 보는 것 같았다. 샤프는 홀리웰 거리에서 나오는 싸구려 소설책을 곧잘 빌려 주었다. 필립은 그것을 침실에서 야릇한 불안감을 느끼며 읽었다.
 꼭 한 번 로즈가 화해를 제의해 왔었다. 마음씨 좋은 소년이라 적을 만들기 싫었던 것이다.
 "이봐 캐리, 넌 왜 그렇게도 바보 같은 생각만 하고 있니? 날 그렇게 억지로 피해서 속이 시원할 게 뭐가 있어?"
 "무슨 말인지 못 알아듣겠는데."
 필립이 대꾸했다.
 "말하자면, 서로 얘기라도 하고 지내잔 말이야."
 "너란 인간이 난 싫어."
 "흥, 아무렴!"

로즈는 어깨를 으쓱해 보이고 가 버렸다.
 강한 충격을 받으면 언제나 그랬듯이 필립은 얼굴이 창백해지고 심장이 마구 뛰었다. 로즈가 나가 버리자 별안간 견딜 수 없이 서글퍼졌다. 왜 그렇게 대답하고 말았단 말인가, 로즈와 다시 친해지기 위해서는 어떤 일을 해도 좋다고까지 생각했었는데, 어떻든 그와 그렇게 싸운 것은 서툰 일이었다. 그에게 고통을 주었다고 생각하니 슬펐다. 하지만 그때는 어떻게도 할 수 없었다. 악마에 사로잡혔다고나 할까. 자진하여 악수를 청하고 먼저 화해를 빌었어야 했는데 자기도 모르게 그만 심한 소리를 해버리고 말았다. 확실히 한마디 뼈아픈 말을 해주고 싶은 마음은 있었다. 자기가 받은 고통과 굴욕에 대해 어떻게든 복수해 주고 싶은 마음은 있었다. 자존심이었다. 그것은 동시에 어리석은 생각이기도 했다. 왜냐하면 자신은 혼자서 약이 올라 괴로워했으나 로즈는 전혀 아무렇지 않게 생각하고 있었다는 것을 알았기 때문이다. 오히려 이쪽에서 로즈에게 가서 "내가 나빴다, 그런 몹쓸 말을 다 하고, 하지만 어쩔 수 없었어. 꼭 보상은 할 거야" 하고 말해 주고 싶은 마음이 들기도 했다.
 그러나 그런 짓은 도저히 해낼 수 없다는 것을 잘 알고 있었다. 로즈의 비웃음을 살 것이 틀림없다. 이렇게 생각하니 자신에 대해 화가 나서 견딜 수가 없었다. 그는 얼마 뒤 샤프가 들어오자 그를 상대로 싸움을 시작했다. 필립이라는 아이는 남의 약점이나 급소를 꼬집어 내는 데는 악마적인 본능을 갖추고 있었다. 그리고 그것이 들어맞는 만큼 더욱 상대방에게 고통을 줄 만한 신랄한 말을 하는 데도 다시없는 명수였다. 그러나 정통을 찌른 것은 샤프였다.
 "방금 로즈가 멜러에게 네 얘기 하는 걸 들었어. 멜러가 이렇게 말하더군. '왜 한 번 보기 좋게 차 주지 않았어? 그렇게 하면 버릇이 좀 고쳐질 텐데.' 그러니까 로즈가 '그 따위 절름발이를 차서 뭘 해' 하지 않겠니?"
 필립은 순간 얼굴이 새빨개졌다. 대꾸하려 해도 말이 나오지 않았다. 목이 메어 거의 말조차 할 수 없는 상태가 되어 버렸다.

20

 필립은 6학년에 올라갔다. 그러나 이제 그는 진심으로 학교를 미워하게 되었다. 야심을 잃고 보니 성적이 좋아지든 나빠지든 통 관심이 없었다. 아침에 깨어나 또 지루한 하루를 보낼 생각을 하면 맥이 탁 풀렸다. 모든 제한과 속박이 싫어졌다. 그 제한과 속박이 부조리해서 싫은 것이 아니라 제한과 속박이기 때문에 견딜 수가 없었다.

자유가 그리웠다. 이미 알고 있는 일을 되풀이한다든지 머리 나쁜 놈을 위해 미리부터 아는 사실을 다시 배우는 데는 정말 견딜 수가 없었다.

퍼킨즈 씨의 강의는 듣고 싶은 사람은 듣고 듣기 싫은 사람은 안 들어도 그만이었다. 그는 열심인가 하면 또 될 대로 되라는 식이기도 했다. 7학년 교실은 예전 수도원을 개수한 건물의 일부로서 창문 같은 것도 고딕식이었다.

필립은 싫증날 때면 몇 번이고 거듭 이 창문을 그리며 시간을 보냈다. 또 때로는 상상만으로 캔터베리 사원 탑이라든가 구내로 통하는 문을 그려 보기도 했다. 그에게는 그림 그리는 재주가 있었다. 루이자 큰어머니는 젊었을 때 수채화를 그렸던 모양으로 교회나 오래된 다리, 아름다운 집들을 사생한 앨범을 지금도 몇 권 갖고 있어서 가끔 목사관에서 열리는 티 파티에 자주 그것이 나왔다. 언젠가 큰어머니는 필립에게 크리스마스 선물로 그림물감을 선사한 일이 있었다. 그래서 그는 큰어머니의 그림을 본보기로 그림 그리기를 시작했다. 예상 외로 그림이 훌륭했고 얼마 안 있어 혼자서 조그만 그림을 그릴 수 있게 되었다. 큰어머니도 그를 격려해 주었다. 장난을 못하게 하는 데는 썩 좋은 방법이고, 또 뒤에 그가 그린 그림이 자선회에서 한몫할는지도 모를 일이었다. 그 가운데 두어 장은 액자에 넣어져 그의 침실에 걸려 있다.

어느 날, 오전 수업이 끝나고 밖으로 절뚝절뚝 걸어 나가고 있을 때 퍼킨즈 씨가 그를 불렀다.

"캐리, 네게 잠깐 할 말이 있어."

필립은 서서 기다렸다. 교장 선생은 여윈 손가락으로 턱수염을 어루만지며 필립을 내려다보았다. 하려는 말을 이리저리 되생각하는 모양이었다.

"캐리, 너 요즘 웬일이냐?"

그는 불쑥 이렇게 말을 꺼냈다.

필립은 새빨개지며 얼른 고개를 들어 그를 쳐다보았다. 하지만 이제는 그의 사람됨을 잘 알기 때문에 대답도 않고 잠자코 다음 말을 기다렸다.

"요즘 네게 여러 가지 하고 싶은 말이 있다. 게으름만 피우고 말야. 공부에 흥미를 잃은 모양이지? 아주 해이해지고. 그럼 안 돼요."

"죄송합니다."

"하고 싶은 말이 그것뿐이냐?"

필립은 침울한 표정으로 고개를 숙였다. 그러나 지긋지긋할 만큼 권태를 느끼고 있다는 말을 어떻게 감히 입 밖에 낼 수 있단 말인가.

"알았나, 이번 학기는 낙제다. 진급은 말도 안 돼. 나로서는 좋은 성적을 줄 수가 없어."

필립의 성적표가 목사관에서 어떤 취급을 받는가를 그대로 이야기한다면 퍼킨즈 씨는 무어라 할 것인가를 생각해 보았다. 먼젓번에도 성적표가 아침 식사 때 도착하자 캐리 씨는 한 번 흘긋 보고는 필립에게 넘겨주었다.

"자 성적표다, 잘 봐 둬."

헌책방의 서적 목록이 들어 있는 봉투를 뜯으며 큰아버지는 말했다.

필립이 들여다보는 것을 보고 큰어머니가 물었다.

"성적이 좋으냐?"

"더 좋아야 할 텐데 이상하군요."

웃으면서 대답하고 큰어머니에게 넘겼다.

"나중에 안경을 쓰고 봐야지."

큰어머니가 말했다.

그러나 아침식사 뒤에 메어리 앤이 들어와, 정육점 주인이 왔습니다, 하고 말했다. 그렇게 되면 큰어머니는 웬만한 일은 잊어버리고 만다.

퍼킨즈 씨는 말을 계속했다.

"나는 네게 실망했어. 도무지 알 수가 없구나. 너는 하려고만 하면 무엇이든지 할 수 있다. 한데 지금에 와서 아무것도 하기 싫어진 모양이니 어찌 된 셈이냐. 다음 학기엔 학생회장을 시킬까 생각했는데, 아무래도 두고 봐야겠구나."

필립은 얼굴을 붉혔다. 제외되었다고 생각하니 기분이 유쾌하지 못했다. 입술을 꽉 깨물었다.

"할 말이 또 있다. 장학금에 대한 것도 이제 생각해 볼 때가 왔어. 좀더 열심히 공부하지 않으면 아무것도 받지 못해요."

필립은 교장의 이런 훈계가 귀찮았다. 교장이, 그리고 자신이 한없이 미웠다.

"옥스퍼드에는 안 갈 생각입니다."

"그건 또 왜? 너는 성직자가 되길 원하는 줄 알았는데."

"생각을 바꾸었습니다."

"왜?"

필립은 대답하지 않았다. 퍼킨즈 교장은 늘 하는 버릇대로 마치 페루지노(15세기 이탈리아 화가)의 그림에 나오는 사람처럼 이상한 몸가짐으로 무슨 생각에 잠긴 듯, 턱수염을 손가락으로 매만졌다. 그러고는 마치 필립의 마음을 더듬는 듯이 지그시 얼굴을 바라보다가, 이윽고 가도 좋다고 말했다.

아무래도 납득이 가지 않은 모양이었다. 일주일이 지난 어느 날 밤, 필립은 서류를 가지고 교장 선생의 서재에 가야만 했다. 그는 거기서 또 그 이야기를 꺼냈다. 다만 이번에는 전혀 태도가 달라졌다. 교사 대 학생이 아니라 인간 대 인간으로 상대해 왔다. 이제 새삼스럽게 필립의 성적이 나쁘다든지 저마다 옥스퍼드 대학진학에 필요한 장학금을 얻으려 하므로 필립의 처지가 불리하다든지 하는 따위는 큰 문제가 아닌 것 같았다.

문제는 장래의 방침에 관한 필립의 마음이 변했다는 그 점이었다. 교장은 성적에 대한 필립의 열의가 다시 한 번 타오르도록 하기 위해 설득했다. 우선 실로 교묘하게 감정에 호소해 왔다. 이 점은 교장 자신의 감정이 이미 진실하게 감동되어 있었으므로 매우 순조로웠다. 너의 변심은 너무나 아깝다, 장차 무엇이 될 셈인지는 모르나 행복한 인생의 기회를 일부러 버리는 것이나 마찬가지라고 생각한다는 그의 말은 확실히 설득적인 투였다. 필립이라는 사내아이는 겉으로는 매우 냉정해 보이지만—그는 본디 그런 기질을 타고난 데다 학교에서의 습관도 있어 갑자기 확 얼굴을 붉히는 것 말고는 별로 자기감정을 나타내는 일이 없었다—사실은 매우 감정적이어서 남의 감정에 따라 쉽사리 움직이는 경향이 있었으므로 이때도 곧 교장 선생의 말에 감동했다.

교장 선생이 그만큼 자기를 생각해 준다는 것을 생각할 때 너무나 고마웠으며, 자기의 행동이 그다지도 교장을 슬프게 했는가 생각하니 양심의 가책을 느꼈다. 학교 전체의 일을 돌봐야 할 바쁜 교장 선생이 자기 일을 이렇게 염려해 주는 것을 생각할 때 약간 자랑스럽기도 했다. 그러면서도 한편으로는 "난 싫어요, 죽어도 싫어요!" 하며 필사적으로 맞서는 마음이 있었다. 점차 결심이 무뎌져 오는 것을 느꼈다. 마음속에 솟아오르는 약한 마음을 이겨내기에는 완전히 무력했다. 그것은 마치 가득 찬 물그릇에서 넘쳐흐르는, 빈 병에 차서 넘치는 물과도 같았다. 그는 이를 악물고 되풀이했다.

"난 싫어요, 죽어도 싫어요."

이윽고 퍼킨즈 교장은 필립의 어깨에 손을 얹고 말했다.

"나는 너의 마음을 억지로 바꾸려는 것이 아니다. 결정하는 것은 너 자신이다. 다만 하느님의 인도와 도우심을 바라고 구하여라."

교장 선생 사택에서 나오자 가랑비가 내리고 있었다. 그는 구내로 통하는 아치 길 아래를 걸어갔다. 아무도 없었다. 느릅나무에 깃든 까마귀도 울기를 그쳤다. 천천히 거닐었다. 온몸이 달아오르던 참이라 비가 차라리 상쾌했다. 그 강렬한 감정의 소용돌이에서 풀려나 그는 다시 한 번 교장 선생의 말을 되새겨 보았다. 역시 항복하지 않은 것이 다행이라고 생각했다.

어둠 속으로 커다란 교회 그림자가 희미하게 보였다. 그는 교회가 싫었다. 강제적으로 끌어내는, 그 길고 지루한 예배 때문에 이제는 교회 자체가 싫었다. 언제 끝날지도 모르게 찬송가가 이어진다. 게다가 그것이 이어지는 동안에는 어쩔 수 없이 서 있어야만 했다. 단순한 설교 소리는 잘 들리지도 않았다. 움직이고 싶은 것을 억지로 참고 앉아 있으려면 더욱더 몸뚱이가 뒤틀린다. 문득 그는 블랙스테이블에서 주일날이면 두 번씩 보던 예배 생각이 났다. 블랙스테이블 교회 안은 몹시 을씨년스럽고 추웠다. 그리고 머리 기름 냄새와 옷에 먹인 풀 냄새로 가득 차 있었다. 설교는 부목사와 큰아버지가 한 번씩 번갈아가며 했다. 필립은 점차 커가면서 큰아버지의 사람됨을 알게 되었다. 필립은 솔직하나 마음이 좁았다. 따라서 인간으로서는 실행하지 않는 일일지라도 목사로서는 진심으로 설교할 수도 있다, 하는 따위의 말을 도저히 이해할 수가 없었다. 그 거짓말이 그를 무척 화나게 했다. 요컨대 큰아버지는 약하고 이기적인 인간일 뿐이라 번거로운 일은 피하고 싶다는 것이 그의 가장 큰 소원이었던 것이다.

퍼킨즈 씨는 하느님에게 봉사하는 생활이 얼마나 아름다운가를 그에게 일러주었다. 그러나 필립은 그의 고향인 동 앵글리아의 한구석에서 실제로 목사들이 어떻게 생활하는가를 너무나 잘 알고 있었다. 블랙스테이블에서 조금 떨어진 화이트스톤 교구 목사는 독신자였는데 최근에 부업으로 농장을 시작했다. 그런데 지방신문은 그가 지방법정에 제기한 이 사람 저 사람 상대의 소송사건에 대한 기사를 매일같이 실었다. 그것도 품삯 지급을 요구하는 노동자나 또는 그를 사기로 모는 상인들을 상대로 하는 소송 사건이었다. 그 밖에도 그가 소를 굶겨 죽였다는 둥 얼마 안 가서 그에 대한 커다란 배척운동이 있으리라는 둥 여러 가지 소문이 자자했다. 그리고 퍼언 교구의 목사는 턱수염을 기르고 인물이 훤하게 생긴 사람이었는데 아내가 그의 학대에 못 이겨 달아났다고 했다. 그 아내의 입을 통해 그의 타락한 사생활이 근처에 퍼지게 되었던 것이다. 다음 바닷가의 조그만 마을, 써얼 교구의 목사. 그는 저녁마다 목사관 바로 앞에 있는 선술집에 나타난다고 한다. 언젠가 그곳 집사들이 캐리 씨에게 의견을 물으러 온 일이 있었다. 생각해 보면 그런 마을에서는 가난한 농부들이나 어부들 말고는 이야기 상대가 없다. 기나긴 겨울밤에 벌거벗은 나무 끝을 스치는 바람 소리가 처량하고, 아무리 둘러보아도 보이는 것은 단조롭기 그지없는 벌거벗은 경작지뿐, 오직 가난이 있고 이렇다 할 일거리라고는 찾아볼 수도 없다. 성격상의 온갖 비뚤어진 요소가 그야말로 완전히 해방되고, 제약하는 것은 아무것도 없다. 인간은 편협해지고 괴벽해진다. 필립은 이러한 모든 사실을 알고 있었다. 그러나 그의 어리고 고지식한 마음은 그것이 변명이 된다고는 생각하지 않았다. 자기도 그런 생활을 해야 한다고 생각하면 몸서리쳐질 뿐이었다. 어쨌든 넓은 세상으로 나가고 싶었다.

21

퍼킨즈 씨는 얼마 안 가서, 그의 충고가 아무런 효과도 없었다는 것을 알게 되었다. 그리하여 그 뒤로 학기가 끝날 때까지 필립은 완전히 무시되었다. 성적표는 엉망이었다. 그것이 도착하여 큰어머니가 성적이 어떠냐고 물었을 때 필립은 태연히 대답했다.
"형편없어요."
"뭐, 내가 한번 봐야겠군."
큰아버지가 말했다.
"큰아버지, 제가 캔터베리에 더 머물 필요가 있을까요? 얼마 동안 독일에라도 다녀왔으면 싶은데요."
"넌 또 무슨 생각에서 그런 말을 하니?" 큰어머니가 물었다.

"좋은 생각 같지 않으세요?"

샤프는 이미 왕립학교를 떠나 하노버에서 편지를 보내왔다. 그야말로 본격적으로 인생과 마주하게 된 것이다. 그렇게 생각하면 그는 가만히 있을 수 없었다. 앞으로 1년이나 더 지긋지긋한 생활을 해야 한다는 것은 생각만 해도 견딜 수가 없었다.

"그렇게 되면 장학금을 못 타지 않니?"

"어차피 장학금 타기는 다 틀렸어요. 더욱이 옥스퍼드에는 가고 싶지도 않고요."

"넌 먼젓번에 성직자가 된다고 하지 않았니?" 큰어머니가 놀라서 외쳤다.

"그런 생각은 벌써 옛날에 버렸어요."

큰어머니는 어안이 벙벙하여 필립을 바라보았으나 자신을 억누르는 것이 습관처럼 된 그녀는 조용히 남편 찻잔에 차를 따랐다. 무거운 침묵이 흘렀다. 큰어머니의 두 뺨에서 눈물이 주르르 흘러내리는 것이 보였다. 이처럼 큰어머니를 괴롭혔는가 생각하니 필립은 갑자기 가슴이 아팠다. 거리의 재봉사가 만든 몸에 꼭 맞는 검은 드레스, 주름 잡힌 얼굴에 피로해 보이는 파란 눈, 그리고 젊었을 때와 똑같은 반백의 야릇한 모양의 고수머리—이런 것들이 모두 우스꽝스럽게 보였으나 한편 이상하게도 서글픈 모습이기도 했다.

필립은 처음으로 그것을 느꼈다. 얼마 뒤 큰아버지가 부목사와 같이 서재로 들어가 버리자 그는 큰어머니를 안으며 말했다.

"큰어머니, 큰어머니를 괴롭혀 드려서 정말 죄송합니다. 그렇지만 참다운 하느님의 부르심이 아니라면 성직자가 되더라도 아무런 소용이 없을 거예요."

"필립, 나는 정말 실망했다. 그래도 큰 희망을 걸고 있었는데, 네가 큰아버지의 부목사가 되고 때가 오면—결국 사람은 영원히 살 수 없으니까—네가 뒤를 이을 거라 생각했었지."

필립은 몸서리가 쳐졌다. 그러곤 몹시 허둥댔다. 그물에 걸린 비둘기가 죽을힘을 다해 퍼덕이듯 심장이 뛰놀았다. 큰어머니는 그의 어깨에 머리를 기대고 소리 없이 울고 있었다.

"큰어머니, 제가 캔터베리를 떠나도록 큰아버지께 말씀드려 주세요. 전 학교가 아주 싫어요."

그러나 캐리 씨는 한 번 결정한 일을 쉽게 바꾸려 들지 않았다. 필립은 열여덟 살까지는 왕립학교에 다니고, 다음에는 옥스퍼드로 진학한다, 이것은 처음부터 이미 결정된 사실이었다. 어떤 일이 있더라도 지금 곧바로 그만둔다는 데는 찬성할 수 없었다. 현재까지 아무런 예고도 없었을 뿐더러 이번 학기의 수업료는 어차피 내야 하기 때문이라는 이유에서였다.

길고, 때로는 맹렬한 응수 끝에 마침내 필립이 말했다.

"그럼 이번 크리스마스까지만 다니고 그만두기로 하자고 말씀드려 주세요."

"그럼 교장 선생님께 편지를 띄워 의견을 물어봐야겠다."

"아, 빨리 21세가 되었으면. 남이 하라는 대로만 해야 하니, 정말 싫어."

"필립, 큰아버지 들으시는데 그런 말 하면 못 써요."

큰어머니는 부드럽게 타일렀다.

"하지만 교장 선생님은 퇴학하라고 하시지 않을 거예요. 안 그래요? 학생들에게서 다 얼마씩 돈을 받으니까요."

"왜 너는 옥스퍼드에 가기 싫다는 거지?"

"교회에 안 들어갈 바에야 무슨 소용이 있겠어요?"

"아니, 이미 교회 안에 있는데 그게 무슨 소리냐?"

"그럼 제가 성직자라는 말씀인가요?"

필립은 성급히 말했다.

"그럼 도대체 넌 무엇이 되고 싶니?"

큰어머니가 한마디 했다.

"글쎄요, 아직 잘 모르겠어요. 뭐가 되던 외국어를 배워 두는 편이 좋겠죠. 그런 지겨운 곳에 있기보다는 독일에서 1년쯤 지내는 쪽이 훨씬 더 수확이 있을 거예요."

옥스퍼드로 가는 것은 거의 현재의 연장이 아니냐고, 그는 그런 말까지 할 생각은 없었다. 하지만 어떻든 독립된 인간이 되고 싶었다. 더욱이 옥스퍼드 대학에 가면 옛 학우들이 있을 테고 그렇게 되면 아는 사람도 있을 것이다. 그로서는 우선 그런 인간들로부터 도피하고 싶었던 것이다. 지금까지의 학교 생활은 실패였다. 어떻게든지 새 출발을 하고 싶다는 것이 그의 소망이었다.

독일에 가고 싶다는 그의 희망은 그즈음에 가끔 블랙스테이블에서 논의된 어떤 사상과 관계가 있었다. 마을 의사 집에는 친구들이 가끔 찾아와 머물며 바깥 세계 소식을 전해 주었다. 그리고 이곳 바닷가에서 8월을 지내는 피서객들도 저마다 자신의 의견을 피력했다. 캐리 씨도 구식교육 따위는 크게 유용하지 않다는 것과 현대어가 그의 젊은 시대와는 달리 앞으로 중요해지리라는 점을 들어서 알고 있었다. 그러나 그는 마음의 갈피를 잡을 수가 없었다. 일찍이 그의 아우 하나가 시험에 떨어져 독일로 건너간 전례가 있는데, 그가 장티푸스에 걸려 그대로 거기서 죽어 버렸기 때문이다. 그런 일도 있어서 그로서는 아무래도 위험한 실험이라고밖에 생각되지 않았다. 여러 가지로 의논한 결과 필립은 한 학기 동안만 더 캔터베리로 돌아가 있다가 크리스마스 때 학교를 그만두기로 했다. 필립도 이 결정이 그리 불만스럽지는 않았다. 그런데 학교로 돌아와 며칠이 지나자 교장 선생이 이렇게 말했다.

"큰아버지한테서 편지가 왔다. 네가 독일에 가고 싶어 하는데 어떻게 생각하느냐고 물으셨어."

필립은 깜짝 놀랐다. 큰아버지가 약속을 깨뜨린 일이 분했다.

"이미 결정된 사실이라고 생각하는데요."

그는 말했다.

"어림도 없지, 퇴학이라니 어림도 없는 생각이라고 답장을 보낼 참이다."

필립은 바로 책상에 앉아 큰아버지를 공박하는 편지를 썼다. 말이고 뭐고 아무것도 가릴 게 없었다. 화가 나서 그날 밤은 늦도록 잠을 이룰 수 없었다. 아침에 일찍 일어나자 그들의 이제까지의 처사를 생각하곤 애를 태웠다. 그는 초조하게 답장을 기다렸다. 답장은 2, 3일 뒤에 왔다. 그것은 눈물을 흘리며 쓴 큰어머니의 부드러우면서도 괴로운 듯한 편지였다. 큰아버지에게 그런 편지를 쓰는 것이 아니다, 매우 슬퍼하고 계시다, 네 행위는 너무나 황당하여 크리스천답지 못하다, 우리로서는 최선을 다하고 있다, 우리가 너보다 나이가 더 많으므로 어떻게 하는 것이 네게 이로운 일인지 더 잘 알 수 있는 것이다, 그 정도는 너도 알아주어야 하지 않겠느냐, 이런 내용이었다.

필립은 주먹을 불끈 쥐었다. 이따위 이야기는 귀가 아프도록 들어왔다. 그러나 그것이 어째서 옳은 말인지는 도무지 알 수 없었다. 현재의 형편은 잘 알지도 못하면서 나이를 더 먹었다고 그만큼 현명하다고 자부하니 도대체 무슨 까닭일까? 편지는 퍼킨즈 씨에게 보낸 퇴학 예고를 일단 취소했다는 말로 끝을 맺었다.

필립은 그 다음 반휴일까지 화가 가라앉지 않았다. 토요일 오후에는 교회 예배에 참석해야 하므로 반휴일은 화요일과 목요일로 되어 있었다. 6학년 학생들이 모두 가고 난 뒤에도 필립은 남아 있었다.

"선생님, 오늘 오후에 집에 갔다 와도 좋겠습니까?"

그는 물었다.

"안 돼."

교장은 한마디로 거절했다.

"중대한 일로 큰아버지를 꼭 만나 뵈어야겠습니다."

"안 된다고 했다."

필립은 대답도 없이 밖으로 나와 버렸다. 모든 일에 일일이 허가를 받아야 하는 이 굴욕, 더욱이 싸늘하게 거절당한 굴욕, 그는 굴욕감에 거의 안절부절못했다. 이제 와서는 교장 선생이 한없이 미웠다. 아무런 이유도 없이 압제하는 교장의 폭군적 행위에 필립은 몸부림쳤다. 너무나 화가 나서 앞뒤 분별조차 없어졌다. 점심을 먹자 늘 지나다니는 뒷길로 빠져 블랙스테이블로 가는 기차시간에 맞춰 정거장으로 갔다. 목사관에 닿으니 큰아버지 부부는 식당에 있었다.

"아니 너, 어쩐 일이냐?"

큰아버지가 말했다.

그의 얼굴을 보고 달갑게 생각하지 않는다는 것을 단번에 알 수 있었다. 불안해하는 것 같기도 했다.

"퇴학 문제로 큰아버지를 뵈어야겠다고 생각했어요. 저와의 약속과 일주일 뒤의 행동이 전혀 다르니 어찌 된 일인가요?"

자기의 대담성에 필립 스스로도 놀랐다. 하지만 할 말은 이미 다 생각해 놓았다. 가슴이 몹시 울렁거렸으나 용기를 내어 말해 버렸던 것이다.

"허락 맡고 왔니?"

"아뇨. 교장 선생님께 말씀드렸더니 거절하셨어요. 오늘 왔다 갔다고 말씀하십시오. 죽도록 혼이 나겠죠."

큰어머니는 뜨개질하면서 두 손을 떨었다. 이런 논쟁에 익숙하지 못한 부인은 큰 충격을 받았던 것이 틀림없었다.

"크게 혼을 내주어야 마땅해."

"비겁한 짓이 하고 싶거든 얼마든지 하세요. 그런 편지를 교장 선생님께 보낸 큰아버님이시니 얼마든지 하실 수 있겠죠."

이렇게까지 말한 것은 필립의 실수였다. 말 한번 잘했다는 듯이 목사가 반격태세로 나왔다.

"이런 무례한 말을 하는 놈과는 더 상대할 수 없어."

그는 위엄 있게 말했다. 그리고 벌떡 일어나 빠른 걸음으로 방을 나가더니 서재로 들어갔다. 문이 닫히고 자물쇠 잠그는 소리를 필립은 들었다.

"아, 어서 스물한 살이 되었으면! 이렇게 매어 살다니 진절머리가 나."

루이자 큰어머니는 소리 없이 울기 시작했다.

"필립, 큰아버지 앞에서 그런 말을 해서야 되겠니? 가서 잘못했다고 빌어라."

"조금도 잘못한 게 없어요. 큰아버지는 정말 비겁해요. 물론 절 학교에 더 두어야 돈 낭비밖에 안 돼요. 하지만 그러시는 게 아니에요. 큰아버지 돈도 아니면서. 아무것도 모르는 사람들에게 나를 맡기다니, 잔인한 일이에요, 정말."

"뭐라고 필립!"

홧김에 열이 나서 지껄이던 그는 큰어머니의 목소리에 멈칫했다. 숨이 끊어질 듯한 목소리였다. 어떤 지독한 말을 했는지 자신도 잘 몰랐던 것이다.

"필립, 넌 어쩜 그렇게 지독한 말을 할 수 있니? 우리는 오직 너를 위해 최선을 다하고 있어. 하기야 우리는 아무 경험도 없어. 자식을 길러 본 사람 같지는 못할 거야. 그래서 교장 선생님께 의논도 드린 것 아니냐? 그래도 나는 친엄마처럼 너를 대하려고 했다. 나는 너를 친자식처럼 사랑했는데……."

끝내 그녀는 목 놓아 울었다. 키가 작고 가냘픈, 어딘가 노처녀 같은 애절한 그녀의 모습은 필립의 마음을 움직였다. 목구멍에서 갑자기 무엇인가 큰 덩어리가 울컥 치밀고 눈물이 앞을 가렸다.

"큰어머니, 잘못했어요. 그런 말씀드릴 생각은 아니었어요."

필립은 큰어머니 옆에 무릎을 꿇자 두 팔로 그녀를 껴안고 눈물에 젖은 탄력 없는 뺨에 키스했다. 그녀는 마구 흐느꼈다. 헛되이 평생을 살아온 이 여인, 그는 문득 가엾은 생각이 들었다. 이렇게 격한 감정을 나타낸 일은 아직 없었다.

"필립, 하기야 마음먹은 것만큼 해주지는 못했을 거야. 그러나 그건 어떻게 해야 할지 몰랐기 때문이란다. 내게 자식이 없다는 것은 네게 엄마가 없는 것과 마찬가지로 무서운 일이었구나."

필립은 자기의 분노도 자신도 모두 잊어버렸다. 오로지 서투른 말과 보기에도 어색한 어루만짐으로 그녀를 위로하는 데 열중했다. 시계 치는 소리가 들려왔다. 그는 점호까지 캔터베리로 돌아갈 수 있는 마지막 기차를 타기 위해 곧 뛰어나가야만 했다. 기차간 한구석에 앉아서 생각하니 결국 아무것도 아니었다. 의지가 약한 자기 자신을 생각하니 은근히 화가 났다. 큰아버지의 위세나 큰어머니의 눈물 따위로 자기의 결심을 굽히다니 너무나 한심스런 인간이구나 싶었다. 그러나 그 뒤에 큰아버지나 큰어머니 사이에 어떠한 이야기가 있었는지 모르나 교장에게 편지 한 장이 왔다. 교장은 그 편지를 읽으면서 괘씸하다는 듯이 어깨를 으쓱했다. 그는 필립에게도 편지를 보여 주었다. 편지 사연은 다음과 같았다.

존경하는 퍼킨즈 교장 선생님

저희 조카 일로 심려를 끼쳐 드려 죄송스러운 마음 그지없습니다. 저희 부부는 아이에 대해 몹시 염려하고 있습니다. 필립은 귀교를 퇴학하고자 원하고 그의 큰어머니도 그의 불행한 현재의 심정에 동정하고 있습니다. 우리는 그의 친부모가 아니므로 어떻게 해야 좋을지 몰라 몹시 곤란한 처지에 있습니다. 아이 자신은 성적이 나빠지는 것도 염두에 없으며 학교에 더 머물러 있는 것은 금전 낭비라고까지 말하고 있습니다. 아무쪼록 그 애 이야기를 들어 보셔서 도저히 그의 마음에 변함이 없다면, 처음 제가 말씀드린 대로 크리스마스를 기하여 퇴학할 수 있도록 허가해 주시면 감사하겠습니다. 이만 줄입니다.

윌리엄 캐리

필립은 편지를 교장에게 돌려주었다. 그는 자기의 승리에 어떤 자랑스러움을 느꼈다. 마침내 어려움을 뚫고 뜻을 이뤄 낸 것이다. 만족스러웠다. 어쨌든 그의 의지가 다른 사람의 의지를 꺾은 것이다.

"편지 한 장으로 마음을 바꾸는 너의 큰아버지에게 내가 시간을 없애가며 답장을 쓴대야 아무 소용도 없겠지."

교장은 노한 듯이 말했다. 필립은 한마디도 대답하지 않았다. 얼굴 표정은 아주 평온했으나 눈빛만은 숨길 수가 없었다. 퍼킨즈 씨는 필립을 흘긋 바라보더니 웃으며 말했다.

"그래 네가 이겼다는 거야?"

필립은 그만 웃음이 터져 나왔다. 기쁨을 감출 수가 없었던 것이다.

"너 정말 그만두고 싶으냐?"

"네, 선생님."

"여기서는 불행하단 말이지?"

필립은 얼굴을 붉혔다. 그는 무엇이나 감정의 내부를 더듬으려 드는 것에는 본능적으로 반발했다.

"글쎄요……"

퍼킨즈 씨는 턱수염을 어루만지며 생각에 잠긴 듯이 그를 내려다보았다. 그리고 거의 혼잣말하듯이 말했다.

"물론 학교라는 것은 원래 보통 인간을 위해 만들어진 거야. 구멍은 말이다, 모두 둥글기 마련이다. 마개는 형태가 어떤 것이든 구멍에 맞춰야 한다. 특별한 인간에게 언제까지나 신경 쓸 겨를은 없는 거지."

그러곤 갑자기 생각난 듯이 필립을 향해 말했다.

"한데 한 가지 꼭 이야기할 게 있어. 이제 금방 다가올 학기 말이다. 한 학기 더 있는다고 해서 큰 탈이 나지는 않을 거야. 독일에 간다면 크리스마스 바로 뒤보다는 부활절 뒤에 떠나는 편이 좋을 거다. 아무래도 한겨울보다는 봄철이 더 나을 테니까. 다음 학기를 마치고 간다면 나도 더 말리지 않겠다. 어떠냐?"

"고맙습니다."

필립은 마지막 석 달을 얻은 것만으로도 크게 만족스러워 남은 한 학기쯤은 아무래도 좋았다. 부활절만 되면 영원히 자유로워질 거라 생각하니 이젠 학교도 그전처럼 감옥같이 보이진 않았다.

가슴이 뛰었다. 그날 밤, 예배당에 저마다 순서대로 지정된 자리에 앉은 학생들을 바라보면서 이제는 이 녀석들하고도 작별이라 생각하니 만족스러운 웃음이 새어나왔다. 친밀감에 가까운 감정마저 솟아올랐다. 문득 로즈에게로 눈길이 갔다. 그는 의젓하게 반장 자리를 지키고 앉아 있었다. 자기 딴에 전교 모범생으로 자처하고 있는 모양이었다. 그날 밤은 그가 일과를 읽을 차례였다. 참으로 훌륭하게 읽었다. 그러나 그 녀석과도 영원한 이별이다. 그리고 반년만 지나면 그가 덩치가 크든 팔다리가 미끈하든 이제 자기에게는 관심 밖의 일이 되고 마는 것이다. 반장이면 어떻고 축구부 주장이면 어떻단 말이냐, 생각하니 저절로 미소가 감돌았다. 가운을 입은 선생님들을 훑어보았다. 고든 선생은 2년 전에 뇌일혈로 돌아가셨지만 그 밖의 선생들은 그대로 있었다. 이제 비로소 깨달았다. 어쩌면 저렇게도 모두가 구질구질한 친구들인가. 터너만은 예외로, 그에게는 다소 인간다운 점도 없지 않았다. 한데 이런 친구들에게 억눌려 살았다니 원통한 일이 아닐 수 없다. 그것도 앞으로 6개월, 그들도 자기 앞에서 영영 자취를 감추고 말 것이다. 칭찬을 들어봤자 이제 와서 무슨 소용이며, 꾸중을 들어도 어깨를 으쓱해 보이면서 콧방귀만 뀌면 그만이 아니겠는가.

필립은 모든 감정을 외부에 나타내지 않는 방법을 터득한 데다가 아직도 수줍어하는 버릇이 남아 조금 괴롭기는 했으나, 대체로 기분이 좋았다. 얼른 보기에는 말없이 조심하는 듯했으나 마음속으로는 크게 고함을 치고 싶을 정도였다. 걸음걸이도 훨씬 가벼워지는 것 같았다. 숱한 생각이 머릿속을 스쳐가고 제멋대로의 공상들이 쉴 새 없이 달리는 것을 어떻게 할 수가 없었다. 그것들이 떠오르고 사라지는 그것만으로도 그의 마음은 흥분에 들떴다. 이리하여 이제는 즐거운 마음으로 공부에 열중할 수도 있었다. 이제까지 내동댕이쳤던 공부를 남은 학기 동안에 돌이키려 애썼다. 머리는 더 활발하게 돌아가고 지력의 활동에는 큰 즐거움을 느끼게 되었다. 학기말 시험 성적은 매우 좋았다. 이에 대하여 교장은 오직 한마디 했을 뿐이었다. 필립이 쓴 논문 이야기가 나왔을 때 일인데, 그는 언제나 그렇듯 논문 비평 뒤에 말했다.

"어리석은 흉내는 그만 내기로 한 모양이군 그래, 으음?"

그러고는 아름다운 이를 드러내 보이며 웃었다. 필립은 고개를 떨어뜨린 채 어색한 웃음을 지었다.

여름 학기말에 나오는 여러 가지 상을 자기들끼리만 나눠가질 것으로 알았던 여섯 학생은 벌써 오래전부터 필립을 경쟁상대로 여기지 않았었는데,

이제 와서는 다시금 그를 불안한 눈초리로 바라보게 되었다.

부활절에는 학교를 떠나게 되고, 따라서 어떤 면으로도 그들과 경쟁 상대가 안 된다는 것을 필립은 아무에게도 알리지 않고 오히려 그들이 불안해하는 대로 내버려 두었다. 방학 때 프랑스에 다녀온 까닭으로 로즈가 프랑스어에는 다소 자신이 있다는 것을 그는 알고 있었다. 또한 로즈는 영어논문으로 주임사제상을 노리고 있었다. 그런데 두 가지 모두 필립이 훨씬 좋은 성적을 땄던 것이다. 그것을 알았을 때 로즈의 낭패해하는 모습을 보자 그는 약간 우쭐한 기분이었다.

또 한 사람 노튼이라는 학생이 있었는데, 학교에서 주는 장학금을 못 타면 옥스퍼드에 못 갈 형편이었다. 그가 필립에게 장학금 신청을 하느냐고 물었다.

"안 되니, 내가 타면?"

다른 사람의 장래를 자기 손아귀에 쥐고 있다고 생각하니 유쾌해졌다. 또 이 여러 가지 상들을 일단은 손아귀에 넣었다가 이런 것 따위는 필요 없어 하고 놈들에게 주어 버리면 어떨까? 하는 낭만적인 생각도 들었다. 마침내 종업일이 되었다. 그는 작별인사를 하려고 교장 선생에게로 갔다.

"정말 그만두려는 건 아니겠지?"

교장 선생이 깜짝 놀라는 것을 보자 필립은 고개를 숙였다.

"말리지 않겠다고 말씀하시지 않았습니까?"

"어차피 일시적인 변덕이라고만 생각했었지. 네가 원래 고집이 세고 남의 말을 잘 안 듣는다는 건 나도 알고 있어. 그러나 도대체 왜 지금 학교를 그만두려는 거냐? 어떻든 이제 남은 건 한 학기뿐이 아니냐? 넌 맥덜린 대학 장학금을 타는 것도 어렵지 않을 거야. 더구나 학교에서 주는 상의 절반은 네가 탈 텐데."

필립은 화난 얼굴로 교장을 쳐다보았다. 보기 좋게 속아 넘어간 모양이군. 그러나 이미 굳게 약속해 놓은 바다. 아무리 교장이라도 약속을 어길 수는 없겠지.

"옥스퍼드 생활은 참 재미있다. 장래 무엇이 될 것인가를 곧바로 결정할 필요는 없어. 머리만 좋으면, 옥스퍼드에서의 생활이 얼마나 재미있는가를 너는 아직 잘 모를 거다."

"그렇지만 전 이미 독일에 갈 준비를 해놓았는데요."

필립은 단호히 말했다.
"그런 것쯤이야 바꿀 수도 있지!"
교장은 특유의 익살스러운 웃음을 지으면서 말을 이었다.
"어떻든 너를 잃는다는 것은 매우 유감스러운 일이다. 학교에서는 착실히 공부하는 둔재가 게으름부리는 머리 좋은 녀석보다 성적이 좋은 수가 있다. 그러나 총명한 아이가 한번 공부하기 시작하면—그래, 이번 학기의 네 성적이 그거야."
필립은 어리둥절하여 얼굴을 붉혔다. 칭찬에는 익숙하지 못한 필립이었다. 총명하다는 말은 아직까지 들어 본 적이 없었다. 교장은 그의 어깨에 손을 얹었다.
"너도 알겠지만 아둔한 아이에게 무엇을 억지로 가르치기란 정말 재미없는 일이거든. 그러나 이쪽에서 채 말도 끝내기 전에 척 알아듣는 학생이 있지. 그렇게 되면 벌써 가르친다는 게 그만큼 즐겁고 유쾌한 일이 된다."
필립은 이 친절이 눈물겨웠다. 그가 떠나거나 말거나 그것이 퍼킨즈 씨에게 문제되리라고는 꿈에도 생각지 않았다. 가슴이 뿌듯하고 더할 나위 없이 기분 좋았다. 훌륭한 성적으로 졸업하여 옥스퍼드에 간다면 얼마나 즐거울까.
OKS경기에서 친선 시합을 마치고 온 학생들에게서 들은 이야기와 언젠가 학습실에서 읽어 주던 옥스퍼드 통신에 쓰인 대학생활이 번개처럼 떠올랐다. 그러나 역시 부끄러웠다. 여기서 지면 자신이 얼마나 어리석은 존재로 보일 것인가. 큰아버지는 큰아버지대로 교장의 책략이 들어맞은 것을 은근히 좋아하며 회심의 미소를 띨 것이다. 또 그 상이라는 것을 독차지해 놓았다가 이런 것 따위는 필요 없다고 되돌려 주는 극적 장면을 비교하면 이것은 다만 평범한 수상이라는 결과가 되어 버린다. 그리하여 만약 교장이 좀더 강력하게 그의 체면을 세울 만한 조건으로 설득했다면 아마도 그는 교장이 원하는 어떤 일이라도 했을 것이다. 그러나 그의 얼굴은 이런 마음의 갈등이 조금도 나타나지 않고 여전히 침착하고 무표정했다.
"아무래도 그만두겠습니다."
자기의 감화력으로 모든 일을 처리하려는 사람들이 흔히 그런 것처럼 퍼킨즈 씨 또한 그의 힘이 곧바로 효과를 나타내지 못하게 되자 다소 짜증이 났다. 할 일이 얼마든지 있다. 지각없이 고집 부리는 이런 아이에게 더 이상

얽매일 수는 없다.

"그럼 좋다. 정말 가고 싶다면 보내 주겠다고 확실히 약속하지. 나는 약속을 지킨다. 언제 독일로 갈 작정이냐?"

필립의 가슴은 두근거렸다. 그는 승리한 것이다. 그러나 오히려 패배한 것이 더 좋지 않았을까 하는 생각도 들었다.

"5월 초순입니다."

"돌아오면 찾아오너라."

그는 손을 내밀었다. 만일 한 번만 더 기회를 주었더라면 필립은 마음을 바꾸었을지도 모른다. 교장은 이미 그 일이 결정되어 버린 것으로 생각하고 있는 듯했다. 필립은 교장 사택을 나왔다. 마침내 학교생활이 끝나고 자유로운 몸이 되었다. 그러나 그 순간에 맛보리라 예상했던 미칠 듯한 환희는 전혀 느껴지지 않았다. 그는 천천히 교정을 거닐었다. 깊은 우수가 마음을 사로잡았다. 자기가 저지른 일이 어리석은 일이나 아니었으면 좋겠다고 생각했다. 가고 싶지도 않았다. 그렇지만 이제 다시 교장 앞에 가서 학교에 머물겠노라고 말할 수도 없다. 그것은 견딜 수 없는 굴욕이기 때문이었다. 그는 자기가 올바른 행동을 했는가 반성해 보았다. 자기 자신과 또 모든 사정에 대해서도 어쩐지 불안스러웠다. 그는 사람이라는 것은 고집을 세우고 나면 언제나 꼭 후회하는 것일까 하고 혼자 뇌까려 보았다.

22

캐리 씨에게는 윌킨슨이라는 베를린에 사는 오랜 친지 한 사람이 있었다. 목사의 딸로서 그녀의 아버지는 링컨셔에 있는 어떤 마을 목사였다. 캐리 씨는 거기서 부목사의 마지막 임기를 지냈던 것이다. 아버지가 죽은 뒤로 그녀는 자신의 생계를 유지하기 위해 프랑스와 독일을 다니면서 가정교사 노릇을 했다.

캐리 부인과는 쭉 편지를 주고받았고 두세 번 이곳 블랙스테이블에 와서 휴가를 보낸 일도 있었다. 그녀는 그때마다 드물게 오는 이 집 손님들의 관례에 따라 조금이나마 식비를 치렀다. 필립이 하고 싶어 하는 일을 반대하기보다는 오히려 들어 주는 편이 덜 시끄러우리라 생각한 캐리 부인은 윌킨스 양에게 편지를 보내 그녀의 의견을 물었다. 그러자 그 답장에 독일어를 배우는 데는 하이델베르크가 제일 좋고 또 머물 곳으론 마침 에를린 선생 부인 집이 있다, 1주일에 30마르크면 하숙비는 충분할 것이며 그 집 주인은 고등학교 선생님이니까 잘 가르쳐 줄 것이다, 라고 했다. 5월 어느 날 아침 필립은 하이델베르크에 다다랐다. 짐을 손수레에 싣고 역구내 짐꾼을 따라 정거장을 나섰다. 하늘은 높푸르고 거리 양옆의 가로수는 무성했다.

 대기 속에서도 청신한 그 무엇이 느껴졌다. 드디어 새로운 생활을 시작하기 위해 낯선 외국 사람들 속으로 뛰어 들어왔다는 불안한 마음도 있었으나, 한편 한없이 즐거운 흥분도 느꼈다.

 아무도 마중 나오지 않은 것은 역시 서글픈 일이었다. 짐꾼이 어떤 커다란 집 문 앞에 그를 남기고 가버렸을 때는 더욱 마음이 구슬퍼졌다. 너절한 옷차림의 젊은이가 그를 응접실로 안내해 주었다. 녹색 벨벳으로 덮인 가구가 가득 차 있었으며 방 한가운데는 둥근 탁자가 하나 놓여 있었다. 그 위에는 주름 잡힌 종이로 단단히 묶은 꽃다발이 화병에 꽂혀 있고 방 주위에는 가죽으로 싼 책들이 깨끗이 정돈되어 있었다. 곰팡이 냄새가 풍기는 듯했다.

 이윽고 음식 냄새를 풍기며 여주인인 선생 부인이 들어왔다. 머리를 모양있게 빗어 올리고 붉은 얼굴에 키가 자그마한 다부지게 생긴 여자였다. 구슬처럼 반짝이는 작은 눈에 몸가짐이 애교 있었다. 그녀는 필립의 두 손을 잡고 윌킨슨 양의 소식을 물었다. 두어 번 이곳에서 몇 주일인가 머무른 일이 있다는 것이었다. 그녀는 독일어와 서투른 영어를 섞어 말했으나 필립은 자기가 윌킨슨 양을 모른다는 것을 그녀에게 이해시킬 수가 없었다.

 마침 그때 그녀의 두 딸이 나타났다. 그다지 젊어 보이지는 않았지만 아마 둘 다 스물다섯이 넘지 않으리라 생각되었다. 언니 테클라는 어머니를 닮아 키가 작고, 또 마찬가지로 침착하지 못한 태도였으나 얼굴은 매우 예뻤으며 머리털은 검고 길었다. 동생인 안나는 미인은 아니었으나 키가 크고 퍽 애교스런 얼굴이어서 필립은 당장에 이 동생에게 호감이 갔다. 얼마 동안 첫 인사를 주고받은 다음 여주인은 그가 있을 방으로 안내해 주고 가버렸다. 필립의 방은 유원지의 숲이 내려다보이는 조그만 탑 안에 있었다. 침대는 벽이 우묵 들어간 곳에 놓여 있어 책상에라도 앉아 있으면 조금도 침실처럼 보이지 않았다. 짐을 풀고 책을 꺼냈다. 마침내 아무런 간섭도 받지 않는 독립된 인간이 된 것이다.

1시에 벨이 울려 점심을 먹으러 내려가자 여주인의 이른바 '손님'들이 모두 응접실에 모여 있었다. 필립은 먼저 주인에게 소개되었다. 그는 키가 호리호리한 중년으로 조금 큰 금발 머리는 잿빛이 되어 가는 중이며 착해 보이는 푸른 눈이 빛나고 있었다. 그는 매우 정확한 영어로 필립과 이야기했다. 그러나 그의 영어는 회화에서 배운 것이라기보다 영국 고전 연구에서 익힌 옛날식 영어였다. 필립은 셰익스피어 희곡에서나 들을 수 있는 말들을 일상대화에서 들으니 어쩐지 기이한 느낌이었다. 에를린 부인은 자기 집을 가정이라 부르면서 하숙이 아니라고 애써 설명했으나 그 차이가 어디 있는가를 알기 위해서는 형이상학자라도 모셔다가 물어보는 수밖에 없었다. 응접실에 잇닿은 길고 어두운 방에 있는 식탁에 둘러앉았을 때, 필립은 몹시 수줍어하면서도 거기에 앉은 사람들이 모두 16명이라는 걸 알 수 있었다. 부인은 한쪽 끝에 앉아 요리를 나눴다. 처음 필립에게 문을 열어 주던 그 촌뜨기 젊은이가 식사를 날랐는데 여간 시끄럽게 접시 소리를 내는 것이 아니었다. 꽤 재빨리 손을 놀렸으나 그래도 먼저 음식을 받은 사람들은 나중 사람들이 아직 몫을 받기도 전에 다 먹어치워 버리는 형편이었다. 부인은 독일어만 써야 한다고 했다. 따라서 부끄럼쟁이 필립으로서는 말을 하고 싶어도 잠자코 있을 수밖에 없었다. 그는 이제부터 이 하숙집에서 함께 생활해 나갈 사람들을 둘러보았다. 여주인 옆에는 나이가 지긋한 부인들이 서넛 앉아 있었으나 필립은 그들에게는 별로 관심이 없었다. 그 밖에 소녀가 둘 있었는데 둘 다 금발이고 그중 한 소녀는 퍽 예쁘게 보였다. 필립은 그녀들이 프로일라인 (Miss에 해당하는 독일어 경칭) 헤드윅과 프로일라인 체칠리에라고 불린다는 것을 알게 되었다. 체칠리에는 머리를 뒤로 기다랗게 땋아 늘이고 있었다. 둘은 나란히 앉아 무엇인가 이야기하다가 웃음을 참느라고 애썼다. 가끔 필립 쪽을 슬쩍슬쩍 보다가 하나가 낮은 목소리로 무어라고 하면 둘이 같이 킥킥거렸다. 놀림받는 듯한 생각이 들어 그는 얼굴이 빨개졌다. 그녀들 가까이에 누르스름한 얼굴에 너그러운 웃음을 짓고 있는 중국인이 하나 있었는데 그는 대학에서 서구사회 실정을 연구한다고 했다. 그는 아주 특징 있는 빠른 말투로, 게다가 기묘한 악센트로 말했으므로 소녀들은 더러 잘 알아듣지 못하는 듯, 그때마다 와아 하고 웃음을 터뜨렸다. 그러면 그도 함께 재미있다는 듯이 덩달아 웃었는데, 그럴 때면 그렇잖아도 편도 같은 눈이 거의 없어져 버리는 것이었다. 미국인도 두셋 있었다. 검은 옷을 입고 누런빛에 가까운 거친 살갗이었다. 신학생인 모양인데 서툰 독일어 사이사이로 뉴잉글랜드 사투리가 튀어나왔다. 필립은 가벼운 경계심을 안고 바라보았다. 왜냐하면 미국인은 모두가 극성스러운 야만인들이라는 이야기를 들었기 때문이다.

식사가 끝난 뒤 응접실의 딱딱한 녹색 벨벳 의자에 앉아 한참을 이야기하고 있는데, 갑자기 안나가 모두와 같이 산책 나가지 않겠느냐고 필립에게 물었다.

필립은 이에 응했다. 일행은 한 무리를 이루었다. 주인의 두 딸과 그 밖에 다른 소녀가 둘, 미국인 학생이 하나 그리고 필립이었다. 그는 안나와 헤드윅과 나란히 서서 걸었다. 가슴이 약간 두근거렸다. 이제까지 여자친구는 없었던 것이다. 블랙스테이블에는 농부의 딸이나 장사꾼의 딸밖에 없었다. 이름과 얼굴을 모두 알고 있었으나 워낙 수줍은 데다가 혹 병신이라고 놀려대지나 않을까 혼자 짐작하곤 큰아버지 부부가 자기들과 농부들 사이에 뚜렷이 금을 긋고 차별하던 신분상의 차이를 그도 기꺼이 받아들이고 있었다. 마을 의사 집에는 딸이 둘 있었는데 모두가 필립보다 나이가 훨씬 위였고 그가 아직 어렸을 때 연달아 부목사들에게 시집을 갔다. 왕립학교에는 얌전하다기보다는 차라리 뻔뻔스러운 계집아이가 두셋 있어서 그들과 친하게 지내는 남학생도 있었다. 아마도 남학생들의 상상이겠지만 그녀들의 연애 사건에 대해 터무니없는 소문이 떠돌기도 했다. 필립은 늘 도도한 채 무관심한 태도를 취했으나 솔직히 말하면 그녀들이 두려웠다. 상상이나 책의 영향으로 그는 어떤 바이런적인 태도를 동경해 왔는데, 그 까닭에선지 그의 마음은 병적인 자의식과 또 한편으로 여자에게는 기사도를 발휘해야 한다는 신념 사이에서 어찌해야 좋을지 몰라 고민하게 되었다. 그러나 이제부턴 유쾌하고 재미있게 해나갈 참이었다. 그렇게 되니 머릿속이 텅 빈 것 같아 이야깃거리 하나 생각해 낼 수가 없었다. 주인의 딸 안나는 어떤 의무감에서 자주 그에게 이야기를 걸었으나 그녀의 언니는 거의 입을 열지 않았다. 안나는 때때로 그 반짝이는 눈동자로 필립을 바라보다가 또 갑자기 키들키들 웃음을 터뜨려 그를 어리둥절하게 했다. 이건 아주 우습게 보는 모양이군! 그들은 언덕 중턱의 소나무 숲 사이를 거닐었다. 소나무에서 풍기는 싱그러운 솔내음이 필립을 즐겁게 했다. 따뜻하고 구름 한 점 없는 날씨였다. 햇빛을 담뿍 받은 라인 강 유역이 눈앞에 펼쳐졌다. 황금빛으로 빛나는 드넓은 기름진 들판이었는데 멀리 여기저기 촌락이 몇 개 보였다. 그리고 그 사이를 은빛 강물이 마치 띠처럼 굽이쳐 흐르고 있었다. 필립이 알고 있는 켄트 주의 시골에서는 장대한 자연이라는 것은 그리 흔하지 않아 단지 바다만이 넓은 수평선을 보여 줄 뿐이었다. 그러나 지금 그의 눈앞에 펼쳐진 웅대한 조망은 무어라 말할 수 없는 독특한 스릴감을 느끼게 했다. 그는 갑자기 의기양양한 마음이 되었다. 스스로 깨닫지는 못했으나 필립이 그야말로 순진무구한, 아무런 불순물도 섞이지 않은 진정한 미적감각을 경험한 것은 이번이 처음이었다. 다른 사람은 모두 가버리고 나머지 세 사람만이 벤치에 앉았다. 소녀들은 무엇인지 빠른 독일 말로 쉴 새 없이 재잘거렸으나 필립은 그들이 곁에 있다는 사실도 잊어버린 채 마음껏 눈앞의 경치를 즐겼다.

"아, 나는 행복하다."

그는 자기도 모르게 중얼거렸다.

23

필립은 가끔 캔터베리의 킹즈 스쿨을 생각했다. 지금쯤 무엇들을 하고 있을까 생각하면 저절로 웃음이 나왔다. 그는 자기가 아직도 거기 있는 꿈을 꾸기도 했다. 잠이 깨면 변함없이 탑 속의 이 작은 방에 있는 것을 확인하고 비로소 안심하는 일조차 있었다. 침대에 누운 채 푸른 하늘에 떠 있는 뭉게구름을 바라볼 수도 있었다. 그는 현재의 자유에 완전히 도취되었다. 자고 싶으면 자고, 일어나고 싶으면 일어났다. 명령할 사람은 아무도 없었다. 아무런 거짓말도 할 필요가 없는 것이다.

에를린 선생은 라틴어와 독일어를 가르치고 프랑스어는 매일 프랑스 사람이 와서 가르쳤다. 그리고 선생 부인이 현재 대학에서 언어학 학위를 목표로 공부하고 있는 어느 영국 사람을 소개해 주어 수학을 배웠다. 워튼이라는 사나이로, 필립은 아침마다 그에게 가기로 했다. 그는 어떤 초라한 집의 다락방에서 살았는데, 방은 더럽고 난잡한 데다가 여러 냄새가 한데 섞인 악취가 물씬 풍겼다. 10시에 가도 대개는 잠자리에 들어 있었다. 깨우면 벌떡 일어나 너저분한 옷을 걸쳐 입고, 펠트슬리퍼를 신고는 필립을 가르치면서 간단히 아침을 먹는 식이었다. 짙은 수염과 길고 텁수룩한 머리의 키 작은 사나이로 맥주를 지나치게 마신 탓인지 뚱뚱하게 살이 쪘다. 독일에 온 지 이제 5년이라는데 아예 독일적이었다. 케임브리지 출신인데도 그는 학교 이야기를 할 때면 몹시 경멸하는 투였고, 하이델베르크에서 박사학위를 받으면 당연히 영국에 돌아가 교직생활을 해야겠지만, 그럴 생각을 하면 온몸에 소름이 끼친다고도 했다. 그는 행복한 자유와 즐거운 교우관계가 있다는 점에서 독일 대학생활을 극구 찬양했다. 또 부르셴샤프트(대학생조합) 회원이었는데, 필립에게 꼭 한번 학생클럽에 데려가겠다고 약속했다. 그는 지독하게 가난했다. 필립의 개인교수도 요컨대 저녁때 고기를 먹을 수 있느냐, 아니면 빵과 치즈만으로 때우느냐 하는 갈림길을 의미하는 것이라고 솔직하게 자기의 처지를 밝혔다. 때때로 밤에 과음이라도 한 다음 날 아침에는 두통이 심해 커피도 제대로 마실 수 없는 형편으로, 수업도 하기가 힘든 것 같았다. 그런 때를 위해 그는 언제나 침대 밑에 맥주를 네댓 병 놓아두고 있었다. 그 맥주 한 병과 파이프 담배가 그의 삶의 시름을 겨우 잊게 하는 모양이었다.

거품이 끓어올라 가라앉기를 기다려야 하는 일이 없도록 그는 천천히 맥주를 따르면서 "해장술이야, 이건" 하고 언제나 둘러댔다.

그의 화제는 하이델베르크 대학에 대한 일, 대립하여 싸움판을 벌이는 학생회, 결투, 나중에는 교수들의 인물평에까지 이르렀다. 필립은 그에게서 수학보다는 오히려 인생에 대해 많은 것을 배웠다. 때때로 그는 고쳐 앉으며 크게 웃은 다음 이렇게 말하는 것이었다.

"오늘은 이거 아무것도 안 했군 그래."

필립은 대답했다.

"아니, 그런 건 상관없어요."

참으로 새로운, 유쾌한 경험이었다. 그는 끝까지 이해 못했던 삼각함수보다는 차라리 이런 것이 훨씬 중요한 듯이 생각되었다. 그것은 말하자면 문득 엿본 인생의 창문과도 같아 그는 격렬하게 두근거리는 가슴을 안고 바라보았던 것이다.

"아냐, 이건 부정한 돈이야. 넣어 둬."

워튼이 말한다.

"하지만 저녁은 어떻게 하시고요?"

선생의 재정상태가 어떤가를 너무나 잘 아는 필립은 웃으며 묻는다.

언젠가 하루 2실링의 사례금을 간단하게 매달 지급하지 말고 매주 치러 달라고 요구한 적이 있는 그였기 때문이다.

"뭐 저녁 걱정할 것 없어. 맥주 한 병으로 끼니를 때운 적이 여러 번 있었으니까. 그렇게 하는 편이 머리가 훨씬 깨끗해서 좋단 말이야."

그 말이 채 떨어지기가 무섭게 침대(세탁하지 않은 시트는 잿빛으로 변한 지 오래였다) 밑으로 기어들어가 또 한 병을 꺼내왔다. 아직 어려서 인생의 재미를 알 수 없는 필립이 같이 술 마시기를 사양하면 그는 자기 혼자 술을 따라 마셨다.

"언제까지 여기 있을 거야?"

스승이나 제자나 수학 같은 것은 염두에도 없이 만사태평이었다.

"잘은 모르겠지만 고작해야 1년쯤 되지 않을까요. 다음에는 옥스퍼드를 가라고들 해요."

워튼은 경멸이나 하듯이 어깨를 으쓱해 보였다. 이 세상에는 학문의 본고장을 멀리하는 사람도 있다는 사실이 필립에게는 또 하나의 새로운 경험이었다.

"뭣하러 그런 곳엘 가나? 자네가 뽐내 봤자 아직은 햇병아리 학생에 불과하단 말이야. 자넨 왜 이 학교에 입학하질 않나? 1년 가지고는 안 돼. 5년은 있어야 해, 알겠나? 인생에는 두 가지 좋은 것이 있어. 사상의 자유와 행동의 자유 그것이지. 프랑스에선 행복의 자유가 있지. 무슨 짓을 해도 간섭할 사람은 없어. 그러나 멋대로의 사상만은 허락되지 않아. 독일에선 행동의 자유는 없어. 그러나 무엇을 생각해도 자유야. 이 두 가지는 다 좋은 것이지. 나 같으면 사상의 자유를 택하겠어. 그러나 영국이란 나라에는 이 두 가지 가운데 한 가지도 없어. 그저 인습인가 뭔가로 멍이 들어버렸단 말이야. 마음대로 생각할 수도 없고 생각대로 행동할 수도 없어. 왜냐? 민주주의 나라이기 때문이지. 미국은 더 나쁠 거야."

그는 조심히 의자 등에 기댔다. 의자 다리가 망그러진 것을 알기 때문이었다. 그러나 조심했음에도 그가 갑자기 쫘당 하고 마룻바닥에 나둥그러지는 바람에 딱하게도 모처럼의 웅변은 멈춰지고 말았다.

"올핸 꼭 영국으로 돌아가야겠는데 이럭저럭 끼니라도 이어나갈 수 있다면, 글쎄 1년쯤 더 있어 볼까. 그 뒤엔 도리 없이 돌아가야지. 이것들을 남기고 말이야."

그는 혀를 내두르며 너저분한 방 꼴이며 어질러진 채 내버려 둔 침대, 마룻바닥에 내동댕이친 옷가지, 벽가에 널려진 빈 맥주병, 사방에 흩어진 헌 책들을 가리켰다.

"시골대학에 가서 언어학 강좌라도 맡아야지. 테니스도 하고, 티파티에도 나가고."

그러다 갑자기 말을 멈추더니 단정한 옷에 깨끗한 옷깃을 달고 머리를 잘 빗은 필립의 얼굴을 야릇한 얼굴로 바라보면서 내뱉듯이 말했다.

"아하, 나도 세수를 해야지." 마치 자기의 단정한 매무새가 비난받는 것 같은 느낌이 들어 필립은 낯이 붉어졌다. 그는 확실히 요새 들어 몸맵시에 신경을 많이 쓰게 되었다. 독일로 올 때만 하더라도 일부러 멋진 넥타이만 골라 가져왔을 정도였으니까.

여름이 마치 정복자처럼 군림해 왔다. 날씨는 날마다 쾌청했다. 하늘은 끝없이 푸르렀고, 마치 박차처럼 신경을 건드렸다. 산책길의 가로수는 일제히 강렬한 푸름을 띠고, 집들은 태양빛을 받아 눈이 아플 정도로 하얗게 반사했다. 가끔 워튼 씨 집에서 돌아오는 길에 필립은 산책길의 나무그늘에 놓인 벤치에 걸터앉아 더위를 피하면서, 나뭇잎 사이로 비치는 햇빛이 땅 위에 그려놓은 그림자를 물끄러미 바라보았다. 그의 마음도 햇빛 못지않게 밝았고 사뭇 즐거웠다. 공부 시간을 틈 낸, 이 한가로운 몇 분간의 휴식, 그것이 무엇보다도 기분 좋은 일이었다. 때로는 옛 도시의 거리를 거닐기도 했다. 붉은 뺨에 상처자국이 있고, 화려한 빛깔의 모자를 쓰고, 가슴을 내밀고 걸어가는 학생회의 대학생들을 그는 두려운 눈빛으로 바라보았다. 오후에는 하숙집 딸들과 언덕을 거닐기도 하고, 때로는 강을 거슬러 올라가 나무그늘의 맥줏집에서 차를 마시기도 했다. 밤은 밤대로, 거리의 공원을 돌아다니며 악단의 연주를 듣기도 했다.

얼마 안 가서 필립은 이 가정의 여러 사정을 알게 되었다. 언니인 테클라는 역시 이 집에서 독일어를 배우기 위해 하숙했던 어느 영국인과 약혼했고, 올해 말에는 정식결혼까지 하기로 되어 있었다. 그런데 얼마 전 그 청년에게서 편지가 와 슬라우에 사는 고무 상인인 그의 아버지가 이 결혼을 허락하지 않는다는 소식을 전했다. 테클라는 가끔 잘 울었다. 이따금 모녀 두 사람이 입술을 한일자로 다물고 토끼 눈을 뜨고서 이 미적지근한 애인으로부터 온 편지를 읽는 모습을 볼 수 있었다. 테클라는 수채화를 곧잘 그렸다. 간혹 필립과 함께, 또는 다른 처녀 하나를 더 데리고 야외로 나가 사생을 했다.

아름다운 헤드윅에게도 연애 이야기가 있었다. 그녀는 베를린 어느 상인의 딸이었는데, 훌륭한 경기병, 뭣하면 폰(Von : 귀족)이라는 경칭을 붙여도 좋을 만한 가문의 청년과 연애하게 되었다. 한데 그 청년의 부모 또한 신분 관계로 결혼을 반대하여, 그것을 잊게 하려고 아버지가 그녀를 하이델베르크에 보냈던 것이다. 그러나 그녀로서는 그렇게 쉽사리 잊을 수가 없어 늘 편지를 주고받았는데, 남자도 어떻게든 아버지 마음을 돌려 보려고 갖은 힘을 다하고 있었다. 그녀는 고운 한숨을 내쉬며 발그레 물든 얼굴로 이런 이야기를 털어놓았다. 그러면서 멋있는 중위의 사진까지 보여 주었다.

필립은 하숙집 처녀들 가운데 헤드윅이 가장 마음에 들어 산책할 때면 언제나 그녀와 함께 거닐었다. 그렇게 하는 것을 농담 삼아 사람들이 놀려 주면 그는 얼굴이 새빨개지며 어쩔 줄 몰라 했다. 그 무렵 그는 평생 처음 사랑의 고백이라는 것을 했는데 그 상대가 바로 이 헤드윅이었다. 그것은 매우 우연한 일로서 사정은 대강 다음과 같았다.

외출하지 않는 밤이면 언제나 여자들은 모두 그 녹색 응접실에 모여 노래를 불렀다. 안나가 반주를 맡았다. 무엇에나 재간이 있는 그녀는 마다하지 않고 연주했다. 헤드윅이 잘 부르는 노래는 〈나는 그대를 사랑하오〉였는데 어느 날 밤, 노래가 끝난 뒤에 필립은 그녀와 같이 베란다에서 별빛을 바라보다가 갑자기 무언가 한마디 해야 할 것 같은 마음이 들었다.

"나는 그대를 사랑하오."

그러나 유감스럽게도 그의 독일어는 유창하지 못했다. 적당한 다음 말을 찾는 동안 시간은 자꾸 흘렀다. 말을 이을 겨를도 없이 헤드윅이 먼저 입을 열었다.

"오오, 캐리, 날더러 그대라고 부르면 안 돼요."

필립은 온몸이 새빨개졌다. 물론 그런 따위의 말을 하려던 것은 아니었다. 다만 다음 말을 어떻게 이어나갈지를 몰랐던 것이다. 그렇다고 새삼스럽게 그 말은 내 것이 아니라 노래의 제목이었을 뿐이라고 하기도 난처했다.

"미안해요."

그는 말했다.
"뭘요."

나직한 소리로 그녀도 속삭이듯 말하고 생긋 웃었다. 그리고 그의 손을 더듬어 꼭 잡아 주고 그대로 응접실 쪽으로 가버렸다.

이튿날은 아무래도 쑥스러워서 말을 걸어 볼 용기가 나지 않았다. 어찌나 부끄러웠던지 그녀를 피하느라고만 애썼다. 늘 하는 산책을 그녀가 청했을 때도 공부를 이유로 거절했다. 그러자 그녀는 단둘이 있는 기회를 잡아 말을 꺼냈다.

"왜 그렇게 피하시죠?"

그녀는 다정스럽게 말을 건네었다.

"지난밤에 한 말씀, 난 조금도 화나지 않았어요. 좋아서 좋다는데 뭐 잘못인가요? 난 기뻐요. 그렇지만 내가 헤르만과 정식 약혼을 하지 않았다고 해서 딴 남성을 사랑해서도 안 되겠죠. 난 그분의 아내가 될 테니까요."

필립은 다시 낯이 화끈거렸다. 그러나 그는 끝내 거절당한 애인의 표정을 지어 보이면서 대답했다.

"그럼 당신의 행복을 빌겠어요."

24

에를린 선생은 날마다 필립을 개인 지도해 주었다. 나중에는 《파우스트》를 읽기까지 봐두어야 할 책의 목록을 만들어 주었다. 한편 매우 교묘한 방법이었지만, 이미 필립이 배운 셰익스피어의 희곡 하나를 독일어로 번역시키기도 했다. 그 무렵 독일은 괴테의 전성시대였다. 애국심에 대해서는 차라리 초연한 태도를 취했던 그였음에도 국민시인으로 존경받고 더욱이 프로이센 프랑스전쟁 뒤로는 국민적 통일의 가장 빛나는 영예나 다름없는 대우를 받고 있었다. 가장 열광적인 사람들은 그 '발푸르기스의 밤'의 방탕에서조차 그라베로테(프로이센 프랑스전쟁의 전쟁터였던 로렌 지방 이름)의 포성을 들을 수 있는 것같이 보였다. 하긴 한 작가의 위대성은 그것을 읽는 사람에게 저마다 각기 다른 감명을 준다는 데에 있긴 하다. 프러시아인을 몹시 싫어하는 에를린 선생은 마치 올림포스산과도 같이 정연하고 부동적인 괴테 작품만이 현대의 광포한 공격에 대한, 적어도 정상인을 위한 유일한 피난처라고 열렬하게 찬미했다.

이 무렵 하이델베르크에서 크게 화제가 되던 극작가가 있었다. 지난겨울에도 그의 작품 하나가 상연되어 지지자들로부터 갈채를 받았으나, 이른바 좋은 가문 출신들에게서는 맹렬한 공격을 받았다. 하숙집의 큰 탁자에서도 그것이 논의되던 것을 필립도 들은 일이 있는데, 그럴 때의 에를린 선생은 평상시의 냉정을 완전히 잃어버렸다. 그는 탁자를 치며 낭랑한 저음으로 반대의견을 모조리 눌렀다. 그런 것은 난센스에 불과하다, 오직 음탕스러운 난센스다, 나도 끝까지 참아 왔으나 이제 지루해졌다고나 할까, 구토증이 난다고나 할까, 나도 모르겠다, 그런 것이 앞으로의 연극이라면 차라리 경찰의 손을 빌려서라도 극장을 모두 폐쇄해야 한다, 나도 도학자(道學者)는 아니다, 이를테면 팔레 로열(파리에 있는 극장 이름)의 소극(笑劇)이 있다, 그런 기지에 넘치는 익살이라면 나도 한바탕 웃어 주겠다, 그러나 이것은 도대체 무어란 말인가, 오직 불결, 추악, 바로 그 자체다. 그러곤 그는 더 견디기 힘들다는 듯이 코를 잡고 휘익 휘파람 소리를 내었다. 가정의 황폐, 도덕의 근절, 독일의 파괴, 바로 그것이라는 의미였다.

"여보, 그만 좀. 좀 조용히 하세요."

탁자 저쪽 끝에서 부인이 외쳤다.

그러자 그는 이번엔 부인을 향해 주먹을 휘둘렀다. 원래는 온화한 사나이로, 무엇이나 부인과 의논하지 않고는 절대로 하는 일이 없던 그가 말이다.

"농담이 아냐, 헬레네."

그가 고함을 질렀다.

"나는 그 뻔뻔스럽고 수치심 없는 놈의 연극 따위를 우리 집 딸들이 관람한다면 차라리 이 자리에서 죽어 버리는 편을 택하겠어."

그 연극은 바로 헨리 입센의 〈인형의 집〉이었다.

에를린 선생은, 놈은 리처드 바그너와 같은 부류의 인간이라고 했다. 하기야 바그너에 대해서는 별반 화를 내지 않았다. 그저 재미있어 하며 비웃을 뿐이었다. 그는 고작해야 사기꾼, 성공한 사기꾼에 지나지 않는다, 그러므로 그런 뜻에서 희극이라는 점만으로 본다면 그런대로 재미있다는 것이었다.

"거, 미친놈이야, 미친놈."

그는 말했다.

필립은 〈로엔그린〉을 본 일이 있었다. 그건 괜찮은 작품이었다. 지루하기는 했어도 그 이상 큰 결점은 없었다. 그러나 그 〈지그프리드〉(둘 다 바그너 작품)는 어떤가! 악극 이야기를 했을 때 에를린 선생은 웃음을 터뜨렸다.

"도대체가 처음부터 끝까지 멜로디는 찾아볼 수도 없어. 모르긴 해도 아마 바그너란 놈은 박스에 앉아 청중이 모두 열심히 듣고 있는 광경을 보고서 배가 아프도록 웃었을 게 틀림없어. 어떻든 19세기 제일의 거짓말쟁이, 사기꾼이지."

에를린 선생은 맥주잔을 들어 입술에 대고 단숨에 쭈욱 들이켰다. 그리고 손등으로 입을 닦으며 말했다.

"젊은이들에게 말해 두겠는데, 19세기가 끝나기 전에 바그너란 치 따위는 모두 잊히고 말 것이 틀림없어. 바그너! 흥, 난 할 수만 있다면 그놈의 오페라를 한 묶음으로 묶어 도니제티(이탈리아 가극 작곡가) 작품 하나와 맞바꿔 버릴 거야."

25

필립의 교사들 가운데 제일 괴짜는 프랑스어를 가르치는 뒤클로 씨였다. 제네바 시민인 그는 키가 큰 노인으로, 얼굴은 흙빛이고 뺨은 움푹 꺼지고 긴 반백의 머리는 숱이 적었다. 초라한 검은 옷의 팔꿈치는 구멍이 뚫리고 바지는 다 낡아빠졌다. 속옷 또한 여간 더럽지 않았다. 깨끗한 깃을 단 것을 한 번도 본 일이 없었다. 말이 적고, 교수법은 매우 양심적이었으나 열의는 거의 없었다. 제시간 되면 꼭 오고, 돌아가는 시간도 1분도 안 틀렸다. 사례금은 퍽 싼 편이었다. 전혀 말이 없어 그에 대해서 필립이 안 것은 모두 그 말고 다른 사람들에게서 얻어들은 것이었다. 일찍이 가리발디(이탈리아 전쟁 때의 유명한 애국자)와 더불어 로마교황을 상대로 싸운 일도 있는 모양인데, 그 자유를 위한 모든 노력—그로서는 공화국 건설을 뜻했는데—그것이 결국은 단순히 굴레를 바꾸는 데 지나지 않는다는 사실이 거의 확실해지자 갑자기 싫어져서 그는 이탈리아를 떠났다. 제네바에서의 상세한 이야기는 모르겠으나 어떻든 정치범으로 쫓겨난 모양이었다.

필립은 처음에 그를 보고 얼른 판단을 내리지 못했다. 필립이 생각하는 혁명가라는 개념과는 너무나도 동떨어졌기 때문이다. 그는 나직한 목소리로 말하고 예절도 발랐다. 권하기 전에는 의자에도 앉으려 하지 않았고, 드문 일이기는 하나 거리에서 만나면 정중하게 모자까지 벗고 인사했다. 소리 내어 웃는 일도 없었고 미소조차 띠지 않았다. 만일 필립이 보다 뛰어난 상상력의 소유자였다면 그에게서 희망에 넘치는 청년상을 그려냈을 것이다. 그가 성년이 되었을 때가 바로 1848년 무렵일 터이기 때문이다. 그 시기야말로 제국의 국왕들이 프랑스 왕(프랑스의 마지막 왕 루이 필립)을 생각하고 몸서리치던 때가 아닌가. 또 온 유럽을 휩쓴 자유에의 정열, 1789년의 혁명(프랑스 대혁명) 뒤의 반동기와 때를 같이하여 머리를 쳐든, 저 절대주의와 압제 전체를 한 번에 소탕해 버리는가 싶었던 자유에의 정열이 이 시절만큼 사람들의 가슴을 불태웠던 때도 없지 않은가. 그도 또한 인간의 평등·인권이라는 사상에 선동되어 토론하고, 논쟁하고 혹은 바리케이드를 방패로 투쟁하고, 또 밀라노에서 오스트리아 기병의 말발굽에 짓밟혔을 것이다. 여기서는 투옥, 저기서는 추방, 그러면서도 어디까지나 저 마법과도 같은 '자유'라는 한마디에 오직 희망을 걸고 의지했을지 모른다. 그러다 마침내는 병마와 기아와 늙음에 지쳐 이제 겨우 가난한 학생들의 개인 교수로 얻는 보수 말고는 목숨을 이어갈 한 푼의 저축도 없이 살아가게 된 것이다. 이 아름다운 조그마한 거리에서 생활이란, 어떤 의미에선 그 어떤 유럽의 압제보다도 더 무서운 생활이라는 압제 밑에서 신음하고 있는 것인지도 모른다. 어쩌면 그의 침묵은 그가 청년시절에 품었던 큰 꿈, 그것을 버리고 헛되이 나태와 안일 속에서 전전하는 온 인류에 대한 깊은 모멸을 간직한 것이 아닐까. 아니면 저 과거 30년 동안 혁명운동이 인간은 자유를 누릴 가치조차 없다는 교훈을 그에게 가르친 것은 아닐까. 그리고 그 일을 생각하면, 자기는 전혀 발견할 가치조차 없는 것을 보람 없이 찾아 헤매다가 일생을 망쳤다고나 생각하는 것이 아닐까. 아니 아마도 너무나 지쳐 오직 무관심하게, 죽음으로 인한 해방을 기다리고 있는지도 모를 일이다.

어느 날 필립은 젊은 마음에 버릇없이, 가리발디와 더불어 싸운 것이 사실이냐고 물어보았다.

그러나 노인은 대수롭지 않게 평소와 다름없는 나직하고 조용한 음성으로 대답했다.

"오, 그렇소."

"그리고 파리 코뮌(1871년 파리에서 일어나 한때 시 행정을 지배했던 혁명정부)에도 참가하셨다고 들었는데요."

"그렇게들 말하오? 자, 공부나 시작합시다."

그렇게 말하고 책을 펼쳤다. 필립도 기가 질려 예습한 대목의 해석에 들어갔다.

어느 날 뒤클로 씨는 몸이 몹시 괴로워 보였다. 필립 방까지의 긴 계단을 어렵게 올라온 모양이었는데 들어오자마자 의자에 털썩 앉아 이마에서 구슬 같은 땀을 흘렸다. 누런 얼굴은 괴로운 듯이 일그러지고 정신을 차리려고 안간힘을 쓰고 있었다.

"어디 불편하신 것 같아요."

"아니 괜찮소."

그러나 아무리 보아도 몹시 힘들어 보였다. 공부가 끝나자 필립은 회복할 때까지 공부를 멈추면 어떻겠느냐고 물어보았다.

"아니, 괜찮소. 할 수 있는 데까지 해 봅시다."

그는 전과 다름없는 나직하고 조용한 목소리로 대답했다.

돈 이야기를 꺼내야 한다고 생각하니 필립은 마음이 괴로워지며 얼굴이 달아올랐다.

"선생님껜 아무런 지장이 없도록, 저어, 물론 사례금은 전과 같이 드리겠습니다. 괜찮으시다면 다음 주일 것까지 미리 드리겠습니다만."

뒤클로 씨의 사례금은 한 시간에 18페니였다. 필립은 주머니에서 10마르크까지 금화를 꺼내어 머뭇거리며 책상 위에 놓았다. 도저히 거지에게나 주는 것처럼 직접 손에 건네줄 마음이 나지 않았던 것이다.

"그렇다면 좀 나을 때까지 쉬도록 할까요."

그는 금화를 집어 들고 언제나 돌아갈 때에 하듯이 정중한 인사말을 남기고 가버렸다.

필립은 뭔지 모르게 막연한 실망감 같은 것을 느꼈다. 크게 선심 썼다고 생각했으므로 상대편이 난처할 정도로 이마를 조아리며 인사를 해오겠지 하고 지레짐작했던 것이다. 그랬던 만큼 마치 당연하다는 듯이 받아들이고 가는 모습을 보았을 때는 어안이 벙벙할 수밖에 없었다. 아직 젊었으므로 은혜에 대한 마음은 받는 쪽보다는 베푸는 쪽이 오히려 더 느낀다는 사실을 몰랐던 것이다. 뒤클로 씨는 대엿새가 지나서 다시 나타났다. 몹시 비틀거렸고 한결 더 쇠약해 보였으나 이럭저럭 발작에서 오는 고통을 참아내는 모양이었다. 전보다 더욱 말이 없었다. 어딘가 불가사의할 정도로 초연한 데가 있었고 또 여전히 더러웠다. 학습이 끝날 때까지 병에 대한 소리는 한마디도 하지 않았으나, 돌아갈 때 문을 열더니 잠시 멈춰 서서, 마치 입을 떼기조차 힘겨운 듯이 망설이다가 말했다.

"돈을 주지 않았더라면 굶어 죽었을 겁니다. 한 푼도 없었으니까요."

그러고는 지나치게 정중한, 마치 아첨하는 듯한 인사를 하고 돌아갔다. 필립은 목이 메는 것을 느꼈다. 모든 희망이 사라져 버린 노인의 고통스러운 생활은 얼마나 참담한가, 그리고 자신에게는 즐거운 인생이 이 노인에게는 얼마나 괴로운가 하는 것을 그는 어느 정도 알 수 있을 듯했다.

26

하이델베르크에 온 지 석 달이 지난 어느 날 아침, 여주인은 헤이워드라는 영국인이 하숙하러 오게 된다고 말했다. 그날 저녁식사 때 식구들은 그 낯선 청년을 볼 수 있었다. 그런데 바로 그 며칠 동안은 온 집안이 흥분 속에 지냈다. 간청을 했는지 아니면 위협을 했는지는 알 수 없으나, 어떻든 테클라의 약혼자 부모가 그녀를 영국으로 초대했던 것이다. 그녀는 자기 교양을 자랑하기 위한 수채화 화첩과 또 청년이 얼마나 자기에게 열중했는가 하는 증거로 그가 보내온 한 묶음의 편지를 가지고 떠났다. 일주일이 지나자 이번에는 헤드윅이 생글생글 웃으면서 자기의 애인인 중위가 부모님과 함께 하이델베르크로 온다는 이야기를 했다. 그 애인의 부모는 아들의 줄기찬 설득에도 지고, 또 헤드윅의 아버지가 말한 결혼 지참금에도 마음이 움직인 모양으로 며느리가 될 본인을 만나 보고자 이곳으로 온다는 것이었다. 헤드윅도 공원에서 이 집의 온 식구들에게 애인을 소개해 줄 수 있는 기회를 얻어 크게 만족하고 있었다. 여주인 가까이, 즉 식탁 윗자리에 앉은 늙은 부인네들에게도 공연히 들뜬 것 같은 빛이 돌았다. 그리고 헤드윅이 곧 집으로 돌아가 정식으로 약혼식을 올릴 것이라고 이야기하자, 에를린 부인은 비용에 상관없이 마이보올레(백포도주에 과즙을 탄 음료)를 대접하겠노라고 말했다. 에를린 선생은 이 달콤한 술을 만드는 자기의 능란한 솜씨를 매우 자랑스럽게 생각하는 터였다. 저녁식사가 끝나자 백포도주에 탄산수를 섞고, 향초를 띄우고, 산딸기를 넣은 이 음료가 큰 그릇에 담겨 응접실 둥근 테이블 위에 놓였다. 안나는 사랑하는 여자와 헤어지게 되어 안됐다는 둥하며 필립을 놀려댔다. 그는 불쾌하기도 하고 또 슬프기도 했다. 헤드윅은 노래 몇 곡을 부르고 안나는 웨딩마치를 연주했다. 에를린 선생까지 〈라인의 파수꾼(독일의 옛 국가)〉을 불렀다. 이러한 소동으로 새로 하숙하게 된 손님은 필립의 주의를 끌지 못했다. 필립은 식사 때 그 사람과 마주 앉았으나 쉴 새 없이 헤드윅하고만 이야기했으며, 그 새로 온 손님은 독일어를 모르므로 그저 잠자코 먹기만 했다. 그가 엷은 청색 넥타이를 매고 있는 것을 보자 필립은 괜히 그가 싫어졌다. 나이는 스물여섯 살, 해맑은 얼굴에 물결진 긴 머리를 가끔 아무렇게나 쓸어 넘겼다. 크고 푸른빛 도는 눈동자, 그것이 또 너무나 엷어 피곤한 듯이 보였다. 수염을 말끔히 깎고 입술은 얇았으나 모양은 제법 좋았다. 골상학에 취미가 있는 안나는 나중에 필립에게, 머리 모양은 아주 훌륭하다, 그러나 그 얼굴 아랫부분의 지독한 궁상을 보았느냐고 물었다. 그의 머리는 사색인의 머리지만 턱에는 개성이 전혀 없다는 것이다. 크고 모양 없이 생긴 코에 광대뼈가 툭 튀어나와 아예 노처녀의 운명을 지녔다고 체념하는 안나였기에 개성미라는 것을 특히 중요시하는 것이었다. 안나와 필립이 이런 이야기를 하는 동안 청년은 조금 떨어진 곳에 서서 떠들썩한 이 파티를 약간 거만하기는 하나 싱그레 웃는 얼굴로 바라보고 있었다. 키가 크고 미끈했으나 의식적으로 점잔을 빼는 느낌이었다. 그가 혼자 동떨어져 서 있는 것을 보고 미국인 신학생 위크스가 다가가 말을 걸었다. 이 두 사람은 기묘한 대조를 이루었다. 미국인 학생은 검은 윗도리에 희고 검은 점이 있는 바지를 입었는데, 마르고 윤기 없는 그의 모습에선 이미 목사 티가 나는 것 같았다. 반대로 영국 청년은 스코치로 만든 헐거운 옷을 입은 데다가 손발은 무척 크고 동작도 매우 느렸다.

필립은 그 이튿날까지 이 새로 온 청년과 이야기하지 못했다. 그런데 마침 그날 점심을 먹기 전에 그들은 응접실 발코니에 나란히 앉게 되었다. 헤이워드가 먼저 말을 걸었다.

"당신, 영국 사람이죠?"

"그렇습니다."

"식사는 어제저녁처럼 늘 그렇게 지독한가요?"

"그저 그 정도죠."

"형편없군요. 안 그래요?"

"그래요, 형편없죠."

필립은 식사가 별반 나쁘다고 생각지 않았다. 오히려 맛있게 먹고 있었다. 그러나 그는 다른 사람이 형편없다는 식사를 굳이 좋다고 하여 맛을 모르는 사람으로 인정받기는 싫었던 것이다.

테클라가 영국으로 떠나 버린 뒤로 동생 안나는 집에서 해야 할 일이 늘어 전처럼 긴 산책을 즐길 여유가 없었다. 들창코에 조그만 얼굴의, 금발을 길게 땋아 늘인 체칠리에도 요즘 어쩐 일인지 사람을 꺼렸다. 헤드윅도 가버리고 늘 그들과 함께 산책을 하던 미국인 위크스도 남부 독일로 여행을 가버렸으므로 필립은 대개 혼자 있었다. 헤이워드가 그에게 접근해 왔으나 수줍음을 타는 성격 탓인지, 아니면 동굴생활을 하던 조상으로부터의 격세유전 탓인지는 몰라도 그는 언제든지 처음 만난 사람을 좋아하지 않았다. 첫 인상이 사라질 무렵에야 비로소 사귀게 되는 것이었다. 이런 습성이 그로 하여금 사람들과의 교제를 어렵게 했다. 따라서 헤이워드의 접근도 그다지 마음에 내키지 않았다. 그가 어느 날 산책하자고 청해 왔을 때도 예의에 벗어나지 않는 적당한 변명을 찾지 못해 하는 수 없이 응했던 것이다. 그러나 걸핏하면 얼굴이 붉어지는 버릇을 스스로도 못마땅하게 생각하여 되도록이면 웃어넘기려 하면서도 늘 하는 변명을 늘어놓았다.

"나는 도무지 빨리 걸을 수가 없어서요."

"원, 별말씀을. 걷기 시합을 하는 것도 아닌데. 천천히 거니는 것이 좋잖아요! 《마리우스》(월터 페이터의 교양소설 《쾌락주의자 마리우스》)에서 페이터가 한 말 생각나세요? 조용한 산책은 대화의 가장 좋은 자극제라는 그 말?"

필립은 말을 하기보다 듣기를 좋아했다. 가끔 근사한 말을 생각해 내기도 했지만 대개 그것은 기회를 놓쳐 버리기 마련이었다. 반대로 헤이워드는 이야기의 명수였다. 그러나 필립보다 조금 더 인생 경험이 있는 사람이라면, 아하, 저 작자는 자기 말에 자기가 도취하고 있구나, 라고 생각할 것이다. 오만불손한 태도가 필립에게는 인상적이었다. 필립은 자기가 거의 신성시하는 사물에 대해 노골적은 아니나마 경멸을 보낼 수 있는 인간에게 두려움을 느끼면서도 역시 감탄하지 않을 수 없었다. 그는 운동경기 따위의 미신은 모두 경멸하고 여러 운동경기에 열중하는 인간들을 상(賞) 벌레라는 욕설로 비난했다. 대신 그 자신이 교양병이라는 다른 종류의 미신을 섬기고 있다는 것, 그것까지는 아직 필립이 깨닫지 못했다.

그들은 천천히 성으로 올라가 거리가 한눈에 내려다보이는 높은 지대에 앉았다. 거리는 유유히 흐르는 넥카 강가의 낮은 지대에 아늑하게 자리 잡고 굴뚝에서 내뿜는 연기는 담청색 안개가 되어 흐르고 있었다. 높은 지붕과 교회의 첨탑들은 중세 도시를 방불케 하여 마음을 흐뭇하게 해주는 정취가 있었다. 헤이워드는 《리처드 페버렐》(조지 메러디스의 소설로서 그릇된 교육사상으로 비극적 운명에 빠진 청년을 그렸다)과 《보바리 부인》, 또 베를렌, 단테, 매테 아놀드 등의 이야기를 했다. 그즈음 피츠제럴드가 번역한 《오마르카이얌》(11세기 무렵의 페르시아 시인이며 천문학자)은 소수의 특수한 사람들에게만 알려져 있었으나 헤이워드는 그것을 몇 번이나 낭송해 주었다. 시 낭송을 즐겨 자작시나 다른 사람들의 시를 단조롭게, 억양 없는 가락으로 외어 뵈곤 했다. 집에 돌아갈 무렵 필립이 이제까지 품었던 그에 대한 불신은 거꾸로 열광적인 감탄으로 변해 있었다.

그 뒤로 그들은 날마다 오후에 함께 산책했다. 필립은 얼마 안 가서 헤이워드의 경력에 대한 것도 알게 되었다. 그는 시골판사의 아들로, 얼마 전에 아버지가 죽어 연수입 3백 파운드의 유산을 받았다. 차터 하우스(유명한 공립학교 중의 하나)에서의 성적이 너무나 뛰어나 케임브리지로 진학했을 때는 트리니티 홀(케임브리지 단과대학)의 학장이, 자기 대학에 와 줘서 고맙다고 특히 만족의 뜻을 나타냈을 정도였다. 그 자신도 장래의 출세를 생각하여 열심히 공부했다. 애써 가장 지적인 친구와 사귀고 브라우닝의 시에 열중했으나 테니슨에게는 별반 관심을 두지 않았다. 셸리가 전처 헤리엇에 대하여 취한 행패 같은 것도 실로 자세히 알고 있었으며 미술사도 조금 건드려 본 모양이었다. 그의 방에는 왓츠와 번 존스(영국에서 당시 문제가 되었던 라파엘 전파의 화가들)나 보티첼리의 복제품이 걸려 있었다. 시는 어둡고 염세적인 것을 썼으나 실력은 뛰어났다. 친구들 사이에서도 그가 뛰어난 천부적 재능의 소유자라는 평판이 높았으며, 친구들이 그의 장래 성공을 예언하면 그는 즐겨 귀를 기울였다. 이윽고 그는 미술과 문학에 대해서는 권위자가 되었다. 뉴먼(영국학자이며 사상가, 나중에 가톨릭으로 개종했다)의 《아폴로지아》 때문에 로마 가톨릭 제식의 화려함이 그의 심미감에 강한 영향을 끼쳤다. 그는 매콜리(영국 문호)를 읽는 편협한 사상에 얽매인 아버지의 노여움을 산다는 걱정만 없었더라도 벌써 개종해 버렸을지도 모른다. 그런 그가 겨우 보통 성적으로 진급했을 때 학우들은 뜻밖의 일이라 모두 놀랐으나, 그는 어깨를 추어올리며 나는 시험관의 노리갯감은 아니니까, 라고 가볍게 응수했다는 것이다. 또 그는 언젠가 구두시험 치르던 일을 재미있게 이야기한 적이 있었다. 보기 흉한 깃을 단 선생이 논리학 질문을 했는데 어찌나 지루했던지 못 견딜 지경이었다. 그때 언뜻 눈에 띈 것이 선생이 신은 장화였다. 목이 긴 고무장화. 어쨌든 괴상하고 우스꽝스러운 시험이었다. 그래서 그는 잠자코 킹즈 예배당의 고딕 건축의 아름다움을 생각하고 있었다는 것이다.

그러나 케임브리지 시절에는 때로 즐거운 날도 있었다. 어느 누구보다도 호화로운 만찬회를 베풀기도 하고, 또 그의 방에서의 대화는 정말로 잊을 수 없는 즐거운 것이었다. 그는 필립에게 다음과 같은 경구를 들려 준 일이 있다.

'헤라클레투스여, 그대는 이미 죽었다는 말을 들었다.'

그리하여 지금도 그 시험관과 고무장화의 우스꽝스러운 이야기를 하고 크게 웃으며 말했다.

"물론 어리석은 일이었어. 하지만 이 어리석은 이야기 속에도 무언가 조금은 쓸 만한 대목이 있지 않을까?"

필립은 은근한 스릴을 느끼며 깊이깊이 감탄했다.

다음에 헤이워드는 변호사 공부를 하러 런던으로 갔다. 그는 클레멘츠 호텔에서 판벽장식이 되어 있는 화려한 방을 빌려 그곳을 트리니티 홀의 방처럼 꾸몄다. 막연하나마 정치계에 대한 야심도 있었고, 휘그당원이라 자칭하여 자유당계의 신사 취미가 농후한 클럽에 추천되기도 했다. 그의 계획은 변호사 개업을 하고(다소 인간적인 면이 있다 하여 대법원 쪽을 선택했다), 그리고 약속된 여러 가지 소망이 성취되는 것을 기다려 적당한 선거구에서 의회에 진출하는 것이었다. 한편 오페라 구경도 끊이지 않고 다녀 그와 취미를 같이하는 소수의 훌륭한 친구들과도 사귀게 되었다. 더욱이 전(全)·선(善)·미(美)(전인(全人) 생활의 목표를 나타내는 괴테의 유명한 말)를 표방하는 어느 만찬 클럽에도 가입했다. 그는 켄싱튼 스퀘어에 사는 자기보다 나이 많은 부인과 플라토닉한 우정관계도 맺어 거의 날마다 오후에 희미한 촛불 아래서 그녀와 함께 차를 마시며 조지 메러디스나 월터 페이터에 대한 이야기를 나눴다. 법조 협회의 시험이란 어떤 바보라도 합격한다는 것은 널리 알려진 사실이어서 공부는 아주 여유롭게 했는데, 그런 만큼 최종 시험에 낙제했을 때는 마치 개인적인 모욕이라도 받은 듯한 마음이 들었다. 그러자 켄싱튼 스퀘어 부인은, 남편이 인도에서 휴가를 받아 돌아온다, 여러 면에서 믿음직한 인물이지만 마음은 그야

말로 속물이어서 도저히 젊은 남자의 방문 같은 것은 이해하지 못할 것이다, 라고 말했다.

이 얼마나 추악한 인생인가. 헤이워드는 이런 마음이 들었다. 이제 새삼스럽게 시험관들의 냉소와 맞선다는 것은 생각만 해도 몸서리쳐지는 일이고, 그러느니 차라리 결심하고 발 앞의 공을 걷어차 버리는 편이 사나이다운 일인지도 모른다. 게다가 엄청난 빚도 졌다. 일 년에 3백 파운드 정도로 런던에서 신사생활을 한다는 것은 무리였다. 그의 마음은 존 러스킨이 그렇게 고혹적으로 묘사한 베니스나 플로렌스를 동경하게 되었다. 그는 변호사라는 속되고 번잡한 직업이 자기에게는 알맞지 않다는 것을 알게 되었다. 문짝에 이름을 내거는 것만으로 소송사건이 날아 들어오진 않는다는 사실을 잘 알았기 때문이다. 더욱이 지금의 정치라는 것도 어딘지 모르게 고귀성이 결핍되었다고 생각했다. 그는 어디까지나 시인을 자처했다. 그리하여 클레멘츠 호텔 방을 정리하고 이탈리아로 떠났다. 한여름은 플로렌스에서, 한겨울은 로마에서 지냈으나 이제 그 두 번째 여름을, 이 괴테를 원문으로 읽고자 독일에서 보낸다는 것이다.

헤이워드는 아주 훌륭한 자질을 갖추고 있었다. 그것은 문학을 정말로 이해한다는 점이었다. 게다가 그 정열을 웅변으로 나타낼 수 있다는 것이었다. 먼저 작가 안에 자신을 투입하고 대상 가운데 가장 좋은 것을 남김없이 파악하여 그 작가를 깊이 이해함으로써 그를 이야기할 수 있었던 것이다. 필립도 책은 많이 읽었으나 그것은 차라리 난독이어서 아무런 분별없이 본 것이었다. 이제 그의 감상력을 이끌어 줄 만한 안내자를 만나게 된 것은 그를 위해 여간 다행한 일이 아니었다. 그는 거리의 조그마한 대출 도서관에서 책을 빌렸다. 헤이워드가 이야기한 훌륭한 책들을 하나도 남기지 않고 읽기 시작했다. 모두가 흥미 있는 책들은 아니었으나 끈기 있게 읽어나가면서 자기 향상에 열중했다. 자신의 무식을 뼈아프게 느끼며 오직 겸허한 마음가짐이 되는 것이었다. 8월도 다 가서 위크스가 독일 남부를 여행하고 돌아왔을 무렵에는 필립은 완전히 헤이워드의 영향 아래 있었다. 헤이워드는 위크스를 좋아하지 않았다. 우선 위크스의 검은 옷과 서릿발같이 희끗희끗한 무늬의 바지가 싫었고, 게다가 뉴잉글랜드식 양심에 대해서도 가차 없이 비웃는 것이었다.

처음에 친절을 베풀어 준, 말하자면 은인 위크스에 대한 비난이었으나 필립은 만족스러운 듯이 귀를 기울였다. 반대로 위크스가 헤이워드에 대해 조금이라도 나쁘게 말하면 마구 화냈다.

"자네 새 친구는 아마 시인인 모양이지?"

입가에 쓴웃음을 띠고 위크스가 말했다.

"그래요, 그는 시인이에요."

"자기가 그렇다고 하던가? 미국에서는 글쎄, 얼간이들의 표본이 아닐까?"

"하지만 여기는 미국이 아니니까요."

필립은 쌀쌀하게 퉁겼다.

"몇 살이지? 25세? 하숙에 처박혀서 시만 쓰고 있는 것 아냐?"

"당신 따위가 뭘 안다고."

필립은 화를 내며 쏘아댔다.

"모르긴 왜 몰라. 그런 작자는 벌써 147명이나 보아 왔는데."

위크스의 눈이 장난스럽게 깜박거렸다. 그러나 미국인 기질을 전혀 이해하지 못하는 필립은 입을 내밀고 눈을 부릅떴다. 필립에게는 위크스가 꽤 의젓한 신사로 보였으나 나이는 고작 30세 정도였다. 호리호리하게 여윈 몸뚱이에 학자에게서 흔히 볼 수 있는 새우등, 크고 모양 없는 머리, 숱이 적고 까슬까슬한 머리털, 게다가 살갗은 아예 흙빛이었다. 얇은 입술, 길고 가는 코, 게다가 붉어진 앞이마 따위가 기이한 풍모를 만들어 내고 있었다. 정열도 아무것도 없는 차고 깔끔한 한 마리 냉혈동물 같은 인간. 그러면서 어떤 기묘한 경박성도 있어, 그것이 그가 본능적으로 접촉하게 되는 진실한 사람들 사이에서 자칫하면 말썽을 빚어내는 일이 있었다. 하이델베르크에서는 신학을 공부하고 있는데 같은 미국인 신학생들조차 다소 의혹의 눈으로 그를 보고 있었다. 즉, 몹시 정통에서 벗어난 데가 있어 그들을 놀라게 하고, 또 지독히 변덕이 심해 그들의 비난을 샀던 것이다.

"147명을 안다니 어떻게 그럴 수 있어요?"

필립은 정색하고 물었다.

"파리의 라틴 쿼터에서도 만났고 베를린이나 뮌헨 하숙집에서도 만났지. 페루기아나 아시시의 싸구려 호텔에도 있어. 플로렌스에 가보라고, 보티첼리 앞에 수십 명이 떼를 지어 서 있고 로마에서는 시스틴 성당 벤치에 의젓하게 앉아 있지. 이탈리아에서는 포도주를 퍼마시고 이곳 독일에서는 맥주를 엄청나게 마시지. 놈들은 무엇이든 좋은 것이기만 하면 덮어놓고 감탄해. 그것이 무엇이든 말이야. 그러면서 차차로 훌륭한 책을 쓰려는 거지. 생각해 봐. 훌륭한 책 147권이 훌륭한 선생님 147명의 가슴속에서 잠자고 있다는 것을. 그런데 한 가지 슬픈 일은 이 숱한 훌륭한 책들이 실제로 한 권도 쓰일 성싶지 않다는 사실이지. 그래도 역시 세계는 활발하게 움직여."

위크스는 사뭇 열중해서 이야기했다. 그 장황한 말끝에 그의 잿빛 눈알이 반짝 하고 빛났다. 필립은 어쩐지 이 미국인에게 놀림당하는 것 같아서 얼굴이 빨개졌다.

"쓸데없는 소리 그만해요."

그는 퉁명스럽게 내뱉었다.

27

위크스는 에를린 부인의 하숙집 뒤채 작은 방 두 개를 빌려 쓰고 있었는데, 그중 하나를 깨끗이 응접실로 꾸며 자주 사람들을 초대했다. 저녁식사가 끝나면 케임브리지 친구들까지도 손들었다는 그 짓궂은 장난기에서였겠지만, 곧잘 필립과 헤이워드를 놀러오라고 청했다. 맞아들이는 태도가 엄청나게 정중하여 두 개밖에 없는 낡은 안락의자를 그들에게 권했다. 그 자신은 전혀 술을 하지 않으면서도 (그것을 필립은 어떤 야유로 보았다) 헤이워드 옆에는 으레 맥주 두 병을 갖다 놨다. 그리고 토론이 아무리 고조되어도 헤이워드의 파이프가 꺼지면 그는 냉큼 손수 불을 붙여 주겠다고 고집하는 것이었다.

처음에 헤이워드는 어찌 됐든 케임브리지라는 유명 대학 출신자로서 하버드 출신인 위크스를 오히려 위로하는 듯한 태도조차 취하곤 했다. 한번은 그리스 비극 시인이 화제에 올랐는데, 헤이워드로서는 이것이야말로 스스로 권위를 갖고 말할 수 있는 화제라고 생각했으니 가관이 아닐 수 없었다. 견해를 주고받는 것 따위는 차라리 가소롭다, 내가 가르쳐 주겠다고 하는 듯한 태도로 나왔다. 위크스는 싱글거리며 잠자코 듣다가 이윽고 그의 이야기가 끝나면 한두 가지 대단히 심술궂은 질문을 했다. 하기는 그 태도가 너무나 태연했으므로 헤이워드로서는 어떤 궁지에 빠질지도 모른 채 그만 우쭐해서 대답을 하곤 했던 것이다. 그러면 위크스는 먼저 차분히 반대의 뜻을 밝히고 서서히 잘못을 바로잡으며 사람들이 잘 모르는 라틴주석가의 주석까지 들춰냈다. 나아가서는 권위 있는 독일학자의 견해까지 쳐드는 바람에 그들은 완전히 그가 학자임을 알았다. 싹싹하게 싱글거리며, 게다가 일일이 양해를 구하면서 헤이워드의 발언을 여지없이 반박했을 뿐더러 실로 정중하고 은근하게 헤이워드의 미숙한 학문을 보기 좋게 폭로시키고 말았던 것이다. 익살조의 야유도 사뭇 부드럽기만 했다. 곁에서 보아도 헤이워드의 바보스러움은 어지간했는데 당사자는 그래도 입을 다물지 않았다. 자신만만이라고나 할까, 그는 더욱더 흥분하여 토론을 시도했다. 그의 이론은 점점 더 엉망으로 되어 갔다. 그것을 또 위크스는 하나하나 차분하게 바로잡아 나가면서 그의 잘못된 추리를 모두 입증시키는 것이었다. 그는 나중에 사실 자기는 하버드에서 그리스 문학을 가르쳤다고 털어놓았다. 그래도 헤이워드는 흥 하고 코웃음을 치면서 말했다.

"짐작했었지. 즉, 자네가 그리스어를 읽는 방법은 선생님식이야. 나는 시인으로서 읽지만."

"그렇다면 뜻 같은 것도 제대로 모르는 것이 시적이란 말이군! 나는 또 오역 덕분에 그 뜻을 알게 되는 것은 계시종교의 경우뿐인 줄 알았지."

마침내 맥주를 다 마시고 헤이워드는 흥분하여 어지러운 모습으로 위크스의 방에서 나왔다. 그리고 화가 나서 필립에게 말했다.

"요컨대 그는 현학의 무리에 지나지 않아. 미에 대한 진정한 감각 따위가 전혀 없어. 정확성이란 기록에서나 필요하겠지. 우리가 추구하는 것은 그리스 정신이야. 위크스란 자는 마치 루빈슈타인을 들으러 가서 그가 약간의 실수가 있었다고 트집을 잡으려 드는 놈과 같지. 연주의 실수! 그것이 어떻다는 거야! 연주, 그 자체가 훌륭하면 그만이 아니겠느냐 말이야."

필립은 얼마나 많은 얼치기 연주자들이 이런 실수에서 위안을 찾고 있는지도 모르고 이 말에 크게 감동했다.

위크스는 이 모임에서 납작해진 헤이워드의 면목을 어떻게 한번 회복시켜주려는 심사에서인지 자주 초청을 해왔는데 그렇게 되면 또 헤이워드는 딱히 이를 거절하지 못하는 것이었다. 위크스라는 사나이는 다시금 그를 가볍게 토론으로 이끌어갔다. 헤이워드로서는 그의 학식이 이 미국 사람에 비해 얼마나 빈약한가를 잘 알고 있었으나 영국인 특유의 고집, 또 상처받은 자부심(그것은 결국 마찬가지겠지만) 때문에라도 그대로 물러설 수는 없었다. 마치 그는 자신의 무지, 자긍, 완고성을 드러내놓는 일에 기쁨을 느끼는 것처럼 보였다. 그가 비논리적인 말을 하면 즉시 위크스는 몇 마디 말로 그의 추론의 오류를 지적하고 잠시 승리감에 잠기는 듯 숨을 돌리곤 했다. 그러다가 갑자기 다른 화제로 옮겨갔는데, 그것은 그리스도교적 사랑이라고나 할까, 패배한 적의 뒤는 쫓지 않는다는 그런 생각에서였던 모양이다. 때로는 보다 못해 필립이 거들고 나섰는데 그러면 그다지 아프게는 아니지만 한 대 여지없이 얻어맞고 물러서야 했다. 그러나 그것이 헤이워드를 대할 때와는 달리 매우 은근했으므로, 섬세한 점에 있어서는 남에게 지지 않는 필립이었으나 조금도 피해를 입은 것 같은 마음이 들지 않았다. 더러 헤이워드는 갈수록 바보스러워져만 가는 자신이 견딜 수 없어 욕설을 내뱉는 때도 있었는데, 그럴 때도 그것이 싸움이 되지 않은 것은 이 미국 사람의 웃음을 잃지 않는 정중한 태도 덕분이었다. 그럴 때 헤이워드는 위크스 방에서 나오며 화가 나 이렇게 지껄였다. "제기랄! 제까짓 양키놈이!" 이야기는 이것으로 끝장이다. 다시 말하여 도저히 이겨내지 못할 논쟁에 대해 확실히 이것만큼 완전한 대답은 또 없기 때문이다.

위크스 방에서의 토론은, 처음엔 가지각색의 화제로 시작됐으나 결국 귀결되는 것은 종교론이었다. 신학생인 위크스가 직업적으로 흥미를 느끼는 것은 극히 당연한 일이었고, 헤이워드도 엄격한 사실 탓에 괴로움을 당할 필요가 없는 이런 화제는 언제나 대환영이었다. 감정이 척도가 되는 화제에서 논리는 자연히 도외시되는데 이것은 논리에 약한 축들에게는 딱 알맞았던 것이다. 헤이워드는 거침없는 웅변으로 자기의 신조를 설명했는데, 그의 말로 보아 그 또한 법으로 지정된 국교회에서 자라난 인간이 확실했다(그리고 이것은 필립이 신봉하는 자연의 질서관과 완전히 합치하고 있었다). 그도 이제는 개종의사를 포기해 버리기는 했지만 그래도 로마교회 그 자체에는 깊이 공감했다. 그는 여러 가지 그럴 만한 점을 말했는데, 이를테면 로마교회의 호화로운 제식과, 영국교회의 간소한 예배를 견주어 보더라도 확실히 전자에 호감이 갈 수밖에 없다는 것이었다. 그는 필립에게 뉴먼의 《아폴로지아》를 읽으라고 권했다. 필립은 싫증이 나서 못 견딜 지경이었으나 어쨌든 끝까지 읽기는 했다.

"아니, 그 스타일을 읽으라는 거야, 내용이 아니라."

헤이워드는 말했다.

그는 또 오라토리 파(16세기에 생긴 가톨릭의 한 분파)의 음악에 관해 열정을 깃들여 논하고, 분향과 신앙의 관계에 대해서도 참으로 아름다운 말로 나타냈다. 위크스는 전과 다름없이 싸늘한 미소를 띠고 가만히 듣고 있었다.

"그렇다면, 자네 생각은 결국에 가선 존 헨리 뉴먼이 훌륭한 영어를 썼다는 것, 또 추기경 매닝의 모습이 매우 아름답다는 것—이것이 바로 로마 가톨릭교의 진리를 입증하는 증거란 말인가?"

헤이워드 자신 또한 여러 가지 영혼의 고뇌를 겪어왔다. 1년이라는 긴 나날을 암흑의 바다에서 떠돌아다녔었다, 라는 이야기를 은연중에 비쳤다. 그리고 세상을 전부 다 준다 해도 다시 그런 심적 고뇌를 되풀이하기는 싫다, 겨우 고요한 바다에 다다랐으니까, 라고 늘 하는 버릇대로 물결진 금발을 쓸어 올리며 말했다.

"그럼 대체 무얼 믿나요?"

필립이 물었다. 막연한 말만으로는 이해가 가지 않았던 것이다.

"물론 전·선·미를 믿고 있지."

이렇게 잘라 말했을 때의 헤이워드는 탄력 없는 큼직한 신체, 그리고 잘생긴 머리 모양과 더불어 매우 아름다웠다. 더욱이 그는 그것을 자신 있게 말했다.

"그렇다면 자네는 인구 조사서의 종교란에도 그렇게 쓰겠군."

언제나처럼 위크스가 조용하게 되물었다.

"난 귀찮은 정의 따윈 아예 싫어. 그런 건 오히려 추태나 다름없어. 굳이 쓰라면 나는 웰링턴 공의 교회, 글래드스턴의 교회를 믿는다고 해도 좋겠지."

"바로 그것이 영국교회예요."

필립이 말했다.

"하, 이것 봐라, 제법!"

헤이워드가 웃으며 대꾸하자 필립은 자기도 모르게 얼굴을 붉혔다. 상대가 그럴 듯하게 주석식으로 이야기한 것을 그가 당돌하게 말해 버렸다고 생각하니 죄스러웠다.

"그야 물론 나도 국교회의 회원임에 틀림없지. 그러나 로마 교회 사제들이 몸에 휘감은 금빛 은빛 옷, 그것이 마음에 들어. 그리고 그 독신생활, 고해, 연옥, 모두 좋아. 향연이 자욱한, 어딘가 신비적인 이탈리아 대성당의 어둠 속에 앉아, 나는 마음속 깊이 미사의 기적을 믿게 되었어. 베니스에서 본 일인데, 어부의 아낙네 하나가 맨발로 들어오더니 고기 광주리를 내던지고, 그 자리에 무릎 꿇고 성모에게 기도드리는 거야. 나는 생각했지. 이것이 바로 진정한 신앙이다, 라고. 나도 그녀와 같이 기도드리고 믿었네. 하기야 나는 동시에 아프로디테와 아폴로를 그리고 또 위대한 저 목신도 믿지만."

그는 아름다운 목소리를 갖고 있었다. 조심해서 단어를 선택했고, 그리고 그것을 거의 율동적이라 해도 좋을 만큼의 유쾌한 투로 말했다. 그는 아직 더 계속할 낌새였는데 마침 위크스가 두 병째 맥주를 따고 말했다.

"자, 조금 마셔요."

헤이워드는 어른스러운 몸짓으로 필립을 돌아보면서(그것이 아직 어린 필립에게는 매우 인상적이었다) 말했다.

"어때, 이제 알아듣겠나?"

필립은 한참 머뭇거리다가 할 수 없이 알았다고 대답했다.

"불교에 대해서도 좀 듣고 싶었는데 낙심천만이군."

위크스가 말했다.

"솔직히 말해서 난 마호메트에게도 어떤 공감이 가네. 그걸 자네가 전혀 무시하다니, 애석한데."

헤이워드는 웃었다. 왜냐하면 그날 밤 그는 기분이 몹시 유쾌했으며 더욱이 자기가 한 말이 아직도 귓전에서 기분 좋게 들려왔기 때문이다. 그는 맥주를 꿀떡 들이켜고 말했다.

"자네가 그것을 알아주니 고맙군. 보편적으로 냉정한 미국 사람들의 지혜는 비판적 태도로밖에 볼 수 없어. 에머슨을 비롯해서 모두 그런 부류의 사람들이야. 도대체 비판이란 무엇인가? 한마디로 말해서 파괴야. 그런데 파괴는 누구나 할 수 있지만 건설은 그렇지 못하지. 바로 말해서 자넨 현학자가 아닌가? 중요한 것은 바로 이 건설이야. 난 건설자야, 시인이야."

위크스는 시종 진지한 듯한 그리고 동시에 밝은 웃음이 깃든 눈으로 그를 바라보았다.

"자네 술이 좀 취한 것 같군."

"그런 소리 말게. 아직도 자넬 몰아세울 수는 있어. 그건 그렇고, 나는 내 심정을 털어놓았어. 이번엔 자네 차례야. 자네 신앙을 들어 보기로 하지."

위크스는 마치 나뭇가지에 앉은 참새처럼 고개를 갸웃거렸다.

"나도 늘 그것을 모색해 왔지만, 아무래도 유니테리언(삼위일체를 인정하지 않고 다만 그리스도를 위대한 인간이라고 말하는 신교의 일파)이라고 하는 편이 옳겠지."

"하지만 그건 비국교잖아요?"

필립이 되물었다.

그러자 그때 두 사람이 동시에, 헤이워드는 큰 소리로, 그리고 위크스는 소리 없이 픽 웃었는데 필립은 그 까닭을 알 수 없었다.

"그러면, 영국에서는 비국교 신자는 신사가 못 된다는 건가?"

위크스가 물었다.

"그렇게 묻는다면 그렇다고 해야겠죠."

필립은 뾰로통해서 대꾸했다. 웃음거리가 된다는 것은 매우 불쾌한 일인데도 그들은 또 웃었다.

"그렇다면 묻겠는데 신사란 대체 뭔가?"

위크스가 물었다.

"글쎄, 나는 잘 모르지만 다들 알고 있을 텐데요."

"그럼 자네도 신사인가?"

필립은 아직까지 이 문제로 의혹을 품은 적은 한 번도 없었다. 그러나 스스로 말할 문제는 아니라고 생각했다.

"결국 스스로 신사라고 자부하는 인간은 틀림없이 거짓말을 하고 있는 거죠."

그는 대꾸했다.

"그럼 나는 어때?"

정직한 필립은 어떻게 대답해야 좋을지 몰랐다. 그러나 그런 점에서는 예의가 바른 그인 만큼 "아, 당신은 달라요. 미국 사람이니까" 하고 대답했다.

"그러면 이렇게 되나? 신사는 영국 사람에 국한된다고?"

위크스는 정색하며 물었다. 필립은 굳이 반대하지 않았다.

"좀더 자세히 말해 줄 수 없나?"

인간의 굴레 141

필립은 새빨개졌다. 그러나 점차 화가 치밀어 오르는 바람에 상대가 자기를 비웃거나 말거나 상관하지 않았다.

"얼마든지 말하죠."

그리고 나자 늘 큰아버지가 신사가 되려면 3대가 걸린다고 하던 말이 떠올랐다. 오이 밭에 가지가 열릴까? 따위와 비슷한 내용이었다.

"무엇보다도 먼저 부모가 역시 신사일 것, 다음은 퍼블릭 스쿨을 나와 옥스퍼드나 케임브리지로 진학할 것."

"에든버러로는 안 되겠지, 물론?"

위크스가 다시 따지고 들었다.

"그리고 신사다운 영어를 쓸 것, 복장이 단정할 것, 또 자신이 신사라면 남이 신사인지 아닌지도 똑똑히 알아야 할 것."

말을 하며 필립은 좀 서툴다는 생각이 들었지만 새삼스레 어떻게 할 수도 없었다. 그 자신이 그렇게 알고 있고, 또 그가 아는 한 남들도 그렇게 믿고 있으니까.

"그렇다면 나도 내가 신사가 아니라는 것을 알았네."

위크스는 말을 이었다.

"그런데 자네는 내가 비국교파라는 것에 매우 놀란 모양인데 그 이유를 나는 모르겠어."

"나도 유니테리언이 뭔지 사실 몰라요."

위크스는 다시 아까처럼 기묘하게 고개를 갸우뚱했다. 금방이라도 날갯짓을 할 것 같은 모양이었다.

"유니테리언은, 다른 모든 사람들이 믿는 것을 거의 전부 믿지 않지, 진심으로 말이야. 그러면서 자기도 잘 모르는 일은 실로 끈기 있게, 자신 있게 믿지."

"당신 왜 날 놀리죠? 난 진지하게 묻는데."

필립이 말했다.

"아니 뭐, 놀리다니? 지금 내가 한 말은 오랜 세월 연구해서, 괴롭고 필사적인 탐구 끝에 얻은 정의란 말이야."

필립과 헤이워드가 돌아가려고 하자 그는 필립에게 조그마한 책을 한 권 주었다.

"자네, 이제 프랑스어도 꽤 읽을 수 있겠지. 이 책 재미있을 거야."

필립은 고맙다면서 책을 받아들고 표제를 보았다. 르낭의 《예수전》이었다.

28

지루한 밤에 심심풀이로 나눈 대화가 그 뒤 오래도록 필립의 머릿속에서 되새겨질 줄은, 헤이워드도 위크스도 꿈에도 생각지 못했다. 필립으로서는 종교가 토론의 대상이 될 수 있다고는 꿈에도 생각한 일이 없었다. 그로서는 종교는 곧 영국 국교회를 뜻했다. 따라서 그 교의를 믿지 않는다는 일은 현세에서든 내세에서든 벌을 면할 수 없는 아집이라고밖에 생각할 수 없었다. 하기야 불신자에 대한 징벌이라는 데 대해서는 그도 약간의 의문을 품고 있었다. 이를테면 심판자가 자비로워서 지옥의 불길은 오로지 이슬람교도나 불교도 등 이단자를 위해 남겨놓은 것이므로, 비국교회파 신도나 로마가톨릭교도들은 특별대우를 받는지도 모르지만, 그렇게 되면 그들이 잘못을 깨달을 때에도 오직 속죄에 힘쓴다는 일은 전혀 없어지지 않을까.

신의 자비가 미치지 않아 끝내 진리를 배울 기회를 얻지 못했던 사람들—실제로는 선교사회 활동이 활발해서 이런 실례는 결코 많지 않지만 다만 이치로는 충분히 있을 수 있기 때문이다—에 대해서는 관대하다는 일은 있을 수 있을 것이다. 그러나 기회가 있으면서 오히려 그것을 무시한 것이라면 (로마 가톨릭이나 비국교회파는 확실히 그것에 해당한다) 벌은 더 의심할 여지도 없고 또 당연하기도 했다. 이단자가 엄청난 위험에 놓였다는 것은 뚜렷한 일이었다. 별로 귀가 따갑도록 설교를 들은 것은 아니지만, 어떻든 필립은 인상을 말한다면 영원한 최상의 행복을 누릴 수 있는 자는 오직 영국 국교회 신도뿐이라고 느끼고 있었다.

다만 이제까지 뚜렷이 들어온 것은 믿음이 없는 사람은 죄가 무거운 악인이라는 것이었다. 그런데 위크스라는 사나이는, 필립이 믿는 것은 아무것도 믿지 않으면서도 생활은 엄연히 그리스도교적 순결, 바로 그것이었다. 이제까지 남의 친절 같은 것은 거의 받은 일이 없는 필립인만큼 애써 그를 도와주려고 하는 위크스의 친절한 마음에는 진심으로 감동했다. 언젠가 감기로 사흘 동안 누워 있었을 때는 마치 어머니처럼 간호해 주었다. 남을 해치고자 하는 마음은 조금도 없었다. 있는 것은 오직 성의와 친절, 그것뿐이었다. 그러고 보면 덕이 있으면서도 믿음이 없는 사람도 확실히 있을 수 있다.
 필립은 사람이 이단을 고집하는 것은 오로지 억지와 사욕 때문이라고 들어왔다. 마음으로는 거짓이라고 알면서도 애써 남을 속이려는 것이다. 그런데 필립은 독일어 때문에 언제나 일요일 아침에는 루터 교회 예배에 나갔었는데 헤이워드가 온 뒤로는 그와 같이 미사에 참석하기 시작했다. 거기서 그가 알게 된 것은 신교 교회에는 참석자도 적고 회중 또한 지극히 열의가 없는 데 반해서, 가톨릭교회에는 회랑도 만원이고 예배자의 태도도 진지하다는 것이었다. 위선자들 같다는 느낌은 없었다. 이 대조적인 현상에 필립은 놀랐다. 그것은 신앙이라는 점에서 로마 교회보다도 루터 교회편이 영국 국교회에 가까운 이상, 진리에 대해서도 루터 교회가 보다 가까울 것이다, 라고만 생각했기 때문이다. 남자 신도의 대부분—원래 남자가 무척 많은 모임이었다—은 남부 독일 사람이었는데 자신도 이런 형편 아래서 만약 남부 독일에 태어났더라면 아마 틀림없이 로마 가톨릭 신자가 되었을 것이다. 그러고 보면 그도 영국에 태어난 것과 같이 어딘가 불쑥 로마 가톨릭교 나라에서 태어났을지도 모르는 일이며, 또 같은 영국이라도 다행히 그는 국교회파 신도의 가정에 태어났으나 이것 또한 마찬가지로 웨슬리교파, 침례교파, 감리교파 등의 가정에 우연한 기회에 태어났을지도 모른다. 그렇게 생각하니 그가 저질러온 위험이 생각나 아찔해졌다. 그는 날마다 두 번, 같이 식탁에 앉는 왜소한 중국인과 친해졌다. 숭이라고 하는데 언제나 명랑하고 웃기를 잘했다. 이 숭이 다만 중국인이라는 이유만으로 지옥 불에 떨어져야 한다면 이것은 확실히 우스꽝스러운 일이다. 그렇다고 어떤 종교를 믿어도 구원받는다고 한다면, 특히 영국 국교회의 신도이므로, 라는 의미는 완전히 없어지고 만다.
 필립은 미처 느끼지 못하던 곤혹을 안고 위크스에게 부딪쳐 보았다. 그러나 놀림당하는 것을 몹시 꺼려하는 그이니 만큼 여간 신중해선 안 되었다. 게다가 평소에 그가 영국 국교회에 품고 있는 신랄한 비판을 생각하면 필립의 마음은 더욱 불안했다. 그리고 사실 부딪쳐 본 결과는 더 알쏭달쏭할 뿐이었다. 위크스 의견은 이랬다. 그 가톨릭교회에서 보는 남부 독일인이 로마 가톨릭교회의 진리를 믿고 떠받드는 정도는, 필립이 영국 국교회의 그것을 믿는 정도와 조금도 다름이 없다. 그렇다면 회교도도, 불교도도 저마다 종교에 대한 믿음은 같다고 보아야 한다는 것이다. 필립도 할 수 없이 수긍했다. 모두 저마다가 옳다고 생각하니까, 라는 말투였다. 위크스로서는 이 소년의 신앙을 뒤엎어 보려는 따위의 심사는 없었다. 다만 종교에 워낙 관심이 많다 보니 한 번 그 이야기가 나오면 모든 것을 잊어버리고 열중하는 것뿐이었다. 나는 다른 인간이 믿는 것은 거의 아무것도 진심으로 믿지 않는다, 라고 그는 말한 적이 있는데 어쩌면 그것이 그의 속마음을 가장 정확하게 나타낸 것인지도 모른다. 어느 때인가 필립은 그에게 이렇게 물은 적이 있었다. 언젠가 목사관에서, 마침 이야기가 그 무렵 신문지상에서 떠들썩하게 문제되던 어느 온건한 합리주의론을 쓴 책에 미쳤을 때 캐리 씨가 던진 질문이었다.

"하지만 당신이 옳고 성 안젤롬이나 성 어거스틴 등의 위인들이 틀렸다니, 과연 그럴까요?"

"다시 말해서 이런 거겠지. 그런 사람들은 무척 현명하고 학문이 깊다, 그러나 나는 어쩐지 몹시 의심스럽다, 그 말이겠지?"

오히려 위크스가 이렇게 역습했다.

"그렇다고 할 수 있겠죠."

스스로도 한심스러운 대답이었다. 그렇게 말하고 보니 자기의 질문이 적절하지 못한 것처럼 느껴졌기 때문이다.

"그런데 성 어거스틴은 지구는 평평하고 태양이 그 둘레를 돌고 있다고 믿고 있네."

"잘 모르겠는데, 그게 무슨 소리예요?"

"뭐, 말하자면 인간은 모두 그 시대 나름으로 믿는 수밖에 없다는 뜻이지. 자네가 말하는 그 성도들은 요컨대 신앙의 시대에 살고 있었던 거야. 오늘날의 우리로서는 믿으려야 믿을 수 없는 그런 일들을 그들은 의심하는 일조차 없었으니까."

"그렇다면 우리가 진리를 파악하고 있다는 것을 당신은 어떻게 알아요?"

"알기는 뭘 알아?"

필립은 잠깐 생각에 잠겼다가 다시 말했다.

"하지만 그들이 과거에 믿었던 것들이 과오였던 것과 마찬가지로, 현재 우리가 절대라고 믿는 것도 역시 틀리지 않으리라고는 보증할 수가 없잖아요!"

"물론, 그렇지."
"그러면 어떻게 사물을 믿을 수 있지요?"
"모르겠는걸."
그럼 헤이워드의 신앙은 어떻게 생각하느냐고 물어보았다.
"인간은 각자 자기 나름대로의 신을 만들어 내고 있지. 그는 다만 그림자처럼 아름다운 것을 믿고 있을 뿐이야."
필립은 다시 입을 다물었다가 이윽고 말했다.
"왜 인간은 신을 믿어야 하는지 나는 영 모르겠군요."
그러나 필립은 이 말을 입 밖에 내자마자 사실은 이미 오래전부터 신을 믿지 않고 있다는 것을 깨달았다. 마치 찬물 속에 뛰어든 것처럼 순간 숨이 막히는 것을 느꼈다. 그는 깜짝 놀란 눈으로 위크스를 바라보았다. 갑자기 두려워졌다. 그는 되도록 빠른 걸음으로 위크스의 방에서 뛰쳐나왔다. 혼자 있고 싶어서였다. 일찍이 겪지 못한 놀라운 경험이었다. 어떻게든 규명해 보려고 노력했다. 이것은 그의 생애에 대한 일일뿐더러 자칫 실수하면 영원한 멸망으로 다다를지도 모르는 문제이니만큼 도저히 평온할 수가 없었다. 그러나 생각을 거듭할수록 그의 믿음은 굳어질 뿐이었다. 그는 그로부터 이삼 주일 동안은 서적, 그것도 회의론 입문 따위의 책들만 열심히 읽었는데 요컨대 그것은 본능적으로 그가 느꼈던 것의 확증에 지나지 않았다.
즉, 그는 특별한 이유가 있어 신앙심을 잃은 것이 아니라 다만 그의 신앙심이 모자랐으므로 그렇게 된 것이었다. 환경과 본보기의 문제였다. 그러므로 새로운 환경과 새로운 본보기는 즉각적으로 그에게 자기 발견의 기회를 주었다. 그리하여 필요 없는 외투를 벗어던지듯 홀가분하게 어린 시절의 신앙을 벗어던진 데 지나지 않는다. 확실히 처음에는 의식하지 못했지만, 이제까지 마음의 지주가 되어 온 신앙을 잃고 보니 야릇하고 또 허전했다. 마치 지팡이에 의지해 오던 사람이 갑자기 혼자 걷게 되는 그런 느낌이었다. 그러나 그는 오직 흥분 하나에만 의지해서 살았다. 마치 인생이 한층 전율에 가득 찬 모험처럼 느껴졌다. 그리고 조금씩 내동댕이친 지팡이나 벗어던진 외투가 오히려 견딜 수 없는 무거운 짐처럼 느껴져 잘도 벗어 버렸구나 하는 생각이 들기 시작했던 것이다. 그는 오랫동안 강제적으로 종교 훈련을 받아 왔는데, 그것은 그에게 종교의 아주 작은 한 부분에 지나지 않았다. 외우기를 강요받았던 기도문이나 사도 시간, 또 가만히 앉아 있기가 괴로워 온몸이 뒤틀리던 그 긴 예배—이것들을 떠올렸다. 또 블랙스테이블에서 밤에 그 흙탕길의 교회로 가던 일 그리고 그 살풍경한 건물의 썰렁함. 발은 얼어붙고 손은 곱아서 감각조차 없었다. 온통 들어찬 메스꺼운 포마드의 악취. 아아, 생각만 해도 지긋지긋한 무료함! 이제는 그것들에게서 벗어났다고 생각하니 가슴이 마구 뛰었다.

이렇게 그의 신앙심이 사라진 데 대해 그는 자기 일이지만 스스로도 놀랐다. 그리고 그 해방감이 사실은 자신의 깊디깊은 본성의 작용에서 온 것임에도 그는 그것이 자신의 총명에서 온 것인 줄로만 알았다. 우스꽝스러울 정도의 자만심이었다. 자신의 태도 말고는 어떤 태도도 이해하려들지 않는, 청년 특유의 오만성에서 그는 위크스나 헤이워드마저도 경멸했다. 이유는, 지금도 그들이 신이라는 애매한 정서에 만족하고 더 나아가 그 자신에게는 너무나 또렷한 결단조차 취하지 않으려 한다는 데 있었다.

하루는 혼자서 산에 올랐다. 정상에서의 조망은 언제나 그에게 가슴 가득한 희열을 느끼게 했다. 벌써 가을이었다. 하늘은 구름 한 점 없이 맑게 개고 햇빛은 한결같이 찬란하기만 했다. 마치 자연 자신이 얼마 남지 않은 좋은 날씨를 아껴 더한층 화려함을 보태는 듯했다. 그는 햇빛에 일렁이는 한없이 펼쳐진 들판을 바라보았다. 저 멀리 만하임 시가의 지붕이 보이고, 그 너머 저쪽으로는 아련히 보름스 시가가 보였다. 군데군데 눈부시게 반짝이는 것은 라인 강이었다. 널찍하게 트인 강은 온통 눈부신 황금빛으로 빛났.

정상에 서서, 그의 마음은 오직 기쁨으로 가득 찼다. 그러자 그 옛날, 사탄이 예수와 함께 높은 산꼭대기에 올라 멀리 지상의 여러 왕국을 보았다는 한 구절이 생각났다. 눈앞에 펼쳐진 자연의 아름다움에 매혹된 필립은 눈앞의 그것이 바로 온 세계이거나 한 것처럼 느껴졌고, 당장에라도 내려가 내 것으로 만들고 싶은 충동에 사로잡혔다. 그는 인간을 비굴하게 하는 불안, 그리고 편견에서 완전히 벗어났다. 저 지긋지긋한 지옥의 불길에 대한 공포 따위는 모두 사라지고, 이제는 오로지 내 길을 가는 것이다. 그 순간, 그는 갑자기 책임감이라는 무거운 짐, 즉 그의 모든 행동이 그대로 중대한 결과를 가져온다고 생각하던 그 책임감이 홀연 사라지고 말았음을 깨달았다. 이제는 한결 상쾌한 공기 속에서 한결 자유로이 호흡하게 되었다. 자신의 행위에

인간의 굴레 147

관해 책임이 있는 것은 오직 자신에 대해서뿐이다. 자유! 마침내 자주독립한 인간이 된 것이다. 오랜 습관 탓인지, 그는 이제는 믿지 않게 된 신에 대해 자기도 모르는 사이에 감사를 드렸다. 그 자신의 지성과 대담성에 한없는 자랑을 느끼면서 그는 새로운 인생으로 한 걸음 내디뎠다. 그러나 신앙을 잃었다고 해서 그의 행동이 예상만큼 크게 변화되진 않았다. 즉, 그는 기독교 교의는 버렸지만 기독교 윤리를 비판하려고 하지는 않았다. 기독교적 덕행은 그대로 받아들여, 일체의 상벌 관념을 떠나, 그것을 보다 순수하게 실천하는 일, 그것은 훌륭한 일이라고 생각했다. 에를린 부인의 하숙집에서는 물론 영웅주의 같은 것을 발휘할 기회가 거의 없었으나, 전보다 성실성을 보이게 되고 가끔 이야기 상대가 되어 주는 아둔한 중년 여자들에게도 눈에 띄게 정중해졌다. 어느 의미에서는 영어의 특징이기도 하고, 이제까지는 남성다운 표현으로서 수련해 온 가벼운 욕설이나 지독한 형용사 따위도 애써 삼가게 되었다.

 이렇게 모든 것이 만족스럽게 해결을 보게 되자 이번에는 그것을 완전히 잊어버리려고 했다. 그러나 그것은 말로는 쉬우나 실행은 여간 어려운 일이 아니었다. 때로는 뉘우침이 되살아나기도 하고 가슴의 불안을 지울 수가 없어 몹시 괴로울 때도 있었다. 아직 젊고, 친구도 거의 없었으므로 영혼의 불멸 따위에는 그다지 흥미가 없었다. 따라서 그 신앙을 버리는 일은 힘들지 않았다. 그러나 단 한 가지 몹시 슬픈 일이 있었다. 그럴 이유가 없다고 스스로 생각하고, 그런 감상은 웃어 버리려고 애썼지만, 다만 그 아름다운 어머니, 그 어머니에 대한 애정만은 해를 거듭함에 따라 더욱더 소중한 것이 되어 왔다. 그런데 그 어머니를 두 번 다시 만나지 못한다고 생각하니 저도 모르게 눈물이 솟아오르는 것이었다. 그리고 때로는 경건하고 독실했던 선조들의 영향이 모르는 사이에 그의 내부에서 작용하는지 갑자기 견디기 어려운 불안에 쫓기는 일도 있었다. 역시 그 모두가 사실인 것이다. 저 푸른 하늘 저쪽에는 질투심 강한 신이 있어, 틀림없이 무신론자는 영원한 불길 속에 던져지고 말 것이다. 그런 생각이 떠오를 때는 이성 같은 것은 아무런 도움도 되지 않았다. 영원히 이어질 육체적 가책의 고통이 눈앞에 역력히 보이는 듯하여, 불안과 공포로 온몸이 땀에 젖어 버리고 마는 것이었다. 그는 절망적으로 중얼거렸다.

"하지만 내 죄는 아냐. 누가 뭐래도 억지로 믿을 수는 없어. 만약 참으로 하느님이 계시어 내가 안 믿는다고 벌을 주신다면, 어쩔 수 없는 일이지."

29

 겨울이 되었다. 위크스는 파울센(독일 철학자)의 강의를 들으려 베를린으로 가버렸고 헤이워드는 남부 독일행을 생각하기 시작했다. 지방극장이 개장되었다. 필립과 헤이워드는 독일어를 익힌다는 구실로 일주일에 두세 번은 구경을 갔다. 그 결과 필립은 그것이 설교 듣기보다는 훨씬 즐거운 어학 공부법이라는 사실을 알게 되었다. 마침 그 무렵은 연극 부흥의 전성기였다. 겨울철 레퍼토리에는 입센 작품도 몇 편 들었고 그 밖에 슈더만(독일 극작가)의 〈명예〉가 신작으로 나와 이 조용한 대학 도시에서도 그 공연은 큰 물의를 자아내고 있었다. 극구 찬양하는 자가 있는가 하면 맹렬하게 헐뜯는 자도 있었다. 그 밖에 근대적 영향을 받은 극작가들의 신작이 속속 나타나 필립은 인간의 추악성을 폭로한 작품을 몇 개인가 보았다.
 이제까지 연극이라는 것을 한 번도 못 보았지만(보잘것없는 뜨내기 연극이 블랙스테이블 공회당에서 상연되는 일은 있었으나, 캐리 씨는 첫째로 직업적인 견지에서, 둘째로 내용이 신통치 못하다는 이유로 단 한 번도 보러가게 하지 않았다), 연극열이 돌연 그를 사로잡아 버렸다. 어둠침침한 소극장에 들어서기만 하면 그는 전율을 느꼈다. 얼마 지나지 않아 이 작은 극단의 특색을 낱낱이 알게 되어 배역진만 보아도 누가 어떤 역을 맡으리라는 것쯤은 정확하게 맞힐 정도가 되었다. 그에게 연극은 어디까지나 인생 그것이었다. 기묘하며 어둡고, 일그러진 인생이었다. 거기서는 사람들이 그들의 가슴 속 깊이 간직한 악을 용서 없는 작가의 눈앞에 남김없이 드러내고 있었다. 아름다운 얼굴이 사악한 마음을 숨기고 있으며, 고결한 인간이 그 감춰진 악을 덮는 가면으로 덕을 이용하는가 하면, 보기에 억센 인간이 마음속으로는 그 나약성으로 인해 탄식했다.
 정직한 자가 패덕한인가 하면, 정숙한 여자가 더할 나위 없는 음란한 여자였다. 마치 지난밤 난잡한 잔치가 벌어졌던 방 같았다. 아침이 되었는데도 창문은 닫힌 채이고, 공기는 마시다 남은 맥주 찌꺼기와 자욱한 담배 연기와 메스꺼운 냄새로 가득 차 있었다. 밝은 웃음 따위는 없었다. 고작해야 위선

자나 우둔한 자를 비웃는 코웃음이 있다고나 할까! 등장인물들은 온갖 치욕과 고뇌 끝에 마치 가슴속에서 짜내는 듯한 잔인한 말로써 그들의 사상을 이야기했다.

그는 연극이 지닌 강력한 불결성에 넋을 잃었다. 마치 세계를 새로운 눈으로 다시 보는 듯한 느낌이었다. 그는 이 세계의 일을 절실히 알고 싶어졌다. 연극이 끝나면 술집에 들러 헤이워드와 함께 유쾌한 흥분 속에서 샌드위치를 먹고 맥주를 마셨다. 주위에선 학생들 몇이 짝을 지어 떠들썩하게 담소하고, 또 여기저기서 부모와 아들딸이 단란하게 어울리고, 때로 딸이 무언가 신랄한 말을 하면 아버지는 의자에 기대앉아 껄껄 호탕하게 웃는다. 즐겁고 꾸밈없는 풍경이었다. 분위기 전체에 친밀감이 감돌았다. 그러나 필립은 그런 것에는 무관심했다. 그의 마음은 방금 보고 온 연극 위를 떠돌고 있었다.

"이것이야말로 인생이 아닐까요?"

그는 흥분하여 말했다.

"난 이 이상 이런 곳에서 우물쭈물할 때가 아니라고 생각해요. 런던으로 돌아가 인생을 새 출발하고 싶어요. 온갖 것을 겪어 보고 싶어요. 인생을 위한 준비는 이젠 지겨워요. 이제야말로 살아 보고 싶어요."

가끔 헤이워드는 필립을 혼자 내버려두고 먼저 돌아가는 일도 있었다. 필립의 열정적인 질문에 그는 결코 진지하게 대답하려 하지 않았다. 다만 명랑하고, 차라리 바보스러운 웃음을 터뜨리며 낭만적인 정사 따위를 은근히 비칠 뿐이었다. 로제티에서 몇 줄 인용하는가 하면 또 어떤 때는 트루드라는 젊은 여성을 주제로 한 정열과 호화, 염세와 애상, 이런 것들을 한데 묶은 한 편의 소네트를 보여 주기도 했다. 그는 자신의 불결, 천한 여자와의 관계를 교묘히 시의 정열로 분석하여, 이를테면 연모의 대상 하나를 묘사할 때도 애써 솔직 적절한 영어의 어휘를 피해 그리스의 헤타이라는 말을 썼다. 그렇게 함으로써 멀리 페리클레스나 피디아스(고대 그리스 정치가 조각가)와 어깨를 견주기나 하듯이 뽐내는 것이었다. 어느 날 낮 필립은 호기심에 이끌려 낡은 다리 근처의 희고 깨끗한 집과 푸른 덧문이 늘어선 좁은 골목길을 지나간 일이 있었다. 헤이워드 말로는, 트루드는 거기 산다는 것이었다. 그러나 문간에 서서 큰 소리로 부르는 짐승 같은 얼굴, 뺨을 허옇게 칠한 여인들은 그를 완전히 겁먹게 했다. 잡으려고 대드는 거친 손에서 겨우 벗어나 도망쳐왔다. 그는 무엇보다도 경험을 얻으려고 했다. 모든 소설들이 이것이야말로 인생의 큰 일이라고 가르쳐 주는 그 중대한 일을 이 나이가 되도록 모른다고 생각하니 어쩐지 쑥스러웠으나, 그러면서도 그는 불행하게도 사물을 오직 있는 그대로 보는 나쁜 버릇이 있었다. 그러나 주어진 현실은 언제나 그가 꿈꾸는 이상과는 너무나 동떨어진 것이었다.

인생의 나그네가 현실을 현실로 받아들이게 되기까지는 얼마나 넓은 불모의 나라, 험준한 산을 넘어야 하는가를 그는 아직 잘 모르고 있었다. 청춘을 행복이라고 말하는 것은 하나의 미망, 그것도 이미 청춘을 잃어버린 축들의 미망인 것이다. 게다가 청년들의 머릿속에는 섣불리 주입된 그릇된 이상이 가득하므로, 그들은 자신이 불행하다 체념하고, 현실과 접촉할 때마다 패배하고 상처 입는다. 다시 말해서 음모의 희생양 같은 것이다. 왜냐하면 선택상의 필요에 따라 자연히 이상으로 흐르게 마련인 그들의 독서, 거기 보태어 어른들의 이야기, 이것 모두가 장밋빛 안개를 통해서 과거를 보는 것이므로, 양자가 서로 어울려 오로지 그들을 꿈과 같은 세계로 이끌어가는 것이다. 그들의 독서, 그들이 듣는 이야기, 이것들이 모조리 거짓, 거짓이라는 것은 결국 각자가 스스로 깨달을 수밖에 없다. 그리고 그 발견은 인생의 십자가에 걸린 육체에 박힐 새로운 못이 되는 것이었다. 그런데 기묘하게도 이 통렬한 환멸을 경험한 한 사람 한 사람이 이번에는 그 자신, 자기로서는 어떻게도 할 수 없는 그 어떤 강한 힘의 작용으로 점차 환멸의 깊이를 더해 가는 것이다.

헤이워드와의 교제는 필립에게는 최악의 것이었다. 다시 말해서, 그는 결코 자기의 눈으로 사물을 보지 않는 사나이, 오직 문학이라는 분위기를 통해서만 사물을 보는 사나이였다. 그러면서도 스스로는 성실하다고 굳게 믿고 있는 데에 위험이 있었다. 단순한 호색을 낭만적 감정으로, 우유부단을 예술적 자질로, 그리고 나태를 철학적 정관으로 잘못 생각하고 있었다. 그의 마음은 섬세함을 희구하고 속된 취미에서 모든 사물을 감상성이라는 황금색 안개를 통하여 실제 이상으로 확대시켜, 말하자면 윤곽이 흐릿한 형태로 보고 있었다. 그는 거짓말했다. 그러나 그는 그것을 거짓말이라고는 절대로 생각하지 않았고, 지적당하면 거짓말이야말로 아름다운 것이라고 우겼다. 그는 몽상가였던 것이다.

30

필립은 무언가 불만을 느끼고 불안스러웠다. 헤이워드의 시적 암시는 그의 상상을 자극시켜 줄 뿐, 마음은 오직 사랑을 갈구했다. 적어도 그 자신은 그렇게 생각하고 있었다.

바로 그즈음 에를린 부인의 하숙에서 필립의 성적 관심을 자극하는 어떤 사건이 일어났다. 언덕길을 산책하는 도중에 그는 두세 번 혼자 걷고 있는 체칠리에를 만난 적이 있었다. 가볍게 고개만 숙여 인사하고 지나치곤 했으나, 그때마다 몇 야드 앞에 그 중국인이 있었다. 그때는 아무렇지도 않게 생각했으나 어느 날 밤, 꽤 어두웠는데, 돌아오는 길에 웬 두 남녀가 꼭 붙어 걸어오는 것과 마주쳤다. 그의 발소리를 듣자 그들은 얼른 떨어졌다. 밤이어서 잘 보이지는 않았으나 아무래도 체칠리에와 숭이 틀림없었다. 급히 떨어지는 것을 보니 팔짱을 낀 채 걷고 있던 모양이었다. 필립은 당황하기도 하고 놀라기도 했다. 이제까지 그는 체칠리에에게는 거의 관심이 없었다. 네모진 얼굴, 둔해 보이는 용모, 아무리 보아도 미인은 아니었다. 금발을 길게 땋아 늘이고 있었으니까 나이는 아직 열여섯을 넘지 않았겠지. 그는 그날 밤 식사 때 그녀를 곰곰이 바라보았다. 그러자 요즘에는 식사 때 거의 입을 열지 않던 그녀가 갑자기 그에게 말을 걸었다.

"캐리 씨, 오늘은 어딜 산책하셨나요?"

"케니히슈투르 쪽으로 갔었습니다."

"오늘 난 머리가 아파서 나가지 못했어요."

그녀는 묻지도 않은 말을 꺼냈다.

그러자 곁에 앉았던 숭이 돌아앉으면서 말했다.

"그거 안됐군요. 이제 괜찮으세요?"

체칠리에는 확실히 어딘지 불안스러워 보였다. 다시금 필립에게 이렇게 물었다.

"도중에 사람을 많이 만나셨나요?"

"아뇨, 아무도 못 만났어요."

필립은 새빨간 거짓말을 했다. 얼굴이 화끈 달아올랐다.

무언가 안심했다는 듯한 표정이 그녀의 눈을 스친 것 같았다.

그러나 얼마 안 가서 두 사람 사이에 무엇이 있다는 것은 의심할 여지가 없게 되었다. 그 둘이 어두운 곳에 숨어 있는 것을 하숙집 사람들이 본 것이다. 그러자 추문임에 틀림없는 이 사건을 먼저 식탁의 윗자리에 앉는 중년 여인들이 문제 삼기 시작했다. 에를린 부인은 화가 나기도 하고 난처하기도 했다. 그러나 되도록이면 못 본 체해 두고 싶었다. 겨울이 다가와서 여름처럼 방을 채우기가 수월하지 않았던 것이다. 게다가 숭은 이 집에서 첫째가는 귀한 손님이었다. 아래층에 방 두 개를 빌렸고, 식사 때마다 모젤 술을 한 병씩 비웠다. 에를린 부인은 한 병에 3마르크 받았는데, 이것은 큰 돈벌이였다. 다른 하숙인들 가운데에는 포도주를 마시는 사람은 하나도 없고, 맥주조차 마시지 않는 사람도 있었다. 한편 체칠리에도 에를린 부인으로서는 놓치고 싶지 않았다. 그녀의 부모는 남미에서 장사를 하고 있었는데, 어머니 대신 돌보아 주는 에를린 부인에게 꽤 넉넉한 사례를 치르고 있었던 것이다. 만일 이런 사연을 베를린에 있는 그녀 큰아버지에게 알리는 날이면 당장에 데리러 올 것이 뻔했다. 할 수 없다. 그냥 식사 때에 두 사람에게 무서운 표정을 지어 보이는 것으로 참을 수밖에 없었다. 그녀는 숭에게는 도저히 실례되는 말을 할 용기가 나지 않아 오직 체칠리에게만 눈총을 줌으로써 겨우 화풀이하는 형편이었다.

그런데 세 중년 여자들은 잠자코 있지 않았다. 둘은 과부였고 나머지 한 사람은 네덜란드 사람이었는데 남자같이 생긴 노처녀였다. 하숙비는 제일 적게 내면서도 말썽은 많았는데 만년 하숙생이어서 그대로 참을 수밖에 없었다. 그런데 이 세 사람이 에를린 부인을 찾아와서 무슨 조치를 취해야 한다, 망측스런 일이고 게다가 하숙으로서의 체면 문제도 되는 것이니까, 라고 말했다. 에를린 부인은 화를 내기도 하고 울기도 하면서 달래 보았으나 결국은 세 여인의 기세에 눌려 별안간 도덕적 의분이라도 느낀 것 같은 표정을 지으면서 좋아요, 당장 쫓아내지요, 하고 큰소리쳤다.

점심식사가 끝나자 그녀는 체칠리에를 침실로 데리고 가서 사뭇 엄숙한 태도로 말을 꺼냈다. 그러나 놀랍게도 상대는 너무나 뻔뻔스러웠다. 밖에 돌아다니는 것은 본인의 자유이고, 설령 숭과 산책했기로서니 부당하게 남의 간섭을 받을 까닭은 없다는 투였다. 부인은 그렇다면 큰아버지에게 편지를 보내겠다고 협박했다.

"그렇게 하면 큰아버님은 겨울 동안 베를린에 와서 지내라고 하시겠죠.

뭐. 난 그편이 더 좋아요. 슝 씨도 베를린으로 올 것이라니까."

부인은 마침내 울기 시작했다. 빨갛고 품위 없이 살찐 뺨을 타고 눈물이 흘러내렸다. 그러나 체칠리에는 그것을 비웃듯이 빈정댔다.

"그렇게 되면 겨우내 방이 세 개나 비겠네요."

그래서 부인은 또 다른 방법을 생각해 냈다. 즉 체칠리에의 다른 한 면에 호소해 보려는 것이었다. 원래 그녀는 무척 친절하고 이해성도 있는 너그러운 여자였다. 부인은 어린아이로서 다루지 않고 어엿한 여인에게 호소해 보았다. 뭐 그리 나쁜 일은 아니지만 그 상대가 중국인, 누런 살결에 납작한 코, 작고 돼지 같은 눈의 중국인이기 때문이다, 그 점이 곤란하다, 생각만 해도 몸이 오싹해진다, 이런 식으로 설득해 보았다. 그러나 체칠리에는 갑자기 숨을 들이쉬더니 외쳤다.

"아아, 그만둬요. 안됐지만 그분의 험담 같은 건 듣기 싫어요."

"하지만 중대한 문제 아니냐, 이건?"

"전 그분이 좋아요, 좋아요, 좋단 말이에요."

"어머, 기가 막혀!"

부인은 멍하니 넋을 잃고 그녀의 얼굴을 쳐다보았다. 틀림없이 여자 쪽에서 장난기를 낸 것뿐이며 아주 단순한 불장난 정도로 생각하고 있었는데, 지금 나온 한마디에 깃든 정열, 그것만으로 모든 것은 밝혀졌다. 체칠리에도 순간 이글이글 타는 눈으로 부인을 바라보더니 어깨를 으쓱하고 나서 방을 나가 버렸다.

부인은 이 회담의 전말에 대해서는 입을 꾹 다문 채 한 이틀 뒤에는 식탁의 자리 배치를 완전히 바꿔 보았다. 슝에게 오늘부터는 이쪽 끝에 앉아 달라고 말했는데, 그는 늘 그렇듯이 싱글싱글 웃으며 말없이 응했다. 체칠리에도 별로 신경 쓰는 것 같지 않았다. 그런데 한 가지 난처한 일은, 둘의 관계가 온 집안에 알려진 것이 도리어 염치를 차릴 필요 없게 만들었던지 그 뒤로 두 사람은 같이 거니는 모습쯤은 숨기려고도 하지 않았단 사실이다. 그들은 날마다 저녁이 되면 공공연하게 언덕으로 산책하러 나갔다. 이미 남의 이목은 두렵지 않다는 태도였다. 온후한 에를린 교수도 끝내 화가 났던지 부인더러 슝 씨에게 좀 충고하라고 성화를 해댔다. 그래서 부인은 이번에는 슝을 불러 충고해 보았다. 이대로 나간다면 처녀의 소문이 형편없어질 것이다, 그리되면 우리로선 여간 난처한 것이 아니다, 당신이 하는 일이 얼마나 큰 잘못인지 한번 생각해 주어야겠다, 하고. 그러나 그는 여전히 웃으면서 그린 일은 절대로 없다고 부인했다. 아주머니 말씀은 자기로서는 도무지 이해가 안 간다, 체칠리에에게 접근한 기억은 꿈에도 없으며 함께 산책한 일도 없다, 공연한 헛소문이다, 이렇게 주장했다.

"어머나, 숭 씨, 어쩌면 그렇게 천연덕스럽게! 벌써 몇 차례나 사람들이 보았단 말이에요!"

"천만의 말씀을. 아주머니, 오해예요, 오해."

그는 고르게 난 새하얀 이빨을 드러내고 여전히 웃으면서 그녀의 얼굴을 바라봤다. 너무나 천연덕스러웠다. 처음부터 끝까지 철저하게 부인했다. 정중하기는 했으나 실로 안하무인이었다. 끝내는 부인도 화가 치솟아 체칠리에는 벌써 다 털어놓았어요, 당신을 사랑한다고, 라고 말해 버렸다. 그는 그래도 눈썹 하나 까딱하지 않았다. 그러곤 싱글싱글 웃으면서 말했다.

"헛소문이에요, 헛소문. 모두 거짓말입니다."

결국 그에게서는 아무것도 알아낼 수가 없었다. 날씨가 점점 나빠지더니 눈이 오고 서리가 내렸다. 눈 내리는 철이 지나자 이번에는 날마다 음산한 날씨가 이어지는 긴 해빙기에 접어들어 산책은 거의 할 수 없었다. 어느 날 밤, 필립이 에를린 교수의 독일어 교습을 마치고 잠시 부인과 응접실에서 이야기를 나누고 있는데 느닷없이 안나가 들어왔다.

"체칠리에는 어디 갔죠?"

"방에 없디?"

"불이 꺼져 있어요."

부인은 깜짝 놀라 소리치며 딸을 바라보았다. 안나가 생각하는 것을 순간 그녀도 느꼈기 때문이다.

"에밀을 불러요, 벨을 눌러."

에밀은 식탁 심부름도 하고 집안일도 거드는 아둔한 젊은이였다. 그가 들어왔다.

"에밀, 아래층에 있는 숭 씨 방에 가서 말이지, 노크하지 말고 들어가 봐요. 누가 있거든 난롯불을 보러왔다고 말해."

둔해 보이는 에밀의 얼굴에는 그다지 놀라는 빛도 나타나지 않았다.

그는 천천히 계단을 내려갔다. 부인과 안나는 문을 열어놓은 채 귀를 기울였다. 이윽고 다시 에밀이 올라오는 발소리가 들렸다. 그가 나타나자 두 사람은 물어보았다.

"누가 있어?"

부인이 물었다.

"네, 슝 씨가 있어요."

"혼자?"

능청스러운 웃음이 그의 입가를 스쳤다.

"아뇨, 체칠리에와 같이 있어요."

"저런! 망측한!"

부인이 외쳤다.

에밀은 짓궂게 웃으면서 말했다.

"체칠리에는 매일 밤 그 방에 갑니다. 몇 시간이나 거기 있어요."

부인은 두 손을 마주 비볐다.

"아이구, 망측스런! 왜 내게 말 안 했지!"

"제가 참견할 일이 아니라서요."

에밀은 어깨를 움츠리며 말했다.

"돈이라도 톡톡히 받아먹은 게로구나. 나가, 썩 나가!"

그는 어정어정 문 쪽으로 걸어갔다.

"내보내세요, 엄마."

안나가 말했다.

"방세를 누가 치러 주니, 세금 낼 때도 다가왔는데. 나가라는 말이야 간단하지만, 그 사람들이 나가 버리면 엄마는 무엇으로 매달 경비를 치러 나가지?"

그리고 눈물을 뚝뚝 흘리면서 말했다.

"이봐요 캐리 씨, 제발 아무에게도 이런 말 하지 말아 주세요. 이 말이 푀르스터의 귀에라도 들어가면 그 사람도 곧바로 나가고 말 거예요. 다들 나가면 우리 집은 문을 닫아야 할 게 아녜요?"

"제가 무슨 말을 하겠습니까?"

"나도, 그 사람들이 그냥 있어도 그런 말 하지 않을게."

안나도 말했다.
 그날 밤 식사 때, 체칠리에는 여느 때보다도 한결 얼굴이 빨갛고 심술스러운 표정이면서도 시간에 꼭 맞춰 자리에 앉았다. 그러나 숭은 나타나지 않았다. 필립은 생각했다. '놈이 이 자리를 피할 속셈이구나.' 그러나 그는 얼마 뒤에 나타나더니 여전히 싱글거리면서 늦어진 데 대한 변명을 늘어놓았다. 조그마한 눈이 마치 춤추듯 빛났다. 모젤 주를 한 잔 부인에게 권하는가 하면 푀르스터에게까지도 잔을 권했다. 방 안은 하루 종일 스토브를 피우고 문을 꽉 닫아 놓았으므로 찌는 듯했다. 에밀은 여전히 실수만 저지르고 있었으나, 그런 대로 이럭저럭 상을 고루 차려놓았다. 세 중년 여인들은 못마땅한 얼굴로 묵묵히 음식을 먹었다. 부인은 눈물 자국이 아직도 지워지지 않았고 선생도 퉁명스러운 표정이라 대화는 끊어지기 일쑤였다. 언제나 비슷한 이 모임에 오늘은 심상치 않은 기운이 감돌았다. 천장에 매달린 두 개의 램프 빛을 받은 사람들의 얼굴이 여느 때와 달라 보였다. 어쩐지 불안스러웠다. 필립은 한번 얼른 체칠리에와 눈길이 마주쳤는데 그녀의 얼굴은 증오와 모멸에 차 있었다. 숨 막힐 듯한 공기였다. 마치 두 사람의 불결한 치정사건이 온 집 안을 휘젓는 듯했다. 동양적 타락이라고 할 추한 느낌조차 들게 했다. 그윽한 분향 내음, 감춰진 악의 신비, 이러한 것들이 그들을 숨 막히게 하는 것 같았다. 필립은 앞이마의 혈관이 거칠게 뛰는 것을 느꼈다. 그를 어리둥절케 하는 묘한 감정, 그것은 그 자신도 이해가 가지 않았다. 무언가 무한히 끌리는 듯한 것을 느끼는가 하면 한편으로는 또 강렬한 공포와도 같은 반발을 느꼈다.
 며칠 동안 그런 상태가 이어졌다. 주위에서 느끼는 너무나 어색한 감정에다 공기마저 어둡고 병적이어서 이 작은 집에 모여 사는 사람들의 신경은 나날이 눈에 띄게 날카로워져 갔다. 아무렇지도 않은 사람은 숭뿐이었다. 그만은 여전히 상냥하고 정중했다. 이른바 문명의 승리라고 할지, 아니면 정복된 서구에 대해 동양인이 갖는 모멸감의 표현이라고 할지 종잡을 수 없는 점이 있었다. 체칠리에 또한 오만하고 비꼬기를 잘했다. 마침내는 부인도 견딜 수가 없다고 불평하기 시작했다.
 그녀는 갑자기 서둘러 댔다. 이렇게 그들의 정사가 공공연히 알려진 이상 어떤 결과가 닥칠 것인지에 대해 남편으로부터 심히 노골적인 말을 들었기 때문이다. 하이델베르크에서의 그녀 이름, 또 그녀의 집에 대한 평판이, 언젠가는 퍼지고 말 이 추문 덕분에 완전히 땅에 떨어지는 것을 눈앞에 보는 것 같았다. 이제까지는 돈을 번다는 일념에서 그런 걱정은 해 본 일이 없었다. 그런데 지금은 무서운 불안감에 마음이 혼란해져 이제는 곧바로 나가달라고 말할 수밖에 없다고 들고 나섰다. 그런 상황 속에서도 베를린의 큰아버지 앞으로 편지를 내어 체칠리에를 데려가 달라고 기별하게 된 것은 오로지 안나의 분별 덕분이었다.

드디어 두 하숙생을 함께 잃어도 할 수 없다고 마음을 먹고 보니 부인으로서는 아무래도 이제까지 누르고 눌러온 울분을 한 번쯤은 터뜨리고 싶었다. 이제는 어떤 말이라도 할 수 있다!

"체칠리에, 큰아버지에게 지금 곧바로 데려가라고 편지 띄웠어. 너 같은 사람은 어서 빨리 나가 줘야겠어."

체칠리에의 얼굴에 핏기가 싹 가시는 것을 보자 그녀의 작고 둥근 눈이 반짝반짝 빛났다. 그녀는 내친 김에 말을 이었다.

"염치도 없이, 몰염치한……."

어쨌거나 듣기 거북한 악다구니였다.

"아주머니, 큰아버님께 어떻게 써 보냈어요?"

그 빤빤한 억센 콧대가 완전히 납작해지며 체칠리에가 말했다.

"큰아버지가 뭐라고 하시나 직접 듣지 뭘 그래. 내일이라도 답장이 올 텐데."

이튿날, 많은 사람들 앞에서 망신을 주고 싶어 부인은 식탁 너머로 체칠리에에게 말을 건넸다.

"체칠리에, 큰아버지한테서 답장이 왔어. 저녁에 짐을 다 꾸려야겠구먼. 내일 아침 차에 태워 줄 테니까. 베를린에서는 큰아버지께서 직접 정거장으로 마중 나온다고 하셨어."

"알았어요, 아주머니."

숭은 부인의 눈을 쳐다보면서 싱글거리고 있었다. 그리고 그녀가 거절하는데도 계속 포도주를 따라 권하는 것이었다. 그녀는 저녁밥이 퍽 맛있었다. 그러나 비로소 알게 됐지만 그것은 실로 서툰 승리였다. 잠자리에 들기 전에 그녀는 에밀을 불렀다.

"에밀, 체칠리에의 짐이 다 꾸려졌거든 오늘 밤에라도 아래층에 갖다 두도록 해요. 내일 아침식사 전에 짐꾼이 가지러 올 테니까."

에밀은 나가더니 이내 돌아왔다.

"체칠리에가 안 보여요. 손가방도 없고요."

느닷없이 소리를 지르며 부인은 뛰어갔다. 짐은 끈으로 묶어 자물쇠를 채워 마룻바닥에 놓아두었으나, 손가방도 모자도 외투도 보이지 않았다. 화장대에도 아무것도 없었다. 숨을 몰아쉬면서 계단을 뛰어내려 중국인 방으로 갔다. 20년 이래 이렇게 빨리 달려본 적이 없었다. 넘어진다고 에밀이 뒤에서 소리쳤을 정도였다. 노크할 것도 없이 뛰어들었다. 방 안은 텅 비어 있었다. 짐은 온데간데없었으나, 마당으로 통하는 문이 열려 있는 것으로 보아, 어떻게 끌어냈는지는 한눈에 알 수 있었다. 탁자 위에는 그 달치 식비와 추가로 먹은 음료 값이 든 봉투가 놓여 있었다. 아차! 하는 후회가 왈칵 몰려와 그녀는 신음하며 뚱뚱한 몸을 소파에 던졌다. 의심할 여지가 없었다. 같이 달아난 것이다. 에밀은 넋을 잃고 멍하니 서 있었다.

31

헤이워드가 유럽여행을 내일은 떠나야지, 내일은 떠나야지 하면서도 막상 짐 꾸리는 일과 여행의 지루함을 생각하고 망설이는 동안에 어느덧 한 달이 지나갔다. 그러다가 크리스마스 직전이 되어서야 마치 그 준비의 분주스러움에 쫓기듯 떠나갔다. 독일식 축제 소동을 생각하면 견딜 수가 없었던 것이다. 이 계절의 설렘을 생각하는 것만으로도 그는 소름이 오싹 끼쳤다. 속 들여다보이는 꼴을 피하고 싶은 마음에서 겨우 크리스마스 전날 밤에야 여행할 결심이 섰던 것이다.

필립은 그를 떠나보내는 일이 슬프지는 않았다. 필립은 직선적인 인간이어서 우물쭈물하는 인간을 보면 화가 나는 것이었다. 헤이워드의 감화를 많이 받기는 했으나 우유부단이 그대로 섬세한 감수성을 뜻한다고는 도저히 믿을 수 없었다. 그리고 그의 솔직성을 헤이워드가 늘 은근히 비웃는 것이 여간 불쾌하지 않았다. 둘은 편지를 주고받기는 했다. 원래 헤이워드는 편지를 잘 쓰는 사람이며 스스로 그 재능을 알기 때문인지 문장에 꽤 신경 썼다. 게다가 천성이 모든 아름다운 것에 대해서는 뛰어나게 민감하여 로마에서 보낸 편지에는 이탈리아의 향기가 담뿍 담긴 듯했다. 그는 로마 제국의 퇴폐에서만 그 뛰어남을 인정하느니만큼 고대 로마인의 로마에는 차라리 조잡, 저속이라는 느낌밖에 갖지 않았다. 그에 반해 교황의 로마는 까닭 없이 그의 마음을 끌었다. 그의 그 훌륭한, 선택된 예찬의 말에는 그 어떤 로코코(18세기 무렵 유럽에서 유행한 화려한 건축양식)적인 아름다움이 나타나 있었다. 고대 교회음악, 알반힐(로마 시 동남쪽에 이어진 연덕), 나아가서는 분향의 우수, 밤거리의 아름다움, 특히 비 오는 밤의 비에 젖은 포도, 그리고 신비롭게 깜박이는 가로등의 아름다움 따위를 그는 차례로 써 보냈다. 아마 이런 훌륭한 편지를 그는 다른 여러 친구에게도 써 보냈을 것이다.

그러나 그것이 얼마나 필립의 마음을 뒤숭숭하게 만들었는지 그는 몰랐다. 필립은 지금의 생활이 더욱 재미없는 것으로 생각되었다. 봄이 되자 헤이워드의 편지는 더욱더 열광적이 되었다. 그는 필립에게 이탈리아로 오도록 권했다. 자네는 하이델베르크에서 공연히 인생을 낭비하고 있을 뿐이다, 독일인이란 어차피 조잡한 족속일 뿐이어서 생활 또한 매우 평범하고 쓸모가 없다, 그렇게 옹색한 환경 속에서 어떻게 마음의 자유를 누릴 수 있겠는가, 여기 토스카니에서는 봄이 들판 가득히 꽃을 뿌리고 있다, 자네도 벌써 열아홉이다, 와서 움브리아의 산과 마을을 같이 산책하지 않겠는가, 하고. 그 이름들은 필립의 가슴속에 오래 기억되었다. 그러고 보면 체칠리에도 애인과 함께 이탈리아로 갔을 것이다. 그 두 사람을 생각하니 필립은 마음이 초조해졌다. 돈이 없어 여행도 못하는 자기의 운명을 그는 저주했다. 큰아버지가 약속한 15파운드 이상은 보내 주지 않으리라고 생각되었다. 게다가 그는 그 돈조차 요령 있게 쓸 줄 몰랐다. 하숙비와 수업료를 치르고 나면 몇 푼 남지 않았다. 헤이워드와 같이 여행한다면 틀림없이 비용이 많이 들 것이다. 전에도 필립이 돈이 다 떨어졌는데 헤이워드는 여행을 가자느니 연극을 구경하자느니 또는 술을 마시자느니 했던 것이다. 그럴 때 필립은 돈이 떨어져 그런 호사는 누릴 수 없다는 말을 감히 꺼내지 못했다.

다행히 헤이워드의 편지는 그다지 자주 오지는 않아 그 사이사이에 필립은 마음을 가라앉히며 공부했다. 대학에도 입학하여 두어 강의를 듣기도 했다. 마침 쿠노 피셔(독일 철학자)가 명성을 떨치던 시기였는데 그는 겨울 학기에 쇼펜하우어에 관한 강의를 하고 있었다. 그것은 필립으로서는 철학과의 첫 만

남이었다. 그는 원래 실제적인 성격의 소유자로 추상적 문제에는 자신감이 없었으나, 이 형이상학 연구에는 예기치 않은 매력을 느끼게 되었던 것이다. 거의 숨도 쉬지 않고 귀를 기울였다. 마치 줄타기 광대가 심연 위에서 위험한 곡예를 부리는 광경을 숨죽이고 바라보는 듯한 느낌이었다. 감동 깊은 강의였다. 쇼펜하우어의 염세주의는 그의 젊은 마음을 매료하여 이제 그가 막 나타나려는 세계는 냉혹한 비애의 세계, 암흑의 세계라고밖에 생각되지 않았다. 그렇다고 해서 나타나고 싶은 열의가 식은 것은 아니었다. 얼마 뒤 언제나 큰아버지의 대변자 역할을 하는 큰어머니에게서 이제 슬슬 집으로 돌아올 때가 아니냐고 하는 편지가 왔을 때 그는 기꺼이 동의했다. 장차 무엇을 할지도 결정해야만 했다. 7월 하순에 하이델베르크를 떠난다면 8월 한 달 동안 천천히 의논할 수 있다. 장래를 준비할 좋은 기회가 되는지도 모른다. 출발 날짜도 결정되었다. 그런데 캐리 부인에게서 또 편지가 왔다. 하이델베르크의 에를린 부인 집에 그를 소개해 준 그 윌킨슨 양에 대한 이야기가 씌어 있었는데, 그녀가 블랙스테이블에 와서 두어 주일 머물게 되었다는 것이다. 아무아무 날 프라싱에서 배를 타게 되니 만약 필립이 그녀와 같은 배로 돌아온다면 도중에 여러 가지로 시중도 들어 줄 수 있고 블랙스테이블에도 함께 닿을 수 있으리란 것이었다. 부끄럼 타는 필립은 그녀보다 하루 이틀 늦게야 출발할 수 있겠노라고 바로 답장을 보냈다. "윌킨슨 양입니까" 하고 물어볼 때의 그 자신의 쩔쩔매는 꼴(자칫하면 사람을 잘못 보아 핀잔 맞을지도 모른다), 더욱이 기차간에서 그녀와 이야기를 해야 할지 아니면 전혀 무시하고 책만 읽고 있어도 좋을지 그것조차 가리지 못하는 바보스러운 꼴, 그런 광경이 차례로 눈앞에 떠올랐다.

  마침내 하이델베르크를 떠났다. 석 달 동안 다만 장래 일만을 생각해 왔으므로 아무런 미련 없이 떠날 수 있었다. 하이델베르크에서의 생활이 행복했다고는 생각되지 않았다. 안나가 〈제킨겐의 나팔〉(요셉 폰 셰페르의 서사시)을 그에게 선사했으므로 필립은 그 답례로 윌리엄 모리스(영국의 시인 사회평론가)의 책을 한 권 주었다. 다행스럽게도 두 사람 다 서로의 선물을 아직 읽지 않았다.

32

  필립은 큰아버지 부부를 보고 놀랐다. 그들이 이렇게 노인이라고는 한 번도 생각한 일이 없었다. 늘 그렇듯 목사는 냉정하지 않을 정도의 무관심한 태도로 맞아 주었다. 전보다 조금 더 뚱뚱해졌고 머리도 더 벗겨지고 흰 머리도 늘어났다. 탄력 없는 부석부석한 얼굴, 너무도 궁상스러운 사나이로 보였다. 큰어머니는 그를 얼싸안고 키스했다. 뺨에는 기쁨의 눈물이 흐르고 있었다. 필립도 기쁘기는 했으나 또 한편 쑥스러웠다. 큰어머니가 이토록 절실한 애정으로 자기를 생각해 주고 있다고는 한 번도 생각한 적이 없었다.

"오, 필립, 네가 떠난 뒤로 얼마나 보고 싶었는지!"

큰어머니는 울음 섞인 목소리로 말하면서 그의 두 손을 어루만지고 기쁨이 담긴 눈으로 그의 얼굴을 들여다보았다.

"많이 컸다. 이젠 어른이 다 됐구나."

하긴 그러고 보니 그의 코밑에는 듬성듬성 수염이 나 있었다. 면도칼을 사서 가끔 조심스럽게 매끈한 턱의 솜털을 밀었던 것이다.

"네가 없으니까 집이 어찌나 쓸쓸한지……."

큰어머니는 이렇게 말하더니 갑자기 소리를 낮추고 물었다.

"집으로 돌아오니 기쁘지? 그렇지?"

"네, 물론이지요."

큰어머니는 뼈가 드러나 보일 만큼 여위어 있었다. 그의 목을 안은 두 팔은 병아리의 뼈를 떠올릴 정도로 가늘고, 찌그러진 얼굴은 온통 주름투성이였다. 젊은 시절과 똑같은 모양으로 빗은 흰 고수머리는 차라리 기이할 정도로 애처로운 인상을 주었다. 시들어 빠진 큰어머니의 가냘픈 몸은 가을 잎을 연상케 했다. 바람이라도 한번 불면 그대로 날아가 버릴 것만 같았다. 조용한 저들 두 사람, 두 사람의 인생은 끝나 버렸다. 이제 그들은 다만 과거의 인간으로서 참을성 있게, 아니 차라리 어리석게 죽음을 기다리고 있을 뿐이다. 이 무슨 낭비일까. 아직 젊음과 정력에 넘쳐 오직 자극과 모험을 찾아 헤매는 그의 눈으로 볼 때 그것은 다만 놀라움, 그것이었다. 두 사람 다 아무것도 한 일이 없다, 이대로 죽어 버리면 그야말로 존재하지 않았던 것과 같겠지. 그는 큰어머니가 여간 가엾게 보이지 않았다. 그녀가 이처럼 자기를 사랑해 준다고 생각하니 갑자기 깊은 애정이 샘솟았다. 그때 윌킨슨 양이 들어왔다. 노부부가 조카의 귀향을 맞을 동안 일부러 자리를 피하고 있었던 것이다.

"필립, 이분이 윌킨슨 양이야."

캐리 부인이 소개했다.

"탕자가 돌아왔군요." (누가복음 15장에서, 뉘우치고 돌아온 탕자를 아버지가 기뻐하며 맞아들인다)

그녀는 손을 내밀면서 말했다.

"나도 탕자의 단춧구멍에 꽂을 장미꽃을 갖고 왔어요."

그녀는 밝게 웃으면서 마당에서 꺾어온 꽃을 필립의 윗옷에 꽂아 주었다. 그는 괜스레 빨개졌다. 몹시 쑥스러웠다. 윌킨슨 양이 큰아버지가 마지막으로 섬긴 목사의 딸이라는 것은 들어서 알고 있었다. 성직자의 딸들은 그도 많이 알았는데, 그녀들은 하나같이 볼썽사나운 옷을 입고 투박한 신을 신고 있었다. 거의가 섬은 옷이있다. 왜냐하면 필립이 블랙스테이블에 있었던 소년 시절에 홈스펀(모직물의 일종)은 아직 이스트 앙글리아 지방까지는 들어오지 않았고 게다가 성직자 가정의 자녀들은 색깔 있는 옷을 좋아하지 않았기 때문이다. 머리도 아무렇게나 빗어 올리고, 풀 먹인 속옷 냄새를 강하게 풍겼다. 여자다운 옷차림을 싫어해서 젊은이나 늙은이나 그의 눈에는 매한가지였다. 자기들의 신앙을 더 없는 자랑으로 알고 교회와의 깊은 관계를 방패삼아 다른 인간에 대해서는 어딘가 독재자 비슷한 태도를 취하는 것이었다.

그 점에서 윌킨슨은 아주 달랐다. 화려한 꽃무늬의 흰 모슬린 윗옷을 입고 끝이 뾰족한 하이힐, 게다가 투명한 양말까지 신고 있었다. 세상 물정에 어두운 필립의 눈에도 그것은 무척 훌륭한 옷으로 보였다.

외투도 결코 싸구려로 보이지 않았다. 머리를 빗은 모양새도 꽤 공들인 것으로 앞이마 중간쯤에 아주 멋있는 컬을 한 개 늘어뜨리고 있었다. 반짝반짝 윤기 흐르는 머리, 그것은 전혀 헝클어진 일이 없는 듯이 보였다. 커다랗고 검은 눈, 코는 약간 유대인 같고 옆얼굴은 어딘가 매를 떠올리게 하는 점이 있었으나 앞모습은 오히려 귀여운 얼굴이었다. 잘 웃었다. 입이 커서 웃을 때는 노르스름하고 큰 이를 자꾸 감추려 했다. 그러나 필립을 가장 난처하게 한 것은 그녀의 지독하게 짙은 화장이었다. 여자의 행실에 대해 견해가 매우 까다로운 그는, 숙녀가 짙은 화장을 한다는 것은 생각조차 해보지 않았다. 그런데 윌킨슨 양은 숙녀다. 왜냐하면 의젓한 성직자의 딸이고, 성직자는 신사이니까.

그런 여자를 필립은 철저하게 싫어하기로 했다. 그녀의 말투에는 프랑스어 억양이 희미하게 배어 있었는데, 영국 한복판에서 나고 자란 그녀가 왜 그런 말투를 쓰는지 필립은 이상스러웠다. 또 아무래도 그녀의 웃음에는 가식이 있었다. 그녀가 쾌활함을 가장하는 것도 그를 몹시 불안스럽게 했다. 2, 3일 동안은 말 한마디 않고 적의를 보였으나 여자 편에서는 그런 건 전혀 개의치 않는 태도였다.

그녀는 거의 그에게만 이야기를 걸었는데 그의 온건한 판단에만 호소하는 그 태도는 그로서도 그다지 싫지는 않았다. 또 그녀는 그를 곧잘 웃겼는데, 필립은 자기를 즐겁게 해주는 인간에게는 그만 맥을 못 추었다. 게다가 필립은 때때로 멋있는 말을 하는 재간이 있었는데, 그것을 알아듣는 사람이 있다는 것은 반가운 일이었다. 큰아버지 부부는 유머를 전혀 이해하지 못해서 그가 어떤 말을 해도 결코 웃는 일이 없었다. 차차 윌킨슨 양에게 익숙해지고 스스러움도 없어지자 그는 점점 그녀가 좋아졌다. 프랑스어 억양도 여간 듣기 좋은 것이 아니었다. 의사가 주관한 원유회에서의 그녀의 옷차림은 그야말로 뛰어나게 빛났었다. 커다란 물방울무늬의 푸른빛 얇은 비단 드레스가 좌중에 일으킨 반향을 보고 있으려니까 필립도 어쩐지 기뻤다.

"어쩌면 당신을 말이죠, 모두가 좋지 못한 여자라고 생각할지도 몰라요."

웃으면서 그는 말했다.

"그렇지만 그런 게 내 평생의 꿈인걸요, 되먹지 않은 바람둥이 계집애로 보이는 것이."

어느 날, 윌킨슨 양이 방에 들어가 자리에 없을 때 그는 큰어머니에게 그녀는 대체 몇 살이나 되었느냐고 물어본 일이 있었다.

"어머, 여자 나이는 물어 보는 게 아니에요. 그렇지만 도저히 네 결혼 상대가 될 수 없으리만큼 할머니라는 것만은 확실해."

큰아버지는 살찐 얼굴에 빙긋 웃음을 띠며 말했다.

"그래그래, 그녀도 이젠 어린애가 아니지, 루이자. 우리가 링컨셔에 있을 때 벌써 처녀티가 났으니까. 그것이 그렇군, 20년 전이야. 그때는 아직 머릴 길게 땋아 늘였었지."

"하지만 열 살은 안 됐겠죠?"

필립이 한마디했다.

"더 먹었었어."

큰어머니가 대답했다.
"오히려 스물에 가깝지 않았을까, 여보?"
"웬걸요, 고작 열여섯, 일곱이었을 거예요."
"그럼 아무래도 서른은 훨씬 넘었다는 얘긴가요?"
필립이 물었다.

마침 그때 윌킨슨 양이 벤자민 고다드(19세기 프랑스 작곡가)의 노래를 부르며 계단을 달려 내려왔다. 필립과 같이 산책하러 가기로 약속해서 모자를 쓰고 있었다. 그녀는 손을 내밀고 그더러 장갑 단추를 끼워 달라고 했다. 그는 서툰 솜씨로 끼워 주었다. 매우 쑥스럽기는 했으나 여자에게 친절을 베푼다는 것은 기분 좋은 일이었다. 이제 두 사람은 스스럼없이 이야기하게 되었다. 거닐면서 주고받는 대화에 오르는 화젯거리도 갈수록 다양해졌다. 그녀는 베를린에서의 이야기를 하고 그는 하이델베르크에서의 생활을 털어놓았다. 이야기를 주고받자 아무것도 아닌 듯한 화제마저 새로운 흥미를 자아냈다. 그는 에를린 부인 집의 하숙생들 이야기도 했는데, 그때는 매우 중대하게 여겨졌던 그 헤이워드와 위크스의 토론도 이제 조금 색다르게 이야기해 보니 더할 나위 없이 우스꽝스럽게 들리는 것이었다. 그리고 그것을 또 윌킨슨 양이 웃어 주기라도 하면 그는 그만 코가 우뚝해졌다.

"놀랐는데요, 정말. 당신도 상당한 독설가군요."

그녀는 감탄하는 체하면서 다음에는 또 하이델베르크에서 연애 같은 걸 해보았느냐고 장난스레 물어왔다. 별반 깊이 생각지도 않고 그는 솔직하게 그런 것은 없었다고 대답했는데, 그러자 그녀는 그런 바보 같은 소리가 어디 있느냐는 식으로 나왔다.

"몹시 비밀주의자시군요. 당신 정도의 나이에 그런 일이 없을 수 있을까요?"

그는 얼굴이 새빨개지면서 웃었다.
"당신은 또 쓸데없는 것까지 알고 싶어 하는군요."
"아마, 그럴는지도 모르죠." 그러면서 그녀는 깔깔 웃더니 다시 놀리듯이 말했다. "어머, 얼굴이 새빨개졌네요."

그는 그녀가 자기를 불량청년 취급하는 것이 그다지 싫지는 않았다. 그래서 제법 숱한 낭만적 정사라도 감춘 척 일부러 화제를 다른 데로 돌렸다. 사실은 아무것도 없다는 것이 오히려 화가 날 정도였다. 정말 그럴 만한 기회가 없었다.

　윌킨슨 양은 자신의 처지에 불만이 꽤 많았다. 첫째 자기 스스로의 힘으로 살아 나가야 한다는 점이 큰 불만이었다. 그렇게 된 까닭을 그녀는 장황하게 늘어놓았는데, 어머니의 오빠, 즉 외삼촌이 당연히 그녀에게 유산을 물려주게 되어 있었으나 여자 요리사와 결혼하여 유언장을 다시 써버렸기 때문이라는 것이다. 그 다음에 다시 그녀 집의 사치스러운 살림 형편을 말하고, 말과 마차가 몇 마리 몇 대나 있었다는 링컨셔에서의 생활을 이야기했다. 그리고 그것과 비교해서 남의 신세를 지고 사는 지금의 생활을 서글퍼하기도 했다. 그런데 필립은 뒤에 이 이야기를 들은 그대로 큰어머니에게 전했을 때 좀 어리둥절해지고 말았다. 큰어머니의 말에 따르면, 윌킨슨 일가는 겨우 망아지 한 마리와 이륜마차 한 대가 있었을 뿐이고, 그 부자라는 아저씨 이야기도 듣기는 했지만 그 사람에게는 아내가 있었고 에밀리(윌킨슨 양)가 태어나기 전에 아이도 몇씩이나 낳았으므로 어떻든 그 재산을 그녀가 물려받을 처지는 아니었다는 것이다. 그녀는 현재 자기가 살고 있는 베를린에 대해서는 좋게 말하지 않았다. 독일 생활의 천박함을 한탄하고 과거 몇 년 동안 살았다는 파리의 호화로움과 비교하여 무척 깎아내려 말했다. 파리에서 몇 년이나 지냈는지는 말하지 않았으나 어느 인기 있는 초상화가의 집에 가정교사로 들어간 일이 있었다는 것이다. 그 화가의 아내는 재산이 많은 유대인이고, 그녀는 이 집에서 많은 유명한 인물들을 만났다고 했다. 그녀가 말하는 이름만 들어도 필립은 황홀해졌다. 코메디 프랑세즈의 배우들도 자주 왔는데, 어느 날은 만찬회 석상에서 코클랭(코메디 프랑세즈의 배우)이 자기 옆에 앉더니, 당신처럼 완전한 프랑스어를 하는 외국인은 처음 보았다고 말했다며 자랑했다. 알퐁스 도데도 온 적이 있었는데 그녀에게 그의 소설 《사포》를 한 권 주더라는 것이다. 증정의 말을 써주겠다고 약속까지 했으나 그에게 재촉하는 것을 깜박 잊어버렸다고 덧붙여 말했다. 그러나 그 책을 지금도 잘 보존하고 있어 언젠가는 그에게 빌려 주겠다고 했다. 그 다음은 모파상 차례였다. 깔깔깔, 마치 잔물결과도 같은 웃음소리를 내더니, 그녀는 의미심장하게 필립을 바라보았다. 정말 밉살스러운 인간! 하지만 작가로서 너무나 훌륭한 남자 모파상에 관해서는 헤이워드도 자주 이야기한 적이 있어 그의 명성은 필립도 전혀 모르는 바가 아니었다.

"그래 그 모파상이 당신께 구애라도 했단 말입니까?"

이 말은 목에 걸려 잘 나오지 않았지만 그는 용기를 내어 물어보았다. 지금은 윌킨슨이 그리 밉지 않았으며 더욱이 그녀의 이야기는 가장 즐거운 것의 하나였으나, 단 사나이의 연정을 불러일으킬 만한 여자라고는 생각지 않았기 때문이다.

"싫어요, 그런 말을 물으면. 그 사람은요, 만나는 여자마다 사랑하는 사람이에요. 어쩔 수 없는 천성이겠죠."

이렇게 말하면서 그녀는 나직하게 한숨지었다. 그립게 과거라도 떠올리는 것 같았다. 그러곤 중얼거리듯이 말했다.

"그래도 정말 멋진 사람이었어요."

필립보다 좀더 세상 경험이 많은 사람이라면 이 정도의 말만 들어도 그때의 분위기를 대충 짐작했을 것이다. 저명한 작가가 가족만의 오찬회에 초대되어 온다, 여자 가정교사가 키 큰 두 소녀 제자를 데리고 조용히 나타난다, 그 다음은 소개의 순서.

"영어 선생이에요."

"처음 뵙겠습니다."

오찬이 시작되자 영어 선생은 다만 묵묵히 앉아 있고 손님은 주로 주인 부부와 이야기를 나눈다.

그러나 필립으로서는 그녀의 말이 훨씬 더 낭만적이랄까, 그런 공상을 자아내는 것이었다.

"죄다 말해 주세요, 그 모파상 이야기."

필립은 흥분해서 재촉했다.

"할 이야기가 없어요. 그렇게 자꾸 물으면 곤란해요."

그 말은 옳았으나, 마치 이 짜릿한 경험은 세 권의 책으로도 다 담지 못할 것이라는 듯한 투였다. 그녀는 파리 이야기를 시작했다. 그녀는 그 넓은 불로뉴의 숲이 마음에 들었다. 어느 거리에도 매력이 넘쳐흘렀고 샹젤리제의 가로수에는 다른 어느 숲에서도 볼 수 없는 특이한 멋이 있었다. 바로 그때 두 사람은 길옆의 계단에 앉아서 이야기하고 있었는데, 윌킨슨 양은 그들 눈앞의 거창한 느릅나무 숲을 경멸하듯이 바라보았다. 다음은 극장. 상연되는

극이 훌륭하고 연기도 비길 데 없이 좋았다. 그녀는 주인인 마담 포아이요가 새 드레스로 첫 나들이할 때 흔히 따라갔다.

"정말 진저리나요, 가난하다는 건! 아아, 그 아름다운 옷! 파리뿐이야, 정말 의복의 멋을 아는 곳은. 그런데 그런 옷을 못 사게 되다니! 글쎄 부인의 몸맵시가 또 문제였지요. 그래서 가끔 양장점 주인이 날더러 아가씨, 부인 몸매가 당신만 했으면, 하는 거예요."

그래서 필립은 그녀가 자기의 건강한 몸매를 자신하며, 더구나 그것을 자랑으로 삼고 있음을 알게 되었다.

"영국 남성들은 대개가 바보예요. 얼굴밖에 생각 안 하거든요. 그런 점에서는 역시 연인의 나라 프랑스가 제일이야. 몸맵시가 얼마나 중요한지를 잘 아니까요."

물론 필립은 한 번도 그런 것을 생각해 본 일이 없었다. 그는 그때서야 그녀의 발목이 보기 흉할 정도로 굵다는 사실을 알게 되었다. 그는 허둥지둥 눈길을 돌렸다.

"당신도 프랑스에 가야 해요. 한 1년쯤. 프랑스어도 늘게 될 테고, 그래야 좀 데니에제(세상을 알게 된다는 뜻) 될 것이고요."

"무슨 뜻이죠, 그건?"

그녀는 장난스럽게 웃었다.

"사전 찾아보세요. 영국 남자들은 여자를 다룰 줄 몰라, 정말. 부끄럼만 타고. 남자가 부끄럼을 타다니, 정말 바보스러워! 여자 하나 어떻게 못하다니. 여자보고 아름답다는 말 한마디도 제대로 못하거든요."

필립의 처지는 자기가 생각해도 좀 묘했다. 틀림없이 그녀는 그에게서 어떤 다른 태도를 기다리고 있는 것이다. 어떻게 그도 멋있는, 여자가 녹을 만한 말을 해줬으면 좋겠는데 적절한 말이 얼른 머리에 떠오르지 않았다. 그러나 막상 떠올랐을 때는 어쩐지 놀림감이 되는 것 같은 마음이 들어 결국 말이 나오지 않았다.

"아아, 파리는 좋았어. 그러나 난 베를린으로 가야만 했어요. 따님들이 결혼할 때까지는 포아이요 댁에 있었지만 그 뒤로 일자리가 있어야죠. 마침 그때 베를린의 지금 자리가 났지 뭐예요. 포아이요 부인과 친척 관계가 된다기에 받아들였죠, 뭐. 전 브레다 거리에 조그마한 아파트를 빌렸어요, 5층에.

그런데 그것이 난처했더란 말이에요. 당신도 브레다 거리를 아실걸요. 저 거리의 여인들 말이에요."

필립은 고개를 끄덕여 보였다. 잘은 몰랐지만 대강은 알 것 같았고 너무나 철부지라는 소리가 듣기 싫어서였다.

"그러나 제겐 아무렇지도 않았어요. 전 자유로운 사람이에요."

그녀는 프랑스어로 말하기를 좋아했는데, 그 프랑스어는 정말 훌륭했다.

"한 번은 그것 때문에 아주 재미있는 일이 일어나지 않았겠어요."

그녀는 잠시 말을 끊었는데 필립은 계속 말해 달라고 졸랐다.

"당신은 한 번도 하이델베르크 이야기를 안 해 주시면서."

"세 일은 정말 아무것도 아니었으니까요."

"그건 그렇고, 우리 두 사람이 이런 얘길 주고받는 것을 아주머니께서 아시면 어떡하지요?"

"제가 왜 그런 말을 합니까?"

"정말이지요?"

그가 약속하자, 그제야 그녀는 바로 자기 방 위층에 사는 어떤 미술과 학생 한 사람이—하고 이야기를 꺼내다가 문득 말을 끊으며 딴청을 부렸다. "당신은 왜 그림 공부를 안 하세요? 소질이 다분하시던데."

"뭐 별로 그렇지도 않습니다."

"판단하는 것은 남이 더 잘해요. 전 알고 있어요, 당신에겐 훌륭한 화가가 될 소질이 풍부하다는 것을."

"만약 제가 지금 당장 파리에 가서 그림을 공부하겠다고 하면 큰아버지가 어떤 표정을 지으실까요?"

"이제 당신은 완전히 독립된 사람이 아니에요?"

"딴전을 부려 절 속이려 드시면 안 돼요. 아까 하던 얘기 끝이나 맺읍시다."

윌킨슨 양은 웃더니 이야기를 계속해 나갔다. 문제의 그 학생은 계단에서 여러 차례 스친 적이 있지만 그녀 편에서는 별다른 관심을 둔 일이 없었다. 눈동자가 아름다운 청년으로, 매우 정중하게 모자를 벗고 고개 숙여 인사했다. 그런데 하루는 편지 한 장이 방문 밑에 놓인 것을 우연히 발견했다. 물론 발신인은 그 학생이었다. 몇 달 전부터 깊이 존경해 왔으며 언제나 계단에서 그녀가 지나가기를 기다렸다는 사연이었다. 얼마나 아름다운 이야기인가! 회답을 보내지는 않았지만 그런 편지를 받고 즐겁지 않을 여자가 세상에 어디 있을 것인가?

다음 날 또 한 장의 편지가 왔다. 신비롭고 정열적이고 감동적인 내용이었다. 그 다음에 계단에서 마주쳤을 때는 어디로 눈을 돌려야 할지 몰랐다. 매일같이 편지가 왔다. 그리고 끝내 꼭 만나 달라는 것이었다. 오늘 저녁 9시 전에 그녀의 방으로 찾아오겠다는 것이었다. 그녀는 어찌할 줄을 몰랐다. 물론 그럴 수는 없었다. 아무리 요란하게 벨을 누르더라도 결코 문만은 열지 않을 작정이었다. 그런데 막상 온몸의 신경을 곤두세우고 벨소리가 나기를 기다리노라니까 어느새 그가 바로 자기 앞에 서 있는 것이 아닌가. 그녀는 들어오다가 미처 문 잠그는 일을 잊어버리고 만 것이었다.

"역시 운명이었나 봐요."
"그래서 어떻게 됐어요?"
"그저 그뿐이었죠."

그녀는 다시 한 번 잔잔한 웃음을 웃었다.

필립은 잠시 침묵에 잠겨 버렸다. 심장의 고동이 한결 심해져 가고 어떤 형용키 어려운 감정이 느닷없이 가슴속에서 솟아오르기 시작했다. 컴컴한 계단과 우연한 만남이 눈앞에 뚜렷이 펼쳐진다. 그러한 편지를 보내는 대담성, 그런 것이 자기에게는 없다. 그리고 쓰윽 방 안으로 들어서는 신비로운 행동, 그는 그저 감탄할 수밖에 없었다. 이것이 바로 연애 이야기의 정수라는 생각마저 들었다.

"어떤 남자였나요, 그 미술과 학생이란 사람은?"
"그 사람은 정말 미남자였지요."
"지금도 알고 지내세요?"

그렇게 물었을 때 필립은 희미하게나마 어떤 초조감을 느꼈다.

"그런데 그 사람이 제게 너무 심하게 굴었답니다. 남자란 다 같겠지만, 당신네들은 모두 인정머리 없는 분들이니까요."
"그런 건 잘 모르겠는데요."

필립은 다소 당황하면서 말했다.

"이젠 집으로 돌아가죠."

윌킨슨 양이 말했다.

33

필립은 윌킨슨 양의 이야기를 잊을 수가 없었다. 도중에 멈춰 버리기는 했지만 무슨 이야기를 하려는지는 잘 알 수 있었다. 그런 만큼 다소 놀랐다. 그런 것은 결혼한 여자라면 얼마든지 있을 수 있는 일이었다. 프랑스 소설도 꽤 많이 읽은 그로선 프랑스에서는 그런 일이 당연하다는 것도 알고 있었다. 그러나 윌킨슨 양은 영국인이고 또 미혼이며, 더구나 그녀의 아버지는 성직자라고 한다. 그러고 보면, 아마 그 미술과 학생이라는 치도 그녀 일생의 단 하나뿐인 애인이라고는 할 수 없을는지도 모른다. 필립은 숨이 가쁜 것처럼 숨을 쉬었다. 지금까지 한 번도 그녀를 그런 여자라고 생각해 본 적이 없었다. 그녀에게 구애하는 남성이 있었으리라고는 도저히 믿어지지 않았다. 그는 정직한 천성으로, 책으로 읽은 것이 그대로 믿어지는 것처럼, 그녀의 이야기도 거의 의심하지 않았다. 그리고 그런 신기한 이야기가 자기에게만은 일어나지 않는 것이 무척 화가 났다.

아무리 그녀가 하이델베르크에서의 연애 이야기를 굳이 하라고 강요한대도 그에게는 사실 이야기할 재료가 아무것도 없었다. 그것을 생각하면 몹시 부끄러웠다. 물론 그에게도 창작의 재능은 있었다. 그러나 과연 그것만으로 마치 자기가 실제로 방탕과 타락에 빠졌던 것처럼 믿게 할 수 있을까. 자신이 없었다. 책에서 읽은 바로는 여자란 직감력 덩어리인 것 같았다. 그렇다면 자기가 서툴게 꾸며 댄 거짓말 따위는 곧바로 폭로되고 말 것이 아니겠는가. 뒤에서 몰래 웃을 것을 생각하니 필립은 부끄러워서 얼굴이 빨개졌다.

이따금 윌킨슨 양은 피아노를 치며 노래를 불렀다. 지친 것 같은 노곤한 목소리였다. 마스네나 벤자민 고다드나 어거스터 올메의 노래를 필립은 처음 들었다. 두 사람은 곧잘 몇 시간이고 피아노 곁에서 함께 지냈다. 어느 날 그녀는 당신도 노래를 부를 수 있지 않겠느냐, 부디 한 곡 불러 보라고 우기기 시작했다. 그녀는 그의 목소리가 무척 아름다운 바리톤이라고 칭찬하면서 레슨을 해주겠다고까지 했다. 버릇대로 처음에는 머뭇거리면서 거절했으나, 상대가 너무나 우겼으므로 마침내 매일 아침식사 뒤에 적당한 때를 골라서 한 시간쯤 레슨을 받기로 했다.

그녀는 교사의 재질을 타고났는지, 아무튼 가정교사로서는 일류임에 틀림 없었다. 제법 일정한 교수법도 알고 있었고 특히 엄격했다. 곧잘 쓰는 프랑스 말투만은 여전했지만, 나긋나긋한 말씨며 태도는 일단 선생이 되면 온데 간데없어져서 적당히 해치우는 일은 조금도 허용되지 않았다. 그럴 때는 목소리마저 다소 강압적이 되어 거의 본능적으로 필립의 부주의를 나무라고 태만을 바로잡았다. 자기가 해야 할 바를 제법 알고 있었다고 할까, 필립에게도 음계 연습을 단단히 시켜나가는 것이었다.

그러나 레슨이 끝나면 너무도 자연스럽게 본디의 매혹적인 웃는 얼굴로 돌아가 목소리도 도로 녹아드는 듯 상냥해지는 것이었다. 그러나 필립은 그렇게 간단하게, 즉 그녀가 교사의 역할을 던져 버리는 것처럼 그렇게 학생의 행동을 잊을 수는 없었다. 이럴 때 그녀의 인상은 그녀의 이야기에서 받은 것과는 아주 달랐다. 그는 더욱 세심하게 그녀를 살폈다. 그 결과 아침보다 저녁의 그녀가 훨씬 좋아 보이는 것을 알게 되었다. 아침에는 잔주름도 눈에 띄게 많아 보이고, 목덜미의 살결도 좀 거칠어 보였다. 살짝 가려 주었으면 싶었지만 워낙 날씨가 더운 탓으로 목둘레가 많이 패인 블라우스를 입고 있었다. 새하얀 빛깔을 무척 좋아하는 모양이지만 낮에는 도무지 어울리지 않았다. 그러나 밤에는 매우 매력적으로 보였는데, 거의 야회복처럼 만든 옷을 입고 목에는 석류석 목걸이를 하고 있었다. 가슴 둘레며 팔꿈치 언저리의 레이스 장식이 전체의 느낌에 한결 부드러움을 주었고 또 향수(블랙스테이블에서는 그때만 해도 향수라면 으레 오드 콜로뉴가 고작이었고 그나마 쓰는 것은 일요일이나 아니면 두통이 날 때뿐이었다)는 어지러울 만큼 이국적이었다. 사실 그런 때는 놀랄 만큼 젊어 보였다.

그녀의 나이를 알아맞히는 데에 필립은 무척이나 애를 먹었다. 스물에다가 열일곱을 보태 봐야 납득이 가는 숫자가 아니었다. 다시 루이자 큰어머니에게 어째서 서른일곱이라 생각하느냐고 물어보았다. 아무리 보아도 서른 이상으로는 보이지 않았다. 누구나가 다 아는 것처럼 외국인은 영국인보다는 빨리 늙는 편이다. 윌킨슨 양은 이미 외국에서 오래 살아왔으므로 사실상 외국인으로 보인대도 할 수 없었다. 적어도 필립의 눈에는 스물여섯 이상으로는 도저히 보이지 않았다.

"아냐, 더 됐을 거야."

큰어머니는 대답했다.

그래도 필립에게는 큰아버지와 큰어머니의 계산이 정확하다고 믿어지지가 않았다. 두 분이 명확하게 기억하고 있다는 것은 다만 링컨셔에서 마지막으로 보았을 적에 그녀가 아직 머리를 땋지 않았다는 것뿐이었다. 그렇다고 하면 그때 혹시 열두 살이었을지도 모른다. 워낙 오래된 일인 데다 큰아버지 내외분의 기억은 언제나 아주 믿을 만한 게 못 되니까. 그리고 두 분께선 입을 모아 20년이라고 하지만 일반적으로 사람은 그저 대강 대강 계산하는 것이 보통이므로 실제로는 18년 또는 17년일 수도 있는 일이다. 그래서 열일곱 살에 열둘을 더하면 스물아홉밖에는 안 된다. 그리고 보면 아직 퍽 젊은 편이 아닌가. 안토니오가 클레오파트라 때문에 온 세계를 버렸을 때 그녀의 나이는 무려 마흔 살이었던 것이다.

맑게 갠 여름철이었다. 날이면 날마다 구름 한 점 없는 무더위였다. 그러나 바다가 가까운 덕분에 더위는 얼마만큼 누그러지고 게다가 상쾌한 기분마저 감돌았으므로 사람들은 8월의 뙤약볕인데도 흥분을 느낄망정 압박감에 시달리는 일은 없었다. 정원에 있는 연못에서는 분수가 높이 솟아오르고 있었다. 수련이 무성하고, 수면에선 금붕어가 조용히 햇볕을 쬐고 있었다. 점심식사가 끝나면 필립과 윌킨슨 양은 곧잘 깔개와 쿠션을 들고 나가 높은 장미 울타리를 그늘 삼아 풀밭에 드러눕곤 했다. 오후에는 이야기를 하기도 하고 책을 읽기도 했다. 집 안에서는 큰아버지가 허락하지 않으므로 여기서 두 사람은 담배를 피우기도 했다. 캐리 씨는 담배 피우는 것을 뱀이나 전갈처럼 싫어해서, 인간이 습관의 노예가 되는 것은 무엇보다도 부끄럽게 여겨야 한다고 말하곤 했다. 그러나 그 자신이 오후에 마시는 차의 노예라는 사실은 까맣게 잊고 있었다.

어느 날 윌킨슨 양은 필립에게 《보헤미안의 생활》(프랑스 작가 앙리 뮈르제르의 소설)을 빌려주었다. 큰아버지의 서재에서 장서를 뒤적거리다가 우연히 발견했다는 것이다. 아마 그것은 큰아버지가 좋아하는 책을 뭉텅뭉텅 사들이다가 섞여 들어온 것으로 그대로 10년간 아무도 모르게 파묻혀 있던 것이 분명했다.

그는 즉시 뮈르제르의 졸렬하고 우스꽝스러우면서도 어딘지 모르게 매혹적인 걸작을 읽기 시작했는데 곧 그 책의 포로가 되어 버리고 말았다. 굶주림으로 허덕이면서도 신경 쓰지 않는 쾌활함, 불결함 속에서 넘쳐나는 아름다움, 불륜인데도 낭만적으로 생각되는 연애, 또 낡고 진부한 표현인데도 감동적으로 보이는 갖가지의 묘사 따위에 그의 마음은 한없이 뛰놀았다. 루돌프와 미미, 뮈제트와 쇼나르! 루이 필립조풍의 기묘한 복장으로 단장하고 라틴 쿼터의 그 회색 거리를 방황하면서 그들은 울기도 하고 웃기도 하면서 한가하고 마음 편하게 오늘은 이 집 다락방, 내일은 저 집 다락방으로, 한때의 잠자리를 찾아 돌아다니는 것이었다. 그것은 더할 수 없이 매력적이었다. 그들의 쾌락이 얼마나 천하고 그들의 마음이 얼마나 비속한가를, 그리고 이 쾌활한 사람들이 예술가나 인간으로서 얼마나 보잘것없는 존재인가를 느끼게 되는 것은, 뭐니뭐니해도 독자들이 좀더 건전한 판단력을 갖추고 나서 다시 한 번 이 책을 읽는 때이다. 필립의 경우는 그 매혹에 완전히 사로잡히고 말았다.

"런던보다는 파리에 가 보고 싶지 않아요?"

그의 열성을 알아챈 윌킨슨 양이 웃으면서 물었다.

"하지만 이젠 간대야 너무 늦지 않았을까요?"

독일에서 돌아온 뒤 두 주일 동안, 그와 큰아버지 사이에는 그의 장래에 대해서 진지한 토론이 벌어졌다. 옥스퍼드 진학은 딱 잘라서 거절했었다. 장학금을 탈 가망이 이미 사라진 지금에 와서는 캐리 씨라 할지라도 제 힘으로는 도저히 할 수 없으니 단념하는 도리밖에 없다는 결론에 이르고 말았다. 그의 장래, 그것은 겨우 2천 파운드의 돈에 달린 셈이었다. 하기야 1년에 5부 이자라는 유리한 공채로 돌려놓긴 했지만 도저히 그 이자만으로는 공부할 수가 없었다. 이제는 원금도 다소 써버렸다. 대학에 진학하면 1년에 최소한 2백 파운드는 필요할 텐데 그것을 3년 동안 옥스퍼드에서 소비한다는 것은 바보스러운 일이다. 어차피 그것만으로는 그 뒤의 자립 생활을 할 가망성이 없기 때문이다. 그는 곧장 런던으로 나가고 싶었다. 캐리 부인의 말에 따르면 신사가 가질 직업은 4가지밖에 없다. 육군, 해군, 법률, 아니면 성직이 그것이었다. 그녀는 최근에 와서 시동생이 종사했으므로 의사도 여기에 추가했지만 적어도 자기가 젊었을 때에는 아무도 의사를 신사라고 생각하는 사람이 없었다는 사실을 잊지 않았다. 그러나 필립의 경우, 처음 두 가지는 전혀 문제도 되지 않았고, 성직도 거절할 생각이었다. 그러고 보면 법률만이 남게 된다. 언젠가 이곳에서 개업한 의사가 요즘엔 기술 방면으로 나가는 신사도 부쩍 늘어났다는 말을 한 적이 있었는데 그러자 큰어머니는 그 자리에서 반대하고 나섰다.
"난 상인 따위가 되어 달라고는 않겠어요."
"그렇지, 아무튼 뭣이든 자유직업이어야 해."
이것은 캐리 씨 의견이었다.
"그럼 아버지도 그랬으니까 의사가 좋지 않겠어요?"
"하지만 그건 제가 싫거든요."
이번에는 필립이 입을 열었다. 캐리 부인은 여기에 대해선 실망하지 않았다. 그런데 옥스퍼드에 진학하지 않는 이상 법조계 쪽은 고려할 수도 없는 일이었다. 왜냐하면 캐리 부부는 법조계에서 성공하려면 반드시 학위가 필요하다고 굳게 믿었기 때문이다. 결국은 변호사 사무소에 수습생으로 들여보내면 어떻겠느냐는 말이 나왔다. 그래서 집의 고문 변호사로서 전에 헨리 캐리의 유산 처리에 캐리 씨와 함께 공동집행인이 되어 준 앨버트 닉슨에게 편지를 보내 필립을 받아들여 줄 수 없겠는가 하고 부탁했다.

이틀쯤 지나서 답장이 왔는데 그에 따르면 마침 자리도 없을뿐더러 계획 전체에 대해서도 반대한다는 것이었다. 변호사도 지금은 사람이 남아도는 형편이어서 돈이나 연고관계라도 없으면 서기 이상이 될 가망은 없다는 것이었다. 그것보다도 차라리 공인회계사가 되면 어떻겠느냐는 의견이었다. 캐리 씨 내외는 공인회계사에 대해서는 전혀 아는 바가 없었고 필립도 그런 직업을 가진 사람이 있다는 말은 들어 본 적도 없었다. 이윽고 닉슨에게서 다시 편지가 왔다. 그의 설명에 따르면 근래 상업이 발전하고 회사가 늘어나면서, 의뢰인의 요구를 받아 그들의 장부를 점검하고 그 출납을 이전의 구식 방법과는 전혀 다른 방식으로 깨끗이 정리하는 이른바 '회계사 조합'이 몇 개 생겼다고 했다.

몇 년 전부터 국가에서 면허까지 주게 된 뒤로는 해를 거듭할수록 직업의 품위도 생기고 돈벌이도 좋아서 점점 중요한 직업이 되어 가고 있다고 했다. 그리고 닉슨 씨가 과거 30년간이나 거래해 온 공인회계사 조합에 지금이라면 마침 수습생 자리가 하나 비었으니 3백 파운드만 내면 필립을 맡겨도 좋다는 사연이었다. 그 3백 파운드도 계약 기간 5년 동안에 받은 봉급으로 대체할 수 있다고 했다. 전망이 썩 좋은 편은 못 되었으나, 필립으로서는 이번에 장래에 대한 어떤 결정을 내려야 할 판국이었고, 더욱이 덕분에 런던생활을 할 수 있다는 점이 조금 망설여지는 마음을 내키게 만들었다.

캐리 씨는 다시 편지를 내어서 정말 신사에게 적합한 직업인가를 다짐시켰다. 답장에는, 면허장이 나오게 된 뒤부터는 퍼블릭 스쿨이나 대학 출신자들도 쏟아져 들어오는 형편이다, 만약 필립이 그 일이 싫어져 1년 정도로 그만두는 일이 있더라도 허버트 카터(회계사 이름)는 계약금의 반액을 돌려주어도 좋다고 한다는 것이었다. 이리하여 모든 일이 해결되어 9월 15일부터 수습생으로 들어가기로 결정을 보았다.

"앞으로 꼭 한 달 남았군요."

필립이 말을 꺼냈다.

"그럼 그것으로 당신은 자유롭게 되고 저는 또다시 노예처럼 거북한 생활로 돌아가게 되겠군요."

윌킨슨 양은 대답했다.

그녀의 휴가는 6주일 동안이었다. 그러니까 필립이 출발하기 2, 3일 전에 그녀는 떠나게 되어 있었다.

"또다시 뵐 수 있을지 모르겠군요."

그녀가 말했다.

"그야 만나게 되겠지요. 만나지 못한다는 법은 없을 테니까요."

"어머나, 어쩌면 그렇게 멋있는 말을 하세요? 당신처럼 메마른 사람은 처음 봤어요."

필립은 얼굴이 빨개졌다. 혹시 그녀로부터 졸장부라는 말을 듣지나 않을까 걱정이 되었다. 뭐니뭐니해도 결국 그녀는 아직 젊었고, 때로는 아름답게도 보였고, 필립의 나이도 올해 스물이었다. 미술이나 음악 이야기만 한다는 것은 싱거운 일이다. 이렇게 되고 보면 연애 이야기라도 한바탕 벌여 보아야 할 것 같았다. 연애 이야기는 전에도 많이 했었다.

브레다 거리에 살던 미술과 학생 이야기도 나왔었고, 또 그녀가 파리에서 오랫동안 머물러 있었던 집의 화가 이야기도 했다. 그는 한번은 모델이 되어 달라고 부탁해 온 일도 있었다는데, 그것이 그녀에 대한 열렬한 구애가 되기 시작했으므로 부득이 핑계를 만들어서 두 번 다시 모델로 나서지 않게 되었다고 말했다. 그런 수작에 윌킨슨 양이 이미 익숙하다는 것은 너무나도 분명한 일이었다.

그날도 그녀는 커다란 밀짚모자를 쓰고 있었는데, 매우 아름답게 보였다. 무더운 오후, 아마 두 사람이 알게 된 뒤로 가장 더운 오후였을 것이다. 구슬 같은 땀방울이 그녀의 윗입술 위에 조르르 솟아 있었다. 문득 그는 체칠리에와 슝과의 사건을 떠올렸다. 그는 한 번도 체칠리에에게 연정 같은 것을 느껴 본 적이 없었다. 그만큼 못생긴 여인이었다.

그러면서도 지금 다시 생각해 보니 그 사건이 퍽 낭만적인 것처럼 느껴졌다. 지금 그에게도 바야흐로 연애의 기회가 주어져 있는 것이다. 윌킨슨 양은 프랑스 사람과 조금도 다름없었다. 그 사실이 정사를 떠올리는 데 한층 흥미를 더해 주었다. 밤에 침대 속에서 그 일을 생각하거나 혹은 정원에서 혼자 책을 읽을 때 무의식중에 그것을 생각하면 어떤 스릴을 느꼈으나, 그러나 막상 그녀와 얼굴을 마주하면 묘하게 무미건조해지는 것이었다. 그러나 아무튼 그런 이야기까지 털어놓은 이 마당에선 설마 그 편에서 사랑 고백을 했다고 해도 그다지 놀라지는 않을 것이다. 오히려 그가 눈치조차 보이지 않는 것을 이상하게 생각하고 있을지도 모른다는 그런 생각도 들었다. 아마도 자신의 혼자 생각에 불과할지 몰라도 요 며칠 사이에 그녀의 눈에 한두 번 희미하게나마 경멸의 빛이 어렸던 것 같았다.

"무엇을 그리 멍하니 생각하고 계세요?"

그녀는 뱅글뱅글 웃으면서 필립의 얼굴을 바라보며 말했다.

"당신에게 말할 것이 못 됩니다."

그는 대꾸했다.

사실 그는 지금이야말로 그녀에게 키스해야만 한다고 생각하고 있었다. 그러나 과연 그녀 쪽에서도 그것을 기대하고 있을까. 이를테면 한다고 하더라도 사전에 어떤 예비적 행위도 없이 어떻게 별안간 성공할 수가 있겠는가. 미친 사람이 아닌가 생각할지도 모를 일이고, 또는 보기 좋게 뺨이라도 한 대 얻어맞을지도 모른다. 그리고 아마 큰아버지에게 일러바칠지도 모른다. 도대체 슝은 어떻게 체칠리에에게 수작을 걸었을까? 큰아버지에게 알리기만 하면 일은 다 틀리고 만다. 그는 큰아버지의 인품을 누구보다도 잘 알고 있었다. 틀림없이 의사에게도 말할 것이고 조사이어 그레이브즈에게도 말할 것이다. 그렇게 되면 자기는 그야말로 꼴좋게 되고 말 것이다. 큰어머니는 여전히 윌킨슨 양이 서른일곱이라고 우겨대고 있었다. 그렇다면 주위 사람들의 웃음거리가 되고도 남을 것이라고 생각하자 그는 오싹해졌다. 마치 어머니 같은 여자가 아니냐고 사람들은 말할 것이다.
"대체 뭘 그렇게 멍하니 생각하고 계시는 거예요?"
윌킨슨 양은 여전히 웃고 있었다.
"당신 생각을 하고 있었습니다."
그는 대담하게 말해 버렸다.
이 정도라면 그다지 말꼬리가 잡힐 것까지는 없지 않을까.
"나에 대해 무엇을 생각하고 있었다는 거죠?"
"참으로 당신은 호기심이 많은데요."
"장난꾸러기군요, 정말."
그녀의 입에서 또 이런 말이 나오고 말았다. 겨우 여기까지 끌고 왔는가 했더니, 그녀의 입에서는 또다시 그 가정교사를 생각게 하는 말투가 새어 나온 것이다. 언젠가 연습과제의 노래를 잘 부르지 못했을 때에도, 농담이기는 했지만 역시 장난꾸러기라는 말을 한 적이 있었다. 그러나 이번에 그는 뿌루퉁해서 말했다.
"정말 이젠 절 어린애 다루듯이 하지 말았으면 싶군요."
"화났어요?"
"몹시."
"화나게 만들 생각은 없었어요."
그녀는 한 손을 내밀었다. 그는 가볍게 그 손을 잡았다. 기분 탓이었을까? 요즘 한두 번 밤에 악수했을 때 살그머니 힘을 주는 듯한 느낌이 들었었다. 그러나 오늘 밤에는 의심할 여지가 없었다. 그러나 그 다음을 어떻게 말해야 좋을지 몰랐다. 드디어 내게도 사랑의 모험을 할 기회가 온 것이다, 이 기회를 잡지 못하면 바보인 것이다. 그러나 약간 평범한 것 같았다. 그가 좀더 매혹적인 것을 바랐다. 여러 가지 연애의 묘사는 책에서 읽은 적이 있지만 아무래도 지금의 경우엔 소설가들이 쓴 것 같은 그러한 감정의 용솟음은 일어나지 않았다. 잇따라 솟아오르는 격정의 파도에 휩쓸리는 그런 기분이 전혀 일어나지 않는 것이다.
그리고 윌킨슨 양은 결코 자기가 늘 그려보던 이상형은 아니었다. 가끔 공상으로 그려본 것은 아름다운 소녀의 커다란 보랏빛 눈과 희고 매끄러운 피부였다. 가끔 그러한 소녀의 물결치듯 나부끼는 금발 속에 얼굴을 파묻고 있는 자신의 모습을 마음속에 그려본 일은 있다. 그러나 윌킨슨 양의 머리카락 속에 얼굴을 파묻고 있는 자신을 떠올릴 수는 없었다. 언제 보아도 어딘지 모르게 끈적끈적한 느낌이 드는 머리였다. 그러나 그렇다고는 해도 정사를 생각하면 그것만으로도 크게 만족스러울 것 같았다.

당연히 정복에 따를 쾌감과 자랑을 생각하면 짐짓 가슴이 두근거렸다. 그렇다면 어떻게 해서든지 설득시켜야 한다. 키스만은 해놓고 볼 일이라고 단단히 마음먹었다. 그러나 밝은 대낮엔 안 된다. 밤이어야 한다. 어두운 편이 마음 편할 것이다. 키스만 하면 그 다음은 자연히 어떻게 될 것이다. 오늘 밤 단행하고 말겠다. 그는 마음속으로 가만히 다짐했다. 먼저 계획을 세웠다. 저녁을 먹고 그는 정원을 함께 산책하자며 그녀를 꾀었다. 윌킨슨 양은 그 자리에서 응낙했다. 두 사람은 나란히 거닐었다. 필립은 몹시 흥분하고 있었다. 어쩐 일인지 대화가 제대로 되지를 않았다. 그는 먼저 그녀의 허리를 살며시 감싸 안을 계획이었으나 그녀가 다음 주에 열릴 보트 경주에 대한 이야기에 정신이 팔려 있어서 별안간 껴안을 수도 없었다. 그는 교묘하게 그녀를 정원에서 가장 어두운 곳으로 이끌어 갔다.

막상 와 보니 이번에는 용기가 제대로 나지 않았다. 두 사람은 벤치에 걸터앉았다. 바로 이때가 기회다 하고 마음을 단단히 먹는 찰나 그녀가 여기에는 틀림없이 집게벌레가 있을 테니 딴 곳으로 옮기자고 했다. 그들은 다시 한 번 정원을 한 바퀴 돌았다. 이번에 다시 그 벤치에 올 때까지는 반드시 단행하고야 말겠다고 굳게 마음먹었으나 공교롭게도 집 앞을 지나려니까 문턱에 캐리 부인이 서 있는 것이 보였다.

"이젠 두 사람 다 안으로 들어오는 것이 좋지 않을까? 밤공기는 몸에 해로워요."

"들어가는 게 좋겠군요. 감기라도 들면 큰일이니까요."

필립은 말해 버렸다. 그 말을 하고 나자 그는 큰 짐이라도 내려놓은 것처럼 한숨을 쉬었다. 그날 밤에는 그 이상 아무런 행동도 취할 수가 없었다. 그러나 나중에 자기 방에 혼자 앉아서 곰곰이 생각하니 자기 자신에게 화가 치밀어서 견딜 수가 없었다. 어쩌면 이다지도 못났단 말인가. 여자 쪽에서는 키스를 기다리고 있었을 게 뻔했다. 그렇지 않다면 정원까지 잠자코 따라왔을 리가 없지 않은가. 여자를 다룰 줄 아는 사람은 프랑스 사람뿐이라고 그녀는 늘 말했었다. 프랑스 소설이라면 필립도 꽤 많이 읽은 셈이다. 만약 자기가 프랑스 사람이라면 틀림없이 그녀를 양팔로 껴안고 당신을 얼마나 사랑하는지 모른다든가 하는 말을 열정적으로 속삭였을 테고, 그리고 그녀의 목덜미에 불같은 키스쯤은 하고도 남았을 것이다.

프랑스 사람들은 왜 그렇게 언제나 여자의 목덜미에 키스를 하는지 필립은 그 이유를 알 수가 없었다. 그로서는 여자의 목덜미에 그다지 매력을 느끼지 않았다. 물론 프랑스 사람들에게는 그렇게 하는 편이 훨씬 쉽기 때문인지도 모른다. 거기에는 프랑스말 자체가 크게 도움이 된다. 사랑의 속삭임에 영어처럼 어울리지 않는 말은 없을 것이다. 이렇게 되고 보니 윌킨슨 양 공략은 애당초 생각하지 않았던 편이 나았을 것 같기도 했다. 처음 2주일 동안은 참으로 즐겁기만 했다. 그런데 현재의 이 비참한 꼴은 대체 무언가. 그러나 여기서 마음을 약하게 먹어서는 안 된다고 다시 생각했다. 여기서 주저앉아 버린다면 자신에게 정이 떨어져 버릴 것이다. 그는 다시 한 번 마음속으로 단호한 결심을 했다. 내일 밤에는 반드시 키스를 해 보리라고.

이튿날 일어나 보니 비가 내리고 있었다. 얼른 생각이 든 것은 이 상태로는 밤에 정원에 나갈 수가 없겠다는 것이었다. 아침식사 때의 필립은 전에 없이 원기 왕성했다. 윌킨슨 양은 메리 앤을 통해서 두통이 심해 그냥 누워 있고 싶다는 전갈을 해왔다. 끝내 차 마실 시간까지 나타나지 않다가 실내옷을 입고 내려왔을 때에는 얼굴빛이 창백했다. 그러나 저녁식사 때까지는 완전히 회복되어서 식사 시간은 매우 즐거웠다. 저녁 기도가 끝나자 그녀는 오늘 밤에는 일찍 잠자리에 들겠다면서 캐리 부인에게 키스했다. 그리고는 문득 생각난 듯이 필립 쪽을 향하더니 큰 소리로 말했다.

"아이 참! 당신에게도 키스해 드릴 것을 그랬군요."

"왜 안 해 주시죠?"

그가 말했다.

그녀는 웃으면서 손을 내밀었다. 그의 손을 잡는 그 손은 분명히 힘찬 느낌이 있었다.

이튿날은 구름 한 점 없이 맑게 개였고 비온 뒤의 정원은 말할 수 없이 상쾌했다. 필립은 해수욕에 다녀오자 식욕이 매우 왕성해져서 맛있게 점심을 먹었다. 오후에는 목사관에서 테니스회가 있을 예정이라 윌킨슨 양은 단벌뿐인 나들이옷을 입고 있었다. 확실히 맵시 있게 옷을 입을 줄 아는 여인이었다. 부목사 부인과 출가한 의사 딸들과 나란히 있는 그녀가 필립에게는 눈에 띄게 세련되어 보였다. 그녀는 허리띠에 장미꽃 두 송이를 장식으로 달고 빨간 파라솔을 받치고, 잔디밭 옆에 놓인 의자에 앉아 있었다. 햇빛에 반사된 그녀의 얼굴은 한층 더 아름다웠다. 필립은 테니스를 좋아했다. 서브는 잘하지만 잘 뛰질 못했으므로 처음부터 끝까지 네트 가까이에서만 공을 쳤다. 절름발이임에도 동작이 매우 민첩했으므로 그의 좌우로 공을 빼는 일은 매우 어려웠다. 세트마다 다 이겨서 그는 매우 기분이 좋았다. 차 시간에는 더워서 숨을 헐떡거리며 윌킨슨 양의 발치에 누워 있었다. 그녀가 불쑥 말을 꺼냈다.

"운동복이 참 잘 어울리시네요. 오늘 오후 당신은 참 멋있었어요."

그는 기뻐서 얼굴이 달아올랐다.

"칭찬을 받았으니 저도 답례를 해야겠군요. 당신도 오늘은 정말 황홀할 만큼 아름답더군요."

그녀는 가볍게 웃어 보이면서 검은 눈으로 언제까지나 그를 지켜보고 있었다.

저녁식사가 끝나자 그는 다시 밖으로 나가자고 끌었다.

"오늘은 운동을 충분히 하셨을 텐데요."

"그래도 오늘 밤은 유달리 정원이 아름다울 거예요. 넓은 하늘엔 별들이 총총히 빛날 거고요."

그는 기분이 매우 좋았다.

"당신 때문에 큰어머니께 꾸중 들은 일 알고 계세요?"

뒷마당으로 나오며 윌킨슨 양이 갑자기 말했다.

"당신과 너무 다정하게 지내면 못 쓴다고 하시더군요."

"언제 그렇게 다정하게 해주셨던가요? 전 전혀 몰랐는데요."

"아녜요. 큰어머니가 농담으로 그러셨을 거예요."

"하지만 어제 저녁 끝내 키스해 주시지 않으시다니, 정말 매정한 분이에요."

"하지만 내가 그 말을 했을 때 큰아버님께서 어떤 표정을 지으셨는지 봤더라면 아셨을 것을."
"키스하지 않은 것이 단지 그 때문이었나요?"
"하지만 키스할 때 남들이 보면 전 싫어요."
"그럼 지금은 아무도 보는 사람이 없는데."
 필립은 그녀의 허리에 팔을 돌리고 그녀의 입술에 자기 입술을 포개었다. 그녀는 조금 웃었을 뿐 피하려고는 하지 않았다. 극히 자연스러운 키스였다. 필립은 제법 의기양양했다. 결심했던 대로 실행한 셈이었다. 무척 수월한 일이었다. 이럴 줄 알았으면 진작 해치웠을 것을. 그는 다시 한 번 입술을 포개었다.
"아아, 이젠 그만."
"왜 안 된다는 거죠?"
"너무 좋으니까요."
 그녀는 웃어 보였다.

34

 이튿날 점심식사를 마친 뒤 두 사람은 깔개와 쿠션과 책을 가지고 분수가 있는 곳으로 갔다. 물론 독서할 분위기는 아니었다. 윌킨슨 양은 사뭇 편안한 자세를 취하고는 붉은 양산을 펴서 받쳤다. 이제는 필립도 완전히 부끄러움을 잊었으나 그녀는 처음에는 도무지 키스를 허락하지 않았다.
"어젯밤엔 제가 잘못이었다고 생각해요. 좀처럼 잠을 자지 못했어요. 뭔가 나쁜 짓을 한 것만 같아서요."
"그럴 리가! 푹 주무실 수 있었을 텐데요."
"하지만 큰아버님께서 알면 뭐라겠어요?"
"아실 리가 없잖아요."
 그는 그녀에게 몸을 기대듯이 하며 다가앉았다. 심장이 심하게 고동쳤다.
"왜 그렇게 키스하고 싶으시죠?"
 여기에선 한마디 "사랑하기 때문이죠"라고 대답해 주어야 한다는 것을 알았지만 아무래도 그 소리가 입 밖에 나오지 않았다. 그래서 그는 되물었다.
"왜 그럴 거라고 생각하세요?"
 그녀는 웃으면서 그를 바라보다가 손가락을 살그머니 그의 얼굴에 갖다 대더니 중얼거리듯이 말했다.
"얼굴이 참 보드랍군요."
"웬걸요. 면도질을 자주 안 해서……."
어째서 이렇게도 낭만적인 말투를 못 쓰는지 자기 자신도 놀라울 뿐이었다. 그는 말을 하기보다는 차라리 아예 잠자코 있는 편이 낫다는 것을 깨달았다. 입을 다물고 있으면 무언가 표현하기 어려운 신비로운 존재처럼 보일 것이다. 윌킨슨 양은 한숨을 쉬었다.
"정말 제가 좋으세요?"
"그럼요, 무척."
또 한 번 키스하려 하자 이번에는 그녀도 거절하지 않았다. 그는 실제 이상으로 훨씬 격렬하고 정열적인 연기를 해보인 셈이었다. 이제야 자신의 눈에도 그다지 웁지 않을 만큼 연극에 성공한 것 같았다.
"전 어쩐지 당신이란 사람이 무서워졌어요."
윌킨슨 양이 말했다.
"저녁식사가 끝나면 또 나와 주시겠죠?"
필립은 마치 애원이라도 하듯이 말했다.
"얌전히 굴겠다고 약속만 하신다면."
"그야 하죠, 어떤 약속이라도."
조금 연극을 해보인 정열의 불길에 그 자신이 부채질당하고 만 것 같은 형국이었다. 차 시간에는 시끄러울 만큼 쾌활했다. 윌킨슨 양은 불안한 눈으로 그를 바라보고 있었다.
"그렇게 눈을 반짝거리는 게 아녜요. 큰어머님께서 어떻게 생각하실지 모르잖아요."
나중에 그녀는 필립에게 타이르듯이 말했다.
"큰어머니가 어떻게 생각하시든 알 바 아니에요."
윌킨슨 양은 재미있다는 듯이 웃어댔다. 저녁식사가 끝나자 곧 그는 그녀에게 물었다.
"담배 한 대를 피우고 싶은데, 함께 안 나가시겠어요?"
"윌킨슨 양은 좀 쉽게 내버려 두어라."
캐리 부인이 말참견했다.

"윌킨슨 양은 너처럼 어린애가 아니란다."

그러자 윌킨슨 양 쪽에서 오히려 짓궂은 투로 말을 받았다.

"아녜요, 저도 지금 막 나가려던 참이었어요."

"점심 뒤엔 산책하고, 저녁 뒤엔 쉬는 법이란다."

캐리 씨도 빙 돌려서 못을 박았다.

두 사람이 문을 닫고 나오자 윌킨슨 양이 이내 입을 열었다.

"아주 좋은 아주머니지만 때로는 무척 화날 때도 있어요."

필립은 조금 전에 막 불을 붙인 담배를 집어던지고 느닷없이 두 팔을 벌려 그녀에게 덤벼들었다.

"점잖게 행동하겠다고 약속하셨잖아요?"

"그런 약속은 지킬 리가 없으리란 것쯤은 알았을 텐데요."

"안 돼요, 이렇게 집 가까운 데선. 누가 오면 어떡하려고 이러세요?"

그는 사람이 별로 다니지 않는 채소밭 쪽으로 앞장서서 성큼성큼 걸어갔다. 윌킨슨 양도 오늘은 집게벌레 이야기를 꺼내지 않았다. 숨이 막힐 것 같은 키스를 했다. 아침에는 별로 매력을 느끼지 않았는데 오후에는 좀더 나아지고, 그것이 일단 밤이 되면 무슨 조화인지 그녀의 손에 닿기만 해도 마치 전율 같은 쾌감을 느끼게 되었다. 그는 도무지 그 이유를 알 수 없었다. 아무리 생각해도 차마 할 수 없는 말을 태연하게 입 밖에 내곤 했다. 한낮에는 도저히 꿈도 꾸지 못할 말이었다. 그는 자기도 모르게 어떤 신비감과 만족감으로 자신의 말에 귀를 기울이고 있었다.

"아주 멋있게 유혹하는군요."

그녀도 감탄을 아끼지 않았다.

자기 스스로도 정말 그렇다고 생각했다.

"아! 가슴에 타오르는 이 모든 것을 온통 내쏟아 말해 버릴 수 있다면."

숨찬 듯이 중얼거렸다.

멋진 성공이었다. 지금까지 겪은 어떤 놀이보다도 신나는 놀이였다. 더욱이 놀란 것은 자기가 입 밖에 내는 그 말이 거의 그대로 자기의 감정이 되어 버리는 것이었다. 다소 말이 부풀려져 있다는 것만 다를 뿐이었다. 그 말의 효과가 그대로 여자에게 나타나는 것을 보았을 때 그는 깊은 흥미와 흥분을 느꼈다. 그러나 드디어 그녀는 굳게 결심한 듯 집으로 들어가자고 졸랐다.

"아아! 기다려요. 가지 말아요."
그는 외쳤다.
"아녜요. 안 돼요, 전 어쩐지 무서워졌어요."
그녀는 속삭이듯이 나직한 목소리로 중얼거렸다. 갑자기 그는 이런 경우 어떻게 하는 것이 가장 좋은가를 본능처럼 직감했다.
"그래도 난 못 들어가겠어요. 잠깐 여기서 생각 좀 해보겠어요. 얼굴이 화끈거려서 찬바람을 쐬어야겠어요. 그럼 안녕히 주무세요."
그는 엄숙한 표정으로 손을 내밀었다. 그녀는 묵묵히 그 손을 잡았다. 어쩐지 그녀가 울음을 참으려고 입술을 깨물고 있는 것처럼 느껴졌다. 오! 얼마나 황홀한 일인가! 그는 혼자 캄캄한 정원에 남아 오히려 할 일이 없어서 심심해졌다. 한참 만에 집에 들어와 보니 윌킨슨 양은 이미 잠자리에 들었는지 보이지 않았다.

그 뒤로 두 사람 관계는 변해 버리고 말았다. 다음 날 또 그 다음 날도 필립은 열렬한 애인처럼 행동했다. 윌킨슨 양도 자기를 사랑한다는 것을 알고 난 뒤부터는 마음이 흐뭇했다. 그녀는 프랑스어로도 그렇게 말했고, 영어로도 그렇게 말했다. 여러 가지로 그에게 찬사를 보내기도 했다. 그의 눈이 매혹적이고, 입술은 육감적이라고 말한 사람도 윌킨슨 양이었다. 지금까지는 용모에 그다지 큰 관심이 없었지만 요즘엔 틈만 있으면 거울에 얼굴을 비춰 보며 흐뭇해했다. 키스를 할 때마다 자기의 정열이 그녀의 마음을 뒤흔들어 버리고 만다는 사실을 느낀다는 것은 더할 수 없는 즐거움이었다. 키스는 자주 했다. 상대가 기대하고 있는 말을 직감적으로 알아차려서 그것을 말하기보다는 키스하는 편이 훨씬 쉬웠기 때문이다. 아무리 뭣해도 그녀를 나의 여신이라는 둥 찬양하기는 아직도 쑥스러웠다. 누구든지 자기의 그 일을 자랑할 상대가 있었으면 싶었다. 그러면 그가 한 행동에 대해서도 좀더 많이 자세하게 이야기해 주었을 것이다. 이따금 그녀는 수수께끼 같은 말을 해서 그를 어리둥절하게 만들었는데 그럴 때 그는 헤이워드 같은 친구가 있어 주었으면, 그것이 어떤 의미인지 또 이쪽에서는 어떻게 행동하면 좋을지를 물어볼 수도 있으련만, 하고 생각했다. 이대로 일을 서둘러야 할지, 아니면 더 기다려야 할지, 그는 마음을 정할 수가 없었다. 앞으로 3주일밖에 남지 않았다.

"그 일만 생각하면 전 견딜 수가 없어요. 가슴이 찢어지는 것만 같아요. 우리는 앞으로 다시는 만날 수 없겠죠."

"나를 조금이라도 생각해 주신다면 그렇게 매정스러운 말은 말아 주십시오."

그는 소곤거리듯이 말했다.

"만사는 될 대로 되는 법이에요. 왜 그 정도로 만족하실 수 없나요? 남자들이란 언제나 똑같군요. 절대로 만족이라는 것을 모르니."

그래도 필립이 굳이 졸라대자 그녀는 말했다.

"글쎄 그건 불가능하잖아요. 어떻게 여기서 그럴 수가 있겠어요?"

필립은 생각해 낼 수 있는 한 여러 가지로 방법을 말해 보았으나 그녀는 아예 조금도 귀담아들으려 하지 않았다.

"그런 위험한 일을 어떻게 해요. 당신 큰어머니께서 아시기라도 해봐요. 그땐 정말 큰일 난단 말이에요."

며칠 뒤 필립은 기막힌 꾀를 생각해 냈다.

"이것 봐요, 다음 일요일 저녁에 말이지요, 당신은 머리가 아프니 집이나 지키겠다고 말하세요. 그러면 분명 큰어머니께서 교회에 가실 테니까요."

일요일 밤이면 보통 메어리 앤을 교회에 보내기 위해서 캐리 부인은 집에 남았다. 그러나 물론 저녁 예배에 참석할 수만 있다면 큰어머니는 무척 기뻐하며 그렇게 할 것이다.

그는 독일에서 공부할 때 생긴 그리스도교에 대한 자기 견해의 변화를 친척들에게 이야기할 생각은 별로 없었다. 어차피 이해해 주지 않을 것이 뻔했다. 그보다도 잠자코 교회에 나가는 편이 덜 귀찮았다. 그는 아침 예배에만 참석했다. 그렇게 하는 것이 세상 사람들의 편견에 대한 하나의 타협이라 생각했고, 그 대신 저녁 예배엔 절대로 참석하지 않는 것을 무신론자의 당연한 주장이라고 생각했다.

그가 그 방안을 제안하자 윌킨슨 양은 잠자코 묵묵히 생각하더니 머리를 살래살래 흔들며 대답했다.

"아뇨, 안 돼요."

그러나 일요일 저녁에 차를 마실 때 그녀는 갑자기 필립을 놀라게 했다.

"전 오늘 저녁에 교회에 못 나가겠어요. 웬일인지 머리가 무척 아파요" 하고 말을 꺼내지 않는가.

캐리 부인은 매우 걱정하면서 자기가 복용하는 물약을 마시지 않겠느냐고 했다. 윌킨슨 양은 고맙다고만 말할 뿐, 자기 방에 가서 자겠다고 했다.

"무엇 먹고 싶은 건 없어요?"

자못 걱정스러운 듯이 캐리 부인이 물었다.

"아뇨, 아무것도 없어요. 고맙습니다."

"그럼, 시중들 일이 없으면 오늘 저녁엔 오래간만에 교회에 좀 나가 봤으면 해요. 밤에는 좀처럼 나갈 수가 없어서 말이에요."

"네, 괜찮아요. 다녀오시죠."

"그렇다면 저도 남아서 집을 보기로 하죠."

필립이 말했다.

"만약 윌킨슨 양에게 무슨 일이 있으면 내가 도와 드리도록 하죠."

"그럼 응접실 문을 열어 두는 게 좋겠구나. 윌킨슨 양이 벨을 누르면 잘 들리게."

"그러지요."

그렇게 해서 6시가 지나자 집에는 그와 윌킨슨 양 두 사람만이 남았다. 그는 불안으로 가슴이 가득 찼다. 그런 말을 하지 말 것을 그랬구나 하고 진심으로 뉘우쳤다. 그러나 이미 때는 늦었다. 이렇게 된 이상 자신이 만든 기회는 자신이 잡을 수밖에 없게 되었다. 그러지 않으면 윌킨슨 양이 자기를 어떻게 생각하겠는가? 그는 홀로 나가서 가만히 귀를 기울였다. 아무 소리도 들리지 않았다. 정말 머리가 아픈 것일까? 아니 그가 한 말을 아마 잊어버렸는지도 모른다. 숨 가쁠 만큼 가슴이 뛰었다. 될 수 있는 대로 소리를 죽이고 살며시 계단을 올라갔으나, 계단이 삐걱거릴 때마다 멈칫했다. 윌킨슨 양의 방 앞에 서서 가만히 숨을 죽였다. 손잡이를 살짝 쥐었다. 한동안 그대로 서 있었다. 마음이 정해질 때까지 적어도 5분은 기다린 것 같았다. 손이 바들바들 떨렸다. 이대로 그냥 돌아가 버릴까도 생각했다. 나중에 닥쳐올 후회가 두려웠다. 마치 수영장의 가장 높은 다이빙대에라도 올라가는 것 같은 기분이었다. 밑에서 보면 아무것도 아니지만 실제로 올라가서 밑의 물을 내려다보면 갑자기 무서워진다. 그곳을 구태여 뛰어내리게 하는 힘이 있다면, 그것은 다만 지금 올라온 계단을 맥없이 도로 내려간다는 부끄러움밖에는 아무것도 없을 것이다. 그는 필사적으로 용기를 냈다. 손잡이를 살짝 돌리고 방 안으로 들어섰다. 마치 바람에 흔들리는 나뭇잎처럼 떨고 있다는 것을 스스로도 느꼈다.

월킨슨 양은 문을 등지고 화장대 옆에 서 있었는데, 문이 열리는 소리가 나자 홱 돌아섰다.

"아, 당신이었군요. 무슨 일이죠?"

그녀는 치마와 블라우스를 벗어 버리고 페티코트만 걸치고 서 있었다. 짧은 페티코트는 반장화 위까지밖에 내려오지 않았다. 위의 절반은 무언지 검게 빛나는 빛깔의 옷감이었고 빨간 주름 장식이 달려 있었다. 소매가 짧은 하얀 캘리코 화장옷을 입고 있었다. 오히려 괴이하게 보였다. 가만히 보고 있는 동안에 필립은 적이 실망했다. 이다지도 볼품없는 그녀를 본 적이 없었기 때문이다. 그러나 이미 늦은 일이었다. 그는 손을 뒤로 돌려서 문을 닫고 자물쇠를 잠갔다.

35

다음 날 아침 필립은 일찍 눈을 떴다. 밤새도록 거의 잠을 이루지 못했으나 두 다리를 쭉 뻗고 베니스식 발 사이로 마루 위에 비치는 햇살을 바라보자 만족스레 한숨을 내쉬었다. 그는 만족하고 있었다. 월킨슨 양의 일을 생각하기 시작했다. 그녀는 에밀리라고 불러 달라 했지만 어쩐지 그는 그렇게 부를 수가 없었다. 그냥 월킨슨 양으로만 생각됐다. 그러나 그렇게 불렀다가 야단을 맞았으므로 그때부터는 아예 이름을 부르지 않았다. 그가 어렸을 때 해군 장교의 미망인이었던 루이자 큰어머니의 여동생이 에밀리 아주머니라 불리는 것을 들었으므로 월킨슨 양을 그렇게 부르기가 싫었던 것이다. 그렇다고 해서 따로 그보다 더 좋은 이름을 생각해 낼 수도 없었다. 아무튼 처음부터 월킨슨 양으로 알았고, 따라서 그녀의 인상에서 이름을 떼어놓기는 어려웠다. 필립은 눈살을 찌푸렸다. 여하튼 그는 그녀의 가장 안 좋은 모습을 보았기 때문이다. 하얀 화장옷과 짧은 페티코트를 입고 홱 돌아선 그녀를 보았을 때 느꼈던 놀라움을 그는 지금도 잊을 수가 없었다. 그녀의 약간 거친 살결, 목덜미에 잡힌 길게 뻗친 주름살을 뚜렷하게 기억했다. 그의 승리감은 잠시였다. 필립은 다시 그녀의 나이를 곰곰이 헤아려 보았으나 마흔 살 아래로는 생각되지 않았다. 그렇다면 매우 어리석은 이야기였다. 결국 월킨슨 양은 이렇다 할 것 없는 늙은 여자가 아닌가? 금방 필립의 공상은, 격에 맞지도 않게 요란하고, 나이에 어울리지 않게 지나치게 젊어 보이도록 만든 옷을 입은 주름투성이 여자의 짙은 화장을 마음속에 그려내는 것이었다. 소름이 쫙 끼쳤다. 갑자기 다시는 그녀를 만나고 싶지 않았다. 더구나 그녀와 다시 키스한다니 생각만 해도 견딜 수가 없었다. 필립은 소름이 끼치도록 진저리가 났다. 이것이 사랑이란 것일까?

윌킨슨 양과 얼굴 마주치는 것을 조금이라도 늦추기 위해 필립은 될 수 있는 대로 천천히 옷을 갈아입었다. 드디어 식당으로 내려갔을 때에도 그의 마음은 우울했다.

기도가 끝나 그들은 모두 식탁에 둘러앉았다.

"잠꾸러기군요."

윌킨슨 양이 별안간 점잖지 못하게 소리쳤다.

필립은 그녀를 바라보고 적이 마음을 놓았다, 창을 등지고 앉아 있었는데 퍽 아름답게 보였다. 왜 조금 전에는 그런 생각을 했는지 이상스러웠다. 필립은 다시 흐뭇해졌다.

그는 윌킨슨 양의 이러한 변화에 어리둥절했다. 아침식사를 마치고 다시 단둘이 되자 그녀는 감동으로 떨리는 듯한 목소리로 사랑한다고 말했다. 잠시 뒤 노래 레슨을 받으려고 응접실로 갔을 때, 그녀는 피아노 의자에 앉아 있었는데, 음계 연습 도중에 갑자기 얼굴을 들더니 "나 좀 안아 줘요" 하고 말하는 것이었다.

필립이 허리를 굽히자 그녀는 양팔로 그의 목을 껴안았다. 자세가 거북했으므로 그는 괴로워서 견딜 수가 없었다. 그러나 그녀는 강한 프랑스어 악센트로 잇따라 말했다.

"아아, 난 당신을 사랑해요, 사랑해요. 진정으로 사랑해요!"

필립은 영어로 말해 주었으면 오히려 좋겠다고 생각했다.

"정원사가 언제 창 앞을 지나갈지 몰라요. 그걸 잊어버리면 어떡해요."

"정원사 같은 건 상관없어요. 상관없어요. 어떻든 상관없단 말이에요."

필립은 이건 마치 프랑스 소설과 비슷하다고 생각했다. 그리고 왜 그런지 자기도 잘 몰랐지만 좀 싫은 생각이 들었다.

마침내 그는 말했다.

"저, 난 바닷가에서 한바탕 헤엄치고 돌아올까 하는데요."

"싫어요, 오늘 아침만은 함께 있어 주셔야죠. 가지 말아요, 오늘 아침만은!"

필립은 왜 가면 안 되는지 알 수가 없었다. 그러나 그런 것은 아무래도 좋았다.

"그럼 여기에 있기를 바라요?"

그는 웃으면서 말했다.

"아아, 필립. 사랑해요! 가셔도 좋아요. 다녀오세요. 전 당신이 파도를 타고 저 넓은 바닷속에서 마음껏 헤엄치는 모습을 떠올리고 싶어요."

필립은 모자를 쓰고 어슬렁어슬렁 걸어 나갔다.

'여자란 왜 그렇게 쓸데없는 소리를 한담.'

그는 혼자 생각했다.

그러나 한편으로는 역시 기뻐서 마음이 울렁거렸다. 분명히 그녀는 자기에게 반한 것이다.

그는 블랙스테이블 중심가를 절뚝절뚝 걸어가면서 지나가는 사람들을 다소 업신여기는 듯한 눈초리로 바라보았다. 아는 사람도 몇 만났다. 그는 점잖게 웃는 얼굴로 인사를 나누면서, 아아! 저들이 나의 이 행복을 알아준다면 얼마나 좋을까 하고 속으로 생각했다. 아무튼 누구에게라도 알리고 싶었다. 그렇다, 이 일을 헤이워드에게 알리자. 그는 마음속으로 편지의 글귀를 꾸며 보았다. 정원 이야기, 장미꽃, 그리고 그 다음은 사랑스러운 프랑스 여자 가정교사에 대한 일—한 떨기 장미꽃 사이에 피어난 향기롭고 앵돌아진 이국적인 꽃—그렇다, 프랑스 사람이라고 해두자. 그토록 오래 프랑스에 살았으니까 거의 프랑스 사람이나 마찬가지일 테고, 또 너무 곧이곧대로 이야기해 버리는 것도 좀 어리석은 짓이다! 우선 첫째로 그 아름다운 모슬린 옷을 입은 그녀를 처음 만났을 때의 이야기부터 시작해서 다음에는 그녀가 준 꽃 이야기를 하자. 그는 매우 감미로운 한 권의 목가를 만들어 냈다. 햇빛과 바다가 거기에 정열과 마술을 불어넣었고, 별들이 시를 덧붙였다. 낡은 목사관 정원은 잘 어울리는 배경이었다.

어딘가 메러디스의 흥취가 엿보였다. 반드시 루시 페버럴이나, 클라라 미들튼(메러디스 소설의 등장인물들)이라는 것은 아니지만 어쨌든 말로는 나타낼 수 없는 매혹적인 것이었다. 필립의 심장은 한층 더 심하게 뛰었다. 완전히 공상에 빠져서, 차가운 물방울이 떨어지는 몸으로 탈의장까지 헤엄쳐오는 동안에도 똑같은 일을 생각했다. 우선 애정의 대상이 됨직한 여성을 여러모로 그려 보았다. 멋있고 조그만 코, 커다란 갈색 눈─그렇다! 이렇게 헤이워드에게 써 보내자─숱이 많고 부드러운 갈색 머리, 그것이야말로 얼굴을 묻기에 어울리는 아름다운 머리. 게다가 햇빛과도 같고, 상앗빛과도 같은 살결, 빨간 장미꽃 같은 뺨, 그런데 그녀의 나이는? 열여덟 살쯤으로 하자. 이름까지 뮤제트라고 붙였다. 그녀의 웃음소리는 마치 잔잔한 시냇물 같고, 그리고 목소리는 사뭇 부드럽고 낮다. 그건 일찍이 들어 본 적이 없을 만큼 아름다운 음악이다.

"어머나, 무엇을 그렇게 골똘히 생각하시죠?"

필립은 깜짝 놀라서 멈춰 섰다. 그는 천천히 집 쪽으로 걸어가던 참이었다.

"아까부터 얼마나 손을 흔들었는지 몰라요. 아주 넋을 잃어버린 사람 같군요."

윌킨슨 양이 당황해하는 그를 보고 웃으면서 눈앞에 서 있었다.

"당신 마중하려고요."

"고맙군요."

"네, 조금."

마침내 그는 헤이워드에게 편지를 썼다. 8장의 긴 편지였다.

남은 2주일도 쏜살같이 지나갔다. 밤마다 저녁을 마치고 나서 그들이 정원을 거닐 때면 윌킨슨 양은 오늘도 또 하루 지났군요, 하고 말했으나 필립은 너무나 유쾌해서 그런 것은 느껴지지도 않는 듯했다. 어느 날 밤 그녀는 만약 자기도 베를린 대신 런던에 일자리를 구할 수 있다면 얼마나 좋을까, 그렇게만 된다면 서로 끊임없이 자주 만날 수 있을 텐데, 하고 말했다. 필립도 그것 참 좋겠군요, 하고 대답하기는 했으나 아무리 생각해도 선뜻 마음이 내키지는 않았다. 그는 런던에서의 멋진 생활을 꿈꾸고 있었다. 그리고 그런 생활에 쓸데없는 방해물 따위는 없는 편이 좋았던 것이다. 그가 자기의 계획을 좀 지나치리만큼 이야기했으므로 윌킨슨 양은 차차 식어가기 시작한 낌새를 알아차린 것 같았다.

"절 조금이라도 사랑하신다면 그런 말씀은 하실 수 없을 거예요."

인간의 굴레 191

그녀가 외쳤다.

그는 어이가 없어서 아무 말도 할 수 없었다.

"아아, 전 정말 바보 같은 여자였어요."

그녀는 중얼거렸다.

놀랍게도 그녀는 울고 있었다. 원래 마음이 착한 필립으로서는 어쨌든 남의 불행을 보는 것은 견딜 수 없는 일이었다.

"아아! 정말 미안하군요. 하지만 제가 어쨌다는 거지요? 울지 마세요."

"저 좀 보세요, 필립. 부탁이에요, 버리지 말아 주세요. 저에게 당신이 얼마나 소중한 사람인지 모르실 거예요. 전 정말 불행했어요. 그걸 당신이 행복하게 만들어 주셨어요."

말없이 그는 여인에게 키스해 주었다. 그녀의 말 속에는 어떤 진실 같은 애절한 느낌이 있었다. 그는 조금 놀랐다. 그녀의 말이 그토록 진지하고 필사적인 것일 줄은 미처 생각지 못했었다.

"내가 잘못했어요. 난 당신이 정말 좋아요. 런던에 꼭 오시게 되면 좋겠군요."

"안 된다는 것쯤은 아시잖아요. 일자리도 얻어지지 않을 테고 게다가 저는 영국 생활이 아주 싫으니까요."

그녀의 슬픔에 휘말려서 자기가 연극하고 있다는 사실도 까맣게 잊은 채 그는 더욱 힘주어 그녀를 껴안았다. 그녀의 눈물을 보자 어쩐지 기뻐져서 진정으로 그녀에게 키스했다.

그러나 이틀 뒤 큰 소동이 일어나고 말았다. 마침 목사관에서 테니스회가 있었는데 최근 블랙스테이블로 이사 온 인도 연대에 근무하던 한 퇴역 소령의 딸 둘이 참석했다. 언니는 필립과 동갑이었고 동생은 한두 살 아래였는데 둘 모두 엄청 미인이었다. 그녀들은 젊은 남성들과의 교제에는 익숙했으므로(두 사람 다 인도 산간 주둔지의 이야기를 많이 알았고 마침 러드야드 키플링 소설을 누구나가 열심히 읽을 때였다) 곧 떠들썩하게 필립을 놀리기 시작했다. 그로서도 처음 겪는 일—왜냐하면 블랙스테이블에서 젊은 여인들은 목사의 조카라고 하면 자연히 점잖은 태도로 대해 왔으므로—이라 재미있어서 마음껏 떠들어대며 놀았다. 그 또한 그의 마음속에 숨어 있던 악마와 같은 것에 충동질당했다고나 할까, 그녀들에게 맹렬한 장난을 시작했다. 젊은 남자라곤 그뿐이었으므로 처녀들도 기다리고 있었다는 듯이 기꺼이 받아 넘겼다. 자매는 모두 테니스를 잘 쳤다. 블랙스테이블에 와서 처음 테니스를 배운 윌킨슨 양을 상대로 서툰 게임하기가 마침 싫증나던 참인 필립은 차 시간이 끝나고 짝을 짓게 되자 윌킨슨 양에게 이렇게 제안했다. 당신은 부목사와 짝이 되어 부목사의 부인과 상대하라, 자기는 나중에 두 자매와 하고 싶다. 그러고는 언니인 오코너 양 곁에 앉아서 나직한 목소리로 속삭였다.

"먼저 서툰 패들에게 자리를 내주고 우리는 그 다음에 유쾌하게 해봐요."

그런데 이 말이 공교롭게도 윌킨슨 양 귀에 들린 모양이었다. 그녀는 라켓을 팽개치고는 두통이 난다며 가버렸다. 기분이 상했다는 것쯤은 누구나 알 수 있었다. 그러나 일부러 들으라는 듯이 하는 행동에 필립도 조금 언짢아졌다. 그래 그녀를 빼버리고 짝을 지어 버렸는데, 조금 뒤에 캐리 부인이 그를 불렀다.

"필립, 너 에밀리의 기분을 언짢게 했나 보구나. 방에서 울고 있더라."

"무엇 때문에 그럴까요?"

"서투르니 뭐니 그랬던 거 아니냐? 별로 악의가 있어서 그런 것이 아니라고 말해 주고 오너라, 내 말 들어요."

"그러지요."

그는 윌킨슨 양 방을 노크해 보았으나 응답이 없어서 그냥 안으로 들어갔다. 그녀는 침대 위에 엎드려서 울고 있었다. 그는 살그머니 어깨에 손을 얹었다.

"이봐요, 도대체 왜 울어요?"

"내버려 둬요. 당신 같은 사람하곤 두 번 다시 말도 하고 싶지 않아요."

"내가 어쨌다는 거예요? 만일 당신 기분을 언짢게 해드렸다면 정말 미안해요. 절대로 그러려고 했던 것은 아니었어요. 자아, 일어나세요."

"나처럼 불행한 여자가 또 어디 있겠어요. 당신은 어쩌면 그다지도 매정하실 수가 있어요. 난 테니스 같이 하잘것없는 것은 딱 질색이에요. 다만 당신하고 함께하고 싶으니까 했던 것뿐이었단 말이에요."

그녀는 몸을 일으키더니 화장대 쪽으로 걸어갔다. 그러고는 거울을 한번 힐끗 쳐다보았을 뿐 그대로 의자에 털썩 주저앉아 버렸다. 그리고 손수건을 동그랗게 뭉쳐서 그것으로 눈물을 눌러 닦았다.

인간의 굴레

"저는 여자로서 남자에게 줄 수 있는 가장 소중한 것까지 당신에게 바쳤단 말이에요. 아아, 얼마나 바보 같은 짓이람. 그런데도 당신은 고맙다는 표정도 없잖아요? 아주 무정한 분이란 말이에요. 어쩌면 그런 천덕스러운 여자들과 시시덕거리면서 마치 일부러 저를 구박하는 것처럼 그럴 수가 있어요. 이제 겨우 일주일밖에 더 됐나요. 그런데 이렇게밖에는 못해 주시나요?"

필립은 시무룩해서 그녀를 내려다보며 서 있었다. 이건 마치 어린아이들 같은 짓이 아닌가? 두 사람만 있을 때라면 또 모르겠지만 남들 앞에서까지 언짢은 내색을 한다는 것은 아무래도 불쾌해서 화가 치밀었다.

"하지만 아실 거 아니에요. 나는 조금도 그 두 사람에게 무슨 생각이 있는 건 아니에요. 도대체 왜 그렇게 남을 의심하고 억측하는 거지요?"

윌킨슨 양은 손수건을 뗐다. 화장한 얼굴에 눈물자국이 뚜렷하게 남았고, 머리도 다소 헝클어져 있었다. 이젠 흰옷도 어울리지 않았다. 그녀는 정열에 타는 굶주린 듯한 눈으로 필립을 빤히 바라보고 있었다.

"그야 당신은 겨우 스물이고 그 여자들도 그 정도 아니에요." 쉰 듯한 목소리였다. "그런데 전 할머니란 말이에요."

필립은 얼굴을 붉히고 눈을 돌렸다. 괴로운 듯한 그녀의 음성이 묘하게 그의 마음을 불안하게 했다. 이런 여자와 관계를 맺지 말걸 그랬다고 마음속으로 뉘우쳤다.

"전 처음부터 당신을 불행하게 할 생각은 조금도 없었어요."

그는 스스로도 서투르다고 생각하면서 말했다.

"이제 그만 내려가서 모든 사람들과 어울리도록 해요. 모두 궁금하게 생각할 거예요."

"네, 가겠어요."

어쨌든 그녀 곁에서 떨어지고 싶었던 것이다.

곧 화해는 했지만 그 뒤 며칠 동안 가끔 가다 필립으로서는 무척 귀찮은 때가 있었다. 그가 이야기하고 싶은 것은 다만 장래의 일뿐이었지만 윌킨슨 양은 그 이야기만 하면 반드시 울기 시작하는 것이다. 처음 몇 번은 울면 가엾어지고 자기가 몹시 나쁜 사람처럼 생각되어서 새삼스럽게 변함없는 사랑을 강조하기도 했지만 이제는 오히려 화가 치밀기만 했다. 나이 어린 소녀라면 또 모르겠지만 나이도 지긋한 여자가 우는 것은 바보스러웠다. 그녀는 걸핏하면, 당신은 무엇으로도 갚을 수 없을 만큼 감사에 대한 빚을 지고 있다고 말했다. 너무나 강조했으므로 그도 할 수 없이 인정하기는 했지만, 그러나 따지고 보면 감사해야 할 사람은 자기뿐이 아니라 그녀도 마찬가지 아닌가 하는 생각이 들었다. 그녀는 또 감사하는 마음을 형식 있게 나타내라고 했는데 그는 그 형식이라는 것이 도대체 귀찮았다. 그는 전부터 혼자 사는데 어느 정도 익숙해 있었기 때문이다. 아니, 때로는 그것이 절대로 필요하기까지 했다. 그런데 윌킨슨 양은 늘 자기 옆에 있어 주지 않으면 그건 냉담하기 때문이라고 했다.

한번은 오코너 자매가 그들 두 사람을 차 시간에 초대한 일이 있었다. 필립은 가고 싶었으나 윌킨슨 양은 앞으로 닷새만 있으면 여기를 떠나야 할 테니까 꼭 둘이서만 있고 싶다는 것이었다. 그 말이 흐뭇하기도 했지만 귀찮기도 했다. 그녀는 프랑스 남성은 여성에게, 현재의 그와 그녀와의 관계처럼 되었을 때 얼마나 자상하고 살뜰한가를 실례를 들어가며 이야기해 주었다. 그들의 은근함, 그들의 강한 자기희생애 그리고 흠잡을 데 없는 사교성에 이르기까지 찬사를 아끼지 않았다. 그녀의 요구는 어지간히 큰 모양이었다.

적어도 완전한 애인일 것 같으면 반드시 갖추어야 할 조건을 장황하게 늘어놓았으니 필립은 잠자코 들으면서, 그녀가 베를린에 가야만 하는 것은 퍽 다행스러운 일이라고 진심으로 감사했다.

"편지 주시겠죠? 매일이에요. 당신이 하시는 일은 하나도 빠뜨리지 않고 알고 싶어요. 어떤 일이든 조금이라도 숨기시면 싫어요."

"그것 참 꽤 분주해지겠는걸. 될 수 있는 대로 자주 쓰도록 하지요."

그녀는 양팔을 그의 목에 세차게 걸어왔다. 그녀의 사랑 표현에는 그도 때때로 난처할 때가 있었다. 좀더 삼가 주었으면 싶었다. 여자 쪽에서 이렇게까지 적극적으로 나서는 데는 그도 좀 놀랐다. 그가 생각하던 여자로서의 조심성과는 전혀 방향이 달랐다.

마침내 그녀가 떠날 날이 닥쳐왔다. 그녀는 희고 검은 격자무늬의 간편한 여행복을 입고, 창백하고 기운이 하나도 없는 표정으로 아침식사 시간에 내려왔다. 어느 모로 보나 그 모습은 유능한 가정교사였다. 필립은 잠자코 있었다. 이런 때 해야 할 적당한 말을 잘 몰랐기 때문이다. 게다가 경솔한 말이라도 했다가는 그녀가 큰아버지 앞에서 울음이라도 터뜨려 난장판을 벌이지 말란 법도 없었다. 무엇보다도 그것이 두려웠다. 마지막 작별인사는 어젯밤에 이미 정원에서 했다. 이제 단둘이서 만날 기회는 없어지는 것이라고 생각하니 그는 한결 마음이 놓였다. 혹시 또 한 번 윌킨슨 양이 층계에서 키스해 달라고 조를까 봐 그는 아침식사를 마치고 나서도 일부러 식당에 남아 있었다. 그는 중년에 가까워져서 한층 더 입이 험해진 메어리 앤한테 야릇한 장면을 들키기가 싫었다. 메어리 앤은 윌킨슨 양을 몹시 싫어해서 늙은 고양이라고 불렀다. 캐리 부인은 몸이 편치 않아서 정거장까지 나오지 못했으므로 캐리 씨와 필립이 윌킨슨 양을 전송했다. 마침내 기차가 움직이기 시작하자 그녀는 창에서 몸을 내밀고 캐리 씨에게 키스했다.

"필립, 당신에게도 키스를."

"좋아요."

필립은 빨개져서 말했다.

그가 승강구에 올라서자 그녀는 재빠르게 입술을 갖다댔다. 필립이 도로 내리자 기차는 움직이기 시작했다. 윌킨슨 양은 좌석 한쪽 구석에 털썩 주저앉아 둑이 허물어진 것처럼 울기 시작했다. 필립은 목사관으로 돌아오면서 다시 한 번 안도의 한숨을 내쉬었다.

"그래, 무사히 떠났나요?"

그들이 집에 들어가자 루이자 큰어머니가 물었다.

"응. 하마터면 울 뻔했어. 나하고 필립에게 굳이 키스하겠다지 않아."

"하지만 그만큼 나이를 먹었으니까 위험할 거야 없겠죠" 하더니 큰어머니는 식기장 쪽을 가리키면서 말했다. "아 참 필립, 네게 편지가 왔어. 오후 배달로 왔단다."

헤이워드의 답장이었다. 사연은 다음과 같았다.

자네 편지 보았네. 지체 없이 답장을 보내는 걸세. 자네 편지를 어떤 친구에게도 읽어 주었다네. 나를 누구보다도 잘 이해해 주고 내가 여러모로 신세를 지고 있는 친구인데, 회화나 문학도 썩 잘 아는 아름다운 여자일세. 우리 두 사람은 자네 편지가 참으로 멋있다는 데에 동의했다네. 정말로 진실이 넘치는 편지라고 생각하네만 어느 줄을 보아도 무척 즐거운 순진함이 넘치고 있다는 것, 아마 그 사실은 자네 자신도 잘 몰랐을 걸세.

사랑하는 탓일 테지. 마치 시인 같은 글이더군. 자네 멋지군 그래. 진정 자네 청춘의 사랑의 빛이 그대로 내게 느껴지는 것 같았네. 자네의 산문은 자네 감정의 성실성을 그대로 나타내서 마치 음악 같았네. 자넨 행복한가 보군. 틀림없이! 그 마법의 정원을 자네와 그녀가 손을 잡고 마치 다프니스와 클로에(고대 그리스 전원 소설에 나오는 연인들)처럼 꽃 사이를 헤매고 있을 때, 나는 아무도 모르게 그곳에 숨어 있고 싶었다네! 나의 다프니스여, 내 눈에는 부드럽고 황홀하고 불타는 듯한 청춘의 사랑의 빛에 눈을 빛내며 거닐고 있는 자네의 모습이 보이는 것 같네. 그리고 그 젊고 신선하고 상냥한 자네의 클로에는 자네 앞가슴에 안겨서 자네의 사랑을 집요하게 거절하다가—마침내는 자네에게 지고 말았을 테지. 그녀는 한 떨기 장미꽃이겠지! 제비꽃, 아니면 인동덩굴이겠지! 아, 벗이여, 나는 자네가 무척 부럽다네. 자네의 첫사랑이 순수한 한 편의 시였다니 참으로 다행이네. 그 몇 순간을 부디 소중하게 간직하게나. 불사의 모든 신들이 말하자면 자네에게 최대의 선물을 주었으니까 말일세. 그리고 그것은 반드시 자네의 마지막 날까지 감미롭고 슬픈 추억이 될 테니까 말일세. 그러한 지극한 황홀감은 두 번 다시 맛보기 어려울 걸세. 첫사랑이야말로 가장 아름다운 사랑이라네. 게다가 그녀는 아름답고 자네는 젊네. 온 세상이 모두 자네의 것일세. 소녀의 긴 머리 속에 얼굴을 깊숙이 파묻고 있는 자네의 모습을 솔직하고 멋있게 써 보내 준 편지를 읽으면서 나는 가슴이 마구 뛰는 것을 분명히 느꼈다네. 그것은 틀림없이 황금빛이 섞인 멋진 갈색머리였을 테지. 나는 자네들에게 어느 무성한 나무 그늘에 나란히 앉아서 《로미오와 줄리엣》을 함께 읽어 주기를 부탁하고 싶네. 그리고 대지에 무릎을 꿇고 그녀가 남긴 발자국에 나 대신 키스해 주게나. 이것이야말로 그녀의 빛나는 청춘과 그리고 그녀에 대한 자네의 사랑을 위해서 어느 시인이 바치는 정의라고 전해 주게나.

영원히 변치 않을 그대의 벗
G. 이더리지 헤이워드

"무슨 쓸데없는 사설이야."

편지를 다 읽고 나자 필립은 중얼거렸다.

그러고 보니 공교롭게도 윌킨슨 양도 함께 《로미오와 줄리엣》을 읽고 싶다고 한 일이 있었다. 그러나 필립은 곧바로 거절해 버렸었다. 그는 편지를 주머니 속에 집어넣자 너무나 차이나는 현실과 이상, 그것을 생각하곤 고통과도 같은 슬픔을 느꼈다.

36

며칠 뒤에 필립은 런던으로 떠났다. 부목사가 반스에 있는 셋집을 소개해 주었으므로 필립은 편지를 내서 주당 14실링으로 계약했다. 그곳에 도착한 것은 밤이었다. 마르고 주름살투성이인 자그마한 주인 할머니가 그를 방으로 안내했다. 그녀는 차와 함께 고기 요리가 곁들여진 간단한 음식을 마련해 주었다. 거실은 식기장과 테이블이 대부분을 차지하고 있었고, 한쪽 벽에는 말 털로 짠 천으로 씌운 소파가 있었다. 그리고 벽난로 옆에는 그것과 어울리는 팔걸이의자가 하나 있었다. 의자 등에는 장식 달린 흰 덮개가 씌워져 있었고 스프링이 망그러진 시트에는 딱딱한 쿠션이 놓여 있었다.

차를 마시고 나서 필립은 우선 짐을 풀고 책을 정리하고 그리고 책을 읽으려 했으나 어쩐지 우울해졌다. 바깥 거리의 정적이 오히려 그의 마음을 들뜨게 하여, 고독감이 심하게 몸에 스몄다.

다음 날은 일찍 일어났다. 학교에 다닐 때 입던 연미복에 실크 모자를 쓰고 나갔으나 너무 낡아서 사무실 가는 길에 상점에 들러 새것을 사기로 했다. 그것을 사고서도 시간이 많이 남아 스트랜드 거리를 거닐기로 했다. 허버트 카터 회사 사무소는 챈서리 레인 거리에서 들어간 조그마한 옆길에 있어서 그는 찾아가는 데 두서너 번 길을 물어야 했다. 모두 그를 흘끔흘끔 보는 것 같아서 혹시 모자에 가격표가 그대로 붙어 있는 것이나 아닌가 하고, 한번은 일부러 모자를 벗어 보기도 했다. 겨우 사무실을 찾아내 문을 노크했으나 아무런 대답이 없었다. 시계를 들여다보니 겨우 9시 반이었다. 너무 일렀나 싶었다. 다시 10분쯤 걷다가 돌아와 보니 코가 길고 주근깨투성이의 얼굴에 스코틀랜드 사투리를 쓰는 사동이 문을 열어 주었다. 필립은 허버트 카터 씨를 찾았으나 아직 출근하지 않았다는 것이었다.

"몇 시쯤 나오시나요?"

"10시부터 10시 반 사이에 나오십니다."

"그럼 기다려야겠군요."

"무슨 볼일로 오셨는데요?"

사동이 물었다.

필립은 약간 기가 죽었으나, 일부러 익살스러운 몸짓을 하여 그런 기색을 감추었다.

"여기 취직할까 해서 왔는데요."

"아, 당신이 바로 새로 오시기로 한 분이군요. 그럼 어서 안으로 들어오세요. 굿워디 씨가 곧 나오실 겁니다."

필립은 안으로 들어갔다. 들어가면서 그는 나이가 자기와 같아 보이고 그 자신이 하급 서기라고 말하는 그 사동이 그의 다리를 유심히 보고 있는 것을 알았다. 그는 빨개져서 앉자마자 그대로 얼른 저는 다리를 다른 다리 뒤에 감추었다. 방 안을 둘러보았다. 어둡고 몹시 불결한 방이었다. 천장에 있는 창으로부터 햇살이 들어오고 세 줄로 늘어선 책상에 맞추어 높은 걸상이 놓여 있었다. 벽난로 위에는 낡고 더러운 권투시합 판화가 한 장 걸려 있었다. 얼마 뒤 서기들이 하나둘 출근하기 시작했다. 그들은 필립을 보고는 낮은 목소리로 사동에게 누구냐고 물었다. 나중에 알았지만 그 사동의 이름은 맥두걸이라고 했다. 휘파람 소리가 들리자 맥두걸이 일어섰다.

"굿워디 씨가 나오십니다. 지배인이시죠. 당신이 오셨다고 전해 드릴까요?"

"네, 부탁해요."

필립이 말했다.

사동은 방을 나가더니 곧 돌아와서 말했다.

"이쪽으로 오십시오."

필립은 그를 따라서 복도를 가로질러 조그마하고 가구가 거의 없는 방으로 안내되었다. 그 방에는 자그마하고 여윈 남자가 난로를 등지고 서 있었다. 보통 사람들보다 훨씬 작은 키에 큰 머리가 몸뚱이 위에 올려 놓인 것 같아서 매우 기묘하고 우스꽝스러운 꼴이었다. 넓적한 얼굴에 엷고 푸른 눈이 툭 튀어나와 있었다. 희끄무레한 숱 없는 머리카락은 모래 빛이었고 두 볼에는 다듬지 않은 구레나룻이 나 있었으나, 정작 털이 보여야 할 자리에는 한 오라기도 나 있지 않았다. 살빛은 약간 누르스름했다. 그는 필립에게 손을 내밀고 벌레 먹은 이를 모양 없이 드러내 보이며 웃었다. 그러곤 격에 맞지도 않는 위엄을 애써 만들어 보이려는 듯이 말을 했으나 그것이 또 묘하게 겁먹은 것처럼 들렸다. 그는 필립에게 일은 틀림없이 마음에 들 것이며 좀 힘들기는 하겠지만 익숙해지면 재미있을 거라고 했다. 여하튼 돈을 벌 수 있으면 되지 않겠느냐는 둥 여러 가지 이야기를 하면서 그는 그 거만스러움과 수줍음이 묘하게 뒤섞인 웃음을 보였다.

"카터 씨도 곧 오실 거요. 월요일 아침에는 가끔 늦소. 오시면 곧 당신을 부르겠지만 그때까지 할 일을 조금 드리기로 할까요? 부기, 즉 장부를 다룰 줄 아시오?"

"모릅니다."

필립은 대답했다.

"그럴 것이라고 짐작했소. 학교란 데서는 일에 써먹을 만한 것은 아무것도 가르치지 않으니까." 그러더니 그는 잠깐 생각에 잠겼다가 말했다. "가만 있자, 무언가 그래도 할 일이 있을 테지." 그러고는 옆방으로 들어가더니 잠시 뒤에 커다란 마분지 상자를 들고 되돌아왔다. 상자 속에는 무척 많은 편지가 마구 처넣어져 있었는데 그는 그것을 추려서 보낸 사람들의 이름을 알파벳 순서로 정리하라고 했다.

"그럼 수습 서기들이 있는 방으로 데려다 주리다. 그런데 거기 아주 재미있는 사람이 하나 있소. 이름은 왓슨이라고 하지. 왜 그 양조업자 왓슨 크래그 톰프슨이라고 있지 않소? 그 왓슨의 아들이오. 실무를 배우기 위해서 1년 정도 여기 와 있기로 한 거요."

굿워디 씨는 일고여덟 명의 서기들이 사무를 보고 있는 지저분한 방을 지나서 구석진 좁은 방으로 필립을 데려갔다. 유리 칸막이로 된 방이었는데 과연 왓슨이 의자에 몸을 젖히고 앉아서 〈스포츠맨〉이라는 잡지를 읽고 있었다. 몸집이 크고 억세게 생긴 옷차림이 말쑥한 청년이었다. 굿워디 씨가 들어가자 그는 얼굴을 들었다. 그는 지배인을 그저 굿워디라고만 부름으로써 자신의 지위를 과시하는 것 같았다. 왓슨이 친밀하게 구는 것이 못마땅한 듯 지배인은 날카롭게 "왓슨 씨" 하고 불렀는데, 그는 그것을 힐난으로 듣기는커녕 오히려 신사인 자신에 대한 경의라고 생각하는 듯했다.

굿워디 씨가 나가고 필립과 단둘이 남게 되자 왓슨은 필립에게 말했다.

"암만해도 리골레토(경마하는 말 이름)는 실격된 모양이죠?"

"네에, 그래요?"

경마에 대해서는 아무것도 모르는 필립은 그저 그렇게만 대답했다.

그는 왓슨의 훌륭한 옷을 외경하는 듯한 눈으로 바라보고 있었다. 연미복은 몸에 꼭 맞아 썩 잘 어울리고 커다란 넥타이 한복판에는 값비싼 듯한 핀이 솜씨 있게 꽂혀 있었다.

벽난로 위에는 실크 모자가 얹혀 있었는데 반짝반짝 빛이 나는 종 모양이었다. 필립은 자신의 옷차림이 너무나 초라하게 느껴졌다. 왓슨은 사냥 이야기를 하기 시작했다. 이런 지긋지긋한 사무실에서 쓸데없이 시간을 낭비한다는 것은 정말 견딜 수 없는 노릇이며, 사냥갈 수 있는 날은 단지 토요일뿐이라 했고, 총 쏘는 이야기도 했다. 그는 또 여기저기 그럴 듯한 초대를 받았으나, 모두 거절하는 수밖에 없었다고도 했다. 이만저만 분한 일이 아니지만 어차피 언제까지 이런 일을 참을 생각은 없고, 이 구더기 같은 데에 있는 것도 1년밖에 안 남았으므로 그것이 끝나면 곧 자기 장사를 시작하려 한다고 했다. 그때에는 1주일에 나흘은 사냥 나가서 마음껏 총을 쏠 작정이라고 말했다.

"그런데 당신은 5년 동안 있게 될 거라고요?"

비좁은 방 안에서 팔을 한 번 쭉 휘젓고 나서 그는 말했다.

"아마 그럴 겁니다."

필립이 대답했다.

"아마 앞으로는 당신을 자주 만나게 되리라 생각해요. 우리의 봉급 계산은 카터가 해주죠."

필립은 아직도 젊은 왓슨의 거만스러운 태도에 뭔가 약간 억눌리는 듯한 기분을 느꼈다.

블랙스테이블에서는 오히려 양조업자들을 경멸의 눈으로 보았고 큰아버지도 맥주 귀족이라는 둥 곧잘 가벼운 농담을 했었다. 그런 만큼 이렇게 거만하고 잘난 체하는 왓슨을 본다는 것은 필립에게는 놀랄 만한 일일 수밖에 없었다.

왓슨은 자기가 윈체스터 학교를 거쳐 옥스퍼드 대학을 나왔다는 사실을 귀찮을 만큼 강조했고, 특히 필립이 받은 교육에 대한 이야기를 듣자 한층 더 거만하게 굴었다.

"물론 공립학교에 가지 못할 바에는 당신이 다닌 그런 학교도 무방하겠죠."

필립은 사무실에 있는 다른 사람들에 대해서 물어보았다. 그러자 왓슨은 이렇게 대답했다.

"난 그런 사람들에게는 별로 관심이 없소. 그중에서 카터라는 남자는 좀 괜찮은 편이오. 그와는 가끔 식사도 함께 하지만 다른 사람들은 모두 하찮은 족속들이라서요."

이윽고 왓슨은 무언가 하던 일로 다시 돌아갔고 필립도 편지들을 분류하기 시작했다. 그때 굿워디 씨가 들어와서 카터 씨가 왔다고 말했다. 그는 필립을 데리고 그의 방 옆에 있는 넓은 방으로 들어갔다. 커다란 사무용 책상 하나와 커다란 팔걸이의자 한 쌍이 있었으며 마루에는 터키 양탄자가 깔려 있었고 벽에는 사냥에 관한 판화들이 걸려 있었다.

카터 씨는 책상에 앉아 있다가 일어나서 필립과 악수했다. 기다란 프록코트를 입고 있었는데 사뭇 군인 같은 풍채였다. 코밑수염은 기름을 발라서 다듬고 반백의 머리는 짧게 말끔히 깎고 있었다. 곧은 자세로 선 그는 말하는 품도 퍽 패기가 있었다. 엔필드에서 산다고 했다.

사냥과 전원생활의 좋은 점에 대한 이야기에 이르자 그는 매우 열중했다. 그는 허트포드셔의 기마 의용대 장교이며 보수당 협회 회장까지 겸하고 있었다. 어떤 지방의 고관이, 그를 런던의 실업가라고 생각할 사람은 한 명도 없으리라고 평했다는 이야기를 듣고 그는 헛되게 살아오진 않았구나 하고 만족했다는 것이다. 그는 필립에게도 퍽 유쾌하고 격의 없이 이야기했다.

"굿워디 씨가 자네를 돌보아 줄 걸세. 왓슨은 무척 좋은 친구이고 나무랄 데 없는 신사지. 게다가 훌륭한 수렵가야—필립, 자네는 사냥하나? 해본 적이 없다고? 그것참 유감인걸. 사냥이란 신사에게는 유일한 스포츠라네. 하지만 요즘은 여유가 없어서 나도 아들에게 물려주고 말았네. 내 아들은 지금 케임브리지 대학에 다니는데 럭비 학교 출신일세. 럭비 학교는 참 좋은 학교라네. 그곳 학생들은 가정이 모두 훌륭해. 그런데 우리 아들도 2년 뒤에는 수습 서기로 올 예정이네만 그렇게 되면 필립 자네를 위해서 마침 좋을 걸세. 자네는 틀림없이 내 아들을 좋아할 거야. 그 애는 사냥을 썩 잘한다네. 하여간 자네도 잘해 주게. 일은 꼭 마음에 들 걸세. 강의에는 빠지지 말고 출석하도록 하게. 그 강의는 이 직업의 품위를 높이기 위한 것이니까 말일세. 이 직업에는 역시 신사가 필요하다네. 그렇군, 굿워디가 있으니까 무엇이든 모르는 것이 있으면 그에게 묻게나. 그런데 자네 글씨는 잘 쓰는가? 좋아, 그것도 굿워디에게 봐달라고 하지."

필립은 카터 씨의 그 점잖은 태도에 압도되었다. 필립의 고향인 잉글랜드 동남부에서도 신사와 비신사를 엄격하게 구별했지만, 신사 자신은 그런 것을 이야기하는 일이 없었다.

37

처음에는 일이 신기했으므로 필립도 흥미가 있었다. 카터 씨가 부르는 대로 편지를 받아쓰거나 결산보고를 깨끗이 정서하는 것이 그의 일이었다.

카터 씨는 자기 사무실을 언제나 신사적으로 운영하기를 즐겼다. 따라서 타자기는 사무를 보는 데 쓰려 하지 않았고, 속기 따위도 결코 좋아하는 눈치가 아니었다. 사환은 속기를 할 줄 알았지만 모처럼의 그의 재주를 이용하는 것은 굿워디 씨뿐이었다. 가끔 필립도 선참 사원을 따라서 회사의 회계 감사에 나가는 일이 있었는데 그러는 사이에 어느 거래처는 정중하게 다루어야 하며, 어느 거래처는 불경기라는 것까지 조금씩 알게 되었다. 때로는 숫자를 가득 쓴 기다란 계산표의 덧셈을 명령받을 때도 있었다. 첫 시험을 치르기 위해서 강의에도 나갔다. 처음에는 일이 시시하게 느껴졌지만, 차차 익숙해지리란 것이 굿워디 씨의 입버릇이었다.

필립은 6시에는 사무실을 나와서 템스 강을 건너 워털루 역까지 걸어갔다. 하숙에 돌아가면 저녁식사가 준비되어 있었고, 밤에는 책읽기로 시간을 보냈다. 토요일 오후에는 국립 미술관에 갔다. 그전에 헤이워드로부터 러스킨(영국의 미술비평가)의 저작에서 뽑아내 편집한 안내서를 추천받은 일이 있었으므로 그것을 들고 부지런히 이 방 저 방으로 보고 돌아다녔다. 먼저 한 그림에 대한 이 비평가의 비평을 정성들여 읽어 본 다음 마치 결심이라도 한 듯 그 그림 속에서 그가 비평한 점을 찾아내려고 노력하는 것이었다. 일요일은 하루의 시간을 보내는 데 힘이 들었다.

런던에는 아는 사람이라곤 한 명도 없어서 하는 수 없이 혼자 지냈다. 한 번은 변호사 닉슨 씨로부터 초대를 받아 햄스테드에 있는 그의 집에서 많은 낯선 사람들과 하루를 즐겁게 보낸 적이 있었다. 그는 마음껏 마시고 먹고 히스 우거진 들판을 산책했으며, 언제든 마음 내키면 찾아오라는 초대를 받고 돌아왔다. 하지만 어쩐지 폐가 되지나 않을까 지나치게 걱정해 결국 정식 초청이 있을 때까지 기다리기로 했다. 그러나 물론 끝내 초대는 없었다. 자기들만의 친구도 얼마든지 있는 닉슨 부부로서는 특별히 환대할 의무도 없는 과묵하고 고독한 소년에 대한 일 따위를 잊어버리는 것이 당연했기 때문이다. 그래서 일요일에는 늦게 일어나, 템스 강변의 배를 끌어 주는 길을 거닐었다. 그러나 반스 근처는 강물이 흙탕물로 더럽고 게다가 썰물 밀물까지 있어서, 도무지 수문 상류와 같은 한적한 아름다움이나 런던 다리 하류의 혼잡한 선박들의 낭만적인 경치 따위는 볼 수가 없었다. 오후에는 공유 방목지 근처를 산책하기도 했는데 이곳 역시 잿빛으로 우중충하여 깨끗하지 못했다. 시골도 아니고 그렇다고 도시도 아닌 이곳은 시든 가시금작화가 우거져 있었고, 모든 것이 이른바 문명의 쓰레기통 같았다. 토요일 밤에는 언제나 연극을 보러 다녔는데, 즐거운 마음으로 한 시간 또는 그 이상이나 일반석 입구에 서서 보곤 했다.

대영박물관의 문이 닫히고 A·B·C(런던 시내 곳곳에 있는 대중식당)에서 식사를 할 때까지의 시간은 반스까지 일부러 돌아갈 흥미조차 나지 않아서 무료했다. 본드 거리를 거닐어 보기도 하고, 벌링톤 아케이드를 지나가 보기도 하다가 지치면 하이드 공원 벤치에 주저앉기도 했다. 또 비 내리는 날이면 성 마틴 골목에 있는 공립 도서관에 들어가 보기도 했다.

길 가는 사람들을 바라보면서 그는 그 많은 이들에겐 모두 친구가 있으려니 생각하곤 무척 부럽게 여겼다. 그들의 행복스러운 모습에 비해서 자기 자신의 처량한 꼴을 생각하면 때로는 부러움이 증오로 바뀔 때도 있었다. 이 커다란 도시의 한복판에서 이렇게 고독할 수가 있으리라고는 생각해 본 적도 없었다.

일반석 입구에 서 있으면 이따금 이웃 사나이가 말을 걸어오기도 했는데, 그러면 시골 사람 특유의 퉁명스러운 말투로 더는 말도 붙일 수 없을 것 같은 대답을 해버리곤 했다. 연극이 끝나면 서로 감상을 나누어 볼 사람도 없었으므로 그는 하는 수 없이 터덜터덜 다리를 건너 워털루 역으로 나왔다. 하숙에 돌아와 봐야 경제적으로 궁핍해서 불도 제대로 피워 있지 않았고 마음만 공연히 침울해지는 것이었다. 너무나 쓸쓸하고 살풍경한 생활이었다.

그러는 동안 이러한 하숙집, 그리고 거기서 지내는 길고 쓸쓸한 매일 밤이 점점 싫어지기 시작했다. 때로는 너무 쓸쓸해서 책도 전혀 손에 잡히지 않았다. 그럴 때는 도저히 더 참을 수 없을 것같이 비참해져서 시간 가는 줄도 모르고 몇 시간씩이나 난롯불만 가만히 들여다보았다.

런던으로 온 지도 어느덧 3개월이 지났다. 그러나 단 한 번 햄스테드에서 지낸 일요일을 제외하고는 동료 사원 말고는 누구 한 사람하고도 말을 해 본 적이 없었다. 어느 날 밤 왓슨의 권유로, 식당에서 식사를 마치고 함께 뮤직 홀에 갔었다. 그러나 그는 서먹서먹하고 부끄러워서 마음이 내키지 않았다. 처음부터 끝까지 왓슨은 무언가 재미도 흥미도 없는 말을 줄곧 지껄여 대고 있었다. 마음 한편으로는 그를 속물이라고 생각하면서도 또 한편으로는 감탄할 수밖에 없었다. 필립은 왓슨이 그의 교양 같은 것을 모두 무시하고 드는 것에 은근히 화가 치밀었다. 무슨 일에서든 남이 해주는 평가를 어느 틈에 그대로 자신의 평가로 생각해 버리는 버릇이 있는 필립은, 지금까지 높이 평가해 오던 자신의 여러 교양이나 지식까지도 조금씩 경멸하게 되었다. 처음으로 그는 빈곤에 대한 어떤 굴욕을 느꼈다. 큰아버지는 매달 14파운드씩 보내 주었지만, 그는 철 따라 여러 가지 옷도 사 입어야 했다. 야회복 한 번 맞추는 데 5기니(5파운드 5실링)나 들었다. 그러나 스트랜드 거리에서 산 것이라고 왓슨에게는 끝내 말할 수 없었다. 왓슨이 런던 시내에 양복점다운 곳은 꼭 한 군데밖에 없다고 말했기 때문이다.

"자네, 춤출 줄 모르겠네."

어느 날 그의 다리를 바라보면서 왓슨이 물었다.

"네, 전혀."

"유감이군 그래. 어떤 무도회에서 말일세, 춤을 좀 출 줄 아는 남자를 데려와 달라는 부탁을 받았거든. 예쁜 처녀에게 소개해 주려고 했는데 안됐는 걸."

한두 번 반스에 돌아가기가 싫어서 그대로 런던에 남아 밤늦도록 웨스트엔드(런던에서 손꼽히는 상류 주택가)를 헤매고 다닌 적이 있었다. 그런 어느 날 파티를 열고 있는 집이 보였다. 그는 손님을 기다리는 하인들 뒤에 모인 허름한 사람들 틈에 섞여서 계속 모여드는 손님들을 바라보기도 하고 창 너머로 흘러나오는 음악에 귀를 기울이기도 했다.

때로는 추운 밤인데도 두 남녀가 바람을 쐬러 발코니에 나타날 때도 있었다. 필립에게는 어쩐지 그들이 연인처럼 생각되어서 저도 모르게 발길을 돌려 절름거리면서 무거운 마음을 안고 하숙으로 돌아오고 말았다. 나는 도저히 저 사나이 같은 흉내는 낼 수 없다. 내 꼴사나운 불구를 보고 불쾌하게 느끼지 않을 여자가 이 세상에 있겠는가. 여기서 또 생각나는 것은 윌킨슨 양뿐이었다.

그러나 그녀를 생각하는 것은 결코 유쾌한 추억이 아니었다. 작별하기 전에 약속하기로 그가 확실한 주소를 알려 줄 때까지는 채링크로스 우체국으로 편지를 보내기로 했었다. 가보니까 이미 편지가 세 통이나 와 있었다. 편지 글은 보랏빛 잉크로, 게다가 영어가 아닌 프랑스어로 쓰여 있었다. 어째서 좀더 지각 있는 여성들처럼 영어로 쓰지 못하는 것일까 하고 그는 생각했다. 그 다정다감한 편지 글귀도 모두 공연히 프랑스 소설을 떠올릴 뿐이어서 그의 마음은 조금도 흔들리지 않았다. 그녀는 그가 소식을 전하지 않는 데 대해서 한결같이 책망하고 있었으나 필립은 답장에 일이 많아서 편지가 늦어졌다고만 해명해 보냈다. 그는 편지의 첫머리를 어떻게 시작해야 좋을지 몰랐다. 아무리 그렇더라도 '사랑하는'이라든지 '그대'라고 쓰기 시작할 마음은 나지 않았고 또 친근감 있게 에밀리라고 부르기도 싫었다. 결국 보통 쓰는 '친애하는'으로 결정했다. 그 말로 시작해 보니 어쩐지 묘하고 쑥스러운 게 오히려 바보스럽게 여겨졌으나 결국 그대로 쓰기로 했다. 아무튼 난생처음 써보는 연애편지였지만 연애편지치고는 퍽 미지근하다는 것을 자신도 잘 알고 있었다. 좀더 강렬한 문구, 예를 들면 온종일 잠시도 당신 생각을 잊은 일이 없다든가, 당신의 아름다운 손에 얼마나 키스하고 싶은지 모르겠다든가, 그리고 당신의 빨간 입술을 생각만 해도 마음이 떨린다든가 하는 투의 문구를 써야만 할 것이라고 생각했다. 하지만 무언가 자신도 알 수 없는 부끄러움이 그것을 막았다. 그 대신 그가 세 들어 사는 새 방에 관한 이야기며 사무실의 분위기에 대한 이야기들을 써 보냈다. 답장은 곧 왔는데, 그것은 노여움과 슬픔에 젖은 원망이었다. 어쩌면 당신은 그다지도 냉담할 수가 있느냐? 이토록 당신의 편지를 기다리기에 지친 심정을 모르겠느냐? 더구나 당신에게 여자로서 줄 수 있는 모든 것을 바쳤건만 그에 대한 보답이 기껏 이것뿐이냐? 당신은 벌써 내가 싫어진 것이냐? 하는 따위의 투였다. 그래도 며칠 동안 답장을 하지 않았더니 이번에는 편지로 일제 공격을 퍼부어왔다. 당신의 무정한 처사를 더는 참을 수가 없다. 애타게 기다리건만 편지는 오지 않는다. 매일 밤을 눈물을 흘리다가 잠이 들곤 한다. 요즘엔 모습이 형편없이 달라져서 만나는 사람마다 인사 받기가 귀찮을 정도이다. 싫어졌으면 그렇다고 왜 솔직히 말을 해주지 않는 거냐? 그리고 다시 맨 마지막에는, 이미 당신 없이는 살 수 없으니까 차라리 자살이라도 해서 죽어 버리는 수밖에 도리가 없다, 당신이라는 인간은 냉정하기 그지없는 이기주의의 화신이다, 은혜를 모르는 인간이다, 같은 문구를 모조리 프랑스어로 써놓고 있었다. 그것이 어떤 시위임이 빤히 들여다보이는 노릇이었지만, 어쨌든 귀찮은 일임에는 틀림없었다. 그로서는 그녀를 불행하게 만들고 싶은 생각은 조금도 없었다. 얼마 뒤 다시 편지가 왔는데 더 이상 헤어져 사는 것은 참을 수가 없으니 크리스마스에는 어떻게든지 런던으로 갈 생각이라고 했다. 그래서 필립은 답장을 내어, 그것은 아주 좋은 생각이긴 하지만, 자기는 이미 친구들과 함께 시골에서 크리스마스를 지내기로 약속을 해버렸으니 지금에 와서 그 약속을 깨뜨릴 수는 없는 일이라고 했다. 그랬더니 곧 또 답장이 왔는데, 물론 자기는 강요할 생각은 없고 자기를 만나기를 당신이 꺼리는 것도 잘 알고 있으나, 자기 마음의 상처가 말할 수 없이 깊다, 자기의 친절에 대해서 이토록 냉정할 줄은 꿈에도 몰랐다는 사연이었다. 가슴이 뻐근할 정도로 애절한 편지였다. 종이 위에는 눈물 자국까지 보이는 것 같았다. 그는 끝내 감동해서 정말 모두 다 잘못했으니 부디 와 달라는 말을 다시 써 보냈다. 그에 대해서 그녀로부터는 역시 아무래도 떠날 수가 없게 되었다는 회답이 왔는데, 그렇게 되자 솔직히 말해서 그는 마음이 후련해졌다.

그럭저럭하는 동안 그녀의 편지를 받는 일이 마음에 부담이 되어 끝내는 뜯어보지도 않고 그대로 내버려두게 되었다. 내용은 보나마나 뻔할 것이었기 때문이다. 무관심에 대한 욕지거리라든가 애절한 호소로 일관되었을 것이다. 자신이 얼마나 몰인정한 사람인지 짐작도 되는 것 같았으나 그렇다고 해서 어떻게 자신을 나무라야 좋을지 알 수 없었다. 그는 끝내 답장 쓰기를 하루 이틀 미루었다. 그러자 또 편지가 왔는데, 그녀는 이젠 숫제 병이 들어 쓸쓸히 그저 자신의 불행을 한탄하기만 한다는 것이었다.
"아, 그런 여자와 관계를 맺지 않았더라면 좋았을걸."
그는 중얼거렸다.
그는 이러한 문제를 쉽게 해결해 버리고 마는 왓슨의 솜씨에 감탄을 금치 못했다. 그는 어떤 유랑 극단의 여배우와 관계를 맺은 일이 있었는데, 그에게서 들은 이야기는 필립에게 거의 선망에 가까운 놀라움을 느끼게 했다. 그러나 얼마 뒤 마음이 변하게 된 왓슨은 그녀와 헤어진 이야기를 다음과 같이 말해 주었다.
"이런 일은 언제까지 끙끙 앓아 봐야 소용없지. 그래서 그 여자에게 말해 주었어. 이젠 네가 싫증이 났다고 말이야."
"하지만 한바탕 떠들지 않았나요?"
"그야 무사했을 리가 있겠어. 그러나 나는 말해 줬지, 당신이 아무리 그래 봐야 내가 싫다는 데 별수 있느냐고 말이야."
"울던가요?"
"울더군. 그런데 난 여자가 우는 건 딱 질색이야. 잠자코 가 버리는 게 좋을 거라고 말해 줬지."
필립의 유머를 좋아하는 기질은 나이가 먹을수록 더해져 갔다.
"허어, 정말 바로 가버렸습니까?"
그는 웃으면서 물었다.
"그럴 수밖에 별수 없잖아?"
어느덧 크리스마스가 다가왔다. 11월 초순부터 캐리 부인의 건강이 나빠져서 의사는 크리스마스를 전후한 2주쯤 건강 회복을 위해 남편과 함께 콘월 지방에라도 요양을 가면 어떻겠느냐고 권했다. 그렇게 되니 필립은 아무 데도 갈 곳이 없어져서 하는 수 없이 하숙집에서 크리스마스를 보내기로 했다. 그는 전에 헤이워드의 영향을 받아, 크리스마스 행사란 대체로 저속하고 야만적인 것이라고 생각했으므로, 그런 것은 염두에도 두지 않을 작정이었다. 그러나 역시 그날이 되니 주위의 야단스러움이 그의 마음을 묘하게 흔들어 버렸다. 주인 부부는 결혼한 딸과 함께 그날을 보내기로 되어 있었으므로 그는 폐를 끼치지 않으려고 외식하겠다고 미리 말해 두었다. 정오 전에 런던으로 나가 개티 요리점에서 칠면조 한 조각과 크리스마스 푸딩을 먹었으나, 그 다음은 아무것도 할 일이 없어서 웨스트민스터 애비의 오후 예배에 참석했다.

거리에는 사람의 그림자라곤 거의 없었고 가끔 지나가는 사람들도 무언가에 골몰해서 여념이 없는 것 같았다. 하릴없이 어슬렁거리며 돌아다니는 사람은 보이지 않았고, 모두가 자기 나름대로의 목적을 가지고 걷고 있었다. 더욱이 혼자 다니는 사람은 자기뿐이었다. 필립에게는 누구나가 다 행복스러워 보였다. 오늘처럼 뼈에 사무치는 고독을 느낀 적은 없었다. 그의 계획으로는 낮엔 시내에서 그럭저럭 보내고 저녁식사는 레스토랑에서 할 작정이었으나 차마 두 번 다시 그 웃음, 떠들썩한 소음, 들떠서 놀고 있는 즐거운 사람들을 볼 마음이 생기지 않았다. 그래서 워털루 역으로 돌아오는 도중 웨스트민스터 브리지 거리에서 햄과 민스파이 두 조각을 사들고 그대로 반스로 돌아와 버렸다. 그러곤 쓸쓸하고 조그마한 방에서 식사를 마치고 밤에는 책을 읽으면서 시간을 보냈다. 마음은 거의 견딜 수 없을 만큼 우울했다.

다시 사무실에 나갔을 때도 왓슨으로부터 짧았던 휴일에 일어난 즐거움을 듣는 것이 무척 괴로웠다. 집에는 즐거운 여자친구들이 밤샘을 하러 와서 저녁식사가 끝난 뒤에는 응접실을 치우고 함께 춤을 추었다는 것이었다.

"새벽 3시가 지나서야 잠자리에 들었어. 그나마도 어떻게 침대까지 갔는지 전혀 기억이 없는 거야. 아주 곤드레만드레 되었던 모양이야."

필립은 마침내 굳은 결심이라도 한 것처럼 그에게 물었다.

"런던에선 도대체 어떻게 해야 사람들과 사귈 수 있습니까?"

왓슨은 놀란 표정으로 그의 얼굴을 쳐다보았다. 경멸 섞인 흥미까지 보이면서.

"그런 걸 내가 알 게 뭐야. 그저 친하게 지내면 되는 거지. 댄스파티에라도 가보라고. 노는 상대쯤은 얼마든지 금방 생길 테니까."

필립은 왓슨이 몹시 싫었다. 그러나 그와 위치를 바꿀 수만 있다면 어떤 희생이라도 달게 참아 냈을 것이다. 옛날 학교 시절의 그런 기분이 되살아났다. 만약 자기가 왓슨이라면 과연 어떤 인생이 펼쳐질까, 그런 것을 곰곰이 생각하면서 그는 다른 사람의 외형에 그 자신을 던져 넣었다.

연말에는 무척 바빴다. 필립은 톰프슨이라는 서기와 함께 이곳저곳으로 돌아다니면서 단조로운 하루하루를 보냈다. 필립이 지출항목을 읽으면 톰프슨이 그것을 점검했고, 때로는 기다란 계산표를 여러 장씩 받아 계산하기도 했다. 필립은 숫자 계산이라면 아주 질색이었으므로 일이 참으로 더뎠다. 틀리기까지 했으므로 톰프슨은 무척 언짢아했다.

그는 키가 크고 여위고 혈색이 좋지 않은 40대 남자였다. 머리털이 새까맣고 텁수룩하게 수염이 나 있었으며 볼은 푹 패고 코 양쪽에는 깊은 주름이 잡혀 있었다. 그는 필립을 수습 서기라는 이유로 아주 싫어했다. 필립은 3백 기니나 되는 돈을 내고 어쨌든 5년 동안 있을 수 있으므로 그만큼 장래 승진의 희망도 보였지만, 그는 경험도 능력도 있는데도 주급 35실링의 평서기에서 헤어날 가망이 없기 때문이었다. 그는 많은 가족을 거느리는 바람에 성질이 퍽 비뚤어져 있었다. 또 멋대로 필립이 거만해 보인다고 생각하고 혼자 화를 냈다. 자기보다 교육 정도가 높다고 해서 오히려 필립을 비웃었고, 발음이 이상하다면서 바보 취급을 했다. 게다가 런던 말씨를 쓰지 못한다면서 괘씸하다고까지 했다. 그래서 필립과 이야기할 때는 특히 더 특징을 보이느라고 일부러 H를 (런던 말씨에서는 머리의 H를 생략하는 것이 특징임. 여기서는 일부러 필립에게 빈정거린 것이다) 과장해서 발음하곤 했다. 처음에는 단순히 퉁명스럽게 쏘아붙이기만 잘했는데 차차 필립이 경리 능력이 전혀 없음을 알게 되자 이번에는 그에게 창피를 주는 것에서 즐거움을 느끼기 시작한 듯했다. 그의 공격은 어리석고 졸렬하기 이를 데 없었으나, 그런 만큼 필립의 마음은 상처를 입었다. 이른바 그것에 대한 자기방어 수단으로서 그는 본의 아니게 우쭐해 보이는 태도를 취하게 되었다.

"아침에 목욕 갔다 왔나?"

일찍 출근하는 버릇이 어느덧 없어져 버린 필립이 늦게 사무실에 출근했을 때 톰프슨은 그렇게 한 마디 했다.

"그럼요. 그런데 당신은?"

"천만에, 난 신사가 아닌걸. 평서기에 지나지 않으니까. 목욕은 토요일 밤에 간다네."

"아하, 알았어요. 그래서 당신은 월요일이면 늘 기분이 좋지 않군요."

"그런데 오늘은 간단한 덧셈을 해줘야겠는데. 라틴어나 그리스어를 아시는 신사에게 이런 걸 부탁해서 참으로 미안하지만 말이야."

"그건 빈정거리는 말치고는 그다지 신통하지 못한데요."

그렇기는 하지만 필요성으로는 촌스럽고 월급이 싼 서기들이 훨씬 낫다는 사실을 필립은 인정할 수밖에 없었다. 굿워디 씨도 필립의 무능함에는 한두 번 참을 수 없다는 듯이 짜증을 냈다.

"자네도 그만하면 좀더 숙달될 때가 됐는데. 이건 사동보다도 못하지 않은가."

필립은 시무룩해져서 듣고 있었다. 그런 꾸지람을 듣는다는 것은 불쾌한 일이었다. 굿워디 씨가 회계 보고서의 정서를 부탁했다가 그 결과가 불만족스럽다고 해서 다른 서기에게 다시 고쳐 쓰게 하는 것을 볼 때면 역시 필립은 심한 굴욕감을 느꼈다. 처음에는 자기가 하는 일에 호기심이 앞서서 견딜 만도 했지만 이젠 도무지 참아낼 수가 없을 것 같은 느낌이 들었다. 재능이 전혀 없다는 사실을 알게 되자 어찌나 싫은지 견딜 수 없어졌다.

마땅히 맡겨진 일을 하고 있어야 할 때에도 그는 곧잘 사무용지에 조그만 그림 따위를 그리면서 시간을 낭비했다. 그는 왓슨의 모습을 이모저모로 스케치하여 그 교묘한 솜씨로 그에게 퍽 칭찬을 들은 일도 있었다. 어느 날 왓슨은 그 그림을 집에 가져가서 보이겠다고 하더니 다음 날 나와서 가족들이 모두 칭찬하더라고 했다.

"자네는 왜 화가가 되지 않았나? 그야 물론 돈벌이가 안 된다는 이유는 있겠지만 말이야."

2, 3일 뒤에 카터 씨는 왓슨에게 초대되어 식사를 하게 되었는데, 그 자리에서 왓슨이 이 스케치를 그에게 보여 주었다.

다음 날 아침 카터는 필립을 불렀다. 카터 씨를 직접 대면하는 일이 별로 없었으므로 필립은 두려운 마음으로 그의 앞에 섰다.

"이것 봐, 자네가 사무실 밖에서라면 어떤 일을 하던 상관 않겠네. 그러나 자네가 스케치한 걸 보았는데 그건 모두 사무실 용지를 썼더군 그래. 게다가 굿워디의 보고로는 자넨 아주 태만하다더군. 좀더 힘을 다해서 일하지 않으면 도저히 공인회계사 일을 할 수가 없네. 공인회계사란 아주 훌륭한 직업이란 말일세. 그래서 여기서는 썩 좋은 사람을 쓰려고 하는 거야. 아무튼 이 직업이라는 것은……."

여기까지 말하자 그는 한마디로 끝맺고 싶은 눈치였으나 적당한 표현이 얼른 떠오르지 않는 모양이었다. 하는 수 없이 그는 다소 미적지근하게 "정신 차려서 일해 줘야만 하겠네" 하고 덧붙이고 말았다.

만약 일이 마음에 들지 않으면 1년 뒤에 그만두어도 좋고, 계약금의 반을 돌려준다고 한 약속만 없었더라면 아마 필립도 이대로 눌러 있었을지 모른다. 그러나 그로서는 장부 계산을 하는 것보다는 무언가 좀더 자기에게 적합한 일이 있음 직했고, 더욱이 스스로 경멸하는 일을 솜씨 있게 해치우지 못한다는 데 대해서는 아무래도 굴욕을 느꼈다. 톰프슨하고의 하찮은 말다툼도 확실히 그의 신경을 건드렸다. 3월이 되자 왓슨은 정한 기한을 다 채우고 사무소 일을 끝냈다. 필립은 그를 조금도 좋아하지 않았지만 막상 떠나보내려고 하니 어쩐지 서운했다. 다른 직원들은 자기들에 비하여 필립과 왓슨이 다소 높은 계급에 속해 있다고 해서 두 사람을 좋아하지 않았다. 그런 사실이 오히려 필립과 왓슨 사이를 맺어 주는 인연이 되었던 것이다.

이런 불쾌한 무리와 아직 4년 동안이나 함께 지내야 한다는 것을 생각하면 필립의 마음은 우울해졌다. 그는 런던 생활에서 여러 가지 신기하고 멋진 일들을 기대했으나 얻은 것이라고는 아무것도 없었다. 지금에 이르러서는 런던 생활이 역겨워졌다. 사귄 친구 한 명 없었고 어떻게 하면 사람들과 어울릴 수 있는지도 전혀 알 수 없었다. 혼자서 이곳저곳 돌아다니는 것도 이젠 아주 신물이 났다. 이런 생활은 이 이상 더 오래 견디어 낼 수 없을 것 같았다. 밤이면 침대에 누워서 이런 생각만 했다. 다시는 그 지저분한 사무실과 거기 모인 사람들의 얼굴을 보지 않아도 되고, 더욱이 이런 재미라곤 조금도 없는 하숙방을 떠나 버리게 된다면 얼마나 좋을까?

봄이 되자 그에게는 또 커다란 실망이 생겼다. 헤이워드한테서 봄철에 런던으로 오겠다는 편지가 왔던 터라 그는 그를 다시 만날 기회를 손꼽아 기다리고 있었다. 그는 요즘 독서도 많이 했고 여러 가지 생각한 것도 있었으므로 머릿속은 갖가지 토론해 보고 싶은 것들로 꽉 차 있었던 것이다. 더욱이 추상적인 문제에 흥미를 보일 만한 사람은 한 명도 몰랐던 참이었으므로, 누구하고라도 만족할 때까지 이야기할 수 있다고 생각하자 그의 마음은 완전히 흥분에 젖어 버렸다.

그런데 그 뒤 뜻밖에도 헤이워드로부터 이번 봄 이탈리아의 날씨가 여태까지 볼 수 없을 정도로 너무나 좋아서 아무래도 떠날 마음이 내키지 않는다는 편지가 왔다.

정말로 맥이 탁 풀렸다. 뿐만 아니라 헤이워드는 너야말로 왜 이탈리아로 오지 않느냐고 했다. 세상이 이렇게 아름다운데 사무실 따위에 처박혀서 아깝게 청춘을 낭비해서야 되겠냐고 했다. 편지는 다음과 같은 사연으로 이어졌다.

자네는 용케도 견딘다고 생각하네. 런던의 플리트 거리나 링컨즈 인 (둘 다 런던 거리 이름) 등을 생각하면 나는 소름이 오싹 끼치네. 인생의 사는 보람은 이 세상에 두 가지밖에 없다네. 즉, 사랑과 예술일세. 자네가 사무실에 앉아서 장부 따위를 뒤적거리고 있는 모습은 나로서는 떠올릴 수도 없는 노릇이네. 자네는 여전히 실크 모자를 쓰고 우산과 조그마한 검은 가방을 들고 다니겠군그래? 우리는 인생을 하나의 모험이라고 생각해야만 하네. 응축된 보석 같은 불꽃으로 우리의 정열을 불태워야하지 않겠는가. 사람은 모름지기 모험에 인생을 걸어야 하고 또 스스로를 위험에 내맡길 필요가 있다고 보네.

자네는 어째서 파리에 가서 그림 공부를 하지 않는가? 나는 전부터 자네의 재능을 믿고 있네.

이러한 권고는 필립이 요즘 때때로 막연하게나마 마음에 그리던 그의 앞날에 대한 꿈과 모두 일치했다. 처음에는 그 자신도 놀랐으나, 그래도 그렇게 생각할 수밖에 없었고, 게다가 그런 것을 끊임없이 깊이 생각하는 것만이 현재의 비참한 처지에서 구출될 수 있는 유일한 길이었다. 그의 재능은 모든 사람들이 인정해 주었다. 하이델베르크에서는 수채화 솜씨를 칭찬받았고 윌킨슨 양도 그의 그림이 매우 훌륭하다고 거듭 칭찬해 주었다. 또 왓슨의 가족처럼 전혀 낯모르는 사람들까지도 그의 스케치에 탄복했다고 한다. 언젠가 읽은 《보헤미안의 생활》이라는 책은 그에게 아주 깊은 감명을 주었다. 그 책은 런던으로 올 때 가져왔는데 아주 우울할 때면 몇 페이지씩 읽었다. 그러면 그의 마음은 로돌프나 그 밖의 사람들이 춤추고 사랑하고 노래한 그 멋진 다락방으로 날아가곤 했다. 그는 그전에 런던을 생각했던 것처럼 지금은 파리를 생각하게 되었다. 그러나 전처럼 환멸 같은 것에 대한 두려움은 전혀 없었다. 그는 낭만과 미와 사랑을 동경했는데 파리만이 그런 것을 그에게 줄 수 있는 장소인 듯 생각되었다. 그는 그림을 워낙 좋아했고 자기라고 다른 사람만큼 그리지 못할 이유는 없다고 생각했다. 그리하여 그는 윌킨슨 양에게 편지를 보내 파리에서는 생활비가 얼마나 들 것인가를 물어보았다. 답장에는 1년에 80파운드쯤이면 그럭저럭 지낼 수 있을 것이며 더욱이 그의 계획에는 전적으로 찬성이라고 했다. 필립이 사무실에 파묻혀 버리는 것은 아깝다고도 했다. 훌륭한 화가가 될 수 있는 사람이 서기 나부랭이가 되어야 할 이유가 어디 있겠느냐? 좀더 자신감을 갖길 바란다. 그것이 무엇보다 필요하다고 매우 극적인 말을 썼다. 그러나 필립은 원래가 신중한 성격이었다. 우수한 증권에서 1년에 3백 파운드씩 수입을 얻는 헤이워드가 모험을 이야기하는 것은 있을 법한 일이지만, 전 재산이래 봤자 겨우 1천8백 파운드를 넘지 않는 필립으로서는 사실 망설일 수밖에 없는 일이었다.

그러던 어느 날 갑자기 굿워디 씨가 그에게 파리에 가보지 않겠느냐고 물었다. 파리의 포부르 생토노레에 있는 어떤 영국인 호텔 회계 사무를 그들의 사무소에서 맡아 보고 있었는데, 해마다 두 번씩 굿워디 씨가 서기 한 사람을 데리고 그곳에 가게 되어 있었다. 그런데 해마다 그와 함께 가던 서기는 공교롭게도 앓아누웠고, 다른 서기들은 일이 밀려서 갈 수가 없다는 것이다. 그래서 문득 굿워디 씨가 생각한 것이 필립이었다. 그러면 사무소에 있어도 별 도움이 되지 않는다. 또 그의 계약으로 보더라도 필립은 이 직무의 즐거움의 한 면을 조금쯤 누릴 권리가 있을 터이므로 그를 택하게 된 것이다. 필립은 기뻐했다.

"낮에는 하루 종일 일해야 할 걸세."

굿워디 씨가 말했다.

"하지만 밤에는 완전히 우리 자유일세. 뭐니뭐니해도 파리는 역시 파리거든."

굿워디 씨는 잘 안다는 듯 빙그레 웃었다.

"호텔의 대우도 융숭하지. 식비도 모두 부담해 주니까 비용은 조금도 안 든단 말일세. 그래서 나는 파리에 가는 것을 좋아하네. 이렇게 남의 돈으로 말이지."

그들은 도버 해협을 건너서 칼레 항구에 닿았다. 호들갑스러운 몸짓으로 사람을 부르는 짐꾼들을 바라보았을 때 필립의 가슴은 마구 뛰었다.
'이것이다, 이게 진짜다.'
그는 혼자 속으로 생각했다.

기차가 시골길을 달리기 시작하자 그는 눈이 휘둥그레져서 경치를 바라보았다. 끝없이 펼쳐진 모래 언덕이 볼만했는데 그 빛은 여태까지 보아온 어떤 빛깔보다도 아름답게 보였다. 철로가의 운하와 끊임없이 이어진 포플러 가로수에도 그의 마음은 흠뻑 빠져 버렸다. 파리의 갸르 뒤 노르(북부역)에서 내려 덜커덩거리는 포장마차에 몸을 싣고 돌로 포장한 길을 내달았을 때에도 그는 마치 새로운 공기를 마시고 도취한 사람처럼 하마터면 크게 소리를 질러 댈 뻔했다. 건장한 몸집의 쾌활하게 생긴 지배인이 호텔 문 앞에서 맞아 주었다. 그 프랑스인은 제법 영어도 하는 것 같았고, 굿워디 씨와는 이미 구면인 듯 아주 상냥하게 두 사람에게 인사했다. 그들은 지배인의 아내와 함께 지배인 방에서 식사했는데, 필립은 이때 나온 감자 곁들인 비프스테이크처럼 맛있는 것을 먹어 본 기억도, 또 그때의 포도주처럼 감미로운 술을 마셔 본 적도 없는 것 같았다.

성실한 주의(主義)가 있고 의젓한 가장인 굿워디 씨에게도 이 프랑스의 수도는 역시 즐거운 외설의 낙원이었다. 다음 날 아침 일어나자 그는 지배인에게 지금 '볼만한 것'이 어떤 게 있는지 물었다. 그도 이러한 여행을 진심으로 즐기고 있었고, 사람이 늙음을 막는 데는 이보다 더한 것이 없다고 했다. 하루의 일이 끝나고 저녁을 마치고 나면 그는 필립과 함께 물랭루즈나 폴리 베르제르에 갔다. 무언가 외설적인 것이 없을까 하고 찾는 그의 조그마한 눈은 반짝반짝 빛났고, 얼굴에는 교활하고 호색적인 웃음을 띠고 있었다. 그는 외국인을 위하여 특별히 마련된 장소는 하나도 빼놓지 않고 들어가 보고는 으레 그런 것들을 허용하는 국민은 그 장래가 신통치 못할 것이라며 한마디 했다. 레뷔(특정 주제가 있는 화려한 쇼)에서 몸에 거의 아무것도 걸치지 않은 여자가 나타나거나 하면 그는 팔꿈치로 필립을 쿡쿡 찔러대기도 하고 홀을 어정거리는 창녀들 가운데서도 가장 토실토실해 보이는 여자를 필립에게 손가락질해 보이기도 했다. 그가 필립에게 보여 준 것은 파리에서도 가장 저속한 파리였으나 필립은 환상으로 멀어 버린 눈으로 그것들을 보았다. 아침 일찍 그는 호텔을 뛰어나와서 샹젤리제 거리로 가서는 콩코르드 광장에 서 보기도 했다. 6월의 파리는 부드러운 대기 속에서 은빛으로 빛나고 있었다. 필립은 자기 마음이 거리를 지나가는 사람들에게로 자꾸만 끌리는 것을 느꼈다. 마침내 이곳에서 낭만을 찾아냈다고 그는 생각했다.

그들은 거의 일주일을 파리에서 지내고 일요일에 그곳을 떠나 런던으로 돌아왔다. 밤늦게 다시금 반스의 초라하고 쓸쓸한 하숙방에 되돌아왔을 때 필립의 마음은 이미 결정되어 있었다. 계약을 취소하고 그림 공부를 하러 파리로 가려는 것이다. 그러나 분별없는 사람이란 말을 듣지 않도록 1년이 될 때까지 그대로 사무실에 머물러 있기로 했다. 8월 하순에 휴가를 가질 예정이었으나 그때 그는 허버트 카터에게 이대로 다시 돌아올 의사가 없다는 것을 이야기할 참이었다. 필립은 그럴 작정으로 억지로 사무소에 출근하기는 했지만 거짓으로라도 자기 일에 흥미를 느끼는 척할 수는 없었다. 머릿속은 미래 생각으로만 가득 찼다. 7월 중순도 지나자 할 일도 많지 않았고 특히 그는 첫 시험을 치르기 위해 강의에 나간다는 구실로 사무소에서의 시간을 꽤 많이 뺄 수 있었다. 이렇게 해서 얻은 시간을 그는 줄곧 국립 미술관에서 보냈다. 그는 파리와 회화에 관한 책들을 차례차례로 읽었다. 러스킨에도 몰두했으며, 바사리가 쓴 화가들의 전기도 대개 다 읽었다. 그는 이탈리아 화가 코레지오의 이야기가 무척 좋았는데 그 자신이 어떤 위대한 걸작 앞에 서서 부르짖는 모습을 곧잘 떠올리기도 했다.

'나도 그림을 그릴 수 있어!'

이제 소극적인 생각은 모두 사라지고 자기 속에는 확실히 위대한 화가가 될 소질이 있다는 확신을 굳혔다.

'어쨌든 해보는 거다.'

그는 마음속으로 생각했다.

'인생에서 가장 중요한 것은 되든 안 되든 결과는 운에 맡기고 어하튼 일을 해 보는 것이다.'

마침내 8월 초순이 되었다. 카터 씨가 스코틀랜드로 피서를 갔으므로 사무소 일은 굿워디 씨가 맡아 보고 있었다. 파리 여행 뒤로는 굿워디 씨도 필립에게 한결 기분 좋게 대하는 듯했다. 필립도 어차피 얼마 안 가서 이곳을 떠날 것이라고 생각하니 이 익살스러운 조그만 사나이에게 훨씬 너그러운 마음으로 대할 수 있었다.

"캐리, 내일부터는 휴가지?"

그는 그 전날 밤에 말했다.

이 저주스러운 사무소에 처박혀 있는 것도 오늘로 마지막이라고 필립은 이날 온종일 마음속으로 되뇌었다.

"그렇죠. 오늘로 꼭 1년이 됩니다."

"자네 성적이 시원찮은 것 같더군. 카터 씨도 몹시 불만인 것 같던데."

"하지만 불만이라면 제가 카터 씨에게 느끼고 있는 불만이 오히려 클 겁니다."

필립은 응수했다.

"그런 말을 하는 게 아닐세."

"아뇨, 저는 다시는 돌아오지 않을 겁니다. 만약 제가 회계사가 되기를 원치 않으면 1년 뒤엔 그만둘 수 있고 그러면 카터 씨는 계약금의 절반을 돌려주시겠다고 약속되어 있습니다."

"그런 일은 그처럼 조급하게 결정해 버리는 것이 아닐세."

"아뇨, 벌써 10개월 동안이나 이 일이 싫어서 견딜 수 없었으면 충분하지요. 일도 사무소도 싫어졌고 런던 그 자체까지도 싫어서 견딜 수가 없었습니다. 이런 데서 고통스러운 하루하루를 지낼 바에야 차라리 도로 청소부가 되겠습니다."

"하기는 그래, 사실 나도 그렇게 생각하네. 자네한테는 회계 일이 전혀 맞지 않아."

필립은 손을 내밀면서 말했다.

"그럼 안녕히 계십시오. 하지만 지금까지 제게 베풀어 주신 친절에 대해서는 참으로 고맙게 생각합니다. 만약 제가 괴로움을 끼쳐 드렸다면 매우 죄송합니다. 저는 처음부터 이 일에 소질이 없다고 생각했습니다."

"자네가 정말 그렇게 결심했다면, 그럼 이것으로 작별하기로 하세. 앞으로 자네가 무엇을 하려는지는 모르겠네만 만약 이 근처에 오는 일이 있으면 언제든지 놀러 오게나."

필립은 빙그레 웃어 보였다.

"이렇게 말씀드리면 실례가 될지 모르겠습니다만, 저는 이 사무소의 어느

분하고도 다시는 안 만나기로 굳게 작정했습니다."

                                    39

　필립이 설명한 계획에 대하여 캐리 씨는 자기는 아무것도 모르겠노라고 했다. 그는 사람은 한번 시작한 일은 무엇이든 끝까지 해치워야만 한다는 신념이 있었다. 의지가 약한 사람이 누구나가 그러하듯이, 그도 처음에 뜻한 바를 끝까지 밀고나간다는 것을 매우 강조하는 인물이었다.
　"너는 네가 좋아서 회계사를 선택한 것이 아니냐?"
　"저는 그저 런던으로 갈 수 있는 유일한 기회이기 때문에 선택했던 겁니다. 그런데 이젠 런던도 싫어지고 그 일에도 싫증이 나서 뭐라고 하신대도 두 번 다시 돌아가지 않을 작정입니다."
　큰아버지와 큰어머니는 필립이 화가가 되겠다는 말에 몹시 놀랐다. 두 사람은 필립에게, 부모님이 점잖은 사람이었다는 사실을 절대로 잊어서는 안 된다는 것과, 화가란 결코 떳떳한 직업이 못 되며 보헤미안적인 불미스럽고 부도덕한 직업이라는 것을 누누이 말했다. 더구나 파리에 가겠다니!
　"이 문제에 대해 내가 할 수 있는 말은, 나로선 네가 파리에 간다는 것을 용서할 수 없다는 것이다."
　큰아버지는 딱 잘라서 말했다.
　파리란 곳은 죄악의 소굴이다. '부정한 여자'나 '바빌론의 여인'(성경에 나오는 말로 서 매춘부를 가리킴)들이 보란 듯이 악을 과시하는 곳으로, 소돔과 고모라라 할지라도 오늘날의 파리처럼 사악이 넘치지는 않았을 것이다.
　"나는 너를 신사로서 그리고 크리스천으로서 교육시켜 왔다고 생각한다. 그런 만큼 네가 그런 유혹에 빠지는 것을 잠자코 보고만 있으면 너의 부모한테서 받은 신뢰를 배반하는 게 된다."
　"그렇지만 저는 이미 크리스천이 아닙니다. 또 제가 과연 신사인지 아닌지도 의심스럽습니다."
　논쟁은 점점 격렬해졌다. 얼마 되지도 않는 유산이긴 하지만 그것을 필립이 모두 소유하기까지는 아직도 1년이 남아 있었다. 그때까지는 그 사무소에 그대로 남아 있겠다는 조건이라야만 송금을 계속해 주겠다고 큰아버지는 말했다. 그러나 필립으로서는 이왕 회계사가 될 생각이 없는 바에야 계약금으로 지급했던 돈의 반액이라도 돌려받을 수 있을 때 그만두어야 하지 않겠느냐고 주장했다.

그러나 큰아버지는 귀담아들으려고 하지 않았다. 그래서 필립은 그만 앞뒤 가리지 않고 큰아버지의 마음을 아프게 하고 화나게 할 말을 해버리고 말았다.

"하지만 큰아버지께서는 제 돈을 낭비하실 권리는 없으실 겁니다. 결국 그것은 제 돈이 아닙니까? 저는 이미 어린애가 아닙니다. 제가 파리에 갈 결심을 했다면 큰아버지께서도 저를 막으실 순 없습니다. 아무리 말씀하신대도 저는 런던으로 되돌아가지는 않겠습니다."

큰아버지는 반박하여 이렇게 말했다.

"하여튼 나로서 할 수 있는 단 한 가지는, 내가 알맞다고 인정하는 일을 네가 하지 않겠다면 나는 네게 돈을 못 주겠다는 것뿐이야."

"좋아요, 그래도 상관없어요. 저는 파리에 가기로 결심했습니다. 저의 옷이며 책이며 아버지께서 주신 보석을 팔면 되니까요."

루이자 큰어머니는 슬픈 듯이 또 불안한 듯이 끝까지 말없이 듣고만 있었다. 필립은 지금 제정신이 아니어서 무슨 말을 해 보았자 그의 흥분을 부채질할 뿐이라고 생각했기 때문이다. 결국 큰아버지는 더는 그 이야기를 듣고 싶지 않다고 말하고는 노기등등해서 그 방을 나가 버렸다. 그로부터 사흘 동안 두 사람은 서로 한마디도 하지 않았다. 필립은 헤이워드에게 편지를 내어 파리의 형편을 묻고, 답장이 오는 대로 곧 떠나리라고 마음먹었다. 그러는 사이에도 큰어머니는 끊임없이 그 문제에 대해서 생각했다. 어쩐지 필립이 큰아버지에 대한 증오 속에 자기까지도 집어넣고 있는 것 같다고 생각하니 말할 수 없이 괴로웠다. 그녀는 필립을 진심으로 사랑하고 있었다. 견디다 못해 남편이 나간 틈을 타서 필립에게 말을 걸었다. 그러자 필립은 큰어머니에게 런던 생활에서의 환멸과 미래에 대한 그의 열망 따위를 쏟아 놓았다. 큰어머니는 꼼짝도 하지 않고 주의 깊게 들었다.

"그야 저라는 인간은 재주가 없는지도 모르겠습니다. 아무튼 이번만 제 소원대로 하게 해주세요. 설사 실패로 돌아간다고 하더라도 생각만 해도 지긋지긋한 수습 서기 생활을 하는 것보다 더 참혹한 실패란 없을 거예요. 그리고 저는 그림이라면 웬만큼 자신이 있습니다. 그림에 소질이 있다는 것을 저 자신이 알고 있어요."

이처럼 열심히 원하는 것을 막아 버리는 것이 과연 옳은가에 대해서 큰어머니는 남편만큼 자신이 없었다. 위대한 화가들도 처음에는 부모의 극심한 반대에 부딪혔다는 이야기를 그녀도 몇 번 읽은 일이 있다. 그러한 반대가 얼마나 어리석었던가 하는 이야기도 부인은 읽어서 알고 있었다. 게다가 결국 회계사와 마찬가지로, 화가가 되었다고 해서 하느님께 영광을 돌리는 훌륭한 생활을 한평생 보내지 못하리라는 이유는 없지 않은가.

"나도 역시 네가 파리에 간다는 것이 무척 걱정스럽구나."

그녀는 서글픈 듯이 말했다.

"런던에서 공부하는 건 어떻겠니? 그러면 그처럼 걱정되지는 않겠는데 말이다."

"아뇨, 그림 공부를 한다고 마음먹은 이상 철저히 해야 합니다. 그리고 정말로 공부할 수 있는 곳은 역시 뭐니뭐니해도 파리뿐이니까요."

그의 말을 듣고 큰어머니는 변호사인 닉슨 씨에게 편지를 썼다. 필립은 런던에서의 일이 도무지 싫다고 하는데 그의 지망을 바꾸는 것을 어떻게 생각하는가 물어보았다. 그의 답장은 다음과 같았다.

경애하는 캐리 부인

즉시 허버트 카터 씨를 만나 보았습니다. 필립은 아무래도 성적이 매우 좋지 않은 것 같습니다. 그리고 일에 대한 불만도 많아 보이므로 이번 기회에 계약을 해지하는 편이 나을 듯합니다. 저는 물론 매우 유감입니다만, 속담에도 있듯이 말을 물가에까지 끌고 갈 수는 있어도 억지로 물을 먹일 수는 없지 않겠습니까? 이만 줄이겠습니다.

앨버트 닉슨

이 편지를 큰아버지에게 보였으나 그것은 그의 고집스러움을 오히려 더 굳혀 주었을 뿐이다. 필립이 어떤 다른 직업, 이를테면 그의 아버지 직업이었던 의사 같은 직업이라도 택한다면 그렇게까지 반대하지는 않겠지만 파리에 간다면 아예 송금을 않겠노라고 하는 것이었다.

"파리에 가겠다는 것은 결국 제멋대로 방탕하게 놀고 육욕을 즐겨 보겠다는 속셈에 지나지 않아."

그는 말했다.

"큰아버지께서 다른 사람의 방종을 비난하시는 것을 듣자니까 무척 재미있군요."

필립은 날카롭게 빈정거렸다.

그때에는 이미 헤이워드에게서 회답이 와 있었다. 거기에는 한 달에 30프랑만 내면 방을 얻을 수 있다는 호텔 이름이 적혀 있고 또 어떤 미술 학교의 서무 주임에 대한 소개장까지 들어 있었다.

필립은 큰어머니에게 그 편지를 읽어 주었다. 그리고 9월 첫째 날에 떠날 작정이라고 말했다.

"그렇지만 너는 돈이 없잖니?"

"오늘 오후에 캔터베리에 가서 보석들이라도 팔까 해요."

그는 아버지의 유산으로서 줄 달린 금시계와 보석 반지 두서너 개와 커프스단추 몇 개와 핀 2개를 물려받았다. 핀 하나는 진주여서 팔면 꽤 돈이 될 터였다.

"그래도 물건의 값어치하고 팔리는 가격하고는 다르단다."

루이자 큰어머니가 말했다.

필립은 저도 모르게 빙긋 웃었다. 큰어머니의 그 말은 큰아버지가 입버릇처럼 하던 말이었기 때문이다.

"알아요. 그러나 모두 합하면 아무리 못 해도 1백 파운드는 받을 수 있을 거예요. 그러면 그 돈으로 제가 스물한 살이 될 때까지는 그럭저럭 해나갈 수 있겠죠."

이 말에 캐리 부인은 아무런 대답도 없이 잠자코 2층으로 올라가더니 조그마한 보닛을 쓰고는 은행으로 나갔다.

한 시간쯤 지나서 돌아온 큰어머니는 응접실에서 책을 읽고 있는 필립에게로 와서 봉투 하나를 내밀었다.

"이건 뭡니까?"

필립은 물었다.

"얼마 되지는 않지만 내가 네게 주는 선물이다."

큰어머니는 약간 부끄러운 듯이 웃으면서 대답했다.

봉투를 뜯어보니 5파운드짜리 지폐 11장과 1파운드 금화를 가득 넣은 조그만 종이 주머니가 들어 있었다.

"네가 너의 아버지 보석을 팔겠다니 도저히 그대로 두고 볼 수가 있어야지. 이것은 내가 은행에 예금해 두었던 돈이다. 아마도 1백 파운드쯤은 될 게다."

필립은 얼굴이 빨개지더니 자신도 모르는 사이에 갑자기 눈물을 흘렸다.

"하지만 큰어머니, 전 이런 것은 받을 수가 없어요. 큰어머니의 따뜻한 정은 잘 알겠습니다만, 이 돈은 받을 수 없어요."

캐리 부인은 결혼할 때 3백 파운드를 가지고 있었는데, 그 돈은 꽤 소중하게 예금해 두었다가 예기치 않았던 비용이나, 부득이한 자선이나 그 밖에 남편이나 혹은 필립에게 크리스마스 선물과 생일 선물을 하는 데만 써왔던 것이다. 따라서 해마다 그 돈은 많이 줄어들었지만 그래도 아직 큰아버지가 농담거리로 삼을 만큼은 있었다. 그는 늘 부인을 부자라 부르기도 하고 '씨암탉'이라고도 했던 것이다.

"그러지 말고 어서 받아 두어라, 필립. 나도 분별없이 써버려서 지금은 그것밖에는 남지 않았구나. 네가 받아 써준다면 난 정말 기쁘겠다."

"그렇지만 그 돈은 큰어머니께도 필요하잖아요?"

"아니다, 난 필요 없어요. 나보다 네 큰아버지가 먼저 돌아가실 경우를 생각해서 가지고 있던 거야. 그야 다급할 때 조금이라도 즉시 쓸 수 있는 돈이 있으면 편하겠거니 하고 갖고 있었지만 이젠 나도 살날이 그리 많이 남은 것 같지 않고 보니……."

"큰어머니, 그런 말씀은 하지 마세요. 큰어머니께선 오래 사실 거예요. 큰어머니께서 안 계시면 저는 어쩌라고 그러세요."

"이젠 난 죽어도 여한이 없어."

큰어머니는 목이 메어서 얼른 두 눈을 가렸으나 곧 눈물을 닦고 웃어 보였다.

"나는 처음에는 늘 하느님께 기도했단다. 저를 먼저 부르시지 마옵소서, 하고 말이다. 왜냐하면 큰아버지께서 혼자 남으시면 불쌍하지 않겠니? 큰아버지 혼자서 모든 괴로움을 짊어지셔야 하다니 가엾은 일이지. 그런데 어쩐지 그 양반의 생각은 내 생각과 같지만은 않다는 걸 차차 알았단다. 나보다도 더 오래 사시기를 바라고 계셔. 나는 그 양반이 바라시는 그런 아내가 되어드리지 못했어. 그러니까 만약에 내가 어떠한 일이 생기더라도 너의 큰아버지는 재혼하실 거야. 그래서 내가 먼저 죽고 싶은 거란다. 너는 내 생각이 내 멋대로라고 하지는 않겠지, 필립? 왜냐하면 만약에 큰아버지가 먼저 가신다면 나는 아무래도 살아갈 수가 없는걸."

필립은 큰어머니의 주름투성이 여윈 뺨에 키스했다. 그런데 이 압도적인 애정 장면이 어쩐지 그에게 부끄러움을 느끼게 할 뿐인 것은 어쩐 일일까? 그는 그렇듯 냉담하고 제멋대로이고 게다가 턱없이 어리석을 만큼 자기중심적인 남편에게 큰어머니가 그렇게도 깊은 애정을 품고 있다고는 아무래도 생각할 수 없었다. 그는 그저 왠지 모르게 그렇게 미루어 생각했지만 아마 그녀도 마음속으로는 남편의 냉담과 이기심을 잘 알고 있을 것이다. 그런 것을 알면서도 역시 온순하게 남편을 사랑하고 있었음에 틀림없다.

그의 손을 쓰다듬으면서 큰어머니가 조용히 말했다.

"그 돈을 받아 주겠지, 필립? 하기야 너는 이 돈이 없더라도 훌륭하게 잘 해나가겠지만 그래도 받아주면 나는 기쁘겠다. 나는 늘 너를 위해서 무엇이든 해주고 싶었단다. 내게는 자식이 없잖니? 그래서 너를 친자식처럼 생각해 왔어. 네가 아직 어렸을 때에는 나쁜 생각인 줄 알면서도 네가 병이라도 앓아 주었으면 했었단다. 그래야 내가 너를 밤이고 낮이고 붙어 앉아서 간호해 줄 수 있을 테니까 말이다. 하지만 너는 한 번밖에는 앓은 적이 없었단다. 그것도 학교에 들어가서였지. 하여튼 나는 정말로 널 도와주고 싶었단다. 그러다 보니 이것이 처음이자 마지막 기회인지도 모르겠구나. 장차 네가 위대한 화가가 되더라도 나를 잊지 말아주렴. 내가 너에게 첫발을 디디게 해 주었다는 것을 기억해 다오, 부탁이다."

"큰어머닌 정말 착하세요. 고맙습니다."

큰어머니의 피로한 눈에는 미소가, 그야말로 순수하고 때 묻지 않은 행복한 미소가 떠올랐다.

"아아, 정말 기쁘구나, 나도."

40

며칠 뒤 캐리 부인은 필립을 전송하려고 정거장으로 나왔다. 객차 입구에 서서 그녀는 눈물을 참느라고 무던히 애쓰고 있었다. 필립은 가슴이 마구 설레어서 어쨌든 빨리 기차가 떠났으면 했다.

"자아, 한 번 더 키스해 주렴."

큰어머니는 말했다.

필립은 차창 밖으로 몸을 내밀고 큰어머니에게 키스했다. 기차가 움직이기 시작하고, 큰어머니는 그 조그마한 정거장의 목조 플랫폼에 서서 기차가 보이지 않을 때까지 손수건을 흔들었다. 그녀의 마음은 납덩어리처럼 무거웠다. 목사관까지 이삼백 야드밖에 안 되는 길이 천릿길처럼 생각되었다.

가고 싶어 하는 것도 무리는 아니다. 아직 어린아이이고 미래가 그를 부르는 것이라고 생각은 했지만 그녀는 금방이라도 울음이 터지려는 것을 이를 악물고 참았다. 그러고는 하느님이 그 아이를 보호하사 유혹으로부터 멀리 해주시고 행복과 행운을 그에게 베풀어 주십사 마음속으로 기도했다.

그러나 필립은 자리에 앉자 금세 큰어머니 생각을 잊어버리고 말았다. 머릿속은 온통 미래에 대한 생각들로 가득 찼다. 헤이워드가 소개해 준 서무 주임인 오터 부인에게는 이미 편지를 해 놓았고, 그의 주머니 속에는 내일 티 파티에 오라는 초대장까지 들어 있었다. 파리에 닿자 그는 짐을 역마차에 싣고 큰 거리를 지나 다리를 건너 라틴 구역의 좁은 길을 천천히 지나갔다. 몽파르나스 거리에서 옆으로 들어간 더러운 골목에 있는 데되제콜 호텔에 보잘것없는 방이 마련되어 있었다. 그곳은 그가 공부하러 다닐 아미트라노 미술학원에 다니기에 편리한 곳이었다. 보이가 짐을 받아들고 6층까지 올라가더니 오랫동안 창문이 닫혀 있어서 곰팡이 냄새가 풍기는 조그마한 방으로 안내했다. 방 안의 대부분은 커다란 나무 침대가 차지했고 그 위에는 붉은 덮개가 덮여 있었다. 창에는 똑같이 약간 더러운 원단의 무거운 커튼이 드리워져 있었으며 옷장이 세면대 역할을 대신하고 있었다. 루이 필립 왕조를 떠올리게 하는 커다란 옷장도 있었다. 벽지는 낡아서 퇴색했고 짙은 회색 바탕 속에서 희미하게 갈색 나뭇잎 무늬를 찾아볼 수 있었다. 그러나 필립은 고풍적인 것이 마음에 들었다.

이미 밤이 깊었지만 그는 흥분이 되어 도무지 잠을 이룰 수 없었다. 호텔을 나오자 큰길로 가서 불빛이 환한 곳으로 걸어갔다. 정거장이 있었다. 그 앞 광장에는 많은 아크등이 휘황하게 빛나고, 여러 방향으로 통하는 노란 전차가 요란한 소리를 내며 지나가고 있었다. 그는 매우 기뻐서 큰 소리로 한

바탕 웃었다. 주위에는 카페가 죽 늘어서 있었다. 필립은 마치 목마른 사람처럼, 군중을 좀더 가까이 보길 열망하는 사람처럼 카페 드 베르사유의 테라스 의자에 앉았다. 맑게 갠 날 밤이어서 다른 자리는 모두 만원이었다. 그는 호기심에 찬 눈으로 사람들을 바라보았다. 조그마한 가족 무리가 있는가 하면 기묘한 모양의 모자를 쓰고 턱수염을 기르고 호들갑스럽게 큰 소리로 떠들어 대는 사나이 무리도 있었다. 그의 옆에는 화가처럼 보이는 사나이 두 사람이 그들의 아내는 아닌 것 같아 보이는 여자들과 함께 앉아 있었다. 그 뒤에서는 무언가 큰 소리로 미술에 대한 이야기를 하는 듯한 미국인들의 목소리가 들렸다. 그의 마음은 감동에 떨었다. 밤이 이슥하도록 앉아 있어서 퍽 피곤하기는 했으나 너무나 행복해서 일어설 마음이 없었다. 드디어 침대에 들었을 때도 눈은 점점 맑아져서 좀처럼 잠을 이룰 수 없었다. 그는 파리의 온갖 소음에 가만히 귀 기울였다.

다음 날, 차 시간 무렵에 그는 리옹 드 벨포르로 가서 라스파이유 거리에서 쑥 들어간 작고 새로운 골목에 있는 오터 부인의 집을 찾아냈다. 서른한 살쯤으로 시골티가 풍기는 몸매를 일부러 숙녀처럼 꾸미고 있는 좀 시시해 보이는 여인이었다. 그녀는 자기 어머니에게 필립을 소개했다. 뒤에 안 일이지만 그녀는 10년 동안이나 파리에서 공부하고 있었고, 좀더 나중에 알게 된 바로는 남편과 이혼했다는 것이었다.

조그만 응접실에는 그녀가 그린 초상화가 두어 장 걸려 있었는데 필립의 미숙한 눈에는 아주 훌륭한 솜씨로 보였다.

"저도 저렇게 훌륭하게 그릴 수 있을는지 걱정이군요."

"그럼요, 되고말고요."

그 대답에는 자기만족의 느낌도 약간 섞여 있었다.

"물론 단숨에 무엇이든지 다 그렇게 된다고는 할 수 없겠지만."

그녀는 매우 친절한 여자였다. 그에게 종이끼우개, 도화지, 목탄 따위를 사는 가게 주소를 가르쳐 주었다.

"내일 아침 9시쯤에 나도 아미트라노에 갈 작정이에요. 당신도 그때 나오시면 좋은 자리를 잡는 정도는 주선해 드릴 수가 있어요."

그녀가 말했다.

그리고 앞으로는 어떻게 할 작정이냐고도 물었다. 사실을 말하자면 모든 일이 매우 막연했지만, 그렇다고 그녀에게 그렇게 실토해 버릴 수도 없을 것 같았다.
"먼저 데생부터 시작할까 합니다만."
"정말 좋은 생각이군요. 누구든지 처음에는 여러 가지를 한꺼번에 급히 서두르는 경향이 있어요. 나도 파리에 와서 처음 두 해 동안은 유화 물감에는 전혀 손도 대보지 않았답니다. 그렇게 한 결과가 바로 저거예요."
그녀는 이렇게 말하면서 피아노 위에 걸린 어딘지 칙칙해 보이는 유화인 어머니 초상화를 힐끗 바라보았다.
"만일 내가 당신이라면 무엇보다도 먼저 친구를 조심해서 사귀겠어요. 난 어떤 외국인과도 어울리지 않아요. 꽤 조심스러운 성격이거든요."
이 충고에는 필립도 깊이 고마워했다. 그러나 곰곰이 생각해보니 아무래도 석연치 못한 점이 있었다. 유독 자기만이 특별히 조심해야 한다는 것은 알 수 없는 일이었다.
"우리는 영국에서와 조금도 다름없는 생활을 하고 있죠. 이리로 올 적에 살림살이를 모두 옮겨왔거든요."
그때까지 거의 아무 말도 하지 않고 있던 그녀의 어머니가 말했다.
필립은 방 안을 둘러보았다.
방은 어울리지 않게 큰 가구로 가득 차 있었고, 큰어머니가 여름철에 곧잘 달던 것과 비슷한 흰 레이스 커튼이 창문에 쳐져 있었다. 피아노와 난로 위에도 리버티 인조견 덮개가 씌워져 있었다. 오터 부인은 두리번거리는 그의 시선을 따르다가 말했다.
"해가 저물고 덧문을 닫아 버리면 마치 영국으로 되돌아간 것 같은 느낌이 들어요."
"게다가 식사도 모두 영국식으로 하죠."
그녀의 어머니가 덧붙였다.
"아침엔 우선 고기가 나오죠. 그리고 점심엔 정찬식으로 하고……."
오터 부인 집을 나온 필립은 그길로 그림 재료를 사러 갔다. 이튿날 아침 9시가 되자 그는 제법 자신 있는 얼굴로 학교에 갔다. 오터 부인은 벌써 나와 있다가 생글생글 웃으면서 다가왔다. 이 학교 학생들이 자기와 같은 신참자를 어떻게 다룰 것인가 필립은 퍽 걱정되었다. 아틀리에서 새로 들어온 사람은 심한 놀림감이 된다는 내용을 많이 읽었기 때문이다. 그러나 오터 부인은 그에게 걱정하지 말라고 말했다.
"여기서는 그런 일은 절대로 없어요. 학생 절반이 여자거든요. 이들이 전체적인 분위기를 만들고 있으니까요."
아틀리에는 넓고 아무런 장식도 없었다. 회색 벽에는 입상한 습작품 몇 가지가 핀으로 꽂혀 있을 뿐이었다. 헐렁한 가운 비슷한 것을 몸에 걸친 여자 모델이 의자에 걸터앉아 있었고, 남녀 여남은 명이 그 둘레에 모여 서서 이야기하거나 아직 데생에 손질을 하고 있었다. 모델의 첫 휴식시간이었던 것이다.
"처음부터 너무 어려운 건 시작하지 않는 편이 좋겠죠."
오터 부인이 말했다.
"여기쯤에다 이젤을 세우시죠. 아마 이런 자세가 가장 쉬울 거예요."
필립은 그녀가 일러준 대로 이젤을 세웠다. 그녀는 옆에 앉아 있는 젊은 여자에게 그를 소개해 주었다.
"이분은 캐리 씨, 이분은 프라이스 양. 캐리 씨는 그림 공부를 제대로 하는 것이 처음이라니까 처음엔 좀 가르쳐 드리세요."
그리고 모델 쪽을 바라보고 생각난 듯 소리쳤다. "자아, 포즈."
모델은 읽고 있던 신문 〈라 프티트 레퓌블리크〉를 집어던지고 귀찮은 듯이 가운을 벗고는 모델대에 섰다. 두 다리로 단단히 버티고 두 손을 머리 뒤에서 깍지를 꼈다.
"참, 멍청한 포즈로군. 왜 모두 저런 포즈를 택했을까?"
프라이스 양이 말했다.
필립이 처음 들어왔을 때에는 아틀리에 사람들이 그를 신기한 듯 흘끔흘끔 바라보았고, 모델까지도 무심하기는 했지만 그를 한 번 흘끗 쳐다볼 정도였으나, 이젠 누구 하나 필립이 있다는 것 따위는 의식하지 않았다. 그는 아름다운 그림 용지를 펴 놓고는 겸연쩍은 듯이 모델의 몸을 빤히 쳐다보았다. 어떻게 시작해야 좋을지 알 수가 없었던 것이다. 그는 여태껏 여인의 나체를 본 일이 없었다. 도저히 젊다고는 할 수 없는 이 여자의 유방은 형편없이 쭈그러지고 퍼석퍼석한 금발이 마구 헝클어져서 앞이마에 늘어지고 얼굴엔 주근깨가 잔뜩 나 있었다. 그는 프라이스 양의 그림을 흘끗 들여다보았다. 시작한 지 겨우 이틀째인 것 같긴 했으나 무척 애를 먹고 있는 듯했고, 캔버스는 몇 번 씩이나 지운 자리 때문에 엉망이었다. 필립의 눈에도 그 손발이 이상야릇하게 비틀려서 비뚤어져 보였다.

'나도 저만큼은 그릴 것 같은데.'

그는 속으로 생각했다.

그는 머리부터 그리기 시작해 차차 아래쪽으로 그려 내려갈 생각이었다. 그런데 왜 그런지 같은 머리라도 상상으로 그리는 것보다 모델을 보고 그리는 것이 비교도 안 될 만큼 어렵다는 사실을 비로소 알았다. 곧 막혀 버리고 말았다. 어려운 부분에 이르렀을 때 그는 또 프라이스 양을 슬쩍 들여다보았다. 그녀는 매우 불쾌한 표정으로 그리고 있었다. 너무나 열중해서 앞이마에는 주름이 지고 눈에선 불안스러운 표정이 비쳤다. 아틀리에 안은 아주 무더워서 땀방울이 송골송골 솟아나 있었다. 그녀는 스물두 살의 처녀였다. 숱 많은 황금색 머리칼이 아름답긴 했지만 그것을 아무렇게나 뒤로 빗어 넘겨서 솜씨 없이 묶고 있었다. 넓적하고 평평한 느낌의 코와 조그만 눈이 박힌 커다란 얼굴에 살결은 건강하지 못하게 느껴질 만큼 묘하게 창백했다. 뺨에 핏기라고는 전혀 없었다. 옷차림은 전체가 몹시 불결해서 옷을 갈아입지도 않은 채 자버리는 것이 아닌가 의심될 정도였다. 그러나 그녀는 무척 열심이었고 말이 없었다. 다음 휴식시간이 되었을 때 그녀는 몇 걸음 물러서서 자기의 그림을 바라보고는 우울한 목소리로 중얼거렸다.

"왜 이렇게 안 되는지 모르겠군. 하지만 어떻게 조금 고쳐 봐야지."

그러고는 필립을 바라보고 물었다.

"당신 것은 어때요?"

"전혀 되지 않는데요."

그는 슬픈 듯이 빙긋 웃었다.

그녀는 그의 그림을 보아 주었다.

"이렇게 그리면 아무것도 안 돼요. 먼저 전체적인 구성을 생각해야 해요. 그러자면 먼저 그 종이에다 대체적인 선을 그려야 하는 거예요."

그녀는 재빠른 솜씨로 방법을 가르쳐 주었다. 필립은 그녀의 열성적인 태도가 고마웠지만, 여자다운 데가 너무 없는 것에 거부감도 들었다. 어쨌든 가르쳐 준 요령에 대해서는 고맙게 생각하고 그는 다시 그리기 시작했다. 어느 틈엔가 사람이 늘어나 있었다. 일찍 오는 것은 언제나 여자들이었으므로 나중에 온 사람들은 대개가 남자였다. 아직 이른 계절이라 이만하면 아틀리에에 꽤 많이 모였다고 할 수 있었다. 조금 있다가 호리호리하고 검은 머리에 유난히 큰 코와 말을 떠올리게 하는 기다란 얼굴의 청년이 들어왔다. 그는 필립 곁에 앉더니 그 너머로 프라이스 양에게 머리를 끄덕여 인사했다.

"꽤 늦었군요. 방금 왔어요?"

"날씨가 좀 좋아야 말이죠. 바깥은 얼마나 아름다울까 하고 아예 누운 채 상상만 할까 했었죠."

필립은 저도 모르게 벙긋 웃어 버렸다. 그러나 프라이스 양은 그 말을 퍽 진지하게 받아들인 것 같았다.

"그건 좀 이상하잖아요? 역시 일어나서 마음껏 즐기는 편이 훨씬 나을 텐데요."

"유머리스트 생활방식이라는 것은 꽤 어렵거든요."

청년도 차분하게 받았다.

그는 별로 그리고 싶은 생각이 없는 것처럼 가만히 자신의 캔버스를 바라보고 있었다. 유화를 그리고 있었는데 모델 포즈는 이미 전날에 스케치를 끝낸 상태였다. 그는 필립에게로 고개를 돌렸다.

"최근에 영국에서 왔소?"

"네."

"어떻게 이 아미트라노에 오게 됐소?"

"여기밖에 아는 데가 없었으니까요."

"설마 조금이라도 도움이 될 무언가를 배우겠다는 생각으로 여기에 온 건 아니겠지?"

"아녜요. 여기는 파리에서도 제일 좋은 학교예요. 예술이라는 것을 정말로 진지하게 생각하는 유일한 학교죠."

프라이스 양이 얼른 말참견을 했다.

"그래요? 예술이란 게 그렇게 진지하게 생각해야 하는 걸까요?"

그는 되물었다. 그러자 프라이스 양은 비웃듯 어깨를 한 번 으쓱해 보이는 것으로 대답을 대신했다. 그는 또 덧붙여 말했다.

"그런데 요컨대 문제는, 학교란 죄다 글러 먹었단 거요. 어차피 모두가 아카데미즘이란 말이거든. 이 학교가 다른 학교보다 덜 해롭다고 한다면 그것은 다만 여기 교수들이 다른 데 교수들보다 무능하기 때문일 거요. 여기서는 아무것도 배우는 게 없으니까."

"그러면 당신은 왜 이 학교엘 나오죠?"

이번에는 필립이 끼어들어 반문했다.

"나는 좋은 길을 알지만 그것을 따르지는 않는다. 교양 있는 프라이스 양은 이 라틴 격언을 기억하고 있을 거요."

"클러튼 씨, 제발 당신들 이야기에 나를 끌어들이지 말아요."

그녀는 퉁명스럽게 대답했다. 그러나 그는 끄덕도 하지 않았다.

"그림을 잘 그리게 되는 유일한 방법은 자기의 아틀리에를 갖고 모델을 두고 다만 자기 자신이 끝까지 해내는 것, 그것뿐이란 말이지."

"매우 간단한 방법일 것 같은데요."

필립이 말했다.

"다만 먼저 돈 문제가 해결돼야 한다는 것."

클러튼은 그렇게 말하고, 그림을 그리기 시작했다. 필립은 곁눈으로 그를 흘끗 바라보았다. 그는 키가 매우 크고, 형편없는 말라깽이였다. 큼직큼직한 뼈가 마치 몸에서 퉁겨 나온 것 같았고 특히 팔꿈치는 아주 뾰족해서 허름한 겉옷 소매에서 툭 튀어나온 것 같았다. 바짓단은 다 낡아서 올이 풀렸고, 장화는 두 짝 다 가죽 조각으로 볼품없이 기워져 있었다. 프라이스 양이 일어나서 필립의 이젤 쪽으로 왔다.

"클러튼 씨가 잠깐만 잠자코 있으면 제가 당신을 좀 도와드릴 텐데요."

"프라이스 양은 내게 유머가 있다고 해서 매우 싫어한단 말이야."

똑바로 캔버스를 들여다보면서 클러튼이 끼어들었다.

"게다가 내 천재성까지 미워한다니까."

그는 매우 거만하게 말했으나 아무튼 볼품없이 커다란 코 탓에 그저 우습게만 들릴 뿐이었다. 필립은 웃어 버릴 수밖에 도리가 없었다. 그러나 프라이스 양은 검은 얼굴을 붉히며 화를 냈다.

"당신이야말로 자기 재능을 비난하고 있잖아요?"

"그래요, 게다가 또 나에게 가장 무의미하고, 가장 쓸데없는 못난 평을 늘어놓는 것도 나 자신이거든요."

프라이스 양은 필립의 그림을 평하기 시작했다. 그녀는 해부학이니 구성이니 선이니 면이니 하고 그 밖에 필립이 알지도 못하는 것들에 대해서 여러 가지로 능란하게 이야기해 주었다. 그녀는 아틀리에에 나오기 시작한 지가 오래되었으므로 교수들이 말하는 요점을 모조리 알고 있었다. 따라서 필립의 그림에서도 얼마든지 결점을 지적할 수 있었던 것이다. 하지만 그것을 어떻게 올바로 고칠 수 있는가에 대해서는 전혀 몰랐다.

"여러 가지로 폐를 끼쳐서 대단히 죄송합니다."

"아녜요, 별것도 아닌걸요."

그녀는 거북스러운 듯이 새빨개져서 대답했다.

"나도 처음 왔을 때엔 다른 사람이 그렇게 해줬거든요. 그래서 나도 누구에게나 이렇게 해드리는 거예요."

"프라이스 양은 말이오."

다시금 클러튼이 말참견했다.

"아무래도 당신한테 자신의 박식함을 알리고 싶은 모양인데, 그건 당신 개인의 어떤 매력 때문이 아니라, 어떤 의무감에서 그러는 것임을 나타내고 싶은 거요."

프라이스 양은 무서운 얼굴로 그를 노려보더니 자기 그림 쪽으로 가버렸다. 시계가 12시를 알리자 모델은 한시름 놓았다는 듯이 소리를 지르면서 스탠드에서 내려왔다.

프라이스 양은 그림도구를 집어넣었다.

"점심 먹으러 그라비에 식당으로 가는 사람도 있지만 나는 언제나 집에 가죠."

그녀는 클러튼을 힐끗 쳐다보면서 필립에게 말했다.

"원한다면 그라비에 식당으로 안내하죠."

클러튼이 필립에게 말했다.

필립은 그에게 고마움을 표시하고 얼른 일어섰다. 입구에서 오터 부인이 오늘은 어땠느냐고 물었다.

"파니 프라이스가 가르쳐 주던가요? 그 여자라면 그래줄 거라고 생각했거든요. 그래서 당신을 거기에 앉혀 드린 거죠. 성질이 무척 까다롭고 심술궂고 그림도 도무지 형편없지만 그림에 대해서는 매우 잘 알아요. 도와줄 생각만 있으면 처음 온 사람에게는 아주 싹싹하게 잘하죠."

거리를 내려오면서 클러튼이 말했다.

"파니 프라이스는 아무래도 당신에게 특별한 관심이 있는 것 같더군. 조심하는 게 좋을 거요."

필립은 웃었다. 아마도 세상에서 그녀만큼 특별한 관심 따위는 아예 품어 주지 말았으면 할 여자는 또 없을 것이다. 이윽고 그들은 미술과 학생들이 곧잘 먹으러 온다는 조그마한 싸구려 식당으로 들어갔다. 벌써 서너 손님이 있는 탁자로 가서 앉았다. 1프랑으로 달걀 하나와 고기 한 접시, 그리고 치즈와 조그마한 포도주 한 병을 살 수 있었다. 커피는 따로 사야 했다. 그들의 자리는 테라스였다. 노란 전차가 끊임없이 종을 울리면서 거리를 오르내리고 있었다.

"그런데 당신 이름은?"

자리에 앉으면서 클러튼이 물었다.

"캐리라고 해요."

"내 친구 캐리 씨를 소개하지."

클러튼은 점잖게 말했다.

"플라나간 씨, 그리고 이쪽은 로우슨 씨."

그들은 웃으면서 대화를 이었다. 실로 여러 가지 이야기를, 더욱이 모두가 한꺼번에 얘기하기 시작하는 것이었다. 다른 사람이 하는 이야기는 누구 한 사람 듣지 않았다. 모두 자기 말만 떠들어 댔다. 여름에 다녀온 지방에 대한 이야기, 아틀리에와 여러 유파에 대한 이야기 따위가 화제로 나왔다. 필립은 들어보지도 못한 모네, 마네, 르누아르, 피사로, 드가 등과 같은 이름도 나왔다. 필립은 정신을 바짝 차리고 귀 기울여 들었다. 자기만이 어쩐지 그 분위기에 어울리지 않는 것 같았으나 마음은 기쁨에 벅찼다. 꿈처럼 시간이 지나가 버렸다. 클러튼이 일어서면서 말했다.

"오늘 밤에 이리로 나오겠나? 나는 여기에 오겠어. 이 구역에서 이만큼 값싸고 소화불량이 될 정도로 먹을 수 있는 데는 또 없거든."

41

필립은 몽파르나스 거리를 걸어 보았다. 그곳은 지난봄에 생 조르쥬 호텔의 결산서를 작성하러 왔을 때—라고는 해도 그 무렵의 생활은 생각만 해도 진절머리가 났다—본 파리하고는 전혀 달라서 오히려 상상 속에 그려오던 시골거리와 같은 데가 있었다. 오늘 따라 이 지방에는 한가로운 공기가 감돌고 여느 때와 달리 사람의 마음을 꿈속으로 끌어들이는 것 같은 시원한 밝음이 있었다. 말끔히 손질해 놓은 가로수, 선명한 집들의 흰 벽, 앞이 탁 트인 전망, 이런 것들이 형용할 수 없이 상쾌했다. 그의 마음은 이미 편안해져 있었다. 스쳐가는 사람들을 바라보면서 어슬렁어슬렁 거닐었다. 폭이 넓은 새빨간 장식 띠를 두르고 헐렁헐렁한 바지를 입은 노동자, 세련되었으나 매우 더러워진 군복을 차려입은 군인들, 일반적으로 어디서나 볼 수 있는 평범한 광경이었으나 그것까지도 어딘지 세련된 멋이 있어 보였다. 그는 이윽고 옵세르바트와르 거리로 빠져나왔다. 부드럽고 그러면서도 뛰어나게 멋있는 가로수 길이었다. 그는 기쁜 한숨을 내쉬었다. 뤽상부르 공원에도 가 보았다. 어린이들이 장난치며 놀고 있었고, 긴 리본을 단 유모들이 짝을 지어서 느릿느릿 거닐고 있었다. 가방을 겨드랑이에 낀 바쁘게 걷는 사람들이며 야릇한 옷차림을 한 젊은이들이 지나가기도 했다. 짜임새 있는 아름다운 풍경이었다. 이른바 자연 그 자체가 일정한 질서 위에서 다듬어지고, 그것이 말할 수 없이 아름다움을 나타내므로, 난잡하고 무질서한 자연은 그것으로도 이미 야만스러워 보였다. 필립의 마음은 황홀하게 취해 있었다. 책 속에서 수도 없이 읽었던 바로 그 장소에 자기가 서 있다는 그것만으로도 그의 마음은 설레었다. 이곳은 그에게 이른바 고전적인 장소였다. 이를테면 그 옛날 노학자라고 할 만한 사람들이 꽃이 활짝 핀 스파르타 평야를 처음으로 바라보았을 때의 그 두려움과 기쁨을 그도 알 듯한 기분이 들었다.

정처 없이 거닐다가 우연히 벤치에 앉아 있는 프라이스 양을 만났다. 그는 조금 망설였다. 지금 그의 마음으로서는 아무도 만나기 싫었고 게다가 그녀의 멋없는 촌스러움이 이 시간 주위가 주는 행복감과 너무 어울리지 않는다고 생각되었기 때문이다. 그렇지만 어쩐지 상대는 모욕에 민감한 여자 같았고, 게다가 저편에서도 이미 알아차린 이상 역시 아는 체하는 것이 예의일 터였다.

"이런 데서 뭘 하시죠?"

필립이 가까이 다가가자 그녀 쪽에서 먼저 말을 걸었다.

"완전히 기분이 좋아진 참이에요. 당신은 어때요?"

"전 매일 4시에서 5시 사이에는 으레 여기에 와요. 아침부터 밤까지 계속 일만 한댔자 어떻게 될 것도 아니고요."

"잠깐 앉아도 괜찮을까요?"

"좋을 대로."

"그렇게 말하는 걸 보니 그다지 환영하시진 않는 것 같군요."

그는 껄껄 웃었다.

"전 원래 빈말을 할 줄 몰라요."

그는 허점을 찔린 꼴이 되어 잠자코 담배에 불을 붙였다.

"클러튼이 제 그림에 대해서 또 무슨 말을 하던가요?"

그녀는 느닷없이 물었다.

"아뇨, 별로."

"그 사람은 틀렸어요. 자기 딴엔 스스로 천재처럼 생각하겠지만 모두 거짓말이에요. 첫째 너무 게으르단 말이에요. 천재란 요컨대 무한히 노력하는 능력이 아니겠어요? 끈기 있게 노력하는 것, 그것뿐이에요. 한 번 결심한 이상은 누가 뭐래도 해치워야 한다고 생각해요."

오히려 이쪽이 놀랄 만큼 그녀는 격한 감정으로 말을 했다. 검은 밀짚의 세일러 모자를 쓰고 그다지 깨끗하지 않은 흰 블라우스에 갈색 치마를 입고 있었다. 장갑도 끼지 않고 손목도 씻지 않았는지 더러웠다. 여자다운 매력 따위는 조금도 없었다. 이야기를 걸지 말 것을 잘못했다고 생각했을 정도였다. 그녀 쪽에서는 그가 있어 주기를 바라는 건지 그것조차도 가릴 수가 없었다.

"제가 할 수 있는 일이라면 무엇이든지 다 해드리겠어요."

그녀가 여태까지의 이야기와는 아무런 관계도 없는 그런 말을 불쑥 했다.

"힘드시죠? 알 만해요."

"고맙습니다."

필립은 대답하고 곧 이어서 말했다.

"어때요? 어디 이 근처에서 차라도 한잔 하실까요?"

그녀는 얼른 그를 쳐다보더니 이내 빨개졌다. 빨개지니까 그녀의 창백한 살결이 마치 상한 딸기크림처럼 이상야릇한 얼룩이 져 보이는 것이었다.

"아뇨, 괜찮아요. 지금 무엇 때문에 차를 마셔요? 방금 점심을 먹었거든요."

"그래도 시간을 보내기에는 가장 적당하지 않겠습니까?"

"그렇게 지루하시다면 제게 신경 쓰실 것 없어요. 내버려 두셔도 괜찮아요."

바로 그때 갈색 벨벳 옷차림의 헐렁헐렁한 바지를 입고 바스크 풍의 모자를 쓴 두 사나이가 지나갔다. 젊은 주제에 수염까지 기르고 있었다.

"저 사람들도 역시 미술과 학생들입니까? 마치 《보헤미안의 생활》 속에서 금방 빠져나온 사람들 같군요."

필립이 말했다.

프라이스 양은 경멸하는 것처럼 말했다.

"프랑스에서는 저런 옷차림은 벌써 30년 전에 유행이 지나 버린걸요. 그것을 태평양 연안에서 온 미국인들은 파리에 오는 그 다음 날 곧바로 사 입고서는 우선 사진을 찍어달라는 거예요. 기껏해야 그것이 그네들의 예술이겠죠. 그네들은 그런 것은 아무렇지도 않은가 보죠. 워낙 돈이 많으니까요."

그러나 필립은 방금 지나간 미국인들의 대담할 만큼 화려한 옷차림이 어쩐지 마음에 들었다. 어딘지 낭만이 깃든 것 같아서였다.

"이젠 아틀리에로 가 봐야겠어요."

필립이 말했다.

"당신은 스케치 반에 안 나가세요?"

"그런 것은 조금도 몰라요."

프라이스 양의 이야기로는 매일 저녁 5시와 6시 사이에 모델이 오는데 50상팀(1상팀은 백분의 1프랑)만 내면 누구나 가서 그림을 그릴 수 있다는 것이었다. 날마다 모델이 바뀌므로 그림 공부에 많은 도움이 된다고 했다.

"하지만 당신에겐 조금 이른 것 같군요. 좀더 기다리는 편이 좋을 듯해요."

"안 된다는 법이야 없겠지요. 별로 다른 할 일이 있는 것도 아니니까요."

두 사람은 일어나서 아틀리에로 갔다. 그녀의 태도로 봐서는 함께 갈 바라는지 혼자 갈 바라는지 도무지 알 수가 없었다. 어떻게 헤어져야 할지 모르는 채 그는 우물쭈물하면서 따라갔다. 그녀는 좀처럼 입을 열려고 하지 않았다. 무엇을 물어도 무뚝뚝하게 대답할 뿐이었다.
아틀리에 입구에는 커다란 접시를 든 사나이가 서 있었다. 입장하는 사람마다 반 프랑씩을 그 위에 놓고 들어갔다. 아틀리에 안은 아침보다도 더 사람이 많았다. 영국인이나 미국인이 뽐내고 돌아다니는 일도 그다지 없었고 여자도 별로 많지 않았다. 이런 모임이야말로 그가 기대했던 것이었다. 너무 따뜻해서 공기는 이내 악취로 가득 차 버렸다.
스탠드에 올라선 사람은 이번에는 회색 수염을 기른 노인이었다. 필립은 아침에 갓 배운 지식을 곧 써보았으나 역시 잘되지 않았다. 아무래도 생각한 것처럼 잘 그려지지 않는다는 사실을 비로소 깨달았다. 옆에서 그리는 사람들을 부러운 듯이 몇 명 들여다보았으나, 과연 자신도 저렇게 목탄을 잘 쓸 수 있을는지 서글픈 생각이 들었다. 시간은 사정없이 흘러갔다. 방해가 되어서는 안 되겠다고 생각하고 일부러 프라이스 양에게서 좀 떨어진 곳에 자리를 잡았는데, 끝나고 그녀 앞을 지나오려니까 느닷없이 그녀 쪽에서 어땠느냐고 물어왔다.
"아무래도 역시 잘 안 되는군요."
그는 웃으면서 대답했다.
"그럼 제 옆에 앉으실 걸 그랬네요. 조금은 도와 드릴 수 있었을 텐데. 자부심이 좀 지나치게 강한 건 아닐까요?"
"그렇지 않아요. 방해가 될 것 같아서요."
"전, 방해가 되면 된다고 분명히 말하는 사람이에요."
좀 기묘한 방법이긴 했지만 아무튼 가르쳐 주려는 친절만은 알 수 있었다.
"그럼 내일은 꼭 부탁합니다."
"그렇게 하세요."
그녀는 대답했다. 그대로 필립은 밖으로 나왔으나 저녁식사 때까지 어떻게 보내야 할까 망설였다. 무언가 파리다운 풍취를 맛보고 싶었다. 그렇다, 압생트 주(酒)를 마시기로 하자. 물론 간판을 보고 찾을 수 있을 것이다. 필립은 천천히 정거장 쪽으로 걸어가다가 어떤 카페의 테라스로 가서 주문했다. 마셔 보니, 메스꺼운 느낌과 만족감이 반반씩이었다. 혀에 닿는 맛은 참을 수 없었으나, 정신적인 효과는 만족스러웠다. 머리끝에서부터 발끝까지 완전히 그림 그리는 학생이 되어 버린 것 같았다. 좀 빈속에 마셨으므로 얼마 되지 않아 기분이 매우 좋아졌다. 길 가는 사람들 무리를 바라보니 모두가 형제처럼 보였다. 아무튼 행복했다.

그라비에에 와 보니 클러튼이 앉아 있는 탁자는 이미 만원이었다. 그러나 절룩거리면서 다가오는 필립을 보자, 그쪽에서 먼저 아는 체를 했다. 그리고 여럿이서 자리를 마련해 주었다. 저녁은 형편없이 빈약해서 수프와 고기와 과일과 치즈에 포도주가 반병뿐이었다. 그러나 필립에게는 음식 따위는 아무래도 좋았다. 그가 보고 있는 것은 식탁에 모여 앉은 사람들뿐이었다. 플라나간도 그 속에 끼여 있었다. 그는 미국인으로 사자코에 키가 작고 언제나 웃고 있는, 몹시 즐거워 보이는 얼굴의 청년이었다. 대담한 디자인의 허리띠 달린 재킷을 입고 목에는 파란 목도리를 감고 묘한 모양의 트위드 모자를 쓰고 있었다. 그 무렵 라틴 구역을 휩쓸고 있는 것은 인상주의였다.

낡은 여러 유파에 대해서 이 유파가 승리를 얻게 된 것은 아주 최근의 일이었고, 아직도 카롤류 듀랑이나 브게로와 같은 사람들이 마네와 드가 같은 사람들과 대립적으로 평가되고 있었다. 이러한 신인들에 대한 이해는 뭐라고 해도 호의에서 우러난 역성이라는 느낌이 강했다. 영국인이나 미국인 사이에서는 휘슬러의 인기가 단연 압도적이었고, 안목이 있는 사람들은 일본 판화를 열심히 모았다. 지난날의 대가들은 모조리 새로운 표준에 따라 다시 평가되고 있었다. 수세기에 걸쳐서 존경받아 온 라파엘이 오늘날에 와서는 총명한 청년들의 조소의 대상이 되다시피 했다. 국립 미술관에 있는 벨라스케스의 〈필립 4세의 머리〉를 위해서는 라파엘의 작품 따윈 송두리째 다 주어도 아깝지 않다고 할 만큼 그들은 열성적이었다. 알고 보니 여기에서도 미술론이 한창 불꽃을 튀기고 있었다. 점심시간에 만났던 로우슨도 마침 그의 맞은편에 앉아 있었다. 붉은 머리에 주근깨투성이인 말라빠진 청년이었다. 그는 필립이 자리에 앉자 그 멋지고 푸른 눈으로 뚫어지게 바라보다가, 돌연 말하기 시작했다.

"라파엘이란 작자는, 딴 사람의 그림을 본뜨는 동안은 그래도 참을 수가 있었어. 페루지노나 핀토리초(두 사람 모두 15세기 이탈리아 화가)의 그림을 그렸을 때만 해도 사실 매력적이었단 말이야. 그러나 자기 자신의 그림을 그리기 시작하자마자," 그는 참으로 경멸하는 것처럼 어깨를 으쓱하더니 "라파엘 이상의 아무것도 아니었다, 그 말이야."

로우슨의 어조가 너무나 격렬해 필립은 어안이 벙벙해졌다. 다행히 플라나간이 참을 수 없다는 듯이 말참견을 해 주었으므로 필립으로서는 별로 대답할 필요도 없었다.

"아아, 그림 따윈 집어치워 버려! 모두 술이나 마시자, 진을!"

플라나간이 외쳤다.

"플라나간, 자넨 간밤에도 퍽 취했던 것 같던데."

로우슨이 말했다.

"그까짓 게 다 뭐냔 말이야! 오늘 밤에는 그 정도론 안 돼. 생각을 좀 해 보라고. 파리에 있으면서도 아침부터 저녁까지 그림밖에 모르다니 이게 될 말인가!" 그는 심한 서부 사투리로 떠들어댔다. "이보라구, 멋있다는 것은 인간이 산다는 것이란 말이야."

그는 몸을 똑바로 세우고 주먹으로 쾅 하고 식탁을 쳤다. "흥, 미술 따윌랑 집어치우란 말이다!"

"자넨 말일세, 말을 하는 건 좋은데 아주 끈질기거든. 아주 넌덜머리가 나도록 끈질기단 말이야."

클러튼의 말투는 신랄했다.

탁자에는 또 한 사람의 미국인이 있었다. 오늘 오후 뤽상부르 공원에서 본 청년들과 같은 화려한 옷차림이었고, 검은 눈, 여위고 갸름한 얼굴의 어딘가가 금욕적인 것을 떠올리게 하는 호남이었다. 그 유별난 복장을 마치 해적처럼 씩씩하고 시원스럽게 몸에 맞게 입고 있었다. 풍성한 검은 머리카락이 끊임없이 그의 눈 위로 흘러내리는 것을 그는 호들갑스러운 몸짓으로 머리를 뒤로 젖히며 힘껏 추어올리곤 했다. 그는 그 무렵 뤽상부르에 걸려 있던 마네의 〈올랭피아〉에 관해서 이야기하기 시작했다.

"그 그림 앞에서 오늘은 한 시간이나 서 있었는데, 아무래도 그리 좋은 그림은 아니더군."

로우슨은 나이프와 포크를 내려놓았다. 파란 두 눈이 갑자기 불을 뿜기 시작하고, 분노에 못 이겨서 숨찬 듯 헐떡이는 것 같았다. 그러나 자신의 감정을 있는 힘을 다해 억누르는 것처럼 보였다.

"무식한 야만인의 본심이라는 건가? 과연 재미있는 말이군. 그래 도대체 그 그림의 어디가 나쁘단 말이야?"

그러나 장본인인 그 미국인이 대답하기도 전에 누군가 또 다른 사나이가 맹렬한 기세로 가로막고 나섰다.

"이봐, 그 육체의 묘사를 보고서도 좋지 않다고 할 수 있단 말인가!"

"그게 아니지. 과연 오른편 유방은 썩 잘 그려졌더군."

"뭐, 오른편 유방은 잘 그려졌다고? 듣고 보니 어이가 없군그래."

로우슨이 소리쳤다.

"알아듣겠나? 그 그림 전체가 그야말로 기적이란 말이야."

그러고는 그 그림의 아름다움을 자세하게 설명하기 시작했다. 그러나 그 라비에의 이 탁자에서 장황하게 늘어놓는 사람은 요컨대 자기 자신을 위해서 떠들어 대고 있는 데 지나지 않는 것이었다. 따라서 아무도 들어주는 사람은 없다. 그러자 먼저 이야기했던 그 미국인이 벌컥 성을 내며 가로막고 나섰다.

"그러나 당신도 그 그림의 머리가 잘됐다고 하는 건 아니겠지?"

머리끝까지 화가 치민 로우슨이 이번에는 머리 부분에 대한 변호론을 벌이기 시작했다. 그러나 아까부터 매우 기분이 좋아서 경멸에 찬 표정을 지으면서 잠자코 듣고 있던 클러튼이 끝내 말참견을 했다.

"이봐, 머리는 저 친구에게 줘 버려. 우리에게 머리가 무슨 소용이 있단 말인가? 그런 것 때문에 그림의 가치가 변하는 게 아니야."

"알았어. 머리는 자네에게 주지. 자! 줄 테니까 그거나 갖고 뻗어 버리게."

로우슨이 외쳤다.

"그건 그렇다 치고 그 검은 선은 어떻게 생각하지!"

미국인은 하마터면 수프 속에 잠길 뻔한 긴 머리카락을 기세 좋게 획 젖히면서 큰 소리를 질렀다.

"자연물의 윤곽에는 검은 선 따위는 절대로 보이지 않거든."

"오, 신이시여, 원컨대 천상의 불길을 내리시어 이 신성 모독자를 태워 버리소서."

로우슨이 말했다.

"도대체 무엇이 자연하고 관계가 있다는 거지? 자연 속에 무엇이 있고 무엇이 없는지 그런 것을 누가 안단 말이지? 세상 사람들은 예술가의 눈을 통해서만 자연을 보게 된단 말이야. 알겠나? 과거 수세기 동안 세상 사람의 눈에는, 울타리를 뛰어넘는 말은 다리를 쭉 뻗는 것으로 보였어. 그래서 말 다리는 모두 뻗어 있는 것으로 되어 있었단 말이야. 그림자에 색깔이 있다는 사실을 모네가 발견할 때까지 사람들은 그림자가 검은 것이라고만 생각했지. 덕분에 그림자는 검은 것이라고 정해져 버렸고. 우리가 어떤 사물의 윤곽을 검은 선으로 그리기만 하면, 세상 사람들은 으레 그 검은 선을 보게 될 것이고, 그렇게 되면 검은 선은 틀림없이 있다는 게 되지. 하지만 만약 우리가 풀을 붉게, 소를 푸르게 그려 보란 말이야. 세상 사람들은 이것도 붉은 풀, 푸른 소로 보고, 자연히 풀은 빨강, 소는 파란 것이라고 그리게 될 거란 말이지."

"아하 참, 쓸데없는 예술론은 집어치우라니까!"

플라나간이 중얼댔다.

"난 진이나 마시고 흠뻑 취하고 싶단 말이야."

그러나 로우슨은 이런 방해 따위는 문제도 삼지 않았다.

"이봐, 바로 그 〈올랭피아〉가 살롱에 전시되었을 때 졸라가 뭐라 했지? 속물들의 조소와 아카데믹하다는 못난이들과 더욱이 일반 대중의 욕지거리 속에서 뭐라고 했는지 아느냐고. 나는 머잖아 마네의 그림이 앵그르(프랑스 역사 화가)의 〈오달리스크〉와 루브르에 마주 걸릴 날이 올 것을 기대한다고 했단 말이야. 더욱이 두 그림 가운데 결국 승리를 거두는 쪽이 〈오달리스크〉는 아닐 것이다라고까지 하잖았어? 두고 봐, 틀림없이 저 그림은 루브르에 걸릴 테니까. 난 날마다 그날이 다가오는 것을 보고 있단 말이야. 10년만 더 있어 보라고. 반드시 〈올랭피아〉는 루브르에 걸릴 테니까."

"절대로 그럴 리는 없어."

미국인은 또다시 내려오는 머리를 귀찮다는 듯이 이번에는 두 손으로 긁어 올리면서 말했다.

"10년만 지나 봐. 그따위 그림은 모조리 잊히고 말걸. 한때의 유행에 지나지 않는단 말이야. 결국 그림이라는 것은 말이야, 저런 그림에서는 아무리 안간힘을 쓴대도 나오지 못하는 그 무엇, 그것이 없고서는 절대로 남을 수가 없다고."

"그게 뭐란 말이야?"

"위대한 예술이란 건 무언가 도덕적인 요소가 없으면 결코 존재할 수 없는 거야."

"야! 놀랐는걸!"

로우슨이 불처럼 화가 나서 소리 질렀다.

"그런 말이 나올 줄 알았지. 이봐, 이 친구는 그림에 도덕이 필요하다는군."

그리고 그는 갑자기 두 손을 마주 대고 기도라도 올리는 것처럼 높이 쳐들면서 말했다.

"오오, 콜럼버스여, 콜럼버스여, 그대가 미국 대륙을 발견했을 때 어쩌자고 그런 일을 저질렀단 말인가?"

"러스킨은 말하기를……."

그러나 플라나간이 다음 말을 잇기도 전에 클러튼이 나이프 손잡이로 쾅 하고 기세당당하게 탁자를 쳤다. 그러고 나서 자못 엄숙한 목소리로 외쳤다.

"여러분!"

그의 큼직한 코가 노여움으로 뚜렷하게 주름져 있었다.

"지금 우리는, 교양 사회에서는 다시 들으리라 예기치도 못했던 인물의 이름을 별안간 듣게 되었소! 언론의 자유가 무엇보다도 존귀하다는 것은 두말할 나위가 없소. 그러나 우리는 마땅히 사회적 예절의 한계라는 것을 지켜야만 하는 것이오. 브게로를 논하는 것은 고사하고라도—어떻소, 이 여운이? —무의식중에 우리로 하여금 웃음을 터뜨리게 하는 상쾌하기 이를 데 없는 치졸함이 있으니까 말이오. 그렇다고 혹시 J. 러스킨, G.F. 와트, E.B. 존슨, 이런 작자들의 이름을 내세움으로써 우리의 순결한 입술을 더럽혀서는 안 된다는 말이오."

"러스킨이란 도대체 어떤 사람이야?"

플라나간이 불쑥 물었다.

"우리의 위대한 빅토리안 중의 한 사람이지. 다시 말해서 영국풍 스타일의 거장이었지."

"러스킨 스타일은 요컨대 너덜너덜 해진 짙은 보랏빛의 헝겊투성이에 지나지 않는단 말이야."

로우슨이 말했다.

"게다가 도대체 '위대한 빅토리안'이라는 게 구역질난단 말이야. 신문을 펼쳐 놓고 위대한 빅토리안의 죽음을 볼 때마다 생각하지. 또 한 사람 줄어서 참 잘 되었다고. 그들의 유일한 재능이란 오래 산다는 것밖에 더 있느냐고. 무릇 예술가란 마흔 살 이상은 살지 말 것을 부탁하고 싶어. 다시 말하면 그들은 마흔 살까지 최고의 일을 해버리고는 그 뒤는 이것을 되풀이하는 데 불과하다는 말이야. 키츠·셸리·보닝턴·바이런, 이런 사람들이 모두 젊어서 죽었다는 것은 예술가에겐 최대의 행운 아닐까. 만약 스윈번이 그 유명한 《시와 발라드》 제1집을 낸 바로 그날 세상을 떠났다면 어떻겠어? 우리는 말할 수 없이 훌륭한 천재였다고 생각했을 게 아니야."

이 말에는 모두 박수갈채를 보냈다. 모두가 환호성을 올리며 그의 의견을 따랐다. 그도 그럴 것이 그 자리에는 스물네 살이 넘는 사람이 하나도 없었으므로 비로소 만장일치로 의견이 들어맞았던 것이다. 그들은 또 저마다 새로운 취향을 내세우기 시작했다. 차라리 아카데미 전 회원 40명의 작품을 쌓아 올려놓고 불을 지름으로써 위대한 빅토리안들은 만 40세를 기하여 이 불 속에 집어던지면 어떻겠는가 하는 사람까지 나왔다. 이 제안은 즉석에서 박수와 환호를 받게 되었다. 칼라일, 테니슨, 브라우닝은 물론 와트, 존슨, 디킨스, 새커리 등 유명 작가들이 모조리 그 자리에서 불 속에 던져졌다. 글래드스턴, 존 브라이트, 코브던 같은 빅토리아 왕조의 저명한 정치가들 역시 비운을 면할 수가 없었다. 조지 메러디스에 대해서만은 고려해 보자는 의견이 나왔으나 매슈 아놀드, 에머슨에 이르러서는 아까운 생각도 없이 내던져졌다. 마지막으로 월터 페이터가 나왔다.

"월터 페이터는 괜찮겠지."

필립이 중얼거렸다.

로우슨은 특유한 파란 눈으로 그를 힐끗 쳐다보더니 이윽고 고개를 끄덕여 보였다.

"자네 말대로 그는 〈모나리자〉에 대한 유일한 변호자거든. 자넨 크론쇼를 아나? 그 사람은 직접 페이터를 안다고 하던데?"

"누구죠, 크론쇼란?"

필립이 되물었다.

"시인이지. 파리에 와 있어. 이봐, 리라에 안 가겠어?"

클로즈리 드 리라, 그들이 저녁식사 뒤에 자주 모이는 카페 이름이었다. 매일 밤 9시쯤부터 새벽 2시 사이에 가면 으레 크론쇼가 거기에 나와 있었다. 그러나 플라나간은 오늘 밤의 지적 대화는 이만하면 충분하다고 생각했는지, 로우슨의 제안이 나오자 필립 쪽을 향하여 말했다.

"쳇, 그보다도 차라리 여자들이 있는 데라도 가세나. 자, 게이테 몽파르나스로 가세! 마음껏 진을 들이켜 보자고."

"난 역시 크론쇼를 만나러 가겠어요. 술 생각은 없어요."

필립은 웃으면서 일어났다.

42

한참을 옥신각신하다가, 결국 플라나간과 다른 두세 사람은 뮤직홀로 가기로 하고, 필립은 클러튼, 로우슨과 함께 천천히 클로즈리 드 리라 쪽으로 걸어갔다.

"자넨 역시 게이테 몽파르나스에 갔어야 해. 파리에서도 가장 멋있는 곳 가운데 하나거든. 나도 언젠가 꼭 한 번 그곳을 그려 볼 생각이야."

필립은 헤이워드의 영향도 있어서 뮤직홀이라는 것을 별로 탐탁하게 여기지 않았다. 그러나 그가 파리에 왔을 때만 해도 뮤직홀에서 예술의 가능성이 새로 싹트기 시작한 터였다. 그 특수한 조명, 거무스레한 붉은색과 퇴색한 황금빛의 조화 그리고 음영과 장식선의 암울함, 이러한 모든 것들이 잘 조화되어서 바야흐로 새로운 주제를 제공해 주고 있었다. 라틴 구역 일대의 아틀리에에는 거의 어디에서나 이러한 뮤직홀의 한구석을 그린 스케치가 걸려 있었다. 작가들도 화가들의 뒤를 따라서 급작스럽게 이런 종류의 잡스런 예술의 가치를 인정하기 시작했다. 빨간 코를 붙인 희극 배우들이 그 특수한 기질적 감각으로 거의 최대의 찬사를 받았고, 그런가 하면 최근 20년간 아무에게도 인정받지 못하면서 노래를 불러온 뚱뚱한 여가수들이 타의 추종을 불허할 훌륭한 연기의 소유자로 뒤늦게 인정받게 되었다. 그뿐 아니라, 곡마단의 개에게서까지도 어떤 심미적 희열을 찾아보려고 하는 사람이 있는가 하면, 마술사나 자전거 곡예사에 이르기까지 그들의 특수성만으로 끝없는 찬사를 보내는 사람도 있었다. 이를테면 대중이라는 그 자체가, 또 다른 영향 때문이기도 하지만 급작스럽게 호의적 흥미의 대상이 되었다. 헤이워드와 같은 의견이지만, 필립도 집단으로서의 인간에게는 차라리 어떤 경멸감을 품고 있었다. 일부러 고독 속에 숨어서 속된 사람들의 광대놀음을 혐오하며 그저 방관하는 태도를 취하기까지 했다. 그러나 클러튼이나 로우슨은 대중에 대해서만은 열정을 기울여서 이야기하곤 했다. 예를 들면, 파리 시내 정기 시장에 모여든 혼잡한 군중을 비롯하여 절반쯤은 아세틸렌 등불에 비쳐지고, 절반쯤은 어둠 속에 가려진 얼굴, 얼굴, 얼굴의 바다, 나아가 또 한결 높게 들려오는 나팔 소리며 휘파람 소리, 왁자지껄한 도시의 소음 따위를 싫증내는 일 없이 설명했다. 그들이 내세우는 이러한 감정은 필립에게는 아주 생소한 경험이었다. 그들은 또 크론쇼에 대해서도 이야기했다.

"자넨 그의 작품을 읽어본 일이 있나?"

"아뇨."

필립이 대답했다.

"그의 작품은 〈옐로우 북〉(19세기 영국에서 나온 탐미파의 문예 미술 동인지)에 나왔었는데."

화가들이 작가들에 대해서 곧잘 그렇듯이 그들은 크론쇼도, 문외한이라는 이유에서는 경멸하고, 어쨌든 예술을 한다는 의미에서는 너그러웠으며, 그들 자신이 별로 자신 없어 하는 언어예술을 한다는 데 대해서는 남모르게 두려워했다.

"그 작자는 아주 훌륭한 사나이란 말이야. 처음에는 자네가 실망할지도 모르겠지만, 결국 취했을 때에만 진짜 좋은 점을 드러내는 인간이거든."

"더욱이 곤란한 점은 말이지."

클러튼이 덧붙였다.

"그가 취하는 데 꽤 오랜 시간이 걸린단 거야."

카페에 닿자 로우슨이 안으로 들어가야 한다고 우겼다. 아직 가을이어서 그다지 춥다고 할 정도는 아니지만 크론쇼는 바깥바람 쐬는 것에 병적일 정도로 공포감이 있어서 아무리 따뜻한 날씨라도 실내에 앉는단 것이었다.

"이렇다 할 만한 사람은 한 명도 빼지 않고 모조리 알더군. 그는 페이터나 오스카 와일드도 알고, 말라르메와 그 패거리들도 알아."

그들이 찾아간 장본인은 과연 가장 깊숙한 구석에 앉아 있었다. 외투를 입은 데다 옷깃까지 세우고 있었다. 게다가 아직도 차가운 바람을 피하는 것처럼 앞이마까지 모자를 푹 눌러쓰고 있었다. 뚱뚱하다고 할 정도는 아니었으나 건장한 몸집이었다. 둥근 얼굴에 코밑수염을 기르고 있었고, 조그마한 눈은 오히려 우둔하게 보이기까지 했다. 몸집에 비해 머리가 너무 작아서 마치 달걀 위에 콩알을 얹어 놓은 것처럼 불안정한 느낌이었다. 어떤 프랑스 사람과 도미노 놀이(트럼프 놀이의 일종)를 하던 크론쇼는 그들이 들어가자 가볍게 웃으면서 목례를 했다. 그리고 말은 하지 않았지만 그들을 위해서 자리를 양보하는 것처럼 탁상에 쌓인 조그만 잔들(이는 곧 그가 지금까지 마신 술잔의 수를 나타냈다)을 한쪽으로 밀어놓았다. 필립을 소개하자 가볍게 고개를 끄덕여 보이더니 그대로 놀이를 계속했다. 프랑스어 실력이 워낙 보잘것없는 필립으로서도 벌써 몇 해씩이나 파리 생활을 했다는 크론쇼의 프랑스어가 참으로 형편없다는 것쯤은 알 수 있었다.

그는 마침내 승리를 뽐내는 듯 빙긋이 웃으며 몸을 뒤로 젖히면서 "내가 이겼소" 하고 억센 악센트로 말하더니 "이봐, 보이!" 하고 큰 소리로 종업원을 불렀다. 그리고 천천히 필립 쪽으로 고개를 돌리며 물었다.

"그래, 영국에서 왔다지요? 크리켓 시합을 구경한 일이 있소?"

너무나 뜻밖의 질문에 필립은 조금 당황했다.

"크론쇼 씨는 말이야, 일류 크리켓 선수라면 한 사람도 빼놓지 않고 과거 20년간의 평균 득점까지 환히 다 아신다네."

로우슨이 빙글빙글 웃으면서 설명했다.

도미노 놀이의 상대를 하던 프랑스 사람은 다른 테이블의 친구에게로 옮겨가 버렸다. 크론쇼는 그의 버릇대로 나른한 발음으로 켄트 주 팀과 랭카셔 주 팀과의 우열을 한바탕 늘어놓기 시작했다. 그가 최근에 본 양 팀의 우승 결승전에 대한 이야기를 시작했는데, 주문(柱門)과 주문 사이의 진행상황을 마치 눈으로 보는 것처럼 자세하게 들려주었다.

"파리에는 꼭 한 가지 이게 없어서 불편하단 말이오."

웨이터가 갖다 놓은 흑맥주를 단숨에 들이켜더니 그는 말을 이었다.

"자네는 크리켓의 묘미를 모르는구먼."

필립은 실망했다. 라틴 구역에서 가장 고명한 인물의 한 사람을 크게 자랑해 보려던 로우슨도 자못 초조해지기 시작했다. 취하려고 마신 것은 옆에 놓인 술잔의 수로 보아서도 분명했지만, 다만 오늘 밤만은 밤 새워 가면서 술과 벗할 작정인지, 그는 특히 시간을 끌면서 마시는 모양이었다. 이 기묘한 장면을 클러튼은 재미있다는 듯이 바라보고 있었다. 크론쇼가 크리켓에 정통한 체하는 것은 틀림없이 의식적인 행동이라고 생각했기 때문이다. 남이 싫어하는 화제를 일부러 끄집어내서 애를 태우는 것이 그의 취미였기 때문이다. 클러튼이 견디다 못해 말참견을 했다.

"요즘 말라르메를 만나보셨나요?"

머릿속에서 짐짓 이 질문을 되새기는 것처럼 크론쇼는 상대의 얼굴을 물끄러미 바라보았다. 그리고 대답하기 전에 술잔으로 탁자를 탕 치더니 외쳤다.

"내 위스키 병 가져와."

그리고 다시금 필립을 돌아보고 말했다.

"난 위스키를 한 병 내 몫으로 미리 갖다 뒀다네. 골무만 한 잔에 50상팀씩 지급하자니 어디 견딜 수가 있어야지."

종업원이 위스키 병을 가져오자, 그는 갑자기 그것을 불빛에 비쳐 보았다.

"이것 봐, 누가 내 술을 마셨구나. 보이, 누구야, 내 술을 멋대로 마신 놈이, 응?"

"아닙니다, 아무도 안 마셨습니다."

"이것 봐, 내가 간밤에 표시를 해뒀단 말이야. 자, 보라고."

"분명히 표시는 하셨습니다만 그 뒤에 또 마시지 않으셨습니까…… 그런 식으로 마시면 아무리 표시를 해둬도 소용없지 않습니까?"

보이는 유쾌한 사람으로 누구 못지않게 크론쇼를 잘 이해하고 있었다. 크론쇼는 그를 한참 바라보더니만, 이윽고 입을 열었다.

"좋아, 그러고 보니 내 술을 마신 사람이 바로 나란 말이로군. 좋아, 자네가 그 말을 귀족과 신사로서의 명예를 걸고 맹세한다면 좋아, 승인하지."

이러한 말을 문자 그대로 치졸한 프랑스어로 번역해 읊었으므로 그것은 무척 기묘하게 들렸다. 카운터에 서 있던 마담까지 웃기 시작했다.

"정말 재미있는 분이셔."

그녀가 나직한 목소리로 중얼거렸다.

이 말이 크론쇼의 귀에 들리자, 그는 양처럼 생긴 눈을 천천히 마담에게로 돌리더니, 몹시 거드름을 피우는 몸짓으로 키스를 던졌다. 중년 여성으로 몸집이 건장하고 어딘가 주부티가 흐르는 그녀는 어깨를 움찔했다.

"여보 마담, 걱정하지 마시오."

그는 묘하게 서운한 것처럼 말했다.

"나도 이젠 45세의 중년 여인에게 정 때문에 유혹될 나이는 이미 지났으니까."

그리고 손수 컵에다 위스키와 물을 타서 천천히 마시고 손등으로 입을 쓱 닦았다.

"여전히 잘 떠들어 대더군."

로우슨도 클러튼도 그것이 방금 전에 했던 말라르메에 관한 질문의 답이라는 사실을 이내 알 수 있었다. 매주 화요일 밤 말라르메가 문인이나 화가를 모아놓고, 그 자리에서 오고가는 여러 화제에 대해 말할 수 없이 기막힌 웅변과 토론을 펼치는 모임이 있었는데, 크론쇼는 여기에 곧잘 나갔다. 최근에도 또 다녀온 모양이었다.

"이야기는 곧잘 하더군. 그러나 신통치 않았어. 요컨대 내용이 없다고나 할까, 예술이라는 것이 세상에서 제일 중요한 것 같은 말을 하더란 말이오."

"하지만 그렇지 않다면, 우리는 무엇 때문에 이런 데에 있는 걸까요?"

의심스럽다는 듯 필립이 물었다.

"무엇 때문에 자네가 있는지, 내가 알 게 뭔가? 내 알 바가 아닌걸. 그런데 예술이란 것은 이른바 사치란 말이오. 인간의 최대 관심사는 역시 개체유지와 종족번식뿐이니까. 이 두 가지 본능이 충족되었을 때만 사람은 작가니, 화가니, 시인이니 하는 사람들이 주는 오락에 빠져서 마음이 끌리게 되는 거요."

여기서 그는 잠깐 말을 끊고 한 잔 들이켰다. 크론쇼라는 사나이는 과거 20년 동안, 혀가 잘 돌아가서 술을 좋아하는 건지 아니면 목을 컬컬하게 해 주기 때문에 이야기를 좋아하는 건지, 줄곧 생각해 왔다는 것이다.

그는 다시 말문을 열더니 말했다.

"사실은 내가 어제 시를 하나 썼지."

그리고 부탁하지도 않았는데 그 시를 낭송하기 시작했다. 몹시 느린 속도로, 집게손가락을 내밀어 장단을 맞추면서. 꽤 멋진 시 같았다. 그때 마침 젊은 여인이 한 사람 들어왔다. 빨간 입술에, 두 뺨의 뚜렷한 빛깔도 속된 것이 아닌 자연 그대로의 색임에 분명했다. 눈썹도 속눈썹도 새까맣게 칠하고 양쪽 눈꺼풀은 짙은 파란색을 칠해서 그것이 눈초리의 세모진 곳까지 뻗쳐 있었다. 기묘하다면 기묘하기도 했으나 아무튼 재미있는 화장법이었다. 검은 머리를 귀에서 마드무아젤 클레오 드 메로드(벨기에 명문의 딸)가 해서 유명해진 머리형으로 빗고 있었다. 필립의 시선은 무의식중에 그 여자에게로 쏠렸는데 순간 시 낭송을 끝낸 크론쇼가 싱글싱글 웃으면서 그에게 말했다.

"듣지 않았지요?"

"아니요, 들었어요."

"아니, 내가 당신을 나무라자는 것이 아니오. 말하자면 당신은 아까 내가 한 말을 훌륭하게 입증해 준 셈이란 말이오. 사랑 앞에서는 예술 따위가 다 무어란 말이오? 당신이 저 젊은 여인의 매력을 느낄 수 있는 한, 나는 도리어 좋은 시에 대한 무관심을 존경하고 찬양하고 싶을 정도요."

그 여인은 그들이 앉아 있는 탁자 옆을 지나갔다. 그러자 그는 그 여인의 팔을 붙잡고 말했다.

"자아, 내 옆에 와서 앉으시오. 우리 어디 사랑의 신곡(神曲)을 한 번 같이 연주해 볼까요?"

"귀찮게 굴지 말아요. 잠자코 있어요!"

그녀는 그를 밀어젖히고 걸어갔다.

그는 가볍게 손을 휘두르면서 다시 계속했다.

"예술이란 건 결국에 가선, 단순히 도피에 지나지 않소. 영리한 놈들이 음식과 여자에 만족했을 때 느끼게 되는 생의 권태를 얼버무리기 위해서 발명한 거요."

크론쇼는 다시 또 잔을 채웠다. 그리고 지껄이기 시작했다. 듣기 좋은 목소리였다. 말도 세심하게 선택되어 있고, 더욱이 놀랍도록 재치 있는 지혜와 실없는 소리를 섞어가며 이야기하는 것이었다. 제법 진지한 얼굴을 하고 듣는 사람을 놀리는가 하면, 금세 농담하는 척하면서 더없이 귀중한 조언을 주고 있었다. 그림에 대해, 문학에 대해, 또 인생에 대해 그는 이야기했다. 경건한가 하면 음란하기도 하고, 명랑하고 상쾌한가 하면 어느새 애상에 젖었다. 이윽고 완전히 취해 버리자 시 낭독이 시작되었다—자작시가 나오는가 하면, 밀턴의 시가 튀어나오고, 다시 자작시로 되돌아가는가 하면, 어느 틈엔가 셸리, 다시 자작, 다시 크리스토퍼 멀로(영국 시인 이자 극작가)의 시, 이러한 순서로 —자꾸자꾸 이어지는 것이었다. 드디어 로우슨은 지쳐서 집으로 가려고 자리에서 일어났다.

"나도 가겠어요."

필립도 말했다.

그러나 입을 다문 채 한마디도 없던 클러튼만은 남아서 빈정대는 웃음을 띠며 크론쇼의 수다스러운 잔소리에 귀를 기울이고 있었다. 로우슨은 필립을 그의 호텔까지 바래다주고는 작별인사를 하고 돌아갔다. 필립은 잠자리에 들었으나 좀처럼 잠을 이룰 수가 없었다. 그에게 제기된 여러 관념이 머릿속에서 들끓었다.

그는 몹시 흥분하고 있었다. 몸속에서 무언가 커다란 힘이 솟아오르는 것만 같았다. 이렇게 강한 자신감이 솟아오른 일은 여태까지 없었다.

'나는 꼭 위대한 화가가 될 거야. 확실하게 내 몸속에서 느껴진다.'

그는 마음속에서 되풀이했다.

다시 또 하나의 생각이 떠올랐을 때, 그는 몸속에 유쾌한 전율이 지나가는 것을 느꼈다.

'나에겐 천재적인 것이 있다.'

그러나 입 밖에 내지는 못했다.

확실히 그는 취해 있었다. 그러나 겨우 맥주 한 컵 마셨을 뿐이므로, 취기가 있었다면 그것은 술보다도 더 위험한 어떤 흥분제의 자극을 받은 탓이라고밖에는 생각할 수 없었다.

43

아미트라노에서는 화요일과 금요일 오전에 교수들이 와서, 학생들의 작품을 비평해 주기로 되어 있었다. 그 무렵 프랑스에서는 돈 많은 미국인을 후원자로 두지 않은 이상 남의 초상화를 그리는 것만으론 돈벌이를 거의 할 수 없었다. 따라서 꽤 유명한 화가들까지도 한 주일에 한 번씩 이런 종류의 수많은 미술 학교 어느 구석에서든 기꺼이 두 시간을 보내어 수입을 보태고 있었다.

화요일에는 미셸 롤랭이 아미트라노에 나오는 날이었다. 그는 흰 턱수염에 얼굴빛이 좋은, 이제 막 노년에 접어든 사나이였다. 정부의 명령으로 장식화를 몇 장인가 그리고 있었는데, 그것들은 모두 그가 가르치는 미술 학생들 사이에서 비웃음거리가 되어 있었다. 그는 바로 그 유명한 앵그르의 제자로, 예술의 진보에서는 완전히 장님이나 마찬가지였고, 마네, 드가, 모네, 시슬레와 같은 광대들에 대해서는 무척 화를 냈다. 하지만 교수로서는 다시없는 적격자로 참으로 훌륭한 선생이었다. 교수법은 탁월했고 학생들에게는 정중했으며 적당히 칭찬할 줄도 알았다. 이와는 반대로, 금요일에 나오는 프와네 교수는 사귀기 어려운 사람이었다. 치열이 고르지 못했고, 수염은 더러운 잿빛에 눈초리는 험한 것이 보기에도 까다롭게 생긴 주름투성이의 키 작은 사람이었다. 게다가 그의 말소리는 높았고 말투는 빈정대는 듯 심술궂었다. 그는 스물다섯 살 때 이미 앞날이 촉망되는 유망주였으며, 그의 그림은 뤽상부르 미술관에 팔리기도 했다. 그러나 그의 재능은 개성보다는 젊음에 있었던 것처럼 그 뒤 20년 동안의 작업이란 모두 일찍 명성을 떨치게 했던 젊은 시절의 풍경화를 되풀이해서 그리는 데 지나지 않았다. 남들이 그의 그림의 제자리걸음을 비난하면 그는 으레 이렇게 대답하는 것이었다.

"코로를 보란 말이야, 죽을 때까지 한 가지 그림밖에 그리지 않았어. 나도 이것으로 충분하지 않은가?"

그는 누구든지 간에 다른 화가의 성공이라면 모조리 시기했고 특히 인상파 화가들에 대해서는 특별한 개인적 증오심마저 품고 있었다. 그 까닭인즉 그 자신의 실패는 대중이라는 불결한 동물을 매혹시킨 이른바 광적인 유행 탓이라고 믿었기 때문이다. 미셸 롤랑은 인상파를 협잡꾼 같은 온건한 말로 비난하고 경멸하는 데 그치는 반면, 프와네 교수는 그들에게 입에 담을 수도 없는 욕지거리를 퍼부었다. 음탕하다든가 추악하다는 독설이 오히려 부드러운 편이었다. 그는 그들의 사생활을 공격하길 무척이나 즐겼다. 어떤 때는 빈정거리는 냉소로 또 어떤 때는 그야말로 신을 모독하는 추잡하고 구체적인 사생활까지 들추어내면서 그들의 출생이며 부부관계를 욕보였다. 더욱이 그는 비열한 욕설을 강조하기 위해서 특히 동양적인 비유나 과장을 이용하곤 했다. 현재 작품을 보아 주는 학생들에게도 결코 경멸과 욕설을 삼가지 않았다. 따라서 그들은 그를 미워하기도 했고 두려워하기도 했다. 여학생들은 잔인할 정도의 빈정거림을 당하고는 곧잘 울기까지 했는데, 그 또한 그의 냉소를 부채질하는 것이었다. 그의 공격으로 심한 괴로움을 받은 학생들이 가끔 항의하기도 했으나 그는 여전히 해고되지 않았다. 왜냐하면 그는 틀림없이 미술 교수로서는 파리에서 일류였기 때문이다. 이따금 현재는 이 학교의 경영자인 왕년의 모델이 감히 충고할 때도 있었지만, 그가 너무나도 맹렬한 기세로 반박하는 바람에 항의한 보람도 없이, 거꾸로 이편에서 정신없이 사과하는 꼴이 되어 버렸다.

필립이 처음으로 접촉하게 된 것은 그 프와네 교수였다. 필립이 아틀리에에 닿았을 때 그는 이미 나와 있었다. 그는 프랑스어를 모르는 학생들을 위해 통역으로 서무 주임인 오터 부인을 데리고 이 이젤에서 저 이젤로 돌아다니는 것이었다. 파니 프라이스는 필립 옆에 앉아서 열심히 그리고 있었다. 그녀의 얼굴은 흥분되어서 창백했고, 몇 번이나 손을 멈추고는 두 손에 밴 땀을 블라우스로 닦았다. 근심 때문에 손바닥이 달았기 때문이다. 갑자기 그녀는 걱정스러운 듯이 얼굴을 들고 필립 쪽을 보았다. 화난 얼굴을 하고, 불안을 애써 감추려 하는 듯이 그림 쪽을 턱으로 가리키면서 물었다.

"어때요, 괜찮을까요?"

필립은 일어나서 그림을 바라보았다. 그리고 놀랄 수밖에 없었다. 도대체 이 여자에게는 눈이 있는 걸까? 도무지 데생이고 뭐고 되어 있지 않았다.

"글쎄요, 나도 이 그림의 절반만큼이라도 그릴 수 있었으면 좋겠군요."

"그야 좀 무리죠. 당신은 겨우 이제 들어왔잖아요? 그런데 나만큼 그리려고 한다면 좀 욕심이 과한 것 같아요. 그래도 나는 여기 와서 2년이나 되었는걸요."

필립은 파니 프라이스라는 여자에게 손을 들어 버리고 말았다. 아무튼 그녀의 자부심은 이만저만한 것이 아니었다. 아틀리에에서도 모든 사람이 그녀를 싫어한다는 사실은 필립도 이미 알고 있었는데 사실 그것도 무리는 아니었다. 그녀는 일부러 남의 마음을 아프게 하는 말과 행동을 함부로 했기 때문이다.

"나는 프와네 교수 일로 오터 부인에게 싫은 소리를 해 주었어요. 지난 2주일 동안 전혀 내 그림을 봐 주지 않는걸요. 오터 부인이 서무 주임이라 그 여자 곁에서만 반시간씩이나 보지 뭐예요. 나도 남들처럼 돈을 내고 있어요. 내 돈이라고 다른 사람들 돈과 다를 건 없잖아요? 아무튼 알 수가 없어요. 나만 다른 사람들처럼 봐 주지 않는 까닭을 말이에요."

그리고 다시 한 번 목탄을 집어 들었으나 그대로 신음하는 소리를 내면서도로 내려놓았다.
"이 이상 더 어떻게도 할 수가 없어. 신경만 곤두서서."
그녀는 프와네 쪽을 보았다. 그는 오터 부인과 함께 걸어오는 참이었다. 오터 부인은 원래 극히 온순하고 평범하면서도 독선적인 여자인데 무척 거드름 피우는 듯한 표정을 짓고 있었다. 프와네 교수는 루드 챌리스라는 단정치 못한 조그마한 영국 여자의 이젤 앞에 앉았다. 지친 듯한 그러면서도 묘하게 정열적인 아름답고 까만 눈의, 금욕과 육욕을 동시에 떠올리게 하는 듯한 야윈 얼굴, 낡은 상앗빛 같은 살결, 그 시절 번 존스의 영향을 받아서 첼시 근방의 젊은 여자들이 앞다퉈 애써 다듬던 몸맵시를 지닌 여자였다.
프와네 교수의 기분은 매우 좋은 것 같았다. 별로 말은 하지 않았지만 대뜸 그녀의 목탄을 받아 쥐고 재빠른 솜씨로 그녀 그림의 잘못된 곳을 지적하고 있었다. 그가 일어났을 때 챌리스는 기쁜 듯이 얼굴을 빛내고 있었다. 다음은 클러튼 차례였다. 필립은 차차 마음이 들뜨고 겁이 났다. 오터 부인이 잘 이야기해 줄 테니 걱정하지 말라고 약속 해준 터였다. 오로지 그것만을 믿고 있었다. 프와네 교수는 묵묵히 엄지손가락을 물어뜯으면서 클러튼 그림 앞에서 잠깐 발을 멈추었다. 그리고 얼빠진 사람처럼 서 있다가 캔버스 위에 물어뜯은 살껍질 조각을 내뱉는 것이었다.
"이건 아주 훌륭한 선이군."
그는 마음에 드는 곳을 엄지로 가리키면서 겨우 입을 열었다.
"자네도 이젠 제법 그릴 수 있게 된 것 같군."
클러튼은 대답하지 않았다. 버릇처럼 남의 비평 따위에는 아예 상관하지도 않겠다는 것 같은 빈정대는 표정을 지으면서 교수의 얼굴을 올려다보았다. 교수는 다시 말했다.
"딴에는 자네에게도 약간의 재능 비슷한 것은 있는 듯해."
클러튼을 좋아하지 않는 오터 부인은 픽 하고 입술을 오므렸다. 과연 그의 그림에서는 별로 잘못된 곳을 찾아낼 수가 없었다. 프와네 교수는 앉아서 자세한 기술적인 비평을 하기 시작했다. 오터 부인은 서 있는 것이 싫증나 버렸다.
클러튼은 한마디도 대답하지 않고 그저 가끔 고개를 끄덕여 보이기만 했으나, 프와네는 자기의 비평과 그 이유를 하나하나 그가 이해한다고 짐작하고 퍽 만족스러운 것 같았다. 대개의 학생들은 비평을 그저 듣기만 할 뿐 조금도 이해하지 못하는 것이 분명했기 때문이다.

그는 조금 뒤 일어나서 필립에게로 왔다.

"이 학생은 온 지 겨우 이틀밖에 안 됐어요."

다급하게 오터 부인이 설명했다.

"그림 공부를 시작한 것도 처음이고 아직 정식으로 공부한 적도 전혀 없다는군요."

"알아요."

프와네 교수는 짤막하게 대답하고 그대로 지나가 버렸다. 그때, 오터 부인은 프라이스 양을 가리키며 낮은 목소리로 그에게 일깨워 주었다.

"이 여자예요, 아까 말씀드린 것은."

프와네 교수는 마치 싫은 동물을 바라보는 것처럼 프라이스 양을 보았다. 목소리는 한층 더 드높았다.

"자넨 내가 자네를 충분히 봐주지 않는다고 생각하는 모양인데. 오터 부인에게 불평을 했다면서? 그럼 자, 보여 줘요, 내게서 평을 받고 싶다고 단단히 별렀다는 작품을!"

파니 프라이스의 얼굴빛이 금방 싹 변해 버렸다. 건강치 못해 보이는 피부 밑에서 핏빛이 갑자기 보랏빛으로 변하는 것이 보이는 듯했다. 그녀는 잠자코 이번 주일 첫날부터 그리기 시작한 그림을 손가락으로 가리켰다. 프와네는 앉았다.

"아하 딴은, 그런데 어떻게 말해 주었으면 하나? 좋은 그림이라고? 하지만 그렇게는 못하겠는걸. 잘 그렸다고 해 주었으면 싶은가? 어림도 없단 말이야. 어디고 괜찮은 점이라도 있다고 말해 주면 좋겠나? 전혀 없는걸. 그러면 어디가 나쁜지 그걸 지적해 주었으면 좋겠다는 건가? 이건 모조리 나빠. 도대체 돼 먹질 않았단 말이야. 그럼 어떻게 하면 되는지 그것이 듣고 싶다는 거겠지? 차라리 찢어 버리는 게 나아. 어때, 이젠 만족했나?"

프라이스 양은 새파랗게 질려 있었다. 더욱이 오터 부인 앞에서 그러한 말을 들었으므로 그녀는 안절부절못했다. 프랑스에서는 꽤 오래 살아서 프랑스어는 충분히 알 텐데도 지금은 거의 한마디도 입 밖에 낼 수가 없는 형편이었다.

"이처럼 심하게 대하실 까닭이 없다고 생각해요. 제 사례금만 특별히 다른 사람들 것보다 나쁠 이유는 없을 거고 말이에요. 가르쳐 주십사고 돈을 내는 거 아니겠어요? 이렇게 되면 가르친다고는 생각할 수 없을 것 같군요."

"뭐라는 거지? 응? 뭐라는 거야?"

프와네가 오터 부인을 돌아보며 물었다.

그러나 어지간한 오터 부인도 이 통역에는 망설였다. 그러나 프라이스 양이 악센트가 강한 프랑스어로 다시 한 번 되풀이해서 말해 버렸다.

"저는요, 어디까지나 가르쳐 주십사 하고 돈을 내는 겁니다."

순간, 그의 두 눈은 분노로 번들거렸다. 그의 목소리는 한층 더 거칠어졌다. 그는 주먹을 불끈 쥐고 흔들어대면서 외쳤다.

"안됐지만 난 이젠 자네를 가르칠 수가 없어. 차라리 낙타 부인을 가르치는 편이 낫겠단 말이야."

그러고는 오터 부인을 돌아보고 말했다.

"물어 봐 줘, 이 여자는 재미로 그림을 공부하는 건지 혹은 장래 돈벌이라도 하려는 건지."

"저는 물론 화가로 먹고 살 작정이에요."

프라이스 양이 말했다.

"그렇다면 이 사실만은 일러주는 것이 내 의무인 듯하군. 이건 완전히 시간 낭비야. 재능이 없다는 것만이라면 그렇게 큰 문제도 아니야. 요즘 재능이란 건 그렇게 거리를 이리저리 굴러다니는 게 아니니까 말이야. 그러나 자네에겐 그림을 아는 마음이나 소질은 털끝만치도 없단 말이야. 여기에 온 지 몇 해나 되었지? 다섯 살 난 어린애라도 두세 번만 배우면 자네보다는 훨씬 잘 그릴 거야. 한 가지만 말해 주지. 이런 가망 없는 일은 포기하란 말이야. 생계를 유지하려면 차라리 가정부가 되는 편이 화가보다는 훨씬 돈을 벌 수 있으니까 말이야. 자, 보라고."

그렇게 말하면서 그는 목탄 한 개를 집어 들었다. 그것은 종이에 눌러대자마자 뚝 하고 부러졌다. 그는 쳇 하고 혀를 찼으나 그대로 부러진 목탄으로 쫙쫙 선을 그어 갔다. 그는 빠르게 선을 그어가면서도 입으로는 여전히 맹렬하게 독설을 퍼부었다.

"보란 말이야, 이 팔이 좌우가 서로 길이가 다르지 않아? 그리고 무릎을 좀 보란 말이야. 무슨 무릎이 이 모양이야. 알겠어? 다섯 살 난 어린애라도 이 정도는 그릴 거야. 이건 다리로 딛고 서 있는 게 아니군그래. 게다가 이 발목은 또 뭔가?"

한 마디 한 마디 할 때마다 홧김에 목탄이 북북 잘못된 곳을 지적해 나갔다. 불쌍하게도 파니 프라이스가 그 시간과 열성으로 그린 그림은 알아볼 수도 없게 되어 버렸고, 도화지 위에는 마구 그어진 선과 얼룩의 혼란뿐이었다. 마침내 프와네 교수는 목탄을 내동댕이치면서 벌떡 일어났다.

"자네는 내가 하라는 대로 하게. 양재공부나 하라고."

그는 시계를 들여다보고는 말했다.

"정각 12시로군. 자, 여러분, 다음 주에 또 봅시다."

프라이스 양은 천천히 그림도구를 챙기기 시작했다. 필립은 위로의 말이라도 해주려고 딴 사람들이 다 나갈 때까지 남아서 기다렸다. 그러나 그로서는 "정말 안됐군요. 그렇게 심한 사람이 또 있을까요?" 하는 정도의 말밖에는 생각이 나지 않았다.

그러자 그녀는 몹시 화난 얼굴로 그에게 덤벼들었다.

"그 따위 소릴 하려고 여태 기다렸어요? 당신에게 동정을 받고 싶을 땐 내가 먼저 부탁하겠어요. 제발 어서 나가 주세요."

그녀는 그의 앞을 빠르게 지나서 아틀리에를 나가 버렸다. 필립은 절름발이 다리를 끌고 그라비에 식당으로 점심을 먹으러 나갔다.

"잘됐군."

필립이 아까 일어난 이야기를 식당에서 하자 로우슨이 말했다.

"참으로 심술궂은 게으름뱅이거든."

비평에 몹시 민감한 로우슨은 평을 듣는 것이 싫어서 프와네가 오는 날은 아예 아틀리에에 나가지 않았다.

"난 내 그림에 대해서 남에게 이러니저러니 말을 듣기가 아주 싫단 말이야. 알겠나? 잘되고 못 되고는 자기 자신이 알아."

"뭘 자네는 나쁘게 말하는 소리만이 듣기 싫어서 그러는 거지."

클러튼이 냉담하게 받아넘겼다.

오후에 필립은 뤽상부르에 가서 그림을 구경하려고 공원을 지나가는데, 파니 프라이스가 또 그 벤치에 앉아 있는 것을 보았다. 기껏 위로의 말을 해

주었는데 오히려 쏘아붙인 그 예의에 벗어난 행동에는 그도 불쾌했으므로 필립은 못 본 체하며 지나가 버리려고 했다. 그러나 그녀 쪽에서 얼른 몸을 일으켜 다가왔다.
"모르는 체하실 작정이에요?"
"천만의 말씀을, 말을 건네 봤자 당신이 싫어할 것 같아서요."
"어디 가시는 길이에요?"
"마네의 그림을 좀 구경할까 해서요. 평판이 무척 좋은 것 같더군요."
"저하고 같이 가는 것이 싫으세요? 뤽상부르라면 내가 잘 알거든요. 그 밖에도 한둘 좋은 것을 가르쳐 드릴 수 있을 텐데."
직접 사과를 하기가 쑥스러워서 대신 이런 말을 하는구나 생각되었다.
"친절을 베풀어 주어서 고맙군요, 좋습니다."
"혼자 가고 싶으면 그렇다고 말씀하세요."
그녀가 다소 불안스럽다는 눈치로 말했다.
"아닙니다, 좋다니까요."
두 사람은 미술관 쪽으로 걸어갔다. 카유보트의 작품이 수집 전시되어 있는 그곳 덕분에 그제야 비로소 회화과 학생들은 인상파 화가들의 작품을 마음껏 분석할 수 있게 된 터였다. 이제까지는 다만 라피트 거리에 있는 화상 뒤랑 뤼엘의 화랑(화가에 대한 노골적인 우월감을 나타내는 영국 화상과는 달리 파리에서는 아무리 초라한 미술학생에게도 원하기만 하면 어떤 그림이든지 소원대로 보여 주었다)이나 아니면 그의 자택에서(화요일이면 입장권을 얻기가 별로 어렵지 않았고, 거기서 세계적으로 유명한 그림을 얼마든지 볼 수 있었다) 볼 수밖에 없었다. 프라이스 양은 곧장 마네의 〈올랭피아〉 앞으로 그를 안내했다. 그는 숨을 죽이고 놀라는 눈길로 묵묵히 바라보았다.
"어때요, 마음에 드세요?"
그녀가 물었다.
"글쎄요, 잘은 모르지만."
그는 힘없이 대답했다.
"단언해도 좋아요. 이 미술관 안에서 휘슬러의 〈어머니의 상(像)〉을 빼고는 이 그림이 단연 최고의 걸작이에요."
그녀는 잠깐 천천히 보도록 해 주었으나 이윽고 이번에는 그를 정거장 풍경을 그린 그림 앞으로 데려갔다.

"이것이 바로 모네의 작품이에요. 생 라자르 정거장이죠."

"하지만 선로는 평행이 아니군요."

"그런 거야 아무려면 어때요?"

그녀는 무뚝뚝하게 말했다.

필립은 스스로도 부끄러워졌다. 파니 프라이스는 아틀리에서 주고받는 잔소리들을 하나도 빼지 않고 들어 두었다가, 그것을 남에게 태연히 아는 체하고 자랑하는 그런 부류의 여자였다. 계속해서 그녀는 그림에 대한 설명을 늘어놓기 시작했다. 시건방진 말투이긴 했지만 그렇다고 해서 전혀 통찰력이 없는 것도 아니었다. 작가가 의도한 바를, 그리고 감상자로서는 어디를 보아야 하는지 등을 쭉 이야기해 주었다. 손가락질을 마구 해대면서 설명했다. 필립에게는 모두가 새로운 지식뿐이므로 일단 심취해서 듣기는 했으나 한편으로는 매우 난처했다. 여태까지 숭배해 온 화가는 와트 아니면 번 존스 정도였기 때문이다. 전자의 아름다운 색채, 후자의 심미적인 기교, 이러한 것들이 그의 심미감을 완전히 만족시켜 주었던 것이다. 그들이 즐겨 내세우는 막연한 이상주의, 또 그들이 선택하는 주제에 숨겨진 다분히 철학적인 사상, 그러한 것들이 그가 러스킨을 열심히 읽은 결과로 얻은 예술의 기능과 멋지게 일치했기 때문이다. 그러나 지금 여기에서는 전혀 다른 성질의 것이 존재하고 있었다. 여기에는 이미 윤리적인 호소 따윈 조금도 없었다. 그리고 이러한 작품을 냉정히 살피는 것은 결코 보다 맑고 보다 높은 인생으로 이끄는 그러한 것은 아니었다. 그는 당황하고 있었다.

드디어 그는 말했다.

"지금 제 마음은 온통 마비돼 버린 것 같습니다. 이 이상은 머리에 들어가지 않아요. 안 되겠어요, 밖으로 나가 앉아서 좀 쉬죠."

"그러세요, 그림이란 것은 한꺼번에 너무 많이 보지 않는 편이 좋아요."

밖으로 나오자 그는 먼저 그녀의 수고에 깍듯이 고마움을 나타냈다.

"뭘요, 괜찮아요. 제가 좋아서 한 짓인데요."

그녀는 조금 무뚝뚝하게 대답했으나 곧이어 말했다.

"괜찮으시다면 내일은 루브르 박물관에 안 가시겠어요? 가는 도중에 뒤랑 뤼엘 상점에도 데려다 드리겠어요."

"정말 너무나 고맙습니다."

"남들은 모두 그렇게 말하지만 당신만큼은 절 그렇게 나쁜 여자라고는 생각하지 말아주세요, 네?"

"제가 왜 그렇게 생각하겠어요?"

그는 희미하게 웃었다.

"모두가 절 아틀리에서 쫓아내려고 해요. 하지만 누가 나가 줄까 봐요? 저는요, 있고 싶을 때까지는 있어 줄 작정이에요. 오늘 아침 일만 해도 모두가 오터 부인이 꾸며낸 일이었거든요. 저는 알고 있어요. 그 여자는 전부터 절 미워했어요. 그런 일이 일어나면 아무리 저라도 물러날 줄 아는 모양이죠. 아마 틀림없이 제가 없어져 주기를 바라고 있을 거예요. 제가 그 여자에 대한 일을 여러 가지 많이 알고 있거든요. 결국 그 여자는 그게 걱정인 거예요."

그녀는 무언가 복잡하게 뒤얽힌 이야기를 길게 늘어놓기 시작했다. 곁에서 보기엔 아무렇지도 않은 얼굴로 꾸미고 있지만, 알고 보면 오터 부인은 참으로 누구보다도 평범하고 보잘것없는 데다가 불미스러운 정사마저 있는 여자란 것이었다. 그 다음에는 오늘 아침에 프와네 교수가 칭찬했던 루드 챌리스의 소문을 이야기하기 시작했다.

"그 여자는 말이죠, 아틀리에의 아무 남자하고나 관계하고 있어요. 매춘부나 다름없어요. 게다가 불결하기 짝이 없단 말이에요. 한 달에 한 번밖에 목욕을 안 한대요. 정말이에요, 난 알아요."

듣고 있는 필립은 마음이 불쾌했다. 챌리스 양에 대해서 여러 가지 소문이 도는 것은 이미 들어서 알고 있었다. 그러나 어머니와 함께 살고 있는 오터 부인이 정숙하지 않다는 것은 생각만 해도 어처구니없는 일이었다. 현재 자기와 나란히 걷고 있는 이 여자가 이토록 악의에 찬 거짓말을 함부로 한다고 생각하니 그는 두려워졌다.

"그네들이 무어라고 하든 전 아무렇지도 않아요. 지금까지처럼 그대로 해나갈 뿐이니까요. 충분히 해나갈 수 있어요. 저는 어디까지나 화가라고 생각해요. 그만두느니 차라리 죽어 버리는 편이 나아요. 저는요, 학교에서는 가장 놀림감이었지만, 나중에 그중에서 단 하나밖에 없는 천재였다는 그런 따위의 인간은 되고 싶지 않아요. 내 흥미는 예술뿐이에요. 예술을 위해서라면 기꺼이 한평생을 바쳐도 괜찮아요. 중요한 건 어디까지나 중간에서 꺾이지 않고 끝까지 해나가는 것, 그것뿐이에요."

아무튼 이 여자는 자신의 평가대로 자기를 인정해 주지 않는 사람에 대해서는 누구를 막론하고 무언가 좋지 않은 동기를 억지로 만들어내고야 마는 것이었다. 클러튼도 마음에 안 든다고 말했다. 그러한 남자에게 진정한 재능 따위가 있을 리 없다, 그저 겉보기에만 나타나는 경박한 것뿐으로 제 아무리 분해서 발을 굴러 보았자 초상화 한 장도 제대로 못 그릴 위인이라고 했다. 그리고 로우슨에 대해서는 이렇게 말했다.

"가장 보기 싫은 건 그 빨강머리에 주근깨투성이 녀석이에요! 프와네가 무서워서 그림도 못 내놓거든요. 요컨대 난 절대로 질려서 겁내거나 하지 않지요. 안 그래요? 프와네가 말한 것이 다 뭐냔 말이에요. 어쨌든 난 진정한 예술가란 말이에요."

두 사람은 마침내 프라이스의 집 가까이까지 와 있었다. 필립은 그녀와 헤어지면서 후유 하고 한숨을 내쉬었다.

44

그러면서도 프라이스 양 쪽에서 다음 일요일에는 루브르로 안내하겠다 말했을 때 그는 고맙다고 해버렸다. 그녀는 먼저 〈모나리자〉를 보여 주었다. 솔직히 말해서 그는 조금 실망했다. 그러나 월터 페이터는 유명한 이 그림에 대해, 한층 더 미화했다고 봐도 좋을 보석과도 같은 아름다운 말들을 쏟아냈다. 필립은 그 말들을 거의 암송할 수 있을 만큼 충분히 읽어왔으므로, 자기 마음과는 상관없이 그대로 프라이스 양에게 되풀이해 보았다.

"그런 건 모두 문학이에요."

그녀는 사뭇 경멸하는 듯이 대답했다.

"그런 것 따윈 깨끗이 잊어버려야 해요."

다음에는 그에게 렘브란트의 그림 몇 개를 보여주고 매우 적절한 평을 여러 가지 해 주었다. 그녀는 〈엠마오의 사도들〉이라는 그림 앞에 섰다.

"이 작품의 아름다움을 이해하게 되면 당신도 그림을 좀 알게 될 거예요."

그녀는 퍽 의젓한 태도를 보이며 말했다.

그 다음에는 앵그르의 〈오달리스크〉와 〈샘〉을 보여 주었다. 프라이스는 참으로 독선적인 안내자여서 그가 보고 싶어 하는 작품은 보여 주지 않고, 그녀가 감탄하는 작품은 싫다고 해도 고집을 부려가면서까지 감탄하도록 강요했다. 그림 공부에 대해서만은 확실히 목숨을 내건 열성적인 태도였다. 마침 튈르리 궁전이 햇살을 받아서 마치 라파엘의 그림처럼 밝고 우아하게 보이는 대진열실 창문 앞을 지날 때 필립이 저도 모르게 큰 소리를 질렀다.

"얼마나 훌륭한 경치예요? 잠깐 쉬었다 가죠."

그러나 그녀의 대답은 천연스러웠다.

"그렇군요. 좋기는 하지만 우리는 그림을 보러 왔는걸요."

상쾌한 가을 대기 속에서 필립은 기분이 매우 좋았다. 한낮이 가까워서 그 넓은 루브르 궁전의 안마당에 서 있으려니까, 그 또한 플라나간처럼 예술이고 뭐고 다 집어치워라 하고 크게 떠들어 대고 싶어졌다.

"이 근처에 있는 브르 미슈 식당에 들러서 간단한 식사라도 같이 하지 않겠어요?"

필립이 권해 보았다.

프라이스 양은 그 순간 의아스러운 표정으로 그를 쳐다보았다.

"전 집에 준비가 다 돼 있어요."

"어때요, 그런 것쯤 괜찮잖아요? 그건 내일 먹고 오늘은 제가 한턱내게 해주시죠."

"왜 그렇게 하고 싶죠?"

"기쁘기 때문이에요."

그는 웃으면서 대답했다.

그들은 센 강을 건넜다. 생 미셸 거리의 한 모퉁이에 식당이 한 집 있었다.

"들어가시죠."

"싫어요, 이렇게 비싸 보이는 집은 싫어요."

그렇게 말하고 그녀는 혼자서 먼저 횡허케 걸어가 버렸으므로 필립도 하는 수 없이 따라갔다. 대여섯 집 더 가자 이번에는 좀더 작은 식당이 있고 햇빛 가리개를 쳐놓은 한쪽에서는 이미 여남은 손님이 점심을 먹는 중이었다. 유리창에는 흰 글씨로 커다랗게 '포도주 딸린 점심식사 1.25프랑'이라고 쓰여 있었다.

"여기라면 훨씬 싸군요. 게다가 나쁘지 않아요."

두 사람은 빈자리에 앉아서 식단표 맨 처음에 있는 오믈렛을 주문하고 기다렸다. 필립은 오가는 사람들을 즐거운 듯이 바라보았다. 어쩐지 그네들에게 은근히 마음이 끌리는 것이었다. 비록 몸은 피로했지만 매우 행복했다.

"저기 가는 저 작업복 입은 남자 좀 보세요. 멋있지요?"

그는 말하면서 프라이스 양의 눈치를 슬쩍 보았다. 그런데 놀랍게도 그녀는 지나가는 사람 따위는 아랑곳하지 않은 채 앞에 놓인 접시만 멍하니 들여다보는 것이었다. 커다란 눈물 두 방울이 뺨에 흘러내리고 있었다.

"왜 그러시죠?"

필립은 자기도 모르게 소리를 질렀다.

"아무 말도 말아 주세요. 안 그러면 전 당장 일어나서 가버리겠어요."

그는 매우 당황해 버렸다. 그러나 다행히도 마침 그때 주문했던 오믈렛이 나왔다. 그는 그것을 절반씩 나누어서 함께 먹기 시작했다. 그는 되도록 신경을 써서 무관한 말만 하려고 애썼고, 그녀도 일단은 상냥하려고 애쓰는 것 같았다. 그런데도 점심은 그다지 유쾌하지 못했다.

필립은 원래가 까다로운 성미여서, 프라이스 양의 식사하는 모습을 보고 있기만 해도 식욕이 싹 사라지고 말았다. 쩝쩝 소리를 내며 굶주린 듯 게걸스레 먹어대는 그녀의 모습은 마치 동물원의 야수 같았다. 한 접시를 먹어치울 때마다, 한 방울의 고기 수프도 헛되이 하기가 아깝다는 듯 빵조각으로 접시가 하얗게 빛날 때까지 닦아서 먹었다. 카망베르 치즈가 식탁에 올랐는데, 껍질은 말할 나위도 없고, 나오는 것마다 하나도 남기지 않고 깨끗이 먹어치우는 데는 기분이 상할 수밖에 없었다. 아무리 굶주렸다 하더라도 이 이상 흉할 수는 없을 것 같았다.

프라이스 양은 도무지 알 수 없는 여자였다. 오늘 사이좋게 헤어졌다고 해서 내일 샐쭉하거나 무뚝뚝하지 않으리라고는 보증할 수 없었다. 그러나 그녀에게서 여러모로 배우는 바가 적지 않았다. 자기는 제대로 그리지 못하지만 남에게 가르쳐야 할 것은 참으로 잘 알아서 그녀가 끊임없이 해 주는 충고는 꽤 도움이 되는 것이었다.

필립은 오터 부인에게도 도움을 받았고 때로는 챌리스 양의 비평도 들었다. 로우슨의 잔소리, 클러튼의 작품으로부터도 필립은 여러 가지를 배웠다. 그러나 파니 프라이스는 필립이 그녀 말고 다른 사람들로부터 조언을 받는 것에는 절대로 불만이어서, 이를테면 그가 딴 사람과 이야기하고 난 뒤에 그녀에게 조언이라도 구할라치면 지독히 난폭한 말투로 보기 좋게 거절하는 것이었다. 로우슨이나 클러튼이나 플라나간과 같은 다른 친구들은 그녀의 일로 곧잘 그를 놀렸다.

"조심하라고. 아무래도 자네를 좋아하는 눈치란 말이야."

"쓸데없는 소리 말아요."

그는 웃었다. 프라이스 양이 연애를 한다니 생각만 해도 어처구니가 없었다. 그렇게 못생겼는데. 그 더러운 머리, 그 불결한 손, 너덜너덜 헐어빠진 옷자락에 갈아입을 줄 모르는 갈색 옷, 이런 것들을 생각만 해도 소름이 끼칠 지경이었다. 매우 어려운 생활을 하는 것이라고 짐작은 되지만 어려운 살림이기는 모두 마찬가지였다. 몸을 깨끗이 하는 것쯤은 가능할 테고 실과 바늘만 있으면 치마쯤은 곧 손질할 수도 있는 일이 아니겠는가.

필립은 자기와 사귀게 된 사람들의 인상을 일단 정리해 보았다. 이제는 아득한 옛날처럼 생각되기는 하지만 지금은 그도 더 이상 하이델베르크 시절처럼 어린아이는 아니었다. 인간에 대한 좀더 어른다운 관심도 생겨나기 시작했고 비판력도 있고 분석 검토하는 흥미도 갖게 되었다. 클러튼과는 처음 만난 이래 벌써 3개월 동안 거의 매일처럼 보는데도 그에 관한 지식은 처음보다 조금도 나아지지 않았다.

아틀리에에서의 인상은 대체로 유능하다는 편이고, 앞으로 무언가 할 것이라는 정도는 당연히 모두들 생각하고 있었으며 본인 또한 그렇게 믿는 듯했다. 그러나 무엇을 할 것인가에 대해서는 그도 남들도 별로 알지 못했다. 아미트라노에 오기 전에는 여러 곳의 아틀리에, 줄리앙에도 미술회에도 맥퍼슨에도 두루 다닌 모양이었다. 다만 그중에서 아미트라노에 가장 오래 다니고 있었다. 그것은 멋대로 내버려두고 별로 귀찮게 간섭하지 않기 때문이었다. 그는 남에게 자기의 작품을 보이는 것을 아주 질색해서 다른 학생과는 달리 남에게 충고하는 일도 없거니와 자기도 받으려 하지 않았다.

샹파뉴 거리 1번지에 있는 그의 조그마한 화실—그것은 그의 작업장이자 침실이기도 했지만—에는 그가 출품할 마음만 있으면, 당장에라도 이름을 날릴 만한 훌륭한 그림이 얼마든지 널려 있다는 소문이 있었다. 여간해서는 모델을 채용할 수 없으므로 오로지 정물화만 그리는데, 그중에 쟁반에 담은 사과를 그린 것 따위는 참으로 훌륭한 걸작이라고 로우슨은 줄곧 말했다. 클러튼은 매우 까다로운 성질이어서, 아무튼 자기로서도 잘 모르는 것을 노리고 있다는 것이며 자기 작품 전체에 대해서 끊임없이 불만을 품고 있었다. 물론 자기가 그린 인물의 팔이라든가 한쪽 다리라든가 나아가서는 정물화 속의 컵이라든가 찻잔이라든가 일부분만은 마음에 드는 일도 있는 모양이어서 그 부분만은 오려내서 보관하지만 마음에 안 드는 나머지 부분은 그대로 찢어 버리는 것이었다.

따라서 가끔 남들이 그의 작품 좀 구경하자고 할 때면 으레 보여 줄 그림이 한 장도 없다고 거절하는 것도 사실 거짓말은 아니었다. 한 번은 브르타뉴에서 전혀 이름도 없는 무명 화가로 한때는 증권 브로커 노릇도 했었고 중년이 되어서 별안간 화가로 전환해 버렸다는 괴상한 남자를 만난 일이 있는데, 그는 이 사내의 작품에서도 깊은 영향을 받고 있었다. 그리고 예의 인상파와도 등을 돌려 버리고 다만 그림을 그린다는 것뿐만 아니라 오히려 그의 독자적인 사물에 대한 관찰력을 고생해 가면서 모색하고 있는 것이었다. 필립은 어쨌든 그에게서는 무언가 독창적인 것을 느꼈다.

그들이 언제나 식사 끼니를 때우는 그라비에에서나, 밤의 베르사유나 클로즈리 드 리라 같은 장소에서도 클러튼은 거의 입을 다물고 묵묵히 있었다. 여윈 얼굴에 빈정대는 듯이 야릇한 웃음을 짓고 잠자코 앉아 있다가 가끔 경구에 대해 간결하게 한마디 해주어야 할 듯한 기회가 왔을 때에는 입을 여는 것이었다. 그는 남을 신랄하게 비웃는 것을 매우 좋아해서 용케 그런 대상이 될 것 같은 인물이 자리에 끼어 있을 때만 유달리 원기가 왕성했다. 화제는 거의 그림 이야기뿐이었다. 그나마 자신이 상대할 가치가 있다고 인정하는 특정한 한두 사람 말고는 절대로 상대하지 않았다.

필립은 때로 과연 그의 속에는 무엇이 들어 있을까 궁금하게 생각했다. 그의 과묵, 초췌한 얼굴, 신랄한 풍자, 그러한 것들은 확실히 강한 개성을 풍겼으나, 그와 동시에 단순히 아무것도 아닌 것을 감추기 위한 교묘한 가면에 불과했는지도 몰랐다.

한편 로우슨과는 곧 친해졌다. 흥미의 범위가 넓으므로 친구로서는 재미 있는 사나이였다. 학생들 가운데에서는 누구보다도 독서가여서 수입은 아주 적었음에도 책 사는 것을 무척 좋아했다. 게다가 힘들게 얻은 책을 남에게 기꺼이 빌려주기도 잘해서 덕택에 필립은 플로베르, 발자크, 베를렌, 엘레디아, 빌리에 드 릴라당 등의 작가들을 알게 되었다. 함께 연극을 보러 가기도 하고 때로는 오페라 코미크 극장의 인원 제한 없이 마구 밀어 넣는 싸구려 자리에 들어간 적도 있었다. 바로 이웃에 오데옹 극장이 있으므로 필립도 이내 그와 함께 루이 14세 시대의 이 비극시인과 그들의 낭랑한 영웅시격에 함빡 열을 올리게 되었다.

테에브 거리에는 '콩세르 루즈'가 있어, 75상팀만 내면 훌륭한 음악을 감상할 수도 있었고, 게다가 약간의 술이 나올 때도 있었다. 좌석은 좋지 못했고 매우 복잡하고 실내공기는 값싼 담배 연기로 숨을 쉴 수도 없었지만 젊은 그들의 정열로는 그런 것쯤은 문제도 되지 않았다. 때로는 '발뷰리에'로 춤을 추러갈 때도 있었다. 그럴 때는 플라나간과 함께였다. 그가 곧잘 흥분해서 큰 소리로 소란을 피우는 것이 우스워 두 사람은 허리를 잡고 웃어댔다. 그는 또 댄스의 명수여서 들어간 지 10분도 채 못 되어 벌써 그 자리에서 사귄 여점원과 어울려서 춤을 추었다.

그들의 한결같은 염원은 어떻게 해서든지 애인을 하나씩 두는 것이었다. 이른바 그것은 파리에서 공부하는 학생들의 하나의 부속품이었다. 애인이 생기면 그만큼 동료들 사이에서는 인정을 받게 되어 있었다. 아무튼 자랑할 수가 있는 것이다. 다만 문제는 그들 대부분이 자기 혼자 살아가기도 어려운 형편이라는 것이었다. 말로는 프랑스 여자는 영리해서 둘이 사는 것이나 혼자 사는 것이나 돈 들기는 마찬가지라고 하지만, 그러나 그렇게 생각해 주는 젊은 여인을 만나기란 힘든 일이었다.

그러므로 대개는 자기들보다 좀더 유명한 화가들의 보호를 받는 여자들을 부러워하거나 욕설을 퍼붓는 것으로 만족할 수밖에 없었다. 이러한 일이 파리에서도 무척 힘들다는 것은 실로 놀라운 사실이었다. 가끔 로우슨도 젊은 여자와 가까워져서 데이트 약속을 할 때가 있었다. 그런 날이면 하루 종일 내내 정신없이 기뻐서 사람을 만날 때마다 그 여자의 이야기를 미주알고주알 들려주는 것이었다. 그러나 약속 시간에는 으레 바람 맞기가 일쑤였다. 그는 밤늦게야 잔뜩 화가 나서 그라비에에 나타나서는 큰 소리로 소란을 피우는 것이었다.

"제기랄, 또 틀렸어! 난 왜 이렇게 인기가 없을까? 프랑스어가 시원찮은 탓일까? 아니면 이 빨강머리 때문인가? 1년이나 파리에서 살면서도 변변한 계집 하나 잡을 수 없다니 한심하단 말이야, 이건."

"자네 기술이 모자라서 그럴 거야."

플라나간이 대꾸했다.

그는 자랑거리가 대단히 많았다. 물론 다른 사람들이 그 말을 모조리 다 믿는 것은 아니었지만 그렇다고 모두가 거짓말만은 아니라는 사실에도 확실한 증거가 있었다. 다만 그는 결코 여자와의 관계를 오래 이어가기를 원하지 않았다. 그는 파리에 온 지 아직 2년밖에 되지 않았다. 가족들을 설득해서 대학에 가는 대신 그림 공부를 하려고 와 있는 것으로, 기한이 지나면 시애틀에 돌아가서 아버지의 직업을 이어받게 되어 있었다. 그러니까 말하자면 그동안에 되도록 재미를 톡톡히 보자는 것이 그의 본심이고, 그러기 위해서는 연애에서도 지속적인 면보다는 변화 있는 면을 찾을 수밖에 없는 것이었다.

"그럼, 도대체 어떻게 해서 잡는단 말이야?"

"그런 것쯤은 아무것도 아니지."

플라나간은 대답했다.

"별안간 부딪쳐 가는 거야. 오히려 귀찮은 건 손을 끊을 때야, 거기에는 좀 수단이 필요하지. 그 점이 기술이거든."

다만 필립만은 그림, 독서, 연극, 기타 대화를 주의 깊게 들어야 하는 일 등으로도 힘에 겨워서 도저히 여자 따위에 마음을 쓸 겨를이 없었다. 좀더 프랑스어를 잘하게 되기라도 하면 혹시나 그럴 틈이 생길지도 모르는 일이라고 생각할 뿐이었다.

윌킨슨 양을 만난 지도 어느덧 1년이 넘었다. 파리에 처음 도착했을 무렵에는 너무나 바빠서 블랙스테이블을 떠나기 바로 전에 받은 그녀의 편지에 답장도 낼 겨를이 없었다. 그 뒤에도 한 통 왔으나 기껏해야 원망하는 내용일 것이라고 생각되자 그즈음에는 도무지 그럴 만한 마음도 나지 않아 나중에 읽을 셈으로 내버려두었다. 그러고는 그만 까맣게 잊어버렸다가 문득 발견한 것은 한 달이나 지나서 양말을 찾으려고 서랍을 뒤질 때였다. 봉투가 뜯기지도 않은 편지를 들여다보고 그는 어쩔 줄을 몰라 했다. 윌킨슨 양이 얼마나 괴로워했을까 생각하니 정말 너무했구나 하는 마음이 들었다.

그러나 이제는 그녀의 감정이 괴롭다 못해 다소 누그러졌을 테고, 더욱이 최악의 시기는 지나버렸을 것이라고 생각했다. 아무튼 여자란 가끔 지나치게 과장된 표현을 한다고도 생각되었다. 같은 말이라도 남자가 쓸 때와는 큰 차이가 있다. 별 뜻 없는 것이 보통이다. 게다가 어떤 일이 있더라도 다시는 만나지 않으리라고 굳게 결심했을 터였다. 그는 퍽 오랫동안 편지를 보내지 않았으므로 지금 새삼스럽게 쓸 마음도 없고 해서 아예 읽지 않기로 작정했다.

'아마 더는 그녀도 편지를 보내지 않을 테지.'

이렇게 은근히 생각했다.

"자기도 이미 그것으로 끝장이 났다고 생각할 수밖에 없을 걸. 요컨대 나이가 너무 많아, 마치 어머니 같잖아. 그런 것쯤은 당연히 그쪽에서도 알아주어야 해."

그는 혼자 중얼거렸다.

그러면서도 두어 시간 동안은 조금 불쾌했다. 자기 딴에는 물론 정당하다고 생각하지만 역시 전체적으로 생각하면 꺼림칙하기도 했다. 그러나 그 뒤로는 윌킨슨 양에게서도 아무런 소식이 없었고, 또 그가 걱정하던 것처럼 그녀가 갑자기 파리에 나타나서 그를 친구들의 놀림감으로 만들어 버리는 일도 일어나지 않았다. 그는 곧 그녀의 일을 깨끗이 잊어버리고 말았다.

또 그 무렵에는 그가 믿어오던 신들을 이제 완전히 잊고 말았다. 그가 인상파의 작품을 처음 보았을 때의 놀라움도 지금은 분명히 찬양으로 바뀌었다. 얼마 되지 않아 그는 마네나 모네나 드가의 뛰어난 점을 다른 친구들과 마찬가지로 칭찬하게 되었다. 앵그르의 〈오달리스크〉나 마네의 〈올랭피아〉의 복제판을 사들여서 면도할 때마다 그들의 미를 비교하여 볼 수 있도록 세면대 위에 나란히 놓아두었다.

이제 모네 이전에는 풍경화가 존재하지 않았다는 것을 뚜렷이 알게 되었고, 렘브란트의 〈엠마오의 사도들〉이나 벨라스케스의 〈벼룩에게 코를 물린 여인〉 앞에 설 때는 참다운 의미의 전율을 맛보았다. 〈벼룩에게 코를 물린 여인〉이란 물론 원제목은 아니었다. 그러나 그라비에서는 그림 속 여인의, 어떤 의미에서는 오히려 불쾌한 특징인데도 그림 그 자체의 미를 강조하기 위해서 특히 이러한 이름으로 불렀던 것이다. 러스킨이나 번 존스, 와트 등과 함께 파리에 왔을 무렵에 썼던 모자도, 하얀 물방울무늬의 파란 넥타이도 말끔히 내버리고 지금은 넓은 햇빛 가리개가 달린 소프트 모자에, 커다란 검정빛의 보헤미안 넥타이를 매고, 낭만적인 망토를 의기양양하게 걸치고 다녔다.

몽파르나스 거리를 마치 태어날 때부터 낯익은 고장이기라도 한 듯이 활보하고, 고행하는 것처럼 참으면서 얼굴 한 번 찡그리지 않고 압생트 주를 마시는 법도 익혔다. 머리도 자라는 대로 내버려 두었다. 다만 수염은 기르지 못했는데, 그 이유는 '자연'이 그에게 냉정했고 애석하게도 청춘 불멸의 동정에 대해서 조금도 고려해주지 않았기 때문이었다.

45

얼마 뒤에 필립은 주위 친구들을 움직이는 정신이 바로 크론쇼라는 사실을 깨닫게 되었다. 로우슨이 역설(逆說)을 내세우는 것도 그의 영향이었고, 클러튼이 말끝마다 개성 개성하는 것까지도 결국은 자기도 모르는 사이에 크론쇼라는 인생의 선배에게서 배운 것이었다. 식탁에서 그들이 서로 주고받는 사상도 따지고 보면 그의 사상이었고, 그들의 판단도 그의 권위를 좇은 것이었다. 딴에는 그들도 그의 약점을 비웃기도 하고 그의 악덕을 서글퍼하기도 했지만 사실은 그렇게 함으로써 무의식적으로 그를 존경한다는 사실에 대해 이른바 화풀이를 하는 셈이었다. 그들은 말했다.

"물론 크론쇼는 무엇 하나 제대로 할 수 없을 거야. 어쩔 수 없는 친구란 말이야."

그들은 그의 천재성을 알아보는 것은 자기들뿐이라고 자부했다. 그리고 젊은이답게 중년들의 어리석은 행동을 이러쿵저러쿵 경멸해서 그들 사이에서는 크론쇼를 깔보기까지 했지만, 막상 그가 홀로 찬연하게 빛을 내며 앉아 있을 때는 동료들의 자랑으로서 그를 우러러보는 것도 잊지 않았다. 크론쇼는 결코 그라비에에는 나오지 않았다. 지난 4년 동안 그는 케드 그랑 오귀스탕에 있는 낡은 건물의 7층에서 어떤 여인과 동거하고 있었다. 그 여자를 본 일이 있는 것은 로우슨뿐이었다. 그 불결함이나 난잡함을 로우슨은 참으로 재미있다는 듯이 이야기했다.

"게다가 그놈의 냄새는 어찌나 지독한지, 코도 뭐도 몽땅 떨어질 지경이더군."

"좀 그만해, 식사시간에 그런 지저분한 소리는 삼가라고."
견디다 못한 누군가가 항의했다.

그래도 그는 별안간 코를 쿡 찌른 그 악취에 대해 아주 자세하게 설명했을 뿐 아니라, 더욱이 자기를 위해 문을 열어 준 여자의 육체까지도 그 특유의 사실주의로 무척 즐거운 듯이 구체적으로 묘사해 보이는 것이었다. 그의 말에 따르면 문제의 그 여인은 검은 피부에 뚱뚱하고, 아직 소녀티를 벗지 못했으며, 검은 머리는 당장에라도 흘러내릴 것처럼 보였다고 했다.

단정하지 못한 블라우스를 입고, 코르셋은 입지 않았다. 붉은 뺨, 육감적으로 큰 입, 반짝반짝 빛나는 욕정적인 눈, 얼핏 보고 연상되는 것은 루브르에 전시된 프란스 할스(17세기 네덜란드 화가)의 〈집시 여인〉이었다. 방자하고 천했으며 재미있다면 재미있다고도 할 수 있겠으나 소름이 끼칠 것 같은 여자였다. 성질이 비뚤어지고 겁쟁이에다 땟국이 흐르는 어린아이가 마룻바닥에서 놀고 있었다. 이 여자가 이 근처에서도 가장 보잘것없는 놈팡이와 짜고 크론쇼를 속이고 있다는 것은 이미 다 알려진 사실이었다. 그런 만큼 날카로운 지성과 미에 대한 정열의 소유자인 크론쇼가 어째서 그런 하찮은 여자와 함께 사는가 하는 의문은, 카페의 탁상담론에서 그의 예지를 흡수하고 있던 순정 청년들에게는 너무나 수수께끼 같은 일이었다. 그러나 당사자인 크론쇼는 그 여자의 조잡하고 더러운 말솜씨가 도리어 마음에 드는 모양인지 빈민굴 냄새를 풍기는 그녀의 말솜씨를 태연하게 이야기하는 것이었다.

그는 곧잘 익살스러운 말로 그녀를 '우리 집 문지기 아가씨'라고 불렀다. 그의 생활은 그야말로 찢어지게 가난했고, 전람회가 있을 때마다 한두 영자 신문에 기사를 써서 겨우 생계를 이어나갈 정도의 돈을 벌기도 하고, 그 밖에 얼마 안 되는 번역 일을 맡아 하기도 했다. 한때는 파리에서 발간되는 영자 신문의 편집을 맡아 본 일도 있었는데 술이 과해서 퇴직당했다.

호텔 드루오(미술품을 세워 놓고 파는 것으로 유명한 곳) 그림의 판매 상황이나, 뮤직홀의 르포 기사 따위를 쓰는 일을 얻을 때도 가끔 있었다. 그러나 워낙 파리 생활이 몸에 젖은 탓에 불결과 과로의 생활고에도 이제 와 새삼스럽게 생활 방식을 바꾸어 보려고도 하지 않는 것이다. 그는 내내 파리에 있었다. 그의 친지들이 모조리 어딘가로 가 버리는 여름철에도 그만은 홀로 파리에 남았다.

생 미셸 거리에서 1마일 이내의 장소에 있기만 하면 마음이 편안해진다는 것이다. 그러면서 기묘하게도 그가 말하는 프랑스어는 조금도 합격 점수를 넘은 일이 없었다. 그리고 라 벨 자르디 니에르(파리에 있는 유명한 양복점)에서 맞춘 초라한 양복을 입고 한눈에 알아볼 수 있는 어디까지나 영국인다운 모습이었다.

150년쯤 전의 사회, 좌담의 재능이 상류 사회로 가는 훌륭한 여권이 되고, 술주정 같은 건 조금도 지장이 없던 그런 세상이었다면 혹여나 출세했을 지도 모를 그런 사람이었던 것이다.

"난 말이야, 꼭 18세기에 태어났어야 할 사람이야."

자기 자신도 그렇게 중얼거렸다.

"내게 필요한 건 후원자란 말이야. 먼저 후원금을 받은 다음 시집을 내거든. 그리고 그것을 어떤 귀족한테 바치는 거야. 나의 소원은 어떤 백작 부인의 애견 푸들을 노래한 쿠플레를 쓰는 일이야. 내 마음은 시녀들의 사랑이나 주교들의 대화를 얼마나 진정으로 동경하는지 모른단 말이야."

그리고 그 유명한 낭만파 시인 롤라(프랑스 시인 뮈세의 시에 나오는 주인공)의 말을 읊조리곤 했다.

"나는 왔노라, 이미 세월이 지나 너무나 늙어 버린 이 세상에."

그는 처음 만나는 사람을 좋아했다. 더욱이 몇 마디 대화가 될 만한 말은 하되 그의 독백을 방해할 만큼은 지껄이지 않는다는 매우 어려운 일을 무난히 해내는 필립은 곧 그의 마음에 들어 버렸다. 필립 쪽에서도 그에게 완전히 매혹되었다. 사실 크론쇼 이야기에는 새로운 것이라곤 거의 없다는 걸 그는 아직 깨닫지 못했던 것이다. 대화할 때의 크론쇼에게는 알 수 없는 매력이 있었다. 아름답고도 낭랑한 목소리의 소유자로 말하는 태도에는 확실히 젊은 사람들을 견딜 수 없게 하는 무언가가 있었다.

그의 말 하나하나에는 왠지 듣는 사람으로 하여금 생각하게 하는 것이 있어서, 로우슨과 필립은 돌아오는 길에 서로의 호텔 사이를 몇 번씩이나 오가며 크론쇼가 한 말에 관해서 토론을 벌이기도 했다. 아직 젊은 탓에 무엇이든지 알고 싶어 하는 필립에게는 바로 그 크론쇼의 시가 기대했던 바와 너무나 달랐다는 것이 조금 실망이었다.

그의 시는 단행본으로 출판된 적은 한 번도 없었고 대부분 잡지에 발표되었을 뿐이었다. 여러모로 부탁한 끝에 그는 가까스로 〈옐로우 북〉이나 〈토요 평론〉, 기타 지에 실린 시를 오려낸 것을 한 묶음 보게 되었는데, 놀랍게도 그 대부분이 헨리 아니면 스윈번을 떠올리게 하는 것들뿐이었다.

크론쇼의 독특한 맛을 내기 위해서는 어차피 직접 그에게 멋있는 낭독을 해달라고 부탁하는 수밖에 없었다. 필립이 실망한 것을 로우슨에게 이야기했더니, 로우슨은 또 그것을 경솔하게도 그대로 크론쇼에게 전하고 말았다. 그 다음 어느 날, 필립이 클로즈리 드 리라에 갔더니, 크론쇼는 빙글빙글 웃으면서 그의 곁으로 다가와 말을 걸었다.

"내 시가 꽤 마음에 안 들었다면서."

필립은 몹시 난처해졌다.

"전 잘은 모릅니다만 썩 재미있게 읽었는데요."

"뭐, 조금도 내게 신경 쓸 필요는 없네."

그는 투실한 팔을 한 번 내두르고 대답했다.

"나 자신이 내가 쓴 시를 그렇게 잘됐다고 과대평가하지는 않으니까 말이야. 인생이란 어떤 의미에선 살기 위해서 있는 거야. 그런 것을 쓰기 위해서 있는 것이 아니고. 내 목적은 인생이 제공해 주는 여러 가지 경험을 찾아내서 삶의 순간으로부터 그것이 제공해 주는 정서를 빼앗는 일이지. 내 창작이란 말하자면 이 생애에서 쾌락을 흡수한다기보다는 오히려 생존에 쾌락을 더하여 주기 위한 아름다운 몸단장밖에는 아무것도 아닐세. 후세에 남느냐고? 후세에 남겨 뭣하려고."

필립은 가볍게 미소 지었다. 이 중년의 예술가가 만들어내는 것 또한 어디까지나 불쌍한 서툰 화가의 그림과 조금도 다를 바 없음이 너무나 뚜렷했기 때문이다. 크론쇼는 찬찬히 그의 얼굴을 바라보면서 술잔을 채웠다. 그러고는 담배를 사러 종업원을 보냈다.

"자네는 내가 이런 식으로 말하는 게 무척 재미있는 모양이로군. 딴은 자네는 내가 가난한 생활을 하면서 하찮은 여인과 동거생활까지 하고, 그리고 그 여인이 미용사나 카페의 보이들과 한통속이 되어서 나를 속이고 있다는 것도 알고 있겠지. 게다가 또 나는 영국 사람들을 위해서 보잘것없는 책을 번역하기도 하고, 그런가 하면 악평을 할 만한 가치도 없는 형편없는 그림에 대한 기사를 쓰기도 한다네. 그러나 자네에게 꼭 한 가지 물어보겠는데 도대체 인생의 의미란 뭔가?"

"글쎄요, 제겐 무척 어려운 질문이군요. 그건 오히려 선생님께 대답을 듣고 싶은 문제입니다."

"그건 안 되네, 결국 자네 자신이 발견하는 게 아니면 아무 의미도 없으니까. 그런데 자네는 뭣 때문에 이 세상에 태어났다고 생각하지?"

아직껏 그런 질문을 자신에게 던져본 적이 전혀 없었으므로 필립은 잠깐 생각해 보다가 대답했다.

"잘은 모르겠지만, 역시 자기의 의무를 다하고 되도록 자신의 능력을 살리고, 나아가 타인에게 해를 끼치지 않도록 하는 것이 아닐까요?"

"결국 말하자면, 남이 그렇게 했으면 싶은 일을 나 역시 남에게 해야 한다는 것인가?"

"그렇겠죠."

"그것은 예수님 말씀이야."

"아뇨, 그런 뜻이 아닙니다."

필립은 조금 화가 나서 대꾸했다.

"그것은 예수하고는 아무 관계도 없습니다. 오히려 그건 보편적이고 추상적인 도덕률이 아닐까요?"

"하지만 그런 보편적 추상적 도덕률이란 존재하지 않는 법일세."

"그렇다면 말이죠, 이를테면 당신께서 술이 취해 돌아가실 때 지갑을 놓고 갔는데, 제가 그것을 주웠다고 합시다. 이런 때 왜 제가 그것을 당신에게 돌려 드리게 되는 걸까요? 결코 경찰이 무서워서 그러는 건 아니란 말입니다."

"인간이란 죄를 범하면 지옥을 두려워하게 되고, 좋은 일을 하면 천당에 간다는 희망을 얻으니까."

"하지만 전 그 두 가지를 모두 믿지 않습니다."

"그야 그럴지도 모르지. 칸트가 절대 무상 명제를 생각해 냈을 때에는 그 역시 천당과 지옥을 믿지 않았지. 하기야 자넨 신조 같은 것은 잊어버렸겠지만, 그 신조에 기반을 둔 윤리는 여전히 믿고 있는 셈이야. 어떻게 보든지 자넨 역시 엄연한 크리스천이란 말일세. 만일 천당에 하느님이 계시기만 하다면 자네에게 은혜를 베푸실 게 확실하네. 전능하신 하느님이란 교회에서 떠드는 그런 바보 천치가 아니란 말이야. 자네가 신의 계율을 지키기만 하면 자네가 신을 믿든 안 믿든 그런 것은 하느님께선 앞으로 개의치 않으실걸."

"그렇지만, 당신께서도 만일 제가 지갑을 두고 간다면 꼭 제게 돌려주시겠지요?"

"그러나 그건 보편추상의 도덕률 때문이 아니라 어디까지나 경찰이 무서워서일 걸세."

"하지만 경찰이 알 턱이 없지 않습니까?"

"우리네 선조들은 너무나 오랫동안 문명사회에서 살아왔으므로 경찰에 대한 공포라는 것이 뼛속 깊이 사무친 셈이지. 그러나 우리 집 문지기 아가씨라면 아마 조금도 망설이지 않을걸. 이렇게 말하면 자넨 또 그야 그녀가 범죄자의 한 사람이기 때문이라고 하겠지. 그러나 절대로 그렇지는 않아. 다만 일반 사람에게 있는 선입관이라는 것이 그 여자에게는 전혀 없을 뿐이야."

"하지만 그렇다면 염치도 덕성도 선도 미풍양속도 모조리 없어져 버리지 않겠습니까?"

"자넨 무언가 죄를 범한 일이 있겠지?"

"글쎄요, 잘은 모르지만 저지르고 있겠죠."

"자네는 마치 비국교파 목사 같은 투로 말하는군그래. 이래봬도 난 지금까지 한 번도 죄 같은 건 지은 일이 없지."

옷깃을 세운 초라한 외투를 걸치고 모자를 깊숙이 눌러쓰고, 살찐 얼굴을 벌겋게 하고 잇따라 조그마한 눈을 번쩍이는 크론쇼의 모습은 형용할 수 없이 희극적으로 보였다. 그러나 필립의 태도는 매우 진지했다.

"그럼 당신께선 뉘우칠 만한 일은 한 번도 하신 적이 없단 말씀인가요?"

"자기가 이미 해온 모든 일이 그렇게 할 수밖에 없는 것이었다면 뉘우쳐 보았자 무슨 소용이 있을까?"

그는 오히려 역습했다.

"하지만 그렇게 되면 운명론이나 마찬가지가 아니겠어요?"

"다시 말해서 인간들 속엔 의지만은 자유롭다는 환각이 너무나 강하게 뿌리박고 있지. 그러므로 나도 일단은 그걸 인정하네. 그리고 마치 자신이 자유인인 것처럼 행동하는 셈이지. 그러나 일을 저질러 놓고 나서 생각해 보면 말일세, 요컨대 이 우주 영겁의 과거에서부터 내려오는 쌓이고 쌓인 모든 힘이 나에게 덤벼들어서 그렇게 하도록 만든 것에 지나지 않아. 그것을 막기란 도저히 불가능해. 말하자면 전혀 불가피한 행위란 말이지. 그러니까 그것이 선이라고 해서 공을 내세울 수도 없거니와 악이라고 해서 비난받을 이유도 없는 거야."
 "아무래도 머리가 좀 이상해졌습니다."
 필립이 말했다.
 "자아, 위스키를 마시게나."
 크론쇼는 병을 내주면서 말했다.
 "머리를 깨끗이 하려면 이것이 제일이거든. 인간은 언제까지나 맥주만 마시고 있으면 바보천치가 되기 꼭 알맞지."
 필립은 머리를 저어 사양했다. 크론쇼는 뒤를 이었다.
 "자네는 다른 건 다 좋은데 술을 마시지 않는 모양이군. 술을 안 마시면 첫째 대화의 흥이 깨지거든. 그런데 내가 선이네 악이네 하는 것은……."
 '아까 하던 말을 다시 시작하는구나.' 필립은 속으로 생각했다.
 "알겠나? 단지 세속적인 의미로 쓰는 것뿐이란 말이야. 의미 따위는 전혀 생각하고 있지 않아. 인간의 행위에 어떤 단계를 만들어 놓고 어떤 짓은 착하고 어떤 짓은 나쁘다고 생각하는 것은 난 딱 질색이야. 선이라는 말이나 악이라는 말은 나에겐 모두 무의미하므로 난 그것을 칭찬하지도 않고 비난하지도 않는단 말이야. 다만 있는 그대로를 받아들일 뿐이야. 나 자신이 만물의 척도요, 나 자신이 세계의 중심인 거야."
 "그러나 한 사람이나 두 사람쯤은 다른 인간도 이 세상에 존재하는 게 아닙니까?"
 "아냐, 난 다만 자신을 위해서 말하고 있는 것뿐이야. 그야 물론 다른 인간도 있겠지만, 그것을 인정하는 것은 다만 내 활동에 제약을 가하는 존재로서만이야. 그러한 인간들을 에워싸고 좀더 큰 세계가 돌고 있는 셈이겠지만, 요컨대 각자가 각자를 위해서 저마다 우주의 중심을 이루고 있는 거야. 그들에 대한 내 권리는 다만 내 힘이 미치는 범위 안에 한정되어 있단 말이야. 나 자신의 능력만이 내가 해도 좋다는 것의 한계가 될 테고, 따라서 할 수 있는 일이라면 무엇을 하든 무방하다는 말이겠지.
 인간에게는 군거성이라는 게 있어. 그러므로 사회를 이루고 살고 있는 셈이지만, 그런데 그 사회를 결합하도록 하는 것은 도대체 뭣인가? 힘이야. 무기라는 힘, 즉 경찰인데, 거기에다 세론이란 힘, 다시 말하면 미시즈 그런디('세평'이란 뜻, 영국 희극 속의 여주인공이 이웃집 그런디 부인의 평판만을 염두에 두는 데서 나온 말)가 바로 그것이야. 한편에는 사회가 있는 반면 또 한편에는 개인이라는 것이 있지. 어느 편도 다 제각기 보존을 위해서 투쟁하는 유기체야. 힘과 힘의 대결일세. 그리고 나는 그런 관계 속에 홀로 서서 사회라는 것을 받아들여야만 하는 것이야. 그렇다고 해서 싫다는 것은 아니야. 왜냐하면 사회란 내가 세금을 내는 대상으로서 나라는 약한 인간을 나보다 강한 자의 횡포로부터 지켜 주는 셈이니까.

그러나 내가 법칙을 따르는 것은 그렇게 하는 도리밖에 없기 때문이지. 내가 법의 정당성을 승인해서 그런 것은 아니야. 조금도 옳다고는 생각하지 않아. 다만 힘을 인정할 뿐이란 말이야. 그러니까 생명과 재산을 보호해 주는 경찰관의 월급을 우리네가 지급해 주고, 또 징병제가 시행되는 나라에 살고 있다면 우리네의 집과 토지를 침입자로부터 지켜 주는 군대에 복무하기만 하면 이미 아무런 빚도 사회에 대해서는 없을 거야. 그리고 저편에서 힘으로 나오면 나는 그에 못지않은 교활함으로 대항하겠어.

사회는 다만 자기 보존을 위해서 여러 법률을 제정하고 있을 뿐이야. 그러니까 만약 그 법률을 범하기만 하면, 난 감금 아니면 사형에 처해진단 말이야. 결국 사회는 그만한 힘을 갖추었으므로 그 자체가 정의이지. 내가 법을 어겼다면 그에 대한 국가의 보복을 달게 받을 거야. 다만 그것을 결코 형벌이라고 생각하지 않을 뿐 아니라 또 어떤 잘못을 저질렀으므로 죄가 되었다고도 결코 느끼지 않을 거야. 사회라는 것은 명예니 재산이니 좋은 평판이니 하는 것을 끌어내어 사회에 봉사하도록 나를 유혹하기까지 하지. 그러나 나는 세평에 대해서는 마이동풍이야. 명예나 존경이나 돈 없이도 나는 얼마든지 잘 살아 나갈 수 있으니까.”

"그러나 사람들이 모두 당신과 같은 생각을 하는 날에는 만사가 엉망이 되지 않겠어요?"

"다른 사람에 대해선 난 모르겠어. 내가 생각하는 것은 나 자신의 일뿐이야. 다만 고맙게도 세상 사람들은 어떠한 보상에 끌려서 직간접적으로 내게 유리한 일을 해주지. 그것을 좋게 이용할 뿐이야."

"그렇지만 그것은 지나치게 자기중심적인 생각 아닐까요."

"그렇다면 자네는 인간이 이기적인 동기 이외의 다른 어떤 동기에 따라 움직인다고 생각하나?"

"전 그렇게 생각하죠."

"절대로 그렇지는 않을 걸세. 자네도 이제 나이를 좀더 먹으면 알게 될 거야. 아무튼 이 세상을 어떻게든 살아 나갈 만한 것으로 하려면 무엇보다 먼저 어쩔 수 없는 인간의 이기성, 이것을 인정해야 하지. 자네는 타인에게 무사무욕(無私無慾)을 요구할 테지만 그것은 터무니없는 바람이야. 즉 그들의 욕망을 자네의 욕망을 위해서 희생해 달라고 하는 거나 마찬가지지, 누가 그런 짓을 하겠나. 만약 이 세상 사람 모두가 결국 자기 자신만을 위해서 움직인다는 사실을 인정하게 되면, 자네가 남에게 갖는 기대도 훨씬 줄어들 거야. 그렇게 되면 그들에게 실망을 할 일도 없어질 테고, 그들을 보는 자네의 눈도 한결 너그러워지겠지. 인간이 이 인생에서 추구하는 것은 단 한 가지, 결국 쾌락뿐이야."

"아닙니다, 절대로 그렇지 않아요."

필립은 큰 소리로 외쳤다.

크론쇼는 '픽' 하고 웃었다.

"자넨 내가 기독교 편에서 보면 매우 나쁜 뜻으로 해석할 만한 말씨를 썼대서, 마치 겁먹은 망아지처럼 펄쩍 뛰는군그래. 자네는 가치라는 것에 계층을 들이대고 있어. 그리고 쾌락은 자네의 사다리에선 맨 밑바닥에 속한단 말이지. 의무다, 사랑이다, 진실이다, 하면서 조그마한 자기만족에 몸을 떨고 있는 거야. 쾌락이라고 하면, 감각적인 것이라고밖에는 자네는 생각하지 않는단 말이야. 자네가 지금 믿는 그러한 도덕이라는 것을 만들어낸 가련한 노예들은 자기들이 얻지 못할 만족을 모조리 경멸하기도 한 셈이야.

쾌락이라는 낱말 대신에 만약 내가 행복이라는 말을 썼다면 자네는 틀림없이 그다지 크게 놀라지 않았을 거야. 그 말의 어감이 훨씬 좋거든. 결국 자네의 정신이 에피쿠로스(기원전 3세기경의 그리스 철학자로 이른바 쾌락주의의 시조)의 돼지우리에서 나와, 그의 정원에라도 들어간 것 같은 마음이 될 걸세. 그러나 난 어디까지나 쾌락이라는 말을 그대로 쓰겠어. 왜냐하면 인간이 희구해서 마지않는 운명조차 그것이기 때문이야. 진정한 의미로서의 행복 따위는 찾지 않는단 말이야. 자네가 내세우는 여러 가지 도덕이라는 그것을 실천할 때 그 밑바닥에 숨어 있는 것은 결국 모두 쾌감이란 말이야.

사람이 어떤 일을 한다, 이것은 자기에게 기분 좋은 일이니까 하게 되는 거지. 다만 어쩌다가 그것이 이따금 남에게도 좋았을 때에만 도덕적이라고 할 수 있지. 예를 들면 남에게 동정을 베푸는 것에 쾌감을 느끼면 사람은 자선심을 일으키게 되지. 남을 돕는 데 쾌감을 느끼면 친절을 베푼단 말이야. 사회를 위해서 노력하는 데에 쾌감을 느끼면 공공심이 솟아나기 마련이야. 자네가 거지에게 2펜스 동전을 적선하는 것이나, 내가 이렇게 한 잔 한 잔 위스키소다의 잔을 비우는 것이나 본질적으로는 마찬가지야. 쾌감을 얻기 위해서 한다는 데엔 조금도 변함이 없단 말이야. 다만 나는 말이야, 자네보다는 더 정직한 사람이니까 나 자신의 쾌락에 스스로 박수를 보내거나 또 자네에게 칭찬을 요구하거나 그런 짓을 하지 않을 뿐이지."

"하지만 사람이란 때로는 자기가 원하는 일을 하지 않고 반대로 원치 않는 일을 하기도 한다는 것을 모르십니까?"

"그런 건 난 모르겠네. 도대체 자네의 질문은 엉터리 같은 데가 있어. 자네 말의 뜻은, 사람은 때로 바로 눈앞의 쾌락보다는 오히려 바로 눈앞의 고통을 택한다는 그런 뜻이겠지. 그런데 자네의 그 이의도 그렇거니와 그 이의 자체가 참으로 어리석기 짝이 없단 말이야. 그야 인간이란 바로 눈앞의 쾌락보다도 바로 눈앞의 고통을 선택하는 때도 있다는 것은 잘 알고 있어. 그러나 요컨대 그것은 미래의 보다 큰 쾌락을 기대하는 데에 불과해. 물론 쾌락이 환영에 지나지 않는 경우도 가끔 있지. 그러나 그들의 계산이 잘못되었다 해서 반드시 법칙이 잘못되었다고 할 수는 없는 거야. 자네는 내가 말하는 뜻을 아직 잘 모르는 듯한 표정인데, 그것은 자네가 아직도 쾌락이란 단순한 감각이라는 생각을 버리지 못하기 때문이지. 그러나 여보게, 조국을 위해서 죽는 사람은 결국 그렇게 하는 것이 좋으니까 그러는 거야. 마치 양배추 절임이 좋으니까 먹는 것과 같은 원리지. 이것이 이 세상에 살고 있는 모든 생존자의 법칙일세. 그러나 사람들이 쾌락보다 고통을 더 좋아했다면 인류는 이미 아득한 옛날에 멸망해 버렸을 거야."

"하지만 당신 말씀이 모두 사실이라면 이 세상의 온갖 것들은 도대체 무엇 때문에 있단 말입니까? 당신 말씀처럼 의무도 선도 미도 모조리 없애 버린다면 도대체 우리는 왜 이 세상에 태어나는 겁니까?"

"마침 잘됐군. 바로 그 대답에 가장 알맞은 동방의 현자가 나타나셨군."

크론쇼가 가볍게 웃었다.

바로 그때 카페의 문을 열고 찬바람과 함께 들어선 두 사나이를 그는 가리켜 보였다. 싸구려 융단을 팔러 다니는 레반트인들로 저마다 보따리를 하나씩 안고 있었다.
  때마침 일요일 밤이어서 카페는 몹시 혼잡했다. 탁자 사이를 걸어 다니며 물건을 파는 그들은, 담배 연기가 자욱하고 후텁지근한 공기 속에 뭔가 신비로운 느낌을 불어넣어 주는 듯했다. 두 사람 다 너저분한 양복을 입었고, 엷은 외투는 닳아 빠졌지만, 머리에만은 이슬람풍의 술달린 모자를 쓰고 있었다. 얼굴은 추위로 흙빛이 되어 있었다. 한 사람은 검은 수염을 기른 중년 남자였고, 또 한 사람은 얼굴에 심한 곰보 자국이 있고 애꾸눈인 열여덟 살의 젊은이였다. 그들은 크론쇼와 필립 곁을 지나갔다.
  "알라는 위대하시고 마호메트는 그 예언자이니라."
  사뭇 장중한 투로 크론쇼가 외쳤다.
  그 중년 남자는 늘 얻어맞기만 하는 개처럼 비굴한 웃음을 히죽히죽 흘리며 다가왔다. 그리고는 문 쪽으로 곁눈질을 슬쩍 하더니 남의 눈에 띄지 않도록 재빠르게 춘화도를 꺼내 보였다.
  "여보 아저씨, 댁이 바로 알렉산드리아의 상인 마즈르 딘이오? 아니면 그 물건은 먼 바그다드에서 가져온 것이오? 그리고 거기 애꾸눈 젊은이, 그대는 셰에라자드가 왕을 위해서 이야기했다는 이야기의 주인공, 그 세 사람의 왕 가운데 한 사람이라도 된단 말이오?"
  크론쇼의 말은 한마디도 알아듣지 못하면서 그 남자는 더욱더 아첨하는 것처럼 되어 갔다. 그리고는 마치 마술사처럼 백단(白檀) 상자를 꺼내어 보여 주었다.
  "아니, 그보다도 동방의 나라에서 짜내는 값진 비단이나 보여주게나."
  크론쇼가 말했다.
  "어디 내가 한마디 도덕적인 것을 덧붙여서 금상첨화 격으로 이야기를 만들어 보기로 하지."
  레반트 사람은 노란색 빨간색으로 된 더할 나위 없이 천박하고 기괴한 식탁보를 펼쳐 보였다.
  "손님, 35프랑입니다."
  "이것 좀 봐요 아저씨, 이 천은 사마르칸트의 직공이 짠 것이 아니고 이 빛깔은 보카라(사마르칸트, 보카라 모두 중앙아시아의 옛 도시. 이름, 낭만적인 것을 연상케 하는 것으로 유명)에서 염색한 것도 아니잖소?"

인간의 굴레 277

"25프랑."

행상인은 비굴하고 아첨 섞인 웃음을 지었다.

"이 세계의 맨 끝에서 이 천이 만들어졌고 버밍엄이야말로 내가 태어난 곳이란 말이오."

"15프랑."

수염 난 사나이는 점점 더 굽실거렸다.

"귀찮군, 가버리란 말이야."

크론쇼가 외쳤다.

"그대 외할머니의 묘지를 노새들이 밟아 버리기를……."

문득 웃음을 멈춘 레반트인은 물건을 거두어 가지고 딴 테이블로 옮겨가 버렸다. 크론쇼는 필립을 보면서 다시 말을 이었다.

"자네는 크리뉴 박물관에 가 본 일이 있는가? 한번 가 보도록 하게. 거기엔 참으로 훌륭한 양탄자가 전시되어 있는데, 그 무늬의 복잡한 아름다움에는 자네도 틀림없이 감탄할 수밖에 없을 거야. 그것들에서 자네는 동양의 신비와 관능적인 아름다움과 하피즈(페르시아 시인)의 장미와 오마(역시 페르시아 시인이며, 천문학자)의 술잔을 보게 될 걸세. 그리고 그러는 동안에 자네도 보다 더 깊은 뜻을 이해하게 될 거네. 자네는 조금 전에 인생의 의의가 무엇이냐고 물었지. 차라리 거기에 가서 저 페르시아의 양탄자나 구경하고 오게. 그러는 사이 반드시 그에 대한 해답을 얻게 될 테니까."

"무척 어려운 말씀을 하시는군요."

"술이 좀 취했을 뿐이네."

크론쇼는 대답했다.

46

파리 생활은 필립의 생각처럼 돈이 적게 드는 것이 아니어서 2월 무렵에는 가져온 돈을 대부분 다 써버렸다. 그러나 이제 와서 큰아버지에게 울고 매달리는 것은 그의 자존심이 용납하지 않았고, 그렇다고 큰어머니에게 곤란한 사정을 알리고 싶지도 않았다. 큰어머니가 이 상황을 알게 되면 당신 주머니에서 어떻게든 마련해 조금이라도 보내 주려고 애쓸 것이 틀림없는데, 그러나 그녀에게 돈이 거의 없다는 사실을 그는 알았기 때문이다. 이제

석 달만 지나면 법률상 성년이므로 그때에는 얼마 되지 않지만 자신의 재산을 소유하게 될 터였다. 그래서 그는 아버지에게 물려받은 약간의 패물을 몇 개 팔아서 그때까지 그럭저럭 견디어 나갔다.

 마침 그 무렵 라스파이유 거리로 나가는 골목에 조그마한 아틀리에가 하나 비었는데 그것을 로우슨이 함께 빌려 쓰자고 필립에게 제의했다. 매우 헐값이었다. 따로 방 하나가 붙어 있어서 침실로 쓸 수도 있었다. 필립은 매일 아침 학교에 나가니 그동안에는 로우슨이 혼자서 아틀리에를 편히 독점할 수도 있을 것이다.

 로우슨은 여러 학교를 이리저리 다녀 본 결과 결국은 혼자서 작업할 수밖에 없다는 결론에 이르러 일주일에 사흘만 모델을 빌리자고 제안했다. 처음에 필립은 비용 때문에 망설였으나 이것을 둘이서 다시 계산해 보았다. 아무튼 그들은 자신들의 아틀리에를 갖기를 한결같이 열망했기 때문에 될 수 있는 대로 자세하고 구체적으로 계산했는데 비용은 호텔에서보다 별로 더 들 것 같지는 않았다.

 집세라든가 관리인에게 청소와 세탁을 부탁하자면 좀더 들겠지만, 그 대신 아침을 스스로 만들게 되므로 결국 절약하는 셈이었다. 한두 해 전만 해도 필립은 절름거리는 발에 대해서 지나치게 민감해서 다른 사람과 한 방에서 같이 지내는 것을 거절했었지만 그러한 불구에 대한 병적인 생각은 점점 덜해져 갔다. 파리에서는 그러한 것쯤은 그에게 대수로운 것이 아니었다. 물론 그 자신은 그것을 잊어버리지 않았지만, 다른 사람들이 그것을 끊임없이 주의해 보고 있다는 생각만은 아주 없어지고 말았다.

 마침내 그들은 새집으로 옮겼다. 침대 두 개와 세면대와 의자를 두서너 개 사서 난생처음으로 자기 물건을 가지는 대견스러운 기쁨을 맛보았다. 두 사람 다 너무나 흥분해서 그들이 말하는 내 집의 침대에 처음으로 누운 날 밤에는 새벽 3시까지 자지도 않고 계속 재잘댔다. 다음 날 아침에는 잠옷 바람으로 불을 피우기도 하고 커피를 끓이기도 하면서 어찌나 즐거웠던지 필립은 11시 가까이 되어서야 겨우 아미트라노에 나갔을 정도였다. 그는 마음이 한없이 즐거웠다. 파니 프라이스를 보자 머리를 끄덕여 인사했다.

 "어떻게 지내요?"

 그는 유쾌한 듯이 물었다.

"그게 당신하고 무슨 상관이죠?"
그녀가 되물었다.
필립은 절로 웃음이 나왔다.
"너무 그렇게 심술 사나운 말을 하는 게 아닙니다. 난 다만 인사를 하고 싶어서 그런 것뿐이에요."
"하지만 나는 당신의 인사 같은 건 받고 싶지 않은데요."
"그럼 당신은 나하고도 싸우고 싶나요?"
필립은 조용하게 말했다.
"그러니까 여태까지 당신하고 이야기하는 사람이 거의 없잖아요?"
"그런 걸 당신이 알 필요가 있을까요?"
"그야 그렇지만."
파니 프라이스라는 여자는 왜 이렇게도 불쾌한 말만 하는지, 그는 이상하게 생각하며 그림을 그리기 시작했다. 결국 그가 내린 결론은 아주 싫은 여자라는 것이었다. 아틀리에의 모두가 그녀를 싫어했다. 만약 조금이라도 살뜰하게 말을 걸어 주는 것은 다만 그녀의 독설이 두렵기 때문이었다. 왜냐하면 상대방이 앞에 있건 없건 아무튼 태연하게 심한 험담을 하는 여자였기 때문이다. 그러나 그즈음 필립은 마음이 퍽 즐거웠기 때문에 그러한 프라이스 양에 대해서도 나쁜 감정을 품고 싶지 않았다. 그래서 이따금 그녀의 좋지 못한 기분을 풀어주는 데 성공했던 방법을 이번에도 꺼내 보았다.
"잠깐 좀 제 그림을 보아 주시지 않겠어요. 엉망이 되어 버렸어요."
"무척이나 고맙군요. 하지만 지금 더 중요한 일이 있어서 시간이 아쉬운 걸요."
필립은 깜짝 놀라서 눈이 휘둥그레졌다. 그녀가 어떤 상황에서도 발 벗고 해주는 일이 남에게 충고하는 것이었기 때문이다. 나지막하고 분명하게 노여움을 품은 날카로운 목소리로 그녀는 재빠르게 말을 이었다.
"이젠 로우슨이 학교에 안 나오니까 내 충고라도 받아 보겠다는 말이군요? 흥, 참 고맙네요. 하지만 다른 사람에게 도와달라고 해 보는 게 어때요? 나는 다른 사람들이 하다가 남긴 찌꺼기 노릇은 딱 질색이란 말이에요."
로우슨에게는 교사적 본능 같은 것이 있었다. 무엇이든지 새로이 무언가를 발견하면 그것을 남에게도 가르쳐 주고 싶어 했다. 더욱이 즐거워서 가르치는 것이므로 그를 통해 얻은 바가 많았다. 필립은 별로 깊은 생각도 없이 자기도 모르는 사이에 그의 옆에 앉는 것이 습관처럼 되었다. 그러나 파니 프라이스가 질투에 마음을 태우면서 그가 다른 사람들로부터 가르침을 받는 것을 노여움에 찬 눈으로 바라보았으리라고는 꿈에도 생각하지 않았다.

"흥, 아는 사람이 없었을 때에는 나라도 좋다고 참아 주셨군요."

그녀는 점점 신랄해졌다.

"그런데 다른 친구들을 사귀게 되니까 나 같은 사람은 헌 장갑처럼 내버렸단 말이죠? 그래요, 꼭 헌 장갑 내버리듯이 말이에요." 그녀는 헌 장갑처럼이란 진부한 비유를 의기양양해서 한 번 더 되풀이했다.

"흥, 그래도 좋단 말이에요. 아무렇지도 않아요. 그렇지만 이젠 두 번 다시 바보 취급을 당하는 것은 질색이란 말이에요."

그녀가 말하는 것에도 어느 정도 진실은 있었다. 그런 만큼 필립도 화가 벌컥 치밀어서 생각나는 대로 말해 버렸다.

"쳇, 그만둬요. 나는 또 당신이 나한테 충고해 주기를 아주 좋아하는 줄 알았죠. 그래서 부탁해 본 것뿐이니까 신경 쓰지 말아요."

그녀는 숨을 할딱거리는가 싶더니 갑자기 몹시 분한 듯이 그를 노려보았다. 그러자 금세 눈물이 후드득 뺨을 흘러내렸다. 형용할 수 없이 추하고 고약한 표정이었다. 그녀의 이러한 새로운 태도가 무엇을 뜻하는지 모른 채 필립은 다시금 자기 일을 시작했다. 언짢은 말을 해서 불안하고 양심의 가책을 받기도 했지만, 그렇다고 해서 그녀 곁에 가서 괴롭혀 미안하다며 사과할 마음은 내키지 않았다. 사과를 했다가 도리어 이거 잘됐다 싶어 그녀가 좀더 드세게 반박해 올까 봐 두려웠기 때문이다. 그 뒤 2, 3주일 동안 그녀는 아무 말도 하지 않았다.

그리고 필립도 그녀가 자기를 상대하지 않게 된 그때의 불쾌감이 사라지자 조금씩 그런 귀찮은 교제에서 해방된 것 같아서 오히려 후련할 정도였다. 그를 마치 자기 아랫사람처럼 대하던 그녀의 태도에 그는 적이 난처했던 것이었다. 아무튼 굉장한 여자였다. 그녀는 매일 8시에는 반드시 아틀리에 나와서 모델이 포즈를 잡으면 곧 그리기 시작했다. 아무에게도 말을 거는 일이 없이 부지런히 붓을 놀리면서 몇 시간씩이나 그녀의 솜씨로는 어쩔 수 없는 곤란과 싸우면서 시계가 12시를 칠 때까지 어김없이 남아 있었다.

그녀의 그림은 아무리 보아도 도무지 희망이 보이지 않았다. 대개의 젊은 사람들이 보통 네댓 달만 공부하면 몸에 익힐 수 있는 극히 평범한 기법조차도 전혀 되어 있지 않았다. 또 매일 똑같이 보기 흉한 갈색 옷을 입은 채였는데 그 자락에는 지난번 비올 때에 묻은 진흙이 그대로 말라붙어 있었고, 필립이 맨 처음 만났을 때 보았던 해진 곳도 아직 그대로였다.

그러던 어느 날, 그녀가 그의 곁으로 다가오더니 얼굴을 붉히며 할 말이 있는데 나중에 만날 수 있겠느냐고 물었다.

"물론 좋죠. 그럼 12시가 되면 남아서 기다리죠."

필립은 웃으며 대답했다.

그날 오전 작업이 끝나자 그는 그녀 곁으로 가까이 갔다.

"저하고 좀 걷지 않겠어요?"

그녀는 우물쭈물하면서 얼굴을 돌리고 말했다.

"좋아요."

두 사람은 잠깐 말없이 걸었다.

"당신 언젠가 제게 말한 것 기억해요?"

프라이스 양이 느닷없이 물었다.

"우리 입씨름은 그만두죠. 무의미한 것이니까요."

그녀는 재빠르게 괴로운 것처럼 숨을 들이켰다.

"나도 당신과 말다툼 같은 건 하고 싶지 않아요. 파리에서 친구라고는 당신뿐이었는걸요. 그것도 나는 당신이 어쩐지 나를 좋아하는 게 아닌가 하고 생각까지 했어요. 결국 우리 두 사람 사이에는 무언가 서로 통하는 것이 있는 듯 느꼈어요. 그래서 나도 왜 그런지 당신이라는 사람에게 마음이 끌렸단 말이에요. 제 말 알아들으시겠어요. 당신의 그 불편한 다리에 대해서 말이에요."

필립의 얼굴은 새빨개졌다. 그리고 본능적으로 다리를 절룩거리지 않으려고 애썼다. 그는 누구를 막론하고 자기의 불구에 대해서 이야기하는 사람은 모두 싫어했다. 파니 프라이스의 말이 무슨 뜻인가를 잘 알 수 있었다. 그녀는 못생기고 볼품이 없었다. 하여 필립이 불구라는 데서 어떤 종류의 공감이라도 느낀 것일까? 그는 와락 화가 치밀어 올랐지만 그것을 입 밖에 내는 것만은 겨우 참았다.

"당신은 내 마음을 기쁘게 해주려고 저의 지도를 부탁한 것뿐이라고 했지요? 어때요, 내 그림은? 전혀 틀려먹었다고 생각하나요?"

"당신 그림이라고 해 봤자 아미트라노에서 본 것뿐이잖아요. 그것만으로 판단하기는 무척 어려운데요."

"그래서 말이에요, 사실은 좀더 다른 작품들을 보러오셨으면 하고 생각했던 참이에요. 아직껏 다른 사람에게는 봐달라고 말한 적이 없었지만 당신에게는 보여주고 싶어요."

"고맙군요, 저도 꼭 보고 싶네요."

"우리 집은 여기서 무척 가까워요. 10분쯤이면 돼요."

그녀는 자꾸만 변명이라도 하는 것처럼 말했다.

"아, 좋아요."

두 사람은 큰길로 걸어가다가 샛길로 빠져 다시 1층이 싸구려 상점인 더 초라한 골목으로 들어가서 마침내 걸음을 멈추었다. 그녀는 계단을 몇 개씩이나 올라가서 열쇠로 자기의 방문을 열었다. 두 사람은 경사진 천장과 조그마한 창문이 있는 좁은 다락방으로 들어갔다. 창문은 닫혀 있었고 곰팡이 냄새가 풍기고 있었다. 날씨가 꽤 쌀쌀한데도 불도 피워 있지 않고 불을 피웠던 흔적 같은 것도 없었다. 침대의 잠자리도 아침에 일어난 그대로였다. 의자 한 개와 세면대 구실도 하는 선반 하나 그리고 값싼 이젤 하나가 가구의 전부였다. 어쨌든 아주 누추한 데다가 어수선하고 불결하고 난잡하기 이를 데 없는 광경이었다. 화구와 화필이 흩어져 있는 벽난로 위에는 컵 하나와 더러운 접시가 한 장 그리고 주전자가 한 개 얹혀 있었다.

"거기 서 계세요, 잘 보이도록 의자 위에 올려놓을 테니까요."

그리고 18인치와 12인치쯤의 조그만 캔버스를 스무 개나 보여 주었다. 하나씩 차례로 의자 위에 세워 놓고는 그의 얼굴을 찬찬히 살펴보았다. 필립은 한 장씩 볼 때마다 머리를 가볍게 끄덕였다.

"어때요, 마음에 드세요?"

잠시 뒤에 근심스러운 듯이 그녀가 물었다.

"먼저 한 번 쭉 보고 나서 나중에 이야기하죠."

그는 마음을 가라앉히고 있던 참이었다. 어쨌든 놀랄 수밖에 없었다. 뭐라고 해야 좋을지 도무지 알 수가 없었다. 단순히 잘못 그렸다든가 혹은 색채

감각 없는 사람이 서툰 솜씨로 색을 칠했다는 그런 정도가 아니었다. 명암이라는 것을 나타내려는 노력조차도 전혀 보이지 않았거니와 원근법도 기괴하다고밖에는 할 수가 없었다. 정말 다섯 살 난 어린애 그림 같았다. 다섯 살 어린애라면 차라리 좀더 순진성이라도 있었을 테고 적어도 눈으로 본 그대로를 그리려는 의도라도 있었을 것이다. 그런데 이 그림은 다만 통속화의 기억만을 소중하게 간직한 철저한 통속적 정신의 표현이었다.
 필립은 그녀가 늘 모네나 다른 인상파에 대하여 한결같이 정열적으로 이야기하던 것을 생각해 냈으나, 여기 있는 그림들은 왕립 미술관의 가장 나쁜 전통만을 이어받은 것들이었다.
 "자, 이것이 전부예요."
 마침내 그녀가 말했다.
 필립이라 할지라도 남 못지않게 거짓말을 할 줄 안다. 하지만 차마 뻔한 터무니없는 거짓말을 늘어놓을 수는 없었다. 그러므로 이렇게 대답했을 때는 필립은 얼굴이 온통 새빨개졌다.
 "모두 참 훌륭하군요."
 몹시 건강이 나빠 보이는 그녀의 두 볼에 희미하게 핏기가 돌고 얼굴에는 웃음기가 서렸다.
 "감탄하지 않을 거라면 칭찬하지 않아도 괜찮아요. 아시겠어요? 나는 당신의 느낌 그대로를 듣고 싶은 거예요."
 "그렇지만 나는 정말로 그렇게 생각하는걸요."
 "그런데 뭐 비평할 말은 없어요? 당신도 다른 사람처럼 좋아하지 않는 점이 있었을 게 틀림없으니까요."
 필립은 도저히 견딜 수 없다는 표정으로 다시 한 번 죽 훑어보았다. 문득 낡은 다리가 있고, 덩굴풀이 얽힌 오막살이와 나무들이 우거진 둑이 그려진, 이른바 아름다운 전형적인 아마추어 풍경화 하나가 눈에 띄었으므로 이렇게 말을 꺼내 보았다.
 "물론 나는 전문적인 것에 대해서는 아무것도 아는 바가 없지만 이 그림의 색조는 좀 뭐랄까요?"
 프라이스 양의 얼굴이 별안간 흐려졌다. 그녀는 그 그림을 집어 들자마자 재빨리 뒤집어놓았다.

"어머나, 너무해요. 당신은 하필 이 그림을 지적해서 비웃으실까요? 그것은 내 그림 가운데에서 가장 좋은 줄 알았는데요. 색조도 나름대로 훌륭하다고 생각해요. 색조란 것은 가르치려고 해도 가르칠 수 없는 거란 말이에요. 색조를 이해하는 사람은 이해하고, 이해 못하는 사람은 백 년 가야 이해 못할 거예요."

"모두가 참으로 훌륭하다고 생각해요."

필립은 다시 한 번 말했다.

그녀는 만족한 듯이 그 그림들을 바라보았다.

"그래요, 저도 제 그림이 그렇게 부끄러울 정도라고는 생각하지 않아요."

필립은 시계를 들여다보았다.

"아, 시간이 퍽 늦었군요. 나가서 점심이나 함께 할까요?"

"제 점심은 집에 준비되어 있어요."

그러나 별로 점심 준비가 되어 있는 것 같지 않았다. 그러나 아마 필립이 돌아가고 나면 관리인이 가져다주겠지 생각되었으므로 적당히 물러나오고 싶었다. 방 안 곰팡이 냄새 때문에 골치가 아팠다.

47

3월이 되자 살롱에 출품하는 일로 모두들 흥분에 빠졌다. 클러튼은 그 나름대로의 신념으로 출품작은 한 점도 준비하지 않았을 뿐 아니라, 로우슨이 내놓은 두 개의 초상화를 몹시 경멸하고 있었다. 실상 그것들은 그림 공부하는 학생의 습작티가 드러난 것으로 그저 모델의 얼굴을 그대로 꾸밈없이 옮긴 것에 지나지 않았으나 그래도 분명히 어떤 힘은 나타나 있었다.

한편 완벽만을 노리는 클러튼은 조금이라도 망설여지는 작품은 도무지 참을 수 없다는 식이어서 로우슨에게도, 자기의 아틀리에 밖으로는 내갈 수도 없는 졸작을 겁도 없이 출품하다니 창피를 몰라도 정도가 있지, 하고 입바른 말을 하며 어깨를 으쓱 추켜올리는 것이었다. 따라서 뒤에 그 두 점이 모두 입선되었을 때에도 그의 경멸에는 변함이 없었다. 플라나간도 출품은 했으나 낙선하고 말았다. 오터 부인은 '어머니의 초상'이라는 극히 평범하기는 하지만 솜씨 있게 그려진 별로 나무랄 데 없는 작품을 출품하여 퍽 좋은 장소에 걸리게 되었다.

하이델베르크에서 작별한 이래 아직 만나보지 못했던 헤이워드가 파리에 와서 며칠 동안 머무르게 되어, 때마침 로우슨의 입선을 축하하는 파티에도 참석했다. 헤이워드를 부디 한 번 만나기를 열망하던 필립은 무척 애타게 기다렸으나 막상 그를 만나 보자 의외로 실망했다. 겉모습까지도 퍽 변해 있었다. 아름다웠던 머리는 빛을 잃었고, 그 잘났던 모습도 변하기 쉬운 세상이라 색향을 잃고 어쩐지 시든 것처럼 느껴졌다. 푸른 눈은 그전보다 한결 더 파래지고 얼굴에는 어딘지 흐린 그늘까지 나타나 있었다.

그러면서도 정신연령은 조금도 변함이 없었는지 열여덟 살 때의 필립을 감동케 했던 그의 교양이란 스물한 살의 필립에게는 오히려 가벼운 경멸을 살 뿐이었다. 필립 자신은 꽤 많이 달라져서 예술이나 인생이나 문학에 관한 자신의 낡은 견해는 분명히 경멸의 눈으로 보고 있었다. 그런 만큼 옛날 그대로의 생각에 사로잡혀 있는 사람은 도무지 참을 수 없었던 것이다. 헤이워드 앞에서 특별히 자기의 그런 생각을 펼쳐 보일 마음은 전혀 없었으나, 이곳저곳의 화랑으로 안내하고 다니는 동안 사실 그 자신도 극히 최근에야 얻은 혁신적인 견해를 헤이워드 앞에 도도하게 늘어놓게 되었다. 마네의 〈올랭피아〉 앞에서 그는 연극을 하듯이 말했다.

"나는 이 그림 하나만 있으면 옛날의 대가들을 모조리 기꺼이 주어 버려도 좋아요. 다만 벨라스케스하고 렘브란트나 베르메르(17세기 네덜란드 화가)만은 예외지만."

"베르메르라니? 누군가?"

헤이워드가 물었다.

"아니, 베르메르를 모르세요? 그렇다면 이거 야단인데? 한시 바삐 알아야 겠군요, 그는 현대 화가와 같은 그림을 그린 유일한 옛 화가예요."

필립은 헤이워드와 뤽상부르 미술관에서 나와 루브르 미술관으로 서둘러 갔다.

"하지만 여기에도 볼 만한 그림이 아직 많지 않은가?"

무엇이든지 많이 보아 두고 싶은 여행자 특유의 심정으로 헤이워드가 말했다.

"아아 신통한 게 없어요. 그런 정도는 베데커(여행 안내서)라도 가지고 다니면서 나중에 혼자서 구경 오시죠."

루브르 미술관에 오자 필립은 다짜고짜 그를 대화랑으로 데려갔다.

"다빈치의 〈조콘다〉를 한 번 보고 싶은데."

헤이워드가 말했다.

"아, 그건 한낱 문학에 지나지 않아요."

마지막으로 조그마한 방에 들어가서 필립은 베르메르 반델프트 작 〈레이스 직공〉 앞에 섰다.

"자! 보세요, 이거예요, 이것이 루브르에서 가장 훌륭한 그림이죠. 요컨대 완전한 마네란 말이에요."

그는 엄지손가락을 내저으면서 이 매력 있는 작품에 대해서 유창하게 설명했다. 아틀리에에서만 통용하는 말을 매우 효과적으로 이용한 것이다.

"그러나 내게는 어쩐지 그렇게 훌륭한 그림이라고 생각되지 않는걸."

헤이워드가 말했다.

"물론 이것은 화가들의 그림이거든요. 문외한의 눈에는 그렇게 대수로운 그림으로 보이지 않으리란 것도 나는 알아요."

"무슨 눈이라고?"

"문외한의 눈 말이에요."

무릇 예술 애호가라는 사람들이 그러하듯이 헤이워드도 제법 공정하려고 무척 애쓰고 있었다. 그는 자기를 주장하지 않는 사람에게는 매우 독단적인 대신에 자기주장이 뚜렷한 상대에게는 반대로 무척 조심스럽게 대했다. 따라서 그는 필립의 분명한 확신에 맞닥뜨리자 완전히 기가 눌려 버렸다. 그래서 그림을 올바르게 판단하는 자는 화가 자신이라는 그들의 교만한 주장도 결코 부당한 것이 아니라는 필립이 미처 말하지 않은 주장까지 무조건 승인하고 만 것이었다.

2, 3일 뒤에 필립과 로우슨이 함께 마련한 파티가 열렸다. 크론쇼도 특별히 그들과 식사하기로 했고, 챌리스 양도 와서 요리를 맡아 해주겠다고 자청했다. 챌리스는 같은 여성에게는 전혀 흥미가 없는 여자였다. 그녀를 생각해서 다른 여자들을 초청하는 제안에는 그녀 자신이 반대했다. 클러튼과 플라나간, 포터, 그 밖의 두 사람, 이것이 파티에 참석한 사람 전부였다. 의자도 탁자도 아무것도 없었으므로 모델대를 테이블 대용으로 쓰고 손님들은 여행 가방 위에 앉든가 그것이 싫으면 마룻바닥에 그냥 앉았다.

메뉴는 챌리스 양이 손수 요리한 수프에다, 바로 근처에서 따끈따끈하고 먹음직하게 구워서 배달해 달라고 한 양다리고기. (감자는 챌리스 양이 미리 요리해 두었으며 아틀리에에는 그녀가 기름에 볶은 당근 냄새가 가득 풍겼다. 당근볶음은 그녀가 가장 자랑하는 요리였다) 그리고 다음에는 배구이(서양배에 브랜디를 부어서 불에 구운 것)로 이것은 크론쇼가 손수 사다가 만들었다. 마지막으로는 엄청나게 큰 브리 치즈, 이것이 창가에 놓여 있어서 향긋한 그 냄새가 방 안에 잔뜩 차려진 딴 요리에까지 형용할 수 없는 향기를 더해 주고 있었다.

크론쇼가 윗자리에 앉는답시고 트렁크 위에 걸터앉아서 터키 대관(大官)처럼 책상다리를 꼬고 그를 둘러싼 젊은이들을 벙글벙글하고 유쾌하게 바라보고 있었다. 습관이란 무서운 것이어서 조그만 아틀리에는 스토브 불로 화끈거릴 만큼 더웠는데도, 여전히 그는 외투 깃을 세우고 중산모를 쓰고 앉아 있었다. 그의 앞에 키안티(이탈리아산 포도주)주의 큰 병 네 개가 위스키 병을 가운데 두고 좌우로 두 병씩 나란히 서 있는 것을 그는 만족한 듯이 바라보고 있었다. 그것은 마치 개미허리의 호리호리한 코카시아 미인을 투실투실한 환관 네 사람이 호위하는 것 같은 모습이라고 그는 말했다.

헤이워드도 다른 사람들의 마음을 거북하게 하지 않으려는 생각인지 트위드 양복에 트리니티홀 넥타이의 가벼운 차림이었다. 그의 옷차림은 어쩐지 기괴할 만큼 영국적이었다. 사람들은 모두 그에게 특별히 세심하고 은근하게 대해 주었다. 수프를 드는 동안에도 화제는 주로 날씨에 관한 것이라든가 정치정세에 관한 것뿐이었다. 양다리고기를 기다리는 동안에 잠깐 이야기가 멈춰지고 챌리스 양이 담배를 붙여 물었다. 그러고는 갑자기 외쳤다.

"라푼젤, 라푼젤, 그대의 머리를 풀어 헤칠지어다."

우아한 손이 살짝 움직이자 리본이 풀어지고 금발이 어깨까지 늘어져 내려왔다. 그녀는 머리를 좌우로 흔들었다.

"이렇게 내려뜨리는 편이 훨씬 편하거든요."

다갈색의 커다란 눈, 야위고 금욕적인 얼굴, 창백하리만큼 흰 살결, 널찍한 이마, 마치 번 존스의 그림 속에서 빠져나온 것처럼 보였다. 길고 아름다운 손가락에는 니코틴이 짙게 배어 있었다. 연한 보랏빛과 초록빛의 늘씬하게 늘어진 긴 옷을 입고 있었다. 어딘가 모르게 켄싱튼의 하이 스트리트(번 존스가 살았으며 지금은 상점가로 유명)를 떠올리게 하는 낭만적인 풍정이 감돌고 있었다. 방자한 탐미주의자이기는 했지만 밑바탕은 어디까지나 친절하고 성품이 좋은 그런 여자로 허식을 부리는 것은 겉모습에 불과했다. 바로 이때 노크 소리가 들리고 뜻밖에 모든 사람들이 한꺼번에 환성을 올렸다. 챌리스 양도 얼른 자리에서 일어나 문 쪽으로 걸어가서 문을 열었다. 그리고 양다리를 받아들자, 마치 은쟁반에 얹어 놓은 세례 요한의 머리를 받드는 것처럼 높이 쳐들어 보였다. 그러고는 담배를 입에 문 채 마치 성직자 같은 발걸음으로 근엄하게 다가왔다.

"여어, 헤로디아의 딸이여!"

크론쇼가 힘껏 소리 높이 외쳤다.

양고기는 삽시간에 거뜬히 먹어치웠다. 이토록 안색이 좋지 못한 여자가 이렇게 왕성한 식욕의 소유자라는 것은 보기만 해도 즐거운 일이었다. 클러튼과 포터가 그녀를 가운데 끼고 양편에 앉아 있었는데, 서로가 수줍음을 타서 곤란할 상대가 아니라는 것만은 누구나 다 잘 알고 있었다. 그녀는 대개의 남성들에게 여섯 주쯤 되면 싫증을 느끼는 그런 여자였다. 다만 그 뒤에도 자기 발밑에 꿇어앉아 젊은 마음을 바쳤던 사나이는 어떻게 다루어야 하는가를 잘 알아서, 사랑이 식고, 이미 사랑을 느끼지 않는 그런 남자에게도 결코 악의를 품지 않았다. 매우 정답지는 않았지만 여전히 친하게 교제하고 있었다. 때때로 그녀는 우울한 눈길로 로우슨을 바라보았다. 배구이 요리는 대성공이었다. 첫째로 브랜디 덕분이기도 했지만 한편으로는 챌리스 양이 치즈와 함께 먹으라고 자꾸 권했기 때문이었다.

"전 도무지 잘 모르겠네요. 정말 맛이 있는지, 아니면 속이 느끼해서 구역질이 날 지경인지 분간이 잘 안 되는군요."

이상야릇한 음식을 배불리 먹고 난 뒤에 그녀가 말했다.

그러자 곧이어 커피와 코냑이 나왔으므로 요행히 버릇없는 돌발사는 일어나지 않았고, 모두 즐거운 기분으로 담배를 피우기 시작했다. 무엇이든지 이른바 예술적인 것이 아니면 할 수 없다는 챌리스 양은 크론쇼와 나란히 앉아서는 제법 우아한 포즈를 취하고 그 멋진 머리를 가볍게 그의 어깨 위에 얹어 놓았다. 꿈꾸는 듯한 눈동자로 시간이란 어두운 심연을 물끄러미 지켜보는 것 같은 모습이었다. 그리고 이따금 생각난 것처럼 깊은 생각에 잠긴 듯한 눈으로 오래도록 로우슨을 바라보고는 깊은 한숨을 짓는 것이었다.

여름철이 다가오자 젊은이들의 마음이 들뜨기 시작했다. 높고 푸른 하늘이 바다로 떠나라고 유혹을 소곤거렸고 플라타너스 잎사귀 그늘을 스치는 산들바람은 그들의 마음을 전원으로 이끌어갔다. 모두 파리를 떠날 계획들을 세웠다. 가지고 갈 캔버스의 크기를 의논하기도 하고 스케치용 화판을 듬뿍 준비하기도 했다. 브르타뉴 지방의 여러 지명을 들고 그 장단점을 토론하기도 했다. 플라나간과 포터는 콩카르노에 가 버렸다.

오터 부인 모녀는 단순 명쾌한 것을 좋아하는 본능에서, 퐁타방으로 갔다. 필립과 로우슨은 퐁텐블로 숲에 가기로 했다. 다행히도 챌리스 양이 모레에 대단히 좋은 호텔을 알고 있다고 했다. 거기라면 그림 그릴 소재는 얼마든지 있다는 것이었고 파리에서도 가까웠다. 필립이나 로우슨으로서는 차비까지도 신경 쓸 수밖에 없는 처지였다. 챌리스 양도 가까운 시일 안에 그리로 오겠다고 했다. 그래서 로우슨은 이왕이면 밖에서 그녀의 초상화를 그려 보고 싶다고 생각하고 있었다.

그 무렵 살롱에는 햇볕이 쏟아지는 정원에서 눈을 깜박거리며, 햇빛을 담뿍 받은 푸른 잎사귀가 얼굴에 반사된 그러한 초상화가 무척 많이 걸려 있었다. 클러튼에게도 같이 가자고 권해 보았으나 그는 여름 한 철은 혼자 지낸다는 것이었다. 그는 마침 세잔을 발견한 때였으므로 자꾸만 프로방스에 가고 싶어 했다. 무더운 하늘의 남빛이 마치 당장 땀방울이 되어 떨어질 듯이 깊은 하늘, 뽀얗게 먼지 덮인 넓은 길, 타는 듯한 햇볕으로 퇴색해 버린 푸르스름한 지붕, 너무 더워서 잿빛으로 보이는 올리브나무 숲, 이런 것들을 그는 보고 싶은 것이었다.

두 사람이 드디어 떠나려는 전날 아침 수업이 끝나자 필립은 도구를 챙기면서 파니 프라이스에게 즐거운 듯 말했다.

"우린 내일 떠나기로 했어요."

"떠나다니? 어디로요?"

재빠르게 그녀가 되물었다.

"당신은 아무 데도 안 가는 게 아니에요?"

어느새 그녀의 표정은 흐려져 있었다.

"여름 동안은 떠나기로 했어요. 당신은?"

"전 파리에 남아 있을 거예요. 당신도 남아 있을 줄 알았는데요. 전 또 재미있는 것을 기대하고 있었는데……."

그녀는 잠깐 말을 끊더니 어깨를 흠칫 추슬러 보였다.

"하지만 파리는 더워서 못 견딜 거예요. 당신의 건강에도 안 좋을 테고요."

"저의 건강에 나쁘다니 제법 친절한 체하시네요. 어쨌든 어디로 가는 거죠, 당신은?"

"모레로요."

"챌리스도 갈 작정이라던데요. 설마 함께 가는 건 아니겠죠?"

"로우슨과 함께 가는 거예요. 챌리스도 간다고 하더군요. 그러나 우리가 같이 가기로 한 것은 아니에요."

그녀가 나직한 신음을 냈다. 커다란 얼굴이 점점 시뻘게졌다.

"어쩌면, 추잡해요! 당신만은 그런 사람이 아닌 줄 알았어요. 정말 당신 한 사람만은. 그 여자는 말이에요, 클러튼하고도 포터, 플라나간하고도 아니 저 늙은 프와네하고도 관계했단 말이에요. 그러니까 그 선생이 그 여자의 뒤를 봐 주는 게 아니냔 말이에요. 그런 여자가 이번엔 당신과 두 사람까지, 어유, 구역질이 날 것 같아요."

"무슨 그런 쓸데없는 말을! 그 여잔 그래도 좋은 사람이잖아요? 모두와 마치 남자친구처럼 교제하고 있어요."

"아아, 그만두세요. 듣고 싶지 않아요."

"한데 당신과 무슨 상관이죠? 내가 어디서 여름을 지내든 조금도 당신이 상관할 바 아니에요."

"그래도 전 무척 기대했다고요."

그녀는 숨을 삼키고 혼잣말처럼 중얼거렸다.

"당신에게 그렇게 떠날 만큼 돈이 있는 줄은 까맣게 몰랐군요. 모두 없어지게 될 테니까, 그림과 그 밖에 여러 가지 구경도 함께 할 수 있을 거라고 잔뜩 기대했었는데."

그러나 또다시 루드 챌리스의 일이 생각나자 그녀는 버럭 고함을 질렀다.

"더러운 화냥년! 입에 올리기도 더러워!"

그는 실망한 마음으로 그 여자를 바라보았다. 젊은 여자와의 연애 따위는 생각한 적도 없었다. 언제나 불구라는 데 너무나 마음을 썼으므로 여자 앞에 나서기만 하면 어색해지고 실수를 저지르기 일쑤였다. 그러나 그렇다 하더라도 지금 눈앞에 있는 이 여자가 흥분하는 모습은 아무리 보아도 사랑이라고밖에는 볼 수가 없었다. 눈앞에는 갈아입을 줄 모르는 갈색 옷에다 얼굴 위에까지 머리를 늘어뜨린 초췌하고 너절하기 그지없는 파니 프라이스가 서 있다. 게다가 그녀의 뺨에는 분노의 눈물이 방울방울 흘러내리고 있다. 그녀는 화가 나서 잔뜩 부은 채였다. 필립은 흘긋 문쪽을 쳐다보았다. 누구라도 들어와서 적당히 이 자리를 얼버무려 주지는 않을까 본능적으로 기대했던 것이다.

"이거 정말 미안하군요."

그는 말했다.

"이제 보니 결국 당신도 다른 사람들과 마찬가지군요. 받을 것은 모조리 받아들이고, 고맙다는 인사 한마디 없으니까 말이에요. 당신이 아는 건 모두 내가 가르쳐 준 것 아니겠어요? 나 말고 당신을 돌봐 주려고 한 사람이 또 있었나요? 이를테면 프와네만 해도 그렇죠. 그 선생이 어디 한 번이라도 당신을 거들떠보기나 했어요? 그리고 이 말만은 해둬야겠는데요. 당신은 여기서 천년만년 공부해 보았자 틀렸어요. 당신에겐 재능이란 것이 없으니까. 창의성이란 게 전혀 없단 말이에요. 저뿐이 아니에요. 모두 다 그렇게 말하던 걸요. 아무리 오래 살아 봤댔자 화가 되기는 틀렸다고요."

"하지만 그것도 당신이 알 바 아니죠, 그렇죠?"

필립도 시뻘게져서 말했다.

"어머나, 당신은 내가 화나서 그런 소리를 하는 줄 아나 보죠? 클러튼이든 로우슨이든 챌리스든 누구라도 닥치는 대로 물어보니까요. 틀렸어요. 틀렸다니까요. 전혀 재능이란 게 없는걸요."

필립은 어깨를 한 번 으쓱해 보이고 밖으로 나가 버렸다. 그 등 뒤에서 여전히 그녀의 목소리가 들려왔다.

"안 돼요, 틀렸어요, 틀렸다니까요."

그 무렵의 모레는, 퐁텐블로의 숲 변두리에 있는 길이 하나뿐인 옛 도시였다. 그리고 '에퀴 도르'는 아직도 왕조 시대의 낡아 빠진 모습으로 남아 있는 호텔이었고 굽이쳐 흐르는 로앙 강변에 자리 잡고 있었다. 챌리스 양은 그 강을 내려다보고 마침 그 오래된 다리나, 다리 위문(衛門)의 아름다운 경치 등을 바라보기에 좋은 조그마한 테라스가 달린 방 하나를 빌려서 살고 있었다. 그들은 저녁식사가 끝나면 이 방에 모여서 커피를 마시기도 하고, 담배를 피우기도 하고, 예술 이야기도 하면서 밤을 지새웠다.

조금 떨어진 곳에 좁은 운하가 한줄기 강으로 흘러들고 있었고, 그 운하의 양쪽으로 미루나무 가로수가 쭉 늘어서 있었다. 하루의 일이 끝나면, 그들은 곧잘 이 둑을 거닐었다. 낮에는 종일토록 그림을 그렸다. 그들이 속한 세대의 청년들 대부분과 마찬가지로 그들 역시 그림과 같은 아름다움이라는 것을 병적일 만큼 두려워해서, 누구나 알 수 있는 이 도시의 아름다움에는 더욱이 등을 돌리고 그네들이 경멸하던 아름답지 않은 것만을 주제로 골랐다. 시슬레도 모네도 이 미루나무 가로수가 있는 운하의 풍경을 그렸다. 무엇보다도 전형적인 이 프랑스풍의 풍경은 확실히 그들도 그려 보고 싶었으나 이른바 그 틀에 박힌 아름다움이 두려워 애써 피하는 것이었다.

여자 그림이라면 무조건 경멸하는 로우슨까지도 경탄할 만한 재능이 챌리스에게 있었지만, 그녀는 새로 시작한 풍경화에선 특히 나무들의 꼭대기를 깡그리 잘라버림으로써 상투적인 그림에서 벗어나려고 했다. 로우슨도 앞쪽에 크고 푸른 므니에 초콜릿 광고를 배치함으로써 그 초콜릿 상자에 대한 혐오감을 강조하려는 매우 독특한 구상을 하고 있었다.

필립도 겨우 유화를 그리기 시작했다. 처음으로 유화재료를 썼을 때 그의 마음은 기쁨에 떨렸다. 아침에 로우슨과 함께 조그마한 물감통을 옆에 끼고 호텔을 나와서, 그와 나란히 앉아 스케치판에 그림을 그렸다. 몹시 흡족한 것까지는 좋았으나 자신이 그리는 그림이 한낱 단순한 모사에 지나지 않는다는 사실을 알지는 못했다. 결국 로우슨의 영향이 너무나도 강해서 로우슨의 눈을 통해서만 사물을 보는 꼴이었다. 로우슨은 매우 어두운 색조로 그림을 그렸다. 에메랄드빛 풀은 두 사람의 눈에는 마치 거무칙칙한 비로드처럼 보였고, 밝은 하늘은 그들의 붓을 통해 음울한 군청색이 되었다.

7월 한 달 내내 좋은 날씨가 이어졌다. 더위도 무척 심했다. 필립의 심장은 심한 더위에 지쳐서 맥이 풀려 버렸다. 일은 도무지 손에 잡히지 않았고 마음은 하늘의 구름처럼 솟고 싶은 생각으로 가득 찼다. 아침나절은 곧잘 운하변의 미루나무 그늘에서 보내곤 했는데 대여섯 줄쯤 책을 읽은 다음엔 반시간쯤 몽상에 잠기는 형편이었다. 때로는 덜커덕거리는 고물 자전거를 빌려다가 숲으로 가는 먼짓길을 달려 보기도 했다. 머릿속은 낭만적인 몽상으로 가득했다.

와토의 그림에서 금방 튀어나온 듯한 화려한 미인들이 저마다 잘생긴 미남들에게 즐겁게 보호를 받으면서 빈틈없이 들어선 커다란 수목 사이를 거닐고 있었다. 저마다 끝없이 즐거운 얘기들을 소곤거리면서 걸어왔는데 그러면서도 모두들 무언가 막연한 불안감에 싸인 것같이 보이기도 했다.

호텔에는 그들 말고 뚱뚱한 중년의 프랑스 여인이 묵고 있을 뿐이었다. 걸걸하고 난잡한 웃음소리를 내는 여인으로 이른바 하블레의 작품에 나오는 여자 같았다. 낮에는 강가에서 좀처럼 물리지도 않는 고기를 잡는다고 끈기 있게 낚싯줄을 드리우고 있었다. 필립은 그녀에게로 가서 이야기를 나누곤 했는데, 그러는 사이에 그녀가 그 시절엔 와렌 부인(사창가의 포주로 이런 여인을 주인공으로 한 버나드 쇼의 희곡《와렌 부인의 직업》이 그 당시 유명했음)을 통해 별안간 유명해진 바로 그런 종류의 직업에 종사하던 여인임을 이내 짐작할 수 있었다. 지금은 꽤 많은 재산을 모아서 이렇게 조용한 부르주아적 생활을 하고 있는 것이었다. 그녀는 가끔 필립에게 지독한 이야기를 해 주었다.

"뭐니뭐니해도 세비야에 가 보아야 해요."

약간 엉터리 영어로 그녀는 이야기했다.

"세계에서 제일 예쁜 여인들은 그곳에 가야만 있을 테니까."

말을 하면서도 계속 난잡한 눈짓을 하고는 혼자서 고개를 끄덕거리곤 했다. 군턱이 져서 턱이 셋이나 되고 불룩하고 커다란 배가 소리도 없이 웃음을 따라 흔들거렸다.

더위가 더욱 기승을 부려 밤에는 거의 잠도 제대로 이룰 수 없었다. 더위는 마치 어떤 물체이거나 한 것처럼 나무 그늘을 어슬렁거리며 떠나지 않았다. 그들은 별이 총총한 밤하늘 밑을 떠나기가 싫었다. 시간이 흐르는 것도 모르고 언제까지나 챌리스 양의 방 테라스에 묵묵히 바위처럼 앉아 있었다. 이제는 지껄이기에도 지쳐버려 다만 얼근히 취한 듯 적막 속에 잠겨 있는 것이었다. 꼼짝도 하지 않고 강물 소리에 귀를 기울였다.

교회의 종소리가 1시를 알리고, 2시를 알리고 때론 3시를 알릴 때야 비로소 침실로 갔다. 별안간 필립은 로우슨과 챌리스가 사랑하는 사이라는 것을 알게 되었다. 그녀가 그를 보는 눈길 또 그가 그녀를 대하는 태도에서 알아챘고, 실제로 그들과 함께 있노라면 공기 그 자체까지도 묘하게 숨 막힐 듯 그들을 둘러싸고, 전기 같은 것까지도 흘러나오는 듯이 느껴졌다. 충격이라고 해도 될 만한 사실이었다. 필립은 챌리스 양을 퍽 좋은 사람이라 생각했었고, 그녀와 함께 이야기하는 것은 좋아했지만, 그 이상 깊은 관계로 진행된다는 생각은 꿈에도 하지 않았다.

어느 일요일 세 사람은 차를 준비해 숲으로 갔다. 마침 알맞게 우거진 빈터에 오자 챌리스 양은 목가적인 취미에서였는지 갑자기 구두도 양말도 모두 벗어 버리겠다고 말했다. 과연 재미있는 착상임에는 틀림없었지만 꼴사납게도 그녀의 발은 약간 큰 듯했고 더욱이 두 발의 셋째 발가락에는 커다란 못까지 박혀 있었다. 필립은 어쩐지 우스꽝스럽게 여겨졌다.

그러나 그녀의 인상은 완전히 달라졌다. 그 큰 눈, 올리브빛 살결은 무척 부드러운 데다 여자다운 광채를 띠었다. 지금까지 그녀가 이렇게 매혹적인 여인이었다는 사실을 몰랐다니 자신도 꽤 멍청하다고 생각되었다. 더욱이 눈앞에 이렇게 좋은 여자가 있다는 사실을 깨닫지 못했던 자신에게 그녀가 가벼운 경멸까지 느끼는 듯했고, 또 로우슨은 로우슨대로 제법 우월감 따위를 과시하는 것만 같았다. 그는 로우슨이 부러웠고, 그가 아니라 그의 연애에 질투마저 느꼈다. 자기도 로우슨과 같은 처지가 되어 로우슨과 같은 기분이 될 수 있다면 얼마나 행복할까 생각했다. 이대로 유쾌하지도 않고 즐겁지도 않게 지나 버리면 여자가 모조리 자기를 그냥 스쳐가 버리는 것은 아닌가 하는 불안감에 사로잡혔다. 몸도 마음도 격정의 포로가 되어 보고 싶었다. 억센 물결에 발이 휩쓸려서 어디인지도 모르고 다만 흘러가는 몸이 되어 보고 싶었다. 비로소 챌리스 양과 로우슨이 자기와는 좀 다른 사람처럼 생각되어서 그들과 함께 있으면 언제나 마음이 불안해지고 흔들렸다. 그는 자기 자신이 더할 수 없이 한심하게 느껴졌다. 인생은 결코 자기가 원하는 것을 줄 성싶지 않았고, 자신은 무언가 헛되이 인생을 낭비하고 있는 듯한 불안감에 휩싸이기도 했다.

그 뚱뚱한 프랑스 여자는 이내 두 사람의 관계를 알아차리고 아주 솔직하고 노골적으로 필립에게 이야기해 주었다.

"그래 도대체 당신에겐 좋은 여자가 없나요?"

사내의 정욕으로 살찌운 여자답게 그녀는 너그러운 웃음을 띠면서 말했다.

"아직 없습니다."

필립은 얼굴이 빨개지면서 대답했다.

"그렇다면 왜 만나지 않죠? 당신 나이면 충분하지 않아요?"

그는 어깨를 으쓱하고는, 베를렌의 시집을 끼고 밖으로 나갔다.

흥분했으므로 읽으려 해도 도무지 읽을 수가 없었다. 그는 플라나간에게 배워서 어쩌다 한 번씩 드나들었던 매춘부와의 일들을 생각해 보았다. 남몰래 찾아가던 막다른 골목 안의 집, 위트레흐트(네덜란드 남서부의 도시) 벨벳 천을 두른 응접실, 짙은 화장을 한 직업적인 매춘부의 교태, 생각만 해도 소름이 끼쳤다. 그는 풀밭에 드러누워 마치 잠에서 깨어난 사나운 맹수처럼 마음껏 팔다리를 쭉 뻗쳤다. 잔물결 치는 강물이며, 미풍에 흔들리는 미루나무, 높디높은 푸른 하늘, 이 모든 것이 못 견디게 그의 마음을 뒤흔들었다. 그는 지금 정말로 사랑을 하고 있는 것이다. 따뜻한 입술의 감촉이 그의 입술에 닿고 부드러운 손길이 살그머니 목덜미 주위에서 움직이는 것을 마치 꿈결같이 느꼈다. 그는 챌리스 양에게 안겨 있는 자신의 모습을 떠올렸다. 그녀의 검은 눈을, 그리고 그 고운 살결을 생각해 보았다. 이토록 아름다운 사랑의 모험을 함부로 놓쳐 버렸다고 생각하자 울고 싶은 심정이었다. 로우슨이 한 일이라면 어째서 자기는 해서는 안 되겠는가? 그러나 그러한 감정도 결국은 그녀가 눈앞에 없을 때, 이를테면 한밤중 말똥말똥 눈이 맑아져서 잠을 못 이룰 때라든가 운하가에서 하는 일 없이 꿈을 뒤쫓는다든가 그러한 때뿐이었다. 일단 그녀와 마주 앉게 되면 그러한 마음은 흔적도 없이 사라지고 말았다. 그녀를 껴안아 보고 싶다거나 하는 마음도 생기지 않거니와 그녀에게 키스를 하는 장면 같은 건 떠올릴 수조차 없는 무감각한 심정이 되곤 했다. 참으로 이상야릇한 노릇이었다. 떨어져 있으면 아름답게 생각되고, 다만 크고 서글서글한 눈, 하얗게 떠오르는 흰 크림빛 얼굴만이 눈앞에 떠올랐으나, 막상 만나 보면 판판한 가슴이며 살짝 벌레 먹은 이 따위만이 눈에 띄는 것이었다. 발가락의 못도 잊히지 않았다. 자신도 알 수 없는 신기한 일이었다. 도대체 자기라는 사람은 언제나 상대가 없을 때만 연애하고, 괜찮은 기회가 닥쳐오면 그렇잖아도 미운 점을 더 밉게 느끼는 그런 기형적인 사물 관찰법 때문에 결코 즐길 수 없는 인간은 아닐까!

이윽고 날씨의 변화가 긴 여름이 끝난 것을 뚜렷하게 알렸으므로 모두가 다시 파리로 돌아왔으나 그는 그다지 서운하지 않았다.

48

 필립이 아미트라노에 다시 나가 보니, 파니 프라이스는 이미 거기에 없었다. 자기 로커의 열쇠도 도로 반환해 버렸다고 했다. 오터 부인에게 어떻게 됐는지 아느냐 물었더니 그녀는 다만 어깨를 움츠릴 뿐 아마 영국으로 건너가 버렸을 것이라고 애매하게 대답했다. 필립은 적이 마음이 놓였다. 그녀의 괴팍한 성미 때문에 무던히도 괴롭힘을 당했던 것이다. 더구나 그녀는 그의 그림에 대해서 충고하는 것이라고 우길 뿐만 아니라, 자기의 가르침대로 따르지 않으면 모욕했다며 노발대발하지 않았는가. 그도 언제까지나 처음처럼 재주가 없지는 않다고 생각하는 걸 그녀는 도무지 이해하려 들지 않았다. 그는 얼마 되지 않아서 그녀에 대한 것을 잊어버리고 말았다. 지금은 유화공부에 재미를 붙여서 온 정신을 거기에 쏟았다. 내년에는 살롱에 출품할 만한 착실한 작품도 그리고 싶다고 생각했다.
 로우슨은 챌리스 양의 초상화를 그리고 있었다. 무척이나 그리기 좋은 여자이므로 지금까지 그녀의 매력에 희생이 되어 온 많은 청년은 모두 그녀의 초상화를 남겼다. 타고난 게으른 성품과 그림 같은 포즈를 취하는 것을 매우 좋아하는 성미여서, 모델로서는 거의 흠잡을 데 없이 알맞은 여자였다. 더군다나 때로는 유익한 비평을 할 수 있을 만한 예술적 지식도 갖추고 있었다. 예술에 대한 그녀의 정열은 오로지 예술가의 생활을 하고 싶다는 데 쏠렸으므로 자신의 작품생활을 어느 정도 소홀히 하는 것쯤엔 태연했다. 아틀리에 안의 훈훈한 온기, 함부로 마냥 담배를 피울 수 있는 기회, 이런 것들이 그녀는 너무나 좋았던 것이다. 그리고 나직하면서도 즐거운 목소리로 예술을 향한 사랑을 이야기하고 또 사랑의 예술을 이야기했다. 그녀에게는 이 두 가지 사랑이 그다지 뚜렷이 구별되진 않았던 것이다.
 로우슨은 며칠씩이나 계속해서, 나중엔 제대로 서지도 못할 만큼 정력을 쏟아가며 그림을 그리더니, 무슨 생각에선지 별안간 캔버스를 뭉개 버리고 말았다. 모델이 루드 챌리스가 아닌 다른 사람이었다면 아마 기진맥진해 버렸을 것이다. 마침내 그는 어떻게도 할 수 없는 난처한 상황에 이르고 만 것이었다. 그가 말했다.
 "이렇게 되면, 새 캔버스에 다시 시작하는 수밖엔 없어. 내가 그리려는 것이 무엇인가를 잘 알았어. 이젠 시간이 많이 걸리지는 않을 거야."

마침 필립도 그 자리에 같이 있었는데, 챌리스 양이 그에게 말을 걸어왔다.
"당신은 왜 안 그리세요? 로우슨 씨의 그림을 보세요, 도움이 많이 될 거예요."

연인들을 부를 때 으레 성을 부르는 것이 바로 챌리스 양의 매력이었다.
"로우슨만 괜찮다면 저도 한 번 멋있게 그려 보고 싶은데요."
"괜찮아, 내 걱정은 말아."

그가 초상화를 그려보는 것은 이번이 처음이었다. 그런 만큼 속으로 은근히 걱정스럽기도 했지만, 한편 얼마쯤은 긍지에 차 그리기 시작했다. 로우슨 옆에 자리를 잡고서 그가 그리는 것을 보아가면서 그려 나갔다. 로우슨이 보여 주는 그림도 꽤 도움이 되었지만, 그와 챌리스 양의 충분한 충고도 큰 힘이 되었다. 로우슨은 겨우 그림을 완성하자, 클러튼을 초청해서 비평을 부탁했다. 클러튼은 막 파리에 돌아온 참이었다. 마드리드에 있는 벨라스케스가 보고 싶어 프로방스에서 에스파냐로 건너갔었고, 거기서 또 톨레도까지 갔었다. 톨레도에 석 달 정도 머물면서 젊은 친구들에게는 처음 듣는 이름을 알아 가지고 돌아왔다. 바로 엘 그레코란 이름의 화가로, 그 그림은 톨레도에서가 아니면 볼 수 없는 것 같았으나 그는 그에 대하여 여러 가지 유익한 이야기를 동료들에게 들려주었다.

"아아, 그 화가라면 나도 이미 알아. 말하자면 오래된 화가지. 취할 점을 말한다면 근대인 못지않게 졸렬한 그림을 그렸다는 것일걸."

로우슨이 말했다.

클러튼은 입을 굳게 다물고 대꾸하려 들지 않았다. 그러나 입 언저리에 사뭇 빈정대는 표정을 띠면서 잠자코 로우슨의 얼굴을 보고 있었다.

"에스파냐에서 가져온 작품을 보여 주시겠어요?"

필립이 청했다.

"에스파냐에선 한 장도 제대로 그리지 못했지. 눈코 뜰 새 없이 바빴거든."

"그럼 무얼 하고 지냈죠?"

"여러 가지를 생각해 봤지. 나는 이제 인상파하고는 작별을 해야겠어. 앞으로 5, 6년만 지나 보라고, 빈약하고 피상적이어서 보잘것없는 작품이 되고 말 거야. 지금까지 배워온 것은 깨끗이 청산해 버리고, 처음부터 다시 시작해 볼까 해. 돌아오자마자 여태까지의 작품을 모두 찢어버리고 말았거든. 지금 내 아틀리에엔 이젤, 물감, 그 밖에 아무것도 그리지 않은 캔버스가 대여섯 장 있을 뿐 아무것도 없어."

"그럼 앞으로 어떻게 하실 작정이에요?"

"아직 몰라, 하고 싶은 일이 이제 겨우 막연하게 생각나기 시작했을 뿐인걸."

들릴까 말까 하는 작은 소리에 온몸의 신경을 다 쏟아가며 귀를 기울이듯 띄엄띄엄 가끔 가다 한마디씩 말하는 폼이 매우 이상야릇했다. 자신도 잘 이해할 수 없었지만 어둠 속에서 나갈 곳을 찾아 헤매는 사람처럼 무엇인가 신비한 힘이 그의 속에 있는 것 같았다. 로우슨은 부탁은 했지만 그의 비평이 두려워졌다. 그래서 그가 들을 것으로 예상되는 클러튼의 비난을 경멸해 버린다는 이른바 허세를 부리는 것으로서 적당히 체면을 세우려고 했던 것이었다. 그러나 그렇게 생각은 하면서도 다른 사람은 그만두고라도, 클러튼에게 칭찬을 받는 것만큼 기쁜 일이 없다는 것쯤도 잘 알고 있었다. 클러튼은 한참 동안 말없이 초상화를 바라보고 있다가, 갑자기 눈길을 돌려서 마침 이젤에 얹혀 있던 필립의 그림을 흘끗 보더니 물었다.

"이건 또 뭐지?"

"저도 초상화를 한 장 그려 봤지요."

"흥, 여전히 원숭이 흉내로구면."

그는 혼잣말처럼 중얼거렸다. 그리고 다시금 로우슨의 캔버스 쪽을 보았다. 필립은 얼굴이 새빨개졌으나 아무 말도 하지 않았다.

"자, 어때?"

로우슨이 참다못해 물었다.

"모델 위치는 썩 잘 잡았어. 그림도 이만하면 잘됐는걸."

"색조는 이래도 괜찮을까?"

"아아, 괜찮은데."

로우슨은 기쁜 듯이 미소 지었다. 그는 마치 물에 빠진 강아지처럼 옷 속에서 덜덜 떨고 있었다.

"자네 마음에 들었다니 기쁘기 한이 없군."

"내 마음에 들다니. 천만에, 이건 참으로 형편없는 그림이라고 생각해."

순간 로우슨의 얼굴이 대뜸 어두워졌다. 그는 어이가 없다는 듯이 한참 동안 클러튼을 멍하니 바라보고 있었다. 도대체 어떤 뜻일까? 도무지 알 수가 없다. 클러튼이라는 사나이는 원래 말재주가 없어서 말을 할 때에는 무척 힘이 들어 보였다. 그의 말은 조리 없이 뒤죽박죽되기 일쑤고 자꾸 끊어졌으며 장황했다.

그러나 필립은 그의 두서없는 말 가운데서 언제나 주제가 되는 문구는 잘 알았다. 본디 독서라고는 전혀 하지 않는 클러튼이므로 여하간 그 문구도 처음에는 크론쇼로부터 들었을 것이 뻔했다. 들었을 때에는 이렇다 할 감명도 없이 다만 기억에 남았을 뿐이나 그것이 나중에야 별안간 어떤 새로운 계시처럼 생각되었을 것이다. 그의 말에 따르면, 뛰어난 화가에게는 두 가지 커다란 목적이 있다. 하나는 인간의 형태를 그리는 일이요, 또 하나는 인간의 영혼이 지향하는 바를 그리는 것이다. 그러나 인상파는 지나치게 다른 문제에 사로잡혀 있는 것 같다. 딴엔 훌륭하게 인간을 그린다. 그러나 영혼이 지향하는 바에 관해서는 18세기 영국 초상화가들과 별로 다를 바가 없고, 거의 무관심하다.

"그러면 문학이 되는 거야."

로우슨이 말참견을 했다.

"나는 마네처럼 인간을 그릴 수 있으면 되는 거야. 영혼의 지향하는 바라니 뭐 말라 죽은 이야기야?"

"하기야 자네가 마네 특유의 특징으로 그를 능가할 수만 있다면야 그것도 좋겠지. 하지만 자네로선 발밑에도 못 따라갈 것 같군그래. 이보라구, 엊그제의 음식만 먹고 영양을 섭취하길 바라나? 가보면 땅바닥은 이미 바싹 말라붙어 버렸을 터이니 한 번 물러나는 수밖에는 도리가 없는 거지. 초상화라는 것에서 아직도 내가 몰랐던 그 무엇인가를 찾아낼 수 있으리라 생각한 것도 바로 엘 그레코의 그림을 보았을 때였지."

"그렇다면, 러스킨으로 되돌아가는 꼴밖에 더 되나?"

로우슨이 외쳤다.

"당치도 않은 말이야. 이봐, 그가 주창한 것은 도덕이니 윤리니 하는 것이었어. 도덕이라니 뭐 말라빠진 거야. 낡아 빠진 윤리고 뭐고 간에 그런 설교는 문제도 되지 않아. 문제는 정열과 감정인 거야. 인간과 그 영혼의 끈질긴 지향, 이런 것들을 일류 초상화가들은 모두 그리고 있어. 렘브란트를 봐. 엘 그레코를 봐도 알 수 있지 않아. 다만 이류 화가들만이 인간만을 그릴 뿐이야. 골짜기의 은방울꽃은 향기가 없더라도 아름답겠지만 향기가 있다면 한층 더 아름답겠지. 저 그림을 보라고."

로우슨의 그림을 가리키면서 그가 말을 이었다.

"과연 잘 그려졌고 모델도 올바르게 잡았어. 그러나 상투적인 수법에 지나지 않거든. 말하자면 이가 들끓는 게으른 여자라는 것을 알아 볼 수 있도록 그려야 한다는 소리야. 정확성, 그것도 물론 중요해. 그런데 엘 그레코는 8피트나 되는 사람을 그리지. 그렇게 그려야만 나오는 그 무엇인가를 그는 표현하려는 거야."

"쳇! 엘 그레코가 다 뭐란 말야!"

로우슨이 대꾸했다.

"작품을 보고 싶어도 한 폭 얻어 볼 수 없는 그런 화가를 자꾸만 듣기 싫게 말한댔자 의미가 없는걸."

클러튼은 어깨를 움츠려 보이면서 잠자코 담배를 피우다가 이내 돌아가 버렸다. 로우슨과 필립은 서로 얼굴을 마주 쳐다보았다.

"그가 하는 말에도 일리는 있는 것 같아."

필립이 넌지시 입을 열었다.

로우슨은 시무룩하게 화난 얼굴로 자기의 그림을 들여다보고 있었다.

"관찰한 그대로를 그리지 않고서 어떻게 영혼의 지향을 나타낼 수 있단 말이야."

이 무렵 필립에게는 새로운 친구가 생겼다. 매주 월요일 아침에는 그 주의 모델을 선발하므로 많은 모델 후보자가 학교에 모여들었다. 어느 월요일, 분명히 직업적인 모델은 아닌 것 같은 청년이 뽑혔다. 필립은 그 청년의 태도를 보자 마음이 끌렸다. 모델대에 올라서자, 그는 두 발을 굳건히 딛고 우뚝 서서 주먹을 꽉 쥔 채 머리는 늠름하게 쳐들고 앞을 바라보았다. 그 자세가 그의 멋진 모습을 한층 더 돋보이게 했다. 몸 어디에서도 지방이라고는 찾아볼 수가 없었고, 근육이라는 근육은 무쇠처럼 울퉁불퉁하게 튀어나와 있었다. 보기 좋은 머리를 짧게 깎아 올리고 턱에는 짧은 수염을 기르고 크고 검은 눈 위로 눈썹이 짙었다. 같은 포즈를 조금도 피로한 기색 없이 여러 시간째 유지하고 있었다. 그의 태도에는 부끄러움과 굳은 결의의 두 감정이 뒤섞여 있었다. 격렬한 정력적인 풍모가 갑자기 필립의 낭만적인 상상력을 자극했다. 일이 끝나고 옷을 입자마자 그는 남루한 옷을 걸친 왕처럼 보였다. 그는 전혀 말이 없었다. 하루 이틀 지나자 오터 부인이 말하길 그는 에스파냐 사람이고 모델로 서기는 이번이 처음이라는 것이었다.

"아마 밥도 먹을 수 없이 꽤 곤란한 모양이죠? 하지만 그 옷을 보셨어요? 아주 단정하던데요."

필립이 말했다.

마침 그때 같은 아미트라노에 다니고 있는 미국인 포터가 필립에게 자기가 두어 달 이탈리아에 다녀올 동안 자신의 아틀리에를 쓰지 않겠느냐고 했다. 필립은 기뻐했다. 로우슨의 위압적인 충고에 적잖이 싫증을 느끼던 탓에 될 수 있으면 혼자 따로 있고 싶다고 생각하던 참이었다.

일주일이 끝나자 그는 모델에게로 가서 그림을 다 못 그렸다는 구실로, 언젠가 그의 아틀리에에 와서 모델이 되어 주지 않겠느냐고 부탁해 보았다.

"저는 직업적인 모델이 아닙니다. 그리고 다음 주엔 또 다른 일이 있어서요."

그 에스파냐 사람이 대답했다.

"그럼 어쨌든 와서 저와 함께 점심이나 들면서 이야기나 하시죠."

필립이 말했다. 상대가 그대로 망설이는 눈치를 보이자 웃으면서 덧붙였다.

"점심을 함께 먹는 것쯤이야 상관없으실 텐데요."

어깨를 으쓱하고 움츠려 보이면서 청년은 승낙했다. 그리고 두 사람은 밀크홀로 갔다. 그 에스파냐 사람은 유창했으나 알아듣기 힘든 프랑스어로 말했다. 필립은 그의 말을 이해하려고 무척 애를 썼다.

본디 그는 작가였다고 했다. 소설 공부를 하려고 파리에 왔는지 지금은 별로 밑천이 안 드는 일이라면 무엇이고 닥치는 대로 해서 끼니를 잇는 실정이었다. 에스파냐어 개인 교수도 했고, 주로 사무용 서류였지만 번역 일을 하기도 했다. 그리고 결국엔 그의 훌륭한 육체까지 팔아서 돈을 만들 수밖에 없을 만큼 쪼들리고 있었다. 모델은 수입이 나쁘지 않았다. 한 주 동안 번 돈으로 다음 두 주일은 넉넉히 생활할 수가 있다는 것이었다. 필립은 어이가 없어서 멍하니 듣고 있었는데, 그는 하루에 2프랑만 있으면 넉넉히 생활해

나갈 수 있다고 했다. 그러나 자신의 몸을 팔아서까지 돈을 벌어야 한다는 데에는 굴욕을 느껴 견딜 수가 없는 것 같았다. 그리고 모델이란 직업은 굶주린다는 구실이라도 없는 한 용납할 수 없는 타락이라고도 그는 말했다. 필립은 그의 몸 전체가 아니라 다만 얼굴만이 필요한 것이었다. 내년 미술 전시회에 내놓을 작품으로 그의 초상화를 그리고 싶다고 필립은 설명했다.

"왜 하필 나를 그리고 싶어 하는 거죠?"

에스파냐 사람은 따졌다.

필립은 그의 얼굴에 흥미를 느꼈고 틀림없이 좋은 초상화가 될 것 같기 때문이라고 대답했다.

"그렇지만 난 시간이 없습니다. 단 1분이라도 글 쓰는 시간을 빼앗기기가 아까운 겁니다."

"하지만 오후 한때만이면 됩니다. 아침엔 학교에서 그리니까요. 아무튼 법률문서를 번역하는 것보다는 내 모델이 되어 주시는 편이 훨씬 낫겠다고 생각되는데요."

옛날 라틴 구역에서는 세계 여러 나라 학생들이 사이좋게 함께 생활했었다고 한다. 그러나 그런 것은 아득한 옛날 일이고 지금은 국적이 다른 사람들은 마치 동양의 도시처럼 제각기 따로따로 살고 있었다. 줄리앙 미술 학교에서도, 보자르에서도 외국인들과 친숙하게 지내는 프랑스 학생은 본국인들로부터 냉담한 눈초리를 받게 마련이었다. 따라서 파리에 살면서도 영국인의 몸으로 파리 시민에 대해 매우 표면적인 것 이상으로 무언가를 알기란 무척 힘들었다. 사실 파리에 5년씩이나 살아왔다는 회화과 학생들 대부분도 기껏해야 가게에서 물건을 사는 데 필요한 정도의 프랑스어밖에는 하지 못했다. 런던의 사우드 켄싱튼에서 일하는 것과 조금도 다름없는 영국인 생활을 이어가고 있는 셈이었다.

남달리 낭만을 좋아하는 필립은 이 에스파냐 사람과의 만남을 환영했다. 싫다는 것을 온갖 설득력을 다 동원해서 겨우 승낙을 받아냈다.

"그렇다면 이렇게 하기로 합시다."

그 에스파냐 청년은 드디어 말했다.

"모델은 되어 드리겠지만 돈을 바라서가 아니라 내가 좋아서 자진해서 모델이 된 것으로 하지요."

필립은 돈을 받으라고 열심히 권해 봤지만 그는 끝내 들어주지 않았다. 결국은 다음 주 월요일 오후 1시에 오기로 결정지었다. 그는 필립에게 '미겔 아주리아'라고 박힌 명함 한 장을 주었다. 미겔은 날짜를 정해 놓고 모델로 오게 되었다. 그는 돈을 받는 것은 거절했지만 이따금씩 필립에게서 50프랑씩 빌려갔다. 이렇게 되고 보니 필립으로선 오히려 정식으로 주는 모델료보다도 더 비싸게 들었지만, 상대 청년에게는 타락된 돈벌이를 하는 것이 아니라는 만족감을 주었다.

필립은 그의 국적인 에스파냐가라는 개념으로 그를 멋대로 로맨스의 대표자라고 미리 단정하고는 세비야에 대해서, 그라나다에 대해서 혹은 벨라스케스와 칼데론에 대해서 줄기차게 물어보았다.

그러나 미겔로서는 조국에 대한 칭찬이 견딜 수가 없었다. 대부분의 에스파냐 사람들이 그러하듯이 그에게는 프랑스만이 지성인을 위한 나라요 파리야말로 세계의 중심지였던 것이다.

"에스파냐는 멸망했어요. 작가도 없고, 예술도 없어요. 아무것도 없단 말입니다."

그는 외쳤다.

에스파냐 민족 특유의 드높은 억양과 과장된 듯한 화술로 그는 조금씩 자신의 야심에 대해서 이야기하기 시작했다. 그는 소설을 써서 이름을 날려 보려 한다고 했다. 또 졸라의 영향을 받았으므로 앞으로 쓸 소설의 무대를 파리에 두기로 했다는 것이었다. 줄거리도 자세히 이야기해 주었다. 그것은 필립에게는 미숙하기 그지없었고 그저 유치하게 들리기만 했다. 그중에서 그 유치하기 짝이 없는 잡스러움을 두고 그는 이것이 바로 인생이라고 외쳤지만, 그것은 다만 쓸데없는 에피소드에 불과한 얘기를 한층 더 두드러지게 할 뿐이었다. 그러나 그는 이미 지난 2년 동안 거의 믿어지지 않을 정도의 빈곤을 견뎌냈고, 그를 파리로 유혹한 인생의 향락조차 거부한 채 살았다. 예술을 위한 단 한 가지 신념만으로 정신을 쏟는다면 무엇이고 안 되겠냐 하는 결심만은 대단했다. 그 노력은 참으로 영웅적이었다.

"하지만 어째서 에스파냐를 무대로 해서 쓰지 않죠? 그편이 훨씬 재미있을 테고, 또 당신은 그 생활 자체를 잘 알잖아요?"

필립이 외쳤다.

"아니오, 파리만이 소설을 쓸 가치가 있어요. 파리는 곧 인생이니까."

하루는 그가 원고 일부를 가져왔는데, 형편없는 프랑스어로 쓰인 데다가 번역하는 동안에 완전히 흥분해 버린 탓에 필립은 그 내용을 거의 알아들을 수가 없었으나 아무튼 그에게 몇 구절을 읽어 주기도 했다. 도무지 어찌할 수 없는 엉터리 작품이었다. 필립은 매우 난처해져서 그리던 그림을 물끄러미 바라보았다. 그 넓은 앞이마도 그 속은 텅 빈 셈이었다. 불타는 저 눈도 사실은 누구나 다 아는 평범하고도 낡은 것밖에는 보지 않은 눈이다.

필립은 자신의 그림에 만족하지 않았다. 모델 시간이 끝나면 언제나 자기가 애써 그린 그림을 지워 버렸다. 영혼을 나타내는 것도 중요하지만 인간 그 자체가 이토록 심한 모순덩어리라면 도대체 어떻게 되는 것일까? 그는 미겔이 좋았다. 그의 이 장대한 고투도 오로지 헛된 것인가 생각하면 고통스러웠다. 다만 재능만을 제외한다면 그는 훌륭한 작가가 될 수 있는 모든 자질을 갖춘 셈이었다.

필립은 다시 한 번 자신의 그림을 바라보았다. 그 속에 조금이라도 장래성이 있을까? 아니면 쓸데없이 인생을 낭비하고 있을 뿐일까? 어떻게 하면 그것을 알 수 있을까? 굳게 믿고 나가는 확실한 의지만으로는 어떻게도 되지 않을 것이고 또한 자신도 그것이 무의미하다는 사실을 잘 알았다. 그는 불현듯 파니 프라이스를 떠올렸다. 그녀는 자신의 능력에 대해서는 무서울 만큼 자신감이 있었고 의지력 또한 엄청났다.

"나는 나 자신이 정말로 그림에 소질이 없다는 것을 아는 날에는 깨끗이 붓을 꺾어 버리겠어요. 시시한 이류 화가가 되어 보았자 소용이 없으니까요."

필립이 말했다.

그리고 얼마 지나지 않은 어느 날 아침 그가 막 밖으로 나가려 할 때 관리인이 편지가 와 있다고 그에게 알려 주었다. 편지라면 루이자 큰어머니나 가끔 헤이워드에게서 올 뿐이었다. 그러나 이 편지의 글씨체는 분명 낯설었다. 거기에는 다음과 같은 사연이 적혀 있었다.

이 편지 받는 대로 꼭 좀 와주세요. 더 참을 수가 없어요. 당신이 꼭 와주세요. 딴 사람이 내 몸에 손을 댄다고 생각하면 견딜 수가 없으니까. 저의 소유물은 모두 당신에게 드리겠어요.

파니 프라이스

추신―지난 사흘 동안 아무것도 먹지 않았어요.

필립은 갑자기 불안으로 가슴이 꽉 찼다. 그 길로 곧장 서둘러서 그녀의 집으로 달려갔다. 파리에 남아 있었다는 것마저도 너무나 뜻밖이었다. 벌써 몇 달이나 서로 만나지 못했고, 아득한 옛날에 영국으로 돌아가 버린 줄로만 알고 있었다. 그녀의 집에 닿자마자 우선 관리인에게 그녀가 집에 있느냐고 물어보았다.

"아마 방에 있을 테지요. 요 며칠 동안 전혀 밖에 나가는 것을 못 봤으니까요."

필립은 재빨리 계단을 뛰어올라가서 문을 두드렸다. 그러나 안에선 아무 소리도 없었다. 큰 소리로 이름을 불러 보았다. 문은 잠겨 있었고 들여다보니 열쇠 구멍에 열쇠가 꽂힌 채였다.

"오오, 혹시 쓸데없는 일을 저지른 것은 아닐까?"

그는 자기도 모르게 큰 소리로 외쳤다.

그는 다시 아래층으로 뛰어 내려가서 관리인에게 그녀가 틀림없이 방에 있다는 것을 알리고, 편지를 받아 보았는데 아무래도 걱정스럽다고 말했다. 닫힌 문을 부수고 들어가 보면 어떻겠느냐고 물어보기까지 했다. 처음에는 기분이 언짢아서 들은 체 만 체하던 관리인도 이 말을 듣고는 몹시 놀랐다. 그렇다고 자기 혼자서 주거침입의 책임을 질 수는 없으니까 경관을 부르러 가자고 했다. 두 사람은 함께 경찰서에 갔다가, 자물쇠 직공 한 사람을 데리고 돌아왔다. 알고 보니 프라이스 양은 석 달 치 방세도 아직 내지 않았으며, 이 건물의 오랜 전통으로서 새해에 관리인에게 조그마한 선물을 주는 것도 그녀에게선 감감무소식이라는 것이었다. 네 사람이 함께 계단을 올라가서 다시 한 번 노크해 보았다. 여전히 아무런 반응이 없었다.

열쇠 직공이 자물쇠를 열자 겨우 모두 안으로 들어갈 수 있었다. 순간 필립은 으악 비명을 지르고 본능적으로 두 손으로 눈을 가렸다. 불행한 그 여인은 목을 매달고 축 늘어져 있었다. 이 방의 전 주인이 침대 커튼을 달려고 박아놓은 천장의 못에 끈을 매달고 일부러 조그마한 자기의 침대를 치워놓고는 의자 위에 서서 목을 맨 모양이었다. 의자는 마룻바닥에 뒹굴고 있었다. 넷이서 끈을 끊고 시체를 내려놓았다. 몸은 이미 싸늘하게 식어 있었다.

49

필립이 여러 곳에서 얻어들은 이야기는 소름끼치는 것들이었다. 여학생들이 입을 모아 하는 말이, 파니 프라이스는 그들과 함께 어울려서 식당에서 식사하는 법이 없었다는 것이다. 그것도 이유가 분명했다. 심한 궁핍에 시달리고 있었기 때문이다. 필립은 그가 처음 파리에 왔을 때 점심을 먹던 일, 그래서 그때 아귀처럼 먹던 그녀의 식욕에 견딜 수 없는 불쾌감을 느꼈던 일들을 떠올렸다. 지금 생각하면 그녀는 너무나 배가 고파 그렇게 먹었을 것이다. 그녀가 무엇을 먹었는지는 관리인이 이야기해 주었다.

그녀는 날마다 우유 한 병씩을 자기 몫으로 들여 놓고는, 빵 한 덩어리를 사와서, 점심때 학교에서 돌아오면 빵 반 조각과 우유 한 병을 먹고 나머지로는 저녁 끼니를 때웠다는 것이다. 거의 하루도 빼놓지 않고 말이다. 얼마나 괴로웠겠는가? 필립은 가슴이 아팠다. 그 누구에게도 자기의 빈곤을 드러낸 적이 없었으나 사실은 돈이 점점 없어져서 끝내는 아틀리에에도 나오지 못하고 말았던 것이 분명했다.

조그마한 방 안에 가구라고 할 만한 것은 거의 눈에 띄지 않았고 옷도 언제나 입고 다니던 갈색 양복밖에는 없었다. 알려야 할 친구의 주소라도 없을까 하고 짐을 뒤지다가 뜻밖에도 필립의 이름을 스무 번쯤 나란히 써 놓은 종이 한 장을 발견했다. 무어라고 나타낼 수 없는 야릇한 심정이었다. 그렇다면 역시 자기를 사랑한 것이 사실이란 말인가? 그는 새삼스럽게 천장의 못에 매달렸던 그 갈색 옷을 입은 빼빼 마른 그녀의 모습을 생각해 내고 온몸에 소름이 쭉 끼치는 것을 느꼈다. 정말 자기를 사랑했다면 어째서 자기가 도와주겠다고 생각했을 때 그녀는 거절했단 말인가? 힘이 닿는 데까지 기꺼이 도와주었을 텐데. 그녀로서는 특별한 감정으로 그를 바라보고 있었는데, 여지없이 그것을 짓밟듯 무시해 왔다고 생각하자 그의 가슴은 쑤시는 것 같았다. 그리고 '딴 사람이 내 몸에 손을 댄다고 생각하면 견딜 수가 없어요' 했던 편지 문구가 귓전에 울려오는 듯해서 한없이 불쌍했다. 문자 그대로 그녀는 굶어 죽은 것이었다.

필립은 끝내 '오빠 앨버트로부터'라고 쓰인 편지 한 장을 찾아낼 수 있었다. 서비튼 지방의 어느 여행지에서 보낸 불과 2, 3주일 전의 편지였는데, 내용은 5파운드를 빌려 달라는 사연에 대한 거절의 편지였다. 오빠라는 사람에게는 처자가 딸려 있는 모양이었고 돈을 빌려 줄 이유가 없다는 것이었다. 그보다는 차라리 런던으로 돌아와서 일자리라도 구하는 편이 어떻겠느냐는 권고의 글이었다. 필립은 즉시 이 앨버트 프라이스라는 사람에게 전보를 쳤더니, 이내 회답이 왔다.

'애도의 마음 금할 수 없음. 떠나기 어려운 사정인데 꼭 가야겠는지. 프라이스.'

필립은 간단하게 그 자리에서 빨리 오라고 다시 쳤다. 그랬더니 다음 날 아침, 낯선 사나이가 아틀리에로 찾아왔다.

필립이 문을 열자 그 사람은 말했다.

"프라이스라는 사람이올시다."

검은 양복을 입고 중절모에 띠를 두르고, 몹시 기운이 없어 보이고, 무뚝뚝한 점은 어딘가 프라이스 양을 닮은 데가 있었다. 코밑에는 수염을 조금 길렀고 심한 런던 사투리를 쓰고 있었다. 필립은 그를 맞아들였다. 그녀의 죽음에 대한 자초지종과 그에 대해서 그가 해온 일 따위를 이야기하는 동안에 그 사나이는 흘긋흘긋 곁눈질을 해가면서 방 안을 두리번거렸다.

"시체는 안 봐도 되겠죠? 신경이 약한 편이어서 조그마한 일에도 정신을 잃어버리곤 해서요."

그는 이렇게 말하더니 매우 친숙하게 이야기하기 시작했다. 생업은 고무상인이고 집에는 아내와 아이 셋이 있다고 했다. 프라이스 양은 원래 가정교사였는데, 왜 그 일을 계속하지 않고 파리 같은 데를 왔는지 도무지 이유를 알 수가 없었다고 했다.

"파리란 곳은 젊은 여자가 갈 곳이 못 된다고 나도 집사람도 무척 말렸죠. 그림 같은 것을 공부해서 돈벌이가 되겠습니까? 전혀 그런 일을 본 적이 없습니다."

누이동생과 마음이 잘 맞지 않았다는 사실은 그의 태도로 보아 너무나 분명했다. 그리고 그녀의 자살은 오빠에게 준 마지막 괴로움이라고 해서 화가

난 모양이었다. 특히 가난에 쫓겨서 자살했다는 것이 몹시 못마땅한 눈치였다. 그렇게 되면 무언가 한집안 가족들이 잘못했다는 쪽으로 기울 것 같기 때문이었다. 그러나 다시 곰곰이 생각하니 사이가 좋지 않았던 다른 이유가 좀더 있었을지도 모른다는 생각이 문득 들었다.

"저, 혹시 어떤 남성과 친숙하게 지낸 일은 없었을까요? 뭐니뭐니해도 이곳은 파리니까요. 제가 말씀드리는 뜻을 아시겠죠만 그렇다 하더라도 좀더 잘하고 살 수 있었을 텐데 말입니다."

필립은 어느새 얼굴이 새빨개지고 자신의 약한 마음이 몹시 원망스러웠다. 프라이스의 조그맣고 날카로운 눈이 '당신 수상쩍군그래' 그렇게 말하는 것처럼 보였다.

"댁의 누이동생만큼은 절대로 그런 일이 없었다고 믿는데요. 원인은 어디까지나 굶주림 때문이에요."

필립은 불쾌한 투로 말했다.

"아하, 네에. 가족의 한 사람으로서는 매우 고통스러운 이유로군요. 그렇다면 편지라도 한 장 보냈으면 됐을걸. 용돈쯤은 보내줄 수 있었으니까요."

그러나 필립은 그 돈을 꾸어주지 못하겠다는 편지를 보고 오빠의 주소를 알았던 것을 생각했다. 필립은 그저 어깨를 한 번 움츠려 보였을 뿐 아무 말도 하지 않았다. 지금 새삼스럽게 그런 말을 해야 소용없는 일이었다. 필립은 이 조그마한 남자가 점점 비겁해 보이고 싫어져서 한시바삐 돌아가 주었으면 싶었다. 다행히 상대도 빨리 볼일을 끝내고 런던으로 돌아가고 싶은 눈치였다. 두 사람은 파니가 살던 조그마한 방으로 가 보았다. 프라이스 양의 오빠는 누이동생의 그림과 가구들을 보자 말했다.

"전 그림에 대해선 잘 모르겠습니다만 이것도 얼마간 돈이 될까요?"

"한 푼도 되지 않아요."

"가구는 10실링도 되기 힘들겠죠."

앨버트 프라이스가 프랑스어를 전혀 몰랐으므로 필립이 모든 일을 도맡아 볼 수밖에 없었다. 시체를 땅에 묻는 일만도 이토록 수속이 복잡한가 생각하자 그는 어이가 없었다. 이편에서 서류를 받는가 하면 또 저편에서 서명을 받아야 했고 관청에도 자주 드나들어야 했다. 수속을 밟는 데 아침부터 밤까지 꼬박 사흘이 걸렸다. 가까스로 수속을 마치고 오빠와 둘이서 영구차 뒤를 따라 몽파르나스 묘지로 향했다.
"격식을 차려서 할 만큼은 해주고 싶습니다. 그렇다고 쓸데없이 돈 낭비할 필요는 없죠."
앨버트 프라이스는 말했다.
싸늘하고 몹시 흐린 아침, 매우 간소한 장례는 말할 수 없이 쓸쓸했다. 그녀와 함께 아틀리에에서 그림 공부를 하던 옛 동료 대여섯 명, 로우슨, 클러튼, 플라나간, 오터 부인은 서무주임이라는 의무감에서, 챌리스 양은 동정하는 마음으로 참석해 주었다. 모두가 살아 있을 때 고인을 싫어했던 사람들뿐이었다. 어느 쪽을 보아도 묘석뿐이었고 몹시 간단하고 빈약한 것이 있는가 하면, 쓸데없이 수선스럽고 속되고 보기 흉한 것도 있었다. 수많은 묘지를 바라보자, 필립은 온몸에 소름이 끼쳤다. 이렇게 불결하고 한심스러울 수가! 묘지를 나오자 앨버트 프라이스는 필립에게 식사라도 함께하자고 했다. 필립은 그가 지겹도록 싫은 데다가 피곤하기도 했다. 해진 갈색 옷을 입고 천장의 못에 목을 매달고 죽어 있던 파니 프라이스의 꿈을 꾸느라 잠을 제대로 이루지 못했던 탓이었다. 그렇다고 그럴싸한 핑계를 대기도 어려웠다.
"어디든 맛있는 점심을 제대로 먹을 수 있는 곳에 안내해 주시죠. 이런 일은 아무래도 신경을 피곤하게 하니까요."
"이 근처에선 글쎄요, 라브뉘 식당이 아마 그중 나을 겁니다."
앨버트 프라이스는 융단 의자에 앉자 마음을 놓았다는 듯이 한숨을 내쉬었다. 그러고는 푸짐한 점심과 포도주를 한 병 주문했다.
"겨우 일이 끝나게 돼서 다행입니다."
그가 말했다. 그러고는 두서너 가지 매우 기분 나쁜 질문을 해오는 것이었다. 어쩐지 파리에서의 화가들 생활이 알고 싶은 모양이었다. 그 자신은 일단 한심스러운 짓거리라고 생각하면서도, 실은 상상으로밖에 모르는 화가들의 난잡한 생활에 대해서 좀더 자세한 이야기가 매우 궁금한 눈치였다. 그러면서 교활하게 눈짓도 하고 까닭이 있는 것처럼 킬킬 웃기도 하면서 좀더 재미있는 이야기가 얼마든지 있을 텐데, 다 알고 있단 말이야, 하는 듯한 표정을 짓는 것이었다. 사실 그는 근본부터 세속인이어서 이 방면에도 다소 짐작하는 바가 없지 않았다. 그는 필립에게 템플 바에서 런던 증권거래소 근처에 이르기까지, 이름도 유명한 몽마르트르의 명소들을 가본 적이 있느냐고 물었다. 자기는 될 수 있으면 물랭루즈쯤엔 가본 적이 있다고 말해 주고 싶었다. 점심은 매우 고급이었고 술도 좋았다.

소화가 잘되자 앨버트 프라이스는 점점 배짱이 커지는 모양이었다.

"브랜디를 조금만 마시면 어떨까요? 좀 비싼들 대수겠어요?"

커피가 나오자 그는 말했다.

그리고 두 손을 비비면서 말을 이었다.

"이봐요, 난 오늘 밤 여기서 묵고 내일 떠날까 하는데요. 어떻소, 하룻밤 함께 어울려 주시겠소?"

"오늘 밤 몽마르트르를 안내해 달라는 말씀이신가요? 그거라면 딱 질색인데요."

필립이 대답했다.

"아하 과연, 안 좋겠지요?"

대답이 너무나 진지했으므로 필립은 간지러울 지경이었다.

"게다가 신경이 약한 사람에겐 더욱 안 좋지요."

필립은 웃지도 않고 차갑게 쏘아 주었다.

결국 앨버트 프라이스는 4시 차로 런던으로 돌아가는 게 좋겠다고 결정해 버렸다. 그리고 곧 필립에게 작별인사를 했다.

"자아, 그럼 실례하겠어요. 가까운 시일 내에 파리에는 다시 한 번 오죠. 그때는 또 당신을 찾을게요. 마음껏 한 번 놀아 봅시다."

그날 오후 아무래도 마음을 가라앉힐 수가 없고 웬일인지 일을 할 마음이 내키지 않았다. 그래서 버스를 타고 센 강을 건너서, 뒤랑 뤼엘 화점(畵店)에 새로운 그림이라도 나오지 않았나 보러 갔다. 그리고 나서 하릴없이 길을 걸어 보았다. 바람이 불어서 몹시 추웠다. 사람들은 외투를 껴입고 총총걸음으로 지나갔다. 조금이라도 추위를 막으려 몸을 움츠렸고 얼굴은 모두가 지친 것처럼 굳어져 있었다. 저 새하얀 묘석에 둘러싸인 몽파르나스 묘지의 땅밑은 무척 차가울 것이다. 필립은 심한 고독감에 사로잡혀서 야릇하게 향수를 느꼈다. 한없이 말 상대가 그리웠다. 지금쯤 크론쇼는 일에 몰두하고 있을 테고, 클러튼은 절대로 방문객을 좋아하지 않는 성미였다. 때마침 로우슨은 챌리스 양의 초상화를 다시 한 장 그리기 시작했으므로 그 역시 방해받길 원하지 않을 것이다. 결국 플라나간을 찾기로 했다.

그도 그림을 그리고 있었으나, 필립이 찾아가자 그리기를 그만두고 기꺼이 말동무가 되어 주었다. 미국인들은 누구보다도 돈이 많은 편이어서 아틀리에는 따뜻하고 상쾌했다. 그는 자리에서 일어나 차 준비를 시작했다. 필립은 살롱에 출품하겠다는 두 폭의 초상화를 바라보았다.

"나 같은 사람이 출품하겠다니, 건방진 짓인지는 모르겠지만 그게 무슨 상관이야. 하여튼 내보려고 해. 어때, 괜찮을까?"

"생각한 것보다는 좋아 보이는데."

필립이 대답했다.

두 장이 모두 기교 면에서는 놀라울 만큼 잘된 작품이었다. 모든 어려운 점을 익숙한 솜씨로 얼버무려 놓았다 해도 좋을 만했다. 그리고 사실 채색은 놀라울 만큼, 아니 차라리 매혹적이라고 할 만큼 선명했다. 플라나간은 특출한 지식도 기술도 없이 다만 일생을 붓으로 먹고 살아왔다는 그런 사람들의, 익숙하기는 하나 예술적 가치나 품위는 없는 그러한 솜씨만으로 그리고 있었다.

"어쨌든 당신 그림을 30초 이상 바라볼 수밖에 없게 된다면 당신도 대단한 화가라고 할 텐데 말이에요."

필립은 웃으면서 말했다.

아무튼 이 젊은 사람들에게는 지나친 겉치레의 말로 서로를 칭찬하는 나쁜 버릇만은 없었다.

"그런데 미국에서는 말이야, 실제로 30초 이상이나 그림을 바라보고 있을 시간적 여유가 없다니까."

플라나간도 웃으면서 맞장구를 쳤다. 플라나간은 머리가 퍽 산만한 사나이였지만 말할 수 없이 살뜰한 아름다운 마음의 소유자였다. 동료 가운데 누가 앓기라도 하면 마치 간호사가 무색할 만큼 뒷바라지를 잘해 주었다. 그의 명랑성은 약보다도 효과가 좋았다. 미국인 대부분이 그러하듯이 그 역시 영국인처럼 감상적인 것을 두려워해서 감정을 강하게 억누르는 일은 없었다. 노골적인 감정 표현을 그다지 이상하다고 생각하지 않으므로 금방 인정에 넘치는 동정을 베푸는 것인데, 그 행위가 곤란한 처지의 친구들에게는 다시없이 고마운 것이었다.

그는 이번 사건으로 필립이 남달리 충격을 받은 것을 알고 있었다. 그런 만큼 덜렁대기는 했지만 진심으로 필립을 위로하려고 했다. 그런 화제가 언제나 영국 사람들의 웃음거리가 되는 것을 알면서도, 그는 이른바 아메리카니즘을 한층 부풀리면서 매우 기분 좋게 재미있고 괴상한 이야깃거리를 거의 숨 쉴 사이도 없이 마구 떠벌리는 것이었다.

조금 뒤에 두 사람은 저녁을 먹으러 나갔다가 게테 몽파르나스 쪽으로 걸음을 옮겼다. 플라나간의 단골 술집이었다. 밤이 이슥할 무렵이 되자 그는 매우 기분이 좋았다. 술을 많이 마시기는 했지만, 그가 취한 원인은 알코올보다도 오히려 그 자신의 명랑한 성격이었다. 그는 빌리에 댄스홀로 가자고 했다. 필립도 지칠 대로 지쳐서, 당장은 잠도 이룰 수 없을 것 같았으므로 선뜻 동의했다. 그들은 춤이 잘 보이도록 바닥에서 한 단 높은 단상에 자리를 잡고 앉아 흑맥주를 마셨다. 이윽고 플라나간은 사람들 속에서 한 친구의 모습을 발견하자 별안간 커다란 소리를 지르더니 칸막이를 펄쩍 뛰어 넘어서 그들이 춤추고 있는 쪽으로 뛰어갔다. 필립은 사람들을 가만히 바라보고 있었다.

빌리에는 일급 댄스홀은 아니었다. 마침 목요일 밤이어서 홀은 몹시 붐볐다. 여러 대학의 학생들도 많이 와 있었지만 대부분은 상점의 사무원이나 점원들이었다. 모두 기성품의 트위드 양복이라든가 기묘한 모양의 연미복이라든가 소프트 모자라든가 하는 평상복 차림이었다. 그들은 모자를 쓰고 들어왔는데, 둘 곳이 머리 위밖에 없었으므로 모자를 쓴 채 춤을 추고 있었다. 여자들 가운데에는 하녀 같은 여인이 있는가 하면 짙은 화장의 좋지 않은 여자들도 섞여 있었다. 그러나 대개가 점원들이었다. 강 건너의 유행을 흉내내기는 했지만 모두 싸구려여서 빈약한 복장들이었다. 짙은 화장을 한 여인들은 너도나도 그 무렵 유명했던 뮤직홀 전속 예능인이나 댄서들의 흉내를 그대로 내서, 눈은 시꺼멓게 칠하고 뺨에는 밉살스러울 만큼 빨갛게 연지를 바르고 있었다. 홀 조명은 나직하게 매달린 커다란 백열등이고 그것이 또 얼굴에 음영을 한층 더 강하게 드리웠다. 그 전등 빛 때문에 선이라는 선들은 모두 더욱더 강하게 보였고 색깔은 더욱더 우중충하게 보였다. 어디까지나 지저분한 광경이었다.

필립은 난간에 몸을 기댄 채 물끄러미 바라다보고 있었다. 이미 음악 소리는 귀에 들리지 않았다. 형언할 수 없이 굉장한 춤이었다. 모든 사람이 춤에 열중해서 거의 말도 하지 않았다. 그저 천천히 홀을 돌면서 춤출 뿐이었다. 공기는 무더웠고 사람들의 얼굴은 땀에 젖어 번들거렸다. 세상에 대한 경이라고나 할까, 평상시 얼굴에 뒤집어쓰고 있던 경계심을 완전히 벗어 팽개쳐 버린 것이다. 필립에게는 그렇게 생각되었다. 지금이야말로 그들의 있는 그대로의 모습을 볼 수 있다.

이러한 방종의 순간에 그들은 기묘하게도 동물 같아 보였다. 어떤 사람은 여우처럼, 어떤 사람은 늑대처럼, 또 어떤 사람은 마치 염소처럼 길고 얼빠진 얼굴을 하고 있다. 모두가 평소의 건강하지 못한 생활과 좋지 못한 음식 때문에 혈색이 나빴다. 그들의 얼굴은 비천한 흥미로 빛을 잃고 조그마한 눈은 교활하게 움직였다. 그들의 얼굴에선 고귀한 맛이라고는 거의 찾아볼 수 없었다.

그들 모두에게 인생이란 그저 하찮은 관념과 불결한 사상의 긴 연속에 지나지 않는 듯했다. 공기는 땀 냄새 섞인 사람들의 열기로 숨이 막힐 것 같았다. 그러한 환경 속에서도 그들은 몸속에서 솟구치는 신비한 무언가에 쫓기는 듯 다만 미친 사람처럼 스텝을 밟고 있는 것이었다. 모두가 그저 맹렬한 향락욕에 쫓기고 있다고밖에는 생각되지 않았다. 이 황량하고 적막한 인생으로부터 필사적으로 달아나려고 애쓰는 것 같기도 했다.

언젠가 크론쇼가 이야기한 일이 있었다. 인간 행동의 유일한 동기라고 한 그 쾌락을 향한 욕정이 맹목적으로 그들을 몰아세우고 있는 것이다. 더욱이 그들의 욕정이 격하면 격할수록 요긴한 쾌락은 사라져 버리는 것 같았다. 어째서 그런지도 모르는 채 다만 아무 힘도 없이 심한 바람에 휩쓸리고 있는 듯했다. 그들의 머리 위에는 아득하게 높이 운명이 솟아 있고 발밑에는 마치 영원한 암흑이 입을 벌리고 섰기라도 한 것처럼, 그들은 그저 계속해서 춤추고 있는 것이다. 그들의 침묵은 무언가 막연한 공포를 느끼게 했다. 인생의 공포가 그들의 언어능력을 송두리째 빼앗아 버리고, 마음속의 절규가 그대로 그들의 목구멍에서 말살되어 버린 듯했다. 눈은 볼썽사납게 움푹 패고, 모습마저도 변해 보이는 동물적인 욕망이나 냉혹함, 비루한 표정, 더욱 나쁜 것은 거의 백지에 가까운 표정임에도 불구하고 더욱 열심히 쳐다보고 움직이지 않는 그들 시선의 괴로움이 그들 모두를 무서우리만큼 슬픈 군중으로 만들고 있는 것이었다. 필립은 견딜 수 없는 혐오를 느끼면서도 가슴은 찢어질 듯한 연민으로 몹시 울렁거렸다.
 그는 휴대품 보관소에서 외투를 찾아 얼어붙을 것 같은 밤의 추위 속으로 나갔다.

50

 그 불행한 사건을 필립은 아무래도 쉽사리 잊을 수가 없었다. 무엇보다 마음이 아팠던 것은 파니의 노력이 허무했다는 사실이었다. 그녀만큼 노력한 사람, 그녀만큼 성실한 사람도 없었을 것이다. 그녀는 진심으로 자신을 믿고 있었다. 그 자신을 믿는다는 것이 한 푼의 값어치도 없으리란 것은 너무나 명확한 일이었고, 그런 것은 그의 친구 누구나가 다 가지고 있었다. 미겔 아주리아 따위도 그 가운데 한 사람이었다. 그리고 필립은 그 에스파냐 청년의 영웅적인 노력과 그가 지금 쓰고 있는 보잘것없는 작품 사이의 너무나도 심한 대조에 놀랐다.
 필립은 이 불행한 학교생활에서, 어느새 자기분석이라는 능력을 발달시키고 있었다. 이 좋지 못한 버릇은 마치 아편을 빠는 것과 거의 비슷해서 어느 틈엔가 완전히 중독되어 어떤 독특한 날카로움으로 자기의 감정을 해부하고 있었다. 같은 예술에 대한 감동에서도 자기는 아무래도 다른 사람과 다르다고, 그렇게 생각할 수밖에 없었다. 이를테면 로우슨이라면 훌륭한 한 폭의 그림을 보면 곧 직접적으로 감동할 것이다.
 그의 감상은 말하자면 직감적 감정이다. 플라나간까지도 필립은 머리로 오래 생각해야만 알 수 있는 것을 즉각적으로 느낀다. 그런데 필립의 경우는 어디까지나 지적 감상이었다. 만약 그에게도 예술가 기질(그는 이런 표현을 싫어했지만 달리 대신할 만한 말이 없기 때문에)이라는 것이 있다면, 그들처럼 좀더 정서적이며 직감적으로 아름다움을 느낄 수 있어야 하지 않을까. 그렇다면 과연 자기에게는 다만 사물을 정확하게 옮겨 놓는다는 피상적인 손재주 이상의 그 무엇이 있는 것인가? 손재주라는 것은 사실 문제가 되지 않는다. 기술적인 재주를 경멸하는 것쯤은 그도 이미 배웠다. 중요한 사실은 어디까지나 그림으로써 느끼는 것이다. 로우슨의 그림에는 이것이 자기의 본성이라는 뚜렷한 신념이 담긴 면이 있다. 모든 영향에 민감한 미술 학생다운 모방성은 있지만, 그러나 그것을 꿰뚫는 개성도 있다.

필립은 자신이 그린 챌리스 양의 초상을 다시 한 번 바라보았다. 석 달이 지난 지금에 와서 생각하니 하나에서 열까지 로우슨의 흉내를 낸 데 지나지 않았다. 소질이 없는 것이다. 그는 다만 머리만으로 그리고 있었다. 적어도 그림다운 그림이라면 역시 마음으로 그려야만 한다. 그는 새삼스럽게 깨닫지 않을 수 없었다.

돈만 해도 이제는 별로 남지 않았다. 기껏해야 1천6백 파운드 정도 될까. 앞으로는 매우 아껴야 했다. 최소한 앞으로 10년 동안은 돈을 벌 가망성이 전혀 없어 보였다. 미술사를 읽어보면, 한평생 돈 한 푼 못 번 화가들도 얼마든지 있었다. 빈곤한 생활은 각오해야 했다.

그럼 그렇다고 치고 무언가 후세에까지 남을 만한 걸작을 그리게 되어야만 의미가 있을 텐데 아무리 고쳐 생각해도 그는 도저히 이류 화가 이상은 될 가망성이 없는 듯한 무서운 불안감까지 들었다. 과연 청춘을 바치고, 인생의 모든 즐거움을 내동댕이치고, 그리고 수많은 생애의 가치를 모두 희생해 버릴 만한 의미가 이 안에 있는가? 그는 파리에 거주하는 수많은 외국인 화가들이 생활의 범위가 매우 좁고 겨우 한구석을 유지하는 존재라는 것을 알고 있었다. 그들 가운데에는 20년 동안이나 명성을 얻기 위해 몸부림치고 더욱이 마지막에는 절망하여 뒷골목 너절한 거리에서 술로 신세를 망쳐 버린 사람도 있었다.

뜻밖에 파니의 자살이 여러 기억을 되살려 주었고, 또 어떤 사람이 절망에서 헤어나기 위해 취한 마지막 수단에 대해 갖가지 무서운 이야기도 들었다. 그는 갑자기 언젠가 프와네 교수가 파니에게 말한 경멸에 찬 충고를 생각해 냈다. 만약 그녀가 그 충고를 받아들여서 그런 어쩔 수 없는 노력을 체념했다면 그녀를 위해서도 얼마나 좋았을 것인가?

필립은 미겔 아주리아의 초상화를 그려서 살롱에 내놓기로 했다. 플라나간도 두 점 내놓겠다고 했다. 필립은 플라나간에게는 지고 싶지 않았다. 아무튼 그는 정성을 다해서 그렸고, 자기 딴에는 좋은 점이 없지도 않다고 생각했다. 어디라고 꼬집어 말할 수는 없지만 자기가 보아도 확실히 어딘가 잘못된 점이 있긴 했다. 그러나 그림을 직접 보지 않고 있으면 반대로 자신까지 생겨나서 전혀 가망이 없을 것 같지도 않았다. 그는 그 그림을 살롱에 내기는 했으나 낙선했다. 그러나 낙담하지는 않았다. 어차피 안 될 것이라고 자신을 열심히 타일러 두었기 때문이었다. 그런데 2, 3일 뒤에 별안간 플라나간이 뛰어들더니, 두 점 가운데 하나가 입선했다고 그와 로우슨에게 알렸다. 필립은 놀라서 멍한 표정으로 축하의 말을 했는데 당사자인 플라나간은 어쩔 줄 모르고 기뻐했으므로, 자기도 모르게 빈정거리는 필립의 뼈 있는 말투 따위를 전혀 알아차리지 못하는 것 같았다.

그러나 워낙 눈치가 빠른 로우슨은 그 말을 재빨리 알아듣고 야릇한 표정으로 힐끔 필립을 쳐다보았다. 로우슨의 그림도 입선이 확정되었고, 그 사실은 이미 2, 3일 전에 들었으므로 어쩐지 필립의 태도가 불쾌했던 것이다. 그러나 플라나간이 돌아간 뒤 필립이 느닷없이 한 질문에는 그도 다시 한 번 놀랄 수밖에 없었다.

"만약 당신이 내 처지라면, 깨끗하게 단념할까요?"

"그건 또 무슨 말이지?"

"요컨대 이류 화가 따위가 의미 있겠냐는 말이에요. 알겠어요? 이를테면 의사가 된다든가 뭐 다른 직업이라면 이류가 된들 조금도 상관없을 거예요. 돈을 벌어서 먹고 살 수 있으니까. 그러나 이류 화가가 돼서 무엇에 쓰겠어요?"

로우슨은 필립을 좋아했다. 그런 만큼 아무래도 낙선했으므로 무척 괴로워하는 것이라고 생각하자 대뜸 그를 위로해 주기 시작했다. 살롱이 나중에 유명해진 그림을 얼마든지 낙선시켰다는 것은 이미 누구나 다 아는 사실이고 필립은 이제 겨우 첫 출품이다. 한두 번 낙선할 것쯤은 각오해야 한다. 플라나간이 입선한 이유는 알 만하다.

그의 그림은 화려하기만 해서 천하기 짝이 없는 것이지만 다만 싫증이 난 심사위원들의 눈에 뜨일 만한 그런 점은 있다고 했다. 그러나 그의 말을 듣고 있던 필립은 더 견딜 수가 없었다. 자기가 그런 하잘것없는 문제로 이토록 고민하는 것이라고 로우슨까지도 생각하는 것인가? 그의 낙담은 좀더 깊은 자신의 재능에 대한 의심 때문인데도 끝내 그것을 못 알아준단 말인가? 그렇게 생각하자 한심하기 짝이 없었다.

최근 클러튼은 그라비에에서 함께 식사하던 친구들과 사귀지 않고 주로 혼자서 생활했다. 그것을 가리켜 플라나간은 그가 연애를 하기 때문이라고 했지만, 그의 경건한 표정을 보면 도무지 연애 때문으로는 생각되지 않았다.

그래서 필립은 생각했다. 그가 친한 벗들로부터 헤어져 있는 까닭은 머리에 움트기 시작한 새로운 생각을 좀더 뚜렷하게 하기 위해서일 것이라고. 그런데 마침 그날 저녁, 다른 친구들이 모두 연극 구경을 가 버리고 필립 혼자 식당에 남아 있으려니까 클러튼이 훌쩍 들어와서 저녁을 주문했다. 두 사람은 이야기를 시작했다. 그리고 그가 여느 때보다 한결 말을 잘하고 또 놀랍게도 버릇처럼 빈정대는 태도가 엿보이지 않는 것을 보자 필립은 대번에 그의 좋은 기분을 이용하기로 했다.

"미안하지만 내 그림 좀 봐주겠어요? 솔직한 당신의 의견이 듣고 싶은데요."

"모처럼의 부탁이지만 거절하겠어."

"왜요?"

필립은 낯을 붉히면서 물었다.

이러한 부탁은 학생들 사이에서는 늘 있는 일로서 거절할 수 없는 것이었다. 그러나 클러튼은 어깨를 한 번 움츠렸다.

"사람들은 곧잘 자기 그림을 비평해 달라고 하지만 그것은 사실 칭찬이 받고 싶어서 그러는 거야. 게다가 남에게 비평 따위를 받아서 무엇에 쓰려고? 자네 그림이 잘됐건 못됐건 그게 무슨 상관이지?"

"그렇지만 내게 중대한 문제거든요."

"아냐, 절대로 틀려. 무엇 때문에 그림을 그리나? 유일한 이유는 그리지 않고는 못 배기니까 그리는 거야. 말하자면 어떤 본능이란 말이야. 그 점에선 육체의 여러 본능과 조금도 다를 바가 없지. 다만 다른 점이 있다면 이 본능을 지닌 인간이 비교적 적다는 것뿐이야. 모두 자기 자신을 위해서 그리고 있어. 그리지 않으면 자살이라도 할 수밖에 도리가 없을걸. 알겠나? 생각해 보라고. 몇 년이나 걸렸는지 모르지만 자네는 캔버스 위에 무언가를 나타내려고 애를 썼지. 문자 그대로 심혈을 기울여서 말이야. 그런데 그 결과는 어떻지? 십중팔구는 살롱에서 딱지를 맞지. 이를테면 입선이 됐다 쳐도 무엇이 되겠나? 기껏해야 사람들이 지나가다가 10초쯤 들여다봐 줄 정도일 뿐이지 뭐 별다른 것 있나? 운 좋아서 어떤 돈 많은 녀석이 사다가 벽에 걸어 줄지도 모르지. 그러곤 조금도 봐주지 않겠지만. 그런 점에서는 식당의 테이블과 마찬가지야. 비평이라는 게 예술가와 무슨 관계가 있단 말이지?

객관적으로 판단한다고 할지도 모르지만, 바로 그놈의 객관적이란 것은 예술가와는 아무런 관계도 없단 말이야."

하고 싶은 말을 가만히 종합하는 것처럼 클러튼은 두 손으로 눈을 가렸다.

"화가는 눈으로 보는 사물에서 어떤 독특한 감동을 받게 마련이야. 그러면 그것을 어떻게 해서든지 나타내지 않고는 못 배기지. 더욱이 그 까닭은 알 수 없지만 선과 색을 통해 그 감정을 나타낼 수밖에 없는 거야. 그런 점에선 음악가와 마찬가지지. 이를테면 한두 줄 읽어나가면 어떤 특정한 음의 결합이 저절로 머리에 떠오르기 마련이거든. 왜 이러저러한 말이 이러저러한 음의 결합을 통해서 생겨나오는지 그것은 자기도 모르는 거야. 다만 결과가 그렇게 될 뿐인 거지. 그렇지, 비평이라는 게 얼마나 무의미한 건지 또 하나 이유를 말해 줄까. 위대한 화가는 그가 본 대로의 자연을 세상을 향해서 강요하지. 하지만 다음 세대가 되면 또 다른 화가가 다시 다르게 세상을 살피기 마련이야.

그런데 세상 사람들은 그 화가 자신이 아니라 그의 선행자들을 기준 삼아서 그를 판단하는 법이거든. 그러니까 이를테면 바르비종 파는 우리 선조들에게 어떠한 일정한 방법으로 나무를 보도록 가르쳤지. 그런데 모네가 나타나서 전혀 다른 수법으로 나무를 그리자, 사람들은 말하지. 나무는 그런 것이 아니라고. 애초에 나무라는 것은 화가가 그것을 어떻게 보느냐, 그 한 가지에 따라서 결정된다는 것 따위는 전혀 생각한 일도 없으니까. 우리는 내부로부터 외부를 향해서 그림을 그리는데, 가끔 우리가 보는 대로 세상에 강요할 수가 있으면 화가라 불리게 되고 그렇지 못하면 무조건 무시당하고 말 거야.

그러나 중요한 사실은 우리는 절대로 변하지 않는 그대로라는 것이지. 위대하거나, 쓰잘 것 없거나 그런 것은 아무런 의미도 없는 거야. 일단 제작이 끝난 뒤에 일어나는 것 따위는 일체 무의미한 거야. 따라서 흡수할 수 있는 한의 모든 것은 이미 제작 중에 모조리 흡수하고 있는 것이지."

여기서 잠깐 호흡을 끊자 그는 굉장한 식욕으로 앞에 놓인 음식을 순식간에 먹어치웠다. 필립은 싸구려 담배를 피우면서 가만히 클러튼을 살폈다. 마치 험하게 맞서는 암석에 조각가의 끌로 조각한 것 같은 머리와 말갈기와 똑같아 보이는 검은 머리카락, 큼직한 코, 견고한 광대뼈, 이러한 것들은 그가 강한 힘을 지닌 인간임을 나타내는 듯했다. 그럼에도 필립은, 이 얼굴 역시 어딘가 묘하게 허약함을 숨긴 가면은 아닌가 슬며시 의심해 보았다. 그가 남에게 자신의 작품을 절대로 보이지 않는 것도, 사실 단순한 허영심에 지나지 않을 수도 있었다. 남에게 비평받을 것을 생각하면 견딜 수가 없고 따라서 살롱에서 낙선될 위험 따위는 도저히 저지를 엄두를 못 내는 것이 아닐까. 아무튼 선배로서의 위치를 고스란히 유지하고 싶은 생각에서, 적어도 자기의 자신감을 잃어버릴 수도 있는, 남의 작품과 비교한다든가 하는 그러한 모험을 하는 것은 질색이었는지도 모른다.

필립과 친밀하게 사귀게 된 지난 1년 반 동안 그는 더욱더 신랄해지고 까다로워졌다. 정면에 나서서 남들과 경쟁하기는 싫어하는 주제에 남들이 쉽게 성공하는 것을 보면 몹시 분한 모양이었다. 특히 로우슨은 참을 수 없는 모양으로 필립이 처음 알았을 때와 같은 친교는 이미 두 사람 사이에서 사라져 버리고 말았다.

"로우슨 정도라면 그런대로 괜찮겠지."

사뭇 경멸하는 투로 클러튼이 내뱉었다.

"언젠가는 영국에 돌아가면 유행 초상화가가 되어서 연간 1만 파운드는 벌어들일 거야. 그리고 마흔 전에, 잘하면 왕립 미술원 회원이 될 테고. 그 다음에는 기껏해야 귀족이나 신사들의 초상화를 그려 주는 정도가 돼 버리겠지!"

그렇게 말하면 필립도 사실 미래를 내다보고 있었다. 20년 뒤의 클러튼, 빈정거리고 고독하고, 일반 시민인 이름 없는 클러튼, 어쨌든 여전히 파리에 남아 있겠지, 그에게는 이미 파리의 생활이 뼛속까지 배어들어 있는 것이다. 그 독설로 보잘것없는 동인회의 독재자가 되어 버려서 변함없이 그 자신과 세상을 상대로 투쟁을 이어가면서 결국은 이루지도 못할 완성을 위해 더욱더 정열을 불태울 뿐일 것이다. 작품은 거의 아무것도 제대로 남기지 못하고 끝내는 술에 빠져 버릴 것이다.

요즈음 필립은 어차피 한 번뿐인 인생, 그렇다면 멋지게 살아야 하지 않을까 하는, 그런 생각에 가끔 사로잡혔다. 물론 돈벌이라든가 명성을 얻는 것을 성공이라고 생각하는 것은 아니다. 성공이란 무엇인가. 자기 스스로도 아직 잘 알지 못했지만, 아마도 되도록 풍부한 인생체험을 하는 것, 그리고 자신의 능력을 충분히 발휘한다는 그러한 정도의 것이 아니겠는가? 하여간 클러튼의 그 숙명같이 보이는 인생이 실패했다는 것은 뚜렷했다. 클러튼의 생활에 만약 무언가 의미가 있다면 그것은 단 하나 불멸의 작품을 그려내는 것뿐이다. 그는 문득 크론쇼가 언젠가 말했던 이상한 페르시아 융단의 비유를 생각해 냈다. 그것을 생각해 본 적이 여러 번 있었다. 그러나 크론쇼는 반수반인(半獸半人)의 신과 같은 성격으로 좀처럼 뚜렷하게 그 의미를 말해 주려고 하지 않았다. 자기 스스로 발견하는 것이 아니면 무의미하다고 그는 언제나 같은 말을 되풀이했다. 이후에도 계속해서 그림 공부를 하는 데 대해 불안한 마음이 생기기 시작한 것은, 이왕 시작한 바에야 성공해서 일생을 보내고 싶다는 소원이 있었기 때문이다. 또다시 클러튼이 말문을 열었다.

"언젠가 내가 브르타뉴에서 만난 사나이 이야기를 했던 것 지금도 기억하나? 지난번 파리에서 그자를 또 만났어. 타히티 섬으로 막 떠나 버렸지만, 한 푼도 없는 빈털터리가 되어 버렸다는군. 전에는 제법 발이 넓은 실업가, 아 그렇지, 영국에서 말하는 주식중개인이었다는데. 그에겐 처자도 있었고 가족도 있었어. 수입도 적지 않았던 모양이더군. 그런데 그것들을 모두 팽개쳐 버리고 화가가 되었다지. 집을 뛰쳐나와 브르타뉴에 살면서 그림을 그리기 시작했단 말이야. 돈 같은 게 한 푼이라도 있을 리가 없지. 그저 겨우 굶어 죽지 않을 정도였어."

"그럼 부인과 자녀들은 어떻게 됐나요?"

"내버리다시피 했겠지 뭐. 죽든지 말든지 마음대로 하라는 거였겠지."

"그건 정말 비겁한데요?"

"그래, 자네가 신사가 되고 싶거든 화가를 집어치우는 도리밖엔 없어. 서로가 이처럼 모순된 일은 없을 테니까. 노모를 부양하기 위해서 하는 수 없이 그림을 그린다는 친구가 있다는 말을 가끔 듣지만—딴은 훌륭한 효자겠지, 그러나 그것은 조금도 형편없는 그림을 그리는 변명은 되지 못한단 말이야. 그저 단순한 장사치에 지나지 않아. 진정한 예술가라면 단연코 어머니를 양로원으로 보낼걸. 여기서 알게 된 어떤 작가는 아내가 해산하다가 죽었다는데, 아내를 무척 사랑해서 미친 사람처럼 슬퍼하더군. 그러나 임종의 병상에 붙어 앉아서 아내의 죽음을 지켜보고 있을 때 깨닫고 보니까, 아내의 모습, 아내의 말, 그리고 자신의 감정까지 참으로 정성껏 마음속에 기록하고 있었음을 알았다더군. 신사가 할 짓이었을까, 그것이?"

"그 화가란 사람은 훌륭한 화가인가요?"

"아니, 아직은 아니야. 그는 피사로 비슷한 그림을 좀 그리긴 하지만 아직 뚜렷이 자기 자신을 붙잡지는 못하고 있지. 그러나 색채감각이며 장식적인 감각은 있더군. 하지만 그런 건 아무래도 좋단 말이야. 어디까지나 문제는 감정이니까. 그런데 그는 그것을 가지고 있단 말이지. 아내나 아이들에겐 참으로 심한 짓을 했어. 자기를 도와준 은인—그래, 친구들 도움으로 가까스로 굶어 죽을 것을 면한 적이 한두 번이 아니었지—그러한 은혜를 베푼 사람들을 대하는 태도란 모두 비인간적이었어. 그러나 단 한 가지 그는 위대한 예술가란 말이야."

필립은 다만 이 세상이 주는 정서를 어떻게 해서든지 캔버스 위에 나타내고 싶다는 집념만으로 가정도 돈도 안락도 사랑도 명예도 의무도 모조리 희생해 버렸다는 사나이에 대해서 여러 가지로 생각해 보았다. 나름대로 멋진 일임에는 틀림없었다. 그러나 필립에게는 도저히 그럴 용기가 없었다.

크론쇼와는 지난 한 주일 동안 한 번도 만나지 못한 것을 깨달았다. 그래서 클러튼이 가버리자 그는 틀림없이 크론쇼가 있을 것이라고 여겨지는 카페로 어슬렁어슬렁 걸어갔다. 파리에 와서 처음 몇 개월 동안은 크론쇼의 말이라면 마치 복음서처럼 떠받들었다. 그러나 필립은 현실적인 성격이었다. 얼마 되지 않아서 실행이 따르지 않는 이론에는 오히려 견디지를 못했다. 크론쇼의 보잘것없는 시 묶음은 도무지 그 불결하기 짝이 없는 생활에 대한 만족할 만한 결과라고는 생각할 수 없었다.

필립은 그의 출신층인 중류 계급의 본능이라고도 할 만한 것에서 아무래도 빠져나올 수가 없었다. 궁핍, 그리고 크론쇼가 겨우 입에 풀칠하기 위해서 궁여지책으로 하는 잡일, 너절한 다락방과 카페의 탁자 사이를 왔다 갔다 하는 정도의 단조로운 생활, 그러한 것들은 필립의 고상한 취미와는 도무지 사리가 맞지 않았다. 무엇보다도 사물을 날카롭게 꿰뚫어 볼 수 있는 크론쇼는 필립이 자신의 생활을 인정하지 않는 것을 알아채고 때로는 반농담의, 그러나 대개는 실로 날카로운 비웃음을 섞어서 그의 속물근성을 날카롭게 공격하곤 했다.

"요컨대 자넨 장사치란 말일세. 자네라는 인간은 인생을 콘설 공채(영국국채)에 투자해 놓고, 안정하게 3부 이자나 받아먹자는 부류란 말이야. 거기 비하면 난 낭비가지. 자본 그 자체를 먹어 없애자는 주의야. 내 심장이 마지막 고동을 칠 때, 그와 동시에 마지막 한 푼을 다 써버리자는 것일세."

이 비유는 필립을 화나게 했다. 왜냐하면 이 한마디를 입 밖에 낸 당사자는 자못 낭비가로 보이고, 한편으로 지금 곧바로 생각나지 않지만 당연히 좀더 할 말이 있을 법하다고 그가 본능적으로 믿는 생활태도에 대해서, 그것은 명확하게 비난을 띤 말투였기 때문이다.

그러나 그런 것도 오늘 저녁엔 그대로 접어두고 좀더 자기 자신에 관한 이야기가 하고 싶었던 것이다. 다행히 밤도 이슥했고 크론쇼의 테이블 위에 쌓인 접시 무더기로 보아 그가 술에 취했을 것이 뻔하므로, 다시 말해서 이른바 그가 차츰 세상만사에 대해서 독자적인 의견을 토론할 수 있는 준비는 이미 마련되어 있음을 짐작할 수 있었다.

"조언을 들어 보고 싶은데요."

갑자기 필립은 말을 꺼냈다.

"어차피 써먹지 않을 것 아닌가 응?"

필립은 뜻대로 되지 않아 초조하다는 듯이 어깨를 한번 움츠렸다.

"아무래도 전 화가로서는 도저히 성공할 것 같지 않아요. 이류 화가 따위가 되어 봐야 별수도 없겠고, 차라리 그만둘까 생각하는데요."

"그만두면 될 것 아닌가?"

필립은 순간 망설였다.

"아무래도 전 이 생활 자체를 좋아하는 거란 생각이 듭니다."

평온하고 둥그런 크론쇼의 얼굴이 싹 변했다. 입 언저리가 별안간 축 처지고 두 눈은 멍하니 눈구멍 속으로 푹 꺼져들어 버렸다. 이상스러울 만큼 등이 굽고 갑자기 나이를 먹은 것처럼 보였다. 그는 카페 안을 한 바퀴 빙 둘러보더니 소리쳤다.

"이 생활이 말인가?"

목소리가 떨리고 있었다.

"이런 생활에서 빠져나갈 수만 있다면야 한시라도 빨리 떠나야지."

필립은 놀라서 그의 얼굴을 바라보았다. 그러나 감정 앞에서는 언제나 소심한 그는 순간적으로 눈을 내리깔았다. 지금 눈앞에 보이는 이 남자도 또하나의 실패의 비극을 뜻하는 것이다. 침묵이 흘렀다. 크론쇼도 또한 자신의 일생을 생각해 내고 있을 것이라고 필립은 생각했다. 찬란하고 희망에 불타던 청춘, 그리고 그 빛이 점점 사라져 가던 갖가지 실망, 단조롭고 비참한 현재의 쾌락, 나아가서는 닥쳐올 암담한 장래, 아마도 이러한 것들을 차례차례로 생각하고 있을 것이 뻔했다. 필립의 눈길이 테이블 위에 쌓인 접시더미로 옮겨졌고, 크론쇼의 눈길 또한 같은 것을 보고 있는 게 틀림없었다.

51

두 달이 지났다.
이러한 문제로 깊이 생각하는 동안 필립은 이러한 생각에 이르렀다. 진정한 화가라든가 음악가 같은 예술가들에게는 무언가 모든 것을 던져 버리고 그 일에 몰두하도록 하는 힘이 작용하므로, 인생을 예술의 희생물로 삼는 것도 어쩔 수 없지 않은가. 자신조차 잘 모르는 힘에 사로잡혀서 결국은 그 힘의 악령과 같은 환영에 속아, 인생은 무참하게도 손가락 사이로 헛되이 새어 버리는 것이다.
그러나 필립으로서는 인생이란 본뜨기보다는 우선 살아야 하는 것이라는 생각이 들었다. 그리고 가지가지의 경험을 찾고 그것이 주는 온갖 감동을 인생의 순간순간으로부터 뜯어내고 싶다고 생각했다. 드디어 그는 어떤 행동을 실행한 다음 모든 것을 그 결과에 따르기로 결심했다. 더욱이 일단 결심한 이상 마음이 흔들리기 전에 실행으로 옮기기로 했다. 다행히 다음 날 아침은 바로 프와네 교수가 나올 차례였으므로 그는 자기가 그림 공부를 계속하는 것이 의미 있는지 어떤지 단도직입적으로 물어 볼 참이었다. 언젠가 프와네 교수가 파니 프라이스에게 주었던 그 가혹한 충고는 하루도 잊지 않았다. 참으로 올바른 충고였다고 해도 좋은 것이었다.
파니 프라이스의 일이 그에게는 아무래도 잊히지 않는 것이다. 그녀가 없어지고부터는 아틀리에까지도 이상스럽게 허전한 것 같았고, 이따금 그림을 그리는 여자가 문득 무엇인가 하는 것을 보거나 말하는 소리를 들으면 갑자기 파니 프라이스가 생각나 섬뜩해졌다. 그녀의 존재는 살았을 때보다도 죽어 버리고 난 요즘에 와서 한층 더 절실하게 느껴졌다. 밤에도 가끔 꿈을 꾸고는 무서워서 고함을 지르며 깨어났다. 그녀가 견디었을 고통을 생각하면 마음이 괴로워서 안절부절못했다.

필립은 프와네 교수가 학원에 나오는 날이면 언제나 오데사 거리에 있는 조그만 식당에서 점심식사를 한다는 사실을 알고 있었다. 그래서 다급하게 점심을 먹고, 그 식당 앞에 가서 선생이 나오기를 기다렸다. 오가는 사람이 많은 거리를 필립은 왔다 갔다 하다가 한참 뒤에 드디어 프와네 교수가 머리를 약간 숙인 채 걸어오고 있는 것을 보았다. 그 순간 그는 몹시 겁을 먹었지만 마음을 다잡고 다가섰다.

"저 교수님, 잠깐 말씀을 드리고 싶습니다."

프와네 교수는 그를 흘끔 쳐다보았다. 그를 알아보기는 한 것 같았으나 조금도 웃어 보이지는 않았다.

"말해 보게."

"네, 전 지금까지 2년 가까이 선생님의 지도를 받아왔습니다만 솔직히 제게 있는 그대로를 말씀해 주셨으면 합니다. 앞으로도 그림 공부를 계속할 만한 소질이 있는지 어떤지 말입니다."

필립의 목소리는 조금 떨리고 있었다. 프와네 교수는 얼굴을 들지도 않고 자꾸만 걸어갔다. 필립은 그의 얼굴을 뚫어지게 바라보았으나 아무런 표정도 보이지 않았다.

"자네가 질문하는 의도를 잘 모르겠는데."

"저어, 전 매우 가난합니다. 그러니까 만약 재능이 없다면 깨끗이 단념하고 무엇이든 다른 일을 해볼까 생각합니다만."

"재능이 있는지 없는지를 자신이 모른단 말인가?"

"제 친구들은 모두 자기들이 재능이 있다고 믿지만, 그중에는 잘못 생각하는 사람도 있다는 것을 압니다."

빈정거리는 듯하던 프와네 교수의 입가에 미소 비슷한 것이 번졌다고 생각한 순간 교수가 물었다.

"자네 집은 이 근처인가?"

필립은 그의 아틀리에가 있는 곳을 말했다. 프와네 교수는 휙 돌아섰다.

"그럼 함께 가세. 자네 그림을 보여 주게나."

"곧바로 말씀이십니까?"

필립이 소리쳤다.

"왜? 안 되겠나?"

필립으로서는 뭐라고 더 할 말이 없었다. 교수와 나란히 서서 묵묵히 걷기 시작했다. 괴로울 정도로 가슴이 뻐근했다. 설마 곧바로 보자고 할 줄은 꿈에도 생각지 못했다. 조금쯤은 마음의 준비를 할 여유도 있어야 했으므로, 그로서는 언제든지 한 번 와서 봐 달라고 부탁을 해보거나, 아니면 그림을 선생의 아틀리에로 가져가도 좋을지 정도로 물어볼 작정이었던 것이다. 필립은 걱정이 되어서 몸이 덜덜 떨리기까지 했다.

그러면서도 마음속으로는 프와네 교수가 그림을 보고 보기 힘든 미소를 띠면서 필립의 두 손을 붙잡고서 '응 좋아. 그림을 계속 그리도록 하게. 자네에게는 재능이 있어. 아주 훌륭한 재능이 있네' 하고 말해 주기를 바랐다. 상상만 해도 가슴이 뿌듯했다. 참으로 마음 든든한 것이다. 얼마나 기쁜 일인가? 그렇게만 되면 용기가 새롭게 솟아나서 계속할 수 있는 것이다. 결국 나아갈 수만 있다면 도중의 어려움이나 실망, 궁핍 따위는 아무것도 아니다. 자기 딴에는 공부도 무척 애쓰며 해왔다. 만약 그 공부가 모조리 헛일이었다면 이 얼마나 참혹한 일인가.

그러나 언젠가 파니 프라이스가 그와 똑같은 말을 했던 것을 생각하고 무의식중에 놀랐다. 이윽고 두 사람은 그의 집에 이르렀다. 필립은 완전히 불안에 쫓기고 있었다. 될 수만 있다면 차라리 이대로 돌아가 주었으면 싶을 정도였다. 역시 진실은 알고 싶지 않다. 집 안에 들어서자 관리인이 편지 한 통을 그에게 전해 주었다. 흘긋 봉투를 보니, 틀림없는 큰아버지의 필적이었다. 프와네 교수는 그의 뒤를 따라서 계단을 올라왔다. 필립은 어떻게 말을 해야 좋을지 몰랐다. 프와네 교수도 아무 말이 없었다. 침묵이 그의 신경을 초조하게 했다.

교수는 의자에 앉았다. 필립은 아무 말도 없이 살롱에서 낙선한 그림을 선생 앞에 세웠다. 선생은 가볍게 고개를 끄덕여 보일 뿐, 여전히 아무 말도 없었다. 뒤이어 그는 루드 챌리스를 모델로 한 두 장의 초상화를, 다음엔 모레에서 그린 풍경화 두서너 장과 스케치 몇 장을 보였다.

잠시 뒤 필립은 야릇하게 흥분된 웃음소리를 내면서 이렇게 말했다.

"겨우 이것뿐입니다만."

프와네 교수는 천천히 담배를 말아서 그것에 불을 붙이더니 마침내 입을 열었다.

"자넨 몹시 궁색하다지 않았나?"

"네, 그렇습니다."

대답을 하면서도 필립은 갑자기 심장 근처에 섬뜩한 것을 느꼈다.

"먹고 살기에도 충분치 못합니다."

"늘 먹고 사는 일로 걱정해야 하는 것만큼 구차한 게 또 없지. 난 돈을 멸시한다는 인간이라면 대단히 경멸할 뿐이네. 그런 녀석은 위선자든가 바보 천치든가 둘 가운데 하나겠지. 돈이란 이른바 육감 같은 거야. 이것이 없으면 나머지 오감도 도저히 온전한 기능을 발휘하지 못하는 법일세.

적당한 수입이라는 것이 없으면 인생의 가능성 절반이 우선 막히고 마는 셈이야. 다만 깨달아야 할 것은 벌어들이는 돈이 1실링이라면 절대로 1실링 이상을 써서는 안 된다는 것일세. 자네도 들었겠지만, 가난이야말로 예술가에겐 최고의 자극이라는 둥 하는 자들이 있는데, 그런 녀석들은 아직 가난의 고통을 진정으로 겪어 보지 못한 것이 뻔해. 가난이 사람을 얼마나 천박하게 만드는가를 아직 모르고 떠는 수작이지. 가난이란 사람을 한없이 비열하게 만들고 그 날개를 잘라버리고, 마치 암처럼 영혼을 마구 파먹어 들어가는 것일세. 그렇다고 큰 부자가 되길 바라는 것은 아니네.

다만 인간으로서 체면을 유지하고, 걱정 없이 일할 수 있고, 너그럽고 대범하고 도량 넓게 그리고 독립된 인간으로서 살아 나갈 수 있을 만큼의 돈만 있으면 된단 말일세. 작가건 화가건 간에 예술에만 기대 먹고 사는 사람들이야말로 진정 불쌍한 자들이지."

필립은 내보였던 그림들을 조용히 치웠다.

"그렇게 말씀하시면 아무래도 전 별로 가망이 없다고 여겨집니다만."

프와네는 가볍게 어깨를 움츠렸다.

"자네는 손재주는 웬만큼 있네. 꾸준히 노력하면 웬만한 화가가 못될 것도 없겠지. 하기야 자네보다 못한 화가도 얼마든지 있어. 그러나 지금까지 보여준 그림으로선 재능을 인정하기가 어렵네. 있는 것은 단지 노력과 총명함뿐이야. 솔직히 말해서 평범한 화가 이상이 되기는 힘들걸세."

필립은 다만 조용히 대답할 수밖에 없었다.

"수고를 끼쳐 드려서 죄송합니다. 무어라 감사의 말씀을 드려야 할지 모르겠습니다."

프와네 교수는 자리에서 일어나 나가려다가 문득 마음이라도 변한 것처럼 그 자리에 멈추어 서서 필립의 어깨에 손을 얹었다.

"하지만 만약 자네가 내 의견을 듣고 싶다면 말해 주겠네. 용기를 내서 다른 일을 해보는 거야. 좀 심한 소리 같지만 이 말만은 해두겠네. 내가 자네 나이만 했을 때, 만약 누군가 내게 이런 충고를 해줬다면 나는 얼마나 고마웠을까 싶단 말일세. 그리고 틀림없이 그 충고를 따랐을 걸세."

필립은 어리둥절해서 선생의 얼굴을 올려다보았다. 프와네는 입술을 끌어올리며 억지로 미소를 지었으나 그의 눈은 여전히 엄하고 슬픈 듯한 표정을 띠고 있었다.

"이미 때가 늦은 다음에 자신의 평범함을 깨닫는다는 것은 너무 참혹한 일일세. 안 그런가? 그렇게 되면 기분이 조금도 나아지지 않지."

이 마지막 말을 마치자 그는 가볍게 웃고 재빠르게 방을 나가 버렸다.

필립은 기계적으로 큰아버지에게서 온 편지를 집어 들었다. 큰아버지의 필적을 보았을 때부터 그의 마음은 불안했었다. 편지를 보내는 사람은 언제나 루이자 큰어머니였고, 그 큰어머니는 벌써 석 달 전부터 병상에 누워 있었기 때문이다. 그동안 문병하기 위해 귀국하겠다고 했으나 큰어머니는 공부에 방해가 되니 오지 않아도 좋다고 말해 왔었다. 필립에게 걸림돌이 될까 염려했던 것이다. 그리고 8월까지 기다리겠으니 그때는 꼭 돌아와서 적어도 이삼 주일은 목사관에서 지내도록 하라고도 씌어 있었다.

만약 병세가 악화되었다면, 그를 만나지 않고 죽는 것은 견딜 수 없는 일일 터이므로 당연히 연락해올 것임에 틀림없었다. 만약 큰아버지가 편지를 썼다면, 분명 큰어머니가 펜대를 잡을 수가 없을 정도로 병세가 위독해진 것이다. 그는 편지를 뜯었다. 다음과 같은 사연이 담겨 있었다.

필립 보아라.

오늘 아침 일찍, 너의 큰어머니가 돌아가신 것을 네게 알린다. 급작스럽기는 했으나 임종은 매우 평온했다. 워낙 급하게 당한 일이어서 너를 부를 겨를조차 없었구나. 큰어머니는 이미 세상을 하직할 마음의 준비가 충분했으므로 부활에 대한 확신과 주 예수 그리스도의 뜻에 일체 복종함으로써 영원히 안식하신 거다. 고인은 장례 때 네가 참석해주길 간절히 원했으니 되도록 빨리 귀국하기 바란다. 너도 알다시피 장례를 치를 사람이 나 혼자뿐이라 정신을 차리지 못할 정도로 바쁜 형편이니, 어서 와 나를 도와주기 바란다. 진심으로 부탁한다. 이만.

큰아버지 윌리엄 캐리

52

이튿날, 필립은 블랙스테이블에 닿았다. 어머니가 돌아가신 뒤 집안에서 초상이 나기는 이번이 처음이었다. 큰어머니의 죽음은 그에게 커다란 충격이었고 한편 기묘한 불안도 주었다. 필립은 처음으로 자신의 죽음에 대해 생각해 보았다. 또 40년간 줄곧 큰아버지와 함께 살면서 그를 사랑하며 살뜰히 뒷바라지하던 큰어머니가 돌아가신 뒤, 과연 큰아버지의 생활이 어떻게 돼 갈 것인지 기약할 수도 없었다. 큰아버지는 모든 희망을 다 잃어버리고, 캄캄한 암흑 속을 헤매고 있을 것만 같았다.

그는 그런 큰아버지와 얼굴을 마주하기가 무척 두려웠고, 그렇다고 무슨 적절한 말로 위로를 해 보았자 소용도 없을 것 같았다. 그는 큰아버지에게 할 몇 마디 적당한 말을 미리 외어 두었다. 그러고는 뒷문을 통해 목사관으로 들어가 곧장 식당에 갔다. 마침 큰아버지는 신문을 읽고 있었다.

"기차가 늦게 도착했구나."

큰아버지는 얼굴을 들었다.

가슴이 메어지도록 침통해 있으리라 짐작했던 필립으로서는 큰아버지의 아무렇지도 않은 듯한 이 말이 퍽 놀라웠다. 감정을 억누르고 평온한 얼굴로 큰아버지는 읽고 있던 신문을 그에게 주었다.

"〈블랙스테이블 타임스〉에 짧기는 하지만 너의 큰어머니에 대해서 잘 쓴 기사가 실렸다."

큰아버지는 말했다.

필립은 기계적으로 읽어 보았다.

"2층에 올라가서 너의 큰어머닐 만나 보겠니?"

필립은 고개만 끄덕이고 큰아버지와 함께 2층으로 올라갔다. 루이자 큰어머니는 꽃에 둘러싸인 채 커다란 침대 한복판에 누워 있었다.

"기도라도 한마디 올려야 하지 않겠니?"

큰아버지는 말하면서 무릎을 꿇었다. 필립도 그렇게 하는 것이 도리일 듯해 큰아버지를 따라 무릎을 꿇었다. 그는 큰어머니의 시들고 작은 얼굴을 바라다보았다. 그의 가슴에는 오직 한 가지 생각밖에 없었다. 이 얼마나 헛된 인생이었는가!

1분쯤 뒤 큰아버지가 기침을 하며 자리에서 일어섰다. 그리고 침대가에 놓인 화환을 가리키며 언제나 교회에서 쓰는 그런 투로 나직이 말했다.

"이것이 바로 대지주 댁에서 보내온 것이다."

그것은 어디까지나 성직자로서의 침착하고 평온해 보이는 태도였다.

"이제 차 준비가 되었겠구나."

두 사람은 계단을 내려와 다시 식당으로 들어갔다. 젖혀진 덧문이 왠지 모르게 서글픈 분위기를 더했다. 큰아버지는 생전에 큰어머니가 늘 격식에 맞추어 차를 따르던 식탁 끝에 앉았다. 먹을 것이 제대로 목구멍을 넘어갈 성싶지 않다고 생각했었는데, 큰아버지의 식욕이 보통 때와 조금도 다름없는 것을 보자 그도 왕성한 식욕으로 차를 마셨다. 한참 동안 두 사람은 말이 없었다. 필립은 적당히 슬픈 표정을 지어 보이며 케이크를 먹기 시작했다.

"내가 목사보를 지내던 시절과는 세상이 많이 달라졌구나."

큰아버지는 말을 꺼냈다.

"내가 젊었을 때는 문상 오는 사람에게 반드시 검은 장갑과 모자에 두를 검은 빛깔의 비단 조각을 주었단다. 네 큰어머니는 그것을 모아 가지고 옷을 만들었지. 네 큰어머니 말이 상갓집을 열두 번만 돌면, 새 옷 한 벌이 생긴다고 했단다."

그리고 큰아버지는 화환을 보내온 사람들에 관해 말하기 시작했다. 이미 스물넷이나 도착해 있었다.

"퍼언 지구의 목사 부인, 로울링슨 부인이 세상을 떠났을 때는 서른둘이나 들어왔었지. 그러나 내일도 꽤 많이 들어올 테고 장례 행렬식은 11시에 목사관을 떠나도록 되어 있으니, 로울링슨 부인을 이겨내기는 문제가 아닐 게다. 루이자는 생전에 로울링슨 부인을 좋아하지 않았거든."

큰아버지는 이런 식으로 말을 이어갔다.

"장례식은 내가 직접 맡아 하겠다. 네 큰어머니에게 장례는 딴 사람에게 맡기지 않겠다고 약속했으니까."

그렇게 말하면서 큰아버지가 두 개째 케이크에 손을 대었을 때 그는 왈칵 불쾌한 기분이 들어서 못마땅한 표정으로 큰아버지를 바라보았다. 이런 날 아무리 그래도 게걸스럽게 먹는 것은 너무하다는 생각이 들었다.

"메어리 앤은 케이크 하나는 잘 만들거든. 이젠 이 정도 만드는 사람도 그리 흔치 않을 텐데."

"메어리 앤은 자기 집에 돌아가지 않겠죠?"

필립은 깜짝 놀라 물었다.

그녀는 필립이 철이 든 뒤로 쭉 목사관에서 일해 왔다. 필립의 생일날이면 하루도 빠지지 않고 대수롭진 않지만 늘 정성어린 선물을 마련해 주었다. 그녀만은 정말 좋았다.

"집으로 보내야지. 독신녀를 어떻게 두겠니?"

큰아버지가 대답했다.

"그렇지만 이제 나이도 마흔이나 됐잖아요, 큰아버지."

"그쯤 됐을 테지. 그런데 요즘은 다소 귀찮게 구는구면. 뭣이든지 자기 마음대로 해치우려 드니 탈이란 말이야. 이번이 꼭 좋은 기회니, 그만두게 할 작정이다."

"하기야 다시없을 좋은 기회긴 합니다만."

그가 담배를 꺼내자 큰아버지가 말리며 주의를 주었다.

"장례식이 끝날 때까지는 안 된다."

큰아버지는 조용히 꾸짖었다.

"알겠습니다."

"아직 큰어머니 유해가 2층에 있는데 집 안에서 담배를 피운다는 건 근신하는 태도가 못 돼."

장례가 끝난 뒤, 은행 지배인이자 교구 위원인 조사이어 그레이브즈가 저녁을 함께 먹으려고 목사관으로 돌아왔다. 덧문을 활짝 열고 필립은 자기도 모르게 안도의 숨을 내쉬었다. 집 안에 유해를 두고 있을 때는 왠지 모르게 마음이 가라앉지 않았다. 생전에 그토록 필립에게 친절히 대해 주던 큰어머니였지만, 싸늘한 시체가 되어 2층에 누워 있는 것을 보자 무언가 살아남은 사람들에게 불길한 느낌을 주는 듯한 기분이었다. 생각이 거기에 미치자 필립은 등골이 오싹해졌다. 필립은 1, 2분 정도 식당에서 조사이어 그레이브즈와 단둘이 남게 되었다.

"당분간 남아 있겠지. 이대로 큰아버지를 혼자 계시게 할 수 있겠나."

"장례에 대한 별다른 예정이 없으니, 큰아버님 생각이 그러시다면 전 남아 있어도 좋습니다."

아내를 잃은 큰아버지를 위로도 할 겸 그레이브즈는 식사를 하면서 최근에 웨슬리 교파의 교회가 반이나 타버렸던 화재 이야기를 꺼냈다.

"소문엔 화재보험에 들지 않은 모양이더군요."

그는 가벼운 웃음을 띠며 말했다.

"이러나저러나 마찬가지겠죠."

큰아버지가 대수롭지 않다는 듯 대답했다.

"복구 기금쯤은 곧 모여요. 비국교파 사람들은 기부를 잘하는 기질들이니까."

"홀덴한테서도 화환이 온 모양이던데요."

홀덴은 비국교파 목사로, 캐리 씨와는 그들을 위해 순교한 그리스도에 대한 의리상, 서로가 거리에서 마주치면 눈인사 정도는 해도 말은 안 하는 사이였다.

"하여튼 대단했어."

큰아버지가 말했다.

"화환이 마흔 개, 그중에서 당신 것이 제일 눈에 띱디다. 필립과 함께 칭찬을 했죠."

"뭐 대수롭지도 않은 걸 가지고 그러십니까."

그레이브즈는 대답했지만, 그러나 사실 그의 화환이 다른 누구의 것보다도 컸던 것을 그 자신도 만족한 기분으로 바라보았던 것이다. 실제로 그의 화환이 가장 돋보였다. 두 사람의 화제는 이내 장례식에 온 사람들에게로 옮겨갔다. 상점들은 장례식 때문에 문을 닫았다. 그레이브즈가 호주머니에서 '캐리 씨 현부인 장례로 오후 1시까지 임시 휴업함'이라고 인쇄된 종이를 꺼내 보이면서 생색을 냈다.

"이게 바로 내 착상이었죠."

"모두가 죽은 제 아내를 위해 가게를 닫았다니, 고인도 지하에서 흡족해할 거요."

필립은 저녁식사를 마쳤다. 메어리 앤이 오늘만은 일요일과 다름없이 영계구이와 구스베리 파이를 만들어 주었다.

"묘석에 대해선 아직 생각을 안 하셨겠죠?"

그레이브즈 씨가 물었다.

"아니오, 마음속에 결심을 해뒀어요. 장식이 전혀 없는 돌로 만든 십자가로 할까 해요. 집사람은 원래 거추장스런 것을 싫어했으니까."

"그야 십자가가 제일 좋지요. 그리고 묘석에 새길 성구도 생각해 봐야 할 걸요. 이렇게 쓰면 어떨까요, 주와 더불어 있는 자는 많은 복을 받으리라."

큰아버지의 입이 삐쭉 나왔다. 무엇이든지 혼자서 결정해 버리려는 태도가 어디까지나 비스마르크(그레이브즈의 별명)다웠기 때문이다. 그는 그 성구가 싫었다. 어딘지 모르게 남편에 대한 비난의 냄새가 풍겼다.

"그건 안 돼요. 차라리 '주님이 주시고 주님이 거두시다' 하는 편이 낫지 않을까요."

"그럴까요, 난 평소 그 구절은 좋아하지 않아서."

큰아버지가 달갑지 않게 대답하자, 그레이브즈 역시 지지 않고 아내를 잃은 사람에겐 다소 위압적이라 할 만한 투로 대답했다. 남편이 죽은 자기 아내의 묘비에 새길 비문 하나 마음대로 선택하지 못한다면, 너무 지나친 처사가 아닐 수 없다. 그 이야기는 일단 거기서 멈추고, 다음은 교구의 사무를 논의하기 시작했다. 참다못해 필립은 정원으로 나가 담배를 피웠다. 벤치에 앉아 별안간 그는 미친 듯이 웃기 시작했다.

4, 5일이 지나 큰아버지는 앞으로 이삼 주일 동안 블랙스테이블에 머무르지 않겠느냐고 말했다.

"네, 전 아주 좋습니다."

"9월에 파리에 돌아가면 되겠지."

필립은 확실한 대답을 하지 않았다. 프와네 교수의 말을 그 뒤로 여러 차례 깊이 생각해 보았지만 별 결론을 얻지 못했으므로, 자신의 장래 문제에 대해서 언급하고 싶지 않았다. 아무리 애써 보아야 일류 화가는 되기 어려울 테고 그림공부를 그만두는 것이 오히려 기쁘기도 했지만, 그것은 자기 혼자 생각일 뿐 남들에겐 패배로밖에 보이지 않을 터였다. 패배를 입 밖에 내기란 난처한 일이었다. 필립은 고집 센 면이 있었다. 예를 들면 자신이 재능이 전혀 없다고 생각되는 방면을 억지로라도 탐구하고 싶어 하는 그런 면 말이다. 친구들의 비웃음을 산다는 것은 견딜 수 없는 일이었다. 그런 생각만으로도 그림공부를 그만두기란 여간 힘든 일이 아니었다.

그러나 환경의 변화는 갑자기 그에게 전혀 다른 생각을 하게 했다. 많은 사람들이 그런 것처럼 그 역시 도버 해협을 건너자 지금까지 그토록 중대하게 여기던 일들이 이상하게도 우스꽝스러워 보이기까지 했다. 그렇게도 훌륭하고 버리기 어려웠던 생활이 이제는 다만 유치하게 생각되는 것이었다. 그들이 일과처럼 드나드는 카페, 맛없기로 이름난 식당, 그 밖에 그들이 영위하는 생활방식들이 순식간에 보잘것없는 것으로 여겨져, 견디지 못할 만큼 싫어졌다. 이제는 친구들이 뭐라 해도 상관없을 것 같았다. 크론쇼의 마구 휘둘러 대는 독특한 궤변, 오터 부인의 눈에 보이는 허영, 루드 챌리스의 끈덕진 애착, 로우슨과 클러튼의 보기 흉한 대립, 이런 모든 것이 구역질 날 정도로 더럽고 아니꼬웠다.

필립은 편지를 써서 로우슨에게 짐을 보내달라고 부탁했다. 일주일 뒤 짐이 도착했다. 캔버스 보따리를 풀고 나자 이제는 냉정히 자신의 작품을 검토해 볼 마음의 여유가 생겼다. 사실 그대로를 냉철하게 바라볼 수 있게 되었다. 큰아버지는 그의 그림을 보고 싶어 했다. 필립이 파리에 가고 싶어 했을 때 그렇게 완강히 반대했던 그가 이제 와서는 너그럽게 인정해 주려는 태도를 취했다. 큰아버지는 회화과 학생들의 생활에 꽤 관심을 보이며 필립에게 마구 질문을 퍼부었다. 필립이 화가라는 사실을 자랑삼고 있는 듯했다. 손님이 올 때면 으레 그에게 말을 시켰다. 큰아버지는 필립이 보여 준 모델의 데생을 열심히 바라보고 있었다. 그러고 나서 필립이 미겔 아주리아의 초상화를 보여 주었더니 이렇게 묻는 것이었다.

"왜 하필이면 이런 남자를 그렸니?"
"마침 모델이 필요했는데 이 사람 얼굴에 흥미를 느꼈거든요."
"앞으로 별달리 할 일도 없는데 어디 날 한 번 그려다오."
"모델 노릇이 그리 쉽진 않은데요."
"괜찮다."
"그럼 생각해 보겠습니다."

필립은 큰아버지의 허영심이 우스꽝스러웠다. 초상을 그리게 하고 싶은 속내가 너무나 뻔했다. 더욱이 무료로 그려주니 구미가 당기는 것도 사실이었다. 며칠이나 계속 그런 이야기를 비쳤다. 처음에는 왜 그림을 그리지 않고 빈둥빈둥 놀기만 하느냐고 힐난하듯 했고, 언제 그림을 시작하겠느냐고 독촉하듯 말하더니, 나중에는 만나는 모두에게 필립이 자기의 초상화를 그릴 거라고 수다를 떨었다. 이윽고 충돌의 시기가 닥쳐오고 말았다. 아침을 먹자마자 큰아버지가 말을 건넸다.

"오늘 아침부터 슬슬 시작해 보면 어떻겠니?"

필립은 읽기 시작한 책을 놓고 의자 등에 기댔다.

"전 이제 그림은 안 그리겠어요."

"그건 또 왜?"

큰아버지는 놀라 물었다.

"이류 화가나 될 바에야 깨끗이 단념해 버리는 편이 좋을 것 같아서요. 사실대로 말하면 저로선 그 이상의 화가가 될 성싶지 않습니다."

"이건 또 무슨 말도 안 되는 소리냐. 파리에 가기 전에는 천재적인 소질이 있다고 자신만만했지 않니."

"제가 잘못 생각했었습니다."

"하지만 그때는 너 자신이 마침내 긍지를 가지고 할 수 있는 직업을 찾았다고 사실은 나도 기뻐했는데. 네겐 참을성이 모자랐던 것 같구나."

필립은 이번 결심이 얼마나 영웅적이었나를 알아주지 않는 큰아버지가 못마땅했다.

"우물을 파도 한 우물을 파라는 말이 있지."

큰아버지는 계속했다. 필립은 무엇보다 이 격언이 싫었다. 아무런 취할 점이 없어 보였다. 그가 회계사 수습 일을 그만둘 때도 큰아버지와의 언쟁 가운데 이 격언이 자주 인용되었다. 큰아버지의 머릿속에도 그 무렵의 기억이 또렷하게 되살아난 것 같았다.

"너도 이젠 어린애가 아니다. 이젠 자리를 잡을 때도 되지 않니. 처음엔 회계사가 되겠다더니 집어치우고, 다음에는 화가가 되겠다더니 이제 와서 그것까지도 못하겠다, 대체 이래서야······."

이것은 다시 정확하게 말해서 어떤 성격상의 결함일까, 그것을 생각하기 위해 큰아버지는 잠시 잠잠했다. 그러자 필립이 그런 큰아버지의 생각에 맞는 결론을 맺어 주었다.

"결단성이 없고 무능력하며 의지가 약하다 그 말씀이시죠."

큰아버지는 얼른 조카의 얼굴을 쳐다보았다. 놀리는 것이 아닌가 의심이 들었기 때문이다. 그러나 필립의 얼굴은 어디까지나 진담이었고, 번쩍이는 눈동자가 큰아버지의 마음에 몹시 못마땅했다. 좀더 심각해야 했다. 그러니 이편에서 먼저 따끔하게 한마디 해둘 필요가 있다고 그는 생각했다.

"나도 이젠 너의 돈 문제에 대해서는 조금도 상관하지 않겠다. 너도 그만하면 어른이 다 됐다고 생각하니까. 한 가지 강조하고 싶은 것은 돈이란 언제까지나 있는 게 아니다. 더구나 너같이 불행한 신체가 되고 보면 생계를 유지하기가 그리 쉽지 않을 테니까."

요즘 와서 필립은, 자기에게 화를 내는 사람들은 만사를 제쳐놓고, 자기의 불편한 다리에 관해 으레 한마디씩 언급한다는 사실을 알고 있었다. 더욱이 거의 누구나가 이 유혹을 이겨내지 못한다는 사실 하나만으로도 필립에게는 인간 전체에 대한 평가를 결정짓기에 충분했다. 그러나 하나의 자기 수양으로, 이러한 모욕적 언사를 들을 때도 눈 한 번 깜짝하지 않는 훈련은 되어 있어, 어린 시절에 그렇게 수치스러웠던 그 감정도 이젠 자제할 수 있는 단계에 이르러 있었다.

"옳은 말씀이십니다. 지금 말씀대로 돈 문제는 큰아버님과 아무런 관계없는 일입니다. 그리고 저도 이젠 독립된 인간이고요."

"이 말은 분명히 해두어야겠다. 네가 그림 공부를 하겠다고 했을 때, 한사코 반대했던 사람은 나다. 이제 와서 보면 결국 내 말이 옳았다는 것밖에 안 되는구나."

"글쎄요. 그건 어찌됐든, 전 다른 사람의 올바른 충고로 정당한 일을 하기보다는, 차라리 자신이 잘못을 저지름으로써 얻는 이점이 더 많으리라는 신념이 있습니다. 하여튼 전 스스로 자기 운명을 시험해 본 셈입니다. 그리고 이제는 슬슬 결정을 내려 볼까 합니다만."

"어떻게?"

이 질문에 대한 해답은 필립도 아직 준비가 되어 있지 않았다. 아직 어떠한 결론도 못 내리고 있었다. 그저 몇 가지 직업을 막연하게 생각하고 있을 뿐이었다.

"역시 너의 아버지 뒤를 이어서 의사가 되는 게 가장 어울리겠구나."

"우연하게도 저도 그러려고 생각 중입니다."

많은 직업 가운데 그는 의사를 생각해 보았다.

의사는 비교적 자유로운 직업인 데다가 전에 경험한 사무소 근무만은 어떤 일이 있더라도 다시는 하고 싶지 않다는 생각이 굳어져 갔다. 큰아버지에게 한 말은 이러한 생각들이 우연히 입 밖에 나왔음에 불과했다. 이렇게 우연한 계기로 결정짓는 것도 전혀 무의미하지만은 않을 듯해, 그대로 가을에는 아버지가 근무했던 병원에 들어가기로 했다.

"그렇다면 파리에 있었던 2년 동안은 허송세월을 한 셈이구나."

"글쎄요, 저로선 재미있었던 2년간이라 유익한 점도 있었습니다."

"그건 또 무슨 소리지?"

필립은 잠시 멈칫했다. 따져 보면 그 대답 속에는 큰아버지를 약간 비꼬는 투가 없지 않았다.

"지금까지 전혀 보지 못한 관찰력도 늘게 되었고, 또 지금까지처럼 단지 나무나 집을 살펴보는 데 그치지 않고, 그러한 것들이 하늘을 배경 삼아 있다는 새로운 사실도 알게 됐습니다. 그리고 그림자 자체도 하나같이 검은 색깔이 아니라 저마다 독특한 색을 지니고 있다는 사실도 깨달았습니다."

"그래, 그 소리를 하는 너 자신은 똑똑한 사람으로 자처하는 모양이구나. 하지만 절실한 문제를 가볍게 다루는 그 태도는 덜 돼 있다 그 말이다."

53

캐리 씨는 읽고 있던 신문을 쥐고 서재로 들어가 버렸다. 필립은 여태껏 큰아버지가 앉아 있던 의자로 옮겨 창 너머로 억수같이 퍼붓는 빗줄기를 물끄러미 바라보았다. 이렇게 불순한 날씨에도 멀리 지평선까지 뻗어 있는 파란 밭이랑을 바라보노라니 왠지 모르게 마음 한구석이 차분히 가라앉는 느낌이었다. 지금까지 한 번도 깨닫지 못한 뭔가 절실한 아름다움이 풍경 속에는 있었다. 2년, 뜻밖의 2년간의 프랑스 생활이 그의 눈을 고향 전원의 아름다움에 눈뜨게 한 것이다.

그는 미소를 띠며 큰아버지의 말을 되새겨 보았다. 사고방식이 가볍고 건방지다는 말은 그에게는 오히려 다행이었다. 그제야 그는 일찍 부모를 여읜 것이 얼마나 큰 손실이었는가를 깨닫게 되었다. 그것이 바로 그의 인생이 다른 사람과 다른 시발점이요, 나아가 다른 사람과는 다른 관찰을 하게 만드는 장애가 되고 만 것이었다. 자식에 대한 부모의 사랑은 문자 그대로 오직 하나뿐인 깨끗하고 이타적인 감정이다. 그는 부모 이외의 사람의 손에서 비교적 순조롭게 자라온 편이기는 했으나, 그러면서도 인내와 관용으로 받아들여진 적은 거의 없었다. 그는 자제력을 자랑삼아 왔으나, 엄격히 따져보면 동료들의 비웃음으로 강요당한 결과에 불과했다.

사람들은 그를 쌀쌀맞다, 차갑다고들 한다. 어느 틈에 침착한 태도와 어떤 일이 있더라도 희로애락의 감정을 드러내지 않는 습성이 몸에 배고 말았다. 지금 와서는 감정을 나타내려야 낼 수 없는 것이 버릇이 되고 말았다. 사람들은 그를 가리켜 감정이 없다고들 한다.

그러나 그 자신은 감정에 쉽게 지배되는 사람이라는 것을 잘 알고 있었다. 남이 베푸는 하잘것없는 친절에도 잘 감동하여 말을 하다가는 떨리는 자기 목소리가 폭로될까 봐 두려워서, 굳게 입을 다물고 지낸 일이 많았다. 학창 시절에 겪었던 고통스러웠던 생활도 용케 참아왔다. 굴욕감이며, 웃음거리가 안 되려고 애를 쓰며 실수하지 않기 위해 병적으로 마음을 졸이던 불안감, 이러한 지난 일들이 또렷하게 머릿속에서 되살아났다. 학교를 갓 나와서 세상과 부딪쳤을 때 느낀 고독감이며, 그의 다감했던 상상력에 비친 것과 현실의 현격한 차이로 말미암아 생겨난 환멸과 실망, 이러한 모든 것이 머릿속에 떠올랐다. 그럼에도 그는 자기 자신을 곁에서 살피며 미소를 머금고 혼자 즐기는 여유 있는 생활을 하는 사람이기도 했다.

"그래, 내게 만일 가벼움과 건방짐이 없더라면 난 벌써 옛날에 목을 매죽고 말았을지도 모르지."

그는 스스로 위로하듯 혼잣말을 했다.

그는 큰아버지가 파리에서 대체 무엇을 배웠느냐고 묻던 말에 그가 한 대답을 다시 한 번 되새겨 보았다. 큰아버지에게 말했던 그 이상의 공부를 한 것만은 사실이었다. 크론쇼와 나누었던 대화가 머릿속을 쉽게 떠나지 않았다. 대수롭지 않았던 그의 말 한마디가 왠지 머리에 박혀 불현듯 생각나곤 했다.

"이 사람아, 추상적인 도덕률이란 건 있을 수 없단 말일세."
크론쇼는 말했다.

필립이 그리스도교의 신앙을 버렸을 때, 마치 그의 두 어깨에서 무거운 짐이 내려진 기분이었다. 그리스도교 교리에서는 사람의 행위 하나하나가 그대로 영원한 영혼의 행복에 대하여 무한한 중대성을 지니고 있다고 한다. 그렇다면 자신의 일거수일투족에 무거운 책임을 져야 한다는 결론이 된다. 그러한 책임을 한꺼번에 내동댕이치는 순간 그는 생생한 자유를 맛볼 수 있었다. 그러나 이제 와 돌이켜보면 그것은 크나큰 착각이었다. 그가 자라나던 과정에서 얻은 신앙을 저버리고 말았을 때, 그는 신앙의 일부분인 도덕만은 그대로 남겨두고 만 셈이었다. 그리하여 이번에는 그것마저 송두리째 없애 버리리라 마음먹었다.

다시는 그 어떤 선입관에도 흔들리지 않으리라. 자기 스스로 행위의 법칙을 발견하려고 결정을 내린 이상, 모든 미덕과 악덕, 선악에 관한 모든 기성 법칙을 파기해야 했다. 도대체 법칙이라는 것이 필요한지 아닌지, 그것부터가 아리송했다. 이것이 바로 그가 목마르게 찾던 사실의 하나이기도 했다. 근거가 있어 보이는 것은 분명히 어린 시절부터 그렇게 교육 받아왔으므로 그렇게 보이는 데 불과하다. 책도 꽤 읽었지만 아무 소용이 없었다. 왜냐하면 그것들은 모두 그리스도교적 도덕에 바탕을 둔 것이고, 이미 그것을 믿지 않는다고 강조하는 저자 자신도 아무것도 아닌, 결국은 '산상수훈'에 따른 윤리체계를 만들지 않으면 안심을 못했던 것이다.

너는 다른 모든 사람과 똑같이 행동해야만 한다! 이런 것을 알기 위해 책을 읽는다니 시간낭비일 뿐이었다. 안 되는 것이다. 필립은 자신이 어떻게 행동해야 할지 그것이 알고 싶었다. 주위 사람들의 의견에 영향 받는 행동은 절대 삼가리라고 굳게 결심했다. 그러나 그러는 동안에도 계속 살아 나가야만 한다. 그래서 하나의 행동이론이 설 때까지 잠정적 법칙을 세우기로 했다.

"원하는 바에 따라 행동하라. 단 길모퉁이에 순경이 서 있음을 늘 잊지 마라."

그가 파리에서 얻은 가장 큰 수확은 정신의 완전한 자유, 그것이었다. 그는 마침내 자기가 절대적인 자유인이 되었음을 발견했다. 지금까지 꽤 많은 철학책들을 대강대강 읽어온 그는 앞으로 몇 개월의 여가를 기꺼운 마음으로 기대했다. 닥치는 대로 마구 읽기 시작했다. 어떤 새로운 체계를 접할 때마다 그의 마음은 가벼운 흥분에 떨렸다. 그 모든 곳에서 뭔가 행동의 기준이 될 지침을 발견하기를 기대했다. 마치 미지의 나라를 찾아다니는 여행자와도 같은 심정이었다.

가면 갈수록 그것은 점점 마음을 사로잡았다. 마치 사람들이 문학책이라도 읽을 때처럼 오직 정서를 따라 읽어갔던 것이다. 자신이 막연하게만 느껴오던 일들이 멋진 말로 잘 나타낸 것을 읽을 때에는 뛸 듯이 기뻤다. 그의 마음의 움직임은 구상적이어서 추상적인 영역에 들어설 때면 적잖이 곤란해지기도 했다. 그러나 설사 그 논리적 추리를 따를 순 없다 하더라도, 알지 못하는 세계의 주변을 또렷이 굽이쳐 흐르는 사상의 복잡한 내용을 뒤따른다는 것은 형용하기 어려운 환희가 되고도 남았다. 그에게 말 한마디 건네주지 않을 것 같은 위대한 철학가가 있는가 하면, 때로는 그와 마음을 털어놓고 시원스럽게 이야기하는 그런 철학가도 있었다. 다시 말해서 마치 중앙아프리카를 탐험하는 탐험가와 같았다.

갑자기 한없이 넓은 고원으로 나온다. 하늘을 찌르듯 높은 나무들이 늘어서 있는가 하면 끝없이 눈앞에 펼쳐지는 목장이 있다. 그럴 때면 영국의 공원으로 되돌아온 듯한 착각을 느끼기도 했다. 그는 토마스 홉스의 강인한 양식을 즐겼다. 스피노자는 오히려 두려웠다. 이토록 고귀하고 이토록 근접하기 어려운 엄숙한 정신에 접해 보기는 처음이었다. 그가 그토록 심취해 마지 않던 저 로댕의 〈청동 시대〉를 떠오르게 했다. 다음은 흄이었다. 이 매력적인 철학자의 회의론에는 묘하게 친근감을 자극하는 것이 있었다.

아무리 복잡한 사상도 가장 단순하게 율동적으로 나타낼 수 있는 그 명쾌하고 활달한 스타일은 얼마나 그를 즐겁게 했는가. 그는 줄곧 즐거운 미소를 머금고 마치 소설이라도 읽듯이 열심히 읽었다. 그러나 이들 어느 것에서도 그가 찾는 가장 중요한 것은 발견할 수가 없었다.

어딘가에서 그는, 사람은 날 때부터 플라톤파든 아리스토텔레스파든 스토아파든 에피큐리언파든 어느 것으로나 결정돼 있기 마련이라는 내용을 읽은 일이 있다. 조지 헨리 루이스의 일생은 철학이라는 것이 얼마나 허망한가를 얘기하는 데 불과하며, 또 이것이야말로 철학자의 사상이 결국 철학자 그 사람과 떨어질 수 없는 관계에 있음을 증명하고 있었다.

따라서 이것만 알면 그 사람이 말하는 철학은 대개 추측할 수 있다는 것이었다. 즉, 이렇게 생각하니까 행동한다기보다 오히려 이러이러한 인간이니까 이러이러하게 생각한다는 것과 비슷한 것이다. 따라서 그것은 진리와는 조금도 관계가 없을 뿐더러, 진리 그 자체가 처음부터 존재하지 않는다는 것이다. 사람들은 각자가 철학자이며, 과거의 어떤 위대한 철학자들이 쌓아올린 복잡한 체계도 결국은 그 저자 자신에게밖에 의미가 없다는 소리였다.

그러고 보면 가장 중요한 것은 먼저 나란 무엇인가를 아는 것이고, 그것만 알면 사상체계는 저절로 나오는 법이다. 필립은 먼저 자기가 발견해야 할 것 세 가지를 떠올렸다. 첫째는 그와 그가 살고 있는 세계와의 관계, 둘째는 그와 그 자신과 더불어 생활하는 사람들과의 관계, 셋째는 그와 그 자신과의 관계였다. 그는 정성 들여 연구계획을 세웠다.

외국생활이 좋은 이유는, 그 나라의 풍속이나 관습을 접하고 밖에서 살펴 그들이 굳게 믿고 행하는 일에는 그렇게 해야 할 필연성이 전혀 없다는 사실을 아는 데 있다. 그것은 또한 우리에게는 확실히 이치처럼 보이는 신념도 외국인들 눈에는 불합리하게밖에 보이지 않는다는 사실을 깨닫는 계기가 된다. 독일에서의 1년, 파리에서의 2년은 필립의 사상을 회의의 구렁텅이로 빠뜨리고 말았다. 그런데도 그는 오히려 이를 기꺼이 받아들이고, 그것에서 어떤 안도감 같은 것을 느꼈다. 거기에는 선도 없었고 그렇다고 해서 악도 없었다. 사물이란 어떤 목적을 위해 적응할 뿐이었다.

그는 《종의 기원》이란 책을 읽었다. 거기에는 그가 고민하던 많은 문제에 대한 설명이 있었다.

그는 마치 탐험가와도 같았다. 이렇게 추리해 나갈 때, 일정한 자연의 모습이 나타날 것이라는 단정을 내려놓고 큰 하천을 따라 올라가면, 과연 거기에는 예측했던 지류와 비옥하고 인구밀도가 조밀한 평야 그리고 그 너머로는 산맥이 놓여 있었다. 위대한 발견 앞에서, 왜 이것을 그때에는 인정하지 않았나 하는 아쉬움은 나중에야 드는데, 설사 그 진리를 인정한다 해도 대수롭지 않게 여기는 법이다.

처음으로 《종의 기원》을 읽는 독자들은 그들의 이성으로는 이것을 인정할지 모르나, 중대한 행동기준인 감정에는 아무런 영향도 주지 못한다. 필립은 이 위대한 책이 출판된 지 한 세대 뒤에 이 세상에 태어났다. 이 책을 읽었던 같은 시대 사람들의 전율과 같은 대부분의 감정은 그때의 시대감정으로 사라져 버렸을 테니, 그는 오히려 홀가분한 기분으로 그것을 인정할 수 있었다. 그는 생존경쟁이라는 커다란 사실에 감동받으며, 이 책이 보여 주는 윤리적 법칙이 그가 이미 지닌 것과 모두 같다고 느꼈다. 힘만이 정의라고 그는 혼잣말로 중얼거렸다. 한편으로는 자신의 성장과 보존의 법칙을 지닌 유기체인 사회가 있는가 하면, 다른 한편으로는 개체가 엄연히 존재한다. 사회에 이익이 되는 행위를 미덕이라 부르고 그렇지 못한 행위를 악덕이라 부른다. 선이고 악이고 모두가 결국에는 그 이상의 아무것도 아니다. 죄라는 관념은 적어도 자유로운 인간이라면 해탈해야 할 성질의 선입관과 같은 것이다. 개인과의 투쟁에서 사회는 세 가지의 무기를 들이댄다. 법률·여론·양심이 그것이다. 앞의 두 가지는 술책으로 맞설 수 있다. 어느 의미에서는 술책만이 강자에게 대항할 수 있는 약자의 유일한 무기이다. 죄라는 것은 발견됨으로써 죄가 된다는 통설은 옳은 말이다.

 그러나 양심이라는 것은 마치 성 안에 있는 배반자와도 같다. 각 사람의 가슴속에서 사회를 위해 싸우게 하고, 개인 스스로 사회의 희생물이 되게 하고, 적의 승리를 촉진시키는 것이다. 국가라는 유기체와 자의식을 지닌 개인, 이 양자가 화목하게 손을 잡기란 전혀 불가능하다. 전자는 개인을 다만 자체의 목적에 이용할 뿐이고, 만일 방해가 되면 유린해 버리고, 충실하게 봉사하면 훈장이니 연금이니 명예니 하는 따위의 상을 베푸는 것이다.

 한편 후자는 독립인이 될 때에만 강하고 다만 편의상 국가 속을 재치 있게 빠져나갈 뿐이다. 모종의 이익을 위해서 돈을 내놓거나 봉사를 하는 일은 있어도 반드시 의무를 느끼진 않는다. 정확히 말해서, 상 같은 건 관심도 없고, 다만 혼자 있기를 원한다. 즉 혼자 떠돌아다니는 여행자가 쿠크의 회수권(19세기 중엽 토마스 쿠크가 발행한 국내 국외 여행권)을 이용하기는 하나, 번잡한 일이 생략된다는 이점으로 질질 끌려다니는 관광단 풍경을 가벼운 경멸의 눈으로 바라보는 것과 같다.

 자유인의 행동에는 악이 없다. 힘만 있으면 하고 싶은 일을 무엇이든지 다 해낼 수 있다. 힘만이 도덕의 유일한 척도가 되는 것이다. 국가의 법률을 인정하기는 한다. 그리고 법을 어긴 것을 뉘우칠 줄은 모른다. 그러나 형벌은 마땅히 받으며, 원한은 전혀 품지 않는다. 힘은 사회만이 쥐고 있는 것이다.

 그러나 일단 개인에게 옳고 그름이 없다는 결론에 이르면, 양심은 완전히 힘을 잃게 된다고 필립은 생각했다. 마침내 그는 환성을 올리며 양심의 목덜미를 잡아 가슴 밖으로 던져 버렸다. 그러나 아직도 인생의 의미에 대한 의문은 변함없이 남아 있었다. 왜 이 세계가 존재하며 무엇 때문에 사람은 이 세상에 태어났는가 하는 문제는 여전히 알 수 없는 채로 그의 가슴속에 남아 있었다. 틀림없이 뭔가 이유가 있을 것 같았다. 그는 크론쇼가 전에 이야기한 일이 있는 페르시아 양탄자의 비유를 떠올렸다. 그것은 분명히 이런 수수께끼에 대한 대답으로 주어진 것으로, 크론쇼는 다만 스스로 발견한 것이 아니면 아무런 해답이 못 된다고 수수께끼와 같은 말을 했다.

"대체 무슨 뜻으로 그런 말을 했을까?"

필립은 빙그레 웃었다.

이렇게 해서 9월도 다 지난 마지막 날, 그는 1천6백 파운드의 돈과 불편한 다리를 끌고 이러한 새로운 삶을 실천에 옮기고자, 불타는 열의를 품은 채 세 번째 인생의 새 출발을 위해 다시금 런던으로 떠났다.

54

필립이 공인회계사 수습계약을 하기 위해 받은 시험이 그대로 의과대학에 들어가는 자격도 되었다. 그는 성 누가 의학교를 택했는데, 이유는 그의 아버지가 이 학교 학생이었기 때문이다. 여름학기가 끝나기 전인 어느 날, 그는 상경하여 그 학교 학생주임이라는 사람과 만났다. 그에게서 하숙집 일람표를 하나 얻어서 허술한 집에 하숙을 정했다. 병원까지 걸어서 2분 거리로 무척 편리한 장소였다.

"시체 해부를 어느 부분부터 할지 정해야 해요. 다리부터 시작하는 편이 좋을 것 같소. 대부분 그렇게들 하는 것 같으니까. 좀 쉬운 모양이죠."

학생주임이 말해 주었다.

첫 강의는 11시부터 시작되는 해부학이었다. 그래서 필립은 10시 반쯤 설레는 가슴을 달래고 발을 절름거리며 큰길을 건너 의학교 쪽으로 걸어갔다. 현관 바로 안에 강의시간표와 축구시합 일정표, 그 밖의 여러 포스터가 붙어 있었다. 그는 되도록 마음을 안정시키려고 볼 생각도 없이 멍하니 그것을 쳐다보았다. 젊은 학생들이 연달아 들어와서는 우편함에 꽂힌 편지를 찾고, 뭔가 서로 이야기를 주고받으며 학생 도서실이 있는 지하실로 내려갔다.

그러나 대여섯 명의 학생들은 얼떨떨한 표정으로 그 주변을 빙빙 돌고 있었다. 대개 자기와 같은 신입생인 것 같았다. 게시판을 다 훑어보고 정신을 차려 보니 유리문이 있었는데 그건 아마 표본 진열실인 듯했다. 강의 시간까지 20분은 넉넉히 남았으므로 그는 안으로 들어가 보았다. 병리학 표본 진열실이었다. 얼마 뒤, 열여덟이 될까 말까 한 청년 한 사람이 그에게로 오더니 물었다.

"실례지만 1학년입니까?"

"그렇습니다."

필립은 대답했다.

"강의실을 아십니까? 벌써 11시가 다 되어 가는데요."

"그럼 같이 찾아보죠."

두 사람은 표본 진열실을 나와 진하고 연한 두 가지 붉은색으로 칠한 어둡고 긴 벽을 따라 복도로 들어섰다. 많은 학생들이 걸어가고 있는 것을 보니, 틀림없이 이쪽인 것 같았다. '해부학 교실'이라는 푯말이 붙은 문 쪽으로 들어가 보니 이미 많은 학생이 모여 있었다. 좌석은 계단식으로 되어 있는데, 필립이 들어간 바로 그때, 조수 한 사람이 들어와 계단식 교실 맨 아래 테이블 위에 물을 가득 담은 컵을 놓고 골반 하나와 좌우 대퇴골 둘을 가져왔다. 그 뒤에도 계속 학생들이 들어와 11시 정각에는 교실이 가득 찼다.

학생 수는 약 60명쯤이었다. 대개 필립보다 젊고, 어딘지 어려보이는 듯한 열여덟 전후의 청년들이었는데, 나이가 많아 보이는 사람도 몇 명 있었다. 한 사람은 키가 크고, 붉은 수염을 더부룩이 길렀으며 거의 서른은 돼 보였다. 또 한 사람은 검은 머리에 키가 작은 학생으로 그보다 한두 살 적어 보였다. 안경을 끼고 턱수염이 희끗희끗한 사람도 있었다.

강사가 들어왔다. 카메론 씨라는 콧날이 곧은 호남이었다. 그는 이름을 쭉 부르고 나서 짧은 훈시를 했다. 흔하지 않은 고운 음성으로 곧잘 말을 골라 쓰는 버릇이 있는 모양인데, 어쩐지 그러한 주의 깊은 언어 배합에 의식적인 기쁨을 느끼고 있는 것 같았다. 그런 목소리로 사야 할 참고서의 이름을 한두 개 대고 또 해골은 꼭 하나 사두도록 권했다. 그는 해부학에 대해 정열적으로 설명했다. 의과공부를 한다면 꼭 거쳐야 하는 과정이다, 또 해부학을 알아 두면 미술 감상에도 많은 도움이 된다고 말했다. 필립은 열심히 귀를 기울였다. 나중에 안 사실이지만 카메론 씨는 왕립미술학원 학생들에게도 강의를 하고 있다는 것이었다. 전에는 도쿄 대학 강사로 일본에 오래 머문 일도 있다고 한다. 미의 감상에 대해서는 강한 자신감이 있는 듯했다.

"제군들은 앞으로 여러 가지 진력나는 공부를 해야 할 거요."

그는 기분이 좋은지 빙글빙글 웃으며 말했다.

"그런 것은 마지막 시험이 끝나기가 무섭게 다 잊어버릴지도 모르오. 하지만 해부학만큼은 배우지 않고 지내기보다 배워서 잊는 편이 나을 거요."

그는 탁자 위에 놓인 골반을 들고 설명하기 시작했다. 썩 능숙한 그리고 명석한 강의였다.

강의가 끝나자, 아까 병리학 표본실에서 말을 걸고 강의실에서도 옆자리에 앉았던 예의 그 청년이 해부 실습실에 가보자고 제안해 왔다. 두 사람은 다시 복도로 나와 조수에게 장소를 물어 찾아갔다. 한 발짝 발을 들여놓자마자 필립은 아까 복도에서 맡았던 사뭇 코를 찌르는 냄새의 정체를 알았다. 그는 파이프에 불을 붙였다. 조수가 가볍게 웃으며 말했다.

"곧 익숙해집니다. 난 전혀 못 느껴요."

그는 필립의 이름을 묻고 게시판 위의 이름표를 보았다.

"당신은 다리군…… 4번."

필립은 또 한 사람의 이름이 자기와 같은 괄호 속에 있는 것을 발견했다.

"저건 무슨 뜻입니까?"

"요즘은 워낙 시체가 모자라서요. 하나를 둘이서 하는 겁니다."

해부실은 복도와 같은 색으로 칠한 커다란 방이었다. 벽 위쪽은 훨씬 진한 붉은색으로 칠하고, 아랫부분은 어두운 붉은색 테라코타로 꾸며져 있었다. 방의 양쪽 긴 벽을 따라 고기를 담는 접시처럼 골이 파인 철판이 일정한 간격을 두고 벽에서 직각으로 나와 있고, 그 위에 시체가 하나씩 놓여 있었다. 대부분이 남자였다. 방부제에 잠겨 있었으므로 모두 꺼멓게 변색되고 피부는 꼭 가죽처럼 보였다. 차마 눈뜨고 볼 수 없을 정도로 비틀어져 있었다. 조수가 필립을 한 철판 앞으로 데려다 주었다. 옆에 한 학생이 서 있었다.

"이름이 캐린가?"

상대 학생이 물었다.

"그래."

"아, 그럼 우리 둘이서 이 다리를 맡은 모양인데 남자라 다행이군."
"왜지?"
"모두 남자 쪽이 좋은 모양이군. 여자는 대개 지방질이 너무 많이 껴 있거든."
조수가 말했다.
필립은 시체를 내려다보았다. 팔과 다리가 여윌 대로 여위어 형체고 뭐고 아무것도 없었다. 늑골이 무섭게 튀어나와 있고 피부가 팽팽하게 붙어 있는 것 같았다. 45세쯤 되어 보이는 남자로 지저분한 잿빛 수염이 나 있고, 머리에는 군데군데 퇴색한 머리칼이 남아 있었다. 눈은 감았는데 아래턱은 축 처져 있었다. 이것이 인간이었다고는 도저히 생각할 수 없었다. 그런데도 그것들이 쭉 눕혀 있는 광경은 무섭고 어쩌고 그런 간단한 말로 나타낼 수가 없었다.
"난 2시부터 시작할까 했는데."
상대 학생이 말했다.
"그렇게 하지. 나도 그 시간에 올게."
필요한 해부기구는 어제 이미 사두었고 궤짝도 하나 자기 앞으로 정해 놓았다. 아까 함께 온 그 소년을 보니 얼굴이 창백해져 있었다.
"기분이 별론가?"
필립이 물었다.
"시체를 아직 본 일이 없어서."
두 사람은 복도를 지나서 학교 문 앞까지 왔다. 필립은 파니 프라이스를 생각했다. 시체를 본 건 그때가 처음이었다. 그때 받은 뭐라 나타낼 수 없는 충격이 되살아났다. 산 자와 죽은 자 사이에는 무한한 거리가 있다. 도저히 같은 인간이라고는 생각되지 않는다. 죽은 자가 조금 전까지 살아 있는 사람들과 함께 지껄이고 움직이고 먹고 웃었을 것이라 생각하자 말할 수 없이 이상한 생각이 들었다. 어쨌든 시체란 것은 무서운 것이다. 그들이 살아 있는 사람에게 앙갚음을 한다는 것도 어쩐지 그럴 듯했다.
"뭘 좀 먹지 않겠어?"
새로운 친구가 말했다. 두 사람은 지하로 내려갔다. 거기에는 레스토랑식의 어두운 방이 있고, 그곳에서 학생들은 상점에서 파는 것과 똑같은 탄산

빵을 먹을 수 있었다. 먹는 동안에 (필립은 버터 바른 빵과 코코아 한 잔을 주문했다) 그는 그 소년의 이름이 던스포드라는 것을 알았다. 아름다운 푸른 눈과 곱슬거리는 까만 머리에 하얀 얼굴을 가진 청년이었다. 팔다리가 큼직하고 말과 행동이 의젓했다. 그는 최근에 클리프튼에서 왔다고 했다.
"종합과정을 밟을 생각이야?"
그가 필립에게 물었다.
"응, 면허만은 되도록 빨리 따고 싶어."
"나도 그래. 하지만 그 뒤에 또 하나 F·R·C·S(왕립 외과 의사 회의 급비생 시험)도 치러 보고 싶어. 외과가 지망이니까."

학생들은 대개 외과와 내과의 종합과정을 밟았지만, 그중에 특히 야심 많고 배움에 대한 열의가 강한 학생은 그 위에 또 런던 대학의 학위를 받을 수 있게끔 장기 코스를 택했다. 필립이 성 누가병원 부속 의과대학에 입학했을 때는 마침 학제개혁이 있은 직후여서, 1892년 가을 이전에 등록을 마친 학생은 4년 과정으로 졸업할 수 있었지만, 그 뒤에 등록한 사람들은 5년 과정을 밟아야 했다. 던스포드는 장래에 대한 계획이 제대로 서 있는 모양으로 필립에게 일반적인 이수순서를 말해 주었다. '제1회 종합 과정' 시험은 생물과 해부와 화학 셋이다. 물론 그것은 하나하나 따로 받아도 좋다. 많은 학생이 입학 뒤 석 달 만에 생물 학점을 따는 것 같다. 생물학은 최근 필수과목으로 정해졌는데 그다지 깊은 지식은 필요 없다는 그런 내용이었다.

필립은 해부시간에 양복소매에 씌우는 커버를 깜빡 잊고 사오지 않아 그것을 사서 실습실로 돌아와 보니 몇 분 늦었고, 이미 실습을 시작한 학생도 적지 않았다. 필립의 짝도 시간을 꼭 맞추어 시작해서 열심히 피부 신경을 해부하고 있었다. 마찬가지로 다른 두 사람이 또 다른 쪽 다리를 해부하고 있고, 그 밖에 팔을 째는 사람도 있었다.
"먼저 시작해서 미안한데."
"아, 괜찮아. 어서 해."
말하면서 필립은 교과서를 손에 들고 바로 그 부분의 해부도가 있는 페이지를 열고 관찰해야 할 곳을 들여다보았다.
"자넨 무척 잘하는군그래."
필립이 말했다.

"응, 예비과정에서 해부는 꽤 많이 했거든. 물론 동물해부지만."

해부를 하면서 여러 이야기가 오갔다. 반은 해부에 대한 이야기였고, 반은 축구 시즌에 대한 예상과 실험교수와 강의 이야기였다. 필립은 자신이 다른 학생들에 비해 나이를 무척 많이 먹은 듯한 기분이 들었다. 주위 학생들은 모두가 젊고 어렸다. 무엇보다 연령이라는 것은 세월보다는 오히려 지식의 문제인 것 같았다. 예를 들어 실습상대인 활발한 뉴우슨 같은 청년은 해부에 관해서는 박사였다. 다소 허풍기가 있긴 했지만, 그는 필립에게 하고 있는 일을 정말 자세히 설명해 주었다. 필립은 자신의 지식을 깊이 감춘 채 끝까지 그의 말을 잘 들어 주었다. 그리고 그가 해부 나이프와 핀셋을 잡고 드디어 해부를 시작하자 상대는 빤히 지켜보았다.

"굉장히 말랐군."

뉴우슨은 손을 닦으며 말했다.

"이 사람 한 달은 아무것도 못 먹은 모양인데."

"왜 죽었을까?"

필립이 중얼거렸다.

"글쎄, 하지만 나이 먹은 사람이면 대개 굶어 죽지 않았을까…… 어어, 그 동맥 자르면 안 돼."

"그 말이 맞아."

다른 편 다리를 해부하고 있던 한 친구가 소리쳤다.

"하지만 이 바보 친군, 동맥이 제자리에 없는데."

"동맥이 제자리에 있는 사람은 별로 없어. 다시 말해서 정상적인 사람은 사실상 거의 없다는 얘기지. 그래서 정상이란 말을 쓰는 거야."

뉴우슨이 대답했다.

"그런 말 하지 마, 잘못하면 손을 베겠어."

필립은 말했다.

"손을 베면 말이야."

뉴우슨이 사뭇 모든 것을 다 안다는 얼굴로 말했다.

"곧 소독해야 해. 이런 치는 정말 조심해야 하거든. 작년이었던가, 아주 조금, 바늘 끝만큼 상처가 난 친구가 있었어. 신경도 쓰지 않고 내버려 두었는데 패혈증이 됐잖아."

"그래서 지금은 나았어?"

"아니, 일주일 만에 죽었어. 시체 안치실로 찾아가 마지막 작별인사를 해줬지."

그럭저럭 차를 마실 시간이 되자 필립은 허리가 쑤셔왔다. 게다가 점심을 너무 조금 먹어 배가 고팠으므로 뭐라도 먹을 겸 해서 곧 일어나 나갔다. 두 손에는 아침에 복도에서 처음으로 맡았던 어떤 독특한 냄새가 달라붙어 있었다. 핫케이크의 맛에서조차 그것이 느껴졌다.

"뭐, 곧 익숙해질 거야. 해부실에 그 냄새가 없으면 서운해질 때가 오게 돼."

뉴우슨이 말했다.

"식욕이 이 정도까지 없어진다면 곤란한데."

필립은 핫케이크를 다 먹은 다음 과자 한 접시를 또 먹으며 말했다.

55

의학생 생활에 대한 필립의 생각은 보통 세상 사람들과 마찬가지로, 대개 19세기 중엽 찰스 디킨스가 《피크위크 페이퍼스》에 묘사한 그것에 근거를 두고 있었다. 그러나 그는 곧 밥 소여 같은 사람은 과거에는 존재했을지 모르지만 현대에는 결코 의학생이라고 할 수 없다는 사실을 알았다.

의사를 지망하는 사람 가운데에도 여러 인종이 있었다. 따라서 그중에는 게으르면서도 장래를 전혀 생각하지 않는 사람도 있었다. 의사란 한가로운 직업이라고만 생각해서 2년 동안 빈둥거리며 지내다가, 돈이 떨어지거나 또는 부모들이 성이 나서 더는 학비를 대주지 못하겠다고 거절하면 마지못해 병원을 등지는 친구도 있었다. 그런가 하면 시험이 너무나 어려워 낙제에 낙제를 거듭하다가 끝내는 의기소침해져 공포증에라도 걸린 듯이, 그 무시무시한 종합위원회 건물에 들어서기가 무섭게 기껏 외었던 지식까지 몽땅 잊어버리는 사람도 있었다.

그들은 유급되어 젊은 학생들의 악의 없는 경멸의 대상이 되었다. 개중에는 겨우 약학부 시험에 통과하는 사람도 있었지만, 그렇지도 못해 무자격 조수가 되어 고용주가 임의로 하는 불안정한 자리나 겨우 맡는 이들도 있었다. 그들의 운명은 가난과 술 그리고 마지막에는 될 대로 되라는 식이었다. 그러나 대부분의 의학생들은 부지런히 공부하는 중류층 출신의 청년들로, 자기네 집에서처럼 여유로운 생활을 할 수 있을 만큼 보내오는 돈도 넉넉했다. 그리고 대개 의사의 자제들로 벌써 어느 정도 직업적 태도가 몸에 배어 있었다. 그들은 앞길도 확실했다. 면허를 따면 곧 병원근무를 지망한다.

그리고 얼마간 근무하는 동안 선의(船醫)로서 적어도 한 번쯤은 동양에 다녀온다. 나중에는 아버지 직업을 이어받아 일생을 지방 개인병원 의사로 지내는 것이다. 그중 한두 사람은 특히 뛰어나, 매년 성적이 우수한 학생에게 주는 상과 장학금을 받고 차례차례 병원근무를 마친 다음, 나중에는 간부로 하리 거리에 진료소를 차리고 어느 전문 분야의 대가가 된다. 돈도 벌고 지위도 높아지고, 덤으로 작위 칭호까지 받게 되는 것이다.

의사라는 직업은 어떤 나이에 시작해도 먹고 살 수 있는 돈을 넉넉히 벌 수 있다고들 생각하는 것 같았다. 필립의 동기생 가운데에는 벌써 청년시대가 지난 사람이 서넛은 있었다. 한 사람은 해군에 있었는데, 풍문에 따르면 술 때문에 면직을 당한 모양으로 나이는 30세, 얼굴이 붉고 무뚝뚝한 데다 유난히 목소리가 굵은 사람이었다. 또 한 사람은 아내에 아이도 둘이나 있었는데 변호사의 위약으로 가진 돈을 몽땅 잃었다고 한다.

마치 세상이 너무 무거워 못 견디겠다는 듯 언제나 허리를 고양이 등처럼 약간 굽히고 학교생활도 묵묵히 하고 있었다. 아무래도 나이 때문에 외우는 것에는 적잖이 고통을 받고 있는 듯했다. 감정의 움직임도 둔해서, 열심히 노력하는 모습이 보기에 딱할 지경이었다.

필립은 조그만 하숙방에 자리를 잡았다. 책을 정리하고서 가지고 있는 모든 그림이며 스케치를 벽에 걸었다. 손님방이 있는 2층에는 그리피스라는 5학년 학생이 살고 있었다. 그러나 필립은 그와 만난 일이 거의 없었다. 그것은 그가 주로 병원에서 근무하기 때문이고 한편으로는 옥스퍼드 출신이었기 때문이다. 그런 대학을 나온 학생들은 대개 자기들끼리만 모였다. 젊으니까 무리도 아니겠지만 그들은 여러 일로 자기들처럼 혜택을 받지 못한 학생들에게 열등감을 맛보게 하려 했다. 그 때문에 다른 학생들은 떠들지 않고 여유로운 그들의 거만함에 강한 불만을 품고 있었다.

그리피스는 숱 많은 빨간 고수머리에 푸른 눈 그리고 흰 살결에 입술이 붉은 키 큰 청년이었다. 그는 피아노도 웬만큼 치고 우스운 노래를 그럴 때면 필립은 곧잘 재미있게 불렀다. 저녁마다 방에서 필립이 혼자 책을 읽노라면 위층에서는 그리피스의 친구들이 큰 소리로 떠들고 웃는 소리가 들렸다. 그럴 때면 필립은 곧잘 파리의 아틀리에에서 로우슨과 플라나간, 클러튼 같은 친구들과 함께 예술이며 도덕 또는 현재의 연애사건에서부터 미래의 명성에 이르기까지 가지각색의 즐거운 이야기를 주고받던 밤을 떠올렸다. 그리고 뭔가 가슴이 아파오는 것을 느꼈다. 영웅적으로 행동하기는 쉽지만 그 결과를 견디어 나가기는 어렵다는 것을 깨달았다. 무엇보다도 나쁜 것은 학과가 지루해 견딜 수 없는 것이었다. 실험교수들에게 질문당하는 일은 이제 없어졌으나 강의를 듣고 있어도 주의는 자꾸 산만해지기만 했다. 해부학이라는 것도 정말 형편없는 학문으로 그냥 무턱대고 많은 것을 외우기만 했다. 해부 자체도 지루했다. 교과서의 해부도나 병리학 표본실에 있는 표본만 보면 훨씬 간단히 알 수 있는 것도 괜히 수고스럽게 해부까지 해서 신경이며 동맥을 드러낸다는 것도 정말 쓸데없는 일로만 여겨졌다.

때때로 우연한 기회에 친구가 생겼지만 친한 친구는 사귀지 못했다. 친구라곤 해도 특별히 그들과 이야기할 것이 아무것도 없었기 때문이다. 그들이 하는 일에 그가 애써 관심을 보이려고 하면, 그들은 그가 보호자인 체한다고 생각했다. 그렇다고 해서 그는 남이야 어떻게 생각하든 자기만 좋으면 마구 이야기를 늘어놓는 그런 성질의 인간도 아니었다. 언젠가도 어떤 친구가 필립이 파리에서 미술 공부를 했다는 소리를 듣고 그 방면이라면 자기도 취미가 있다며 그와 미술에 대한 토론을 하려고 한 일이 있었다.

그러나 원래 필립이라는 사람은 다른 의견에는 절대 못 참는 성질인 데다, 상대의 생각이 너무나도 통속적임을 안 다음부터는 그가 묻는 말에 그냥 대답만 하게 되었다. 그도 역시 자기의 평판이 좋기를 바랐다. 그러나 그렇다고 해서 일부러 그들의 기분을 맞추어 주고 싶지는 않았다. 퉁명스런 대답을 들을까 봐 정다운 말 한마디 하지 못했고, 결국 옛날부터의 버릇인 사람을 싫어하고, 말없이 냉담한 그늘 속으로 숨어 버린 셈이었다. 말하자면 지난날의 학교 시절과 똑같은 경험을 다시 맛본 것이다. 다만 여기에서는 의학생 생활의 자유라는 것 때문에 대개는 혼자 있을 수가 있었다.

필립 쪽에서 별로 노력한 건 아니지만 그는 예의 그 얼굴이 하얀 청년, 학기 초에 알게 된 던스포드와 친하게 되었다. 물론 던스포드 쪽에서도 그와 친하게 된 이유는 단지 서로가 처음으로 알게 된 사이라는 것뿐인 듯했다.
 런던에는 별로 친구가 없는지 두 사람은 곧잘 토요일 밤이면 뮤직홀의 싸구려 좌석이나 극장의 입석을 찾아갔다. 그는 머리는 좀 나빴지만, 성격이 원만하고 결코 화내는 법이 없었다. 너무나 추상적인 얘기만 하므로 필립이 웃으면 그도 따라 싱글싱글 웃었는데, 그의 웃는 표정은 무척 좋았다. 필립은 적당히 상대를 놀리고 있었지만 그는 필립에게 호의를 품고 있었다. 필립은 그의 솔직성과 또 재미있고 감수성이 강한 성질이 싫지 않았다. 필립이 스스로 결여되어 있다고 절실하게 느끼는 인간적인 매력이라는 것을 던스포드는 확실히 가지고 있었던 것이다. 두 사람은 곧잘 의사당 거리에 있는 찻집에 차를 마시러 갔다. 거기에 있는 여자 종업원 한 사람을 던스포드가 몹시 좋아했기 때문이다. 물론 필립은 조금도 매력을 느끼지 않았다. 허리가 가늘고 평평한 가슴에, 귀가 크고 여윈 여자였다.
 "파리 같으면 저런 여잔 거들떠보지도 않을 거야."
 필립은 경멸하듯 말했다.
 "하지만 얼굴이 멋진데."
 "얼굴 같은 게 무슨 소용이 있어."
 하긴 그녀는 이목구비가 잘 정돈된 얼굴, 파란 눈에 이마가 넓어 자세히 보면 레이튼 경, 알마 타디마 그리고 수많은 빅토리아 왕조 화가들이 마치 그 무렵 그리스 미인의 전형처럼 생각하고 있던 그런 형태의 여인이었다. 머리숱이 꽤 많은 모양인지 그것을 독특한 모양으로 묶고 앞이마는 이른바 알렉산드라식으로 짧게 잘라 내렸다. 그녀는 빈혈증이 심한 듯 얇은 입술에는 핏기가 없고 살결은 엷은 녹색으로 곱다면 곱다고도 할 수 있었으나 혈색이라고는 조금도 없었다. 이마만큼은 정말 아름다웠다. 그리고 손이 거칠어지지 않도록 무척 애를 쓰는지 작은 손은 희고 가늘었다. 그러나 그녀는 몹시 싫은 듯 일하고 있었다.
 던스포드는 여자에게 무척 수줍음을 타서, 그녀와는 도무지 얘기를 나누지 못했다. 그래서 필립에게 계속 도움을 청했다.
 "핑계만 만들어 주면 돼. 다음은 나 혼자 할 테니까."
 필립은 그를 위해 한두 마디 말을 걸어 보았지만 여자는 그냥 짤막짤막 대답할 뿐이었다. 이쪽을 완전히 꿰뚫어 보고 있는 것 같았다. 두 사람 다 아직 어린애고 그녀에게는 어차피 학생에 지나지 않았던 것이다. 그런 자는 그녀에게 아무 소용도 없다. 그런데 던스포드도 알았지만, 아무리 보아도 독일 사람 같은 연한 갈색 머리에 더부룩하게 수염을 기른 한 남자만은 그녀한테서 꼭 특별히 친절한 대답을 듣는 것이었다.

두 사람은 서너 번 재촉을 하고 나서야 겨우 그녀에게 두 사람이 마실 차를 주문할 수 있었다. 다시 말해서 그녀는 알지 못하는 손님에게는 무척 쌀쌀하고 도도했다. 또 친한 친구와 이야기라도 할 때는 다른 손님의 급한 독촉 따윈 완전히 무시해 버리는 그런 여자였다. 다과를 주문하는 여자 손님에게는 무척 퉁명스러운 대답을 하고 그러면서도 용케 지배인에게 불평을 하지 않게 하는 비결만은 알고 있었다. 어느 날 던스포드가 그녀의 이름이 밀드레드라고 말했다. 다른 여종업원들이 그렇게 부르는 소리를 들었다는 것이다.

"무슨 여자 이름이 그래."
필립은 말했다.
"왜 좋은 이름 아냐."
"멋은 꽤 내려고 했군."
마침 그날은 예의 그 독일 사람이 와 있지 않았다. 그녀가 홍차를 가지고 오자 필립은 웃으며 말했다.
"오늘은 당신의 그분이 오지 않았군요."
"그게 무슨 소리예요?"
여전히 쌀쌀한 목소리였다.
"그 수염이 누런 양반 말이에요. 이제는 딴 곳으로 옮긴 모양이죠."
"쓸데없는 참견 마세요. 누구신지 모르지만 그만두셨으면 좋겠군요."
그녀도 지지 않았다.
그리고 그대로 돌아가선 1, 2분 동안 달리 주문할 손님도 없었으므로 의자에 걸터앉아 손님이 놓고 간 석간신문을 읽기 시작했다.
"에이, 이 바보 친구야, 화나게 하면 안 되잖아."
던스포드가 말했다.
"나야 그 여자의 마음이 어떻게 변하든 알게 뭐야."
그러나 그렇게 말은 했지만 역시 불쾌했다. 이쪽은 퍽 친절하게 대했는데 그녀 쪽에서 화를 낸 것만은 확실했다. 그래도 뭔가 대화의 길을 열어 보려고 계산서를 청할 때 웃는 얼굴로 다시 한 번 말을 걸어 보았다.
"그럼 말도 못 걸겠군요?"
"저는요, 손님한테서 주문을 받아 가지고 심부름만 해주면 그만이에요. 손님들과 잡담할 의무도 없고, 또 아무런 얘기도 하고 싶지 않아요."
그리고 계산서를 앞에 놓자 다시 아까의 자리로 돌아갔다. 필립은 화가 나 얼굴이 새빨개졌다.
"캐리, 자네도 어쩔 수 없군."
밖으로 나오자 던스포드가 말했다.
"버릇없는 여자야. 저런 찻집엔 두 번 다시 안 갈 거야."
던스포드에게 한 그의 발언이 꽤 영향력이 컸던지 그는 드디어 찻집까지 바꾸고 말았다. 던스포드는 곧 다른 여자를 발견하여 그녀와 놀게 되었다. 그렇다고 해서 그 여자가 필립에게 한 말대답이 괴로운 기억에서 잊힌 건 아니었다. 그녀가 친절하게 대답했더라면 필립은 그녀를 완전히 잊었을지도 몰랐다. 그러나 아무리 보아도 그녀가 그를 싫어한 것이 분명했다. 사실은 그것은 남자의 체면에 관계되는 문제였다. 어떻게든 보복을 해주지 않고는 견딜 수 없었다. 그는 자기가 그렇게 옹졸한 감정에 사로잡혀 있다고 생각하자 더욱 참을 수 없는 심정이었다. 며칠간은 굳은 결심으로 절대 안 간다고 버텨 보았지만 감정의 변화에는 어쩔 수 없었다. 그렇게 되자 이번에는 그녀를 만나는 것쯤 어떠랴 하는 생각이 들었다. 만나면 오히려 잊어버릴지도 모른다.

어느 날 오후였다. 필립은 잠깐 약속이 있다는 핑계로(왜냐하면 스스로도 그 나약함이 부끄러웠기 때문이다) 마침내 던스포드를 남겨두고 혼자 두 번 다시 발을 들여 놓지 않겠다고 맹세했던 그 찻집으로 들어갔다. 들어가자 곧 그녀의 모습이 보여, 그는 곧장 그녀의 담당 테이블에 가 앉았다. 일주일 동안 소식이 없었던 것에 대해 여자 쪽에서 뭔가 말을 걸어오지 않을까 기다려 보았지만, 그녀는 주문만 받으러 왔을 뿐 그 밖에 단 한마디도 하지 않았다. 다른 손님에게도 "우리 집엔 처음 오셨군요" 하고 말하는 것을 들은 일이 없었다.

아무튼 낯이 익다는 기색은 조금도 보이지 않았다. 정말 잊어버렸는가 미심쩍어 그는 여자가 홍차를 가져왔을 때 시험 삼아 물었다.

"전에 같이 왔던 내 친구 오늘 밤에도 왔었어요?"

"아뇨, 요즘 통 뵐 수 없어요."

그것을 계기로 뭔가 이야기를 시작하려 했지만, 그렇게 되자 또 묘하게 신경질이 나 얼핏 할 말이 머리에 떠오르지 않았다. 여자 쪽에서도 기다리지 않고 곧장 가버리고 말았다. 결국 한마디 할 기회도 없이 계산서를 청하게 되었는데, 그때 그는 다시 말을 걸었다.

"오늘은 날씨가 좋지 않네요, 그렇죠?"

이런 말까지 해야 되다니 정말 화가 났다. 왜 이렇게 초조해하는 건지 자신도 확실히 알 수가 없었다.

"날씨가 어떻든 제겐 상관없는 일이에요. 어차피 저는 온종일 이 안에만 있어야 하니까요."

묘하게 귀에 거슬리는, 사람을 깔보는 말투였다. 날카로운 말이 입까지 튀어나왔으나 그는 치밀어 오르는 화를 겨우 누르며 혼자 생각했다.

'정말 아주 건방진 말이라도 해주면 곧바로 지배인한테 얘기해 목을 자를 텐데. 그렇게 되면 정말 속이 시원하겠다.'

56

필립은 도저히 그녀를 잊을 수가 없었다. 스스로도 어이가 없어 웃음이 나왔다. 그런 빈혈증 여자 종업원 따위가 무슨 말을 하든 그토록 신경을 쓰는 것이 바보같이만 여겨졌다. 그런데도 그는 뭔가 세게 한 대 맞은 느낌이었다. 물론 그 일을 아는 것은 던스포드 한 사람뿐이고 그도 지금쯤은 다 잊어버렸을 게 틀림없었다. 그런데도 필립은 그 부끄러움을 어떻게든 씻어야만 가슴이 가라앉을 것 같았다. 어떻게 하면 좋을까 여러모로 궁리해 보았다. 그리고 일단 매일같이 찾아가 보기로 결심했다. 그의 쪽에서 먼저 불쾌한 인상을 준 것만은 틀림없었다. 그렇다면 그런 인상쯤은 지워 버릴 자신이 있었다. 하여튼 감정이 예민한 사람의 기분을 언짢게 할 말은 절대 하지 말도록 하자. 그렇게 생각하고 그대로 해봤지만 효과는 전혀 없었다. 들어가서 '안녕' 하고 말하면 여자 쪽에서도 그대로 대답했다.

어떤 때는 혹시 여자가 먼저 그런 인사를 하지 않을까 생각해 아무 말도 하지 않으면 그녀 역시 한마디도 하지 않았다. 그는 자기도 모르게 마음속에서 어떤 말을 중얼거렸다. 그것은 때때로 그녀에게 하는 말이었지만 점잖은 사람 앞에서는 별로 입에 올리지 않는 그런 말이었다. 그러나 겉으로만은 아무렇지 않은 얼굴로 차를 주문했다. 그리고 다시 말을 걸까 보냐고, 언제나 하는 '안녕' 소리도 안 하고 찻집에서 나와 버렸다. 두 번 다시 찾아오지 않을 작정이었지만, 다음 날이 되어 차 시간이 가까워오면 다른 일을 생각하려고 해 보아도 스스로 자기 마음을 어찌할 도리가 없었다. 마침내 단념한 채 그는 중얼거렸다.

"뭐, 가고 싶으면 가면 될 거 아냐."

갈까 말까 고민하느라고 시간을 오래 잡아먹어 찻집에 닿았을 때는 7시에 가까웠다.

"전 이젠 오시지 않나보나 생각하고 있었어요."

그가 앉자 그녀가 말했다.

그는 갑자기 가슴이 뛰며 얼굴이 새빨개졌다.

"좀 일이 있어서 못 왔어요."

"사람의 몸뚱이를 자르고 그러셨죠?"

"뭐 그런 일이 아니에요."

"당신 학생이죠?"

"그래요."

그러나 그것으로 호기심이 만족된 모양인지, 그녀는 대답이 끝나기가 무섭게 획 저쪽으로 가버렸다. 시간도 늦고 당번 테이블에는 손님이 아무도 없었으므로 그녀는 열심히 소설책을 읽었다. 아직 6펜스짜리 값싼 소설이 나오기 전이어서, 그 대신으로 그 근방의 삼류 문사가 주문대로 마구 써 갈기는 싸구려 소설들이 교양이 얕은 대중을 상대로 마구 팔리고 있었다. 필립은 기분이 좋았다. 어쨌든 여자 쪽에서 먼저 말을 걸어온 것이다.

이제 곧 내 차례가 올 것이다. 그때야말로 마음껏 쏘아 줘야지. 가슴 가득히 있는 대로 모욕을 주면 얼마나 기분이 좋을까. 그는 여자의 얼굴을 보았다. 이제 보니 확실히 옆얼굴만은 아름다웠다. 이런 계급의 영국 처녀 가운데에서 곧잘 이렇게 숨 막힐 듯한 완벽한 미모를 발견하는 수가 있는데 생각해 보면 참으로 이상했다. 그러나 그것은 또 대리석처럼 차가운 얼굴이기도 했다. 하지만 약간 푸른기가 도는 고운 살결은 어딘가 건강하지 못한 인상마저 풍겼다. 여자 종업원들은 모두 똑같이 무늬 없는 검은 옷에 하얀 앞치마, 그리고 소매에 하얀 단을 대고 머리에는 조그만 모자를 쓰고 있었다.

필립은 주머니에 있던 종잇조각에 엎드리듯 하고 책을 읽는 여자의 모습(한 자 한 자를 입속에서 웅얼거리며 읽고 있었다)을 스케치했다. 그리고 돌아올 때 그대로 테이블 위에 놓고 나왔다. 그것은 참으로 뜻밖의 묘안이었다. 왜냐하면 이튿날 필립이 찻집에 가자 여자가 웃으며 말했던 것이다.

"당신은 그림을 그릴 줄 아시는군요. 몰랐어요."

"사실은 파리에서 2년간 그림공부를 한 적이 있어요."

"어젯밤 두고 가신 그 그림 말이에요. 지배인님께 보여 드렸더니 무척 놀라시던데요. 그 그림 저예요?"

"아, 그럼요."

그녀가 그의 차를 가지러 가자 또 다른 여자가 와서 말했다.

"로저스를 그린 그림 저도 봤어요. 아주 닮았던데요. 똑같았어요."

그는 처음으로 그녀의 이름을 들었다. 계산을 치를 때 그녀가 다가오자, 시험 삼아 그 이름을 불러 보았다.

"어머! 제 이름을 아시는군요."

그녀는 말했다.

"당신 친구가 말하는 걸 들었어요. 조금 전에 내 그림 때문에 무슨 얘기를 하러 왔을 때."

"쟤도 한 장 그려 줬으면 좋겠대요. 하지만 그려 주면 안 돼요. 그려 주기 시작하면 끝도 없어요. 모두 그려 달래겠다고 하거든요."

그리고 곧 그 말에 이어 이번에는 깜짝 놀랄 소리를 불쑥 했다.

"늘 같이 오시던 그 젊은 분 어떻게 되셨어요? 다른 데로 가셨나요?"

"허, 기억하고 있어요?"

"아주 예쁜 분이었어요."

필립은 정말 기묘한 느낌이 되었다. 자기 스스로 잘 알 수 없는 감정이었다. 사실 던스포드는 머리를 멋지게 다듬어 넘기고, 혈색 좋은 얼굴에 언제나 아름다운 미소를 띠고 있었다. 그의 그러한 장점들을 필립은 부럽게 생각하며 떠올렸다.

"아아, 그래요. 그 친구 요새 연애하느라고."

그는 픽 웃으며 말했다.

돌아오는 길에 필립은 다시 한 번 오늘의 대화를 남김없이 되풀이해 보았다. 확실히 그녀는 그에게 친절했다. 기회가 있으면 더 완전한 그림을 그려 주겠다고 말해 보자. 그러면 틀림없이 좋아하겠지. 재미있는 얼굴인 데다 옆얼굴은 정말 아름답다. 그리고 그 빈혈증 같은 얼굴빛마저 뭐라 말할 수 없는 매력이 있었다. 무엇을 닮았을까? 처음에는 완두콩 수프를 떠올렸지만 이내 그것은 화가 나서 지워 버리고, 노란 장미의 꽃잎, 그것도 꽃잎이 활짝 피기 전에 마구 뜯어 내버렸을 때의 그 꽃잎의 색깔을 마음에 그려 보았다. 그녀에 대한 나쁜 감정은 어느새 없어져 버렸다.

"이제 보니 별로 나쁘지 않은 여자인데."

그는 혼자 중얼거렸다.

그 여자의 말에 기분이 상하다니 정말 바보 같은 이야기였다. 분명히 그가 나빴다. 여자 쪽에서는 이쪽 기분을 상하게 할 생각은 애초에 없었던 것이다. 그 자신이 처음 보는 사람에게 좋은 인상을 주지 못하는 것쯤은 알고 있어야 했다. 여자는 그의 그림 솜씨가 좋다고 찬사를 아끼지 않았다. 그의 재능을 알게 된 뒤로는 전보다 더 흥미롭게 그를 보는 것 같았다. 다음 날 그는 마음이 안정되지 않아 견딜 수 없었다. 낮에도 가볼까 생각했지만 그때쯤은 손님이 너무 많아 얘기할 틈이 없을 것 같았다. 던스포드와 함께 차를 마시는 습관도 없어져 정확히 4시 반이 되자(그것도 몇 번이나 시계를 보았던가) 혼자 찻집에 나타났다.

밀드레드는 그의 쪽으로 등을 돌리고 있었다. 그리고 두 주일 전까지만 해도 매일같이 보이다가 그 뒤로 통 모습을 나타내지 않은 예의 그 독일 사람과 마주 앉아 이야기하고 있었다. 뭐가 그리 재미있는지 그의 이야기를 들으며 계속 웃고 있었다. 필립은 그녀의 웃음소리가 소름 끼치도록 저속한 데 놀랐다. 그가 이름을 불렀으나 그녀는 들은 체도 하지 않았다. 다시 불러 보았으나 여전히 거들떠보지도 않았다. 그는 그만 화가 치밀어 단장으로 테이블을 소리 나게 두드렸다. 그제야 그녀는 샐쭉한 얼굴로 그에게 왔다.

"어, 안녕하십니까."

"무척 서두르시는군요."

그녀는 전에 그가 여러 번 본 일이 있는 그 거만한 태도로 필립을 내려다

보았다.
"아니, 그냥 어떻게 됐느냐고 물었을 뿐이에요."
"주문만 해주시면 뭐든지 갖다드려요. 당신과 밤새도록 이야기하고 있을 수는 없으니까요."
"그럼 홍차하고 토스트."
필립은 용건만 짧게 대답했다.
생각하면 할수록 화가 치밀었다. 마침 〈스타〉지를 가지고 있었으므로 그녀가 홍차를 가져 왔을 때에도 열심히 그것만을 읽었다.
"계산서를 주시죠. 그러면 당신에겐 더 볼일이 없을 테니."
그는 쏘아붙이듯 말했다.
그녀는 계산서를 써서 테이블 위에 놓고는 다시 그 독일 사람한테로 돌아갔다. 그리고 잠시 뒤 눈을 빛내며 그에게 뭔가 얘기했다. 그 남자는 독일인 특유의 둥근 머리와 몹시 안색이 나쁜 중간 키의 사내였다. 더부룩하고 뻣뻣한 수염을 기르고 있었는데, 연미복에 회색 바지를 입고 굵다란 금시곗줄을 번쩍거리고 있었다. 필립은 다른 여자들이 자기와 두 사람을 번갈아 쳐다보며 뭔가 의미 있는 눈길을 주고받은 것처럼 느꼈다. 틀림없이 자신을 비웃는 거라고 생각하자 온몸의 피가 부글부글 끓는 것 같았다. 어쩌면 저런 여자가 있을까, 그는 마음속으로 생각했다. 가장 좋은 방법은 두 번 다시 이 찻집에 오지 않는 것이다. 그도 잘 알고 있었다.
그러나 그렇다고 해도 자기가 졌다고 생각하면 견딜 수가 없었다. 그래서 어떻게든 너 같은 건 경멸하고 있다는 사실을 꼭 보여 주고 싶었다. 거기에서 그는 한 가지 좋은 방법을 생각해 냈다. 이튿날 그는 일부러 다른 테이블에 앉아 다른 여자에게 차를 주문했다. 독일 사람은 그날도 와 있고 그녀는 그와 얘기를 나누고 있었다. 필립 같은 건 눈에 보이지도 않는 것 같았다. 필립은 찻집을 나올 때 일부러 그녀와 부딪칠 순간을 골랐다. 그리고 옆으로 스쳐 지나갈 때 마치 전혀 알지 못하는 사람을 보듯 그녀를 보았다.
그는 이런 일을 사나흘 동안이나 되풀이했다. 그녀가 자기에게 곧 무슨 말이라도 걸지 않을까 하는 계산에서였다. 이를테면 왜 자기 테이블에 오지 않게 되었느냐는 것쯤은 물을 수도 있었다. 그러면 그때야말로 뱃속에 있는 모든 것을 증오를 담아 퍼부어 주리라. 그는 그 말까지도 마음속에 준비해 두었다. 그런 일로 마음을 쓴다는 것이 우습기도 했지만 어떻게 자기 마음을 붙잡을 수가 없었다. 밀드레드는 또 한 번 필립을 굴복시킨 셈이었다. 그 독일 사람은 또 한동안 모습을 나타내지 않게 되었지만 필립은 여전히 다른 테이블에 가 앉았다. 그러나 그녀는 여전히 본 체도 하지 않았다. 갑자기 그는 자기가 하는 일에 대하여 그녀가 전혀 무관심하다는 것을 깨달았다. 세상이 끝날 때까지 계속 해본들 아무 소용이 없을 것 같았다.

'하지만 이쪽에는 다른 수가 있는걸.'

그는 혼자 끄덕였다. 그리고 그 이튿날은 다시 먼저 자리로 돌아갔다. 그녀가 다가오자, 한 주일 동안 쌀쌀맞게 대했던 것은 마치 아무 일도 아니라는 듯이 그의 쪽에서 먼저 저녁인사를 했다. 그의 얼굴은 평온했지만 두근거리는 가슴의 고동만은 도저히 어쩔 수가 없었다. 마침 그 무렵 뮤지컬 코미디가 한참 사람들의 인기를 끌고 있었으므로 밀드레드에게도 보러 가자고 하면 반드시 좋아하리라 생각했던 것이다.

"저, 이봐요."

그는 단도직입적으로 말을 꺼냈다.

"언제 우리 저녁이나 같이 하죠. 끝난 뒤에 〈뉴욕의 미인〉이나 구경하러 갑시다. 뭣하면 무대 바로 옆자리를 두 개 마련해도 좋고."

그는 그녀의 마음을 끌기 위해 일부러 나중 말을 덧붙였다. 보나마나 이런 여자들이 구경을 간다면 싸구려 극장이 틀림없을 것이다. 만일 어떤 남자가 데려간대도 2층 입석 이상은 아닐 것이 뻔했다. 그런데 밀드레드는 표정 하나 변하지 않았다.

"가도 좋아요."

"그럼 언제로 할까요?"

"전 목요일에 일찍 끝나요."

약속은 되었다. 밀드레드는 허언힐에서 숙모와 같이 살고 있었다. 연극은 8시에 시작되니까 7시까지는 저녁을 마쳐야 했다.

"그럼 빅토리아 역 2등 대합실에서 만날까요?"

그녀가 제안했다. 물론 즐거워하는 기색은 조금도 없었다. 마치 은혜라도 베푸는 듯한 태도였다. 왠지 모르게 필립은 불쾌했다.

57

필립은 여자가 말한 시간보다도 30분이나 일찍 빅토리아 역에 가서 2등 대합실에서 기다렸다. 그러나 여자는 오지 않았다. 슬슬 걱정이 되기 시작하여 그는 플랫폼으로 나가 교외열차가 도착하는 것을 열심히 지켜보았다. 약속 시간이 이미 지났지만 여전히 여자의 모습은 보이지 않았다. 그는 초조해졌다. 다른 대합실로 들어가 거기에 있는 사람들을 보았다. 갑자기 심장이 뚝 그쳤다.

"뭐야, 여기 있었군요. 난 또 오지 않을 줄 알았지."

"이렇게 사람을 기다리게 해놓고 그런 말이 나오세요. 그냥 돌아갈까 생각하던 참이에요."

"하지만 당신이 2등 대합실이라고 하지 않았어요."

"그런 말 하지 않았어요. 1등 대합실도 얼마든지 앉을 수 있는데 왜 구태여 2등 대합실까지 가겠어요. 안 그래요?"

필립은 자기가 틀렸다고는 도저히 생각할 수 없었지만 아무 말도 하지 않고 나와 마차를 탔다.

"식사 어디서 할 거예요?"

그녀가 물었다.

"아델파이를 생각했는데, 당신 생각은 어때요?"

"아무 데라도 좋아요."

정말 불쾌하기 짝이 없는 대답이었다. 기다리게 해서 속이 비뚤어진 모양으로 필립이 아무리 말을 걸어도 제대로 상대하려 하지 않았다. 그녀는 질이 낮은 검은 외투를 걸치고 털실로 짠 솔을 머리에서부터 둘러쓰고 있었다. 이윽고 두 사람은 식당에 도착하여 테이블을 마주하고 앉았다. 밀드레드는 만족한 듯 주위를 둘러보았다. 탁상 위 램프에 씌운 붉은 갓, 금색 찬란한 여러 장식품들, 커다란 거울 따위가 식당 안을 무척 화려하게 보이게 했다.

"저 여긴 처음이에요."

그녀는 말하면서 필립에게 방긋 웃었다. 그녀는 외투를 벗었다. 보니까 목 둘레를 사각으로 판 새파란 드레스를 입고 머리도 여느 때보다 한결 공들여 빗었다. 필립은 샴페인을 주문했는데 그것이 나오자 그녀는 눈을 동그랗게 떴다.

"엄청난 낭비군요."

"왜, 샴페인을 주문해서요?"

그는 자기도 모르게 되물었다. 마치 샴페인 이외의 술은 절대로 마시지 않는 것처럼.

"난 당신이 극장에 가자고 해서 놀랐어요. 정말이에요."

대화는 그다지 쉽사리 이어지지 않았다. 밀드레드는 할 이야기가 별로 없는 것 같았다. 필립은 자기가 그다지 재미있는 이야기 상대가 못 된다는 것을 깨닫자 더욱 초조해졌다. 그녀는 다른 손님들을 보면서 그의 말은 그냥 귓전으로 듣고, 그에 대해서는 눈곱만치도 생각하지 않는 것 같았다. 필립은 한두 마디 농담도 해 보았지만 그녀는 그것을 아주 정색을 하고 받아들였다. 오직 한 번 그녀의 눈이 빛난 일이 있었는데 그건 그가 찻집에 있는 다른 여자들의 이야기를 했을 때였다. 그녀는 여지배인이 무척 싫은 듯 그 여자의 부정과 사생활 같은 것을 꼬치꼬치 말해 주었다.

"그 여자만은 정말 무슨 일이 있어도 못 참겠어요. 게다가 그 뻐기는 꼴이라니. 가끔 난 모두 폭로해 버릴까 생각한다니까요. 그 여자는 아무것도 모르는 줄 알겠지만 난 다 알아요."

"그게 뭐예요, 안다는 게?"

"그 여자 말이에요, 가끔 주말이 되면 남자와 함께 이스트본에 가요. 난 다 알아요. 우리 찻집에 있는 애 말인데요. 그 애 언니가 남편하고 거기 갔다가 만났다지 뭐예요. 저 그 여자하고 같은 집에 하숙한 일도 있었어요. 그 때도 그 여잔 결혼반지를 끼고 있지 않겠어요. 하지만 그녀가 결혼하지 않은 것쯤은 다 알고 있어요."

필립은 여자의 잔에 샴페인을 따라 주었다. 샴페인이라도 좀 마시면 상냥해지지 않을까 생각했기 때문이다. 모처럼의 밀회다. 어떻게 잘 좀 해보고 싶었다. 보니까 여자는 나이프를 마치 펜대를 잡듯 움켜잡고, 술잔을 들 때는 새끼손가락을 쏙 내밀곤 했다. 그는 화제를 여러모로 바꾸어 보았지만 상대의 입은 여전히 무뚝뚝하기만 했다.

그런데 그녀는 그 독일인과 이야기할 때면, 그보다 열 마디는 더 했고 가끔 소리 내어 웃기까지 했다. 그것을 생각하자 무척 불쾌했다. 식사를 마치자 그들은 극장으로 갔다. 교양을 자랑하는 필립인만큼 뮤지컬 코미디 같은 것은 경멸하고 있었다. 대사도 천하거니와 음악도 무척 평범해서 그런 것은 아무래도 프랑스가 훨씬 위쪽이 아닌가 생각했다. 그러나 밀드레드는 아주 재미있는지 배가 아플 정도로 웃어댔고, 때때로 우스워 참을 수가 없다는 표정으로 힐끔힐끔 그를 쳐다보기도 했다. 그러고는 마치 흠뻑 빠진 사람처럼 박수를 치는 것이었다.

"벌써 일곱 번째 봐요."

제1막이 끝나자, 그녀는 말했다.

"그렇지만 일곱 번을 더 봐도 좋겠어요."

그녀는 주위의 입석에 있는 여자들에게 무척 관심을 기울여 화장을 짙게 한 여인이며 가발을 한 여자들을 하나하나 손가락으로 가리켰다.

"웨스트엔드(런던 최상류 층이 사는 곳) 여자들은 정말 몰취미하군요. 어떻게 저런 짓을 하죠. 나는 남의 머리칼이라곤 한 올도 없어요."

그녀는 자기 머리카락을 매만지며 말했다.

그녀가 칭찬하는 여자는 하나도 없었다. 이야기를 하면 반드시 그건 흠을 잡기 위해서였다. 그걸 생각하자 필립은 걱정이 되었다. 내일이 되면 이 여자는 틀림없이 찻집에 있는 여자들에게 그가 가자고 해서 놀러가긴 했지만 그렇게 지루한 남자는 처음 보았다며 지껄일 것이 틀림없었기 때문이다. 정말 싫은 여자였지만 그러면서도 왠지 모르게 이 여자와 같이 있고 싶었다. 돌아오는 길에 그는 물었다.

"재미있었어요?"

"그럼요."

"언제 다시 한 번 가주겠어요?"

"네, 좋아요."

결국 이런 말밖에는 들을 수가 없었다. 그녀의 쌀쌀함을 생각하자 그는 못 견딜 정도로 기분이 언짢았다.

"당신 말로는 가도 그만 안 가도 그만이라는 것 같군요."

"그럼요, 연극구경 가는 데 남자 없어 못 가겠어요? 당신이 아니더라도 같이 가자고 해줄 사람은 얼마든지 있으니까요."

필립은 입을 다물고 말았다. 이윽고 정거장에 닿자 표 파는 곳으로 나갔다.

"전 통근차를 타겠어요."

"밤도 늦고 하니 괜찮다면 집까지 바래다주고 싶은데요."

"그래요, 그게 좋을 것 같으면 그렇게 하세요."

여자를 위해 편도를, 자기를 위해서는 왕복을 끊었다. 그가 객차의 문을 열어 주자 그녀는 말했다.

"당신은 정말 매너가 좋군요. 그것만은 말해 두죠."

딴 손님들도 자꾸 밀려드는데 그는 기뻐해야 할지 슬퍼해야 할지 알 수 없었다. 이제는 더 할 얘기도 없었다. 두 사람은 허언힐에서 내리고, 그는 그녀의 집이 있는 집모퉁이까지 배웅해 주었다.

"자, 여기서 작별인사를 해야겠군요."

손을 내밀며 그녀가 말했다.

"집 앞까지는 안 오시는 게 좋아요. 세상 사람들의 입이 무서우니까요. 공연히 이러쿵저러쿵 떠드는 건 듣기 싫어요."

작별인사를 하기가 무섭게 그녀는 가버렸다. 캄캄한 어둠 속에 그녀의 하얀 숄만이 보였다. 혹시 뒤돌아보지나 않을까 은근히 기대해 보았지만 그녀는 그것마저 하지 않았다. 들어가는 집을 보아 두었다가 그는 그 집 가까이로 가보았다. 평범한 누런 벽돌로 지은 아담한 집인데 그 근처의 집과 조금도 다름이 없었다. 한참을 그냥 서성대고 있노라니까 이윽고 맨 위층의 불이 꺼졌다. 필립은 천천히 역을 향해 온 길을 돌아갔다. 뭐라 말할 수 없이 초라한 밤이었다. 초조하고 불안하고 비참하기까지 한 야릇한 심정이었다.

자리에 누워서도 흰 털실 숄을 쓰고 객차 한구석에 앉아 있는 그녀의 모습이 아른거렸다. 다음 만날 때까지의 시간을 어떻게 보내야 좋을지 알 수 없었다. 그 섬세한 야윈 얼굴과 푸른기가 도는 살결이 문득문득 떠올랐다. 그녀와 함께 있어도 별로 행복하진 않았지만 헤어지고 나니 더욱 쓸쓸했다. 그녀의 옆에 앉아 그녀의 얼굴을 바라보고, 그 몸을 만져보고 그리고, 그러고 나서는…… 그런 상상이 끊임없이 일어나 눈은 아주 말똥말똥해지고 말았다 …… 그 입술이 엷은 창백한 입가에 키스하고 싶었다. 마침내 본심이 드러나고 만 것이다. 아아, 마침내, 그 여자를 사랑하고 있다. 믿을 수 없는 일이었다.

그는 곧잘 사랑을 하고 있는 자신을 꿈꿀 때가 있었다. 그럴 때면 언제나 마음에 떠오르는 한 장면이 있었다. 어떤 무도회에 그가 들어간다. 그의 눈은 뭔가 이야기를 주고받는 몇 사람의 남녀 위에 떨어진다. 그러자 그중 한 여자가 우연히 뒤돌아본다. 여자의 눈길이 그의 눈길과 만난다. 순간 그는 숨이 막힐 듯이 놀란다. 여자도 똑같이 놀란다는 것을 그는 왠지 모르게 알게 된다. 그는 돌처럼 빳빳이 서 있다. 여자는 키가 크고 검은 머리에, 어두운 밤 같은 눈을 한 미인이다. 새하얀 드레스를 입고 새카만 머리에는 몇 개의 다이아몬드가 빛나고 있다. 두 사람은 주위의 다른 이들을 다 잊어버리고 서로 은밀히 바라보고 서 있다. 그는 곧장 그녀를 향해 다가간다. 그녀도 약간 그의 쪽으로 몸을 움직인다. 두 사람에게는 이미 정식 소개 따위는 필요 없다고 느껴진다. 그가 먼저 입을 연다.

"아아, 이 세상에 태어나서 쭉 당신만을 찾아다녔습니다."

"드디어 오셨군요. 당신도."

그녀는 속삭이듯 말한다.

"저와 춤추지 않으시겠습니까?"

앞으로 내민 그의 두 팔에 여자는 몸을 내던지듯이 안겨온다. 그리고 두 사람은 춤을 춘다. 그런 때는 언제나 필립도 절름발이가 아니다. 뭐라 표현할 수 없는 그녀의 멋진 춤.

"당신처럼 춤을 잘 추시는 분은 생전 처음이에요."

여자는 그날 밤의 예정을 모조리 어기고 끝까지 그와 춤을 춘다.

"당신을 기다린 보람이 있군요."

"언젠가는 꼭 만나리라고 굳게 믿고 있었어요."

홀 안의 남녀가 모두 두 사람을 지켜보고 있다. 하지만 그게 어떻단 말인가. 그들은 이제 사랑을 숨기려 하지 않는다. 마지막에 두 사람은 정원으로 나온다. 그 여자 어깨에 외투를 걸쳐 주고 기다리는 마차에 태운다. 파리로 떠나는 마지막 열차와 마침 시간이 맞는다. 별이 빛나는 조용한 밤에 미지의 나라로 달리는 것이다.

그는 언제나 하는 이 공상을 다시 한 번 머릿속에 그려 보았다. 자기가 밀드레드 로저스와 연애를 한다니 도저히 믿어지지 않았다. 첫째, 그 이름부터가 싫었다. 미인이라고 할 수도 없었다. 그리고 그 바짝 마른 몸매가 무엇보다 싫었다. 오늘 밤 처음 안 사실이지만 이브닝드레스 밑으로 늑골이 확실히 튀어나와 보였다. 그녀의 얼굴을 하나하나 뜯어보았다. 입이 싫었다. 건강해 보이지 않는 얼굴색도 왜 그런지 불쾌했다. 하여튼 무척 평범한 여자였다. 멋도 아무것도 없었다. 유치한 소리만 자꾸 해대는 것을 보면 속이 텅 비었다는 증거였다. 뮤지컬 코미디를 보며 킬킬대고 웃던 그녀의 그 천박한 웃음소리, 그리고 유리잔을 입에 가져갈 때마다 일부러 쭉 내밀던 기다란 손가락도 생각났다. 말하는 거며 동작, 행동 모두가 묘하게 고상한 체하려는 것이 더욱 싫었다. 그리고 그 답답한 태도, 몇 번이나 뺨을 갈겨 주고 싶었는지 몰랐다. 그런데 돌연, 이유는 스스로도 알 수 없었지만(혹은 그 갈겨 주고 싶다고 생각한 것 때문이었는지, 아니면 그 작은 귀나 뭐가 문득 생각났기 때문인지) 마음이 끌리는 것을 느꼈다. 격한 연정이 끓어오르는 것이었다. 그 여윈 호리호리한 몸을 두 팔로 껴안고 그 핏기 없는 얼굴에 키스가 하고 싶었다. 그 약간 파리한 뺨에도 살짝 손끝을 대보고 싶었다. 그녀가 한없이 사랑스러웠다. 그는 지금까지 사랑이란, 사람의 마음을 황홀하게 해주고 온 세상이 봄날처럼 화창하게 보이도록 해주는 것이라 생각하고 그러한 환희에 찬 행복감을 그려 왔었다. 그러나 그것은 행복이 아니라 이제까지 알지 못했던 영혼의 굶주림이요, 가슴 아픈 그리움이요, 쓰디쓴 괴로움이었다. 언제부터 이러한 심정이 되었는지 곰곰이 생각해 보았다. 그러나 알 수가 없었다. 다만 그가 기억하는 것은 처음 두어 차례를 빼놓고는 그 찻집에 들어갈 때마다 희미하게 가슴이 쓰리던 일뿐이었다. 그리고 그녀가 자기에게 말할 때면 이상하게도 가슴이 뻐근해지는 것을 느꼈다. 그녀가 가버리면 쓸쓸했고 그녀가 그에게로 오면 절망을 느꼈다.

그는 침대 속에서 강아지처럼 몸을 폈다. 이 끝없는 영혼의 고통을 나는 대체 어떻게 견디어 나가려는 것일까. 그런 것을 그는 생각했다.

58

이튿날 아침은 일찍 잠이 깼다. 제일 먼저 생각난 것은 밀드레드였다. 문득 빅토리아 역에서 기다렸다가 그녀의 찻집까지 같이 걸어가 보리라는 생각이 들었다. 서둘러 수염을 깎고 양복을 걸치자 그는 곧장 버스를 타고 역으로 향했다. 8시 20분에 도착해서 들어오는 기차를 지켜보았다. 그렇게 이른 시간인데도 회사원과 점원들이 떼를 지어 차에서 쏟아져 나와 플랫폼을 빠져나갔다. 모두가 바쁜 걸음으로 걸어갔다. 쌍쌍이 있는가 하면 처녀들이 떼를 지어 걸어가기도 했는데 대개는 혼자였다. 아침 햇볕을 받아 사람들의 얼굴은 이상하게 하얗고 추해 보였다. 어떻게 보면 멍하니 넋을 잃은 듯한 표정들이었다. 젊은이들은 역시 경쾌한 걸음으로 플랫폼으로 지나가고 그렇지 못한 사람들은 마치 기계로 조종을 당하는 듯이 천천히 걸어갔다. 얼굴도 모두 불안한 듯이 그리고 딱딱하게 굳어 있었다.

밀드레드의 모습을 발견하자 그는 곧장 그녀에게로 다가갔다.

"안녕하세요? 어젯밤 그 뒤에 어떻게 됐는지 만나 물어보고 싶어서요."

그녀는 헐렁한 외투에 밀짚모자를 쓰고 있었다. 그가 나타나 난처해하는 것을 한눈에 알 수 있었다.

"네, 아주 잘 잤어요. 그런데 전 그렇게 꾸물거릴 시간 없어요."

"빅토리아 거리까지만 같이 걸어가고 싶은데, 어때요?"

"하지만 벌써 꽤 늦은걸요. 빨리 걸어가야만 해요."

그녀는 필립의 저는 발을 내려다보며 대답했다.

그는 얼굴이 빨개졌다.

"아, 제가 실례했군요. 붙잡진 않을 테니까."

"좋도록 하세요."

여자는 가버렸다. 그는 맥이 쑥 빠져 아침을 먹으러 집으로 돌아왔다. 어쩌면 저런 여자가 있을까. 그런 여자에게 마음을 뺏기다니 바보 중의 바보라는 것을 스스로도 잘 알 수 있었다. 그녀는 그를 손톱만치도 생각하지 않았다. 그의 불구를 싫어하는 것이 틀림없었다. 오늘 오후에 무슨 일이 있어도 차를 마시러 가나 봐라, 하고 그는 단단히 결심했다. 그러나 자기혐오에 못 이기면서도 그는 그 시간이 되자 다시 나가지 않고는 못 견뎠다. 찻집에 들어가자 여자는 가볍게 고개를 끄덕이고 웃었다.

"아침에 짜증을 내서 미안했어요. 누가 오실 줄 알았어야죠. 정말 놀랐어요."

"아니 뭐 괜찮아요, 그런 것쯤."

그는 갑자기 무거운 짐을 내려놓은 것 같았다. 단 한마디의 부드러운 말로 그의 마음은 벌써 감사로 가득 찼다.

"왜 좀 앉으시죠. 지금은 손님도 별로 없는 것 같은데."

"괜찮으시다면."

그는 그녀를 바라보았다. 그러나 할 말은 하나도 떠오르지 않았다. 뭔가 재미있는 말을 해서 그녀를 붙잡아 놓으려고 열심히 머리를 짜냈다. 그녀가 자기에게 얼마나 소중한 사람인가. 그것을 알려 주고 싶었다. 그러나 정말 사랑하고 있으면서도 일단 말로 설득하려 들자 어떻게 해야 할지 통 알 수 없었다.

"저, 그 턱수염이 멋진 친구는 어떻게 됐어요? 요즘 통 볼 수 없으니."

"버밍엄으로 돌아갔어요. 장사하는 분인데 가끔 런던에 들러요."

"그 사람 당신을 좋아하는 모양이죠?"

"그런 건 그분한테 물어보면 알 게 아녜요."

그녀는 웃으며 대답했다.

"또 만일 그렇더라도 당신하고 무슨 상관이에요?"

지독한 말이 목구멍까지 치밀었지만 그는 겨우 자기를 억누르는 방법을 배워갔다. 결국 입 밖으로 이렇게 내뱉을 뿐이었다.

"왜 당신은 그런 투로 말하죠?"

그녀는 여전히 싸늘한 눈초리로 그를 쳐다보았다.

"당신은 나를 너무 얕보는 것 같군요."

그가 덧붙였다.

"당연하잖아요."

"지나치군요."

이렇게 말하면서 그는 계산서를 뺏었다.

"당신이라는 사람 정말 성미가 급하군요. 금방 그렇게 화를 내고."

그것을 보자 그녀가 말했다.

그는 웃으며 호소하듯 그녀의 얼굴을 바라보았다.

"저, 부탁이 하나 있는데 들어 주겠어요?"

"사정에 따라서요."

"오늘 밤 역까지 함께 가줄래요?"

"좋아요."

차를 다 마시자 그는 찻집을 나와 하숙집으로 돌아왔다. 그리고 찻집이 문 닫을 8시가 되자 문밖에서 기다리고 있었다.

"당신은 이상한 분이군요. 정말 이해할 수 없어요."

여자는 나오자 말했다.

"그렇게 어렵지도 않을 텐데요."

그도 퉁명스럽게 대꾸했다.

"당신이 기다리는 거, 찻집 여자들이 보지 않았어요?"

"글쎄, 모르죠. 아무려면 어때요."

"딴 사람들이 웃으니까 그렇죠. 사람들이 모두 당신이 제게 홀딱 반했다고 해요."

"무슨 상관이죠."

"어머, 또 시비조시네요."

역에서 차표를 사가지고 그는 집까지 같이 가겠다고 제안했다.

"당신은 꼭 시간이 남아돌아 처치 못하는 사람 같다니까요."

"그야 내 자유 아닌가요. 어떻게 쓰든."

그들은 또다시 말다툼을 할 뻔했다. 사실은 그녀를 사랑하고 있는 자신이 밉기만 했다. 사사건건 그를 무안하게 하는 굴욕감을 참아갈수록 그녀에 대한 미움도 더해 갈 뿐이었다. 그러나 그날 밤만은 그녀도 마음을 털어놓고 마구 지껄여댔다. 부모님은 모두 세상을 떠났고, 찻집에 나가는 것은 먹고살기 위해서가 아니라는 것을 이야기했다.

"우리 작은어머니는 내가 찻집에 나가는 것을 싫어해요. 집에 있어도 남부럽지 않은 호사는 할 수 있으니까요. 그러니까 제가 생계 때문에 찻집에 나간다곤 생각하지 마세요. 알았죠."

모두가 거짓말이란 것은 필립도 눈치채고 있었다. 그녀와 같은 직업의 여성은 묘하게 허식을 부리려 하고, 생계 때문에 일한다는 굴욕감을 면하려 변명 비슷한 거짓말을 곧잘 한다는 것을 그는 알고 있었다.

"게다가 친척들은 모두 부자들뿐이에요."

필립이 피식 웃었다. 그것을 보자 여자는 재빨리 말했다.

"왜 웃어요? 제가 거짓말이라도 하는 줄 아세요?"

"아니, 그런 게 아니에요."

그녀는 의심스러운 눈초리로 그를 바라보았다. 그러나 곧 다시 어린 시절의 호강을 이 남자에게 좀 더 이야기해야겠다고 생각한 모양이었다.

"우리 아버지는요, 언제나 이륜마차를 가지고 있었고, 하인도 세 사람이나 있었어요. 요리사에다 식모에다 임시 고용한 하인까지 말이죠. 늘 예쁜 장미꽃을 키워서 문 앞을 지나가는 사람들이 곧잘 걸음을 멈추고 누구네 집이냐고 묻곤 했어요. 아주 예쁜 장미였죠. 전 정말 그 찻집의 계집애들과는 친해지기 싫어요. 지금까지 어울리던 사람들과는 너무나 다르거든요. 그런 걸 생각하면 어떤 땐 정말로 그만두고 싶다니까요. 그렇다고 뭐 지금 하는 일이 싫어서가 아니에요. 그렇게 생각하면 곤란하지만 아무튼 문제는 거기 있는 사람들이에요."

두 사람은 마주 앉아 있었다. 그는 그녀의 말에 일일이 끄덕이며 무척 행복해했다. 그녀의 단순성이 재미있었다. 그리고 다소 엄숙한 기분이 되었다. 여자의 볼은 약간 붉게 물들어 있었다. 필립은 저 턱 끝에 키스할 수 있다면 얼마나 좋을까 생각했다.

"당신이 찻집에 처음 들어왔을 때 전 척보고 벌써 빈틈없는 신사임을 알았어요. 당신 아버지는 의사나 변호사나 뭐 그런 직업이셨죠?"

"의사였어요."

"그런 자유업자로 일하는 사람들은 어디에서 만나도 곧 알 수 있어요. 뭐가 그런 냄새가 나거든요. 왠지 모르지만 아무튼 금방 알 수 있어요."

그들은 역을 나와서 함께 걸었다.

"다시 한 번 연극 구경 같이 가지 않겠어요?"

"네, 그러죠."

"가고 싶다거나 싫다거나 좀더 분명히 해볼 수 없어요?"

"왜요?"

"아니오, 뭐 됐어요. 그것보다 날짜를 정합시다. 토요일 밤이 어때요?"

"그러죠."

그 밖에 여러 의논을 하는 동안에 정신을 차려 보니 벌써 그녀의 집 앞 길목까지 와 있었다. 그녀는 손을 내밀었다. 그는 지그시 꼭 그 손을 잡았다.

"이제부터는 당신을 꼭 밀드레드라고 부르고 싶은데."

"마음대로 하세요."

"그 대신 당신도 날 필립이라고 불러 주지 않겠어요?"

"글쎄요, 잊지 않으면 그렇게 부르죠. 하지만 캐리 씨라고 부르는 편이 더 자연스러운 것 같은데요."

그는 여자의 몸을 가볍게 끌어당기려 했다. 그러나 여자는 획 몸을 젖히며 외쳤다.
"뭘 하는 거예요, 당신?"
"이별의 키스, 안 되나요?"
그가 속삭였다.
"아이 뻔뻔스러워!"
그녀는 손을 홱 빼자 쏜살같이 집으로 달려가 버렸다.

필립은 토요일 밤 입장권을 샀다. 그날은 그녀가 일찍 끝나는 날이 아니라서 집에 돌아가 옷을 갈아입고 올 틈이 없었다. 그래서 그녀는 아침에 옷을 가지고 나와 찻집에서 갈아입을 작정이었다. 다행히 여지배인이 기분이 좋으면 7시에는 돌아가도 좋다고 허락해 줄지도 모른다. 필립은 7시 15분부터 밖에서 기다리기로 약속이 돼 있었다. 그는 가슴이 뻐근할 정도로 기대하며 그날을 기다렸다. 극장에서 집으로 돌아가는 길에, 마차 속에서 어쩌면 그녀가 키스쯤은 허락할지도 모른다. 마차 안은 여자의 허리를 안기에 무척 편리하게 되어 있다(그런 점이 요즘의 택시보다는 훨씬 편리했다). 그 즐거움만으로도 하룻밤의 낭비쯤은 충분히 본전을 빼고도 남는다는 계산이 된다.

그러나 토요일 오후, 다시 한 번 확인해두기 위해 찻집에 들렀을 때, 그는 막 나오던 참인 그 콧수염 붉은 신사와 부딪쳤다. 필립은 이미 그의 이름이 밀러이고 영국에 귀화한 독일인이라는 사실도 알고 있었다. 이름도 영국식으로 갈아 버렸고 영국에서는 꽤 오래 산 것 같았다. 그가 이야기하는 것을 필립도 들은 적이 있는데 몹시 유창하긴 했지만 아직 완전한 토박이 영어는 못 되었다.

그가 밀드레드와 좋아 지내고 있는 것은 필립도 알고 있었다. 그런 만큼 필립은 몹시 질투를 느끼고 있었다. 그나마 그녀의 쌀쌀한 성격을 다행으로 생각했다(그렇지 않다면 그거야말로 고민거리였을 테니까). 뜨거운 연애 같은 건 도저히 할 수 없는 여자이고 보면 그의 신세도 어느샌가 자기와 똑같은 꼴이 될 것이 틀림없었기 때문이다.

그러나 오늘은 가슴이 덜컥 내려앉았다. 어쩌면 그의 출현으로 그토록 오래 기다린 밀회가 허사가 될지도 모른다는 생각이 문득 머리를 스쳤기 때문이다. 그는 가슴이 꽉 막히는 기분으로 찻집에 들어갔다. 밀드레드가 와 차 주문을 받아 가더니, 곧 다시 돌아와 진정으로 곤란한 듯한 표정을 지으며 말했다.

"저, 정말 미안하지만, 오늘 저녁엔 못 나갈 것 같아요."

"왜 그렇죠?"

"그렇게 무서운 얼굴 하지 마세요."

그녀는 웃었다.

"그건 제 잘못이 아니에요. 작은어머니가 어젯밤부터 몹시 불편한데, 오늘은 일하는 하녀도 마침 쉬는 날이고 해서 제가 가서 함께 있어 줘야 해요. 앓는 사람을 혼자 둘 수는 없잖아요?"

"아, 그럼 좋아요. 그 대신 집까지 데려다 주죠."

"하지만, 당신 극장표 사셨잖아요. 그냥 버리는 거 아까워요."

그는 주머니에서 극장표를 꺼내어 일부러 짝짝 찢어버렸다.

"왜 그런 짓을 하세요?"

"난 말이에요, 그런 시시한 뮤지컬 코미디 같은 거 절대로 혼자 안 봐요. 당신을 위해 샀던 거예요."

"어머 당신, 그게 정말이에요? 하지만 저 집까지 바래다주는 건 정말 싫어요."

"어디 딴 데 약속이 있어요?"

"어머, 그게 무슨 소리예요? 당신도 딴 남자와 마찬가지로 역시 자기 생각만 하는 분이군요. 작은어머니가 편찮으신 게 제 탓은 아니잖아요?"

그녀는 계산서를 얼른 써주고는 가버렸다. 필립은 여자란 존재를 거의 몰랐다. 여자를 아는 사람이라면 그녀들이 빤히 들여다보이는 거짓말을 할지라도 가만히 들어 주어야 한다는 기술쯤은 알았을 것이다.

필립은 그 찻집 밖에 지켜 서서 밀드레드가 그 독일인과 함께 나가는가 어떤가를 살펴보기로 결심했다. 그는 사실을 확인하지 않고는 견디지 못할 만큼 괴로운 심정이었다. 7시가 되자, 그는 찻집 밖 맞은편 보도에 서서 밀러를 찾아보았으나 보이지 않았다. 10분쯤 지났을 때 그녀가 나왔다. 언젠가 샤프츠베리 극장에 갈 때 입었던 외투와 숄을 걸치고 있었다. 집으로 돌아가는 길이 아니라는 것은 한눈에 알 수 있었다. 그는 몸을 피하기도 전에 그녀에게 들키고 말았다. 밀드레드는 약간 놀란 듯했으나 곧 가까이 다가왔다.
 "이런 데서 뭘 하고 계시는 거예요?"
 "산책하고 있어요."
 "아이, 비겁해! 나를 미행하고 있군요. 신사인 줄 알았는데 실망했어요."
 "신사가 뭐 당신 같은 여자한테 흥미를 가질 줄 알아요?"
 그는 볼멘소리로 대답했다.
 그의 속에 있는 어떤 짓궂은 배짱이 드디어 사태를 악화시킨 것이다. 네가 나에게 상처를 주면 나도 그만큼 주겠다는 심산이었다.
 "내가 가기 싫어서 안 가는 것은 내 자유예요. 꼭 당신과 함께 가야 할 의무가 없잖아요. 똑똑히 말해 두지만 난 집으로 가는 길이에요. 미행한다든지 비겁한 일은 삼가 주세요."
 "당신 오늘 밀러하고 만났죠?"
 "쓸데없는 참견 마세요. 안 만났어요. 또 오해하고 있군요."
 "하지만 난 오늘 오후 만났는걸. 내가 들어 갈 때 마침 찻집에서 나오던데요."
 "그렇다 해도 그게 뭐 어떻다는 거죠. 내가 원한다면 그이와 함께 갈 수도 있잖아요? 당신이 무슨 참견이에요."
 "그 사람이 당신을 기다리게 한 거로군요."
 "흥, 당신 같은 사람이 기다려 주는 것보다는 차라리 내가 그 사람을 기다리는 게 낫겠어요. 잘 기억해 두세요. 그리고 어서 댁에 돌아가셔서 당신 일이나 걱정하세요."
 그의 마음은 갑자기 분노에서 절망으로 변했다. 입을 열었을 때는 목소리가 떨려 나왔다.
 "밀드레드, 제발 그런 지독한 말은 하지 말아 줘요. 나는 당신을 좋아하고 있어요. 정말 좋아하고 있어. 진정으로 사랑하고 있단 말이에요. 제발 생각을 돌려주지 않겠어요? 내가 오늘 저녁을 얼마나 기다렸는지 알아요? 그 사람은 오지 않을 거예요. 그 사람은 당신을 조금도 생각하지 않아요. 식사를 같이 해줘요, 응? 표는 다시 사서 어디든지 당신이 원하는 데로 갑시다."
 "싫다고 했잖아요! 그래봐야 소용없어요. 한 번 결심한 이상 난 그대로 지키는 여자예요."

그는 그녀를 힐끗 쳐다보았다. 괴로움으로 가슴이 터질 것만 같았다. 사람들이 보도에 서 있는 그들 곁을 바쁜 걸음으로 스쳐가고 역마차와 합승차가 덜커덕거리며 지나갔다. 그는 그녀의 눈이 끊임없이 사람의 그림자를 좇는 것을 보았다. 사람들 속에서 밀러의 모습을 놓치지 않으려고 애쓰는 것 같았다.
"나도 이제 더는 못 참아."
그는 울부짖듯 말했다.
"너무 지독한 모욕이야. 이제 가면 다시는 오지 않을 거야. 오늘 밤 같이 안 가주면 다시는 나를 못 볼 거야."
"그렇다고 내가 뭐 쩔쩔맬 줄 아세요. 당신은 정말 쩨쩨한 남자군요. 도리어 시원해요. 제가 할 말은 그것뿐이에요."
"그럼 잘 가요."
인사를 하고 그는 절름거리며 천천히 걸어갔다. 혹시 뒤에서 부르지나 않을까 기대하면서 다음 가로등 기둥까지 와서는 어깨 너머로 뒤돌아보았다. 어쩌면 손짓으로 자기를 불러 줄지도 모른다고 생각했기 때문이다. 그러면 모든 것을 잊고 방금 받은 굴욕도 기꺼이 참을 텐데……. 그러나 그 여자는 저쪽으로 돌아선 채 그 같은 건 전혀 신경도 쓰지 않았다. 그와 손을 끊은 것을 정말 속 시원하게 생각하는 것만 같았다.

59

그날 밤 필립은 정말 비참했다. 하숙집 아주머니한테는 돌아오지 않겠다고 해두었으므로 먹을 것이라고는 아무것도 없었다. 식당에 가서 저녁을 먹을 수밖에 없었다. 그리고 방으로 돌아와 보니 위층 그리피스가 파티를 하고 있는지 떠들썩한 웃음소리가 그의 불행을 한층 더 참을 수 없게 만들었다. 뮤직홀에 가보았지만 토요일 밤이라 입석밖에 없었다. 30분쯤 지루하게 서 있다가 피로해 집으로 돌아왔다.

책을 읽으려 해도 머릿속에 들어오지 않았다. 하지만 해야 할 공부는 잔뜩 쌓여 있었다. 생물학 시험이 2주일 앞으로 닥쳐 온 것이다. 별로 어려운 건 아니었지만 요즘 워낙 강의를 듣지 않아 모르는 게 많다는 것을 스스로도 잘 알고 있었다. 기껏 구두시험 정도일 테니 2주일 안으로는 어떻게 잘될 성싶기도 했다. 머리로 하는 일에는 자신이 있었다. 책을 내려놓자 그는 늘 머릿속을 차지하고 있는 문제에 대해 다시 한 번 잘 생각해 보기로 했다.

 그날 밤 행동을 그는 몹시 뉘우쳤다. 왜 하필이면 식사를 같이해야 한다느니 안 만난다느니 하는 그런 말을 했을까. 더 말할 것도 없이 그녀는 거절하고 말 텐데. 그녀의 자존심을 생각해 주어야 했다. 다시 말해서 그건 배수의 진을 친 것과 다름이 없었다. 그 여자도 지금쯤 고민하고 있다면야 그대로 참을 수도 있겠지만, 그녀가 자기를 조금도 생각지 않고 있다는 것은 너무나 명백한 사실이었다.

 자기가 그토록 바보가 아니었다면 겉으로나마 그녀의 사연을 듣는 체했어야 했다. 실망을 감출 만한 의지력과 감정을 억누르는 자제심을 지녔어야 옳았다. 왜 그 따위 여자를 좋아하게 되었는지, 정말 알다가도 모를 일이었다. 사랑하는 사람이 곧잘 상대를 미화한다는 것은 그도 책에서 읽어 잘 알고 있었다. 그러나 그는 밀드레드를 생긴 그대로 보고 있었다. 재미도 없거니와 영리하지도 않았다. 정말 하잘것없는 마음을 지닌 여자였다. 천박한 성격, 그가 가장 싫어하는 성질이었다. 부드러움도 없거니와 고상한 점도 없었다. 그녀 자신도 말했지만 그녀는 넘어져도 그냥은 안 일어나는 여자였다. 그녀가 감탄하며 하는 얘기는 언제나 마음씨 좋은 사람을 멋지게 속여 곤란하게 만들었다는 것뿐이었다. 사람을 멋지게 속이기만 하면 그녀는 만족했다.

 그녀의 그 고상한 체하는 태도, 그리고 식사할 때의 그 태도, 그것만 생각하면 그는 절로 웃음이 터져 나왔다. 품위 없는 말은 쓰지 않으려 했고, 틀리기는 했지만 고상한 단어를 일부러 골라서 쓰려 했다. 고상하지 못한 어투를 찾아내는 데는 묘하게 예민했다. 절대로 바지라는 말을 쓰지 않고 하의라는 말을 즐겨 썼다. 코를 남 앞에서 푸는 것도 실례라고 생각하는 모양으로 그럴 때면 큰 잘못이나 저지르는 듯 굴었다. 그녀는 빈혈증이 꽤 심한지 그로 인한 소화불량으로 고생하고 있었다. 밋밋한 가슴, 작은 궁둥이, 정말 보기도 싫었다. 머리를 천하게 빗는 것도 마음에 들지 않았다. 그따위 여자를 사랑하고 있는 자신이 정말 싫어 견딜 수 없었다.

 그러나 결국은 도저히 어쩔 수 없다는 결론에 닿았다. 학창 시절, 때때로 엄청나게 큰 애들에게 붙잡혔을 때와 똑같은 기분이었다. 일단은 자기보다 강한 힘과 싸우지만, 속으로는 힘에 부쳐 완전히 압도당하는 기분을—마치 마비라도 된 것처럼 손발에서 힘이 쑥 빠지는 기분을 그는 곧잘 느꼈는데—

자신도 도저히 어쩔 수 없었다. 말하자면 죽어버린 것과 같은 느낌이었는데 그와 똑같은 무력감을 그는 지금 느끼고 있었다.

그는 지금까지 한 번도 겪은 적 없는 격정으로 그녀를 사랑하고 있었다. 생김새나 성격의 결점은 문제가 안 되었다. 그러한 결점마저 그에게는 사랑스러운 매력으로만 보였다. 적어도 그런 것은 그에게는 아무것도 아니었다. 자기와는 아무런 관계도 없는 것으로 생각되었다. 자기의 의지에 위배되고 이해에 역행해서 움직이는 뭔가 불가사의한 힘의 포로가 된 것 같았다. 자유를 갈구하는 마음이 강한 그인 만큼 자유를 빼앗는 이 쇠사슬에 대한 증오도 강했다.

그러나 온몸과 마음을 다 바쳐 태울 사랑을 원해 온 자신을 생각할 때 이것은 참으로 우스운 일이었다. 이제는 그러한 사랑에 빠진 자신을 무섭게 저주했다. 사랑이 싹튼 동기를 돌이켜 보았다. 만일 던스포드하고 그 찻집에 가지만 않았어도 이런 일은 일어나지 않았을 것이다. 모두 자기가 나빴기 때문이다. 바보 같은 허영심만 없었어도 그런 천한 여자한테 끌리는 일은 절대로 없었을 것이다.

그러나 어쨌든 오늘 밤 일로 모든 것은 끝난 셈이다. 수치심과 남의 눈을 안중에 두지 않는 한 그는 두 번 다시 찾아가지 않을 것이다. 마음의 응어리였던 그 사랑도 어떻게든 빨리 처리하고 싶었다. 생각하기도 지긋지긋한 지독한 모욕이었다. 이제 그런 여자는 생각지 말기로 하자. 세월이 흐르면 괴로운 심정도 차츰 가라앉겠지. 그는 지난날의 일들을 떠올렸다. 에밀리 윌킨슨도 파니 프라이스도 자기 때문에 지금의 자신과 똑같은 고통을 겪었을까. 그는 깊은 회환에 잠겼다.

"아니, 그때는 나도 잘 몰랐어."

그는 혼자 중얼거렸다.

그는 거의 잠을 자지 못했다. 다음 날은 일요일이었으므로 그는 생물학 공부를 했다. 책을 앞에 놓고 주의를 집중하기 위해 소리를 내어 읽었지만 무엇 하나 기억할 수 없었다. 마음은 끊임없이 밀드레드에게로 달려가고, 그녀와 다툰 말 한 마디 한 마디를 그대로 되풀이하고 있었다. 그때마다 억지로 책에 정신을 쏟으려고 애써야만 했다.

그는 마침내 산책을 나갔다. 템스 강 남쪽 거리는 평일엔 오가는 사람이 많아 더럽긴 해도 어딘지 모르게 활기가 넘쳤다. 그러나 일요일이 되면 상점 문도 닫히고 달리는 차도 없어 조용한 것이 정말 말할 수 없이 쓸쓸했다. 필립에게는 하루가 한없이 지루했다.

그러나 밤이 되자 그는 고단해서 그대로 깊은 잠이 들었다. 다음 날인 월요일 그는 새로운 결심으로 인생을 출발하기로 했다. 크리스마스가 되었으므로 대부분의 학생들은 겨울학기 중간에 있는 짧은 방학을 이용하여 시골로 내려갔다. 그러나 필립은 블랙스테이블로 내려오라는 큰아버지의 초대도 거절했다. 시험이 곧 닥쳐온다는 것이 구실이었지만 사실은 런던과 밀드레드를 떠나고 싶지 않았던 것이다. 그동안 공부를 소홀히 해 석 달 치를 2주일 만에 몽땅 외어야 했다. 그는 정신을 차려서 공부에 몰두했다. 밀드레드도 하루하루 그럭저럭 잊게 되는 것 같았다. 그는 자기의 의지력을 축하했다.

그가 받는 고통도 이제는 전과 같은 고민이 아니었다. 말에서 떨어진 사람이 뼈는 부러진 곳이 없으나 온몸에 타박상을 입은 것 같은 그런 아픔이었다. 그리하여 그는 지난 몇 주일 동안의 자신을 호기심을 가지고 돌아볼 여유도 생기게 되었다. 그는 흥미 있게 자기감정을 헤아려 보았다. 스스로 생각해 봐도 자신이 좀 우스웠다. 그리고 한 가지 깨달은 점은 그런 상황에서 인간에게 사상이란 얼마나 무력한가 하는 것이었다. 처음 생각해냈을 때 무척 만족했던 인생철학도 아무 소용이 없었다. 이래서는 정말 큰일이었다.

그러나 그러면서도 때때로 거리 같은 데서 밀드레드와 비슷한 여자의 모습을 발견하면 그는 깜짝 놀랐다. 그러면 심장이 금세 멎는 것 같았고 정신없이 쫓아가 보지만 그것은 그때마다 다른 여자였다. 학생들이 시골에서 돌아왔다. 그는 던스포드와 만나 다른 찻집으로 차를 마시러 갔다. 낯익은 여자 종업원의 제복도 이제는 비참한 심정만 더해줄 뿐 그는 거의 말도 할 수 없었다. 혹시 그녀는 같은 회사의 딴 찻집으로 직장을 옮겼는지도 모르겠다는 생각이 들었다. 그렇다면 이런 곳에서 뜻하지 않게 마주칠지도 모른다. 이런 생각은 그를 당황하게 만들었다. 그래서 던스포드가 자기에 대해 무엇을 눈치채지나 않을까 두렵기까지 했다.

무슨 말을 해야 좋을는지도 알 수 없었다. 그는 던스포드가 하는 말을 열심히 듣는 체했으나, 마음은 미칠 지경이었다. 제발 그만 좀 말하라고 고함 지르고 싶은 것을 겨우 참았다.

마침내 시험 날이 왔다. 필립은 자기 차례가 왔을 때 자신만만하게 시험관 앞으로 나갔다. 서너 가지 질문에 대답했다. 그 다음에는 여러 표본류를 제시했다. 그는 강의에는 거의 나가지 않았으므로 책에서 외지 못한 것을 질문해오자 금세 당황해 버렸다. 어떻게든 필사적으로 속여 보려 했지만 시험관은 좀처럼 끌려 들어오지 않았다. 10분은 금세 지났다. 굳이 귀찮게 캐물어 보지 않았다. 물론 합격한 줄 알았다. 그러나 다음 날 문에 나붙은 성적 발표를 보니 놀랍게도 합격자 명단 속에 그의 번호가 없었다. 깜짝 놀라 세 번이나 다시 명단을 읽어 보았다. 던스포드도 와 있었다.

"필립 안 됐나. 딱하게 됐는걸."

그는 조금 전에 필립한테서 번호를 들어 알고 있었던 것이다. 필립은 그의 기쁜 얼굴을 보고 그가 합격했음을 알았다.

"괜찮아."

필립은 말했다.

"아무튼 자네라도 됐으니 다행이야. 난 또 7월에 치르지 뭐."

그는 되도록 태연한 표정을 지었다. 강변길을 걸어 돌아올 때 그는 일부러 아무것도 아닌 이야기만 지껄였다. 사람 좋은 던스포드는 몇 번이고 낙제의 원인에 대해 물었지만 그는 기를 쓰고 끝내 쓸데없는 얘기만 했다. 그러나 물론 정신적인 고통은 심했다. 유쾌한 친구이긴 했지만 머리가 둔하다고 평가해 온 던스포드까지 합격했다는 사실이 그의 현실을 더욱 마음 아프게 했다. 원래 두뇌에는 자신이 있었다. 그런 만큼 이렇게 되고 나자, 혹시 자기 평가에 무슨 잘못이 있었던 것이 아닌가 그는 절망적으로 되물었다. 겨울 학기 3개월 동안에 10월에 들어온 학생들은 몇 개의 그룹으로 나눠지고, 그중 누가 수재이고 누가 머리가 좋으며 누가 노력가이고 누가 건달이라는 것은 벌써 다 알려져 있었다. 그가 낙제했다는 소식을 듣고 놀란 사람은 결국 그 자신만이라는 것도 알고 있었다.

차를 마실 시간이 되었다. 지금쯤 학교 지하실에서는 많은 학생들이 모여 차를 마시고 있을 것이다. 합격한 친구들은 기뻐하고 있을 테고 그를 싫어하는 친구들은 만족한 듯 그의 얼굴을 볼는지도 모른다. 한편 낙제한 친구들은 자신 또한 동정받기 위해 의외로 위로해줄는지도 모른다. 그는 본능적으로 생각했다. 하여튼 일주일간은 절대로 병원에 가까이 가지 말자, 그러면 자연히 이 이야기는 모두 머리에서 사라져 버리리라.

그러나 가기 싫다고 생각하면 할수록 오히려 반대로 가게 되는 것이었다. 뭔가 일부러 자기를 괴롭혀 보고 싶은 심정이었던 것이다. '좋을 대로 해라, 그 대신 골목길을 돌아가면 거기 순경이 있다는 사실을 잊지 말라' 하는 그 평생의 처세훈도 모두 잊어버리고 말았다. 아니 처세훈은 그대로 지켜 나가고 있었는지 모르지만, 다만 그의 마음속에 뭔가 병적인 것이 있어서 줄곧 자학이라는 것에 야릇한 쾌감을 느끼는 듯했다.

그러나 드디어 자신이 부과한 그런 시련을 이기고 소란스런 흡연실의 잡담을 뒤로한 채 어두운 밤하늘 밑으로 나오자, 그는 뭐라 표현할 수 없는 고독감에 사로잡혔다. 스스로도 자기가 형편없는 바보처럼 느껴졌다. 뭔가 빨리 위로의 말을 듣고 싶었다. 밀드레드를 만나보고 싶은 유혹을 참기 어려웠다. 그러나 그녀에게서 위로의 말을 듣기는 어려울 것이라고 생각하자 마음은 더욱 괴롭기만 했다. 말은 하지 않아도 좋으니까 그냥 얼굴이라도 한 번 보고 싶었다. 뭐니뭐니해도 그녀는 여자 종업원이다. 서비스만은 할 수밖에 없을 것이다. 세상에서 좋아하는 여자는 그녀 하나뿐이다. 이제 와서 새삼 자기를 속여 봤자 아무 소용이 없다. 아무 일도 없었다는 듯이 어슬렁어슬렁 나가는 것이 체면 문제라는 점도 그는 잘 알고 있었다. 그러나 이제 자존심 따윈 별로 남아 있지도 않았다. 확실히 그렇다고 단정할 수는 없었지만 그는 지금도 매일같이 그 여자에게서 혹시 편지라도 오지 않을까 기다리고 있었던 것이다. 병원으로 보내면 전해진다는 것을 그녀도 알고 있었다.

물론 편지는 오지 않았다. 그녀 쪽에선 다시 만나는 문제로 고민하지 않는 것이 분명했다.

"그녀를 만나야 해. 그녀를 만나야 해."

그는 혼자 중얼거렸다.

한시 바삐 만나고 싶은 마음에 걷는 것이 어쩐지 답답해 그는 얼른 마차에 뛰어올랐다. 원래 그는 절약가로 웬만하면 마차 같은 건 타지 않는 성미였다. 찻집 앞에선 2, 3분 망설였다. 그러다 혹시 그녀가 그만두지나 않았을까 하는 생각에 두근거리는 가슴을 안고 얼른 안으로 들어갔다. 그녀는 있었다. 자리에 앉자 여자가 다가왔다.

"홍차와 핫케이크."

제대로 말도 나오지 않았다. 순간 이대로 울어 버리는 게 아닌가 생각했다.
"당신, 죽은 줄 알았어요."
여자는 웃고 있었다! 웃고 있다. 필립은 끊임없이 생각해 온 저 최후의 장면 따윈 깡그리 잊어버린 것 같았다.
"만나고 싶으면 당신이 편지라도 보내줄 줄 알았는데."
"무척 바빠서요. 그런 건 생각도 못했어요."
아무튼 그녀는 상냥한 말이라곤 도저히 할 수 없는 모양이었다. 하고 많은 여자 가운데에서 하필이면 이런 여자를 생각하게 되었을까, 그는 자기의 운명을 무섭게 저주했다. 여자는 차를 가지러 갔다. 그리고 잠시 뒤 테이블 위에 차를 내려놓으며 필립에게 말했다.
"잠깐 여기 앉아도 괜찮을까요?"
"아, 좋아요."
"대체 어디 갔었어요, 그 뒤로?"
"런던에요."
"전 또 휴가로 고향에 간 줄 알았죠. 그럼 왜 오지 않았어요?"
필립은 그리움에 지친 눈으로 그녀를 바라보았다.
"왜 잊었나요? 나는 당신과 다시는 만나지 않는다고 하지 않았어요?"
"그럼 지금은 누구를 만나고 있죠?"
잠깐 들어 보니 그녀는 어떻게 해서든지 그에게 굴욕의 쓴맛을 보게 하려는 심산인 것 같았다. 그러나 그는 그녀가 어떤 여자인지 잘 알고 있었다. 되는대로 지껄여서 사람의 기분을 상하게는 하지만 속마음은 그럴 생각이 전혀 없었다. 그는 대답하지 않았다.
"그런 식으로 저를 미행하고, 비겁해요. 당신만은 어느 모로 보나 훌륭한 신사인 줄 알았는데."
"그런 심한 말은 이제 그만해요, 응, 밀드레드. 그러면 더는 못 참아요."
"이상한 분이네요. 당신은 정말 모르겠어요."
"뭐, 간단하죠. 나 같은 바보가 이 세상에 또 있을라고요. 당신 같은 여자를 진심으로 사랑했으니까 말이에요. 당신은 나를 손톱만큼도 생각해 주지 않는데."
"전 또 당신이 신사라면 그 이튿날엔 사과하러 오실 줄 알았죠."

끝까지 뻔뻔스러운 여자였다. 그는 그녀의 목을 바라보면서 들고 있던 핫케이크용 칼로 그녀의 목을 푹 찌르고 싶은 욕망을 느꼈다. 해부학을 공부했으니 목동맥을 정통으로 찌를 자신은 있었다. 그러면서 동시에 그 핏기 없이 여윈 얼굴에 가득 키스를 퍼붓고 싶은 충동도 느꼈다.

"아아, 내가 당신을 얼마나 좋아하는지 알아줬으면 좋겠군요."

"하지만, 당신 아직 사과하지 않았어요."

그는 얼굴이 새파래졌다. 이 여자는 그때 자기가 나빴다고는 조금도 생각하지 않는다. 그러니까 지금도 그에게 사과하기를 요구하는 것이다. 그에게도 자존심은 있었다. 순간, 에잇 더러운 계집 죽어 버려라, 고함치고 싶은 충동을 느꼈다. 그러나 용기가 없었다. 문자 그대로 사랑의 포로였다. 그 여자만 만날 수 있다면 어떤 수치를 참아도 좋다고까지 생각했다.

"밀드레드, 내가 나빴어요. 사과하지. 미안해요."

이렇게 말하기까지는 무척 고통스러웠다. 하여튼 굳은 결심이 필요했다.

"그렇게까지 말씀하시면 저도 말하겠어요. 사실은요, 그날 밤 역시 당신과 같이 가는 게 좋을 뻔했어요. 그 밀러라는 남자, 전 신사인 줄만 알았거든요. 그런데 잘못된 생각이었죠. 그래서 곧 관계를 끊어 버리고 말았지만."

필립은 숨을 훅 내쉬었다.

"밀드레드, 오늘 밤 같이 나가지 않겠어요? 어디 가서 식사나 합시다."

"그럴 수 없어요. 작은어머니께서 기다리세요."

"전보를 치면 될 거 아니에요. 찻집에 일이 생겼다고. 제발 같이 가줘요. 오랫동안 만나지 못했잖아요. 당신과 얘기하고 싶어요."

그녀는 자기의 옷을 힐끗 보았다.

"그런 건 신경 쓸 것도 없어요. 옷 따위 신경 안 써도 될 만한 곳으로 가면 돼요. 그리고 나서 다음에 뮤직홀로 갑시다. 빨리 대답해 줘요. 그러면 정말 기쁘겠어요."

여자는 잠깐 망설였다. 그는 비굴할 만큼 애원하는 눈초리로 그녀의 얼굴을 바라보았다.

"그럼 가도 좋아요. 저도 사실 어디 가 본지가 퍽 오래됐어요."

그는 그녀의 손을 붙잡고 마구 키스를 퍼붓고 싶은 격렬한 충동을 겨우 참았다.

60

두 사람은 소호에서 식사를 했다. 필립은 기뻐 어쩔 줄을 몰랐다. 그것은 그 주변에 흔히 있는 값싼 식당, 다시 말해서 겉모양은 번지르르하나 돈이 없는 친구들이 마음 놓고, 경제적이라는 생각에서 안심하고 먹을 수 있는 그런 싸구려 식당과는 달랐다. 루앙 출신의 사람 좋은 남자와 그 부인이 경영하는 쓸쓸한 식당으로 필립이 전에 우연히 발견한 곳이었다.

언제나 한가운데 날고기 비프스테이크 쟁반을 놓고 양옆에 생야채 쟁반을 늘어놓은 진열장이 묘하게 그의 흥미를 끌었던 것이다. 프랑스어만을 쓰는 식당에 자기 딴에는 영어 공부를 하려는 더부룩한 프랑스인 웨이터 한 사람과 지저분한 웨이터 한 사람이 있었고, 오는 손님도 대개는 밤거리의 여자 두서너 명과 어엿한 전용 냅킨을 두고 쓰는 부부 두세 쌍, 그 밖에 급하게 들어와서 식사만 간단히 하고 가는 묘한 남자 대여섯 명 식으로 정해져 있었다.

두 사람은 전용 테이블을 차지할 수 있었다. 필립은 웨이터를 보내서 옆 술집에서 버건디(프랑스 버건디 지방의 포도주)를 주문해 오고, 채소가 든 진한 수프와 진열장에 내놓은 감자가 든 비프스테이크와 앵두술을 친 오믈렛을 먹었다.

음식에도 또 집에도 뭔가 낭만적인 분위기가 감돌고 있었다. 처음 얼마 동안 밀드레드는 별로 기분이 내키지 않는 듯 말했다.

"전 이런 외국인 상점은 별로 좋아하지 않아요. 첫째 이 지저분한 요리라니, 속에 무엇이 들어 있는지 알 게 뭐람."

그러나 어느새 기분이 좋아진 것 같았다.

"저 이 집이 마음에 들었어요. 탁자에 팔꿈치를 올려놓아도 되고, 신경이 쓰이지 않아 좋아요."

반백의 머리를 길게 늘이고, 턱에는 듬성듬성 수염을 기른 키 큰 남자가 들어왔다. 구멍 난 외투를 걸치고 차양이 넓은 소프트 모자를 쓰고 있었다. 먼저도 본 일이 있는지 필립을 보자 가볍게 고개를 끄덕였다.

"저 사람 꼭 무정부주의자 같네요."

밀드레드가 말했다.

"그래, 그래요. 유럽에서도 제일 위험한 인물로 쳐요. 대륙에 있는 감옥이란 감옥엔 전부 한 번씩 들어갔다 나왔죠. 누구보다 사람을 많이 죽인 경험이 있는, 주머니에 늘 폭탄을 넣어 가지고 다니는 남자예요. 그러니까 만나

382 인간의 굴레

서 얘기하기엔 조금 위험하죠. 어쨌든 반대쪽 놈만 만나면 그것을 탕 하고 테이블 위에 올려놓는다니까."

여자는 겁이 난 듯 눈을 크게 뜨고 그 남자를 보았으나 이윽고 의심스러운 듯 힐끗 필립의 얼굴을 돌아보았다. 그의 눈은 웃고 있었다. 여자는 가볍게 찌푸리며 말했다.

"저를 놀리셨군요."

그는 자기도 모르게 환성을 질렀다. 행복했다.

그러나 밀드레드는 놀림받는 것은 질색이었다.

"거짓말을 해놓고 뭐가 그렇게 재미있어서 웃으시죠."

"어어, 그렇게 화내지 말아요."

그는 테이블 위에 놓인 여자의 손을 가볍게 쥐면서 말했다.

"당신은 귀엽군요. 당신이 걸어간 땅이라면 난 엎드려 키스해도 좋겠어요."

약간 푸른 기가 도는 핏기 없는 여자의 혈색이 그는 견딜 수 없이 좋았고, 얇고 하얀 입술도 뭐라 표현할 수 없이 매력적이었다. 빈혈증 때문에 언제나 숨 가빠했고 그 탓인지 입을 약간 벌리고 있었다. 그것이 또 얼굴의 매력을 한층 두드러지게 하는 것 같았다.

"나에게도 어딘가 조금은 좋은 점이 있겠죠?"

"그럼요, 싫어하면 누가 이런 데 와요. 그렇잖아요? 당신은 어느 모로 보나 신사예요. 그 점은 말할 수 있어요."

식사가 끝나자 커피를 마셨다. 필립은 절약 같은 것은 어딘가로 팽개쳐 버리고 3펜스짜리 시가를 피워 물었다.

"이렇게 마주 앉아 당신의 얼굴을 보는 것이 내게 얼마나 큰 즐거움인지 당신은 모를 거예요. 내가 얼마나 당신을 생각했는지 알아요? 한 번 만나고 싶어서 죽을 지경이었다니까요."

밀드레드는 가볍게 웃으며 살짝 얼굴을 붉혔다. 그날은 식사 뒤면 언제나 괴롭히는 소화불량도 없었다. 필립에게도 신기할 정도로 부드럽게 대하고 보통 때 볼 수 없는 다정한 눈으로 쳐다보아 그는 아주 기분이 황홀했다. 이대로 이 여자에게 빠지는 것이 얼마나 미친 짓인가 하는 것은 그도 본능적으로 잘 알고 있었다. 그 여자를 가장 잘 다루는 것은 그냥 가볍게 사귀는 것.

인간의 굴레 383

그의 가슴에 용솟음치는 미친 듯한 정염을 그녀에게 보였다가는 큰일이다. 그러한 허점을 보이기만 하면 그것을 약점 잡아서 더욱 강한 태도로 나올 것이 뻔하기 때문이다. 그러나 지금의 그는 분별을 가릴 단계가 못 되었다. 그 여자와 헤어진 뒤로 받은 마음의 고통, 자신의 마음과 싸웠던 일이며, 감정을 다스리려고 노력하여 한 번은 성공 단계에까지 갔으나 끝내는 감정이 조금도 수그러들지 않은 일 등 그동안에 겪은 고생을 낱낱이 그녀에게 털어놓고야 말았다. 그러나 자기는 한 번도 진정으로 잊어 보려고 한 적이 없다, 너무나 사랑하므로 마음의 고통쯤은 아무것도 아니었다, 그런 말까지 늘어놓았다. 말하자면 자랑스럽게 모든 약점을 다 털어놓고 만 셈이었다.

이 기분 좋은 식당에 이대로 언제까지나 앉아 있는 것이 필립에게는 무엇보다 즐거웠다. 그러나 밀드레드는 연극을 보러 가고 싶어 했다. 어디까지나 침착하지 못한 여자로 어디서건 잠깐만 있으면 곧 다시 다른 곳으로 가고 싶어 했다. 그러나 그는 여자를 싫증나게 하고 싶지는 않았다.

"어디, 극장에라도 갈까요?"

그는 이렇게 물으면서 이 여자가 티끌만큼이라도 자기를 좋아한다면 여기에 그냥 머물러 있자고 말해 주지나 않을까 어렴풋한 기대를 걸어 보았다. 그러나 그녀는 말했다.

"네, 이왕 가려면 이제 슬슬 일어나야 하지 않을까요?"

"그럼, 갑시다."

연극이 끝나기를 그는 초조하게 기다렸다. 다음 순서는 정해져 있었다. 마차에 올라타자, 그는 마치 우연히 그렇게 된 것처럼 여자의 허리에 팔을 감았다. 그러나 순간 비명을 지르며 황급히 팔을 뺐다. 무엇인가에 찔렸던 것이다. 여자는 소리를 내고 웃었다.

"그거 보세요, 쓸데없는 데에 손을 대니까 그렇잖아요. 남자들이 내 허리에 손을 대면 나는 금방 알아요. 언제든지 그 핀에 당하죠."

"그럼 이번에는 좀더 조심해서 할까요."

그리고 다시 한 번 허리를 안았다. 여자는 조금도 반항하지 않았다.

"아아, 기분 좋다."

그는 행복한 듯 한숨을 내쉬었다.

"그래요, 당신만 행복하면 되죠."

곧바로 그녀는 아니꼬운 투로 대답했다.
마차는 세인트 제임스 거리를 지나 하이드 공원으로 들어갔다. 필립은 재빨리 여자에게 키스했다. 웬일인지 그녀가 무서웠다. 있는 용기를 다 내어겨우 했다. 여자는 아무 말 없이 그에게 입술을 내밀었다. 싫어하는 것 같지도 않고, 그렇다고 자진해서 하려는 기색도 아니었다.
"아아, 얼마나 이때를 기다렸는지 알아요."
그는 나직이 속삭였다.
또다시 입술을 요구하자 그녀는 이번엔 얼굴을 획 돌리고 말했다.
"한 번이면 그만이에요."
어쩌면 또 한 번 기회가 있지 않을까 생각하고 그는 허언힐까지 마차를 타고 갔다. 그녀의 집 근처 길까지 왔을 때 그는 매달리듯 말했다.
"다시 한 번, 응, 안 되나요?"
그녀는 그의 얼굴을 빤히 쳐다보았다. 그리고 힐끗 길 쪽을 쳐다보고 사람의 기척이 없는 것을 확인하자 말했다.
"네, 좋아요."
그는 여자를 껴안고 불같은 키스를 해 주었다. 그러나 여자는 이내 그를 밀쳤다.
"바보같이, 모자가 다 망가지잖아요. 당신 참 형편없이 서툴군요."

61

그 뒤로는 매일 그녀와 만났다. 점심식사도 그녀 찻집에서 하려고 했지만 그녀가 말렸다. 찻집 여자들의 애깃거리가 된다는 것이었다. 할 수 없이 차만 마시는 것으로 참기로 했다. 그러나 언제나 근처에서 만나 같이 역까지 걸어갔다. 그리고 1주일에 한두 번은 꼭 같이 식사했다. 금팔찌며, 장갑이며, 손수건이며, 그 밖에 여러 선물도 주었다. 그에게 전혀 어울리지 않는 낭비를 했지만 그것은 어쩔 수 없었다. 조금이라도 애정을 나타내는 것은 물건을 받았을 때뿐이었다. 무슨 물건이든지 물건값을 잘 알아서 그녀의 감사는 아주 정확히 늘 그 물건값과 정비례했다.
그러나 어쩔 수 없었다. 그녀가 키스라도 요구하면 그는 완전히 흥분하여 어떤 수단으로 그 키스를 할 수 있었는지 그런 것은 조금도 문제 삼지 않았다. 일요일에는 그녀가 집에서 쓸쓸히 지내고 있다는 것을 알았다. 그래서 아침 일찍 허언힐로 나가 한적한 길에서 여자와 만나 함께 교회로 갔다.

"저 교회에 가는 것을 옛날부터 좋아해요. 아주 아름답지 않아요?"

그리고 그녀는 점심을 먹으러 집으로 돌아가고, 그는 호텔에서 형식적인 식사를 했다. 그리고 오후에는 둘이서 브로크웰 공원을 거닐었다. 두 사람은 그다지 할 이야기가 없었지만, 여자에게 지루한 생각을 줄까 두려워(여자는 쉽게 싫증내는 성미였다) 필립은 필사적으로 머리를 짜내어 끊임없이 새로운 화제를 생각해 냈다. 이런 산책이 두 사람을 즐겁게 해주지 못한다는 사실을 그는 잘 알고 있었다.

그렇다고 여자와 헤어지기는 더욱 괴로운 일이었다. 필사적인 노력으로 시간을 끌어보려 했는데, 끝내는 여자를 싫증나게 해 화를 북돋는 것이 고작이었다. 여자가 애정이 없는 것은 너무나 확실했다. 이성으로는 여자에게 바랄 것이 없음이 명백한데도 그녀에게 애정을 강조하며 구하는 실정이었다. 차가운 여자였다. 그녀에게 사랑을 요구할 자격이 조금도 없었지만, 바라지 않을 수도 없는 노릇이었다. 게다가 차츰 친해짐에 따라 점점 그도 감정을 도저히 억누를 수 없이 되었다. 화가 나서 결국 지독한 말을 하곤 곧잘 싸움도 했다. 그러면 그녀는 한참을 말도 잘 하지 않았다. 그럴 때 번번이 지는 것은 그여서 결국 그녀 앞에 무릎을 꿇는 꼴이 되었다. 너무 줏대가 없는 것에 스스로도 화가 났다. 찻집 같은 데서도 그녀가 누군가 다른 남자와 얘기하는 것을 보면 질투를 참을 수 없어, 자기도 왜 이러나 싶을 정도로 흥분했다. 어떤 때는 가끔 여자에게 모욕을 주고는 그대로 밖으로 나오기도 했다. 그러나 그런 때도 나중에는 화가 나기도 하고, 후회가 되기도 해서 몸을 뒤척이며 한밤 내내 잠 한숨 이루지 못했다. 그리고 이튿날이 되면 또다시 나가 용서를 비는 형편이었다.

"화내지 마. 나는 당신이 좋아서 못 견딜 지경이야. 나도 도저히 어쩔 수 없어."

"당신 금방 뉘우치게 될 거예요."

그녀는 대답했다.

그는 그녀 집에 가보고 싶었다. 그것으로 한층 가까워지면 그녀가 찻집에서 이럭저럭 사귀는 뜨내기손님과는 다르게 취급해 주지 않을까 생각했기 때문이다. 그러나 그녀는 절대로 그것을 허락해주지 않았다.
"작은어머니가 이상하게 생각하세요."
 거절하는 것이 숙모에게 보이기 싫다는 그 이유에서만일까 생각도 해 보았다. 그녀는 자기 숙모를 의사라든가 하여튼 그런 신사 직업에 종사했던 사람의 미망인이라고 했지만(그녀가 차별된 사람임에는 틀림없는 모양이다), 단순히 좋은 사람이라고 해서는 아무래도 차별된다고까지는 할 수 없다는 것이 무척 마음에 걸리는 모양이었다. 그러나 필립의 추측으로는 어떤 소상인의 미망인에 지나지 않을 것 같았다.
 밀드레드가 지독한 속물이라는 것은 알고 있다. 그러나 숙모가 어떤 여자이든 그런 것은 자신에겐 조금도 상관없는 문제임을 그녀에게 어떻게 납득시킬지 그것이 문제였다.
 그녀와의 가장 큰 싸움은 어느 날 밤 식사 중에 일어났다. 어떤 남자가 극장에 가자고 유혹하더라고 그녀가 말했기 때문이다. 순식간에 그는 얼굴이 새파래지고 표정은 험악하게 굳어졌다.
 "설마 가진 않겠죠?"
 "어머, 왜 안 가요? 그분 아주 훌륭한 신사 같던데요."
 "안 돼요. 내가 데려가죠. 어디든 당신 원하는 데로."
 "하지만, 그건 달라요. 늘 당신하고만 다닐 수는 없잖아요. 게다가 그분이 제게 좋은 날을 정하랬어요. 그러니까 하룻밤 당신하고 같이 안 나가는 날 갈 작정이에요. 당신이야 어차피 마찬가지 아녜요."
 "이봐요, 당신이 조금이라도 나를 생각한다면, 다시 말해서 고마워하는 마음이 있다면 그런 것은 꿈에도 생각할 수 없을 텐데요."
 "고맙다고요? 그게 무슨 말이죠? 아, 그 당신이 준 선물 말하는 거예요? 그거라면 저 모조리 돌려주겠어요. 그까짓 것 필요 없어요."
 그녀는 어느새 가끔 듣는 그 차가운 투로 말했다.
 "첫째, 당신하고만 다니면 무슨 재미예요. 매일 내가 좋지? 좋지? 그런 말만 하잖아요. 나중에는 정말 지긋지긋해져요."
 사실 그도 그런 말만 계속하는 것이 좀 지루했으리라는 것을 잘 알았다. 하지만 달리 어쩔 수도 없는 노릇이었다.
 "네, 좋아요. 좋고말고요."

그녀의 대답은 언제나 이런 식이었다.
"그것뿐이에요? 나는 정말 마음으로부터 당신을 사랑하고 있는데."
"전 좀 달라요. 당신처럼 큰소리는 절대 치지 않거든요."
"단 한마디 말로 내가 얼마나 행복해질 수 있는지 알아주었으면 좋겠군요!"

그러나 어떤 때는 좀더 분명히 말할 때도 있었다. 예를 들어 그가 "나를 좋아해요?" 물으면, 여자는 "아아, 그런 얘기 이젠 좀 그만했으면 좋겠어요." 대답하는 것이었다.

그는 머쓱해져 입을 다물고 만다. 어쩌면 이렇게 무감각한 여자가 있을까. 지금도 그는 대답했다.

"아아, 그래 그런 식으로 생각한다면 그럼 나하고는 그냥 만나기만 했다 그런 말인가요?"

"그래요. 특별히 좋아서 만난 게 아녜요. 이것만은 분명히 알아 두세요. 억지로 오라고 하니까 오는 거예요."

그는 자존심이 몹시 상해 흥분해서 대답했다.

"그럼 난 뭐 당신의 밥값이며 극장값이나 치르는 인간이란 말이죠. 그것도 달리 함께할 사람이 없을 때만. 그러니까 다른 사람만 나타나면 나 같은 건 지옥에 가도 좋다 이거죠. 고마워요. 이제 그런 식으로 이용당하는 데는 진저리가 나는군요."

"나는 아무한테도 그런 소리를 들을 의무는 없어요. 이따위 시시한 식사를 어떻게 고마워하는가 곧바로 보여 드리죠."

여자는 일어나 스웨터를 걸치고 획 나가 버렸다. 필립은 그대로 앉아 있었다. 내가 움직일까 보냐고 그는 생각했다. 그러나 10분이 지나자 그는 마차에 뛰어올라 뒤를 쫓았다. 어차피 역까지 합승으로 갈 게 뻔했다. 그러면 도착하는 시간은 거의 같겠지. 플랫폼에서 그녀를 발견했다. 그러나 일부러 그녀의 눈을 피해 같은 열차를 타고 허언힐까지 갔다. 집이 가까워지고, 그녀가 달아날 수 없을 때까지 말을 걸지 않으리라 생각했다.

그녀가 사람들이 많이 오가는 밝은 큰길에서 골목으로 접어들자마자 그는 바싹 따라갔다.

"밀드레드."

그는 이름을 조용히 불렀다.
 그러나 여자는 그 빠른 걸음을 멈추지도 않았고, 뒤도 돌아보지 않았으며 대답조차 하지 않았다. 다시 한 번 이름을 불러 보았다. 그제야 그녀는 걸음을 멈추고 뒤돌아보았다.
 "무슨 용건이에요? 당신이 역에서 왔다 갔다 하는 것을 다 보고 있었어요. 왜 그렇게 귀찮게 구시죠?"
 "내가 나빴어요. 화해합시다, 응!"
 "도대체 당신 성미부터가 싫어요. 남보다 질투심도 많고, 생각만 해도 지긋지긋해요. 당신 같은 사람은 제 마음속에 있지도 않고, 과거에도 그랬지만 앞으로도 당신 생각 따윈 하지 않을 거예요. 당신하고는 이제 완전히 남이에요."
 그러고는 그대로 획 가버렸다. 뒤떨어지지 않으려고 그는 걸음을 재촉해야만 했다.
 "아무튼 당신은 나를 너무 생각하지 않는군요. 보통 때 같으면 누구하고든 다정하게 지내도 상관없어요. 하지만 당신을 사랑하는 나 같은 사람도 있고 한데, 이건 정말 너무 지독하지 않나요? 조금은 나도 생각해 주었으면 좋겠다는 거죠. 좋아해 주지 않아도 좋아요. 할 수 없는 일이니까. 하지만 사랑할 수 있게만 해줘요. 제 소원은 그것뿐이에요."
 여전히 입을 꽉 다문 채 그녀는 걸어갔다. 그녀의 집까지 이제 사오백 야드밖에 남지 않았다고 생각하자 그의 마음은 괴로웠다. 앞뒤 가리지 않고 그는 사랑한다느니, 섭섭하다느니 하는 소리를 마구 지껄여댔다.
 "이번만 용서해 줘요. 그러면 다음부터는 두 번 다시 화나게 하지 않을 테니까. 누구든 좋은 사람하고 나가도 좋아요. 그리고 달리 약속이 없을 때만 나하고 만나도 좋아요."
 여자는 다시 한 번 발걸음을 멈추었다. 언제나 헤어지는 모퉁이까지 왔기 때문이다.
 "자, 이제 돌아가세요. 문까지 따라오는 건 전 싫어요."
 "안 돼요. 용서해 준다고 말할 때까지 난 계속 따라갈 테니까."
 "아, 정말 못 참겠어. 지긋지긋하다잖아요."
 그는 잠시 망설였다. 어떤 말을 하면 그녀의 마음이 움직인다는 것을 본능적으로 잘 알았기 때문이다. 그러나 그는 그 말만은 하기가 무척 싫었다.
"당신 그건 너무 지독한 소리에요. 나도 여러 가지 괴로움을 참고 있어요. 절름발이라는 것이 무엇인지 당신은 모를 거예요. 그야 물론 당신은 내가 싫겠죠. 좋아할 데가 없으니까."
"필립, 난 그런 뜻으로 한 소리가 아니에요."
그녀의 목소리는 어느새 동정어린 말투로 변해 있었다.
"그런 게 아니에요. 알아주시겠죠."
자아, 이제부터 연극이다. 그는 낮게 쉰 듯한 목소리로 말했다.
"하지만 내겐 꼭 그렇게만 느껴져요."
그녀는 그의 손을 잡고 얼굴을 뚫어져라 쳐다보았다. 눈에는 눈물이 가득 괴어 있었다.
"그런 거 조금도 마음에 둔 적 없어요. 저 약속해요. 좋아요. 그런 게 마음에 걸린 건 처음 하루 이틀뿐이었어요."
그는 비장할 정도로 입을 꽉 다물고 서 있었다. 감정이 복받쳐 견딜 수 없다는 듯이 보이고 싶었던 것이다.
"나 정말은 당신이 좋아요. 하지만 당신이라는 사람이 나를 너무 못살게 굴어요. 자, 우리 화해해요, 네?"
그녀는 말하면서 살짝 입술을 대었다. 그는 안심하듯 숨을 쉬며 키스를 했다.
"자, 이것으로 우리 먼저대로 행복하죠."
"응, 그래요."
거기에서 작별을 하자, 그녀는 급히 발걸음을 재촉해 가버렸다. 다음 날 그는 옷에 다는 작은 시계가 달린 브로치를 사줘 그녀를 아주 기쁘게 해 주었다. 전부터 그녀가 몹시 가지고 싶어 하던 물건이었다.
그러나 3, 4일이 지난 어느 날, 그녀는 차를 가져다 놓더니 말했다.
"당신 저번 밤 약속 기억하죠? 지키겠어요?"
"응, 지키죠."
그녀가 하는 말의 뜻은 잘 알았다. 그래서 그는 각오하고 다음 말을 기다렸다.
"저 먼저 약속한 그 사람하고 오늘 밤 같이 갔다 올 참이에요."
"좋아, 잘 다녀와요."

"괜찮아요, 당신?"
이렇게 되면 그도 놀랄 만큼 스스로 태연해지게 마련이다.
"그야 물론 싫죠."
그는 빙그레 웃는다.
"하지만 이제 싫은 소리는 하지 않기로 했으니까."
여자는 벌써 나가는 데만 정신이 팔려 이 말은 그냥 되는 대로 지껄이는 소리였다. 도대체 이건 나를 괴롭히려는 배짱에서일까 아니면, 그냥 단순히 무신경하기 때문일까, 필립은 알 수 없었다.
다만 그때까지는 그녀의 냉혹성에 대해 언제나 어차피 바보이니까 하고 대범하게 보아왔지만, 이제는 그녀가 어떤 경우에 다른 사람에게 상처를 주는지도 모르는 여자라는 점이 한층 뚜렷해졌다.
'상상력도 없거니와 유머도 모르는 여자와 연애한다는 것은 밋밋한 일이야.'
그는 여자의 말을 들으면서 생각했다.
그러나 결국 그것이 없다는 점이 그에게는 좋은 구실이 되었다. 만일 그조차 몰랐다면 그녀에게서 받는 이 고통은 도저히 용서할 수 없을 터였기 때문이다.
"티볼리 극장에 자리를 잡아놨대요. 그분이 좋은 곳을 말하라고 해서 제가 골랐어요. 그리고 카페 로얄에서 식사를 한대요. 그분 얘기로는 런던에서도 제일 비싼 음식점이라나요."
'흥, 어디로 보나 신사라고.'
이 말이 목구멍까지 올라왔으나 이를 악물고 입 밖에 내는 것만은 참았다.
필립도 티볼리에 가서, 밀드레드가 그 상대라고 한 사나이를 보았다. 머리가 반들반들한 청년으로 세련된 것이 어느 모로 보나 외판원 같았다. 나란히 무대 바로 앞 두 번째 줄에 앉아 있었다. 밀드레드는 타조털이 달린 챙이 넓은 부인용 모자를 쓰고 있었는데 그게 또 무척 잘 어울렸다. 필립도 잘 아는 그 조용한 미소를 띠고 여자는 열심히 남자의 말에 귀를 기울이고 있었다. 그녀를 웃기려면 꽤 어려운 연극이 필요하다고 생각했는데 여자는 무척 재미있는 표정이었다. 저 형편없는 녀석이 그녀에게는 꼭 어울리는 모양이라고 그는 내뱉듯 혼자 생각했다. 어차피 자신이 머리가 좀 모자라는 여자니까 저렇게 떠들썩한 인간이 좋은 거겠지. 필립은 토론을 퍽 좋아했지만 남과 얘기할 때 말재주는 전혀 없었다. 로우슨 같은 친구들이 곧잘 하는 바보 같은 농담에 몹시 감탄할 뿐이었다. 그리고 그럴수록 자기는 열등감 때문에 완전히 위축되고 말았다.

밀드레드라는 여자는 남자라면 누구나 축구와 경마 이야기를 한다고 정해 놓고 있었다. 그런데 그는 어느 것도 잘 알지 못했다. 이 말만 하면 반드시 웃음이 나옴직한 농담을 한마디도 알아듣지 못했다.

즉 활자화된 것만이 필립을 유일하게 지켜 주었던 셈인데, 요즘은 뒤늦게 조금이나마 재미있는 인간이 되려고 〈스포츠 타임스〉를 열심히 읽고 있었다.

62

온몸을 태울 것 같은 번민에 필립이 빠져 있는 것은 기분이 좋아서가 아니었다. 인간 세상의 모든 것이 결국은 덧없는 것이라면 이것도 언젠가는 틀림없이 없어지리라고 그는 생각했다. 그날을 그는 얼마나 목을 빼고 기다렸던가. 사랑이란 다시 말해서 그의 심장의 기생충, 그의 피를 빨아 먹고 그 저주스런 생명을 유지해 나가는 것이다. 그의 전 존재를 빨아먹어 버려 사랑 말고 다른 것에는 조금도 흥미를 낼 수 없게 했다. 전에는 세인트 제임스 공원의 그 아름다움이 늘 즐거움이었고, 곧잘 벤치에 앉아 하늘에 그림처럼 퍼지는 나뭇가지들을 보고 있었다. 그것은 어떤 환희와 비슷했다. 그러고는 선창이 있고 배가 떠 있는 템스 강의 그 아름다운 풍경에서 뭐라 말할 수 없는 마법 같은 신비감을 느꼈는데, 이제는 그런 것들도 모두 무의미해졌다.

밀드레드와 떨어져 있으면 마음은 따분하고 불안해지기만 했다. 불현듯 그림 구경이라도 해서 슬픔을 잊어보려고 국립 미술관에 들어가 보아도, 다른 관광객들처럼 그냥 지나쳐 버릴 뿐 어느 그림이고 감동을 주는 것이 없었다. 지난날 그토록 사랑했던 것들을 다시 사랑해 볼 기회가 올지도 의심스러웠다. 전에는 독서가 가장 즐거웠으나 지금은 모든 책도 무의미한 존재가 되어 버렸다. 여유가 생기면 병원 클럽 흡연실에서 하염없이 잡지를 들추어보는 정도였다. 이런 사랑은 고문이나 다름없었다. 자신의 노예상태를 그는 몸부림치도록 싫어했다. 그는 죄수와 같이 자유를 갈구하고 있었다.

어떤 날 아침에는 눈을 뜨고 아무것도 못 느끼는 때도 있었다. 마음은 하늘을 날 듯 상쾌했다. 이제는 자유다, 이제 사랑 따윈 하지 않는다고 생각했기 때문이다. 그러나 얼마 뒤 정신이 똑똑히 들며 고통이 마음 깊숙이 가라앉아 조금도 낫지 않았음을 깨닫게 된다. 미친 듯 밀드레드를 사랑하면서도 한편으론 경멸하고 있었다. 그는 혼자 생각했다. 사랑하면서 동시에 미워하는 것보다 이 세상에서 더 큰 고통이 있을까.

원래 필립은 언제나 자신의 감정 속 깊이 파고들어 자기가 처한 상황을 여러모로 생각하는 성미였지만, 이러한 지경이고 보니 이 굴욕적 감정을 다스리는 방법은 밀드레드를 정부로 만드는 것밖에 없다는 결론에 이르렀다. 그가 고민하는 것은 따지고 보면 성에 대한 갈망 바로 그것이었다. 따라서 그것만 충족시켜 주면 그를 휘감고 있는 견디기 어려운 이 쇠사슬에서 자유의 몸이 될 수도 있는 것이다. 이 점에서는 밀드레드가 전혀 그를 상대하지 않는다는 것을 그는 잘 알고 있었다. 그가 정열적으로 키스할 때면 그녀는 본능적인 혐오로 몸을 빼기 일쑤였다. 관능적인 점이 전혀 없었다. 어떤 때는 파리에서 겪은 아슬아슬한 정사를 말해 줌으로써 질투심을 자극해도 그녀에게는 들으나 마나 한 이야기였다.

한두 번은 찻집에서 일부러 딴 자리에 앉아 당번 여종업원과 시시덕거려도 보았으나 밀드레드는 전혀 무관심했다. 어느 모로 보나 일부러 꾸미는 태도 같지는 않았다.

"그래 아무렇지 않았어요? 오늘 당신 테이블에 앉지 못했는데."

한 번은 역까지 가는 도중에 넌지시 속을 떠본 일이 있었다.

"당신 테이블이 붐비는 것 같아서."

물론 그것은 거짓말이었다. 그러나 그녀는 별로 부정도 하지 않았다. 어차피 그가 버린대도 여자 쪽에서는 별로 신경 쓰지도 않으리란 것은 잘 알고 있었지만, 그러나 나무라는 기색이라도 보여 주었으면 얼마나 좋겠는가. 오히려 나무라 주는 편이 그에게는 위안이 될 것 같았다.

"그래요, 날마다 같은 테이블에만 앉기보다는 그편이 나을 거예요. 때론 딴 여자의 테이블에 앉아 주시는 것도 좋은 일이죠, 뭐."

그러나 생각할수록 여자 쪽에서 완전히 자기의 소유물이 되어 주는 것 말고는 벗어날 길이 없을 성싶다고 확신하게 되었다. 그러고 보면 그는 그 옛날이야기에 나오는, 마술의 힘으로 추한 꼴이 되어 다시 본디 모습을 찾기 위해 약을 찾아 헤매는 기사와 똑같았다. 희망은 단 한 길밖에 없었다. 밀드레드는 늘 파리 구경을 하고 싶어 했다. 대부분의 영국인에게 그렇듯이 그녀에게도 파리는 유행과 향락의 중심이었다. 그 여자도 최신 유행품을 런던의 거의 반값으로 살 수 있는 루브르 백화점에 대해서는 익히 들어서 알고 있었다. 그녀의 친구 한 사람은 신혼여행 때 파리에 갔는데 온종일을 루브르에서 지냈다고 한다. 두 사람이 물랭루즈인가 어딘가에 갔을 때는 하루도 새벽 6시 전에 침실에 들어가 본 적이 없다는 말을 하더라고 여자가 말했다. 만일 여자가 자신의 욕망에 응해만 준다면, 그것이 설사 파리 행이 이루어지는 보상으로 억지로 하는 것일지라도 무방하리라는 생각이 들었다. 그의 욕망이 충족만 된다면 조건은 아무래도 좋았다. 미약(媚藥)이라도 먹여 볼까 하는 쑥스러운 연극 같은 공상도 해 보았다. 흥분시켜 볼 생각으로 술을 권해본 적이 있었지만 그녀는 공교롭게도 술은 입에도 대지 않았다. 보기에 좋다고 즐겨 샴페인을 주문시켜 놓고서는 고작해야 반 컵 이상은 마시지 않았다. 커다란 컵에다 가득 술을 따르고는 입 한 번 대지 않은 채 남기기가 일쑤였다.

"이렇게 해놔야 종업원들이 당신의 인품을 알아보는 법이에요."

여자는 말했다.

필립은 여자의 태도가 유달리 친근해 보이는 어느 날 말을 꺼내 보았다. 3월 말에는 해부학 시험이 있고, 그 다음 일주일은 부활절, 그때는 밀드레드도 3일 동안 휴가를 얻을 수 있었다.

"이봐요, 그때 둘이서 파리로 가요. 안 가겠어요? 재미있을 텐데."

그는 불쑥 말을 꺼냈다.

"갈 수 있겠어요? 돈이 많이 들 텐데요."

이것만은 그도 다시 생각해 보았다. 적어도 25파운드는 들 것이다. 그에게는 큰돈이었다. 그러나 그 여자를 위해서라면 지갑 밑바닥을 탈탈 털어도 괜찮을 것 같았다.

"그런 거 아무러면 어때요. 안 가겠어요?"

"하지만 그 다음엔? 그게 듣고 싶어요. 결혼도 안 한 남자하고 어떻게 같이 갈 수 있겠어요. 그러니깐 그런 제안을 안 하시는 게 좋을 거예요."

"그런 거 아무래도 상관없잖아요."

그는 평화의 거리 광경을 얘기하고 폴리 베르제에르의 호화로움을 설명해 주었다.
 루브르와 봉 마르셰 백화점에 대해서도 자세히 설명했다. 카바레 뒤 네앙과 아베이 기타 외국인들이 즐겨가는 장소에 대한 얘기도 했다. 그는 그 자신이 사실은 멸시하는 파리의 일면을 번드레한 색채로 그려가며 들려주었다. 그리고 꼭 같이 가자고 열심히 설득했다.
 "말로는 곧잘 날 사랑한다 하지만, 정말 사랑한다면 왜 결혼하자고 않죠? 그런 소리 한 번도 못 들어 봤어요."
 "이제까지 하고 싶어도 못했어요. 아직 1학년이고, 앞으로 6년 동안은 한 푼도 벌어들이지 못할 테니까."
 "아니 당신을 나무라는 것은 아니에요. 당신이 무릎을 꿇고 애원한대도 난 결혼하지 않을 테니까요."
 사실 결혼에 대해서 많이 생각해 보았다. 그러나 막상 그 문제를 고려해 볼 때면 으레 꽁무니를 빼고 말았다. 파리에 있었을 때 그는 결혼이란 결국 속물들이 만들어낸 우스꽝스러운 제도에 불과하다는 결론에 다다랐다. 더욱이 그러한 영구적인 결합은 그에게 파멸을 가져다줄지도 모른다는 생각도 들었다. 말하자면 중류 계급의 본능으로 그러한 여급 따위와 결혼한다니 천만의 말씀이라는 심정이 굳게 박혀 있었던 것이다. 그런 여자를 아내로 맞아들이는 날이면 어엿한 의사가 될 리도 만무하겠고, 남은 돈은 의사 자격을 딸 때까지 버티기도 어려운 처지였다. 아이는 그럭저럭 안 낳게 할 수도 있겠지만, 여편네 한 사람 먹여 살린다는 것도 지금 그의 처지로서는 어려운 일같이 보였다. 그는 불현듯 저속하고 행실 나쁜 여자에게 얽매여 살던 크론쇼 생각을 하자 온몸에 소름이 끼치는 것을 느꼈다.
 머리만 점잖은 체하고 마음은 천한 밀드레드 같은 여자가 앞으로 어떻게 될지는 눈에 훤했다. 결혼만은 절대로 안 될 말이었다. 그러나 이러한 결심도 결국에는 이성의 문제로, 그의 감정은 어떻게 해서든지 그 여자를 내 것으로 만들고 말겠다는 방향으로 내닫고 있었다. 결혼해야 내 것이 된다면, 결혼인들 마다하겠는가. 장래의 걱정은 장래에 가서 하면 될 것 아닌가. 설령 불행하게 끝맺는 한이 있더라도 무슨 상관이란 말인가, 원래 필립은 한번 어떤 것을 생각하면 끝장을 보고 마는 성미였다. 그 밖의 일은 눈에 보이지 않았다. 더구나 자기가 하고 싶은 일은 그대로 정당한 것이라고 믿는 점

인간의 굴레 395

에서는 조금도 남에게 빠지지 않았다. 지금까지 결혼 반대의 이유로 생각해 온 분별 있는 논거는 차례차례 자신이 스스로 팽개치고 말았다. 하루하루 날을 거듭함에 따라 연모의 정은 더해 갈 뿐이고, 채워지지 못한 연정은 분노와 원한으로 바뀌어 가고 말았다.

'제기랄, 결혼이라도 해보자. 그땐 내가 받아온 고통을 한꺼번에 보상하고 말 테니, 두고 보란 말이야.'

그는 혼자 그런 생각을 했다.

드디어 고뇌를 이기지 못한 어느 날 밤, 조그마한 그 소호 식당에서(요즈음은 오는 횟수가 잦아졌다) 식사를 끝내자 그는 먼저 말을 끄집어냈다.

"지난번 당신의 말 대체 무슨 뜻이죠, 만일 내가 결혼을 신청한대도 싫다, 그 말인가요?"

"네, 그래요. 그러면 안 되나요?"

"그러나 이젠 당신 없인 살 수 없게 됐어요. 한시도 떨어지지 않고 당신과 같이 있고 싶다고요. 내 마음을 이겨내 보려고 무척 애도 써 보았지만 어디 마음대로 돼야죠. 나하고 결혼합시다."

소설 따위나 주워 읽은 여자라서 이러한 청을 다루는 데는 조금도 어색하지 않았다.

"정말 고맙게 생각해요, 필립. 뼈에 사무치게 고마워요."

"쓸데없는 소리는 말아요. 결혼해 주는 거죠?"

그는 또다시 물었다.

"하지만 우리가 결혼하면 당신은 행복해질 것 같다고 생각하세요?"

"아니, 하지만 그게 어떻다는 거예요?"

자기도 모르게 억지를 쓰는 듯한 말투였다. 놀란 사람은 바로 그녀였다.

"이상한 사람 다 보겠네요. 그런데 왜 결혼하자는 거죠? 지난번에 도저히 할 수 없다고 했잖아요?"

"아마 남은 돈이 1천4백 파운드쯤 될 거예요. 혼자 사나 둘이 사나 생활비는 별 차이가 없어요. 어떻게든 면허를 따서 병원의 외무 근무를 마칠 때까지 이것으로 살면 그 다음엔 조수자리도 얻을 수 있고."

"그럼 6년 동안은 한 푼도 못 번단 말이에요? 그때까진 1주일에 고작 4파운드로 살아야 한다는 얘기군요. 그렇잖아요?"

"3파운드 조금 더 될 거예요. 수업료도 내고 해야 하니까."

"그럼 조수가 되면 얼마나 받아요?"

"주급 3파운드."

"그럼 그만큼 공부를 하고, 그동안 모은 많지도 않은 재산을 써가며 겨우겨우 생활을 이어나가다가, 나중에는 겨우 3파운드밖에 안 되는 수입으로 생활해야 한다. 이 말이죠? 그러면 현재 제 수입이나 다름없군요."

그는 잠시 침묵을 지켰다.

"그럼 결혼은 싫단 말인가요?"

목소리가 어느새 거칠었다.

"당신을 향한 내 애정은 아무것도 아니란 말이죠?"

"이런 일에는 자기 생각도 해 봐야 하지 않겠어요? 결혼도 좋지만 지금 상황보다 조금도 나아지지 않을 바에야 결혼해서 뭘 하겠어요. 아무 의미도 없지 않나요?"

"만일 사랑만 있다면 그런 건 하나도 문제가 안 될 텐데."

"하긴 그럴지도 모르죠."

그는 다시 입을 다물었다. 바싹 마른 목을 축이기 위해 포도주 한 잔을 들이켰다.

"저기 나가는 저 여자 좀 보세요. 바로 저 모피외투는 브릭스튼의 봉 마르셰에서 산 거예요. 지난번에 갔을 때 진열장에 걸려 있었어요."

필립은 쓴웃음을 지었다.

"왜 웃어요? 정말이에요. 그때 작은어머니한테 말씀드렸어요. 저렇게 진열장에 내놓는 것은 절대로 안 사겠다고요. 남들이 얼마에 샀는지 모두 값을 알거든요."

"나로선 도저히 당신이란 사람을 이해할 수가 없군요. 이 모양으로 사람을 불행하게 만들어 놓고선 금세 딴소리를 하고 있으니."

"당신이야말로 싫어요."

여자는 무척 불만스러운 듯 말했다.

"저라고 그 외투가 눈에 뜨이지 않을 리가 없잖아요. 그리고 작은어머니한테……"

"당신이 작은어머니께 무슨 말을 했건 내가 알 게 뭐야."

그는 참을 수 없어 여자의 말을 가로막았다.

"나한테 말할 땐, 그런 나쁜 말은 삼가세요. 그런 말 내가 싫어하는 거 알잖아요."

필립은 가볍게 웃었지만 눈은 이상하게 빛나고 있었다. 잠시 침묵이 흘렀다. 그는 화가 잔뜩 나서 여자를 쏘아보았다. 미워했다. 경멸했다. 그러면서도 사랑스러웠다.

"아아, 내가 조금이라도 현명한 사람이라면, 당신 같은 사람은 두 번 다시 만나지 않는 건데."

마침내 그는 말문을 열었다.

"당신은 잘 모르겠지만 당신 같은 여자를 좋아하게 되다니 나야말로 정말 바보죠!"

"정말 지독한 소리를 하는군요."

여자는 몹시 불쾌한 듯이 불쑥 말했다.

"그렇죠!"

그는 웃기 시작했다.

"자, 파빌리언 극장에나 갑시다."

"바로 그런 점이 이상하다는 거예요. 엉뚱한 데서 킬킬거리며 웃고. 내가 당신을 그렇게 불행하게 했다면 왜 또 나에게 파빌리언 극장에 가자고 하죠? 난 언제든지 집으로 곧장 가겠어요."

"그건 말하자면, 당신과 떨어져 있기보단 함께 있는 편이 낫다는 단순한 이유에서죠."

"날 어떻게 생각하고 있는지, 똑바로 말해 주세요."

필립은 소리 내어 웃었다.

"내가 말을 하면, 당신은 두 번 다시는 말을 하려 들지 않을 텐데."

63

필립은 3월 말의 해부학 시험에서도 또 낙제했다. 그는 던스포드와 함께 자신의 골격표본을 써서 공부했다. 서로 질문을 해가며 사람의 뼈에 대해서는 온갖 부분에서부터 소결절(小結節), 배설기관의 의미에 이르기까지 거의 외다시피 했다. 하지만 막상 시험장에 나가자 필립은 완전히 흥분하여, 뭔가 질문을 받으면 갑자기 자기 대답이 모두 틀린 것처럼 생각되어 바른 대답을 할 수 없었다. 낙제할 것이 뻔했으므로 이튿날은 시험 결과를 보러 가지도 않았다. 이 두 번째 실패로 그에게는 열등, 태만한 학생이라는 딱지가 붙게 되었다.

그러나 그걸 별로 마음에 두지는 않았다. 그것 말고도 얼마든지 생각해야 할 일들이 많았다. 아무리 밀드레드라 하더라도 남 못지않은 상식은 있을 터이고, 문제는 어떻게 해서든지 깨우쳐 주는 것이 좋지 않겠느냐는 생각이 들었다. 그는 특히 품행이 좋지 못한 여자에 대해서는 어떤 지론이 있었는데, 어떠한 여자라도 이쪽에서 끈기 있게 버티기만 하면 결국에는 함락할 수 있다는 것이었다. 결국은 기회를 기다리는 것뿐이었다. 화가 나더라도 참고, 사소한 친절로 상대를 조금씩 넘어뜨려 가고, 되도록 여자의 육체적 피로 같은 것을 이용한다. 왜냐하면 친절에는 어느 여자나 퍽 쉽게 감동하기 때문이다. 그리고 날마다 근무 중에 여러 불쾌한 일이 따르기 마련이니, 그런 때 여자 마음의 피신처가 되어 주면서 기회를 엿보는 것이 좋은 방법일 듯했다.

그는 늘 파리에 사는 친구들과 그들이 찬미하는 미인들에 대해 이야기해 주었다. 그가 말하는 인생에는 매력이 있고, 즐거운 향락이 있고, 천한 점이라곤 조금도 없었다. 자기 자신의 추억에다 미미라든가 루돌프라든가 뮈제트며, 그 밖의 여러 작중인물들의 사랑 이야기를 엮어, 노래와 웃음으로 미화된 가난한 생활 이야기와 미와 청춘으로 낭만화된 방탕, 방자한 연애 이야기를 밀드레드의 귀에 열심히 들려주었다. 여자의 편견 같은 것도 직접적으로는 절대 비난하거나 공격하지 않았다. 단지 그것이 편협한 생각에 불과하다는 것을 암시함으로써 싸워 나가는 입장을 취했다.

그는 여자의 쌀쌀맞음에도 결코 마음이 흔들리지 않았고, 무관심에도 결코 화내지 않았다. 그러고 보면 지금까지 그는 여자를 너무 싫증나게만 했다. 그러나 이번에는 애써 붙임성 있고, 재미있게 해주려고 노력했다. 화를 내지 않았고, 별다른 요구도 하지 않았으며, 불평도 하지 않을뿐더러 나무라지도 않았다. 여자가 약속을 일방적으로 깨뜨려도 다음 날은 웃는 얼굴로 대했다. 변명을 하면, 뭐 괜찮아, 하고 가볍게 넘겼다. 적어도 그녀 때문에 고통스러웠다는 내색은 전혀 하지 않았다. 전에는 그의 과격한 성품이 여자를 싫증나게 했다는 것을 알고 있었기 때문이다. 불쾌한 감정은 되도록 마음속 깊이 감추어 두었다. 정말 그로서는 모든 것이 영웅적인 노력이었다.
본디 이런 변화를 민감하게 느끼는 밀드레드도 아니었고, 이에 대한 말이 그녀 입 밖으로 나온 적도 없었으나, 효과는 뚜렷이 나타났다. 전보다 훨씬 터놓고 이야기했고, 하찮은 불만도 곧잘 호소하게 되었다. 불만이라면 여지배인에서부터 동료, 숙모에 대한 것에 이르기까지 자질구레한 것들뿐이었다. 불만이 여전히 부질없는 것만은 변하지 않았지만, 그래도 필립은 결코 싫은 얼굴을 하지 않고 잘 들어 주었다.
"내가 좋다느니 어떻다느니 말 안 할 때의 당신이 제일 좋아요."
그녀가 말했다.
"그건 무척 고마운 얘긴데."
그는 웃었다.
지금 그 말이 얼마나 그를 낙심시켰는지, 또 이토록 가볍게 대답하기까지 얼마나 쓰라린 노력이 필요했는지 그녀는 전혀 알 리가 없었다.
"가끔은 키스해도 좋아요. 나도 별로 나쁘지 않고 당신도 무척 즐거워하니까."
때때로 그녀가 먼저 식사를 청해 올 때가 있는데, 그럴 때면 그는 여자 쪽에서 먼저 만나자고 했다는 사실에 몹시 기뻐 어쩔 줄을 몰라 했다.
"딴 사람한테는 이런 말 하지 않아요."
여자는 변명이라도 하듯 말했다.
"하지만 당신한테는 얘기해도 좋다고 생각했어요."
"나로서는 더 이상 기쁠 수가 없죠."
그는 빙글빙글 웃으며 대답했다.
4월도 다 지나간 어느 날 밤, 그녀가 또 식사를 하러 가자고 했다.
"좋아요, 그런데 식사한 다음에는 어디로 갈까요?"
"으응, 전 아무 데도 가고 싶지 않아요. 조용히 앉아 이야기나 나누지 않겠어요? 어때요, 좋죠?"
"물론, 좋고말고요."
석 달 전만 하더라도, 하루 저녁을 이야기로 보낸다는 것은 무척 지루하고 참을 수 없는 일이었다. 그녀가 조금은 자기 생각도 하게 되었구나 그는 생각했다.

화창한 날씨였다. 거기에 봄이라는 계절이 필립을 한층 들뜨게 했다. 요즈음에 와서는 하찮은 일로도 곧잘 만족했다.
"이대로 여름이 되면 참 좋겠죠?"
합승 2층 좌석에 앉아 소호까지 가면서(마차를 세내고 어쩌고 그런 사치는 그만둡시다, 하고 여자 쪽에서 말했었다) 그는 말했다.
"일요일마다 템스 강변에서 지낼 수 있어요. 바구니에 도시락을 넣어 가지고 가서."
여자는 엷은 미소를 띠었다. 그는 신이 나서 여자의 손을 잡았다. 여자는 별로 손을 빼려고도 하지 않았다.
"조금은 내가 좋아진 모양이죠."
그가 웃으며 말했다.
"바보, 좋아하는 거 알고 있잖아요. 아니면 이런 데 같이 오겠어요? 안 그래요?"
그 무렵 두 사람은 이미 소호 식당 단골이 되어 있었다. 들어서니까 여주인이 웃으며 맞아 주었다. 종업원이 인사를 했다.
"오늘은 제가 주문할게요."
밀드레드가 말했다.
필립은 그녀가 오늘따라 유달리 예쁘다고 생각하면서 메뉴를 넘겨주었다. 그녀는 좋아하는 요리를 골라 주문했다. 워낙 나오는 요리의 종류가 적어서 두 사람은 그 집 요리를 벌써 여러 번이나 먹었다. 필립은 무척 기분이 좋아 여자의 눈을 물끄러미 바라보기도 하고, 핏기 없는 볼의 매력을 핥듯이 바라보기도 했다. 식사가 끝나자 그녀는 신기하게도 담배를 한 대 뽑아 들었다. 그녀는 평소에는 거의 담배를 피우지 않았다.
"난 여자가 담배 피우는 거 정말 싫어요."
그리고 잠시 주저한 뒤에 말했다.
"당신 놀랐죠? 오늘 밤 저녁을 사달라고 해서."
"기뻤어요."
"그런데요, 필립, 할 얘기가 좀 있어요."
그는 힐끗 여자의 얼굴을 보았다. 약간 가슴이 덜컹했지만 이미 그런 데는 훈련이 잘 되어 있었다.

"말해 봐요."

그는 빙글빙글 웃으며 말했다.

"또 바보 같은 말하면 안 돼요. 사실은 저 결혼할까 해요."

"뭐?"

달리 할 말이 없었다. 언젠가 그런 이야기가 나올 것이라고 그는 몇 번이나 생각했었다. 그러면 나는 어떻게 할까, 무슨 말을 해야 할까, 상상해 본 일도 있었다. 그때 느낄 절망을 생각하면 견딜 수 없는 심정이 되었다. 차라리 자살을 할까 생각한 적도 있었다. 미칠 것 같은 분노를 느낀 적도 있었다. 그러나 그때의 절망을 너무나도 완전히 예감하고 있었기 때문인지 막상 닥치자 맥이 탁 풀어지는 느낌뿐이었다. 마치 기진맥진한 중환자가 어떻게 되든 아무래도 좋으니 그냥 내버려두었으면 하는 심정과 비슷했다.

"저도 그럭저럭 시들 나이에요. 여자 나이 스물넷이면 이젠 들어앉을 때도 됐죠."

그는 대답하지 않았다. 카운터 저쪽에 있는 여주인을 바라보았다. 다음에는 한 여자 손님 모자에 붙은 빨간 깃털을 그윽이 쏘아보았다.

"당신이라면, 축하한다는 말 한마디쯤 해주어도 좋잖아요."

"뭐? 내가? 어쩐지 거짓말 같은 기분이 드는데. 꿈에서는 가끔 보았지만. 이렇게 되고 나니까 당신이 식사를 같이하자고 했대서 우쭐했던 내가 우스꽝스럽게 느껴지는군요. 그래 상대가 대체 누구죠?"

"밀러예요."

여자는 약간 얼굴을 붉혔다.

"밀러?"

이 말에는 필립도 입을 딱 벌렸다.

"그 사람하곤 벌써 몇 달이나 만나지 않았잖아요?"

"그게 그런데, 지난주 어느 날 말이에요, 점심시간에 찾아와서 구혼했어요. 돈도 꽤 잘 버는 모양이에요. 지금은 일주일에 7파운드밖에 안 되지만 앞으로는 희망이 많다나봐요."

필립은 또다시 입을 다물었다. 그리고 보면 그녀는 처음부터 밀러가 좋았던 것이다. 그 남자는 그녀를 즐겁게 해 주었다. 더구나 외국에서 태어났다는 어떤 이국적 매력이 무의식중에 그녀에게 작용하고 있었던 것이다. 드디어 그는 입을 열었다.

"그렇담 할 수 없죠. 제일 비싼 값을 치른 사람한테서 떨어지는 거야 어쩔 수 없죠. 그건 그렇고 결혼식은 언제인가요?"

"오는 토요일, 모두에게 벌써 말해 두었어요."

필립은 갑자기 가슴이 죄어드는 것을 느꼈다.

"그렇게 빨리?"

"우린 등기소에서 그냥 결혼하려고 해요. 그게 좋다고 밀러가 말했어요."

필립은 심한 피로감을 느꼈다. 한시바삐 헤어지고 싶었다. 이대로 돌아가 잠이 들어 버렸으면 싶었다. 주인에게 계산을 부탁했다.

"자, 그럼 마차로 빅토리아 역까지 데려다 주죠. 그러면 기차를 오래 기다리지 않아도 될 거예요."

"함께 가주지 않겠어요?"

"당신만 좋다면 오늘은 사양하고 싶군요."

"좋을 대로 하세요."

여자는 카랑카랑한 목소리로 대답했다.

"하지만 내일 차 시간에는 만날 수 있겠죠?"

"아 이젠 나도 끝장을 내는 게 좋겠어요. 이 이상 자기가 자기를 불행하게 할 이유는 없는 거니까. 마차 요금은 치렀어요."

그는 여자에게 고개를 끄덕하더니 억지로 웃었다. 그러고는 합승해서 집으로 돌아왔다. 자기 전에 파이프를 피워 보았지만 거의 눈을 뜨고 있을 수가 없었다. 별로 고통은 없었다. 베개에 머리를 대기가 무섭게 깊은 잠에 빠져들었다.

64

그러나 이튿날 새벽 3시쯤 깨어난 그는 그대로 잠을 이루지 못했다. 밀드레드를 생각하기 시작한 것이다. 머릿속에서 떨쳐내려 애썼지만 도저히 어쩔 수가 없었다. 머리가 멍해질 정도로 같은 생각을 몇 번이나 되풀이했다. 결혼하는 것은 어쩔 수가 없다. 젊은 처녀가 혼자 벌어먹기에 인생은 확실히 너무나 냉혹하다. 안락한 가정을 꾸며 줄 만한 남자가 나타났다면 결혼에 동의했다고 해서 조금도 나무랄 일은 못 된다. 그녀 처지에서 보면 필립 같은 사람과 결혼한다는 것은 확실히 미친 짓임에 틀림없으리라.
 만일 그런 가난에도 견딜 수 있는 것이 있다면 그건 사랑뿐일 텐데 그녀는 그를 사랑하지 않는 것이다. 그 여자의 잘못이라고는 할 수 없다. 다른 모든 인생사와 마찬가지로 인정해야만 하는 엄연한 사실인 것이다. 필립은 여러 가지로 냉정하게 생각해 보았다. 그러다 보니 그의 마음속 깊은 밑바닥에서 상처받은 자존심이 보였다.
 애초에 그의 연애도 이 상처 입은 자존심에서 시작된 것이었다. 그리고 지금 그가 겪는 불행의 대부분도 마음 깊숙이 자리한 상처받은 자존심이 만든 것이었다. 그는 여자를 경멸하는 것 못지않게 자신도 경멸했다. 그리고 다음에는 여러 가지 계획을 세워 보았다. 그러나 똑같은 계획이 몇 번이고 머릿속에 맴돌 뿐, 부드럽고 창백한 여자의 뺨에 키스한 추억이며, 길게 꼬리를 빼는 여자의 목소리가 몇 번이나 그러한 생각을 파고들어왔다.
 해야 할 공부는 산더미 같았다. 여름에는 전에 낙제한 두 과목 말고도 화학시험까지 치러야 했기 때문이다. 그동안 병원에서 친구들을 일부러 멀리해 왔으나, 이제는 친구가 그리웠다. 단지 한 가지 기쁜 일이 있었다. 2주일쯤 전에 헤이워드한테서 편지가 왔는데, 요 며칠 사이 런던을 지나가게 되었으니 식사나 같이하자는 것이었다. 그때는 모든 것이 귀찮은 생각에 거절하고 말았다. 그런데 그가 다시 미술 시즌이 되어 돌아오는 모양으로 이번엔 필립도 편지를 써 보기로 했다.
 시계가 8시를 가리켰다. 이제 일어나도 좋을 시간이라고 생각하자 어쩐지 마음이 조금 즐거웠다. 피곤해서인지 얼굴빛은 좋지 않았다. 그러나 목욕을 하고 옷을 갈아입은 다음 아침을 먹고 나자, 또다시 넓은 세계 속에 끼어든 느낌이 들었다. 고통도 얼마쯤 가라앉아 있었다.
 아침 강의를 들을 생각은 없었으므로 대신 육해군 백화점으로 가 밀드레드의 결혼 축하 선물을 샀다. 한참 망설이다 결국 화장품 세트를 사기로 했다. 값이 20파운드나 되어 그에게는 좀 힘겨운 선물이었지만 얼른 보아 화려하고 속된 점이 있었다. 그녀라면 값을 정확하게 알 것이다. 그녀는 기뻐하겠지만, 동시에 그녀를 모욕하는 그런 것을 보내야 하는 그의 심정은 뭐라 말할 수 없이 슬펐다.
 필립은 밀드레드의 결혼식 날을 불안한 심정으로 기다렸다. 그에게는 참을 수 없는 고통을 주리라고 생각했기 때문이다. 그런데 토요일 아침, 헤이워드에게서 온 편지를 읽고 그는 안도의 숨을 내쉬었다. 그날 아침 일찍 도착할 테니 필립에게 함께 나와서 숙소 찾는 걸 도와달라고 부탁해온 것이다. 아무 데나 정신을 쏟고 싶었던 그는 곧 시간표를 조사해 헤이워드가 이용할 만한 열차를 찾아냈다.

그는 마중을 나갔다. 옛 친구와의 재회에는 실로 감격적인 무엇이 있었다. 화물은 역에 맡겨둔 채 두 사람은 가벼운 마음으로 걸어 나왔다. 어디까지나 헤이워드답게 가장 먼저 한 시간 정도 국립 미술관을 둘러보자고 했다. 오랫동안 그림을 보지 않았으므로 생활의 조화를 위해서도 한 번쯤은 보아 둘 필요가 있다고 했다. 지난 몇 달 동안, 필립은 예술이며 서적에 대해 이야기를 주고받을 친구가 한 사람도 없었다. 파리 시절 이후로 헤이워드는 프랑스 근대시인에 골몰했는데, 그 무렵 프랑스에는 시인들이 마구 쏟아져 나오는 상황이라 필립에게는 생전 처음 듣는 신인의 이름도 적지 않았다. 두 사람은 서로 좋아하는 그림 이야기를 나누며 화랑을 한 바퀴 돌았다. 화제는 꼬리에 꼬리를 물고 두 사람은 완전히 흥분했다. 태양은 빛나고 공기는 따뜻했다.

"공원에 가보지 않겠어? 방은 점심을 먹고 나서 찾아도 돼."

헤이워드가 말했다.

공원의 봄은 아주 상쾌했다. 살아 있다는 것만으로도 즐거움을 느낄 수 있는 그런 날이었다. 나무의 신록은 하늘을 배경으로 파랗게 피어나고, 새하얗게 빛나는 하늘에는 흰 구름이 점점이 떠 있었다. 그림 같은 호숫가에는 근위기병연대의 병사(兵舍)가 회색빛으로 뭉쳐 있었다. 잘 정돈된 주위 풍경은 마치 16세기 회화의 아름다움과 우아함을 떠오르게 했다.

그것은 너무도 목가적이고, 꿈꾸는 듯한 숲 속의 계곡만을 떠오르게 하는 와토의 그림과는 달랐고, 차라리 산문적인 장 밥티스트 페이터의 그림을 떠오르게 했다. 필립의 마음은 가볍게 뛰놀았다. 지금까지는 겨우 책에서만 읽었지만 이제 비로소 예술이란 (이렇게 말하는 것은 자연을 보는 그의 눈에는 언제나 예술이 있었기 때문이다) 인간의 영혼을 고통에서 벗어나게 해주는 것임을 확실히 깨달았기 때문이다.

필립과 헤이워드 두 사람은 점심을 먹기 위해 이탈리아 음식점으로 들어가 유명한 포도주 키안티를 주문했다. 식사하면서도 이야기는 이어졌다. 그들은 하이델베르크의 친구들을 떠올리며 이런저런 이야기를 나누었다. 파리에 있는 필립 친구들의 이야기도 나왔다. 그런가 하면 책에 대해서도 얘기하고, 그림이며 도덕관을 논하고 나아가 인생문제에 관해서까지 토론했다.

그때 갑자기 필립은 시계 종이 3시를 치는 소리를 들었다. 그렇다, 아마 지금쯤 밀드레드는 결혼식을 올리고 있을 것이다. 그는 뭔가 가슴을 찌르는 듯한 고통으로 인해 잠시 헤이워드의 말소리도 들리지 않았다. 그는 유리잔에 키안티 주를 가득 따랐다. 평소에 술을 자주 마시지 않아서 금방 취기가 올랐다.

어쨌든 그는 기분이 아주 좋았다. 그토록 명석했던 머리인데도 몇 달 동안 자고 있었으므로 이러한 대화만으로도 완전히 취해 버렸다. 취미가 같은 이야기 상대가 있다는 것은 얼마나 고마운 일인가.

"이처럼 아름다운 날에 방 찾는 일로 시간을 낭비하다니, 그게 될 말인가요. 오늘 밤은 우리 집에서 쉬어요. 방은 내일도 월요일에도 찾을 수 있으니까."

"좋아, 찬성이야. 그럼 뭘 하지?"

헤이워드가 대답했다.

"1페니짜리 기선을 타고, 그리니치에나 가는 게 어때요."

헤이워드는 대찬성이었다. 두 사람은 마차를 타고 웨스트민스터 다리까지 갔다. 그들이 다다르자 마침 배가 떠나려는 참이었다. 잠시 뒤 필립이 웃으며 말했다.

"내가 처음으로 파리에 갔을 때가 기억나네요. 아마 클러튼이었을 거예요, 미(美)란 화가나 시인을 만나 처음으로 사물 안에서 태어나는 것이라고 장황한 말을 늘어놓았죠. 과연 미를 창조하는 것은 화가나 시인이에요. 그 사물 자체는 지오토의 종루나 공장굴뚝과 조금도 다를 것이 없고, 결국 아름다움이란 것은 오랜 세월을 두고 사람의 마음에 일어나는 깊은 감동을 통해서 점점 풍부해지는 것이 아닐까요. 그래서 낡은 것이 새것보다 더 아름답다고 하는 거죠. 예를 들어 저 키츠의 시는 쓰인 그때보다도 지금이 훨씬 아름답단 말이에요. 그 뒤로 백여 년 동안 수많은 연인들이 그것을 읽었고, 또 마음에 고뇌를 안은 사람들이 그 속에서 위로를 얻었기 때문이죠."

그러나 스쳐가는 풍경 중 무엇이 필립으로 하여금 이런 말을 하게 했는지,

그는 헤이워드의 추측에 내맡긴 채 아무 말도 하지 않았다. 그보다도 이러한 추측을 하도록 안심하고 내맡길 수 있다는 것이 그에게는 무엇보다도 즐거웠다.

지금까지 살아온 기나긴 인생에 대한 갑작스러운 반동이라 할지라도 그의 감동은 너무나도 컸다. 런던 대기의 부드러운 오색 광선이 회색빛 석조 건물에 마치 파스텔화 같은 부드러움을 주고, 선창가와 창고 건물이 몰려 있는 곳에는 일본 판화와 같은 엄숙한 아름다움이 감돌고 있었다. 배는 천천히 내려갔다.

대영제국의 상징이나 다름없는 템스의 강폭이 점점 넓게 퍼지고 배의 왕래가 마치 옷감을 짜듯 빈번해졌다.

필립은 이러한 자연을 그토록 아름답게 만든 화가나 시인들을 생각하니 감사한 마음이 들며 가슴이 뿌듯해졌다. 마침내 런던의 푸울에 다다랐다.

아, 이 말로 다할 수 없는 웅장한 풍경, 그는 다시 상상력의 날개를 펴기 시작하여 이 거대한 흐름에 어떠한 인물이 오르내렸던가를 생각했다.

보스웰을 거느린 존슨 박사였을까, 아니면 군함을 탄 늙은 피프스였을까. 아무튼 그것은 영국의 역사와 낭만과 모험 정신의 일대장관이었다. 필립은 눈을 빛내며 헤이워드를 보았다.

"친애하는 찰스 디킨스 군."

자기 감동에 취해 미소를 지으며 중얼대듯 그는 말했다.

"자네 그림 공부를 그만두고 섭섭하지 않았나?"

"아니요."

"그럼 의사가 좋은 모양이군."

"아니, 싫어하지만 달리 뭐 할 게 있어야죠. 그래도 첫 두 해 동안의 공부는 정말 진저리가 나요. 게다가 유감스럽게도 내겐 과학적인 소질이 조금도 없는 모양이에요."

"그렇다고 그렇게 금방 직업을 바꿀 수도 없지 않아?"

"아니, 할 거예요. 그만두지는 않아요. 그럭저럭하다가 병원에라도 들어가는 날이면 좀더 취미가 붙을지도 모르죠. 나라는 인간은 아무래도 인간 그 자체에 더 흥미를 느끼는 것 같아요. 그리고 내가 보기에 의사만큼 자유로운 직업은 없어요. 지식은 모두 머리에 있겠다, 나머지는 기계와 약을 넣은 가

방 한 개만 있으면 어디든지 가서 먹고 살 수 있거든요."
"그럼, 개업은 안 할 작정인가?"
"당분간은 안 할 생각이에요. 병원근무가 끝나면 곧장 선의(船醫)가 되려고요. 동양에 가보고 싶어요. 말레이 반도, 샴, 중국, 이런 데를 돌며 그곳에서 뭐든지 할 거예요. 일은 얼마든지 있으니까. 우선 인도에서는 콜레라 방역을 할 거예요. 그리고 다른 나라에 가도 그와 비슷한 일은 얼마든지 있으니 무슨 일이든 하면 되죠. 나는 세계를 두루 구경하고 싶어요. 돈 없는 사람이 그런 일을 하려면 의사가 되는 길밖에 다른 도리가 있나요?"
드디어 그리니치에 닿았다. 이니고 존스가 설계한 품위 있는 건물이 강변을 향해 그 위용을 드러내고 있었다.
"저 봐, 바로 저기가 틀림없어요. 그 잭이란 녀석이 진흙 속에 들어가 동전을 찾았다는 곳이."
필립이 말했다.
두 사람은 공원 안으로 들어갔다. 남루한 옷을 입은 아이들이 왁자지껄하게 놀고 있었다. 여기저기 늙은 선원이 앉아 햇볕을 쬐고 있었다. 모든 것이 백 년 전 풍경 그대로였다.
"그러면 파리에서 보낸 2년을 그냥 헛되이 보낸 셈이 아닌가?"
헤이워드가 물었다.
"헛되이 보냈다고요? 헤이워드, 저 아이들이 움직이는 것을 봐요. 그리고 나무 사이로 비친 햇살이 땅에 그린 저 무늬를 봐요. 그리고 또 저 하늘을. 이봐요, 만일 내가 파리에 가지 않았더라면 저 하늘의 아름다움은 영원히 모르고 말았을 거라고요."
헤이워드는 필립이 갑자기 울음을 참고 있음을 느꼈다. 그래서 깜짝 놀라 그의 얼굴을 쳐다보았다.
"왜 그래?"
"아니에요, 아무것도 아니에요. 미안해요. 그만 감상에 빠져서……. 지난 반년 동안 난 너무 아름다움에 굶주려 있었거든요."
"전에는 퍽 산문적이었던 자네 입에서 그런 말을 들으니 재미있군."
"농담 말아요. 재미로만 한 소리가 아니니까."
필립은 웃었다.

"자, 차라도 한잔 마시러 가자고."

65

　헤이워드의 방문은 필립을 위해서는 다행한 일이었다. 하루하루 밀드레드를 잊어갔다. 깊은 혐오감에 싸여 과거를 떠올리게 되었다. 어찌하여 그토록 부끄러운 사랑의 노예가 되었었는지 스스로도 도무지 알 수가 없었다. 밀드레드를 생각할 때마다 오직 분노와 증오만이 끓어오를 뿐이었다. 하여튼 그녀는 그에게 이토록 지독한 굴욕을 맛보게 한 여자였다. 그는 이제 그녀의 모습이며 행동 하나하나에서 결점만을 한껏 부풀려 떠올리기에 이르렀다. 그런 여자에게 사랑을 느낀 자신을 생각하면 치가 떨렸다.
　'결국 내가 얼마나 약한 인간인가를 증명한 것이다.'
　그는 혼자 생각했다. 이번 사건은 말하자면 야회(夜會)나 그와 비슷한 자리에서 저지른 실수로 전혀 변명할 여지가 없는 그런 종류의 것이었다. 잊는 것 말고는 달리 보상할 방법이 없었다. 그가 빠졌던 타락을 놀라워하고 두려워하는 것, 오직 그것만이 구원의 길이었다. 말하자면 허물을 벗은 뱀과 같았다. 낡은 허물을 그는 증오에 차 바라보았다. 자기를 다시 되찾았다고 생각하자 그는 몹시 기뻤다. 그 미친 듯한 사랑에 빠져 있는 동안에 얼마나 많은 인생의 기쁨을 잃었는가. 그는 다시 한 번 뼈저리게 느꼈다. 아, 사랑 같은 건 이제 질렸다. 그런 것이 사랑이라면 두 번 다시는 하고 싶지 않았다.
　"소포클레스였나요?"
　필립이 물었다.
　"생명을 파먹는 사랑의 야수로부터 하루바삐 풀려나게 해줍소서 기도한 것이."
　그는 정말 다시 태어난 것 같았다. 주위의 공기만 해도 지금까지 한 번도 맛보지 못한 것처럼 들이마셨다. 듣고 보는 모든 사물을 대하는 것이 마치 어린아이처럼 즐겁기만 했다. 그리고 그 미친 듯한 한때를 반년의 고역이라고 불러 보았다.
　헤이워드가 런던에 자리 잡은 지 며칠 되지 않은 어느 날, 필립은 블랙스테이블에서 부쳐온 엽서 한 장을 받았다. 어떤 화랑에서 연 전람회 초대에 대한 안내장이었다. 그는 헤이워드를 데려갔는데 목록을 보니까 로우슨의 그림 한 점이 나와 있었다.
"그 녀석이 보낸 거군."
필립이 말했다.
"만나 보세. 틀림없이 자기 그림 앞에 있을 거야."
그 그림은—루드 챌리스의 프로필이었다—구석진 곳에 걸려 있고, 짐작한 대로 근처에 로우슨이 서 있었다. 초대권을 받고 모여든 화려한 사람들 틈에 끼여 그는 커다란 소프트 모자를 쓰고, 헐렁헐렁한 바랜 옷을 입고 있었는데 어딘지 무척 기가 죽은 얼굴이었다. 뛸 듯이 반갑게 맞이한 그는 만나기가 무섭게 그 특유의 요설로 런던으로 이사했다는 얘기며, 루드 챌리스는 결국 창부 같은 여자였다느니, 파리에서는 아틀리에를 빌려 살았는데 파리도 이제 싫증났다느니, 그리고 지금은 어떤 사람의 초상화를 부탁받고 있다느니 하는 이야기들을 한바탕 지껄여댔다.

그리고 나중에는 함께 식사라도 하며 옛날 이야기를 모조리 털어놓지 않겠느냐고 말했다. 헤이워드와는 파리에서 인사한 적이 있지 않느냐고 일깨웠지만 그는 우습게도 헤이워드의 멋진 옷차림이며 말쑥한 맵시에 다소 기가 죽은 모양이었다. 물론 로우슨과 함께 둘이서 그 지저분하고 작은 아틀리에를 얻어서 살 때보다는 그러한 옷들이 훨씬 몸에 잘 어울리는 것만은 사실이었다. 식사를 하면서도 로우슨의 뉴스는 끝이 없었다. 플라나간은 미국으로 돌아가 버렸고, 클러튼도 없어졌다. 그는 사람이 예술이나 예술가와 손잡고 있는 한 어떠한 것도 이룰 수 없으며 유일한 길은 오직 그것들과 손을 끊는 것뿐이라는 결론에 이르렀다고 한다. 그래서 그것을 가장 쉽게 실행하기 위해 그는 파리에 있는 모든 친구들과 싸웠다고 했다. 즉 로우슨은 그들을 노골적으로 비판하기 시작한 것이다. 덕분에 그가 이젠 파리와는 인연을 끊고 헤로나(북에스파냐의 작은 도시로 언젠가 바르셀로나로 가는 도중 기차의 차창으로 보았다고 한다)로 간다고 했을 때 모두 짐짓 슬픈 표정을 지었으나 아무도 못 가게 붙잡지는 않은 듯했다. 지금도 혼자 거기에 살고 있다고 한다.

"그 친구도 영원히 틀린 게 아닐까."
필립이 말했다.
뭔가를 나타내려고 싸우고 있는 초인간적인 집념에는 필립도 흥미가 있었다. 다만 무엇인가가 그의 마음속 깊이 도사리고 있어서 아무도 잘 알지 못했다. 그것이 그를 병적으로 만들고, 불평꾼으로 만들고 있었다. 그런 점에 있어서는 자기도 로우슨과 같다고 필립은 막연하게나마 생각했다. 다만 그의 경우는 그 고민이 이 인생 전체를 어떻게 살아가야 하느냐 하는 데 있을 뿐이었다. 말하자면 그것이 그의 자기표현의 한 방법이었으나 막상 어떻게 해야겠느냐고 묻는다면 전혀 알 수가 없었다.

그러나 그 문제에 대해 그 이상 생각할 틈은 없었다. 로우슨이 챌리스 양과의 정사를 낱낱이 이야기하기 시작한 것이다. 그의 말에 따르면 그녀는 영국에서 건너온 젊은 남학생과 눈이 맞아 그를 버렸다고 한다. 여전히 추한 연애행각을 일삼고 있다는 것이었다. 누가 그 사이에 끼어들어 그 청년을 구해 주지 않으면 그녀가 파멸시키고 말 것이라고 말했는데, 그것은 의외로 진정인 듯했다. 필립이 느낀 바로는, 로우슨이 가장 섭섭해하는 점은 다만 그림을 그리는 도중에 모델이 달아났다는 그 사실뿐인 것 같았다.

"여자란 것이 예술을 알겠어? 그냥 아는 체할 뿐이지."

그렇게까지 말했지만 빨리 체념한 듯 곧, 덧붙여 말했다.

"하지만 난 결국 그 여자의 초상화를 네 장 그린 셈이야. 그런데 맨 마지막에 그린 것까지도 과연 성공했느냐 하는 점에는 별로 자신이 없어."

필립은 그가 연애문제까지도 그토록 태평하게 처리하는 것을 보고 몹시 부러웠다. 그는 한 해 반을 매우 즐겁게 보냈다고 했다. 게다가 훌륭한 모델을 공짜로 쓰고, 그게 끝나자 별로 괴롭지도 않게 깨끗이 헤어졌다는 것이다.

"그런데 크론쇼는 어떻게 하고 있어?"

필립이 물었다.

"아아, 그 친구는 이제 틀렸어."

옛날 그대로의 시원시원한 성격이었다.

"앞으로 반년만 있으면 죽을 거야. 지난겨울 폐렴을 앓아서 말이야, 7주나 영국 병원에 입원했거든. 그런데 퇴원할 때 의사가 하는 말이 죽고 싶지 않거든 술을 끊으라고 충고했다는 거야."

"가엾게도."

술을 그다지 좋아하지 않는 필립의 입가엔 슬그머니 미소가 감돌았다.

"그래서 잠깐은 참은 모양이야. 그래도 여전히 리라에는 안 빠지고 나왔지. 안 나오고 배길 수 있나. 그런데 이제는 겨우 오렌지 꽃물이 든 뜨거운 우유나 마시는 정도야. 아주 천치처럼 변해 버리고 말았지."

"그래서, 자네들은 사실대로 모든 걸 말해 주었군."

"자기도 알고 있어. 그런데 요 얼마 전부터 다시 위스키를 마시기 시작했어. 이제 자기 나이로는 새 삶을 얻기 힘들다는 거야. 구질구질하게 5년을 살기보다는 반년이라도 재미있게 살다 죽는 편이 낫다나. 요새 돈 때문에 무척 고생도 했어. 앓는 사람한테 수입이 있을 리 없고, 게다가 또 같이 살던 여자가 굉장한 악녀라 꽤 골치를 썩는 모양이야.

지금도 생각나지만 처음 만났을 때는 나도 무척 존경했어. 훌륭한 사람이라고 생각해서 말이야. 그런데 인생이 성공하는 데는 바로 그 중간계급적 속물 덕도 있어야 하니, 정말 알고도 모를 일이야."

"뭐 그 친구 재주가 없었기 때문이지. 어차피 객사할 운명을 처음부터 타고난 거야."

조금도 동정을 나타내지 않는 로우슨이 필립은 불쾌했다. 물론 인과라고 하면 인과임에는 틀림이 없었다. 그러나 원인이 결과가 되고, 결과가 원인이 되는 필연 속에야말로 모든 인생의 비극이 있는 것이 아닐까.

로우슨이 말했다.

"아 참, 잊어버린 게 있어. 자네가 떠난 바로 직후에 말이야, 크론쇼가 자네한테 물건 하나를 보내왔어. 난 또 자네가 곧 돌아올 줄만 알고 별로 마음에 두지 않았고, 보낼 생각은 더구나 못했어. 며칠 뒤에 다른 짐하고 같이 이리 올 텐데, 웬만하면 자네가 직접 아틀리에에 와서 그것을 가져가지 않겠나?"

"뭔지 아직 가르쳐 주지도 않았잖아."

"뭐 하찮은 낡은 융단 조각이야. 아무리 보아도 돈이 될 물건은 아니지. 그래서 어느 날 크론쇼한테 대체 왜 그런 지저분한 물건을 보냈느냐고 물었어. 그랬더니 하는 말이 랑스 거리의 어떤 가게에서 15프랑이나 주고 샀다나. 페르시아 융단인 모양이야. 언젠가 자네가 인생이 뭐냐고 물은 일이 있다며? 그 융단이 거기에 대한 대답이라는 거야. 그분 그날 무척 취하긴 했지만 말이야."

필립은 웃었다.

"그래, 그럼 알겠어. 받아 두기로 하지. 이제 생각나는데 선생이 내게 한 말이 있었지. 아까 말한 대로 그 답은 자기 스스로가 발견하고, 그 뜻을 알아내야 한다는 요지의 말을 들은 적이 있었어."

66

필립의 공부는 순조롭게 진행되었다. 공부할 분량은 꽤 많았다. 1학기 종합시험의 4분의 3을(그중 두 과목은 전에 낙제했다) 7월에 한꺼번에 치르려고 했기 때문이다. 그러나 인생은 즐거웠다. 새로운 친구도 생기게 되었다. 모델을 찾던 로우슨이 어떤 극장에서 대역을 맡아 보던 소녀 한 사람을 찾아낸 것이다. 그리고 그녀에게 모델이 되어 달라고 설득하기 위해 어느 일요일에 간단한 오찬회를 베풀었다. 그때 소녀가 샤프롱(사교장에 나가는 젊은 여성의 여성 보호자)으로 한 부인을 데려온다고 해서, 이른바 그 상대로 필립도 초대되었다. 필립은 오직 그 부인만을 상대하도록 부탁받았다. 그건 쉬운 일이었다. 얘기해 보니 그녀는 무척 유쾌하게 재잘대는 여자였기 때문이다. 필립에게 꼭 한 번 놀러오라고 했다. 빈센트 스퀘어에 있는 전세방에서 사는데, 5시에는 언제나 차를 마신다고 했다. 어느 날 필립이 그 집에 갔더니 그녀는 무척이나 반기며 그를 맞아주었다. 기분이 좋아진 그는 그녀의 집을 다시 찾아갔다. 이름은 네스비트 부인, 나이는 스물다섯 정도, 몸집이 작고 명랑한 얼굴이었으나 미인은 아니었다. 영리한 눈, 튀어나온 광대뼈, 커다란 입, 극단적인 색의 대조가 어딘지 어느 현대 프랑스 화가가 그린 초상화와 비슷했다.

피부는 새하얗고, 볼은 새빨갛고, 눈썹은 짙었으며, 머리카락은 완전히 새카만 것이 기묘한 인상을 주었는데, 좀 부자연스럽긴 했으나 유쾌하지 않을 정도는 아니었다. 남편과는 별거 중이라 했고, 삼류 소설을 써서 자기와 아이들의 생계를 꾸려 가고 있었다. 근처에는 이러한 종류의 소설을 전문적으로 다루는 출판사가 한두 군데 있어 일감은 얼마든지 있었다. 원고료는 형편없이 싸서 3만 단어의 소설 한 편에 겨우 15파운드였지만 그녀는 만족하고 있었다.

"결국 독자는 2펜스만 내면 되니까요."

그녀는 말했다.

"그 사람들은 같은 것을 몇 번이나 되풀이해 읽기를 좋아해요. 내가 하는 건 사람의 이름이나 바꾸는 그런 정도죠. 싫증이 나면 세탁물이나 방세나 아이들 의복 같은 걸 생각하고 다시 써 나가요."

그 밖에 그녀는 극장에 엑스트라 일자리가 있으면 여지저기 무대에도 나갔다. 일만 있으면 이것으로도 일주일에 16실링에서 1기니는 벌었다.

하루가 끝나면 그녀는 피로하여 정신없이 잤다. 즉 괴로운 생활을 이렇게 겨우 꾸려 나가고 있는 것이다. 그녀는 유머와 재치가 있고, 아무리 괴로운 지경에 처해도 늘 즐거움을 발견해 냈다. 어떤 때는 불경기로 돈 한 푼 못 벌 때도 있는데, 그러면 몇 안 되는 소유물들을 복스홀브리지 거리의 전당포에 맡기고 다시 주머니 사정이 나아질 때까지 버터 바른 빵만을 먹곤 했다. 그러나 결코 명랑함만은 잃지 않았다.

그럭저럭 임시로 꾸려 나가는 생활이긴 했지만 필립에게는 흥미가 있었다. 게다가 그녀는 곧잘 어이없는 고생 이야기를 해서 필립을 웃겼다. 왜 순수문학을 하지 않느냐고 물어본 일이 있었는데, 그녀는 자기가 재능이 없다는 것을 알고 있었다. 그리고 하루에 몇 천 자라는 속도로 아무렇게나 써 갈기는 것이 나쁜 짓인 줄은 알지만 돈벌이로는 의외로 좋을 뿐만 아니라, 그녀가 할 수 있는 일 가운데에서는 가장 낫다고 말했다. 하여튼 현재의 생활을 겨우 이어나가는 것 말고는 장래의 희망 따윈 조금도 없었다. 친척도 없는 것 같았고, 친구들이 있다고 해도 그녀와 똑같이 가난뱅이들뿐이었다.

"장래는 생각해서 뭘 하겠어요. 세 주일 분의 방세와 그리고 식비 1, 2파운드만 있으면 조금도 걱정할 거 없어요. 현재도 못한데 장래까지 걱정하면 너무 살맛이 안 나요. 어떻게든 되는 수가 있으니까요."

어느 틈에 필립은 날마다 그녀의 방에서 차를 마시게 되었고, 폐를 끼치지 않기 위해 과자며 버터며 때로는 홍차 같은 것도 사들고 갔다. 서로 세례명으로 부르게도 되었다. 여자에게 동정을 받기는 이번이 처음이었는데, 여러 고민에 즐겨 귀 기울여 줄 상대가 생겼다는 것은 정말 기쁜 일이었다. 시간은 꿈처럼 흘렀다. 그녀에 대한 감탄을 그는 더는 감출 수가 없었다. 즐거운 이야기 상대였다. 밀드레드와 비교해서 생각하지 않을 수가 없었다. 밀드레드가 자신이 모르는 것에는 조금도 흥미를 나타내려고 하지 않는 완고한 우둔성을 가지고 있는 것에 반해 노라는 재빠른 이해력과 총명함을 가지고 있었다. 자칫했으면 밀드레드 같은 여자와 일생의 인연을 맺을 뻔한 것을 생각하면 그는 가슴이 내려앉았다.

어느 날 그는 밀드레드와의 내력을 노라에게 전부 털어놓았다. 어느 모로 보나 결코 명예로운 이야기라고는 할 수 없었는데도 다행히 그녀는 정말 따뜻한 동정을 베풀었다. 이야기가 끝나자 그녀는 "하지만 관계를 끊어서 오히려 잘됐잖아요" 하고 말했다.

애버딘 종 강아지같이 언제나 머리를 한쪽으로 약간 기울이는 기묘한 버릇이 있는 그녀가 반듯한 의자에 앉아 바느질을 하고 있었다. 노는 틈이라곤 조금도 없었다. 필립은 그녀의 발밑에 편안히 기대어 앉아 있었다.

"그래요, 이 문제가 처리되어 얼마나 고마운지 모르겠어요."

그는 자기도 모르게 한숨을 쉬었다.

"딱하게도, 얼마나 괴로웠을까."

중얼거리듯 말했다. 그리고 동정을 나타낼 생각이었는지 한 손을 그의 어깨에 얹었다.

그는 그 손을 잡고 키스했다. 여자는 재빨리 손을 뺐다. 그리고 얼굴을 붉히고 물었다.

"왜 그런 짓을 하세요?"

"하면 안 됩니까?"

순간 여자는 눈을 빛내며 그를 보았다. 그리고 가볍게 미소 지었다.

"아녜요, 그런 건 아니지만."

그는 일어나 마주 섰다. 여자는 그윽이 그의 눈을 쏘아보았다. 큼직한 입이 미소로 떨리고 있었다.

"왜 그래요?"

여자가 물었다.

"당신은 훌륭한 여자 같아요, 정말."

"바보 같은 말 하지 말아요."

필립은 여자의 두 팔을 잡아 가만히 끌어당겼다. 그녀는 몸을 내맡긴 채 약간 수그렸다. 그는 새빨간 입술에 키스했다.

"왜 이런 짓을 하세요?"

여자는 물었다.

"기분이 무척 좋으니까요."

여자는 아무 말도 하지 않았다. 그러나 눈은 부드럽게 빛나고 있었다. 한 손으로 조용히 그의 머리를 쓰다듬었다.

"이런 짓을 해서 당신 어떻게 할 참이에요? 우리는 그냥 좋은 친구가 아니었어요? 그대로 지내는 편이 훨씬 즐겁지 않을까요?"

"하지만 당신이 제 양심에 정말로 호소하시겠다면 한편으로 저의 이마를 어루만지는 그런 짓을 하지 말아야 할 게 아닙니까?"

여자는 어색하게 웃었다. 그러나 애무하는 손은 여전히 멈추지 않았다. 그녀가 말했다.

"제가 나빴을까요?"

필립은 조금은 놀라고 흥미 가득한 기분으로 여자의 눈을 뚫어지게 바라보았다. 어느덧 그 눈은 촉촉하게 젖어 부드럽게 빛나고 있었다. 그것은 뭐라 나타낼 수 없는 매혹적인 표정이었다. 그의 가슴은 무섭게 뛰고 눈물이 핑 돌았다.

"노라, 당신은 나 같은 건 하찮게 여기시죠?"

뭔가 꿈이라도 꾸는 듯한 투였다.

"어머 당신같이 영리한 분이, 왜 그런 바보 같은 질문을 하죠?"

"하지만 당신이 나를 좋아하리라곤 도저히 생각할 수 없어서요."

그 말을 하면서 그는 두 팔을 벌려 껴안았다. 여자는 웃고 얼굴이 빨개져 소리를 지르면서도 그의 포옹에 기꺼이 몸을 내맡겼다. 이윽고 그는 여인을 떼놓자, 마룻바닥에 그냥 주저앉으며 의아스러운 듯 여자를 바라보았다.

"아아, 이제 못하겠다."

"왜요?"

"놀랐어요, 정말."

"그리고 기분이 좋았어요?"

"정말 좋았어요."

그는 진심으로 소리쳤다.

"그리고 아아, 이 자랑, 이 행복, 이 감사!"

그는 여자의 손을 잡고 마구 키스를 퍼부었다. 그리고 이것이 필립에게는 이번에야말로 길고 확고한 행복의 길로 접어드는 계기인 듯했다. 두 사람은 애인이 되기는 했으나, 여전히 친구이기도 했다. 노라에게는 어떤 모성본능이 있어 필립을 사랑함으로써 그것을 채우고 있었다. 말하자면 누군가 애무하고 꾸짖고 떠들어 댈 상대가 그녀에게는 필요했던 것이다. 가정적인 성품도 있어 그의 건강이며 속옷의 뒷바라지를 무척 즐거워했다. 그가 언제나 신경 쓰는 불구도 깊이 동정했고, 또 그 동정은 어디까지나 그녀의 본능적인 따뜻한 마음에서 우러나왔다.

그녀는 젊고 활기 있고 건강했다. 그녀가 사람을 사랑하는 데는 조금도 부자연스러움이 없었다. 또 기운차며 명랑하기도 했다. 필립을 사랑한 것은, 첫째로 그녀가 흥겨워하는 인생의 즐거움이나 행복에 그도 함께 웃어 준다는 것에 있었지만, 역시 무엇보다 중요한 이유는 필립이라는 인간, 그 자체였다.

언젠가 그런 말을 그녀가 하자, 그는 즐거운 듯 웃으며 말했다.

"농담이겠죠. 당신은 내가 말이 없어, 결코 입을 열지 않으니까 그래서 좋아하는 거겠죠."

사랑한다는 느낌은 필립에게는 없었다. 그녀와 함께 있는 것이 즐겁고, 그녀의 이야기가 재미있고 그냥 좋아서 견딜 수 없을 뿐이었다. 그녀 덕택에 그는 자신을 되찾고, 이른바 영혼의 상처에도 향유를 바른 셈이 되었다. 그녀에게 사랑받는다는 것이 한없이 자랑스러웠다. 그녀의 용기, 천성, 운명에 대한 반항, 그러한 것들에 그는 감명받았다. 그녀는 그녀대로의 철학, 정말 솔직하고 실제적인 철학을 세워 놓고 있었다.

"전 교회니 목사니 하는 것은 요만큼도 믿지 않아요. 그래도 하느님만은 믿어요. 하지만 하느님도 우리 인간들이 제대로 훌륭하게 살아가고, 만일 절름발이 개가 층계 밑에서 어쩔 줄 몰라 하면 도와서 올라가게 해준다든지, 그런 정도의 일만 하면 나머지는 우리에게 이래라저래라 간섭하지 않아요. 그리고 인간이란 또 대개가 친절하고 착한 게 아녜요? 그렇지 않은 사람은 불쌍하지만."

"그럼 내세에 대해서는?"

필립이 물었다.

"잘은 모르지만 뭐 좋은 것이겠죠. 집세도 안 내고, 소설을 쓸 필요도 없을 테니까요."

그녀는 웃으며 말했다.

역시 여자인 만큼 교묘하게 비위를 맞추는 데는 능숙했다. 그녀는 필립이 도저히 위대한 화가가 될 가망이 없음을 깨닫고 파리를 떠난 것이 무척 용기 있는 일이라며 칭찬해 주었다. 그리고 최상의 말로 칭찬 받았을 때는 그도 무척 기분이 좋았다. 그는 지금까지 자기의 그 행동이 용기에서 비롯된 것인지 아니면 의지박약이 원인인지 알지 못했던 것이다. 그런데 이제, 그녀로부터 영웅적인 행위라는 말을 듣자 몹시 기쁠 따름이었다. 다른 친구들 같으면 본능적으로 회피하려는 화제에도 그녀는 서슴없이 뛰어들었다.
"그 저는 발에 그렇게 신경을 쓰는 건 바보 같은 짓이에요."
얼굴이 불쾌한 듯 붉어지는 것을 보고도 그녀는 태연히 말을 이었다.
"필립, 당신이 생각하는 것처럼 사람들은 그렇게 심각하게 생각하지 않아요. 물론 처음 만날 때는 눈에 띄지만 곧 잊어버리고 말아요."
그는 대답하고 싶지 않았다.
"왜 화나셨어요?"
"네."
여자의 팔이 그의 목을 감았다.
"아시겠죠, 전 당신을 사랑하기 때문에 이런 말을 하는 거예요. 이런 것으로 당신이 불행해진다면 전 정말 싫어요."
"당신이라면 무슨 말을 해도 괜찮아요. 내가 당신에게 얼마나 고마워하는지 보여주고 싶군요."
그는 웃으며 대답했다.
그녀는 또 다른 방향으로 그를 곧잘 휘어잡았다. 거칠고 난폭한 태도는 취하지 못하게 했고, 그가 화를 내면 깔깔대고 웃었다. 그녀는 그를 예의바른 인간이 되도록 가르쳤다.
"난, 당신 말이라면 뭐든지 다 듣겠어요."
언젠가 이렇게 말한 일이 있다.
"정말 그래요?"
"그렇고말고, 난 뭐든지 당신이 하라는 대로 하고 싶어요."
바보는 아니므로 그는 자기의 행복을 잘 알고 있었다. 그녀는 아내가 주는 모든 것을 주면서도, 결코 그의 자유는 뺏지 않았다. 지금까지 그가 사귄 친구 가운데 가장 좋은 친구였고, 그러면서도 남자에게는 결코 받을 수 없었던 동정을 베풀어 주었다. 성적 관계는 두 사람의 우정에서 다만 가장 강한 연결에 지나지 않았다. 다시 말해서 그것은 우정에 대한 이른바 최후의 핵심임은 틀림없었지만 본질은 아니었다. 그녀를 만난 뒤로 마음이 안정되고 성욕도 충족되면서 필립은 대인관계가 썩 좋은 침착한 인간이 돼 있었다. 완전히 자기를 되찾은 기분이었다. 때로 무서운 치정에 사로잡혔던 지난겨울을 떠올릴 때도 있지만, 그것은 다만 밀드레드에 대한 증오심과 나아가서는 자기 자신에 대한 혐오만을 가슴 가득히 남겨 놓을 뿐이었다.

시험이 다가왔다. 노라까지도 똑같이 정신이 없었다. 그녀의 열성에 그는 기쁘기도 했고 또 감동도 받았다. 그녀는 발표를 하면 곧 알려 달라고 그에게 약속을 받았다. 이번엔 실패도 없이 4분의 3과목 모두가 합격했다. 시험 결과를 알려주자 그녀는 곧 울음을 터뜨렸다.

"잘됐어요, 나 얼마나 걱정했는지 몰라요."

"바보같이 울기는."

필립은 웃었지만 목이 메는 것을 느꼈다.

그렇게까지 좋아해 주는 것을 같이 즐거워하지 않을 인간이 어디 있겠는가.

"그래, 이제부턴 어떻게 할 작정이세요?"

"이번엔 마음을 푹 놓고 놀려고요. 10월에 겨울학기가 시작될 때까지는 아무것도 할 일이 없으니까."

"블랙스테이블 큰아버님 댁에 갈 테죠?"

"천만에, 난 런던에서 당신과 같이 지낼 거예요."

"하지만 역시 다녀오는 게 좋을 거예요."

"왜? 이제 내가 싫어졌어요?"

여자는 웃고 양손을 그의 어깨에 얹었다.

"아니에요. 당신, 너무 공부만 해서 지쳤기 때문이에요. 신선한 공기도 좀 마시면서 쉬고 와야 해요. 다녀오세요."

그는 잠시 대답하지 않았다. 그리고 황홀한 눈으로 여자를 바라보았다.

"당신 아닌 딴 사람이 그런 소리를 했다면 난 결코 믿지 않았을 거예요. 하지만 당신은 오직 나만을 생각해 주니까. 대체 내 어디가 그렇게 좋죠?"

"이왕이면 제 인물평까지 아주 해주세요."

여자는 명랑하게 깔깔 웃었다.

"그래요, 분별 있고 친절하고, 그러면서도 결코 남에게서 많은 것을 바라려 하지 않죠. 사람을 괴롭히지도 않고, 귀찮게 하지도 않으면서 자기 분수는 지킨다고나 할까."

"바보, 형편없군요. 하지만 이것만은 말할 수 있어요. 나라는 여자는 내가 아는 한, 경험에서 배울 줄 아는 극히 드문 인간 가운데 하나라고요."

67

필립은 런던으로 다시 돌아갈 날을 애타게 기다리고 있었다. 블랙스테이블에서 보낸 두 달 동안, 노라는 남자 같은 커다란 글씨로 때때로 긴 편지를 보내 주었다. 편지에는 매일 일어나는 자질구레한 일들, 예를 들어 주인집의 가정싸움 중에 웃음이 터져 나오는 얘기며, 무대 연습 중에 일어난 우스꽝스러운 싸움(런던 어느 극장에서 꽤 인기를 얻고 있는 쇼에 그녀가 출연 중이었다) 얘기, 출판사와의 기묘한 신경전 같은 얘기가 아주 재미있게 쓰여 있었다. 필립은 주로 독서로 시간을 보냈지만 해수욕도 하고, 테니스도 치고, 요트를 타기도 했다.

10월 초에는 다시 런던으로 돌아와 제2기 종합시험 준비를 시작했다. 어떻게든 합격하고 싶었다. 이번 싸움만 통과하면, 그 다음부터는 그 지긋지긋한 학과과정을 끝맺고 그 다음에는 외래환자 담당 조수가 되어 교과서만이 아니라 인간과의 접촉이 시작되는 것이다. 노라와는 매일 만났다.

로우슨은 한여름을 수영장에서 보내며 항구와 해안을 꽤 많이 스케치했다. 초상화를 두 개나 주문받아 놓아서, 빛이 나빠져 그림을 그릴 수 없을 때까지는 런던에 머무르기로 돼 있었다. 헤이워드도 런던에 있으면서 아무때고 겨울이 되면 외국으로 가겠다고 하며, 결단을 내리지 못한 채 일주일이나 머뭇거리고 있었다. 그는 이 2, 3년 동안에(처음 하이델베르크에서 만난 것은 벌써 5년 전이다) 완전히 살이 붙고, 머리는 어느새 대머리가 되어 있었다. 게다가 그것에 무척 신경을 써 길게 기른 머리로 머리 꼭대기의 보기 흉한 부분을 깨끗이 감추고 있었다. 그의 한 가지 위로거리는 앞이마 근처가 아주 훌륭하게 보이는 것이었다. 푸른 눈은 빛을 잃어서 흐리멍덩했고 입가도 청춘의 발랄함을 잃어 윤기가 없었다. 장래의 계획만을 여전히 늘어놓았지만, 옛날의 그 확신은 도무지 찾아 볼 길이 없었다. 이제는 친구들도 그의 말을 믿지 않는다는 것을 그도 알고 있었다. 위스키 두세 잔만 마시면 그는 서글픈 푸념을 늘어놓았다.

"난 패배자야, 야만적인 생존 경쟁에는 맞지 않는 인간이야. 내가 할 수 있는 일이란 단지 길가에 비켜서서, 이득을 찾아 다투며 지나가는 저속한 무리에게 길을 터주는 것뿐이야."

헤이워드는 성공보다 실패가 무언가 훨씬 정교하고 아름다운 것이란 인상을 주었다. 확실히 입 밖에 내어 말은 하지 않지만 그의 무관심과 냉담성은 하나의 풍속, 즉 저속한 것에 대한 혐오에서 생긴 것 같았다. 그는 아주 아름다운 말로 플라톤을 설명했다.

"당신의 그 플라톤도 그럭저럭 졸업한 줄 알았는데요."

싫증이 난 필립이 말했다.

"그래?"

그는 눈썹을 치켜세우며 되물었다.

그러나 필립은 계속할 기분이 나지 않았다. 요즘 와서 그가 발견한 것은 침묵이 무엇보다 강한 위엄을 지닌다는 것이었다.

"같은 것을 그렇게 몇 번이나 되풀이해 읽어 무슨 소용이 있겠어요. 결국은 부지런한 태만, 뭐 그런 게 아닐까요."

"그럼 자네의 머리는 어떤 심오한 사상가도 한 번만 읽으면 다 이해할 수 있나?"

"아니, 난 플라톤을 이해하고 싶지는 않아요. 난 비평가가 아니에요. 내가 그에게 흥미를 보이는 것은 그를 위해서가 아니라 오직 나 자신을 위해서죠."

"그럼 왜 책을 읽지?"

"하나는 재미로, 즉 습관이니까요. 담배를 피우는 거나 마찬가지죠. 읽지 않으면 꼭 담배를 피우지 않을 때처럼 뭔가 기분이 나쁘다니까요. 그 다음 이유는 나를 알기 위해서예요. 나는 책을 읽을 때 오직 눈으로만 본다고 할 수 있어요. 그러노라면 때로 나한테만 의미가 있는 한 구절에 부딪히게 되죠. 아니 한 구절이 아니라 한마디에 지나지 않을 때도 있어요. 그리고 그것이 바로 내 몸의 피와 살이 되는 거예요. 나는 책 속에서 내게 필요한 것만을 섭취해요. 그러니 여러 번 되풀이해 읽는다고 해서 그 이상의 것이 나올

리가 있겠어요? 난 그렇게 생각해요. 결국 인간이란 벌어지지 않은 꽃봉오리 같은 것이 아닐까. 책을 읽고 어쩐다고 그게 어떻게 되는 건 아니죠. 그러나 때로 어떤 사람에게는 아주 특별한 의미를 지닌 것이 나와요. 그것이 꽃잎을 벌어지게 하는 거죠. 하나씩 꽃잎이 벌어지다가 결국 활짝 피는 거예요."

이 비유는 필립 자신도 크게 만족스럽지 않았다. 그러나 그것 말고는 그가 느끼면서도 확실히 알 수 없는 어떤 생각을 제대로 설명할 방법이 얼른 떠오르지 않았던 것이다.

"자넨 곧잘 무엇을 해보려 하고, 무엇이 되어 보려고 하는데, 그게 바로 속물근성이란 거야."

헤이워드가 어깨를 으쓱하며 말했다.

필립은 헤이워드라는 친구를 잘 알고 있었다. 그는 자만심이 강하므로 모두들 그 감정이 상하지 않도록 끊임없이 신경 써야만 했다. 그는 게으름과 이상주의를 한데 섞어 그것을 구별조차 못하는 남자였다. 어느 날 그는 로우슨의 아틀리에서 한 저널리스트와 만났다. 그 남자는 헤이워드의 얘기에 홀딱 반했다. 일주일쯤 지나자 신문사 주간 이름으로 그에게 뭔가 비평기사를 써달라는 부탁이 왔다. 그런데 그는 쓸까 말까 하는 것 때문에 결심이 서지 않아 무려 48시간을 죽도록 고심했다. 이런 종류의 일을 하고 싶다고 계속 떠들어댄 처지에 딱 잘라 거절할 배짱도 없고, 그렇다고 막상 일을 하려니 용기가 나지 않았던 것이다. 결국에는 거절하고 나서야 마음을 놓았다.

"내 일에 방해가 되었을 거야."

그는 필립에게 말했다.

"일이라니? 무슨 일?"

필립은 잔인했지만 물었다.

"내 내적생활 말이야."

그리고 그는 그 아미엘 교수에 대해서 멋진 말로 이야기하기 시작했다. 그는 제네바 대학교수로서 그 총명과 재기로 큰 성과를 내리라 기대되었으나 끝내는 실현을 거두지 못한 사람이었다. 그 실패의 이유는, 그가 죽은 뒤 그 유고 가운데에서 발견된 자세하면서도 훌륭한 일기를 통해 단번에 밝혀졌다. 헤이워드는 수수께끼 같은 미소를 띠었다.

그러나 그는 지금도 책에 대해서라면 무척 재미있게 얘기할 수 있었다. 취미는 고상하고 감상력도 뛰어났다. 그리고 사상에 대해서도 늘 깊은 흥미를 보여서 말 상대로는 나무랄 데 없이 재미있는 친구였다. 그러나 그에게는 어떤 사상도 없는 거나 마찬가지였다. 아무런 사상의 영향도 받지 않았기 때문이다. 마치 세리시에 가서 도자기라도 만지듯 그는 사상을 다뤘다. 손에 들고 모양이며 광택을 즐기고 마음속으로 값까지도 매겨 보지만 다음엔 다시 상자에 넣은 채 영영 잊어버리고 마는 것이다.

그러면서도 때때로 아주 멋진 발견을 해보이는 것도 다름 아닌 헤이워드였다. 어느 날 밤, 꽤 긴 설명을 한 뒤 그는 필립과 로우슨을 데리고 비크 거리에 있는 어떤 술집으로 갔다. 그곳은 단순히 술집으로, 또 역사적 유서가 있다는 점에서(18세기적 영광의 추억이 남아 있어 그것이 낭만적 상상을 자극했다) 멋질 뿐만 아니라 런던에서 제일이라는 코담배와 펀치 술로도 널리 알려진 곳이었다. 헤이워드는 두 사람을 길고 커다란 방으로 안내했다. 때가 조금 묻긴 했지만 아주 훌륭한 벽에는 커다란 나부상(裸婦像)이 몇 폭 걸려 있었다. 모두 헤이든(영국의 역사화가) 화풍의 거대한 풍자화였는데 런던의 독특한 연기와 가스와 기후로 마치 옛날 거장의 작품이라도 되는 듯 운치를 자아내고 있었다. 검은 판벽, 거대한 금박, 마호가니 테이블 따위는 꽤 화려했으며 벽을 따라 늘어놓은 가죽 입힌 소파도 아주 부드러워 앉기에 기분이 좋았다. 입구 반대편 테이블 위에 숫양의 머리가 놓여 있고 유명한 코담배가 그 속에 들어 있었다. 그들은 펀치를 주문해 마셔 보았다. 그것은 럼주의 핫 펀치였다. 그 향긋한 맛은 어떻게 말로 다 나타낼 수가 없었다. 이런 어휘가 부족한 소설의 형용사로는 도저히 미치지 못하는 것이었다. 흥분된 공상 속에도 찬란한 조사, 보석이라도 아로새긴 것 같은 이국적 미사여구, 그러한 것들이 자기도 모르게 떠올랐다.

피는 뜨거워지고 머리는 맑아지고, 행복에 흠뻑 취하게 해 주었다. 저절로 기지가 튀어나오고 다른 사람의 기지까지도 일단은 재미있게 듣게 되었다. 말하자면 거기에는 음악의 정취와 수학의 정확성이 함께 구비되었다고 할 수 있었다. 그 특징 가운데 단 하나만으로도 다른 모든 것에 맞설 수 있었다. 부드러운 마음의 따뜻함이라고나 할까. 그 맛도, 향기도, 혀의 감촉도 모두 뭐라 나타낼 수 없는 것들이었다. 찰스 램이라면 그 무한한 재주를 가지고 매력적으로 그려냈을지도 모르고, 또 저 돈 주안의 바이런이라면 어떤 불가능한 도전이더라도 적어도 장엄하고 아름다운 표현 성과는 이룩했을 것이다. 마찬가지로 오스카 와일드라면 비잔티움의 비단을 장식하는 데 이스판(페르시아)의 주옥을 써서 어쩌면 독자를 뇌쇄하는 미의 극치를 창조했을지도 모른다.

그러나 다시 한 번 그 하늘의 감로주를 생각하자, 마음은 전에 들은 바 있는 엘라가발루스(고대 로마 황제, 음란한 축제를 로마에 들여왔다)의 향연을 떠올려 갑자기 유쾌한 현기증을 느꼈다. 그리고 벌써 잊힌 시대의 낡은 옷, 주름 잡힌 깃, 긴 양말, 조끼 따위를 간직했던 곰팡내 나는 긴 궤짝의 낭만적인 향기, 색이 바랜 은방울꽃의 향기, 체더치즈의 맛, 이것은 또 드뷔시의 미묘하기 이를 데 없는 하모니와 훌륭하게 조화되어 살아 있었다.

하늘에서 내린 감로주라고 할 수 있었다. 이 미주(美酒)를 마실 수 있는 술집을 헤이워드가 발견한 것은, 어느 날 그가 거리에서 케임브리지 동창으로 마칼리스터라는 친구를 만난 덕택이었다.

마칼리스터는 증권 중개인인 동시에 철학자이기도 했다. 술집에는 매주 한 번씩 나온다고 했는데, 어느새 필립도 로우슨도 헤이워드도 매주 화요일 밤에는 정기적으로 여기에 모이게 되었다. 시대가 변해 이제는 찾아오는 손님이 적었는데 그것이 오히려 대화를 즐기는 사람들에게는 무척 다행스러운 일이었다. 마칼리스터는 골격이 유난히 크고 옆으로 딱 벌어진 키가 작은 남자였다. 얼굴은 크고 넓적했으나 목소리는 유난히 부드러웠다. 이 칸트 학도는 뭐든지 순수이성으로 판단하려고 했다. 언제든지 철학론으로 한바탕 연설하길 좋아했다. 필립은 늘 열심히 귀를 기울였다. 그러나 사실 오래전부터 그는 확실히 형이상학만큼 흥미로운 학문이 없는 것은 사실이지만, 그것이 정작 실제 인생에 얼만큼 도움이 되는지는 의문이라는 결론에 다다라 있었다.

예를 들어 그가 블랙스테이블에서 그토록 긴 사색 끝에 얻은 그 조그마한 철학도 막상 밀드레드에게 미쳐 있을 때는 아무런 도움도 돼주지 못했던 것이다. 인생의 참된 지침으로서 이성이 그렇게 도움이 된다고는 도저히 생각할 수 없었다. 인생은 어디까지나 인생이었다. 그 무렵 그는 이제 그의 온몸을 지배하던 그 감정의 난폭함, 마치 밧줄로 대지에 묶이기라도 한 듯 아무런 저항도 할 수 없었던 그 무력함, 그러한 경험들을 또렷하게 떠올리고 있었다. 현명한 지혜는 얼마든지 책에서 읽을 수 있었다.
 그러나 결국 판단의 근거가 된 것은 그 자신의 직접적인 경험뿐이었다. 혹시 자기만이 특별한가, 그것까지는 확실하지 않았다. 예를 들어 어떤 행위에 대한 옳고 그름의 판단 하나를 놓고 보더라도 그것을 하면 어떤 이득이 생기고, 하지 않으면 어떤 손해가 있는지 그런 계산은 전혀 하지 않았다. 다만 모든 존재가 도저히 맞설 수 없는 힘으로 솟아 있을 뿐이었다. 결코 자신의 일부분으로 행동한 것이 아니라 모든 존재가 움직이고 있었던 것이다.
 그를 지배하고 있던 힘은 아무리 생각해도 이성과는 아무런 관계가 없는 것이었다. 이성이 한 역할이라고는 다만 그의 온몸과 마음이 욕구하는 바를 어떻게 손에 넣는가 하는 방법을 제시해 주는 것뿐이었다. 마칼리스터는 말을 끄집어냈다.
 "그건 자네의 모든 행위가 만인의 행위에 대해 보편적 법칙이 되도록 하라, 그런 것이지."
 "그런데 그게 저한텐 완전히 당찮은 말로밖에 생각되지 않습니다."
 "무척 대담한 친군데. 적어도 임마누엘 칸트의 말에 그런 식의 토를 달다니."
 "다른 사람이 한 말을 다시 존경한다는 것은 더 바보 같은 얘기가 아닙니까. 어처구니없게도 존경이 너무 지나칩니다. 칸트는 그것이 진리이므로 그렇게 생각한 것이 아닙니다. 그보다는 오히려 그가 칸트이기 때문에 그렇게 생각했다, 하는 편이 더 타당하지 않을까요?"
 "과연, 그렇다면 지상명령에 대한 자네의 이견이란 대체 뭐지?"
 (제국의 운명이라도 걸려 있는 듯한 말투였다.)
 "즉 이런 얘기겠죠. 사람은 누구나 의지의 힘으로 자신의 행동을 선택한다. 다시 말해서 이성이야말로 가장 확실한 안내자라는 것이죠. 그런데 이성의 명령이 어째서 정념의 명령보다 위라고 단정할 수 있죠? 두 개는 각각 다른 겁니다. 내 얘기는 이것뿐이에요."
 "어쩐지 자네는 정념의 노예로 만족하는 것 같구먼."
 "노예일지도 모르죠. 하지만 그것은 도저히 어쩔 수 없기 때문이지 결코 만족해서가 아닙니다."
 필립은 웃었지만, 말하면서 문득 밀드레드를 따라 헤맬 때의 그 미친 듯한 감정을 되새겨 보았다. 그때 그는 그것에 대해 얼마나 세차게 반항했던가, 또 자기의 비열함을 얼마나 통탄했던가.

'그러나 고맙게도 그런 것은 완전히 잊어 버렸다.'

그는 혼자 생각했다.

그러나 그렇게 말하면서도, 과연 지금 한 말에 거짓이 없는가 하는 점에는 자신이 없었다. 감정에 사로잡혀 있을 때는 이상할 정도로 활기에 차고 그의 정신은 놀랄 만큼 강했기 때문이다. 지금보다 훨씬 발랄했고, 다만 살아 있다는 것만으로 흥분을 느꼈고, 왕성한 영혼의 연소가 있었다. 그것과 비교해 보면 지금의 생활은 어딘가 조금 침체된 면이 있었다. 비록 비참한 고통을 맛보았다 할지라도 그 대신 압도당할 만큼 강렬한 생명감이라는 보상이 있었다.

그러나 필립의 이 실언은 마침내 자유의지론(自由意志論)으로까지 발전했고 학식이 풍부한 마칼리스터는 변증법에는 꽤 조예가 깊은 듯 계속 반론을 폈다. 필립은 어느덧 자기모순이라는 함정에 빠지고 말았다. 빠져나갈 수 없는 궁지에 몰렸다고 생각하자 그는 교묘한 논리로 발을 빼고 다음에는 권위로 물리쳤다.

"난 다른 사람에 대해선 모르겠어요. 오로지 나 자신에 한해서만 말할 수 있죠. 자유의지의 환영은 너무도 강해 난 그것에서 쉽게 달아날 수가 없습니다. 그러나 이것 또한 환영에 지나지 않는다고 생각합니다. 다만 이 자유의지의 환영이라는 것이 나에게는 사실상 행동의 가장 강한 동기가 돼 주더군요. 일체의 가장 강한 동기가 될 수 있는 무엇을 할 때까지는 내게도 선택능력이란 것이 있어 보이고, 사실 그것이 내 행동을 좌우하다시피 하죠. 그러나 끝난 뒤에 생각해 보면, 그것은 영겁의 옛날부터 정해져 있었다는 느낌이 들어요."

"그러니까 그 결론은?"

헤이워드가 물었다.

"말하자면 뉘우치는 것은 무의미하다, 그것뿐입니다. 우유를 쏟아 버리고 울어 봤자 무슨 소용이 있느냐 하는 말은, 우주의 모든 힘이란 힘이 모두 달려들어 우유를 쏟아 버리게 한 거나 마찬가지라는 얘기죠."

68

어느 날 아침, 필립은 자리에서 일어나자 현기증을 느껴 다시 자리에 누웠다. 돌연 병이 났구나 하는 생각이 들었다. 팔다리가 몹시 쑤시고 온몸이 오한으로 떨렸다. 아침을 가져온 하숙집 아주머니에게 열린 문으로 소리를 쳐 몸이 불편한 것 같으니 차 한 잔과 토스트 한 조각을 갖다 달라고 부탁했다. 2, 3분이 지나자 노크 소리가 나고 그리피스가 들어왔다. 두 사람은 벌써 1년 넘게 같은 지붕 아래 살면서도, 복도에서 만나면 가볍게 인사나 나눌 정도였다.

"몸은 좀 어때? 얼마나 나쁜지 보러 왔어."

그리피스가 말했다.

필립은 까닭 없이 낯을 붉히며, 뭐 대수롭지 않고, 한두 시간만 지나면 좋아질 것이라고 가볍게 대답했다.

"우선 체온을 좀 재어 보는 게 어때?"

"아니, 괜찮아."

필립은 짜증을 내듯 대답했다.

"자, 어서."

필립은 체온계를 입에 물었다. 그리피스는 침대 옆에 앉아 한참 뭐라고 지껄이더니 체온계를 뽑아 힐끗 보고 말했다.

"이것 봐, 자넨 역시 누워 있어야 돼. 디콘 선생님한테 진찰하러 와달라고 부탁할 테니까."

"그럴 거 없어, 별일 아니니까. 너무 신경 쓰지 마."

"뭐, 이런 것쯤 아무것도 아니야. 하지만 열이 나니까 누워 있어야 해. 안 그래?"

그의 태도나 말투에는 어떤 독특한 매력이 있었다. 건방짐과 친절이 묘하게 뒤섞여 뭐라 말할 수 없이 좋은 느낌을 주었다.

"자네는 아주 훌륭한 간호사군그래."

필립이 중얼거리고 미소를 띠며 눈을 감았다.

그리피스는 베개를 고쳐주고 아주 익숙한 솜씨로 시트와 담요의 주름을 펴 몸을 싸주었다. 그리고 사이펀을 가지러 필립의 거실로 갔으나 찾지 못했는지 일부러 자기 방까지 가서 가져왔다. 그는 덧문을 내려 주었다.

"자, 한숨 푹 자. 회진이 끝나는 대로 선생님을 모셔올 테니까."

필립은 꽤 오랜 시간 혼자 있은 느낌이 들었다. 머리가 뻐개지는 것 같고 팔다리가 마구 쑤셨다. 소리를 내어 엉엉 울고 싶을 정도였다. 그때 노크 소리가 나고 여전히 활기 있고 쾌활한 그리피스가 들어왔다.

"디콘 선생님이 오셨어."

선생이 들어왔다. 유순한 중년 신사로 필립도 얼굴만은 알고 있었다. 그는 두세 마디 물은 다음 곧 진찰을 하고 진단을 내렸다.

"뭐라고 생각하나, 자넨?"

선생은 웃으면서 그리피스에게 물었다.

"독감이죠?"

"역시 그래."

의사는 저저분한 하숙방을 돌아보았다.

"어때 자네, 입원하지 않겠나? 독방이 있어. 여기 있는 것보다는 훨씬 손이 자주 미칠 걸세."

"아니, 전 여기가 좋아요."

움직이기 싫었던 것이다. 게다가 새로운 환경이라면 그것만으로도 그는 곧 기가 죽어 버리는 버릇이 있었다. 간호사들이 시끄럽게 잔소리하는 것도 싫었고, 살풍경할 만큼 정결한 것도 마음에 들지 않았다. 그러자 그 말을 그리피스가 곧 받았다.

"선생님, 제가 돌보겠습니다."

"아, 그렇다면 아주 잘됐군."

선생은 처방을 적어 놓고, 몇 가지 주의사항을 일러준 다음 곧 갔다.

"자, 이제부터 내가 하라는 대로 해."

그리피스는 말했다.

"나 혼자서 일직 겸 숙직 겸 간호사 노릇까지 다 할 테니까."

"친절하게 챙겨 줘서 정말 고마워. 하지만 나 혼자서도 충분해."

그리피스는 차고 커다란 비쩍 마른 손을 필립의 이마에 댔다. 싸늘한 손이 이마에 닿자 뭐라 말할 수 없이 기분이 좋아졌다.

"그럼 곧장 약방으로 달려가서 조제해 올게."

잠시 뒤 그는 약을 가지고 돌아와 먼저 1회분을 먹였다. 그리고 2층으로 책을 가지러 갔다가 다시 내려오자 말했다.

"오늘은 자네 방에서 공부를 좀 해야겠는데 괜찮겠지? 문을 열어 놓을 테니까, 용건이 있으면 소리 쳐."

저녁이 다 되어 필립이 옅은 잠에서 깨어나 보니 거실 쪽에서 말소리가 들려왔다.

그리피스의 친구가 찾아온 모양이었다.

"오늘 밤은 제발 오지 마, 응? 부탁이야."

그리피스의 목소리였다.

그리고 1, 2분 지나자 누군가가 방으로 들어온 듯했다. 그리피스가 거기 있는 것을 보고 상대가 무척 놀랐는지, 그는 계속해서 둘러댔다.

"난 말이야, 그 방에 있는 2학년 학생을 간호하고 있는 중이야. 가엾게도 독감에 걸렸잖아. 그러니까 오늘 밤은 트럼프놀이를 할 처지가 못 돼."

한참 뒤에 그리피스는 다시 혼자가 되었다. 필립은 그를 불렀다.

"설마 오늘 밤 파티를 미루려는 건 아니겠지?"

"그건 자네 탓이 아니야. 나도 외과 공부를 좀 할 게 있거든."

"미루지 마. 곧 나을 테니까, 내 걱정은 하지 않아도 돼."

"아아, 알겠어."

그러나 병세는 더욱 나빠졌다. 밤이 되자 의식이 약간 몽롱해지고 헛소리까지 했는데, 새벽녘에야 겨우 괴로운 잠에서 깨어 눈을 떴다. 언뜻 보니 그리피스가 팔걸이의자에서 일어나 마룻바닥에 쭈그리고 앉아 석탄 덩어리를 한 개 한 개 손으로 집어 난로 속으로 던져 넣고 있었다. 파자마 위에 가운을 걸친 모습이었다.

"뭘 하고 있어?"

"아, 깼네. 그냥 조용히 불을 지피려고."

"왜 침대에서 자지 않아? 지금 몇 시쯤 됐지?"

"글쎄 5시쯤 되었을까. 어젯밤은 그냥 새는 편이 좋을 것 같아서, 2층에서 의자를 가져왔어. 매트라도 깔고 누웠다가는 그대로 곯아 떨어져 자네가 부르는 소리도 못 들을까 봐 말이야."

"친절은 고맙지만 너무 그러지는 마. 그러다 전염이라도 되면 어쩌려고 그래?"

"그땐, 그쪽이 간호해 주면 될 게 아니야."

그리피스는 웃었다.

아침이 되자 그리피스가 덧문을 열었다. 하룻밤 내내 자지 못해 얼굴엔 피곤한 기색이 역력했으나 활기는 여전했다.

"자, 몸을 씻어 볼까."

그는 쾌활한 목소리로 말했다.

"그냥 내가 할게."

부끄러운 생각이 들어 필립은 대답했다.

"바보 같은 소리 마. 그 독방에라도 들어갔다고 생각해 봐. 나도 간호사만큼은 씻을 줄 알아."

필립은 몹시 쇠약해 있었으므로 그 이상 맞설 기력도 없고 해서 손, 얼굴, 발, 가슴 등 잠자코 그가 씻는 대로 내버려 두었다. 그는 여자처럼 살뜰하게 해 주었다. 그러면서도 계속 재미있는 이야기를 그치지 않았다. 일이 끝나자 병원에서 하는 식으로 시트를 깔고 베개를 바로 고쳐 주고 담요까지 말끔히 정돈해 주었다.

"내 솜씨를 아더 간호사장한테 보이고 싶군. 깜짝 놀랄 거야. 그리고 디콘 선생은 아침 일찍 오신다고 했어."

"자네가 왜 이렇게 친절하게 대해 주는지, 난 도무지 영문을 모르겠는데."

"내게 아주 좋은 실습이 되거든. 환자를 맡는다는 것은 여러모로 재미있는 일이야."

그는 필립에게 아침을 마련해 주고 자신도 먹기 위해 옷을 갈아입고 나갔다. 10시가 조금 못 되어 그는 포도 한 송이와 꽃 너덧 가지를 들고 들어왔다.

"자넨 정말 친절한 사람이군."

필립이 말했다.

결국 닷새 동안 누워 있었다. 노라와 그리피스가 교대로 간호해 주었다. 그리피스는 나이도 필립과 동갑이었지만 가볍고 소탈한 게 마치 어머니 같았다. 그는 무척 생각이 깊고 따뜻하고 쾌활한 청년이었는데, 그의 가장 좋은 성격은 역시 그가 접하는 모든 사람에게 마치 건강을 주는 듯한 왕성한 생활력을 내뿜는 것이었다. 필립은 대부분의 사람이 어머니나 누이로부터 받는 귀여움이란 것을 전혀 몰랐다. 그래서 이 건장한 남성의 여성다운 친절이 사무치도록 감동스러웠다.

필립의 병세는 나날이 좋아졌다. 그러자 그리피스는 여전히 필립의 방에 앉아 자신이 경험한 여러 가지 재미있는 정사 이야기를 들려주었다. 그는 여자를 무척 좋아해서 한꺼번에 서너 명과 관계했다. 그리고 그로 인해 일어난 귀찮은 일들을 피하기 위해 그가 생각해 낸 여러 가지 꾀는 정말 재미있었다.

그에게는 겪어 온 사실들을 멋있게 얘기하는 재능이 있었다. 빚에 쪼들리고 가진 것은 모두 전당포에 들어갔는데도 그는 늘 쾌활했고 사치스러웠고 인색하지 않았다. 천성적인 한량이라고나 할까. 속물 같은 장사꾼이나 사기꾼 같은 인간들을 좋아했고, 따라서 런던의 술집을 휩쓸고 다니는 불량배 사이에도 그의 얼굴은 꽤 알려져 있었다. 거리의 여자들도 그를 친구나 다름없이 대해 그들이 겪는 고통과 기쁨을 숨김없이 털어놓았다. 야바위꾼들도 그의 가난한 생활을 잘 알아서 식사를 대접하거나, 5파운드 지폐 정도는 언제든지 빌려 주었다. 시험에는 매번 떨어졌다. 그러나 당사자는 눈 하나 깜짝하지 않았다. 그리고 리즈에서 병원을 운영하는 아버지가 부모된 도리로 꾸짖기라도 하면 너무나 고분고분하게 굴어서 그의 아버지도 진정으로 화를 내지는 못했다.

"난 책에 대해선 아주 숙맥이란 말이야. 공부를 하려 해도 제대로 돼야 말이지."

그는 여전히 쾌활한 목소리로 말했다.

정말 지나칠 정도로 즐거운 생활이었다. 그러나 그런 그도 청춘을 마음껏 즐기다가, 의사 자격만 얻으면 다음엔 개업의로 크게 성공을 거둘 게 뻔했다. 그 말로 나타낼 수 없는 그의 장점이 사람들의 병을 금세 낫게 해줄 터이기 때문이다.

필립은 옛날 초등학교 시절에 키가 크고 억세고 그러면서도 쾌활한 동급생을 숭배했듯이 지금도 또한 그를 숭배했다. 완쾌될 무렵에 둘은 완전히 친구가 되었다. 그리고 그리피스가 자기의 조그만 거실에 앉아 예의 그 재미있는 이야기를 지껄여대고 연거푸 담배를 피워대는 것을 즐거운 마음으로 바라보았다.

필립은 때때로 그를 리젠트 거리에 있는 술집으로 데려갔다. 헤이워드는 그를 바보라고 아주 제쳐 놓았지만, 로우슨은 그의 매력을 인정하여 초상화를 꼭 한 번 그려 보겠다고 열심히 말했다. 파란 눈, 흰 피부에 곱슬머리, 과연 그림과 같은 용모였다. 그들은 곧잘 그리피스가 전혀 모르는 문제를 놓고 토론했는데, 그럴 때면 그는 으레 그 아름다운 얼굴에 착한 미소를 띠고 조용히 앉아 있었다. 마치 그것만으로도 동료들에게 즐거움을 더해준다는 듯한 태도였다(사실 그랬다).

마칼리스터가 증권 중개인이란 사실을 알자 그는 곧 열심히 질문하기 시작했다. 마칼리스터는 점잖은 미소를 띤 채, 만일 이러이러한 주식을 이러이러한 때 사두었더라면 지금쯤은 큰돈을 벌었을 것이라고 말했다. 그 말을 듣자 필립은 군침이 돌았다. 그도 지금 예상보다 많은 돈을 쓰고 있었기 때문이다. 만일 마칼리스터가 말하는 것과 같은 손쉬운 방법으로 조금이나마 돈을 벌 수 있다면 얼마나 고마운 일이겠는가.

"그래, 앞으로도 그런 좋은 정보가 들어오면 곧 알려주지. 하지만 늘 돈을 벌 수 있는 건 아니야. 중요한 건 때를 잘 만나야 한다는 거지."

마칼리스터가 말했다.

만일 50파운드라도 좋으니까, 돈을 벌어 노라가 그토록 원하는 털외투를 사줄 수 있다면 얼마나 좋을까. 필립은 그런 것을 생각하지 않을 수 없었다. 그는 리젠트 거리에 있는 여러 상점을 머릿속에 그리며 그 돈으로 살 수 있는 물건들을 골라 보았다. 노라를 위해서라면 모든 것을 전당포에 잡혀도 좋았다. 어쨌든 그의 인생을 이토록 행복하게 해주니까.

병원

어느 날 오후였다. 언제나처럼 노라의 집에 차를 마시러 가기 전에 먼저 몸이라도 깨끗이 씻으려고 병원에서 돌아와 방문을 열고 막 들어가려 할 때였다. 하숙집 아주머니가 먼저 문을 열고 그에게 말했다.

"여자 손님이 와서 기다리고 계셔요."

"제게요?"

필립은 자기도 모르게 소리쳤다.

그는 놀랐다. 노라임에 틀림없었지만 그래도 무슨 볼일로 왔는지 전혀 짐작이 가지 않았다.

"방에 들어가게 해서는 안 된다는 것을 알지만 세 번씩이나 찾아와서 안 계시다고 하니까, 무척 난처한 얼굴을 하기에 그럼 잠깐 기다려 보라고 말했어요."

변명하는 아주머니를 밀치고 필립은 방 안으로 뛰어 들어갔다. 순간 심장이 쾅 하고 내려앉았다. 밀드레드였다. 의자에 앉아 있다가 그를 보자 당황해 일어났다. 그러나 그녀는 가까이 오려고도 하지 않았다. 그는 완전히 당황한 나머지 자신이 무슨 소리를 하는지도 모르고 중얼거렸다.

"대체 무슨 일이죠?"

여자는 대답 대신 울음을 터뜨렸다. 두 손을 축 늘어뜨린 채 마구 흐느껴 울었다. 마치 식모 자리를 구하러 온 하녀 같은 모습이었다. 어쨌든 불쌍할 정도로 초라했다. 필립은 자신의 기분을 가누지 못했다. 그대로 발꿈치를 획 돌려 달아나고 싶은 충동을 느꼈다.

"설마 당신과 만날 줄은 몰랐어요."

마침내 그는 입을 열었다.

"차라리 저도 죽고 싶어요."

여자가 울부짖듯 대답했다.

필립은 여자를 그대로 서 있게 내버려 두었다. 무엇보다도 먼저 자기를 어떻게 진정시켜야 할지 알 수 없었다. 무릎이 덜덜 떨려 왔다. 여자를 보며 그는 절망적으로 중얼거렸다.

"어떻게 된 거예요, 대체?"

"차였어요, 밀러한테."

필립의 심장이 무섭게 뛰었다. 그는 처음으로 깨달았다. 난 여전히 이 여자를 사랑하고 있다. 한 번도 잊은 일이 없다. 그런데 이제 그 여자가 눈앞에 가련한 모습으로 서 있다. 그대로 끌어안고 눈물에 젖은 그 얼굴에 마구 키스를 퍼붓고 싶었다. 아, 얼마나 오랜 이별이었던가! 잘 참고 용케도 견뎠던 것이다.

"앉아요. 그리고 한 잔 마셔요."

그는 의자를 불 옆으로 끌어당겨 주었다. 여자는 앉았다. 위스키소다를 만들어 주자 여자는 여전히 흑흑 흐느끼며 마셨다. 여자는 슬픔에 젖은 커다란 눈으로 그를 바라보았다. 눈 밑에는 주름이 생기고 옛날에 보았을 때보다도 훨씬 여위고 창백했다.

"당신이 청혼할 때 결혼할 걸 그랬어요."

그 말을 듣자 필립도 왠지 모르게 가슴이 뻐근해 왔다. 마음을 누르고 억지로 떼어 놓았던 그녀와의 거리가 더 이상 버틸 수 없이 되었다. 그는 살며시 여자의 어깨에 손을 얹었다.

"고생을 해서 안됐어요."

그녀는 남자의 가슴에 얼굴을 묻고 미친 듯이 울어댔다. 모자가 거추장스러웠던지 그녀는 벗어 던졌다. 이처럼 눈물이 많은 여자인 줄 그는 여태껏 몰랐다. 그는 몇 번이나 몇 번이나 여자의 입술에 키스했다. 한참이 지나자 여자도 조금 마음이 가라앉은 모양이었다.

"필립, 당신은 언제나 날 친절하게 대해주셨죠. 그래서 당신한테는 찾아가도 되겠다 생각했어요."

"그보다 대체 어떻게 된 일이에요. 말해 봐요."

"말할 수 없어요, 말할 수 없어요."

그녀는 그에게서 휙 몸을 떼며 말했다. 그는 여자와 나란히 무릎을 꿇고 앉아 여자의 뺨에 가만히 입술을 갖다 댔다.

"내게 말 못할 게 어디 있어요? 내가 언제 한 번이라도 당신이 한 일을 가지고 화를 낸 적 있어요?"

여자는 띄엄띄엄 말하기 시작했지만, 이따금 몹시 흐느껴 울었으므로 거의 알아들을 수 없는 말도 있었다.

"지난주 월요일이에요. 그이가 버밍엄에 갔어요. 목요일까지 돌아온다고 약속을 하고서……. 그런데 영 돌아오지 않지 뭐예요. 금요일이 돼도 돌아오지 않았어요. 그래서 무슨 일이냐고 편지를 띄웠는데 답장마저 없더군요. 그래서 다시 편지를 보내서 이번에도 답장이 없으면 내 쪽에서 버밍엄으로 쫓아가겠다고 했죠. 그랬더니 오늘 아침 갑자기 변호사한테서 편지가 왔는데, 그럴 권리는 없다는 거예요. 이 이상 귀찮게 굴면 법에 호소해 버리겠다지 뭐예요?"

"그럴 수가 있나."

필립은 외쳤다.

"자기 아내한테 어떻게 그런 짓을 할 수 있지, 싸움이라도 했어요?"

"네, 했어요. 일요일, 그이는 이제 내가 싫어졌대요. 하지만 그런 소리는 전에도 한 일이 있고 또 그땐 원래대로 돌아왔거든요. 그래서 난 설마 하고 믿지 않았죠. 내가 애가 생겼다고 하니까 그인 깜짝 놀랐어요. 저도 될 수 있으면 감추려고 했죠. 하지만 도저히 어쩔 수 없게 돼서 말하니까, 그때 그인 정말 지독한 소릴 했어요. 그건 내 잘못이고 무슨 방법이라도 세웠어야 하지 않느냐고 하잖아요. 그때 그 소리를 당신이 들었다면 기가 막혔을 거예요. 물론 나도 금방 알았어요. 그 사람은 절대 신사가 아니라는 걸 말이에요. 돈도 한 푼 주지 않지 뭐예요. 방세도 안 주고, 나도 그만한 돈이 없고 해서, 집 주인아주머니한테 혼이 났어요. 아주머니는 날 도둑년 취급해요."

"난 또 당신들이 아파트를 빌린 줄 알았는데."

"그이도 처음에는 그렇게 말했어요. 그런데 정작 빌린 건 이베리에 있는 가구 달린 작은 방 하나지 뭐예요. 정말 아주 치사한 사내였어요. 날보고 사치스럽다 사치스럽다 하지만 어디 사치할 돈이나 제대로 주고 하는 말인가요."

하여간 하찮은 일과 중대한 일을 형편없이 혼동하는 여자였다. 필립은 할 말이 없어 입을 다물었다. 이야기의 요점을 확실히 알 수가 없었다.

"그렇게 지독한 남자 같지 않던데."

"당신이 아직 그 남자를 몰라서 그래요. 제가 다시 돌아갈 줄 아세요. 저쪽에서 찾아와 땅 위에 꿇어앉아 빈대도 절대로 안 가요. 그런 남자를 좋아하다니 제가 바보였어요. 게다가 수입도 말한 것과는 아주 딴판이에요. 정말 모두가 새빨간 거짓말이었어요."

필립은 잠시 생각에 잠겼다. 여자의 딱한 처지가 가엾어 자기를 완전히 잊어버렸다.

"그럼, 내가 버밍엄에 가 봐 줄까요? 직접 만나서 담판을 해도 좋고."

"아이 이제 그럴 가망도 없어요. 절대로 돌아오지 않을 거예요."

"하지만 그렇다고 해도 위자료는 타내야 할 거 아니에요. 그대로 주저앉고 말 순 없죠. 난 잘 모르니까 역시 변호사한테 의뢰하는 게 좋겠어요."

"하지만 어떻게 부탁하죠? 전 돈도 한 푼 없는데요."

"그거야 내가 내주죠. 내가 아는 변호사한테 편지를 써줄게요. 아버지의 유언을 집행해 준 사람인데, 스포츠맨이기도 해요. 그럼 곧바로 둘이 다녀올까요? 이 시간이면 아직 사무실에 있을 테니까."
"아녜요, 편지만 써 주면 혼자 가보겠어요."
그녀도 조금 진정이 된 것 같았다. 그는 책상에 앉아 편지를 썼다. 그리고 그녀가 무일푼이라는 말이 생각나, 바로 전날 수표를 현금으로 바꾸어 둔 돈에서 5파운드를 꺼내 주었다.
"필립, 당신은 정말 친절하신 분이군요."
"나도 기뻐요. 당신을 도울 수 있으니."
"지금도 좋아요, 제가?"
"응, 전과 똑같이. 조금도 달라지지 않았어요."
약간 앞으로 내민 여자의 입술에 그는 키스했다. 그녀의 동작에는 몸을 송두리째 맡긴다는 뜻에선지 전에는 절대로 느낄 수 없었던 무엇이 있었다. 그도 괴로워했던 보람이 있는 듯했다.
여자는 돌아갔다. 정신을 차려 보니 두 시간은 넉넉히 머무른 셈이었다. 그는 가만히 앉아 있을 수 없을 정도로 행복했다.
"가엾게도, 가엾게도."
그는 혼자 중얼거렸다. 가슴에는 지금까지 알지 못했던 커다란 애정이 용솟음쳤다.
8시쯤, 전보가 올 때까지 그는 노라를 완전히 잊고 있었다. 뜯어볼 것도 없이 그녀한테서 온 것임을 곧 알았다.
'무슨 일이 있어요? 노라.'
어떻게 해야 할지 또 어떻게 답을 줘야 할지 몰랐다. 간혹 그랬듯이 연극이—지금도 바로 거기서 나온 길이다—끝난 다음 그녀와 함께 집에 걸어갈 시간은 아직 있었다. 그러나 웬일인지 오늘 밤만은 그녀와 만날 것을 생각하자, 가슴 밑바닥에서 맹렬한 반발이 일어났다. 편지를 쓸 생각도 해 보았지만 아무래도 여느 때처럼 '사랑하는 노라'라고 쓸 용기는 나지 않았다. 결국 전보를 치기로 결정했다.
'미안, 나갈 수 없었어요. 필립.'
노라의 모습이 똑똑히 떠올랐다. 못생긴 작은 얼굴, 불쑥 나온 광대뼈, 강렬한 느낌의 얼굴빛을 생각하자 어쩐지 싫은 생각이 들었다. 그녀의 피부에는 뭔가 오싹 소름이 끼치게 하는 데가 있었다. 전보를 친 뒤에는 당연히 어떤 행동을 해야 하는지 알고 있었으나, 일단 전보라도 한 장 쳐놓으면 급한 것은 면할 수가 있었다.

이튿날 다시 한 장 쳤다.

'미안, 오늘도 못 감. 편지 보내겠음.'

밀드레드는 4시에 오기로 했다. 별로 좋지 않은 시간이긴 했지만 차마 그 말을 입 밖에 낼 수가 없었다. 그녀의 일을 먼저 해결해 주고 싶었던 것이다. 그는 초조한 마음으로 기다렸다. 창으로 내다보고 있다가 여자의 모습이 나타나자 얼른 문을 열었다.

"어떻게, 닉슨 씨를 만났어요?"

"네, 하지만 소용없대요. 도저히 해결책이 없대요. 역시 억지로 웃고 참을 수밖에 다른 도리가 없나봐요."

"하지만 그럴 수가 있나."

필립은 외쳤다.

여자는 지친 듯 털썩 주저앉았다.

"왜 그렇대요?"

여자는 꾸겨진 편지를 그에게 내주었다.

"이거 당신 편지예요. 사실은 나…… 가지 않았어요. 어제는 차마 얘기하지 못했어요. 정말 말할 수가 없었어요. 밀러는 나하고 결혼한 게 아녜요. 그 사람한텐 아내도 있고 자식도 셋이나 있어요."

필립은 순간 질투와 고뇌로 가슴이 뻐근해졌다. 도저히 견딜 수 없는 심정이었다.

"그래서 이제 새삼스럽게 작은어머니 집에 돌아갈 수도 없고 해서 당신을 찾아온 거예요."

"그런데 왜 그런 남자한테 갔었죠?"

그는 동정심이 생기려는 것을 억누르며, 나직한 목소리로 단호하게 물었다.

"나도 모르겠어요. 처음엔 부인이 있는 사람인 줄 몰랐어요. 그래서 그 사실을 들었을 땐 호되게 쏘아붙여 줬죠. 그리고 나선 2, 3개월은 통 만나지 못했어요. 그런데 또 가게에 찾아와서 설득하는 바람에, 저도 도저히 저 자신을 어쩔 수 없어서, 그만 같이 가야만 할 형편이 되고 말았어요."

"그래, 당신은 그 남자가 좋았나요?"

"나도 잘 모르겠어요. 그 사람이 하는 말이라면 난 뭐든지 웃지 않고는 못 배겼어요. 단지 그것뿐 그따위 남자한테 무엇이 있겠어요. 결코 뉘우치지는 않을 거다, 매주 꼭꼭 7파운드씩 주겠다고 그랬어요. 자기는 매주 15파운드씩 받고 있다고 했지만 그건 다 새빨간 거짓말이었죠. 전혀 사실과 다르지 뭐예요. 그때 난 매일 아침 가게에 나가는 것이 죽기보다 싫었고, 작은어머니하고도 사이가 무척 안 좋았어요. 작은어머니는 나를 친척이라기보단 식모 취급을 하지 뭐예요. 자기 방 청소는 자기가 맡아 하라는 거예요. 그래 내가 하지 않으면 아무도 해주는 사람이 없어요. 아아, 이제 와서 생각해 보면 정말 몹쓸 짓을 했나봐요. 그래서 그 사람이 찾아와서 같이 살자고 했을 때는 도저히 어쩔 도리가 없었어요."

필립은 여자한테서 떨어져 책상에 가 앉아 두 손에 얼굴을 파묻었다.

"화났어요, 필립?"

기어들어가는 목소리였다.

"그래요."

그는 머리를 들었지만 고개는 여전히 돌린 채 말했다.

"정말 괴롭군요."

"왜요?"

"이제 말하지만, 난 정말 당신이 좋았어요. 당신의 마음을 잡을 수 있는 일이라면 무슨 짓이든지 했죠. 그러면서 때때로 당신이 이미 남을 사랑할 수 없는 사람이 아닌가 생각한 일도 있어요. 그런데 그런 당신이 그 남자를 위해서는 모든 것을 다 희생한 여자라는 사실을 알고 말았을 때의 내 고통을 좀 생각해 봐요. 대체 그 남자의 어디가 그렇게도 좋았단 말이에요?"

"정말 미안해요. 나도 나중에 깊이 뉘우쳤어요. 정말이에요."

그는 밀러의 모습을 떠올려 보았다. 부은 듯한 창백한 얼굴, 음침한 푸른 눈, 멋은 부렸으나 천해 보이던 옷차림, 그러고 보니 언제나 빨간 털 조끼를 입고 다녔다. 필립은 크게 한숨을 내쉬었다. 여자가 일어나 그의 곁으로 다가와 한 팔로 그의 목을 안았다.

"필립, 언젠가 결혼하자고 하셨죠. 저 잊지 않고 있어요."

그는 여자의 손을 잡고 쳐다보았다. 여자는 얼굴을 숙여 키스했다.

"필립, 당신의 마음이 아직 변함없다면, 이번엔 당신이 하라는 대로 하겠어요. 이제야 알았어요. 당신이야말로 가장 훌륭한 신사라는 것을."

순간 그는 심장이 멎는 것 같았다. 아무리 그렇더라도 약간 불쾌했다.

"호의는 고맙군요. 하지만 어렵겠는데요."

"왜요, 이젠 내가 싫어졌어요?"

"그렇진 않아요. 지금도 마음으로부터 사랑하고 있어요."

"그럼 왜 안 된다는 거예요? 모처럼 좋은 기회인데 왜 즐기려고 하지 않죠? 네? 이젠 무얼 해도 괜찮아요."

그는 여자의 팔에서 빠져나왔다.

"당신은 아직 몰라요. 그야 난 처음 당신을 봤을 때부터 무척 사랑했죠. 하지만 지금은…… 아무래도 그 남자 때문에. 불행히도 나란 인간은 너무 상상력이 강해서 생각만 해도 참을 수 없군요."

"이상한 분이군요, 당신이라는 사람은, 참."

그는 다시 한 번 여자의 손을 잡고 미소 지었다.

"물론 당신의 마음은 고마워요. 몇 번이나 고개를 숙여도 모자랄 정도로. 하지만 아무래도 이 기분만은 나도 도저히 어쩔 수 없어요."

"당신은 정말 좋은 분이군요."

그 뒤에도 여러 이야기를 나누며 두 사람은 곧 먼저처럼 다정한 사이가 되었다. 시간이 꽤 지나갔다. 필립이 함께 식사하고 극장이나 가자고 했지만 여자는 한참 동안 응해 주지 않았다. 그도 그럴 것이 이런 상황에선 그녀로서는 일단 끝까지 미루어야 했을 테고, 또 그러자면 극장 구경 같은 것은 자기의 궁한 처지에 어울리지 않음을 본능적으로 깨닫고 있었기 때문이다. 마침내 필립은 자기를 기쁘게 해주는 의미에서 같이 가자고 부탁하기에 이르렀다. 일이 이쯤 되고 보면, 여자 쪽에서도 자기희생이라고 생각할 수 있으므로 마지못해 승낙하는 체했다. 이 여자에게선 처음 보는 이 배려가 필립에겐 기쁠 따름이었다. 그녀는 전에 둘이 곧잘 가던 소호의 작은 식당으로 가고 싶다고 했는데 이것 또한 그를 무척 기쁘게 만들었다. 그렇게 말하는 것을 보면, 지난날 자신과 함께했던 일들이 행복한 기억으로 남아 있는 것 같았기 때문이다. 식사를 하면서 그녀는 차츰 기운을 차렸다. 모퉁이 술집에서 사온 포도주가 그녀의 마음을 한결 따뜻하게 해준 모양이었다. 그녀는 어느새 자기가 슬픈 표정을 지어야 한다는 것도 잊고 있었다. 이런 때 장래 이야기를 하는 것이 괜찮겠다고 필립은 생각했다.
"그럼 당신에겐 지금 돈이 한 푼도 없나요?"
적당한 기회를 보아 필립이 물었다.
"물론이죠. 어제 당신한테 받은 것밖에는. 거기에서 3파운드는 하숙집 아주머니한테 드렸지만."
"그럼 이럭저럭 해나가려면 10파운드는 있어야겠군요. 그럼 변호사를 찾아가서 밀러에게 편지를 보내도록 부탁해 보죠. 틀림없이 얼마쯤은 받아낼 수 있을 거예요. 백 파운드만 받으면 어린애를 낳을 때까진 어떻게 되지 않을까요."
"전, 그런 남자한테서 푼돈 한 푼 받아내기 싫어요. 차라리 굶어 죽으면 죽었지."
"하지만 사람을 이 꼴로 만들어 놓고 그대로 내버리다니 말이나 돼요."
"하지만 내게도 자존심이 있어요. 그걸 생각해서야죠."
이래서는 필립이 조금 곤란했다. 어쨌든 의사면허를 딸 때까지는 돈이 떨어지지 않도록 무섭게 절약해야 했고, 그 뒤에도 지금 이 병원 혹은 딴 병원에서 외과의나 내과의로 근무할 1년이라는 기간을 위해서도 다소 여유를 만들어 두어야 했다. 그러나 방금 밀드레드는 또 밀러는 더러운 노랑이라고 마구 욕을 해댔다. 그래서 딱 잘라 반대하기도 무서웠다. 이번엔 자신이 노랑이라는 말을 들을까 염려되었기 때문이다.
"아무튼 저 그런 남자한테서는 한 푼도 안 받을 작정이에요. 차라리 거지가 되는 한이 있더라도 말이에요. 일자리도 그전 같으면 얼마든지 얻을 수 있었지만 지금같이 몸이 이래서는 그것도 무리예요. 역시 몸도 좀 돌봐야 하니까요."
"아니, 뭐 눈앞의 일은 걱정하지 않아도 돼요. 당신이 다시 일할 수 있을 때까지는 내가 조금 돌봐 줄 수 있으니까."
"필립, 당신만이 저를 돌봐 줄 유일한 분이에요. 밀러한테도 말했어요. 나도 갈 데가 있다고요. 당신만이 가장 훌륭한 신사라는 말도 해 주었어요."
그녀의 이야기를 듣는 동안 헤어진 사정은 차츰 알 수 있었다. 밀러가 런던에 올라와서 벌여 놓은 정사, 그것을 제일 먼저 냄새 맡은 사람은 그의 부인으로 그녀는 남편 회사의 사장한테로 쫓아간 모양이다. 그녀는 이혼한다고 위협하고, 회사는 또 회사대로 그대로 두면 목을 자르겠다고 분명히 말했다.
  그는 자식을 몹시 귀여워하는 성미라, 도저히 아이들과 헤어질 수가 없었다. 결국 본처냐 정부냐 하는 갈림길에서 그는 본처를 택했던 것이다. 그러니까 되도록 복잡한 일이 벌어지지 않도록 아이만은 생기지 않게 관계해왔었는데, 마침내 밀드레드도 더는 숨길 수가 없어 임신한 사실을 털어놓자 그는 당황해 버렸다. 그래서 일부러 트집을 만들어 싸우고는 여자를 버리고 만 것이다.
  "그래, 출산 예정일은 언제예요?"
  "3월 초예요."
  "그럼, 앞으로 석 달밖에 안 남았군."
  계획을 세워야 했다. 밀드레드는 그대로 하이베리의 하숙집에 머물러 있을 생각은 없다고 분명히 말했다. 필립 쪽에서도 좀더 가까이 오는 것이 편리했다. 내일 여기저기 찾아보자고 약속했다. 그녀는 복스홀브리지 근처가 좋을 것 같다고 말했다.
  "그 근처가 나중에도 가까워서 좋아요."
  "무슨 뜻이에요, 그건?"
  "집을 옮겨도 아마 거기선 두 달 정도밖에 못 살 거예요. 그 뒤에 살 만한 좋은 집 하나를 벌써 알아두었거든요. 집도 썩 좋고, 세 들어 있는 사람들도 모두 훌륭해요. 집세는 일주일에 4기니, 딴 건 아무것도 필요 없죠. 그야 물론 의사한테 치를 돈은 별도지만 달리 들어갈 돈은 그것뿐이에요. 친구 하나가 세 들어 있는데, 그 집 아주머니가 더 좋은 분이래요. 저는 남편이 인도에 가 있는 장교이고, 아이를 낳으려면 건강도 생각해야 해서 런던에 와 있다고 해둘 참이에요."
  이 말을 들은 필립은 놀랄 수밖에 없었다. 가냘픈 작은 몸집에 창백한 얼굴, 여자는 마치 처녀처럼 냉정한 표정을 짓고 있었다. 예기치 못한 정열이 여자의 가슴속에서 타오르고 있으려니 생각하자, 그의 마음은 기묘하게 뒤흔들리며 심장의 고동이 빠르게 뛰놀았다.

  하숙에 돌아왔을 때, 필립은 노라에게서 편지가 꼭 와 있으려니 생각했는데 뜻밖에 아무것도 없었다. 이튿날 아침이 되어도 감감무소식이었다. 이 침묵은 그를 화나게도 하고 불안하게도 만들었다. 런던에 있기만 하면 날마다 그녀와 만났던 그다. 그러한 그가 이틀씩이나 이유도 알리지 않고 발길을 끊었으니 그녀는 틀림없이 이상하게 생각했을 것이다. 혹시 운 나쁘게 밀드레드와 같이 있는 광경을 들킨 것이나 아닐까 생각도 해 보았다. 그녀를 마음 상하게 하거나 불행하게 하는 것은 생각만 해도 견딜 수 없는 일이었다. 오늘 오후 꼭 찾아가 보리라 결심했다. 필립은 노라와 이러한 관계를 맺게 된 것이 그녀 탓이라고 나무라고 싶었다. 하여튼 이러한 관계를 이어 나간다는 생각만으로도 오싹 소름이 끼쳤다.

그는 복스홀브리지에 있는 어떤 집 3층에 밀드레드가 살 방을 얻었다. 시끄럽긴 했지만, 그녀는 창 아래에서 마차 소리가 들려오는 것을 좋아했으므로 안심하고 정했다.

"온종일 사람 하나 안 지나가는 그런 죽은 것 같은 거리는 싫어요. 나는요, 활기찬 인생이 좋아요."

그는 무거운 다리를 억지로 끌고 빈센트 광장 쪽으로 갔다. 벨을 누를 때는 무서운 불안이 엄습해 왔다. 노라에게 미안한 짓을 한 것 같아 마음이 죄었다. 노라가 그를 나무랄까 두렵기도 했다. 성미가 급한 여자여서 말다툼이 일어날지도 모르는 일인데, 그는 또 그런 것에 아주 질색을 했다. 결국 가장 좋은 방법은, 밀드레드가 돌아왔는데 만나 보니까 자기의 애정은 조금도 변함이 없더라, 정말 미안하지만 이 이상 당신에게는 아무것도 바칠 것이 없다는 식으로 이 기회에 아주 잘라 말하는 것이었다. 그렇게 생각하니 또 노라가 괴로워할 것이 마음에 걸렸다. 어쨌든 그녀는 그를 사랑하고 있다. 전에는 그것이 자랑스럽고 무척 고맙기까지 했지만 지금 이렇게 되고 나니까 견딜 수 없는 심정이었다. 하여튼 그녀로서는 그한테서 이런 지독한 꼴을 당할 이유는 털끝만큼도 없는 것이다. 그녀는 뭐라고 하며 맞아줄까? 혼자 여러 가지 상상을 해 보았다. 계단을 올라가면서도 그녀가 취할 행동이 차례차례 떠올랐다간 사라졌다. 문을 노크했다. 얼굴에서 핏기가 싹 가시는 것을 느끼며 이 혼란스러운 마음을 어떻게 감출까 궁리했다.

노라는 뭔가 열심히 쓰고 있다가 그를 보자 벌떡 일어나며 소리쳤다.

"아아, 발소리로 알았어요. 개구쟁이 어린애, 대체 어디 숨어 있다 왔죠?"

그녀는 기쁜 듯 다가와 그의 목을 안았다. 만나서 정말 기쁘다고도 말했다. 그는 우선 키스를 나누며, 마음을 진정시키기 위해 차를 한 잔 부탁했다. 여자는 부리나케 불을 피워 물을 끓였다.

"어떻게나 바쁜지 틈을 낼 수 있어야지."

그는 자기가 생각하기에도 유치한 변명을 했다.

여자는 여느 때와 다름없이 즐겁게 이야기를 시작했다. 지금까지 한 번도 거래해 보지 못한 어떤 출판사에서 중편을 주문해와서 계약했으며 그것을 끝내면 15기니는 받을 수 있다는 얘기였다.

"하늘에서 떨어진 돈이나 마찬가지예요. 아주 좋은 생각이 있어요. 그 돈으로 하루 옥스퍼드에 다녀오지 않겠어요? 저 그 대학을 꼭 한 번 보고 싶어요."

그는 혹시 여자의 눈에 비난의 그림자는 없는지 그윽이 쏘아보았다. 그러나 그것은 보통 때와 조금도 다름없는 맑고 명랑한 눈이었다. 만난 것만으로도 한없이 기뻤던 것이다. 그는 힘이 쑥 빠지는 것을 느꼈다. 이래서는 도저히 그 지독한 사실을 입 밖에 낼 수 없었다. 여자는 토스트를 만들어 그것을 잘게 썰어 어린아이에게 하듯 그의 입에 넣어 주었다.

"내 귀여운 고양이, 이제 배가 불러?"

그는 웃으며 고개를 끄덕였다. 이번엔 담배를 물려주었다. 그리고 언제나 즐겨하듯 그의 무릎에 올라앉았다. 무척 가벼웠다. 그의 두 팔에 안겨 힘없이 기대앉자, 행복에 취한 듯한 한숨을 쉬었다.

"무슨 얘기 좀 해주세요. 다정한 얘기."

그녀는 속삭이듯 말했다.

"글쎄, 무슨 얘기를 할까요?"

"상상하는 것만이라도 좋으니까 저를 좋아한다고 좀 해주세요."

"그런 건 벌써 알고 있잖아요."

이래서는 도저히 말할 용기가 없었다. 오늘 하루만은 행복하게 놔두자. 나중에 편지로 알려 줄 수도 있다. 오히려 그쪽이 더 나을지도 모른다. 그녀가 울 걸 생각하니 참을 수 없었다. 여자는 그의 얼굴을 끌어다 키스를 요구했다. 그러나 키스하면서도 그는 밀드레드와 그 핏기 없는 얇은 입술을 생각했다. 밀드레드의 생각이 마치 환영처럼, 그렇다고 해서 단순한 환영이라기보다는 뭔가 좀더 실제적인 형태로 언제나 그의 의식에 달라붙어 있고, 그 모습이 그의 주의력을 쉴 새 없이 휘저어 놓았다.

"오늘은 왜 이렇게 말이 없어요?"

갑자기 노라가 말했다.

노라의 수다스러움은 두 사람 사이에 언제나 농담거리가 되어 왔기에 그는 말했다.

"당신이 언제 내게 말할 틈이나 줬어요? 그래서 난 말하는 법을 잊어버린 모양이에요."

"당신은 제 말을 처음부터 안 듣고 있었어요. 그건 실례예요."

그는 약간 얼굴이 붉어졌다. 혹시 비밀을 눈치챈 게 아닐까. 그는 불안해서 눈길을 피했다. 여자의 몸무게가 오늘따라 견딜 수 없이 느껴졌다. 몸이 닿는 것도 어쩐지 싫었다.

"발이 저린데."

"어머, 미안."

그녀는 소리치며 뛰어내렸다.

"나, 음식 조절을 좀 해야겠어요. 남자 무릎에 올라앉는 이 버릇을 고치지 않으려면."

그는 일부러 일어서서, 다리를 쾅쾅 굴러 보기도 하고, 주위를 돌아다니기도 했다. 그리고 여자가 두 번 다시 못 오르게 난로 앞에 가서 섰다. 말하는 것을 듣고 있노라면, 노라가 밀드레드보다는 열 배나 더 나은 여자같이 느껴졌다. 하여튼 그를 유쾌하게 해 주었고 즐거운 이야기 상대로서도 훨씬 나았다. 머리도 좋고 인간적으로도 훨씬 부드러웠다. 마음이 좋고 용기 있고 귀엽고 정직한 여자였다. 밀드레드에게는 이러한 형용사가 하나도 어울리지 않았다. 만일 조금이라도 분별이라는 것이 있다면 당연히 노라 쪽을 택해야 했다. 어쨌든 밀드레드와 같이 있을 때보다 훨씬 그를 행복하게 해주니까. 요컨대 그녀는 그를 사랑하지만 밀드레드는 다만 그의 도움에만 감사할 뿐이었다. 그러나 결국 가장 중요한 것은 사랑받는 것이 아니라 사랑하는 것이었다. 그는 마음 깊이 밀드레드를 원하고 있었다. 노라와 오후 내내 있기보다는 단 10분이라도 좋으니까 밀드레드와 같이 있고 싶었다. 노라한테서 받는 모든 것보다도 그 차디찬 밀드레드의 키스 하나가 훨씬 더 좋았다. 그는 생각했다.
'이 사실만은 어쩔 수 없다. 그 여자는 벌써 내 피와 살이 돼 버린 것이다.'
그녀가 아무리 냉혹하고 악질이고 천하고 어리석고 탐욕스럽다 하더라도 그런 것은 아무래도 좋았다. 그냥 무조건 사랑하고 싶었다. 노라와 같이 행복하기보다는 차라리 불행하더라도 밀드레드와 같이 있는 편이 훨씬 즐거웠다. 필립이 일어나 돌아가려고 하자 노라는 무심한 얼굴로 말했다.
"그럼 내일 또 와 주는 거죠?"
"응."
그는 대답했다. 내일은 밀드레드의 이사를 도와야 하므로 못 올 것을 알고 있었다. 그러나 그 말을 할 용기가 나지 않았다. 결국 전보를 치기로 결심했다. 이튿날 오전 밀드레드는 방을 보고 아주 만족해했다. 필립은 점심을 먹자마자 함께 하이베리로 갔다. 짐이라고는 옷을 넣은 트렁크가 하나, 자질구레한 물건을 넣은 트렁크가 또 하나, 그리고 다소 가정적인 분위기를 풍기는 쿠션, 램프 갓, 사진틀 따위를 싼 것이 있었다. 그 밖에 커다란 마분지 상자가 두어 개 있었지만, 모든 걸 다 합쳐도 사륜마차 뚜껑 위에 싣기도 넉넉할 정도였다. 빅토리아 거리를 지날 때는 혹시 노라가 지나가지나 않을까 하고 마차 깊숙이 몸을 숨겼다. 사실은 아직 전보도 못 쳤지만, 그렇다고 복스홀 브리지 근처 우체국에서 칠 수도 없었다. 그녀 쪽에서는 대체 그런 데서 무얼 했을까 생각할 염려가 있었고, 또 거기까지 와서 그녀가 살고 있는 광장까지 못 갔다는 것은 말이 안 되었다. 할 수 없다. 일단 가서 반시간이라도 좋으니 만나고 오는 것이 낫겠다고 결정했으나, 의무라고 생각하자 불쾌했다. 이런 비굴한 잔꾀까지 부려야 한다고 생각하니 노라라는 여자에게 몹시 화가 났다. 그러나 밀드레드를 생각하면 그는 무턱대고 행복했다. 짐 푸는 것을 도와주는 것도 즐거웠고, 또 그가 발견해서 방세까지 치른 방에 그녀를 맞아들인 것도 어쩐지 자기 여자 같은 생각이 들어 몹시 기뻤다. 그녀를 위해서라면 뭐든지 해주고 싶었다. 그로서는 그녀를 위해서 하는 일이면 무턱대고 즐거웠고, 그녀는 또 자기를 위해서 기꺼이 일해 주려는 사람이 있을 때 손끝 하나 까딱하려 들지 않았다. 그는 밀드레드의 짐을 풀어서 옷을 정리해 주었다. 그녀가 오늘은 외출하지 않겠다고 해서 그는 슬리퍼를 꺼내 오고 구두를 벗겨 주었다. 밀드레드를 위해서는 이런 하인 같은 일조차 즐겁기만 했다.

필립이 쭈그리고 앉아서 구두 단추를 벗기자 그녀는 매우 애정 어린 손길로 그의 머리를 어루만지며 말했다.

"당신 정말 나를 살뜰히 사랑하시는군요."

그는 그 손을 잡고 키스했다.

"잘 와 줬어요, 정말 잘했어요."

그러고는 쿠션과 사진틀을 제자리에 정돈해 주었다. 청자 항아리가 서너 개 있었다.

"좋아, 여기에 꽃을 사다 꽂지."

그는 말했다.

그는 자랑스러운 듯 자기가 한 일을 둘러보았다.

"저, 이제 외출하지 않을 거니까 편한 옷으로 갈아입으려고요. 단추 좀 풀어 주세요."

이렇게 말하면서 그녀는 상대가 여자이기라도 한 것처럼 태연히 그에게 등을 돌렸다. 그가 남자라는 것을 조금도 문제 삼지 않는 듯했다. 이러한 요구까지도 정답게 느껴져, 그의 마음속은 그녀에 대한 고마움으로 가득 찼다. 서툰 솜씨로 그는 여자의 단추를 풀어 주었다.

"처음 당신 찻집에 갔을 때는 설마 이런 것까지 해주게 될 줄은 꿈에도 몰랐지."

그는 억지로 웃음을 띠며 말했다.

"그렇지만 이런 일은 누군가 꼭 해줘야 해요."

그녀는 침실로 들어가더니, 값싼 레이스로 야단스럽게 꾸민 연푸른 빛깔의 가운으로 갈아입고 나왔다. 필립은 그녀를 긴 의자에 앉히고 그녀가 마실 차를 끓였다.

"안됐지만 나는 함께 차 마실 틈이 없어요. 아주 하찮은 약속이 하나 있어서 말이에요. 하지만 30분 뒤면 돌아올 거예요."

그는 섭섭한 듯이 말했다.

무슨 약속이냐고 물으면 어떻게 대답할까 걱정이었지만 다행히 여자는 그런 것에 전혀 흥미가 없는 듯했다. 방에 들어올 때 미리 두 사람분의 식사를 주문해 두었으니, 밤에 조용히 이야기나 하자고 말했다. 빨리 돌아와야 했으므로 그는 복스홀브리지로 가는 전차를 탔다. 노라에게 가는 즉시 오늘은 5, 6분밖에 시간의 여유가 없다고 솔직히 말하기로 마음먹었다.

"오늘은 정말 인사할 시간밖에 없어요. 눈코 뜰 새 없이 바빠서 말이에요."

방에 들어가자마자 그는 말했다.

순간 노라의 얼굴이 어두워졌다.

"대체 왜 그러세요?"

싫어도 거짓말을 해야만 한다고 생각하자 화가 치밀었다. 그래서 병원에서 실습강의가 있어 거기에 나가 봐야 한다고 대답했을 때는 스스로도 얼굴이 새빨개지는 것을 느꼈다. 그녀도 그런 말을 누가 믿을 줄 아느냐는 듯한 얼굴을 짓는 것 같아 더욱 울화가 치밀었다.

"네, 좋아요. 하지만 그 대신 내일은 계속 같이 있어 줘야 해요."

그는 멍하니 여자의 얼굴을 쳐다보았다. 내일은 온종일 밀드레드와 함께 보내려고 즐겁게 기다렸던 것이다. 그쯤은 체면상으로도 해야 할 일이었고, 하물며 낯선 집에 그녀 혼자 내버려 둘 수는 없었다.

"대단히 미안한 말이지만, 내일은 또 선약이 있어서요."

여기까지 말하고 나자 그도 어떻게든 피하려 했던 본심을 드디어 털어놓을 때가 왔음을 깨달았다. 노라의 얼굴이 갑자기 빨갛게 달아올랐다.

"하지만 고든 씨 부부를 점심에 초대하기로 했는데 어떻게 하죠?"

고든 씨 부부란 지방 공연을 마치고 일요일에 런던으로 돌아오는 어떤 배우와 그 부인을 말하는 것이다.

"일주일 전부터 말했잖아요."

"잊어버렸어요. 정말 미안해요."

그는 잠깐 망설이고 말했다.

"아무래도 못 올 것 같은데. 누구 다른 사람 부를 수 없을까요?"

"당신 내일 일이라는 게 대체 뭐예요?"

"그렇게 심문하듯 꼬치꼬치 캐묻지 말아요."

"말하고 싶지 않은 거죠?"

"말하는 건 조금도 상관없지만, 그렇게 일일이 보고하기는 싫군요."

노라의 얼굴색이 확 변했다. 그러나 겨우 화를 참고 그의 곁으로 다가와 두 손을 잡았다.

"필립, 내일은 날 실망시키지 말아요. 당신과 함께 보낼 날을 내가 얼마나 기다리고 있었는지 아세요? 고든 씨 부부도 당신을 퍽 만나보고 싶어 해요. 내일은 정말 재미있을 거예요."

"물론 가능하면 오고 싶지만."

"내가 무리한 요구를 하는 거예요? 나도 당신이 싫어하는 건 조금도 부탁하고 싶지 않아요. 하지만 이번만이니까 꼭 그 얄미운 약속을 취소해줘요. 네?"

"정말 미안하지만 취소될 것 같지 않아서요."

그는 퉁명스럽게 대답했다.

"그 약속이라는 게 대체 뭐예요?"

그녀는 교태 섞인 투로 물었다. 그러나 그도 거짓말을 꾸며낼 시간적 여유는 있었다.

"그리피스의 누이동생 두 사람이 올라오기로 되어 있는데, 우리 둘이서 데리고 다니기로 했어요."

"뭐 그런 거 가지고 그러세요? 그렇다면 그리피스야말로 당신 말고도 다른 사람을 얼마든지 구할 수 있을 거예요."

그녀는 무척 기쁜 듯이 말했다.

좀더 그럴 듯한 구실을 찾아낼 걸 그랬다고 그는 속으로 생각했다. 하여튼 형편없이 졸렬한 거짓말이었다.

"응, 그런데 그게 안 될 것 같아요. 단단히 약속을 했고 또 약속한 건 지켜야 하니까."

"하지만 나하고도 약속 했잖아요. 따지고 보면 내가 먼저예요."

"너무 그렇게 고집 부리지 마요."

여자는 발끈 화를 냈다.

"흥, 오기 싫으니까 못 온다는 거죠! 생각해 보면 요 2, 3일 동안에도 뭘 했는지 알 게 뭐예요. 아주 달라졌군요."

그는 시계를 보았다.

"아, 이제 슬슬 가봐야 해요."
"그럼 내일 안 오세요?"
"그래요."
"그럼 이제 두 번 다시 안 와도 좋아요."
마침내 여자는 참다못해 소리를 질렀다.
"그야 뭐 당신 좋을 대로."
"그래요. 그러니까 나도 이제 당신을 붙잡지 않겠어요."
여자는 빈정대는 투로 말했다.

필립은 어깨를 으쓱하고 밖으로 나왔다. 그 정도로 그친 것이 다행이었다. 울고불고 하면 어쩔 뻔했는가. 한시름 놓게 되었다. 그는 길을 걸으면서, 이토록 간단하게 떼버릴 수 있는 것을 스스로 축하해 마지않았다. 빅토리아 거리에 와서 밀드레드에게 가져갈 꽃을 샀다. 저녁식사는 대단히 성공적이었다. 그녀가 좋아하는 캐비아 단지를 필립이 가져왔고, 하숙집 아주머니가 채소를 넣은 커틀릿 요리와 푸딩을 만들어 주었다. 필립은 또 밀드레드가 좋아하는 버건디 주를 주문했다. 커튼을 내리고 불을 환하게 피우고, 밀드레드가 가져온 갓을 램프에 씌우자 방 안은 말할 수 없이 좋아졌다.

"이러고 보니 마치 가정이라도 꾸민 것 같군요."
웃으면서 필립은 말했다.
"하지만 이렇게 살 생각은 없어요."
그녀가 대꾸했다.

식사가 끝나자 필립은 안락의자 두 개를 난로 앞으로 가져가서 둘이 나란히 앉았다. 그는 편안한 기분으로 담배를 피워 물었다. 무척 행복하고 포근한 기분이었다.

"내일은 어떻게 할까요?"
"아, 내일은요. 나 털즈힐에 가기로 했어요. 왜 기억하시죠. 찻집의 여지배인 말이에요, 그 사람도 결혼했어요. 한 번 꼭 놀러오라고 초대를 받았지 뭐예요. 나도 결혼한 줄 알고 말이에요."
필립은 마음이 갑자기 어두워졌다.
"하지만 난 당신하고 일요일을 함께 지내려고 초대까지 거절해 버렸는데요."

그는 내심 생각했다. 나에게 털끝만큼이라도 애정이 있는 여자라면 이런 때는 가지 않고 집에 있겠다고 말할 것이다. 노라 같으면 틀림없이 그렇게 했으리라.

"당신도 참 딱한 분이군요. 전 벌써 3주일 전부터 약속했단 말이에요."

"하지만 혼자 가도 괜찮겠어요?"

"바깥사람은 장사 일로 집에 없다고 하죠, 뭐. 그 여자 남편은 장갑 장사를 하는데 아주 멋진 사람이래요."

필립은 입을 꽉 다물고 있었다. 쓰라린 감정이 가슴을 스쳐갔다. 여자는 그걸 곁눈으로 힐끗 보며 말했다.

"필립, 이 정도의 조그만 기쁨을 안 된다곤 하지 않겠죠? 내가 외출하는 것도 이게 마지막이 될지도 몰라요. 게다가 약속까지 해놓았단 말이에요."

그는 여자의 손을 잡고 미소를 지어 보였다.

"뭐든지 당신 좋은 대로 해요. 내 소원은 오직 당신의 행복뿐이니까."

소파 위에 푸른 장정을 한 작은 책 한 권이 펼쳐진 채 뒤집혀 놓여 있었다. 필립은 무심코 그것을 들여다보았다. 2펜스짜리 싸구려 소설인데 작가는 코테니 페이지트로 되어 있었다. 페이지트는 다름 아닌 노라의 필명이었다.

"나 이 사람 소설 참 좋아해요. 모조리 읽어 보았어요. 아주 세련되고 멋이 있어요."

밀드레드가 말했다.

그러자 노라가 언젠가 자기 작품에 대해 이렇게 말하던 것이 생각났다.

"내 소설 말이에요, 식모 같은 애들한테 아주 인기가 있어요. 꽤 그럴 듯하게 보이는 모양이죠."

71

그리피스에게서 여러 가지 고백을 들은 대가로 필립도 그에게 복잡한 이 애정관계를 모조리 털어놓고 있었다. 일요일 아침식사가 끝나자 두 사람은 잠옷차림으로 난로 앞에 앉아 담배를 피우면서, 그 전날 겪은 일을 모조리 보고했다. 그리피스는 필립이 그토록 귀찮은 관계에서 쉽게 빠져나왔다고 진심으로 기뻐했다.

"여자와 관계를 맺기는 아주 간단한데 말이야. 관계를 끊기란 여간 힘든 일이 아니지."

그는 무척 자신 있는 투로 말했다.

스스로 생각해도 정말 멋지게 해치웠다. 필립은 자기의 등을 탁 치고 싶은 심정이었다. 하여튼 그로서는 속 시원하게 되었다. 그는 털즈힐에서 재밌는 시간을 보내고 있을 밀드레드를 생각해 보았다. 그녀가 행복하다면 그것만으로 만족했다. 설사 그 자신이 실망을 맛본다 하더라도 그녀의 기쁨을 방해하지 않았으니 훌륭한 자기희생을 한 셈이었다. 그렇게 생각하자 그는 아주 만족스러워졌다. 그러나 월요일 아침이 밝았을 때, 책상 위에는 노라한테서 온 편지가 놓여 있었다.

토요일엔 너무 심한 말을 해서 미안했어요. 용서하고 여느 때와 다름없이 오후 차 시간에 꼭 들러 주세요. 전 정말 당신을 사랑하고 있어요.

당신의 노라로부터

그는 가슴이 덜컥 내려앉았다. 어떻게 해야 좋을지 알 수가 없었다. 편지를 가지고 가서 그리피스에게 보였다.

"답장은 안 하는 게 좋아."

그는 말했다.

"하지만 그럴 순 없어. 그 여자가 눈이 빠지게 기다릴 생각을 하면 난 견딜 수가 없는걸. 우체부의 노크 소리만큼 기다리기 어려운 게 또 있겠어? 자넨 모르겠지만 난 잘 알아. 그러니까 다른 사람한테 그렇게 할 순 없어."

"하하, 자네도 참. 이런 문제는 말이야. 누군가 한 사람이 꼭 고통을 당해야만 처리되는 거야. 그러니까 자넨 이를 악물고 참아야 해. 꼭 한 가지 말해 둘 건, 이런 고통은 결코 오래 이어지지 않는다는 거야."

그러나 아무리 생각해도 노라가 그런 지독한 고통을 당할 이유는 없을 것 같았다. 그녀가 얼마나 괴로워할지 그리피스가 알 리 없었다. 언젠가 밀드레드가 결혼한다고 말했을 때 그는 얼마나 괴로워했던가. 문득 그날이 떠올랐다. 그러자 그는 남에게 도저히 그럴 수 없을 것 같았다.

"그렇게 괴롭히기 싫으면 다시 돌아가면 될 거 아냐."

그리피스가 말했다.

"그럴 수는 없어."

그는 벌떡 일어나 초조한 듯 방 안을 왔다 갔다 했다. 그날로 모든 일을 끝내 주지 않은 노라는 여자에게 화가 나 견딜 수가 없었다. 그에게 사랑이 없다는 것은 이미 다 아는 사실이며 그런 것을 눈치채는 데는 누구보다 예민한 것이 여자라고 하지 않는가?

"자네가 어떻게 좀 도와줘."

그는 그리피스에게 애원했다.

"그렇게 야단스럽게 떠들 거 없어. 사람이란 이런 일을 언제든지 겪게 마련이니까. 그리고 첫째 이런 걸 알아 둬야 해. 그 여자가 과연 자네가 생각하듯 그렇게 자네를 일편단심 바라보는지 말이야. 인간이란 누구나 자기가 움직인 상대의 연애 감정을 부풀려 생각하기 마련이니까."

그리피스는 거기서 잠깐 말을 끊고 재미있다는 듯 필립의 얼굴을 쳐다보았다. 그러고는 곧 말을 이었다.

"단 한 가지 방법밖에 없어. 편지를 써. 그리고 모든 것은 끝났다고 분명히 말해 줘. 앞으로 오해가 생기지 않게 잘라 말해 두란 말이야. 물론 상처야 입겠지. 하지만 어중간하게 두는 것보다는 잔인해도 그렇게 하는 편이 훨씬 상처도 적게 입어."

필립은 책상에 앉아서 다음과 같은 편지를 썼다.

노라!

당신을 불행하게 하는 것은 정말 슬픈 일이에요. 하지만 사태를 그냥 토요일 그대로 두는 편이 좋을 것 같군요. 흥미고 뭐고 아무것도 없어진 지금 이런 상태를 질질 끌어봤자 아무 짝에도 소용이 없으니까요. 당신은 나에게 나가 달라고 했어요. 그래서 난 나왔고요. 두 번 다시 돌아갈 생각은 없어요. 안녕.

필립 캐리로부터

그는 편지를 그리피스에게 보이고 의견을 구했다. 그는 읽고 나서 눈을 빛내며 필립의 얼굴을 쳐다보았다. 읽은 감상은 얘기하지 않았다.

"그만하면 될 것 같군."

필립은 밖으로 나가 우체통에 넣었다. 오전 내내 마음이 편치 않았다. 편지를 받은 노라의 기분이 어떨까, 그게 자꾸 생각났기 때문이다. 그녀의 눈물을 생각하자 그는 견딜 수 없이 괴로웠다. 그러나 한편으로는 어깨에 짊어지고 있던 큰 짐을 내려놓은 것 같아 홀가분한 기분도 들었다. 직접 눈앞에서 보는 고통보다는 마음으로 상상하는 편이 견디기가 쉬웠다. 이제는 마음 놓고 밀드레드를 사랑할 수 있게 되었다. 오늘 오후라도 병원 일이 끝나면 그녀를 찾아갈 수 있다고 생각하자 가슴이 울렁거렸다.

그러나 보통 때와 같이 하숙집에 돌아와서 문의 열쇠구멍에 열쇠를 꽂자, 뜻밖에도 뒤에서 말소리가 들렸다.

"들어가도 괜찮아요? 벌써 30분이나 기다리고 있었어요."

노라였다. 그는 머리카락 밑뿌리까지 빨개지는 것을 느꼈다. 여자의 목소리는 명랑했다. 화난 것 같은 기색이나 마지막 얘기를 하러 온 것 같은 기색은 조금도 없었다. 그는 한구석으로 쫓기는 기분이었다. 마음속은 불안으로 가득했지만 억지로 웃음을 띠면서 대답했다.

"아, 좋아."

그가 문을 열자 여자는 앞장서서 방으로 들어갔다. 그는 불안했다. 조금이라도 마음을 가라앉히려고 먼저 여자에게 담배를 권하고 자신도 한 대 피워 물었다. 여자는 즐거운 듯 그의 얼굴을 보며 말했다.

"정말 몹쓸 분이군요. 어째서 그런 지독한 편지를 보내죠? 만일 사실이기라도 했다면 난 얼마나 불행했을지……."

"진심이에요. 나는."

그는 정색하고 대답했다.

"바보 같은 소리 말아요. 그야, 나도 요전에 팩 토라져 화를 내기는 했지만, 그래도 사과하는 편지 드렸잖아요. 오늘 또 이렇게 빌러 왔고요. 물론 당신은 누구의 노예도 아니고, 또 나도 당신에 대해서 무슨 권리가 있다고는 생각하지 않아요. 당신이 싫다는 데 억지로 매달릴 생각도 없고요."

그녀는 의자에서 벌떡 일어나 마치 충동에라도 쫓기듯 두 손을 커다랗게 벌리고 그의 곁으로 점점 다가왔다.

"자, 우리 이제 마음을 풀어요, 필립. 당신을 노엽게 했다면 내가 사과하겠어요."

그녀가 손을 쥐어도 그는 뿌리치지 못했다. 그러나 상대의 얼굴을 쳐다볼 용기는 차마 나지 않았다.

"이미 때가 늦지 않았을까."

여자는 그의 옆 마룻바닥에 쓰러지듯 앉아, 두 손으로 그의 무릎을 꽉 끌어안았다.

"그런 심한 말 말아요. 그야 저도 성미가 어지간히 급하긴 해요. 그래서 지난번엔 당신 기분을 언짢게 한 것도 알지만, 그렇다고 이상하게 비뚤어지는 건 우습잖아요. 두 사람 다 불행해진다는 건 의미가 없지 않나요? 우리의 우정은 참 즐거운 것이었는데."

그녀는 그렇게 말하면서 그의 손을 천천히 애무하기 시작했다.

"전 당신을 진심으로 사랑해요."

그는 노라의 손을 뿌리치고 자리에서 일어났다. 그러고는 방 반대편으로 걸어갔다.

"정말 미안하지만 이젠 어쩔 수 없게 됐어요. 모든 일이 다 과거가 되어 버렸는걸요."

"그렇다면, 이젠 날 사랑하지 않는단 말이에요?"

"그런 것 같아요."

"그럼 날 버릴 기회를 노리고 있었군요. 그래서 마침 그 기회를 잡았다, 이거죠?"

그는 대답하지 않았다. 여인은 한참 동안 그를 노려보았다. 차마 볼 수 없는 딱한 모습이었다. 그가 뿌리치며 일어섰을 때의 위치 그대로 안락의자에 기댄 채 앉아 있었다. 그리고 얼굴을 가릴 생각도 않은 채 소리 없이 흐느끼기 시작했다. 그녀의 눈에서 눈물이 주르륵 흘러내렸다. 보고 있는 편이 오히려 괴로워서 필립은 자기도 모르게 고개를 돌렸다.

"당신 마음을 아프게 한 건 미안하지만, 그렇다고 당신을 사랑하지 않게 된 게, 내 책임은 아니잖아요."

그녀는 대답하지 않았다. 마치 무엇에 호되게 두드려 맞기라도 한 듯 꼼짝하지 않고 앉아 있었다. 여전히 눈물이 볼을 타고 흘러 내렸다. 그녀가 화를 내는 편이 차라리 나을 것 같았다. 그는 그녀가 틀림없이 노여워하리라 생각하고, 마음속으로 단단히 각오하고 있었다. 그의 마음 밑바닥에는 이런 감정이 도사리고 있었다. 서로가 싸우며 험한 말을 주고받는 열정은, 어느 의미에서 오히려 자신들 행위의 정당화라고도 할 수 있다. 시간이 흘러갔다. 이윽고 소리 없는 흐느낌에 그는 불안해지기 시작했다. 침실로 가서 물 한 잔을 가져와 그녀에게 건네며 말했다.

"한 모금 마시는 게 어때요? 마음이 좀 가라앉을 테니까."

여자는 힘없이 컵에 입술을 대고 두어 모금 마셨다. 그리고 마치 기어드는 듯한 목소리로 손수건을 달라고 말했다. 이윽고 눈물을 닦자 신음하듯 그녀는 말했다.

"물론, 내가 당신을 사랑하는 것만큼 당신이 날 사랑하지 않는 것만은 알고 있었어요."

"하지만 연애란 흔히 그런 게 아닐까요. 언제나 한편에서는 사랑하고 다른 한편에서는 사랑을 받기만 하는……."

순간 그는 밀드레드를 생각했다. 괴로움이 그의 가슴을 후비고 지나갔다. 노라는 한참 동안 대답하지 않았지만 이윽고 말했다.

"나란 여자는 정말 불행한 인간이에요. 세상에 태어난 게 저주스러워요."

그에게 말하는 소리라기보다는 그녀 자신에게 들려주는 독백이었다. 지금까지 그는 그녀가 한 번도 전남편과의 생활이나, 가난한 살림살이에 대해 얘기하는 걸 들어 본 일이 없었다. 그런 만큼 그는 세상을 상대로 용감하게 싸워 나가는 그녀의 불굴의 용기에 늘 감탄해 왔던 것이다.

"그때 당신이란 분이 나타났어요. 당신은 정말 다정하고 좋은 분이었어요. 머리가 좋은 것에도 감탄했죠. 의지할 사람이 생겼다는 것은 정말 즐거운 일이었어요. 전 당신을 사랑했어요. 헤어질 때가 오리라곤 꿈에도 생각 못했지요. 하지만 이게 다 내 탓은 아니에요."

다시 눈물이 흘러내리기 시작했다. 그러나 이번에는 그녀도 제법 침착성을 되찾아 필립의 손수건으로 얼굴을 싸고 울었다. 온 힘을 다해 감정을 억누르고 있는 것 같았다.

"물을 조금만 더 주세요."

그녀는 눈물을 닦았다.

"추한 모습을 보여서 미안해요. 나도 이런 모습을 보이게 될 줄은 몰랐어요."

"나도 미안해요, 정말. 지금까지 나에게 베풀어 준 일에 대해선 진심으로 고맙게 생각하고 있어요. 그것만은 알아줘요."

대체 이 여자는 자기의 어디가 그렇게 좋았을까?

"아아, 언제나 같은 식이군요."

여자는 한숨을 쉬며 말했다.

"남자에게 대우받으려면 약게 굴어야지, 나처럼 상냥하게 대해 주면 오히려 혼쭐이 나게 마련인가봐요."

여자는 일어나서 돌아가겠다고 했다. 그러고는 한동안 그윽이 필립의 얼굴을 바라보았다. 잠시 뒤 한숨을 크게 쉬더니 그녀는 말했다.

"도무지 어떻게 된 영문인지 알 수가 없어요. 대체 어떻게 된 거죠?"

필립은 갑자기 결심했다.

"역시 말해 두는 게 좋겠군요. 나도 필요 이상으로 욕을 먹기는 싫으니까. 말해 두지만, 나도 어쩔 수 없었어요. 사실은 밀드레드가 돌아왔어요."

순간 여자의 얼굴에서 핏기가 싹 가셨다.

"그럼 왜 내게 말하지 않았죠? 그 정도의 말은 해줘도 괜찮았을 텐데."

"차마 말할 수가 없었어요."

여자는 거울을 보며 모자를 고쳐 썼다.

"마차를 불러 주지 않겠어요? 아무래도 걸어서는 못 갈 거 같아요."

필립은 문 앞에 나가, 지나가는 마차를 세웠다. 그를 따라 밖으로 나온 그녀의 얼굴빛이 너무나 창백한 데 놀랐다. 금방 늙어버린 듯 걸음걸이가 한결 힘들어 보였다. 도저히 혼자 돌려보낼 수가 없었다.

"괜찮다면 집까지 바래다줄까요?"

그녀는 대답하지 않았지만 그는 마차에 올라탔다. 마차는 묵묵히 다리를 지나고, 아이들이 소리 지르며 노는 더러운 거리를 지나 그녀의 집에 닿았다. 그러나 여자는 곧바로 내리지 않았다. 다리를 옮겨 놓을 힘조차 없는 듯했다.

"용서해 주겠죠, 노라?"

필립이 말했다. 그녀는 힐끗 그에게 눈길을 돌렸다. 눈에는 여전히 눈물이 빛나고 있었다. 그러나 억지로 입가에 미소를 띠며 대답했다.
"가엾게도, 제 걱정을 해주시는군요. 염려 마세요. 절대로 당신을 원망하지는 않을 테니까요. 곧 잊어버릴 거예요."
그녀는 재빨리 그의 얼굴을 어루만졌다. 거의 몸짓이라고 할 수 없는 몸짓이었으나 결코 원망하지 않는다는 표시 같았다.
그리고 마차에서 내리자 재빨리 집 안으로 사라져 버렸다.
필립은 차비를 치르고 밀드레드의 하숙집까지 걸어갔다. 이상하게 마음이 무거웠다. 어쩐지 자신을 호되게 나무라고 싶은 심정이었다. 그렇지만 그렇게라도 하지 않으면 어떻게 해야 한단 말인가. 과일가게 앞을 지날 때 문득 밀드레드가 포도를 좋아한다는 것이 생각났다. 그는 그 여자의 수많은 변덕을 돌이켜보며, 지금 이렇게라도 그녀를 사랑할 수 있다는 것이 얼마나 즐겁고 고마운 일인가를 느꼈다.

72

그 뒤 3개월 동안, 필립은 날마다 밀드레드를 만나러 갔다. 차를 마시고 나면 밀드레드는 으레 안락의자에 누워 소설책을 읽고, 그는 그 앞에서 교과서를 펼쳐 놓고 공부했다. 때때로 얼굴을 들어 1분 정도 여자의 얼굴을 바라보았다. 그럴 때면 행복한 미소가 그의 입술을 스쳐갔다. 그녀는 그의 눈길을 따가울 정도로 느꼈다.
"바보군요, 사람의 얼굴을 그렇게 쳐다보고. 시간 낭비 아녜요? 어서 공부나 하세요."
"당신은 폭군이로군요."
그는 맑은 목소리로 말했다.
저녁식사 준비로 하숙집 여주인이 올라오면, 그는 읽던 책을 집어치우고, 기분이 너무 좋은 나머지 가끔 아주머니와 가벼운 농담을 주고받았었다. 아주머니는 런던 토박이로 키가 작고 말을 몹시 빨리하는 쾌활한 중년 여인이었다. 밀드레드는 어느 틈에 그녀와 친한 사이가 되어 현재 이런 환경에 이르기까지의 과정을 샅샅이, 그러면서도 거짓말을 잔뜩 섞어서 말했다. 이 사람 좋은 여주인은 밀드레드의 말에 아주 감동한 나머지 밀드레드를 위로해 줄 수 있다면 어떠한 고된 일도 사양하지 않겠다는 태도로 나오게 되었다.

밀드레드에게는 또 유난히 체면을 차리는 면도 있어서 필립에게는 오빠 행세를 해달라고 부탁했다.

두 사람은 저녁을 함께 먹었다. 그가 주문한 식사가 변덕스러운 밀드레드의 식성에 맞을 때, 그는 무척 기뻐했다. 그녀와 마주 앉아 있는 것만으로도 행복해 그는 때로 너무나 기쁜 나머지 여자의 손을 꽉 쥐었다. 식사가 끝나면 여자는 난로 옆에 있는 안락의자에 앉고, 그는 마룻바닥 위에서 그녀에게 기대는 듯한 자세로 편히 담배를 피우곤 했다. 두 사람 다 말을 하지 않고 지내는 일이 많았다. 때때로 정신을 차려 보면 여자는 꾸벅꾸벅 졸고 있었다. 그럴 때는 그녀의 단잠을 깨우지 않기 위해 손끝 하나 꼼짝하지 않고 멍하니 난롯불을 쳐다보며, 행복감에 푹 빠져 있었다.

"좀 잤어요?"

여자가 눈을 뜨는 것을 보면 그는 웃으며 물었다.

"자지 않았어요. 그냥 눈을 감고 있었어요."

결코 잤다고 하는 일이 없었다. 그녀는 점액질(粘液質)인 덕택에 임신한 것으로는 별로 고통을 느끼지 않는 듯했다. 물론 건강에는 무척 신경을 써서 그 방면의 충고는 무엇이든 받아들였다. 매일 아침 날씨가 좋으면 건강을 위해 일정한 시간에 바깥 공기를 쐬었다. 또 날씨가 그리 춥지 않을 때에는 세인트 제임스 공원의 벤치에 조용히 앉아 있을 때도 있었다. 그러나 그 밖의 시간은 온종일 안락의자에 누워서 닥치는 대로 소설책을 읽거나, 아니면 여주인과 잡담을 하며 한가롭게 지냈다. 그 여자만큼 남의 얘기를 좋아하는 사람도 없을 것이다. 여주인의 신상 얘기며, 아래층에 사는 사람들의 얘기, 심지어 옆집 사람들의 소문까지도 놀랄 만큼 자세하게 알아내서 재미있다는 듯 그에게 들려주었다. 때로는 갑자기 무서워지기도 하는 것 같았다. 애를 낳을 때의 고통에 대해 불안을 호소하기도 하고, 죽지나 않을까 겁을 내기도 했다. 그녀는 여주인과 아래층에 세 들어 있는 어떤 여자(사실 밀드레드는 그 여자를 잘 몰랐다. 그녀는 말하길 "저 혼자 있는 게 제일 좋은 여자예요. 아무하고나 잘 어울리지 않는다나요" 하는 것이었다)한테서 들은 분만시의 고통을 세밀하게, 더구나 그것을 불안 반 흥미 반으로 자세하게 설명하곤 했다. 그러나 대개는 편안하게 오직 어머니가 되는 날만을 기다리며 지냈다.

"내가 뭐 여자 가운데에서 애를 제일 처음 낳는 것도 아니고, 그렇죠? 의사 선생님 말씀도, 애를 낳는 건 별 거 아니래요. 그러고 보면 역시 내 몸은 잘 돼 있는 모양이에요."

산달이 되면 들어가기로 한 출산원의 여주인 오웬 부인이 의사 한 사람을 소개해 주어서 밀드레드는 매주 한 번씩 진단을 받고 있었다. 분만 비용은 15기니라고 했다.

"물론 더 싸게 할 수도 있었어요. 그렇지만 오웬 부인이 추천한 분이 아니에요? 공연히 아끼려다 더 쓰게 될까 봐 그냥 됐어요."

"아니, 당신만 행복해질 수 있다면, 내게는 비용 같은 건 문제가 아니에요."

그녀는 필립의 성의를 아주 당연한 듯이 태연히 받아들였다. 그러나 그는 어쨌든 그녀를 위해 돈을 쓰는 것이 즐거웠다. 그녀에게 5파운드 지폐를 한 장 한 장 줄 때마다 흐뭇한 행복과 자랑을 맛보았다. 워낙 절약이라는 것을 모르는 여자여서 바치는 금액은 꽤 높은 액수에 달했다.

"돈이 어디로 다 나가는지 모르겠어요. 마치 물처럼 손가락 사이로 빠져나가 버리는 것 같아요."

그녀 자신도 말했다.

"그런 건 아무래도 좋아요. 하여튼 나는 뭐든 당신을 위한 것이라면 그보다 기쁜 일이 없으니까."

그녀는 재봉을 거의 하지 못했다. 그래서 갓난아이에게 필요한 옷 같은 것도 자기 손으로 장만하려 들지 않았다. 결국 사는 게 훨씬 싸다고 필립에게 말했다. 그는 최근 유산으로 투자했던 담보 사채의 일부를 팔아서 뭔지 좀 더 현금으로 바꿀 수 있는 다른 투자를 하기 위해 마침 5백 파운드를 은행에 맡긴 처지라 보기에는 아주 부자 같았다. 두 사람은 곧잘 장래에 대한 구상을 했는데 필립이 아이를 곁에 두고 키우자는 데 반해 그녀는 완강히 싫다고 버텼다. 자신이 벌어서 생계를 꾸려야 할 판인데 어린애까지 일일이 돌볼 수는 없다는 이유에서였다. 그녀의 계획이란 먼저 다니던 회사의 어떤 상점에 나가고 싶다는 것이었다. 그리고 어린애는 어디 시골 같은 데 얌전한 부인한테 맡겨 키우겠다고 했다.

"한 주일에 7실링 6펜스만 주면, 잘 키워줄 사람을 찾을 수 있을 거예요. 그러는 게 아이를 위해서도 좋고 나를 위해서도 좋아요."

필립은 어쩐지 몹시 냉정한 것처럼 느껴졌다. 그런 말을 하며 설득하려 들면, 여자는 곧 비용 때문에 그러는 것이 아닌가 하는 얼굴을 했다.
"그런 거 걱정하실 필요 없어요. 당신더러 돈 대라고 하지 않을 테니까요."
"돈 때문에 그러는 게 아니에요. 잘 알면서 그래."
솔직히 말해서 여자는 사산되기를 바라고 있었다. 분명히 말하지는 않았지만 필립은 그것을 눈치로 알았다. 처음에는 그도 놀랐다. 그러나 다시 생각해 보니 결국 그 편이 모두를 위해 좋다는 것을 그도 인정할 수밖에 없었다.
"입으로 이러쿵저러쿵 말들은 그럴 듯하게 하지만, 여자 혼자 제 밥벌이한다는 게 그리 쉬운 일은 아니거든요. 더욱이 애가 생기는 날이면, 산통 깨지기 마련이에요."
"하지만 다행히 당신은 의지할 나라도 있잖아요."
필립은 여자의 손을 잡으며 말했다.
"그야, 당신은 언제나 친절한 분이죠."
"아아, 집어치웁시다, 그런 시시한 얘긴!"
"하지만 난 당신의 친절을 그냥 받기만 할 생각은 아녜요."
"부질없는 소리. 내가 언제 돌려주길 바랐나요. 당신을 위해서 뭘 했다면 그건 그냥 당신이 좋아서예요. 은혜로 생각할 건 아무것도 없어요. 나를 사랑해서 그런 거라면 문제가 달라지지만, 그런 게 아니라면 난 당신한테서 아무것도 받고 싶지 않아요."
마치 자기의 육체를 타인한테서 받은 은혜의 보답으로 아무한테나 내놓을 수 있는 물건처럼 생각하는 그 사고방식에 그는 잠시 어이가 없었다.
"하지만 난 해주고 싶어요, 필립. 나에게 너무나도 고맙게 해주니까요."
"뭐 좀 기다린다고 안 될 거 있나요? 당신 몸이 제대로 좋아지거든, 어디 신혼여행이라도 가기로 하죠."
"이제 보니 장난꾸러기로군요."
빙그레 웃으며 여자는 말했다.
밀드레드의 산달은 3월이라고 했다. 그래서 몸이 좋아지면 곧 두 주일쯤 해안으로 가기로 결정했다. 그동안 필립은 구애받지 않고 열심히 공부하기로 했다. 시험이 끝나면 봄 휴가, 그때에는 둘이서 파리도 가보자 했다. 필립은 여러 가지 계획을 끝없이 얘기했다. 봄의 파리는 정말 즐거운 곳이다. 그가 익히 알고 있는 라틴 구역의 조그마한 호텔에 방을 정해놓고, 먼저 맛있는 음식을 파는 레스토랑을 찾아 차례차례 돌아다닌다. 연극도 봐야지. 뮤직홀에도 데려가야겠다. 그 옛날의 친구들을 만나보기로 하자. 틀림없이 재미있을 것이다. 그는 크론쇼의 얘기도 해 주었다. 그녀는 어머, 만나보고 싶어요, 하고 말했다. 그리고 다음은 로우슨. 그는 두 달 전부터 다시 파리에 가 있다. 발 뷰리에에 가서 춤도 추자. 교외에 피크닉을 가는 것도 좋다. 베르사유와 샤르트르와 퐁텐블로에는 꼭 가보자.

"하지만 그러자면 경비가 무척 많이 들 텐데요."

"비용 같은 게 뭐죠. 내가 그날을 얼마나 기다리며 바라고 있었는데. 내게 이 여행이 얼마나 즐거운 기대였는지 당신은 모를 거예요. 나는 당신 말고는 여자를 한 번도 사랑해 본 일이 없고, 또 앞으로도 없을 거요."

그녀는 그의 정열적인 고백을 눈을 빛내며 듣고 있었는데, 그 눈에서 그는 지금까지 보지 못했던 어떤 애정을 본 것 같았다. 그는 진심으로 감사하고 싶은 심정이었다. 보통 때와는 아주 다르게 그녀는 무척이나 다정했다. 그를 언제나 초조하게 만들던 거드름 빼는 기색도 찾아볼 수가 없었다. 이제는 친숙해졌기 때문인지 그녀는 그 앞에서도 애써 겉치레하려 들지 않고, 전과 같이 힘들여가며 머리 손질을 하지도 않고 그저 간단하게 묶은 정도였으며, 여느 때처럼 앞이마에 머리를 내려뜨리지도 않았다. 얼굴이 여위어 눈이 한결 커 보였다. 눈 밑에는 깊은 주름이 있었는데, 볼이 창백하기 때문에 더욱 그 색이 두드러지게 보였다. 무한한 애수를 담고 있다고나 할까. 우수에 가득 찬 얼굴이었다. 어딘지 모르게 성모를 떠오르게 하는 데가 있었다. 둘이서 언제까지나 이렇게 같이 있을 수 있다면 얼마나 좋을까, 필립은 생각했다. 이러한 행복은 난생처음 맛보는 것이기도 했다.

매일 저녁 10시에는 돌아오기로 했다. 그녀가 일찍 자고 싶다고 했기 때문이다. 돌아오면 낭비한 시간을 보충하기 위해 그 뒤로 두 시간은 더 공부했다. 그녀의 머리를 빗겨 주었다. 작별의 키스는 이제는 거의 종교의식처럼 되었다. 먼저 여자의 두 손바닥에 키스하고(아, 그 가는 손, 그리고 언제나 공들여 손톱을 다듬기 때문인지 손톱도 무척 아름다웠다), 다음은 감은 눈, 그것도 먼저 오른쪽, 다음엔 왼쪽 순서였고, 맨 마지막이 입술이었다. 그리고 애타는 열정을 가슴 가득 품고 밖으로 나오는 것이었다. 그의 온몸을 불태워 버리고 자기희생에 대한 염원, 그것이 채워질 기회가 오기를 그는 손꼽아 기다리고 있었다.

이윽고 분만을 하기 위해 병원으로 들어가는 날이 왔다. 입원 중에는 오후에만 방문할 수 있었다. 밀드레드는 재빨리 신분을 바꾸어 이번엔 군인의 아내로, 남편은 연대에 입대하기 위해 인도에 부임하여 부재중이며, 필립은 그녀의 시동생이라고 병원의 여자 원장에게 소개했다.

"조심하셔야 해요. 남편이 인도에서 관리로 지내고 있는 여자가 입원하기로 돼 있으니까."

그녀가 말했다.

"나 같으면 그런 일로 당황하지는 않겠어요. 그 여자의 남편인가 하는 사람도, 당신의 남편과 같은 배로 떠났을 테니까."

"어떤 밴데요?"

여자는 아무것도 모르고 물었다.

"뭐 바로 그 유령선이지."

밀드레드는 무사히 딸을 낳았다. 면회가 허락되어 필립이 가니까, 갓난애는 엄마 옆에 누워 있었다. 그녀는 몹시 쇠약해 있었지만, 모든 것이 끝나 한시름 놓은 듯했다. 그에게 아이를 보여 주면서 자기도 신기한 듯 바라보았다.

"우습게 생겼죠. 도무지 제 아이 같은 생각이 들지 않아요."

갓난아기는 빨갛고 쪼글쪼글한 것이 기묘하기 이를 데 없었다. 보고 있던 필립은 픽 웃었다. 무슨 말부터 해야 할지 알 수 없었다. 게다가 원장이 바로 옆에 서 있어서 더욱 거북했다. 그를 바라보는 여자의 눈치로 보아 밀드레드의 말 같은 건 믿지 않고, 필립을 아주 이 아이의 아버지로 보는 것 같았다.

"이름은 뭐라 지을 거예요?"

필립이 물었다.

"매들레인으로 할까, 세실리어로 할까, 망설이는 중이에요."

원장은 두 사람을 남겨둔 채 잠시 자리를 비웠다. 필립은 허리를 굽혀 여자의 입술에 키스했다.

"잘됐어요, 모든 것이 무사히 끝나서."

그녀는 여윈 팔을 그의 목에 감았다.

"당신은 정말 좋은 분이에요."

"자, 이제 드디어 당신은 내 것이 됐군. 참 오랫동안 기다렸어요."

문 밖에서 원장의 발소리가 들렸다. 필립은 재빨리 일어섰다. 원장이 들어왔다. 엷은 미소가 입술에 감돌고 있었다.

73

그로부터 3주일 뒤, 필립은 브라이튼으로 떠나는 밀드레드와 어린애를 배웅했다. 몸은 빨리 회복되어 전에 없이 건강해 보였다. 전에 밀러와 두어 번 정도 주말을 함께 보낸 적이 있는 어떤 하숙집으로 가기로 되어 있었는데, 주인이 독일로 가버려서 자기 혼자 어린 것을 데리고 내려간다는 편지를 보냈다. 밀드레드는 없는 이야기를 그럴 듯하게 지어내는 데 취미를 붙인 모양이었고 더욱이 그 세세한 점까지 차례차례 고안해 나가는 수단에는 놀랄 만한 재주가 숨어 있었다. 그리고 브라이튼에서 아이를 맡아 볼 여자를 찾아보겠다고 말했다. 이토록 빠르게 갓난아이를 처리해 버리는 냉담성에는 필립도 조금 놀랐으나, 그녀는 아이가 엄마에게 익숙해지기 전에 남에게 떠맡기는 것이 아이에게도 훨씬 좋다는 상식론으로 맞섰다. 필립은 실제로 어린아이를 낳은 뒤 2, 3주일만 지나면 이럭저럭 모성 본능이 나타날 테니, 그때 가서 아이를 여기 두자고 권해 볼 참이었으나, 그런 일은 아예 꿈도 꾸지 못하게 되었다. 그렇다고 어린 것을 쌀쌀맞게 대하는 것도 아니었다. 필요한 것은 무엇이든 서슴지 않고 해 주었다. 때론 귀여워하기까지 했다. 아이에 대한 이야기도 꽤 많이 하는 편이었다. 그러나 원래가 냉담한 마음씨를 가진 여자임에는 틀림없었다. 그 여자는 도저히 아이가 자기 분신으로 느껴지지 않는 모양이었다. 여자는 벌써부터 아이가 아버지를 닮았다고 생각했다. 이 아이가 자라는 날이면 자기는 대체 어떻게 하면 좋으냐는 얘기만 되풀이했다. 더욱이 아이가 생긴 것부터가 자기의 크나큰 실수인 것처럼 울화를 터뜨리곤 했다.

"내가 그때 지금만큼만 세상을 알았던들……."

그녀는 필립이 갓난아이의 행복만을 걱정한다고 웃었다.

"만일 당신이 이 애의 아버지라고 해도 그렇게까지 야단을 떨진 않을 거예요! 이 애 때문에 고생해야 할 사람은 바로 밀러 그 사람이에요."

필립의 머릿속은 소문으로 들은, 이기적이고 잔인한 부모가 맡기고 간 아이들을 학대한다는 시골 할머니들의 아귀 같은 이야기로 가득했다.

"바보 같은 소리 마세요. 양육비를 한꺼번에 현금으로 주니까 그런 일이 일어나는 거예요. 하지만 매주 정해 놓고 지급해 보세요. 그들도 잘 돌봐주는 게 이익 아니겠어요."

필립은 그렇다면 어린애가 없는 사람이나 양자를 더 받지 않겠다고 약속하는 사람한테 맡겨야 한다고 주장했다.

"돈 가지고 구차스럽게 굴어선 안 돼요. 이 애가 먹을 것을 얻어먹지 못한다든가 매를 맞는다면 차라리 내가 매주 반 기니를 더 줄 테니까요. 당신은 정말 이상한 사람이군요, 필립."

여자는 웃었다.

의지할 데 없는 아기가 몹시 가여웠다. 조그맣고, 못생기고, 곧잘 울어 대는 아기였다. 탄생 그 자체부터 치욕과 고통을 함께 지닌 불행한 아기였다. 그 누구도 반기지 않는 아기, 추위와 더위를 막아 주는 옷이며 먹을 것이며 잠자리며 이 모두를 전혀 남인 필립에게 의지하고 있는 아기.

기차가 움직이기 시작했을 때, 그는 밀드레드에게 키스했다. 어린애에게도 해주고 싶었지만 웃을까 봐 그만두었다.

"가거든 편지 보내요. 당신이 돌아올 날을 기다릴게요."

"당신이나 시험에 떨어지지 않도록 조심하세요."

사실 그도 그래서 열심히 공부하고 있었다. 그러나 그것도 이제 열흘밖에 남지 않았다. 그는 마지막 남은 힘을 다했다. 그도 시험만은 어떻게든 붙고 싶었다. 무엇보다도 시간과 비용을 아끼기 위해서였다. 그의 돈이 마치 거짓말 같은 속도로 줄어들고 있었기 때문이다.

한편으로는 이번 시험에만 붙으면 이 고역과 같은 지긋지긋한 공부도 끝나게 될 테고, 다음엔 내과와 산과만 남는데, 이런 학문은 지금까지 해오던 해부학이나 생리학보다는 훨씬 재미있는 과목이었다. 그래서 필립은 나머지 과정을 오히려 흥미롭게 기다리고 있었다. 더구나 낙제했다는 말은 죽어도 밀드레드에게 하고 싶지 않았다. 시험이 어려워서 대개의 수험생들이 한 번은 낙제하기 마련인데, 그렇다 해도 통과하지 못하면 으레 그녀로부터 경멸을 받을 것이 뻔했다. 자기 생각을 거리낌 없이 함부로 내뱉는 성미의 여자였기 때문이다.

밀드레드로부터 잘 도착했다는 편지가 왔다. 그는 매일 반 시간씩이나 걸려 그녀에게 긴 편지를 썼다. 만나면 이상하게 서먹서먹해서 할 수 없는 말도, 입으로는 쑥스러워서 도저히 할 수 없는 말까지도 펜대를 쥐면 술술 잘 써졌다. 이 뜻밖의 발견에 힘을 얻어서 그는 자기의 모든 심정을 깡그리 털어 놓았다. 내 마음속은 당신 생각으로 가득 차 있고 나의 일거수일투족은 모두가 당신에 대한 사모의 표시나 다름없다.

지금까지 생각만 해왔지 한 번도 입 밖에 내보지 못한 그런 말을 거침없이 종이 위에 옮겨놓았다. 그것 말고도 장래에 대한 계획, 앞길에 놓인 행복, 그리고 그 여자에 대한 감사의 뜻을 빼놓지 않고 써 보냈다. 도대체 그 여자의 어떤 점이 이토록 정열을 주는 것일까 그는 자문해 보았다(지금까지도 수없이 자문해 보았으나 어떻다고 말로는 나타낼 수가 없었다). 그러나 끝내 이해할 수 없었다.

다만 뚜렷한 사실은, 그 여자와 함께 있으면 무턱대고 행복하고, 그 여자가 가버리면 갑자기 주위의 모든 것이 차디찬 회색빛 세계로 변한다는 것이었다. 그녀를 생각만 해도 마치 가슴이 부풀어 오르는 듯한 기분으로 호흡하는 것조차 답답하고 거북했고(허파를 압박한다고나 할까) 심장이 마구 뛰놀았다. 그 여자와 함께 있는 희열, 그것은 고통에 가까웠다. 무릎이 후들거리며, 먹지 못해 영양실조에 걸려 온몸이 벌벌 떨리는 듯한 어떤 기묘한 허탈감을 느끼는 것이었다. 그는 목이 빠지도록 여자의 답장을 기다렸다. 물론 그렇게 자주 오리라 기대하지는 않았다. 그 여자에게는 편지를 쓴다는 것이 매우 큰일임을 알기 때문이다. 그리하여 그가 네 통을 보낸 데 대해 겨우 한 통의 답장을 받았다. 그나마도 어이없도록 간단한 편지였는데 그는 아주 만족해했다. 방을 얻고 있는 하숙 얘기며 날씨 얘기, 아이에 대한 얘기를 쓴 다음, 지금 막 하숙집에서 사귄 어떤 여자친구와 해변가를 산책하고 돌아오는 길인데 그녀가 아이를 무척 귀여워한다는 얘기며, 토요일 밤에는 연극을 볼 예정이라는 얘기, 브라이튼에도 사람이 점점 늘어가고 있다는 얘기 따위가 쓰여 있었다. 너무나 기교가 없는 것이 필립에게는 가련한 인상을 주었다. 서툰 글씨와 판에 박은 듯한 내용으로, 편지를 읽는 내내 그는 큰 소리로 웃고 덥석 껴안고 키스라도 퍼붓고 싶은 야릇한 충동을 느꼈다.

그는 자신 있게 시험을 치렀다. 어느 과목이고 어려운 것은 없었고, 합격은 분명했다. 시험의 후반은 구술시험이어서 다소 신경질이 났지만 그럭저럭 대답은 할 수 있었다. 결과가 발표되자 그는 곧 밀드레드에게 합격 소식을 알렸다.

방에 들어와 보니 그녀에게서 편지가 와 있었다. 일주일 더 머물러 있기로 했다는 내용이었다.

한 주일에 7실링으로 애를 맡아 주겠다는 여자가 나타나기는 했지만, 그 여자의 뒷조사도 해봐야겠고, 자기로서도 바다의 공기가 몸에 썩 좋아서 앞으로 4, 5일만 더 있으면 눈에 띄게 효과가 나타날 것이라고 말했다. 필립에게 돈을 달라는 말은 죽도록 하기 싫지만, 모자를 하나 꼭 사야겠다고도 했다. 왜냐하면 바로 그 새로 사귄 친구가 멋깨나 부리는 여자로 같이 거닐자니 번번이 같은 모자만 쓸 수도 없고 해서, 미안하기 그지없는 일이나 답장할 때 조금 송금해달라는 것이었다. 순간 필립은 크게 실망했다. 시험에 합격한 기쁨도 한꺼번에 사라지고 마는 것 같았다.

'만일 내가 사랑하는 4분의 1정도만이라도 그 여자가 날 사랑한다면, 하루라도 쓸데없이 그곳에서 머뭇거리진 않을 텐데.'

그러나 그런 생각은 순식간에 사라지고 말았다. 그것은 어디까지나 단순한 이기심에 불과했다. 뭐니뭐니해도 그녀의 건강이 가장 중요함은 말할 나위도 없었다. 그렇다고 그에게 무슨 할 일이 있는 것은 아니었다. 그럼 일단 브라이튼에 가서 일주일을 그녀와 함께 지낼까? 생각이 거기에 미치자 그의 가슴은 울렁거리기 시작했다. 나도 같은 하숙집에서 방을 빌리겠다 하고, 아무런 예고도 없이 불쑥 밀드레드 앞에 나타나면 얼마나 재미있을까. 그는 기차 시간표까지 조사했지만 이내 단념하고 말았다. 첫째, 그녀 쪽에서 자기와 만나는 것을 기뻐할지 어떨지 의문이었다. 그녀는 그쪽에서 많은 친구를 사귀었다. 그는 조용한 것을 좋아하는 성질이었으나, 그녀는 반대로 떠들썩한 것을 좋아하는 기질이 있다. 그녀는 자기보다 다른 사람들과 어울리기를 좋아할 것이 틀림없었다.

그는 단 1분이라도 그 여자에게 걸림돌이 된다고 생각하니 괴로웠고, 또 그렇게 될 것이 두려웠다. 런던에 있어야 할 이유가 아무것도 없다. 웬만하면 이 일주일 동안 매일 만날 수 있는 곳에서 보내고 싶다고 쓰고 싶었으나 그것조차 망설였다. 시간이 있다는 것은 그녀 쪽에서도 알고 있었다. 만일 그가 오길 바랐다면 벌써 그런 소리를 했을 게 틀림없었다. 가고 싶다고 했다가 그쪽에서 구실이라도 붙여 거절하는 날이면, 그때의 고통은 생각만 해도 견딜 수 없었다.

이튿날, 답장과 함께 1파운드 지폐 한 장을 보내 주었다. 그리고 편지 끝에, 만일 이번 주말에 만나주기만 하면 기꺼이 달려가겠으나, 그것 때문에 계획을 변경시킬 필요까지는 없다고 덧붙였다. 그는 애타는 심정으로 답장을 기다렸다. 하지만 편지에는 좀더 일찍 알았더라면 그렇게 해도 좋을 뻔했으나, 공교롭게도 토요일 밤에는 뮤직홀에 갈 선약이 있다. 더욱이 당신이 하숙집에 묵게 되면 집안 사람들의 입에 오르내리기 쉬우니, 차라리 일요일 아침에 오는 게 어떻겠느냐고 쓰여 있었다. 그날은 메트로폴에서 식사를 하고, 아이를 맡아 기르겠다는 훌륭한 부인과도 만나자는 것이었다.

일요일은 화창한 날씨였다. 기차가 브라이튼 가까이에 이르면서 햇빛이 차창에 눈부시게 빛났다. 밀드레드는 플랫폼에서 기다리고 있었다.

"마중 나와 줘서 고마워요."

그녀의 손을 잡으며 그는 말했다.

"안 나올 줄 알았어요?"

"물론 나오리라곤 생각했죠. 하지만 어쨌든 건강해 보여서 무엇보다 반갑군요."

"네, 아주 좋았어요. 될 수 있으면 좀더 있었으면 좋겠어요. 게다가 하숙집 사람들이 모두 아주 좋은 분들이에요. 아무튼 요 몇 달 동안 너무 집에 틀어박혀 있어서 좀 재미나게 놀아 보고 싶었어요. 어떤 땐 정말 심심해서 죽을 뻔했어요."

그녀는 새로 산 모자—싸구려 꽃을 다닥다닥 붙인 커다랗고 검은 밀짚모자—를 쓰고, 제법 말쑥한 차림을 하고 있었다. 어차피 가짜겠지만 목에는 긴 백조 털 목도리 같은 것도 두르고 있었다. 아직 바싹 말라 걷는 것도 약간 꾸부정한 듯했고(그것은 그 여자의 버릇이긴 했지만), 눈은 그다지 크게 보이지 않았고 혈색은 아직 돌지 않았지만, 전에 보이던 검은빛은 씻은 듯이 말끔히 가서 눈에 띄지 않았다. 그들은 해안까지 걸어 나갔다. 생각해 보면 벌써 몇 달 동안이나 한 번도 같이 걸어본 적이 없었기 때문인지 필립은 갑자기 자기의 저는 발이 마음에 걸렸다. 감추려고 하면 할수록 더욱 어색한 걸음걸이가 되었다.

"어때, 만나서 기뻐요?"

미친 듯한 열정에 가슴을 두근거리며 그가 물었다.

"물론이죠. 그런 거 물을 필요도 없잖아요."

"그리피스가 안부 전해 달라더군."

"아이, 건방지게."

그리피스에 대해서는 전에도 늘 이야기했다. 그의 대단한 발전 모습도 곧잘 화제에 올랐고, 그가 들려준 여자 이야기를 비밀스럽게 전해줘서 그녀를 기쁘게도 해 주었다. 어떤 때는 조금 싫은 얼굴을 했지만 대개는 흥미 있게 열심히 들었다. 그의 생김새며 이상한 매력에 대해서도 필립은 감탄사를 붙여 가며 들려주었다.

"당신도 틀림없이 나처럼 좋아질 거야. 재미있고 유쾌한 친구지. 그런 친군 그리 흔하지 않을걸."

서로 별로 친하지도 않던 때, 그가 얼마나 알뜰하게 자기의 병간호를 해 주었던가, 그 이야기도 해 주었다. 그런 걸 하나도 빠뜨리지 않고 이야기했다.

"당신도 만나보면 틀림없이 좋아하지 않곤 못 배길 거예요."

"하지만 난 얼굴이 예쁜 남잔 싫어요. 자만심이 강한 걸 보면 참을 수 없거든요."

"그리피스도 당신과 한번 만나고 싶대. 내가 당신 얘기를 많이 했거든요."

"무슨 얘길 했어요?"

밀드레드와의 연애 사건을 그리피스밖에는 이야기할 상대가 없었으므로 처음에는 조금씩 말하다가 나중에는 처음부터 끝까지 모두 낱낱이 이야기했다. 그녀의 생김새, 모습 등 아마 쉰 번은 족히 했을 것이다. 그는 여자의 외모를 세세한 점까지 연모에 넘치는 심정으로 묘사해 보였다. 따라서 여위고 가는 손이 어떤 모양이며, 얼굴은 얼마나 하얀가 하는 것을 그리피스는 손바닥 보듯이 환하게 알고 있었다. 더구나 필립이 그 여자의 핏기 없고 얇은 입술의 매력에 대해 말했을 때 그리피스는 껄껄 너털웃음을 터뜨리고 말았다.

"아아, 그만해 둬. 다행히도 난 매사를 그런 식으로 부풀려 생각하진 않는다고. 그래서야 인생이 무슨 살맛이 있어."

필립도 가볍게 웃었다. 그리피스라는 사나이는 생명을 건 사랑의 환희, 다시 말해서 그것은 고기며 술, 호흡하는 공기, 그의 생존에 필요한 모든 필수품과 같음을 아직 모르는 것이다. 물론 그도 필립이 그녀가 애를 낳을 때 도와준 것이며, 또 오늘은 그녀 있는 곳에 간다는 사실을 알고 있었다. 그때 그는 이렇게 말했다.

"자넨 보답받을 자격이 충분히 있는 사람이야. 돈은 꽤 많이 들긴 하지만, 자넨 그런 일을 할 수 있으니 행복한 사람이라고 할 수 있어."

"아니야, 돈이 남아돌아서 그러는 건 아니야. 그러나 그렇게 하는 것을 괴롭게는 생각하지 않지."

점심을 먹기에는 시간이 좀 일렀으므로 필립과 밀드레드는 유보장(遊步場)의 오두막에 앉아 햇볕을 쬐며 지나가는 사람들을 바라보았다. 브라이튼의 점원인 듯한 남자들이 삼삼오오 스틱을 흔들면서 지나가는가 하면, 역시 여점원인 듯한 여인들이 떼지어 깔깔 웃으며 종종걸음으로 스쳐 갔다. 휴가로 런던에서 내려온 사람들은 쉽사리 구별해 낼 수가 있었다. 폐부를 찌르는 듯한 공기가 그들의 피로감에 상쾌한 자극을 주었다. 그곳에는 수많은 유대인들, 말쑥한 공단 옷으로 몸을 감고 다이아몬드를 번쩍이는 통통한 귀부인들, 유난히 몸을 흔드는 조그맣고 뚱뚱한 남자들이 있었다. 어딘가 호텔에서 주말을 보내는 듯한 빈틈없이 차려입은 중년 신사들도 보였는데, 그들은 모두 아침에 과식한 나머지 점심식사 전에 소화를 시키려는지, 몹시 빠른 걸음으로 지나갔다. 아는 사람들이 서로 인사를 나누고는 '닥터 브라이튼'이며 '해변가 런던'(브라이튼의 다른 이름. 대커리가 《뉴캄》 집안에서 브라이튼을 이렇게 불렀음)에 대한 이야기를 하고 있었다.

때때로 유명한 배우들도 지나갔다. 그들은 사람의 이목이 집중되는 것을 일부러 모르는 체했다. 어떤 사람은 가죽 구두에 아스트라칸 모피가 달린 외투를 입고, 은으로 만든 손잡이 달린 스틱을 들고 지나가기도 하고, 어떤 사람은 마치 사냥하고 돌아온 듯 니코보코 바지에 해리스 트위드의 얄스터 외투에, 같은 트위드 천으로 만든 모자를 뒤로 젖혀 쓰고, 느릿느릿 걸어가기도 했다. 햇빛이 파란 바다 위에 내리비치고, 그 파란 바다는 잠자듯 고요했다.

점심을 마치자, 두 사람은 아이를 맡아 기르겠다는 여인을 만나러 호브에

갔다. 여인의 집은 뒷골목에 있는 조그마한 집이었으나 아담하고 깨끗했다. 이름은 하딩이라고 했다.

반백의 머리에 살집이 좋고 얼굴이 불그스레한 건장한 중년 부인이었다. 테 없는 모자는 어딘지 어머니다운 인상을 주었다. 필립은 곧바로 친절한 여자라는 인상을 받았다.

"어린애를 돌보려면 꽤 귀찮으실 텐데요?"

필립이 말했다.

여인의 말로는, 남편은 목사보로 자기보다 훨씬 나이가 많다고 했다. 그런데 목사들은 대개 젊은 목사보를 구하므로 좀처럼 영구직을 얻기가 힘들었다. 간혹 휴가를 간다든가 몸져누웠다든가 하는 사람의 대리직을 겨우 맡아 얼마쯤 보수를 받기도 하고, 한편으로 생활보호기관에서도 조금 도움을 입지만 액수가 하찮았다. 생활이 갈수록 어려워지니 생각 끝에 남의 아이를 맡아 길러 일주일에 몇 실링이나마 생활에 보탤 예정이라는 것이었다. 그리고 아이의 영양만큼은 결코 모자람 없이 잘 키우겠다고 덧붙였다.

"아주 좋은 사람 같죠?"

돌아오는 길에 밀드레드가 말했다.

돌아와선 메트로폴에서 차를 마셨다. 그녀는 많은 사람과 악대를 좋아했다. 필립은 이제 애기에 지쳐 버려, 들어오는 여자들의 옷을 지칠 줄 모르고 열심히 보는 밀드레드의 얼굴을 물끄러미 바라보았다. 밀드레드란 여자는 물건값을 알아맞히는 데 독특한 관찰력을 지니고 있었다. 가끔 그의 쪽에 몸을 기울이고서는 낮은 소리로 관찰결과를 보고했다.

"저, 백로 깃털 봤어요? 아무리 못해도 7실링은 할 거예요"라든가 "저것 보세요, 저 담비 가죽, 하지만 알고 보면 토끼예요. 저건 담비 같지만 담비가 아네요. 1마일 앞에서도 단번에 알 수 있어요." 이렇게 말하곤 자랑스러운 듯 웃는 것이었다.

필립은 행복한 듯 빙글빙글 웃고 있었다. 그녀의 기뻐하는 얼굴을 보는 것은 즐거웠다. 그리고 순진한 말투도 무척 재미있었다. 악대가 뭔가 감상적인 곡조를 연주하고 있었다.

저녁식사를 마치자 역까지 걸어갔다.

필립은 여자의 팔을 붙잡았다. 그리고 프랑스 여행에 대한 계획을 얘기했다. 그녀는 이번 주말에 런던에는 돌아오지만 여행만은 아무래도 다음 주 토요일까지 떠날 수 없다고 말했다. 필립은 이미 파리의 호텔에 예약해 놓았고 다만 차표를 살 날만 기다리고 있는 형편이라고 대답했다.

"2등이라도 괜찮겠지? 지나친 사치는 할 수 없으니까. 이왕이면 그쪽에 가서 더 즐겁게 노는 게 좋으니까 말이야."

라틴 구역에 대한 얘기를 벌써 몇 십 번이나 했던가. 그 즐거운 낡은 거리를 천천히 걸어, 아름다운 뤽상부르 공원에서 한가하게 쉬어 보는 거다. 파리에 질리면 날씨 좋은 날을 골라 퐁텐블로에 가도 좋다. 때마침 수목에 새싹이 틀 때다. 그 숲의 신록만큼 아름다운 것이 또 있겠는가. 그것은 음악이요 즐거운 사랑의 고통이다. 밀드레드는 그의 말에 지그시 귀 기울이고 있었다. 그는 그녀의 눈동자를 그윽이 들여다보았다.

"가보고 싶죠?"

"그야 물론이죠."

여자는 웃었다.

"아아, 나는 그날이 오기를 얼마나 기다렸는지! 그때까지 날마다 어떻게 지낼지 모를 지경이에요. 무슨 사고가 일어나 갈 수 없게 되지나 않을까, 그게 걱정이라니까요. 내가 당신을 얼마나 사랑하는지 잘 나타낼 순 없지만, 그것을 생각하면 난 때때로 미칠 것 같아요. 그러나 드디어 이번에야말로!"

갑자기 그는 말을 끊었다. 역에 닿은 것이다. 그러나 도중에 너무 천천히 걸어왔으므로 제대로 마지막 인사를 할 틈도 없었다. 재빨리 키스하고는 전속력으로 개찰구를 향해 뛰어가는 그의 모습이 무척 우스웠다.

74

다음 토요일에 밀드레드는 돌아왔다. 그날 밤은 필립과 단둘이 지냈다. 연극구경을 하고 저녁식사 때는 샴페인을 터뜨렸다. 그녀에게는 최근 몇 달 동안 처음 있는 일이라 보는 것도 듣는 것도 모두 만족스러운 듯했다. 극장에서부터 그가 빌려 놓은 핌리코의 셋집까지 마차로 돌아오는 내내 그녀는 그의 옆에 붙어 앉아 있었다.

"만나서 기쁘죠?"

그는 말했다.

여자는 대답 대신 살짝 그의 손을 잡았다. 애정 표현이 무척 드문 여자인 만큼 그는 한없이 기뻤다.

"내일 저녁식사 시간에는 그리피스를 초대했어요."

"어머, 그래요. 잘했어요. 그렇잖아도 꼭 한번 만나보고 싶었는데."

일요일 밤에는 여자를 데리고 나가려고 해도 구경거리가 하나도 없었다. 그래서 단둘이서 온종일 지루하게 지내지 않을까 걱정했던 것이다. 다행히 그리피스는 쾌활한 남자여서 하룻밤을 흥겹게 지낼 것 같았다. 더구나 필립은 마음에 드는 두 사람이 서로 알게 되어 친구가 되어 주었으면 하는 마음이 간절했다.

"자, 앞으로 엿새밖에 안 남았어."

그렇게 말하고 그는 밀드레드와 헤어졌다.

일요일 저녁식사는 로마노 2층에서 하기로 결정했다. 그곳은 요리를 썩 잘 만들 뿐 아니라, 실제 음식값에 비해 비싼 곳인 듯한 분위기를 풍겼기 때문이다. 필립과 밀드레드가 먼저 와서 한참 동안 그리피스를 기다렸다.

"정말 시간을 안 지키는 놈이군. 보나마나 또 그 많은 여자 가운데 누구와 시시덕거리고 있겠지."

필립이 말했다.

그러나 그는 곧 나타났다. 키가 훤칠한 호남이었다. 모양 좋은 상체가 약간 위압하는 듯한 느낌도 들었지만 그것이 또 아주 매력적이었다. 아름답게 물결치는 머리, 크고 다정한 푸른 눈, 새빨간 입술, 모두가 더할 나위 없이 아름다웠다.

밀드레드가 반한 눈초리로 바라보는 것을 보고 필립은 묘한 만족감을 느꼈다. 그리피스는 가볍게 웃고 인사했다.

"말씀은 많이 들었습니다."

그가 밀드레드와 악수하며 말했다.

"하지만 제가 선생님 말씀을 더 많이 들었을걸요."

"그리고 흉도 보고 말이야."

필립이 말했다.

"그렇게 제 흉을 보았습니까?"

그리피스는 웃었다. 새하얗고 고른 이, 쾌활하게 웃는 얼굴을 밀드레드가 재빨리 눈여겨보는 것을 필립은 눈치챘다. 필립이 말했다.

"초면이지만 구면이나 조금도 다를 바 없지. 내가 두 사람을 충분히 소개해 놓았으니까."

그리피스는 몹시 기분이 좋았다. 그도 그럴 것이 마침내 최후 시험에도 통과하고, 의사면허도 받게 되어 런던 북쪽의 어느 병원에 외과의사 자리가 결정된 것이다. 오는 5월에 근무가 시작되므로 그 안에 고향에 한번 다녀오겠다고 했다. 그에게는 이것이 말하자면 런던에서 보내는 마지막 주일이었다. 그는 그 안에 실컷 놀아 보자는 심산인 것 같았다. 그는 예의 그 유창한 투로 실없는 소리를 늘어놓았다. 필립은 늘 그렇듯 자기가 도저히 미치지 못하는 말재주에 감탄하며 앉아 있었다.

내용은 별 것 아니었으나 다만 그 활기찬 말재주가 사람의 마음을 끌었다. 그와 만나는 사람이면 누구나 끌리는, 어떤 생명력 같은 것이 그의 온몸에서 흘러나왔다. 마치 체온처럼 직접 감각에 스며오는 힘이 있었다. 밀드레드조차 지금껏 보지 못했던 활기에 넘쳐 있었다. 이 작은 회식이 이렇게 성공을 거두었다는 것을 필립도 진심으로 기뻐했다. 그녀는 아주 기분이 좋아 점점 큰 소리로 웃었다. 제2의 천성처럼 된 얌전한 체하는 태도는 어디론가 달아나 버리고 없었다. 한참 뒤에 그리피스가 말했다.

"사실은 댁을 밀러 부인이라고 부르기가 어쩐지 몹시 거북하군요. 필립이 늘 밀드레드, 밀드레드 하고 부르는 걸 들어와서요."

"뭐, 자네도 그렇게 부르지 그래. 그렇다고 내가 어떻게 할 건 아니니까." 필립이 웃으면서 말했다.

"그럼 나도 해리라고 불러 달라고 할까."

그들 두 사람이 얘기하는 것을 필립은 가만히 보고 있었다. 그러면서 행복한 사람들의 모습을 지켜보는 것이 얼마나 즐거운 일인가 생각했다. 그가 너무나 심각한 얼굴을 하고 있으니까 그리피스가 가끔 다정한 목소리로 놀렸다.

"필립, 해리는 당신이 무척 좋은가 봐요."

밀드레드가 가볍게 웃으며 말했다.

"아무튼 이 친구는 참 좋은 사람이니까."

그리피스는 필립의 손을 잡고 즐겁게 흔들어 보였다.

그가 필립을 좋아한다는 것은 그의 매력을 한층 더하게 했다. 세 사람 다 별로 주량이 세지 않아 술은 곧 효과를 나타냈다. 그리피스는 점점 더 떠들고, 큰 소리로 고함을 질러 재미는 있었으나, 나중에는 필립도 좀 조용히 하라고 타일러야 할 정도였다. 그는 자신의 정사 이야기를 닥치는 대로 지껄여댔는데, 원래 말솜씨가 대단한 사람이라 로맨스나 웃음거리를 빠뜨리지 않았다. 그런 정사에서는 으레 그가 두 가지 역이나 세 가지 역을 한꺼번에 맡아했다. 밀드레드는 흥분으로 눈을 빛내며, 더 이야기해달라고 자꾸 졸라댔다. 그의 얘기에는 에피소드가 가득했다. 조명이 꺼지기 시작하고서야 처음으로 그녀는 깜짝 놀라 말했다.

"어머, 어쩌면 이렇게 밤이 짧지, 아직 9시 반밖에 안 된 줄 알았는데."

그들은 돌아가기 위해 일어났다. 헤어질 때 그녀는 그리피스에게 말했다.

"저, 내일 필립의 방에 차를 마시러 갈 생각이에요. 웬만하면 오시지 않겠어요?"

"네, 가고말고요."

핌리코로 돌아가는 도중 밀드레드는 내내 그리피스 이야기만 했다. 그의 용모, 모양새 좋은 양복, 목소리 그리고 그 쾌활함, 그러한 것에 푹 빠진 모양이었다.

"좋아져서 정말 다행이군요. 당신 기억하죠? 언젠가 내가 그를 만나라고 하니까 콧방귀 뀌었던 거."

필립이 말했다.

"그분 당신을 퍽 좋아하나 봐요. 참 괜찮은 분이에요. 당신을 위해서 아주 좋은 친구예요."

키스라도 청하듯 여자는 그에게 얼굴을 돌렸다. 보기 드문 일이었다.

"오늘 밤은 정말 유쾌했어요, 필립. 진정으로 감사해요."

"바보 같은 소리."

그는 웃어 넘겼으나, 그녀가 그토록 고마워했는가 생각하자 어느덧 눈에 눈물이 괴었다. 그녀는 현관문을 열고 안으로 들어가기 전에 다시 한 번 필립을 돌아보고 말했다.

"해리에게 말해 주세요. 그가 정말 좋아졌다고요."

"알았어. 그럼 잘 자요."

그는 웃으며 말했다.

이튿날 둘이서 차를 마시고 있으려니까 그리피스가 들어왔다. 그는 팔걸이의자에 앉았는데, 커다란 손발을 천천히 움직이는 그 동작에는 어딘지 묘하게 관능적인 데가 있었다. 밀드레드와 둘이서만 계속 말을 주고받는 것을 필립은 묵묵히 듣고 있었는데, 그것만으로도 마음은 한껏 즐거웠다. 어느 쪽도 다 그가 좋아하는 사람인만큼 그들 또한 좋아하는 것이 너무나 당연했다. 만일 지금 그리피스가 밀드레드의 관심을 모두 차지해 버렸다 해도 그런 것은 아무것도 아니었다. 밤만 되면 완전히 자기 것이 되는 것이다. 말하자면 아내를 살필 줄 모르는 남편의 태도, 다시 말해서 아내의 애정을 너무 믿는 나머지 아내가 딴 남자와 희롱하더라도 별다른 해가 없는 한 자기도 같이 기뻐하는 그런 점이 필립에게 조금 있었다. 그러나 그러한 그도 7시가 되자 시계를 보며 말했다.

"밀드레드, 이제 그럭저럭 저녁 먹을 시간 아니에요?"

순간 모두 입을 다물었다. 그리피스는 잠깐 생각하는 듯하더니 이윽고 뜻밖이라는 듯 말했다.

"그래? 그럼 실례. 그렇게 늦은 줄은 몰랐군."

"오늘 밤 딴 볼일이 있으세요?"

밀드레드가 물었다.

"아뇨."

다시 잠시 침묵이 흘렀다. 필립은 조금 불안했다.

"난 잠깐 목욕하고 오겠어."

그러곤 밀드레드 쪽을 보며 말했다.

"당신도 손 좀 씻지 않겠어요?"

그녀는 대답하지 않았다. 그러더니 오히려 그리피스를 향해 물었다.

"그럼 왜 함께 식사하지 않으세요?"

그리피스는 필립의 얼굴을 보았다. 묵묵히 그를 보고 있는 필립의 눈과 마주쳤다.

"어젯밤에도 함께 있었으니까 걸림돌이 돼선 안 되죠."

그러면서 그는 껄껄 웃었다.

"어머, 그런 건 상관없어요."

밀드레드는 물러서지 않았다.

"필립, 당신도 좀 권해 봐요. 방해는 무슨 방해예요."
"그야 뭐, 그리피스 자네만 좋다면 함께 가지."
"그럼 좋아, 가지."
그리피스는 기다렸다는 듯 대답했다.
"방에 가서 준비하고 올게."
그가 나가자마자 필립은 화가 나서 밀드레드를 나무랐다.
"대체 그 사람을 왜 저녁식사에 초대한 거죠?"
"할 수 없잖아요. 오늘 밤에는 아무 할 일도 없다는데, 아무 말도 안 하면 그게 오히려 이상하잖아요."
"쳇, 말 같지 않은 소리 마요. 그보다 왜 처음부터 일이 있느냐 없느냐 그런 걸 물었느냐는 말이에요."
핏기 없는 여자의 입술이 약간 샐쭉해졌다.
"저도 가끔은 좀 놀고 싶어요. 아침부터 밤까지 둘이만 지내니까 이젠 진절머리가 나요."
쿵쿵 큰 소리를 내며 그리피스가 계단을 내려오는 소리가 들렸다. 필립은 기분이 나빠 줄곧 입을 다물고 있었는데, 문득 깨닫고 보니 그리피스와 비교해 자기의 처지가 무척 불리했다. 그래서 그는 억지로 불쾌한 기색을 감췄다. 가슴을 할퀴는 고통을 없애려 술도 꽤 마셨고 애써 입을 열려고 노력도 했다. 밀드레드도 아까의 폭언을 뉘우친 듯 이번에는 열심히 그의 기분을 맞췄다. 그녀는 간지러울 정도로 상냥하고 친절했다. 그러자 필립은 그토록 질투심에 사로잡혔던 자기 자신이 바보처럼 느껴졌다. 식사가 끝나 마차를 타고 극장으로 가는 도중 밀드레드는 두 사나이 사이에 끼여 앉아서 자연스럽게 손을 내밀었다. 그의 분노는 말끔히 가시고 말았다. 그러나 순간 그는 여자의 다른 한쪽 손이 그리피스의 손에 쥐어져 있음을 깨달았다. 다시 한 번 격심한 고통이 그를 사로잡았다. 문자 그대로 육체적인 고통이었다. 그는 기가 막혔다. 좀더 일찍 알았어야 하지 않았을까 하는 의문, 즉 두 사람은 이미 사랑하게 된 것이 아닐까 하는 의문이 떠올랐다. 의혹, 분노, 당황, 절망들이 안개처럼 눈앞을 가로막아 연극 같은 것은 하나도 눈에 들어오지 않았으나 마음의 흔들림을 애써 감추며 여전히 웃고 떠들며 얘기했다. 그때였다. 갑자기 어떤 자학적 충동이 그를 사로잡았다. 그는 벌떡 일어나 뭘 좀 마시고 오겠다고 말했다. 지금까지 그리피스와 밀드레드는 한 번도 단둘이 되어 본 일이 없다. 이제 그 기회를 주려는 것이다. 그러자 그리피스가 말했다.
"나도 나가겠어. 목이 꽤 타는데."
"그런 소리 마, 자넨 여기서 밀드레드와 이야기하라고."
왜 그런 소리를 했는지 그 자신도 잘 알 수 없었다. 어쩌면 자신의 고통을 한층 참을 수 없는 것으로 만들기 위해 일부러 두 사람을 함께 남겨 두었는지도 몰랐다. 술 파는 곳으로는 가지 않고 그는 곧장 2층으로 올라갔다. 여기에서라면 들키지 않고 두 사람을 살필 수 있었다. 두 사람은 이미 무대 쪽은 보지도 않은 채 서로 쳐다보며 웃고 있었다. 그리피스는 유창하게 말을 잇고 있었고, 밀드레드는 넋을 잃은 채 그의 말을 듣고 있었다. 필립은 머리가 지끈지끈 쑤셔왔다. 그는 그대로 돌처럼 꼿꼿이 서 있었다. 지금 내려가면 걸림돌이 될 것이 틀림없었다. 그가 없는 동안을 두 사람은 즐기고 있는 것이다. 그리고 그 자신은 여기서 이렇게 괴로워하고 있다.
시간이 흘러갔다. 이렇게 돼서는 다시 돌아가기도 어쩐지 겸연쩍었다. 두 사람 다 자기를 조금도 생각하지 않는 건 분명했다. 그런데도 식사비며 극장값 따위를 모조리 자기가 치른 것을 생각하니 가슴이 아팠다. 얼마나 바보 같은 노릇인가! 부끄러움으로 온몸이 불덩이처럼 달아올랐다. 두 사람 다 자기가 없는 것을 얼마나 좋아하는지 한눈에 알 수 있었다. 본능적으로 그들을 남겨둔 채 그냥 집으로 돌아가야 한다고 생각했다. 그러나 생각해 보니까 모자도 없고, 외투도 없고, 더구나 나중에는 기나긴 변명이 필요할 것 같았다. 하는 수 없이 그는 자리로 되돌아갔다. 그를 보기가 무섭게 밀드레드의 눈에 귀찮아하는 빛이 스쳐 가는 것 같았다. 그는 맥이 탁 풀렸다.
"왜 그렇게 오래 있었어?"
웃는 낯으로 그리피스가 말했다.
"아는 친구를 잠깐 만나서 얘기하느라고 빠져나올 수가 있어야지. 이쪽은 뭐 괜찮을 것 같아서."
"아아, 정말 유쾌했어. 밀드레드 씨는 어땠는지 모르지만."
그녀도 진심으로 만족한 듯 가볍게 웃었다. 그러나 그 웃음 속에는 필립을 오싹하게 하는 지독히 천한 여운이 있었다. 그는 이제 돌아가자고 말했다.
"자, 갑시다. 당신을 우리 두 사람이 마차로 집까지 바래다 드리죠."

그러고 보니까, 이 사실 하나만 해도 그것이 어떻게든 필립과 단둘이 되기를 피하려는 밀드레드의 지시 같아 견딜 수 없었다. 마차 안에서는 그도 여자의 손을 잡으려 하지 않고 여자도 손을 내밀지 않았다. 그러나 그녀가 처음부터 그리피스의 손을 잡고 있던 것만은 알고 있었다. 무슨 비열한 짓인가. 그의 머리는 그 생각만으로 가득했다. 마차에 흔들리면서 그는 계속 자신에게 물어보았다. 자기 몰래 만나기 위해 이 두 사람은 대체 어떤 계획을 세웠을까? 그렇다면 그들 두 사람만을 남겨둔 것은 무슨 바보 같은 짓이었던가. 일부러 신경을 써 공모의 기회를 준 셈이 된 것이다.

"이대로 타고 돌아가지. 난 이제 피곤해서 도저히 못 걷겠으니까."

밀드레드의 집에 닿자 필립이 말했다.

돌아오는 길에도 그리피스는 여전히 유쾌한지 필립이 퉁명스럽게 대답하는 것도 전혀 눈치채지 못하는 듯했다. 그러나 필립은 자기의 태도가 변한 것을 언젠가는 눈치채리라 생각하고 입을 다물고 있었다. 결국 그의 침묵이 벽처럼 완강해지자 그리피스도 갑자기 걱정이 되어 입을 다물었다. 필립은 뭔가 얘기를 하고 싶었지만, 말을 하려고 하면 이상하게 위축돼 한마디도 나오지 않았다. 시간은 점점 흘러갔다. 우물쭈물하고 있으면 기회는 영원히 사라지고 만다. 결단을 내려 사실을 얘기해야 한다. 그는 가까스로 입을 열었다.

"자네 밀드레드와 연애하고 있어?"

불쑥 그리피스에게 물었다.

"내가?"

그리피스는 웃었다.

"아하. 그래서 자네가 오늘 밤 그렇게 이상했군그래. 그럴 리가 있나, 어이없는 소리 말라고."

그리피스는 이렇게 말하면서 필립의 팔에 손을 걸치려 했으나 필립은 재빨리 손을 피했다. 거짓말이라는 것을 알았기 때문이다. 캐물으면 여자의 손을 잡은 기억이 없다고 잡아뗄 것이 틀림없었다. 더구나 그런 얘기는 죽어도 하기 싫었다. 갑자기 그는 울고 싶은 심정이 되었다.

"해리, 그야 자네한테는 아무것도 아니겠지. 자네한테는 얼마든지 여자가 있으니까. 하지만 그 여자만은 제발 건드리지 말아 줘, 응. 그 여자는 내 인생의 전부나 다름없어. 지금까지 나는 너무도 비참했다고."

떨리는 목소리와 복받쳐 오르는 울음을 도저히 억누를 수가 없었다. 쥐구멍에라도 들어가고 싶은 심정이었다.
"무슨 그런 소리를 해. 내가 왜 자네를 괴롭히는 짓을 하겠어. 난 자네를 무척 좋아해. 의리상으로도 그런 짓을 하겠냔 말이야. 그냥 장난 좀 쳤을 뿐이야. 자네가 그렇게 기분 나빠할 줄 알았더라면 좀더 신중하게 행동할 걸 그랬군."
"정말이야?"
"그런 여잔 조금도 안 끌려. 맹세해도 좋아."
필립은 안도의 한숨을 내쉬었다. 마차가 하숙집 앞에 닿았다.

75

이튿날, 필립은 기분이 무척 좋았다. 너무 귀찮게 따라다니다가 미움을 사면 큰일이라고 그날은 저녁식사 때까지 밀드레드와 만나지 않기로 했다. 밤에 데리러 가니 벌써 준비를 하고 있었다. 오늘은 웬일로 이렇게 시간을 잘 지키느냐고 가볍게 놀려 주었다. 그녀는 언젠가 필립이 사준 새 옷을 입고 있었다. 아주 멋진데요, 하고 추켜 주니까 그녀가 말했다.
"하지만 다시 가서 고쳐야 해요. 치마가 맞지 않아서."
"파리에 가져갈 거면 양장점에 말해서 빨리 해 달래야죠."
"그때까진 되겠죠, 뭐."
"그렇지만 앞으로 꼭 사흘밖에 남지 않았어요. 11시 차로 떠날까요?"
"좋을 대로 하세요."
어쨌든 한 달 가까이는 단 둘이서 지내게 되는 것이다. 필립은 여자의 모습을 탐욕스런 눈으로 훑었다. 사랑의 번뇌라고나 할까, 스스로도 우스워질 지경이었다.
"도대체 당신의 어디가 그렇게 좋을까?"
필립은 웃는 얼굴로 말했다.
"흥, 고맙군요."
메마른 몸이 거의 뼈가 보일 정도였다. 가슴은 사내아이처럼 납작했다. 얇고 핏기 없는 입술은 차라리 보기 흉했고 살갗은 파르스름한 빛조차 감돌았다. 필립은 웃으면서 말했다.

"여행 떠나거든 당신 강장제를 좀 많이 먹어야겠어요. 살이 찌고 혈색이 좋아져서 돌아와야죠."

"난 살찌고 싶지 않아요."

그리피스의 말은 끝내 꺼내지 않았다. 그러다 식사를 하면서 필립은(이제는 그녀에게 자신이 섰던 것이다) 거의 심술스러운 투로 이렇게 물었다.

"지난밤엔 해리와 재미를 본 모양이죠?"

"암요. 나 그분 좋아한다고 했잖아요."

그러면서 여자는 웃었다.

"천만다행으로 해리는 그렇지가 않은 모양이던데."

"어떻게 알아요?"

"들었죠, 본인한테."

여자는 필립의 얼굴을 망설이듯 쳐다봤다. 그러자 묘한 광채가 그녀의 눈에 떠올랐다.

"그렇담 이 편지 읽어 보세요. 오늘 아침에 받은 거니까요."

그녀는 이렇게 말하면서 편지 한 통을 그에게 넘겨주었다. 힘차고 똑똑한 틀림없는 그의 필적이었다. 무려 여덟 장의 사연이었다. 문장도 좋고, 솔직하고, 그리고 매력 있는 필치, 어느 모로 보나 숱한 여자를 다루어 본 편지였다.

'내 가슴은 당신 생각으로 가득 차 있어요. 첫눈에 당신에게 반해 버렸죠. 사실을 말하자면 나는 당신을 사랑하고 싶지는 않아요. 필립이 당신을 열렬히 사랑하고 있음을 아니까. 그건 나로서는 어쩔 수 없는 것이죠. 필립은 참 좋은 남자예요. 그러나 나로서는 매우 미안한 일이긴 하지만 그것은 내 탓이 아니에요. 그저 어떤 강한 힘에 사로잡혀 있는 느낌이에요. ……내일 점심 식사를 같이해 준다니 정말 고마워요. 벌써부터 당신을 만날 생각에 가슴이 설레네요.'

그리피스는 편지에 여자가 좋아할 만한 온갖 찬사를 늘어놓고 있었다. 날짜는 어제저녁이었다. 그러고 보면 필립과 헤어진 뒤에 쓴 것이 분명했고, 필립이 이미 잠들었으리라고 생각되는 시간에 일부러 편지를 부치러 나온 것이 틀림없었다.

그는 괴롭게 뛰는 가슴을 가까스로 달래며 읽었다. 그러나 겉으로는 티끌

만큼도 놀란 표정을 나타내지 않았다. 그는 미소와 더불어 조용히 편지를 여자에게 돌려주었다.
"점심식사는 좋았어요?"
"물론이죠."
여자는 힘 있게 대답했다.
그는 손이 떨리는 것 같아 살며시 테이블 밑으로 감췄다.
"그리피스란 친구, 너무 믿지는 말아요. 엄청난 바람둥이니까."
여자는 편지를 들어 다시 한 번 읽어 보았다.
"나도 어떻게 할 수 없어요. 대체 어떻게 되어가는 것인지 종잡을 수가 없어요."
짐짓 냉담을 가장하는 말투였다.
"그렇지만 나로선 좀 난처한 문제예요."
"당신도 뭐 그다지 아프지도 쓰리지도 않을 거 아녜요!"
"그래 어떻게 하란 말이죠? 머리카락이라도 몇 줌 뜯는 것이 보고 싶단 말인가요?"
"그야 화낼 줄은 알았지만."
"그런데 이상하게도 난 조금도 화가 나지 않아요. 이런 일이 생길 줄은 벌써부터 알고 있었으니까. 아무튼 처음부터 두 사람을 만나게 한 게 내 잘못이었어요. 어느 모로 보나 그 친구가 나보다 낫다는 건 나도 알고 있었어요. 나보다 훨씬 재미있고 미남인 데다가, 당신이 좋아할 만한 얘기도 수두룩하죠."
"무슨 뜻으로 그런 말 하는지 잘 모르겠네요. 내가 멍청해서 그런지는 몰라도 그거야 어쩔 수 없죠. 그러나 대단히 미안스럽지만, 나 당신이 생각하는 것만큼 바보는 아니에요. 이봐요, 당신에게는 내가 좀 지나친 것 같아요."
"싸우자는 건가요?"
그는 조용히 물었다.
"천만에요. 그런데 왜 날 그저 아무것도 모르는 바보 취급을 하려 드는지 모르겠군요."
"그건 내가 잘못했어요. 당신을 화나게 할 작정은 아니었어요. 조용히 이야기해 보자는 게 그만. 우리 둘 다 되도록이면 일을 엉망으로 만들고 싶진 않잖아요. 보아하니 당신 그 친구한테 끌리고 또 그건 매우 자연스러운 일일 수도 있어요. 한 가지 불쾌한 것은 왜 그놈이 당신을 유혹했느냐 그 말이에요. 그 자식은 내가 당신에게 홀딱 반한 것을 잘 알고 있단 말이죠. 비겁한 자식 같으니, 입으론 당신에게 조금도 관심 없다고 해놓고선 5분도 안 돼서 뒷구멍으로 편지질을 하다니."

"그런 말로 그분이 싫어지게 만들 속셈인가 본데 천만에요."

필립은 말문이 막혔다. 어떻게 말해야 자기의 진실이 전해질지 알 수가 없었다. 냉정하게 이치를 따져 말하고 싶었다. 그런데 마음이 흐트러져서 가다듬기가 여간 힘들지 않았다.

"어차피 오래 못 갈 정사의 희생이 될 필요야 없잖아요. 아무튼 그 친군, 한 여자에게 열흘 이상 흥미를 이어가지 못하는 작자니까. 더구나 당신은 차가운 여자이고. 그렇게 해보았자 당신으로서는 크게 이로울 것도 없을 거예요."

"그건 당신 생각이고요."

여자가 싸움이라도 걸듯이 덤벼들어 그는 더욱 난처해졌다.

"당신이 정말로 사랑한다면 그야 할 수 없죠. 나도 참는 데까지 참아 보겠어요. 당신과 나, 그러니까 우리도 잘 어울려 온 편이 아닐까요? 별반 당신에게 지독하게 군 것 같지는 않은데. 그야 물론 처음부터 당신이 날 사랑하지 않았다는 건 알고 있었어요. 하지만 좋다고는 하지 않았나요? 그러니까 파리에 가면 그리피스는 잊어버려요. 당신만 그를 잊어버릴 마음이라면 어려운 일은 아니에요. 그리고 나도 좀 당신의 호의를 받는다고 해서 벌 받지는 않겠죠."

여자는 대꾸하지 않았다. 두 사람은 말없이 식사를 계속했다. 침묵이 이어져 어색해지자 필립은 공연히 이런저런 다른 이야기를 늘어놓았다. 그녀는 듣는 체도 하지 않았으나 그런 것쯤은 일부러 묵살해 버렸다. 그녀의 대답은 그야말로 마지못해 하는 것뿐이고, 스스로는 단 한마디도 하지 않았다. 그런데 별안간 그녀가 말을 가로채듯이 말했다.

"필립, 난 토요일엔 도저히 못 갈 것 같아요. 의사 선생님이 안 된대요."

거짓말인 줄은 알았지만 그는 이렇게 대답했다.

"그럼 언제 갈 수 있죠?"

여자는 힐끗 그의 얼굴을 보았다. 파랗게 질려 있는 것을 보자 그녀는 겁에 질렸던지 눈길을 돌렸다. 아무래도 좀 두려웠던 모양이다.

"차라리 딱 잘라 결말을 짓는 편이 좋겠군요. 그래요, 당신과 같이 갈 수 없어요."

"그렇게 나올 줄은 대강 짐작하고 있었죠. 하지만 이제 새삼스럽게 마음이 변했다 해도 이미 늦었어요. 기차표고 뭐고 죄다 준비가 됐으니까."

"그렇지만 당신이 싫으면 안 가도 좋다고 말했잖아요. 억지로 권하진 않겠다고요. 나 가고 싶지 않아요."

"나도 마음이 변했어요. 이 이상 바보 취급받긴 싫으니까 같이 가야 해요."

"난 당신이 친구로선 참 좋지만 그 이상으론 도저히 생각할 수 없어요. 그런 식으로 좋아하지는 않아요. 그건 억지예요."

"아니, 일주일 전만 하더라도 좋다고 야단이더니!"

"그땐 그때고요."

"하긴, 아직 그리피스를 만나기 전이었으니까!"

"아까 당신이 말했죠? 내가 진정 그를 사랑한다면 할 수 없는 일이라고."

그녀는 불쾌한 듯이 얼굴을 찡그리며 눈앞의 접시를 바라보았다. 필립의 얼굴은 분노로 새파랗게 질려 있었다. 주먹으로 여자의 낯을 갈겨 주고 싶었다. 눈가가 퍼렇게 멍이 들면 어떤 꼴이 될까 그려보기도 했다. 열여덟 살가량의 소년 둘이 가까운 테이블에서 식사하고 있었는데, 가끔 생각난 듯이 밀드레드를 바라보았다. 예쁜 여자와 식사하는 그를 부러워하고 있는지도 모를 일이다. 혹은 처지가 바뀌어 보았으면, 하는 마음인지도 모를 일이었다. 그때 밀드레드가 입을 열었다.

"그래, 우리 둘이서 함께 간다고 해요. 그래서 어떻게 된다는 거죠? 나는 그리피스 생각만 할 것이 뻔한데 당신도 그렇게 되면 뭐가 재미있겠어요?"

"그건 당신이 알 바 아니에요."

여자는 그 대답의 의미를 여러모로 생각해 보곤 그만 얼굴이 새빨개졌다.

"야비하군요."

"그게 어떻다는 거죠?"

"당신은 진짜 어엿한 신사인 줄 알았는데."

"당치도 않은 착각이지."

자기 생각에도 재미있는 대답이라 그는 말하면서 껄껄 웃었다.

"웃지 마세요, 제발. 같이 갈 순 없어요. 정말 미안해요. 하기야 나도 지독하지만요. 그렇죠? 하지만 싫은 건 할 수 없잖아요."

"잊었어요, 당신? 당신이 곤란할 때 난 꽤 하느라고 했는데, 아기를 낳기까지 생활비는 물론, 입원비도 모조리 치러 주었죠. 그리고 브라이튼에 가는 여비며, 지금은 또 아기 양육비까지 모두 내 돈이에요. 당신 옷값도 그렇고요. 지금 당신이 몸에 두른 것도 한 오라기 남김없이 모두 내가 치른 것 아닌가요."

"당신이 신사라면 내게 해준 것을 그렇게 눈앞에서 손꼽진 않을 거예요."

"아, 시끄러워, 제발 입 좀 닥쳐요. 신사는 무슨 놈의 신사? 내가 신사라면 당신 같은 바람둥이에게 걸려들어 시간 낭비할 줄 알아? 날 좋아하고 안 하고가 대체 어쨌단 말이야? 이 이상 바보 취급받기는 싫어. 같이 가고 싶으면 같이 가고 싫으면 그만두는 거야."

여자의 뺨은 노여움으로 빨갛게 달아올랐다. 대꾸했을 때의 목소리에는 평소의 점잔빼던 말투는 간데없고, 천박한 뒷골목 투가 고스란히 드러나고 있었다.

"처음부터 당신 같은 건 조금도 좋지 않았어요. 한 번도 좋다고 생각한 적도 없고 당신이 억지로 했을 뿐이지. 덤벼들어 키스를 하면 늘 소름이 끼쳤어. 이젠 만지는 것도 싫어. 굶어 죽어도 싫어요."

필립은 접시의 요리를 먹으려고 했다. 그런데 목구멍 근육이 말을 듣지 않았다. 그는 술을 마구 퍼 마시고, 담배에 불을 붙였다. 온몸이 부들부들 떨려왔다. 말은 하지 않았다. 여자가 일어서기를 기다렸으나 그녀도 자리에 앉은 채 잠자코 식탁보만 내려다보고 있었다. 만약 단둘뿐이었다면 느닷없이 여자의 목을 껴안고 불같은 키스를 퍼부었을 것이다. 세게 입술을 누르면 여자는 길고 새하얀 목을 뒤로 젖힌다. 그 모양이 눈에 보이는 듯했다. 말없이 한 시간이 지나갔다. 마침내 웨이터가 미심쩍은 눈초리로 두 사람을 보고 있는 것이 느껴졌다. 불러서 계산을 청했다. 그리고 조용히 말했다.

"그럼 갈까요?"

여자는 여전히 말없이 손가방과 장갑을 집어 들고 외투를 걸쳤다.
"이번에는 언제 그리피스를 만나죠?"
"내일요."
그녀는 태연하게 대답했다.
"그 친구하고 잘 의논해 봐요."
그녀는 기계적으로 손가방을 열더니 그 속에서 무언가 종잇조각을 꺼냈다. 그러더니 좀 머뭇거리며 말했다.
"이거, 이 옷값 청구서예요."
"그게 어떻다는 거죠?"
"내일 돈을 치르기로 돼 있어요."
"그래서?"
"그런 건 모른다 그 말인가요? 사도 좋다고 말해 놓고선."
"그랬죠."
"그럼 해리에게 부탁하지 뭐."
그녀는 갑자기 새빨개지며 말했다.
"꽤 좋아하며 치르겠군요. 그 친구는 내게도 7파운드나 빚이 있어요. 지난 주일에는 현미경을 전당포에 맡겼다나. 빈털터리가 돼 버렸단 말이죠."
"미안하지만 그런 소리로 날 위협하는 거예요? 나도 벌어먹고 살 만하다고요."
"거 정말 잘됐군요. 나도 이젠 한 푼도 줄 돈이 없으니까."
그녀는 토요일에 내야 할 방세며, 아이의 양육비에 생각이 미쳤다. 그러나 아무 말도 하지 않았다.
식당에서 나와 큰길로 나오면서 필립이 물었다.
"마차를 불러 줄까? 난 좀 걷고 싶은데."
"나 돈 없어요. 오늘 오후에 내야할 돈이 많거든요."
"그렇다면 걷는 것도 해롭지 않겠지. 내일 만약 날 만나고 싶다면, 차 시간에는 집에 있어."
그는 모자를 벗어들고 한가로이 발길을 옮겼다. 문득 뒤돌아보니 여자는 아직도 헤어진 자리에 멀거니 서서 사람들의 모습을 바라보고 있었다. 되돌아가서 억지로 웃으며 돈을 손에 쥐여 주었다.

"자, 2실링, 돌아갈 마차 삯이야."
여자의 대답을 기다리지도 않고 그는 성큼성큼 걸어갔다.

76

이튿날 오후, 필립은 방에서 정말 밀드레드가 찾아올까 하고 생각했다. 어젯밤은 잠을 제대로 이루지 못했다. 아침에는 학교 클럽에 나가 닥치는 대로 신문을 읽으며 시간을 보냈다. 휴가로 친구들은 거의 런던에 있지 않았으나, 그래도 한두 사람 이야기 상대는 있었다. 체스를 두며 겨우 지루한 시간을 보냈다. 점심을 먹고 나자 몸이 피로하고 두통이 나서 하숙집으로 돌아와 자리에 누웠다. 그는 소설책을 뒤적였다. 그리피스는 만나보지 못했다. 어젯밤 돌아왔을 때는 방에 없었다. 그 뒤로 돌아오는 소리가 들리기는 했으나, 여느 때처럼 필립이 자나 안 자나 방을 기웃거리는 일은 하지 않았다. 그리고 아침이 되자 일찌감치 밖으로 나가는 소리가 들렸다. 그를 피하는 기색이 역력했다. 돌연 가벼운 노크 소리가 났다. 필립은 뛰어 일어나 문을 열었다. 밀드레드가 서 있었다. 까딱도 하지 않았다.

"들어와요."

그는 여자를 방에 들이고 문을 닫았다. 그녀는 자리에 앉았다. 머뭇머뭇하더니 이윽고 말했다.

"어제 2실링 고마웠어요."

"아, 뭐 그걸 가지고."

여자는 희미한 미소를 띠었다. 필립은 마치 강아지가 장난을 치다가 얻어맞고는 주인의 환심을 사려고 알랑대는 겁먹은 듯한 비굴한 모양을 생각해냈다.

"그리피스하고 점심 먹고 왔어요."

"아하, 그래."

"필립, 만일 당신만 좋다면 토요일에 파리 가기로 해요."

순간 짜릿한 승리감이 온몸을 달렸다. 그러나 그것도 순간, 그 뒤로 벌써 의혹이 솟았다.

"돈 때문에?"

"그래요, 반은. 해리는 속수무책이에요. 이 집 방세만도 5파운드나 밀렸

대요. 그리고 당신에게도 7파운드 빚이 있고 양복점에서도 빚 독촉을 받는 모양이에요. 있으면 뭐든지 전당포에 넣겠다지만 그것도 없는 모양이에요. 나 새 옷값 받으러 오는 그 사람에게 어찌나 시달렸는지. 게다가 토요일엔 방세도 내야 하는데, 어디 직장이 그렇게 곧바로 구해져야죠. 빈자리가 나기까지 조금은 기다려야 하는 게 보통이거든요."

침착히 불평하는 투로 그녀는 말했다. 운명의 부당함을 늘어놓으면서, 그것도 자연의 섭리라면 할 수 없다는 듯한 말투였다. 필립은 대답하지 않았다. 여자의 말뜻을 알기 때문이었다.

"반은, 이라고 했지?"

그는 마침내 입을 열었다.

"저어 해리가 그랬어요. 당신은 우리 두 사람에게는 참 좋은 분이라고요. 그에게는 둘도 없는 좋은 친구였고, 내게도 당신만큼 잘해 준 사람은 없었어요. 그러니까 우리는 당신에게 잘해야 한다, 그렇게 그 사람이 말했어요. 그리고 스스로도 자기는 원래가 바람기가 있는 편이다, 인간됨이 다른 당신 같은 사람을 자기 때문에 버린다는 것은 큰 잘못이라고 하더군요. 자기와는 절대로 오래 이어지지 못하지만, 당신은 그렇지가 않다나요. 자기 입으로 그랬어요."

"그럼 정말 같이 가고 싶어?"

"그래요."

그는 여자의 얼굴을 보았다. 그의 입 언저리가 괴로운 듯이 일그러졌다. 마침내 나의 승리, 이제야 내 의사가 통한 것이다. 지금까지의 서글픈 굴욕감에 대해 그는 가벼운 조소를 머금었다. 그녀도 재빨리 그를 보았다. 그러나 그대로 아무 말도 하지 않았다.

"당신과 함께 떠날 날을 얼마나 기다려 왔는지. 무척 괴로웠지만 이번에야말로 정말 행복하게 된다……."

아직 말이 채 끝나기도 전에 별안간 밀드레드가 와락 울음을 터뜨렸다. 언젠가 노라가 앉아 울던 바로 그 자리였다. 의자 등받이 가운데가 축 처져 머리 닿는 자리가 약간 오목해진 부분에 얼굴을 파묻고 울고 있었다.

"억세게 여자 운이 없는 놈이야, 나는."

필립은 혼잣말로 중얼댔다.

여자의 여윈 몸이 격렬한 울부짖음으로 떨리고 있었다. 이렇게 흐느끼면서 우는 여자를 그는 일찍이 보지 못했다. 너무나 측은해서 가슴이 쓰렸다. 저도 모르게 여자 곁으로 다가가 살며시 두 팔로 껴안았다. 싫어하는 기색은 없고 오히려 슬픔을 이기지 못하는 듯 그의 애무에 몸을 맡겼다. 그는 나직한 목소리로 위로의 말을 속삭여 주었다. 자기가 무슨 말을 하는지도 거의 모르는 채 덮치듯이 키스를 퍼부었다.

"그렇게 슬퍼요?"

"아아! 차라리 죽고만 싶어요. 아기 낳았을 때 그대로 죽었더라면 좋았을걸."

여자는 신음하듯 말했다. 모자가 거치적거려 필립이 그것을 벗겨 주었다. 그리고 머리를 의자 등에 편안히 기대게 해주고, 자기는 테이블로 돌아가 그녀를 지켜보았다.

"사랑이란 참 무서운 거야."

그는 중얼댔다.

"그런데도 사람들은 너도 나도 사랑을 하려드니."

한참 만에 미친 듯한 울부짖음은 겨우 가라앉았다. 그녀는 머리를 뒤로 젖히고 두 팔을 힘없이 늘어뜨린 채 앉아 있었다. 흔히 화가들이 의상을 걸치는 데 쓰는, 어딘지 마네킹 같은, 실로 기괴한 형상이었다.

"그토록 그를 사랑하리라고는 꿈에도 생각 못했어요."

필립이 말했다.

그는 그리피스의 마음을 너무나 잘 알 것 같았다. 필립 자신이 그리피스의 입장에 서 보았기 때문이다. 그의 눈으로 보고, 그의 손으로 느껴 보았기 때문이다. 그리피스의 육체가 되어 생각할 수도 있었으며, 또한 그의 입술로 키스도 하고, 그의 파란 눈으로 미소 짓기도 했다. 그러나 놀라운 것은 어디까지나 여자 쪽의 감정이었다. 이 여자에게 이런 격렬한 정열이 가능하리라고는 단 한 번도 생각한 일이 없었다. 그러나 이것은 완전히 사랑이었다. 틀림없는 사랑이었다. 무엇인가가 그의 가슴속에서 무너져 내리는 것 같았다. 무엇이 허물어져 간다고 할까, 그런 느낌이 들어 그는 그만 허탈감에 빠졌다.

"난 당신을 불행하게 만들고 싶지는 않아요. 싫거든 함께 가지 않아도 돼요. 어쨌거나 돈은 줄 테니까."

여자는 고개를 가로저었다.

"아뇨, 난 간다고 했으니까, 가겠어요."

"그렇게 그 친구를 생각하면서 따라간다니, 어떻게 된 거죠?"

"그래 정말 그래요. 나 진정 사랑해요. 물론 그분과 마찬가지로 어차피 오래 계속되지 않을 것은 알지만, 그러나 당장은……"

그녀는 잠깐 말을 끊고, 어지럽기라도 한 듯 눈을 지그시 감았다. 문득 묘한 생각이 필립의 머리에 떠올랐다. 그는 다시 생각할 여지도 없이, 입에서 나오는 대로 토해 버렸다.

"그럼 왜 그리피스하고 같이 안 가죠?"

"어떻게 가요? 우리가 돈이 없다는 걸 잘 알잖아요!"

"돈은 내가 줄 거예요."

"당신이?"

여자는 고쳐 앉으며 뚫어지게 그를 바라봤다. 갑자기 눈이 빛나고 볼에도 핏기가 어렸다.

"그런 건 마음껏 하고 싶은 대로 하는 거예요. 끝나면 다시 내게로 오겠지."

그러나 그렇게 말해 버리고 나니 견디기 어려운 고통이 엄습해 왔다. 그러면서도 그 고통은 웬일인지 그 어떤 감동을 그에게 주는 것이었다. 그녀는 두 눈을 크게 뜨고 그를 바라봤다.

"설마 당신 돈으로 그런 짓 하려고요. 해리도 그런 생각은 엄두도 내지 못할걸요."

"뭘, 당신이 말하면 문제없을 텐데."

여자가 반대할수록 그는 고집을 세웠다. 그러면서도 한편으로는 물론 거절해 주기를 바라고 있었다.

"5파운드면 토요일에서 월요일까지는 놀다 올 수 있겠죠. 아무렇지도 않은 일이에요. 그 친구 월요일에는 북런던의 근무처로 가니까, 가기 전에."

"필립, 그게 정말이에요?"

그녀는 손바닥을 치면서 소리를 질렀다.

"정말 보내 준다면…… 앞으로는 정말로 당신이 좋아질 거예요. 당신을 위해선 무슨 일이라도 할 거예요. 그렇게 해주면, 이런 기분 완전히 잊히겠죠. 정말로 돈 줄 거죠?"
"그럼요."
그녀는 사람이 달라진 것 같았다. 큰 소리로 웃었다. 갑자기 정신이 이상스러워졌나 싶을 정도로 행복해 보였다.
그녀는 일어나더니 필립 옆에 무릎을 꿇고 두 손을 잡았다.
"정말 좋은 분이에요. 당신처럼 착한 분은 처음 보았어요. 하지만 나중에 화내지 않겠죠?"
그는 웃으며 머리를 저었다. 그러나 마음속은 부글부글 끓어오르는 것같이 괴로웠다.
"그럼, 해리에게 지금 말하고 와도 돼요? 그리고 당신이 괜찮다고 했다고 말해도 되죠? 당신이 괜찮다고 약속해야만 그이도 동의할 거예요. 아아, 필립, 나 당신이 좋아요. 정말로! 돌아오면 당신 하자는 대로 다 하겠어요. 월요일에는 파리고 어디고 다 따라가겠어요."
그녀는 일어서며 모자를 썼다.
"어디 가요?"
"같이 가겠느냐고 물어보러요."
"벌써?"
"더 있으라고요? 그럼 있어도 돼요."
여자는 다시 앉았다. 그러자 그는 싱긋이 웃으며 말했다.
"아니, 괜찮아요, 바로 가는 게 좋을 거예요. 그러나 꼭 한 가지 부탁이 있어요. 지금은 그리피스를 만나기 싫군요. 그것만은 안 되겠어요. 만나거든 내가 화나지 않았다든가 하는 따위의 말은 얼마든지 해도 좋아요. 그러나 다만 눈앞에만은 나타나지 말도록 부탁해 줘요."
"알았어요."
그녀는 힘차게 일어서며 장갑을 꼈다.
"그이가 뭐라고 했는지 알려 줄게요."
"오늘 저녁은 나하고 같이 식사하면 어떨까요?"
"좋아요."
그녀는 얼굴을 쳐들어 키스를 청했다. 그가 세게 입술을 누르자 여자는 두 팔로 목을 얼싸안았다.

"필립 당신 참 좋은 사람이에요."

그러나 두 시간쯤 지나 그녀에게서 편지가 왔는데 머리가 아파 식사를 할 수 없다는 내용이었다. 필립이 처음부터 예상하던 일이기는 했다. 그리피스와 함께 식사할 것이 뻔했다. 질투심이 가슴을 갈기갈기 찢어 놓았다. 그러나 다시 생각하니, 지금 두 사람을 사로잡고 있는 이 갑작스러운 격정은 말하자면 눈에 보이지 않는 어떤 큰 힘의 작용이라고나 할까, 자기의 힘으로는 어쩔 수 없는 일같이 생각되었다. 두 사람이 사랑하는 것은 아주 당연한 일로도 느껴졌다. 어느 모로 보나 그리피스가 한 발 앞선다. 바로 말해서 그가 밀드레드라도 역시 밀드레드와 같은 짓을 했을 것이다. 다만 가장 그의 마음을 아프게 한 것은 그리피스의 배신이었다. 그토록 친한 친구이고 자신이 밀드레드에게 홀딱 반했다는 것을 알고 있으니 좀더 다른 방법을 구할 수도 있지 않았을까.

그는 금요일까지 끝내 밀드레드를 만나지 않았다. 그때쯤 벌써 그녀를 만나고 싶어 못 견딜 정도였다. 그러나 막상 그녀가 찾아왔을 때 그는 자기 따위는 이미 그녀의 염두에도 없다는 것을 알았다. 그녀의 마음은 오직 그리피스로 가득 찼다는 것을 알게 되자 필립은 돌연 격렬한 증오가 회오리바람처럼 일기 시작했다. 이제 생각하면 그들 둘이 맺어진 것은 당연한 일이었다. 그리피스는 속물 가운데에서도 으뜸가는 속물이다. 하기야 그것은 전부터도 알고 있었다. 일부러 못 본 체한 것이다. 머리는 텅 빈 속물이지만 그가 지닌 매력이 그의 탐욕스러운 이기주의를 교묘하게 감싸고 있었다. 그는 자기의 욕정을 위해서라면 그 누구를 희생시켜도 뉘우칠 줄 모르는 인간, 바로 그런 인간이었다. 그의 불결한 생활은 또 어떤가! 술집이라는 술집은 하나도 빼놓지 않고 쏘다니고 아무 데서나 마시고 그리고 값싼 정을 찾아 헤맨다. 책이라고는 가까이 해본 적이 없다. 쓸모없는 저열한 일밖에는 아는 것이라고는 없지 않은가. 고상한 사상 같은 것은 머리에 떠올린 적이 없다. 입버릇처럼 스마트라는 말을 지껄여 댄다. 그것이 사람에 대한 그의 최고의 찬사였다. 스마트! 밀드레드가 좋아할 것이 당연하다. 이른바 그 사내에 그 계집이었다.

필립은 두 사람 어느 쪽에도 상관없는 이야기만 밀드레드에게 했다. 그녀는 그리피스 이야기가 하고 싶을 것이다. 그것은 잘 안다. 그러나 필립은 좀처럼 기회를 주지 않았다. 이틀 전 밤 정말 하찮은 핑계로 그와의 식사를 미뤘다. 그 일조차 비치지 않았다. 은연중에 갑자기 그의 마음이 식었다는 것을 암시해 줄 만한 그런 이야기만 했다. 그는 특히 아주 따분한 화제, 즉 그것으로 그녀가 마음 아프리라는 것은 확실하지만, 그렇다고 해서 상대로서는 쉽사리 트집 잡을 수 없는, 말하자면 미묘한 잔인성이라고나 할까, 그녀로서는 화낼 수조차 없는, 그런 화제만 골라내는 데 솜씨가 뛰어났다. 마침내 여자는 일어섰다.

"그만 가봐야겠어요."

"그래요, 바쁠 텐데."

그녀는 손을 내밀었다. 필립은 내민 손을 잡고 작별인사를 한 다음 여자를 위해 문을 열어 주었다. 그녀가 무슨 말을 하고 싶은가를 그는 잘 알고 있었으며, 그리고 그 쌀쌀맞고 조소적인 태도에 그녀가 얼마나 놀라고 있는지도 알고 있었다. 그의 부끄럼타는 버릇이 남의 눈에는 지독한 냉담성으로 비치고 뜻밖에도 사람을 위압하게 되는 수가 있었는데, 그것을 알고 난 뒤부터 그는 필요하면 의식적으로 이 수법을 썼다.

"당신, 언젠가 한 약속 잊지 않았겠죠?"

문을 열고 기다리는 그에게 마침내 그녀는 말했다.

"무슨 약속?"

"돈 말이에요."

"얼마나 필요하죠?"

필립은 일부러 얼음보다도 더 싸늘하게 말했다. 그러니만큼 묘하게 가시 돋친 말이 되었다. 밀드레드의 얼굴이 확 붉어졌다. 순간 그녀의 격렬한 증오심이 아프도록 느껴졌다. 와락 덤벼들지 않은 여자의 자제력에 놀랐다. 어떻게 해서든지 괴롭혀 주고 싶었던 것이다.

"내일 옷값과 방세를 내야 돼요. 그뿐이에요. 해리는 안 간다고 했어요. 그러니까 그 돈은 필요 없어요."

필립은 심장이 덜컥 울리는 것을 느꼈다. 문의 손잡이를 놓았다. 문이 닫혔다.

"왜 안 간대요?"

"당신 돈으로는 도저히 못 가겠다는 거예요."

그때였다. 자학의 악마, 그렇다, 그의 마음에 도사리고 있는 자학의 악마가 고개를 쳐들었다. 두 사람이 같이 가지 않기를 간절히 바라면서도 그것을 어떻게 하지 못하는 것이다. 하필이면 여자를 통해 그리피스를 설득하다니……

"내가 괜찮다는데 왜 못 간다는 걸까요?"

"그래서 나도 그렇게 말했어요."

"정말 가고 싶으면 뭐 사양할 필요가 없을 텐데."

"사양이 아니죠. 물론 가고 싶어 해요. 돈만 있으면 지금 당장에라도 가요, 그분."

"그렇게 까다롭다면, 그 돈 당신에게 주죠."

"나도 그랬어요. 당신만 좋다면 필립이 돈을 빌려 줄 테니 금방 갚으면 되지 않느냐고요."

"완전히 거꾸로 돼버렸군요. 여자가 무릎을 꿇고 주말여행에 가주세요 하다니."

"정말 그래요."

뻔뻔스럽다고나 할까, 그녀는 조그맣게 소리 내어 웃었다.

필립은 한 줄기 오한이 등골을 스쳐 감을 느꼈다.

"그럼 어떻게 할 거죠?"

"뭐 별수 있겠어요? 그분 내일은 가시잖아요? 가야 하나 봐요."

필립으로서는 실로 절호의 기회였다. 그리피스만 없으면 밀드레드는 반드시 자기에게로 돌아온다, 런던에는 아는 사람도 없으니 싫어도 자기를 찾게 될 것이다, 단둘이 되기만 하면 지금의 흥분 상태는 곧바로 가라앉힐 수도 있다, 이 이상 아무 말 하지 않으면 우선 안전할 것이다. 그런데 그에게는 그들의 이런 주저를 쳐부숴주고 싶은, 기묘한 악마적 흥미가 있었다. 얼마만큼 그에 대해 보복할 수 있는지 그것이 보고 싶었다.

조금만 더 건드리면 상대는 반드시 함락될 것이다. 그들 두 사람에게 파렴치한 행위를 하는 것이 그로서는 한없이 즐거웠다. 입 밖으로 나오는 한 마디 한 마디가 견딜 수 없이 자신을 괴롭히는데도 그 괴로움 속에서 엄청난 기쁨을 찾아내고 있었던 것이다.

"지금 안 가면 영원히 못 가게 될 텐데요."

"그래요, 나도 그렇게 말했어요."

그녀의 목소리에는 필립을 깜짝 놀라게 하는 격렬한 데가 있었다. 그는 안간힘을 쓰면서 손톱을 깨물었다.

"그런데 대체 어딜 간다는 거죠?"

"옥스퍼드예요. 그분 그 대학에 있었잖아요. 그래서 학교 구경을 시켜 주겠대요."

그러고 보니 그도 언젠가 옥스퍼드에 가자고 권유한 적이 있었다. 그런데 그녀는 구경 같은 거 싫다고 깨끗이 거절했던 것이다.

"날씨도 퍽 좋은데 그래 지금쯤 옥스퍼드는 참 좋죠."

"그래서 나도 많이 말해 봤어요."

"그러니까 한 번 더 해보란 말이에요."

"당신도 권유하더라고 해볼까요?"

"뭐, 거기까지 말할 필요는 없고."

그녀는 그의 얼굴을 보면서 잠시 말이 없었다. 필립도 억지로 웃는 얼굴로 마주 보았다. 그는 그녀를 증오하고 경멸했다. 그러면서도 마음속으로는 깊이 사랑하는 것이다.

"그럼, 이렇게 할까요? 지금 곧 가서 그렇게 하자고 해보겠어요. 간다면 돈은 내일 받으러 오죠. 당신 몇 시에 집에 있죠?"

"점심이 끝나면, 집에서 기다리기로 하지."

"그래 주세요."

"옷값과 방세는 지금 주죠."

그는 책상으로 가서 있는 돈을 죄다 꺼냈다. 옷값이 6기니, 그 밖에 방세와 식비 그리고 일주일 분의 양육비였다. 그는 8파운드 10실링을 주었다.

"고마워요, 정말."

여자는 돌아갔다.

77

의과 대학 지하실에서 점심을 먹고 필립은 하숙집으로 돌아왔다. 마침 토요일 오후여서 주인아주머니가 층계를 닦고 있었다.

"그리피스 군 집에 있습니까, 아주머니?"

"아뇨, 학생이 나간 뒤에 바로 나갔는데요."

"돌아온다고 그래요?"

"글쎄요, 돌아오지 않을걸요. 짐을 가지고 나갔으니까요."

어떻게 된 영문인지 알 수 없었다. 그는 책을 들고 읽기 시작했다. 웨스트민스터 공립도서관에서 빌린 버튼의 《메카 기행(紀行)》이었다. 맨 처음 페이지를 읽어 보았으나 영 머리에 들어오지 않았다. 마음이 거기 없었기 때문이다. 끊임없이 초인종 소리에 정신을 쏟았다. 그리피스가 밀드레드를 두고 컴비랜드의 고향으로 돌아갔으리라고는 아무래도 생각되지 않았다. 틀림없이 이제 곧 밀드레드가 돈을 받으러 올 것이다. 그는 이를 악물고 계속해 책을 읽었다. 주의를 집중시켜 보려고 애썼다.

한 줄 한 줄 머리에 새기듯 읽었으나 견디고 있는 고통 때문에 무참하게도 일그러져 나갔다. 돈을 주겠다느니 하는 얼빠진 말을 하는 것이 아니었다고 깊이 뉘우쳤다. 그러나 일단 입 밖에 내 말한 이상 여자를 위해서라기보다는 그 자신 때문에라도 이제 취소할 만한 용기는 없었다. 한번 결심한 것은 어떤 일이 있더라도 밀고나간다는 병적인 완고성이 그에게는 있었다. 3페이지 정도 읽었는데 아무런 느낌이 남지 않았다는 것을 알았다. 다시 처음부터 읽기 시작했다. 그러나 정신을 차려보니 한 문장을 몇 번이나 몇 번이나 되풀이해 읽고 있었다. 그리고 그의 사고와 무게는 저 악몽 속에서 보는 수식(數式)처럼 뒤얽히는 것이었다. 단 한 가지 그가 할 수 있는 일은, 이대로 나가서 밤늦게까지 돌아오지 않는 것뿐이었다. 그렇게 하면 둘 다 떠나지 못한다. 거의 매시간 그가 돌아왔는지 어쩐지 알아보러 오는 그들의 꼴이 눈에 보이는 듯했다. 그들이 실망할 것을 상상하니 즐거웠다. 그는 그저 기계적으로 다시금 같은 문장을 되풀이해 읽었다. 그런데 그것도 결국 할 만한 일이 아니었다. 할 수 없다. 오면 돈을 주어야지. 그리고 인간이 얼마나 파렴치하게 될 수 있는지 보여 주자. 이제는 문장 한 줄도 눈에 들어오지 않았다. 글자를 그냥 보고 있을 수만도 없었다. 그는 의자 등에 기대어 눈을 지그시 감고, 고뇌 때문에 감각조차 마비되어 버린 것 같은 마음으로 밀드레드가 찾아오기를 기다렸다.

아주머니가 들어왔다.

"밀러 부인이 오셨어요."

"들어오라고 하시죠."

맞아들이는 것은 좋지만 지금의 이 기분은 보여주고 싶지 않았다. 그는 마음을 다부지게 먹었다. 사실 이대로 무릎을 꿇고 여자의 손을 잡으며 가지 말아 달라고 애원하고 싶은 충동도 느꼈다. 그러나 새삼스레 여자의 마음을 돌릴 만한 아무런 방법도 없다는 것을 알고 있었다. 그래 봤자 자기의 말이나 행동이 낱낱이 그리피스에게 전해질 뿐이 아니겠는가, 그것을 생각하니 부끄러웠다.

"여행은 어떻게 됐죠?"

일부러 쾌활하게 물어보았다.

"지금 떠나는 길이에요. 해리가 바깥에서 기다리고 있어요. 당신이 만나기 싫다고 해서 그러는 거예요. 그렇지만 잠깐이라도 좋으니까 작별인사하러 와도 되느냐고 물어보래요."

"난 만나고 싶지 않아요."

하기야 그녀에게는, 그가 그리피스를 만나고 안 만나고는 문제도 아니라는 것을 곧바로 알 수 있었다. 일이 이쯤 되고 보면, 한시라도 빨리 나가 주기를 바랄 뿐이다.

"자, 여기 5파운드. 어서 돌아가 줘요."

그녀는 돈을 받고 고맙다는 인사를 했다. 그리고 그냥 돌아가려는데 필립이 물었다.

"언제 돌아오죠?"

"월요일에는 돌아와야 할 테죠. 해리가 고향에 가야 하니까요."

그때 자기도 모르게 입 밖으로 튀어나오려는 말이 얼마나 굴욕적인가는 스스로도 잘 알고 있었다. 그러나 질투와 욕정으로 더 어쩔 수가 없었다.

"그럼 돌아오면 만나 주겠죠?"

저도 모르게 애원조가 된 것은 어쩔 도리가 없어서였다.

"물론이죠, 돌아오면 바로 알리겠어요."

악수를 나누고 헤어졌다. 밖에 세워둔 사륜마차에 그녀가 뛰어오르는 것을 필립은 커튼 너머로 바라보았다. 마차는 달려가 버렸다. 그는 침대 위에 몸을 던지고, 두 손으로 얼굴을 가렸다. 눈물이 솟아오르는 것을 깨달았다. 자기 자신에게 화가 났다. 주먹을 움켜쥐고 몸을 뒤틀어 눈물을 참으려고 했으나 이겨 낼 수가 없었다. 뼈아픈 흐느낌이 치솟았다.

이윽고 그는 일어났다. 이 무슨 수치인가. 기력이 다한 듯했다. 얼굴을 씻고 독한 위스키소다를 만들어 마셨다. 기분이 조금 좋아졌다. 문득 보니 난로 선반 위에 파리행 차표가 놓여 있었다. 필립은 노여움에 떨며 불에 확 집어 던졌다. 무를 수 있다는 것은 알았으나, 태워 버리는 편이 마음 편할 것 같았다. 그러고는 누군가 말 상대를 찾으러 밖으로 뛰쳐나갔다. 클럽은 텅 비어 있었다. 아무라도 말 상대를 찾지 못하면 그대로 미칠 것 같았다. 로우슨은 파리에 가고 없었다.

헤이워드의 하숙집을 찾아가 보았으나 식모가 문을 열고, 주말이라 마침 브라이튼에 가고 없다고 했다. 그 길로 미술관으로 가보았으나 거기도 문 닫을 시간이었다. 어떻게 해야 할지 알 수가 없었다. 미칠 것만 같았다. 기차에 나란히 앉아 옥스퍼드로 떠나는 두 사람의 모습이 눈앞에 떠올랐다. 집으로 돌아와 보았으나 역시 견딜 수 없었다. 곰곰이 생각하니 비참하기 비할 데 없는 생활이었다. 다시 한 번 버튼의 책을 읽기 시작했으나 읽어 나가다가 몇 번이고 느껴지는 것은 오직 나는 얼마나 바보였나 하는 생각뿐이었다. 여행을 떠나라고 한 것도 자기였고 돈을 준 것도 자기가 아니었던가. 그것도 억지로 쥐어 주다시피 한 것이다. 그리피스 같은 인간을 소개해 주면 어떤 일이 일어날지 알아야 했고, 그 자신의 맹렬한 애착을 보고 그리피스가 욕정을 일으키리란 것도 짐작했어야 했다.

지금쯤은 옥스퍼드에 다다랐을 것이다. 존 스트리트의 어떤 여인숙에 묵었을는지도 모른다. 필립은 아직 옥스퍼드에 가본 일은 없지만, 그리피스한테 들어서 어디에 갈 것인지 환히 알고 있었다. 식사는 틀림없이 클라렌돈에서 할 것이다. 그리피스 말이 호화로운 식사는 언제나 거기서 했다고 했다. 필립도 채링크로스 근처의 레스토랑에서 가벼운 식사를 했다. 식사가 끝나자 연극이라도 볼까 하고 곧장 극장 특별석에 틀어박혔다. 마침 오스카 와일드의 작품을 상연하고 있었다. 그리피스와 밀드레드도 오늘 밤 연극구경을 갔을지도 모른다. 어떻게 해서든지 밤 시간을 보내야 할 테고, 둘 다 바보인 만큼 대화만으로는 만족하지 못할 것이다. 그렇다, 둘 다 아주 어울리는 부부처럼 똑같이 천하고 마음이 텅 비었다. 그렇게 생각하자 그는 몹시 유쾌했다. 무대는 보고 있었지만 마음은 허공에 둥둥 떠 있었다. 막간마다 위스키

인간의 굴레 497

를 마셔 기분을 돋우었다. 술에는 약한 그였으므로 효과는 곧바로 나타났다. 그러나 뭔가 말할 수 없이 쓸쓸하고 삭막한 취기였다. 연극이 끝나자 그는 다시 한 잔 들이켰다. 도저히 이대로 갈 수는 없었다. 잠이 올 리 만무했다. 왕성한 그의 상상력이 자아낼 여러 광경이 두려워지기까지 했다. 그는 그런 생각을 모두 집어치우기로 했다. 꽤 과음한 것 같았다. 갑자기 뭔가 꽤 불결한 일을 해보고 싶은 심한 충동에 사로잡혔다. 시궁창에라도 뒹굴어 볼까? 모든 존재와 맞부딪쳐 완전히 짐승이 되어 볼까? 마구 기어 돌아다니고 싶었다.

술은 취했지만 여전히 우울한 기분을 안고 그는 발을 절름거리며 피카디리를 걸어갔다. 분노와 슬픔이 무섭게 가슴을 후볐다. 짙은 화장을 한 창부가 그를 불러 세웠다. 여자가 그의 팔에 손을 얹자, 그는 지독한 말을 하고 확 떼밀어 버렸다. 두세 걸음 가다가 그는 문득 발걸음을 멈추었다. 상대는 아무라도 마찬가지였다. 지독한 말을 한 것이 후회되었다. 그는 여자의 뒤를 쫓아가 말했다.

"이봐, 아가씨."

"꺼져 버려."

필립은 껄껄 웃었다.

"한 가지 물어보겠는데 오늘 밤 나하고 식사나 같이하지 않겠어?"

여자는 깜짝 놀라 그의 얼굴을 보며 한참 망설였다. 주정뱅이로 인정해 버린 모양이었다.

"같이 가도 좋아요."

밀드레드가 그처럼 곧잘 쓰던 말을 이 여자도 쓰는 것을 보고 그는 무척 재미가 났다. 툭하면 밀드레드와 같이 가던 바로 그 식당으로 여자를 데려갔다. 함께 걸으면서 그는 여자가 줄곧 자기의 다리를 보고 있는 것을 알았다.

"절름발이야. 안 되나?"

"당신은 참 이상한 분이군요."

여자는 말하고 웃었다. 집에 돌아왔을 때는 온몸이 쑤시고, 머릿속이 소리를 지르고 싶도록 쾅쾅 울렸다. 위스키소다를 다시 한 잔 따라 마시고 마음을 가라앉히자 그대로 침대 속에 들어가 다음 날 점심때까지 꿈도 안 꾸고 정신없이 잤다.

78

마침내 월요일이 되었다. 이것으로 기나긴 고통도 끝났다고 필립은 생각했다. 기차 시간표를 조심스레 보니까 그날 밤 그리피스가 고향으로 갈 수 있는 막차는 옥스퍼드에서 1시 조금 지나 떠나는 것밖에 없었다. 그러면 밀드레드는 그 몇 분 뒤에 출발하는 런던행 기차를 탈 게 틀림없었다. 그는 역시 마중을 나가고 싶었다. 그러나 그녀도 하루쯤은 혼자 있고 싶을 테고, 어차피 밤까지는 돌아왔다는 전갈이 올 게 틀림없었다. 만일 오지 않으면 이튿날 아침 하숙집으로 찾아가면 된다. 어쩐지 기가 꺾이는 것 같았다. 그리피스에 대해서는 무서운 증오를 느꼈으나, 밀드레드를 생각하면 그토록 지독한 꼴을 당했는데도 그냥 비통에 가까운 욕정이 일 뿐이었다.

이제 와 생각하니 지난 토요일 오후 미친 사람처럼 위로의 손길을 찾아 헤맸을 때, 헤이워드가 없던 것은 차라리 잘된 일이었다. 있었으면 결국 모든 것을 털어놓았을 테고 헤이워드는 필립의 무기력함에 새삼 놀랐을 것이다. 그렇게 되면 과연 필립을 경멸했으리라. 무엇보다도 남에게 몸을 맡기고 만 밀드레드를 정부로 삼으려는 데는 놀라 자빠지고 말았으리라. 그러나 그게 어떻단 말인가? 욕정만 충족시킬 수 있다면 그는 어떤 타협도, 아니 더 굴욕적인 해결도 기꺼이 받아들일 작정이었다.

저녁 무렵이 되자 그의 발길은 자기도 모르게 밀드레드의 집으로 향했다. 창을 두드렸지만 방 안은 캄캄했다. 돌아왔는지 묻지는 않았다. 그녀와의 약속을 믿고 있었기 때문이다. 그러나 다음 날 아침이 되어도 편지는 오지 않았다. 정오쯤 찾아가 보았으나 하녀의 대답은 아직 돌아오지 않았다는 것이었다. 도무지 알 수 없는 노릇이었다. 그리피스는 싫어도 전날 고향에 갔을 것이다. 어느 결혼식에서 신랑 들러리를 서야 했고, 밀드레드의 수중에는 돈이 없었다.

필립은 일어날 수 있는 모든 일을 그려 보았다. 오후가 되자 다시 한 번 가서 편지를 써놓고 왔다. 두 주일 동안 아무 일도 없었던 것처럼 온화한 투로 오늘 저녁식사를 같이하지 않겠느냐면서 만날 장소와 시간을 써놓고 왔다. 허탕인 줄 알면서도 약속한 장소로 나가 보았다. 한 시간쯤 기다렸지만 오지 않았다. 수요일 아침이 되자 창피해서 더 찾아갈 수 없어 심부름꾼 아이를 시켜 편지를 전하게 하고 답장을 받아오라고 했다. 그러나 한 시간쯤 지나자 심부름꾼 아이는 뜯지 않은 그의 편지와 함께, 부인은 시골에서 아직 올라오지 않았다는 전갈을 가져왔다. 필립은 온몸의 피가 거꾸로 흐르는 것 같았다. 이 마지막 배신은 너무나도 지독했다. 그는 언제까지나 한없이 밀드레드를 저주했다.

그리고 이러한 절망이 모두 그리피스 때문이라고 생각하자 밉다 못해 이른바 살인의 쾌감 같은 것도 이해할 것만 같았다. 캄캄한 밤에 불쑥 나타나 그의 경동맥 언저리를 예리한 비수로 찔러놓아, 개처럼 길 위에서 죽게 내버려 두면 얼마나 유쾌할까. 그런 생각을 하며 돌아다녔다. 분노와 슬픔으로 그의 마음은 뒤범벅이 되었다. 위스키를 좋아하지 않는 편이었는데도 일부러 자기를 잊으려고 화요일도 수요일도 과음을 하고 잠이 들었다.

목요일 아침, 늦잠에서 깨어 창백한 얼굴에 잠에 취한 눈으로 혹 편지나 오지 않았나 하고 거실로 나가 보았다. 틀림없는 그리피스의 필적이었다. 기묘한 감정이 그의 가슴을 스치고 지나갔다.

뭐라고 써야 좋을지 모르겠으나 아무튼 써야만 할 것 같아 몇 자 적어. 너무 화내지 말아 줘. 밀리하고 같이 가서는 안 될 줄은 잘 알았지만, 나도 내 마음을 도저히 어쩔 도리가 없었어. 난 여자한테 완전히 발목을 잡힌 기분이었다고. 어떻게든 그 여자를 손에 넣고 싶었지. 자네가 우리 두 사람의 여행경비를 내주겠다는 제안을 했다는 말을 들었을 때 나는 이미 마음에서 저항력을 잃었어. 이제 모든 것이 끝나고 보니 진심으로 부끄러워. 그런 바보 같은 짓을 하지 않았으면 얼마나 좋았을까. 제발 화내지 않는다는 답장을 보내 줘.

그리고 꼭 다시 찾아갈 수 있게 허락해 줘. 자네는 밀리한테 나를 다시는 안 만나겠다고 했다지만, 나는 그 소리를 듣고 무척 슬펐어. 제발 한 줄이라도 좋으니 편지를 보내 줘. 그러면 내 양심도 구원을 받겠지. 자네는 그렇게 신경을 쓰지 않거나, 그렇지 않으면 돈을 내주지 말았어야 했던 거야. 그래도 역시 돈을 받지 말아야 했다는 것은 알았지만. 나는 월요일에 고향에 돌아왔지만 밀드레드는 한 이틀 혼자서 옥스퍼드에 남아 있겠다고 했어. 그러나 수요일에는 런던으로 간다고 했으니까, 이 편지가 도착할 때쯤에는 자네도 만나고 있겠지. 모든 일이 잘되기를 진심으로 빌어.

제발 용서해 준다는 회답을 꼭 보내 줘.

해리

필립은 화가 나서 편지를 발기발기 찢어 버렸다. 물론 답장을 쓸 생각은 눈곱만큼도 없었다. 이렇게 구질구질한 변명을 늘어놓는 그리피스를 그는 경멸했다. 양심의 가책이니 어쩌니 하는 것도 비위에 거슬렸다. 하고 싶으면 비겁한 짓을 해도 좋다. 그러나 해놓고 나중에 뉘우치는 것은 비굴한 짓이다. 그는 비겁하기 짝이 없는 위선에 가득 찬 편지라고 생각했다. 그처럼 감상적인 문구도 불쾌했다.

"지독한 짓을 해놓고 나중에 사과만 하면 만사 해결된다는 건가. 더럽게 뻔뻔스럽군."

그는 혼자 중얼거렸다. 기회만 있으면 언젠가 꼭 한번 본때를 보여 줘야겠다고 굳게 결심했다.

어쨌든 밀드레드가 런던에 돌아왔다는 것만은 알게 되었다. 급히 옷을 갈아입자, 면도할 틈도 없이 차 한 잔만 마시고는 마차를 잡아타고 그녀의 하숙으로 달려갔다. 마차의 바퀴가 마치 기어가는 것같이 느껴졌다. 어떻든 그녀를 한번 만나고 싶었기 때문이다. 그리고 제발 반가이 맞게 해달라고 믿지도 않는 하느님에게 빌었다. 그는 그냥 모든 것을 잊고 싶었다. 가슴을 두근거리며 벨을 눌렀다. 단지 다시 한 번 껴안고 싶은 욕망에 지금까지 받은 모든 고통을 모조리 잊고 말았다.

"밀러 부인 계십니까?"

그는 쾌활한 목소리로 물었다.

"이사가셨는데요."

하녀가 대답했다.

그는 멍하니 하늘을 바라보았다.

"한 시간쯤 전에 오셔서 짐을 가져가셨어요."

순간 뭐라 말해야 좋을지 몰랐다.

"그래, 제 편지 전해 주셨습니까? 어디로 간단 말은 없었습니까?"

아, 알았다. 또 속았구나. 그녀는 돌아올 생각이 진작부터 없었던 것이다. 그는 어떻게든 체면만은 지키려고 애썼다.

"아, 뭐, 곧 연락이 올 겁니다. 저희 집 주소가 틀렸나 보죠."

발길을 돌려, 맥이 쑥 빠진 채 하숙집으로 돌아왔다. 이런 결과가 될 줄 미리 짐작하긴 했다. 자기를 좋아한다는 말을 한 번도 한 일이 없는 여자다. 다정한 마음도 없거니와 친절한 마음도 없다. 애당초 사랑이라는 것을 모르는 여자다. 이젠 단념하는 수밖에 없었다. 받은 고통은 지독한 것이었다. 참느니 차라리 죽고 싶을 정도였다. 이렇게 된 이상 모든 것을 끝장내는 편이 좋을 것 같은 생각이 들었다. 강물에 뛰어들 수도 있고, 철길에 몸을 던질 수도 있다. 그러나 그 생각을 막상 입에 올리자마자 갑자기 그는 강한 반발을 느꼈다. 시간이 흐르면 지금의 이 쓰라림도 잊을 때가 온다고, 이성이 그에게 속삭이는 것이었다. 있는 힘을 다해 노력하면 잊을 수도 있을 것이고 그리고 그따위 여자 때문에 자살한다면 얼마나 우스운 꼴이 되겠는가.

하나밖에 없는 생명을 버린다니 바보 같은 짓이다. 지금으로선 이 치정을 영영 극복하지 못할 듯이 느껴지지만, 그러나 결국 시간이 지나면 해결될 것이다.

런던에 있고 싶지 않았다. 보고 듣는 모든 것이 불행한 추억뿐이었다. 큰아버지에게 블랙스테이블로 간다고 전보를 쳐놓고, 서둘러 짐을 싼 다음, 가장 빠른 기차를 탔다. 어쨌든 그처럼 고통을 겪은 지저분한 방에서 떠나고 싶었던 것이다. 맑은 공기를 마시고 싶었다. 지독한 자기착오였다. 약간 어떻게 된 게 아닐까 하는 느낌마저 들었다.

어른이 된 뒤로 필립은 목사관에서 제일 좋은 방을 차지하고 있었다. 모퉁이 방으로, 한쪽 창 바로 앞에는 큰 고목이 있어 시야를 가렸지만 다른 한쪽 창문에서는 정원과 목사관 밭 너머로 넓디넓은 목장이 내다보였다. 필립은 아주 어렸을 때의 이 방 벽지를 기억하고 있었다. 벽에는 큰아버지의 청년 시절 친구가 그렸다는 빅토리아시대 초기의 기묘한 수채화가 몇 폭 걸려 있었다. 비록 색은 약간 바랬지만 독특한 미를 지니고 있었다. 화장대 둘레에는 뻣뻣한 모슬린 천이 둘러쳐져 있었고, 발 높은 낡은 옷장이 놓여 있었다. 필립은 안도의 한숨을 내쉬었다. 이러한 모든 것들의 의미를 그는 여태껏 몰랐던 것이다. 목사관에는 옛날 그대로의 생활이 숨 쉬고 있었다. 가구 하나 자리를 바꾼 게 없었다. 큰아버지도 똑같은 식사를 하고, 똑같은 말을 하고,

매일 같은 장소를 산책했다. 다만 조금 뚱뚱해지고, 한층 말이 없어지고, 또 약간 더 편협해졌을 뿐이었다.

이제는 홀아비 생활에도 익숙해져서 큰어머니 이야기는 거의 입 밖에 꺼내지도 않았다. 조사이어 그레이브즈와는 여전히 싸움을 계속하고 있었다. 필립도 한 번 가서 만나 보았지만, 그는 전보다도 좀더 여위고 머리도 희어지고 한층 잔소리꾼이 되어 있었다. 그리고 옛날과 다름없이 독재자 같은 고집으로 여전히 제단의 촛대 문제 같은 것을 반대하고 있었다. 상점들도 옛날 그대로의 특이한 정취를 지니고 있었다. 필립은 문득 어느 선원의 구두며, 방수 외투며, 도르래, 그 밖에 배에 필요한 모든 도구를 파는 상점 앞에 섰다. 그러자 어린 시절에도, 자기가 역시 여기에 서서 먼 바다에 대한 동경과 미지의 세계를 탐험하는 매력에 가슴을 두근거리던 것이 생각났다.

집배원이 탕탕 문 두드리는 소리를 들을 때마다, 행여나 런던의 하숙에서 밀드레드가 편지를 보내온 것이 아닌가 적잖이 가슴이 뛰었지만, 그러나 오지 않으리라는 것을 잘 알고 있었다. 냉정하게 생각할 수 있는 지금 돌이켜보면 도대체 밀드레드라는 여자한테 애정을 요구한 것부터가 무리였다. 필립에게는 남자에게서 여자에게로, 거꾸로 여자에게서 남자에게로 옮아가며, 한쪽이 다른 한쪽을 노예로 만들고 마는 것이 무엇인지 좀처럼 이해가 가지 않았다. 편의상 성 본능이라고 불러 볼 수도 있을 것이다.

그러나 만일 그렇다면 어째서 그것이 특정한 인간에게만 그토록 강렬한 매력으로 나타나는가, 그 점을 알 수가 없었다. 그것은 맞설 수 없는 충동이었다. 이성도 이것과는 맞설 수 없었다. 우정도 감사도 이해관계도 이것 앞에서는 아무 힘이 없었다. 밀드레드가 볼 때 필립이라는 남자는 아무런 성적 매력도 없었다. 때문에 그가 아무리 노력해도 모두 빗나간 탄환이 되고 만 것이다. 그렇게 생각하자 견딜 수 없는 분노가 일었다. 인간이라는 것이 마치 짐승처럼 생각되었다. 갑자기 그는 인간의 마음이 어둡고 알 수 없는 의문투성이라는 걸 깨달았다. 그에게 밀드레드가 냉담하다고 해서 그는 멋대로 그녀를 중성녀(中性女)라고 생각하고 있었다. 사실 그 빈혈증의 외모며, 얇은 입술, 가는 허리, 가슴이 밋밋한 육체, 권태로운 동작 따위는 확실히 그러한 가정을 증명하고도 남았다. 그런데 그런 그녀가 갑자기 사랑의 노예가 되고, 그것을 채우기 위해 기꺼이 자신의 모두를 희생하고 만 것이다. 지금까지 그는 그녀와 밀러 사이의 정사를 잘 이해할 수 없었다. 아무리 생각해도 그녀답지 않은 짓이었다. 그녀 자신도 어떻게 설명하지 못했다.

그러나 이제 그리피스와의 관계를 보자, 결국 같은 일이었음을 알 수 있었다. 역시 어쩔 수 없는 감정에 휘말렸던 것이다. 그렇다면 그 두 남자의 어디에 그토록 그녀를 사로잡는 신비한 점이 있었을까, 그는 생각해 보았다. 그리고 보면 두 사람 다 단순한, 그녀를 웃기는, 어딘가 경박하고 우스꽝스러운 데가 확실히 있었다.

그러나 결국 그녀를 사로잡은 것은 그들 두 사람의 가장 큰 특징이었던 그 강렬한 성감이 틀림없었다. 본디 밀드레드라는 여자에게는 인생의 모든 사실에 대해 공포에 가깝도록 묘하게 고상한 체하려는 데가 있었다. 육체의 모든 기능을 뭔가 난잡한 것으로 생각하는 면이 있었고, 극히 평범한 일까지도 일부러 고상하게 나타내려 했으며, 또 간단한 말로 끝날 수 있는 것을 일부러 어려운 말을 쓰려고 하는, 그런 면이 있었다. 따라서 이들 두 사람의 야수성은, 말하자면 그녀의 마르고 흰 어깨 위에 가해진 채찍이었으며, 그 황홀한 고통 밑에서 여자는 그저 바들바들 떨고 있었던 것이다.

한 가지만은 필립도 결심하고 있었다. 즉, 두 번 다시 그 고뇌의 추억이 가득한 방으로는 돌아가지 말자는 것이었다. 그는 아주머니한테 나가겠다는 뜻을 편지로 알렸다. 그리고 자기 방에 놓는 가구와 집기 따위는 자기 것으로 놓고 싶었으므로, 어디 가구 없는 방을 찾아야겠다고 생각했다. 그 편이 즐겁기도 하고 방세도 쌀 것이다. 싼 것도 중요한 조건 가운데 하나였다. 그는 요 1년 반 동안에 거의 7백 파운드나 탕진하고 말았기 때문이다. 구멍을 메우려면 철저히 절약해야만 했다. 이따금 미래를 생각하면 등골이 오싹해졌다. 밀드레드 같은 여자한테 그런 큰돈을 쓰다니 정말 기막힌 노릇이었다. 그러나 또다시 그런 일이 일어난다면 역시 똑같은 일을 저지르지 않을 자신은 없었다. 한 가지 재미있는 것은, 필립이 자신의 감정을 표정에 잘 드러내지 않을뿐더러 동작까지 느릿느릿한 까닭에, 친구들은 그를 의지가 강하고 사리판단이 분명한 사람이라고 생각한다는 점이었다. 이성적인 인간이라며 모두 그의 성격을 칭찬하기까지 했다. 그러나 그 자신은 알고 있었다. 온화한 표정은 단지 무의식적으로 쓰고 있는 가면에 지나지 않은, 말하자면 나비의 보호색과 같은 것이었다. 자신의 의지가 약한 것에 스스로도 질릴 정도였다. 아주 하잘것없는 감정에조차 마치 바람에 나부끼는 나뭇잎처럼 흔들렸다. 한번 감정의 포로가 됐다 하면 나머지는 깡그리 전혀 맥을 못 추었다. 자제력이라는 것이 없었던 것이다. 그렇게 보인 것은 단지 다른 모든 사람을 움직이게 하는 것에 대해 그가 쌀쌀맞고 무관심했기 때문일 뿐이었다.

그는 언젠가 자신이 세운 철학을 생각하고 쓴웃음을 지었다. 왜냐하면 그가 경험한 위기에 그것은 아무런 도움도 되지 않았기 때문이다. 인생이 위기에 처했을 때 사상이 과연 도움이 될 수 있을까, 그는 의심했다. 그가 느끼기에 그는 그 속에 있으면서도, 그 이외의 것인 어떤 큰 힘에 밀려가고 있었다. 그 힘은 늘 쉼 없이 파울로와 프란체스카(단테의 《신곡》 지옥 편에 나오는 인물들. 형수와 시동생 사이로 이루어질 수 없는 사랑을 불태운다.)를 싸고 휘몰아치는 지옥의 강풍처럼 그를 세차게 몰아세웠다. 일이 생기면 취해야 할 행동에 대해서는 생각했다. 그러나 자칫 중요한 국면에 처하고 보면, 본능과 감정, 그 밖에 뭔지 확실히 알 수 없는 손에 붙잡혀 전혀 기를 못 썼다. 환경과 성격이라는 두 힘에 의해 움직이는 기계처럼 다만 움직이고 있을 뿐이었다. 그의 이성은 방관자로 옆에 서서 사실을 살피기는 해도 끼어들 힘은 전혀 없었다. 아득히 먼 하늘에서 인간의 행동을 굽어보고는 있으나 아주 작은 현상 하나도 바꿀 수 없는 저 에피쿠로스 신과 똑같았다.

79

새 학기가 시작되기 이틀 전에 필립은 방을 구하러 런던으로 올라왔다. 먼저 웨스트민스터 브리지 거리에서 약간 들어간 골목길을 헤맸으나, 더러운 환경이 마음에 들지 않았다. 마침내 케닝튼에서 조용하고 어딘지 약간 고풍스런 방을 하나 발견해냈다.

강 건너 쪽인 이웃은 저 새커리가 묘사한 런던의 풍취가 아직 어느 정도 남아 있었다. 바로 저 뉴컴 집안의 쌍두마차가 온 가족을 태우고 멀리 서런던으로 치달았을 것 같은 케닝튼 거리 근처에는 플라타너스 잎이 한꺼번에 싹트고 있었다. 필립이 방을 정한 거리의 집은 대개 2층으로 대부분의 창문에는 셋방이란 종이가 나붙어 있었다. 그는 가구가 없다는 집을 두드렸는데, 말없고 무뚝뚝한 여인이 나와 몹시 작은 방 네 개를 보여 주었다. 그 가운데 하나에는 취사용 스토브와 개수대가 딸려 있었다. 방세는 일주일에 9실링이라고 했다. 그렇게 많은 방은 필요 없었으나 워낙 방세가 싼 데다가 빨리 자리 잡고 싶은 생각에 결정짓고 말았다. 주인에게 청소와 아침식사를 해줄 수 없겠느냐고 했더니, 그녀의 대답이 지금 일만도 힘에 부쳐서 도저히 안 된다는 것이었다. 그녀는 방세만 받으면 그 밖의 모든 일에는 전혀 끼어들지 않겠다고 했는데, 그것은 이쪽에서도 바라는 바였다. 그러고는 모퉁이 잡화상(그것이 곧 우체국이기도 했다)에 가서 물어보면 가정부를 구할 수 있을지도 모르겠다고 말했다.

필립도 가구는 조금 있었다. 지금까지 모두 사 모은 것으로, 예를 들면 파리에서 산 안락의자라든가 그 밖에 테이블 하나와 그림 몇 폭, 크론쇼가 선사한 조그마한 페르시아 융단이 있었다. 침대는 큰아버지가 접는 것을 주기로 했다. 요새는 8월이 되어도 세를 놓지 않으므로 소용이 없었던 것이다. 그 밖에 필요한 것은 10파운드를 들여서 다 사들였다. 응접실로 쓸 방에는 10실링을 들여 밀빛 벽지를 발랐다. 벽에는 파리 유학시절에 언젠가 로우슨이 준 그랑조귀스땡 강변의 스케치와 날마다 면도를 하며 바라보던 앵그르의 〈오달리스크〉와 마네의 〈올랭피아〉 복제품을 걸기로 했다. 그리고 그 자신도 옛날에는 그림을 그린 일이 있다는 추억으로, 그 에스파냐 청년 미겔 아주리아를 모델로 그린 목탄 데생을 벽에다 걸었다. 주먹을 움켜쥐고 두 다리를 마룻바닥에 떡 버티고 서서 얼굴에는 인상적이고 결연한 표정을 나타낸 나체화였는데, 그의 작품으로는 가장 나은 것이었다. 오랜만에 보니 결점도 꽤 많이 눈에 띄었지만 여러 얽힌 사연도 있고 해서 이 그림만은 넓은 아량으로 볼 수가 있었다. 그러고 보면 그 뒤로 미겔은 어떻게 되었을까? 재능 없는 인간이 보여 주는 예술에 대한 집념만큼 무서운 것은 없다. 끝내는 가난과 굶주림과 질병에 쫓겨 어떤 병원에서 마지막 숨을 거둔 것이나 아닐까? 아니 그보다 절망이 다가왔음을 알고, 저 더러운 센 강 물결에 몸을 던져 죽은 것이나 아닐까? 남유럽의 변하기 쉬운 기질 덕택에 어쩌면 그는 그러한 고투를 깨끗이 내동댕이치고, 지금쯤은 마드리드 어느 사무실에서 서기라도 되어 이번에는 정치와 투우를 주제로 열변을 토하고 있을지도 모른다.

필립은 로우슨과 헤이워드에게 새로 얻은 방을 한번 보러오라고 말했다. 한 사람은 위스키를, 다른 한 사람은 오리 간 파이를 선물로 가져왔다. 필립은 그들이 취미를 칭찬해 주어서 기분이 흐뭇해졌다. 그는 그 스코틀랜드인 증권중개인도 초대할까 했으나, 의자가 셋밖에 없어 그만두고 말았다. 그런데 로우슨이 자기소개로 필립이 노라와 사이가 매우 좋았던 것을 알고 있어서인지 그때 문득 이런 말을 꺼냈다. 며칠 전 일인데 우연히 노라와 만났다는 것이다.

"그녀가 자네도 잘 있느냐고 묻더군."

노라의 이름을 듣자 필립은 얼굴이 붉어졌다(난처할 때 얼굴이 붉어지는 버릇은 여전히 고쳐지지 않았다). 로우슨이 이상한 듯 바라보았다. 그도 요즘은 거의 런던에서 살기 때문인지 환경에 적응하여 머리도 짧게 깎고 양복도 말끔한 모직으로 해 입고, 중산모를 쓰고 있었다.

"완전히 손을 뗀 모양이지?"

"그래, 벌써 몇 달 동안이나 안 만났어."

"얼굴이 더 예뻐졌던데. 하얀 타조 털을 잔뜩 단 멋진 모자도 쓰고 말이야. 제법 잘사나 봐."

필립은 화제를 바꾸었다. 그러나 마음속으로는 그녀를 생각하고 있었다. 세 사람 다 뭔가 다른 이야기를 하고 있을 때 그가 불쑥 물었다.

"노라가 나한테 화가 나 있지는 않던가?"

"아니 전혀. 자네를 아주 좋게 말하던데."

"그럼 한번 만나러 갈까?"

"그러게, 그런다고 그 여자가 뭐 어떻게야 하겠어."

요즈음도 가끔 노라를 생각하는 때가 있었다. 밀드레드한테 버림을 받았을 때, 가장 먼저 생각난 것이 그녀였다. 그 여자 같으면 결코 그런 짓을 하지 않았을 것이라 생각하며 혼자 쓴웃음을 지었다. 만나고 싶은 생각도 들었다. 그 여자라면 틀림없이 동정해 줄 것이다. 그러나 생각해 보니 그것도 부끄러웠다. 저쪽은 처음부터 끝까지 잘해 주었는데 이쪽이 지독한 짓을 해버린 것이다.

'아아, 그 여자 하나만 지켰더라면!'

로우슨과 헤이워드가 돌아간 다음 자기 전에 담배 한 대를 피우면서 그는 생각했다.

빈센트 스퀘어의 아늑한 거실에서 보낸 즐거웠던 한때, 화랑과 연극 구경을 갔던 추억, 단둘이 나눈 밤의 대화, 이런 것들이 생각났다. 그녀는 얼마나 그의 행복만을 생각해 주었던가. 그리고 그의 일에 대해 얼마나 흥미를 보여 주었던가.

그녀의 사랑이야말로 다정한 영속성이 있는 사랑이었다. 관능 이상의 무엇이 있었다. 모성애라고 해도 좋았다. 그것이 얼마나 귀중한 것인지, 그로서는 하느님께 감사해야 할 정도의 애정이라는 것을 벌써부터 알고 있었다. 마침내 그 여인의 가슴속에 뛰어들기로 결심했다. 그 여인은 자기로 말미암아 얼마나 쓰라린 고통을 받았을 것인가. 그러나 마음이 넓은 그녀라 틀림없이 용서해 줄 것이라는 생각이 들었다. 악의라고는 전혀 없는 여인이었다. 그럼 먼저 편지를 쓸까? 아니, 그보다 예고 없이 불쑥 찾아가 그대로 다리 밑에 무릎을 꿇어 버릴까? 정작 그렇게 하려면 부끄러워져서 그런 연극 같은 행동은 할 수 없다는 것을 잘 알았지만, 하여튼 생각만은 그렇게 했다. 다시는 배신하지 않겠다고 맹세하는 거다. 나쁜 버릇은 다 고쳤다. 비로소 그녀의 진가를 인식하게 되었으니 자기를 믿어 달라고 말하는 거다.

그의 상상은 날개를 달고 미래까지 날아갔다. 일요일에는 그녀를 데리고 뱃놀이를 하러 가자. 그 다음에는 그리니치로 가는 거다. 지난날 헤이워드와 함께 즐겼던 놀이와 그때 본 런던 항구의 아름다움은 아직도 영원한 추억으로 남아 있었다. 따뜻한 여름날 오후에는 함께 하이드 공원 벤치에 앉아 이야기꽃을 피우는 것도 좋겠지. 즐거운 듯 언제나 조잘대는 그녀의 말, 그것은 마치 자갈 위를 흐르는 시냇물처럼 재미있고, 수다스럽고, 그러면서도 개성이 넘친다. 그런 것을 생각하자 그는 자기도 모르게 웃음이 나왔다. 그가 맛본 고통은 모두 악몽처럼 사라지리라.

그러나 이튿날 차 마실 무렵—즉 그녀가 꼭 집에 있을 성싶은 시간에—그녀의 방문을 두드렸을 때 그의 용기는 한꺼번에 사라져 버렸다. 과연 용서해 줄까? 갑자기 찾아가는 것은 아무래도 너무 지나친 것 같았다. 문이 열리자 그가 매일 드나들던 때와는 달리 식모가 얼굴을 내밀었다. 네스비트 부인은 댁에 계시냐고 물었다.

"캐리란 사람인데, 만날 수 있는지 물어봐 주십시오. 여기서 기다릴 테니까요."

하녀는 계단을 뛰어올라가더니, 곧 다시 쿵쿵 발소리를 내며 내려왔다.

"어서 들어오세요. 2층 정면 방에 계세요."

"알고 있어요."

필립은 가볍게 웃으며 말했다.

그는 두근거리는 가슴을 안고 올라갔다. 그러고는 문을 두드렸다.

"들어오세요."

귀에 익은 맑은 목소리가 들렸다.

그 목소리는 새로운 평화와 행복에의 초대처럼 들렸다. 들어가자 노라가 앞으로 다가오며 악수를 청했다. 바로 어제 작별한 것 같은 태도였다. 그때 남자 한 사람이 일어났다.

"이분은 캐리 씨, 그리고 킹즈포드 씨."

다른 사람이 있는 것을 보자 그는 몹시 실망했다. 필립은 의자에 앉자 다시 그 남자를 자세히 바라보았다. 그런 이름은 들은 적이 없었다. 그러나 그쪽을 보니 아주 마음을 턱 놓은 듯한 자세로 앉아 있었다. 나이는 마흔쯤 돼 보였다. 수염은 없고 긴 금발을 깨끗이 빗어 넘기고 있었다. 금발에 얼굴이 흰 남자가 중년에 들어서면 흔히 그렇듯, 피부는 불그스레하고 파란 눈은 피로해 보였다. 커다란 코와 커다란 입, 광대뼈가 유난히 튀어나왔고 체격이 늠름했다. 키는 보통 이상이고 어깨도 꽤 넓었다.

"그렇잖아도 어떻게 되셨나 궁금해 하던 참이에요."

여자는 여전히 활기 있는 목소리로 말했다.

"참 요전에 로우슨 씨를 만났어요. 그분이 그 얘기 안 하던가요? 꼭 좀 다시 찾아 주시라고 말씀드렸는데."

그녀의 얼굴에는 귀찮아하는 기색이 조금도 없었다. 필립이 그토록 거북해하는 이 재회를 정말 아무것도 아닌 것처럼 받아넘기는 그녀의 재주에는 그도 감탄했다. 그녀는 차를 따라 주었다. 그녀가 설탕을 넣으려고 해서 그는 당황하며 막았다.

"내 정신 좀 봐. 그만 잊어버렸군요."

여인은 큰 소리로 말했다.

그러나 아무래도 그런 것 같지는 않았다. 그가 차에 설탕을 넣지 않는 것쯤 결코 잊을 리가 없었다. 이 하찮은 행동을 통해 일부러 무관심을 나타내려는 것이 틀림없었다.

필립이 들어올 때 끊어졌던 대화는 그대로 다시 이어졌다. 그렇게 한참 지나자 그는 자신이 불필요한 존재임을 깨달았다. 킹즈포드는 그가 있는 것을 별로 개의치도 않고 잘 떠들었다. 유머는 있었지만 어딘가 다소 독단적인 말투였다. 얼른 보아 저널리스트 같았다. 화제마다 그는 재미있는 이야기를 꺼냈는데 필립은 자기만이 그 대화에서 빠진 것 같아 불쾌했다. 억지로라도 상대보다 늦게까지 있어야겠다고 생각했다. 이 남자 역시 노라의 숭배자일까? 전에는 곧잘 둘이서 그런 남자들 이야기를 하고는 웃어댔었다. 필립은 될 수 있으면 자기와 노라만이 아는 이야기로 화제를 바꾸어 보려 했지만, 그때마다 어느 틈엔가 그 남자가 끼어들어 필립이 입을 다물 수밖에 없는 문제로 대화를 교묘히 끌어갔다. 그는 노라에게 좀 화가 났다. 그가 무시당하고 있음을 노라도 알 것이다. 물론 그녀는 벌을 주느라고 그러는지도 모른다. 그는 그렇게 생각하고 겨우 기분을 돌렸다. 이윽고 6시가 되었다. 남자는 일어나며 말했다.

"전 그럼 실례하겠습니다."

노라는 악수하고 층계참까지 배웅을 나갔다. 그러고는 손을 뒤로 돌려 문을 닫은 채 2분쯤 밖에 서 있었다. 필립은 그들이 무슨 말을 하는지 궁금했다.

"킹즈포드 씨란 누구죠?"

그녀가 돌아왔을 때 그는 일부러 명랑한 목소리로 물었다.

"아, 그분 함즈워스(영국의 유명한 신문 경영 및 출판업자 집안) 잡지사 편집장이에요. 요즘 제 원고를 많이 받아 줘요."

"안 갈 줄 알았는데."

"그보다 당신이 남아 줘서 정말 잘됐어요. 잠깐 얘기할 게 있어요."

그녀는 커다란 팔걸이의자에 발을 비롯한 모든 것을 작게 구부리고 앉아 담배를 피워 물었다. 필립이 언제나 재미있어 하는 자세였다. 그것을 보자 그는 자기도 모르게 얼굴이 밝아졌다.

"꼭 고양이 같군."

그녀는 검고 아름다운 눈을 반짝 빛냈다.

"그래요. 이제 이런 버릇도 고쳐야 할 거예요. 내 나이에 이런 어린애 같은 짓은 어울리지 않거든요. 하지만 이렇게 책상다리를 하고 있으면 아주 편해요."

"이 방에 이렇게 다시 앉으니 얼마나 좋은지 모르겠어요. 정말 오고 싶었어요."

그는 행복한 듯이 말했다.
"그렇다면 왜 좀더 일찍 오지 못했죠?"
그녀는 즐거운 듯 물었다.
그는 얼굴을 붉혔다.
"어쩐지 오기가 거북해서요."
그녀의 얼굴이 다정히 그를 보았다. 입술에는 아름다운 미소가 떠올랐다.
"그런 걱정 안 해도 좋았을 텐데."
그는 순간 망설였다. 심장의 고동이 갑자기 빨라졌다.
"지난번 마지막 만났을 때 일 기억해요? 당신에게 너무 가혹한 짓을 한 것 같아 몹시 부끄럽게 생각하고 있어요."
그녀는 그를 빤히 바라보기만 할 뿐 대답하지 않았다. 그는 점점 당황하기 시작했다. 이제 겨우 안 것이지만 그는 어이없는 생각을 하고 온 듯했다. 여자는 조금도 유혹하려 들지 않았다. 단도직입적으로 물어볼 수밖에 달리 도리가 없었다.
"노라, 용서해 주겠어요?"
그는 일사천리로 밀드레드에게 당한 이야기, 그래서 너무 슬픈 나머지 자살하려고까지 했다는 이야기를 하나도 빼놓지 않고 다 털어놓았다. 어린애가 태어났다는 것, 그리피스와의 사건, 자기가 얼마나 바보였던가 하는 고백, 밀드레드를 믿었다 보기 좋게 배반당한 일, 그리고 그동안에도 노라의 친절과 애정을 생각하고 그녀를 버린 것을 얼마나 사무치게 뉘우쳤는가 하는 이야기를 했다. 당신과 함께 있었을 때가 가장 행복했다, 이제야 비로소 당신이 얼마나 고마운 존재인가 하는 것을 절실히 깨달았다는 결론까지 잊지 않고 덧붙였다. 가슴이 복받쳐 쉰 목소리가 되었다. 어떤 때는 자기의 말이 부끄러워 얼굴을 들지 못한 채 발만 내려다보며 얘기했다. 얼굴은 고통으로 일그러졌으나 떠들고 있으니 기분이 묘하게 가라앉았다. 이윽고 얘기는 끝났다. 그는 의자에 푹 파묻혀 그녀의 대답을 기다렸다. 이제 숨기는 것은 아무것도 없었다. 자기를 너무 깎아내린 나머지 필요 이상으로 지독한 말을 했다는 후회마저 들었다. 여자가 대답하지 않는 데 놀라 그는 고개를 번쩍 들었다. 그녀는 그를 보고 있지 않았다. 그 얼굴은 창백하게 질린 채 뭔가 멍하니 생각하고 있는 것 같았다.

"뭐라고 할 말 없나요?"

그녀는 깜짝 놀라 정신을 차리자 이내 얼굴을 확 붉혔다.

"딱하게도, 당신도 꽤 괴로워한 모양이군요."

그녀는 다시 뭔가 말을 이으려다 입을 꼭 다물었다. 그는 여자의 말을 기다렸다. 마침내 그녀는 결심한 듯 말했다.

"저요, 킹즈포드 씨하고 약혼했어요."

"왜 좀더 일찍 말해 주지 않았죠? 그러면 그런 부끄러운 얘기를 일부러 당신 앞에서 하지 않았을 텐데!"

그는 소리 질렀다.

"미안해요. 하지만 그만두라고 할 수도 없었잖아요. 저, 당신이."

그러면서 그녀는 잠깐 그의 마음에 상처 주지 않을 말을 찾는 것 같았다.

"저, 그때 밀드레드 씨가 돌아왔다고 했죠? 그 다음 얼마 안 가서 곧 그분을 만났어요. 한참 동안은 꽤 슬펐어요. 그때 그분이 무척 친절하게 해주셨죠. 내가 누군가에게 호된 꼴을 당했다는 건 그분도 알아요. 물론 그 사람이 당신이라는 것까지는 모르지만. 난 그분이 안 계셨더라면 어떻게 됐을지도 몰라요. 또 내가 언제까지나 일을 할 수 있는 것도 아니라는 생각이 갑자기 들더군요. 정말 지쳤거든요. 그분에게 남편 이야기를 했어요. 그랬더니 곧 결혼만 해준다면, 이혼 비용은 자기가 다 대주겠다고 하더군요. 그분 꽤 수입이 많은 것 같아요. 그러니까 내가 특별히 일을 하고 싶지 않은 한 난 아무것도 안 해도 될 거예요. 어쨌든 그분은 날 무척 좋아해서 뭐든 뒤를 돌봐 주시겠다고 그러더군요. 그 말을 듣고 전 얼마나 기뻤는지 몰라요. 요즈음은 나도 그분이 아주 좋아졌어요."

"그럼 벌써 이혼했어요?"

"네, 어쨌든 조건부 판결만은 내렸어요. 7월에는 확정될 거예요. 그렇게 되면 곧 결혼할 작정이에요."

잠시 필립은 아무 말도 하지 못했다. 그러다 이윽고 중얼거리듯이 말했다.

"그렇다면 이런 바보 같은 짓은 하지 않는 건데."

그는 부끄러운 고백이 생각났던 것이다. 그녀는 의아한 듯 그의 얼굴을 쳐다보았다.

"하지만 당신은 한 번도 날 진정으로 사랑한 적이 없잖아요?"

"사랑한다는 건 결코 즐거운 일이 아니군요."

그러나 필립은 언제든 곧 다시 일어설 수 있는 남자였다. 그는 일어나서 손을 내밀었다.

"자, 그럼 진심으로 행복을 빌어요. 결국 그게 당신에겐 제일 좋을 것 같군요."

그녀는 그의 손을 잡은 채 잠깐 슬픈 표정을 지었다.

"또 와 주겠죠?"

"아니."

그는 머리를 흔들며 말했다.

"당신들이 행복한 걸 보면 질투가 날 테니까."

그는 집에서 천천히 나왔다. 그녀는 한 번도 사랑받은 일이 없다고 했는데, 그러고 보면 그 말은 사실이었다. 그는 실망, 아니 화가 치밀었다. 그러나 결국 상처를 입은 건 마음이라기보다 오히려 허영심이었다. 그것은 누구보다도 자신이 잘 알고 있었다. 그리고 이내 자신이 신의 장난의 대상이 되었음을 깨달았다. 그는 괴로운 심정으로 자기를 비웃었다. 그러나 자신의 어리석음을 비웃을 수 있는 처지는 결코 유쾌한 것이 못 되었다.

80

그 뒤로 석 달 동안은 줄곧 새로운 학과만을 공부했다. 2년 전만 해도 수습하기 곤란할 정도로 많이 입학했던 학생들도 지금은 훨씬 줄어들고 말았다. 시험이 의외로 어려워 자퇴하는 학생도 있고, 런던 생활비가 예상보다 많이 든다는 이유로 고향의 부모님에게 돌아가 버린 학생도 있었다. 또 그 가운데에는 다른 직업으로 바꾼 학생도 있었다. 필립이 아는 학생 가운데 돈을 기가 막히게 잘 버는 방법을 생각해 낸 사람이 하나 있었다. 처음에는 물건을 사서 전당을 잡혔는데, 나중에는 외상으로 물건을 사다가 전당 잡히는 편이 낫다는 것을 깨달았다. 그 뒤 누군가가 즉결 재판소의 기록 속에서 그의 이름을 발견했을 때는 병원 안이 발칵 뒤집혔다. 결국 다시 구속되었는데, 당황한 그의 아버지가 보증인이 되어 당사자는 이른바 백인의 의무(식민지 경쟁 시대 백인의 유색인 지배를 이렇게 불러 정당화시켰다)를 지키러 식민지로 보내졌다. 또 이전에 도시생활을 전혀 해본 적 없는 어떤 청년은 곧장 극장과 술집에 홀려 친구도 경마광이나 경마 예상자, 조마사(調馬師) 같은 사람만 사귀더니 지금은 마권 매표소 사원이 되었다는 소문이 있다. 필립도 한번 피카니리 서커스 근처 술집에서 그를 본 일이 있는데 허리를 졸라맨 윗옷에 커다랗고 테 넓은 갈색 모자를 쓰고 있었다. 또 한 청년은 노래와 남 흉내내기에 타고난 재주가 있어 학교 음악회에서 그 무렵 인기를 끌던 희극 배우 흉내를 내어 갈채를 받더니 학교를 중퇴한 뒤 뮤지컬 코미디 합창단에 들어가고야 말았다.

그리고 또 한 사람, 이 청년은 촌스런 태도에 무뚝뚝한 말투로 도저히 깊은 감정을 이해할 수 없을 것 같아 필립의 흥미를 끌었는데, 끝내는 런던의 도시생활이 숨 막혀 견딜 수 없게 된 것같이 보였다. 숨 막힐 듯한 분위기 속에서 점점 여위어 가더니—그 자신도 모르는 그의 영혼이 마치 손아귀에 잡힌 참새처럼, 가쁜 호흡과 방망이질 치는 그의 심장의 고동으로 몸부림치고 있었다.

어린 시절을 보냈던 그 넓디넓은 하늘과 활짝 열린 전원의 한적함을 갈구해 마지않았던 것이다—어느 날 강의와 강의 사이의 쉬는 시간에 아무한테도 말하지 않고 훌쩍 사라져 버리고 말았다. 그 뒤 그의 친구들이 들은 소문에 따르면 그는 결국 의학을 단념하고, 어떤 농장에서 일하고 있다는 것이었다.

필립은 내과강의와 외과강의를 듣고 있었다. 그리고 매주 특정한 날 오후에는 외래환자의 붕대를 감아 주며 얼마간 푼돈을 벌었다. 약을 짓는 법이며 청진기 사용법도 배웠다. 7월에는 약물시험을 치기로 되어 있었는데, 여러 약품을 써서 물약을 만든다든가 약을 개는 것은 퍽 재미있었다. 조금이라도 인간적인 흥미를 끄집어낼 수 있는 일이면 그는 열을 내어 덤벼들었다.

한번은 멀리서 그리피스의 모습을 본 일이 있었다. 그러나 죽이고 싶은 생각이 들까 봐 피하고 말았다. 그리피스의 친구들—그 가운데에는 아직도 필립의 친구인 사람도 있지만—그들에 대해서는 뭔가 창피한 생각이 들었다. 왜냐하면 그들은 모두 그와 그리피스의 싸움을 알 뿐더러 어쩌면 그 원인까지도 아는 것같이 생각되었기 때문이다. 그들 가운데 램즈덴이라는 키가 크고 머리가 작고 몹시 활기 넘치는 한 친구가 있었는데, 그는 아주 충실한 그리피스 신봉자로 넥타이에서 구두에 이르기까지, 또 말투에서 몸짓 하나에 이르기까지 그리피스를 그대로 흉내내고 있었다. 어느 날 그가 이런 말을 했다. 그리피스는 자기가 낸 편지에 답장이 없는 것을 무척 괴로워하며, 어떻게든 그와 화해하기를 바란다는 것이었다.

"그래 그렇게 전하라고 하던가?"

"아냐, 내 기분으로 하는 말이야. 자기는 정말 나쁜 짓을 했대. 자네는 시종일관 잘해 주었는데. 다시 화해하면 무척 좋아할 거야. 자네와 만날까 봐 겁나서 병원에도 못 오잖아. 자네가 죽일지도 모른다나."

"그럴지도 모르지."

"그놈도 꽤 뉘우치더군."

"그놈이 어떻게 괴로워하든 나하곤 상관없어."

"화해만 할 수 있다면 무슨 짓이라도 하겠대."

"어린애야, 히스테리야. 그놈이 뭘 이러고저러고 할 말이 있어. 나 같은 거 어차피 살 가치도 없는 인간이야. 나 같은 거 없어도 얼마든지 잘 살아갈 그리피스가 아냐? 이제 그따위 녀석한텐 전혀 흥미 없어."

몹시 냉정한 녀석이라고 램즈덴은 생각했다. 그는 입을 다물고 잠깐 당황한 듯 주위를 둘러보더니 말을 이었다.

"지금은 해리도 그런 여자와 상종한 걸 꽤 뉘우치더군."

"호오, 그래?"

그는 드디어 빈정거리는 투가 되었다. 몹시 만족했다. 그의 심장이 무섭게 뛰는 것을 아무도 몰랐다. 그는 마른침을 삼키고 상대의 말을 기다렸다.

"그럼, 자네는 그 일을 완전히 잊어버렸단 말이야?"

"나? 응, 다 잊었어."

그 뒤의 밀드레드와 그리피스의 관계가 조금씩 밝혀졌다. 그는 입가에 연방 미소를 띠며 그의 말에 귀를 기울였다. 머리 나쁜 상대 같은 건 훌륭히 속일 수 있는 냉정이었다. 그리피스와 함께 지낸 옥스퍼드에서의 주말은 그녀의 돌발적인 사랑을 진정시키기는커녕 오히려 부채질하는 결과밖에 되지 않았다. 그가 돌아가겠다고 했을 때 그녀는, 자기 자신도 전혀 생각 못했던 감정의 소용돌이로 이틀 더 혼자 남아 있겠다고 말했다. 누가 뭐라 해도 이미 필립한테는 돌아가고 싶지 않았다. 생각만 해도 지긋지긋했다. 그리피스는 자기가 불붙여 놓은 그녀의 정염의 격렬함에 새삼 놀랐다. 왜냐하면 그녀와 같이 지낸 이틀간이 그에게는 오히려 지루하기까지 했던 것이다. 모처럼 재미있었던 이 막간극을 일부러 지루한 정사로 만들 생각은 눈곱만큼도 없었다. 그녀는 꼭 편지를 보내 달라고 부탁했다.

천성적으로 정직하고 의리 있고 점잖고 아무튼 팔방미인이길 원했던 그리피스는 고향에 돌아가자 곧 길고 그러면서도 달콤한 편지를 보냈다. 그러자 그녀 역시 길고 긴 열정이 넘쳐흐르는 편지, 그것도 표현능력이 전혀 없는 그녀인 만큼 조잡하고 천하고 형편없는, 글씨가 엉망인 편지를 보내왔다. 그는 아주 질려 버렸다. 게다가 그것이 다음 날 또 다음 날 이렇게 이어지자 이제는 재미있다기보다 오히려 무서웠다.

그는 답장을 보내지 않았다. 그러자 이번엔 속사포 같은 전보가 날아왔다. 병을 앓고 있는가, 편지는 받아보았는가, 답장이 오지 않아 걱정이 되어 견딜 수 없다는 내용이었다. 하는 수 없이 화를 내지 않을 범위 내에서 되도록 무관심한 감정을 담아 답장을 썼다. 전보를 치지 말라, 어머니가 워낙 옛날 사람이라 지금도 전보를 받으실 때마다 깜짝깜짝 놀라니까 일일이 설명하기가 난처하다는 얘기도 했다. 그러자 곧 다시 답장이 오고 꼭 한번 만나고 싶다, 가진 물건을 전당포에 넣어(그녀는 필립이 결혼선물로 보내 준 화장품 세트를 가지고 있었는데 전당포에 넣으면 8파운드는 받을 수 있었다) 그쪽으로 가겠다, 그리고 그의 아버지가 개업하고 있는 동네에서 4마일쯤 떨어진 읍에 머물겠다고 했다. 여기에는 그도 깜짝 놀랐다. 이번엔 그쪽에서 전보를 쳐서 그런 짓을 해서는 곤란하다, 언제고 올라갈 때는 반드시 알려 주겠다고 약속했다.

그러나 막상 올라와 보니까 그녀는 벌써 그가 취직한 병원으로 찾아와 있었다. 그는 난처한 처지에 빠졌다. 할 수 없었다. 그는 일단 그녀를 만나, 앞으로는 어떤 일이 있어도 절대로 여기에 와서는 곤란하다고 단단히 말해 주었다. 3주일 만에 만나보니, 지루하기 짝이 없는 여자라는 것을 깨달았다. 어째서 이따위 여자와 관계를 맺게 됐는지 그 자신도 잘 알 수가 없었다. 이제는 될 수 있는 대로 빨리 연을 끊는 수밖에 없었다. 그는 남과 말다툼하기도 싫고 남에게 고통을 주기도 싫었다. 동시에 그에게는 그 밖에도 할 일이 얼마든지 있었고, 이 이상 밀드레드 때문에 시끄러운 것도 싫었다. 그런데 그리피스라는 남자는 만나면 만날수록 유쾌하고 명랑하고 재미있었다. 여자는 바싹 달라붙었다. 그럴수록 그는 만나지 않았다. 오랜만에 만나더라도 그릴듯한 변명을 붙여 집에서 공부만 했다. 무리하게 약속을 하면, 바로 그때 가서 전보를 쳐 회피했다. 하숙집 아주머니(취직은 했어도 석 달 동안은 그냥 하숙집에 남아 있었다)한테는 밀드레드가 오면 없다고 하라고 일러 놓았다.

그녀는 곧잘 길에서 지키기도 했는데, 뻔히 그가 퇴근하길 기다렸다는 것을 알면서도 그는 다정한 말 두세 마디만을 남기고는 그대로 다른 약속이 있다는 핑계로 재빨리 달아나 버렸다. 그러는 동안에 병원을 남몰래 빠져나가는 기술이 차츰 능숙해졌다. 한 번은 밤늦게 하숙에 돌아와 보니 지하실 부엌 난간에 여자가 서 있는 것이 보였다. 대뜸 눈치채고 그는 곧장 램즈덴의 방으로 가서 하룻밤 신세를 졌다. 이튿날 아주머니한테 들으니까, 과연 그녀는 몇 시간이나 문간에 앉아 운 모양인데, 할 수 없었던지 나중에는 경찰관을 부르겠다고까지 했다고 한다.

"자네 말이야, 자넨 참 잘 끊었어. 해리가 말하던데. 그렇게 귀찮은 여자인 줄 알았으면 죽어도 상종하지 않았을 거라고."

램즈덴이 말했다.

필립은 기나긴 밤 몇 시간 동안이나 문간 돌계단에 앉아 있었을 밀드레드의 모습을 그려 보았다. 쫓아 버리려는 여주인의 얼굴을 힘없이 올려다보는 그녀의 얼굴이 선히 보이는 듯했다.

"그런데 요샌 뭘 하는지 모르나?"

"뭐, 관심도 없으니까. 어디서 일하는 모양이야. 하루 종일 바쁜 모양이던데."

여름학기가 끝나기 직전 그가 마지막으로 들은 소식은, 그토록 예의범절에 밝은 그리피스도 마침내는 그 여자의 끊임없는 압박에 못 이겨, 이제 더는 못 시달리겠으니 제발 자기를 그냥 내버려 둬 달라고 선언해 버렸다는 것이다.

"그렇게 할 수밖에 없었대. 어쩔 도리가 없었거든."

램즈덴이 말했다.

"그래, 이젠 완전히 끝난 셈인가?"

"아마 벌써 열흘이나 만나지 않은 모양이야. 자네도 알잖아. 해리가 버리는 데는 선수란 걸. 아마 이번이 제일 힘들었을걸. 하지만 아무튼 멋지게 해

치운 모양이야."

그 뒤 필립은 두 번 다시 그녀의 소문을 듣지 못했다. '런던의 인구'라는 그 거대한 이름 없는 대중 속에 그 여자도 묻혀 버리고 만 것이다.

81

겨울학기 초에 필립은 외래담당 조수가 되었다. 외래담당 의사는 셋으로 주 이틀씩 교대로 진료했는데, 필립은 티렐 박사 밑에 등록했다. 티렐 박사는 학생들 사이에서 인기가 매우 높아 그의 조수가 되기 위해서는 치열한 경쟁을 거쳐야 했다. 나이는 서른다섯, 여위고 키가 큰 남자로 작은 머리통에 빨간 머리를 짧게 깎았는데, 크고 푸른 눈이 인상적이었다. 얼굴은 늘 불그스름했다. 듣기 좋은 목소리로 얘기를 잘했고 농담을 좋아했으며, 세상사를 퍽 낙천적으로 생각했다. 고문의사로도 활동을 많이 해 장차 훈작사(勳爵士)의 명예도 기대할 수 있는 의사였다.

보통 학생과 가난한 사람들만 접하므로 어딘가 다소 권위자인 체하는 버릇이 있었고, 또 언제나 병자들만 상대하기 때문에 흔히 고문의사들의 직업적 태도에서 풍기는 건강인다운 명랑하고 대범한 데가 있었다. 그의 앞에 나온 환자는 마치 유쾌한 교사 앞에 나온 학생 같았다. 환자의 병을 그는 마치 어린애의 장난, 어리석은 놀이처럼 생각했다. 짜증을 내기보다는 오히려 재미있어했다.

학생들은 날마다 외래환자 진찰실에 나가 환자를 보고 지식을 습득하게 돼 있었다. 그러나 조수도 당번 날이 되면 일은 한층 한정되었다. 그 무렵 성 누가 병원 외래부는 각각 안에서 통할 수 있는 방 세 개와 거대한 돌기둥, 긴 의자가 놓인 크고 어두운 대합실로 되어 있었다. 환자들은 정오가 되면 진찰권을 받아들고 모두 거기에서 기다렸다. 약병이며 약단지를 손에 든 가지각색 연령의 남녀들이 긴 열을 지어 묵묵히 어둠 속에서 기다렸다. 다 떨어진 더러운 옷을 입은 사람이 있는가 하면 의외로 깨끗하게 차린 사람도 있었다. 그러나 어쨌든 그것은 세상에서도 가장 음침한 광경이었다. 그것은 언뜻 도미에가 그린 어두운 화면을 떠올렸다. 어느 방이고 벽은 모두 연홍빛으로 칠해져 있었고, 벽 아래쪽만이 검은 자줏빛으로 되어 있었다. 냄새가 코를 찌르고 그것이 오후가 되면 사람의 체취와 뒤섞였다. 첫째 방이 제일 컸고, 한가운데 의사용 테이블과 의자가 하나씩 놓여 있었다. 그 양쪽에는 좀더 낮은 테이블이 두 개 놓여 있었는데 한쪽에는 병원 상주 의사가 앉고, 다른 한쪽에는 진찰부를 취급하는 조수가 앉았다. 진찰부란 커다란 기록서로 환자의 이름·나이·성별·직업 그리고 병세에 대한 진단 같은 것이 씌어 있었다.

1시 반이 되면 상주 의사가 들어와 벨을 누르고 안내인을 시켜 먼저 재래(再來)환자부터 불러들인다. 재래환자는 티렐 박사가 올 때까지 될 수 있는 대로 봐둬야 했다. 필립의 짝이 된 상주 의사는 몸집이 자그마한 유쾌한 남자였는데, 자기의 위치를 꽤 자랑스럽게 여기고 조수들한테도 이상하게 선배 노릇을 하려고 했다.

특히 그의 눈에 거슬리는 건 상급생들이 그에게 함부로 대하려는 태도였다. 전에는 같은 재학생이었던 만큼 그가 지금의 지위에서 바라는 존경을 좀처럼 해주려고 하지 않는 것이 마뜩잖았던 것이다. 그가 환자를 보기 시작하면 조수가 그를 도왔다. 환자들은 줄지어 들어왔다. 남자 환자가 먼저였다. 만성 기관지염, '악성 해소 심함' 이것이 그들 대부분의 증세였다. 한 사람이 상주 의사 앞으로 가면, 다음 사람이 조수에게 진찰권을 제출한다.

만일 경과가 좋은 환자라면 진찰권에 'Req 14'라고 적어 넣는다. 그들은 약병과 약단지를 가지고 약국으로 가서 14일 분의 약을 받아 간다. 그러나 병원에 오래 다닌 환자들은 될수록 상주 의사의 진단을 받으려고 했다. 하지만 대개는 뜻을 이루지 못했다. 다만 서너 사람, 특히 그의 진단이 필요한 증세가 있는 사람만이 뒤에 남았다.

티렐 박사는 무척 쾌활하게 종종걸음으로 들어왔다. 마치 서커스의 무대에서 '여기 또 나타났습니다' 하는 식의 인사를 외치면서 뛰어나오는 어릿광대를 떠올렸다. 그의 태도는 병이라는 게 도대체 뭐야, 우스꽝스럽군! 곧 낫게 해줄 테니까, 어쩌고 하는 것 같았다. 자리에 앉으면 먼저 재래환자 가운데 특히 봐야 할 사람이 없느냐 묻고, 그들을 재빨리 보아 치웠다. 그리고 환자들의 얼굴을 날카로운 눈으로 훑어보며 상주 의사와 여러 증세에 대한 이야기를 하고 유쾌한 농담을 주고받았다. 그럴 때마다 조수들은 큰 소리로 웃어젖혔다. 따라서 상주 의사들도 따라 웃게 되는데 그들은 조수 따위가 웃는 건 건방지다는 듯 나무라는 얼굴로 오늘은 날씨가 좋다는 둥 덥다는 둥 점잖은 이야기를 늘어놓았다. 그리고 다시 벨을 누르고는 안내인에게 다음 환자를 들어오게 했다.

그들은 한 사람씩 들어와 박사가 있는 테이블로 간다. 노인이 있는가 하면 젊은 사람도 있고, 중년도 있었다. 대개 부두 노동자나 마차부나 공장 노동자가 아니면 술집 종업원이었다. 그 가운데에는 꽤 말쑥한 상류층 차림을 한 좀더 윗계급, 예를 들면 상점원, 회사원 같은 사람도 끼여 있었다. 이러한 사람들이 오면 박사의 눈은 수상쩍게 빛났다. 어떤 때는 일부러 빈민으로 가장, 남루한 옷을 입고 오는 사람도 있었는데, 박사의 눈을 속일 수는 없었다. 정확히 꿰뚫어보고 의료비를 넉넉히 낼 사람 같으면 그 자리에서 진찰을 거절하는 일도 있었다. 가장 질이 나쁜 건 여자들이었는데 그 방법이 매우 졸렬했다. 다 떨어진 외투나 치마를 입고 오면서도 가장 중요한 반지 빼놓기를 잊는 것이다.

"그런 보석 같은 걸 지니고 있는 걸 보면 당신은 충분히 치료비를 낼 수 있을 텐데요? 여긴 아시다시피 자선병원입니다."

박사는 이렇게 말하고 진찰권을 밀어 준 다음 다른 환자를 부른다.

"하지만 이렇게 진찰권을 가지고 있는데요."

"진찰권? 그런 게 뭡니까. 자, 어서 돌아가십시오. 당신 같은 사람이 와서 진짜 가난한 사람에게 필요한 시간을 뺏을 권리는 없는 겁니다."

환자는 불쾌한 듯 뾰로통해져서 나간다.

"저 여잔 틀림없이 신문에 투서할 거야. 런던의 자선병원이 무척 친절하다고."

다음 환자의 진단서를 들고, 예의 그 날카로운 눈초리로 상대를 보며 박사는 웃으며 말했다.

대개의 환자들은 자선병원이란 국가의 시설로, 그들 자신의 지방세로 그 비용을 대고 있다고 생각했다. 따라서 거기에서 받는 진찰은 모두 당연한 권리이며, 그들을 위해서 시간을 쓰는 의사들도 충분한 보상을 받는 것으로 알고 있었다.

티렐 박사가 조수 한 사람 한 사람한테 환자를 할당해 주면 조수들은 그들을 각각 다른 방으로 데려간다. 그곳은 첫 번째 방보다 작고, 방마다 검정빛 말 털 모포를 씌운 침대가 놓여 있었다. 먼저 환자에게 여러 질문을 하고,

폐·심장·간장 따위를 자세히 조사한 다음 진료부에 써 넣고 대강 자기의 진단결과를 적어 넣은 다음, 박사가 들어오기를 기다린다. 박사는 남자 환자의 진찰이 끝나면 대여섯 명의 학생들을 거느리고 들어온다. 거기에서 조수가 먼저 진찰결과를 읽는다. 그러면 그는 거기에 대해 짧게 질문을 한 다음 이번에는 자기 스스로 진찰을 한다. 만일 뭔가 흥미 있는 것이 있을 때에는 학생들도 청진기를 대본다. 한 환자에게 가슴에는 두세 명, 등에는 두 명, 그러고도 초조하게 순서를 기다리는 학생이 있을 때가 적지 않다. 학생들에게 둘러싸여 환자는 대개 조금 난처해하기 마련인데 동시에 또 그토록 관심의 초점이 되는 것이 그다지 싫은 기색도 아니었다. 박사가 병세에 대해 얘기하면 환자는 어리둥절해 귀를 기울인다. 두세 명의 학생들은 박사가 설명하는 라셀 소리를 다시 확인하기 위해 한 번 더 청진기를 대본다. 그리고 그것이 끝나면 마침내 환자에게 옷을 입게 하는 것이다.

여러 종류의 환자를 다 진찰하고 나면 다시 큰방으로 돌아와 테이블 앞에 앉는다. 박사는 근처에 있는 학생을 아무나 붙들고 자네 같으면 지금 본 환자에게 어떤 처방을 내리겠느냐고 묻는다. 학생은 두세 가지 약 이름을 댄다.

"흠, 그럴 듯해. 그건 확실히 새로운 학설인데. 하지만 엉터리가 아닐까?"

이런 말에 학생들은 언제나 웃음을 터뜨렸다. 박사 자신도 자기의 유머에는 꽤 자신이 있는 듯 눈을 빛내며 뭐든 학생이 내린 처방과는 다른 것을 내린다. 만일 똑같은 환자가 두 사람 있어 한 학생이 방금 박사가 낸 처방과 같은 것을 내면 이번에도 박사는 고개를 흔들고는 전혀 다른 처방을 내리는 것이다. 어떤 때는 약국 직원들이 지쳐 빠져 늘 쓰는 약, 물론 오랜 경험으로 약효는 충분히 실험된 거지만, 이른바 병원조제의 명약 같은 것만 쓰는 사실을 알고, 일부러 어려운 처방을 내놓고 무척 재미있어했다.

"약제사에게도 일거리를 좀 줘야 해, 매일 똑같이 구아니딘하고 소다만 내봐, 뭐가 되겠나."

학생들이 와 웃는다. 그러면 그는 한 바퀴 빙 돌아보고, 자기가 한 농담에 스스로 흐뭇해한다. 그리고 다시 벨을 눌러 안내인이 얼굴을 내밀면 이렇게 말한다.

"여자 차례야, 재진부터 들어오라고 해."

그리고 의자에 기대 상주 의사와 잡담을 하고 있노라면 안내인이 재래 여환자들을 줄줄이 데리고 들어온다. 앞머리를 길게 내린 입술이 파란 빈혈증 그녀들, 모자라는 음식조차 소화가 안 된다는 여자, 살찐 여자, 마른 여자, 가지각색의 노파들, 애를 너무 많이 낳아 나이에 맞지 않게 겉늙고 이른바 기침을 하는 여자들, 그 밖에 나름대로 모두 이유가 있는 여자들이 마치 염주처럼 줄줄이 들어온다. 박사와 상주 의사는 재빨리 그녀들을 진찰해 나간다. 시간이 꽤 흘러 작은 방의 공기는 점점 혼탁해져 간다. 박사가 시계를 본다.

"오늘은 여자 새 환자가 많은가?"

"꽤 되는 것 같습니다."

상주 의사가 대답한다.

"그럼, 보기로 할까? 그전 환자는 자네가 맡아보게."

새로운 환자가 들어온다. 남자들의 병은 대부분 술이 원인이지만, 여자들은 영양부족이 많다. 6시쯤에는 모든 것이 끝난다. 계속 서 있어야 하고, 공기가 나쁘고, 끊임없이 긴장해 있으므로 필립은 녹초가 되어 동료 조수들과 의학교로 차를 마시러 간다.

일은 꽤 재미있었다. 거기에는 소재 그대로의 인간, 다시 말해서 예술가의 가공을 기다리는 소재 그대로의 인간이 있었다. 그는 예술가이고 환자들은 손 안에 있는 흙이라고 생각하자 이상하게 일에 재미가 붙었다. 다만 아름다운 것을 창조하고 싶은 일념으로 색채니 색조니 농도에 도취되어 있던 저 파리에서의 생활을 생각하면 우스워져 어깨를 으쓱했다.

거기에 비해 요즘은 매일 직접 인간과 접하면서 지금까지 맛보지 못한 전율 비슷한 것을 느꼈다. 그들의 얼굴을 보고, 그들의 말을 듣는 것만으로도 끝없이 흥분을 느꼈다. 한 사람 한 사람이 뚜렷한 개성을 보이며 나타났다. 어물어물 어색하게 들어오는 사람이 있는가 하면, 채신머리없이 종종걸음으로 나타나는 사람도 있었고, 천천히 여유롭게 등장하는 사람이 있는 반면, 부끄러워하며 들어오는 사람도 있었다. 대개 한 번만 보면 직업을 알아맞힐 수 있었다.

어떻게 해야 상대가 잘 알아듣는가, 어떠한 식으로 대개의 인간은 거짓말하는가, 어떻게 물으면 사실대로 다 털어놓는가 하는 것도 모두 알았다. 또 같은 일이라도 사람에 따라 받아들이는 방식이 어떻게 다른가도 잘 알았다. 똑같이 중증이라는 진단이 내려도 농담처럼 웃으며 듣는 사람이 있는가 하면 절망으로 말도 제대로 못하는 사람도 있었다. 지금까지 대인관계에서 겁쟁이였던 필립이지만 이들 환자에게는 전혀 그런 걸 느끼지 않았다. 반드시 동정심에서가 아니었다. 동정이란 결국 하나의 우월감이지만 이들 환자들한테는 진심으로 마음을 터놓을 수가 있었다. 환자를 안심시키는 비결도 알았다. 환자가 배당되어 진단이 맡겨지면 환자도 이상하게 그를 믿고 모든 것을 맡기는 것같이 생각되기 시작했다.

'난 본디 날 때부터 의사형인가 보지. 가장 적합한 자리를 찾았다는 건 참 다행한 일이야.'

그는 생각했다.

매일 오후가 되면 연출되는 이러한 극적 흥미를 아는 사람은 조수 가운데에서도 그 혼자인 것 같았다. 다른 사람에게 환자는 다만 환자에 불과했고, 병세가 복잡하면 흥미롭고 흔한 증세면 귀찮을 뿐이었다. 라셀의 소리를 듣든가, 이상 간장에 놀라든가, 폐 속의 예기치 못했던 잡음에 대해 여러모로 토론할 따름이었다.

그러나 필립은 그러한 일반적인 일에만 그치지는 않았다. 환자의 머리 형태, 손 모양, 눈초리며 코의 길이에 이르기까지 모든 것이 흥밋거리였다. 이 방에서는 인간성 그 자체가 허를 찔려 습관이라는 가면이 용서 없이 벗겨지게 마련이었다. 다시 말해서 인간의 영혼이 그대로 노출되는 것이다. 때로는 선천적인 금욕주의를 보게 되어 마음 깊이 감동받을 때가 있었다.

한번은 시골교육 한 번 받지 못한 환자를 맡았는데, 이 남자는 절망이라는 선언을 듣고도 실로 태연자약하게, 남 앞에서는 속눈썹 하나 까딱하지 않았다. 그 훌륭한 본능적 용기에는 필립도 혀를 내두르지 않을 수 없었다. 그러나 그런 그가 혼자가 되어 그 영혼과 마주할 때도 과연 그렇게 태연자약할 수 있을까? 그도 역시 절망에 지고 말지 않을까? 때로는 비극도 있었다. 한번은 젊은 여인이 동생이라며 열여덟 살 난 처녀를 진찰실에 데려왔다. 고운 얼굴에 커다란 푸른 눈, 가을 햇빛이 갑자기 비치자 금발이 마치 황금처럼 빛났다. 게다가 피부가 놀랄 만큼 아름다웠다. 학생들의 눈길이, 싱글벙글 웃으면서 일제히 그녀에게만 쏠렸다. 더러운 진찰실에 그런 아름다운 처녀가 나타나기는 드문 일이었기 때문이다. 언니라는 여자가 자기 집안 이야기를 했는데, 부모님도 오빠도 그리고 언니도 모두 폐병으로 죽고, 지금은 다만 이 자매만이 남았다고 했다. 그런데 그 동생마저 요즘 기침을 하기 시작하더니 눈에 띨 정도로 몸무게가 줄어든다는 것이었다. 블라우스를 벗으니까 목빛이 우유처럼 하얗다. 티렐 박사는 능숙한 솜씨로 조용히 진찰했다. 그리고 한 곳을 짚고 조수들에게 청진기를 대보라고 했다. 그것이 끝나자 옷을 입어도 좋다고 했다. 언니는 조금 떨어진 곳에 서 있었는데 동생에게 들리지 않게 낮은 소리로 박사에게 물었다. 목소리가 불안에 떨리고 있었다.

"선생님, 괜찮을까요?"

"내 생각에는 틀림없이 그것입니다."

"이 동생이 마지막이에요, 이 애마저 죽으면 전 이 세상에 혼자만 달랑 남게 돼요."

그녀는 울음을 터뜨렸다. 박사는 여인의 얼굴을 뚫어지게 바라보고 있었는데, 자세히 보면 그 여자도 똑같은 체질이었다. 어차피 오래 살 유형이 아니었다. 동생은 고개를 돌리며 언니의 우는 얼굴을 보았다. 모든 것을 알아차렸다. 아름다운 얼굴에 핏기가 싹 가시면서 어느새 눈물이 뚝뚝 떨어졌다. 두 여인은 소리 없이 흐느끼며 그대로 한참 동안 서 있었다. 갑자기 언니가 곁에서 무심한 사람들이 지켜보고 있다는 사실도 잊은 듯 동생에게 다가갔다. 그러더니 그녀를 두 팔로 껴안고는 마치 아기라도 다루듯 다정하게 이리저리 흔들기 시작했다.

자매가 돌아간 다음 한 학생이 물었다.

"앞으로 얼마나 남았습니까?"

박사는 어깨를 으쓱해 보였다.

"오빠하고 언니도 첫 증상이 나타나고 석 달 이내에 모두 죽어 버렸으니까 저 처녀도 마찬가지일 거야. 돈이라도 있으면 또 모르겠지만. 그렇다고 그녀들에게 생 모리츠(스위스의 유명한 요양원)로 가라고 할 순 없지 않나. 딱하지만 어쩔 수 없는 거야."

또 한번은 한창 일할 건장한 남자가 찾아와 도저히 아파서 못 견디겠다고 호소한 일이 있었다. 클럽 의사에게 보여도 아무런 효과가 없어 왔다는데 이것도 선고는 죽음이었다. 그러나 그것은 과학의 힘으로도 어쩔 수 없는 무서고 감내해야 할 그러한 불가항력의 죽음이 아니라, 그가 복잡한 문명의 거대한 기계 속의 조그만 바퀴나 다름없고, 또 그 스스로는 자동기체라고 할 수 있는 그 주위의 조건을 변경시킬 아무런 힘도 없기 때문에 생긴 그러한 죽음이었다. 완전한 휴양만이 유일한 기회였지만 박사는 역시 이 사람에게도 그러한 불가능한 일은 요구하지 않았다.

"좀더 편한 일로 바꾸는 게 좋겠습니다."

"제 일에는 편한 일이 없는데요?"

"으음, 하지만 이대로 나가다가는 자살이나 마찬가진데요, 상태가 아주 나쁩니다."

"그럼 죽는단 말입니까?"

"그렇다고까지 할 순 없지만 어쨌든 중노동은 안 됩니다."

"하지만 제가 일하지 않으면 누가 처자를 먹여 살립니까?"

박사는 어깨를 으쓱했다. 이러한 딜레마는 몇 백 번 겪었는지 모른다. 그러나 시간은 점점 다가오고 봐야 할 환자는 많았다.

"아, 그럼 일단 약을 가져가십시오, 그리고 일주일 뒤에 다시 와서 상태가 어떤지 말해 주십시오."

그 남자는 어차피 별소용도 없는 처방을 들고 나갔다. 의사가 뭐라 해도 그 남자는 노동을 못할 만큼 몸이 나쁘다고 생각하지 않았다. 더구나 지금 하는 일은 수입도 많고 해서 도저히 그만둘 수가 없었다.

"앞으로 1년 남았어."

박사는 말했다.

때로는 희극도 있었다. 간혹 느닷없이 런던 토박이식 유머가 튀어나올 때도 있었고, 디킨스의 소설에나 나올 듯싶은 기묘한 노파가 수다를 떨어 좌중을 웃기는 일도 있었다. 한 번은 유명한 극장 발레단의 댄서라는 여자가 찾아왔다. 아무리 보아도 쉰은 돼 보였는데, 자기 말로는 스물여덟이라고 했다. 형편없이 짙은 화장을 하고 학생들한테도 시커멓고 커다란 눈으로 주책없이 추파를 던졌다. 게다가 웃는 얼굴이 말할 수 없이 색정적이었다. 대단한 강심장으로, 티렐 박사한테도 마치 곤드레만드레 된 손님이라도 다루듯 함부로 대했다. 이것을 또 박사는 무척 재미있어했다. 그녀에게는 만성기관지염으로 그대로는 도저히 일을 계속할 수 없다는 진단이 내려졌다.

"왜 이런 병에 걸렸을까요? 알다가도 모를 일이에요. 이 세상에 태어나서 아직 한 번도 병이라곤 앓아 본 일이 없는데요, 네, 선생님? 한번 보면 아시겠지요?"

그녀는 학생들을 향해 긴 속눈썹을 꿈틀하고 누런 이빨을 드러내며 웃었다. 지독한 런던 사투리를 쓰는 주제에 묘하게 고상한 체하므로 한 마디 한 마디가 모두 웃음거리가 되었다.

"말하자면 해소 기침이라는 것인데, 중년 여자들이 많이 앓는 병이죠."

박사는 사뭇 심각하게 대답했다.

"그게 무슨 말씀이세요, 전 숙녀예요. 지금까지 중년 여자란 말은 한 번도 들은 일이 없어요."

그녀는 눈을 접시처럼 커다랗게 뜨고, 고개를 약간 갸우뚱한 다음 뭐라 말할 수 없이 교활한 표정으로 그를 쳐다보았다.

"그게 의사의 난처한 입장이라는 겁니다. 때때로 본의 아니게 부인들한테 실례의 말씀을 드려야 하니까요."

여자는 처방을 받아들자 다시 한 번 마지막으로 교태를 지어 보였다.

"선생님, 제 춤 한번 구경하러 오시지 않겠어요? 꼭 와주세요."

"아, 가지요. 가고말고요."

박사는 벨을 눌러 다음 환자를 불렀다.

"선생님 같은 분이 계셔서 절 보호해 주시니 전 얼마나 고마운지 모르겠어요."

그러나 전체적으로 봐서는 비극도 아니었고 희극도 아니었다. 뭐라 나타낼 수 없는 것이었다. 가지각색의 사람들, 갖가지 사건들, 눈물이 있는가 하면 웃음도 있었다. 행복이 있는가 하면 슬픔도 있었다. 지루하고 재미있고 그러면서도 비정했다. 버드나무의 녹색과 꽃의 빨강, 격정의 폭풍우가 있는가 하면 침통하기도 하고 우습기도 했다. 하잘것없다면 하잘것없다고도 할 수 있었다. 단순한가 하면 복잡하기도 했다. 기쁨도 있고 절망도 있었다. 아이들에 대한 부모의 사랑, 여자에 대한 남자의 사랑, 번뇌가 무거운 다리를 끌며 이들의 방을 지나갈 때, 죄 있는 사람이든 죄 없는 사람이든, 버림받은 아내나 불행한 아이나 모두 똑같은 벌을 받게 마련이었다. 술이 사람을 움켜쥐고 피할 수 없는 희생을 요구했고, 이들 방에서는 죽음이 숨 쉬고 있었다.

그리고 가난한 소녀의 가슴을 공포와 수치에 떨게 하며, 인생의 꽃봉오리에 죽음의 진단을 내렸다. 선도 악도 없었다. 있는 것은 다만 사실뿐, 그것이 인생이었다.

82

그 해 막바지, 석 달 기한인 필립의 외래담당 조수생활도 거의 끝나갈 무렵이었다. 파리에 있는 로우슨한테서 편지가 왔다.

필립

크론쇼가 런던에 가 있어. 자네를 꼭 한번 만나보고 싶다는데. 주소는 소호 하이드 거리 43번지. 나는 어딘지 잘 모르지만 자네 같으면 찾을 수 있겠지. 부탁이네만 뒤를 좀 돌봐 줘. 이제는 기진맥진해진 모양인데 무엇을 하고 있는지는 부인이 직접 말할 거야. 나는 모든 것이 평상시와 다름없고, 자네가 있을 때와 조금도 변한 것이 없어. 클러튼은 돌아왔지만 그 친구는 도저히 어쩔 수 없는 사람이 되었어. 닥치는 대로 아무하고나 싸움질하고 돌아다니는 데다 무일푼 신세인 모양이야. 식물원 바로 건너편에 있는 조그마한 아틀리에서 사는데, 자기가 그린 그림은 누구에게도 보여주지 않아. 아무도 얼굴을 내밀지 않으므로 무엇을 하고 있는지 알 수 없어. 천재인지도 모르지만 미치광이인지도 모르겠어. 그건 그렇고, 요전번에 플라나간을 만났어. 마침 부인을 데리고 카르티에 구경을 나온 참이었는데, 그림 공부는 아주 집어치우고 지금은 엽총상을 경영하고 있다더라고. 아주 잘사는 모양이야. 부인이 또 무척 아름다워서, 내가 초상화를 한 장 그려 볼까 생각하고 있어. 만일 자네 같으면 이 경우 얼마를 내라고 하겠나? 깜짝 놀라는 것도 우습지만, 그렇다고 해서 상대방은 3백 파운드 줄 작정을 하고 있는데 이쪽에선 150파운드만 받겠다고, 그런 바보 같은 말은 하고 싶지 않아.

프레데릭 로우슨

필립은 곧장 크론쇼에게 편지를 썼다. 다음과 같은 답장이 왔다. 흔히 쓰는 편지지의, 그것도 반절지에다 썼는데, 싸구려 봉투는 오는 도중에 더러워졌다고는 생각할 수 없을 정도로 더러웠다.

캐리 군

물론 나는 자네를 잘 기억하고 있네. 나는 드디어 낙담의 늪 ^(버니언의 소설 《천로 역정》에 나오는 지명)에 빠져 절망이지만, 자네를 그 늪에서 구해내는 데 내가 조금 힘이 된 것만은 자부하고 있네. 꼭 만나보고 싶네. 나는 아주 낯선 도시에 혼자 와서 외로이 속물들에게 시달림당하는 중일세. 파리의 이야기를 할 수 있다고 생각하니 벌써부터 즐거워지네. 이리로 와달라고는 할 수 없네. 지금 세 들어 있는 하숙은 아무래도 퓌르공 ^(몰리에르 희극에 나오는 인물)의 대를 이을 선생을 모실 만큼 넓지 못하니까 말일세. 그러나 매일 밤 7시에서 8시 사이에는 디인 거리 '오 봉프레질' 식당에서 쓸쓸한 식사를 하고 있는 나를 발견할 수 있을 걸세. 그럼 안녕.

J. 크론쇼

답장이 온 날 필립은 곧 그곳으로 갔다. 식당이라는 것은 이름뿐 단칸방의 최하급 상점이었는데, 단골이라고는 크론쇼 한 사람뿐이었다. 과연 그는 한 구석에 바람을 피해 앉아 있었는데, 언제나 벗은 일이 없는 그 허름한 외투에다 머리에는 모자를 쓰고 있었다.

"여기선 혼자 식사를 할 수 있어 좋거든. 그런데 암만 해도 장사는 잘 안 되는 모양이야. 식사하러 오는 사람이라곤 수상한 여자 너덧 명에다 실업자 같은 웨이터가 한둘, 그게 다야. 얼마 안 가서 폐업할 모양인지 요리도 정말 형편없어. 하지만 내게는 그들의 비운이 오히려 다행이야."

크론쇼는 압생트 술잔을 그의 앞에 놓고 있었다. 두 사람이 헤어진 지 불과 3년밖에 안 되었지만, 그의 변한 모습에 필립은 깜짝 놀랐다. 전에는 꽤 뚱뚱한 편이었는데 지금은 바짝 마르고 얼굴빛이 누랬다. 목덜미 피부는 늘어져 주름이 잡히고 옷은 남의 것을 빌려 입었는지 헐렁헐렁했다. 옷깃이 삼사 사이즈나 큰 것이 한층 단정치 못한 인상을 주었다. 손을 쉴 새 없이 떨고 있었다. 그러고 보니 모양도 필적도 형편없던 편지가 생각났다. 확실히 병세가 깊어진 모양이었다.

"요즈음은 통 식욕이 없어져 버렸어. 더구나 아침에는 기분이 나쁠 때가 많아. 오늘도 수프 조금과 치즈 한 조각 먹은 게 전부야."

필립의 눈길은 자기도 모르게 압생트 술로 떨어졌다. 그것을 보자 크론쇼는 상식적인 충고 같은 건 질색이라는 듯 가볍게 얼굴을 흔들어 보였다.

"벌써 진단을 내릴 모양이군. 물론 압생트 술을 마시면 안 된다고 할 테지?"

"틀림없이 간경화증입니다."

"맞았어, 그대로야."

그렇게 말하고 나서 그는 전에도 필립을 바늘방석에 앉은 기분으로 곧잘 몰아넣던 그 특유의 눈초리로 힐끔 쳐다보았다. 네가 생각하고 있는 것쯤 너무나도 뚜렷하고 진부하다는 듯한 눈빛이었다. 그러나 그 진부한 사실도 일단 인정만 한다면 무슨 말이 또 있겠는가? 필립은 화제를 바꾸었다.

"언제 파리로 돌아가십니까?"

"이제 파리엔 안 가기로 했어. 머지않아 곧 죽을 테니까."

너무나도 자연스러운 말투에 필립은 깜짝 놀랐다. 몇 마디 반박해볼까도 생각했지만 모두 소용없음을 알았다. 곧 죽을 것이 너무나 확실했던 것이다.

"그럼 이대로 런던에 계실 작정이세요?"

스스로 생각해 봐도 서툰 질문을 했다.

"런던이 내게 뭐야. 난 이미 물을 떠난 고기나 다름없어. 설사 혼잡한 거리를 걷는다고 해. 많은 사람들과 부딪치겠지만 그래도 난 꼭 죽음의 도시를 걷는 기분이야. 난 도저히 파리에서는 죽을 수 없었네. 같은 핏줄기를 나눈 영국 사람 사이에서 죽고 싶었어. 어떤 숨겨진 본능이 날 되돌아오게 한 것인지 나도 모르겠어."

필립은 그와 동거하던 여자도, 또 형편없이 구는 그 두 아이도 알고 있었다. 그러나 거기에 대해서는 크론쇼도 말하려 하지 않았고 그 또한 묻고 싶지 않았다. 그들은 대체 어떻게 됐을까?

"왜, 그렇게 자꾸 죽는다는 말씀을 하세요? 통 알 수 없군요."

"난 작년 겨울에 폐렴을 앓았어. 나은 것이 기적이라고들 했지. 그런데 암만 해도 또 한 번 당하고 말 것 같거든. 이번에 다시 걸리면 마지막이야."

"무슨 그런 말씀을, 그렇게까지 나쁠 리가 있겠어요? 그냥 좀 조심하면 되겠죠. 차라리 술을 끊지 그러세요?"

"끊기 싫어서지. 결과에 대한 책임을 질 각오만 있다면 인간은 무슨 짓을 해도 상관없는 거야. 난 내 행동에 책임을 질 각오가 다 돼 있어. 자네는 나 보고 쉽게 술을 끊으라고 하지만 내게 지금 남은 건 이것뿐이야. 술이 없는 인생이 내게 무슨 의미가 있겠나. 이 압생트 술, 여기에서 얻는 행복을 자네는 이해할 수 있겠나? 내 마음은 쉴 새 없이 이 압생트 술만을 갈구하네. 그래서 나는 한 방울 한 방울 그 맛을 음미하며 마시지. 마시고 나면 내 마음은 뭐라 말할 수 없는 행복에 잠기네. 그런데 그걸 마시지 말라고? 그야 물론 자네는 청교도니까 일체의 관능적 향락이라는 것을 경멸하겠지. 그런데 세상에는 관능적 향락만큼 강렬하고 좋은 건 없네. 다행히 나란 사람은 예리한 관능의 감각을 지니고 태어났어. 따라서 난 내 모든 심혼을 기울이다시피 하여 관능의 만족 속에서 살아왔지. 그러나 이제는 그 값도 치를 때가 됐네. 난 거기까지 받아들이기로 했어."

필립은 한참 동안 눈 하나 깜박하지 않고 바라보았다.

"그래, 불안하진 않으세요?"

순간 크론쇼는 대답하지 않았다. 대답할 말을 생각하고 있는 것 같았다. 그러나 다시 필립을 향해 눈길을 돌리자 말했다.

"가끔, 혼자 된 그런 때는. 자넨 그걸 벌이라고 부르겠지만, 그러나 그건 천부당만부당한 말이지. 난 불안 같은 건 조금도 무서워하지 않아. 사람은 늘 죽음을 보며 살아야 한다는 게 예수의 말이지만 그런 어리석기 짝이 없는 얘기가 어디 있나. 인간의 유일한 생활방법은 죽음을 잊어버리는 걸세. 죽음 같은 건 아무것도 아닌 거야. 만일 현명한 인간이라면 죽음의 불안 같은 것으로 행동을 하나하나 구속하진 않을 거야. 그야 물론 나도 죽어갈 때는 허덕이고 괴로워하고 불안에 떨지도 모르지. 그리고 이렇게 된 일생을 혀를 깨물고 뉘우칠 지도 몰라. 하지만 난 그런 후회는 인정하지 않네. 비록 가난하고 병으로 죽어가고 있을망정 난 내 영혼을 쥐고 있네. 후회 같은 건 절대로 안 해."

"그런데 언젠가 선생이 보내 주신 그 페르시아 융단을 기억하십니까?"

문득 지난날의 그 여유로운 미소가 크론쇼의 입가에 떠올랐다.

"기억하고말고, 언젠가 자네가 인생의 의미가 뭐냐고 물어 왔었지. 그 융단이 바로 대답이었는데. 어떻게, 발견했나?"

"아뇨."

필립은 웃었다.
"가르쳐 주시겠습니까?"
"안 돼, 안 돼. 그러면 안 돼. 자신이 발견한 게 아니면 아무 뜻이 없어."

83

크론쇼의 시집이 나오게 되었다. 친구들은 몇 해를 두고 그를 다그치다시피 해왔지만 그의 게으름으로 여태 편집을 끝내지 못하고 있었던 것이다. 재촉을 받으면 입버릇처럼 영국에는 시 정신(精神)이 죽어 버렸다고 대답했다. 예를 들어 몇 년, 몇 십 년의 사색과 노력으로 시집이 나왔다고 치자, 그러나 그것은 몇 백 권의 다른 책과 함께 쓰레기가 되어 겨우 서너 줄, 그것도 경멸에 찬 평론의 대상이 되었다가, 겨우 이삼십 부 팔렸는가 하면 나머지는 그대로 펄프가 되어 사라지고 마는 것이다. 명예욕은 사라진 지 오래다. 명성도 알고 보면 한갓 환상에 불과하다. 이것이 그의 지론이었다. 그런데 한 친구가 시집의 편집을 맡겠다고 나섰다. 레오날드 업존이라는, 역시 글 쓰는 사람으로 필립도 한두 번 라틴 구역의 카페에서 크론쇼와 만난 일이 있었다.

영국에서는 비평가로 꽤 명성을 얻고 있고, 특히 현대 프랑스 문화의 소개에서는 일인자로 인정을 받고 있었다. 프랑스에서도 꽤 오래 있었고, 그 유명한 〈메르퀴르 드 프랑스〉지(誌)를 당대 최고의 평론지로 만들어 놓은 사람들과도 친교가 있었으며, 요컨대 그들의 견해를 영어로 옮겨 놓는 일만으로도 영국에서는 충분히 독창성을 인정받을 수 있는 처지의 사람이었다. 그의 평론은 필립도 몇 개 읽은 일이 있었다. 토마스 브라운 경을 충실히 본뜸으로써 자기만의 문체를 이룩한 사람이었다. 균형 잡힌 공들인 문장과 고풍스런 화려한 어휘가 그 문체를 더욱 개성적으로 보이게 했다. 레오날드 업존은 크론쇼를 설득하여 대충 시 원고를 전부 긁어모았는데, 그걸 놓고 보니 꽤 두꺼운 부피의 책이 될 수 있을 만한 양이었다. 그는 자기 안면으로 출판사를 알아보겠다고 약속했다. 크론쇼도 돈이 무척 궁한 처지였다. 병을 앓기 시작한 뒤부터는 일정한 일거리를 얻기가 몹시 어려웠고, 요즈음에는 술값에도 쩔쩔매는 형편이었던 것이다. 이러한 사정으로 업존이 몇 군데 의논해본 결과, 시 자체는 꽤 높은 수준의 것이나 출판할 정도의 것은 못 된다고 거절당했다는 편지를 받게 되었다. 그러자 이번에 몸이 달기 시작한 것은 바로 크론쇼 자신이었다. 즉시 편지를 내어 자신의 곤란을 알리는 동시에 더욱 많은 노력을 해주기를 부탁했다. 죽을 때가 가까워 오자 역시 뭔가 책 하나는 남기고 싶었으며, 마음속으로는 그래도 훌륭한 시를 썼다는 자부심이 있었다. 일약 신성(新星)처럼 세상에 빛을 내고 싶었던 것이다. 그러한 훌륭한 시보(詩寶)를 일생 고이 간직해 두었다가 막상 세상을 떠나려는 찰나에, 더욱이 자신에게는 아무런 소용이 없어지고 만 때에 헌신짝처럼 경멸하듯 버린다는 것은 생각만 해도 유쾌한 일이었다.

그가 귀국하게 된 직접 동기도 출판을 떠맡겠다는 사람이 있다는 편지를 업존으로부터 받았기 때문이었다. 더욱이 업존의 설득이 효과를 보았는지 인세 선금으로 10파운드를 내겠다는 상대의 제안도 있었다.

"이봐, 선금이야."

크론쇼가 말했다.

"그 유명한 밀턴도 현금으로 10파운드 이상 받은 일은 없네."

책이 나오면 서명까지 붙여서 비평을 써주겠다고 업존은 약속했고, 덧붙여 서평을 쓰고 있는 친구들에게는 부탁을 잘 해두었다는 이야기였다. 크론쇼는 겉으로는 아무렇지 않은 체하면서도 속으로는 세상에 미치게 될 큰 반향을 생각하고 무척 기뻐하고 있음이 분명했다.

어느 날 필립은 크론쇼와 미리 약속을 해놓고 그가 잘 가는 바로 그 보잘것없는 식당으로 나갔다. 그러나 그는 끝내 나타나지 않았다. 물어보니 벌써 사흘이나 나오지 않는다는 것이었다. 가벼운 식사를 마치자 제일 첫 편지에 씌어 있던 주소로 그를 찾아갔다. 하이드 거리를 찾는 데 시간이 걸렸다. 너저분한 집들이 아무렇게나 다닥다닥 맞붙고 유리창은 대부분 부서져 버려 프랑스 신문 조각이 볼품사납게 붙어 있었다. 문 같은 건 벌써 몇 년이나 페인트칠한 흔적이 보이지 않았다. 아래층에는 세탁소니, 과자점이니, 잡화상 등 보잘것없는 가게가 늘어서 있었다. 누더기를 걸친 아이들이 큰길에서 놀고 있고, 낡은 휴대용 오르간이 긁는 듯한 소리로 천한 곡조를 연주하고 있었다. 필립이 크론쇼의 집(아래층은 싸구려 과자집이었다) 문을 두드리자 더러운 앞치마를 두른 프랑스 여자가 얼굴을 내밀었다. 크론쇼가 집에 있느냐고 물어보았다.

"아, 그래요. 맨 위층에 영국인이 한 사람 살고 있는데 지금 있는지 없는지 잘 모르겠어요. 용무가 있으면 올라가서 만나 보세요."

계단에는 가스등이 희미하게 켜져 있었다. 집 안은 코를 찌르는 냄새로 가득했다. 필립이 올라가니까 2층에 있는 방에서 한 여자가 얼굴을 내밀고 수상쩍은 눈초리로 그의 얼굴을 보았으나 끝내 말을 걸지는 않았다. 맨 꼭대기 층계참에는 문이 셋 있었는데 필립은 그 가운데 하나를 두드려 보았다. 다시 한 번, 그러나 대답이 없었다. 손잡이를 돌려 보았으나 안으로 잠겨 있는 것 같았다. 역시 대답이 없었다. 또 손잡이를 돌려 보았다. 문이 열렸다. 방 안은 캄캄했다.

"누구요?"

틀림없는 크론쇼의 목소리였다.

"캐리예요. 들어가도 되겠습니까?"

대답은 없었다. 그는 안으로 들어갔다. 창문은 닫혀 있고 숨이 막힐 듯한 악취가 풍겼다. 밖에 켠 아크 등 불빛에 침대 두 개가 가득히 놓인 좁은 방이 희미하게 비쳤다. 세면대와 의자 한 개가 있었는데 그것 때문에 방 안은 거의 발 들여 놓을 틈도 없었다.

크론쇼는 창 옆 침대에 누워 있었다. 까딱도 하지 않은 채 나직한 소리로 웃는가 싶더니 말했다.

"왜 촛불은 켜지 않지?"

필립은 성냥을 그었다. 과연 침대 옆 마루 위에 촛대가 있었다. 그는 촛대에 불을 붙여 세면대 위에 옮겨 놓았다. 크론쇼는 돌처럼 반듯이 누워 있었다. 잠옷 하나만 입은 모습은 정말 이상했다. 대머리는 한결 볼품이 없었다. 얼굴은 거의 죽은 사람처럼 흙빛이었다.

"몹시 편찮으신 모양인데, 누구 간호해 줄 사람이라도 있어요?"

"아침에 조지가 출근하기 전에 우유를 끓여 주네."

"조지가 누군데요?"

"본명은 아돌프라는데 난 조지라고 부르지. 하여튼 여기 이 궁전에 같이 사는 사람이야."

그러고 보니 다른 침대에는 누가 자고 난 자리가 그대로 있었고 베개의 머리 닿는 부분이 새카맣게 때에 절어 있었다.

"설마 이 방을 누구하고 같이 쓰시는 건 아니겠죠?"

"아냐, 같이 써. 소호란 곳은 원래 방세가 비싼 곳이라서 말이야. 조지란 친구는 웨이터 노릇을 하는데, 아침 8시에 나갔다가 밤에 가게가 끝난 뒤에야 돌아와. 그러니까 조금도 방해되지 않지. 둘 다 잠이 없는 편인데, 조지 녀석이 자기의 신상 이야기를 해서 시간을 보내는 데 도움이 돼. 스위스 사람이야. 난 원래 웨이터란 직업을 좋아하거든. 그런데 그 친구 꽤 재미있는 각도에서 인생을 본단 말이야."

"대체 언제부터 나빠졌습니까?"

"이틀 전부턴가 봐."

"그럼, 요 사흘 동안 내내 우유 한 병씩밖에 안 드셨단 말입니까? 왜 진작 편지를 안 주셨지요? 온종일 간호해 줄 사람도 없이 이런 방구석에 혼자 누워 있다니 말이 됩니까?"

크론쇼는 가볍게 웃었다.

"하지만 자네, 거울을 좀 들여다보며 말하게. 그런 소리를 하면서도 속으로는 큰일 났다고 생각하겠지? 하여튼 자네는 재미있는 친구야."

필립은 얼굴이 화끈 달아올랐다. 이 무서운 방과 그리고 가련한 시인의 딱한 처지를 처음 보았을 때 느낀 당황한 감정이 설마 그대로 얼굴에 나타났으리라곤 생각 못했기 때문이다. 크론쇼는 여전히 조용한 미소를 띠고 필립을 바라보았다.

"난 아주 행복하네. 참 이것 보게, 교정지야. 자네도 알지. 나란 인간은 말이야, 딴 사람 같으면 도저히 참을 수 없는 부자유에도 끄떡없어. 인간이 꿈을 가지고 시간과 공간의 지배자가 돼 보면 그까짓 생활환경 따위는 아무 것도 아니야."

교정지는 침대 위에 놓여 있었다. 어둠 속에서도 쉽사리 손에 잡히게 놔두었다. 그는 눈을 빛내며 그것을 필립에게 보여 주었다. 페이지를 넘기며 아름다운 활자에 도취되어 있는 것 같았다. 한 절을 읽어 보더니 크론쇼가 말했다.

"어때, 나쁘지 않지?"

그러나 필립은 딴생각을 하고 있었다. 어쩌면 이것은 돈이 좀 될지도 모른다. 지금은 한 푼도 지출을 늘릴 처지가 못 되었지만 그렇다고 이러한 때 절약만을 내세운다는 것은 그의 기분이 허락하지 않았다.
"전 선생님이 이런 곳에 이대로 계신다는 건 생각만 해도 괴롭습니다. 다행히 저 있는 곳에 빈방이 하나 있습니다. 지금은 아무것도 없지만 누구한테 말하면 침대 하나쯤은 얻을 수 있을 겁니다. 무엇하면 우리 집으로 옮기지 않겠습니까? 이 집 방세만이라도 절약이 될 텐데요."
"그렇지만, 자네, 나더러 창문을 늘 열어 두라고 하지 않을 건가?"
"정 그렇다면 창문을 모두 봉해 버려도 좋습니다."
"뭐, 내일쯤이면 좋아질 거야. 오늘이라도 일어날 수는 있는데, 그저 마음이 내키지 않는다뿐이지."
"이사하기 힘들 거 없지 않습니까? 우리 집 같으면 기분이 언짢으실 때도 언제까지 누워 있을 수도 있고, 또 잔심부름은 제가 맡아 보면 되니까요."
"그렇게까지 말한다면 폐를 좀 끼쳐 보기로 할까."
그는 어딘지 모르게 귀찮은 듯한, 그러면서도 아주 싫지는 않은 표정으로 웃으며 말했다.
"좋습니다."
이튿날 필립이 데리러 오기로 결정되었다. 필립은 바쁜 아침 시간을 쪼개어 이사할 준비를 해 가지고 갔다. 크론쇼는 벌써 옷을 다 입고, 중절모에 외투 차림으로 침대에 걸터앉아 있었다. 그리고 발 밑 마루 위에는 옷이며 책을 넣은 허름한 가방이 역시 단단히 꾸려진 채 놓여 있었다. 그것은 마치 역 대합실에서 쉬고 있는 모습과 똑같았다. 필립은 자기도 모르게 피식 웃음이 나왔다. 두 사람은 사륜마차를 잡아타고, 창은 모조리 닫은 채 케닝튼으로 향했다. 필립은 그를 우선 자기 방으로 안내했다. 아침 일찍 외출하여 중고 침대와 싸구려 옷장과 거울을 사놓았다. 크론쇼는 곧장 교정을 보기 시작했다. 상태가 훨씬 나아진 것 같았다.
병으로 인한 신경질만 빼면 필립에게는 그리 마음이 쓰이지 않는 손님이었다. 필립은 매일 아침 9시에 강의가 있어서 밤까지는 얼굴을 마주칠 사이가 없었다. 한두 번 필립은 손수 장만한 저녁식사에 크론쇼를 청해 보았으나 그는 불안해하며 도무지 집에 가만히 있을 수가 없는 것 같았다. 대개 소호 근처의 싸구려 식당에서 식사를 마치고 들어오기가 일쑤였다. 필립은 한번 티렐 박사에게 진찰을 받아 보자고 했지만 그는 완강히 거절했다. 의사에게 보여 봤자 고작 술이나 끊으라고 할 테지 하고 생각했던 것이다. 그것만은 무슨 일이 있어도 못하겠다고 했다. 아침이면 언제나 상태가 악화되었으나, 점심때 압생트 술을 마시면 원기가 곧 회복되었다. 그리하여 밤늦게 그가 돌아올 무렵에는 처음에 만났던 그 시절에 필립을 놀라게 한 저 훌륭한 열변으로 도도하게 자신의 주장을 말하곤 했다.

마침내 교정이 끝났다. 책은 다음 해 이른 봄, 크리스마스 때 나온 신간서적의 범람이 어느 정도 가라앉은 다음에 내기로 결정을 보았다.

84

해가 바뀌자 필립은 외과 외래계의 수술조수가 되었다. 일은 지금까지 해 온 것과 별다르지 않았지만, 외과이기 때문에 내과보다는 훨씬 직접적이었다. 환자 대부분은 게으른 사회가 얌전을 빼다가 오히려 전파를 재촉시킨 바로 그런 두 가지 병에 시달렸다. 필립이 그 밑에서 조수로 일한 외과의는 제이콥스로, 매우 명랑하고 한 옥타브 높은 목소리에 머리가 벗어지고 키가 별로 크지 않은 사람이었다. 학생들 사이에선 잔소리꾼으로 통했는데 외과의사로나 교사로나 일가(一家)를 이룬 사람이기 때문에 그런 것은 너그럽게 봐주는 학생도 있었다.

그리고 그는 익살 부리기를 제법 좋아하여 그것을 환자나 학생들에게 공평히 뿌리고 다녔다. 또 조수들을 바보 취급하는 데도 취미가 있었다. 그러나 워낙 조수들은 그보다 아는 게 없는 데다 그 앞에서는 곧잘 딱딱해지므로 그와 맞서서 대답을 해낼 수도 없으므로 그것은 그리 대수로운 일이 아니었다. 상대를 가리지 않고 불쑥불쑥 빈정대는 말이나 입바른 소리를 했는데, 그때마다 학생들은 웃으며 참을 수밖에 없었다. 하지만 본인은 퍽 유쾌한 듯 오후가 되면 혼자 기분 좋아했다. 어느 날, 절름발이 소년 환자가 찾아온 일이 있었다. 환자의 부모는 어떻게 좀 할 수 없겠느냐고 애원조로 매달렸다. 제이콥스는 필립을 돌아보더니 말했다.

"캐리, 이 환자는 자네가 맡게. 자네가 제일 잘 아는 병력일 테니까."

순간 필립은 얼굴이 새빨개졌다. 상대가 농담조로 말하는 것이 분명한 만큼 한층 더했다. 언제나 눌려 지내는 조수들은 그저 아부하듯 껄껄대고 웃었다. 사실 그것은 그가 병원에 들어온 뒤 가장 열심히 연구한 병임에는 틀림없었다. 다리 기형에 관해서는 도서관을 다 뒤지다시피 해가며 관련된 모든 문헌을 뒤져 보았다. 그는 그 소년 환자의 구두와 양말을 벗겼다. 나이는 열넷, 들창코에 파란 눈의 주근깨가 다닥다닥 많은 소년이었다.

소년의 아버지는 어떻게든 해 달라고 사정하며 이 상태로는 도저히 취직도 어렵다고 호소했다. 필립은 신기한 듯 소년의 얼굴을 바라보았다. 부끄러운 기색이라곤 전혀 없고 잘 지껄여댔으며, 끝내는 아버지의 꾸지람을 들을 만큼 마구 까불어댔다. 그리고 자기 발에 무척 흥미가 있는 것 같았다.

"선생님, 그저 보기가 흉할 뿐이에요. 조금도 불편한 점은 없어요."
소년은 필립에게 말했다.
"잠자코 있어. 도대체 넌 너무 말이 많아서 탈이야."
아버지가 나무랐다.

필립은 다리를 먼저 조사해 보고 기형이 된 부분을 천천히 만져 보았다. 자기는 늘 시달리는 열등감을 이 소년은 왜 느끼지 않는 것인지 그는 알 수 없었다. 어째서 자기는 이 소년처럼 아무렇지도 않게 생각할 수 없을까? 이윽고 제이콥스가 들어왔다. 소년은 침대 끝에 걸터앉았고, 필립과 제이콥스가 양편에 섰으며, 그 주위를 학생들이 반원을 그리며 서 있었다. 제이콥스가 기형다리에 대해서 그 재기 넘치는 말재주로 한바탕 지식을 늘어놓았다. 먼저 그 종류를 열거하고 해부학적 조건의 차이에 따라 일어나는 저마다 다른 형태의 기형에 관해 설명했다. 그러더니 갑자기 필립을 향해 물었다.

"자네는 아마 첨족(尖足 : 발꿈치가 땅에 닿지 않는 발)이었지?"
"그렇습니다."

필립은 학생들의 시선이 한꺼번에 자기에게로 쏠리는 것을 느꼈다. 어쩌면 저렇게도 무정할 수 있을까. 얼굴이 새빨갛게 달아오르는 것을 도저히 어쩔 수 없었다. 제이콥스는 노련함에서 오는 유창함과 그의 특징인 명석함으로 설명을 이어 나갔다. 그는 자신의 직업을 매우 흥미롭게 여기는 것 같았다. 그러나 필립은 거의 듣지 않았다. 빨리 끝내 주었으면 하는 생각뿐이었다. 그때였다. 갑자기 그는 자신이 질문받고 있음을 깨달았다.

"캐리 군, 잠깐 양말을 벗어 보지 않겠나?"

순간 그는 온몸에 전율이 지나가는 것을 느꼈다. 제기랄, 하고 욕설을 퍼붓고 싶은 강한 충동을 느꼈으나, 그렇다고 꽁무니를 뺄 용기는 없었다. 학생들의 심한 놀림이 두려웠던 것이다. 그는 억지로 말했다.
"좋습니다."
그는 앉아서 구두끈을 풀기 시작했다. 손가락이 떨려 이러다가는 매듭을 풀지 못할 것 같았다. 필립은 학교에 다닐 때 아이들이 달려들어 발을 억지로 내보이게 했던 일이 생각났다. 그리고 그때 느낀 살을 쥐어뜯는 듯한 수치감이 또렷하게 되살아났다.
"허허, 발을 아주 깨끗이 닦았는데."
런던 사투리가 섞인 금속성 목소리로 제이콥스가 말했다.
학생들도 깔깔대고 웃었다. 문득 정신 차려보니 진찰받고 있던 소년까지 호기심에 가득 찬 눈초리로 그의 발을 보고 있지 않는가. 제이콥스는 그의 발을 두 손으로 잡고 말했다.
"흠, 과연 그렇구먼. 자넨 수술을 받았군. 그게 언제였나? 어릴 때였나?"
그리고 여전히 유창한 설명을 이었다. 학생들은 허리를 굽히고 그의 발을 들여다보았다. 그 가운데에는 제이콥스가 손을 떼자 직접 손을 대보는 사람까지 있었다.
"이젠 볼일이 다 끝났는데 뭐야!"
필립은 빈정대듯 싱긋 웃고 말했다.
할 수 있으면 모조리 죽여 버리고 싶었다. 목덜미를 끌로 한 대 먹이면 (왜 하필 끌이 떠올랐는지는 자신도 몰랐다) 얼마나 시원할까. 인간이란 얼마나 밉살맞은 존재인가. 아아, 지옥이 있다는 것을 믿을 수 있다면 얼마나 좋을까. 그렇다면 놈들이 오늘 지은 죄의 대가를 치르는 것을 떠올리며 조금이라도 위로받을 수 있을 텐데. 제이콥스의 강의는 이번에는 처리법으로 옮겨가서 반은 학생들에게, 반은 환자의 아버지에게 계속 설명했다. 필립은 양말을 신고 구두끈을 매었다. 제이콥스의 이야기는 마침내 끝났다. 그러나 아직 절름발이에 대한 생각은 머리에 남은 듯 필립을 향해 말했다.
"어때, 자넨 수술을 또 한 번 받아 보는 게 어떻겠나? 물론 보통 사람의 발과 똑같아진다고는 할 수 없지만 조금은 나아질지도 모르지. 아, 하여튼 잘 생각해 보게. 좀 나아지지 않을까. 휴가를 내고 싶거든 병원에 오면 돼."
좀 나아질 수 있지 않을까, 때때로 해온 질문이었다. 다만 그것을 입 밖에 내는 것이 싫어서 병원에는 그만한 외과의가 있는데도 여태껏 누구와도 의논하지 않았던 것이다. 그러나 어린 시절 같으면 또 몰라도 성인이 된 지금은 —그 무렵만 해도 기형족의 치료 방법이 오늘날처럼 발달하지 못했다—별로 큰 효과를 기대하기 어렵다는 것이 그가 읽은 문헌을 통해 얻어낸 결론이었다. 그러나 만일 수술함으로써 성한 사람과 같이 구두를 신을 수 있고 한결 남의 눈에 덜 띄게 된다면 받아서 나쁠 이유는 조금도 없다고 생각되었다. 전능하신 하느님께 기도드리면 된다는 큰아버지의 말만 믿고 기적을 바라면서 정신없이 기도했던 때가 생각났다. 그리고 그는 서글픈 미소를 지었다.
"그땐 나도 퍽 순진했어."

2월 말이 되자 크론쇼의 병세는 날로 깊어졌다. 일어나는 것조차 이미 어렵게 되었다. 온종일 누워 창문을 열어 놓지 못하게 하고 의사에게 보이는 것도 한사코 거부했다. 영양분을 섭취하려고도 하지 않고 오직 위스키와 담배만을 찾았다. 어느 쪽도 다 좋지 않다는 것을 필립은 알고 있었다. 그러나 필립이 그런 소리를 해도 크론쇼는 들으려 하지 않았다.
"놈들은 나를 죽이려고 해. 흠, 그게 어쨌단 말이야. 자넨 나에게 충고해 주는 모양이군. 그래 좋아, 그게 자네 의무일 테니까. 하지만 난 자네 경고 같은 건 전혀 무시하겠네. 이봐 술, 술을 주게, 에이 참, 제기랄."
레오날드 업존은 한 주일에 서너 번 훌쩍 다녀갔다. 사실 그의 모습에는 어딘가 낙엽 같은 데가 있었고, 낙엽이라는 표현이야말로 그에게 가장 적합한 형용사였다. 나이는 35세, 색이 옅은 긴 머리와 새하얀 얼굴, 마치 잡초 같은 사나이였다. 일체 바깥공기를 모르는 것 같은 얼굴을 하고 있었다. 그는 늘 비국교파 목사가 쓰는 그런 식의 모자를 쓰고 다녔다. 필립은 묘하게 선배 흉내를 내는 그의 태도가 싫었고, 게다가 거침없이 쏟아놓는 달변에는 늘 기가 질렸다. 그는 스스로 자기 말에 도취되어 있는 것 같았다. 훌륭한 좌담가의 첫 번째 조건이라고 할 수 있는 상대의 마음을 살피는 아량 같은 것이 전혀 없었다. 상대가 이미 아는 사실을 지껄이고 있다는 것을 그는 전혀 몰랐다. 미사여구를 늘어놓으며 로댕, 알베르 사망, 세자르 프랑크에 대한 견해를 그에게 설명해 주었다. 필립이 고용한 하녀는 아침에 한 시간만 와주었고, 게다가 자신은 온종일 병원근무를 해야 했으므로 크론쇼는 대개 혼자 있었다. 업존은 어떻게 해서든지 사람이 꼭 붙어 있어야 한다고 주장했다. 그러나 막상 실행문제에 부딪치면 그는 전혀 협조해 주지 않았다.

"그런 위대한 시인을 혼자 내버려두다니 생각만 해도 무서운 일이오. 잘못하다간 아무도 없이 혼자 죽을 염려도 있지 않겠소?"

"네, 저도 그게 걱정입니다."

"허, 어쩌면 그런 냉정한 말을!"

"그렇다면 선생께서는 왜 날마다 여기 오셔서 거들어 주지 않습니까? 옆에 계시다가 그분에게 일이 있으면 돌봐 주면 될 거 아닙니까."

필립은 무뚝뚝하게 대답했다.

"뭐 나보고 하란 말이오? 난 원래 낯선 환경에선 일을 못해요. 게다가 나갈 일도 많고."

업존은 또 필립이 크론쇼를 자기 하숙으로 데려온 것도 못마땅해했다.

"내 생각엔 소호에 그냥 두는 편이 좋을 뻔했소."

그는 길고 마른 손을 크게 흔들며 말했다.

"그 방이 더럽긴 해도 그래도 조금은 낭만이 있었소. 워핑이나 쇼어피치 같은 곳이라면 또 몰라도, 이 케닝튼 같은 속된 곳은 도저히 시인이 숨 쉴 곳이 못 된단 말이오."

크론쇼는 짜증을 낼 때가 많았다. 그럴 때마다 필립은 병의 증세려니 마음을 고쳐먹고 겨우 참을 수가 있었다. 때로는 필립이 집에 들어오기 전에 업존이 먼저 와 있는 때가 있었다. 그러면 크론쇼는 필립에 대한 불평을 늘어놓곤 했는데, 업존은 그것을 사뭇 만족스럽게 들었다.

"캐리는 미를 모르는 사람이야. 부르주아 근성이 뿌리박혀서 말이야."

그는 필립에게 아주 심하게 대했다. 그에 대해서는 필립도 상당히 자제력을 발휘해야 했다. 그러나 어느 날 밤 드디어 참을성도 깨지고 말았다. 그날따라 그는 병원 일이 바빠서 지칠 대로 지쳐 있었다. 마침 주방에서 차를 준비하노라니까 업존이 들이닥쳤다. 필립이 의사에게 보여야 한다고 줄곧 권유한 데 대해서 크론쇼의 불평이 대단하다는 말이었다.

"당신은 잘 모르겠지만, 지금 당신은 아주 드물고도 더할 나위 없이 훌륭한 특권을 쥐고 있단 말이오. 이 위대한 믿음에 보답하기 위해서라도 당신이 할 만한 일은 다해야겠소."

"그러나 그 위대한 특권이라는 것이 내겐 좀 힘에 겨워서요."

필립은 대답했다. 화제가 금전문제에 이르면 업존은 언제나 조금 거만한 얼굴이 되었다. 돈이라는 말만 들어도 감수성이 강한 그의 신경은 상처를 입는 모양이었다.

"크론쇼의 태도에는 썩 훌륭한 데가 있소. 당신은 그것을 귀찮다고 자꾸 흩뜨려 놓으려고 하는데 당신은 이해할 수 없는 그 미묘한 마음의 움직임을 잊어선 안 되오."

필립의 얼굴이 어두워졌다.

"그럼, 크론쇼 씨한테 가봅시다."

그는 쌀쌀맞게 대답했다.

시인은 반듯이 누운 채 파이프를 피우며 뭔가 책을 읽고 있었다. 퀴퀴한 냄새가 방 안 가득했다. 필립이 언제나 깨끗하게 관리함에도 크론쇼가 가는 곳마다 불결한 분위기는 그림자처럼 따라다녔다. 방 안으로 들어가자 그는 조용히 안경을 벗었다. 필립은 화가 머리끝까지 치밀어 오르는 것을 느꼈다.

"선생님이 업존 씨에게 말하셨습니까. 제가 의사에게 보이라 해서 귀찮아 죽겠다고. 그야 그럴 수밖에 없잖습니까. 선생님은 언제 죽을지 모르는 몸입니다. 만일 아무한테도 보이지 않았다간 사망 진단서도 떼기 어려워요. 그렇게 되면 분명히 검시를 해야 하고 결국 나는 의사에게 보이지 않았다고 욕을 먹게 돼요."

"아하! 그래 그것을 미처 몰랐었군. 난 또 나 자신만 생각했었지. 자네 자신 때문에 그러는 줄은 꿈에도 몰랐었지. 그러면 자네 편리할 때 진찰을 받기로 하세."

필립은 아무 대꾸도 하지 않았다. 다만 거의 눈에 띄지 않을 정도로 어깨를 으쓱했을 뿐이었다. 가만히 바라보던 크론쇼가 픽 웃었다.

"자네, 그렇게 무서운 얼굴 하지 말게. 난들 자네의 정성어린 노고를 모르는 바는 아닐세. 진단받기로 할 테니. 혹시 날 고쳐 줄는지 누가 알아. 첫째 자네부터가 안심이 될 테니까."

그리고 업존 쪽을 바라보면서 이렇게 말했다.

"레오날드, 자넨 정말 바보군 그래. 왜 이 사람을 그렇게 괴롭히지? 내가 여기 와 있는 걸 참은 것만 해도 어딘가. 자네가 할 일은 내가 죽은 다음에 나를 위해 그럴싸한 글이나 한 줄 써 주면 그만이야. 자네라는 인간은 내가 잘 알고 있으니까."

이튿날 필립은 티렐 박사를 찾아갔다. 티렐 같으면 이야기를 듣고 다소 흥미를 보일 것이라고 생각했으므로, 티렐 박사는 그날 일이 끝나자 곧 필립을 따라 케닝튼으로 와 주었다. 그러나 진단결과는 다만 그의 보고를 그대로 인정하는 것뿐이었다. 즉, 절망이라는 것이었다.

"웬만하면 입원을 시키기로 할까. 작은 방 하나가 마침 비어 있고 하니."

"입원을 하지 않으려 할 겁니다."

"이것 봐, 저 사람은 언제 죽을지 몰라. 게다가 언제 폐렴에 걸릴지도 모르고."

필립은 고개를 끄덕였다. 티렐 박사는 두어 가지 주의사항을 주고, 필요하면 언제고 와 주겠다고 약속했다. 그리고 연락할 주소를 적어 놓고 돌아갔다. 다시 크론쇼의 방에 돌아와 보니까 그는 조용히 책을 읽고 있었다. 의사가 뭐라더냐고 물어보려고도 하지 않았다.

"이젠 안심했나?"

"선생님이 하신 말씀 해봤자 어차피 실천은 안 하실 테죠?"

"암, 물론이지."

크론쇼의 얼굴에 웃음이 번졌다.

85

그로부터 2주일이 지난 어느 날 저녁이었다. 필립은 병원근무가 끝나자 집에 돌아와 크론쇼의 방문을 노크했다. 안에서 아무 대답도 없자 문을 열고 그대로 들어갔다. 크론쇼는 한편으로 웅크리고 누워 있었다. 필립은 침대 옆으로 다가갔다. 자는 건가, 아니면 또 몹시 화가 나서 누워 있는 건가, 금세 알아보기가 힘들었다. 그러나 놀랍게도 입을 딱 벌리고 있었다. 어깨에 손을 대보고 그는 자기도 모르게 소리를 질렀다. 한 손을 셔츠 밑에 넣어 심장의 고동을 살펴보았다. 어떻게 해야 할지 알 수가 없었다. 다만 언젠가 그런 이야기를 들은 기억이 있으므로 그는 거울을 입가에 대 보았다. 크론쇼와 단둘이 있는 것이 무서워 견딜 수 없었다. 그는 모자도 외투도 입은 채였다. 그 길로 계단을 뛰어내려 큰길로 나갔다. 마차를 불러 하알리 거리를 향해 달렸다. 티렐 박사는 마침 집에 있었다.

"선생님, 곧 와 주세요. 크론쇼가 아무래도 틀린 것 같습니다."

"그렇다면 이제 가 봤자 소용없지 않나."

"그렇지만 꼭 좀 와 주세요. 문 앞에 마차를 세워 놓았습니다. 30분이면 될 거예요."

티렐은 모자를 썼다. 마차 속에서 그는 두어 가지 질문을 했다.

"오늘 아침 제가 나올 때만 해도 별다른 데가 없었습니다. 그런데 지금 돌아와서 깜짝 놀랐어요. 그대로 혼자서 죽어간다고 생각하니…… 자기는 죽을 걸 알았을까요, 선생님?"

필립은 언젠가 크론쇼가 한 말이 생각났다. 그리고 임종의 순간에는 역시 공포에 쫓겼을까, 궁금했다. 만일 자기가 그런 처지가 되어 이미 죽음이 닥쳐온 것을 알고 죽음의 불안에 쫓기는데 옆에서 격려해 주는 사람도 없다면 과연 어떨 것인가?

"자네 꽤 안절부절못하는군."

티렐 박사는 그 아름다운 푸른 눈으로 필립을 바라보았다. 그러나 싸늘하기만 한 시선은 결코 아니었다. 크론쇼를 진찰하고 나자 그는 말했다.

"죽은 지 몇 시간 됐는데. 잠든 채 죽은 게 아닌가 모르겠군. 그런 일도 종종 있으니까."

바싹 오그라든 초라한 시체였다. 아무리 보아도 인간이라고는 생각되지 않았다. 티렐은 얼음같이 찬 눈으로 시체를 내려다보았다. 그리고 시계를 꺼내보더니 이렇게 말했다.

"난 이제 가봐야겠군. 사망증명서는 내줄 테니까. 친척과 친지들한테는 자네가 알리도록 하게."

"친척이나 친지들이 별로 없는 것 같습니다."

"그럼 장례식은?"

"제가 어떻게 해보겠습니다."

티렐은 필립의 얼굴을 힐끗 보았다. 장례비용으로 금화 두어 개를 줄까도 생각했다. 필립의 경제 사정에 대해 그는 아무것도 몰랐다. 그러나 그 정도야 해낼 수 있겠지, 만일 섣불리 말을 꺼냈다가 실례라도 되면 곤란하다고 생각했다.

"내가 도울 일이 있으면 언제든 서슴지 말고 말하게."

인간의 굴레 543

두 사람은 함께 방을 나와 문에서 작별했다.

필립은 곧장 레오날드 업존에게 알리려고 전보를 치러갔다. 그리고 그것이 끝나자 날마다 병원에 올라가는 길에 본 장의사에 들렀다. 견본 관이 두 개 나란히 있고, 그것과 함께 창에 장식한 검은 헝겊에 은빛으로 쓰인 '염가, 신속, 정확'이란 세 구절이 늘 시선을 끌어왔던 것이다. 그것을 볼 때마다 그는 늘 웃음이 터져 나왔다.

장의사 주인은 기름기가 도는 긴 고수머리에 언제나 검은 옷을 입고 커다란 다이아몬드 반지를 낀 작달막한 유대인이었다. 그는 타고난 능청스러움과 그 직업 특유의 비굴한 태도로 그를 맞았다. 필립이 난처해하는 것을 재빠르게 눈치챈 그는 곧 여자 직원 한 사람을 보내서 필요한 조치를 하겠다고 말했다. 장례식에 대해 그는 무턱대고 거창하게 하려고 했다. 필립은 그 점에 정면으로 반대하면서도 자기의 태도가 비열하게 여겨질까 얼굴이 붉어졌다. 이런 문제에 값을 깎고 말고 할 수가 없어서 필립은 결국 무거운 부담을 지게 됐다.

"잘 알았습니다. 지나친 체면은 필요 없으시다 그 말씀이군요. 하기야 이 사람 생각도 그렇습니다만. 부끄럽지 않을 정도로만 해 달라 그 말씀이죠. 이 사람에게 맡기십시오. 할 것은 다 하고 값은 싸게 해 드릴 테니까요. 제가 드릴 말씀은 이것뿐입니다. 하하."

필립은 저녁을 먹으러 집으로 돌아왔다. 먹고 있으려니까 장의사 여직원이 시체를 처리하러 왔다. 이어 업존에게서 전보가 왔다.

'놀라움과 애도를 표함. 만찬 약속 있어 오늘 밤 못 감. 미안. 내일 아침 일찍 감. 업존'

또 한참 있으려니까 여직원이 거실 문을 노크하며 말했다.

"다 끝났는데요. 오셔서 한번 봐 주세요."

필립은 여자의 뒤를 따라갔다. 크론쇼는 반듯이 눕혀져 있었다. 눈은 감기고 두 손은 자못 경건하게 가슴 위에 얹혀 있었다.

"아무래도 꽃이 필요할 것 같은데요."

"내일 사도록 하죠."

여자는 만족한 표정으로 시체를 힐끗 보았다. 그러더니 일은 모두 끝났다는 듯 걷어 올렸던 소매를 내리고 앞치마를 벗은 뒤 모자를 썼다. 필립은 값을 물었다.

"그야 뭐 어떤 손님은 5실링 반을 주시는 분도 계시고 또 어떤 분은 5실링도 주십니다."

그 말을 들은 필립은 이상하게도 기가 죽어 5실링 이하는 낼 수가 없었다. 여자는 필립이 느낄 슬픔을 생각하여 지나친 잔소리가 안 될 범위 내에서 감사하다는 말을 남기고는 나가 버렸다. 필립은 거실에 돌아와 저녁상을 치운 다음 윌샴의 《외과학》을 공부했다. 그러나 아무리 해도 읽혀지지가 않았다. 이상하게 자꾸 신경이 곤두섰다. 계단에서 무슨 소리가 날 때마다 깜짝깜짝 놀라서 심장이 무섭게 뛰놀았다. 조금 전까지만 해도 인간이었던, 그러나 이제는 이미 무(無)로 돌아가 버리고 만 옆방의 그것이 그를 자꾸 위협했던 것이다. 뭔가 신비한 것이 움직이기라도 하는 듯 정적이 그대로 살아 있는 것처럼 느껴졌다. 무서운 죽음의 압박이 방 안에 감돌고 있었다.

조금 전까지만 해도 친한 사람이었는데 별안간 필립은 공포를 느끼기 시작했다. 억지로 공부를 해보려고 기를 썼으나 얼마 안 가서 절망감으로 책을 치워 버리고 말았다. 그의 마음을 허황케 만든 것은, 지금 막 끝나 버린 한 인생의 너무나도 처절한 허무감이었다. 크론쇼의 생과 죽음은 정말 아무 의미가 없었다. 차라리 처음부터 태어나지 않는 편이 좋았는지도 몰랐다. 필립은 젊은 날의 크론쇼를 떠올려 봤다.

그러나 훤칠하게 키가 크고 머리털은 빽빽하게 숱이 많고 젊은 힘이 넘치는 발걸음, 희망에 찬 청년 크론쇼의 모습을 그리기가 힘들었다. 필립이 신봉하는 도덕률, 즉 모퉁이에 순경이 기다리고 있다는 사실을 잊지 않는 한도 내에서 자기 본능에 따르면 된다는 그의 원칙도 이 경우에는 적용되지 않았다. 오히려 크론쇼는 그러한 일을 해냄으로써 지금처럼 이토록 비참한 패배의 생을 마친 게 아닐까. 그리고 본능 그 자체도 믿을 만한 것이 못 되었다. 필립은 생각의 갈피를 잡을 수 없었다. 그래서 스스로 되물었다. 만일 이 도덕률도 아무 소용이 없다면 대체 어떤 도덕률이 있으며, 또 인간은 왜 특히 어떤 행동을 골라하는가.

요컨대 모두 감정에 따라 행동하고 있음에 불과했다. 이 감정에는 또 좋은 것이 있고 나쁜 것이 있었다. 그러고 보면 인생이 승리로 끝나는 것도 패배의 고배를 마시는 것도 모두 운에 달린 듯했다. 인생이 점점 말할 수 없이 복잡한 혼돈처럼 느껴졌다. 사람은 다만 무엇인지 모르는 어떤 힘에 의해 갈팡질팡하는 데 불과했다. 누구 하나 그 목적을 아는 사람이 없었다. 그냥 악착같이 발버둥치기만 할 뿐인 것 같았다. 이튿날 아침 업존은 조그마한 월계관 하나를 가지고 왔다. 죽은 시인의 머리에 씌워 준다는 자기 생각에 완전히 도취되어 있었던 것이다. 필립이 침묵으로써 반대의사를 나타냈음에도 그는 억지로 죽은 사람의 머리에 그 월계관을 씌웠다. 그러나 그 결과는 과연 뭐라 말할 수 없는 괴이함이었다. 마치 극장의 저속한 희극배우들이 쓰는 모자의 테두리 같았다.
"그럼, 가슴 위에 얹으면 어떻겠소?"
업존은 말했다.
"거긴 또 밥주머니 위 아닌가요?"
필립이 말하자 그는 빙긋 엷은 웃음을 띠며 대꾸했다.
"시인의 심장 위치를 아는 사람은 오직 시인뿐이라는 말이 있소."
두 사람은 다시 거실로 돌아왔다. 필립은 자기가 정해 놓은 장례 절차를 얘기했다.
"설마 비용을 아끼려고 하지는 않았겠죠. 내 생각으로는 영구차 바로 뒤를 빈마차가 따르는데, 말에다가는 높은 깃털 장식을 달아서 바람에 휘날리게 한단 말이오. 그리고 상여꾼을 많이 보내오도록 부탁해야겠소. 그 사람들 모자에다가 기를 달고 간단 말이오. 뒤에 따르는 빈 마차를 난 정말 좋아하지."
"그런데 사실은 장례비용이 이럭저럭 부담이 돼서요······. 당장 내 주머니 사정이 그리 넉넉하지 못해서 되도록 돈이 많이 안 드는 쪽으로 부탁해 놓았어요."
"그럴 바에야 차라리 거지 장례식으로 하지 그랬소. 거기엔 그래도 그것대로 시적인 데가 있단 말이오. 댁은 평범한 감각만은 틀림없이 훌륭하구려."
필립은 얼굴이 붉어졌으나 그 말에 대꾸하지 않았다. 그리고 이튿날 두 사람은 필립이 부탁해 두었던 마차 한 대에 몸을 싣고 영구차 뒤를 따랐다. 로우슨은 참석하지 못한다고 하면서 화환을 하나 보내왔다. 필립은 영구차가 너무 쓸쓸해 보일까 봐 화환 둘을 더 샀다. 돌아오는 길에는 마부가 함부로 말을 몰아 필립은 완전히 녹초가 되어 이내 잠에 곯아떨어지고 말았다. 이튿날 아침 업존의 목소리에 잠을 깼다.

"시집이 아직 나오지 않아 다행이오. 잠시 미루어 두었다가 내가 서문을 쓸 작정이오. 묘지로 가는 도중에 문득 생각난 건데 〈새터데이〉지에 우선 하나 내볼까 하는데."

필립은 대답하지 않았다. 잠시 침묵이 흐른 뒤에 또다시 업존이 입을 열었다.

"애써 쓴 것을 없애기도 무엇하니까 아무 데라도 우선 잡지에 실어 볼까 하오. 그런 다음 그것을 또 서문으로 써도 좋고."

필립은 월간지를 주의해 보았는데, 과연 몇 주일이 지나자 활자화되어 나왔다. 논문은 제법 평판이 좋았다. 발췌문이 여러 신문에 실렸다. 꽤 잘된 평론이었다. 젊은 시절의 크론쇼는 아무도 아는 사람이 없었으므로 전기로서는 모자란 점이 있었으나 전체적으로 부드럽고 화려하고 그러면서도 진정에 넘쳐 있었다. 그는 복잡한 스타일로 시를 쓰고 예술을 논한 라틴 구역 시절의 크론쇼 모습을 남김없이 아름답게 묘사했다. 그의 논문 속에서 크론쇼는 그림같이 아름다운 인간으로 그려졌고, 영국의 베를렌에 비교되기까지 했다. 묻혀 살던 만년의 소호시절 그 더러운 작은 방을 묘사한 부분 같은 곳은 광채에 넘친 그의 문체가 가느다란 전율에 가까운 위엄과 우수를 띤 채 장중함을 유감없이 발휘하고 있었다. 더불어 그가 어떻게든 이 병든 시인을 어딘가 꽃이 만발한 과수원 그늘, 인동덩굴로 덮인 전원의 작은 오두막으로 옮기려고 애썼다는 대목에 가서는 노골적인 표현을 회피한 만큼 더욱 깊은 우정이 느껴져 뭐라 말할 수 없이 아름다웠다. 그러나 현실은 그렇지 못했으니, 이 시인을 장소도 가리지 않고 그 속된 위선의 시궁창이나 다름없는 케닝튼으로 납치해 가다시피 한 짓은 호의로 볼 수는 있겠으나, 얼마나 재치 없는 짓이었던가! 그는 나아가서 케닝튼의 분위기를, 토마스 브라운 경의 애제자로 자처하는 그로서는 백 번 천 번 당연한 일이겠으나, 억설로 가득 찬 유머로 유감없이 묘사해 놓았다. 시인이 죽기 몇 주일 전, 그를 돌보겠다고 나선 한 젊은 의학생의 선의이기는 했으나 서투르기 짝이 없는 간호를 그는 얼마나 끈기 있게 참아 냈던가.

그리고 이 신과도 같은 방랑시인의 영혼이 무참한 부르주아적 환경 속에서 살 수밖에 없었던 사실을 예리한 풍자로 묘사해 놓았다. '재에서 태어난

미(美)'라고 그는 〈이사야〉서에 있는 말을 인용하기도 했다. 의지할 곳 없던 그 시인이 하필이면 속된 위선의 허식에 싸여 죽어야만 했던 것은 어찌된 아이러니인가. 그것은 마치 바리새인들 속의 예수를 떠올리게 한다고까지 쓰고 있었다. 그리고 이런 비유를 하면서 말하자면 가장 감동적인 문구로 옮겨갔다. 즉, 한 친구가—그 친구가 누구였는지는 그의 세련된 취향으로 다만 막연히 암시만 했을 뿐 결코 그 이상 나타내진 않았지만—싸늘해진 시인의 심장 위에 월계관을 장식했노라고. 아름다운 시인의 두 손은 예술의 향기 그윽한 아폴로 신의 잎사귀 위에, 햇볕에 그을린 거무스레한 선원들이 다채롭고 불가사의한 나라 중국에서 실어온다는 비취보다 더 푸른 잎사귀 위에, 마치 취한 것처럼 놓여 있었노라고. 그리고 더할 나위 없이 훌륭한 대조라도 되는 듯이, 당연히 왕자 아니면 걸인처럼 장사 지내야 할 이 시인의 장례식이 너무나도 평범하고 산문적이었다는 서술로 끝을 맺고 있었다. 이거야말로 예술과 미와 그리고 모든 정신적인 것에 대한 속물 취미의 종국적인 승리요, 최후의 일격이라고 말이다.

레오날드 업존의 논문으로서는 최고의 것이었다. 기적이라고 해도 무방하리만큼 매혹과 우아와 연민이 뒤섞인 것이었다. 그는 크론쇼의 시 가운데에서도 뛰어난 작품들은 모조리 인용해 버렸으므로 막상 시집이 나왔을 때는 그 효과가 반으로 줄어 버렸다. 반면에 문단에서 업존의 지위는 눈에 띄게 올라갔다. 그는 이때부터 비평계에서 무시할 수 없는 존재가 되었다. 지금까지의 그는 다소 쌀쌀맞다는 인상을 주기 일쑤였는데, 따뜻한 인간미가 넘쳐 흐르는 이번 글이 형용할 수 없이 매력적이었던 것이다.

86

봄이 되자 필립은 외래계 수술 조수의 임기가 끝나 입원 환자 담당 의무원이 되었다. 이것은 6개월 과정이었다. 의무원은 매일 오전 상주 의사와 함께 먼저 남자 병동을 돌고 다음은 여자 병동을 차례로 돌았다. 병태를 기록하고, 검사를 실시하고, 남은 시간엔 간호사와 잡담하며 보내는 것이 그들의 일과였다. 매주 이틀씩은 오후에 주임 의사가 몇 명의 학생을 데리고서 환자를 회진하고 다녔고, 그때마다 필요한 지식을 얻게 되는 것이었다.

외래부에서 근무할 때처럼 흥미나 변화나 현실과의 깊은 접촉은 없었지만, 그 대신 여러모로 많은 지식을 얻게 되었다. 그는 환자들과 무척 잘 지냈다. 환자들이 그의 담당이 되고 싶어 하는 것을 볼 때는 기분이 좋았다. 그들의 병에 대해 특히 깊은 동정이 생기는 건 아니었지만 아무튼 환자에게는 모두 호의가 갔다. 또 그는 거드름을 피우지 않는다는 점에서도 다른 의무원보다 평판이 좋았다. 그는 환자들에게 언제나 명랑하고 친절하고, 격려하는 태도로 대했다. 병원 근무를 해본 사람이면 누구나 받아들일 일이지만, 그 또한 남자 환자가 여자 쪽보다 훨씬 다루기 쉽다는 사실을 깨달았다. 여자 환자는 하찮은 일에도 불평을 내세우기 일쑤였고 곧잘 화냈다. 환자 편에서는 당연한 권리처럼 생각해서인지 환자를 잘 보지 않는다고 간호사에게 지독히 잔소리를 했다. 고마워할 줄은 모르고 다만 시끄럽게 떠들 뿐이었다.

다행히도 필립은 얼마 안 가서 친구 한 사람을 사귀게 되었다. 어느 날 아침 의무주임이 새로운 남자 환자 하나를 할당해 주었다. 침대 옆에 앉아서 여러 가지 필요 사항을 적어 넣다가 문득 보니 그의 직업은 저널리스트였다. 이름은 도프 아델니. 자선병원에서는 드문 환자였다. 나이는 48세. 급성 황달에 걸려 있었는데, 당분간 주의를 요한다는 원인불명의 증세가 나타나 입원해 있었다. 직업상 필립이 묻는 여러 가지 질문에 대해서 그는 쾌활하고 점잖은 목소리로 대답해 주었다. 누워 있으므로 키는 잘 알 수 없었으나, 머리와 손이 작은 것으로 보아 평균 이하의 작달막한 남자인 것 같았다. 필립은 남의 손을 잘 보는 버릇이 있었는데, 아델니의 손은 정말 그를 놀라게 했다. 아주 작은 데다 손가락 끝이 길쭉하고, 게다가 손톱은 고운 장밋빛이었다. 피부도 아주 매끈했고, 황달만 없었다면 놀랍게 희었을 것이다. 환자는 두 손을 이불 밖에 내놓고 한쪽 손의 둘째 셋째 손가락을 약간 벌리듯이 하며 필립의 말에 대답하고 있었는데, 줄곧 흡족한 듯 자기 손을 바라보고 있었다. 필립은 빛나는 눈으로 환자의 얼굴을 바라보았다. 비록 황달로 누르스름하긴 했으나 미남이라고밖에 할 수 없었다. 파란 눈과 두드러지게 튀어나온 매부리코가 매우 인상적이었으나 결코 어색하지는 않았다. 코밑에는 끝이 뾰족한 회색빛 수염, 대머리에 가까우나 젊었을 때는 볼품 있었을 성싶은 아름다운 고수머리를 지금도 길게 늘어뜨리고 있었다.

"저널리스트시군요. 어느 신문사에다 기사를 쓰십니까?"

"꼭 정해 놓고 쓰는 건 아닙니다. 어떤 신문이고 제 글이 실리지 않은 데는 없으니까요."

침대 옆에 신문 한 장이 놓여 있었는데, 그는 손을 뻗쳐 그 신문을 들더니 광고란을 가리켰다. 필립 자신도 잘 아는 상점의 이름, 런던 리젠트 거리의 린 앤드 세들리 상회가 커다란 활자로 나와 있었다. 바로 그 아래에는 조금 작기는 하나 그래도 큼직한 활자로, '주저는 시간의 적'이라는 꽤 독단적인 문구가 실려 있었다. 그 다음에는 너무 당연해서 놀랄 만한 '오늘 즉시 주문하기를!'이라는 문구가 보였다. 그리고 마치 살인범의 가슴에 양심의 철퇴라도 가하듯 '지금 즉시'라는 작지 않은 활자가 계속 이어졌다. 그 다음은 대담무쌍하다고나 할까, '세계 제일의 시장에서 직수입한 물품, 장갑 수천 켤레, 놀랄 만큼 싼값으로 준비 중. 세계에서 가장 높은 신용을 자랑하는 업자들로부터 납품받은 양말 수천 켤레, 결사적 할인가로 입하 중' 이러한 문구가 있었고, 맨 끝은 앞과 똑같이 '지금 즉시!'라는 문구가 되풀이되었는데, 다만 이번에는 마치 결투장에서 도전할 때 장갑을 던지는 것 같은 맹렬한 기세가 있었다.

"다시 말해서 린 앤드 세들리 상회의 신문 광고 담당입니다."

그는 아름다운 손을 가볍게 흔들더니 말했다.

"하지만 워낙 부끄러운 직업이라서요."

필립은 판에 박은 질문을 이었다. 어떤 물음은 앞뒤가 뻔한 상투적인 것이었지만 어떤 것은 상대가 감추려고 하는 일을 교묘하게 캐내는 질문도 있었다.

"외국에 가 본 일이 있습니까?"

"에스파냐에 11년 동안 있었습니다."

"거기서 무얼 하셨습니까?"

"톨레도에서 영국인이 경영하는 수도 회사의 비서로 근무했습니다."

순간 클러튼이 톨레도에서 몇 달 동안 살았다는 얘기가 생각났다. 그래서 그 대답을 듣자 한층 흥미를 느끼고 상대의 얼굴을 바라보았다. 그러나 그런 내색을 해서는 안 된다는 것을 그는 알고 있었다. 환자와 의사 사이에는 언제나 일정한 간격을 두어야 하는 것이다. 진찰을 마치자 그는 다른 환자 쪽으로 옮겨갔다.

도프 아델니의 병은 걱정할 정도는 아니었다. 아직 누런색이 조금 남아 있기는 했지만 그것도 금세 좋아졌다. 다만 어떤 정상적인 반응이 되돌아올 때까지는 담당의사가 살펴야 했으므로 계속 병석에는 누워 있어야 했다. 어느 날 병원에 들어가 보니 아델니는 한 손에 연필을 든 채 책을 읽고 있었다. 필립이 가까이 가자 그는 읽던 책을 내려놓았다.

"좀 보여 주십시오. 무슨 책을 읽고 계셨습니까?"

필립은 책이라면 보지 않고는 못 배기는 성미였다.

펼쳐 보니 에스파냐어로 된 산 후안 데 라 크루스의 시집이었다. 책을 펼치자 속에서 종이 한 장이 떨어졌다. 집어 보니 무언가 시 같은 게 적혀 있었다.

"아무리 심심풀이라곤 해도 설마 시를 쓰고 계신 건 아니겠죠? 환자에게는 절대로 안 되는 일입니다."

"아뇨, 잠깐 번역을 해본 거예요. 선생님은 에스파냐어를 아십니까?"

"아니요, 몰라요."

"산 후안 데 라 크루스는 아실 테지요?"

"전혀 몰라요."

"에스파냐의 신비주의자 가운데 한 사람이죠. 고금을 통틀어 에스파냐에서는 최고의 시인. 잠깐 영어로 번역해 보고 싶어서요."

"좀 봐도 괜찮을까요?"

"아직 손질을 안 했습니다만."

그러면서 그는 재빨리 내주었다. 말은 그랬지만 내심 읽어 주기를 바라는 것 같았다.

연필로 깨끗이 쓰여 있긴 했지만 독특한 글씨여서 읽는 데 퍽 힘이 들었다. 마치 고딕체 활자 같았다.

"이렇게 쓰려면 꽤 시간이 걸리죠? 아주 훌륭합니다."

"손으로 이렇게 썼다고 해서 아름답지 말라는 법은 없으니까요."

필립은 첫 구절을 읽어보았다.

    어두운 밤에
    불타는 연정 가슴에 품고
    오, 행복하여라!
    고요히 잠든 내 집

아무도 몰래 빠져나왔네……

필립은 이상한 듯 아델니의 얼굴을 바라보았다. 그에게 다소 위축되어 있는 건지 아니면 매혹되어 있는 건지 종잡을 수가 없었다. 다만 확실한 것은 그의 태도 속에 그를 은근히 어린애 취급하는 무언가가 있다는 점이었다. 어쩌면 자기 모습이 상대에게 우스꽝스럽게 비칠지도 모른다고 생각하자 그는 얼굴이 빨개졌다. 그러나 어쨌든 말을 이어야 했으므로 할 수 없이 다시 입을 열었다.

"선생님 이름이 아주 특이하군요."

"이 이름은 요크셔에서는 무척 오래된 집안입니다. 한때는 영지 안을 한 바퀴 도는 데 하루가 걸렸죠. 지금은 모두 망망대해의 외딴섬처럼 돼 버리긴 했지만."

그는 심한 근시였다. 따라서 말을 할 때도 좀 독특한 눈초리로 상대를 지그시 쏘아보았다. 그는 다시 시집을 들더니 말했다.

"선생님도 에스파냐어를 공부해 보세요. 정말 훌륭한 언어입니다. 하기야 이탈리아어처럼 둥글둥글 굴리는 맛은 없지만. 이탈리아 말은 테너 가수나 오르간 연주자의 말이니까요. 하지만 에스파냐어에는 장엄한 데가 있습니다. 정원을 흐르는 시내와 같은 속삭임은 없어도 도도하게 흘러내리는 큰 강 같은 격정이 있어요."

유창한 그의 웅변은 재미있었다. 그러나 필립은 오히려 그가 말하는 수사의 묘미에 더욱 흥미를 느꼈다. 그가 그림같이 화려한 말과 불타오르는 정열로 원문으로 읽은 《돈키호테》의 더없는 환희며, 매혹적인 칼데론의 음악미, 낭만적이고 맑은 그리고 정열에 넘치는 선율에 대해서 얘기할 때 필립은 무아지경 속에서 귀를 기울였다.

"하던 일이 아직 남아서."

한참 뒤에 그는 겨우 말했다.

"아, 이거 미안합니다. 잊고 있었군요. 집사람한테 말해서 톨레도의 사진을 가져오라고 하겠습니다. 시간이 나시거든 또 놀러와 주십시오. 저는 언제든지 환영입니다."

그 뒤로 틈나는 대로 가서 말을 하고 지내는 동안 그와의 친교는 더욱 두

터워졌다. 아델니는 정말 훌륭한 이야기꾼이었다. 유별나게 재미있는 말을 하는 것은 아니었으나, 상상력을 북돋울 수 있는 생생한 정열로 거침없이 이야기를 이어 나갔다. 거의 허구의 세계에서만 살아온 필립으로서는 머리가 쉴 새 없이 새로운 영상으로 가득 차는 것 같았다.

아델니는 또 무척 예의바른 남자이기도 했다. 세상에 대해서도, 책에 대해서도 필립보다 훨씬 아는 것이 많았다. 나이로 보아도 그가 훨씬 연장자인 데다가 임기응변의 풍부한 화제는 그에게 어떤 우월감을 느끼게 했다. 그래도 그는 병원에서는 역시 치료받는 환자로 엄격한 규칙에 순순히 따라야 했다. 그러나 그는 이 두 처지 사이에서 정말 태연하게 어떤 유머까지 지니고 생활해 나갔다. 한번은 왜 하필이면 이런 병원에 입원했느냐고 물은 일이 있었다.

"다른 것이 아닙니다. 내 생활원리는 사회가 베풀어 주는 모든 이익을 뭐든지 빠뜨리지 않고 이용하자는 겁니다. 살아 있는 동안은 이 시대를 되도록 이용하자, 병이 들면 자선병원에서 치료받자, 이런 거죠. 그렇다고 뭐 되지 못한 수치심 같은 건 느끼지 않습니다. 아이들도 모두 공립학교에서 교육을 받고 있죠."

"허어, 그렇군요."

"그편이 교육도 훨씬 훌륭하죠. 난 윈체스터 출신입니다만 그곳 교육보다도 훨씬 낫습니다. 그렇지 않고서야 우리네가 어린 것들을 어떻게 교육시킵니까? 아무튼 합해서 아홉이나 되니까. 퇴원하거든 꼭 한번 구경 와 주십시오, 선생."

"네, 꼭, 한번 들르겠습니다."

87

열흘이 지나자 도프 아델니는 퇴원할 만큼 회복되었다. 그는 필립에게 자신의 주소를 알려 주고 다음 일요일 1시에 자기 집에서 오찬을 같이하자고 약속했다.

언젠가 아델니는, 자기는 현재 이니고 존스가 지은 집에 살고 있다고 했다. 그는 무엇이든 열심히 얘기하는 버릇이 있었는데 이 집의 오래된 떡갈나무 난간에 대해서도 황홀하리만큼 묘사했다. 그날도 현관문을 열고 들어서기가 무섭게 머리 위 인방(引枋)에 새긴 우아한 조각을 가리키며, 열심히 필립의 동의를 구했다. 집은 챈서리 레인과 홀본 중간에 있는 작은 뒷골목에 있었다. 보잘것없는 집으로, 무엇보다 먼저 페인트칠을 다시 해야 할 필요가 있는 듯했지만 과연 시대적 품위 같은 것이 은근히 풍기고 있었다. 이 거리는 한때 부유층의 전유물이었으나 이제는 영세민 거주구역이나 다름없었다. 좀더 깨끗한 거리를 만들기 위해 철거할 계획이라는 소문이 있었다. 그런 만큼 방세는 무척 쌌다. 아델니는 자기의 수입에 맞는 집세로 위층 두 개를 빌리고 있었다. 필립은 그가 서 있는 모습을 한 번도 본 적이 없었으므로 그의 키를 보고 너무 작은 데 깜짝 놀랐다. 키는 고작해야 5피트5인치(약 165센티미터)가 될까 말까 했다. 기묘한 옷차림을 하고 있었는데, 프랑스 노동자들이 잘 입는 파란 리넨 바지에, 낡아빠진 갈색 벨벳 윗옷을 입고 있었다. 붉은색 장식 띠를 두르고 나직한 옷깃에, 〈펀치〉 잡지에 나오는 만화 속 프랑스 사람처럼 나비넥타이를 축 늘어뜨리고 있었다. 그는 필립을 반갑게 맞이했다. 보자마자 집에 대한 얘기를 꺼내고 마치 애무하듯 난간을 어루만졌다.

"선생, 이것 좀 보십시오. 만져 보지 않으면 몰라요. 꼭 비단결 같죠. 이런 우아함이 또 있겠어요? 한데 이걸 5년 뒤에는 전부 헐어 장작으로 팔아 버리겠다니."

그는 2층에 있는 방도 꼭 보라고 권했다. 그곳에 가보니 마침 셔츠 바람의 남자와 뚱뚱하고 얼굴이 불그스레한 여자와 아이 셋이 앉아 일요일의 점심을 먹고 있었다.

"잠깐 천장을 좀 구경시켜 드리려고 모셔왔습니다. 자, 어떻습니까? 이렇게 훌륭한 것을 보신 일이 있습니까? 아, 호즈슨 부인, 안녕하세요. 이쪽은 캐리 의사 선생으로 제가 입원한 동안에 신세를 많이 진 분입니다."

"어서 들어오십시오. 아델니 씨의 친구라면 누구든 환영합니다. 하여튼 아델니 씨는 친구라면 누구한테나 천장을 보여 주려고 하니까요. 우리야 뭘 하고 있든 아랑곳하지 않습니다. 잠을 자거나 목욕을 하거나 덮어놓고 들어와요."

이 집에서는 아델니라고 하면 기이한 인간으로 인정하고 있는 것이 분명했다. 그렇다고 귀찮은 존재는 아닌 모양이었다. 그가 바로 그 맹렬한 열변으로 17세기풍 천장의 미를 설명하는 동안, 그들은 입을 멍하니 벌린 채 그의 얘기를 듣고 있었다.

"이걸 허문다는 건 정말 벌 받을 일입니다. 안 그래요, 호즈슨 씨? 당신은 그래도 제법 영향력이 큰 분인데, 왜 신문에 써서 항의하지 않으시죠?"

셔츠 바람의 사나이는 껄껄 웃으며 필립에게 말했다.

"아델니 씨도 참 쓸데없는 농담도 잘하셔. 이런 집은 위생에 나빠요. 그러니까 이런 집에 사는 것부터가 안전하지 못해요."

"허, 무슨 놈의 위생. 난 예술이면 그만이오."

아델니는 큰 소리로 외쳤다.

"난 자식이 아홉이나 돼요. 하수구가 나쁘다고는 하지만 하나도 병을 앓은 애가 없소. 천만에, 난 절대로 위험한 짓을 하고 싶지 않단 말이오. 당신 같은 신식은 나에겐 어울리지 않아요. 하기야 나도 다음에 이사 갈 때는 하수구 사정이 어떤가 알아볼 테지만."

바로 그때 노크 소리가 나고 금발의 귀여운 소녀가 얼굴을 들이밀었다.

"아빠, 엄마가 말이에요, 이제 얘기는 그만하시고 빨리 식사나 드시래요."

"얘가 내 셋째 딸이오."

아델니는 몸을 홱 돌려 딸을 가리키며 말했다.

"이름은 마리아 델 피랄(10월 12일의 성모제를 뜻함)이라고 하는데 제인이라고 불러야 대답을 잘합니다. 제인, 코를 풀어야지."

"아빠, 손수건이 있어야죠."

"쯔 쯔, 애야."

그는 멋스런 커다란 손수건을 꺼내며 말했다.

"그래, 그 손가락은 하느님이 왜 주셨니?"

그들은 계단을 올라갔다. 필립은 벽에 검은 참나무 판자를 댄 방으로 안내되었다. 방 한가운데는 에스파냐에서 '메사 데 히에라해'라고 부르는, 받침대에 두 개의 철봉으로 지탱되어 있는 길쭉한 티크로 만든 테이블이 놓여 있었다. 거기에 두 자리가 마련되어 있는 것으로 보아 그것이 식탁인 모양이었다. 폭이 넓은 떡갈나무 팔걸이에, 등과 좌석이 가죽으로 된 커다란 팔걸이의자도 두 개 놓여 있었다. 수수하면서도 기품 있었으나 과히 편한 것은 못되었다. 그 밖에 가구라고는 금색의 철제 세공품으로 매우 정교한 장식을 하고, 비록 거칠기는 하나 꽤 정묘한 조각을 한, 어딘지 종교적 냄새가 풍기는

'바르게뇨 책상'이 하나 있을 뿐이었다. 그 위에는 꽤 망가지긴 했지만 아직 채색이 뚜렷한 접시가 두세 장 놓여 있었다. 벽에는 옛 에스파냐파 대가의 작품 몇 폭이, 아름답기는 하나 부서진 틀 속에 넣어 걸려 있었다. 작품 제목도 어두웠고, 오랜 세월과 허술한 보존으로 몹시 상한 데다 그림 자체도 극히 평범하긴 했으나, 그래도 어딘가 정열의 번뜩임이 있었다. 방 안에는 값어치 있는 물건이라고는 별로 없었으나 전체적인 분위기는 매우 좋았다. 당당한 점도 있었고 엄숙한 데도 있었다. 이것이 바로 세상에서 흔히 말하는 에스파냐 정신일까 하고 필립은 생각했다. 아델니가 아름다운 장식과 비밀 서랍이 달린 바르게뇨 책상 속을 열어 보이고 있을 때였다. 아름다운 갈색 머리를 두 갈래로 땋아 등으로 내린 키 큰 소녀가 방으로 들어왔다.

"어머니가 식사준비 다 됐대요. 자리에 앉으시면 제가 곧 들여오겠어요."

"샐리, 들어와서 선생님하고 악수해라."

아델나는 말하면서 이번엔 필립을 향해 말했다.

"어때요, 꽤 성숙하죠? 제 큰딸입니다. 몇 살이었더라, 샐리?"

"열다섯 살이에요, 아버지. 오는 6월로."

"전 애한테는 마리아 델 쏠(태양의 마리아라는 뜻)이란 이름을 붙여 주었습니다. 첫아이였기 때문이죠. 카스테리아의 더할 나위 없는 밝은 태양에 바친다는 그런 뜻입니다. 한데 집사람은 샐리 샐리 하고 부르고, 애 아래 동생 놈은 푸딩 도깨비라고 부르지 뭡니까."

소녀는 부끄러운 듯 웃으며 얼굴을 붉혔다. 쪽 고른 새하얀 이빨이 말할 수 없이 고왔다. 회색빛 눈, 널찍한 이마, 나이에 비해 훤칠한 키, 몸매가 좋은 소녀였다. 뺨이 능금처럼 고왔다.

"어머니한테 가서 말해라. 손님이 자리에 앉으시기 전에 잠깐 와서 인사 드리라고."

"어머닌 식사가 끝나면 오시겠대요. 아직 몸도 씻지 못하셨다고요."

"그럼 우리가 가서 만날까. 유명한 요크셔푸딩을 만든 사람에게 인사도 없이, 손님이 먼저 손댈 수야 있나."

필립은 주인을 따라 주방으로 갔다. 좁은 데다 복잡하기 이를 데 없었다. 꽤 떠들썩했는데 그가 들어가자 이야기 소리가 뚝 그쳤다. 한가운데에 커다란 테이블이 놓여 있고, 그 둘레에 아이들이 기다리다 지친 얼굴로 앉아 있었다. 오븐 앞에 한 여인이 서서 구운 감자를 하나씩 꺼내고 있었다.

"베티, 캐리 선생이야."

아델니가 말했다.

"어머, 당신도. 이런 데로 모시고 오면 어떻게 해요! 손님이 어떻게 생각하시겠어요."

그녀는 더러운 앞치마를 두르고, 무명 윗옷의 소매를 팔꿈치 위까지 걷어붙이고 있었다. 머리엔 머리말이용 핀이 잔뜩 꽂혀 있었다. 아델니 부인은 남편보다 족히 3인치는 큰 풍만한 여자였다. 원래 미인이었겠으나, 흐르는 세월과 다산으로 이젠 뚱뚱하고 싱싱한 기운이 없었다.

푸른 눈은 색깔이 바래고 피부는 거칠어져서 벌겋고 머리에는 윤기가 없었다. 그녀는 자세를 바로 하자 손을 앞치마에 닦고 내밀었다.

"잘 오셨습니다."

필립에게는 어딘지 귀에 익은 사투리로, 아주 천천히 그녀는 인사했다.

"그이한테서 들었습니다만, 병원에서는 주인이 정말 폐를 많이 끼쳤다고 하시더군요."

"자, 다음은 우리 집 꼬마들 차례입니다."

아델니는 먼저 고수머리를 한 토실토실한 소년을 가리키며 말했다.

"이 애가 도프, 우리 집 장남이죠. 이 집의 모든 칭호, 재산, 책임 할 것 없이 모조리 물려받을 후계자입니다. 저쪽부터 차례로 아델스탄, 해롤드, 에드워드입니다."

그는 퍽 건강해 보이는 얼굴의 발그레한 소년들을 차례로 가리켰다. 필립의 웃는 얼굴이 자기들을 향해 있는 것을 알자 그들은 수줍은 듯 얼굴을 숙이고, 앞에 놓인 접시만 바라보았다.

"다음은 계집애들인데, 에에 또 마리아 델 로스……."

"푸딩 도깨비예요."

사내아이 하나가 소리쳤다.

"이놈이, 네 유머는 돼먹지 않아. 마리아 델 로스 멜세데스, 마리아 델 피랄, 마리아 데 라 코셉션, 마리아 델 로자리오."

"아니에요, 전 그냥 샐리, 몰리, 코오니, 로오지, 제인, 이렇게 부르고 있어요."

아델니 부인이 남편의 말을 수정했다.

"자, 이제 방으로 들어가시죠. 곧 식사를 시작할 테니까요. 애들은 목욕을 시킨 다음 올려 보내겠어요. 잠깐이면 돼요."

"아아, 시끄러워, 내가 당신한테 별명을 하나 지어준다면 비누 거품이라고 할까. 아무튼 당신이란 사람은 애들에게 너무 거품 고문을 시켜."

"선생님, 제발 먼저 올라가세요. 그러지 않으면 언제 식사하게 될지 끝이 없어요."

아델니와 필립은 한때 수도원에서 썼을 것 같은 커다란 의자에 앉았다. 샐리가 쇠고기와 요크셔푸딩과 구운 감자와 양배추 섞은 요리를 두 접시 들고 들어왔다. 아델니는 6펜스짜리 은화 한 개를 주머니에서 꺼내 그녀에게 주며 맥주를 사오라고 일렀다.

"저를 위해 일부러 식사를 마련하셨습니까? 아이들과 같이 들어도 좋을 텐데요."

필립이 말했다.

"아뇨, 전 언제든지 혼자서 먹어요. 이런 오랜 습관은 아주 좋습니다. 남자들 식탁에 여자가 나오는 것부터가 전 마음에 들지 않아요. 첫째, 화제가 엉망이 될 뿐더러 그녀들에게도 미안한 일이 되고 마니까요. 또 함께 있노라면 여러모로 생각을 많이 하게 되는데, 그런 생각을 또 여자들은 좋아하지 않더군요."

주인과 손님은 마음껏 식사를 즐겼다.

"어떠세요, 이런 요크셔푸딩은 잡숴 본 일이 없으시죠? 이건 우리 집사람의 전매특허나 다름없습니다. 이것도 다 숙녀를 여편네로 삼지 않은 덕분이죠. 봐서 아시겠지만 결코 숙녀는 못 됩니다, 그렇지요?"

"그런 생각은 미처 못 했는데요."

그는 자기가 생각하기에도 서툰 대답을 했다.

아델니는 큰 소리로 웃었다. 독특하고 유쾌한 웃음이었다.

"절대 숙녀는 못 되는 사람이죠. 근처에도 못 간 사람이에요. 친정아버지는 농부였죠. 이 세상에 태어나서 아직 H자 발음으로 고생한 일은 한 번도 없으니까요. 애는 열둘을 낳았는데 아홉만 살았어요. 이젠 그만둘 때도 됐다고 저는 늘 입버릇처럼 말하죠. 제 처는 고집스러운 데가 있어서 그것이 버릇처럼 돼 버리고 말았나봐요. 스물을 채울 때까지는 직성이 풀리지 않는다는 거예요."

바로 그때 샐리가 맥주를 사가지고 돌아왔다. 먼저 필립의 컵에 한 잔 따르고 테이블 반대편으로 가서 아버지 잔을 채웠다. 그는 딸의 허리를 가볍게 안으면서 말했다.

"이렇게 성숙하고 예쁜 애를 보셨습니까, 선생님? 이제 겨우 열다섯 살이에요. 그런데 누구든지 스무 살로 보지 뭡니까. 이 뺨을 좀 보세요. 병이라곤 태어나서 한 번도 앓아 본 일이 없어요. 이 애의 남편 될 사람은 정말 행복할 거예요. 샐리, 안 그러냐?"

샐리는 빙그레 웃으며 가만히 듣고 있었다. 그러나 그렇게 난처해하는 것 같지도 않았다. 아버지의 이런 말에는 이미 익숙한 모양이었다. 아주 자연스럽게 얌전히 듣고 있는 모습이 뭐라 말할 수 없이 귀여웠다.

"아버지, 음식 다 식어요. 푸딩 드실 때가 되면 불러주세요."

그녀는 아버지의 팔에서 빠져나가며 말했다.

다시 두 사람만 남았다. 아델니는 백랍으로 만든 큰 술잔을 입으로 가져갔다. 그리고 단숨에 들이켰다.

"사실 말이지 영국 맥주만큼 맛있는 술은 없다고 봐요. 난 말이죠, 선생, 로스트비프와 라이스 푸딩, 왕성한 식욕과 맥주, 이런 하찮은 인생의 즐거움을 생각하면 하느님께 감사를 드리고 싶어요. 저도 전에는 숙녀 마누라와 살아 본 적이 있습니다. 하지만 그거 숙녀 마누라를 둘 게 아니더군요."

필립은 웃었다. 뭐라 말할 수 없이 즐거운 광경이었다. 이상한 옷을 입은 조그만 남자, 벽에 판자를 붙인 방, 에스파냐풍 가구, 영국식 식사, 모든 것이 말할 수 없이 유쾌한 모순투성이였다.

"선생은 웃으시는군요. 자기보다 낮은 신분의 여자를 마누라로 맞아들이는 기분을 선생은 아직 모르실 거요. 선생은 역시 자기에 못지않은 여자를 부인으로 삼고 싶겠죠. 선생의 머릿속엔 말이에요, 부부를 친구에 빗대는 그런 생각이 가득 차 있어요. 그건 안 됩니다. 선생, 누가 정치 얘기 하고 싶어서 마누라를 얻는답니까. 그러니까 우리 집사람이 미분학에 대해 어떻게 생각하건 그런 건 나하고는 요만큼도 상관없어요. 남자에게 필요한 건 요리 잘하는 여자, 어린애 뒷바라지 잘하는 여자, 그거로 충분합니다. 난 양쪽을 다 겪어 봐서 잘 알아요. 자, 푸딩을 가져오라고 합시다."

그가 손뼉을 치자 곧 샐리가 들어왔다. 그녀가 접시를 치우기 시작했으므로 필립이 일어나 도우려고 하자 아델니가 말했다.

"내버려 두세요. 선생이 도와주시지 않아도 돼요. 시중을 드는 동안 가만히 앉아 계신다고 해서 선생을 예절이 없는 분이라고는 생각하지 않아요. 그따위 기사도가 뭡니까, 그렇지, 샐리?"

"네."

샐리는 얌전하게 대답했다.

"샐리, 내가 하는 말 알아듣겠니?"

"네, 하지만 어머니는 그런 못된 말을 하시면 싫다고 하셨죠?"

아델니는 껄껄 커다란 소리로 웃어댔다. 샐리가 크림을 담뿍 친 맛 좋은 라이스 푸딩을 접시에 가득 담아 가지고 들어왔다. 아델니는 입맛을 다셨다.

"우리 집 원칙 가운데 하나는, 일요일 점심만은 절대 변함이 없다는 거예요. 말하자면 하나의 의식이나 다름없지요. 1년에 일요일이 50번. 로스트비프에 라이스 푸딩으로 정해져 있어요. 그리고 부활제의 일요일에는 새끼 염소와 푸른 완두콩, 미카엘제에는 로스트 구스와 사과 소스라는 식으로 말이에요. 이렇게 해서 우리 집 전통을 지켜나가고 있습니다. 샐리도 결혼하면 내가 가르친 이런 것들은 대개 잊어버리겠지만, 꼭 한 가지 잊지 않기를 바라는 게 있어요. 그것은 인간이 행복해지려면 일요일에는 로스트비프와 라이스 푸딩쯤은 먹어야 한다는 사실이에요."

"치즈를 잡수실 때 또 알려 주세요, 아버지."

샐리는 태연하게 말했다.

"선생은 저 물총새의 전설을 아십니까?"

아델니의 이야기는 이어졌다. 이 화제에서 저 화제로 번져 나가는 그의 화법에는 필립도 어느 정도 익숙해 있었다.

"그 물총새라는 새가 말이죠, 바다 위를 날다가 지쳐 버리면 어떻게 하는지 아세요, 선생? 암놈이 말이죠, 수놈 밑으로 들어가서 등에 업고 난단 말입니다. 그러니까 남자가 바라는 것은 바로 그 물총새의 암컷 같은 여자죠. 난 전처하고는 3년을 같이 살았죠. 숙녀였어요. 그 여잔, 연수입이 1천5백 파운드가 넘었습니다. 켄싱튼에 있는 조그마한 붉은 벽돌집에 살았는데, 곧잘 짭짤한 만찬회 같은 것도 열었죠. 좋은 여자였어요. 손님으로 초대한 변호사 부부도 그리고 문학을 애호한다는 증권업자도 풋내기 정치가들까지도 다 나와 똑같이 느꼈죠. 확실히 좋은 여자였습니다. 내가 교회에 갈 때는 꼭 실크 모자에다 프록코트를 입혀 줬고요. 고전음악 연주회에도 날 데려갔습니다. 그리고 일요일 오후에 있는 강연을 퍽 좋아했죠. 아침 8시 반이면 식탁에 앉아 식사를 했습니다. 그래서 조금만 늦잠을 자도 찬밥 신세를 졌죠. 책도 좋은 책만 읽었어요. 그리고 그림도 음악도 고상한 것만을 좋아했구요. 그런데도 싫증이 나는 걸 어떡합니까. 선생, 그러나 지금도 그 여잔 훌륭한 여자입니다. 여전히 켄싱튼 붉은 벽돌집에 살고 있지요. 벽에는 모리스의 벽지니, 휘슬러의 애칭이니 하는 것들을 붙여놓고, 역시 같은 식의 조촐한 만찬회를 열고 있어요. 전과 다름없이 20전으로 건터에서 송아지 크림과 아이스크림 같은 것을 주문해다 먹죠."

어떻게 해서 이 부부가 갈라졌는지 필립은 그 이유를 물어보지 않았으나, 아델니 쪽에서 먼저 말을 꺼냈다.

"베티는 내 정식 아내가 아닙니다. 본처가 이혼은 절대 안 된다는 겁니다. 따라서 애들은 모조리 사생아나 다름없죠. 그렇다고 뭐 나쁠 게 있습니까? 베티는 켄싱튼의 작은 벽돌집에서 살 때 일하던 식모였어요. 4, 5년 전에 난 꽤 살림에 쪼들렸을 뿐 아니라 아이가 일곱이나 있었지 뭡니까.

그래서 본처에게 가서 좀 도와달라고 했죠. 돈은 보내주겠는데 한 가지 조건이 있다고 하더군요. 다시 말해서 내가 베티를 버리고 외국에라도 가야 한다는 거예요. 어떻게 베티를 버립니까, 글쎄? 그 일 때문에 우린 한동안 굶다시피 했지요. 마누라 말을 빌 것 같으면 나는 밑바닥 생활을 좋아한다는 거예요. 하기야 신세가 몰락하긴 했죠. 포목상의 신문광고 일을 맡아서 한 주일에 3파운드를 받았으니까 말이에요. 하지만 난 매일 하느님께 감사드리고 있습니다. 그 지긋지긋한 조그만 붉은 벽돌집을 벗어난 것만 해도 고마운 일이니까요."

샐리가 체더치즈를 가지고 들어왔다. 아델니의 얘기는 여전히 이어졌다.

"그런데 선생, 처자를 먹여 살리는 데 돈이 많이 든다고들 하는데 그런 엉터리 같은 거짓말은 없다고 생각해요. 그야 물론 신사 숙녀로 기르자면 돈이 들게 마련이지요. 그러나 난 아이들이 신사 숙녀가 되기를 원하지 않습니다.

샐리도 앞으로 1년만 더 있으면 돈벌이를 나가게 되죠. 양장점 수습직공으로 말이에요. 그렇지, 샐리? 그리고 사내녀석들은 모조리 조국에 봉사시킬 작정입니다. 해군에 들여보내려고 해요. 해군은 즐겁고 건강한 생활을 하죠. 음식 좋겠다, 급료 좋겠다, 늙으면 연금까지 타고 얼마나 좋습니까."

필립은 파이프에 불을 붙였다. 아델니도 하바나 담배를 손수 말아 피웠다. 샐리가 상을 치우기 시작했다. 필립은 별로 말을 하지 않았다. 이러한 신상 이야기를 듣는 것부터가 어리둥절한 노릇이었다. 작은 몸집에 어울리지 않는 힘찬 목소리, 그리고 호언장담, 외국인다운 용모, 과장벽……그러나 아무튼 아델니는 놀라운 사람이었다. 그리고 보면 크론쇼와 일맥상통하는 점이 있었다. 독립적인 사고방식도 같았고 자유분방한 기질도 같았다. 다만 아델니 쪽이 훨씬 활기 있었다. 그러나 아델니에게는, 대화를 한없이 매력으로 이끌어가는 그 크론쇼의 추상적인 사색에 대한 관심은 전혀 없었다. 그는 자기 고향의 가문을 크게 자랑으로 내세웠다. 엘리자베스 시대풍의 대저택 사진을 필립에게 보이며 말했다.

"선생, 아델니 집안은 벌써 7세기 동안이나 여기서 살고 있습니다. 아아, 굴뚝 그리고 그 천장을 선생에게 꼭 보여 주고 싶군요."

벽에 붙박이장이 있었는데, 그는 거기서 족보를 끄집어냈다. 그리고 어린애처럼 의기양양해져서 그것을 필립에게 보여 주었다. 과연 훌륭한 것이었다.

"이보세요, 선생. 집 이름이 이렇게 많이 나오지 않습니까. 도프, 아델스탄, 해롤드, 에드워드…… 난 말이죠, 이것들을 모조리 사내애들 이름에 붙여 주었습니다. 그 대신 계집애들한테는 모두 에스파냐식 이름을 붙여 주었고요."

필립은 조금 불안해졌다. 어쩌면 처음부터 끝까지 모두 교묘한 거짓말일지도 모른다는 생각이 들었다. 물론 악의에서 나온 것은 아니고, 오직 사람을 놀라게 하고 감명을 주기 위해서인진 몰라도, 언젠가 아델니가 어렸을 때 윈체스터 학교에 다녔다고 했던 말이 생각났다. 사람의 태도에 남달리 민감한 필립의 눈으로 볼 때, 아델니는 그 유명한 퍼블릭 스쿨에서 교육받은 사람으로는 여겨지지 않았다. 더욱이 그가 선조들이 맺은 훌륭한 인척관계에 대해 거침없이 족보의 설명을 늘어놓을 때, 필립은 문득 이런 생각이 들었다. 혹시 이 남자는 윈체스터 근처의 어떤 상인 아니면 경매인이나 혹은 석

탄가게 아들이 아니었을까. 그리고 가문 이름이 비슷하다는 것만이 지금 자랑하고 있는 저 명문가와의 유일한 연관이 아닐까? ─이렇게 생각하자 필립은 재미있었다.

88

문에 노크 소리가 나고, 한 떼의 아이들이 줄줄이 들어왔다. 모두 깨끗해지고, 얼굴은 비누로 문질러 반들반들했으며 머리도 말끔히 빗어 붙였다. 샐리가 데리고 주일학교에 가는 길이었다. 아델니는 또 그들을 상대로 거침없이 농담을 했다. 아이들을 좋아하는 것을 한눈에 알 수 있었다. 아이들의 건강과 미모를 자랑하는 모습에는 가슴을 뭉클하게 하는 무엇이 있었다. 아이들은 필립이 있어서 좀 부끄러워하는 듯했다. 아버지가 "자, 다녀와!" 하자 살았다는 듯 밖으로 뛰어나갔다. 이윽고 아델니 부인도 나타났다. 머리말이용 핀은 모두 뽑아 버리고 매우 공들여 앞머리를 내렸다. 무늬 없는 검은 옷에 값싼 조화를 단 모자, 그리고 부엌일로 새빨갛게 거칠어진 손을 가죽 장갑 속에 억지로 밀어 넣고 있었다.

"저어, 교회에 다녀오겠어요. 부탁할 일 없으세요?"

"기도나 해줘요."

"아무리 기도해 봤자 당신에겐 효험이 없어요. 당신은 이미 기도 같은 게 소용없을 정도로 타락했는걸요."

아델니 부인은 가볍게 웃었다. 그러고는 다시 필립 쪽을 향해 애교 섞인 목소리로 말했다.

"아무리 말해도 이분은 교회에 나가시지 않아요. 글쎄, 무신론자라고나 할까요."

"어때요, 선생. 루벤스의 후처 같은 데가 있지 않소? 17세기 의상을 입혀 놓으면 얼마나 훌륭하겠소, 선생. 역시 마누라는 이런 사람이라야 해요. 잘 봐 두세요."

아델니가 큰 소리로 말했다.

"원 당신도. 당신이 떠드시면 정말 아무도 못 막겠군요."

그녀는 조용히 대답했다.

겨우 장갑의 단추를 채우고, 나가기 전에 다시 한 번 그를 쳐다보며 그녀는 빙그레 웃음을 띠었다.
"차 마실 시간까지 좀 계셔 주세요. 이분 이야기 상대가 없어서 그래요. 게다가 막상 말을 하려면 어디 만만한 상대가 있어야죠."
"물론 계셔 주시겠지."
아델니가 얼른 받아 대답했다. 그리고 부인이 나가자 필립에게 말했다.
"난 애들을 주일학교에 보냅니다. 베티가 교회에 잘 나가는 것도 마음이 흐뭇하고요. 역시 여자란 신앙이 있어야 하는 법이죠. 난 믿지는 않지만 여자나 아이는 믿는 것이 좋아요."
필립은 본디 진리 문제에는 무척 까다로운 만큼 이런 태평한 사고방식에는 조금 놀랐다.
"그렇다면 자제분들은 선생이 진리가 아니라고 생각하는 것을 배우고 있다는 말인데, 그래도 아무 소리 않고 보고만 있을 수 있습니까?"
"뭐 아무것이나 아름답기만 하면 되죠. 거짓말이건 참말이건 대개 이성과 심미감 양편으로 똑같이 호소해 오기란 그리 쉬운 일이 아니에요. 난 베티가 가톨릭에 귀의하기를 원했어요. 아까 보신 조화 달린 모자를 쓰고 개종의 축복을 받는 것이 보고 싶었어요. 그런데도 집사람은 철두철미하게 신교를 신봉하지 뭡니까. 더구나 신앙이란 천성적인 것이기도 합니다.
선천적으로 신앙이 있는 사람이라면 몰라도 그렇지 못한 사람들은 대개 아무리 설교를 들어도 결국 빠져나가고 말아요. 그러니까 종교라는 것은 수신(修身) 과목으로서는 제일 좋다고 해도 과언이 아닙니다. 왜 우리네가 먹는 약으로 잘 쓰는 약이 있죠, 그 약을 물약으로 만들 때만 쓰는 약 말이에요. 다시 말해서 그것만으로는 아무 효과도 없지만, 다른 어떤 약이 흡수되기 위해서는 꼭 필요한 것, 바로 그것과 같은 거죠. 누구든지 종교와 함께라면 도덕도 복용하게 마련이에요. 종교를 떼어놓아 보세요. 도덕은 곧 뒤떨어지고 말 테니까요. 허버트 스펜서를 읽고 익히느니 역시 하느님을 통해서 배우는 게 가장 착한 사람이 되는 지름길이에요."
이것은 필립의 생각과는 정반대였다. 그는 지금도 기독교라는 것을 어떻게든 떼어 버려야 하는 노예의 굴레로 믿고 있었다. 잠재의식적으로는 캔터베리 대교회에서 본 음울한 예배, 블랙스테이블의 낡은 교회에서 겪은 길고 지루한 시간, 그러한 것들이 깊이 관련되어 있었다. 따라서 지금 아델니가 말하는 도덕이라는 것은, 그에게는 단순히 종교의 일부분에 지나지 않았다. 즉 도덕을 합리화시키기 위한 유일한 기만이라고 할 수 있는 신앙 그 자체는 이미 예지로 파헤쳐진 지 오래면서도 단순히 미숙하므로 버리지 못하는 것뿐이었다. 그러나 필립의 대답을 기다릴 겨를도 없이 토론보다는 곧잘 자신의 화술에 도취되는 아델니는 벌써 화제의 방향을 가톨릭교회 예찬으로 돌려놓고 있었다.

그의 설에 따르면 가톨릭은 에스파냐의 본질이요, 그리고 에스파냐는 그에게는 말하자면 생명이나 다름없었다. 그가 결혼생활 중 그토록 권태를 느낀 인습과 상습에서 빠져나간 곳이 바로 그 에스파냐가었다. 언제나 그의 발언을 두드러지게 하는 거창한 제스처와 과장된 어조로 그는 필립에게 그 넓고 어두운 공간을 차지하던 에스파냐의 대성당과 금빛 찬란한 제단 뒤의 거대한 장식, 그 화려한 금속 세공품, 향연이 가득한 성당 안의 공기, 차분한 침묵을 설명해 주었다. 짧은 비단 성의를 입은 사제와 빨간 성의를 입은 보좌 신부들이 성기실(聖器室)에서 성가대석 쪽으로 조용히 걸음을 옮기는 광경이 눈에 선히 보이는 듯했으며, 단조로운 저녁 미사의 합창소리가 은은히 귓전에 울리는 것 같았다.

아델니가 일러주는 아빌라, 타라고나, 사라고사, 세고비아, 코르도바 같은 지명들은 마치 나팔 소리처럼 그의 가슴을 울렸다. 바람 소리도 드높은 황량한 황토의 자연을 배경으로 우뚝 솟은 거대한 회색빛 화강암 더미가 눈앞에 그대로 나타나는 것만 같았다.

"저도 세비야에는 꼭 한 번 가보고 싶습니다만."

필립은 자기도 모르게 말했다.

그 순간 아델니는 그가 잘하는 연극조로 한 손을 번쩍 쳐든 채 말을 뚝 그쳤다.

"세비야요? 거긴 안 돼요, 안 돼."

아델니는 큰 소리로 외쳤다.

"세비야라고 하면, 가장 먼저 떠오르는 게 저 과달키비르 강가 정원에서 캐스터네츠를 울리며 춤추는 아가씨들이죠. 그 다음이 투우, 만발한 오렌지꽃, 베일, 마닐라삼 숄 같은 것들이에요. 희가극의 에스파냐, 다시 말해 몽마르트라고나 할까요. 그러한 값싼 매혹에 질리지도 않고 오래 즐거워하는 사람은 틀림없이 천박한 자죠. 세비야의 좋은 곳은 테오필 고티에가 모두 묘사해 버렸어요. 그 다음에 오는 사람은 이 작가의 찌꺼기를 빠는 것밖에 안 돼요. 그는 평범한 정경을 살려서 훌륭하게 예술화시켰습니다. 다만 평범함이 있을 뿐이에요. 손가락 안 닿은 곳이 없고 닳아빠지고 말았죠. 뮤리오라는 화가야말로 그곳 화가죠."

아델니는 의자에서 일어나더니 에스파냐 찬장 쪽으로 걸어가, 커다란 금빛 고리와 멋진 자물쇠가 달린 앞문을 내리고 그 속에 있는 작은 서랍을 열어 사진 한 묶음을 꺼냈다.

"선생은 엘 그레코를 아십니까?"

"아아, 생각납니다. 파리에 있는 한 친구가 몹시 감탄을 하더군요."

"엘 그레코는 톨레도의 화가입니다. 섭섭하게도 보여 드릴까 생각했던 사진을 집사람이 영 찾아내질 못해서요. 이것이 바로 엘 그레코가 심취했던 톨레도의 시가지를 그린 그림입니다. 사진보다 훨씬 사실적인 데가 있죠. 이리 와서 앉으세요."

필립은 의자를 바싹 끌어당겼다. 아델니가 사진을 그의 앞에 놓았다. 오랫동안 그는 묵묵히 그 사진을 들여다보았다. 이윽고 손을 뻗쳐 다른 사진을 집으려고 하자 아델니가 얼른 집어주었다. 이 불가사의한 화가의 그림을 보는 것은 이번이 처음이었다. 그러나 제멋대로인 그 화풍을 보자 필립은 넋을 잃고 말았다. 인물은 터무니없이 길게 그려져 있었다. 머리는 형편없이 작고 모습도 엄청 과장돼 있었다. 확실히 사실주의 화풍은 아니었다. 그러나 그것대로 무엇인가 오뇌에 찬 현실 같은 것을 느끼게 해주었다. 아델니는 여전히 그 강렬한 어휘로 설명을 계속해 나갔다. 그러나 필립은 그냥 정신 나간 사람처럼 멍하니 듣고 있을 뿐이었다. 필립은 너무나 어리둥절했다. 정말 이상한 감동이었다. 그것들은 뭔가 많은 뜻을 품고 있는 것 같았지만 그러나 그 뜻을 확실히는 알 수 없었다. 인물화가 있었다. 우수에 잠긴 커다란 눈이 뭔가 호소하고 있는 것 같았다. 엄청나게 키가 큰 수도사의 상(像)도 있었다. 프란체스코파의 복장을 한 것이 있는가 하면 도미니크파 것도 있었다. 모두가 수심에 찬 얼굴로 무엇인가 알 수 없는 몸짓들을 하고 있었다. 성모승천 그림도 있었고, 십자가에 못 박힌 예수 그림도 있었다. 더구나 후자는 마법과 같은 감정의 작용이라고나 할까, 그리스도의 죽은 육신은 단순히 인간의 몸일 뿐만 아니라 동시에 신의 것이기도 하다는 점을 확실히 떠올리도록 묘사해 놓았다. 예수승천 그림도 있었다. 이 그림에서 예수의 몸은 멀리 허공에 떠 있으면서 동시에 대지 위에 버티고 서 있는 것처럼 보였다. 높이 쳐든 사도들의 팔, 그들이 입은 의복의 곡선, 황홀, 무아의 자태, 이러한 것들은 그대로 환희와 거룩한 기쁨을 느끼게 했다. 거의 모든 그림의 배경은 밤하늘……말하자면 어두운 영혼의 밤이었고 기이한 지옥의 바람에 날리며 불안한 달빛에 무시무시하게 비친 황량한 구름이었다.

"이런 하늘을 전 톨레도에서 정말 자주 보았습니다. 그래서 내 생각엔, 처음 엘 그레코가 톨레도에 왔을 때 본 밤하늘이 바로 이런 것이 아니었나 생각합니다. 너무나 강한 인상을 받았으므로 그것에서 영 벗어날 수 없는 게 아닐까요."

필립은 언젠가 클러튼이 이 해괴한 거장에 대해 퍽 감동하던 것을 생각해냈다. 그 작품을 보는 건 이번이 처음이었다. 클러튼은 필립이 파리에서 사귄 친구 가운데에서도 제일 흥미로운 인물이었다. 그의 차가운 태도, 적대적인 무관심, 이러한 것 때문에 그를 알기가 힘들었다. 그러나 이제 와서 생각하면 그에게는 뭔가 비극적인 힘이 있어, 그것이 헛되이 그림 속에 자기를 나타내려고 갈구했음에 틀림없었다. 특이한 존재라면 특이한 존재라고 할 수 있었다. 신비적인 경향이라고는 전혀 없는 시대에 살았으나 그는 어디까지나 신비주의자였다. 마음 깊이 일어난 충동이 암시하는 것을 뚜렷이 나타낼 수 없었으므로 그는 그토록 인생을 못 견뎌 했던 것이다.

그의 지성은 그의 정신을 설명할 수 있게 되어 있지 않았다. 그러니까 영혼의 동경을 나타내기 위해 새로운 기법을 터득한 그리스인에게 그가 깊은 공명을 느낀 것도 결코 이상할 것이 없었다. 주름 잡힌 옷깃에 삼각형으로 기른 수염, 수수한 검은 옷을 입고 어둠침침한 공간을 배경으로 우울하게 서 있는 그 인물들의 얼굴을 필립은 다시 한 번 바라보았다. 엘 그레코는 영혼의 화가였다. 끝없이 쫓기는 마음을 안고 피로보다는 오히려 억압 때문에 창백하게 질린 이들 신사는 마치 이 세상의 미가 무엇인지 전혀 모르고 거닐고 있는 것 같았다. 그들의 눈은 오직 그들의 내부만을 들여다보고 있었고, 이른바 보이지 않는 광채에 현혹되어 있었다.

현세가 그대로 가상의 세계라는 것을 이토록 가차 없이 묘사한 화가가 또 있을까. 그가 묘사한 사람들의 눈을 통해 그 불가사의한 동경을 말해 주고 있었다. 그들의 감관은 음향·후각·색조가 아니라 영혼 그 자체의 미묘한 감동에 대해서만 놀랄 만큼 민감하게 움직였다. 귀족이 마치 수도사와 같은 심정을 안고 거닐고 있었다. 그리고 그의 눈은 성자가 수도원에서 보는 것 같은 환영을 보고 있었다. 그러나 그러면서도 조금도 놀라는 기색은 없었다. 그의 입술은 웃음을 잃고 있었다.

필립은 묵묵히 다시 한 번 톨레도의 사진을 들여다보았다. 모든 것 가운데에서도 가장 이상한 그림 같았다. 그는 그 그림에서 눈을 뗄 수가 없었다. 마치 뭔가 인생의 새로운 발견의 문턱에라도 선 것 같은 기분이었다. 그의 마음은 어떤 모험심에 떨렸다. 문득 지난날의 마음을 그토록 불태웠던 정사가 생각났다. 그러나 지금 그의 가슴속에 끓어오른 흥분에 비하면 그것은 정말 하잘것없는 것들로밖에 생각되지 않았다. 지금 보고 있는 그림은 길이가 긴 것으로, 언덕 위에 작은 집들이 옹기종기 모여 있었다.

한쪽 구석에는 커다란 지도를 쥔 소년이 하나 그려져 있고, 또 한구석에는 타구스 강을 나타내는 고전풍 인물, 그리고 하늘에는 천사에 둘러싸인 성모의 모습이 그려져 있었다. 필립의 관념으로 볼 때 그건 정말 이상한 풍경이었다. 그는 다만 정확한 사실만을 존중하는 유파 속에 끼어 있었기 때문이다. 그러나 그 그림은 또 이상하게도, 그가 그토록 겸허한 마음으로 따르던 화가들이 그린 어떤 진실보다도 훨씬 위대한 진실을 묘사하고 있다는 사실을 깨닫도록 만들었다. 아델니는 이 그림이 정확하기 이를 데 없으며, 만일 이것을 톨레도 시민에게 보여 준다면, 그들은 일일이 자기네 집을 알아볼 수 있을 것이라고 말했다. 작가는 본 그대로를 그렸을 뿐이었다. 다만 마음의 눈으로 보았던 것이다. 엷은 회색 속에 잠겨 있는 그 시가지에는, 무언가 이 세상 같지 않은 것이 있었다. 밤의 빛도, 낮의 빛도 아닌, 어둠침침한 빛에 싸인 영혼의 도시였다. 그 도시는 녹색의 언덕에 서 있었다.

그러나 그것은 이승의 녹색이 아니었다. 그리고 거대한 성벽에 둘러싸여 인간이 발명한 기계나 병기로는 도저히 막을 수 없고, 단지 기도와 단식, 회개의 탄식과 육체의 고행만으로 뚫어질 그런 것이었다. 말하자면 신의 보루 바로 그것이었다. 저 잿빛 집들은 결코 이승의 석공이 아는 그런 돌로 만들어진 것이 아니었다. 그것에는 무언가 보는 이로 하여금 공포에 떨게 하는 것이 숨어 있었다. 그 속에 무엇이 살고 있는지 전혀 알 수 없었다. 이를테면 그 거리를 거닌다고 하자. 문득 정신을 차려 보니까 집 안이 텅 비어 사람 그림자 하나 찾아볼 수 없다. 그러면서도 빈집은 아닌 것이다. 그러나 놀라는 사람은 한 명도 없다. 비록 눈에는 보이지 않으나 내적인 감관은 분명히 그 속에 어떤 존재가 있음을 깨닫기 때문이다. 그곳은 신비한 도시였다. 그곳에는 빛 속에서 갑자기 암흑 속으로 들어갔을 때처럼 한참 동안 사람의 상상을 멈칫하게 하는 무엇이 있었다. 알 수 없는 것을 인식하고, 절대자의 경험…… 그것은 심원한 것임에도 다만 말로만 나타내기 어려울 뿐, 이상하게도 분명히 의식되는 벌거벗은 영혼이 어슬렁거리고 있는 것이다. 그리고 짙푸른 하늘…… 마치 지옥에 있는 영혼의 흐느낌과 탄식을 떠오르게 하는 가벼운 구름이 이상한 바람에 쫓기며 날리고 있는 푸른 하늘, 육신의 눈이 아니라 깊은 영혼의 소리만이 인정하는 진실성을 가지고 역력히 존재하는 새파란 하늘, 거기에 붉은 옷이나 푸른 옷을 입은 성모 마리아의 모습이 천사들에게 둘러싸여 있다고 해서 이상할 것은 하나도 없는 것이다. 설사 그 도시 사람들이 이 환영을 본다 해도 조금도 놀라는 기색 없이 다만 감사의 경건한 마음으로 그들의 생활을 이어 나갈 게 틀림없었다.

  아델니는 에스파냐 문인 가운데 신비주의자인 테레사 데 아빌라, 산 후안 데 라 크루스, 프라이 루이스 데 레온 등에 대해서도 말해 주었다. 그들의 공통점은 필립이 바로 그 엘 그레코의 그림을 보았을 때 느꼈던 것과 같은, 말하자면 눈에 안 띄는 것에 대한 정열이었다. 그들은 형태 없는 것에 접하고 보이지 않는 것에 대한 어떤 힘을 지니고 있는 듯이 보였다.

  그들 전부가 동시대의 에스파냐 사람들이었다. 그들 가슴에는 위대한 에스파냐 국민의 위대한 업적의 가지가지가 그대로 약동하고 있었고, 그들의 머리는 신세계인 아메리카, 나아가서는 카리브 해의 초록이 우거진 섬의 찬란함으로 빛나고 있었다. 그리고 그들의 혈관 속에는 수세기에 걸쳐 무어 족과 투쟁해 온 힘이 생생하게 흘러넘치고 있었다. 세계의 패자였던 그들에게는 긍지가 있었다. 아득한 카스테리아의 전망, 황토 벌판, 눈 덮인 준령들, 안달루시아의 햇빛, 높푸른 하늘, 꽃이 활짝 핀 들판, 그러한 것들을 모두 절실히 느끼고 있었다. 인생 그 자체가 정열적이었고 다채로웠으며, 그것이 주는 것이 풍족하면 할수록 그들은 그 이상의 무엇을 끊임없이 기대했던 것이다.

인간인 이상 거기에는 당연히 불평도 있었다. 그 격렬한 정력을 고스란히 신비한 것에 대한 탐구에 쏟았던 것이다. 아델니는 심심풀이로 해본 번역을 읽어 줄 상대가 생겨 무척 기분이 좋았다. 듣기 좋은 목소리를 약간 떨며 그는 영혼과 그 애인 그리스도에 대한 찬가 〈어두운 밤을〉로 시작되는 아름다운 서정시, 프라이 루이스 데 레온의 〈고요한 밤〉 따위를 낭송했다. 그의 번역은 매우 단순하고 소박했지만 결코 서투르지는 않았다. 원문의 소박한 멋을 방불케 하는 어휘를 제대로 다 골라 놓았다. 그리고 엘 그레코의 그림은 그 해설이며, 거꾸로 시는 그의 그림 해설이기도 했다.

생각해 보면 필립의 머리에는 이상주의에 대한 어떤 경멸감이 있었다. 그에게는 인생에 대한 끊임없는 정열이 있었다. 그가 지금까지 맞닥뜨린 이상주의라는 것은 대부분 인생에서의 비겁한 도피같이 느껴졌다. 이상주의자는 현실에서 몸을 도사린다. 이 인간세계의 투쟁에서 견뎌 낼 수 없기 때문이고, 싸워 나갈 기력이 없어 싸움을 속되다고 부르기 때문이다. 그들은 허영이 심한 부류요, 동료들이 자신을 자기의 평가대로 받아들여 주지 않는다고 해서 반대로 그들을 경멸함으로써 자기위안을 하는 사람들이었다. 필립에게 말하라고 하면 그 가장 전형적인 인물은 헤이워드였다. 미모에다 나태, 지금은 살이 너무 찌고 머리도 벗어지기는 했지만, 그래도 지난날의 미모의 흔적을 지닌 채 불확실한 미래에 대한 꿈을 안고 무엇인가 색다른 일을 해보겠다며 허튼소리를 늘어놓는다.

그러나 그 뒤에 있는 것은 다만 위스키와 뒷골목에서의 천한 정사였다. 그러한 헤이워드를 대표하는 것에 대한 반동으로 필립은 있는 그대로의 인생을 부르짖어왔다. 불결에도, 악에도, 추함에도 그는 언제나 태연했다. 벌거숭이 인간 그대로의 모습을 보고 싶다고 그는 공언해 왔다. 비열, 냉혹, 이기주의, 나아가서는 정욕의 실례를 눈앞에서 보았을 때 그는 매우 만족해했다. 바로 그것이 진실이었기 때문이다. 그는 파리에 있는 동안 인생에는 아름다움도 추함도 없고, 있는 것은 다만 진실뿐임을 배웠다. 미의 탐구라는 것 자체가 감상이었다. 문자 그대로 미의 전제(專制)에서 해탈해 보겠다고 일부러 풍경화 속에 므니에 초콜릿 광고판을 그려 넣기까지 한 그가 아니었던가?

그러나 이제 그는 뭔가 새로운 것을 잡은 느낌이 들었다. 이미 오래전부터 망설여 가며 접근해 온 것에 이제 확실히 부딪친 느낌이었다. 말하자면 발견 일보직전 같은 느낌이었다. 막연하긴 하지만 지금까지 쏠려 있던 사실주의 보다 훨씬 좋은 것이 거기 있는 듯했다. 그렇다고 해서 그것은 약하므로 인생을 회피하는 저 냉혈하고 비정한 이상주의와는 또 다른 것이었다. 지나칠 정도로 억센 남성적인 것, 인생을 움직이는 모든 면에서 아름다움과 추함, 비속함과 고매함, 이러한 모든 것을 포용하는 것이었다. 사실주의인 것만은 사실이었다. 좀더 자세히 말해서 그것은 있는 그대로의 사실이며 그것을 보는 한층 또렷한 빛을 통해 변모된 그러한 리얼리즘이었다. 그는 과거의 카스테리아 귀족들이 지녔던 엄숙한 눈을 통해 사물을 한층 깊이 본 듯한 느낌이 들었다. 그리고 처음에는 기묘하게 왜곡되게 보였던 성자들의 모습이 이제는 뭔가 신비한 의미를 지닌 것같이 생각되었다. 그러나 그 의미가 무엇인지 그것까지는 아직 몰랐다. 이를테면 하나의 계시인데, 그것의 중대성은 알았지만 가장 중요한 말이 뭔지는 아직 잘 몰랐다. 끊임없이 탐색해 온 인생의 의미에 대한 해답을 이제 비로소 얻었다는 느낌도 들었다.

그러나 슬프게도 그것은 아직 막연하고 몽롱한 것이었다. 그는 심각하게 탐색해 갔다. 뭔가 진리 같은 것이 마치 폭풍우 치는 밤, 번개 불빛에 순간적으로 비친 산맥처럼 힐끗 보인 듯한 느낌이 들었다. 사람이 인생을 다만 우연의 손에만 맡길 수 없는 뭔가 의지의 힘 같은 것을 본 듯했다. 극기라는 것이 미혹(迷惑)에 뒤떨어지지 않게 적극적이며 정열적인 정신이라는 것, 그리고 인간의 내면생활이 여러 나라를 정복하고 미지의 세계를 탐험하는 사람들의 그것과 조금도 다름없이 다양하고 다채롭고 풍부한 경험임을 드디어 깨달은 것 같았다.

89

필립과 아델니가 말을 주고받는 동안에 계단을 뛰어오르는 발소리가 요란하게 들려왔다. 아델니가 문을 열자 주일학교에서 지금 돌아오는 아이들이 웃고 소리치며 밀려들어 왔다. 오늘은 무엇을 배웠느냐고 그가 웃으며 물었다. 샐리가 잠깐 얼굴을 내밀고, 어머니가 차 준비를 하는 동안 아버지는 애들을 좀 봐줬으면 좋겠다는 말을 했다. 그는 안데르센 동화 하나를 이야기하기 시작했다. 모두 낯을 가리지 않는 아이들이어서 필립은 이내 다정한 아저씨가 되고 말았다. 제인이 옆에 와 있는가 싶더니 어느새 그의 무릎 위에 올라앉아 있었다. 쓸쓸했던 그의 생애에서 단란한 가정 분위기에 젖어 보기는 이번이 처음이었다. 동화에 귀를 기울이는 예쁜 아이들의 모습을 보자 그의 눈에는 자기도 모르는 사이에 미소가 떠올랐다. 처음에는 조금 이상하게도 보였지만, 이제 와서 보니 이 새로운 친구의 생활은 오히려 가장 자연스런 인정미에 가득 차 있는 듯했다. 다시 한 번 샐리가 들어와 말했다.

"애들아 이제 차가 다 됐어."

제인은 필립의 무릎에서 미끄러져 내리고 모두 다시 줄줄이 부엌으로 갔다. 샐리가 또 그 길쭉한 에스파냐식 식탁에 식탁보를 펴면서 말했다.

"어머니께서 함께 차를 드셔도 좋겠느냐고 하셔요. 동생들은 제가 돌보면 돼요."

"네 어머니한테 가서 일러라. 왕림해 주시면 무한한 영광으로 알겠다고."

필립은 마음속으로, 이 친구는 거창한 연설조가 아니면 말을 못하는 모양이라고 생각했다.

"그럼 제가 준비하겠어요."

곧 다시 그녀는 코티지 로프(겹쳐 구운 빵)와 버터 조각과 딸기 잼 통을 얹은 쟁반을 들고 돌아왔다. 그리고 그것들을 테이블 위에 늘어놓는 동안 아버지는 다시 딸을 놀리려 필립에게 말했다.

"이제는 그럭저럭 남자친구가 생길 만한 나이도 됐는데 말이야. 워낙 콧대가 높아 주일학교에서 돌아올 때 보면 사내 녀석이 둘씩이나 문간에서 지키고 있는데도 거들떠보지도 않는다니까."

"아이, 아버지는 정말 주책이셔."

그녀는 이렇게 말하고는 또 그 상냥한 미소를 띠었다.

"양복점의 조수 하나가 있었는데, 이 친구 아무리 해도 이 애한테 '안녕하세요'란 말을 들어 보지 못해 홧김에 군대에 입대하고 말았어요. 또 한 전기 기사가 있었는데, 이 친구는 교회에서 찬송가 책을 같이 보지 못하게 했다고 홧김에 술을 마시게 됐다나요. 애가 머리라도 제대로 올려 빗는 날이면 어떻게 될지 난 벌써부터 등골이 오싹해져요."

"차는 어머니가 직접 가져오신대요."

"이 애는 언제든지 내 말을 이렇게 건성으로 듣는답니다."

아델니는 큰 소리로 웃으면서도 귀엽고 자랑스러워 견딜 수 없다는 눈빛이었다.

"아무튼 선생, 이 애는 전쟁이 나든지, 혁명이 나든지, 아니 천지개벽이 일어나도 아랑곳없이 자기 맡은 일만 할 아이입니다. 상대만 괜찮으면 좋은 색싯감이 될 텐데."

바로 그때 아델니 부인이 차를 가지고 들어왔다. 그녀는 앉아서 버터 바른 빵을 자르기 시작했다. 그녀가 남편을 마치 어린애 다루듯 하는 것이 필립에게도 퍽 재미있었다. 남편을 위해 잼을 발라 주고, 버터 바른 빵을 먹기 좋은 크기로 잘라 주었다. 모자는 벗었으나 거북해 보이는 나들이옷 때문인지 그녀의 모습은 마치 필립이 어렸을 때 큰아버지와 함께 곧잘 방문했던 어느 농부의 아내와 똑같았다. 그러고 보면 그녀의 말소리가 귀에 익은 듯한 이유도 알았다. 블랙스테이블 근처의 사람과 똑같은 말을 쓰기 때문이었다.

"고향이 어디십니까?"

필립이 물어 보았다.

"켄트예요. 나기는 퍼언에서 났구요."

"그런 줄 알았습니다. 저의 큰아버지가 바로 블랙스테이블에서 목사로 계세요."

"아, 그래요. 그거 정말 신기하네요. 저도 아까 교회에서, 혹 캐리 씨와 연고가 있는 분이 아니신가 생각했어요. 캐리 씨 같으면 자주 만나 뵙지요. 저의 사촌 동생이 바로 그 블랙스테이블 교회 건너편 록스레이 농장 바커 씨에게로 시집갔어요. 그래서 저도 처녀 때 곧잘 가서 자고 오곤 했지요. 정말 신기한 일이네요."

그녀는 다시 흥미롭게 그를 살펴보았다. 무딘 그녀의 눈에 밝은 빛이 떠올랐다. 그녀는 그에게 퍼언을 아느냐고 물었다. 그곳은 블랙스테이블에서 10마일쯤 떨어진 깨끗한 촌락으로 그곳 목사가 가끔 추수감사절 같은 때 블랙스테이블로 나왔다. 그녀는 그곳 몇몇 농부의 이름을 댔다. 처녀시절을 보낸 곳 이야기를 다시 하는 것이 퍽 즐거운 듯 보였다. 이러한 여자들이 흔히 그렇듯 언제까지나 강하게 기억에 남는 정경, 그리고 정든 사람을 하나하나 되새겨 보는 것이 무척 즐거운 모양이었다.
 그녀는 또 필립에게도 깊은 감동을 주었다. 뭔가 한 줄기 전원의 바람이 런던의 한복판, 벽에 판자 붙인 이 방까지 불어들어 온 느낌이었다. 우람한 느릅나무가 들어찬 켄트의 전원이 눈에 보이는 듯했다. 향기 가득한 맑은 공기에 그의 코가 저도 모르게 벌름거렸다. 북해의 소금 향기를 머금은 바람 때문인지 그것은 찌르는 듯 강렬했다.
 필립은 10시가 되어서야 자리에서 일어났다. 아이들은 모두 8시에 밤인사를 하러 왔는데 너무도 자연스럽게 고개를 들고 필립의 키스를 요구했다. 필립은 자기도 모르게 그들에게 애정이 가는 것을 느꼈다. 샐리는 가볍게 손만을 내밀었다.
 "앤, 남자한텐 두 번째로 만날 때까지는 절대로 키스를 안 해요."
 아버지가 설명했다.
 "그렇다면 꼭 다시 한 번 초대해 주십시오."
 "아버지가 하시는 말씀을 곧이듣지는 마세요."
 웃으며 샐리가 말했다.
 "허, 그 보세요. 얼마나 냉정한 앤가."
 아버지가 끼어들었다.
 아델니 부인이 아이들을 재우는 동안 두 사람은 빵과 치즈와 맥주로 저녁 식사를 했다. 마침내 필립이 작별인사를 하러 부엌으로 가니까 그녀는 의자에 앉아 〈주보〉를 읽고 있다가 그에게 꼭 다시 한 번 찾아와 달라고 간곡히 부탁했다.
 "주인이 실직이라도 하지 않는 한 일요일에는 꼭 만찬을 들어요. 오셔서 이야기 상대를 해주시는 것만도 무척 고마워요."

 다음 토요일, 필립은 아델니에게서 엽서를 받았는데, 내일 점심은 꼭 함께 들자는 내용이었다. 그러나 그의 수입을 생각할 때, 그리 빈번하게 초대에 응할 수 없을 것 같아 그는 차 시간에만 가겠다고 답장했다. 그리고 상대에게 조금도 폐가 되지 않기 위해 커다란 건포도 케이크를 사가지고 갔다. 가 보았더니 온 집안이 그를 환영할 뿐 아니라 사들고 간 케이크가 또 어린 아이들의 마음을 송두리째 사로잡고 말았다. 그는 모두 같이 주방에서 차를 마시자고 제안했다. 따라서 차 시간은 그야말로 왁자지껄하고 화기애애한 것이 되었다.

어느새 필립은 일요일마다 아델니의 가정을 찾는 것이 습관이 되고 말았다. 아이들한테서 인기가 제일 좋았다. 그는 아이들을 정말 좋아했고, 또 그 자신이 티끌만큼도 어른티를 내지 않았기 때문이다. 필립이 현관 초인종을 누르면, 그 소리를 듣기가 무섭게 누군가 먼저 고개를 내밀고 그가 온 것을 확인한다. 그러면 집안식구가 온통 벌집 쑤신 듯 소란을 피우며 2층에서 몰려 내려와 맞아들인다. 그리고 한꺼번에 그의 팔 속으로 뛰어든다. 차 시간에는 그의 옆자리를 차지하려고 한바탕 소란을 피우기가 일쑤였다. 이윽고 그는 필립 아저씨로 통하게 되었다.

아델니는 뭐든지 숨김없이 말하는 성격이어서 그의 전력도 차츰 알게 되었다. 꽤 많은 직업에 종사한 모양이었지만, 필립이 보기에 그가 했던 일마다 모두 엉망이 된 것 같았다. 실론의 차 재배장에서 일한 적도 있었고, 이탈리아산 포도주 판매도 맡아 한 것 같았다. 톨레도의 수도회사에서 비서 생활을 한 것이 그로서는 가장 오래 버틴 직업인 모양이고, 그 다음에 기자가 되고, 한참 동안은 어떤 석간신문의 경찰·법원 출입 기자 노릇도 하고, 그 뒤 중부지방에 있는 어느 신문사의 부주간(副主幹), 리비에라에 있는 어느 신문의 주간까지 했다고 한다.

그리고 그 직업들의 잡다한 경험에서 얻은 재미있는 이야기만을 모아 떠벌림으로써 사람들을 즐겁게 해주는 자신의 능력이 기뻐 못 견디겠다는 듯 말해 주곤 했다. 독서도 꽤 많이 한 듯 보였는데, 특히 좋아하는 것은 이른바 별난 책들이었다. 지식을 있는 대로 탈탈 떠벌리고는 듣는 사람이 좋아하는 것을 어린애같이 기뻐하곤 했다. 3, 4년 전에 가세가 기울어져 할 수 없이 큰 섬유회사의 광고사원이 되었다는 것인데 스스로 내세우는 그의 재능에 비하면 매우 불만스러운 직업이었다. 다만 부인의 강경한 의견과 또 한 가지 집안사정 때문에 어쩔 수 없이 아직까지도 근무를 계속하고 있다는 것이었다.

90

아델니의 집에서 나오면 필립은 챈서리 레인을 빠져서 스트랜드를 지나

의사당 거리를 벗어난 뒤 버스를 타곤 했다. 그들이 알고 지낸 지 6주일쯤 지났을 무렵일까. 어느 일요일, 여느 때와 마찬가지로 이 길로 왔으나 그날 따라 공교롭게도 케닝튼행이 만원이었다. 6월이었지만 하루 종일 비가 와서 밤이 되자 몹시 추웠다. 앉아서 가고 싶은 마음에 그는 피카딜리 서커스까지 걸어서 갔다. 분수 있는 곳이 정류장이었는데, 여기서는 두세 명 이상 손님이 타고 있는 일은 드물었다. 다만 15분마다 운행하므로 한동안 기다려야 했다. 필립은 멍하니 사람들의 무리를 바라보고 있었다. 마침 술집들이 문 닫는 시간이어서 오가는 사람이 오히려 많았다. 그의 머리는 아델니가 이야기해 준 여러 가지 즐거운 화제로 가득 차 있었다.

갑자기 그는 놀라서 심장의 고동이 멎는 것 같았다. 밀드레드였다. 이미 몇 주일 동안이나 그녀의 일 따위는 생각한 적도 없었다. 그녀는 샤프츠베리 아베뉴 모퉁이에서 큰길을 가로질러 건너려는 듯 안전지대에 서서 마차의 열이 지나가기를 기다리고 있었다. 기회를 엿보느라 마음을 쏟고 있어 다른 것은 아무것도 보이지 않는 듯했다. 장식이 가득히 달린 커다란 검은 밀짚모자를 쓰고 검은 실크옷을 걸치고 있었다. 그 무렵에는 여자들이 옷자락을 길게 끄는 것이 유행이었다.

그 순간 지나가는 차들의 행렬이 끊겼다. 밀드레드는 치맛자락을 끌면서 가로질러 건너더니 피카딜리 쪽으로 걷기 시작했다. 필립은 가슴을 두근거리면서 뒤를 쫓았다. 말을 걸어 볼 생각 따윈 없었다. 그러나 이런 시간에 어딜 갈 작정일까? 얼굴을 한번 보아 두고 싶었다. 그녀는 천천히 에어 거리를 지나 리젠트 거리로 나왔다. 그리고 다시 서커스 쪽으로 걷기 시작했다. 순간 필립은 망설였다. 도대체 무엇을 하고 있는지 그로서는 알 수가 없었다. 아마 누군가를 기다리는 모양이지. 누구를 기다리는 것인지 확인해 보고 싶어졌다.

이윽고 그녀는 같은 방향으로 천천히 걷고 있는 중절모자 쓴 작달막한 남자에게 따라붙었다. 그러고는 지나치면서 슬쩍 곁눈질을 보냈다. 열 걸음쯤 가면 스완 앤드 에드거 앞이 나온다. 그러자 그녀는 그 앞에 멈춰 서서 큰길을 향해 가만히 기다리고 있었다. 이윽고 그 남자가 다가오자 그녀는 방긋 웃었다. 남자는 힐끔 쳐다보았으나, 그대로 외면하고 느린 걸음으로 걸어가 버렸다. 모든 것을 알 수 있었다.

필립은 너무나 한심해서 마음이 뒤집히는 것 같았다. 한동안은 다리가 덜덜 떨려서 거의 서 있을 수 없을 지경이었다. 그러나 재빨리 따라가서 그녀의 팔을 잡고 외쳤다.
"밀드레드!"
그녀는 깜짝 놀라서 뛰어오를 것처럼 뒤돌아보았다. 얼굴이 빨개진 것 같았으나 어두워서 보이지 않았다. 한참 동안은 서로 마주 바라본 채 목소리도 나오지 않았다. 결국 그녀 쪽에서 먼저 입을 열었다.
"당신을 만나다니!"
그는 어떻게 대답해야 좋을지 몰랐다. 뭐라 한대도 심한 충격이었다. 잇따라 말이 떠오르기는 했으나 이도 저도 진심이라고는 생각할 수 없을 만큼 연극적인 것뿐이었다.
"어쩌면 이렇게 한심하지!"
그는 거의 중얼거리듯이 한탄했다.
그녀도 그 이상은 아무 말도 하지 않았다. 그에게서 얼굴을 돌리고 가만히 발밑을 내려다볼 뿐이었다. 그는 자기의 얼굴이 괴로움으로 심하게 일그러지는 것을 느꼈다.
"근처에 이야기라도 좀 할 곳이 없을까요?"
"난 이야기 같은 거 하고 싶지 않아요. 날 내버려둬요."
그녀는 무뚝뚝하게 대답했다.
또 돈이 몹시 필요해서 이런 시간에는 집으로 돌아갈 수 없는 것이 아닐까? 그는 문득 그런 생각이 들었다.
"만약 돈이 필요하다면 금화 두 개쯤은 있어요."
그는 무심코 말해 버리고 말았다.
"무슨 말인지 모르겠군요. 도대체 무슨 뜻이죠? 난 하숙집으로 돌아가려고 걷는 길이었어요. 같이 일하는 아가씨하고 만날 약속이 있어서."
"이봐요, 제발 거짓말하는 건 그만두라고."
그러나 그렇게 말하고 힐끗 보니 그녀가 울고 있는 것이 아닌가. 그는 같은 질문을 되풀이했다.
"어디 잠깐 들러서 이야기할 수 없을까요? 당신 집으로 가면 안 되겠어요?"

"안 돼요, 그건 안 돼요, 정말 안 돼요."

그녀는 울면서 말했다.

"남자를 데려가면 안 돼요. 내일이면 만나도 좋아요."

어차피 약속 따위는 지키지 않을 것이 뻔했다. 아무튼 이대로 돌려보내서는 안 된다고 그는 생각했다.

"안 돼. 무슨 일이 있더라도 지금 어디로든지 함께 가요."

"그래요? 그럼 제가 아는 방이 하나 있어요. 그렇지만 6실링이나 줘야 해요."

"좋아, 어디죠?"

그녀에게서 주소를 듣자 그는 마차를 불렀다. 그레이즈 인 로우드 근처의 대영 박물관을 지나 너절한 거리까지 가자 그녀는 마차를 세웠다.

"문 앞까지 마차를 댈 순 없어요."

마차에 올라타고부터 두 사람이 나눈 첫 번째 말이었다. 겨우 몇 걸음 가서 어떤 집 현관문을 밀드레드가 세게 세 번 노크했다. 보니 문틀 위의 창으로 새어나온 불빛에, 마분지로 '방 빌려 줌'이라고 써 붙인 글자가 눈에 띄었다. 조용히 문이 열리더니 키가 작고 제법 나이가 든 여자가 그들을 맞아들였다. 그녀는 물끄러미 필립의 모습을 바라보다가 이내 밀드레드에게 나직한 귀엣말로 무엇인가 말했다.

밀드레드가 앞선 채 복도를 지나 깊숙한 방으로 안내되었다. 캄캄했다. 그녀가 그에게서 성냥을 빌려 가스등에 불을 붙였다. 등피도 씌워 있지 않아서 가스가 슉슉 소리를 내면서 탔다. 둘레를 살펴보니 몹시 더럽고 조그만 방인데, 겉만 송판처럼 칠하고, 그 방에는 어울리지도 않게 커다란 가구가 한 벌 놓여 있었다. 레이스 커튼도 매우 더럽고 난로 아궁이는 커다란 종이부채로 가려져 있었다. 밀드레드는 벽난로 옆 의자에 몸을 푹 묻었다. 필립은 침대 끝에 걸터앉았다. 어쩐지 부끄러운 생각이 들었다. 자세히 보니 그녀는 뺨에 너무 짙게 연지를 발랐고 눈썹도 시커멓게 칠하고 있었다. 그러면서도 병자처럼 몹시 여위어서 짙은 볼연지가 한층 더 창백한 피부를 눈에 띄게 했다.

그녀는 멍하니 귀찮은 것처럼 종이부채를 들여다보고 있었다. 필립은 무어라고 말해야 좋을지 알 수 없었다. 목이 콱 막혀서 묘하게 울음이 터질 것 같았다. 자기도 모르게 두 손으로 눈을 가렸다.

"아아, 이렇게 한심할 수가!"
그는 신음하듯 말했다.
"별로 떠들 것도 없잖아요. 난 당신이 고소해하겠지 생각했는걸요."
필립은 대답하지 않았다. 그러자 그녀 쪽에서 흐느껴 울기 시작했다.
"이런 짓을 좋아서 하는 거라고는 생각하지 말아요. 네?"
"아아, 그렇게 생각하지 않아요. 당신도 불쌍한, 참으로 불쌍한 여자군요."
그는 외쳤다.
"호, 참 고마우신 말씀이군요. 아무짝에도 쓸모없지만 말이에요."
그는 또다시 할 말이 없었다. 무슨 말이든 하면 으레 여자 쪽에서는 비난하든가 아니면 비웃어 버릴 것이 뻔했기 때문이다. 그것을 생각하면 견딜 수가 없었다.
"아이는 어디 있어요?"
그래도 하는 수 없이 입을 열었다.
"지금 런던에 함께 있어요. 브라이튼에 두자니 돈이 되어야죠. 그래서 하는 수 없이 데려왔어요. 지금은 하이베리 근처에 방을 하나 빌리고 있어요. 주인에게는 무대에 나간다고 해두었죠. 매일 웨스트엔드까지 다니는 일도 무척 힘들지만, 무엇보다 여자에게 선뜻 방을 빌려 주는 그런 집을 찾기가 무척 어려우니까요."
"먼저 있던 찻집엔 이젠 못 나가요?"
"어림도 없어요. 어디에 가나 할 만한 일이라고는. 일자리를 구하느라고 발이 닳도록 돌아다녔어요. 그야 한번은 용케 찾아내기도 했죠. 하지만 몸이 편치 못해서 일주일쯤 쉬고 나가 보니까 이젠 필요 없다는 거예요. 하기야 저편도 나쁘다고 할 수는 없죠. 안 그래요? 몸이 약한 여자를 두고 싶진 않을 테니까."
"어쩐지 몸이 좋지 않은 것 같군요."
"오늘도 실은 나오면 안 됐어요. 하지만 하는 수 없잖아요. 돈이 없는걸. 에밀에게도 편지를 보내 생활이 곤란하다고는 말했어요. 그런데 웬걸요, 답장 한 번 없잖아요."
"내게 다 말했더라면 좋았을걸."
"하지만 역시 싫더군요. 그런 일이 있은 뒤인걸요. 당신에게는 어렵다는 것조차 알리고 싶지 않았어요. 당신이 설사 나를 보고 뿌린 대로 거두는 거다, 고소하다 한대도 난 조금도 놀라지 않을 작정이었어요."

"아직도 내 마음을 모르는군요."

한순간 그는 이 여자 때문에 받은 여러 가지 고뇌를 되새겨 보았다. 지난 날의 그 고통을 생각하면 가슴이 아팠다. 그러나 지금에 와서는 그것도 한낱 추억에 지나지 않았다. 이 여자를 다시 보았을 때 이미 그녀를 사랑하지 않는다는 것을 스스로 잘 알 수 있었다. 불쌍하다고는 생각되었지만 용케 빠져 나왔다고 생각하니 오히려 기뻤다.

그는 차분히 그녀를 바라보면서 자기가 어떻게 이런 여자에게 그토록 반해 버렸었는지 이상스러워져서 견딜 수가 없었다.

"당신은 말이에요, 어느 모로 보나 역시 진정한 신사예요. 당신뿐이에요. 딴 사람은 몰라요."

그러면서 그녀는 잠깐 망설이는 것 같더니 얼굴을 약간 붉히며 말했다.

"저어 필립, 이런 말은 정말 하기 어렵지만 조금만 빌려 줄 수 없을까요?"

"마침 잘됐군요, 조금이라면 있어요. 2파운드 정도밖에 안 될지도 모르지만."

그렇게 말하고 그는 금화 두 개를 주었다.

"돌려 드리겠어요, 반드시."

"아니 괜찮아요, 염려할 것 없어요."

그는 가볍게 웃었다.

곰곰이 생각해 보니 자기가 하고 싶었던 말은 한마디도 못했다. 서로가 모든 것이 너무도 당연하다는 태도로 이야기했다. 그녀는 벌써 돌아가고 싶은—다시 그 무서운 생활로 말이다—눈치였으나, 그로서는 어떻게도 할 수가 없었다. 그녀는 일어서면서 돈을 집어넣었다. 두 사람은 마주 섰다.

"제가 붙든 것이 아닐까요? 돌아가고 싶죠?"

"아니, 그렇게 서두를 필요는 없어요."

"아아 잘됐다. 그럼 잠깐만 쉬었다 가요."

이 말, 그리고 그것이 암시하는 모든 의미는 그의 가슴을 무참히 찢어놓았다. 그렇게 말하면서 그녀는 그만 허물어지는 것처럼 주저앉았는데, 그 모습에는 바로 쳐다보기 어려운 점이 있었다. 언제까지나 긴 침묵이 흘렀다. 드디어 필립은 하릴없이 심심해져서 담배에 불을 붙였다.
"전 정말 당신의 은혜를 잊지 못하겠어요. 당신에게서 싫은 소리를 듣지 않았다는 것 말이에요. 무슨 말을 듣더라도 하는 수 없다고 생각했던 만큼 말이에요."
또다시 여자는 울고 있었다. 그러고 보니 언젠가 에밀 밀러에게 버림을 받았을 때에도 역시 그를 찾아와서 이렇게 울었었다. 그녀의 고통, 그리고 자신의 부끄러움, 그 추억이 지금의 딱하고 가엾은 마음을 한층 더해 주는 것처럼 생각되었다.
"아아! 어떻게 이런 데서 발을 끊을 수가 없을까?"
그녀는 신음하는 것처럼 말했다.
"정말, 이젠 지긋지긋해서 못 견디겠어요. 전 이런 장사를 할 여자가 못 돼요. 그런 여자가 아니에요. 이런 데서 빠져나갈 수만 있다면 어떤 짓이라도 하겠어요. 뭣하면 식모살이라도 하겠어요. 아아! 차라리 죽어 버리고 싶어!"
자기 자신이 한없이 가엾게 느껴졌는지 여자는 정신없이 울어 버리고 말았다. 히스테리와도 같은 흐느낌이 이어지고 바싹 마른 온몸이 부들부들 떨렸다.
"아아, 어떤 것인지 당신 같은 사람들은 몰라요. 해본 사람 아니고는 도저히 알 수 없는 일이란 말이에요."
필립은 더 이상 울고 있는 것을 보고 있을 수 없었다. 지금 이 여자가 처한 무서운 처지를 생각하면 두려워서 가슴이 죄어드는 것 같았다.
"불행한 여자, 불쌍한 여자지, 당신도."
그는 속삭이듯 말했다.
마음속 깊이 감동되는 바가 있었다. 그러자 그때 갑자기 좋은 생각이 떠올랐다. 그의 마음은 하늘에라도 오르는 것 같은 행복감으로 가득 찼다.
"이봐요, 당신이 정말로 이런 생활에서 발을 끊고 싶다면 좋은 생각이 있는데. 나도 요즘엔 퍽 궁색해져서 될 수 있는 대로 아껴야만 해요. 하지만 지금 내가 빌려 쓰고 있는 케닝튼의 조그만 아파트 비슷한 집에 마침 빈방이 하나 있어요. 당신만 괜찮다면 어린애와 함께 와도 좋아요. 그런데 내가 우리 방을 청소하고 간단한 요리를 부탁하는데, 1주일에 3실링 반을 주고 여자를 쓰고 있거든요. 그러니까 그것을 당신이 해주면 돼요. 당신네 두 사람 식비는 그 여자에게 주는 돈에 조금만 더 얹으면 될 테니까. 한 사람이 먹든 두 사람이 먹든 그렇게 큰 차이는 없으니까 말이죠. 어린 것은 먹는 게 빤하니까."

그녀는 울음을 멈추고는 필립의 얼굴을 빤히 보았다.

"그럼 그런 일이 있었는데도 절 받아 주시겠단 말인가요?"

필립도 이 대답에는 조금 난처해져서 얼굴이 빨개졌으나 곧 대답했다.

"오해하면 안 돼요. 난 말이죠, 다행히 내 주머닛돈도 별로 들지 않는 방과 그리고 당신들의 먹을 것을 제공하겠다는 것 단지 그뿐이니까. 내가 당신에게 기대하는 것도 현재 그 여자가 하는 일, 그것뿐이에요. 그 이상은 아무 것도 없어요. 당신도 그 정도의 요리쯤은 할 수 있을 것 아니에요."

그녀는 벌떡 일어나더니 그가 있는 쪽으로 걸어오려고 했다.

"참 좋은 분이에요, 필립. 정말 고마워요."

"아니, 거기에 그대로 있어요."

그는 허둥거리며 말하고는 마치 떼밀어 버리는 것처럼 한 손을 앞으로 내밀었다.

왜 그런지 자기로서도 알 수 없었다. 그러나 아무튼 그녀가 몸에 손을 댄다는 것은 생각만 해도 견딜 수가 없었다.

"난 말이지, 친구 이상은 되고 싶지 않아요."

"고마워요, 참으로 좋은 분이에요."

"그럼, 결국 오겠다는 말이로군요."

"네, 가겠어요. 지금 이 생활에서 발을 끊을 수만 있다면 전 무슨 일이라도 하겠어요. 저어 필립, 절대로 당신이 뉘우칠 짓은 하지 않겠어요. 정말이에요, 절대로. 언제 가면 되죠?"

"내일이라도 좋아요."

여자는 또다시 울음을 터뜨렸다.

"왜 그래요? 왜 우는 거예요?"

필립은 웃으면서 말했다.

"전 기뻐서, 너무나 기뻐서 그래요. 정말 고마워요. 어떻게 하면 이 은혜를 갚을 수 있을지 모르겠어요."

"괜찮아요. 자, 그만 돌아가는 게 좋겠군요."

그는 주소를 적어주고 5시 반에 오면 기다리고 있겠다고 일러 주었다.

이미 밤이 이슥해져서 걸어갈 수밖에 없었으나 그다지 먼 것 같지는 않았다. 마음이 흐뭇함으로 가득해 마치 하늘을 나는 듯했기 때문이다.

91

이튿날 필립은 일찍 일어나 밀드레드를 위해서 방 준비를 했다. 지금까지 일해 오던 여자에게는 이제 필요 없다고 말해 두었다. 6시쯤 밀드레드가 도착했다. 창으로 내다보고 있던 필립은 곧 내려가서 그들을 맞아들이고 2층으로 짐 나르는 것을 도와주었다. 짐이라고 해야 누런 종이에 싼 커다란 보따리 세 개뿐이었다. 꼭 필요한 것 말고는 결국 모조리 팔아 버렸기 때문이다. 옷은 어젯밤에 입었던 검은 실크옷이었다. 비록 볼연지는 바르지 않았지만 눈가에는 아침에 씻은 것만으로는 지워지지 않는 눈썹 먹자국이 아직도 뚜렷하게 남아 있었고, 그 때문인지 한층 더 건강해 보이지 않았다. 어린애를 팔에 안고 마차에서 내려 서 있는 모습은 어쩐지 몹시 애처로움을 일게 했다. 그녀 편에서는 그래도 조금쯤 사양하는 태도가 있는 것 같아 서로 그저 평범한 인사말밖에는 하지 않았다.

"쉽게 찾아왔군요."

"전 런던에서도 이 근처에 사는 건 처음이에요."

필립은 우선 방을 보여 주었다. 전에 크론쇼가 죽은 방이었다. 스스로 생각해도 우스웠으나 그래도 그는 좀처럼 이 방에 되돌아올 마음이 생기지 않았던 것이다. 크론쇼가 죽고 나서도 여전히 조그만 방에서 지내고(애초에는 크론쇼가 마음 쓰지 않게 하기 위해서 옮긴 것이었지만) 밤에도 조립식 침대에서 잤다. 아기는 곤히 잠자고 있었다.

"몰라보겠죠?"

"하기야 브라이튼으로 데리고 간 뒤로는 한 번도 보지 못했으니까요."

"어디다 누일까요? 아이 말이에요. 참 무거워요. 도저히 오래 안고 있을 수가 없는걸요."

"글쎄, 여기에 요람 같은 것이 있을 리는 없고."

필립은 조금 난처한 듯이 웃었다.
"괜찮아요, 제가 데리고 자죠. 늘 그렇게 해왔어요."
밀드레드는 아이를 안락의자에 누이고 방 안을 둘러보았다. 전에 필립의 하숙집에서 본 적이 있던 물건은 거의 다 그대로였다. 다만 한 가지 새로운 것은, 작년 여름이 끝날 무렵 로우슨이 그려준 필립의 상반신 초상화뿐이었다. 벽난로 위에 걸려 있었는데 밀드레드는 그 그림을 가만히 보면서 말했다.
"잘된 곳도 있지만 별로인 부분도 있군요. 물론 당신은 저것보다 훨씬 잘생겼어요."
"값이 올랐군그래."
필립이 웃었다.
"전에는 한 번도 날보고 잘생겼다는 말을 한 적이 없었으니까."
"나는 남자의 얼굴 같은 것엔 관심 없어요. 잘생긴 남자 따위는 질색이에요. 아주 잘난 체해서 난 질색이에요."
그녀의 눈은 본능적으로 거울을 찾고 있었다. 그러나 공교롭게도 없었다. 그녀는 한 손을 올려서 앞머리를 가볍게 두드렸다.
"제가 여기 있는 것을 보면 다른 사람들이 뭐라고 할까요?"
갑자기 그녀가 말했다.
"뭘, 이 집엔 주인 부부가 있을 뿐이에요. 남편은 종일 집에 없고 부인도 토요일마다 방세를 치를 때밖에는 만난 적이 없죠. 따로 사는 게 틀림없어요. 나도 여기 와서부터 지금까지 별로 말을 해본 일이 없는걸요."
밀드레드는 짐을 풀어서 챙기기 위해 침실로 들어갔다. 필립은 책을 들고 읽으려 했으나 어쩐지 몹시 흥분되어서 글자가 눈에 들어오지 않았다. 그는 의자에 등을 기대고 담배를 붙여 물고 빙글빙글 웃으면서 잠자는 아이를 바라보았다. 필립은 참으로 행복했다. 이미 밀드레드에 대한 사랑은 모두 사라졌다. 그것만은 틀림없다. 지난날의 감정이 이렇게 깨끗이 사라져 버린 것에는 그도 놀랐다. 오히려 그녀에 대해서는 희미한 육체적인 혐오감까지도 느끼고 있었다. 만약 그녀가 몸에 손을 대기라도 한다면 틀림없이 온몸에 소름이 끼치는 것은 아닐까 생각하기까지 했다. 그것은 자기 자신도 이해할 수 없는 감정이었다. 이윽고 문을 두드리는 소리가 나고 밀드레드가 들어왔다.
"노크는 안 해도 괜찮아요. 어때요, 이 대저택을 한 바퀴 돌아봤나요?"

"무척 비좁은 부엌이군요. 그런 부엌은 본 적이 없어요."

"그래도 우리 집 산해진미를 요리하기에는 충분할 텐데요."

필립은 가볍게 대꾸했다.

"게다가 아무것도 없던걸요. 나가서 무얼 좀 사가지고 와야 하지 않겠어요?"

"그러죠. 그런데 꼭 한 가지 당신이 다시 기억해야 할 게 있어요. 아무튼 앞으로는 매우 아껴 줘야 한다는 것."

"그럼 저녁식사는 무엇으로 하시겠어요?"

"아무거나 당신이 요리할 수 있는 것으로 사오면 되겠죠."

그는 웃으면서 말했다.

밀드레드는 돈을 받아 가지고 나갔다. 30분 정도 지나자 돌아와서 사온 것을 식탁 위에 늘어놓았다. 계단을 올라온 탓인지 가쁘게 숨을 헐떡이고 있었다.

"그건 빈혈증이 있다는 증거예요. 약이라도 먹어야겠는데."

"가게를 찾느라고 꽤 혼났어요. 쇠간을 사왔는데 맛이 없을까요? 어쨌든 많이 먹을 수는 없으니까 고기를 사는 것보다 훨씬 경제적이에요."

부엌에는 가스난로가 있었다. 난로에 간을 얹어 놓고 밀드레드는 거실로 들어와서 식탁을 차렸다.

"왜 한 사람 분만 차리죠? 당신은 안 먹을 건가요?"

밀드레드는 놀라서 얼굴을 붉혔다.

"저하고 함께 먹는 걸 싫어하실 것 같아서요."

"천만에."

"하지만 저는 식모인걸요. 그렇잖아요?"

"바보 같은 소리 하지 마요. 왜 그런 쓸데없는 소리를 하죠?"

그는 웃었으나 이렇게 스스로 낮추려는 그녀의 모습을 보자 무언가 가슴이 뭉클해지는 것 같았다. 불쌍하게도 이 여자와 처음 알게 되었을 무렵의 일이 생각났다. 그는 잠시 망설였다.

"봐요, 난 당신에게 은혜를 베푼다고는 생각하지 않아요. 이것은 단순한 고용관계에 불과하니까. 나는 당신의 노동에 대해서 먹는 것과 잠잘 곳을 제공하는 것뿐이란 말이죠. 따라서 내게 신세지고 있는 것은 조금도 없어요.

자신을 낮출 필요는 조금도 없단 말이에요."

밀드레드는 이 말에 대답하지 않았으나 눈물이 줄줄 뺨 위를 흘러내렸다. 이러한 여자들은 자칫하면 남을 위해 하는 일이 매우 천한 것이라고 생각하는 버릇이 있다. 필립은 병원에 있을 때의 경험으로 그것을 잘 알고 있었다. 그렇게 생각하자 조금 귀찮아졌다. 그러나 결국은 자신을 나무라며, 그녀는 확실히 피곤하고 몸 상태가 좋지 못해서 그런 것이라고 생각을 고쳤다. 그는 일어나서 자리를 하나 더 만드는 것을 도와주었다. 그때 마침 잠자던 아이도 깨어났다. 밀드레드는 아이에게 먹일 멜린즈 푸드를 준비하고 있었다. 간과 베이컨 요리가 다 되자 그들은 마주 앉았다. 필립은 아끼기 위해서 식사 때 물 말고 다른 음료는 마시지 않으나 아직 집에는 위스키가 반병쯤 남아 있었다. 밀드레드를 위해 조금쯤은 마셔도 괜찮지 않을까 생각했다. 그는 식사하는 동안 되도록 즐거운 분위기를 만들려 노력했으나, 밀드레드는 완전히 지쳐 있었다. 식사가 끝나자 그녀는 어린애를 재우려고 일어났다.

"당신도 일찍 자는 것이 좋겠어요. 몹시 피곤해 보이는걸."

"네, 그릇을 씻고 나서 곧 자겠어요."

필립은 파이프에 불을 붙이고 책을 읽기 시작했다. 옆방에 누군가가 있다는 것은 역시 즐거운 일이었다. 사실 어떤 때에는 적적해서 견딜 수 없었기 때문이다. 밀드레드가 들어와서 식탁을 치웠다. 조금 뒤에 그릇을 씻는 모양인지 접시 소리가 들렸다. 검은 실크옷을 입은 채 무슨 일이든지 하는 것이 밀드레드답다고 생각되어서 저도 모르게 빙그레 웃었다. 필립은 해야 할 공부가 있어 책을 가지고 테이블로 갔다. 오슬러의 《내과학(內科學)》을 읽고 있었다. 오랫동안 가장 많이 쓰였던 테일러의 교과서를 제치고 최근에는 이 책이 학생들 사이에서 인기가 높았다. 조금 뒤에 밀드레드가 소매를 내리면서 들어왔다. 필립은 힐끗 눈길을 보냈으나 그대로 움직이지 않았다. 참으로 묘하게도 오히려 그가 허둥지둥했다. 그가 무언가 성가신 짓이라도 하지 않을까 그녀가 떠올리는 것 같아 걱정스러웠다. 그녀를 안심시키려면 좀 심한 말을 해버리는 수밖에 도리가 없었다.

"내일 아침 9시에 강의가 있어요. 그러니까 아침은 8시 15분에 먹도록 준비해줘요. 되겠어요?"

"그럼요, 할 수 있어요. 의사당 거리에서 살 때에는 매일 아침 허언힐에서 8시 20분에 기차를 타고 다녔는걸요."
"방은 그만하면 괜찮겠죠. 오늘 밤만 푹 자고 나면 내일은 한결 기운이 날 거예요."
"당신은 늦도록 공부하세요?"
"대개 11시나 11시 반까지는."
"그럼 안녕히 주무세요."
"잘 자요."

두 사람 사이에는 테이블이 가로놓여 있었다. 필립은 악수하려고 손을 내밀지 않았다. 밀드레드는 조용히 문을 닫았다. 잠깐 침실을 걸어 다니는 소리가 들렸으나 이윽고 그녀가 침대에 누웠는지 침대 삐걱거리는 소리가 들려올 뿐이었다.

92

다음 날은 화요일이었다. 필립은 늘 그랬듯 서둘러 아침을 먹고 9시 강의에 닿도록 뛰쳐나갔다. 밀드레드와는 겨우 두서너 마디 이야기할 겨를밖에 없었다. 저녁때 돌아와 보니 그녀는 창가에 앉아서 그의 양말을 깁고 있었다.
"참 부지런한데요."
그는 가볍게 웃고 말했다.
"오늘 하루 종일 무얼 하고 지냈죠?"
"방을 전부 청소하고서 아이를 데리고 밖에 나가 잠깐 산책하고 왔어요."
밀드레드는 낡고 검은 옷을 입고 있었다. 찻집에서 일하던 무렵에 제복으로 입었던 그 옷이다. 꽤 낡기는 했어도 어제 입었던 검은 실크옷보다는 잘 어울렸다. 아이는 마룻바닥에 앉아 있었다. 이상스러운 듯 커다란 눈을 둥그렇게 뜨고 필립을 올려다보았으나 그가 곁에 앉아서 벗은 발가락을 만져 주자 커다란 소리를 내어 웃기 시작했다.

오후의 햇볕이 창문으로 스며 들어와서 부드러운 빛을 던지고 있었다.
"돌아왔을 때 집에 사람이 있다는 것은 좋은 것이로군요. 여자와 아이는 첫째 방 안에 좋은 장식물이 되거든요."

그는 병원 약국에서 블로우드 정제를 한 병 얻어 가지고 왔다. 그것을 밀드레드에게 주면서 식후마다 먹으라고 했다.

이것은 그녀가 전부터 먹어오던 약이었다. 밀드레드는 열여섯 살 때부터 계속 몇 번이나 먹었다 말았다 했던 것이다.

"로우슨이었다면 당신의 그 창백한 살갗이 무척 좋다고 했을 거예요. 훌륭한 그림이 되겠다면서. 하지만 지금의 나는 훨씬 산문적이란 말이죠. 그래서 당신의 얼굴빛이 마치 우유 짜는 여자처럼 발그스름하지 않으면 별로거든요."

"그래도 꽤 건강해졌다고 생각하는데요."

조촐한 저녁식사가 끝나자 필립은 담뱃갑에 담배를 넣고 모자를 썼다. 화요일 밤에는 대개 비크 거리에 있는 술집에 갔는데, 밀드레드가 오고 나서 이렇게도 빨리 그날이 온 것이 그에게는 말할 수 없이 기뻤다. 이 기회에 밀드레드와의 관계를 분명히 해두고 싶었기 때문이다.

"외출하세요?"

"그래요. 나는 화요일 밤을 쉬는 날로 삼고 있죠. 그럼 내일 다시 만나요. 잘 자요."

필립에게는 이 술집을 찾는 일이 하나의 기쁨이었다. 저 철학자 같은 증권 중개인 마칼리스터가 언제나 와 있어서 둘이 만나면 그야말로 세상의 여러 문제에 대해서 신나게 토론하는 것이었다. 헤이워드도 런던에 있기만 하면 늘 참석하는 한 사람이었다. 헤이워드와 마칼리스터는 속으로는 서로 반발하고 있었지만 그것은 하나의 습관이었고, 지금도 그 밤만은 함께 만나게 되어 있었다. 마칼리스터는 헤이워드가 참으로 불쌍한 인간이라고 했다. 그는 헤이워드의 섬세한 감정 따위는 아예 무시했다. 곧잘 빈정거리는 투로 그의 작품에 대해서 여러 가지를 묻기도 했는데, 그럴 때마다 멍청하게도 머지않은 장래에 걸작을 쓴다는 둥 애매한 말이라도 돌아오는 날에는 대번에 냉소를 퍼붓는 것이었다.

가끔 두 사람의 논쟁이 격렬해질 때가 있었다. 그러나 어쨌든 펀치는 좋은 술이었고 또 두 사람 모두 술을 좋아했으므로 대개 밤이 이슥해질 무렵이면 의견 차이 따윈 사라지고 아주 친한 친구가 되어 버리는 것이었다.

그날 저녁에도 가보니까 두 사람 다, 아니 로우슨까지 와 있었다. 이즈음 그는 런던에도 친구들이 생겨서 자연히 만찬회에 초대받는 날도 많으므로 여기에 모습을 보이는 것은 오히려 희귀한 일이었다.

그들은 매우 사이가 좋았다. 최근에 마칼리스터가 증권거래소 정보를 알려준 덕택으로 둘 다 50파운드가량 벌었기 때문이다. 낭비는 좋아하는 주제에 돈은 거의 벌지 못하는 로우슨으로서는 정말 큰 벌이였던 것이다. 요즈음 그는 비평가들에게도 꽤 인정받게 되어서, 몇몇 상류계급의 귀부인들이 무료였지만 기꺼이 초상화를 그리게 해주었다. 그것은 양쪽 모두에게 광고가 될 뿐 아니라 부인들로서는 제법 예술가의 후견인인 체할 수 있는 기회가 되었다. 즉 그는 이른바 초상화가의 출세가도에 겨우 오른 셈이었다. 아직 아내의 초상화를 그리게 하고 돈을 듬뿍 주겠다는 돈 많은 속물을 붙잡을 단계까지는 이르지 못했지만 말이다. 그런 만큼 로우슨은 증권 같은 엉뚱한 돈벌이에 무척 만족하고 있었다.

"돈 버는 방법으로는 내가 아는 한 이것이 으뜸이란 말이야."

그는 큰 소리로 말했다.

"아무튼 이쪽은 현금이라곤 한 푼도 낼 필요가 없으니까."

"자넨 지난 화요일에 여기 오지 않아서 좀 손해를 봤어."

마칼리스터는 필립을 쳐다보며 말했다.

"아니, 그럼 왜 편지를 해주지 않았죠? 1백 파운드란 돈이 지금 내게 들어오면 얼마나 자랑스러울지 당신은 몰라요."

"하지만 그럴 시간이 없었으니 할 수 없지. 아무튼 현장에 있어야 한다니까. 마침 지난 화요일에 좋은 소식을 들었거든. 이 친구들에게는 한판하지 않겠느냐고 물었지. 그래서 수요일 아침 이 친구들 돈으로 증권 1천 장을 사주었거든. 그런데 오후에 깡충 오르지 않겠나. 그래서 곧바로 팔아 버렸단 말이야. 이 두 사람은 50파운드씩, 2백 파운드나 시원스럽게 벌었다네."

필립은 무척 부러웠다. 그는 최근에 얼마 남지 않은 재산을 투자했었던 마지막 저당 붙은 사채를 팔아 버렸을 뿐 아니라, 지금은 총재산이 겨우 6백 파운드밖에 남지 않았다. 장래 일을 생각하면 안절부절못할 때가 있었다. 의사 자격을 얻기까지는 아직도 2년이나 남았고, 그때까지는 어떻게 해서든지 살아 나가야만 했다. 더욱이 지금 계획으로는 자격을 얻은 뒤에도 얼마 동안은 병원근무를 할 작정이었다.

따라서 적어도 3년 동안은 돈 한 푼 벌지 못할 터였다. 지금 가진 돈을 아무리 절약한다 하더라도 3년 뒤에 남은 돈이라고는 기껏 1백 파운드를 넘지

인간의 굴레 589

않을 것이었다. 이를테면 병으로 돈벌이를 못하게 된다든가 또는 실직이라도 하는 경우의 비상금으로서는 너무나 적은 금액이었다. 여기서 한판 잘 걸리기만 한다면 형편은 완전히 달라질 것이었다.

"뭘 그까짓 것은 괜찮아. 이제 곧 값이 올라갈 게 뻔하거든. 요즘에 다시 한 번 남아프리카에서 붐이 일어날 조짐이 보인단 말일세. 그러니까 어떻게 될 수 있는 대로 잘해 보지."

마칼리스터는 남아프리카 광산 주식시장에 있는 사람들도 한두 해 전에 큰 붐을 타고 벼락부자가 되었다는 이야기를 곧잘 했었다.

"그럼 다음번에는 잊지 말게."

그들은 한밤중까지 앉아서 이야기했는데 집이 가장 먼 필립이 자연히 먼저 일어났다. 마지막 전차를 놓치면 걸어갈 수밖에 없고 그렇게 되면 시간이 많이 늦어지기 때문이다. 다행히 전차를 타기는 했지만 그래도 집에 다다른 것은 12시 반이 가까워서였다. 2층에 올라가보니 놀랍게도 밀드레드가 아직 자지 않고 그의 방 팔걸이의자에 혼자 앉아 있었다.

"아니 왜 아직 자지 않죠?"

그는 큰 소리로 물었다.

"아직 졸리지 않아요."

"그렇지만 누워야 해요. 그래야 몸이 편안해질 테니까."

밀드레드는 의자에서 일어나지 않았다. 자세히 보니 저녁식사 뒤에 어느 틈엔가 그 검은 실크옷으로 갈아입고 있었다.

"무슨 심부름이라도 있을지 모르니까 자지 않는 게 좋겠다고 생각했어요."

이렇게 말하고 밀드레드는 필립의 얼굴을 바라보았다. 그림자 같은 미소가, 핏기 없어진 파리한 입술에 떠 있었다. 필립은 알 것도 같고 모를 것도 같았다. 조금 당황하기는 했으나 곧 다시 밝고 아무렇지도 않은 듯한 태도로 말했다.

"그야 고맙기는 하지만 그럴 필요는 없어요. 자 빨리 자리에 들어요. 그러지 않으면 내일 아침에 일찍 못 일어나니까."

"정말 바보로군."

쌀쌀맞은 투였다.

그녀는 조금 화를 내고 일어서더니 침실로 갔다. 커다란 소리를 내면서 방문을 잠그는 소리가 들리자 필립은 조용히 빙긋 웃었다.
 그리고 난 뒤 며칠 동안은 아무런 말도 없었다. 밀드레드도 완전히 새로운 환경에 차분히 가라앉은 것 같았다. 아침식사를 끝내고 필립이 총총히 뛰어 나간 뒤 그녀는 오전 중엔 집안일을 돌보았다. 그들은 매우 간소하게 먹었으나, 밀드레드는 얼마 되지 않는 필수품을 사는 데도 꽤 많은 시간을 보내길 좋아했다.
 그리고 그녀 혼자 먹을 점심을 마련하는 것쯤은 별로 힘들지 않을 텐데도 다만 코코아에 버터 바른 빵만으로 때우곤 했다. 그리고 그 뒤에는 아이를 유모차에 태우고 산책하러 나섰다. 돌아오면 오후 내내 아무것도 하지 않고 멍청하게 지내 버리곤 했다. 확실히 지쳐 있었으므로 아무것도 하지 않는 편이 좋기는 했다. 그리고 필립과 여태껏 친숙해지지 않은 집주인 여자와도 밀드레드는 곧 친해졌다. 방세를 치르라고 그녀에게 시켰더니 그것이 계기가 되었던 것이다. 이렇게 해서 한 주일도 안 되어 필립이 1년이나 지냈어도 모르는 근처 사람들의 일까지 알아내어 이야기해 주게 되었다.
 "아주 좋은 분이에요. 무척 훌륭한 부인이더군요. 그리고 우리를 부부라고 해뒀어요."
 "그런 말을 할 필요가 뭐 있어요?"
 "그렇지만 내 일에 대해서도 뭐라고 말을 해야 하지 않겠어요? 게다가 제가 이러고 있는데 부부가 아니라면 꽤 우습지 않아요? 남들이야 어떻게 생각했는지 모르겠지만."
 "누가 당신이 하는 말을 믿기나 하겠어요?"
 "믿고말고요. 단연코 믿죠. 그런데 저 벌써 결혼한 지 2년이나 됐다고 했어요. 어린애가 있는 건 어쩔 수 없지 않겠어요? 다만 당신이 학생이어서 (그녀는 학생이라고 힘주어 발음했다) 당신 집에서 도저히 허락을 안 해 준다고, 그래서 하는 수 없이 이렇게 비밀로 할 수밖에 없지만, 그러는 동안에 부모님께서도 허락하시게 될 거라고요. 그렇게 되면 이번 여름엔 당신 집으로 갈 거라고 그렇게 말해 뒀어요."
 "하여튼 당신이란 여자는 엉터리 이야기를 꾸미는 데는 천재군요."
 그는 이 여자의 얼토당토않은 거짓말 잘하는 버릇이 여전히 고쳐지지 않은 것을 생각하자 말할 수 없이 불쾌했다. 2년 동안 무엇 하나 똑똑해진 것이 없었다. 그러나 그는 어깨를 으쓱하고는, 하기야 똑똑해질 기회가 없었겠군, 하고 생각했다.

구름 한 점 없이 맑고 따뜻한 밤이었다. 남부 런던의 시민들이 모두 한꺼번에 거리로 쏟아져 나온 것 같은 사람들의 물결이 일었다. 날씨가 바뀌면 런던시민들은 자꾸만 문밖으로 나섰는데, 그런 때에는 사람을 들썩이게 하는 어떤 어수선함이 대기 속에 있었다. 저녁 설거지를 마치자 밀드레드는 창가에 가서 섰다. 거리의 잡음, 서로가 불러대는 목소리, 마차 소리, 멀리서 들려오는 손풍금 소리 따위가 그대로 그들이 있는 곳까지 전해져 왔다.

"필립, 오늘 밤도 역시 공부 하나요?"

그녀의 슬픈 듯한 얼굴이 물었다.

"물론이지, 하지만 꼭 해야 한다는 것은 아니죠. 그런데 무슨 다른 좋은 일이라도 있어요?"

"그저 좀 같이 나가 보고 싶어요. 저 전차 2층 자리에 앉아서 시내 한 바퀴 돌고 오지 않을래요?"

"그러죠. 꼭 그러고 싶다면."

"그럼, 잠깐. 가서 모자 좀 쓰고 올게요."

그녀는 기쁜 듯이 말했다.

사실 필립도 집 안에 틀어박혀 있지 못할 것 같은 그런 밤이었다. 아이는 잠들어 있어서 두고 나가도 괜찮을 것 같았다. 이전에도 그녀가 외출할 때에는 언제나 혼자 두고 나갔었다. 절대로 깨는 일은 없다고 했다. 그녀가 모자를 쓰고 왔을 때에는 매우 기분이 좋아 보였다. 잠깐 틈을 내서 엷게 볼연지까지 바르고 있었다. 필립은 또 그녀가 너무나 흥분해서 핏기 없는 뺨에 엷게 홍조가 떠오른 것인가 생각했을 정도였다. 어린아이처럼 좋아하는 것을 보자 그도 깊이 감동했다. 지금까지 딱딱하게 군 것이 무슨 나쁜 짓이기라도 한 듯 여겨졌다. 밖으로 나오자 그녀는 웃기 시작했다. 맨 처음에 온 전차가 웨스트민스터 다리로 가는 것이었으므로 두 사람은 그것에 올라탔다. 필립은 파이프를 피우면서 함께 거리의 혼잡을 바라보고 있었다. 모든 가게는 밝게 불을 켜고 문을 활짝 열어젖히고, 사람들은 내일을 위한 물건들을 사들이고 있었다. 마침 캔터베리라는 뮤직홀 앞을 지날 때 갑자기 밀드레드가 큰 소리를 질렀다.

"이봐요, 필립. 안 들어갈래요? 전 벌써 몇 달 동안이나 못 보았는지 몰라요."

"그렇지만 특별석은 이미 없을 거예요."

"괜찮아요. 꼭대기 좌석이면 어때요."

전차에서 내려서 백 야드쯤 되돌아오자 극장 입구에 왔다. 6펜스씩으로 좋은 자리를 잡을 수 있었다. 꽤 높은 곳이기는 했지만 너무나 아름다운 밤이었으므로 빈자리가 얼마든지 있었다. 밀드레드의 눈이 빛났다. 매우 만족한 것 같았다. 이 여자에게는 필립의 마음을 건드리는 어린아이 같은 단순함이 있었다. 아무튼 알 수 없는 여자였다. 그녀 속의 어떤 성질은 지금도 결코 싫지 않았다. 확실히 매우 좋은 점도 적잖이 있었다. 다만 환경이 나빴고 생활이 또한 괴로웠던 것이다. 생각해 보면 그녀 자신으로선 어떻게도 할 수 없는 일만으로 그녀를 괴롭혀 온 것이다. 그녀가 도저히 어떻게 갖출 수도 없는 미덕을 그녀에게 요구하는 것은 확실히 잘못이었다. 사정만 달랐더라면 그 여자도 뜻밖에 사랑할 만한 여자가 되었을지도 모를 일이었다. 아무튼 이 인생의 싸움에는 적합하지 못한 여자였다. 입을 조금 벌리고, 뺨에는 희미하게나마 홍조를 띤 여자의 옆얼굴을 바라보고 있으려니, 이상하게 처녀다워 보이기조차 했다. 그는 견딜 수 없을 만큼 불쌍한 생각이 들었다. 그리고 이 여자로부터 받은 숱한 고통을 진심으로 용서할 마음이 생겼다. 자욱한 담배연기 때문에 그는 눈이 아팠다. 그래서 돌아가자고 하자 그녀는 애원하는 듯한 표정으로 끝까지 있어 달라며 졸랐다. 그는 웃으면서 승낙했다. 그녀는 그의 손을 잡은 채 연극이 끝날 때까지 놓지 않았다. 관객들과 함께 혼잡한 거리로 밀려나왔으나 그녀는 아직도 돌아가겠다고는 하지 않았다. 사람들의 물결을 바라보면서 어슬렁어슬렁 웨스트민스터 다리 거리를 걸었다.

"아, 이런 즐거운 밤이 도대체 몇 달 만인지!"

필립은 가슴이 뻐근해지는 것을 느꼈다. 밀드레드와 아이를 자기 아파트로 받아들이기로 한 그 갑작스러운 충동을 곧바로 실행에 옮긴 것도 지금은 감사했다. 감사에 넘쳐 있는 그녀를 보는 것은 매우 즐거웠다. 마침내 그녀가 지쳤다기에 다시 전차를 타고 돌아왔다. 밤이 늦었다. 전차에서 내려 아파트가 있는 거리로 접어들자 이미 사람 그림자는 하나도 없었다. 밀드레드는 살며시 그의 팔에 자기 팔을 끼었다.

"옛날과 똑같군요, 필."

그녀는 여태껏 한 번도 필이라고 부른 적이 없었다. 그리피스는 그렇게 불렀지만 그녀는 그러지 않았다. 그렇게 생각하자 그는 기묘한 아픔을 느꼈다. 돌이켜 보면 그때는 죽고 싶었다. 너무나 괴로워서 진심으로 자살까지 생각했던 것이다. 모조리 아득한 옛날 일처럼 느껴졌다. 그는 자신과 자신의 과거에 대해 기분 좋게 웃었다. 이제 밀드레드에 대해서는 무한한 연민을 느낄 뿐이었다. 이윽고 집에 다다랐다. 방에 들어가자 필립이 가스등에 불을 붙였다.

"아이는 괜찮아요?"

"잠깐 가보고 올게요."

그리고 되돌아와서 하는 말이, 그동안 한번을 돌아눕지도 않았다는 것이다. 참으로 신통한 아이였다. 필립은 그녀에게 손을 내밀었다.

"그럼 안녕."

"벌써 자려고요?"

"벌써라니요? 1시가 다 되어 가는걸. 요즘은 늦게 자는 버릇이 없어져서 말이에요."

밀드레드는 필립의 손을 잡았다. 그리고 가볍게 미소 지으면서 가만히 그의 얼굴을 들여다보았다.

"필립! 그날 밤 그 방에서 당신이 이 아파트로 오라고 해주셨을 때, 당신은 저에게 요리와 청소 정도의 일 말고는 아무것도 필요하지 않다고 하셨지요. 하지만 그때 제가 한 대답을 당신은 진정이라고 생각하셨는지 몰라도 사실은 그렇지 않았어요."

"그랬어요?"

필립은 잡혔던 손을 뺐다.

"하지만 나는 진심이었어요."

"하지만 그런 어리석은 짓은 그만두지 않겠어요?"

그녀는 웃었다.

그는 머리를 가로저었다.

"나는 그 말 그대로 진정이었어요. 그렇지 않았다면 난 당신에게 여기로 오라고 하지 않았을 거예요."

"왜요?"

"하여튼 그런 말을 할 수가 없었을 거예요. 글쎄 무어라고 설명은 할 수 없지만, 아무튼 그렇게 되면 모든 것이 엉망진창이 되어 버리고 마니까."

그녀는 어깨를 으쓱했다.

"아아 그래요, 좋아요. 그럼 좋도록 하세요. 나도 이런 일로 무릎 꿇고 하찮은 동정을 애걸할 만큼 어리석은 여자는 아니니까."

그녀는 문을 쾅 닫고 나가 버렸다.

93

다음날 아침 밀드레드는 언짢은 얼굴로 말도 하지 않았다. 점심때가 되었는데도 자기 방에 틀어박힌 채였다. 그녀는 요리솜씨가 매우 서툴러서 만들 수 있는 것이라곤 갈비구이나 스테이크 정도가 고작이었고 게다가 쓰고 남은 것들을 도무지 활용할 줄 몰랐으므로 필립으로서는 예상 외로 돈이 많이 들었다. 식사 준비가 되자 그녀는 마주 앉았을 뿐 아무것도 먹으려 하지 않았다. 어쩐 일이냐고 물으니 두통이 몹시 심해서 전혀 식욕이 없다는 것이었다. 다행히 그는 그날 다른 데 갈 곳이 있었다. 아델니 집안사람들은 모두가 명랑하고 친절했으며, 특히 뜻밖이기도 하고 기쁘기도 했던 것은 그가 오기를 온 집안 식구 모두가 진심으로 기다린다는 사실이었다. 집에 돌아왔을 때 밀드레드는 이미 자고 있었다. 이튿날이 되어도 그녀는 말을 하지 않았다. 저녁식사 때에는 묘하게 건방진 태도로 식탁에 앉아서 화난 사람처럼 눈살을 잔뜩 찌푸리고 있었다. 필립도 참을 수 없이 화가 났지만, 역시 다시 생각하고 부드럽게 대해 주어야 한다, 너그럽게 보아 줄 필요가 있다고 자신을 달랬다.

"왜 그렇게 입을 꾹 다물고 있죠?"

그는 되도록 밝게 웃으면서 말했다.

"저는 요리와 청소를 위해 고용된 거 아니었어요? 상대까지 해드려야 한다는 것은 몰랐군요."

매우 무례한 대답이라고 생각했지만, 그러나 한 지붕 밑에서 살자면 역시 될 수 있는 대로 원만하게 해결하는 도리밖에 없었다.

"엊그저께 밤 일로 화가 단단히 난 모양이군요."

말을 꺼내기가 거북했지만 역시 문제 삼고 넘어가야만 할 일이었다.

"모르겠는데요. 무슨 말씀이신지."

"자꾸 그렇게 화만 내지 말아요. 만약 내가 친구 이상의 관계를 생각했다면 애당초 당신더러 여기에 오라곤 절대로 하지 않았을 거예요. 그렇게 말한 것은 다만 그때 당신이 집이 없어서 매우 곤란한 처지인 것 같았고, 그리고 여기 있다 보면 무슨 일자리라도 찾을 기회가 생기지 않을까 생각했기 때문이었으니까."

"어머, 내가 그런 걸 생각한다고 오해하진 마세요."

"그런 생각을 할 리가 있겠어요."

그는 재빨리 취소했다.

"하지만 내가 당신의 호의를 무시한다고 생각해선 안 돼요. 그야 나를 위해서 그렇게 말해 주었으리라는 것은 알아요. 문제는 단지 내 기분이에요. 이것만은 어쩔 수가 없다고요. 결국 그렇게 되면 이도 저도 모조리 더러워져 버린단 말이죠."

"정말 이상한 분이군요."

그녀는 뚫어지게 필립의 얼굴을 들여다보았다.

"당신이란 분은 정말 알다가도 모르겠어요."

그녀는 이미 화가 가라앉아 있었다. 다만 이해되지 않는 듯한 표정을 짓고 있을 뿐이었다. 결국 그녀는 그가 말하는 의미를 전혀 알지 못하는 모양이었으나 어쨌든 솔직하게 체념한 모양이었다. 확실히 그의 태도는 훌륭하고 역시 감탄할 수밖에 없는 것이라고 느끼는 듯했다. 그러나 그와 동시에 그녀는 그를 비웃어주고 싶기도 했고 다소 경멸에 가까운 듯한 느낌도 들었다.

'아무튼 좀 색다른 남자야.'

그녀는 생각했다.

그런 뒤로는 모든 것이 순조로웠다. 필립은 낮에는 내내 병원에서 지내고, 밤에는 아델니를 찾아가거나 비크 거리 술집에 들르거나 할 때를 빼고는 오로지 집에서 공부만 했다. 한번은 그가 조수로 일하고 있는 의사에게서 정식으로 만찬에 초대받은 일이 있었고, 또 두서너 번은 동료학생들이 연 파티에 간 적도 있었다. 밀드레드도 단조로운 생활을 완전히 체념한 채 잘 참아내고 있었다. 밤에 이따금 필립이 그녀를 혼자 두고 외출하는 것도 언짢게 생각했을지 모르지만 겉으로 드러내 말하지는 않았다. 때로는 그녀를 극장에 데려가기도 했다. 하지만 두 사람의 관계란 어디까지나 한 공간에서 먹고 자는 사이일 뿐이었고, 그것 또한 그녀가 집안일을 돌봐주는 대신 숙식을 제공한다는 애당초의 취지를 그대로 실행한 데 불과한 것이었다. 그녀는 이번 여름이 지나기 전에 일자리를 얻기는 이미 틀렸다고 체념하고 있었다. 그래서 필립의 승낙을 얻어 가을까지 이대로 눌러 있기로 했다. 가을이라면 일자리도 쉽게 얻어질 것이다.

"당신만 좋다면 취직하고도 여기에 있어도 괜찮아요. 빈방도 있고 전에 와 있던 그 여자에게 다시 부탁해서 아이 시중을 들게 할 수도 있을 테니까."

필립은 밀드레드의 아이가 무척 귀여워졌다. 원래 인정이 많았지만, 단지 지금까지는 그 기량을 마음껏 발휘해 볼 기회가 없었던 것이다. 밀드레드도 어린애에게는 살뜰했다. 아이를 잘 돌보았고, 언젠가 아이가 심한 감기에 걸렸을 때는 밤잠도 제대로 자지 않고 돌보았다. 그러나 역시 귀찮은 듯 무척 심하게 나무랄 때도 있었다. 어린애가 귀엽기는 해도 자신을 잊어버릴 만큼 애틋한 모성애는 없는 것이다. 밀드레드는 감정을 그대로 드러내 보이지 않는 여자여서 노골적인 애정 표현 같은 것은 아주 우습게 여겼다. 필립이 아이를 무릎에 앉혀 놓고 얼러주거나 키스하는 것을 보면 그녀는 곧잘 웃으면서 말했다.

"애아버지라도 그렇게 야단스럽지는 않을 거예요. 당신은 정말 아이라면 정신을 못 차릴 만큼 좋아하는군요."

필립은 얼굴이 새빨개졌다. 남에게 놀림받는 것은 참을 수 없는 일이었다. 그런데 따지고 보면 남의 아이를 그렇게 귀여워하는 것은 무척 우스운 일이었고, 이렇게까지 애정을 쏟는다는 것은 부끄럽다면 부끄러운 일이기도 했다. 그러나 아이도 그의 애정을 느꼈는지 자꾸만 자기 얼굴을 필립에게 비벼대기도 하고, 그의 팔에 기분 좋은 듯이 안겨 들기도 했다.

"그야 당신에게는 즐거운 일뿐이겠죠. 당신은 그 아이의 귀찮은 점은 조금도 몰라요. 한밤중에 이 아가씨께서 안 주무시겠노라고 보챌 때 한 시간만이라도 좋으니까 일어나 있어 보세요."

밀드레드는 말했다.

필립은 까마득히 잊고 있었던 자신의 어린 시절을 생각해 냈다. 그는 아이의 발가락을 하나하나 손으로 만지면서 흥얼거렸다.

"요 작은 돼지는 장에 가고요, 또 요 작은 돼지는 집에 남고요."

저녁때 집에 돌아와 거실에 들어서면 가장 먼저 눈에 띄는 것이 마룻바닥에 뒹굴고 있는 아이였다. 그리고 아이가 그를 알아보고 기쁜 듯이 소리를 지르면 그는 어떤 기쁨에 찬 전율까지 느꼈다. 밀드레드는 아이에게 '파파'라고 부르도록 가르쳐 놓았다. 그러고는 아이가 처음으로 필립을 그렇게 불렀을 때, 그녀는 배를 잡고 웃고 나서 물었다.

"그런데 애가 제 아이라 그렇게 귀여워하나요? 아니면 누구의 아이라도 다 마찬가진가요?"

"난 아는 아이라고는 이 애밖에 없잖아요? 그러니까 그에 대해선 뭐라고 할 수 없어요."

입원환자 병동의 조수로서 2학기가 끝나갈 무렵 필립은 약간의 행운을 만났다. 7월 중순이었다.

어느 화요일 밤, 그 비크 거리의 술집에 갔더니 마칼리스터가 혼자 앉아 있었다. 둘이 앉아 그날 나타나지 않은 친구의 이야기 따위를 했는데 조금 있다가 마칼리스터가 말을 꺼냈다.

"참! 좀 다른 이야기지만 오늘 좋은 뉴스를 들었는데 말이야. 클라인폰타인의 새 주 말일세. 이것은 로데시아의 금광인데 자네만 한판 해볼 마음이 있다면 해보게. 조금은 벌이가 될지도 모르니까."

필립은 이러한 기회를 늘 기다리고 있었지만 막상 닥치고 보면 조금 망설였다. 손해 보는 것이 무엇보다도 두려웠기 때문이다. 아무래도 도박꾼 근성이라는 것이 그에게는 없었던 것이다.

"하고는 싶지만. 글쎄, 그럴 용기가 없네요. 만약 잘못되면 얼마나 손해를 보죠?"

"그럼 이야기하지 말걸 그랬군. 다만 자네가 무척 집착하는 것 같기에 말했는데."

마칼리스터가 매우 쌀쌀맞게 대꾸했다.

필립은 마칼리스터에게 몹시 무시당한 것처럼 느껴졌다.

"그야 하고 싶긴 무척 하고 싶죠."

그는 웃어 보였다.

"하지만 말일세, 돈을 걸 마음이 없으면 돈을 벌 수도 없는 거야."

그렇게 말하고 마칼리스터는 다른 이야기를 하기 시작했다. 필립은 이야기에 맞장구를 치면서도 속으로는 계속 생각하고 있었다. 만약 용케 들어맞으면 어떻게 될까? 그러면 마칼리스터란 녀석이 다음에 만났을 때 몹시 놀려대겠지. 어쨌든 입이 험한 친구니까.

"당신만 좋다면 그럼 한번 해보죠."

그는 근심스러운 투로 말했다.

"좋아 알았네. 그러면 250주 사두겠네. 그랬다가 반 크라운만 올라가면 곧 팔아 버릴 테니까."

그렇게 되면 얼마나 버는 것인지 필립은 재빠르게 속셈해보았다. 군침이 흘렀다. 30파운드라는 돈이 굴러들어오는 것이다. 이건 정말 행운이로구나 그는 생각했다. 이튿날 아침을 먹으면서 밀드레드를 만나자 곧 그 이야기를 했다. 그러나 그녀는 아예 상대하려고도 하지 않았다.

"여태껏 증권으로 돈을 벌었다는 사람 얘긴 들어본 일이 없어요. 언젠가 에밀이 말하던걸요. 증권 따위로는 절대로 돈을 벌 수 없다고요."

필립은 병원에서 돌아오는 길에 석간신문을 사서 증권 시세란을 펴보았다. 증권에 관해서는 아무것도 몰랐으므로 마칼리스터가 말한 그 주가 어디에 나와 있는지 그것조차 곧바로 알 수 없었다. 그러나 자세히 보니 그 주가 4분의 1파운드쯤 올라 있었다. 가슴이 두근거렸다. 그런데 혹시 마칼리스터가 잊어버린 것은 아닐까? 그렇지 않더라도 어떤 이유로 안 산 것은 아닐까? 공연히 걱정이 되었다. 마칼리스터는 팔면 전보를 쳐 주겠다고 말했었다. 필립은 전차를 기다리는 것도 초조해서 느닷없이 마차를 잡아탔다. 여느 때는 하지 않던 낭비였다.

"전보 안 왔어요?"

방으로 뛰어들면서 물었다.

"아뇨."

밀드레드가 대답했다.

실망했다. 너무나 실망해서 맥이 탁 풀렸다. 그는 풀썩 의자에 주저앉아 버렸다.

"그러고 보니 결국 내 것은 사주지 않았구나, 망할 자식!"

필립은 몹시 욕을 해주고 나서 말했다.
"아니, 역시 운이 없는 거야. 어떻게 쓸까 하고 온종일 생각했는데."
"그 돈을 도대체 어떻게 쓰려고 했는데요?"
"그까짓 것 지금 생각한들 무슨 소용이 있어요? 아! 욕심이 났었는데 말이야. 그 돈이……."
그러자 그녀는 한바탕 큰 소리로 웃더니 전보를 내밀었다.
"잠깐 농담했어요. 제가 먼저 뜯어보았어요."
그는 낚아채듯이 전보를 받아들었다. 과연 마칼리스터는 250주를 사고 그가 말한 대로 반 크라운씩 남기고 팔아 버렸던 것이다. 매매 계산서는 내일 보내겠다고 쓰여 있었다. 그녀의 심한 장난에 처음에는 약간 화가 치밀었으나 어느새 기쁨이 가슴속에 가득 찼다.
"이젠 됐어. 얼마나 요긴한지."
그는 외쳤다.
"당신에게도 새 옷 한 벌 선사하죠."
"네, 무척 갖고 싶어요."
"그리고 말이지, 또 있어요. 오는 7월에 나 수술을 받아볼까 해요."
"네? 어디가 나빠요?"
그 순간 그녀는 생각했다. 하기야 내가 모르는 병이 있는지도 모른다, 그것만 들으면 그를 이토록 이해할 수 없는 인간으로 만들어 놓은 그 원인도 틀림없이 알게 될 것이다 하고. 그러나 그는 새빨개졌다. 그는 자신의 불구에 대해서 말하기가 그만큼 싫었던 것이다.
"아니 그렇지도 않아요. 하지만 내 다리가 어떻게 될 것 같다고 하니까 말이죠. 지금까지는 시간을 낼 수가 없었거든요. 하지만 이제는 그런 것은 대수롭지 않아요. 붕대 조수를 다음 달부터 시작할 작정이었지만 10월까지 늦춰 달래죠 뭐. 이삼 주일만 입원하면 그 다음엔 여름이 끝날 때까지 바닷가에 갈 수 있어요. 당신에게도 아이에게도 모두 몸에 좋을걸요."
"그럼 브라이튼으로 가기로 해요, 필립. 브라이튼이 제일이에요, 거기엔 상당한 가문의 사람들이 많이 모이거든요."
필립은 막연하지만 콘월 근처의 조그마한 어촌을 생각하고 있었다. 그러나 그녀의 말을 듣고 보니 그런 곳은 첫째 밀드레드가 지루해서 견디지 못할 것임을 깨달았다.

"아니, 어디든지 나는 괜찮아요. 바닷가이기만 하면 되니까."

웬일인지 그는 견딜 수 없을 만큼 바다가 보고 싶었다. 물속에 뛰어들고 싶었다. 그리고 물방울을 튀기며 바닷속을 헤엄쳐 다닐 것을 생각하면 기쁨이 마구 솟구쳤다. 필립은 수영의 명수였다. 거센 바다만큼 마음을 들뜨게 하는 것도 없었다.

"재미있겠죠?"

그는 큰 소리로 외쳤다.

"마치 신혼여행 같잖아요? 그런데 필립! 새 옷 장만하는 데 얼마나 주실 거예요?"

94

필립은 그가 조수로 있는 외과 부주임 제이콥스에게 수술을 부탁했다. 그는 흔쾌히 승낙해 주었다. 마침 그 무렵 방치해 두었던 기형 다리에 대해서 흥미를 기울여 자료를 수집하고 있었기 때문이다. 그는 도저히 성한 쪽 다리와 똑같이는 될 수 없겠지만 꽤 좋아질 것이다, 절름발이는 한평생 낫지 않겠지만 지금 신고 있는 구두보다는 훨씬 맵시 있는 구두를 신을 수 있게 될 것이라고 말했다. 필립은 그 옛날, 믿음이 강한 자는 산이라도 옮겨 놓을 수 있다고 믿어 신에게 정성껏 빌었던 일을 생각해 내고 씁쓸하게 웃었다.

"전 조금도 기적을 바라는 건 아닙니다."

"자네는 영리해. 내게 할 수 있는 일만 시키다니 말이야. 개업을 해보게나, 역시 절름발이라는 것은 불리한 조건이거든. 세상 사람들이란 한없이 변덕스러워서 말일세. 의사한테 어떠한 결함이 있으면 아무래도 환자가 잘 달려들지 않아."

필립은 이른바 '독방'에 입원했다. 그곳은 각 병동의 바깥쪽 층계참에 있었고, 특별환자를 입원시키는 방이었다. 여기에 한 달쯤 들어가 있었다. 걸을 수 있을 때까지 제이콥스가 절대로 외출시켜 주지 않았기 때문이다. 수술 경과도 좋았고 날마다 무척이나 즐거웠다. 로우슨과 아델니가 병문안을 왔다. 하루는 아델니가 어린아이를 둘씩이나 데리고 왔다. 안면이 있는 학생들도 가끔 몇 명씩 몰려와서 이야기를 하다가 갔다. 밀드레드는 일주일에 두 번씩 면회왔다. 주위 사람들 모두가 친절했다.
　필립은 언제나 남의 신세를 지면 부담스러웠으나 이번만은 감동했다. 번잡스런 일에서 벗어난 것도 기뻤다. 여기에선 장래에 대해 걱정할 필요도 없었다. 돈이 떨어지지나 않을까 하는 것도, 최종 시험에 합격할 수 있을까 하는 것도 전혀 염두에 두지 않았다. 책도 마음 내키는 대로 읽을 수 있었다. 그러나 요즘에는 책 읽기가 쉽지 않았다. 밀드레드의 방해 때문이었다. 필립이 가까스로 주의력을 집중시켜 보려고 하면 으레 밀드레드가 쓸데없는 질문을 해왔다. 그리고 대꾸해주지 않으면 만족하지 않는 것이었다. 겨우 마음을 가라앉혀서 책을 읽기 시작하면 반드시 무슨 일거리를 가져왔다. 병마개가 안 빠진다느니 못을 박아 달라느니 하는 것이었다.
　8월에는 브라이튼에 가기로 결정했다. 필립은 방을 하나 빌리고 싶었으나 밀드레드는 그러면 또 가사를 맡아 보아야 하지 않느냐며 식사를 제공해 주는 하숙집에 들어가야 몸이 쉬게 된다고 우겼다.
　"집에 있으면 늘 음식 걱정만 해야 하지 않겠어요? 생각만 해도 지겨워요. 그러니까 난 완전히 환경을 바꿔보고 싶은 거예요."
　필립이 지고 말았다. 밀드레드는 마침 캠프 타운에 하숙하는 집을 아는데 한 사람 분을 일주일에 25실링 이상은 받지 않을 것이라고 했다. 그 뒷일은 자기가 편지를 보내서 처리하겠다고 했으나 막상 그가 돌아와보니 전혀 아무것도 되어 있지 않았다. 필립은 짜증이 치밀었다.
　"그렇게 바빴으리라고는 생각되지 않아."
　"하지만 그렇게 이것저것 다 생각할 수는 없어요. 깜박 잊어버렸다고 해서 그리 나쁜 것은 아니잖아요."
　필립은 어쨌든 바다에 가고 싶어 견딜 수 없었으므로 이제 새삼스럽게 하숙집 여주인과 연락하는 것을 기다리고 싶지는 않았다.
　"그럼 이렇게 하면 어때요? 짐은 정거장에 맡겨두기로 하고 직접 그 집에 가서 방이 있는가 물어보도록 하죠. 방이 정해지면 짐꾼을 시켜서 가져오게 하면 되니까."
　"좋을 대로 하세요."
　대답이 몹시 퉁명스러웠다.
　아무튼 그녀는 무슨 말을 듣는 것이 싫은 것이다. 그녀는 토라져서 입을 다물고는 필립이 부지런히 떠날 채비를 하는 동안에도 그저 물끄러미 바라다볼 뿐이었다. 조그마한 아파트는 8월의 찌는 듯한 더위로 숨이 막힐 듯했고 바깥에서는 고약한 냄새를 머금은 무더위가 사정없이 밀려 올라왔다. 빨간 수성 페인트를 칠한 벽에 둘러싸인 조그마한 방에 누워 있노라면 그의 마음은 줄곧 신선한 대기와 앞가슴에 부딪치는 바닷물의 물방울이 견딜 수 없이 그리웠다. 이제는 하룻밤이라도 더 런던에 있다가는 정신이 돌아버릴 것 같았다. 밀드레드도 피서 나온 사람들이 혼잡을 이루는 브라이튼 거리를 보자 겨우 기분이 좋아져서 두 사람은 밝은 마음으로 캠프 타운으로 마차를 몰았다. 필립은 아이의 볼을 어루만지면서 말했다.

"이삼 일만 지나보라구, 이 낯빛부터가 달라질 테니까."

그들은 하숙집에 도착해서 마차를 돌려보냈다. 단정하지 못한 하녀가 나오기에, 필립이 방이 있느냐고 묻자, 물어보고 오겠다고 대답하고는 그대로 여주인을 부르러 갔다. 이윽고 튼튼하게 생긴, 과연 직업이 몸에 밴 몸짓의 중년 여인이 내려와서 오랜 장사를 하는 동안 얻어진 장기로, 두 사람을 훑어보고 난 뒤에 어떤 방이 필요하냐고 물었다.

"1인실 둘, 그리고 될 수 있으면 어린이용 침대가 하나 있으면 좋겠는데요."

"미안하지만 그런 방은 없습니다. 커다란 2인실이 하나 있기는 하지만요. 그리고 어린아이 침대도 넣어 드릴 수는 있어요."

"그건 좀 곤란한데."

필립이 대답했다.

"다음 주엔 방이 하나 더 나겠습니다만, 지금 브라이튼은 초만원이어서 원하시는 대로 구하실 수 있을지 모르겠군요."

"이삼 일이라면 어떻게든 참을 수 있잖겠어요. 필립?"

"하지만 역시 1인실이 좋겠는데. 그러면 딴 데라도 혹시 하숙할 만한 곳을 가르쳐 주실 수 없을까요?"

"그야 가르쳐 드릴 수 있지만, 역시 저의 집과 마찬가지가 아닐까요?"

"아무튼 장소만이라도 가르쳐 주십시오."

가르쳐 준 집은 바로 이웃이었다. 두 사람은 그쪽으로 걷기 시작했다. 아직 지팡이에 의지해야 했고 몸도 매우 쇠약했지만 걸음만은 잘 걸었다. 어린

아이는 밀드레드가 안고 있었다. 그런데 한참을 말없이 걷다가 문득 쳐다보니 그녀가 울고 있지 않은가? 난처하다고 생각했지만 일부러 모르는 척했다. 그러자 그녀 편에서 먼저 말을 걸어왔다.
"손수건 좀 빌려 주세요. 아기를 안고 있어서 제 것은 꺼낼 수가 없어요."
그녀가 얼굴은 외면한 채 흐느끼면서 잦아든 것 같은 쉰 목소리로 말했다.
그는 손수건을 주고 잠자코 있었다. 여전히 그가 아무 말도 하지 않자 그녀는 눈물을 닦고서 물었다.
"저어, 제가 그렇게도 싫은 여자인가요?"
"길거리에서 그런 싸움은 하는 게 아니에요."
"그토록 끈질기게 1인실, 1인실 하는 게 얼마나 이상한 줄 알아요? 남들이 우릴 뭐라고 생각하겠어요?"
"사정을 알게 되면 품행이 단정한 데 놀랄 거예요."
그녀는 힐끔 곁눈질을 하고서 얼른 다그쳤다.
"설마 우리가 부부는 아니라고 하실 작정은 아니겠죠?"
"그런 말은 안 해요."
"그러면 어째서 부부 같은 얼굴로 함께 있을 수가 없는 거죠?"
"글쎄, 그건 좀 설명할 수가 없군요. 당신에게 창피 줄 생각은 없지만. 그건 아무래도 좀 무리예요. 그야, 어리석고 이해하기 힘든 이야기인 줄은 알아요. 뭐랄까. 나 스스로도 어떻게 할 수가 없는 거예요. 어떤 강한 기분 같은. 나는 진심으로 당신을 사랑했기 때문에 더욱……."
거기서 그는 잠깐 말을 끊었으나 곧 이었다.
"요컨대 이런 문제를 설명하는 것은 무리예요."
"절 끔찍이도 사랑해 주셨군요."
그녀는 고함치듯 말했다.
일러준 하숙의 여주인은 교활해 보이는 눈매에 몹시 말이 많고 무척이나 소란스러운 노처녀였다. 2인실이면 매주 25실링이고 아이용 침대는 5실링으로 빌려줄 수 있지만 1인실을 따로 쓴다면 매주 1파운드를 더 내야 한다는 것이었다. 그리고 변명이라도 하는 듯한 투로 말했다.
"그만큼 더 받는 것은 말이죠, 여차하면 1인실이라도 침대를 하나 더 넣을 수가 있기 때문이에요."

"그걸로 파산할 리는 없고, 밀드레드, 어떻게 할까요?"

"전 괜찮아요. 어떻든 상관없어요, 전."

그녀가 토라져서 아무렇게나 내던지는 대답을 필립은 웃어넘겼다. 그리고 짐을 여주인에게 부탁해서 가져다 달라고 한 뒤 두 사람은 자리에 앉아서 쉬었다. 다리가 조금 아팠던 필립은 의자에 다리를 뻗을 수 있는 것이 고마웠다.

"이렇게 쉬기만 하면 한방에 함께 있어도 괜찮겠죠?"

밀드레드는 적잖이 싸움조였다.

"싸움은 그만두죠."

그는 점잖게 말했다.

"전 또 당신이 한 주일에 1파운드씩이나 낭비할 만큼 부자인 줄은 몰랐군요."

"자아, 그렇게 화내지 마요. 함께 지내려면 이렇게라도 하는 수밖에 도리가 없잖아요."

"흥, 저를 경멸하는군요. 그렇죠?"

"천만에. 누가 경멸한댔나?"

"하지만 너무 부자연스럽지 않아요?"

"그럴까? 하지만 당신은 나를 그다지 사랑하는 것도 아니잖아요?"

"제가요? 도대체 저를 누구라고 생각하시죠?"

"그렇지만 당신은 그다지 연애 같은 것을 할 만한 여자가 아니잖아요? 어쩐지 그런 여자가 아닌 것 같은데."

"흥, 사람을 제법 바보 취급하시는군요."

그녀가 툭 내던지듯이 말했다.

"아아, 나 같으면 그런 일 가지고 이렇게 시끄럽게 굴진 않을 거예요."

하숙에는 손님이 열두 명 정도 있었다. 기다랗고 어두운 방에 있는 긴 식탁에서 모두 함께 식사했고, 맨 윗자리에는 이 집 여주인이 앉아서 고기 같은 것을 썰어 주었다. 식사는 형편없었다. 주인은 프랑스 요리라고 하지만 빈약한 재료에 소스를 슬쩍 얼버무린 것에 불과했다. 즉, 가자미를 넙치로 속이고, 뉴질랜드산 양고기를 어린 양고기로 속인 것이다.

부엌은 좁고 게다가 불편해서 요리는 이것도 저것도 모두 되다 만 것들뿐이었다. 손님들 또한 중년이 다 돼버린 노처녀를 데리고 있는 노파라든가,

멋없이 거드름 피우는 투로 말하는 이상한 성품의 늙은 독신자라든가, 출가한 딸 이야기나 식민지에서 제법 잘 지낸다는 아들 이야기만 줄곧 하는 얼굴빛이 좋지 않은 중년의 회사원 부부라든가, 요컨대 묘하게 젠체하는 따분한 사람들뿐이었다. 식사 때에는 고렐리 양의 최근작이 곧잘 이야깃거리가 되었다. 또 알마 타데마보다는 레이튼 경(卿)이 좋다는 사람이 있는가 하면 반대로 레이튼 경보다는 알마 타데마가 낫다는 사람도 있었다.

밀드레드는 과연 얼마 안 가서 필립과 무척 낭만적인 결혼을 했다는 이야기를 여자들에게 떠들어댔다. 그리고 필립은 아직 학생의 몸일 때 결혼했으므로 그 지방의 명문인 자기 집안으로부터 겨우 1실링의 돈을 받고 의절당해 버렸다는 것으로 자신이 흥미의 대상이 되었음을 알았다. 또한 밀드레드의 아버지 역시 데본셔 지방의 대지주였는데 그녀가 필립하고 결혼했다고 해서 딸을 상대해 주지 않는다고 했다. 그래서 이런 하숙에 와서 아이 보는 사람도 없이 지내지만, 그래도 방을 두 개 쓰는 것은 두 사람 다 편안하게 살던 버릇 때문에 도무지 참을 수 없다는 이유일 뿐이라고 해두었다. 물론 그들뿐만 아니라 다른 손님들에게도 저마다 이곳에 온 이유는 충분했다. 늙은 독신자는 휴가 때면 대개 메트로폴로 가는데 그런 고급 호텔에서는 도무지 유쾌한 말동무를 구하기 힘들어 이곳으로 향했다는 것이다. 또 중년 딸을 데려온 노부인은 마침 런던에 있는 아름다운 저택이 수리중이라 "구에니아, 올해는 휴가를 간단히 보내자꾸나" 하고 딸을 타일러서 여기로 왔다는 것이고, 물론 이런 곳은 난생처음이라는 말이었다.

그래서 밀드레드는 이런 손님들이 모두 훌륭해 마지않는 사람이라고 했다. 아무튼 거친 서민층의 사람은 무척 싫고, 역시 신사는 어디로 보나 신사다워야 한다는 것이 그녀의 주장이었다.

"진정한 신사 숙녀라면 말이에요, 역시 신사 숙녀다워야 하지 않겠어요?"

지금 이 한마디는 필립으로선 전혀 이해할 수 없는 말이었다. 그러나 그것을 몇 번이나 저마다 다른 사람들에게 말하는 것을 듣고, 더욱이 그 표현이 모두에게서 진정으로 공감을 얻는 듯한 기미를 보자, 이해하지 못하는 사람은 오히려 자기뿐인지도 모르겠다고 생각하게 되었다. 필립과 밀드레드가 온종일 함께 지내기는 이번이 처음이었.

런던에서는 우선 낮에는 얼굴을 볼 겨를이 없었다. 돌아오면 집안일이나 아이나 이웃 사람들의 소문 같은 것들을 화제 삼아 자연스럽게 이야기하기도 했지만 그 뒤로는 공부 시간이 되기 일쑤였다. 그런데 지금은 아침부터 밤까지 내내 얼굴을 맞대고 있어야 하는 것이다. 아침을 먹으면 바닷가로 나갔다. 오전 중에는 수영이나 산책으로 쉽게 보내고 밤에는 아이를 재워 놓고 부두에 나가 시간을 보냈다. 이것이 또한 좋았다. 음악도 들을 수 있고 끊임없이 흘러가는 인파도 바라볼 수 있었기 때문이다. 저들은 모두 어떤 인간일까 하며 저마다 나름대로의 이야기들을 떠올리노라면 무척 즐거웠다. 밀드레드가 말을 걸어와도 자신의 생각을 흐트러뜨리지 않고 다만 가볍게 입으로만 받아넘기는 버릇도 어느 틈엔가 몸에 익히고 있었다. 그렇기는 해도 오후에는 시간이 길어서 지루하고 싫증이 났다. 그때는 둘이서 바닷가에 앉아 이야기했다.

밀드레드는 브라이튼에서 머무는 동안 되도록 많은 소득을 얻어야 한다면서, 필립이 책이라도 펼칠라치면 반드시 여러 이야기를 끄집어내어 마음대로 책도 읽지 못하게 했다. 게다가 필립이 자기 말을 듣지 않는 사실을 알게 되면 또 잔소리를 늘어놓았다.

"이런 쓸데없는 책은 집어치우는 게 어때요? 늘 그렇게 책만 보면 몸에 해롭단 말이에요. 머리도 뭣도 모두 멍텅구리가 될 거예요. 그래요. 틀림없이 그럴 거라고요."

"귀찮군그래."

"그리고 무엇보다도 저에 대한 실례예요."

필립은 그녀가 매우 귀찮은 이야기 상대라는 것을 알았다. 자기가 하는 말에도 집중할 수 없는 여자였다. 그래서 이를테면 별안간 개가 눈앞을 지나가거나 누가 큰 소리로 외치며 지나가기만 해도 반드시 한마디 했다. 그러고 나면 다음 순간에는 무슨 말을 지껄였는지 잊어버리고 마는 것이다. 사람의 이름 같은 것은 지독히도 못 외웠다. 그러면서도 그것이 얼른 생각나지 않으면 몹시 초조해서, 이야기하던 도중이라도 멋대로 멈추고 머리를 쥐어뜯으면서 분해하는 것이었다. 그래도 끝내 체념할 수밖에 없을 때도 있었는데, 뒤늦게 생각해 내면 이번에는 또 필립이 무슨 말을 하는 중일지라도 아랑곳하지 않고 태연히 말을 가로막았다.

"아, 생각났어요. 클린스예요. 언제고 생각날 줄은 알았지만 클린스, 그래요. 바로 생각나지 않던 그 이름 말이에요."
 아무튼 그의 말 따위는 전혀 듣지 않았던 것이 분명했다. 필립은 견딜 수 없었다. 그러면서도 그가 침묵을 지키면 무뚝뚝하다고 또 한바탕 잔소리를 늘어놓았다. 밀드레드의 두뇌 조직이란 원래가 추상적인 일이라면 5분도 생각할 수 없는 머리였다. 그래서 필립이 대충 추려서 말하는 버릇을 발휘하기 시작하면 대번에 노골적으로 싫증을 드러내 보이는 것이었다. 그녀는 곧잘 꿈을 꾸는데, 놀랍게도 그 꿈만은 실로 자세하게 기억했다가 날마다 장황하게 늘어놓았다.
 어느 날 아침 도프 아델니에게서 긴 편지가 왔다. 그에 따르면 집안사람들이 모두 멋진 휴가를 즐기는 것 같았는데, 그런 데서도 그의 독특하고 건강한 양식(良識)이 엿보였다. 지금 온 가족이 함께 아델니 부인의 친정에서 가까운 켄트의 한 홉 농장에 와 있으며, 거기서 3주일 동안 홉 따기를 하며 지낸다는 것이었다. 이것이 지난 10년 동안 해마다 빠짐없이 실천해 왔다는 그 가족의 피서 법이었다. 덕분에 일광욕을 충분히 할 수 있을 뿐만 아니라 돈도 벌 수 있어 아델니 부인이 무척 좋아하며, 대지와 새롭게 만날 수 있다는 일거양득의 즐거운 소득이 있었다. 아델니가 특히 강조하는 것은 마지막 혜택이었다. 한동안 전원생활을 하면 그들은 그만큼 새로운 힘을 얻는다는 것이다. 그것은 마치 마법 의식과 같았다. 그런 방법으로 그들은 청춘과 체력과 정신의 상쾌함을 새롭게 할 수 있다고 했다. 필립은 전에도 아델니가 그 일에 대해서 그야말로 엉뚱한 꿈과 같은 이야기를 하는 것을 들은 적이 있었다. 그런데 그 아델니가 부디 한번 놀러 오라는 것이다.
 그는 요즘 셰익스피어와 뮤지컬 글라시스(몇 개의 컵에 저마다 다른 양의 물을 넣어 연주하는 것)에 대해서 새로이 생각한 것이 있으니 그것을 들려주고 싶고, 아이들도 모두 필립 아저씨를 무척 보고 싶어 한다고 했다. 필립은 오후에 밀드레드와 함께 바닷가에 앉아 있을 때 그 편지를 꺼내 다시 한 번 읽어 보았다. 그는 먼저 아델니 부인에 대한 많은 것들을 생각했다. 아이들의 명랑한 어머니, 언제나 상냥하고 참으로 기분 좋게 맞아주는 그녀. 그리고 다음은 샐리였다. 나이에 어울리지 않게 침착하며 어딘지 대하기 어려운, 묘하게 어머니 같은 데가 있다. 길게 땋은 금발에 넓고 큰 이마를 드러낸 그 머리, 그리고 끝으로, 모두 유쾌하고 숨김없고 건강하고 귀여운 아이들을 생각했다. 자기도 모르는 사이에 그들에게 마음이 끌리는 것을 느꼈다. 그들에게는 필립이 일찍이 다른 어떤 사람에게서도 볼 수 없었던 아름다움이 있었다. 그것은 바로 그 착한 마음씨였다. 그들의 착함이 너무도 아름다워 이토록 마음이 끌리는 것이리라.

이론적으로는 그는 착함 따위는 믿지 않았다. 가령 도덕이라는 것이 단순히 형편 좋은 편의 전유물에 지나지 않는다면 선이나 악에 무슨 의미가 있는가. 그는 논리에 어긋나는 일은 싫었다. 그러나 여기에 있는 것은 이른바 아이 같은 소박한 착함, 매우 자연스럽고 조금도 꾸밈이 없는 착함이었다. 그는 그것을 더할 나위 없이 아름답다고 생각했다. 그는 깊은 사색에 잠긴 채 천천히 그 편지를 찢어 버렸다. 아무리 그렇다 해도 밀드레드를 두고 갈 수야 없었다. 그렇다고 함께 갈 마음은 도저히 생기지 않았다.

구름 한 점 없는 무더운 날씨였다. 하는 수 없이 그들은 그늘에서 더위를 피했다. 아기는 바닷가 조약돌을 쥐고 정신없이 놀다가 이따금 필립에게로 기어와서는, 그 돌 하나를 그에게 쥐여 주었다가 다시 받아들고 소중한 것처럼 밑에 내려놓는 것이었다. 말하자면 아이만 이해할 수 있는 아주 복잡하고 신비로운 놀이였다. 밀드레드는 잠자코 있었다. 그녀는 목을 뒤로 젖히고 입을 조금 벌린 채 두 다리를 쭉 뻗고 있었다. 페티코트 밑으로 구두가 볼썽사납게 튀어나와 있었다. 지금까지 그냥 멍하니 바라보고만 있던 그는 이제야 비로소 그녀를 일종의 특별한 기분으로 가만히 살펴보았다. 그러고 보면 지난날 마치 미친 사람처럼 이 여자를 사랑했었는데 어째서 이렇게도 흥이 깨져 버린 것일까? 그 변화를 생각하면, 그는 무언가 무거운 고통에 사로잡혔다. 그가 전에 겪었던 모든 고통이 모조리 헛일이었던 것 같은 마음까지 들었다. 그녀의 손이 닿기만 해도 황홀한 몰아감에 도취했고, 나아가서는 그녀의 영혼 속까지 비집고 들어가서 그 모든 사상, 모든 감정을 함께하고 싶다고 소원했던 일마저 있었다.

두 사람 사이에 침묵이 흐르던 때는, 그녀의 침묵이 두 사람의 생각이 얼마나 멀리 떨어져 있는가를 증명하는 것처럼 생각되어 무척 애태우며 고민했었다. 그리고 서로의 마음을 떨어지게 하는 듯한 그 넘기 어려운 장벽에 대하여 그는 얼마나 힘겹게 맞서 싸웠던가? 일찍이 그녀를 그토록 사랑했으면서도 지금은 조금도 연정을 느끼지 못한다는 것은 무언가 사뭇 비극적인 일 같았다.

때로는 그녀가 밉살스럽기까지 했다. 조금도 배우려 들지 않는 여자, 인생의 모든 경험도 그녀에게는 아무것도 가르쳐 주지 않는 것이다. 조금도 변함없이 버릇없는 여자였다. 이곳 하숙집에서도 시커멓게 되어 일하는 가정부를 대하는 그녀의 건방진 말씨 등은 듣기만 해도 화가 치밀었다.

그러는 동안에 그는 장래 계획에 대해서도 생각하기 시작했다. 4학년 끝에는 산파학 시험을 치르고, 다시 1년만 더하면 개업의사 자격도 얻게 될 터였다. 그렇게 되면 어떻게 해서든 에스파냐에 가리라. 단지 사진을 통해서만 아는 바로 그 그림의 진품을 보고 싶었다. 그는 아무래도 엘 그레코라는 화가가 자기에 대해 어떤 중대한 비밀을 쥐고 있는 것 같았다. 톨레도에 가기만 하면 틀림없이 그 비밀을 알게 될 것이라고 그는 떠올렸다. 애당초 호사 같은 것을 누릴 작정은 아니었으니 1백 파운드쯤만으로도 에스파냐에서 반년은 지낼 수 있겠지. 그리고 만약 마칼리스터가 또 한 번 돈벌이를 시켜 준다면 그만한 돈은 쉽게 생길 것이다. 그 아름다운 옛 도읍의 여러 풍경들과 황토의 카스틸랴 대평원을 생각하면 그의 마음은 달아올랐다. 틀림없이 현재 그가 아는 것보다도 훨씬 풍부한 인생을 볼 수 있을 것이다. 에스파냐에서라면 좀더 충실한 생활도 할 수 있을 것 같았다. 형편에 따라서는 그러한 옛 도읍 가운데 어떤 곳에서 개업을 할 수 있을지도 모르는 일이다. 여행 중이거나 잠시 머물고 있는 외국인들이 어디에나 꽤 있을 테니, 그렇게 되면 생활비쯤이야 무난히 벌 수 있겠지. 그러나 이런 계획은 아직 나중의 일이었고, 그러려면 우선 한두 군데 병원 근무를 마쳐야 했다. 그것이 경험이 되어 뒷날 일자리를 얻는데 큰 도움이 될 것이다. 그가 가장 소망하는 것은 잠시 들르는 항구에서 천천히 그 지방을 구경할 수 있는, 커다란 부정기 화물선의 선의로 배를 타는 일이었다. 그는 동양에 가 보고 싶었다.

그의 공상은 방콕이나 상하이, 나아가서는 일본의 여러 항구의 풍경으로 꽉 차 있었다. 바닷가의 야자나무며 뜨겁고 높푸른 하늘이며, 검은 살갗의 원주민들, 그리고 파고다의 영상들을 혼자 마음속에 그리고 있었다. 그의 코가 동양의 향기에 취하고, 그의 가슴은 세계의 아름다움과 세계의 진기함을 상상하고 심한 동경으로 마구 뛰었다. 밀드레드가 잠에서 깼다.

"어머, 깜박 잠이 들었나 보군요. 어쩜, 이 장난꾸러기 공주님은 어쩔 수가 없구나. 뭘 하고 놀았어? 어제 깨끗하게 세탁한 때때옷이 이렇게 못쓰게 됐잖아. 이것 좀 보세요, 필립."

                            95

 런던으로 돌아오자 필립은 외과 병동에 배속되어서 수술 조수로 실습을 시작했다. 그의 흥미는 외과보다는 내과 쪽에 있었다. 내과가 보다 더 경험적인 학문인만큼 그의 상상을 자극시킬 범위가 넓었기 때문이다. 외과 작업은 내과보다 다소 어려웠다. 매일 아침 9시에서 10시까지 강의가 있고, 그것이 끝나면 곧장 병동으로 갔다. 상처의 붕대를 끌러내고 실을 뽑고 또 새 붕대를 감아 주는 것이다. 붕대 감는 솜씨라면 제법 자신이 있어서 곧잘 간호사들에게 자랑하며 우쭐하곤 했다.
 매주 며칠인가는 정해 놓고 오후에 수술이 있었다. 그는 새하얀 가운을 입고 계단 교실 밑바닥에 서서 집도의가 요구하는 수술 도구를 잽싸게 집어 주기도 하고, 또 수술하는 것이 잘 보이도록 끊임없이 해면으로 피를 닦기도 했다. 간혹 진귀한 수술이 있을 때만은 교실 안이 학생들로 꽉 찼지만, 그렇지 않을 때는 대개 대여섯 명 정도밖에는 출석하지 않기 때문에 수술은 기분 좋게 진행되었고 그도 즐거웠다. 그때만 해도 맹장염이 세상 사람들의 주목을 꽤 끌었던 시절인 만큼 이 병으로 수술실로 운반되어 오는 환자가 꽤 있었다. 필립이 조수로 근무하던 외과 의사는 어떻게 하면 좀더 빠르게, 좀더 조그맣게 자르고 맹장을 끊어 내는가 하는 솜씨를 어떤 동료와 크게 겨루고 있었다.
 그러는 중에 필립은 이번에는 응급처치부로 옮겨졌다. 조수들은 교대로 근무했는데, 근무하는 동안은 사흘 동안 계속 병원에 묵으면서 식사도 모두 함께 대기실에서 했다. 그 대기실은 응급환자 수용실에 가까운 지하실에 있었으며 침대가 하나뿐이었고, 그마저도 낮에는 벽장에 집어넣어 두었다. 당번 조수는 밤이고 낮이고 언제 어느 때 실려 올지 모르는 환자를 대비해서 언제라도 응급처치를 할 수 있는 만반의 준비를 해야 했다. 밤중에도 대개 한두 시간마다 정확히 머리맡의 벨이 따르릉따르릉 울렸다. 그러면 본능적으로 튀어 일어나야만 하는 것이다.
 특히 토요일 밤, 그것도 술집이 닫힐 무렵이 가장 바빴다. 곤드레만드레 술 취한 남자가 경찰관에게 이끌려 들어온다. 그러면 먼저 위세척을 해야 했다. 여자 주정꾼은 한층 더 다루기가 나빴다. 취한 데다가 남편에게 두들겨 맞았다며 머리에 상처를 입거나 코피를 흘리면서 찾아오곤 했다. 이젠 무슨 일이 있더라도 남편을 고소하겠다고 화를 내는 여자가 있는가 하면 또 매우 부끄럽게 생각해서 대수롭지 않은 상처일 뿐이며 자신의 잘못이었다고 우겨대는 여자도 있었다. 조수의 손으로 될 수 있는 데까지는 치료하지만 만약 처치가 어려운 중환자일 경우에는 숙직하는 전문외과 의사를 불렀다.

그러나 이런 때만은 매우 신중해야 했다. 외과의사는 대수롭지 않은 일로 다섯 층씩이나 계단을 내려오는 것을 결코 달가워하지 않기 때문이다. 환자라고 하더라도 겨우 손가락 하나가 잘린 사람부터 목을 찔린 사람까지 실로 다채로웠다. 기계에 팔목이 말려들어갔다는 소년, 마차에 치였다는 사나이, 놀다가 팔다리가 부러진 아이, 때로는 자살미수자까지 경찰관에게 실려 왔다. 필립은 한번 한쪽 귀에서 다른 쪽 귀까지가 예리한 칼로 크게 찢어진 사나이가 무시무시하게 충혈된 눈으로 운반되어 온 것을 본 적이 있었다. 그는 그 뒤 몇 주일 동안 경찰의 감시를 받으면서 혼자 병실에 있었는데, 죽지 못한 것이 불만이어서 기분 나빠하며 말도 하지 않을뿐더러 퇴원을 하기만 하면 곧바로 다시 자살하겠다고 공언하는 것이었다. 병동은 언제나 만원이었다. 경찰이 환자를 실어 올 때마다 외과의사는 일종의 딜레마에 직면했다. 만약 환자가 경찰서에서 이곳으로 실려 와서 죽었다고 하면 반드시 불미스러운 기사가 신문에 실리기 때문이었다. 그러나 과연 환자가 사실상 빈사상태였는지 아니면 단순한 주정뱅이였는지를 쉽게 말할 수 없을 때가 가끔 있었다.

필립은 완전히 지쳐버릴 때까지는 잠자리에 들지 않았다. 잠이 들었다가 한 시간도 못 되어서 다시 일어나기란 매우 괴로웠기 때문이다. 일하는 사이사이에는 그대로 응급실에 남아서 야근하는 간호사와 잡담을 했다. 그 간호사는 머리가 하얗게 센 남자 같은 여자로 응급부에서만 벌써 20년 동안이나 일해 왔다.

제대로 독립해서 살림을 꾸려 나가는 데다가 별로 귀찮게 할 동생도 없어서 일만이 취미라고 했다. 동작은 좀 둔했지만 기술이 워낙 놀라워서 아무리 위급한 상황이라도 절대로 실수하는 법이 없었다. 아직 서툴거나 무서워서 벌벌 떠는 조수들은 믿음직스러운 그녀가 있어 마음이 든든했다. 지금까지 그녀는 이미 조수라면 몇천 명은 알 터인데도 그녀에게는 모조리 햇빛에 가려진 그림자와 마찬가지였던 모양이다. 누구나가 한결같이 그녀에게는 '브라운 씨'였다. 항의하고 진짜 이름을 말해 보았자 그녀는 고개만 약간 끄덕여 보일 뿐 여전히 그 뒤에도 '브라운 씨'로 부르는 것이었다.

말 털 덮개로 싼 긴 의자 두 개만 달랑 있는 텅 빈 대기소에서 번쩍이는 가스등의 불빛을 받아가며 그녀의 이야기를 듣는 것은 재미있었다. 그녀에게 운반되어 오는 환자 따위는 이미 인간이 아니었다. 그들은 다만 술에 잔뜩 취했거나 팔이 부러졌거나 목뼈가 어긋난 물건에 지나지 않았다. 이 세상의 모든 악도 불행도 참혹함도 그녀에게는 단지 당연한 일일 따름이었다. 인간의 행위에는 칭찬할 일도 꾸짖을 일도 없다는 것이 그녀의 생각이었다. 있는 그대로를 그저 받아들이기만 하면 된다는 태도였다. 그녀는 하나의 음침하고 우울한 우스갯말도 했다.

"그래그래, 기억하지. 한 번은 템스 강에 몸을 던졌다는 사람이 왔었지. 어떻게 구조돼서 우리 병원에 실려 왔었는데, 그것이 글쎄 열흘쯤 지나니까 그때 마신 템스 강물에 오염되어 티푸스에 걸려 버렸더군."

"그래서 죽었나요?"

"물론 깨끗이 죽어버렸지. 난 지금도 잘은 모르겠지만, 그런 것은 역시 자살이라고 해야 할까? 아무튼 자살이란 모두 재미있는 것들이지. 또 한 번은 이런 일도 있었어. 실직한 데다 마누라까지 죽어서, 있는 옷가지를 잡혀 권총을 샀다는군. 그런데 그것이 엄청난 실수를 저질러서 말이지. 한쪽 눈만 빠지고는 그만 깨끗이 나아버렸다니까. 그런데 그 뒤가 좋아. 얼굴 한쪽이 날아가 버리고, 눈도 한쪽 없어졌지만 그래도 이 세상이 그다지 나쁘지는 않다는 것을 깨달은 모양이지? 그 뒤부터는 매우 행복하게 살고 있다나. 언제나 내가 깨닫는 것은 세상 사람들이 생각하는 것처럼 인간은 결코 연애 따위로 자살하지는 않는다는 거야. 그런 일은 전부 소설가라는 족속들이 마음대로 꾸며대는 상상일 뿐이라니까. 자살하는 것은 결국 돈이 없기 때문일걸. 안 그럴까?"

"역시 사랑보다는 돈이 더 중요한 게 아니겠어요?"

필립이 슬쩍 자기 의견을 말했다.

그 무렵 사실 필립도 돈 때문에 골치를 앓고 있었기 때문이다. 한 사람이건 두 사람이건 생활비는 엇비슷할 것이라고 스스로 가끔 말했지만, 이제는 그 말이 거짓에 가까움을 그도 가까스로 알게 되었던 것이다. 그리고 그 생활비가 드디어 그의 두통거리가 되기 시작했다. 밀드레드는 결코 좋은 살림꾼이 아니었다. 마치 날마다 식당에서 밥을 사 먹는 것만큼이나 돈이 들었다. 아이에게는 옷을 사줘야 했고 밀드레드에게는 신발과 우산, 그 밖에 그 여자의 말에 따르면 꼭 필요하다는 여러 하찮은 물건들을 참으로 많이 사줘야 했다.

브라이튼에서 돌아온 뒤, 그녀는 일자리를 찾을 작정이라고 했으나 별로 이렇다 할 노력을 하지 않았다. 게다가 감기가 들어서 2주일쯤은 그냥 누워 있었다. 나은 다음에도 한두 군데 사람 구하는 광고를 보고 지원했지만 결과는 시원치 않았다. 너무 늦게 가서 자리를 다른 사람이 차지해 버렸다거나, 그 일이 자신의 건강상태로는 도저히 해낼 수 없는 무거운 노동이라고 핑계를 댔다. 한번은 일하러 나오라는 곳이 있었으나, 이것은 또 급료가 일주일에 겨우 14실링밖에 안 되다니 사람을 우습게 본다고 하면서 그녀 쪽에서 가지 않았다.

"남이 추어올리는 비행기를 타도 안 되지만, 그렇다고 너무 발밑만 내려다보는 것도 어리석어요. 너무 싸게 굴면 오히려 바보 취급 받는다니까요."

그녀는 말했다.

"14실링이면 그다지 나쁘지도 않군요."

필립은 무뚝뚝하게 대답했다. 필립으로서는 그것이라도 있으면 생활비에 꽤 도움이 될 텐데 하고 생각할 수밖에 없었다. 그런데도 밀드레드는 면접 때 입고 갈 깨끗한 옷이 없어 될 것도 안 된다고 할 정도였다. 그래서 필립은 하는 수 없이 새 옷을 한 벌 사주었다. 그래서 또 몇 군데 찾아다닌 모양이었지만 이제는 필립도 그녀에게 진심으로 취직할 마음이 없다는 것을 알았다. 일하기가 싫은 것이다. 결국 필립이 할 수 있는 돈벌이라고는 증권매매밖에 없었다. 그는 지난여름과 같은 행운을 다시 한 번 얻고 싶어 견딜 수가 없었지만, 트란스발과의 전쟁이 일어난 남아프리카의 시장 상황은 이미 불 꺼진 뒤와 같았다. 마칼리스터가 말하길, 한 달만 지나면 레드버즈 블러 장군이 프리토리아에 입성할 테고, 그렇게 되면 경기가 다시 좋아질 거라고 했다. 그저 참을성 있게 기다리기만 하면 된다는 것이다. 오히려 그들이 바란 것은 영국군 형세가 불리해져 주가가 떨어지는 것이었고, 그러면 바로 그때 사들인다는 계획이었다.
 그 뒤부터 필립은 그가 즐겨 읽는 신문의 〈시장소식〉란을 눈을 크게 뜨고 읽기 시작했다. 초조하면 초조할수록 마음이 조급했다. 그래서 본의 아니게 밀드레드에게 심한 말을 몇 번인가 한 적이 있었다. 그런데 성격이 상냥하지도 않거니와 참을성도 없는 그녀는 대번에 화가 치밀어 달려드는 형편이어서 끝내 싸움이 벌어졌다. 싸우고 나서 필립은 늘 자기 말이 너무 심했다며 사과하고 용서를 구했지만 밀드레드는 용서란 걸 전혀 몰랐다. 그래서 한 이틀 동안은 부어 있곤 했다.
 그러고 보면 그녀가 하는 모든 것이 필립의 마음에 거슬렸다. 음식을 먹는 태도에서부터 벗은 옷을 여기저기 방 안 가득 흩뜨려 놓는 것에 이르기까지 모두 그랬다. 머릿속이 전쟁에 관한 일로 가득한 필립은 아침저녁으로 정신없이 신문을 읽는데, 그녀는 그런 일에 아랑곳하지 않았다. 벌써 그 무렵에는 같은 동네에 사는 두서너 사람과 친하게 되었는데, 그 가운데 하나인 부목사가 심방을 한번 가면 어떻겠느냐고 했다. 그러자 그녀는 대뜸 결혼반지를 끼고서 버젓이 캐리 부인 행세를 했다.
 필립이 쓰는 방 벽에는 그가 파리에서 그린 그림이 두세 폭 걸려 있었다. 모두 누드로, 두 폭은 여자이고 한 폭은 미겔 아주리아가 주먹을 불끈 쥐고 두 다리를 꽉 버티고 서 있는 그런 그림이었다. 어쨌든 필립의 작품으로서는 가장 잘된 것이었고 그 행복했던 시절의 추억이라는 의미도 있어서 걸어 놓았는데, 아무래도 그 그림들이 밀드레드의 마음에 들지 않았던 모양이다.
 "이봐요, 필립. 저 그림 좀 떼버렸으면 좋겠네요."
 마침내 그녀가 말을 끄집어냈다.
 "어제 오후에는 13번지에 사는 포우만 부인이 오셨는데 전 눈 둘 곳을 몰라서 혼났어요. 그분이 어이없는 얼굴을 하고 가만히 보고 있잖겠어요?"
 "뭐가 어떻다는 거죠, 저 그림이?"
 "볼꼴 사납잖아요? 저런 그림, 나체화를 걸어두다니, 생각만 해도 소름이 끼쳐요, 정말이에요. 게다가 아이에게도 안 좋아요. 이 애도 이젠 점점 여러 가지를 알게 되는걸요."
 "어째서 당신은 그렇게 저속하기만 할까?"
 "저속하다고요? 정숙한 거죠. 전 이제껏 아무 말도 하지 않고 지내왔지만, 아침부터 밤까지 저런 벌거벗은 그림만 보고 있는 걸 좋아한다고 생각하신 거예요?"

"밀드레드, 당신이란 여자는 유머를 전혀 모르는군요?"

필립은 쌀쌀하게 말했다.

"글쎄요, 이 문제와 유머가 어떤 관계가 있는 건지 나는 모르지만 아무튼 제 손으로 치워 버리겠어요. 저 그림에 대한 저의 감상이 듣고 싶다면 말이죠, 전 아주 싫어요. 소름끼쳐요."

"당신의 감상 따위는 아무 상관 없지만, 다만 그림에 손을 댄다면 절대로 용서하지 않겠어요."

밀드레드는 그에게 화가 나면 으레 아이에게 화풀이했다. 필립은 아이가 무척 좋았고 또 아이도 그를 무척 따랐다. 아이는 아침마다 그의 방으로 기어 들어와 그의 잠자리 속을 파고들었고 그때마다 필립은 더없이 기분 좋았다(아이는 벌써 두 살이 되어 가고 곧잘 걷기도 했다). 그런데 밀드레드는 화가 나면 이 아이가 필립의 방에 들어가는 것을 막았고, 그러면 아이는 크게 울음을 터뜨렸다. 더욱이 필립이 아이에게 심하게 군다고 나무라면 그녀는 지지 않고 대꾸하는 것이었다.

"버릇 들면 못써요."

그래도 필립이 무어라고 몇 마디 더 하면 화내며 말했다.

"내 자식을 내가 어떻게 하건 당신이 무슨 상관이에요? 당신이 말하는 것을 들으면 마치 이 아이 아버지 같군요. 전 이래 봬도 이 애 엄마란 말이에요. 어떻게 하는 것이 이 애에게 좋은 건지 잘 알고 있어요. 안 그래요?"

그녀의 우둔함에는 그도 그만 지쳐 버렸다.

그러나 요즘에는 오히려 그녀에 대해 될 대로 돼라 하는 마음이 들었기 때문에 화를 내는 일은 별로 없었다. 동거 생활도 그럭저럭 익숙해져 갔다. 크리스마스가 다가왔다. 그리고 크리스마스와 함께 필립은 이틀간의 휴가를 얻었다. 필립은 조그마한 크리스마스트리를 사다가 방을 장식하고 크리스마스 당일에는 밀드레드와 어린아이에게 각각 조그마한 선물도 했다. 두 사람이 먹자고 큰 칠면조를 살 수는 없어서 대신 밀드레드가 영계를 굽고 근처의 식료품 가게에서 크리스마스 푸딩을 사다가 먹기도 했다. 포도주도 큰맘 먹고 한 병 샀다.

식사를 끝내자 필립은 벽난로 가의 큰 팔걸이의자에 앉아서 파이프 담배를 피웠다. 마실 줄 모르는 술을 마신 탓인지 언제나 골머리를 앓던 돈 걱정도 잠깐 잊어버리고 있었다. 그는 행복하고, 아주 기분이 좋았다. 이윽고 밀드레드가 들어와서 아이가 그에게 잠들기 전 굿나잇 키스를 조르고 있다고 말했다. 그는 벙글벙글 웃으면서 밀드레드의 침실로 들어갔다. 아이에게 키스해 주고 가스등을 끄고 아기가 깨어나 울 때를 대비해서 문을 빠끔히 열어 놓은 채 다시 거실로 돌아왔다.

"당신은 어디에 앉지?"

그가 밀드레드에게 물었다.

"당신은 의자에 앉는 게 좋겠어요. 전 마루에 앉고요."

필립이 의자에 앉자 그녀는 난로 앞에 앉아서 필립의 무릎에 기대었다. 그러고 보면 복스홀브리지 거리에 있던 그녀의 하숙에서 단둘이 앉아 있던 때와 똑같은 자세였다. 달라진 것이 있다면 두 사람의 위치가 반대로 바뀐 것뿐이다. 그러니까 그때에는 필립이 마룻바닥에 앉아서 그녀의 무릎에 머리를 기댔던 것이다. 아아, 그 무렵에는 얼마나 열렬히 그녀를 사랑했던가! 그런 생각이 들자 그는 여태껏 한 번도 느끼지 못했던 살뜰한 마음이 다시 솟아나는 것 같았다. 그는 아직도 그녀 아이의 부드럽고 조그마한 팔이 자기의 목덜미를 감고 있는 것 같았다.

"어때? 기분 좋아요?"

그가 물었다.

그녀는 얼굴을 들어 흘깃 그를 올려다보고 가볍게 웃으면서 고개를 끄덕였다. 둘 다 말없이 꿈꾸는 것처럼 벽난로의 불꽃을 바라보고 있었다. 이윽고 그녀가 돌아앉으면서 그를 이상스럽다는 듯이 가만히 바라보았다.

"제가 이리고 옮겨온 뒤로 당신은 한 번도 내게 키스해 주지 않으셨죠?"

느닷없이 그녀가 말했다.

"해주기를 바라요?"

그는 빙긋이 살짝 웃었다.

"하지만 나를 그렇게는 생각하지 않겠죠? 그렇죠?"

"아니, 퍽 좋아하는걸요."

"하지만 아기가 더 좋으시죠?"

인간의 굴레 617

필립은 대답하지 않았다. 밀드레드는 필립의 손에 자기의 뺨을 살며시 댔다. 그리고 조금 있다가 시선을 아래로 떨어뜨린 채 말했다.
　"그럼 이젠 나에게 화나 있지 않나요?"
　"도대체 무엇에 대해 화내죠?"
　"아! 지금처럼 당신이 좋은 적은 없었어요, 나도 갖가지 고생을 하고 나서야 비로소 당신을 사랑한다는 것을 알았어요."
　밀드레드가 즐겨 읽는 대중소설에 나오는 그런 구절이 지금 이렇게 인용되는 듯해 그는 저도 모르게 으스스했다. 그리고 다음 순간에는 도대체 지금 한 것과 같은 말이 그녀에게는 무슨 의미가 있을까 하고 오히려 이상스럽게 여겨졌다. 아마도 그녀는 《패밀리 헤럴드》에나 나오는 그러한 호들갑스러운 말 말고는 자기의 진정한 감정을 나타내는 방법을 모르는 것일 게다.
　"어쨌든 아주 이상해요, 우리가 이렇게 함께 살다니."
　필립은 한동안 대답하지 않았다. 또다시 침묵이 계속되었다. 이윽고 오랜 침묵 같은 것은 없었다는 듯 필립이 입을 열었다.
　"화내지 말아요. 이럴 수밖에 없으니까. 지금 생각나지만 나는 곧잘 이랬다저랬다 하는 당신을 나쁜 여자다, 지독한 여자다 생각했던 일이 있어요. 그러나 이제 와 돌이켜 보면 내가 바보였죠. 당신은 조금도 나를 사랑하지 않았던 거니까. 그런 걸 나무란다는 것은 참 어리석은 짓이죠. 나는 또 내 힘으로 당신이 나를 사랑하게 만들 수 있다고 장담했었는데. 그런 것은 애초부터 무리였다는 것을 이제야 알았어요. 당신의 어디가 좋아서 모두 당신을 사랑하게 될까요? 그러나 그것이 무엇이건 간에 요컨대 문제는 바로 그것이란 말이죠. 그것이 없으면 친절이라든가 기분이 좋다든가 그런 것을 아무리 보여 주었댔자 아무 소용 없어요."
　"하지만 난 말이죠, 당신이 그때 나를 진정으로 사랑했다면 지금도 틀림없이 사랑해 줄 것이라고 생각했어요."
　"사실 나도 그렇게 생각했어요. 진정한 사랑이야말로 영원히 이어지는 것이라고 믿었죠. 당신을 잃게 된다면 차라리 죽어 버리는 편이 낫다고까지 생각했었거든요. 그리고 곧잘 이런 상상도 했어요. 당신이 빨리 할머니가 되었으면 좋겠다, 그래서 아무도 당신 따위는 거들떠보는 사람이 없을 때 그때야말로 당신을 모조리 독차지해 버려야겠다 하고. 그럴 때를 무척 소망했었죠."

밀드레드는 대답하지 않았다. 이윽고 일어나 그만 자러 가겠다고 했다. 그리고 꺼져 버릴 듯한 미소를 띠면서 말했다.

"저어 필립? 크리스마스잖아요. 굿나잇 키스 안 해 주시겠어요?"

필립은 소리 내어 웃었다. 그리고 약간 얼굴을 붉히면서 키스했다. 그녀는 침실로 갔다. 필립은 책을 읽기 시작했다.

96

2, 3주 뒤에 고비가 찾아왔다. 밀드레드는 필립의 태도 때문에 하나의 몹시 이상한 흥분상태에 빠져 있었다. 그녀의 마음속엔 여러 감정이 물결치고 있었고, 이 기분에서 저 기분으로 쉽게 쉽게 넘어갔다. 대개는 혼자 집에 있으면서 자기의 처지를 곰곰이 생각해 보았다. 밀드레드는 자기의 감정을 모조리 말로 표현해서 나타내지 않았다. 스스로도 자신의 감정을 알 수가 없었다. 다만 어떤 한 가지는 확실히 마음에 떠올라 그것만을 언제까지나 몇 번이고 되풀이하여 생각해 보았다. 그녀는 도저히 필립을 이해할 수 없었고 또 그가 그다지 좋은 것도 아니었다. 단지 필립은 틀림없이 신사이기에 그와 기쁘게 동거 생활을 해오고 있는 것이었다. 필립의 아버지는 의사였고 큰아버지가 목사라는 사실도 그녀에게는 대단해 보였다.

일찍이 그를 마음대로 농락하기도 했던 그녀인 만큼 그에 대해서는 오히려 가벼운 경멸감마저 품고 있었다. 그러나 그러면서도 그 앞에만 서면 묘하게 목이 굳어졌다. 자기 마음대로 아무렇게나 행동할 수 없었고, 필립이 언제나 무언가 자신의 행동을 비판하는 것같이 느껴졌기 때문이다.

처음 이 케닝튼의 작은 하숙집으로 옮겨왔을 때에는 생활에 시달려 아주 지쳐 버렸었고, 스스로 부끄럽기도 했다. 어쨌든 혼자 있게 되는 것이 기뻤다. 방세를 내지 않아도 됐고, 비가 오나 눈이 오나 돈을 벌려고 나갈 필요도 없었다. 마음이 불편하면 가만히 집에 누워 있으면 된다. 그렇게 생각하면 마음이 흐뭇했다. 지금까지의 생활은 생각만 해도 지긋지긋했다. 비굴하게 아무에게나 애교를 떨어야 한다는 것은 무척 비참했다.

지금도 문득 그때 일이 머리에 떠오르면 뭇사나이들의 난폭함과 짐승 같은 말씨 등이 생각나 그녀는 자신이 너무 가엾어져 울기도 했다. 그러나 그 기억도 이제는 거의 없어졌다. 필립이 자기를 구해준 일에 대해서는 확실히 고맙게 생각하고 있었다. 필립이 자기를 얼마나 진심으로 사랑했었는지, 반면에 자기는 얼마나 지독하게 보답했었는지를 생각하면 뼈아플 만큼 후회됐다. 보상하는 것은 아무 일도 아니었다.

그녀에게는 그것이야말로 아무것도 아닌 일이라고 생각되었다. 거절당한 것은 뜻밖이었지만 뭐 싫다는 데 어쩔 수 없지 않은가. 그렇게 비싸게 굴려거든 얼마든지 비싸게 굴도록 내버려두는 게 좋다. 멋대로 해보라지, 이제 제 편에서 흥분해서 날뛸 것이 보나마나 뻔한걸. 그때야말로 내가 걷어차 버릴 차례다. 고작 요걸 거지고 나를 골탕 먹일 줄로 알았다가는 그야말로 큰 잘못일걸. 그를 마음대로 조종하는 것쯤이라면 자신 있었다. 보통 남자와는 조금 다르긴 하지만 그녀가 그의 뱃속까지 환히 들여다보고 있는 한, 그도 별수 없을 것이다. 전에도 곧잘 싸울 때마다 그는 다시는 오나 봐라 땅땅거려놓고는 얼마 안 가 또 찾아와서는 언제나 무릎을 꿇고 빌지 않았던가.

그녀 앞에 조그맣게 웅크리고 앉아 있던 그의 모습을 생각하면 기뻐서 견딜 수가 없었다. 그녀가 밟기라도 한다면 그는 땅바닥이라도 넙죽 엎드렸을 것이다. 커다란 소리를 내며 우는 것을 본 적도 있었다. 그를 다루는 방법이라면 모두 알고 있었다. 모르는 척하고 그가 화난 것쯤 아예 상대도 하지 않으면 된다. 참혹할 만큼 내버려두면 머지않아 자신이 기어들어올 것이 뻔하다. 밀드레드는 필립이 더할 수 없이 심한 굴욕도 참아내고 견디던 모습을 생각하면 흐뭇해져서 자기도 모르게 혼자 웃었다. 그녀로서는 하고 싶은 것은 이미 다해 버린 셈이었다. 남자라는 존재의 정체는 이미 알아 버렸고, 새삼스럽게 이제 와 그들과 무엇을 하고 싶은 마음도 없었다. 지금 필립과 살림을 차린다 해도 나쁠 게 없었다. 그는 누가 뭐라 해도 신사는 신사이고, 그것만큼 중요한 건 없었다. 그러나 그렇게 바삐 서두를 것은 없다. 적어도 그녀 편에서 먼저 손 쓸 생각은 털끝만큼도 없었다. 그가 점점 아이에게 애정을 느끼기 시작한 것도, 매우 간지러운 일이기는 하지만 그렇게 언짢지는 않았다. 그렇다고는 해도 남의 아이를 이렇게까지 귀여워한다니 좀 우스운 일이었다. 아무튼 필립이 보통 사람과는 좀 다른 부류라는 것은 틀림없는 사실이었다.

한두 가지 뜻밖의 문제는 있었다. 이를테면 전 같으면 그는 그녀의 일이라면 뭐든 했다. 덮어놓고 따랐고 자기를 위해서라면 무엇이든지 기뻐서 해주었다. 그녀가 토라져 보이면 대번에 풀이 죽었고 반대로 살뜰한 말이라도 한마디 해주면 당장에 좋아서 어쩔 줄을 몰라 했는데 요새는 그렇지가 않았다. 그녀 혼자만이 필립이 지난 1년 동안 조금도 달라지지 않았다고 생각한 것이다. 그의 마음에 변화가 있을 수 있다는 것을 그녀는 생각지 못했고, 그가 그녀의 기분 따위에 신경 쓰지 않는 것도 단지 연극이라고밖에 생각하지 않았다. 이따금 책을 읽고 싶다며 자기에게 말 걸지 말라고 할 때도 있었다. 그때 그녀로서는 잔뜩 부어 화를 내야 옳을지 알 수가 없어서 결국 난처해 어쩌지도 못했다. 그런가 하면 또 같은 이야기가 되풀이되었다. 즉, 앞으로 두 사람의 사이는 육체적인 것이 아니라 정신적인 우정 관계만로만 유지하자고 필립이 말했던 것이다.

그런데 밀드레드는 두 사람 사이에 있었던 지난 일을 생각해 내고, 틀림없이 이것은 그녀의 임신을 두려워해서 한 말이라고 생각해 버렸다. 그래서 그녀는 열심히 그런 걱정은 하지 않아도 된다고 말했지만 결과는 조금도 달라지지 않았다. 원래 그녀 자신이 성적인 면에 강한 편견이 있으므로 남자들도 모두 자기가 생각하는 것처럼 이성과의 교제라면 으레 성관계를 중요시 하리라 믿었다. 그녀 자신의 남자관계가 모두 그랬던 탓인지 그 이외의 흥미가 남자에게는 있다는 것 따위는 전혀 이해가 되지 않았던 것이다. 결국 마음에 짚이는 것은 틀림없이 그에게 딴 여자가 있다는 점이었다. 병원의 간호사를 비롯해서 그가 밖에서 만나는 모든 여성들을 일단 의심하고 경계했다. 여러 가지로 빙 돌려 질문해본 결과 아무래도 아델니 집안에는 해당 인물이 없다는 결론이 내려졌다. 또한 간호사들 쪽이나 대부분의 다른 의학생들도 마찬가지여서 그저 직무상 어울리는 것일 뿐이고, 필립은 성적으로는 전혀 의식하지 않는다고 단언할 수밖에 없었다. 즉, 그의 머릿속에서는 간호사 하면 요오드포름의 희미한 냄새만 떠올랐던 것이다. 필립에게 오는 편지도 별로 없었고 그의 소지품 가운데도 여자사진 같은 것은 찾아볼 수가 없었다. 만약 이런데도 필립에게 사랑하는 여자가 있다면 그는 감추는 데 어지간히 특기가 있다고 할 수밖에는 없었다. 더구나 그녀가 이것저것 물으면 그는 아주 솔직히 대답했고 그 질문 속에 노림수가 있다는 사실조차 전혀 깨닫지 못하는 것 같았다.

'달리 좋아하는 여자가 있는 건 아니야.'

밀드레드는 마침내 이렇게 결론을 내렸다.

확실히 이것은 마음 놓이는 일이었다. 만약 다른 여자를 사랑하는 것이 아니라면 아직 틀림없이 자기를 사랑할 것이기 때문이었다. 그러나 그렇다고 하기에는 필립의 태도가 도무지 이해되지 않았다. 만약 자신과 이런 관계로 나가고 싶다면 어째서 자기를 이 집으로 옮겨오라고 했을까? 아무래도 부자연스러웠다. 밀드레드는 사람을 불쌍히 여긴다든가 동정한다든가 친절을 베푼다든가 하는 것을 이해하지 못하는 여자였다. 결국 밀드레드가 내린 결론은 요컨대 필립은 좀 이상한 사람이라는 것이었다.

그가 이러한 태도로 나오는 것은 이른바 기사도 정신 때문일지도 모를 일이라고 생각했다. 아무튼 그녀의 머리는 싸구려 대중소설의 과장으로 가득 차 있었으므로 필립의 자상한 마음씀 하나에도 그야말로 여러 가지 낭만적인 해석을 붙여서 자기 멋대로 생각했다. 말하자면 비통한 오해, 불에 의한 정화, 그리고 눈처럼 깨끗한 마음이 되어서 크리스마스 날 밤 눈보라치고 살을 에는 듯한 추위 속에서 고요히 죽어간다는 식의, 아무튼 그러한 공상으로 머릿속이 끓고 있는 것이었다. 그녀는 둘이서 브라이튼에 가게 되면 이 어이없는 생활을 깨끗이 끝장내리라 결심했었다. 브라이튼에만 가면 싫더라도 두 사람만 있게 된다. 누구라도 부부라고 할 것이 뻔했고, 게다가 부두에는 밴드가 있어 분위기도 좋을 것이었다.

그런데 필립은 절대로 그녀와 같은 방은 싫다고 우겼고, 더욱이 그때, 그 말투가 여태까지의 그하고는 거리가 멀었다. 그제야 그녀는 필립이 자기에게 생각이 없음을 깨달았다. 밀드레드는 망연자실했다. 필립이 여태까지 자기에게 했던 여러 가지 말, 그리고 얼마나 열심히 자신을 사랑했는가를 생각하면 아무래도 굴욕감 때문에 울화가 치밀어 올랐다. 그러나 밀드레드는 타고난 오만함으로 이 위기를 헤쳐나갔다. 현재 그녀는 그를 전혀 사랑하지 않는 것이다. 때로는 필립이 한없이 싫어져서 무슨 방법으로든지 실컷 창피를 주고 싶었다. 그러나 이상하게도 그것이 잘되지 않았다. 도대체 그를 어떻게 다루어야 하는지 알 수가 없었다. 그래서 그에게 다소 신경이 날카로워질 때가 있었다. 한두 번은 그의 앞에서 울어도 보았다. 또 마찬가지로 한두 번은 특히 더 부드럽게 달래 본 적도 있었다.

그러나 함께 밤 바닷가를 거닐다가 필립의 팔을 슬며시 잡으면, 필립은 그녀가 자기 몸에 닿는 것조차도 불쾌하다는 듯이 무슨 핑계를 대며 슬쩍 팔을 빼버리는 것이었다. 도무지 이해할 수가 없었다. 단지 한 가지 그녀가 움켜쥐고 있는 것은 아이라는 미끼뿐이었다. 필립은 날이 갈수록 아이만을 귀여워했다. 밀드레드가 아이를 때리거나 쥐어박거나 하면 필립은 대번에 얼굴이 새파래져서 화를 냈다. 그리고 언제나처럼 다정한 미소가 그의 눈에 돌아오는 것은 그녀가 아이를 안고 서 있을 때뿐이었다. 그녀가 그 사실을 알게 된 것은 전에 바닷가에서 꼭 그러한 자세로 누구에겐가 사진을 찍어 달라고 했을 때였다. 그리고 그 뒤로는 그저 그에게 보여 주고 싶은 마음으로 일부러 곧잘 그런 자세로 서 있게 되었다.

런던으로 돌아오자 밀드레드는 또 일자리를 찾기 시작했다. 그녀의 말에 따르면 그까짓 것은 아무것도 아니었다. 그녀는 어떻게 해서라도 필립에게서 독립하고 싶었다. 자기도 하숙을 정했으니까 아이를 데리고 나가겠다고 그에게 똑똑히 말해 주고 싶었다. 떠올리면 참으로 흐뭇했다. 그러나 막상 취직이라는 것을 생각하면 그녀는 묘하게 기가 죽었다. 첫째, 오랜 근무시간을 도저히 견딜 수 없을 것 같았고 새삼스럽게 여자지배인에게 턱으로 부림받는 것은 참을 수가 없었다. 그 제복이라는 것을 다시 입는 것도 자존심이 허락하지 않았다. 더욱이 이웃 사람에게는 두 사람 다 생활에는 옹색하지 않다고 떠벌려 놓은 체면도 있어서 만약 자기도 일자리를 구해야만 한다는 사실이 밝혀지면 그야말로 그들을 볼 낯이 없어지는 것이다.

거기에다 그녀는 타고난 게으름이 있었다. 필립과 헤어지기도 싫었다. 그가 먹여 주고 입혀 주는 한은 자기 쪽에서 먼저 나갈 이유가 없었다. 마구 쓸 만한 돈은 없을지라도 어쨌든 생활은 어떻게든 되는 것이다. 게다가 필립에게는 재산이 들어올 가능성도 있었다. 워낙 나이가 많은 그의 큰아버지는 어느 때고 죽을 것이 아닌가. 그렇게 되면 필립에게도 얼마간 유산이 넘어올 것이고, 또 그렇게 되지 않는다 할지라도 겨우 일주일에 몇 실링 벌려고 아침부터 저녁까지 노예처럼 일하는 것보다는 훨씬 나았다. 그런 생각에 일자리를 찾는 것에는 자연히 게을러지고 말았다. 날마다 신문 구인란을 훑어보는 일만은 계속했으나 그것은 다만 혹시 괜찮은 일자리가 있다면 아직 일할 의도가 있음을 보이기 위한 쇼에 지나지 않았다.

그런데 혹시 필립이 자기를 돌보아 주는 것이 싫어졌다고 하면 어떻게 해야 할까? 갑자기 그것이 걱정되자 그녀는 당황했다. 지금으로서는 조금도 그의 마음을 끌 것이라곤 없었다. 지금까지 자기를 놔둔 것은 오직 아이가 귀엽다는 이유 때문일 수도 있었다. 이런 갖가지 생각들을 하다 보면 그녀는 마구 울화가 치밀어 올라서 언젠가는 단단히 복수하리라고 자기도 모르게 다짐도 했다. 아무리 생각해도 필립이 이제는 자기를 사랑하지 않는다는 것이 그녀로서는 받아들일 수가 없는 것이다. 꼭 자기를 사랑하게 만들어야지. 화가 끓어올랐지만 그것이 때로는 묘하게 필립에 대한 욕정으로 나타나기도 했다. 완전히 차가워진 필립의 태도가 그녀를 공연히 초조하게 했다.

지금은 그에 대해 생각해봤자 모든 것이 이런 지경이었다. 어쨌든 그의 처사는 좀 지나쳤다. 이러한 대접을 받아야할 만한 까닭이 없다. 이런 생활을 계속한다는 것은 부자연스러웠다. 그녀는 그런 생활만 계속 되지 않는다면, 언젠간 사태가 돌변하여 그녀에게 필립의 아이가 생길 것이고, 그러면 제아무리 뽐내는 필립도 틀림없이 자기와 결혼해 줄 것이라는 생각도 했다. 좀 색다른 사람이긴 하지만 그가 신사인 것은 틀림없지 않은가. 이러한 이유로 마침내 이것은 밀드레드의 고정관념이 되어 버렸다. 그래서 어떻게 무리를 해서라도 필립과의 관계를 바꾸어 버리겠다고 결심한 것이다. 이제는 키스도 해 주지 않지만, 어떻게든지 한 번 더 키스하게 만들고 싶었다. 예전에는 필립이 얼마나 뜨거운 키스를 해주었던가. 그것을 생각하면 그녀의 마음은 묘하게 떨렸다. 그래서 가끔 필립의 입술을 유심히 바라보았던 것이다.

2월 초순의 어느 날 저녁이었다. 필립은 오늘 밤엔 로우슨 집에서 저녁을 먹고 오겠다고 말했다. 그날은 마침 로우슨의 아틀리에서 파티가 열리니 밤이 늦어서야 돌아올 것이라고도 했다. 로우슨은 비크 거리의 술집에서 모두가 좋아하는 펀치 술을 두 병 사들여서, 그날 밤 즐겁게 놀자고 했던 것이다. 밀드레드가 여자 손님도 오느냐고 물어보았다. 필립은 초대받은 사람은 남자뿐이고, 그저 이야기를 하거나 담배를 피우는 정도라고 대답했다. 그녀는 시시하다는 표정을 지으며, 만약 내가 화가라면 적어도 여자 모델 대여섯 명은 초대했을 거라고 말했다.

그녀는 침대에 올라가 누웠으나 잠이 오지 않았다. 그러다 문득 어떠한 생각이 하나 떠올랐다. 그녀는 일어나서 필립이 들어올 수 없도록 층계참의 현관문을 잠가 버렸다. 필립이 돌아온 것은 새벽 1시쯤, 문고리가 걸려 있는 것을 알자 무어라고 투덜대는 소리가 들렸다. 밀드레드는 일어나서 문을 열어 주었다.

"왜 문을 걸어 놓는 거죠? 어쨌든 자는 사람을 깨워서 미안하게 됐지만."
"열어 놓은 줄 알았는데 어째서 걸렸는지 모르겠군요."
"자, 빨리빨리 하고 자요. 우물쭈물하다 감기 들겠어."

그는 자기 방에 들어가서 가스등에 불을 붙였다. 그러자 밀드레드도 따라 들어가서 벽난로 곁으로 다가갔다.

"발을 좀 녹여야겠어요, 얼음장 같아요."

필립은 앉아서 구두끈을 풀기 시작했다. 그의 눈은 빛나고 두 뺨은 빨갛게 달아올라 있었다. 술을 마시고 왔음을 곧 알 수 있었다.

"재미있었어요?"

밀드레드가 웃으면서 물었다.

"암, 무척 유쾌했죠."

필립은 조금도 취하지 않았다. 그저 지금까지 웃고 떠들어대느라 아직도 그 흥분이 깨지 않을 뿐이었다. 이러한 밤의 모임은 당연히 파리에서의 생활을 떠오르게 했다. 그는 아주 기분이 좋았다. 주머니에서 파이프를 꺼내 담배를 채웠다.

"아직 안 주무시겠어요?"

"난 좀더 있다가 자겠어요, 조금도 안 졸린걸! 로우슨이란 놈 기분이 몹시 좋아서 말이죠. 내가 들어설 때부터 나올 때까지 끊임없이 지껄이더군."

"무슨 얘길 그렇게 했어요?"

"무슨 얘기라니, 이 세상의 삼라만상을 통틀어서 이야기 안 한 게 없죠. 그 광경을 보여주고 싶더군요. 우리는 모두 목청껏 떠들어댔는데, 그러면서도 누구 하나 제대로 들어주는 사람은 없었다니까."

필립은 좀 전의 광경을 다시 생각해 내고 즐거운 듯이 크게 웃었다. 밀드레드는 틀림없이 필립이 술을 조금 지나치게 마셨다고 생각했다. 그녀로서는 은근히 기다리던 바였다. 사나이의 정체를 잘 아는 밀드레드 아닌가.

"좀 앉아도 돼요?"

대답을 기다릴 것도 없이 밀드레드는 그의 무릎 위에 올라앉았.

"안 잘 거면 그런 대로 가운이라도 입고 오는 게 좋겠어요."

"난 괜찮아요, 이대로도."

그녀는 두 팔로 필립의 목을 감더니 와락 껴안으면서 얼굴을 눌러댔다.

"필립, 왜 그렇게 쌀쌀하죠?"

필립은 일어서려고 했으나 그녀가 세게 잡아당기는 바람에 주춤했다.

"사랑해요, 필립."

"쓸데없는 소린 그만둬요!"

"쓸데없는 소리가 아니에요, 진심이에요! 당신 없이는 못 살아요. 네? 어떻게 해줘요."

그는 여자의 팔을 떨쳐 버렸다.

"자, 부탁이야. 비켜 줘요. 바보 같은 짓 하지 말고, 나까지도 어쩐지 바보가 된 것 같잖아요?"

"정말 사랑하는걸요, 필립? 지금까지 잘못한 걸 모두 갚아 드리고 싶어요. 이대로는 참을 수 없어요. 너무 부자연스러워요."

필립은 빠져나가는 것처럼 의자에서 일어서더니 그녀를 그대로 남겨 놓았다.

"자, 좀 안됐지만 이미 늦었으니까."

밀드레드는 가슴이 찢어진 듯 흐느껴 울었다.

"도대체 왜 그러는 거예요? 어쩌면 이다지도 심하게 굴죠?"

"아마 예전에 당신을 지나치게 사랑했기 때문이 아닐까요? 정열이 바닥나 버렸다고 할까, 그런 일을 생각하기만 해도 견딜 수가 없어요. 지금도 당신 얼굴을 보면 아무래도 에밀이나 그리피스의 얼굴이 떠오르니까. 이것만은 어찌할 수가 없단 말이에요. 내 신경 탓이라고 생각은 하지만."

밀드레드는 필립의 손을 잡고 마구 키스를 했다.

"그만두라니까, 안 돼!"

그는 버럭 소리 질렀다.

밀드레드는 다시 의자에 힘없이 주저앉았다.

"이대로는 못살겠어요, 당신이 사랑해 주지 않는다면 차라리 어디로 가버리겠어요."

"글쎄, 그런 어리석은 소리는 그만두라니까, 갈 데가 없잖아요? 있고 싶으면 언제까지라도 있어도 괜찮아요. 하지만 한 가지만은 분명히 말해 두죠. 우리 둘은 그저 친구 관계라는 것, 그 이상은 절대로 아니라는 것, 이것만은 잘 알아줘야겠어요."

그러자 갑자기 격렬한 흥분에 사로잡혀 있던 밀드레드의 얼굴이 상냥하고 마치 아양을 떠는 듯한 얼굴로 변했다. 그리고 필립에게로 몸을 바싹대며 그의 허리를 꼭 껴안았다. 그녀는 나직하고 달콤한 소리로 속삭였다.

"정말 그런 어리석은 말을 하면 싫어요. 당신은 어떻게 되신 거예요? 제가 얼마나 상냥한 여인인지 당신은 아직 모르시는 거예요."

이렇게 말하면서 밀드레드는 얼굴을 필립의 뺨에 갖다 대고 비벼댔다. 그러나 필립에게는 그녀의 웃는 얼굴부터가 견딜 수 없는 교태로 보였다. 그리고 그 무엇인가를 암시하는 듯한 빛나는 그녀의 눈은 보기만 해도 오싹했다. 그는 본능적으로 뒤로 물러섰다.

"싫다니까! 난."

그러나 밀드레드는 놓으려 하지 않고 치근거렸다. 그녀의 입술이 필립의 입술을 요구했다. 필립은 그녀의 손을 잡아서 매정하게 뿌리쳐 버리고 그대로 밀어 버렸다.

"당신 따윈 질색이라니까."

"질색이라고요?"

밀드레드는 넘어지려다가 벽난롯가를 한 팔로 잡고 버텼다. 필립을 뚫어지게 노려보다가 느닷없이 두 볼이 상기되더니 성난 웃음소리가 날카롭게 번졌다.

"나도 질색이에요. 당신 같은 사내는!"

그리고 잠깐 사이를 두었다고 생각하자 그녀는 날카롭게 숨을 들이마시고 대뜸 무서운 욕지거리를 퍼붓기 시작했다. 목청껏 목소리를 쥐어 짜내서 떠들어댔다. 용케도 저리 많이 아는구나 여길 만큼 심한 욕설이 끊임없이 쏟아져 나왔다. 너무나도 추잡한 말에 필립이 오히려 놀라 버렸다. 평소에는 언제나 몹시 점잖은 척하고 조금만 거친 말을 해도 치를 떨면서 싫어하던 그녀였기에 설마 그러한 말을 알리라고는 꿈에도 생각하지 못했다. 밀드레드는 필립 바로 곁에 다가와서 얼굴을 내밀고 떠들어댔는데, 그 얼굴이 또 노여움에 일그러지고 욕설을 퍼붓는 입가에는 침이 허옇게 괴어 있었다. 그리고 입을 놀릴 때마다 침이 마구 튀어나왔다.

"난 한 번도 당신을 좋아한 적이 없단 말이야. 당신 같은 사람은 처음부터 바보 취급했다고. 그렇게 싫증나는 남자를 어디 견딜 수가 있어야지. 정말 질색이었다니까. 나도 말이야, 돈 문제만 아니었다면 너 같은 사내에게 손가락 하나라도 대게 했을 줄 알아? 하는 수 없이 키스하게 했을 때는 어찌나 구역질이 났는지 토할 것 같았다니까. 그리피스하고 둘이서 당신을 얼마나 비웃었다고. 얼간이라고 말이야. 멍텅구리! 얼간이!"

그러고는 다시 지독한 욕지거리를 퍼붓는 것이었다. 아무튼 필립의 결점이란 결점은 모조리 들추어냈다. 인색한 노랑이, 얼빠진 놈, 겉치레만 하는 이기주의자라고도 했다. 어쨌든 필립이 가장 상처받을 만한 모든 약점에 대해서 매우 신랄한 독설을 퍼붓는 것이었다. 가까스로 일어나서 가려 하다가도 다시 히스테리 같은 심한 기세로 욕설을 떠들어댔다. 그러고는 문손잡이를 잡자 문을 확 열어젖히고는 다시 휙 돌아서서 그야말로 필립의 가장 아픈 곳을 찌르는 이른바 최후의 말을 던졌던 것이다. 있는 대로의 독을, 그리고 있는 대로의 증오를 모조리 포함한 한마디였다. 마치 집어 내동댕이치는 것처럼 내뱉었다.

"에잇, 절름발이!"

이튿날 아침 필립은 몹시 늦잠을 잔 것 같아서 깜짝 놀라 일어났다. 시계를 보니 9시였다. 침대에서 뛰어 내려와서 면도를 하려고 더운물을 가지러 부엌으로 갔다. 밀드레드의 모습은 보이지 않았고, 어제저녁에 그녀가 식사한 그릇도 씻지 않은 채 설거지통에 그냥 팽개쳐져 있었다. 그는 그녀의 방문을 노크해 보았다.

"밀드레드, 일어나요. 부탁이야. 너무 늦겠는걸."

또 한 번 더 세게 두들겨 보았으나 그래도 아무 대답이 없었다. 화가 나서 말을 안 듣는구나 생각했으나 그는 몹시 서둘러야 했으므로 그 이상 마음을 쓰고 있을 수가 없었다. 우선 물통을 화로에 얹어 놓고 목욕탕으로 뛰어 들어갔다. 너무 차갑지 않도록 전날부터 채워 놓는 물이었다. 그는 자기가 목욕을 하고 옷을 갈아입을 동안 밀드레드가 일어나서 식사를 준비해 거실로 갖다 놓을 것이라 생각했다. 여태까지 두서너 번 화를 냈을 때도 그것만은 제대로 해주었기 때문이다.

그런데 이날 아침에는 그녀가 일어나는 낌새가 도무지 없었다. 그래서 오늘 아침에는 무얼 좀 먹고 나가려면 손수 만들 수밖에 없다고 생각했다. 그가 늦잠을 자버린 아침에 하필 이런 심술을 부린다는 것은 아무래도 어처구니가 없었다. 그가 나갈 준비가 다 되었는데도 그녀는 나타나지 않았다. 그런데 그때 방에서는 일어났는지 움직이는 것 같은 낌새가 들려왔다. 틀림없이 일어난 모양이었다.

필립은 손수 차를 끓이고 버터 바른 빵을 두 개 만들어 신을 신으면서 먹은 다음 계단을 뛰어내려가 큰길에서 전차에 올라탔다. 전쟁에 관해 무슨 새로운 소식이라도 없나 하고 신문 판매점을 쳐다보다가 문득 어젯밤 일이 생각났다. 일단 끝나고 하룻밤 자고 난 지금에 와서 생각하니 망측한 일이랄 수밖에는 무어라고 할 말이 없었다. 필립 자신도 분명히 이상했지만, 아무리 그렇더라도 인간인 이상 그렇게 감정을 쉽게 억누를 수는 없는 노릇이었다. 특히 그때에는 완전히 흥분했었던 것도 사실이었다. 오히려 그를 그러한 궁지로 몰아넣은 밀드레드야말로 괘씸했다. 그리고 그녀의 그 돌연한 폭발, 그녀가 입에 담은 몹시 추잡한 욕설들을 떠올리자 새삼스레 놀라웠다. 특히 그 마지막 놀림을 생각하면 자신도 모르게 피가 곤두서는 것을 어찌할 수 없었다.

그러나 그는 경멸을 담아서 어깨를 한 번 으쓱할 뿐이었다. 친구들도 자기에 대해서 감정이 상할 때면 으레 그의 불구를 놀려댔다. 이미 오랜 경험으로 그도 그것을 잘 알고 있었다. 병원 동료들은 옛날의 학생 시절과는 달라서 그의 눈앞에서는 차마 그러지 않지만, 보이지 않는 데서 그의 걸음걸이를 흉내내는 것을 본 적이 있었다. 그러나 지금은 그것도 별로 악의로 하는 행동이 아님을 잘 알고 있었다. 사람이란 본디 흉내내기를 좋아하는 동물이고, 또 그것이 다른 이를 웃길 수 있는 가장 쉬운 방법이므로 그러는 것뿐이었다. 물론 그걸 안다고 해서 태연할 수는 없지만 말이다.

일에 열중할 수 있다는 것이 그는 기뻤다. 병원에 들어가자 병동 그 자체가 즐겁고 절친한 것처럼 맞아 주는 듯했다. 간호과장이 얼른 사무적인 미소를 보이면서 인사했다.

"오늘은 꽤 늦으셨군요, 캐리 씨."
"네, 엊저녁에 좀 흥에 겨워 도가 지나쳤거든요."
"얼굴에 그렇다고 다 쓰여 있어요."

"그래요? 이것 참 황송한데요."

웃으면서 필립은 회진을 시작했다. 맨 처음 환자는 결핵성 궤양을 앓고 있는 소년이었는데 먼저 붕대를 풀어 주었다. 소년은 기쁜 듯이 그를 맞았고 그도 새로운 붕대로 갈아 주면서 재미있는 농담으로 소년을 놀려주었다. 필립은 환자들에게 인기가 있었다. 언제나 친절한 데다 치료할 때에도 되도록 아프지 않게 상냥한 마음씨를 잊지 않았기 때문이다. 같은 수술조수라 하더라도 개중에는 무척 난폭하고 아무렇게나 하는 사람도 있었다. 점심은 동료들과 함께 클럽에서 먹었다. 버터 바른 스콘 빵과 코코아 한 잔의 매우 간단한 식사였지만 그들은 여럿이 함께 먹으면서 전쟁 이야기를 했다. 출정하는 의사도 있었지만 군 당국은 매우 까다로워서, 병원근무 경험이 없는 사람은 절대로 받지 않는다고 했다.

어쨌든 전쟁이 오래 이어지면 결국 자격이 있는 의사면 누구라도 받아들일 때가 올 것이라고 말하는 사람도 있었으나, 기껏해야 한 달이면 전쟁이 끝날 것이라는 의견이 일반적이었다. 로버트 장군이 참전했으니 전쟁이 곧 막을 내릴 게 뻔하다는 것이었다. 그것은 또 마칼리스터의 의견이기도 했다. 이때 기회를 잘 노렸다가 전쟁이 끝나기 직전에 얼른 사두어야 한다고 그는 말했다. 평화가 오면 반드시 경기가 좋아질 테니까, 잘만하면 틀림없이 어느 정도는 벌 수 있으리라는 것이었다. 필립은 언제든지 좋은 기회가 오면 사주도록 그에게 부탁해 놓았다. 지난여름 30파운드를 번 뒤로 욕심이 꽤 커진 그는 이번에는 한 2백 파운드 벌고 싶었다.

근무를 마치자 그는 전차를 타고 케닝튼으로 돌아왔다. 밀드레드가 오늘 밤에는 어떠한 태도로 나올 것인지 몹시 궁금했다. 약이 잔뜩 올라서 말대답도 하지 않을 것이라고 생각하자 지긋지긋했다. 겨울치고는 제법 따스한 밤이어서 남런던의 잿빛 거리에도 벌써 2월의, 어쩐지 노곤한 기분이 감돌고 있었다. 길고 긴 겨울이 지나 자연은 겨우 움직이기 시작했고, 온갖 생물은 모조리 잠에서 깨어나 있었다. 봄소식이 오자 대지에는 생명의 태동이 느껴지기 시작했으며 바야흐로 그 영원한 활동을 다시 시작하려는 듯했다.

필립은 그냥 그대로 전차에 있고 싶었다. 지금 하숙으로 돌아가는 것은 어쩐지 싫었다. 신선한 공기가 마시고 싶어졌다. 하지만 갑자기 아이의 얼굴을 보고 싶어 견딜 수 없었다. 아이가 기쁨의 소리를 지르면서 아장아장 걸어오는 모습이 떠오르자 필립은 자기도 모르는 사이 벙긋 웃었다. 집 앞까지 와서 무심코 올려다보자 놀랍게도 창마다 불이 꺼져 있었다.

2층으로 뛰어올라가서 문을 두드려 보았으나 대답이 없었다. 밀드레드는 외출할 때면 언제나 열쇠를 침대 밑에 감추어 두는데 그곳을 찾아보니 열쇠는 있었다. 우선 거실 쪽으로 가면서 성냥불을 켰다. 갑자기여서 잘 알 수는 없었으나 어쩐지 이상했다. 가스전(栓)을 틀어서 불을 붙였다. 환해지자 그는 방 안을 둘러보았다. 자신도 모르게 숨을 삼켰다. 온 방이 그야말로 폐허였다. 모든 것이 분명히 고의적으로 파괴되어 있었다. 필립은 화가 머리끝까지 치밀어 올라서 쏜살같이 밀드레드의 방으로 뛰어갔다.

그런데 이곳 또한 컴컴하고 텅 비어 있었다. 불을 켜보니까 그녀는 자기의 것도 아이의 것도 깨끗하게 몽땅 가져가 버렸다. 그제야 돌아올 때 유모차가 늘 놓여 있던 층계참에 없던 것이 생각났다. 그때는 밀드레드가 아이를 태우고 잠깐 밖으로 나갔겠거니 했던 것이다. 그리고 세면대 위에 있던 물건들은 모조리 부서져 있었고, 의자는 둘 다 앉는 자리가 칼로 열십자로 갈라져 있었다. 베개도 잘려 있었고, 덧이불에도 시트에도 무참하게 칼자국이 나 있었다. 거울은 망치나 무언가로 때려 깬 모양이었다. 필립은 당황해서 어찌할 바를 몰랐다.

다음에는 자기 방으로 돌아와 보았다. 여기에도 눈에 보이는 것은 모조리 파괴되어 있었다. 세숫대야도 물병도 엉망으로 부서져 있고, 거울은 산산조각 나고, 이부자리는 갈기갈기 찢겨 있었다. 베개는 밀드레드의 손 하나가 넉넉하게 들어갈 만큼 구멍이 뚫려 있고, 베개 속 털이 온 방에 한가득 뿌려져 있었다. 담요도 역시 칼로 푹푹 찌른 자리가 있었다. 화장대 위에는 필립의 어머니 사진이 놓여 있었는데, 그것도 사진틀은 쭈글쭈글해지고 유리도 깨져 산산조각이 나 있었다. 부엌에도 들어가 보았다. 여기도 마찬가지로 푸딩 접시, 쟁반 할 것 없이 깨질 수 있는 것은 모조리 깨져 있었다.

필립은 어이가 없었다. 밀드레드는 편지 한 장 남겨 놓지 않았다. 다만 파괴만이 그녀의 분노를 나타내고 있었다. 필립은 그녀가 이것저것 닥치는 대로 때려 부술 때 지었을 험악한 표정이 보이는 것 같았다. 다시 자기 방으로 돌아와서 주위를 돌아보았으나 그저 어이가 없을 뿐 이제 화도 나지 않았다. 그는 테이블 위에 놓인 부엌칼과 석탄 부수는 망치를 새삼스럽게 신기한 듯 바라보았다.

그리고 이번에는 부서진 난로 속에 던져진 고기 자르는 칼도 발견했다. 이 만큼이나 때려 부수는 데는 시간이 꽤 걸렸을 것이다. 로우슨이 그려준 필립의 초상화도 보기 좋게 열십자로 찢겨서 입을 쩍 벌리고 있었고, 그 자신이 그린 그림도 물론 조각나 있었다. 마네의 〈올림피아〉, 앵그르의 〈오달리스크〉, 〈필립 4세〉 등의 사진들도 석탄망치로 힘껏 때려 부순 모양이었다. 식탁보도, 커튼도, 두 개밖에 없는 팔걸이의자도, 곳곳이 상처투성이였다. 아무튼 훌륭한 파괴 솜씨였다.

필립이 글 쓰는 책상으로 쓰던 테이블 정면 벽에는 크론쇼가 주었던 그 페르시아 융단조각이 걸려 있었는데 이것 또한 평소부터 밀드레드의 증오의 대상이 되어 왔다.

"융단이면 제대로 마루에나 깔아야 할 거예요. 이렇게 더럽고 게다가 냄새란 또 말할 수도 없고, 고작 그것뿐이잖아요."

필립이 그 속에는 커다란 수수께끼에 대한 답이 들어 있다고 말한 것이 마뜩잖았던 것이다. 틀림없이 놀림당한다고 생각한 모양이었다. 무척 힘이 들었을 텐데 세 군데나 칼로 찢어 놓았다. 융단은 넝마처럼 축 늘어져 있었다. 또 필립은 푸른색과 하얀색 접시를 두세 개 가지고 있었는데, 별로 값나가는 것은 아니지만 푼돈을 모아서 하나씩 사들인 것이었다. 여러 추억이 담긴 것들이라 아껴왔는데, 그 접시들도 산산이 부서져서 마룻바닥에 흩어져 있었다. 책 뒷면에도 하나하나 칼로 그은 자리가 있었으며, 제본되지 않은 프랑스 원서들은 일부러 한 장씩 뜯겨 있었다. 벽난로 위에 놓였던 장식품들도 역시 모조리 깨어져서 난로 위에 팽개쳐져 있었다. 아무튼 칼과 망치로 찢고 깰 수 있는 것은 하나도 남기지 않고 깡그리 부순 것이다.

물론 필립의 소지품이라야 몽땅 팔아봤자 30파운드도 못 되었을 것이다. 하지만 그 대부분이 오랜 친구처럼 정이 쌓인 것들인 데다, 그의 성격이 워낙 가정적인 탓인지 그러한 형편없는 물건에조차 자기 소유물이라는 이유만으로 묘하게 애착을 느껴왔다. 그런 까닭에 그는 자기가 살고 있는 이 조그마한 집을 오히려 자랑스럽게 여겨왔다. 많지 않은 돈을 짜내어서 조촐하고 독특한 아름다움을 만들고 있었던 것이다. 그런 만큼 그는 절망으로 완전히 맥이 풀려 버렸다. 어째서 이렇게 심한 짓을 했을까? 그러다 갑자기 불안에 휩싸여 양복장이 놓인 복도로 나가 보았다. 장롱 문을 열어 보고 나서 저도 모르게 안도의 한숨을 내쉬었다. 이 양복장만은 잊어버렸는지 손 하나 대지 않고 남아 있었다.

다시 자기 방에 들어와서 주위를 둘러보았으나, 어떻게 하면 좋을지 알 수가 없었다. 치울 마음도 생기지 않았다. 더구나 집 안에 먹을 것이라곤 아무것도 남아 있지 않았다. 그는 몹시 배가 고팠으므로 어쨌든 밖에 나가서 식사부터 했다. 돌아왔을 때에는 마음이 조금 가라앉아 있었다. 아이의 일을 생각하자 마음이 아팠다. 그러나 아이도 처음에는 필립이 없는 것을 쓸쓸해 하겠지만 아마 일주일쯤 지나면 잊어버릴 것이다. 밀드레드가 없어진 것은 오히려 고마운 일이었다. 이런 것은 생각해도 별로 화나지 않았으나 다만 더는 견딜 수 없는 마음이 들었다.

"이젠 정말 두 번 다시는 보고 싶지 않아."

그는 소리 내어 중얼거렸다.

이제는 이 집을 나갈 수밖에 없었다. 내일 아침에 당장 집주인에게 말하리라. 저축한 돈도 이미 얼마 남지 않아 망가진 물건들을 다시 사들일 수 없었으므로 이번에는 좀더 값싼 하숙으로 옮겨야 했다. 이 집에서 나가는 것은 오히려 기쁜 일이었다. 여기에 그대로 있게 된다면 그 경비도 걱정되었거니와 밀드레드에 대한 기억이 언제까지나 붙어 다닐 터였다. 아무튼 견딜 수 없었다. 어떻게 해서라도 빨리 이사해야 마음이 가라앉을 것 같았다. 그래서 다음날 오후 고물장수를 불러서 보였더니 부서진 것이나, 부서지지 않은 것들을 모조리 합해서 3파운드면 가져가겠다고 했다.

이틀 뒤 그는 병원 바로 앞에 있는 하숙집으로 방을 옮겼는데, 그가 처음 의학생이 되었을 무렵 하숙하던 바로 그 집이었다. 이 하숙집 주인은 매우 점잖은 여자였다. 필립은 위층 방을 요구했는데 일주일에 6실링으로 빌려주었다. 좁고 누추하고 뒷집의 뜰이 내려다보이는 방이었으나, 지금 세간이라고는 양복과 책장 한 개밖에는 아무것도 없는 형편이었으므로 퍽 싸게 먹히는 것만으로도 고마웠다.

98

그런데 자신 말고는 아무에게도 의미가 없는 하찮은 존재였던 필립 캐리의 운명도 조국이 겪고 있는 운명의 영향을 고스란히 받게 된 어떤 사태가 일어났다.

결국 새로운 역사가 만들어졌던 것이다. 더욱이 그 과정은 너무나도 중대했던 만큼, 필립과 같은 미미한 존재인 한낱 의학생의 생활에까지 영향을 미쳤다고 생각하는 것이 오히려 어이없어 보일지도 모르나 아무튼 사실이 그랬다.

남아프리카의 마거스폰테인·콜렌소·스피온 콥 전투 등 전쟁은 자꾸자꾸 이튼 학교의 운동장에서 패배했고 (웰링턴이 워털루에서 나폴레옹을 격파했을 때, 승리는 이튼 학교 교정에서 얻은 것이라며 스포츠 정신을 칭송한 데서 나온 말), 그것은 영국 국민의 긍지를 손상시켰을 뿐만 아니라 영국귀족과 신사계급의 위신에도 치명적인 타격을 주었다. 사실 여태까지 타고난 통치본능을 호언장담해 온 그들에게 누구도 그것을 반박하지 않았기 때문이다. 그러나 지금이야말로 낡은 질서는 허물어져가고 문자 그대로 새 역사가 창조되고 있었다.

그러나 다시 거인은 그 힘을 보이기 시작했다. 몇 번인가 넘어질 것 같다가도 마지막에는 다시 승리를 거머쥐었다. 크론즈 장군은 파이르 테베르크에서 항복했고, 레이디스미스는 탈환되었다. 그리고 3월 초순에는 로버트 장군이 블룸폰테인에 입성했다.

이 소식이 런던에 전해진 지 2, 3일 뒤였다. 마칼리스터가 비크 거리의 술집에 나타나서 증권거래소의 경기가 조금 활기를 띠기 시작했다고 기쁜 듯이 말했다. 종전은 눈앞에 다가왔으며, 로버트 장군은 이제 이삼 주일만 지나면 프리토리아에 입성할 테고 모든 증권은 벌써 오르기 시작했으므로 머지않아 경기가 좋아질 것이 틀림없다는 소리였다.

"자, 지금이 바로 사들일 때야. 세상 사람들이 다 알게 될 때까지 우물쭈물 기다려서는 안 돼. 사려거든 지금 사야해."

그가 필립에게 말했다.

그는 이른바 비밀의 소리라는 것을 듣고 있었다. 남아프리카 어느 금광 지배인이 마칼리스터의 거래소 사장에게 전보를 쳐 왔는데, 조금도 시설이 파괴되지 않았으므로 되도록 빨리 작업을 다시 하겠다는 통보였다. 마칼리스터는 이것은 이미 투기가 아니라 투자라고 했다. 그는 자기 사장도 무척 좋은 기회라고 생각하는 것 같다, 그 증거로 두 여동생을 위해서 각각 5백 주씩이나 사주었다고 말했다. 더구나 그 사장이라는 사람은 영국 은행 주 같은 절대 안전한 것에만 지갑을 연다는 것이었다.
"나도 이번에는 있는 돈을 모조리 털어서 살 작정일세."
마칼리스터가 말했다.
증권 가격은 2파운드 8분의 1에서 4분의 1사이를 오르락내리락했다. 마칼리스터는 필립에게 너무 욕심을 부리지 말고 한 장에 10실링만 오르면 만족하라고 했다. 자기는 3백 주를 살 작정인데 필립에게도 그렇게 하라고 제안했다. 증권은 그가 보관하고 있다가, 좋은 때를 노려서 팔아 주겠다는 것이다. 필립은 전적으로 그를 믿었다. 첫째는 그가 스코틀랜드 사람이므로 나면서부터 조심성 있겠다 싶었고, 또 뭐니뭐니해도 지난번의 예상이 어김없이 들어맞았기 때문이다. 필립은 선뜻 동의했다.
"아마 결산 전에 팔아 버리게 될 걸세. 만약 그렇게 되지 않으면 증권은 자네에게 보내 줌세."
마칼리스터가 말했다.
그것참 좋은 생각이라고 필립도 생각했다. 증권이란 이익배당금이 들어올 때까지 기다리기만 하면 되었고, 게다가 한 푼도 낼 필요가 없었다. 그는 다시 신문의 증권 시세란을 새로운 흥미를 기울여 날마다 읽기 시작했다. 이튿날은 모든 주가 조금씩 올라서 주당 2파운드 4분의 1씩에 샀다고 마칼리스터가 보고해 왔다. 시장 상태는 매우 탄탄하다고 했다. 그런데 이삼 일 뒤에는 기세가 갑자기 꺾였다. 남아프리카 전쟁 상황이 그다지 좋지 않아서 필립의 증권도 한 장에 2파운드까지 내려갔는데 이것은 아무래도 좀 걱정이었다. 그러나 마칼리스터는 이러한 상황에도 낙관적이어서, 그렇게 언제까지나 항전이 계속될 리가 없다, 4월 중순까지 로버트 장군이 요하네스버그에 입성할 것이 틀림없으니까 내기를 걸어도 좋다고 말하는 것이었다. 그러나 결국 결산 때에 필립은 40파운드쯤 더 들고 나가야만 했다. 이것은 엄청난 타격이었지만 어쩔 수 없이 그대로 갖고 있는 도리밖에 없었다. 그러나 필립의 형편으로는 가만히 참고 있기에는 손해가 조금 컸다. 그 뒤 이삼 주일은 아무 일도 없었다. 보어 사람들은 자기네들이 이미 싸움에 졌으므로 항복하는 것 말고는 별도리가 없음을 이해하지 못하는 모양이었다. 그뿐 아니라 드물기는 했지만 가끔 가다가 그들이 이기는 일도 있었으므로 필립의 증권은 덕분에 또 반 크라운이나 떨어졌다. 전쟁은 계속될 게 분명했다. 시장에는 팔려는 사람이 모여들었다. 마칼리스터도 매우 낙심하고 있었다.

"이럴 땐 손해를 최소한으로 적게 하는 것이 최선의 방법이 아닐까 생각하네. 나도 시세 차액으로 번 것을 다 잃고 말았네."

필립은 이 일이 걱정되어 견딜 수가 없었다. 밤에는 잠도 오지 않았고 그날 아침도 홍차와 버터 바른 빵만으로 절약해 되는 대로 먹어 치우고 나왔다. 빨리 클럽의 독서실로 가서 신문을 보고 싶었기 때문이다. 때로는 전쟁의 뉴스가 좋지 않을 때도 있었고 아무것도 나와 있지 않을 때도 있었다. 그러나 증권시세는 동요가 있기만 하면 모조리 하락하는 것뿐이었다. 그는 어찌해야 좋을지 알 수가 없었다. 이대로 팔아 버리면 약 350파운드쯤 손해를 보게 되고 그러면 남는 것이라고는 겨우 80파운드뿐이었다. 그는 증권거래에 손을 대는 이런 어리석은 짓은 하지 말았어야 했다고 진심으로 뉘우쳤다. 그러나 결국 그대로 가지고 있을 수밖에 없다. 어떠한 결정적인 사태가 벌어져서 다시 값이 올라갈지도 모르는 일이다. 이제는 이익 따위는 바라지도 않았다. 다만 어떻게든 손해만은 메우고 싶었다. 그것만이 병원에서 실습과정을 마칠 수 있는 유일한 가능성이었기 때문이다. 5월부터 여름학기가 시작되고 그것이 끝나면 산파학 시험을 칠 작정이었다. 그러고 나면 이제 1년이 남는 것이다. 자세하게 계산해 본 결과 수업료며 모든 것을 합해서 150파운드쯤만 있으면 그럭저럭 해나갈 수 있다는 것을 알았다. 물론 그것도 이미 최저로 바싹 줄인 선이었다.

4월 초순에 그는 마칼리스터를 만나고 싶어 비크 거리의 그 술집으로 갔다. 그와 함께 증권시장의 정세라도 이야기하면 마음이 어느 정도 편해지고, 또 자기 말고도 손해를 본 숱한 사람들이 있다는 것을 알면 자신의 고민도 조금은 참을 수 있을 것 같았기 때문이다. 그러나 그 술집에 들어가 보니 헤이워드 혼자만 있었다. 필립이 앉자마자 헤이워드가 말하기 시작했다.

"나도 드디어 이번 일요일에는 남아프리카의 케이프 전선으로 나가게 됐어."

"당신이요?"

필립은 큰 소리를 질렀다.

헤이워드는 전혀 그런 일에 어울리지 않는 사람이었다. 그러고 보니 요즘 병원에서도 많은 사람이 군에 입대하고 있었다. 정부에서는 이미 자격만 되면 누구든지 채용했다. 그리고 보통 기병으로 나갔던 사람도 의학생 출신이란 것이 알려지기만 하면 큰 야전병원으로 돌려진다는 소문도 있었다. 애국심이라는 물결이 전국을 휩쓸어서 사회의 여러 계층에서 지원병이 쏟아져 나왔다.

"그래 어디 소속이죠?"

"도싯 기병대야. 보통 기병대로 나가는 거야."

헤이워드와 알게 된 지도 8년이다. 문학과 예술을 이야기할 수 있는 그를 찬양했고, 거기에서 일어났던 젊은 날의 친밀감은 사라진 지 이미 오래였다. 그러나 이른바 타성 때문에 헤이워드가 런던에 있는 한 일주일에 한두 번씩은 꼭 만나고 있었다. 지금도 헤이워드는 아직 책에 대한 이야기라면 매우 섬세한 이해력을 나타내었다. 하지만 필립은 아직도 너그러운 심경이 되지 못해서 때때로 헤이워드의 이야기에 몹시 초조해졌다. 이제 필립은 인생에서 의미가 있는 것이란 예술뿐이라는 망상 따위는 전혀 믿지 않았다. 그가 실행이나 성공을 경멸하는 데는 반발마저 느끼고 있었다.

필립은 펀치 술을 휘저으면서 그의 옛 우정과 그리고 헤이워드라면 반드시 어떤 훌륭한 일을 할 것이라 믿고 기울였던 큰 기대 따위를 회상했다. 그러나 그런 환상은 벌써 옛날에 사라졌고, 지금은 단지 그가 여전히 말만 지껄일 뿐 아무 능력도 없음을 알고 있었다. 헤이워드의 연 수입 3백 파운드도 젊었을 때와는 달라서 서른다섯이 된 지금의 그에게는 아무래도 모자라는 것 같았다. 양복만은 여전히 일류 양복점에서 지어 입는 것 같았으나 옛날의 그로서는 상상도 못했을 만큼 오래 입었다. 지금은 너무 살이 쪄서 아무리 맵시 있게 금발머리를 매만져 보아야 그의 대머리를 감출 재간이 없었다. 그의 푸른 눈도 빛을 잃고 희미해졌으며 조금만 지나치게 술을 마셔도 한눈에 알 수 있었다.

"그런데 어떻게 케이프로 갈 생각을 했죠?"

"글쎄, 뭐라고 해야 좋을까? 아무튼 마땅히 가야 한다고 느꼈기 때문이라고나 할까?"

필립은 아무 말도 하지 않았다. 어쩐지 어리석다는 생각도 들었다. 요컨대 헤이워드는 자기 자신도 확실히 알 수 없는 어떤 불안감에 쫓기고 있는 것이다. 그의 마음 한구석에 숨어 있는 어떤 힘이 그로 하여금 조국을 위하여 싸위야만 할 것 같은 마음을 만들고 있는 것이다. 애국심이란 하나의 편견에 불과하다는 스스로의 세계주의에 도취했다고나 할까? 그가 조국인 영국은 결국 유배된 땅에 불과하다고 장담했던 만큼 이것은 더욱 기묘한 일이었다. 대중으로서의 동포 따위는 섬세한 그의 신경을 건드릴 뿐이었다.

필립은 생각했다. 인간이란 곧잘 자기 인생관과 정반대되는 일을 하는데 그것은 무슨 이유에서일까? 헤이워드라면 단지 방관자로서 야만인들이 서로 죽여 대는 전쟁을 비웃으며 관망했어야 한다. 그렇게 생각하니 아무리 인간이라 할지라도 결국은 미지의 힘으로 조종되는 꼭두각시에 지나지 않는 것 같았다. 단지 어떤 큰 힘이 그들을 조종해서 이런저런 행위를 시키는 데 불과한 것이다. 이성이라는 것을 들고 나와서 자기들의 행위에 이유를 붙이기도 하지만, 그것이 불가능할 때는 이성 따윈 아예 무시해 버리고 곧 행동해 버리는 것이다.

"사람이란 참 묘한 것이군요. 당신이 기병이 되어서 싸움터에 나가리라고는 꿈에도 생각 못했는데 말이에요."

필립이 말했다.

헤이워드는 약간 부끄러운 듯이 웃기만 하고 아무 말도 하지 않았다. 그러다 이윽고 겨우 입을 열었다.

"어제 신체검사를 받았는데, 내 몸이 완전히 건강한가 어떤가를 알기 위해서 고문을 받아 보는 것도 그리 나쁜 일은 아닌 것 같더군."

영어로도 얼마든지 할 수 있는 말을 아니꼽게 프랑스어 따위를 섞어가며 이야기하는 취미만큼은 아직 고쳐지지 않고 그대로였다. 그때 마침 마칼리스터가 들어왔다.

"캐리 군, 마침 잘 만났네, 꼭 한 번 만나려던 참인데. 증권거래소에서는 더 이상 자네 증권을 쥐고 있을 수가 없게 됐다네. 아무튼 시장도 극도로 경기가 나빠져서 말이야. 그래서 자네 것도 전부 가져가라는 것일세."

필립은 맥이 탁 풀렸다. 불가능하다는 것은 알고 있었다. 손해는 이미 어쩔 수 없는 것이다. 체념하라는 것이었다. 그러나 그는 자존심도 있고 해서 조용히 대답했다.

"내가 도로 가져와 봐야 무슨 소용이 있겠어요? 그보다는 차라리 전부 팔아 주시죠."

"이봐, 입으로 그렇게 말하기는 무척 간단하지만 과연 그게 팔릴까? 아무튼 시장 경기가 무척 안 좋아서 아무도 사려는 사람이 없단 말일세."
"하지만 1파운드의 8분의 1이라는 시세가 나와 있잖아요?"
"응, 그야 그렇지. 하지만 실제로는 아무 소용도 없다네. 절대로 그런 높은 값으로는 팔리지 않을 테니까."
필립은 잠깐 말을 할 수가 없었다. 마음을 가라앉히려고 애썼다.
"그럼 종잇조각에 불과하다는 말인가요?"
"아니, 꼭 그렇다는 것은 아니지. 그야 물론 값이야 있지. 하지만 현재로는 도저히 살 사람이 없단 말일세."
"그럼 얼마라도 좋으니 팔아치워 주세요."
마칼리스터는 필립의 얼굴을 뚫어지게 보았다. 이번 타격이 적잖이 큰 모양이었다.
"참으로 미안하다고는 생각하네만, 결국 우리는 모두 같은 배를 탄 운명이 아닌가. 전쟁이 이렇게 오래가리라고는 아무도 상상 못했지. 그야 내가 권해서 사게 된 셈이지만 나 자신도 샀으니까 말일세."
"그런 것은 아무래도 상관없어요. 인간은 어디든 걸게 마련이죠."
필립은 마칼리스터와 이야기하느라고 서 있었으나 다시 앉았던 자리로 돌아왔다. 그는 완전히 정신을 차리지 못했다. 골치가 무섭게 지끈거리기 시작했지만 이런 때일수록 겁쟁이라는 말만은 듣고 싶지 않았다. 그 자리에 한 시간쯤 그대로 앉아 있었다. 남들이 하는 이야기에 특히 더 큰 소리로 웃었으나 이내 일어나서 가려고 했다.
"참으로 침착하게 들어주었군그래."
악수를 하면서 마칼리스터가 말했다.
"어떤 사람이고 삼사백 파운드의 손해를 보면 사실 좀 낙심하게 마련이거든."
필립은 그의 쓸쓸한 하숙방으로 돌아오자 갑자기 절망에 휩쓸려서 침대에 몸을 던져 버렸다. 자신의 어리석은 행동이 쓰릴 만큼 후회되었다. 이미 저지른 일을 새삼스럽게 뉘우친다는 것이 얼마나 어리석은 짓인지 잘 알고 있었지만, 뉘우치게 되는 것을 어쩔 수 없었다. 참으로 비참했다. 잠이 오지 않았다. 지난 이삼 년 동안 쓸데없이 돈을 낭비했던 일이 자꾸만 생각나 견딜 수 없을 만큼 골치가 아팠다.
 그 이튿날 밤 마지막 배달편으로 청산표가 왔다. 예금통장을 보고 전부 청산하면 겨우 7파운드가 남는다는 것을 알았다. 7파운드! 그러나 그는 청산할 수 있다는 것만 해도 고마웠다. 만약 마칼리스터에게 돈이 없어 청산할 수 없다고 고백해야만 할 상황이 됐다면 얼마나 창피하고 괴로웠겠는가? 여름학기에 필립은 안과 조수로 실습을 하고 있었는데 마침 한 학생이 검안경을 한 대 팔겠다고 하기에 그것을 샀다. 아직 돈은 치르지 않았지만, 이제 와서 사지 않겠다고 말할 용기가 나지 않았다. 그 밖에도 아직 책 몇 권을 사야 했다. 그렇게 되면 나중에 손에 남을 것이라고는 5파운드 정도뿐이었다. 그것으로 어떻게 꾸려 나가는 수밖에 없었다. 우선 앞으로 여섯 주일 동안은 먹을 수 있었다.
 마침내 그는 자기가 보아도 매우 사무적으로 보이는 편지를 큰아버지에게 썼다. 전쟁 때문에 큰 손해를 보았는데 이번에 큰아버지가 도와주지 않는다면 학업을 계속할 수 없는 처지다, 앞으로 1년 반에 걸친 월부라도 좋으니 150파운드만 빌리고 싶다, 물론 그 돈에는 이자를 지급할 것이며, 원금도 자기가 돈을 벌기 시작하면 조금씩 갚아 나갈 작정이다, 늦어도 1년 반 뒤에는 자격을 얻을 수 있고 그렇게 되면 매주 3파운드를 받는 의무원이 될 것이 확실하다, 이런 내용이었다. 그러나 큰아버지는 아무것도 해주지 못하겠다는 답장을 보내왔다. 이렇게 불경기일 때 물건을 팔아서라도 돈을 만들어 보내라는 것은 매우 괘씸한 일이고, 재산이 좀 있긴 하지만 그것은 자기가 병이라도 들었을 때를 대비해서 두어야 자신에 대한 충실한 의무라는 것이었다.
 그리고 그 편지 맨 끝에는 설교가 한바탕 씌어 있었다. 너에게는 이미 몇 번이고 경고하고 주의를 줬는데 너는 내 말을 거의 귀담아 듣지도 않았다, 솔직하게 말하면 나는 편지를 읽고 뜻밖이라고 생각지 않았다, 지난날 너의 방종하고 무턱대고 아무렇게나 생활한 말로가 이렇게 될 것이라고는 미리 짐작했던 바라는 것이었다. 필립은 편지를 읽어 보고 얼굴이 화끈해졌다 싸늘해졌다 했다. 설마 큰아버지가 이렇게 거절하리라고는 생각지도 않았다. 그런 만큼 분노가 머리끝까지 치밀었다. 그러나 그것도 잠깐, 곧 완전히 허탈상태에 빠지고 말았다. 큰아버지의 도움 없이는 도저히 병원근무를 계속할 수가 없었다. 이것을 생각하니 완전히 당황했다. 창피도 체면도 잊어버리고 다시 한 번 큰아버지에게 편지를 썼다. 한층 더 절박하게 궁상을 호소했다. 그러나 역시 설명이 모자랐는지 큰아버지는 필립의 절망적인 실상이 이해되지 않는 모양이었다. 큰아버지는 자기의 결심에는 변함이 없다, 너도 이미 스물다섯이니 생활비쯤은 제 힘으로 벌어야 하지 않느냐고 답장을 보내온 것이다. 물론 자신이 죽으면 약간의 유산은 물려줄 테지만 그때까지는 한 푼도 줄 수 없다고 했다. 필립은 편지를 읽으면서, 오랫동안 그의 살아가는 태도에 반대만 해오던 큰아버지가 이제야 자신의 생각이 옳았음을 알고 만족해하는 모습을 떠올릴 수 있었다.

99

필립은 드디어 옷을 전당포에 잡히기 시작했다. 그리고 식사도 아침밥 말고는 하루에 한 끼만 먹기로 하고 생활비를 줄이기 시작했다. 그 한 끼도 오후 4시에 버터 바른 빵과 코코아 한 잔으로 형편없이 때우고 다음날 아침까지 견뎌야 했다. 밤 9시쯤에는 배가 고파서 참기 어려웠으므로 잠을 잘 수밖에 없었다. 로우슨에게 돈을 빌려 볼까도 했으나 거절당할지도 모른다고 생각하고 그만두었다. 그 뒤 결국은 5파운드를 꾸어 달라고 했더니 로우슨은 쾌히 꾸어 주는 대신 이렇게 말했다.

"일주일 뒤엔 돌려줄 수 있겠지? 사진틀장수에게 치러야 할 것이 있어서 말이야. 요즘은 나도 아주 힘들거든."

일주일 뒤에 돌려주지 못할 것이 뻔했다. 그러면 로우슨이 어떻게 생각할까? 필립은 그것이 창피스러워서 이틀쯤 지난 뒤엔 그 돈을 그대로 도로 갖다 주려고 갔다. 로우슨은 막 점심을 먹으러 나가려던 참이었으므로 함께 가자고 권해 주었다. 그러나 음식다운 음식을 먹게 된 것이 너무나 기뻐서 인지 음식이 좀처럼 먹히지가 않았다. 일요일에는 아델니네에만 찾아가면 틀림없이 푸짐히 대접받을 것이다. 차마 이번 사건에 관해서 아델니네 사람들에게 이야기할 용기는 나지 않았다. 아델니의 가족 전부가, 필립은 웬만큼 산다고 생각했으므로 만약 여기서 빈털터리라는 것을 알게 된다면 만나길 꺼려하지 않을까 두려웠던 것이다.

어린 시절부터 늘 부유하지는 못했지만, 그래도 설마 끼니까지 걱정하게 되리라고는 생각해 본 적도 없었다. 마치 명예롭지 못한 질병에라도 걸린 것처럼 창피스러웠다. 지금의 처지는 완전히 경험 밖이었다. 그는 너무 놀라 단지 허둥지둥할 뿐이었고 병원에 나가는 것 말고는 아무런 방도도 알지 못했다. 어떻게 되겠지 하는 막연한 희망이 있을 뿐 지금 일어나고 있는 사태마저도 어쩐지 꿈만 같았다. 돌이켜 보면 맨 처음 학교에 들어갔을 때도 곧잘 현실의 생활은 한낱 꿈에 지나지 않고 언젠가 문득 깨어나면 집으로 돌아가 있지 않을까 하고 생각한 기억이 난다.

그러나 얼마 되지 않아 그는 드디어 한 주일쯤 지나면 한 푼도 없는 빈털터리가 된다는 사실을 알았다. 무슨 수를 쓰더라도 곧 돈벌이를 생각해야만 했다. 자격만 갖추었다면 군의관의 수요가 굉장하다는 요즘, 비록 절름발이라 할지라도 당장에라도 남아프리카 케이프 행이 결정되었으련만, 아니 불구자만 아니었더라면 요즘 끊임없이 나가는 의용 기병대에라도 입대할 수 있으련만. 그는 의학교의 서무실로 찾아가서 누군가 열등생의 가정교사 자리가 없겠는가 하고 물어보았다.

그러나 과장은 그런 자리는 없다고 대답했다. 필립은 의학신문 광고란을 보고 푸램 거리에서 병원을 경영한다는 사람이 면허 없는 조수를 구한다는 것을 알고 지원해 보았다. 면접을 보러 갔더니 의사는 필립의 저는 다리를 힐끗 보았다. 그리고 필립이 아직 병원에 실습 4학년생이라고 하자 그 자리에서 그것만으로는 경험이 모자란다고 했다. 필립은 이것이 단지 핑계임을 알 수 있었다. 의사가 말하는 대로 민첩하게 움직일 수 없는 조수 따위는 거절하는 것이 당연한 일인지도 모른다.

필립은 다른 돈벌이를 궁리하기 시작했다. 다행히 프랑스어와 독일어를 아니 혹 상용 문서를 정리하는 일이라도 있지 않을까. 울고 싶은 심정이었지만 이를 악물고 견뎠다. 다른 일은 아무것도 할 줄 아는 것이 없었기 때문이다. 직접 면접한다는 곳은 용기가 나지 않아 포기했지만 서면으로 끝나는 곳은 모두 지원해 보았다. 그러나 막상 그렇게 되자 이력서에 쓸만한 경력도 없거니와 추천서도 없었다. 게다가 그의 프랑스어나 독일어 지식이라고 해야 상업용어와는 전혀 관련 없었다. 상용문의 전문적인 용어 따위는 전혀 몰랐고 속기도 할 수 없었을 뿐더러 타자기도 치지 못했다. 스스로 생각해 보아도 절망이었다. 아버지의 유산 집행인이었던 변호사에게 편지를 보내 볼까도 생각해 보았으나, 끝내 마음이 내키지 않았다. 그가 간곡히 말렸는데도, 필립은 그가 투자해 주었던 담보부 사채를 팔아 버린 일이 있었기 때문이다. 큰아버지를 통해 닉슨 씨가 자신의 처사에 대해서 몹시 불만을 품었더라는 말을 들은 일이 있었다. 더욱이 닉슨 씨는 필립이 회계사 사무소에서 1년 동안 일하던 때를 미루어 필립이 매우 게으른 데다 무능하다고 판단하고 있었다.

"차라리 굶어 죽는 편이 낫겠다."

필립은 혼자 중얼거렸다.

사실 두어 번 자살이라도 해버릴까 하는 생각을 품기도 했었다. 병원 약국에서 약품을 들고 나오는 것은 힘들지 않았다. 최악의 경우에는 조용히 아무런 고통도 없이 생명을 끊을 수 있는 방법이 있다고 생각하자 확실히 나쁘지 않았다. 그러나 그 일을 별로 진지하게 생각한 것은 아니었다. 언젠가 밀드레드가 그를 버리고 그리피스와 달아나 버렸을 때에도 그는 너무나 괴로워서 고통을 잊기 위해 죽음을 생각한 적이 있었다.

그러나 이번에는 기분이 달랐다. 지금의 그는 응급실 담당 간호과장이 실연보다는 가난 때문에 자살하는 편이 훨씬 많다고 하던 말이 생각났다. 그러자 자기는 예외일 것이라 생각하고 저도 모르게 털어놓고 얘기해 보고 싶은 마음이 들었지만 그렇다고 해서 고백할 마음은 내키지 않았다. 부끄러웠기 때문이다. 그래서 결국은 여전히 일자리를 찾아다녔다. 방세는 여주인에게 월말에는 돈이 생길 테니 미안하지만 3주일 정도만 기다려달라고 했다.

여주인은 아무 말도 하지 않았지만 입술을 삐죽 내밀고 언짢은 표정을 지어 보였다. 월말이 되어 방세를 낼 수 있겠느냐고 독촉받았을 때 낼 수 없다고 대답하기란 무척 고통스러웠다. 그래서 그는 여주인에게 어쨌든 큰아버지에게 편지를 보냈으므로 다음 토요일에는 틀림없이 내겠다고 약속했다.

"그럼 꼭 좀 부탁해요. 저도 역시 당신한테 방세를 받아서 집세를 지급해야 하니까, 그렇게 오래도록 기다릴 수가 없답니다."

별로 화내며 말한 게 아닌데도 똑 부러진 말투가 오히려 무섭게 느껴졌다. 그녀는 잠깐 말을 끊었다가 다시 이었다.

"다음 토요일에도 내주지 않으면 어쩔 수 없이 병원 사무처에 말씀드릴 수밖에 없어요."

"네, 알았어요. 염려 마십시오."

그녀는 필립을 한 번 쳐다보고 새삼스럽게 텅 비어 있는 방을 한 번 둘러보았다. 그러고는 특히 힘주어 말하는 것도 아니고 아주 당연하다는 투로 말했다.

"오늘은 고기가 아주 맛있게 구워졌어요. 부엌으로 내려오시면 기꺼이 대접하겠어요."

필립은 발바닥 밑까지 빨개지는 것 같은 기분이었다. 뜨거운 것이 목구멍으로 치밀어 올라왔다.

"아주머니, 정말 고맙습니다. 그렇지만 전 지금 배가 부른걸요."

"아, 그래요?"

그녀가 내려가자 필립은 침대에 몸을 던졌다. 그리고 울지 않으려고 두 주먹을 꽉 움켜쥐고 있었다.

100

토요일, 방세를 내겠다고 약속한 날이다. 일주일 동안 어떻게 되지 않을까 하고 내심 기다렸으나 도무지 취직도 되지 않았다. 여태까지 이렇게 진짜로 어려워 본 적은 없었으므로 완전히 침착성을 잃어버리고 무엇을 어떻게 해야 할지 갈피를 잡지 못했다. 게다가 언제나 마음 한구석에는 아직 모두가 터무니없는 속임수 아닐까 하는 생각조차 있었다. 이제 남은 것이라고는 동전 몇 닢뿐이었다. 당장 없어도 될 양복은 모조리 팔아버렸다. 그 밖에 책 몇 권과 기껏해야 1실링이나 2실링 정도로 잡힐 물건은 몇 가지가 남아 있었으나, 주인아주머니가 필립의 출입을 엄중히 감시했으므로 무엇이라도 가지고 나가다가는 그녀한테 우선 붙들릴 것이 뻔했다. 다만 남은 길이라고는 솔직하게 방세를 낼 수 없노라고 말해 버리는 것뿐이었지만 그에게는 그럴 만한 용기도 없었다.

때는 6월 중순이었다. 밤하늘에 별이 총총하고 따뜻했다. 그래서 오늘 밤은 돌아가지 않기로 결심했다. 템스 강이 잔잔하고 고요해서 첼시 강변을 천천히 거닐다가 피곤해지자 벤치에 앉아서 졸았다. 무엇에 깜짝 놀라 잠을 깨었다. 얼마나 잤는지 알 수 없었으나 꿈속에서 경찰관이 자기를 흔들며 일어나 집으로 가라고 한 것 같았다. 그러나 깨어 보니 아무도 없었다. 목적도 없이 또 걷기 시작했다. 무작정 발걸음을 옮겨서 치즈윅까지 오자 거기서 또 잤다. 하지만 벤치가 너무 딱딱해 얼마 뒤에 다시 잠이 깼다. 밤이 너무 지루하고 길게 느껴졌다. 그는 부르르 떨었다. 자신의 비참한 꼴이 뼈저리게 느껴졌으나 도대체 어떻게 해야 할지는 아직도 알 수가 없었다. 강가에서 노숙을 다 하다니, 너무 부끄러워 형용할 수 없는 굴욕감에 사로잡혀서 어둠 속에서도 저도 모르게 얼굴이 빨개졌다. 필립은 이런 데서 잠을 자는 사람들의 이야기를 들은 적이 있었다. 그들 가운데에는 관리나 성직자나 대학 출신들도 섞여 있다고 했다. 자기도 그 가운데 한 사람이 되어 어떤 자선단체에서 주는 죽을 얻어먹으려고 줄지어 서서 기다리게 되지는 않을까. 그렇게 된다면 차라리 죽어 버리는 편이 나을지도 모른다. 도저히 이렇게 비참하게 살아갈 자신은 없었다.

이 어려운 처지를 로우슨에게 이야기하면 틀림없이 도와줄 것이다. 쓸데없는 자존심 때문에 도움을 청하지 않는다는 것은 어리석은 짓 같았다. 어쨌든 왜 이렇게 실수만 저지른단 말인가? 생각해 보면 언제나 가장 좋다고 생각되는 일만 해왔는데 그 결과는 늘 나빴다. 필립은 자신이 남보다 더 이기적이었던 것도 아니고 되도록 불우한 사람을 도우려고 했는데, 그런 자기만이 어째서 이렇게까지 궁지에 몰려야만 하는가 하는 생각이 들어 참으로 억울했다.

그러나 그런 생각을 해봤자 아무 소용이 없었다. 그는 다시 걷기 시작했다. 날이 환히 밝아왔다. 강은 아름답게 잔잔했고 이른 아침의 대기는 어딘지 약간의 신비로운 느낌마저 있었다. 오늘도 날씨가 좋을 모양이었다. 먼동이 트는 새벽녘의 깨끗한 하늘에는 구름 한 점 없었다. 지칠 대로 지치고 굶주림에 창자가 쥐어뜯기는 것 같았지만 그대로 거기에 가만히 앉아 있을 수가 없었다. 언제 경찰이 와서 누구냐고 묻지나 않을까 걱정되었다. 그런 굴욕은 겪고 싶지 않았다. 온몸이 몹시 더러워진 것같이 느껴져서 씻고 싶어졌다. 다시 정신을 차려보니 어느새 햄프턴 코트까지 와 있었다. 이제는 어떻게든 주린 배를 채우지 못하면 큰 소리로 울어 버릴 것 같았다.

그는 싸구려 식당을 골라서 들어갔다. 무엇인지 구수한 음식 냄새가 풍겨오자 도리어 가벼운 메스꺼움이 일었다. 오늘 하루를 버틸 만한 영양 많은 음식을 먹을 작정이었는데, 먹을 것을 보자 도리어 그의 식욕은 반발하는 것이었다. 결국 홍차 한 잔과 버터 바른 빵을 먹었을 뿐이다. 그때 문득 바로 오늘이 일요일이라는 사실이 떠올랐다. 그렇다면 아델니 집에 갈 수 있다. 그는 아델니 집안 식구들의 식탁에 나올 로스트비프와 요크셔푸딩을 생각했다.

그러나 오늘은 워낙 지쳐서 그토록 행복하고 떠들썩한 사람들과 얼굴을 맞댈 만한 기운이 없었다. 마음이 꺾이는 비참한 상태였다. 혼자 있고만 싶었다. 그래서 햄프턴 코트의 정원에 가서 누워 있으리라 마음먹었다. 뼈 마디마디가 몹시 쑤셨다. 거기에는 펌프가 있을 테니까 얼굴과 손을 씻고 물도 마실 작정이었다. 몹시 목이 말랐다. 배가 고픈 것은 이미 느끼지 않게 되었다. 꽃과 잔디밭과 초록빛 나뭇잎이 우거진 수목들을 생각하자 기분이 좋았다. 그곳에 가면 또 무슨 좋은 방법이 생각날지도 모른다는 막연한 기대감도 들었다.

그는 나무 그늘 밑 풀밭에 누워서 파이프에 불을 붙였다. 절약하느라 오래 전부터 담배는 하루에 두 대 이상 피우지 않았다. 다행히 아직 담배쌈지는 가득 차 있었다. 인간이 돈이 떨어졌을 때 어떻게 해야 하는지 그는 아직 몰랐다. 이윽고 잠이 들어 버렸다. 깨어 보니 벌써 정오가 가까웠다. 그는 어서 런던으로 돌아가야겠다고 생각했다. 아침 일찍 도착해서, 가망이 있는 구인광고에 지원해야만 하기 때문이다. 큰아버지 일도 생각했다. 넉넉한 재산은 아니지만 죽으면 남겨 주겠다고 쓰여 있지 않았는가.

그 유산이 도대체 얼마나 되는지는 전혀 알 수 없다. 기껏해야 이삼 백 파운드일 테지만 혹시 그 상속권을 담보로 해서 돈을 꿀 수는 없을까 생각해 보았다. 물론 그것은 큰아버지의 동의를 얻어야 할 문제였으므로 보나마나 여간 어려운 일이 아닐 것이다.

"결국, 이젠 큰아버지가 죽을 때까지 이럭저럭 견뎌 나가는 수밖에 없군."

필립은 큰아버지의 나이를 꼽아 보았다. 큰아버지는 이미 칠십이 훨씬 넘었다. 만성 기관지염이 있는데 그런 병을 앓으면서도 오래 사는 노인들은 많다. 하여튼 어떻게라도 해야만 했다. 필립은 아무리 생각해도 자신의 상황이 정상이 아니라는 생각이 들어서 견딜 수가 없었다. 현재 자신과 같은 처지가 되어도 대부분의 사람은 절대로 굶지는 않는다. 그가 겨우 절망에 빠지지 않는 까닭은 이 경험이 현실이 아니라 악몽이라고 생각할 수 있었기 때문이다. 아무튼 그는 로우슨에게서 10실링을 빌리기로 했다. 결국 그날은 온종일 정원에서 보내고 심하게 배가 고플 때면 담배를 피웠다. 런던으로 걷기 시작할 때까지는 아무것도 먹지 않을 작정이었다. 갈 길이 멀기 때문에 체력을 충분히 비축해야 했다. 날씨가 선선해지기 시작했을 무렵 그는 걷기 시작했다. 그러다가 지치면 벤치에서 잤다. 아무튼 방해하는 사람은 없었다.

이튿날 아침 일어나자 얼굴을 씻고 양치질을 하고 빅토리아에서 면도를 하고 버터 바른 빵과 홍차를 마셨다. 그리고 그것을 먹으면서 조간신문의 광고란을 읽었다. 그러다가 어떤 유명한 백화점의 가구용 포목부에서 판매원을 구한다는 것을 보았다. 약간 망설여졌다. 중류 계급의 편견 때문에 상점의 고용인이 되자니 몹시 열등감이 생기는 것이었다. 그러나 지금 처지에 그런 것이 다 무어란 말인가? 그는 어깨를 한 번 으쓱 치켜들었다. 어쨌든 부딪쳐 보기로 작정했다. 모든 굴욕이여, 올 테면 오라. 오히려 그것과 대결함으로써 운명에 도전하고 있다는 묘한 만족감이 솟아났다. 몹시 겁을 집어먹었지만 9시에 백화점에 나가 보니 이미 수많은 사람이 차례대로 줄지어 있었다. 열여섯 소년부터 마흔의 중년에 이르기까지 여러 연령층의 사나이들이었다. 그중에는 낮은 목소리로 이야기하는 사람도 있었으나, 대개는 입을 꾹 다문 채 말이 없었다. 그가 그 속에 들어가자 일제히 적의 품은 시선을 보냈다. 그때 어떤 사람이 말하는 것이 들렸다.

"내가 원하는 건 채용하지 않을 바에는 빨리 말해 달라는 거죠. 딴 데라도 다시 가봐야 할 형편이니까요."

그 남자는 필립의 곁에 서 있었는데, 그를 힐끔 쳐다보더니 물었다.

"조금이라도 경험이 있으신가?"

"아뇨, 전혀."

그는 잠시 말을 멈추었다가 다시 말했다.

"여기보다 훨씬 작은 가게에서도 특별한 약속이 없으면, 점심 이후에는 만나 주지 않으니까요."

필립은 점원들의 모습을 바라보고 있었다. 사라사나 서양목 따위를 정리하는 사람도 있고(곁의 사나이가 가르쳐 준 바에 따르면) 지방에서 우편으로 주문한 물품을 정리하는 사람도 있었다. 9시 15분쯤 구매부 주임이 출근했다. 기다리던 사람 가운데 하나가 그를 가리켜 기본즈 씨라고 말하는 것을 들었다. 작은 키에 뚱뚱하게 살이 찐 중년 남자로, 검은 수염에 검은 머리엔 윤기가 흘렀다. 얼굴을 보니 동작이 민첩하고 약삭빠를 것 같았다. 실크 모자에 프록코트 차림으로 코트의 깃에는 잎사귀에 둘러싸인 흰 제라늄을 꽂고 있었다. 그는 문을 열어 놓은 채 사무실로 들어갔다. 조그마한 방인데 가구라고는 한구석에 밀어 놓은 미국식 회전책상, 책장 그리고 장식장이 전부였다. 상점 밖의 사람들은 그가 옷깃에서 제라늄을 뽑아 물을 담은 잉크병에 꽂는 것을 바라보고 있었다. 집무 중에 꽃을 꽂고 있는 것은 근무규칙 위반이었던 것이다.

잽싸게 이 중역의 비위를 맞추려는 점원들은 하루 종일 이 꽃을 칭찬했다.

"이렇게 훌륭한 꽃은 처음 보는데요? 설마 손수 가꾸신 것은 아니겠지요."

"아냐, 내가 가꾼 거야."

그는 빙그레 웃고 맑은 눈에 자랑스러운 듯한 빛을 띠었다.

그는 모자를 벗고 윗옷을 갈아입고는, 먼저 우편물 뭉치들을 죽 훑어보고 나서야 겨우 기다리는 구직자들에게 눈길을 돌렸다. 그가 손가락을 들어서 가볍게 신호하자 줄 맨 앞의 사나이가 안으로 들어갔다. 한 사람 한 사람 그의 앞으로 가서 질문에 대답하는 것이었다. 기본즈 씨는 활발한 태도로 질문했고, 묻는 내내 구직자들의 얼굴을 빤히 들여다보았다.

"나이는? 경험은? 무슨 이유로 먼저 직장을 그만두게 되었지요?"

얼굴빛 하나 변하지 않고 대답을 들었다. 드디어 필립의 차례가 되자 어쩐지 기본즈 씨가 의아스러운 눈길로 그를 보고 있는 것 같아서 견딜 수가 없었다. 그러고 보면 필립은 옷차림도 말쑥했고 학력도 좋아 다른 사람들과는 달라 보였는지도 몰랐다.

"경험은?"

"실은 별로 없습니다만."

"그럼 안 되겠소."

필립은 사무실을 뛰어나왔다. 면접이 생각했던 것보다 훨씬 간단히 끝나서 특별히 실망하지는 않았다. 그렇게 갑자기 지원해서 일자리를 붙들려 한 것은 뻔뻔스러운 일이다. 아직 신문을 손에 쥐고 있었으므로 다시 한 번 구인란을 살펴보았다. 홀본의 어떤 상점에서도 판매원을 구하고 있었다. 필립은 거기에도 가보았다. 그러나 이미 딴 사람이 결정된 뒤였다. 오늘 무엇이라도 먹으려면 로우슨이 점심을 먹으러 나가 버리기 전에 그의 아틀리에로 찾아가야 했다. 그래서 그는 브롬튼 거리를 지나서 요먼즈 로우 쪽으로 걸었다.
"난 월말까지는 파산한 거나 마찬가지로 빈털터리 신세인데 말이야."
필립은 기회를 붙잡아 불쑥 이야기를 끄집어냈다.
"10실링 정도 빌려 줄 수 없겠어?"
돈 애기를 한다는 것은 예상보다 어려웠다. 병원 사람들이 처음부터 돌려 줄 생각은 전혀 없으면서 마치 은혜라도 베푸는 듯한 표정으로 그에게서 돈을 빌려 가던 그 뻔뻔스러운 태도를 그는 생각해냈다.
"좋고말고, 그게 뭐 어렵겠어?"
로우슨이 말했다. 그러나 막상 주머니를 뒤지자 그도 8실링밖에 없었다. 필립은 실망했다.
"그럼 하는 수 없지. 5실링만 빌려줘."
필립은 아무렇지도 않은 것처럼 가볍게 말했다.
"그럼 이거라도."
필립은 먼저 웨스트민스터의 공동 목욕탕에 가서 6펜스를 내고 목욕을 했다. 다음에는 아무 생각 없이 식사를 했다. 그러나 오후부터는 대체 무엇을 해야 좋을지 알 수가 없었다. 누가 무슨 말이라도 물어 올지 모른다고 생각되자 병원에는 돌아가고 싶지 않았다. 이제는 그곳에도 그가 할 일은 없었다. 그가 근무하던 두세 곳에서는 어째서 그가 오지 않는지 궁금해 하겠지만 뭐라고 생각하든 상관없었다. 멋대로 생각하라지, 아무 말도 하지 않고 그만둔 학생이 그가 처음도 아닐 터였다. 그는 공공도서관에 가서 지칠 때까지 신문을 읽었다.
그리고 스티븐슨의 《신(新) 아라비안나이트》를 빌렸으나 아무래도 제대로 읽히지 않았다. 문장이 모조리 그냥 지나쳐 버릴 뿐 머릿속에 있는 것은 여전히 자신의 비참한 처지뿐이었다. 결국 한 가지 생각만 줄곧 하고 있었고 그것 때문인지 자꾸 머리가 아팠다. 끝내는 신선한 공기를 마시고 싶어져서 그릴 공원으로 가 잔디밭에 드러누웠다. 저는 발을 생각하면 우울했다. 그것 때문에 전쟁에도 나가지 못하는 것이다. 꾸벅꾸벅 조는 동안, 그는 별안간 다리가 완전히 나아서 의용기병대에 입대하여 케이프에 가 있는 꿈을 꾸었다. 신문에서 흔히 본 그림들이 꿈의 재료가 되었던 모양이다. 군복을 입고 벨드 강기슭에서 전우들과 함께 모닥불을 둘러싸고 있는 자신의 모습을 보앉다.

눈을 떴을 때는 아직 주위가 환했고, 얼마 뒤 빅벤(영국 국회의사당 동쪽 끝 탑에 달린 대형시계)이 7시를 치는 것이 들렸다. 앞으로 12시간을 아무 할 일도 없이 보내야만 했다. 길고 끝없는 밤이 두려웠다.

하늘에는 구름이 낮게 드리워져 있었고 금방이라도 비가 내릴 것만 같았다. 침대가 있는 싸구려 하숙집에라도 가는 수밖에 없었다. 쾌적한 침대에 숙박료는 6펜스, 이러한 싸구려 하숙 광고는 램버스 근방의 간판 따위에서 자주 봤었다. 그러나 들어가 본 일은 한 번도 없었고 게다가 메스꺼운 냄새와 빈대 따위도 두려웠다. 될 수 있으면 차라리 한뎃잠을 자고 싶었다. 폐문이 될 때까지 공원에 있다가 다시 걷기 시작했다. 몹시 지쳤다. 차라리 사고라도 나면 좋겠다는 생각이 들었다. 병원에 실려 가면 그래도 두세 주일 동안은 깨끗한 침대에서 잘 수 있지 않은가.

한밤중이 되자 어찌나 배가 고픈지 먹지 않고는 조금도 움직일 수가 없었다. 그래서 하이드 파크 코너의 커피숍으로 가서 감자 두 개와 커피 한 잔을 마셨다. 그리고 또다시 걷기 시작했다. 불안해서 잠을 잘 수가 없었다. 경찰에게 끌려갈까 봐 잠시도 마음이 놓이지 않았다. 이제는 경찰을 보는 눈이 좀 달라지기 시작한 것을 깨달았다. 밖에서 한뎃잠을 자는 것이 이로써 벌써 사흘째였다. 이따금 피카디리의 벤치에서 쉬다가 새벽녘에는 템스 강변으로 나갔다. 15분마다 울리는 빅벤의 소리에 귀를 기울이면서 중심지가 잠에서 깨어나려면 시간이 얼마나 남았는지 계산해 보았다. 날이 새자 그는 우선 동전 두서너 개를 들여서 채비를 하고는 광고를 보기 위해 신문을 사고, 또다시 일자리를 찾아 나섰다.

그날부터 며칠 동안은 이렇게 하면서 살아갔다. 제대로 먹지 못해서 기력도 점점 잃었고, 어차피 가망조차 없어 보이는 취직을 하려고 다닌다고 생각하자 이젠 걸을 힘도 없어졌다. 혹시나 하고 취직될 것을 바라며 종일 상점의 뒷문에서 오래오래 기다리는 일에도, 또 단 한마디로 거절당하는 일에도 제법 익숙해졌다. 광고를 보고는 온 런던을 두루 돌아다녔고, 이제는 자기처럼 헛되이 직업을 구하려고 다니는 사람들 가운데 낯익은 얼굴까지 생기게 되었다. 그 가운데에는 친숙한 것처럼 말을 걸어오는 이도 있었다.

그러나 필립은 너무 피곤하고 지쳐서 그러한 호의를 받아들일 만한 마음의 여유가 전혀 없었다. 5실링의 빚이 있다는 생각 때문에 그 뒤로는 로우슨도 찾아갈 수가 없었다. 의식까지 흐려져서 분명하게 사물을 판단할 힘조차 없어지고 까짓것 이제는 무엇이라도 오려거든 오너라 하는 것 같은 자포자기에 빠져 버렸다. 울기도 많이 울었다. 우는 것도 처음에는 화나고 스스로 생각해도 창피스러웠으나, 그러는 동안에 그것이 하나의 위안이 되어 어쩐지 배고픔까지도 잊게 해주는 듯 느껴졌다. 새벽에는 매우 추워서 괴로웠다. 어느 날 밤 속옷을 갈아입으려고 자기 하숙방으로 돌아간 일이 있었다. 모두 잠들었을 3시쯤 살며시 기어들어가서 5시에는 다시 나왔다. 그 사이 잠깐 침대에 올라가 누워 보았더니 그 보드라움이란 마치 꿈속 같았다. 온몸의 뼈마디마다 아프고 쑤셨으나 그래도 누워 있는 동안만은 그 쾌감에 취한 것 같았다. 너무나 기분이 좋아서 잠을 자 버리기 아까울 정도였다. 이젠 굶는 것도 습관이 되어서 배고픔도 그다지 느끼지 않았다. 다만 온몸이 힘이 없고 무거울 뿐이었다.

언제나 마음 한구석에선 자살의 유혹이 움직였으나, 그는 기를 쓰고 그런 생각을 하지 않으려고 했다. 죽음의 유혹에 사로잡혀서 자기 자신을 어떻게 막을 수 없게끔 되어 버릴까 봐 무서웠기 때문이다. 필립은 늘 자신에게 자살이란 어리석은 짓이라고 타이르고 곧 어떻게 될 것이 틀림없다고 생각했다. 도대체 지금의 자신의 궁한 처지가 너무나 어처구니없었기 때문이다. 도저히 제정신으로는 믿어지지 않았고, 마치 어떠한 질병에라도 걸린 듯 괴롭기는 괴롭지만 꾹 참기만 하면 틀림없이 나으리란 확신이 사라지지 않았다. 다시 또 이런 밤을 견딜 수 없다고, 아침에 일어나면 큰아버지에게나 변호사 닉슨 씨나 그보다는 로우슨에게 편지를 써야겠다고 결심했으나, 날이 밝으면 언제나 그러한 다짐도 흐려졌다. 이렇게까지 완전히 실패한 꼴을 그들에게 고백할 마음이 차마 생기지 않는 것이었다.

로우슨이 대체 어떻게 생각할 것인가. 그야말로 덜렁거리고 가벼운 로우슨에 대해서 필립 자신은 상식을 자랑해 왔다. 그런 로우슨에게 싫어도 자기의 어리석은 행위를 모두 털어놓고 이야기할 수밖에 없으리라. 더욱이 로우슨 녀석이 도와주기는 하더라도 그 뒤에는 차갑게 멸시하지 않을까 그것이 걱정스러웠다. 물론 큰아버지나 변호사는 조금은 도와줄 테지만 그들의 잔소리가 듣기 싫었다. 필립은 누구에게서든지 비난이나 꾸지람은 듣고 싶지 않았다. 그는 이를 악물고 다시 한 번 생각했다. 이미 지나가 버린 일, 어떻게도 할 수 없는 일인 것이다. 따라서 뉘우치는 것은 어리석은 짓이라고 되풀이해서 생각했다.

하루하루가 힘겹게 흘러갔다. 로우슨에게서 빌린 5실링이 그렇게 오래갈 리가 없었다. 일요일을 기다렸다. 그날엔 아델니네 집에 찾아갈 수 있기 때문이다. 왜 조금 더 일찍 아델니를 찾아갈 생각을 하지 못했는지 이상스러웠다. 물론 어떻게 해서든지 자기 힘으로 이 구렁텅이에서 빠져나가려고 했기 때문이었다. 그러나 필립과 같은 절망적인 곤경에 빠져 본 아델니야말로 그에게 힘이 되어 줄 수 있는 유일한 사람 아니겠는가. 식사가 끝난 뒤에 현재의 어려운 처지를 호소할 기회가 있을 것이다. 그때 뭐라고 말할 것인가를 몇 번이고 생각했다. 다만 걱정스러운 점은 아델니가 그를 가볍게 따돌리지나 않을까 하는 것이었다. 그것만은 도저히 견딜 수 없는 일이기에 자연히 마주치는 기회를 될 수 있는 대로 미루고 싶었다. 필립은 이미 친구들에 대한 믿음까지도 송두리째 잃고 말았던 것이다.

토요일 밤은 무척 추웠다. 필립에게는 더욱 심하게 느껴졌다. 토요일 점심때부터 무거운 다리를 질질 끌고 아델니네 집에 도착할 때까지 그는 아무것도 먹지 못했다. 마지막 2펜스도 일요일 아침 채링크로스의 유료 화장실에 들어가서 세수하고 머리를 고치는 데 다 써 버렸기 때문이다.

101

필립이 초인종을 누르자 조그마한 얼굴이 유리창 문에서 튀어나왔다. 그러자 곧 필립을 맞아들이기 위하여 아이들이 와당탕거리며 요란스럽게 계단을 뛰어내려왔다. 아이들의 키스를 받기 위해서 그는 여위고 창백하고 근심에 싸인 얼굴을 구부리는 것처럼 하고 내밀었다. 그들이 표시한 이 진심 어린 애정에 필립은 그만 가슴이 뭉클해져서 흘러내리는 눈물을 감추기 위해 마음을 가라앉히느라고 무언가 핑계를 대어 계단에서 한숨 돌려야만 했다. 그의 심정은 어떤 히스테리 비슷한 상태여서 하찮은 일에도 걸핏하면 눈물이 나왔다.

"웬일로 지난 일요일에는 오지 않았어요?"

필립이 아파서 오지 못했다고 대답하자 곧 이렇게 물었다.

"그럼 무슨 병이었나요?"

필립은 아이들을 웃기려고 일부러 아주 이상하고 야릇한 병명을 댔다. 그것은 그리스어와 라틴어가 뒤섞인 말로 그야말로 이상야릇한 이름이었다(사실 의학용어에는 그런 이름이 수두룩했다). 과연 그들은 허리를 잡고 웃어댔다. 그리고 필립을 거실로 데려가서 그 병명을 아버지에게도 말해 주어야 한다며 한 번 더 되풀이하게 했다. 아델니는 필립을 보자 일어나 악수했다. 그리고 필립을 빤히 바라다보았다. 둥글고 커다란 데다 조금 튀어나온 탓에 늘 빤히 보는 것처럼 보이는 그의 눈이 오늘은 어째서 이렇게 마음이 쓰이는지 필립은 알 수 없었다.

"지난 일요일에는 오지 않아서 참으로 유감이었어요."

아델니가 말했다.

필립은 태연하게 거짓말하지 못하는 사람이었다. 그래서 오지 못한 이유를 말하는 그의 얼굴은 새빨개졌다. 마침 그때 아델니 부인도 들어와서 그들은 악수했다.

"그럼, 이젠 좀 괜찮으세요, 캐리 씨?"

어째서 그를 앓았다고 보는지 이상했다. 그가 아이들과 함께 들어왔을 때에는 부엌문이 닫혀 있었고, 그 뒤로 방에서 나간 아이는 하나도 없었기 때문이다.

"10분쯤 있어야 식사가 되겠는데요. 기다리시는 동안에 에그 밀크라도 한 컵 드릴까요?"

부인이 켄트 특유의 느릿한 어조로 말했다.

그러나 그렇게 말하는 부인의 얼굴에는 무언가 우울한 빛이 떠돌았다. 필립은 그것이 묘하게 마음에 걸렸다. 그는 억지로 웃어 보이면서 조금도 배가 고프지 않다고 대답했다. 식사준비를 하려고 샐리가 들어왔다. 필립은 곧 전처럼 샐리를 놀려 주기 시작했다. 머지않아 샐리는 엘리자베스 아주머니처럼 되겠구나 하는 것이 그가 이 집에서 곧잘 하는 농담이었다. 엘리자베스 아주머니는 아델니 부인의 숙모인데, 아이들은 한 번도 그녀를 직접 만나 본 일이 없었지만 아무튼 보기 싫을 정도로 뚱뚱한 여자의 실례로 통하고 있었다.

"샐리, 그동안 무슨 일 있었니?"

필립은 농담하기 시작했다.

"별일 없었는데요."

"분명히 조금 더 체중이 느는 것 같은데."

"그러나 아저씨는 분명히 살이 빠진 것 같아요. 마치 해골바가지 같은데요."

필립은 얼굴이 새빨개졌다.

"샐리, 또 그런 말버릇을!"

아델니가 큰 소리로 말했다.

"벌로 너의 금발머리를 하나 잘라야지. 제인! 가서 가위 가져온."

"그렇지만 아버지, 아저씨는 진짜로 빼빼마르셨잖아요? 가죽하고 뼈밖에 남지 않은 것 같은걸요."

"그런 건 아무래도 괜찮아. 아저씨는 아무리 말라도 괜찮지만 너의 뚱뚱한 꼴이란 도무지 눈 뜨고 볼 수가 없단 말이다."

그렇게 말하면서 아델니는 자랑스러운 듯이 샐리를 안고 감탄하는 것 같은 눈매로 딸을 바라보았다.

"아빠, 식사준비를 해야겠는데요. 내가 이렇게 태평한 건 내가 뚱뚱해도 아무 상관없다는 사람이 있어서 그래요."

"아, 요것이!"

아델니는 좀 과장되게 팔을 휘두르면서 말했다.

"이놈이 어느새 아비에게 말대답을 한단 말이야. 홀본에서 보석상을 하는 레비의 아들 조셉이란 녀석이 청혼해 왔거든요, 어림도 없지."

"그래서 샐리는 그러겠다고 했니?"

필립이 물었다.

"어머나, 우리 아버지가 어떤 분인지 아직도 모르실 리는 없을 텐데요? 그런 말은 아주 새빨간 거짓말이에요."

"허어 그게 청혼한 것이 아니라면 좋아. 나는 성 조지와 메리 잉글랜드를 걸고라도 맹세하겠다. 조셉이란 놈의 코를 잡고 말이야. 도대체 어떤 속셈인지 당장 대답하도록 하마."

"그만 앉으세요. 식사준비는 다 됐어요."

그때 부인이 얼굴을 내밀고 말했다.

"자, 너희는 가서 손을 깨끗이 씻고 와. 꾀를 부려도 소용없어요. 내가 일

일이 검사하고 나서 먹게 할 테니까, 자, 꾸물거리지 말고."

필립은 틀림없이 자기가 게걸스럽게 먹을 것이라고 걱정했으나, 막상 먹기 시작하니까 위가 받아들이지 않아서 거의 아무것도 입에 댈 수가 없었다. 머리도 멍해져서 아델니가 다른 날과는 달리 오늘 따라 아주 말이 없는 것조차도 눈치채지 못할 정도였다. 이렇게 즐거운 가정에 편안히 앉아 있는 것은 확실히 구원받은 일임에 틀림없지만, 그래도 때때로 창밖을 내다보고 날씨 걱정을 할 수밖에 없었다. 밖은 폭풍우가 휘몰아치고 있었다. 좋던 날씨가 나빠져서 추워지고 차가운 바람이 불고 있었다. 거센 빗발이 이따금 유리창을 때렸다. 필립은 오늘 밤은 어떻게 할 것인가 하고 망설였다. 이 집 사람들은 일찍 자므로 10시가 지나면 있을 수가 없었다. 비바람 치는 어둠 속으로 나가야 한다고 생각하니 마음이 한없이 우울해졌다.

밖에서 혼자 있을 때는 그렇지 않았는데 이렇게 따뜻한 사람들에게 둘러싸여 있으니 도리어 두렵게만 생각되었다. 이런 밤에도 한뎃잠을 자는 사람들은 얼마든지 있을 거라고 스스로 마음을 달랬다. 이야기하는 것으로 억지로 마음을 얼버무리려고 했으나, 대화 도중에도 유리창을 심하게 때리는 비바람 소리를 들으면 저도 모르게 깜짝깜짝 놀랐다.

"마치 3월의 날씨 같군. 이런 날 영국해협을 건너가자고 하다니 좀 참아주었으면 좋겠는걸."

아델니가 말했다.

이윽고 식사가 끝나자 샐리가 들어와서 식탁을 치웠다.

"싼 것이지만 한 대 피우세요."

아델니가 시가를 권했다.

필립은 그것을 한 대 빨아서 불을 붙여 깊이 빨아들였다. 마음이 싹 풀리는 것 같았다. 샐리가 식탁을 다 치우고 나가려 하자 아델니는 문을 꼭 닫고 가라고 일렀다.

"자아 이제는 방해할 사람도 없어요. 부를 때까지 아이들을 들여보내지 말라고 베티에게 말했으니까요."

그가 필립 쪽을 향해서 말했다.

필립은 깜짝 놀라서 그의 얼굴을 바라보았다. 필립이 그 말의 의미를 생각하는 동안에 그는 늘 하던 버릇대로 안경을 콧등에 걸면서 말을 이었다.

"실은 말이오, 지난 일요일에 난 당신에게 편지를 보냈어요. 무슨 일이 있는가 하고. 그런데 도무지 답장이 없기에 수요일 당신 하숙으로 찾아갔었죠."

필립은 아델니의 얼굴을 외면한 채 대답하지 않았다. 심장이 심하게 고동치기 시작했다. 아델니도 잠깐 아무 말이 없었다. 얼마 지나지 않아 필립은 도무지 그 침묵이 견딜 수 없어졌다. 그러면서도 무어라 말해야 할지 알 수 없었다.

"그랬더니 하숙집 여주인이 말하기를 지난 토요일 밤부터 들어오지 않는다더군요. 그리고 또 지난달 방세도 아직 받지 못했다 하고. 도대체 이 한 주일 동안 어디서 잤소?"

필립은 대답하기가 괴로워 그저 창밖을 가만히 내다보고 있다가 말했다.

"그저 별 데도 아닙니다."

"찾으려고 무척 애를 썼어요."

"그건 또 왜요?"

"베티와 나도 한때는 무척 가난했었죠. 의사 선생님의 처지와 다른 것이 있다면 그때 우리에게는 내팽개쳐 둘 수 없는 어린 것들이 딸려 있었단 점이에요. 왜 곧바로 우리 집에 와주지 않았어요?"

"차마 올 수가 있어야지요."

필립은 하마터면 울음이 나올 뻔했다. 힘이든 뭐든 모조리 빠져 버렸다. 감정을 누르려는 것처럼 눈을 지그시 감고 눈썹을 찌푸렸다. 쓸데없는 참견처럼 생각되어서 갑자기 화가 치밀기도 했으나 그렇다고 해서 화를 낼 기력도 없었다. 이윽고 그는 흥분하지 않도록 눈을 감은 채 지난 몇 주일 동안에 일어난 일에 대해서 이야기하기 시작했다. 생각할수록 어이없는 자초지종인 만큼 한층 더 이야기하기가 어려웠다. 아델니도 자기를 무척 바보 같은 놈이라고 생각할 것이 틀림없었다. 그런데 이야기가 끝나자 아델니가 말했다.

"그럼 일자리가 생길 때까지 우리 집에서 같이 있읍시다."

필립은 자기도 모르게 또다시 얼굴을 붉혔다.

"대단히 감사합니다만, 그럴 수는 없습니다."

"그건 또 왜요?"

필립은 대답하지 않았다. 폐를 끼치기 미안해서 본능적으로 거절했던 것이다. 그는 남의 호의를 얼른 받아들이지 못하는 소심한 천성이 있었다. 또 아델니네도 그날그날 겨우 벌어먹는 처지인데, 식구가 많아 도저히 손님까지 받아들일 만한 방도 없거니와 돈도 없다는 것을 필립은 너무나도 잘 알고 있었다.

"아니, 꼭 우리와 함께 있어야 해요. 도프를 제 동생과 함께 자라 하고 의사 선생이 그 침대를 쓰면 되니까요. 식구 하나가 늘었다고 살림이 더 들 정도는 아닐 테니 걱정 말아요."

필립은 무어라고 대답해야 할지 몰랐다. 아델니는 문 쪽으로 가서 아내를 불렀다. 그리고 그녀가 들어오자 말했다.

"여보, 캐리 씨가 우리 집에 와 계시게 됐구려."

"참 잘됐군요. 그럼 제가 가서 침대를 준비하겠어요."

부인은 당연히 그래야 한다는 것처럼 진심으로 친절하게 말했다. 필립은 마음속 깊이 감격했다. 그는 지금까지 남의 친절 따위는 기대하지 않았었다. 그런 만큼 아델니 부부에게서 이렇게 친절한 대접을 받고 보니 오히려 더욱 감격하지 않을 수 없었다. 커다란 눈물방울이 두 뺨 위로 흘러내리는 것을 어쩔 수가 없었다. 아델니 부부는 필립을 위해 이것저것 준비할 것을 둘이서 의논하면서 완전히 지친 필립이 비참해져 눈물짓고 있는 것은 전혀 모르는 척해주었다.

아델니 부인이 방을 나가자 필립은 의자에 축 늘어져서 창밖으로 눈길을 보내면서 가볍게 웃었다.

"아무튼 이런 날씨에 한뎃잠은 그다지 어울리지 않겠군요."

102

아델니는 필립에게 일자리쯤은 쉽게 구할 수 있을 것이라고 장담했다. 그가 다니는 옷감 상회도 매우 크기 때문에 일이 있으리라 것이다. '린 앤드 세들리' 상회에서도 몇 사람이 최전선으로 갔는데, 상회에서는 애국적인 견지에서 입대한 사원들의 자리를 그대로 비워 두겠다고 약속했던 것이다. 그래서 입대한 사람들이 하던 일은 당연히 남은 직원들에게 지워졌다. 그렇다고 그들에게 월급을 더 주는 것도 아니었으므로 결국 상회는 애국심 발휘와 경비 절약이라는 두 마리 토끼를 잡는 셈이었다.

그런데 아무래도 전쟁이 오래 이어지고 경기도 나쁘지 않은 데다가 이제부터 곧 휴가철이 다가와 한꺼번에 사원이 몇 사람씩 2주일간의 휴가를 얻게 되면, 싫어도 사람을 채워야만 한다는 것이다. 필립은 과연 그런 상황일지라도 지금까지 겪어온 쓰라린 경험에 비추어 볼 때 회사가 자신을 써 줄지 그다지 자신이 없었다. 그러나 아델니는, 자기는 그래도 상회에서 꽤 대접받는 사람이니만큼 지배인도 자기 말이라면 거절하지 못한다고 우겼다. 특히 필립이 파리에서 미술공부한 것이 크게 도움이 될 것이라고 했다. 다만 좀 기다려야 할지 모르지만 의상 디자인, 도안이나 포스터를 그리는 좋은 일자리가 틀림없이 있으리란 것이었다. 그래서 필립이 여름철 세일 포스터를 그려서 주었더니 아델니가 그것을 가지고 상회로 갔다. 이틀 뒤 아델니는 포스터를 도로 가져오더니, 지배인이 포스터를 보고 입에 침이 마르게 칭찬하기는 하면서도 현재 도안과에는 빈자리가 없다고 대단히 섭섭해하더라고 했다. 필립은 그럼 다른 일은 없겠느냐고 물어보았다.

"글쎄요, 아마 없을 거예요."

"정말 그럴까요?"

"사실 내일 상회에서 판매장 안내인 한 사람을 모집하는 광고를 낸다고 하긴 했는데."

아델니는 안경 너머로 필립을 바라보며 그런 일은 곤란하지 않겠느냐는 듯한 표정을 지었다.

"저라도 써 줄까요?"

아델니는 조금 난처했다. 이미 훨씬 더 좋은 자리를 얻어 줄 것처럼 필립에게 기대를 품게 했고, 그러면서도 이대로 언제까지나 필립을 식객으로 거저 먹일 수 있을 만한 여유는 없었기 때문이다.

"그럼 좀더 좋은 자리가 생길 때까지 그거라도 해보겠습니까? 아무 거도 아무튼 취직하고 보면 나중엔 그만큼 유리한 조건이 될 테니까 말이에요."

"저는 이제 자존심 따위는 생각하지 않습니다."

필립은 웃으면서 말했다.

"그렇다면 내일 9시 반까지 상회로 나와요."

전쟁 중인데도 취직난은 꽤 심한 모양이었다. 필립이 이튿날 상회에 다다랐을 때에는 벌써 많은 사람이 기다리고 있었다. 그들 가운데에는 여태까지 일자리를 구하러 다니면서 낯이 익었던 사람도 몇 있었다. 그 가운데 하나는 오후에 어떤 공원에서 누워 있는 것을 본 적이 있었다. 그도 필립처럼 집도 없고 밤에는 밖에서 밤을 새우는 사람일 것이다. 젊은이, 늙은이, 키 큰 사람, 키 작은 사람, 그야말로 별의별 사람들이 다 모여 있었다. 그들은 면접 때문인지 모두 머리를 말끔히 빗어 넘기고 손도 깨끗이 씻고 저마다 모양을 내고 있었다. 그 뒤에 안 일이었지만 그들이 기다리던 곳은 식당과 작업실로 통하는 복도였다. 복도는 몇 야드마다 대여섯 단의 계단으로 구분되어 있었고, 상점 쪽에는 전등이 있었으나 여기에는 가는 철사 망으로 씌운 가스등만이 쉭쉭 시끄럽게 소리를 내며 타고 있었다. 필립은 정각에 닿았으나 정작 사무실로 불려 들어간 것은 10시 가까워서였다. 그 사무실은 마치 치즈를 잘라서 옆으로 눕혀 놓은 것 같이 세모꼴이었다. 주위 벽에는 코르셋을 입은 여자 그림과, 포스터 견본이 두 장 걸려 있었다. 포스터 가운데 하나는 초록색과 하얀색의 굵은 줄무늬 파자마를 입은 남자 그림이었고, 다른 한 장은 돛에 바람을 가득 받은 배가 짙푸른 바다를 달리는데 돛에 커다란 글자로 '여름 대세일'이라고 인쇄된 것이었다.

그 방의 제일 넓은 쪽은 진열장 뒤가 되어 있어, 그때 막 진열장을 꾸미는 중인지 면접하는 동안에도 점원 한 사람이 줄곧 들어갔다 나왔다 했다. 지배인은 편지를 읽고 있었다. 그는 아마빛 머리에 수염을 기른 혈색이 퍽 좋은 사나이였다. 시곗줄 중간쯤에 대여섯 개의 축구형 메달이 매달려 있었다. 그는 전화기를 옆에 놓고 셔츠 바람으로 커다란 탁자에 앉아 있었다. 그의 앞에는 아델니가 쓴 것 같은 그날의 광고와 신문을 오려낸 것이 놓여 있었다. 그는 필립이 들어오는 것을 한 번 힐끗 쳐다보았을 뿐 아무 말도 하지 않았다. 구석에 놓인 작은 탁자 앞에 앉은 여자 타이피스트에게 우선 편지를 한 장 받아쓰게 하고 나서야 비로소 필립 쪽을 보고 이름과 나이 그리고 전에 무슨 일을 했었는지를 물어보았다. 지배인은 억센 런던 사투리의 쨍쨍 울리는 드높은 쇳소리를 냈는데 그 목소리는 그 자신도 억누를 수 없는 것 같았다. 윗니가 큰 데다 뻐드렁니였으며 어쩐지 건들건들 흔들려 보여서 세게 잡아당기기만 하면 그대로 빠져 버릴 것 같았다.

"아델니 씨에게서 저의 이야기를 들으셨을 줄 압니다만."

"옳아, 자네구먼. 그 포스터를 그린 젊은이란 말이지."

"네, 그렇습니다."
"이 상회에는 맞지 않더군. 못 쓰겠던걸."
그는 말하면서 필립의 위아래를 훑어보았다. 지금까지 면접한 사람들과는 어딘지 좀 달라 보인다는 표정이었다.
"역시 프록코트 한 벌쯤은 사야겠군그래. 아직 없는 모양이야. 보아하니 자네는 훌륭한 청년인걸. 어때? 그림 따위로는 밥벌이가 안 되겠지? 응?"
필립은 도대체 자기를 채용하겠다는 건지 아닌지 짐작할 수가 없었다. 말투가 싸우는 상대에게 말하는 것 같았다.
"집은 어딘가?"
"부모님은 모두 제가 어릴 때 돌아가셨습니다."
"나는 말이야, 자네 같은 젊은 사람들을 도와주길 좋아하지. 지금은 어엿한 과장들이 된 사람이 얼마든지 있어. 내 입으로 말하기는 좀 쑥스럽지만, 그들은 모두 내게 감사하고 있단 말이야. 그들은 내가 자기들을 위해 얼마나 도움이 됐는가를 알고 있어. 우선 맨 밑에서부터 일을 시작해야 돼. 뭐니뭐니해도 그게 장사를 익히는 유일한 비결이니까. 그것만 착실하게 잘 지키면 앞으로의 성공, 출세는 막힐 것이 없다고. 자네만 똑똑히 한다면 앞으로 나 같은 자리에 앉을 수도 있지. 잊으면 안 돼."
"최선을 다하겠습니다, 지배인님."
될 수 있는 대로 존칭어를 많이 써야 한다는 것을 필립도 잘 알고 있었으나 어쩐지 이상하게 들려서 자칫 지나치게 쓴 건 아닐까 하고 걱정되었다. 지배인은 말하기를 무척 좋아했다. 말만 하고 있으면 자연스레 자기의 지위가 의식되어서 무척 마음이 흡족한 모양이었다. 덕분에 필립은 싫증이 나도록 잔소리를 들은 뒤에야 채용 결정을 들을 수 있었다.
"그럼, 자네도 괜찮겠지."
가까스로 위엄 있는 분부가 떨어졌다.
"아무튼 써보도록 하지."
"정말 감사합니다."
"그러면 지금부터 곧 일을 시작해도 좋아. 봉급은 1주일에 6실링이고 게다가 식사, 옷, 숙소는 모두 여기서 제공하네. 그러니까 그 6실링은 용돈이라고 생각하면 돼. 그것을 가지고 어떻게 쓰건 자네 멋대로일세. 그 지급은 한 달에 한 번씩 모았다가 하지. 아예 월요일부터 와 주게나, 아무 불만은 없겠지?"

"네, 없습니다, 지배인님."

"해링튼 거리 알겠지? 샤프츠베리 아베뉴 모퉁이. 거기가 자네 숙소일세. 10번지야. 알겠지? 뭣하면 일요일 밤부터 가서 자도 괜찮아. 그건 자네 좋을 대로 하게나. 일요일에 짐을 옮겨도 좋고."

지배인은 고개를 한 번 끄덕하더니 말을 맺었다.

"그럼, 자 실례하네."

103

아델니 부인이 돈을 빌려주어서 밀린 방세를 내고 짐을 찾아올 수 있었다. 그리고 5실링과 양복 한 벌의 전당표를 주고 역시 전당포에서 찾아가지 않은 프록코트를 한 벌 샀다. 옷은 의외로 몸에 잘 맞았다. 그 밖의 옷가지들도 도로 찾았다. 거기서 짐은 먼저 짐꾼 패터슨에게 부탁해서 해링튼 거리로 보내고 그 자신은 월요일 아침 아델니와 함께 상회로 출근했다. 아델니는 필립을 의상부 구입부장에게 소개하고는 그대로 곧 가버렸다. 구입부장은 샘슨으로 키가 작고 상냥했으며 말이 많고 쾌활했다. 나이는 서른 살쯤 돼 보였다. 처음 만나 필립과 악수를 하고 나서 그는 대뜸 자기의 교양을 자랑하려는 셈인지 필립에게 프랑스어를 할 줄 아느냐고 물었다. 필립이 할 줄 안다고 대답하자 그는 매우 놀랐다. 그리고 다시 말했다.

"그럼 다른 말은?"

"독일어라면 합니다."

"아 그래? 그것참! 나도 말이지, 가끔 파리에 가지. 프랑스 말을 할 줄 아나? 맥심 요릿집에 가 보았나?"

필립은 의상부 계단 맨 꼭대기에 배치되었다. 그가 하는 일이란 손님들에게 여러 매장의 위치를 가리켜 주는 것이었다. 샘슨이 수다를 떨며 한 말에 따르면 매장이 꽤 많은 모양이었다. 갑자기 그는 필립의 다리를 보았다.

"다리가 왜 그렇지?"

"네, 한쪽 발이 짧습니다. 그러나 걷거나 일하거나 하는 데는 조금도 불편함이 없습니다."

샘슨이 잠시 이상스럽다는 듯이 필립의 발을 보고 있었다. 지배인이 왜 하필 이런 사람을 고용했을까 하고 그가 생각할까 봐 필립은 문득 불안해졌다. 지배인은 그의 다리가 불구임을 알아차리지 못했을 것이다.
"첫날부터 모두 정확하게 외우리라고는 아무도 생각 못할 거야. 다만 모르는 것이 있으면 아무 여점원에게라도 물어보면 돼."
샘슨은 그대로 저편으로 가 버렸다. 필립은 여러 매장의 이름을 이것저것 외워가면서 안내를 청하는 손님이 없는가 하고 주위를 두리번거렸다. 1시에는 점심을 먹으러 올라갔다. 식당은 이 건물 맨 위층에 있는 크고 긴 방이었다. 채광도 잘 되어 있었다. 그러나 먼지를 막느라고 창문을 닫아 놓았으므로 음식냄새가 방 안에 가득했다. 좁고 기다란 식탁은 모두 흰 천으로 덮여 있었고, 일정한 사이를 두고 커다란 유리 물병이 놓여 있었다. 한가운데쯤에는 소금그릇과 식초병이 있었다. 점원들이 야단스럽게 떠들며 들어와서는 12시 반에 식사한 사람들의 체온이 아직 채 가시지도 않은 의자에 앉았다.
"피클이 없군그래."
필립 옆에 앉은 친구가 투덜거렸다.
매부리코에 마르고 얼굴이 창백하고 멋없이 키가 큰 사나이였다. 머리통이 몹시 길쭉한 데다 군데군데 눌려 짜부라진 것처럼 울퉁불퉁해서 실로 기묘하게 보였다. 그리고 앞이마나 목덜미에는 빨갛게 부풀어 오른 커다란 여드름이 가득 나 있었다. 이름은 해리스라고 했다. 며칠 뒤에야 안 사실이지만 어떤 날에는 식탁 끝 쪽에 여러 가지 피클을 섞어서 담은 커다란 접시가 나오기도 했다. 모두가 이런 피클을 좋아하는 모양이었다. 식탁에는 나이프와 포크도 놓여 있지 않았다.
그러나 곧 흰 셔츠를 입은 뚱보 소년이 두 손 가득히 그것을 들고 와서 테이블 한가운데다가 요란한 소리를 내면서 던졌다. 그러니까 모두들 자기 마음에 드는 것을 골랐다. 더러운 물에 방금 씻었는지 이상하게 미지근하고 기름기로 미끈미끈했다. 고기 국물 속을 헤엄치는 것 같은 고기 요리를 역시 흰 셔츠의 소년들이 나눠줬는데, 마치 요술사의 솜씨처럼 날쌘 동작으로 내동댕이쳤으므로 아래로 놓일 때마다 국물이 튀어서 식탁보고 뭐고 모두 적셔 놓았다.
다음에는 양배추와 감자를 잔뜩 담은 커다란 접시였다. 필립은 보기만 해도 식욕을 잃는 것 같았다. 자세히 보니 모두가 마구 초를 쳐대고 있다. 소란한 것은 어디다 비할 수가 없었다. 지껄이며 웃고, 그중에는 고함까지 지르는 친구도 있었다. 나이프와 포크가 맞닿는 소리며 음식을 씹어대는 요란한 소리 등 가지각색이었다. 필립은 지정된 자기 자리에 돌아와서야 비로소 휴 하고 숨을 내쉬었다. 지금은 판매장의 위치도 다 알게 되었고, 어떤 고객이 묻든지 다른 점원들에게 다시 물어볼 필요가 거의 없었다.

"오른쪽으로 가시다가 왼쪽으로 돌면 바로 거기 있습니다."

일이 웬만큼 한가할 때면 겨우 한두 마디였지만 말을 걸어오는 여자들도 한둘 생겼다. 어쩐지 면접을 치르는 것 같았다. 1시에는 점심을 먹으러 그리고 5시에는 또 차를 마시러 식당으로 올라갔다. 웬일인지 식당에 가서 자리에 앉는 것이 무척 기뻤다. 버터를 잔뜩 바른 커다란 빵이 나왔다. 잼 항아리에 자기 이름을 써 붙여서 간직해 두는 사람도 많았다.

6시 반에 근무가 끝나자 필립은 기진맥진했다. 점심시간 때 필립 옆에 앉았던 해리스가 해링튼의 숙소를 안내해 주겠다며 그를 데려갔다. 그가 말하길, 자기 방에 빈 침대가 하나 있는데 다른 방들은 모두 꽉 찼으니 아무래도 그것이 필립의 침대가 되리란 것이었다. 해링튼 거리의 그 숙소라는 곳은 예전에 구둣방이었던 것을 침실로 바꾼 곳이었는데, 위에서 4분의 1에 걸친 창문을 제외하고 나머지는 모두 널빤지로 막아 버렸으므로 매우 어두웠다. 더구나 그 창문은 열 수 없는 것이어서 통풍구라고는 한쪽 끝에 있는 조그만 창문이 전부였다. 안에서는 곰팡이 냄새가 확 풍겼다. 그런 만큼 이런 방에서 자지 않아도 되게 된 것은 천만다행이었다. 해리스는 2층에 있는 자기 방으로 필립을 데리고 올라갔다. 여기에는 마치 벌레 먹은 이빨이 한 줄로 놓인 것 같은 낡은 건반의 피아노가 한 대 놓여 있었다. 책상 위의 뚜껑 없는 담배 상자에는 도미노의 골패가 가득 들어 있었고, 그 옆에 〈스트랜드 매거진〉이나 〈그래픽〉 같은 헌 잡지가 여기저기 너저분하게 흩어져 있었다. 그 밖의 방은 모두 침실로 되어 있었다. 필립의 침실은 그 집의 맨 꼭대기에 있었다. 방 안에는 5개의 침대가 있었고, 저마다 그 옆에는 트렁크 아니면 궤짝이 놓여 있었다. 가구라고는 서랍 달린 장이 하나 있을 뿐이었다. 거기에는 큰 서랍 4개와 작은 서랍 2개가 있었는데 필립은 신참자인 만큼 작은 서랍 하나를 차지하게 되었다. 각기 자물쇠가 달려 있으나 모두 똑같은 것이므로 별로 소용없을 것 같았다. 중요한 물건은 트렁크 속에 넣어 두는 게 좋다고 해리스가 충고해 주었다. 벽난로 위에는 거울이 붙어 있었다. 해리스가 세면대로 안내해 주었는데, 그곳은 제법 큰 방으로 8개의 세면대가 한 줄로 늘어서 있었고 여기서 모두 세수도 하고 빨래도 했다. 이어서 그 옆에도 방이 하나 있었는데, 여기에는 이미 색이 바래고 나무 부분에 때가 묻은 목욕통이 2개 있었다. 그리고 목욕통 안쪽에는 쓰는 사람에 따라 달라지는 물 부피의 변화를 나타내는 검은 선이 간격을 두고 몇 줄인가 그어져 있었다.

해리스와 함께 침실로 돌아오자 키가 큰 사나이가 혼자서 옷을 갈아입고 있었고, 열대여섯쯤 되어 보이는 소년이 크게 휘파람을 불면서 머리를 빗고 있었다. 1, 2분 지나자, 그 키 큰 사나이는 한마디 말없이 나가 버렸다. 해리스가 소년에게 윙크를 보내자 그 소년도 여전히 휘파람을 불면서 윙크를 던졌다. 지금 막 나간 사나이는 프라이어라고 해리스가 가르쳐 주었다. 전에는 군대에 있었던 모양이나 지금은 견물부(絹物部)에서 근무한다고 했다. 딴 사람과는 거의 섞이지 않고, 날마다 밤이 되면 저렇게 인사 한마디 없이 여자를 만나러 나간다는 것이었다. 곧 해리스도 나가 버리고 방 안에는 소년 혼자만이 남아서 필립이 짐을 푸는 것을 신기한 듯이 바라보고 있었다. 벨이라는 그 소년은 잡화부에서 보수 없이 일한다고 했다. 이 소년의 눈에는 필립의 프록코트가 자못 신기하게 보이는 모양이었다. 한 방에 사는 다른 사람들에 대해서 여러 이야기를 들려주었는데, 필립에게도 이것저것 꼬치꼬치 캐물었다. 매우 명랑한 소년으로 이야기 사이사이마다 뮤직홀에서 부르는 노래의 한 구절을 쉰 듯한 목소리로 흥얼거렸다. 필립도 옷을 갈아입자 밖으로 나가 산책하면서 사람들을 구경했다. 때로는 레스토랑 앞에서 발걸음을 멈추고는 들어가는 손님들을 바라보기도 했다.

배가 고파 과자와 빵을 사서 먹으면서 걸었다. 밤 11시 15분이 되면 가스등 끄는 일을 맡아 보는 숙사감독에게서 방문 열쇠를 받았지만 어쩐지 못 들어오도록 문을 잠가 버릴까 봐 걱정이 되어서 일찌감치 돌아와 버렸다. 벌금제도 같은 것이 있다는 말도 들었다. 즉 11시를 넘으면 벌금 1실링, 11시 15분이 넘어서 들어오면 벌금 반 크라운에 상부에 보고까지 하게 된다. 더욱이 그것이 세 번 이상이 되면 면직된다.

필립이 돌아왔을 때는 바로 그 프라이어를 제외하고는 모두 돌아와 있었고, 두 사람은 이미 잠든 뒤였다. 들어서자 모두가 환성을 지르며 필립을 반겼다.
"오오, 클레어랜스! 이 장난꾸러기!"
힐끔 보니, 벨이 긴 베개에다 필립의 프록코트를 입혀 놓은 것이다. 그는 이러한 장난을 무척 좋아하는 모양이었다.
"이봐, 클레어렌스, 친목회에는 이것을 입고 가야 한단 말이야."
"정신을 바짝 차리지 않으면 린(필립이 근무하는 상회의 이름)의 미인을 빼앗기고 말 테니까."
친목회에 대한 말은 이미 필립도 들어서 알고 있었다. 그 친목회 때문에 주급 가운데에서 얼만간 떼어 내는 것이 직원들의 불평거리 가운데 하나였던 것이다. 액수로 말하자면 한 달에 2실링씩이었다. 이것은 주로 의료비와, 헌 소설류이기는 하지만 도서실 열람표에 충당될 터였다. 그 밖에 또 세탁비라는 명목으로 4실링씩 떼게 되어 있었다. 생각해 보면 필립은 한 달에 6실링씩 떼이게 되니 주급 6실링 가운데 4분의 1은 아예 손에 잡아보지도 못하는 셈이었다.
자세히 보니 종업원 대부분이 롤빵을 반으로 잘라서 그 사이에 베이컨을 두텁게 썰어 끼운 것을 먹고 있었다. 이 샌드위치는 하급 점원들의 밤참으로 바로 두서너 집 떨어진 이웃에 있는 조그마한 빵집에서 한 개에 2펜스씩에 사먹는 것이었다. 이윽고 프라이어가 들어왔다. 그는 여전히 말 한마디도 하지 않고 옷을 훌훌 벗어 버리고는 곧 자리에 쓰러져서 잠이 들어 버렸다. 11시 10분이 되니까 가스등이 별안간 더 환해지더니 다시 5분 뒤에는 꺼져 버렸다. 프라이어를 뺀 다른 친구들은 잠옷이나 셔츠 바람으로 커다란 창문 둘레에 모여서 아래를 지나가는 여인들에게 먹다 남은 샌드위치를 던지며 커다란 소리로 우스갯말을 던졌다.
바로 맞은편 6층 건물은 유대인 양복점들의 공장인데 11시가 되면 일을 끝낸다. 방마다 밝은 등불이 켜져 있고 창에는 덧문 하나 없었다. 그날 일이 끝나면 주인 영감의 딸──가족이라야 부부와 조그마한 사내아이가 둘 그리고 스무 살 된 이 딸뿐이었다──이 등불을 끄려고 그 안을 돌아다니는데 때로는 고용인 재봉사들한테서 넌지시 연정을 고백받기도 했다. 필립의 방 점원들은 재봉사들 가운데 누군가가 꾀를 써가며 끝까지 남아 보려고 애쓰는 꼴을 보는 것이 하나의 큰 즐거움이었으며, 끝내는 누가 용케 성공하는가 돈을 걸고 내기까지 하기 시작했다.

12시가 지나면 거리의 변두리에 있는 해링튼 숲에서 사람들이 모두 쫓겨났다. 그 뒤 곧 동료들은 모두 자 버리지만, 문에서 가장 가까운 데서 자는 벨만은 침대 위로 상큼상큼 건너뛰어 자기 침대로 가서는 재잘거리기를 그만두지 않았다. 이윽고 방 안이 조용해지면 프라이어의 코고는 소리만이 요란하게 들릴 뿐이었다. 필립도 곧 잠이 들었다.

아침 7시에 기상 벨이 울려 잠을 깨웠다. 8시 15분 전까지는 모든 준비를 마쳐야 했으므로 필립은 양말 바람으로 아래층으로 뛰어 내려가서 구두를 신었다. 점원들은 아침식사에 늦지 않기 위해서 옥스퍼드 거리에 있는 상회까지 뛰어가면서 구두끈을 매는 형편이었다. 만약 8시에서 1분이라도 늦으면 아침밥은 없었고 또 일단 상회 안으로 들어가 버리면 두 번 다시 식사를 하기 위해 나올 수가 없었다. 그들은 가끔 8시에 늦어질 것 같으면 근처에 있는 조그마한 상점에서 빵을 두어 개 사가지고 들어갔다.

그러나 그러자면 돈이 들었다. 따라서 대부분은 점심때까지 먹지 않고 참았다. 필립은 버터 바른 빵 몇 조각과 차 한 잔을 마시고 8시 반에는 다시 일을 시작했다.

"오른쪽으로 돌아서 왼쪽으로 두 번째입니다, 마담."

얼마 지나지 않아 필립도 이런 대답을 거의 기계적으로 할 수 있게 되었다. 그가 하는 일이란 매우 단조롭고 피곤하기만 했다. 며칠 지나자 다리가 아파서 거의 서 있을 수가 없을 정도였다. 두텁고 부드러운 융단도 오히려 발이 화끈거릴 뿐이어서 돌아오면 양말을 벗는 것조차 아파서 견딜 수가 없었다. 누구나 호소하는 고통이었다.

같은 안내부 직원들에게서 들으니, 언제나 찌는 것같이 더우므로 구두도 양말도 자꾸 상해 버린다는 것이었다. 방 안의 다른 사람들도 모두 그것으로 골치를 앓고 있었다. 조금이라도 아픔을 덜려고 밤에는 모두 발을 이불 밖으로 내밀고 잤다. 필립도 처음에는 전혀 걸을 수 없을 정도로 발이 아파 몇 밤인가 방에서 발을 냉수에 담그고 있었다. 그럴 때 언제나 이야기 상대가 되어 주는 것은 잡화부의 벨이었고, 대개 그는 방에 남아서 수집한 우표를 정리하고 있었다. 그는 자그마한 종이에 우표를 한 장 한 장 붙이면서 언제나 변함없이 휘파람을 불었다.

104

친목회는 일주일 건너마다 월요일에 열렸다. 필립이 린 상회에 취직한 다음 주 초에도 친목회가 열렸다. 그는 여자 동료와 함께 가기로 약속했다.

"저처럼 그 사람들과 너무 친하지 않는 게 좋아요."

그녀가 말했다.

호지스 부인이라 불리는 그녀는 마흔다섯 살이라는데 묘한 색깔로 머리를 물들인 자그마한 여자였다. 황달에라도 걸린 사람처럼 누런 얼굴에 붉은 모세혈관이 온 얼굴에 그물코처럼 나타나 있고 연푸른 눈은 흰자위가 누르스름하게 흐려 있었다. 필립에게 마음이 있는지 그가 근무한 지 아직 1주일도 채 안 됐는데 그를 친근하게 세례명으로 불렀다.

"우리 두 사람 다 인생의 밑바닥을 겪은 셈이군요."

그녀의 말이었다.

또 그녀는 본명이 호지스가 아니라고 해놓고도 입버릇처럼 "우리 남편 호지스가 말이죠" 하고 이야기를 꺼내곤 했다. 남편은 변호사인 모양인데 그녀는 그에게 단단히 혼이 난 듯했다. 그래서 차라리 혼자 사는 게 낫겠다고 집을 뛰쳐나왔다고 한다. 역시 여자 혼자 힘으로 벌어먹는다는 것은 어려운 일이더군요, 뼈저리게 느꼈어요, 자기——그녀는 아무나 예사롭게 자기 취급을 했다——하고 말했다. 그리고 두 사람 다 늘 밤늦게 돌아와서 집에서 식사했다. 그녀는 커다란 은으로 만든 브로치의 핀으로 이를 쑤시는 버릇이 있었다. 브로치는 채찍과 수렵용 말채찍을 엇갈리게 놓고 한복판에 박차 두 개를 곁들인 디자인이었다.

필립은 이 새로운 환경에 쉽게 적응하지 못했다. 여점원들은 그를 새침데기라고 평했다. 한 번은 어떤 여자가 '필'이라고 불렀는데 그것이 자기를 부르는 소리인 줄 미처 깨닫지 못해 대답하지 않았다. 그랬더니 그녀는 머리를 뒤로 휙 젖히면서, "꽤나 뽐내는군요" 하고 매몰스럽게 쏘아붙였다. 그리고 그 다음 다시 말을 건넬 때는, 빈정거리는 투로 '캐리 씨'라고 불렀다. 그녀는 즈웰 양으로 어떤 의사와 약혼했다지만 여자들은 아무도 아직 그 사나이를 만나본 일이 없다고 한다. 다만 그토록 훌륭한 선물을 보내오는 것으로 미루어보면 신사가 틀림없다는 것이 그녀들의 평이었다.

"저런 사람들이 무슨 말을 하든 상관할 것 없어요. 그렇죠, 자기?"

호지스 부인이 말했다.

"저도 당신과 똑같은 일을 겪어왔는걸요. 저런 사람들은 아무것도 아는 게 없어요. 당신도 나처럼 끝까지 버텨 보세요. 그러면 저편에서 먼저 당신을 좋아하게 될 테니까요. 정말이에요. 절대로 거짓말은 안 한다니까요."

친목회는 지하실에 있는 레스토랑에서 열렸다. 춤출 장소를 마련하기 위해 책상은 모두 한쪽으로 치워 놓았고, 한편에는 휘스트놀이(보통 네 명이 둘씩 편을 짜고 하는 카짓놀이)를 할 좀더 작은 탁자가 따로 마련되어 있었다.

"다들 빨리 자리를 잡아야 할 텐데."

호지스 부인이 말했다.

그녀는 베네트 양을 소개해 주었다. 이른바 린 상회의 으뜸가는 여인인 베네트 양은 숙녀용 속옷 구입부에서 일하고 있었는데, 필립이 들어갔을 때에는 신사용 메리야스 구입부 직원과 이야기하는 중이었다. 그녀는 남달리 체격이 컸는데 벌겋고 큰 얼굴에 짙은 화장을 하고, 아마빛 머리를 무척 공들여 빗어 올리고 있었다. 의상이 지나칠 만큼 화려했고 취향은 그다지 나쁜 것 같지 않았다. 옷깃을 세운 검은 옷, 손에는 윤기 흐르는 검은 장갑을 낀 채로 트럼프놀이를 하고 있었다. 목에는 어마어마한 금빛 줄을 몇 줄인가 걸고, 팔목엔 팔찌 그리고 가슴에는 사진을 넣은 둥근 로켓을 늘어뜨리고 있었다. 그 가운데 하나는 알렉산드리아 여왕 사진이었다. 그녀는 검은 새틴 손가방을 들고 쉴 새 없이 '쌘쌘(19세기에 처음 나온 일종의 구강탈취 껌)'을 씹고 있었다.

"잘 오셨어요, 캐리 씨."

그녀가 말했다.

"친목회에는 처음 나오셨죠? 수줍어할 것 없어요. 정말이에요."

그녀는 사람들의 마음을 편하게 해주려고 온갖 애를 다 썼다. 등을 두드리고는 재미있다는 듯이 깔깔거리고 웃기도 했다.

"저, 무척 장난꾸러기죠!"

필립을 돌아다보며 소리 질렀다.

"저를 어떻게 생각하실지 모르겠지만, 저도 어쩔 수 없답니다."

그러는 동안에 사람들이 자꾸자꾸 들어왔다. 대개는 젊은 층으로 아직 애인이 없는 청년 사원이라든가 산책할 상대도 찾아내지 못한 여점원들이 대부분이었다. 청년 사원들 가운데는 신사복을 입고 흰 야회용 넥타이에 붉은 비단 손수건을 자랑하는 사람도 있었다. 모두 무언가 재주를 자랑해 볼 작정인지 묘하게 마음이 들뜬 모습들이었다. 자신감 넘쳐 보이는 사람도 있었지만, 대개는 신경질적이고 초조한 눈초리로 다른 이들을 바라보고 있었다. 조금 뒤에 머리숱이 무척 많은 처녀가 피아노 앞에 앉아서 야단스럽게 건반을 누르기 시작했다. 얼마 뒤 모두들 자리에 앉자, 그녀는 한 바퀴 쭉 둘러보고는 연주할 곡목을 말했다.

"러시아 여행."

한바탕 박수 소리가 요란스럽게 나는 동안 그녀는 재빨리 손목에 방울을 달았다. 그러고는 방긋 웃는가 싶더니 이내 우렁찬 선율이 폭발하듯 흘러나왔다. 연주가 끝나자 다시 요란한 박수가 터져 나왔다. 그것이 멈추자 그녀는 다시 앙코르 곡으로, 무언가 바다의 소리를 묘사한 듯한 곡을 연주했다. 밀려오는 파도 소리를 나타낸 급한 떤음이 이어지는가 하면 이번에는 페달을 힘차게 밟아서, 마치 폭풍을 생각나게 하는 굉굉한 화음이 이어지기도 했다. 연주가 끝난 다음에는 남자 점원이 〈그러면 안녕히〉라는 가곡을 독창했고 다시 앙코르 곡으로 〈노랫소리에 잠들게 해주오〉를 불렀다. 청중은 손뼉 한 번 치는 데도 아주 세심한 주의를 기울였다. 누구나 앙코르에 응할 때까지 끈질기게 손뼉을 쳤다. 또 누구나 서운해하지 않도록 아주 공평하게 박수를 보냈다. 베네트 양이 살며시 필립에게 다가왔다.

"당신도 피아노를 치든지 노래를 부를 수 있겠죠?"

매우 솜씨 좋게 능청을 떨며 말을 꺼내왔다.

"당신 얼굴에 다 쓰여 있는걸요."

"미안하지만 잘 못해요."

"그럼 낭독도 못하세요?"

"저에게는 정말 그런 재주가 전혀 없어요."

그녀와 이야기하던 신사용 메리야스 구입부 직원은 낭송을 잘하기로 유명했다. 후배 점원들이 한꺼번에 큰 소리로 청하자 그는 곧 벌떡 일어나서 무언가 비극조의 긴 시 한 수를 낭독했다. 눈을 부릅뜨고 손을 가슴에 얹고 마치 자신이 깊은 고민에 시달리는 것처럼 열연했다. 그런데 마지막에 그것은 어젯밤에 오이를 먹었기 때문에 그렇다고 실토해서 모두들 와 하고 웃음을 터뜨렸다. 누구나 다 아는 시라서 억지웃음이라는 느낌이 없지도 않았지만,

하여튼 웃음소리는 오래오래 계속되었다. 베네트 양은 노래도 연기도 시 낭독도 아무것도 하지 않았다.
"가만히 있는 게 베네트 양의 수단이에요."
호지스 부인이 말했다.
"놀리지 마세요. 하지만 손금이나 점치는 데는 소질이 조금 있어요."
"어머, 그럼 좀 봐 주세요."
비위를 맞추려는 생각도 없지 않은 듯 그녀와 같은 부서에 있는 아가씨들이 모두 소리를 질렀다.
"그렇지만 사실 손금 보는 건 아주 싫어요. 여러 가지 언짢은 소리를 해야 되잖아요? 그게 또 묘하게 맞거든요. 공연히 욕만 먹어요."
"베네트 양, 오늘만 봐 주세요."
어느 틈에 몇 명의 아가씨들이 그녀를 둘러싸 버렸다. 어쩔 수 없이 손금을 봐주게 된 베네트 양은 당황해 소리 지르거나 빨개진 얼굴로, 놀라고 감탄하는 애교 있는 처녀들 속에서, 금발의 미남이라든가 흑발의 호남이라든가, 돈, 여행 등 손금에 나타난 것을 신비스럽게 만들어서 이야기하느라고 짙게 화장한 얼굴이 땀투성이가 되어 버렸다.
"이것 보세요. 땀에 흠뻑 절었어요."
저녁은 9시에 먹었다. 과자며 빵이며 샌드위치며 홍차에 커피까지는 모두 무료였지만 소다수를 마시려면 따로 돈을 내야 했다. 젊은 남자들은 호기롭게 아가씨들에게 진저에일을 권했으나, 아가씨들은 삼가는 것인지 모두 다 괜찮다고 사양했다. 다만 베네트 양만은 대접받는 것이 좋은지 하룻밤에 두 병, 때로는 세 병까지 받아 마셨다. 그러고는 한사코 자기가 돈을 내겠다고 우겼는데, 그것이 또한 남자들의 인기를 얻는 요인이었다.
"이상한 여자라니까. 하지만 절대 나쁜 여자는 아니야. 다른 여자들과는 좀 다른 데가 있단 말이야."
남자들이 말했다.
저녁식사가 끝나자 모두 휘스트놀이를 시작했다. 말할 수 없이 수선스러워졌다. 패를 새로 짜가지고 이 탁자에서 저 탁자로 옮길 때에는 웃고 떠들고 그야말로 난장판이었다. 베네트 양의 흥분은 점점 더해졌다.
"절 좀 보세요. 땀에 흠뻑 절었어요."

그때 한 활기찬 젊은 남자가 춤을 추기 시작하는 게 어떠냐고 했다. 그러자 아까 맨 처음 반주했던 여자가 피아노 앞으로 가서 힘주어 페달을 밟았다. 마치 꿈속을 헤매는 듯한 왈츠 곡이 시작되었다. 베이스에서 박자를 맞추면서 오른손은 옥타브의 높낮이를 교대로 오르내렸다. 그리고 때로는 변화의 묘미를 내려는 속셈인지 좌우의 손을 교차시켜서 베이스에서 선율을 치기도 했다.

"저 애, 정말 잘하죠? 그런데 여태 레슨이라곤 한 번도 받아 본 일이 없대요. 모두 그저 들은 풍월로 하는 거라나요."

호지스 부인이 필립에게 말했다.

베네트 양은 춤과 시를 가장 좋아하는 것 같았다. 또 잘하기도 했다. 춤만 해도 아주 천천히 췄는데 두 눈은 마치 아득한 추억을 더듬는 듯, 꿈꾸는 듯했다.

그리고 그녀는 거의 숨도 쉬지 않고 이야기를 늘어놓았다. 댄스홀 바닥이 어떻다든가, 실내가 덥다든가, 저녁식사가 어땠다든가 등. 그녀가 말하길, 포트맨 룸즈의 마룻바닥이 런던에서는 춤추기에 가장 좋다는 것이었다. 거기 드나드는 사람은 극히 한정되어 있다고 했다. 또 그녀는 처음 보는 남자와 춤을 춘다는 것은 생각만 해도 견딜 수 없다는 것이다. 누구네집 자손인지도 모르는 남자에게 몸을 내보이는 것 같지 않느냐는 이유에서였다. 점원들은 대부분 춤을 잘 추었고 모두들 매우 기분이 좋았다. 얼굴에는 땀이 줄줄 흐르고 남자들의 높은 옷깃도 땀 때문에 어느새 쭈글쭈글해졌다.

필립은 이 광경을 바라보다 한동안 잊고 있었던 울적함이 별안간 밀려오는 것을 느꼈다. 견딜 수 없을 만큼 고독했다. 먼저 자리를 뜨지 않은 까닭은 다만 건방지다는 말을 듣기가 싫어서였을 뿐, 여자들과 이야기하며 웃는 동안에도 그의 마음은 참으로 비참했다. 베네트 양이 여자친구는 있느냐고 물었다.

"없어요."

그는 싱긋 웃고 대답했다.

"오늘 밤 여기에서 얼마든지 만들 수 있어요. 이 가운데에는 좋은 가문의 아가씨도 있어요. 빨리 여자친구를 만들어야죠."

그녀는 무척 짓궂게 그의 얼굴을 바라보며 말했다.

"하지만 너무 깊이 사귀진 마세요. 미리 그것만은 말해 두겠어요."
호지스 부인이 말했다.

그럭저럭 11시가 되어 파티가 끝났다. 필립은 좀처럼 잠을 이룰 수가 없었다. 다른 사람들처럼 그도 쑤시는 발을 이불 밖으로 내놓고 있었다. 될 수 있는 대로 현재의 자기 생활에 대해서는 생각하지 않기로 했다. 프라이어가 가볍게 코고는 소리가 들려왔다.

105

급료는 매달에 한 번씩 사장 비서가 지급했다. 월급날이 되면 점원들은 조를 짜서 차를 마시고 내려와 그 길로 복도에 나가서 조용히 기다렸다. 마치 극장 맨 윗자리의 입구처럼 길게 줄을 짓고 늘어서는 것이다. 그리고 한 사람씩 사무실 안으로 들어간다. 사장 비서는 탁자를 향해 앉았고, 탁자 위에는 돈을 올려놓은 커다란 나무 쟁반이 여러 개 놓여 있었다. 비서는 먼저 사원의 이름을 물은 다음 의심스러운 눈으로 한 번 힐끔 보고는 금액까지 큰 소리로 말하면서 쟁반에서 돈을 집어 손바닥에 놓아 주었다.

"맞지요? 다음 분……."

"고맙습니다."

봉급을 받은 점원은 다음에는 차석 비서에게로 가서 먼저 세탁비 4실링, 친목회비 2실링 그리고 만약 벌금이라도 있으면 그것도 함께 내고 간다. 잔액을 받아들고 자기 담당부서로 돌아가 퇴근시간만을 기다렸다. 필립과 같은 방에 있는 점원들은 대개 밤참으로 먹는 샌드위치를 파는 아주머니에게 빚이 있었다. 뒤룩뒤룩 살이 찌고 불그레한 커다란 얼굴의 유쾌한 여자였다. 검은 머리를 앞이마 좌우에서 곱게 빗어 넘겼는데, 꼭 빅토리아 여왕의 젊은 시절 사진에서 보는 그런 스타일이었다. 언제나 검고 조그만 모자를 쓰고 흰 앞치마를 두르고 있었다.

소매를 팔꿈치까지 걷어 올리고 지저분하며 커다란 기름낀 손으로 샌드위치를 만들어 주었다. 윗옷에도 앞치마에도 치마에도 기름얼룩이 묻어 있었다. 본명은 플래처 부인이라지만 모두들 그녀를 '마(엄마)'라고 불렀다. 그녀는 점원들을 매우 좋아해서 내 아들이라고 불렀다. 월말이 가까우면 기꺼이 월말까지 외상을 놓아 주고, 곤란할 때는 오륙 실링 정도의 돈이라면 꾸어주기도 했다. 친절하고 좋은 여자였다.

점원들은 휴가를 떠나거나 돌아올 때면 으레 그 복스럽고 불그레한 뺨에 키스를 했다. 면직되어 일자리를 얻기 힘들 때 그녀에게서 공짜로 얻어먹고 가까스로 목숨을 이은 사람도 몇 있다고 했다. 점원들도 그녀의 상냥한 마음씨를 잘 알아서 언제나 진심으로 친근하게 대했다. 점원들 입에 자주 오르내리는 이야기가 하나 있는데, 브레포드에서 크게 성공하여 가게를 다섯 채나 가진 남자가 15년 만에 찾아와서 플래처 아주머니에게 멋진 금시계를 선사했다는 것이다.

월급에서 이것저것 제하고 나니 필립의 손에 남는 것은 18실링뿐이었다. 난생처음 자기 스스로 번 돈이었다. 그러나 예상했던 것처럼 그렇게 자랑스러운 마음은 도무지 생기지 않았고, 오히려 실망만이 남았다. 얼마 안 남은 봉급이 지금의 처지를 처량하게 하여 허전했다. 18실링 가운데 15실링을 꺼내서 아델니 부인에게 진 빚의 일부를 갚으려고 했으나, 그녀는 10실링 이상은 절대로 받지 않았다.

"하지만 그렇게 되면 여덟 달이나 걸려야 다 갚아 드리게 됩니다."

"괜찮아요. 주인어른이 벌어 주시는 한 얼마든지 기다릴 수 있어요. 게다가 승급도 되겠죠."

아델니는 입버릇처럼 기회가 되는 대로 지배인에게 필립의 재능을 썩혀서는 안 된다고 말하겠다 했지만, 사실 아무것도 하지 않았다. 그래서 얼마 되지 않아 필립은 어떠한 결론에 이르게 되었다. 곧 그 지배인에게 광고부서란 결코 아델니 생각처럼 요직은 아니라는 것이었다. 아델니의 모습은 가끔 가게 안에서도 볼 수 있었지만 전과 같은 의기양양한 점은 전혀 없었다. 단정하기는 해도 보잘것없는 옷차림으로 마치 남의 눈에 띄는 것을 두려워하기라도 하는 듯 가게 안을 총총히 돌아다니고 있었다. 기죽은 조그만 남자의 모습이었다.

"그런 곳에서 내 생명이 닳고 있다고 생각하면 사표라도 내던지고 싶다니까."

집에 들어오면 그는 말했다.

"나 같은 사람이 일할 곳이 못 된단 말이야. 생활도 제대로 못해 먹겠고, 이젠 지겨워졌소."

인간의 굴레 673

이렇게 남편이 불평을 늘어놓아도 아델니 부인은 들은 체도 하지 않고 열심히 바느질을 했다. 입 언저리를 야무지게 움직이면서 그녀가 말했다.

"하지만 말이에요, 요즘 일자리 얻는 것이 얼마나 어려운 데요. 거긴 정해진 급료를 받을 수 있고 해고당할 것 같지도 않다면서요. 그러니까 회사에서 안 된다고 할 때까지는 그대로 계시는 편이 좋다고 생각해요."

물론 아델니가 그만두지 않을 것은 확실했다. 어쨌든 별로 교육도 받지 못하고 더욱이 법률상 아내도 아닌 이 여자가 쾌활하지만 변덕스러운 남자를 어느 틈엔가 보기 좋게 눌러 버리고 마는 모습은 보기만 해도 참으로 재미있었다.

필립의 환경이 어려운 것을 안 그녀는 마치 어머니 같은 살뜰한 마음으로 그를 돌보아 주었다. 되도록 영양 있는 음식을 먹이려고 애쓰는 것을 볼 때면 필립은 감격했다. 매주 일요일, 온정 어린 이 가정을 방문할 수 있다는 것은 참으로 즐거운 일이었다(나중에 익숙해지고 난 뒤에는 오히려 단조로움에 짜증이 난 적도 있었지만). 그 위풍당당한 에스파냐식 의자에 앉아서 아델니와 여러 가지 주제로 토론하는 것도 분명히 즐거웠다.

생각하면 희망도 아무것도 없는 그런 생활이었지만, 그래도 이 집을 나와 해링튼 거리로 돌아갈 때만은 언제나 가슴이 기쁨으로 뛰었다. 처음에는 그도 학교에서 배운 것만큼은 잊어버리지 않으려고 틈나는 대로 의학서적을 읽었으나 생각해 보니 헛일이었다. 하루의 고된 근무를 마치고 지쳐 버린 뒤에는 도저히 집중할 수가 없었다. 더욱이 언제 병원으로 돌아가겠는가 생각하면 공부를 계속할 희망이 사라졌다. 잠결에도 아직껏 병원에 근무하는 꿈을 자주 꾸었다. 그런 꿈에서 깨어나기란 괴로웠다. 이렇게 여러 사람이 한 방에서 잠을 잔다는 것을 생각하면 도무지 견딜 수가 없었다. 고독이 습관이 된 그에게 아침부터 밤까지 남과 함께 있고 혼자서 지낼 수 있는 시간은 조금도 없다는 것은 참기 어려운 일이었다. 절망에 빠지기 쉬운 것은 언제나 그런 때였다.

"바로 그곳을 오른쪽으로 돌아서 가시다가 왼편으로 두 번째입니다, 마담."

이런 말을 되풀이해야 하는 생활이 언제까지고 이어지더라도 파면당하지 않는 것만으로도 감사해야 한다. 필립은 그런 자기의 현실이 절망적으로 느껴졌다. 전쟁에 나간 사람들도 얼마 뒤면 돌아올 테고 회사 측에서는 그들의 복직을 보증했으므로, 지금 일하는 누군가가 해고당할 것은 불 보듯 뻔했다. 필립으로서는 이 보잘것없는 일자리라도 지키려면 정신 바짝 차리고 일해야만 하는 것이다.

　이 곤경에서 빠져나가 자유롭게 되는 길은 하나뿐이었다. 바로 큰아버지의 죽음. 그렇게 되면 유산을 사오백 파운드는 받을 수 있을 테고, 그 돈만 있으면 그럭저럭 병원근무 과정을 마칠 수도 있다. 필립은 진심으로 큰아버지가 죽기를 바랐다. 도대체 큰아버지가 얼마나 더 살 수 있을지 계산도 해 보았다. 이미 일흔 살은 훨씬 넘었을 것이다. 정확한 나이는 모르지만 적어도 일흔다섯 살은 되었을 것이다. 만성 기관지염을 앓고 있어서 해마다 겨울에는 심한 기침으로 괴로워했다. 대개는 암기하고 있었지만, 한층 확실히 해두기 위해서 내과 교과서를 꺼내 노인 만성 기관지염의 해설을 몇 번이고 되풀이해서 읽어보았다. 만약 심한 추위라도 닥치면 노인이니만큼 그 이상 견딜 수 없을 것이다. 필립은 마음속으로 비가 내리고 추워지기를 간절히 바랐다. 아침저녁으로 잠시도 그 생각이 머리에서 떠나지 않아서 나중에는 편집광처럼 되어 버렸다. 큰아버지의 병은 너무 더워도 견디기 어려웠다. 8월은 3주일 정도 무지무지한 더위가 이어졌다. 필립은 지금이라도 큰아버지가 갑자기 죽었다는 전보를 받아보고 말할 수 없는 기쁨에 날뛰는 자기 모습을 그려 보았다. 계단 맨 꼭대기에 서서 손님의 질문을 받고 판매장으로 안내하는 동안에도 마음은 언제나 그 돈을 받으면 어디에다 쓸지 그것만을 생각했다. 확실히 얼마나 될지는 알 수 없었다. 기껏해야 5백 파운드 정도? 그러나 그것만이라도 좋았다. 손에 들어오기만 한다면 그 정도라도 충분하다. 그만둔다고 미리 얘기할 필요는 없다. 당장 이곳을 그만두리라. 짐만 꾸리고 아무에게도 알리지 않고 뛰쳐나가는 것이다. 그리고 그 길로 곧 병원으로 돌아가리라. 그것이 가장 급하다. 그동안 배운 것을 잊어버리지나 않았을까? 하지만 반년만 노력하면 금방 회복되리라. 그러면 먼저 산과학, 다음에는 내과, 마지막으로 외과를 될 수 있는 대로 빨리 통과해 버려야지. 그러다 문득 걱정거리가 떠올랐다. 큰아버지가 자기와의 약속을 저버리고 유산을 전부 교구나 교회에 기부해 버리는 것은 아닐까. 그것을 생각하면 안절부절못했다. 설마 큰아버지가 그렇게 심한 짓은 하지 않겠지. 그러나 만약 그렇게 된다

하더라도 어찌할지 결심해 두었다. 누구나 이런 생활을 참고 견디는 까닭은 장래에 희망이 있기 때문일 것이다. 희망이 없다면 불안할 것도 아무것도 없다. 그때는 차라리 깨끗이 자살해 버리는 것이다. 이 문제는 이미 다 생각해 두었으므로 고통 없게 하려면 어떤 약을 쓸지, 그것은 또 어떻게 구할지까지 자세하게 마련해 두었다. 삶이 견딜 수 없게 된다 하더라도 아무튼 탈출할 길이 있다고 생각하니 그는 용기가 솟았다.

"두 번째에서 오른쪽으로 돌아가셔서 계단을 내려가십시오, 마담! 왼편으로 쭉 가십시오. 손님, 앞으로 곧장 가십시오."

한 달에 한 번씩 일주일 동안은 당번을 맡아야 했다. 아침 7시에 판매장으로 나가서 청소부 감독을 하는 일이다. 청소가 끝나면 상품 진열대며 마네킹에 덮어 놓은 덮개를 벗긴다. 그리고 저녁때 점원들이 다 가버리면 또 그전대로 상품 진열대나 마네킹의 덮개를 덮고 나서 청소부를 감독하는 것이다. 먼지가 자욱하고 지저분한 일이었다. 책을 읽는 것도 글을 쓰는 것도 담배를 피우는 것까지도 허용되지 않았다. 다만 돌아다니기만 하는 그 시간은 참으로 지루하고 길었다. 밤 9시 반에야 끝이 나는데 그때 밤참을 주었다. 단지 그것만이 유일한 위안이었다. 5시에 마신 차만으로는 배가 고픈데, 상회에서 주는 치즈 넣은 빵과 마음껏 마실 수 있는 코코아가 있다는 것은 정말 다행한 일이었다.

린 상회에 근무하기 시작해서 3개월쯤 되었을까? 구입부의 샘슨 씨가 화가 머리끝까지 차올라서 판매장으로 들어왔다. 그날 아침 지배인이 가게에 들어오자마자 의상부의 진열장을 보고는 그를 불렀다. 그리고 색깔 배합에 대해서 빈정거리면서 잔소리를 늘어놓았다는 것이다. 윗사람의 빈정거림이니 잠자코 들을 수밖에 없었고, 그 울분을 샘슨 씨는 곧바로 점원들에게 터뜨렸다. 진열장의 장식부원은 가엾게도 심한 꾸중을 들었다.

"무엇이건 제대로 잘해 보려면 직접 자기가 해야 하는 법이야. 언제나 입이 닳도록 말했잖아. 앞으로도 마찬가지야. 어디 이래서야 무엇 하나 자네들 손에 맡기겠냐 말이야. 이래 가지고도 배웠다고 할 수 있겠어? 응? 그래도 배웠다고 하겠느냐고? 흥!"

단단히 화가 난 그는 이런 말이 점원들이 가장 아픈 급소라도 된다는 듯 마구 퍼붓는 것이었다.

"그래 그것도 몰라? 창에다 푸른 전기 불을 켜 놓으면 다른 푸른색이 전부 죽는다는 건 뻔한 이치 아니냐 말이야!"

그는 험악한 기세로 판매장 안을 쭉 돌아보더니 문득 필립에게 눈길을 고정시켰다.

"캐리, 다음 주 금요일에는 자네가 한 번 해보게. 솜씨를 좀 보여 줘."

그는 화난 목소리로 투덜거리면서 사무실로 돌아갔다. 필립은 맥이 탁 풀렸다. 금요일 아침이 되자 그는 심한 부끄러움을 느끼면서 진열장 안으로 쑥 들어갔다. 낯이 화끈 달아오르고 자기의 모습을 이렇게 내놓아야 한다고 생각하니 어찌할 줄을 몰랐다. 그런 생각 자체가 부질없는 것이라고 자신을 타일러 보기도 했지만 역시 큰길 쪽으로 등을 돌려 버렸다. 이런 시간에 병원에 근무하는 학생들이 옥스퍼드 거리를 걸을 리는 없었고 그들 말고는 런던에 아는 사람이라곤 거의 없었다. 하지만 일을 하는 동안 무언가에 가슴이 콱 막히는 것이었다. 문득 돌아다보면 누군가 아는 사람과 눈이 마주칠 것 같아서 불안했다. 그는 되도록 빠르게 모든 일을 해치웠다. 언뜻 보아도 붉은색과 더 잘 어울린다는 것을 알 수 있었고 또 진열품의 간격을 보통 때보다도 약간씩 넓게 떼어 놓았더니 훌륭한 효과를 냈다. 장식 결과를 보러 온 샘슨이 큰길로 나가서 보았다. 그는 퍽 만족스런 표정이었다.

"진열장을 자네에게 부탁하면 실수 없이 해내리라 생각했는데, 역시 내 생각이 맞았군. 결국 자네와 나만이 신사란 말일세. 알겠나? 물론 판매장에서는 이런 말 하지 않겠지만, 아무튼 신사는 자네와 나뿐이야. 그야 누가 보아도 곧바로 알 테지. 모른다고 한대도 소용없는 짓이란 말일세. 나는 다 알고 있으니까."

그 뒤부터 필립은 그 일을 맡아 하게 되었다. 그러나 사람들 앞에 모습을 나타내야 하는 것이 아무래도 내키지 않았다. 매주 장식을 바꾸는 금요일 아침이면 골치가 아팠다. 너무나 불안해서 새벽 5시면 잠이 깼다. 그리고 그대로 불안해서 이불 속에서 괴로워했다. 판매부 여점원들도 필립이 이 일을 무척 부끄러워 한다는 것을 알아챘는데, 얼마 안 가서 길 쪽으로 등을 돌리는 그의 버릇까지 알아 버렸다. 모두들 그를 심한 새침데기라고 놀려대며 웃었다.

"큰어머니가 지나가다가 보시고 유서에서 이름을 빼버리지나 않을까 걱정되세요?"

그래도 여자들과는 대체로 잘 지내는 편이었다. 좀 특이한 사람이라고 생각하는 것 같았지만, 그가 다리 불구이니 여느 남자들과 다른 것도 할 수 없는 노릇이라고 생각하는 모양이었다. 시간이 지나면서 그가 성품 좋은 사람이라는 사실도 차차 알게 된 것 같았다. 남을 돕는 일에는 참으로 열성적이고 친절하며, 한없이 온화한 사람이라는 말까지 듣게 되었다.

"결국 신사야."

모두들 입을 모아 말했다.

"게다가 무척 겸손한 분이잖아요?"

연극에 열을 올리는 어린 여점원이 말했다. 필립은 언제나 잠자코 그녀의 이야기를 들어 주었다.

그녀들은 대개 남자친구가 있었고, 없는 사람도 남자들이 자기를 상대해 주지 않는다고 생각하기보다는 입으로라도 있는 것처럼 말했다. 한두 명은 필립을 상대해도 좋다는 눈치까지 보였다. 필립은 그런 여자들이 어떻게 사람을 유혹할까 하고 무척 흥미롭게 지켜보았다. 그러나 이제는 연애에도 흥미가 없었다. 그에게는 종일 지친 데다가 배가 고픈 것이 더 큰 문제였다.

106

필립은 지난 행복했던 시절에 즐겨 다니던 곳은 될 수 있는 대로 피했다. 비크 거리의 그 술집에서 있었던 작은 모임은 어느새 없어져 버리고 말았다. 마칼리스터는 친구들을 수렁에 빠트린 죄로 다시는 오지 않았고 헤이워드는 케이프로 가버렸다. 남은 것은 로우슨뿐이었으나 그와는 이제 아무런 공통 관심사가 없다고 생각하니 별로 만나보고 싶지도 않았다. 그러나 어느 토요일 오후였다. 식사를 끝내고, 세인트 마틴 골목길에 있는 무료 도서관에서 남은 시간이나 보낼까 하고 옷을 갈아입고 리센트 거리를 거닐다가 우연히 로우슨과 딱 마주쳤다. 순간 차라리 그대로 지나쳐 버릴까 했으나 로우슨이 그냥 있지 않았다.

"아니, 누구야! 요즘 도대체 어디에 있었어?"

"나 말이야?"

"내가 자네에게 편지를 써서 한 턱 낼 테니 아틀리에로 와달라고 했잖았어. 그런데 통 답장이 있어야지."

"그런 편지는 보지도 못했는걸."

"응, 그건 뒤에 알았지, 그래서 난 말이야 일부러 병원까지 찾아갔었다니까. 그런데 그 편지가 편지꽂이에서 그대로 잠자더란 말이야. 그래 의사 노릇은 이제 그만두었어?"

필립은 잠깐 망설였다. 사실을 털어놓는 것은 부끄러웠으나 그런 마음 상태 자체가 역시 짜증스러웠다. 그래서 마음을 다잡고 말해 버렸다. 얼굴이 화끈 달아오르는 것만은 어찌할 수가 없었다.

"내가 가졌던 얼마 안 되는 돈을 몽땅 잃었거든. 그래서 병원도 계속 다니지 못하게 된 거야."

"흠 그거 안됐군. 그럼 지금은 뭘 하고 있어?"

"판매장 안내원 노릇을 하지, 백화점에서."

그 순간 자신도 모르게 목이 메었다. 그러나 사실을 회피하지 않기로 작정했다. 빤히 로우슨의 얼굴을 바라보았다. 오히려 상대방이 난처한 모양이었다. 필립은 일부러 웃으면서 말했다.

"린 앤드 세들리 상점에 와서 부인 기성복 매장 쪽에 들러 봐. 내가 의젓하게 프록코트를 입고 서서 침착한 태도로 돌아다니면서 부인들에게 내복이나 양말 판매장을 안내하고 있을 테니까. 바로 거기서 오른편으로 구부러져 왼편으로 두 번째입니다, 마담, 하는 식으로 말이야."

로우슨은 필립의 농담을 알아채고 어색하게 웃기만 했다. 무어라고 해야 좋을지를 몰랐기 때문이다. 필립이 말하는 대로라면 참으로 가엾은 이야기였으나 그렇다고 해서 섣불리 위로를 한다는 것도 어쩐지 조심스러웠다.

"자네도 꽤 많이 변했군그래."

스스로 생각해도 엉뚱한 말을 한 것 같아 말한 순간부터 말하지 말걸 그랬다고 뉘우쳤다. 필립은 약간 무뚝뚝해져서 얼굴을 붉혔다.

"그렇겠지. 좀 그럴 거야. 그런데 자네에게 5실링 빌려 쓴 것이 있었지?"

말하면서 필립은 주머니 속에서 은화를 끄집어냈다.

"괜찮아. 그런 건 아무래도 좋아. 전혀 잊고 있었는걸."

"아냐, 받아 둬."

로우슨은 잠자코 돈을 받았다. 두 사람 다 보도의 한복판에 서 있었으므로 숱한 사람들이 비켜서 지나갔다. 필립의 눈에 비웃는 듯한 싸늘한 빛이 감돌

앉다. 그것이 로우슨에게는 매우 거북했다. "자넨 몹시 지친 것 같군" 하고 말하고 싶었으나 도무지 입술이 떼어지지가 않았다. 로우슨은 어떻게라도 도와주고 싶은 생각이 간절했지만 막상 어떻게 해야 좋을지 알 수 없었다.

"어때, 내 아틀리에로 한번 놀러 오지 않겠어?"

"그만두겠어."

필립이 대답했다.

"어째서?"

"할 이야기가 없는걸."

필립은 순간 로우슨의 눈에 괴로운 빛이 어리는 것을 보았다. 미안했지만 어쩔 수 없었다. 나 자신만 생각하기에도 바빴다. 이제 와서 지금의 처지를 이야기한다는 것은 떠올리기만 해도 견딜 수가 없었다. 모조리 잊고 지내는 덕에 가까스로 견뎌내고 있지 않은가. 만약 여기서 마음을 풀어 놓기라도 한다면 어떻게 되어 버릴지 자신의 약한 마음이 두렵기만 했다. 게다가 비참한 자신의 모습을 드러낸 장소라고 생각하자 그것만으로도 견딜 수가 없었다. 로우슨의 아틀리에에서 꼬르륵 소리를 내며 한 끼의 음식을 바랐던 비참한 마음과 마지막으로 5실링을 빌리던 때의 광경, 그것들이 단박에 되살아났다. 실은 로우슨의 얼굴을 보는 것까지도 싫었다. 지난날의 그 굴욕스러웠던 기억이 아무리 안간힘을 써도 되살아나기 때문이었다.

"그럼 한 번 저녁식사라도 같이 해. 언제라도 자네가 편할 때."

필립은 그의 친절에 마음이 뻐근했다. 어째서 사람들은 모두 자기에게 이토록 친절을 베푸는 것일까?

"정말 자네의 호의는 고마워. 하지만 사양하겠어."

그는 손을 내밀면서 말했다.

"그럼 실례할게."

이해를 할 수 없는 그의 태도에 로우슨은 완전히 당황한 채 손을 잡았다. 필립은 절룩거리며 걷기 시작했다. 우울한 마음뿐이었다. 그리고 여느 때와 마찬가지로 자신의 행동에 심한 자책을 느끼기 시작했다. 모처럼의 우정을 그토록 고집스럽게 거절해 버리다니 얼마나 어리석은 자존심이란 말인가? 자기 자신도 알 수 없었다. 바로 그때, 누군가 등 뒤에서 뛰어오는 듯한 인기척이 나더니 이윽고 로우슨이 부르는 소리가 들렸다. 그는 발걸음을 멈추었다. 별안간 또다시 적의가 묘하게 솟아올랐다. 필립은 차갑게 굳은 표정으로 홱 돌아섰다.
"뭐지?"
"자네 헤이워드 소식 들었겠지?"
"남아프리카에 간 것 말인가?"
"그런데 상륙하자마자 이내 죽어 버렸다는군."
순간 필립은 말문이 막혀 버렸다. 자기의 귀를 의심했다.
"어떻게?"
"장티푸스라더군. 운이 나빴던 모양이야. 혹시 자네는 아직 모르는 것 아닌가 해서. 나도 처음 들었을 땐 무척 놀랐어."
로우슨은 얼른 고개를 끄덕하고는 그대로 가버렸다. 필립은 순간 온몸에 오한이 엄습하는 것을 느꼈다. 또래 친구의 죽음이란 이번이 처음이었다. 같은 죽음이라도 크론쇼는 훨씬 나이 많은 선배였던 만큼 어딘지 그 일이 당연한 결말 같았다. 그런데 이번 소식만은 충격이었다. 그것은 조만간 닥쳐올 자신의 죽음마저 떠올리게 했다. 누구나처럼 필립 또한 인간은 언젠가는 죽는다는 사실을 알면서도, 그것을 자신과 결부시켜 생각하는 그 절실함까지는 실감하지 못했던 것이다. 그 점에서 헤이워드의 죽음은 비록 훨씬 전에 이미 우정이 식었다고는 해도 뭐라 나타낼 수 없는 충격이었다. 그와 함께 이야기했던 수많은 화제, 그것들이 한꺼번에 되살아나서 이제는 두 번 다시 얼굴을 맞대고 대화할 수 없다고 생각하자 견딜 수 없이 마음이 무거웠다. 처음 하이델베르크에서 만났을 때의 일이며, 그로부터 함께 지낸 몇 개월간의 즐거웠던 나날이 꼬리를 물고 되살아났다. 잃어버린 세월을 생각하면 가슴이 아팠다. 그는 다만 기계처럼 정처 없이 걸었다.
문득 정신을 차려보니 헤이마켓 쪽으로 꺾어져가는 대신 어느새 샤프츠베리 아베뉴를 걷고 있었다. 이제 와서 되돌아가는 것도 귀찮았고 헤이워드의 죽음을 듣고 난 지금 책을 읽을 마음도 나지 않았다. 혼자서 생각하고 싶었다. 그래서 대영 박물관에 가기로 했다. 지금의 그에게는 고독만이 고마운 것이었다. 린 상회에 근무하게 된 뒤부터 필립은 곧잘 박물관에 가서 그 파르테논 군상 앞에 조용히 앉아 있었다. 특히 무엇을 골똘히 생각하는 것이 아니라 그저 조용히 신들의 조각상을 바라보며 흐트러진 마음을 가라앉히는 것이었다. 그러나 오늘은 그 군상들도 아무 말도 건네주지 않는다. 2, 3분 지나자 그는 더 배기지 못하고 그곳을 나오고 말았다. 사람이 너무 많았다. 얼빠진 얼굴을 한 시골 사람들, 안내서만 열심히 들여다보는 외국인들, 그런 군중의 어리석은 태도가 영원한 걸작을 더럽히고 그들의 어수선한 태도가 신들의 휴식을 교란시키는 것이다.

그는 다른 방으로 갔다. 여기는 관람객이 많지 않았다. 필립은 피곤해서 의자에 걸터앉았다. 가만히 앉아 있으려 해도 그럴 수 없을 것 같은 기분이었다. 아무래도 군중이라는 것에 구애될 수밖에 없었다. 린 상회에서도 이따금 이런 기분이 되었다. 그는 줄줄이 자기 앞을 지나가는 사람의 무리를 소름 끼치는 마음으로 바라보고 있었다. 너무나 추했다. 천해 보이는 그 얼굴, 생각만 해도 견딜 수가 없었다. 비열한 욕망으로 일그러지고 아름다움 같은 것은 전혀 찾아볼 수도 없었다. 훔쳐보는 것 같은 눈매, 맥없이 늘어진 턱, 불량배라고 할 수는 없었지만 한결같이 쓸모없고 저속한 사람들뿐이다. 형편없이 저속한 광대에 불과했다.

바라보면서 이따금 도대체 저 얼굴은 어떤 동물을 닮았을까? 생각했다(그런 것은 될 수 있는 대로 생각하지 않기로 했다. 이내 일종의 강박관념이 되어 버리기 때문이다). 그렇게 보면, 인간이라는 것은 모두 양이고, 말이고, 여우고, 산양이었다. 이제는 인간 자체가 완전히 싫어졌다.

그러는 동안 가까스로 주위의 분위기가 마음에 젖어 들어왔다. 한결 조용한 마음이 되었다. 그는 주위 벽에 끼워진 묘석들을 멍하니 바라보기 시작했다. 모두가 기원전 4, 5세기 무렵 아테네의 석공들이 새긴 것들로, 참으로 단순하고 그다지 대단한 기교를 부린 것은 아니지만 정묘한 아테네 정신이 깃들어 있다. 게다가 시대적 묘미가 대리석의 피부를 순화시켜서 마치 히메투스의 벌꿀을 떠오르게 하는 벌꿀색이 되어 그 윤곽을 보기 좋게 부드럽게 만들고 있었다. 벤치에 앉은 나신(裸身) 상도 있고, 사랑하는 사람들에게 둘러싸여서 이제 막 이승과 이별을 고하려는 사람도 있다. 죽어가는 사람과 남는 사람이 서로 손을 꽉 맞잡은 것도 있다.

그리고 어느 묘석에나 '이별'이란 슬픈 한마디만이 달랑 새겨져 있는 것이다. 그 간결함이 한없이 마음에 감동을 주었다. 친구와 헤어지는 친구, 어머니와 헤어지는 아들, 그 억눌러진 감정이 한층 더 보는 사람의 마음을 슬프게 했다. 너무나도 아득한 옛일이었다. 그리고 그 뒤 2천 년이란 세월이 차례차례 불행 위로 흘러갔는데, 그 긴 세월 동안에는 운 사람도 울게 한 사람도 모두 다 흙으로 돌아가 버린 것이다. 그러면서도 그 얼룩만은 연연히 살아서 이윽고 필립의 가슴을 메우고 자신도 모르게 가련함을 불러일으켰다. 얼마나 가엾고 덧없는 인생인가? 그는 혼자 중얼거렸다.

곰곰이 생각하면 입을 헤벌린 채 보고 있는 저 관람객들도, 한 손에 안내서를 들고 있는 저 뚱뚱한 외국인들도, 나아가서는 그의 가게에 모여드는 야비한 욕망과 비속한 번뇌에 쫓기는 사람들도 모두 하나같이 죽어야 할 인간인 것이다. 그들도 역시 사람을 사랑한다. 그러나 사랑하는 사람들과 얼마 가지 않아서 헤어져야 한다. 아들은 어머니와, 아내는 그 남편과 이별해야만 하는 것이다. 더욱이 그들의 생활은 추하고 더럽고 이 세상에 아름다움이라고는 조금도 보탤 줄을 모른다. 그런 만큼 비극은 한층 더 심각한 것이다. 매우 아름다운 묘석이 단 하나 있었다. 두 청년이 서로 손을 꽉 움켜잡고 있는 얇게 판 조각인데 그 선의 과묵함과 단순함이 조각가의 성실한 감정을 느끼게 했다. 이른바 그것은 이 인생이 주는 매우 소중한 보물 다음 가는 귀중한 보물, 즉 다시없는 우정의 기념, 바로 그것이었던 것이다. 조각상을 바라보던 필립의 눈에서 어느새 눈물이 흘러나왔다.

그는 헤이워드를 처음으로 만났을 때 그에게 매우 열렬한 찬미를 바쳤던 것이 생각났다. 다만 그것이 얼마 뒤 환멸이 되고 다시 무관심으로 변하고, 끝내는 단순한 타성과 추억만이 간신히 두 사람을 묶어 두고 있었지만. 생각해 보면 이것도 인생의 불가사의 가운데 하나였다. 이를테면 어떤 사람과 몇 달 동안 매일같이 얼굴을 맞대고 한때는 그가 없는 인생이란 생각할 수도 없을 만큼 친숙해진다. 그런데 이윽고 이별이 온다. 그러나 모든 것은 아무런 아픔도 없이 진행된다. 바로 어제까지만 해도 내 살과 같았던 친구가 오늘에는 마치 필요 없는 인간이 되어 버리고 만다. 남은 사람의 생활은 여전히 이어지고 그가 없다는 사실 따위는 생각하지도 않는 것이다. 필립은 새삼스럽게 추억했다. 일찍이 하이델베르크 시절 젊은 날의 친분을 생각하면, 그 무렵엔 헤이워드도 커다란 가능성을 안고 그 미래에 대한 정열에 불타 있었다. 그러나 그 뒤로는 아무것도 하는 일 없이 뻔히 알면서도 실패 속으로 전락해 갔던 것이다. 그 헤이워드도 죽어버리고 말았다. 그의 삶과 마찬가지로 그의 죽음 또한 공허한 것이었다. 부질없는 병마로 죽다니 실로 면목 없는 노릇이 아닌가. 최후까지 허망한 개죽음을 당한 것이다. 차라리 태어나지 않는 것과 무엇이 다르겠는가?

인생의 의의란 무엇인가? 필립은 절망적인 마음으로 스스로에게 물어 보았다. 그야말로 무의미해 보였다. 크론쇼의 경우도 역시 그러했다. 그가 세상에 존재했다는 사실부터가 전혀 무의미했다. 그 사람은 이미 죽어 잊히고, 그의 시집만이 팔다 남은 책이 되어서 헐값에 헌책방에 나와 있다. 그의 일생 따위는 다만 뻔뻔스러운 저널리스트에게 한 줄의 서평을 쓰게 하기 위한 것이었다고 해도 좋았다. 필립은 마음속으로 외쳤다.

'아아, 무엇 때문에 사는 인생이란 말인가!'

기울이는 노력에 비하여 얼마나 보잘것없는 결과란 말인가? 밝은 청춘의 희망에 대한 보답은 그토록 고통스러운 환멸, 단지 그것만이란 말인가? 그렇다고 하더라도 고통과 질병과 불행의 비중이 지나치게 무겁다. 그것은 무엇을 뜻한단 말인가?

필립은 자신의 삶을 돌이켜보았다. 인생의 출발을 하던 때의 찬란하기만 했던 희망, 그의 육체가 강요했던 여러 제약, 친구 없이 고독했던 환경, 그리고 그의 청춘을 감싸고 있던 애정의 메마름, 그렇지만 그 자신으로서는 언제나 가장 좋다고 생각되는 일만을 해왔다고 생각했었다. 그런데 이렇게 비참하게 실패한 것은 어쩐 일인가! 자기와 같이 불리한 조건으로 훌륭하게 성공하는 사람도 있는가 하면 그보다 훨씬 유리한 조건을 갖고도 실패한 인간이 있다. 모든 것은 오로지 기회인가 보다. 비는 올바른 사람에게도 그렇지 않은 사람에게도 한결같이 내리니, 인생에서 왜냐 어째서냐 하는 물음은 전혀 할 수 없는 것이다.

크론쇼를 생각하면서 필립은 문득 그가 주었던 페르시아 융단을 떠올렸다. 인생의 의미란 무엇이냐는 필립의 물음에 그는 그 융단을 내밀었었다. 필립은 갑자기 그 답을 깨달았다. 그는 픽 한 번 웃었다. 알고 보니 그것은 수수께끼 놀이와 같은 것이었다. 고생 끝에 막상 깨닫고 보면 어째서 요것밖에 안 되는 것을 몰랐던가 하고 자기 스스로도 이상한 생각이 드는, 바로 그런 것이었다. 해답은 너무나도 또렷하다. 인생에 의미 따위가 어디 있느냐. 공간을 끊임없이 돌고 있는 한 개의 태양계 위성에 불과한 이 지구상에서,

그것도 그 유성의 역사의 극히 일부분인 일정한 조건의 결과로서 우연히 생물이라는 것이 발생했다. 그렇게 비롯된 생명은 또한 언제 다른 조건 아래서 종말을 고할지 모르는 것이다. 인간도 다른 형태의 생물과 조금도 다름없는 이상 창조의 극치로 탄생한 것은 물론 아니며, 단순히 환경에 대한 물리적 반응으로서 생겨난 것에 불과하다.

필립은 〈동방의 왕자〉라는 옛이야기를 생각해냈다. 인간의 역사를 알고 싶었던 왕은 어떤 현자에게서 5백 권의 책을 받았다. 그러나 국사가 매우 바빠 그것을 좀더 요약해 오라고 분부를 내렸다. 10년 뒤에 그 현자가 다시 왔을 때 역사는 겨우 50권으로 줄어들어 있었다. 그러나 왕은 이미 늙어 도저히 그 엄청난 분량의 책을 읽어낼 시간이 없었다. 그래서 다시 한 번 그것을 요약하도록 명령했다. 또 20년이 지났다. 이제는 자신도 나이가 들어 백발이 된 현자가 이번에야말로 국왕의 소망대로 지식을 단 한 권의 책으로 만들어서 갖고 왔다. 그러나 그때 왕은 이미 병상에 누워 있어서 그 한 권의 책마저 읽을 시간이 없었다. 결국 현자는 인간의 역사를 단 한 줄로 줄여서 국왕에게 사뢰었다.

'인간은 태어나고, 괴로워하고, 죽습니다.'

인생에 의미 따위는 없다. 인간의 삶에는 아무런 목적도 없다. 인간이 태어나건 태어나지 않건, 살건 죽건, 그러한 것은 아무런 의미도 없다. 결국 죽음도 무의미하고 삶도 무의미한 것이다. 필립은 일찍이 소년시절에 신앙이라는 무거운 짐을 어깨에서 내렸을 때 마음속으로부터 기쁨을 맛보았는데, 지금 역시 그러한 환희에 취했다. 이제야 책임의 마지막 무거운 짐을 벗어 버린 듯했기 때문이다.

그리고 비로소 완전한 자유를 맛보았다. 존재의 무의미함이 오히려 힘이 되었다. 그리고 여태까지 자신을 박해했던 냉혹한 운명과 지금에야말로 대등하게 맞선 것 같았다. 한 번 인생이 무의미하다고 결정된 바에야 세계는 가시가 뽑힌 것과 마찬가지 아닌가. 그가 무엇을 했고 무엇을 하지 않았는지 그러한 것은 이미 문제가 되지 않았다. 실패도 문제가 되지 않을뿐더러 성공 또한 아무 의미도 없다. 그 자신은 매우 짧은 순간 지상을 차지한 대단치 않은 인간 속에 파묻혀 사는 가장 하찮은 하나의 미물에 지나지 않는 것이다. 그러면서도 혼돈 속에서 모든 허무의 비밀을 파헤쳐낸 점에서는 전능자라

해도 좋았다. 열띤 그의 상상 속에서 여러 가지 상념이 자꾸자꾸 솟아났다. 그는 희열과 만족에 찬 긴 한숨을 내쉬었다. 벌떡 일어나서 노래라도 부르고 싶은 심정이었다. 지난 몇 개월 동안 이러한 행복감을 맛본 적이 없었다.

'오오, 인생이여!'

그는 마음속으로 외쳤다.

'그대의 가시는 어디에 있는가?'

수학의 증명과도 비슷한 힘을 지닌, '인생은 무의미하다'는 진리를 그에게 깨닫게 해준 그 상상의 용솟음은, 동시에 또 하나의 사상을 불러왔다. 이것이야말로 크론쇼가 페르시아 융단을 선물한 까닭인 듯했다. 직조공이 다만 자신의 미의식을 채우기 위해 정교한 무늬를 짜 나가듯이, 사람 또한 그렇게 살 수 있을 것이다. 또 사람의 행동이 자기 선택 밖의 것이라면, 인간의 삶이란 다만 한 조각 무늬를 만드는 데 지나지 않는 것이다. 반드시 어떤 행위를 해야 할 필요도 없거니와 했다고 해도 별다른 이익이 없다. 다만 자신의 기쁨을 위해 하는 것이다. 사람의 삶에서 일어나는 갖가지 사건, 그의 감정, 그의 사상, 그러한 것들로 규칙적인 무늬, 정교한 무늬, 복잡한 무늬, 아름다운 무늬를 짜낼 수 있을 뿐이다. 인간에게 어떤 선택능력이 있다고 믿는 것은 결국 단순한 환상이리라. 곧 현상과 공상이 교묘하게 어우러져 짜인 어처구니없는 속임수에 지나지 않는 것이다. 그래도 문제되지 않는다. 그렇게 보는 이상 그로서는 어쩔 수 없는 일이니까. 인생의 무의미, 따라서 뭐라 할 가치조차 없다는 생각을 배경으로 이 인생이라는 광대한 날실을 생각하면, 이른바 그것은 어디서 시작됐는지 알 수 없는 샘으로부터 나와 어디로 가는지 알 수 없는 바다로 끊임없이 흐르는 큰 강인 것이다.

인간이 마음에 드는 날실을 골라잡아 어떠한 무늬를 짜내든 그것이 곧 개인의 만족이다. 다만 그 속에 가장 분명하고 가장 완전하며 가장 아름다운 무늬가 하나 있다면, 인간이 태어나고 자라고 자식을 낳고 빵을 얻기 위해 일하고 죽는다는 무늬가 그것이다. 물론 그 밖에 좀더 다른 무늬도 있다. 행복도 성공도 문제되지 않는, 보기에 복잡하고 오묘한 무늬. 그것은 더한층 비통한 아름다움을 띤다. 이를테면 헤이워드의 삶으로 설명할 수 있으리라.

운이라는 맹목적이고 비정한 손길이 그 무늬가 채 완성되기도 전에 실을 잘라버리고 만다. 따라서 결국 그것도 문제가 아니라는 스스로의 위로만이 그나마 위안이 된다. 한편 크론쇼의 삶은 참으로 난해한 무늬가 된다. 그러한 삶 또한 그 나름으로 좋았다고 하려면, 먼저 사물을 보는 관점 자체를 뒤바꿔야 하는 동시에 낡은 잣대는 깡그리 고쳐 잡아야 하는 것이다. 필립은 생각했다, 행복하려는 소망을 저버림으로써 마지막 환상을 떨쳐버리리라. 행복이라는 잣대를 들이대는 한 그의 삶은 생각만으로도 견딜 수 없는 것이었다.

그러나 이제 인간의 삶을 좀더 다른 잣대로 판단할 수 있음을 알게 되자 그는 용기가 마구 솟았다. 행복이라든가 고통이라든가 그러한 것이 이제 무슨 문제랴. 그러한 것들은 그의 삶에서 일어나는 여러 사건들과 함께 다만 무늬를 복잡 정교하게 하기 위해 끼어드는 요소이다. 순간 그는 자신의 생활에서 일어나는 모든 우연 위에 초연히 서 있는 기분이 들었다. 이제는 지금까지처럼 그러한 것들에 좌우되는 일은 다시없으리라. 설혹 어떤 일이 일어난다고 해도, 그것은 다만 무늬에 복잡성을 더하는 모티프 하나가 더 덧붙여진 것일 뿐이다. 그리고 삶의 종말이 가까이 왔을 때 비로소 무늬의 완성을 기뻐하는 것이다. 말하자면 하나의 예술품이라고나 할까? 그 존재를 아는 사람이라고는 자기 자신뿐이며, 설령 죽음과 더불어 불시에 그것을 잃는다 할지라도, 그 아름다움은 조금도 변함없다.

필립은 행복했다.

107

구입부 샘슨 씨는 필립을 무척 마음에 들어 했다. 그는 대단한 멋쟁이여서 판매장 여점원들이 그가 부유한 고객 누군가와 틀림없이 결혼하게 될 것이라 소문을 낼 정도였다. 교외에 살고 있었는데 곧잘 사무실까지 야회복을 입고 들어와 사람들을 놀라게 했다. 또 때로는 그 이튿날 아침까지 그대로 정장을 하고 나와서, 일하는 청소부들 앞에 나타나는 것이었다. 그들이 속사정이 궁금해 눈짓을 하는 사이에 그는 곧장 사무실로 들어가서 프록코트로 갈아입었다. 그런 뒤에는 으레 헐레벌떡 아침식사를 하러 뛰어가기 마련인데, 돌아오는 길에는 계단을 올라가면서 필립에게 가볍게 눈인사를 하고, 두 손을 비비면서 말했다.

"아, 간밤엔 참으로 유쾌했어! 참 재미있었어."

그는 평소 입버릇처럼 필립에게 우리 상회에서는 자기만이 신사이고, 또 인생이 무엇인가를 아는 사람은 자네와 나 둘 뿐이라는 소리를 곧잘 했다. 그 말을 한 뒤에는 갑자기 태도를 바꾸고 필립을 '자네' 대신에 일부러 의젓한 태도로 '캐리 씨'라고 부르면서 제법 구입부다운 위엄을 갖춘 다음 그를 담당 안내 장소로 돌려보내는 것이었다.

린 앤드 세들리 상회는 파리에서 매주 한 번씩 나오는 유행신문을 받아, 거기에 실린 의상 디자인을 가게 손님의 기호에 따라 바꾸어 내놓았다. 이 상회의 고객들은 제법 특수해서 가장 중요한 손님은 주로 중소 공업도시의 여자들이었다. 그녀들은 멋 부리기를 즐겨 그 지방에서 만들어내는 옷을 마음에 들어 하지 않았으나 그렇다고 해서 자신들의 재정 상태에 맞는 솜씨 좋은 재단사를 찾아낼 만큼 런던 사정에 익숙한 것도 아니었다. 그리고 그 밖에 우스운 이야기지만 뮤직홀에 나가는 여성 연예인들 가운데에도 손님이 많았다. 이들은 주로 샘슨 씨 혼자 개척한 고객들로 그는 이것을 크게 자랑하고 있었다. 처음에는 무대의상 주문만 받았으나 차차 입담 좋은 그의 권유로 다른 옷가지를 사들이는 사람도 많아졌다.

샘슨 씨는 이렇게 말했다.

"파캥(파리에서 가장 유명한 숙녀복점)과 똑같은 물건을 반값에 살 수 있답니다."

아무튼 입담 좋고 설득도 잘했기 때문에 손님들은 그에게 호감을 느꼈다. 그녀들은 곧잘 이런 말을 주고받았다.

"괜스레 돈 쓸 것 없잖아? 린에서 산 코트나 치마가 파리에서 만든 옷이 아니라는 걸 아는 사람은 아무도 없어."

샘슨 씨는 자신이 옷을 만들어 준 여배우들과 친한 것을 크게 자랑하고 있었다. 일요일 낮 오후 2시에 빅토리아 버고 양의 초대를 받고 '털즈 힐'에 있는 그녀의 아름다운 집에 점심 먹으러 갔던 다음 날은, 하나도 빼놓지 않고 아주 자세한 이야기로 온 판매장 안을 떠들썩하게 했다.

"우리 가게에서 만든 바로 그 등꽃 보랏빛 옷 있잖아, 그것을 입고 있으면서도 여기서 샀다는 말 절대로 안 하더란 말이야. 그래서 견디다 못해 하는 수 없이 내가 먼저 그 말을 했지. 사실 내가 손수 디자인한 것이 아니라면 아무리 보아도 파리제라고밖에는 말씀드리지 못하겠군요 하고 말이야."

필립은 원래 여자 옷에는 그다지 흥미가 없었다. 그러나 그러는 동안에 점점 흥미가 생겨서 자연히 전문적 관심을 갖게 되었다. 빛깔 자체에 대해서는 판매장의 누구보다도 세련된 안목이 있었고, 선에 대한 지식도 파리에서 공부한 덕에 어느 정도 있었다. 샘슨 씨는 전혀 지식이랄 것이 없는 사람이었지만 다만 자신의 무능력함을 남달리 잘 알아서 남의 착상 같은 것을 꽤 빈틈없이 곧잘 종합했다. 따라서 새로운 디자인을 만들어낼 때에는 반드시 부내의 전체 의견을 들어 보았다. 그리고 그 가운데에서 필립의 비평이 가장 참고가 된다는 점을 곧 알아차렸다. 그러면서 또 질투심은 어찌나 강한지 어떤 일이 있더라도 남의 충고에 따랐다고는 절대로 인정하려 들지 않았다. 이를테면 필립의 의견에 따라 도안을 웬만큼 수정했을 때도 마지막에 하는 말은 언제나 정해져 있었다.

"결국엔 내가 생각한 대로 돼버리는군."

필립이 회사에 들어온 지 5개월쯤 지난 어느 날이었다. 유명한 희극 가수 앨리스 앤토니어 양이 상회에 와서 샘슨 씨를 만나고 싶다고 했다. 아마빛 머리에 몸집이 큰 여자였는데, 화장을 짙게 하고 금속성 목소리를 가지고 있었다. 시골 뮤직홀 대중석에 모이는 청년들과도 가까이 지내는 무척 소탈한 여배우였다. 이번에 새로운 노래를 부르는데 그때 입을 의상 디자인을 샘슨 씨에게 부탁하고 싶다는 것이었다.

"남들이 깜짝 놀랄 만한 것을 입고 싶어요. 여태까지 입던 것 같은 케케묵은 것은 질색이거든요. 남들과는 전혀 다른 것으로 부탁해요."

"잘 알겠습니다. 마음에 꼭 들만한 것으로 해 올리죠."

상냥하고 친절한 샘슨 씨는 자신만만하게 일을 맡았다. 그리고 몇 가지 스케치까지 내보였다.

"물론 이 가운데에는 마음에 드시는 것이 없겠지요. 다만 그저 이런 식의 것으로 하면 어떠할까 하는 의미에서 말입니다."

그러나 그녀 쪽에서는 한 번 힐끔 쳐다보자마자 조급해서 견딜 수 없다는 듯 호들갑을 떨었다.

"아니에요, 내가 말한 건 이런 게 아니에요. 보기만 해도 황홀해서 아찔한 거라야 해요."

"아, 잘 알겠습니다."

샘슨 씨는 상냥하게 웃으며 대답했지만 순간 그의 눈은 아득히 멍해졌다.

"역시 파리에 갔다 와야겠지요?"

인간의 굴레 689

"아니죠. 우리 가게에서 틀림없이 만족하실 만한 것으로 만들어 드리겠습니다. 파리에서 만들 수 있는 물건을 우리 가게에서 못 만들다니요."

그러나 막상 그녀가 한바탕 떠들고 돌아가 버리자 샘슨 씨도 걱정이 되었는지 호지스 부인에게 달려가 의논했다.

"무척 까다로운 모양이군요. 틀림없이 그럴 거예요."

호지스 부인이 말했다.

"아, 앨리스여, 그대 지금 어디에?"

그는 화가 나 이렇게 빈정거리고는 그녀에게 조금은 복수한 것 같은 기분이 되었다.

원래 그가 생각하는 뮤직홀 의상이라고 해봤자 고작해야 짧은 치마에 주름 잡힌 레이스, 번쩍번쩍 빛나는 보석 장식 따위의 테두리에서 한 걸음도 벗어나지 못한 것이었다. 하지만 그 점에 대한 앤토니어 양의 태도는 참으로 분명했던 것이다.

"어머, 겨우 그런 걸로요."

보석 장식이라니 생각만 해도 속이 메스껍다고는 차마 입 밖에 내지 않았지만, 하여튼 낡은 것은 질색이라는 낌새는 확실히 말투로 내비쳤다. 샘슨 씨는 한두 가지 정도 생각나는 것을 말해 보았다. 호지스 부인은 그런 것으론 어림도 없다고 딱 잘라 말했다. 그래서 결국 이 문제는 그녀를 통해 필립에게 오게 되었다.

"필, 그림 그리지 않아요, 자기? 어째서 한번 해보지 않죠? 솜씨를 보일 때예요."

필립은 싸구려 수채화구를 한 통 사들였다. 그리고 그날 밤, 소란스러운 열여섯 살 벨이 줄곧 휘파람을 불면서 우표를 정리하는 동안에, 스케치를 한두 장 그렸다. 전에 파리에서 보았던 의상 몇 개를 생각해 내고 그 가운데 하나를 조금 고쳐서 보통 같으면 잘 쓰지 않는 강렬한 색깔을 배합해 어떤 독특한 효과를 내보았다. 결과는 자기 생각에도 재미있는 것이었다. 다음 날 아침 호지스 부인에게 보였더니 그녀는 약간 놀라더니 그대로 샘슨 씨에게로 가져갔다.

"확실히 색다른 점이 있긴 하군. 그것만은 틀림없어."

사실은 그도 판단하기가 난처한 모양이었다. 그러나 장사에 밝은 안목이 있어선지 아무튼 멋진 물건이 되리란 점만은 이내 알아차린 듯했다. 자기 체면도 있어서 일단 고쳐야 할 곳을 지적했지만, 영리하고 눈치 빠른 호지스 부인은 그러는 것보다는 그대로 앤토니어 양에게 보여 주는 편이 어떠냐고 주장했다.

"잘되고 안 되고는 운에 맡기고 한 번 해보는 거예요. 의외로 마음에 들지도 몰라요."

"그래, 그럴지도 모르지."

샘슨 씨는 목과 어깨를 하얗게 드러내는 옷 디자인을 바라보면서 말했다.

"저 친구 제법 잘 그리는군그래, 그런데 지금까지 비밀로 해두었다니."

앤토니어 양이 찾아왔다는 전갈을 듣자 샘슨은 그 디자인을 책상 위에, 그것도 들어서는 순간 바로 눈에 뜨일 만한 자리에 놓았다. 과연 그녀는 달려드는 듯이 그것을 집어 들었다.

"이건 뭐예요? 제 것으로는 안 되나요?"

"되다마다요. 손님을 위해서 일부러 생각한 것입니다. 마음에 드시나요?"

"무슨 말이에요? 됐어요. 자, 축배를 들어야겠어요. 진을 조금 섞어서 말이에요."

"아, 그러시면 이젠 파리에 가실 필요는 없겠군요. 필요한 것을 말씀만 하시면 척척 해드릴 수 있다, 이 말씀입니다."

그리하여 이 디자인은 곧 재단에 들어갔다. 옷이 완성되자 필립은 무척 기뻤다. 공적은 고스란히 샘슨과 호지스가 차지했지만 그런 것은 아무래도 좋았다. 그리하여 두 사람과 함께 티볼리 극장으로 가 앤토니어 양이 그 옷을 처음 입은 것을 구경했을 때 필립은 의기양양해서 어쩔 줄을 몰랐다. 호지스 부인이 묻는 바람에 그림공부를 했다는 말도 털어놓았더니 이 사실을 그녀가 샘슨에게 전해 주었다(지금까지는 다른 동료들로부터 잘난 체한다는 말을 듣기가 싫어서 과거의 경력에 대해서는 입을 꾹 다물고 있었던 것이다). 그 일에 대해서 샘슨은 직접 아무 말도 하지 않았지만, 여태까지보다는 조금 경의를 나타내었고 얼마 안 가서 지방 고객의 주문이라며 두 가지 디자인을 그에게 다시 맡겨 주었다.

그런데 그것들도 고객들이 매우 만족해했으므로 그 뒤부터 샘슨은 고객들에게 일일이 여기서 일하는 청년인데 파리에서 그림공부를 한 미술학도였기 때문에 솜씨가 아주 좋습니다, 이런 식으로 떠들어대게 되었다. 이윽고 필립은 아침부터 밤까지 칸막이 뒤에서 셔츠 바람으로 그림만 그리는 직책을 맡았다. 때로는 쉴 틈 없이 바쁜 때도 있어 제때 식사를 못한 동료들과 함께 3시에야 간신히 점심을 먹는 적도 있었다. 그러나 그는 그 편이 더 좋았다. 사람들도 거의 없는 데다 있다 해도 모두 일에 지쳐서 말도 할 수 없는 정도였고, 음식도 구입부의 테이블에서 남은 것이 돌아오기 때문인지 훨씬 좋았다. 필립이 안내부에서 의상도안부로 자리를 옮기며 승진되었다는 소식은, 부내 전체에 커다란 충격을 주었다. 그는 곧 자기가 선망과 질시의 대상이 된 것을 알았다. 필립이 이 상회에서 맨 처음 만난, 그에게 호의까지 베풀어 주었던 그 기묘한 머리형의 점원 해리스까지도 지금은 이미 적의를 감추려 하지 않았다.

"세상엔 운 좋은 사람은 따로 있다니까. 당신도 이제 얼마 안 가서 구입부가 되겠군. 그땐 우린 모두 당신에게 굽실굽실해야 하겠지."

그는 또 필립에게 봉급인상을 요구하라고도 했다. 현재 그가 하는 일이 더 힘든데도 여전히 처음 취직했을 때와 같이 주급 6실링을 받지 않느냐는 것이었다. 그렇다고는 해도 봉급인상을 요구하기란 아무래도 낯간지러운 일이었다. 더욱이 그러한 요구에 대해서 지배인은 꽤 빈정거리고 나온다는 것을 알고 있었다.

"딴은 그렇군. 자네 생각엔 당연히 더 받아도 좋겠다는 거겠지. 그럼 도대체 얼마나 더 받으면 충분하겠나?"

점원이 오히려 놀란 표정으로 2실링만이라도 더 받았으면 좋겠다고 말한다.

"하긴 그래. 자네에게 그만한 가치라도 있다고 생각한다면 그것도 좋겠지."

여기서 말을 잠깐 끊고 강철같이 차가운 눈을 치켜뜨며 이렇게 말하는 일조차 있다.

"그럼, 그 대신 해고통지도 함께 줄 테니까."

일이 이렇게 되면 요구를 철회한대도 때는 이미 늦은 것이다. 나가는 도리밖에 없다. 지배인 생각으로는 불평을 자주 일삼는 점원치고 제대로 일하는 사람은 절대 없다는 것이었다. 그러니까 급료를 올려줄 가치가 없다고 보이면 차라리 당장에라도 해고하는 편이 낫다는 결론이었다. 그런 까닭에 그만

둘 것을 각오한 자가 아니고는 아무도 급료인상을 요구하는 사람이 없었다. 필립은 망설였다. 같은 방의 동료들은, 이미 샘슨 씨는 자네 없이는 일을 해나가지 못할 테니까 해봐도 괜찮을 것이라고 말했지만, 필립은 아직 적잖이 염려되었다. 그들 모두가 괜찮은 사람임에는 틀림없지만 그들의 유머감각이란 게 원시적이다 보니, 교묘히 급료인상 문제를 들고 나서게 해서 필립이 퇴직이라도 당하면 손뼉 치면서 좋아할 것이 아닌가 하는 생각이 들었다. 취직자리를 구하러 다니던 시절의 괴로움을 어떻게 잊으랴. 그 짓만은 두 번 다시 하고 싶지 않았다. 그리고 자기만큼 그림 그릴 사람은 얼마든지 있을 테니 다시 다른 곳에서 도안부의 일자리를 얻으리라고는 기대할 수 없었다. 하지만 돈만은 몹시 필요했다. 양복도 헐었고, 구두도 양말도 두꺼운 양탄자 때문에 못쓰게 되어 버렸다. 어지간하면 한 번 입을 떼어 볼까 마음도 먹었는데, 어느 날 아침 지하실 식당에서 아침을 먹고 지배인실을 지나는 복도로 올라가다가 구인광고를 보고 온 구직자들의 긴 줄을 보게 되었다. 넉넉히 백 명은 될 것 같았다. 그중에 누가 채용된다고 하더라도 그와 마찬가지로 생활비와 주급 6실링으로 급료는 정해져 있다. 그중에는 다만 일자리를 가졌다는 것만으로도 몹시 부러운 듯 필립의 얼굴을 바라보는 사람도 있었다. 그것을 보자 필립은 등골이 오싹했다. 급료인상 따위는 도저히 꺼낼 용기가 나지 않았다.

108

겨울이 지났다. 이따금 필립은 밤이 이슥해서 아는 사람은 만나지 않을 듯한 시간을 노려 병원으로 살짝 들어갔다. 그의 앞으로 편지가 오지 않았는가를 알아보기 위해서였다. 부활제에 그는 큰아버지에게서 편지를 받았다. 조금 놀라웠다. 블랙스테이블의 큰아버지에게서 편지를 받은 적이 태어나서 지금까지 여섯 통을 넘지 못했기 때문이다. 내용은 극히 사무적인 것이었다.

  필립 보아라.
  휴가를 얻을 수 있거든 꼭 한 번 내려오너라. 의논할 일이 있다. 나는 이번 겨울에 심한 기관지염으로 무척 고생했다. 위그램 선생 같은 분도 도저히 회복은 어려울 것으로 보신 모양이더라. 다만 내 체질이 원래 튼튼한 탓인지 기적적으로 나은 것은 매우 고마운 일이라고 생각한다.

윌리엄 캐리

　다 읽고 나자 필립은 울화가 치밀었다. 도대체 큰아버지는 조카가 지금 어떻게 끼니를 잇고 있는지 알고는 계실까? 한마디쯤은 물어보아도 좋을 텐데. 늙은이가 어떻게 생각하고 있는지는 모르지만 이쪽은 자칫 잘못 했더라면 굶어 죽었을 것이다. 그러나 돌아오는 길에 문득 어떤 생각이 떠올랐다. 그는 가로등 밑에 서서 편지를 다시 읽어 보았다. 큰아버지의 필적도 이제는 옛날처럼 그 독특하달 수 있었던 사무적이고 견실한 것이 못되었다. 글씨 획이 지나치게 크고 떨린 흔적이 보였다. 아마도 큰아버지의 병세가, 그가 써 보낸 이상으로 노쇠한 몸을 괴롭히는 모양이었다.
　그리고 이 형식적인 편지에나마 세상에 단 하나뿐인 혈육을 만나겠다는 간절한 마음을 담으려고 했는지도 모른다. 필립은 답장을 내어서 7월이 되면 2주일쯤 휴가를 얻어 내려갈 수 있다고 써 보냈다. 큰아버지에게서 초대를 받은 것은 무척 다행한 일이었다. 사실 짧은 휴가를 어떻게 보내면 좋을지 망설이고 있었기 때문이다. 9월이 되면 아델니 일가는 모두 홉을 따러 가는데 마침 그때는 가을 모델의 준비 등으로 도저히 틈을 낼 수가 없었다. 린 상회의 규약으로는 필요가 있고 없고 간에 반드시 1년에 2주일씩은 누구나 휴가를 내야 했고, 만약 그때 갈 곳이 없으면 기숙사에서 자는 것은 상관없지만 다만 식사는 제공하지 않는다. 사실 런던에서 상당한 거리이기 때문에 친구 하나 없는 사람도 몇 있어서 그들에게는 휴가가 오히려 걱정거리였다. 식비는 내야하고 자기 시간은 하루 종일 얼마든지 있으면서도 재미있게 지낼 일이라고는 아무것도 없는 것이다. 또한 필립은 밀드레드와 함께 브라이튼에 갔던 이후로는 런던을 떠난 적이 없었는데, 그것이 벌써 2년 전 일이었다. 그런 만큼 어떻게든지 신선한 공기와 바다의 침묵을 접하고 싶었다. 5월에서 6월에 걸쳐서 두 달 동안 그는 거의 안절부절못하면서 그것만을 생각했으나, 막상 떠날 때가 닥쳐오고 보니 드디어 묘하게 귀찮아졌다.
　떠나기 전날 밤, 부탁할 일이 한두 가지 있어 샘슨과 이야기하는데 별안간 그쪽에서 말을 꺼냈다.

"자네 지금 얼마 받고 있지?"

"6실링이죠."

"그건 너무 적군. 돌아오면 12실링으로 올려주라고 말해 두지."

"고맙습니다. 저도 사실은 새 옷 한 벌 해 입고 싶었던 참이니까요."

필립은 웃으면서 말했다.

"자네가 일에 충실해서 말일세. 남들처럼 여자 꽁무니를 따라다니거나 하지 않는다면야 내가 자네 뒤를 돌봐 주지, 알겠나? 아직 배울 일이 얼마든지 있어. 아무튼 자넨 장래가 유망한 사람이야. 그것만은 말해 두어도 돼. 참으로 유망해. 그러니까 일만 착실히 하면 곧 주급 1파운드쯤은 받도록 해 주지."

그러나 필립은 생각했다. 그렇게 되자면 도대체 언제까지 기다려야 할까? 2년?

필립은 형편없이 변해 버린 큰아버지의 모습에 매우 놀랐다. 전번에 보았을 때만 하더라도 아직 자세가 곧고 건장한 체격에 둥글고 수염이 없는, 오히려 육감적인 인상마저 주던 얼굴이었는데 지금은 놀라울 만큼 여위어 있었다. 피부는 누렇게 뜨고, 눈 아래는 축 처지고, 완전히 늙은 티가 나서 허리까지 굽었다. 이번 앓는 동안에 수염이 마구 자란 모양이고, 걸음걸이도 매우 느려졌다.

"아무래도 건강이 그다지 좋지 않은 것 같구나. 더위를 이겨내기가 힘들어."

필립이 막 도착하여 함께 식당에서 이야기할 때 큰아버지가 말했다.

필립은 교구의 여러 가지 이야기를 들으면서 큰아버지를 바라봤는데 도대체 이대로 언제까지 더 버틸 것인가 싶었다. 더위에 지쳐서 세상을 떠나지는 않을까? 손이 너무나 수척한 데다 떨리기까지 했다. 필립으로서는 결코 남의 일이 아니었다. 이번 여름에라도 큰아버지가 세상을 떠난다면 그는 겨울 학기부터라도 병원에 되돌아갈 수 있을 것이다. 두 번 다시 린 상회에는 가지 않아도 된다는 생각만으로도 가슴이 뛰었다. 점심때 큰아버지는 등을 동그랗게 하고 의자에 앉아 있었고, 큰어머니가 돌아가신 뒤로 줄곧 큰아버지를 돌봐 오던 가정부가 말했다.

"저어 목사님 어떠세요, 필립 씨에게 그 고기를 잘라 달라 하시면?"

자신의 약점을 보이기 싫은 탓인지 손수 잘라 보려고 하던 큰아버지는 그 말을 듣자 기쁜 모양이었다.
"그래도 식욕은 퍽 좋으신 편 아닙니까?"
필립이 말했다.
"식욕은 언제나 좋은 편이야. 그러나 네가 지난번 왔을 때보다는 훨씬 말랐지? 마르는 편이 나아. 뚱뚱해지는 것은 질색이야. 닥터 위그램도 마르니까 전보다 훨씬 좋아졌다는 것 같더라."
식사가 끝나자 가정부가 어떤 약을 가지고 들어왔다.
"처방전을 필립에게 보여 줘."
큰아버지가 말했다.
"이래 봬도 의사니까 말이야. 그것으로 좋은지 네게도 의견을 물어보고 싶구나. 난 말이다. 위그램 선생에게 네가 의학공부를 하고 있으니까 진찰료를 조금 감해 주어야 한다고 말했지. 진찰료가 어찌나 비싼지 어이가 없구나. 두 달 동안 날마다 왕진을 와 주었는데 한 번에 진찰료가 5실링이나 되니 말이다. 엄청난 돈이구나. 지금도 일주일에 두 번씩 왕진을 와주는데 이젠 필요 없다, 일이 있을 때 부를 테니까, 하고 말할 참이야."
필립이 처방전을 읽는 동안 큰아버지는 그를 빤히 바라보고 있었다. 처방은 마취제였다. 두 종류가 있었는데, 한쪽은 큰아버지의 설명에 따르면 신경통이 견디기 힘들 때만 복용한다고 했다.
"무척 조심은 하고 있다. 아편 중독자가 되고 싶지는 않으니까 말이다."
큰아버지는 필립의 문제는 도무지 화제에 올리지도 않았다. 필립의 생각에, 큰아버지가 경비를 자꾸 입에 담는 것은 자기가 돈을 달라고 할 때를 대비한 예방선임에 틀림없는 것 같았다. 이를테면 의사와 약국에 돈이 얼마나 많이 들어가는지 모른다는 둥, 앓는 동안은 날마다 침실에 스토브를 피워야 한다는 둥, 요즘에는 일요일 교회에 나가는 데 아침저녁으로 마차를 타야 한다는 둥 하는 식이었다. 필립은 울화가 치밀어서 "걱정하실 것 없습니다. 큰아버지에게 돈을 빌릴 마음은 없으니까요" 하고 말해 주고 싶었으나 가까스로 참았다. 이미 이 노인에게는 음식에 대한 즐거움과 금전에 대한 집착, 그 두 가지 말고는 아무것도 없는 듯했다. 늙은이의 놀라운 추함이었다.
오후에 위그램 의사가 왕진을 왔다. 진찰이 끝난 뒤 필립은 정문까지 배웅했다.
"선생님의 의견은 어떻습니까?"
위그램은 올바르게 처리하기보다는 어떻게든 잘못을 저지르지 않으려고 애쓰는 그런 사람이었다. 따라서 확실한 의견 같은 위험스러운 말은 되도록 피했다. 지금까지 35년이라는 긴 세월을 블랙스테이블에서 개업의로 있으면서 그는 무척 안전한 의사라는 정평을 얻었다. 그리고 사실, 그가 맡아보는 환자들의 대부분은, 의사는 잘 보기보다는 안전한 편이 낫다고들 생각하고 있었다. 블랙스테이블에는 새로 개업한 의사가 또 한 사람 있었는데 꽤 실력이 좋다는 평이었다(여기에서 개업한 지 벌써 10년이나 되었는데도 그는 아직 무허가 의사처럼 보였다). 그러나 이 도시의 상류층에는 그다지 손님이 없는 실정이었다. 그 의사의 정체를 아는 사람이 아직 없기 때문이라는 이유에서였다.
"아, 괜찮을 걸세."
필립의 질문에 의사는 이렇게 대답했다.
"특별히 나쁜 데라도 있나요?"
"그야 물론, 필립도 알다시피 큰아버지님은 이미 젊은 청년은 아니시니까."
의사는 조심스러운 웃음을 띠면서 말했다. 그 말은 결국 큰아버지가 아직 노인은 아니라는 말이기도 했다.
"하지만 큰아버지님은 심장이 몹시 나쁘다고 생각하시는 것 같던데요."
"하기야 심장이 그다지 좋진 않아."
가까스로 결심하고 하는 대답인 모양이었다.
"웬만큼 조심하여선 안 되지. 그럼, 조심하셔야지."
그렇다면 앞으로 얼마나 더 살 수 있을까요, 하는 질문이 필립의 입에서 나올 뻔했으나 너무 노골적인 말 같아서 그만두었다.
이런 일에선 사회 통념상 완곡한 표현이 필요한 것이다. 그러나 대신 다른 질문을 한 순간 그는 문득 생각했다. 의사는 병자의 죽음을 기대하는 근친들의 속셈쯤에는 이미 익숙하지 않을까? 따라서 근친들이 말하는 슬픈 말 따위에서 본심을 빤히 들여다보고 있을 것이 틀림없다. 필립은 자신의 위선을 생각하며 엷은 쓴웃음을 띠면서 손을 내리깔았다.

"그렇다면 당장에 위험은 없다는 말씀이시군요?"

위그램은 무엇보다도 이런 질문을 싫어했다. 만약 앞으로 한 달도 못 갈 것이라고 말해 주면 가족들은 틀림없이 사별 준비를 하게 될 테고, 그러다가 그 환자가 죽지 않으면 공연히 쓸데없는 걱정을 시켰다는 원망이 의사에게 모조리 돌아오기 마련이다. 반대로 앞으로 1년은 염려 없을 거라고 말했는데 1주일도 못 되어 맥없이 죽게 되면 대번에 그 의사는 틀렸다고 하게 된다. 그렇게 빨리 죽을 줄 알았더라면 애정을 있는 대로 쏟아 줄걸 그랬다는 아쉬움이 앞서는 것이다. 위그램은 마치 씻기라도 하듯 손을 비비면서 결심한 것처럼 말했다.

"글쎄, 지금 상태로라면 그다지 큰 위험은 없으리라고 생각하지만. 그러나 한 가지 기억해야 할 점은, 그분은 아무튼 젊은 사람이 아니라는 거야. 기관도 꽤 낡았고. 이번 여름만 이럭저럭 넘기면, 올 가을까지는 이 상태로 어떻게 용케 견딜 수 있겠어. 그리고 겨울도 무사히 지내고 나면, 별일 없지 않겠어?"

필립은 식당으로 되돌아왔다. 큰아버지는 아직 앉아 있었다. 두건 같은 모자를 쓰고 코바늘뜨기로 만든 숄을 어깨에 덮고, 정말 보기 흉한 모습이었다. 가만히 아래만 보고 있다가 필립이 들어오자 그의 얼굴로 눈길을 돌렸다. 필립이 오길 몹시 기다렸음을 곧바로 알 수 있었다.

"위그램 선생이 뭐라고 하시더냐?"

필립은 이 노인이 죽음을 두려워하고 있구나 하고 순간적으로 생각했다. 그는 좀 언짢은 것 같아서 저도 모르게 외면했다. 그러나 언제나 인정에 약해서 괴로움을 당해온 그였다.

"퍽 좋아지신 것 같다고 하더군요."

희미하게 기쁜 빛이 노인의 눈에 감돌았다.

"하기야, 난 몸만은 무척 단단하거든. 그리고 그 밖에 어떤 말을 하더냐?"

아직 의심이 남은 것 같았다.

필립은 빙그레 웃었다.

"몸조리만 잘하시면 백 살까지 염려 없으시겠다더군요."

"그렇게야 살겠느냐만 적어도 80까지는 살지 못할 것도 없겠지. 어머니께서도 84세에 돌아가셨으니까 말이다."
 큰아버지의 의자 옆에는 조그마한 책상이 놓여 있었고 그 위에는 지금까지 몇 십 년 동안 가족들에게 읽어 주던 성서와 커다란 기도서가 놓여 있었다. 그는 떨리는 손을 뻗어서 그 성서를 집어 들었다.
 "고대의 족장들은 모두가 무척 장수한 모양이더구나. 그렇지?"
 야릇하게 웃는 얼굴을 보이면서 그는 말했다. 조심스럽게 무언가를 호소하는 것처럼 느껴졌다.
 노인은 달라붙는 것처럼 생에 집착하고 있다. 그러면서도 그의 신앙이 가르치는 모든 사항은 맹목적으로 믿는 것이다. 그는 영혼불멸에 대해서는 추호도 의심하지 않는다. 그리고 그의 능력이 미치는 한은, 틀림없이 천당에 갈 수 있도록 온갖 힘을 다해서 올바른 생활을 해왔다고 생각하는 것이다. 그는 오랜 목사 생활 동안 죽어가는 숱한 사람에게 신앙의 위안을 베풀어 주었다! 마치 자신은 자기의 처방에서 아무런 효험도 얻지 못한 의사와 같았다. 굳이 살고 싶다는 이 삶에 대한 집착에 필립은 당혹스럽고 놀라기도 했다. 이 노인의 마음속 깊은 곳에는 과연 어떠한 알 수 없는 공포가 있을까? 그는 이상스러웠다. 할 수 있다면 큰아버지가 지닌 영혼의 비밀을 캐내 보고 싶었다. 그렇게 하면 그도 은근히 의심하는 그 어떤 알 수 없는 것의 무서움이 모습 그대로 보일는지도 모르는 것이다.
 2주일간의 휴가는 눈 깜짝할 사이에 지나고 필립은 다시 런던으로 돌아왔다. 8월의 맹렬한 더위에 셔츠 바람으로 그림을 그리면서 지냈다. 점원들은 차례차례로 휴가를 얻어나갔다. 밤이 되면 필립은 대개 하이드파크에 나가서 음악을 들었다. 일에는 익숙해져서 피로도 한결 덜했고, 마음은 오랫동안의 정체에서 회복되어 무엇인가 새로운 활동을 찾고 있었다. 이제야말로 희망은 온전히 큰아버지의 죽음에 걸려 있었다. 그는 끊임없이 똑같은 꿈만 꾸었다. 어느 날 아침 일찍 전보를 받아 보니 큰아버지가 죽었다는 통지다. 드디어 자유는 내 것이다! 그러나 잠이 깨어 꿈에 지나지 않는다는 것을 알았을 때 그의 마음은 암담한 노여움으로 꽉 찼다. 그래도 이제는 언제 일어날지 모르는 일이라고 생각하며 필립은 장래의 계획을 열심히 빈틈없이 세웠다. 그 계획에서는 언제나 면허를 딸 때까지의 1년이란 세월은 단숨에 날아가 버리고, 오랜 숙원이었던 에스파냐 여행만이 남아 있었다. 에스파냐에 관한 책은 몇 권이나 무료 도서관에서 빌려다 보았다. 뿐만 아니라 사진첩 따위를 보고 어느 도시가 어떻게 생겼는가 하는 것까지 일일이 외워 버렸다. 코르도바 시를 방황하고 과달키비르 강에 놓인 다리 위에 선 자신의 모습을 떠올려 보기도 했고, 그 톨레도의 꾸불꾸불한 거리를 지나서 수많은 교회를 차례차례 방문하여 신비적 화가 엘 그레코가 마치 필립 자신을 위해서 마련해 둔 것같이 생각되는 그러한 비밀을 직접 그의 입으로 듣기도 했다.

마침내는 아델니까지 끼어들어서 필립이 소중한 것을 하나도 빠뜨리지 않도록, 일요일 오후 같은 때 곧잘 둘에서 그야말로 성심껏 관광안내도를 만들었다. 초조한 마음을 억누르기 위해서 필립은 에스파냐어를 혼자 공부하기 시작했다. 아무도 없는 해링튼 거리의 기숙사 휴게실에서 매일 밤 한 시간씩 연습하기도 했고, 《돈키호테》의 멋진 문장을 영역을 대조해 가면서 읽어 보기도 했다. 한 주일에 한 번씩은 아델니가 가르쳐 주었다. 필립은 여행 때 도움이 될까 해서 몇 문장을 암송하기까지 했는데, 그것을 보고 아델니 부인은 곧잘 웃었다.

"두 분은 왜 그렇게 에스파냐어에 열을 올리세요! 왜 좀더 쓸모 있는 일은 안 하시죠?"

그러나 샐리(이제는 제법 커서 크리스마스에는 마침내 머리를 올릴 작정이라 한다)는 이따금 옆에 서서 아버지와 필립이 그녀에게는 전혀 통하지도 않는 외국어로 무어라 주고받는 광경을 가만히 진지한 표정으로 듣고 있었다. 그녀에게는 그야말로 이 세상에서 가장 훌륭한 아버지였다. 따라서 필립에 대해서도 그녀는 모두 아버지의 칭찬만을 듣고 이야기했고 아래 동생들에게도 이렇게 말하는 것이었다.

"아버지께선 필립 아저씨를 매우 훌륭하신 분이라고 늘 말씀하셨어."

큰아들 도프는 이제 퍽 커서 아레두사호(순양함의 이름)를 타기로 되어 있었다. 아델니는 큰아들 도프가 휴가를 얻어서 군복을 입고 돌아오면 얼마나 볼 만하겠느냐고 그 특유의 과장된 투로 말해 가족들을 기쁘게 했다. 샐리는 열일곱 살이 되면 재봉사 수습생이 될 예정이었다. 아델니는 또다시 그 꾸밈 가득한 표현을 써가면서, 바야흐로 새끼들은 충분히 날개가 자라서 어미 새의 품 안을 떠나버리는 것이라는 둥 하다가는 눈물까지 흘렸다. 그러면서 언제나 돌아오고 싶을 때에는 보금자리가 여기에 있다는 것을 기억하라는 둥, 잠자리와 먹을 것도 항상 너희 것이며 아버지의 가슴은 아이들 걱정 때문에 결코 닫히지 않을 것이라는 둥 늘어놓는 것이었다.
"참 말도 많으시군요."
아델니 부인은 말했다.
"그 애들만 착실하다면 걱정이 다 무슨 필요예요? 그리고 당신도 정직하고, 일하는 것을 싫어하지만 않는다면 해고당할 리는 없으리라 전 생각해요. 그래요, 이 말만은 해둬도 괜찮겠죠. 막내가 자기 손으로 벌이를 하게 되면 전 조금도 슬프지 않을 거예요."
해산과 과로와 끊임없는 걱정의 영향이 차츰 아델니 부인에게도 나타나기 시작했다. 이따금 밤이 되면 등이 쑤시고 아플 때가 있어서 할 수 없이 앉아서 쉬어야만 했다. 그녀가 꿈꾸는 행복은 하녀가 한 명 있어 힘든 일을 나누는 것, 따라서 7시 전에 일어나지 않아도 되는 것, 다만 그것뿐이었다. 그랬더니 아델니는 예쁘장한 하얀 손을 흔들면서 말하는 것이었다.
"아 베티, 우린 말이야, 국가에서 표창을 받을 만하단 말이오. 튼튼한 자식을 아홉이나 길러냈잖소. 더욱이 사내자식들은 군대에 나가서 국왕에게 봉사할 테고, 계집아이들은 또 나름대로 요리도 하고 바느질도 하고 그리고 때가 되면 또 튼튼한 아이들을 낳을 테니까 말이오."
그는 샐리를 보더니, 문득 자기 얘기가 너무 용두사미 격이 되어 버린 것을 알아차렸는지, 사뭇 그녀를 위로하는 듯한 표정과 과장된 어조로 되돌아와서 덧붙였다.
"아냐, 그냥 서서 기다리는 것만 해도 봉사하는 일에 틀림없으니까 말이오."
요즘에 와서 아델니는 열심히 믿고 있는, 그러면서도 서로 모순투성이인 여러 가지 이론에 사회주의까지 하나 더 첨가했다. 그래서 이제는 이런 말도 했다.
"만약 사회주의라도 되어 보라지. 그러면 베티, 당신도 나도 엄청난 연금을 타게 될 테니까."
"이젠 제발 그 사회주의 이야긴 그만두라고 하잖아요. 난 질색이에요. 그건 말이에요, 딴 게으른 놈들이 노동자를 미끼삼아서 맛있는 국물을 톡톡히 짜먹는 수작일 뿐이에요. 지나친 간섭은 딱 질색이라는 게 내 신조예요. 누구에게든 이러쿵저러쿵 말 듣기 싫은걸요. 어떤 괴로운 일이라도 어떻게 해서든지 내 힘으로 거뜬히 해치울 작정이니까요. 남이야 어떻게 되든 알게 뭐예요!"

"그럼 당신은 사는 것이 고생이란 말이지? 천만의 말씀! 그야 우리 생활에도 몇 번 고비야 있었지. 괴로운 일도 물론 있었어. 언제나 구차했지. 하지만 그래도 살아온 것은 참으로 잘했지 뭐요. 그렇고말고, 이 애들을 좀 보라고. 고생의 몇 백 배나 되는 보답을 받고 있지 않소."

아델니가 말했다.

"말은 잘하는군요, 당신은."

그녀는 화내진 않았지만 약간 가벼운 경멸을 보였다. 조용한 눈길을 남편에게 돌리면서 이렇게 말하는 것이었다.

"그야 당신은 아이들의 즐거운 면만 보시니까 그러시는 거예요. 그런데 난 저 아이들을 낳고 모든 고생도 꾹 참아왔단 말이에요. 저렇게 모두 훌륭하게 자라고 보면 절대로 싫다고는 못하죠. 그렇지만 전 만약 다시 이 세상에 태어날 수만 있다면 이젠 두 번 다시 결혼 따위는 하지 않겠어요. 암요, 만약 혼자였다면 지금쯤은 자그마한 가게라도 하나 가지고 사오백 파운드쯤은 은행에 예금되어 있을 거예요. 고된 일은 계집아이라도 두고 시키면 될 테고요. 아, 하지만 역시 다시 태어나긴 싫어요. 무슨 일이라도 할 수 있다 해도 절대로 싫어요."

필립은 생각했다. 그야말로 몇 백만이라는 무수한 인간에게 산다는 것은 단지 끝없는 고생의 연속인지도 모른다. 아름답지도 않거니와 보기 싫지도 않은, 마치 계절의 변천을 조용히 보내고 맞이하는 것과 같은 마음으로 잠자코 체념하고 있는 것뿐인지도 모르는 것이다. 모든 것이 허무한 것인가 하고 생각하자 그는 심한 분노가 솟는 것을 느꼈다. 인생이 무의미하다는 신념은 그로서도 그다지 마음이 움직인 일은 못 되었다. 그럼에도 사실 그가 보는 모든 것 또 그가 사색하는 모든 것은 헛되이 이 확신을 강하게 해줄 뿐이었다. 분노임에는 틀림없지만 오히려 기분 좋은 분노였다. 무의미하다고 정해 버리면 그 다음엔 인생도 그렇게 두렵지는 않다. 마침내 필립은 어떤 기묘한 확신을 품고 인생을 대하게 되었다.

가을이 지나고 겨울이 되었다. 필립은 큰아버지의 가정부인 포스터 부인에게 무슨 일이 생기면 연락해 달라고 자기의 주소를 알려주기는 했으나, 그래도 혹시 편지가 그쪽으로 와 있지나 않을까 하고 일주일에 한 번은 반드시 병원에 가보았다. 그러던 어느 날 밤이었다. 문득 보니 두 번 다시 보고 싶지 않은 필적으로 쓰인 편지가 한통 꽂혀 있었다. 야릇한 기분이었다. 잠깐은 집어 들고 싶은 마음도 없었다. 불쾌한 기억이 한순간 되살아났다. 그러나 결국 묘하게 초조한 기분이 들어 겉봉을 뜯었다.

피스로이 스퀘어 구 윌리엄 거리 7번지 친애하는 필립
잠깐이라도 좋으니까 될 수 있는 대로 빨리 나를 좀 만나 주실 수 없어요? 무척 난처한, 어떻게 하면 좋을지 모를 일이 생겼어요. 돈 문제는 아네요.

당신의 밀드레드

그는 편지를 갈기갈기 찢어서 큰길로 나가자 어둠 속에 뿌려 버렸다.
"흥, 죽어 버리라지."
그는 중얼거렸다. 다시 그 여자의 얼굴을 볼 생각만 해도 참을 수 없는 혐오가 치밀어 올랐다. 어떤 비참한 고통 속에 빠졌대도 내가 알게 뭐란 말인가? 자기가 친 올가미에 자기가 걸려든 것이다. 증오만이 솟아서 한때라도 그녀를 사랑했다는 것이 도리어 증오감을 부채질했다. 속이 뒤집힐 것 같은 추억뿐이었다. 필립은 템스 강을 건너며 거의 본능적으로 밀드레드의 추억에서 빠져나오려고 했다. 그러나 침대에 누워 있어도 도무지 잠이 오질 않았다. 도대체 무슨 일이 생긴 것일까? 혹시 병이라도 들어서 굶게 된 것은 아닐까? 그런 걱정이 아무리 애를 써도 머릿속에서 사라지지 않았다. 어지간히 절망한 것이 아니면 그런 편지를 보냈을 리가 없다. 필립은 또다시 그러한 생각을 하고야 마는 자신의 약한 마음에 화가 났지만, 이렇게 된 이상 한 번 만나보지 않고서는 마음이 가라앉지 않는다는 것도 알고 있었다. 이튿날 아침 그는 엽서 한 장을 써서 상회로 나가는 길에 우체통에 넣었다. 될 수 있는 대로 태연한 투로 단지 걱정거리가 있다니 안 되었다고 하고, 적어 보낸 주소로 오늘 저녁 7시에 찾아가겠노라고만 했다.

더러운 거리에 있는 지저분한 하숙집이었다. 다시 그녀와 만날 것을 생각하면 견딜 수 없었으나 아무튼 밀드레드가 집에 있는가 어떤가를 물어보았다. 그러면서도 속으로는 제발 다른 곳으로 이사라도 해버린 뒤면 좋겠다고 얼마나 생각했는지 모른다. 얼른 보아도 사람들의 출입이 많은 것 같은 집이었다. 필립은 편지의 날짜도장을 보는 것을 잊었는데 생각해 보니 언제부터 그 병원 편지함에 꽂혀 있었는지도 알 수 없는 일이었다. 초인종 소리에 나온 여자는 필립의 물음에는 대답도 하지 않고 아무 말 없이 복도를 앞장서서 안내했다. 그리고 안쪽 깊숙한 곳에 있는 방의 문을 노크했다.

"밀러 부인, 손님이에요."

문이 조금 열리고 겁먹은 얼굴로 밀드레드가 내다보았다.

"어머, 당신이군요. 들어오세요."

그가 들어가자 밀드레드는 문을 닫았다. 매우 작은 침실이었다. 그녀가 살던 방은 언제나 그러했지만 이 방 역시 말할 수도 없이 더러웠다. 마룻바닥에는 닦지도 않은 구두가 여기저기 한 짝씩 벗어 던져져 있었고, 작은 장롱 위에는 모자가 얹혀 있었고 그 옆에는 가발이 놓여 있었다. 탁상 위에는 블라우스가 있었다. 필립은 어디 모자라도 걸 곳이 없나 하고 찾아보았다. 문 뒤 못에는 치마가 너절하게 늘어져 있었다. 그 치맛자락은 진흙투성이였다.

"좀 앉으세요, 네?"

말하면서 밀드레드는 억지로 지은 듯한 웃음을 한 번 보이고 말했다.

"내 편지를 받고 놀라셨지요?"

"목소리가 몹시 쉰 것 같은데, 목이 아픈가요?"

"네, 얼마 전부터 그래요."

필립은 아무 말도 하지 않았다. 어째서 만나고 싶어졌는지 그녀가 설명하기를 기다리고 있는 것이다. 방 안의 모양으로 봐서 모처럼 건져 준 그 타락한 생활로 다시 돌아간 것이 분명했다. 그런데 아이는 어떻게 되었을까? 벽난로 위에 아이 사진이 놓여 있었으나 방 안에 아이가 살고 있는 것 같은 낌새는 전혀 없다. 밀드레드는 손수건을 들고 조그맣게 뭉쳐서 두 손으로 장난하고 있었다. 무척 흥분하고 어쩔 줄을 모르는 듯했다. 가만히 벽난로 불을 보고 있으므로 필립 쪽에서는 그녀와 용케 눈길을 마주치지 않고도 그녀를 똑똑히 볼 수가 있었다. 그녀는 언젠가 그를 버리고 나가 버렸을 때보다 눈에 띄게 여위였다. 누런 꺼칠꺼칠한 피부가 광대뼈를 덮고, 전에는 물들였던 머리가 지금은 이미 아마빛이 되어 있었다. 그녀는 무척 많이 변해서 전보다 더 천해져 있었다.

"정말이에요. 당신의 답장 보고 겨우 마음을 놓았어요."

드디어 그녀가 먼저 말을 꺼냈다.

"이제는 병원에 없을 거라 생각은 했지만요."

필립은 대답하지 않았다.

"이젠 자격을 얻으셨겠지요?"

"아뇨."

"왜요?"

"나는 병원에 있지 않아요. 1년 반쯤 전에 그만둬서."

"당신은 참 줏대도 없으시군요. 무엇 하나 차분히 붙어 있질 못하시는가 보죠?"

필립은 또 잠깐 입을 다물었다. 그리고 그 뒤에 입을 열었을 때는 얼음처럼 싸늘한 말투였다.

"난 서투르게 증권을 샀다가 그나마 있던 돈도 몽땅 잃어버렸어요. 그래서 의학공부도 계속할 수가 없게 되었지. 어떻게든지 먹고 살 돈을 벌어야 했으니까."

"그럼 지금은 무얼 하세요."

"상점에 나가요."

"상점에!"

밀드레드는 얼른 그의 얼굴을 보았으나 곧 다시 눈을 돌렸다. 그렇게 생각한 탓인지 얼굴이 붉어진 것 같았다. 마음이 가라앉지 않는 듯 줄곧 손수건으로 손바닥을 두드리고 있었다.

"그래도 의학공부한 것은 잊어버리진 않으셨겠지요?"

그녀는 이상하게 한마디씩 던지듯이 말했다.

"글쎄, 조금은 기억하고 있을까?"

"그것 때문에 만나고 싶었어요."

인간의 굴레

알아들을 수 없을 만큼 쉰 목소리가 되었다.
"어디가 어떻게 나쁜 건지 도무지 알 수가 없어서 말이에요."
"어째서 병원에 안 가는 거죠?"
"병원엔 가기 싫은걸요. 학생들이 흘끔흘끔 볼 것 아녜요. 게다가 입원이라도 하라고 할까 봐."
"어디가 아프죠?"
냉랭한, 마치 외래 환자실에서 환자에게 물었을 때와 같은 틀에 박힌 말투였다.
"두툴두툴한 것이 생겼어요. 그런데 도무지 낫지가 않는걸요."
순간 필립은 등골이 오싹했다. 이마에 식은땀이 뱄다.
"어디 목 안을 좀 보여 봐요."
그는 밀드레드를 창가로 데려가서 되도록 자세하게 보았다. 갑자기 그녀와 눈길이 마주쳤다. 그녀의 눈은 무서울 만큼 공포에 휩싸여 있었다. 보기에도 견딜 수 없을 지경이었다. 완전히 겁을 먹고 있는 것이다.
염려 없다는 말을 한마디 듣고 싶은 모양이었다. 호소하는 것처럼 그의 얼굴을 보았다. 지금 새삼 위로의 말을 요구할 용기는 없었지만 이른바 온 신경을 긴장시키고 그것을 기다리고 있는 것이다. 그러나 필립은 그런 말을 할 수 없었다.
"꽤 나쁘군그래."
"무슨 병일까요, 도대체?"
병명을 일러주자 그녀는 얼굴이 새파랗게 질렸다. 입술도 빛을 잃어 노랗게 되어 버렸다. 처음에는 소리도 내지 않고 울더니, 끝내는 목이 막히는 것처럼 흐느낌으로 변하자 하염없이 울기 시작했다.
"참 안됐다고는 생각하지만 역시 말해 줄 수밖에 없군요."
드디어 그가 말했다.
"차라리 이대로 죽어 버리는 게 낫겠죠."
그러나 필립은 이제 그런 협박에는 끄덕도 하지 않았다.
"돈은 있어요?"
"6, 7파운드쯤이라면."
"아무튼 이런 생활은 그만둬요. 알겠어요? 좀더 다른 일도 있을 테니. 내게는 이미 도와줄 수 있는 힘이 없군요. 한 주일에 고작 12실링밖에 못 받으니까."

"그럼 도대체 어떻게 하면 좋아요?"

그녀는 괴로운 듯이 소리 질렀다.

"바보로군. 어떻게라도 해야 하잖아요."

그는 먼저 그녀 자신에게 있어서 위험하다는 것, 그리고 다음에는 다른 사람에게 미치는 위험성에 대해서 다시 한 번 엄숙하게 말해 주었다. 밀드레드는 불쾌한 듯이 듣고 있었다.

그도 일단은 위로해 주었다. 그렇게 해서 결국은 그가 충고한 대로 하겠다는 대답을 억지로 이끌어 냈다. 그는 처방전을 써 주고 곧 이웃에 있는 약국에 맡겨 둘 터이니 약은 반드시 시간을 지켜서 꼬박꼬박 먹도록 단단히 일러두었다. 그리고 일어나서 손을 내밀어 주었다.

"그렇게 실망할 건 없어요. 곧 나을 테니까."

그러나 그가 가려고 하자 그녀의 얼굴이 갑자기 경련하듯 일그러지더니 그의 윗옷을 꼭 붙잡았다.

"아! 저를 버리지 말아요."

그녀가 목쉰 소리로 외치기 시작했다.

"무서워요. 제발 저 혼자 버려두고 가지 마세요. 부탁이에요. 누구하고 의논할 사람도 없고 친구라고는 당신뿐이에요."

그에게는 그녀의 영혼의 공포가 느껴지는 것 같았다. 큰아버지가 역시 죽음에 겁을 먹고 있었을 때 눈에 나타냈던 공포와 이상하리만큼 똑같았다. 필립은 그녀를 보던 시선을 내리깔았다. 생각해 보면 이 여자는 두 번 씩이나 자기 생활에 끼어들어와 자기를 불행하게 만들었다. 이제 와서 자기에게 아무것도 요구할 자격이 없는 여자다. 그러면서도 필립은 무엇인지는 모르지만 가슴 한구석에 이상하게 꺼림칙한 것이 있었다. 밀드레드의 편지를 받았을 때 그녀가 말한 대로 여기까지 오지 않으면 아무래도 마음이 안정되지 않았던 것도 역시 그러한 것이었다.

'나는 언제까지나 이 여자를 떼어 버릴 수 없을 것 같군.'

그는 마음속으로 생각했다.

다만 난처한 것은 그녀에 대해 알 수 없는 육체적인 혐오감이 앞서서 그녀 곁에 있기만 해도 고통스럽다는 점이었다.

"그럼 날더러 어떻게 하란 말이죠?"

"같이 나가서 식사나 해요. 제가 살 테니까요."

그는 잠깐 망설였다. 완전히 관계가 끊겼다고 생각했던 그녀가 지금 다시 그의 생활 속으로 기어들어오려는 것같이 느껴졌다. 그녀는 기분이 나빠질 만큼 불안한 눈길로 필립을 지켜보고 있었다.

"그야 당신에게 말할 수 없이 잔혹한 꼴을 당하게 한 것은 잘 알고 있어요. 하지만 오늘만은 나를 버리고 가지 마세요. 당신은 이미 내게 톡톡히 복수한 셈 아니에요? 지금 당신이 나를 버리고 가면 나는 정말 어떤 짓을 할지 모르겠어요."

"아, 알았어요. 그러죠. 하지만 이번엔 아주 싼 것으로 먹어요. 나도 요즘은 막 써버릴 돈이라곤 한 푼도 없으니까."

밀드레드는 앉아서 신을 신었다. 그리고 치마를 갈아입고 모자를 썼다. 그들은 나란히 걸어서 토튼햄 코트 거리에 있는 레스토랑에 들어갔다. 필립은 이런 시간에 식사하는 습관은 이미 없어져 있었고, 밀드레드도 목이 아파서 삼킬 수가 없었다. 두 사람은 찬 햄을 조금 먹고 필립은 맥주를 한 잔 마셨다. 전에 매일같이 그랬듯이 둘은 마주 앉아 있었다. 필립은 밀드레드도 역시 그때를 떠올리고 있을까 하고 생각했다. 두 사람 다 할 이야기는 없었다. 만약 필립이 억지로라도 화제를 찾아내지 않는다면 둘은 끝내 말없이 일어설 분위기였다. 레스토랑의 밝은 조명 그리고 그 끝없이 계속해서 모습을 비춰볼 수 있는 싸구려 거울 벽에 둘러싸여서 그녀는 한층 더 늙고 해쓱해 보였다. 필립은 아이의 일이 궁금했지만 그렇다고 물을 만한 용기도 없었다. 그러나 마침내 밀드레드가 말을 꺼냈다.

"저어, 아시겠죠? 아기가 지난여름에 죽었다는 걸."

"뭐라고요?"

"불쌍하다고 한마디쯤 하셔도 좋잖아요?"

"아니, 차라리 잘 되었어요, 그편이."

그녀는 흘끔 그를 보았다. 그러나 그 말의 뜻을 알아차리자 얼른 외면했다.

"하지만 당신은 한때 그 애를 무척 귀여워하지 않았나요. 난 어쩌면 남의 자식을 그렇게 사랑할 수 있을까 하고 당신은 참 우스운 분이라고 늘 생각했어요."
 식사를 마치자 집으로 돌아오는 길에 그들은 약방에 들러서 필립이 아까 부탁해 두었던 약을 가지고 왔다. 그 더러운 하숙방으로 돌아오자 필립은 그녀에게 우선 1회분을 먹게 했다. 그러고는 필립이 해링튼으로 돌아갈 시간이 될 때까지 함께 앉아서 이야기했다. 무어라고 할 수도 없을 만큼 지루했다. 그로부터 필립은 날마다 밀드레드를 만나러 갔다. 그녀는 필립이 처방한 약을 먹고 그가 시키는 대로 잘 지켰다. 효과는 곧바로 나타나서 그녀도 필립의 솜씨를 단단히 믿게 되었다. 병이 나아짐에 따라서 점점 힘도 생겼다. 이야기도 곧잘 하게 되었다.
 "이젠 일자리만 구하면 돼요. 나에게는 이번 일이 참 좋은 경험이었어요. 절대로 헛되지 않게 할 작정이에요. 정말이에요. 당신을 위해서도 두 번 다시 그런 바보 같은 생활은 하지 않겠어요."
 필립은 그녀와 만날 때마다 일자리를 찾았느냐고 물어보았다. 그녀는 그다지 허둥지둥할 것은 없다, 언제든지 찾으려고만 하면 얼마든지 구할 수 있고, 게다가 돈도 아직은 조금 남았으니까 한두 주일 동안은 아무것도 안 해도 괜찮다고 하는 것이었다. 생각하면 그렇기도 했다. 그 두 주일이 지나자 이번에는 좀더 적극적으로 독촉해 보았다. 그러나 밀드레드는 필립의 말을 웃어넘길 뿐이었다. 그녀는 이젠 제법 쾌활해졌고 필립에게 당신은 무척 귀찮게 구는 사람이라고 말하는 형편이었다. 그녀는 식당에라도 나가고 싶은 모양으로, 지금까지 몇몇 음식점 주인들과 만나서 주고받은 이야기를 길게 늘어놓기도 했다. 확실한 것은 아직 아무것도 결정되지 않았지만, 다음 주초에는 어떻게든 될 것이라고 했다. 서둘러 보았자 아무 소용도 없고 자기에게 맞지도 않는 일을 맡게 되면 골치 아픈 일 아니냐고 되묻는 것이었다.
 "그런 말이 어디 있어요? 아무 일이라도 잡히는 대로 해야죠. 내게는 도와줄 힘이 없고 당신 돈도 언제까지나 남아 있을 게 아니잖아요?"
 필립은 다소 화를 내며 말했다.
 "그래요. 하지만 되든 안 되든 한 번 해보는 거죠. 아직 조금은 남아 있으니까요."
 그는 밀드레드를 날카로운 눈으로 노려보았다. 자기가 여기에 찾아온 지 벌써 3주일이 지났다. 그때 그녀는 7파운드도 갖고 있지 않았을 것이다. 그렇다면 매우 의심스러워진다. 그는 그녀가 한 몇 가지 이야기를 다시 되새겨 보았다. 그리고 그것들을 연결시켜 생각하니 과연 그녀가 진심으로 일자리를 찾고 있는지조차 의심쩍었다. 아마 처음부터 거짓말만 했으리라. 아무리 생각해 보아도 그녀가 가진 돈이 이렇게 오래갈 리는 없었다.

"방세는 얼마죠?"

"이 집 주인아주머니는 다른 아주머니들과 달라서 참 친절한 사람이에요. 방세는 언제든지 형편 좋을 때 내도 좋다고 아주 인심 좋게 봐주는걸요."

그는 아무 대답도 하지 않았다. 문득 짐작되는 점이 있었으나 너무 잔혹한 일이었으므로 입 밖에 낼 수가 없었다. 또 설사 물어보았자 헛일이었을 것이다. 그런 일은 없다고 할 것이 뻔했다. 확인하기 위해서는 그 자신이 알아보는 수밖에 없을 것이다. 매일 밤 8시에는 돌아가기로 했으므로 그는 그날도 시계가 8시를 치자 일어났다.

그러나 바로 해링튼의 기숙사로 돌아가는 대신 피스로이 광장 한 모퉁이에 섰다. 거기에서는 윌리엄 거리로 걸어오는 사람은 모두 볼 수 있었다. 그는 진력이 날 만큼 기다렸다. 역시 자기의 추측이 틀렸나 보다 하고 막 돌아서려는 순간이었다. 7번지의 문이 열리자 밀드레드의 모습이 나타났다. 필립은 어둠 속에 숨어서 그녀가 가까이 다가오길 기다렸다. 그녀는 그 방 안에서 본 엄청나게 많은 깃털 장식이 달린 모자를 쓰고, 역시 그가 본 적 있는, 이런 거리에서는 너무 화려하고 전혀 계절에도 어울리지 않는 드레스를 입고 있었다. 그는 천천히 그녀의 뒤를 밟아서 토튼햄 코트 거리까지 왔다. 거기서 밀드레드가 갑자기 걸음을 늦췄던 것이다.

그리고 옥스퍼드 거리의 모퉁이에 오자 잠깐 걸음을 멈추고 사방을 둘러본 다음, 뮤직홀 쪽으로 길을 건너갔다. 그는 얼른 뒤쫓아 가서 그녀의 팔을 잡았다. 그녀는 볼연지를 바르고 입술을 새빨갛게 칠하고 있었다.

"어디로 가지, 밀드레드?"

그의 목소리를 듣고 놀란 그녀는 언제나 거짓말을 하다가 들키면 하는 버릇대로 얼굴을 붉혔다. 그리고 다음 순간에는, 또 언제나 그러듯이 두 눈에 분노의 빛이 떠오르며 본능적으로 자신을 방어하려는 욕이 나오려 했다. 그러나 그녀도 혀끝까지 나온 말을 차마 입 밖에 낼 수는 없었던 듯하다.

"어머, 잠깐 극장에 가서 쇼라도 볼까 했던 거예요. 매일 밤 혼자 있으면 정말 우울해져 견딜 수가 없는걸요."

그는 이제 속지 않았다.

"안 돼! 그만큼 위험하다고 말했잖아요. 이런 짓은 당장 그만둬야 해요."

"왜 이렇게 귀찮게 굴죠?"

그녀는 험악한 기세로 소리를 질렀다.

"내가 어떻게 살든 당신 따위가 무슨 상관이에요!"

필립은 밀드레드의 팔을 움켜잡고 무작정 질질 끌고 돌아가려 했다.

"제발 이리 오란 말이야. 내가 집까지 데려다 주지. 당신은 자기가 어떤 행동을 하고 있는지 모르고 있다고. 그건 형법상 죄가 된다고."

"그런 걸 누가 알아요! 위험한 건 다 자기들 탓이에요. 남자들이 내게 잘 해주기나 했나요? 내 알 바 아니란 말이에요."

밀드레드는 필립을 밀쳐 버리고 입장권 판매소로 가서 돈을 밀어 넣었다. 필립의 주머니에는 겨우 3펜스밖에 없었다. 더는 그녀를 따라갈 수 없었다. 그는 발길을 돌려 옥스퍼드 거리로 천천히 걸어갔다.

"나도 더는 힘이 없어."

그는 중얼거렸다.

이것이 마지막이었다. 그 뒤로 필립은 다시는 밀드레드의 모습을 본 일이 없었다.

110

그해 크리스마스는 마침 목요일이어서 자연히 가게도 나흘 동안 쉬게 되었다. 필립은 큰아버지에게 편지를 써서 크리스마스 휴가 때 목사관으로 돌아가는 편이 좋겠느냐고 물어보았다. 포스터 부인에게서 회답이 왔다. 큰아버지는 이제 손수 편지를 쓸 수 없어 자신이 대신 쓴다고 하면서 그가 필립을 만나고 싶어하니 올 수 있다면 꼭 와달라고 쓰여 있었다. 돌아갔을 때 포스터 부인이 현관에서 맞아 주었다. 그녀가 악수하며 말했다.

"지난번에 오셨을 때보다 훨씬 약해지셨어요. 그렇지만 모르는 척해 주세요. 당신 몸에 너무 지나치게 신경 쓰니까요."

필립은 고개를 끄덕여 보였다. 그녀는 식당으로 안내해 주었다.

"목사님! 조카분이 왔어요."

큰아버지는 이미 빈사상태의 병자였다. 움푹 들어간 뺨, 시들어 빠진 몸을 보아도 이젠 틀림없었다. 그는 팔걸이의자에 웅크리고 앉아서 묘하게 머리를 뒤로 젖히고 어깨에는 숄을 걸치고 있었다. 이제는 지팡이 없이는 걷지도 못하고 손도 떨려서 식사도 간신히 할 정도였다.

'이젠 아무래도 머지않았구나.'

큰아버지를 바라보면서 필립은 생각했다.

"그래 어떠냐? 내 모습이 전번에 왔을 때보다 많이 달라졌겠지?"

"여름보다는 한결 좋아지셨습니다."

"그땐 더위 때문이었을 거야. 난 더위만은 딱 질색이거든."

지난 몇 달 동안의 캐리 씨 생활이라고 하면 침실에서 보낸 몇 주일과 아래층에서 보낸 몇 주일, 단지 그것뿐이었다. 그는 자기 곁에 조그만 종 하나를 준비해 놓았는데, 말하면서 흔들어 바로 옆방에서 대기하고 있는 포스터 부인을 불러냈다. 그러고는 처음 자기가 거실을 나온 게 언제였는지를 물어보았다.

"11월 7일이었습니다, 목사님."

큰아버지는 이 말을 필립이 어떻게 받아들일지 살피는 것처럼 그의 얼굴을 보았다.

"그렇지만 내 식욕은 아직 괜찮지, 포스터 부인?"

"그렇고말고요. 얼마나 잘 잡수신다고요."

"그런데도 도무지 살이 안 찌는 것 같아."

그는 이제 건강 말고는 다른 어떤 것에도 관심이 없었다. 단 한 가지 일만을 끈덕지게 생각하고 있었다. 그것은 바로 삶이었다. 생각하면 단조롭기 그지없는 생활이며 모르핀의 힘을 빌리지 않으면 잠도 이룰 수 없는 끊임없는 통증, 그럼에도 그저 살아 있고 싶은 것이다.

"병원에 내는 돈이 엄청나게 많아서 말이다."

그는 또 종을 흔들었다.

"포스터 부인, 필립에게 약국 청구서를 보여줘요."

그녀는 잠자코 벽장에서 그 청구서를 끄집어내어 필립에게 주었다.

"그게 글쎄 일부뿐인 게 그렇다. 그래서 실은 너는 의사니까 좀더 싸게 구해 줄 수 없을까 하고 생각했었다. 직접 백화점에서 사올까도 생각했지만 그렇게 하려면 우표 값이 적잖이 들 것 같아서 말이다."

필립의 일 따윈 아무 관심도 없었다. 지금은 어떻게 지내는지 한마디도 묻지 않았다. 그러나 필립이 돌아온 것만은 기쁜지 언제까지 있을 수 있느냐고 물었다. 화요일 아침에는 떠나야 한다고 대답하니까 좀더 오래 있었으면 했다. 그리고 의사가 한 말을 하나도 빠뜨리지 않고 낱낱이 되뇌며 자기의 증상을 아주 자세하게 말해주었다. 그러다 갑자기 말을 멈추고는 종을 흔들었다. 포스터 부인이 들어오자 말했다.

"아니, 혹시 있나 없나 한번 확인해 보고 싶어서."

그녀가 나가자 큰아버지는 필립에게 그녀가 바로 옆에 없으면 도무지 불안해서 견딜 수가 없다고 했다. 어떤 일이 일어나더라도 그녀만은 어떻게든 처리해줄 것을 믿고 있었다. 필립이 보기에 그녀는 몹시 지쳐 있고 수면부족 탓인지 눈도 몹시 졸린 듯해 너무 무리하는 게 아니냐고 물어보았다.

"천만에! 말처럼 튼튼한 여자인걸."

큰아버지는 대답했다. 그리고 얼마 뒤에 그녀가 약을 들고 들어오자 말했다.

"필립이 말이지, 당신 일이 좀 과하지 않느냐고 말하는데, 어때요, 당신은 내 병구완하는 것이 썩 마음에 들겠지, 그렇지?"

"그럼요, 그렇고말고요. 전 아무렇지도 않아요. 제가 할 수 있는 일은 무엇이고 기꺼이 해드리겠습니다."

이윽고 약효가 나타나 큰아버지는 잠이 들어 버렸다. 필립은 부엌에 가서 부인에게 정말 견뎌낼 수 있겠는지 물어보았다. 사실 지난 몇 달 동안은 쉴 겨를도 없었음을 알고 있었기 때문이다.

"하지만 어쩔 수 없잖아요. 목사님께서는 절 무척 의지하고 계신걸요. 그야 때로는 터무니없이 무리한 말씀을 하실 때도 있지만, 그래도 저분이 좋답니다. 그보다 사실 저도 목사님께서 세상을 떠나시면 어떻게 해야 좋을지 모르겠는걸요."

이 여인은 진정으로 큰아버지가 좋은 것이다. 몸을 닦아 주고, 옷을 입혀 주고, 음식까지 먹여 준다. 게다가 밤에는 또 틀림없이 대여섯 번은 일어났다. 큰아버지는 눈을 뜨면, 바로 옆방에서 자는 그녀가 올 때까지 줄기차게 종을 흔들어댔기 때문이다. 큰아버지는 내일 죽을지 아니면 몇 개월쯤은 더 견뎌낼지 모르는 사람이었다. 생판 남을 이토록 참을성 있게 살뜰히 돌보다니 참으로 놀라운 일이다. 한편 큰아버지의 시중을 들 사람이 이 여자 말고 아무도 없다는 사실은 참으로 비극적인 일이었다.

이렇게 되고 보니 큰아버지가 한평생 설교해 온 종교라는 것도 결국 그에게 형식적인 것에 불과하지 않은가. 나름대로 일요일마다 부목사가 와서 그를 위해 성찬식을 집행해 주고, 또 큰아버지 자신도 가끔 성서를 읽었지만, 그는 분명히 죽음을 두려워하고 있다. 죽음이 영원한 삶으로 가는 문이라는 것을 믿으면서도, 큰아버지는 그 삶에 뛰어드는 것을 싫어했다. 끊임없는 통증에 몸은 침대에 못 박힌 것처럼 되어 이미 문밖에 나갈 희망은 사라지고, 간신히 고용된 여자의 손에 마치 어린아이처럼 다뤄지면서도 그는 더욱 필사적으로 이 삶에 달라붙었다.

필립에게는 한 가지 의문이 있었다. 그러나 어차피 큰아버지의 입에서는 평범하고 진부한 대답밖에는 나오지 않을 것이 뻔했으므로 아예 물어볼 생각조차 하지 않았다. 그 의문이란, 이제 육체라는 기계가 가련할 만큼 닳아 없어지고 있는 이 상황에서도 아직 영혼의 불멸을 믿느냐는 것이었다. 영혼의 밑바닥에선 신 따윈 존재하지 않는다, 죽음의 뒤에는 다만 허무가 있을 뿐이다, 이렇게 생각하면서도, 다만 그 말을 입 밖에 낼 수 없을 뿐 아니냐 하는 것이었다.

박싱 데이(크리스마스 다음 날로 선물하는 날)의 밤, 필립은 큰아버지 시중을 들며 식당에 앉아 있었다. 다음 날 아침 9시까지 출근하려면 일찍 떠나야 했기 때문에 미리 인사를 해둘 참이었다. 큰아버지는 꾸벅꾸벅 졸고 있었다. 필립은 창가에 있는 안락의자에 누운 채 읽던 책을 무릎 위에 놓고 멍하니 방 안을 돌아보았다. 여기에 있는 세간을 팔면 얼마나 될까? 그는 벌써 집 안을 한 바퀴 돌면서 어린 시절부터 낯익은 물건들을 대충 조사해 놓았다. 웬만큼 값이 나갈 도자기 몇 점이 있었다. 런던으로 가져가는 편이 좋을지도 모른다고 생각했다. 그러나 가구는 빅토리아 왕조풍의 마호가니제이고 견고하기는 했지만, 모두 모양 없는 것들뿐이어서 경매에 부쳐 보아도 몇 푼 될 것 같지 않았다. 책은 삼사천 권은 족히 되지만 값이 형편없으리라는 것은 누구나 다 아는 사실이다. 모두 해봐야 백 파운드도 안 될 것이다. 큰아버지가 물려줄 유산이 얼마나 될지 필립으로선 도저히 알 도리가 없었다. 학교의 모든 과정을 마치고 자격을 얻은 뒤 자기가 일하고 싶다고 생각한 병원근무를 하는 동안 먹고 사는데 최소한 얼마가 들 것인가. 벌써 수십 번 계산해 본 것이었으나 오늘 밤 다시 헤아려 보았다. 그는 뒤척거리면서 얕은 잠을 자고 있는 큰아버지의 모습을 물끄러미 바라보았다. 시들어서 쭈그러진 얼굴에는 이미 인간 비슷한 것은 무엇 하나 남아 있지 않았다. 무언가 기묘한 동물의 얼굴이었다. 필립은 매일 밤 큰아버지의 잠드는 약을 만들었는데, 그럴 때마다 그는 이제는 아무 소용도 없는 저 생명을 끊는 것쯤은 그야말로 쉬운 일이라고 몇 번이나 생각했는지 모른다. 약병은 두 개 있었다. 하나는 매일 정해 놓고 먹는 약이고, 또 하나는 통증이 심해서 견딜 수 없을 때에 먹는 아편제였다. 포스터 부인은 이 약의 1회분을 따라서 큰아버지의 베개 머리에 놓아두는 것이다. 큰아버지는 대개 새벽 3시나 4시쯤 그 약을 마셨다. 그 분량을 2배로 늘여 놓는 것쯤 아무것도 아니다. 그렇게 하면 큰아버지는 밤사이에 죽을 테고 수상하다 생각하는 사람은 한 명도 없을 것이다. 사실 위그램 의사도 큰아버지는 마지막에 그렇게 죽으리라 말하고 있었다. 고통도 아무것도 없을 것이다. 필립은 몹시 탐나는 이 유산을 생각하면 자기도 모르게 두 주먹을 움켜쥐었다. 이 노인에게 앞으로 몇 개월의 비참한 생명 따위 어떻게 되든 무슨 대수랴. 그 몇 개월이 필립에게는 죽느냐 사느냐의 갈림길에까지 이르는 것이었다. 내일부터 다시 가게 일을 해야 한다는 것을 생각하면 그는 몸서리가 쳐졌다. 응어리처럼 뭉쳐 있던 바로 그 생각이 또다시 머리에 떠올라서 가슴이 몹시 뛰었다. 아무리 떨쳐 버리려고 해도 떨어지지 않는 것이다. 문제도 안 되는 일이다. 참으로 쉬운 일이다. 큰아버지에게 친밀감 따윈 물론 없었다. 좋아했던 적은 단 한 번도 없었다. 큰아버지는 한평생 참으로 이기적인 사람이었다. 그를 존경해 마지않았던 부인에게도 제멋대로였고, 자기가 맡았던 조카도 전혀 돌보지 않았다. 냉혹한 인간이라고까지는 할 수 없지만, 그저 바보에다가 완고하고 지저분하며 관능적인 허욕도 없지는 않았다. 아아, 해치우려면 문제없는 일이다. 참으로 쉬운 일이다. 그러나 역시 용기가 나지 않았다. 후회가 두려웠다. 만약 한평생 후회만을 되풀이하면서 살아야 한다면 돈 같은 것이 생긴들 무슨 소용이란 말인가? 후회 따위는 문제도 아니라고 아무리 자신을 타일러 보아도 또다시 마음 깊숙한 데서 무엇인가가 머리를 쳐들어 그를 괴롭히는 것이었다. 그러한 양심의 가책은 싫었다.

이윽고 큰아버지가 눈을 떴다. 필립은 안도의 숨을 몰아쉬었다. 그는 이제 좀더 인간다워 보였다. 몇 차례인가 그의 머리에 떠올랐던 그 계획을 생각하자 저도 모르게 몸이 오싹해졌다. 그는 분명히 살인을 꾀하고 있었던 것이다. 다른 사람도 그런 짓을 생각할까? 아니면 자기만이 그런 생각을 품는 악한 사람일까? 막상 마지막 순간이 되면 실행하지 못하리라. 그러나 그러면서도 생각만은 또 떠올랐다. 선뜻 손을 대지 못하는 것은 다만 두렵기 때문이다. 큰아버지가 입을 열었다.

"필립, 넌 설마 내가 죽기만을 기다리는 것은 아니겠지?"

필립은 순간 심장이 커다란 소리를 내며 뛰는 것을 느꼈다.

"원, 천만에요."

"그것참 고맙구나. 그렇게만은 생각하지 말아 주었으면 싶구나. 하기야 내가 죽으면 얼마간의 돈이 네 손에 들어가겠지만, 그런 걸 기다리면 못 쓴다. 그런 생각은 너한테도 좋지 않아."

그는 나직한 목소리로 중얼거리는 것처럼 말했다. 그 목소리에는 어딘지 모를 야릇한 불안감마저 깃들어 있었다. 필립은 가슴이 에이는 듯 아팠다. 어떠한 이상스러운 직감이 이 노인에게 그의 마음속 기괴한 소망을 짐작하게 만든 것일까?

"앞으로 20년쯤은 더 사실 겁니다."

"허어, 그렇게 오래야 가겠느냐. 하지만 몸조리만 잘하면 3, 4년은 더 살아도 나쁠 것은 없겠지."

그리고 그는 잠깐 말을 끊었다. 필립은 무어라고 대답해야 좋을지 알 수 없었다. 그러자 노인이 마치 아까부터 줄곧 생각하고 있었던 것처럼 입을 열었다.

"인간은 누구나 살 수 있는 데까지 살 권리가 있겠지."

필립은 큰아버지의 마음을 다른 곳으로 돌려보려고 했다.

"다른 말씀이지만, 윌킨슨 양에게서 혹시 편지가 없었나요?"

"왜? 있었지. 올해도 언젠가 한 번 편지가 왔었지. 그 애도 이젠 결혼을 했다더구나."

"정말인가요?"

"그렇다니까. 후처 자리로 갔다는구나. 제법 재미있게 사나 보더라."

다음 날부터 필립은 다시 일하러 나갔다. 몹시 기다리던 큰아버지의 별세 소식은 몇 주일이 지나도 오지 않았다. 주가 달이 되고 겨울이 지나가 공원의 나무들에선 또다시 새싹이 움텄다. 심한 허탈상태가 이어졌다. 시간의 발걸음은 무거웠지만, 그래도 여전히 흘러갔다. 아아, 청춘은 벌써 덧없이 사라져 간다. 이제 곧 모든 것을 완전히 잃어버리고 무엇 하나 해놓은 것 없이 허무한 처지가 되어 버리는 것은 아닌지. 그만두어야겠다고 생각하고부터는 가게 일도 점점 더 하찮게 생각되었다. 의상 디자인 하는 일도 이제 제법 숙달되었다. 그래서 독창성은 없어도 프랑스의 유행을 영국 시장에 맞춰 변형하는 것에는 제법 훌륭한 요령을 터득하고 있었다. 때로는 자기 자신으로서도 감탄할 만한 그림도 그릴 수 있었지만, 다만 제작과정에서 못 쓰게 되는 일이 많았다. 모처럼의 자신의 구상이 제대로 버젓한 물건이 되지 않아 그 역시 몹시 화가 나는 것을 깨달았을 때는 자기가 생각해도 우스웠다. 물건을 내놓는 데는 매우 마음을 써야 했다. 필립이 어떠한 독창적인 생각을 제안하면 샘슨 씨는 덮어놓고 물리쳐 버리고 만다. 그의 말로는 이곳의 손님들은 색다른 것을 좋아하지 않는다는 것이다. 모두가 매우 평범한 상인계급들뿐이니 그러한 부류의 손님들과 연줄이 닿아 있는 이상 그들의 기호에 반대되는 것은 받아들일 수 없다는 이야기였다. 그는 한두 번 샘슨 씨에게 심하게 야단맞기도 했다. 필립의 구상이 자기의 생각과는 어긋났기 때문에 이 풋내기가 우쭐하고 있구나 하고 생각되는 모양이었다.

"젊은 친구, 조심하는 게 좋을걸. 그러지 않으면 모가지가 달아날 수도 있단 말이야."

필립은 얼굴을 보기 좋게 한 대 쳐 버릴까 생각하다가 역시 그만두었다. 여하간 여기에 있는 것도 얼마 남지 않았다. 그러면 이 사람들하고도 곧 작별이다. 그러면서도 그는 때때로 절망스러운 나머지 외쳐댔다. 어떻게 생겨 먹은 몸이냐? 큰아버지의 몸은 틀림없이 무쇠로 만들어졌을 것이다. 보통 사람이 그와 같은 병에 걸렸다면 이미 1년도 못 가 죽었을 게 틀림없었다. 하지만 큰아버지가 정작 위독하다는 통지를 받았을 때에는, 딴 일에 정신이 팔려 있던 필립은 오히려 의외인 듯이 느껴져 놀랐다. 그때는 벌써 7월이었다. 2주일쯤만 지나면 휴가를 얻어서 찾아갈 작정이었는데 포스터 부인에게서 편지가 왔다. 의사의 말이 이제 오래가지 못한다고 하니 만나고 싶거든 지금 곧 오라는 내용이었다. 필립은 구입부의 샘슨 씨에게로 가서 그만두어야겠다고 말했다. 샘슨 씨도 아주 꽉 막힌 사람은 아닌지라, 자세한 사정 이야기를 듣자 더 이상 이러니저러니 하지 않았다. 필립은 동료사원들에게 작별인사를 했다. 그가 퇴직하는 이유는 이미 부내 사람들 사이에 제법 부풀려진 형태로 소문이 퍼져 있어서 아주 어마어마한 돈이라도 굴러들어온 것처럼 되어 있었다. 호지스 부인은 눈물을 글썽거리면서 그의 손을 잡았다.

"그럼 좀처럼 뵙기 어렵겠네요?"

"그렇지만 전 여길 그만두게 되어 기쁩니다."

그러나 이상한 것은 지금까지 그토록 싫기만 하던 이 사람들과도 막상 헤어지려니 솔직히 말해 몹시 서운하다는 점이었다. 해링튼 거리의 기숙사를 떠나올 때에는 오히려 마음이 무거웠다. 그러나 이런 때 느낄 감정을 오래전부터 미리 생각했었던 만큼 지금에 와서는 도리어 아무렇지도 않았다. 마치 짧은 휴가라도 얻어서 떠나는 듯 가벼운 마음이었다.

'아무튼 나란 사람은 싫단 말이야. 언제나 그렇거든. 목을 길게 빼고 기다렸으면서도 막상 그때가 되면 언제나 실망한다니까.'

그는 속으로 생각했다.

그는 한낮이 지나서 블랙스테이블에 닿았다. 포스터 부인이 현관까지 나와서 맞아 주었다. 그녀의 얼굴에서 아직 큰아버지가 살아 있음을 알 수 있었다.

"오늘은 좀 좋아지신 것 같아요. 아무튼 참 이상한 체질이세요."

그녀는 필립을 곧바로 침실로 안내했다. 큰아버지는 반듯하게 누워 있었는데 필립을 보자 엷은 웃음을 띠었다. 마치 적을 다시 한 번 보기 좋게 속여 넘겼다는 듯한 만족감에 찬 미소였다.

"나도 이젠 아무래도 틀렸구나 생각했지."

완전히 쇠잔한 목소리였다.

"주위 사람들도 모두 체념했었더랬지, 포스터 부인?"

"아녜요. 목사님은 몸이 정말 튼튼하세요. 이것만은 절대로 틀림없습니다."

"늙어빠진 것이 좀처럼 뻗질 않는구나, 그런 건가?"

포스터 부인은 피로해질 테니까 아무 말도 하지 말라고 했다. 마치 어린아이를 다루듯 말은 부드러웠지만 모두 명령조였다. 그러고 보면 사실 너희의 기대를 보기 좋게 떨쳐 버렸단 말이다, 하는 것 같은 큰아버지의 만족스러운 모습에 어린아이와 똑같은 천진함이 있었다. 필립을 불러온 이유도 곧 알아차린 모양이었다. 쓸데없이 헛걸음하게 한 것을 무척 재미있어 했다. 이번에도 심장 발작을 견뎌내면 앞으로 한두 주일이 지나서 또 회복될 게 틀림없다. 지금까지도 심장 발작을 이미 여러 차례 겪어왔었고 언제나 이번에야말로 정말 틀렸다고 생각했지만 결코 죽지는 않았다. 그의 몸에 대해서는 모두들 곧잘 화제로 삼았으나 얼마큼 튼튼한지는 아무도 끝내 알지 못했다.

"한 이틀 있을 작정이냐?"

큰아버지는 일부러 필립이 휴가라도 왔다는 듯 물었다.

"네, 그럴 작정입니다."

필립은 밝은 목소리로 대답했다.

"시원한 바닷바람이라도 쐬는 게 좋겠다."

조금 뒤 위그램 의사가 왔다. 그는 진찰을 하고 나서 필립과 이야기를 나누었다. 제법 의사다운 태도였다.

"이번에는 아마도 안 될 것 같아, 필립. 우리로서는 엄청난 손실이지. 어쨌든 나는 목사님과 35년 동안 친분을 쌓아왔으니 말이야."

"하지만 꽤 좋아보이지 않습니까?"

"아니, 단지 약으로 유지하고 있는 셈이지. 그렇게 오래가지는 못해. 지난 이틀 동안 정말 혼났어. 대여섯 번은 이젠 틀렸다고 생각했으니까."

의사는 잠깐 말을 끊었다가 문가지 오자 갑자기 필립에게 말했다.

"포스터 부인에게 무슨 말 못 들었나?"

"무슨 말이요?"

"이 고장 사람들은 퍽 미신을 믿지 않나. 부인의 말로는 캐리 씨에게 무언가 마음에 걸리는 일이 있는 모양이라고 하더군. 그것을 깨끗이 버리지 못해 죽으려 해도 죽을 수가 없다는 거야. 더욱이 목사님께서는 아무래도 그것을 뉘우칠 마음이 생기지 않는가 보다고 하더군."

필립은 대답하지 않았다. 위그램이 말을 이었다.

"물론 그런 것은 엉터리겠지만, 목사님은 훌륭한 한평생을 보내셨어. 자기 의무를 훌륭하게 완수하셨고, 교구 목사로서도 참으로 좋은 분이셨지. 돌아가시면 모두들 슬퍼할 거야. 양심의 가책 같은 것은 있을 리가 없어. 후임으로 어떤 목사님이 오실지는 모르지만 적어도 캐리 씨 반만큼이라도 해낼 수 있을지 의문이야."

그 뒤 며칠 동안 캐리 씨의 용태에는 별다른 변화가 없었다. 그렇게도 왕성하던 식욕이 사라져 이젠 거의 아무것도 먹지 않게 되었다. 위그램도 이제는 병자를 괴롭히는 심한 신경통증에 자꾸자꾸 진통제를 주사하게 되었는데, 그것이 또 끊임없이 덮쳐오는 마비된 손발 경련과 더불어 그를 점점 더 쇠약해지게 했다. 그러나 의식만은 또렷했다. 필립과 포스터 부인이 번갈아 가며 간호했다. 포스터 부인은 지난 몇 개월 동안 혼자서 맡아왔으므로 지칠 대로 지쳐 있었다. 그래서 밤에나마 쉴 수 있도록 필립은 자진해서 병자에게 붙어 있었다. 그는 잠이 들어 버리지 않도록 간밤에도 팔걸이의자에 앉은 채 지냈고, 흐린 촛불 아래서 《아라비안나이트》를 읽기 시작했다. 어렸을 때 본 뒤로 처음이었는데 읽어 나가는 동안 어린 시절의 기억이 모조리 되살아났다. 이따금 그저 가만히 앉아서 밤의 침묵에 귀를 기울이기도 했다. 아편의 효력이 없어지면 병자는 잠을 못 이루어 끊임없이 심부름을 시켰고, 필립도 덩달아 계속 바빴다.

드디어 어느 날 새벽 작은 새들이 나무 사이에서 시끄럽게 재잘거릴 무렵이었다. 필립은 문득 자기 이름을 부르는 소리를 들었다. 침대 곁으로 가 보니, 병자는 반듯하게 누워서 천장을 가만히 바라다본 채 필립 쪽은 돌아다보지도 않았다. 이마에 땀이 배어 나 있었다. 그는 수건을 집어 들고 얼굴을 닦아 주었다.

"아, 필립이구나."

병자가 말했다.

목소리가 갑자기 변해 있는 데에 약간 놀랐다. 목이 쉰 나직한 목소리, 그것은 공포에 떠는 인간의 목소리였다.

"그렇습니다. 무슨 일이세요?"

한동안 대답이 없었다. 보이지 않는 눈은 여전히 천장을 노려보고 있었다. 그때 갑자기 안면에 경련이 일었다.

"이젠 나도 틀린 것 같다."

"공연한 말씀 마세요. 아직 몇 해는 끄떡없으세요."

필립이 큰 소리로 말했다.

노인의 눈에서 커다란 눈물이 두 방울 흘러내렸다. 필립은 몹시 감동했다. 어떤 일에도 감정을 나타내는 법이 절대로 없었던 큰아버지였다. 그런 만큼 지금 그의 눈물을 본다는 것은 무서웠다. 분명히 그것은 말로는 나타낼 수 없는 공포를 나타냈기 때문이다.

"시몬즈 씨를 불러 주었으면 좋겠다. 성찬을 받고 싶구나."

시몬즈 씨는 부목사였다.

"지금 말입니까?"

"그렇지, 당장 가야 한다. 그러지 않으면 늦어."

필립은 포스터 부인을 깨우러 갔으나 시간은 그가 생각한 것보다 훨씬 늦어서 그녀는 이미 일어나 있었다. 필립은 그녀에게 빨리 정원사를 심부름 보내도록 부탁하고 자신은 다시 방으로 돌아왔다.

"시몬즈 씨를 부르러 보냈겠지?"

"네, 사람을 보냈습니다."

침묵이 흘렀다. 필립은 침대 머리맡에 앉아서 이따금 이마의 땀을 닦아 주었다.

"필립, 손 좀 빌려 주렴."

드디어 노인이 말했다.

필립이 손을 내밀자, 그는 죽음을 맞이하는 순간에 위안으로 삼으려는 듯, 마치 생명에라도 매달리는 것처럼 그의 손을 꽉 움켜쥐었다. 평생 누구 한 사람 진심으로 사랑한 일이 있었을까. 이제야 본능적으로 인간의 마음을 찾고 있는 것이다. 축축하고 차디찬 손이었다. 약하디약한 힘이었으나 필사적으로 필립의 손을 잡고 있었다. 죽음의 공포와 싸우고 있는 것이다. 인간은 누구나 한 번은 이 공포를 겪어야 한다고 필립은 생각했다. 아, 이 얼마나 무서운 일인가? 더욱이 이 잔혹한 고통을 주는 신을 사람들은 믿는 것이다. 필립은 지금까지 단 한 번도 이 큰아버지를 사랑해 본 적이 없었다. 뿐만 아니라 지난 2년 동안은 큰아버지의 죽음을 날마다 기다려 왔다고 해도 좋을 만했다. 그런데 지금에 와서는 역시 동정심이 솟아오르는 것을 막을 길이 없었다. 인간은 짐승이 아니라는 이유만으로 얼마나 큰 대가를 지불해야 하는가!

두 사람이 다 잠자코 있었다. 이윽고 다시 한 번 노인이 나직한 소리로 물었다.

"시몬즈 씨는 아직 안 왔느냐?"

그제야 포스터 부인이 살그머니 들어와서 시몬즈 씨가 오셨다고 말했다. 그는 중백의와 두건이 든 가방을 들고 있었다. 포스터 부인이 성찬용 접시를 가져왔다. 시몬즈 씨는 말없이 필립의 손을 잡고 나서 어디까지나 목사다운 위엄 있는 표정으로 병자의 베갯머리로 다가섰다. 포스터 부인과 필립은 방에서 나왔다.

필립은 상쾌한 아침 이슬에 흠뻑 젖으면서 정원 안을 거닐었다. 뭇 새들은 즐겁게 지저귀고 있었다. 하늘은 새파랬으나 소금기를 머금은 공기는 냉랭하고 상쾌했다. 마침 장미꽃이 한창이었고 나무들도 잔디밭도 눈에 뜨이도록 초록빛이 또렷했다. 필립은 어슬렁어슬렁 돌아다녔다. 그리고 걸으면서 지금 침실에서 행해지고 있는 성찬례에 대해서 생각했다. 형용하기 어려운 이상야릇한 감정이 솟았다. 조금 뒤에 포스터 부인이 와서 큰아버지가 만나고 싶어 한다고 했다. 부목사가 중백의며 두건을 검은 가방 속에 챙겨 넣던 참이었다. 병자는 필립 쪽으로 얼굴을 조금 돌리더니 빙그레 웃으면서 그를 맞아 주었다. 필립은 깜짝 놀랐다. 놀랍도록 큰 변화가 있었기 때문이다. 병자의 눈에는 이미 예의 그 공포가 사라지고 없었다. 얼굴의 경련도 말끔히 사라져 있었다. 참으로 해맑고 행복한 표정이었다.

"이젠 나도 마음의 준비가 다 되었구나."

목소리까지도 완전히 변해 있었다.

"이제는 그저 하느님의 부르심만 있으면 언제라도 기꺼이 내 영혼을 하느님께 맡길 작정이다."

필립은 대답하지 않았다. 큰아버지의 말이 꾸밈없고 진실함이 넘쳐흐르는 것만은 잘 알 수 있었다. 우선 기적이라고 해도 좋았다. 구주 예수의 피와 살을 나누어 받고, 그리고 거기서 힘을 얻은 것이다. 이미 그 피하기 어려운 죽음의 어두운 여행도 결코 두려워하지 않는다. 이미 죽을 때를 깨달았고 조용히 모든 것을 맡겨 버린 것이다. 그가 그 뒤에 입에 담은 것은 다만 한마디뿐이었다.

"죽은 내 아내 곁으로 가는 거다."

필립은 이 말이 실로 놀라웠다. 그는 큰어머니에게 얼마나 차갑고 이기적인 남편이었던가, 또 그 공손하고 충실한 큰어머니에게 얼마나 둔감했던가를 잘 알고 있었기 때문이다. 부목사도 깊은 감동을 받고 돌아갔다. 포스터 부인이 울면서 그를 문까지 배웅했다. 큰아버지는 긴장에 지쳐 버렸는지 가벼운 잠에 빠졌다. 필립은 머리맡에 앉아서 큰아버지의 임종을 기다렸다. 정오 가까이 되어서 병자의 호흡은 코고는 소리와 함께 나왔다. 의사가 와서 이제는 정말 안 되겠다고 했다. 이미 병자는 혼수상태였으나 다만 이따금 입으로 시트를 물어뜯는 것과 같은 흉내를 냈다. 잠을 이루지 못해서 자꾸만 소리를 질렀다. 위그램 위사가 피하주사를 놓았다.

"이제 아무 약도 소용이 없게 됐어. 임종이 가까워진 것 같군."

의사는 시계를 보고 다시 병자를 보았다. 1시쯤인 것 같았다. 위그램 의사는 점심 생각을 하고 있는 모양이었다.

"기다리고 계셔도 어쩔 도리가 없는 것 아니겠어요?"

"그렇긴 해요. 나로선 할 만한 일은 다 했으니까."

의사가 돌아가자 포스터 부인이 필립에게, 목수의 집──장의사를 겸하고 있었다──에 가서 입관하기 전에 시체 씻길 여자를 한 사람 보내 달라는 말을 전하게 했다.

"조카분도 잠시 밖에서 맑은 공기를 쐬시는 편이 좋겠어요."

장의사가 있는 곳까지는 약 반 마일 거리였다. 필립이 용건을 전하자 그가 말했다.

"그것 참 안됐습니다. 언제 돌아가셨습니까?"

필립은 망설였다. 생각해 보니 아직 큰아버지는 살아 있는 것이다. 그런데 시체 씻는 여자를 부른다는 것은 아무래도 좀 지나친 일같이 느껴졌다. 포스터 부인은 어쩌자고 자기에게 이런 일을 부탁한 것일까? 세상 사람들에게 큰아버지가 조금이라도 빨리 죽길 기다리는 조카로 비칠지도 모른다. 그래서인지 장의사 주인이 이상한 표정으로 바라보는 것 같기도 했다. 장의사 주인은 다시 한 번 같은 것을 물었다. 필립은 조바심이 나기 시작했다. 어차피 그와는 아무런 상관이 없는 일 아닌가.

"그래 목사님이 언제 세상을 떠나셨단 말씀이신가요?"

필립은 처음에는 차라리 지금 막 돌아가셨다고 해버릴까도 생각했다. 그러나 만약 병자가 이대로 대여섯 시간 더 견디기라도 하면 어쩔 것인가, 그러면 설명할 방법이 없지 않은가. 그는 얼굴이 빨개져서 서툰 대답을 해버렸다.
"아직 돌아가신 것은 아닙니다."
장의사는 의심스러운 듯한 얼굴로 필립을 보았다. 필립은 허둥지둥해서 설명했다.
"사실 집에 포스터 할머니 혼자뿐이라서 누구든지 여자 일손이 한 사람 있었으면 하는 거예요. 알아들으시겠지요? 지금쯤은 운명하셨을지도 모릅니다."
그제야 장의사 주인은 고개를 끄덕끄덕했다.
"딴은 그렇겠군요. 알았습니다. 곧 사람을 보내드리죠."
목사관에 돌아오자 필립은 그 길로 곧 침실에 들어갔다. 포스터 부인이 베갯머리의 의자에서 일어섰다.
"아까 조카님이 나갔을 때와 똑같으세요."
그녀는 식사하러 아래층으로 내려갔다. 필립은 가만히 죽음의 진행을 신기한 듯이 지켜보고 있었다. 아직도 죽음과 맞서서 희미하게 싸우고 있다지만 혼수상태인 병자에게는 이미 인간다운 것은 아무것도 없었다. 이따금 벌어진 입에서 중얼거리는 듯한 짧은 외침이 새어나올 뿐이었다. 구름 한 점 없는 하늘에서는 햇볕이 강렬하게 내리쬐었고 정원의 나무들은 서늘하고 상쾌해 보였다. 아름답게 갠 날이었다. 쇠파리 한 마리가 유리창에 부딪혀서 날갯소리를 자꾸만 내고 있었다. 갑자기 고르륵 고르륵 목구멍소리가 들리기 시작했다. 필립은 펄쩍 뛰다시피 놀랐다. 저도 모르게 등골이 오싹해졌다. 그리고 갑자기 병자의 손발이 경련하는가 싶더니 어느새 그는 죽어 있었다. 기계가 서 버린 것이다. 쇠파리가 유리창에 부딪히며 언제까지나 시끄럽게 날갯소리를 내고 있었다.

112

장례는 모두 조사이어 그레이브즈가 모든 것에 훤한 듯한 솜씨로 비용이 얼마 들지 않는, 그러면서도 초라하지 않은 형식으로 잘 치러 주었다. 식이 끝나자 그는 필립과 함께 목사관으로 되돌아왔다. 유언을 맡은 그레이브즈는 세상 관습대로 차를 마시면서 우선 필립에게 읽어 주었다. 한 장의 종이에 반 장쯤 씌어 있었는데, 물론 유산은 모조리 조카인 캐리에게 준다고 되어 있었다. 내역을 훑어보면 우선 세간이 얼마간 있었고, 다음에는 은행 예금이 80파운드가량, ABC회사 주권이 20주, 그 밖에 올솝 양조회사와 옥스퍼드 뮤직홀 그리고 런던에 있는 어떤 레스토랑의 주권 따위가 약간씩 있었다. 이러한 것들은 모두 그레이브즈 씨의 지시로 사들인 것인데 그런 만큼 그는 자못 만족스럽다는 듯이 말했다.

"이것봐, 필립, 인간이란 것은 역시 먹고 살아야 하거든. 그리고 술도 마셔야 하고 구경도 하고 싶은 거야. 그러니까 돈은 이른바 필수품이라는 것에 투자해 두기만 하면 안전하다네."

이 말은 그가 한탄하면서도 인정하는 대중의 속됨과, 선택된 사람들의 고상한 취미 사이의 실로 미묘한 차이를 잘 나타내고 있었다. 그렇게 해서 결국 투자 형식으로 된 것을 합해서 5백 파운드 정도, 그리고 예금 잔고와 세간을 매각 처분하여 들어오리라 예상되는 금액을 더한 것이 필립의 전 재산이 되는 것이다. 기쁘다고 할 수는 없지만 말로는 다할 수 없을 만큼 마음이 놓였다. 그레이브즈 씨가 되도록 빠른 시일 내에 경매에 부치길 원했으므로 일단 그렇게 하기로 정했다. 그가 돌아간 뒤 홀로 남은 필립은 혼자 앉아서 큰아버지의 서류를 정리하기 시작했다. 윌리엄 캐리 씨는 무엇이든지 찢어 버리지 않는 것이 자랑이었다. 따라서 편지 같은 것도 50년 전 것까지 참으로 엄청난 수량이 보존되어 있었고, 서류는 서류대로 깨끗하게 분류 기록을 단 것이 몇십 뭉치나 남아 있었다. 그는 받은 편지뿐만 아니라 보낸 편지까지도 베껴서 남겨놓았다.

1840년대 그가 아직 옥스퍼드의 학생이었을 무렵 독일로 오랜 기간 휴가 여행을 갔는데, 그때 자기 아버지 앞으로 써 보낸 것 같은 편지 뭉치가 누렇게 바래서 남아 있었다. 필립은 아무런 생각 없이 읽어 내려갔다. 과연 그가 아는 윌리엄 캐리하고는 전혀 판판인 윌리엄 캐리가 그곳에 있었다. 그러나 사물을 꿰뚫어볼 수 있는 관찰자라면 틀림없이 그 속에서 뒷날의 그의 모습을 찾아낼 것이다. 전적으로 틀에 박힌 형식적인 것뿐이었고 묘하게 부풀려진 것 같은 말투도 엿보였다. 보아야 할 것은 모조리 다 보고 말겠다는 노력한 흔적을 떠벌리는가 하면 라인 강변의 옛 성터에서는 지나칠 만큼 정열을 태우기도 했다. 샤파우젠 폭포를 보고는 '이토록 경탄스러운 미를 창조하신 전능한 창조주께 진정에서 우러나는 존경과 감사를 느끼며', 또 '신성한 조물주의 기묘한 창조물을 직접 보는 사람은 반드시 깊은 감동으로 속세에 물들지 않는 순결, 고덕한 생애를 보낼 것을 단단히 결의해야 한다'는 생각을 절절히 했다는 것이다.

어떤 서류 속에는 드디어 그가 성직자가 된 뒤 얼마 되지 않은 무렵이라고 생각되는 조그마한 초상화도 한 장 섞여 있었다. 후리후리한 청년 부목사, 긴 머리가 자연스러운 컬을 이루어서 이마까지 늘어져 있었고, 마치 꿈꾸는 것 같은 커다란 검은 눈에 창백하리만큼 금욕적인 얼굴이 그려져 있었다. 필립은 그제야 생각났다. 큰아버지는 자기를 사모하던 여자들이 슬리퍼를 몇 켤레씩 만들어서 보내왔더라는 이야기를 하면서 그때마다 빙긋하고 사뭇 기쁜 듯한 웃음을 머금곤 했었다.

그날 오후와 밤 내내 필립은 줄곧 헤아릴 수 없는 편지의 정리로 시간을 보냈다. 먼저 주소를 보고 이름을 조사하고 나서 둘로 찢어서 곁에 놓인 휴지통에 던져 놓았다. 갑자기 헬렌이라고 서명한 편지 한 통이 보였다. 가늘고 모난 고풍스러운 필적이었는데 전혀 눈에 익지 않은 것이었다. '윌리엄 시숙님께'로 시작해서 '계수 올림'이라는 말로 끝나 있었다. 순간 돌아가신 어머니의 편지일 거란 생각이 들었다. 여태까지 어머니의 편지는 한 통도 본 적이 없으므로 물론 필적도 낯설었다. 사연은 필립 자신에 관한 것이었다.

윌리엄 시숙님께

어린 것이 태어난 데 대해서 일부러 축하해 주시는 고마운 말씀을 받고, 또 저에 대해서도 여러 가지로 분에 넘치는 친절을 베푼 말씀을 듣고 참으로 감사했습니다. 감사하다는 인사 말씀은 남편이 드렸을 줄 압니다. 다행히 모자가 다 순조로워서 모두가 거룩하신 하느님의 은총으로 알고 깊이 깊이 감사하고 있습니다. 이제 겨우 펜을 손에 들 수 있게 되고 보니, 무엇보다도 먼저 시숙님과 루이자 형님께서 저희가 결혼한 이래 오늘날까지 변함없이 베풀어 주신 친절에 대하여 진심으로 감사하다는 말씀을 드리고 싶습니다. 그리고 한 가지 간곡하게 부탁 올릴 말씀이 있습니다. 이것은 저희 부부의 일치된 소원입니다. 부디 시숙님께서 저희 아이의 대부가 되어 주십시오. 아무쪼록 승낙해 주십시오. 귀찮은 부탁인 줄은 잘 알고 있습니다. 틀림없이 시숙님은 대부가 되는 데 대한 책임을 진지하게 생각하실 분입니다. 그러나 시숙님께서는 어린것의 큰아버님이고 다행스럽게도 목사님이기도 하오니 굽어 살피시어 승낙해 주십시오. 이 아이가 정직하고 착한 예수 그리스도의 종이 되도록 밤낮으로 기도드리고 있습니다. 아무쪼록 시숙님께서 지도해 주셔서 훌륭한 그리스도의 가르침의 전사가 되어 주기를, 그리고 한평생 하느님을 두려워하며 겸손하고 경건한 인간으로 지낼 수 있기를 성심으로 소원하고 있습니다.

계수 헬렌 올림

필립은 편지를 밀어 버리고 책상에 기대서 턱을 괴었다. 깊은 감동과 동시에 뜻밖의 놀라움이 밀려왔다. 무엇보다도 그 경건한 투와 연약하지도 않을 뿐더러 감상적인 것도 아닌 그 어조에 놀랐다. 이미 세상을 떠난 지 20년이나 되는 어머니, 아름다웠다는 사실 말고는 아무런 기억도 없다. 그런데 지금 이토록 소박하고 경건한 여자였음을 알게 되니 참으로 기묘한 마음이었다. 어머니의 그러한 면을 생각한 적은 아직 한 번도 없다. 그는 자신에 대한 문구에서 어머니가 자기에 대해서 무엇을 바랐고 무엇을 생각했는가를 다시 한 번 읽어보았다. 지금의 자기는 잘도 이렇게 어머니의 기대를 뒤집어 놓지 않았는가. 그는 순간 자신을 되돌아보았다. 어머니로서는 세상을 떠나 버리신 편이 도리어 좋았는지도 모른다. 갑자기 그는 자기도 모르는 사이에 편지를 찢어 버리고 말았다. 어머니의 이 다정한 마음, 소박한 마음씨는 다만 그만의 것으로 결코 남에게 보여 주어서는 안 되겠다고 생각되었기 때문이다. 어머니의 그러한 부드러운 마음이 나타난 편지를 부지중에 읽어 버린 것이, 무언가 나쁜 일이라도 저지른 듯 송구스러웠다. 그리고 필립은 다시 무미건조한 큰아버지의 편지를 정리하기 시작했다.

며칠 뒤에 그는 런던으로 돌아왔다. 그러고는 2년 만에 처음으로 낮에 성누가 병원으로 들어갔다. 먼저 그는 부속 의학교의 서무주임을 만나러 갔다. 상대방은 깜짝 놀라면서 도대체 무엇을 하며 지냈느냐고 신기한 듯이 물었다. 여러 경험을 한 탓에 필립도 이제는 자신감을 갖고 온갖 세상사를 전과는 다른 관점으로 볼 수 있게 되었다. 지금의 질문 같은 것도 그전 같으면 자못 당황했을지도 모르지만, 지금은 매우 냉정하게 그 이상의 물음은 나오지 못하도록 일부러 모호한 대답을 했다. 개인 사정으로 학업을 멈추었으나 이번에는 되도록 빨리 자격을 따고 싶어 돌아왔다고 한 것이다.

맨 먼저 시험을 치를 수 있는 것은 산과와 부인과였다. 그는 부인과 전문 병동의 조수를 희망하며 등록했는데, 다행히 휴가 기간이라 산과 쪽에 자리가 곧 났다. 그래서 8월의 마지막 주와 9월의 첫 2주일간을 그쪽에서 근무하기로 했다. 면접이 끝나자 필립은 여름 학기말 시험이 끝나서 텅 빈 의학교 구내를 거닐어 보았다.

강가의 테라스를 따라 걸음을 옮기는 그의 가슴은 감격으로 벅찼다. 드디어 새로운 생활이 시작되는 것이다. 잘못이든 어리석은 짓이든 불행이든 과거의 일은 이번 기회에 모두 잊어버리자. 흘러가는 강물을 바라보는 동안에도 모든 것은 흘러갔다. 모든 것은 끊임없이 흐르는 것이다. 어느 것도 절대적일 수 없다는 생각이 들었다. 다만 무한한 가능성을 잉태한 미래만이 그의 앞에 놓여 있다.

그는 블랙스테이블로 돌아가서 큰아버지의 재산처분 문제로 뛰어다녔다. 경매는 8월 중순으로 정했다. 때마침 여름휴가로 묵고 있는 손님이 붐벼서 자연히 비싼 값으로 팔릴지도 모른다는 것이었다. 또 책 목록을 작성해서 켄터베리, 메이드스톤, 에쉬포드 등지의 헌책방으로 보냈다.

어느 날 오후, 필립은 문득 켄터베리의 학교를 찾아보고 싶어졌다. 언젠가, 이미 한 사람 몫의 인간이 된 것처럼 상쾌한 마음으로 교문을 떠난 이후로는 한 번도 찾아가 본 적이 없었던 것이다. 오랫동안 낯익었던 켄터베리의 좁은 거리를 다시 걷게 됐다고 생각하니 감개무량했다. 옛날 그대로의 장소에서 옛날과 다름없는 물건을 팔고 있는 오랜 상점들도 몇 집인가 눈에 띄었다. 교과서, 종교서적 그리고 최근 소설 등을 한쪽 진열창에 늘어놓고 다른 쪽 창에는 큰 교회나 도시의 사진을 장식한 책방, 크리켓 배트며 낚시용품이며 테니스 라켓이며 축구공 따위를 파는 운동구점, 재학시절에 줄곧 옷을 맞춰 입던 그 양복점, 큰아버지가 켄터베리에 올 적마다 언제나 생선을 샀던 생선가게 등이 늘어선 저저분한 거리를 그는 돌아다녀 보았다. 높은 담 너머로 예비학교 건물로 쓰이는 붉은 벽돌 건물이 보였다.

더 나아가자 킹즈 스쿨 교문이 있었다. 그는 사방이 여러 건물로 둘러싸인 학교 안 운동장에 서보았다. 때마침 4시여서 학생들이 우르르 뛰어나왔다.

그는 또 네모난 모자에 가운을 입은 선생들의 모습도 보았는데 모두가 참으로 이상한 느낌이었다. 여기를 나간 뒤로 10년이 넘게 지났으니 그 사이에 무척 여러 가지 변화가 많았다. 교장의 모습도 보였다. 6학년생인 것 같은 커다란 아이들과 이야기하면서 학교를 나가서 천천히 자택 쪽으로 걸어갔다.
  교장은 그 옛날과 거의 변함이 없었다. 여전히 키가 크고 시체처럼 창백하고 어딘가 낭만적인 느낌의 사나이, 미칠 듯한 정열을 불러일으키는 눈동자, 모든 것이 필립의 기억에 남아 있는 옛날 그대로의 모습이었다. 다만 새카맣던 수염도 희끗희끗해졌고, 검고 창백한 얼굴에는 주름살이 한결 더 늘어 있었다. 다가가서 이야기를 건네볼까도 생각했으나, 그 편에서 자기를 잊었을 것 같아 그만두었다. 새삼 자기소개를 하기는 싫었다.
  학생들은 무엇인가 서로 이야기하면서 남아 있었는데, 이내 옷을 갈아입으러 갔던 몇 아이들이 뛰어나와서 파이브 경기(공놀이의 일종)를 시작했다. 그런가 하면 또 두셋씩 떼를 지어서 천천히 교문을 나서기도 했다. 그렇다. 크리켓장으로 가는 것이리라. 또 그 가운데에는 다시 학교로 돌아와서 연습장에서 공을 차는 아이도 있었다. 그들 사이에서 필립은 말 그대로 생판 남이었다. 아무런 생각 없이 그를 보고 가는 학생도 한두 명 있었으나 이 학교의 명물인 '노르만식 계단'을 구경하러 오는 구경꾼도 적지 않은 탓인지 별로 주의를 끈 것 같은 낌새는 없었다.
  필립은 신기한 듯이 학생들을 바라보았다. 아주 동떨어져 버린 그들과의 거리를 생각하면 왠지 슬펐다. 자신이 얼마나 많은 것을 결심했으며 더욱이 그 성과가 얼마나 빈약한 것인가를 생각하면 가슴이 아팠다. 이제 다시 돌이킬 방법도 없다. 지나가 버린 세월, 생각하면 때 묻지 않은 쾌활한 소년들이 또 그와 똑같은 길을 밟고 서 있는 것이다. 필립은 학교를 떠난 지 아직 하루도 지나지 않은 것 같은 마음마저 들었다.
  그러나 일찍이 적어도 이름쯤은 모두 안다고 믿었던 이 고장에, 지금은 아는 이 한 명 없는 것이다. 앞으로 또 몇 년이 지나면 또다시 완전히 사람이 바뀌어서 그때는 이 소년들이 바로 지금의 자신처럼 생판 낯선 남이 되어 있을 것이다. 그러나 그런 생각을 해보아도 조금도 위안이 되지 않았다. 다만 인생의 공허함을 새삼 강하게 느끼게 될 뿐이었다. 세대가 공허한 순환을 되풀이하는 데 불과한 것이다. 그건 그렇고 그 무렵의 동급생들은 어떻게 되었을까? 이제는 모두 서른 살에 가까울 것이다. 그중에는 죽은 사람도 있겠고, 결혼해서 이미 아버지가 된 사람도 있을 것이다. 군인도, 목사도, 의사도, 변호사도 있어서 모두가 착실한 인생으로 들어가 차츰 청춘과도 작별을 고하리라. 그 누가 자신처럼 반생을 보람 없이 낭비했겠는가.

그는 문득 그 무렵 정신없이 동경했던 한 학생이 생각났다. 그런데 이상하게도 이름만은 아무래도 떠오르지 않았다. 얼굴은 아직도 또렷하게 기억이 났다. 더욱이 가장 친하게 지내던 사이였는데 이름이 아무래도 떠오르지 않는다. 그 때문에 질투로 괴로워했던 감정까지 흥미롭게 되살아나면서도 이름만이 생각나지 않는다는 것은 아무래도 화나는 일이었다.

지금 운동장 가운데를 걸어가는 아이들처럼 그도 다시 한 번 소년시절로 돌아가고 싶었다. 그렇게 되기만 하면 이번에야말로 잘못을 저지르지 않고 다시 한 번 해볼 텐데. 그리고 무엇인가 좀더 실속 있는 인생을 보낼 텐데. 그는 견딜 수 없는 고독감에 싸였다. 2년에 걸친 그 빈곤이 안타까울 뿐이었다. 그저 굶어 죽지 않기 위해 치렀던 그 필사적인 고투가 삶에 대한 고통을 완전히 마비시켜 버렸다. 이마에 땀을 흘려야 그날의 끼니를 얻을 수 있다는 말은 결코 인간에 대한 저주가 아니라 오히려 조용하게 체념으로 이끄는 향유가 아닐는지.

그러나 필립은 자신에 대하여 참을 수가 없었다. 그는 문득 그 인생의 무늬를 생각해 냈다. 그가 겪은 불행도 결국에는 몹시 공들인 섬세하고 아름다운 장식의 일부분이 될 수 있으리라. 흥분도, 권태도, 쾌락도, 고통도, 모두 다 밝은 마음으로 받아들여야만 한다. 그래야만 디자인에 풍부함이 더해진다고 그는 애써 생각하기로 했다. 그는 의식적으로 아름다운 것을 구해 왔다. 그러고 보면 이미 어린 시절부터 이 구내의 고딕식 교회의 아름다움에서 즐거움을 찾지 않았던가. 그는 다시 한 번 교회 쪽으로 가서 구름이 잔뜩 낀 하늘을 배경으로 거무스름하게 우뚝 솟은 거대한 건물과, 하느님께 바치는 사람들의 찬미가와 비슷하게 유달리 높이 솟은 중앙의 뾰족탑을 우러러보았다. 그러나 학생들은 여전히 네트를 향해서 공치기를 하고 있었다. 모두가 재빠르고 기운이 넘친다. 싫어도 그들의 고함소리와 웃음소리가 귓전에 와 닿는다. 집요하게 쫓아오는 청춘의 외침. 눈앞의 아름다운 광경도 다만 망막 위를 지나갈 뿐이었다.

113

　8월 마지막 주부터 필립은 그 지구(地區)의 왕진계에 배속되었다. 하루에도 평균 세 건 정도의 분만이 있었으므로, 거기에 일일이 입회하기란 여간 힘든 일이 아니었다. 환자는 미리 병원에서 카드를 받아 둔다. 드디어 산기가 찾아오면 대개 심부름하는 여자아이가 그것을 가지고 수위에게로 온다. 그러면 수위는 다시 건너편 필립이 기거하는 병동으로 찾아가라고 가르쳐 준다. 밤에는 열쇠를 맡은 수위가 직접 와서 필립을 깨우는 때도 있다. 캄캄한 밤에 일어나서 인적이 끊어진 강 남쪽의 거리로 나가노라면 묘하게 신비로운 기분이 들었다. 그런 시각 카드를 가져오는 사람은 대부분 산모의 남편이었다. 이미 자식이 많은 남편이면 대개 매우 무뚝뚝하고 흥미도 아무것도 없는 것 같았으나 신혼의 경우는 다르다. 남편은 이미 흥분해 버리기 일쑤이고, 때로는 술기운을 빌려 불안함을 가라앉히려고 하는 사람도 있다. 1마일 혹은 그 이상을 걷는 일도 드물지 않다. 그동안 필립은 곧잘 심부름 온 남편과 노동조건이며 생활비에 관한 것 따위를 놓고 이야기했다. 덕분에 템스 강 남쪽 지구의 여러 상거래에 대해서 갖가지 지식을 얻었다. 그는 만나는 모든 사람에게 믿음을 주었다. 침울한 방 안에서 오랫동안 기다리노라면, 방을 반이나 차지한 커다란 침대에 누운 당사자나 그녀의 어머니 또 산파들이 자기들끼리 이야기할 때처럼 자연스럽게 그에게 말을 건넸다. 지난 2년 동안 겪은 빈곤 덕분에 필립은 가난한 사람들에 대한 지식이 있었다. 그들도 자기네의 사정을 잘 아는 필립을 매우 좋아했다. 특히 그가 그들의 속임수 따위에는 절대로 넘어가지 않는다는 것을 매우 놀랍게 여겼다. 그는 친절하고 부드러운 데다가 결코 짜증내는 일이 없었다. 또 그가 기꺼이 함께 차 한잔 마시는 것이 그들로선 매우 기쁜 모양이었다. 새벽이 되어도 아직 태어나지 않을 때면 그들은 곧잘 고기 국물을 바른 빵을 한 조각 대접했다. 그는 까다롭게 굴지 않고 선뜻 맛있게 먹어 주었다. 왕진 가는 수많은 집 가운데에는, 지저분한 큰길가 더러운 골목 안에 다닥다닥 붙어 있어 채광도 통풍도 제대로 안 되는 그야말로 누추한 집도 있었고, 비록 마루는 벌레 먹고 지붕은 비가 새고 형편없이 헐어 빠진 주택일지라도 의외로 당당한 풍모를 자랑하는 집도 있었다. 훌륭한 조각이 붙은 참나무 난간이 있는가 하면 지금껏 판벽이 그대로 남아 있기도 했다. 그러나 그러한 집일수록 대부분 많은 사람들이 모여들어서 방마다 한 세대씩 사는 형편이었다. 낮에는 골목길에서 뛰노는 아이들의 소란스러운 소리가 온종일 그치지 않았다. 낡은 그대로 벼룩과 빈대 등의 서식처였고, 공기는 흐려서 참을성 있는 필립까지도 마침내는 속이 메스꺼워져서, 파이프에 불을 붙여 물지 않으면 있을 수가 없을 정도였다. 주변에 사는 사람들은 문자 그대로 '하루살이'들이었다. 갓난아이는 모두 귀찮은 존재였다. 태어나는 자식을 아버지는 퉁명스러운 노여움으로, 어머니는 절망감으로 맞았다. 지금 있는 사람들 먹을 것도 모자라는 마당에 입이 하나 더 느는 셈이었다.

필립은 가끔 이런 경우에도 부딪혔다. 요컨대 사산하거나, 아니면 낳자마자 죽든가 둘 가운데 어느 편을 진심으로 바라는 것이다. 한번은 쌍둥이를 낳은 여인이 있었는데, 소탈하고 웃기 좋아하는 사람이라면 웃고 말 일을, 그 산모는 자기가 쌍둥이를 낳았다는 말을 듣자 왁 울음을 터뜨리고 말았다. 그리고 또렷한 목소리로 다음과 같이 말하는 것이었다.

"어떻게 먹여 살려야 할까요? 난 정말 모르겠군요."

그 말에 장단이나 맞추듯 산파는 이렇게 대답했다.

"뭘요, 하느님께서 틀림없이 맡아 주실 거예요."

조그마한 두 아기가 나란히 자는 모습을 가만히 바라보던 아버지의 표정, 필립은 그것을 놓치지 않았다. 지독히도 못마땅한 그 표정에 필립은 경악했다. 말하자면 쓸데없는 군식구로 태어난 두 살덩이에 대한 격렬한 증오가, 모여 있는 가족들의 얼굴에서 느껴졌다. 만약 이럴 때 한마디 분명히 해두지 않으면 틀림없이 무슨 사고가 일어나리란 예감이 들 정도였다. 사실 사고도 드문 일은 아니었다. 이를테면 누워 있는 어머니가 잘못해서 아이를 질식시키거나, 또 아이가 음식을 잘못 먹기도 하는데, 반드시 부주의한 결과라고만 할 수는 없는 것이다.

"매일 와 보기로 하죠. 미리 말해 두지만 만약의 경우라도 생기면 반드시 검사를 받아야 한다는 걸 알아 두십시오."

그는 말했다.

아이 아버지는 한마디도 하지 않았지만 무서운 눈으로 필립을 쏘아보았다. 이미 그는 마음속으로 살인을 범하고 있는 것이다.

"기쁜 일인걸요."

이때 할머니 되는 사람이 말했다.
"무슨 일이 일어날 리 있나요?"
또 한 가지 곤란한 것은 산모에게 10일 간의 안정을 취하게 하는 일이었다. 병원 실습에서는 최소한 그 정도의 기간은 두어야 한다고 했는데 그러면 우선 집안일을 돌볼 수가 없다. 무료로 아이를 보아 줄 사람은 물론 없거니와, 남편은 남편대로 일에 지쳐서 허기진 배를 움켜쥐고 돌아와서는 제대로 차 한잔도 마실 수 없다고 잔소리를 늘어놓기 시작한다. 살림이 빈곤할수록 서로 도와가며 산다는 말을 들었지만 그렇지도 않았다. 사실 그가 만난 여자들은 한결같이 호소했다. 돈을 제대로 주지 않으면 청소는 물론 아이 뒷바라지 같은 것도 해줄 사람이 없는데, 그러한 돈을 자기들 처지에 어디서 구하냐는 것이었다. 여자들의 수다나 이래저래 스쳐 들은 말을 통해 짐작해 보면, 빈민계급과 그 이상의 계급 사이에는 아무런 공통점도 없었다. 이미 그들에게는 보다 높은 계급 사람들을 부러워할 마음이 없었다. 생활이 너무도 달랐기 때문이다. 그들에겐 제 나름의 행복감이 있었다. 그에 따르면 중류층의 생활은 형식적이고 답답했다. 더욱이 중류층 사람들이 유약하고 육체노동을 하지 않는 것에 대해서는 어떤 경멸감마저 있었다. 그들 가운데 자부심이 강한 사람들은 그냥 자기를 내버려둬 주기만을 바라지만, 대부분은 유복한 사람들이란 이용할 수 있는 부류라고 생각했다. 자선가들에게서 용케 자비를 끌어낼 만한 약삭빠른 말을 알고 있었고, 그로써 얻은 성과에 대해서는, 사회 유명인의 어리석은 짓이나 그들 자신의 빈틈없는 행동 덕분에 누리는 당연한 권리로 알았다. 또한 부목사 정도는 경멸 섞인 무관심으로 참아줬지만, 교구 여성봉사자는 맹렬히 싫어했다. 그녀가 이를테면 갑자기 남의 집으로 들어가서 미안하다든가 실례한다는 말 한마디 없이 창문을 열었다고 하자. 그러면 대번에 "난 기관지염이 있단 말이야. 감기라도 들어서 죽어 버리라는 거야?" 하고 욕설이 튀어나오게 마련이다. 혹은 방구석을 살펴보고 만약 더럽다는 말이라도 한마디 한다면 어떻게 될 것인가.
"그야 하인을 몇씩이나 두고 살 수 있는 마님 같은 처지라면 좋겠죠만 난 애가 넷씩이나 딸린 데다 요리도 내 손으로 해야 하죠, 바느질, 빨래까지도 해야 하니 어떡하겠어요. 그러는 댁은 얼마나 깨끗이 하실 수 있는지 보여 주시구랴."

이렇게 말하는 것이다.
이들의 인생 최대 비극은 이별도 죽음도 아님을 필립은 깨달았다. 그런 것은 모두 자연스러운 일이었고, 그 슬픔도 눈물만 흘리면 위로받을 수 있는 것이었다. 결국 비극은 일자리를 잃는 것이었다. 어떤 남자가 아내가 해산하고 사흘째 되는 날 오후 집에 돌아와 실직했다고 이야기하는 광경을 필립은 본 적이 있다. 그는 공사판 막일꾼이었는데 그때가 마침 심한 불경기였던 것이다. 사실을 말하고 그는 차를 마시려고 자리에 앉았다.
"여보."
아내가 목멘 소리로 말했다.
남자는 그저 잠자코 자기를 위해 준비해 두었던 냄비 속 볼품없는 요리를 먹으면서 물끄러미 접시 속을 들여다보고 있었다. 아내는 적이 놀란 것 같은 눈길로 남편을 두서너 번 바라보다가 이윽고 소리도 없이 훌쩍훌쩍 흐느끼기 시작했다. 그 남자는 햇빛에 검게 그은 얼굴에 이마에는 허옇고 커다란 흉터까지 있는, 몹시 무뚝뚝하고 작달막한 사나이였는데, 커다랗고 털이 잔뜩 난 두 팔만이 묘하게 두드러져 보였다. 이윽고 그도 억지로 먹는 것은 그만두겠다는 듯 접시를 한편으로 밀어놓더니 창밖을 물끄러미 내려보기 시작했다. 방은 맨 위층, 더욱이 뒷면이었으므로 바라본다고 해도 암담한 구름밖에는 아무것도 없었다. 절망에 짓눌린 것 같은 침묵이었다. 필립은 뭐라 할 말이 없었다. 이제는 돌아갈 수밖에 없다는 생각이 들었다. 거의 밤을 새우다시피 한 뒤인 만큼 그도 무척 지쳐서 집으로 돌아왔으나 마음은 노여움으로 가득했다. 이 얼마나 냉혹한 사회란 말인가! 일자리를 찾는 게 얼마나 어려운지, 굶주림보다는 절망감이 더 견디기 어렵다는 것을 그는 너무나 잘 알고 있었다. 다만 고마웠던 건 이미 신 따윈 믿지 않는다는 것뿐이었다. 만약 신 따위를 믿었다면 이러한 참상을 어떻게 참을 수 있었겠는가. 인생은 무의미하다고 생각함으로써 비로소 삶을 조용히 체념할 수 있는 것이다.
필립은 생각했다. 곧잘 일생을 빈민계급의 구제에 바치는 사람들이 있지만 유감스럽게도 다음과 같은 점에서 잘못을 범하고 있는 것은 아닐까? 그들은 만약 자신도 그러한 처지에 놓인다면 자못 참아내기 어려우리란 생각에 구제에 힘을 쓰는 것 같지만, 실은 그런 가난에 익숙해진 사람들은 오히려 조금도 괴롭다고 생각하지 않는다는 사실을 조금도 알지 못한다. 가난한 사람들은 절대로 바람이 잘 통하는 커다란 방 같은 것은 부럽다고 생각하지 않는다. 영양도 나쁘고, 혈액순환도 나쁘므로 추위가 가장 괴로울 따름이다. 연료는 되도록 쓰고 싶지 않았으므로 커다란 방은 썰렁할 뿐이다. 한방에 여러 식구가 함께 자는 것쯤은 하나도 괴로운 일이 아닐 뿐더러 오히려 그러는 편이 더 좋았다. 그들이 세상에 태어나서 죽을 때까지 달랑 혼자가 되는 일은 절대로 없다. 혼자 있는 편을 오히려 더 두려워한다. 뒤범벅이 되어서 여럿이 함께 사는 것을 더 즐기고, 그칠 새 없는 주위의 소음에도 그들은 아랑곳하지 않는다. 자주 몸을 씻을 필요 따위는 물론 느끼지 않고, 입원할 때 억지로 몸을 씻어 주면 도리어 화를 내는 것을 들은 적도 있다. 단순히 모욕적일 뿐만 아니라 불편하다는 것이다. 무엇보다도 그냥 내버려둬 주었으면 한다. 남편에게 안정된 일자리만 있으면 만사태평이며 인생의 즐거움도 느낄 수 있다는 것이다. 잡담할 시간은 얼마든지 있고 하루의 일이 끝난 뒤에 맥주라도 한 잔 들이켜면 기막히게 잘 먹은 것이다. 큰길로 한 걸음 나가기만 하면 아침부터 밤까지 재미있는 일은 얼마든지 있다. 무엇이라도 읽으려고만 하면 〈레이놀즈〉가 있고 〈세계 뉴스〉도 있다.

"그런데 선생님, 여기 있으면 시간은 그야말로 눈 깜짝할 사이에 지나가죠. 그야 처녀시절에는 책을 어지간히 좋아한다는 말을 들은 사람도 있겠지만, 지금은 선생님, 이거다 저거다 하다 보면 신문 같은 걸 읽을 겨를이 어디 있어야죠."

보통은 해산한 뒤에도 세 차례는 왕진을 가기로 되어 있었다. 어느 일요일 필립이 마침 점심때 어떤 환자를 보러가니, 환자가 일어나 있었다.

"선생님, 전 도저히 더 누워 있을 수가 없어요. 정말 못 누워 있겠어요. 게으름을 피우지 못하는 성질이어서 말이에요. 그렇게 하루 종일 아무것도 안 하고 빈둥대면 몸이 근질근질하거든요. 지금도 바깥양반에게 식사준비를 해드리겠다고 말하던 참이었어요."

남편인 어브는 이미 나이프와 포크를 들고 테이블에 앉아 있었다. 푸른 눈에 명랑해 보이는 얼굴의 아직 젊은 남자였다. 수입도 괜찮아 보이고 살림도 꽤 윤택해 보였다. 결혼해서 겨우 몇 개월밖에 되지 않았는데 벌써 장밋빛 어린아이가 침대 발치에 있는 요람에 누워 있는 것이다. 두 사람 다 무척 즐거운 것 같았다. 방 안에는 맛있어 보이는 비프스테이크 냄새가 풍기고 있었다. 필립의 시선은 저절로 요리 난로 위로 옮겨갔다.
"이제 곧 요리가 다 될 텐데요."
산모가 말했다.
"어서들 드세요. 난 아이 진찰만 끝나면 곧 물러날 테니까요."
젊은 부부는 필립의 말이 재미있다면서 소리 내어 웃었다. 어브는 자리에서 일어나 필립과 함께 요람 곁으로 가서 자못 자랑스럽다는 표정으로 아기를 바라보고 있었다.
"아긴 딱히 나쁜 데는 없습니다."
필립이 말하고는 모자를 집어 들었다. 마침 그때 아내는 비프스테이크를 접시에 담고 또 푸른 완두콩 담은 접시를 테이블 위에 늘어놓았다.
"매우 훌륭한 성찬인데요?"
필립이 웃으면서 말했다.
"남편이 집에 있는 것은 일요일뿐이거든요. 그래서 하다못해 무슨 대접이라도 해드려야겠다고 생각했어요. 그래야 일하러 나가 있어도 집이 참 좋구나 하고 생각할 게 아니겠어요?"
"선생님은 저희와 함께 식사해 주실 수 없겠지요?"
갑자기 어브가 말을 꺼냈다.
"여보, 무슨 그런, 실례예요!"
폴리가 깜짝 놀란 표정으로 말했다.
"아뇨, 괜찮으시다면 대접을 받아도 좋죠."
필립이 붙임성 있는 미소를 띠면서 대답했다.
"그것참 고맙군요. 그래야 친구처럼 사귀는 것 같지요. 미리 척 알아차렸거든. 절대로 노여워하실 선생님이 아니라는 걸 말이야. 자, 폴리, 어서 접시 하나 더 준비해요."
폴리는 허둥지둥했다. 언제 무슨 소리를 끄집어낼지 모른다, 참으로 이상한 남자라고 생각했지만 아무튼 새 접시를 내다가 재빨리 앞치마로 닦기도 하고, 나들이옷하고 함께 넣어둔 손님용 나이프와 포크를 꺼내 오기도 했다. 그리고 식탁 위에는 흑맥주 한 주전자까지 곁들여졌다. 어브가 필립에게도 한 잔 따랐다. 비프스테이크도 그에게 가장 큰 것을 집으라고 한사코 권했으나 필립 쪽에서 그것만은 공평하게 하자고 우겼다. 두 개의 창문이 마루 위에서 바로 이어지게 되어 있어서 햇빛이 잘 드는 밝은 방이었다.
　전에는 상류층까지는 아니지만 제법 규모 있는 집안의 거실이었음에 틀림없었다. 50년쯤 전에는 유복한 상인이거나 퇴역 군인의 집이었을 것 같았다. 어브는 결혼 전에 축구선수였는지 벽에 여러 팀의 사진이 붙어 있었다. 의기양양하게 우승컵을 안은 주장을 한가운데 두고 머리를 말쑥하게 손질한 선수들이 의젓하게 서 있었다. 그 밖에도 살림이 넉넉해 보이는 낌새는 얼마든지 엿보였다. 나들이옷으로 단장한 부부 양가 친척들의 사진도 있었고 벽난로 위에는 조개껍데기를 박아 놓은 조그마한 바위 모양의 훌륭한 장식품도 놓여 있었다. 그리고 그 양편에는 부두와 산책길의 경치를 부각해서 '증정 사우드엔드(런던 교외의 해수욕장)에서'라고 고딕문체로 아로새긴 잔이 두 개 나란히 얹혀 있었다. 어브는 성격이 꽤 남다른 데가 있는 모양이었다. 그는 노동조합에도 들지 않았는데, 조합이 그를 강제로 가입시키려고 하는 것을 분한 투로 이야기했다. 조합 같은 데에 아무런 볼 일 없다, 일 같은 것은 언제라도 찾아낼 수 있고, 머리가 좋아서 무슨 일이라도 기쁘게 할 각오만 있다면 많은 급료는 틀림없이 받을 수 있으리란 것이었다. 그러나 폴리는 매우 소심한 편이었다.
　"물론 이 사람 같으면 틀림없이 조합에도 들었을 겁니다. 지난번에 파업이 있었을 때만 해도 내가 외출할 때마다 이번에야말로 구급차로 돌아올 것이라면서 벌벌 떨었으니까요."
　그는 이렇게 말하는 것이었다. 그녀는 필립 쪽을 바라보면서 말했다.
　"이 양반은 그야말로 옹고집이에요. 어떻게 할 수가 없어요."
　"이 나라는 자유의 나라란 말이야. 난 아무튼 위에서 명령하는 건 딱 질색이거든."
　"자유의 나라니 뭐니 해봤자 아무 소용없어요. 급할 때 두들겨 맞기는 역시 마찬가지 아니에요."
　식사가 끝나자 필립은 어브에게 담배를 권하고, 둘은 함께 파이프 담배를 피웠다. 이윽고 자리에서 일어나자 필립은 또 다른 왕진이 기다리는지도 모른다고 생각하고 작별의 악수를 나누었다. 함께 식사했다는 것이 젊은 부부에게는 무척 기쁜 일이었던 모양이다. 더욱이 필립에게도 또한 매우 즐거운 시간이었음을 그들도 알아차리고 있었다.

"그럼 안녕히 가세요, 선생님. 요 다음에 또 이런 일이 생겼을 때도 꼭 선생님처럼 좋은 분을 만나고 싶네요."

어브가 말했다.

"어머나, 그런 바보 같은 이야기는 웬만큼 해두세요. 이다음에 또 이런 일이 생기다니, 어떻게 그런 걸 안단 말이에요."

114

3주일 동안의 병원실습도 거의 끝나갔다. 환자를 62명이나 맡아 보았더니 몸은 지칠 대로 지쳐 있었다. 마지막 날 밤에는 10시쯤 병원으로 돌아왔는데 이제 더는 불러내지 말았으면 하는 마음이 간절했다. 지난 열흘 동안 한 번도 밤에 제대로 잔 적이 없었다. 지금 바로 끝마치고 온 환자도 눈을 가려 버리고 싶을 만큼 비참했다. 거대하고 억센 사나이가 공교롭게도 술에 취한 채 그를 데리러 와서 따라갔었다. 고약한 냄새가 코를 찌르는 막다른 골목에 있는 방으로, 더럽다 더럽다 해도 아직 그렇게까지 불결한 방은 본 적이 없었다. 조그마한 다락방, 그것도 공간의 대부분은 너저분한 붉은 커튼이 드리워진 나무 침대가 차지하고 있었다. 천장이 매우 낮아 필립이 손을 뻗치면 닿을 정도였다. 사내는 우선 방 안에 하나밖에 없는 빛인 촛대를 잡자마자 천장을 샅샅이 살피면서 기어 다니는 빈대를 한 마리 한 마리 불로 태워 죽였다. 환자는 뚱뚱하고 지저분한 중년 여인으로 과거에도 이미 몇 차례 사산을 겪은 적이 있는 여자였다. 필립에게는 조금도 신기한 이야기가 아니었다. 남편은 인도 군대에 있었다. 영국의 위선이 이 식민지에 강요한 법률이 병 가운데서도 가장 무서운 병을 만연시키고 말았다. 결국 해를 입는 것은 아무런 죄도 없는 사람들이었다.

필립은 하품을 하면서 옷을 벗고 목욕을 했다. 그리고 옷을 물 위에다 털어 보니 빈대가 후두두 하고 꿈틀거리면서 떨어졌다. 겨우 침대에 들어가려고 하는데 또다시 노크 소리가 나고, 수위가 카드를 가지고 들어왔다.

"원 참, 오늘 밤엔 더는 당신과 만나고 싶지 않았는데 또 오셨군요. 그래 누구죠, 가져온 사람은?"

"남편 되는 사람 같은데요. 선생님, 기다리게 할까요?"

필립이 주소를 보니 다행히 잘 아는 거리였으므로 거기라면 혼자서도 갈 수 있다고 대답했다. 다시 옷을 입고 5분도 채 못 되어서 벌써 그는 예의 검은 가방을 끼고 거리로 뛰어나가고 있었다. 어둠 속이어서 알 수 없었으나 한 남자가 다가오면서 말했다.

"제가 남편입니다. 역시 기다리는 편이 좋을 것 같아서요. 워낙 뒤숭숭한 곳이어서 아무도 선생님을 알아 모시지 않을 테니까요."

필립은 웃었다.

"괜찮아요. 의사란 누구라도 대번에 알아볼 테고, 게다가 난 웨이브 거리보다도 더 소란스러운 곳에도 가 본 일이 있어요."

과연 그대로였다. 경찰관조차도 혼자서는 들어갈 수 없는 그런 지독한 골목길이나, 악취가 코를 찌르는 막다른 골목에서도 그의 검은 가방은 훌륭한 통행증 구실을 했다. 한두 번 험상궂은 사나이들이 그가 지나가는 것을 뚫어지게 신기한 듯이 바라보았다. 그러나 무어라 쑤군쑤군하더니 그들 가운데 한 사람이 말하는 것이 들렸다.

"병원 의사 선생이란 말이야."

그가 지나쳐 가자 "안녕하세요?" 하고 인사하는 사람까지 한두 명 있었다.

"선생님, 그다지 힘드시지 않으면 좀 급히 갔으면 싶은데요. 조금이라도 빨리 가라고들 하던 걸요."

함께 온 남편이라는 사람이 말했다.

"그렇게 급한 환자를 어째서 이제까지 내버려뒀습니까?"

필립이 걸음을 빨리하면서 물었다.

가로등 밑을 지날 때 힐끗 그 남자를 보고 필립이 말했다.

"당신은 아직 무척 젊은 것 같군요."

"이제 겨우 열여덟입니다."

얼굴빛이 희고 미끈해서 아무리 보아도 어린아이로밖에는 생각되지 않는 젊은이였다. 작달막한 키에 묘하게 뚱뚱했다.

"결혼을 무척 일찍 했군요."

"할 수 없었어요."

"그래 수입은?"

"16실링입니다."

주급 16실링으로는 도저히 처자를 부양하기 어렵다. 두 사람이 사는 방을

인간의 굴레

보아도 이내 그들의 심한 가난을 알아볼 수 있었다. 방은 꽤 컸으나 세간이라고 할 만한 것이 거의 없었으므로 꽤 널찍해 보였다. 마루에는 깔개도 없고 벽에는 그림 한 장 걸려 있지 않았다. 어느 집이나 하다못해 크리스마스 때 신문 같은 데서 오려낸 사진이나 부록쯤은 값싼 틀에 넣어서 걸어 두었는데, 그것조차 없었다. 환자는 값싸고 조그마한 침대 위에 누워 있었는데 그녀 또한 너무나도 젊은 데 놀랐다.

"이런, 아직 열여섯도 채 못 된 것 같은데요?"

그는 마침 아이를 받으러 와 있는 산파에게 물어보았다.

카드에는 열여덟으로 되어 있었으나 대개 나이가 지나치게 어릴 때에는 한두 살 올려 적는 일이 많았다. 제법 예쁜 아가씨였다. 험한 식사, 나쁜 공기, 비위생적인 직업 때문에 몸이 쇠약해질 대로 쇠약해진 그런 계급의 여자라고 하기엔 신기했다. 화사한 얼굴 생김새, 푸르고 커다란 눈, 그리고 행상하는 처녀들이 곧잘 그러듯 검은 머리를 정성들여 곱게 매만져져 있었다. 두 사람 다 몹시 흥분하고 있었다.

"남편분은 밖에서 기다리는 편이 좋겠습니다. 일이 있으면 부르죠."

말하면서 자세히 보니 그 남편이 너무나도 어린아이 같은 데 또 한 번 놀랐다. 마음을 조마조마하게 졸이면서 아기가 태어나기를 기다리는 것보다는 오히려 길에서 다른 아이들과 장난하는 편이 더 어울릴 것 같았다. 시간이 한참 흘렀다. 드디어 해산한 것은 그럭저럭 2시쯤이었다. 경과는 꽤 순조로운 것 같았다. 남편을 불러들였다. 수줍은 듯이 우물쭈물하면서 아내에게 키스하는 모습은 귀엽기까지 했다. 필립은 기구를 챙기고 일어서면서 돌아가기 전에 다시 한 번 맥을 짚어 보았다.

"앗!"

그는 외쳤다.

그리고 황급히 산모를 검진했다. 무엇인가 급변하고 있었다. 위급한 상황에는 산과의 주임의사가 오기로 되어 있었다. 그는 물론 자격 있는 의사이고 이 지구 담당이기도 했다. 필립은 우선 메모를 해서 그 남편을 급히 병원으로 보내며, 위급하니 서둘러야 한다고 단단히 일렀다. 그는 뛰어나갔으나 필립은 초조한 마음으로 기다리고 있었다. 심한 출혈 때문에 빈사상태에 빠진 것이 분명했다. 주임이 도착하기 전에 죽지는 않을까 그것만이 걱정이었다.

할 수 있는 데까지의 조치는 끝냈다. 주임이 다른 곳으로 왕진이라도 가지 않았길 진심으로 빌 뿐이었다. 기다리는 시간이 너무나 길게 느껴졌다.

겨우 주임이 와 주었다. 진찰을 하면서 작은 소리로 필립에게 상황을 물었다. 그러나 얼굴빛만 보고도 중태라고 판단했음은 의심할 여지가 없었다. 주임 챈들러는, 여윈 얼굴에 코는 긴 편이고 나이에 비해 주름살이 많으며 키가 큰, 몹시 과묵한 사나이였다. 그는 머리를 가로저으면서 말했다.

"처음부터 희망이 없었군그래. 남편은 어디에 있나?"

"계단에서 기다리라고 했습니다."

"그럼 불러오게."

문을 열고 필립은 그를 불렀다. 위층으로 통하는 계단 맨 아랫단 어둠 속에서 그는 가만히 기다리고 앉아 있었다. 그는 침대 옆까지 와서는 묻는다.

"어떻게 됐나요?"

"내출혈이 심한데도 도무지 멈추질 않는군."

거기서 주임은 잠깐 머뭇거리더니, 고통스러운 일인 만큼 일부러 무뚝뚝한 투로 말했다.

"이젠 틀렸네."

남편은 말이 없었다. 핏기를 잃고 혼수상태로 누워 있는 아내의 모습을 보면서 말뚝처럼 서 있었다. 산파가 말참견을 했다.

"선생님들께선 하실 수 있는 일을 다 하셨단 말이에요. 애리, 나는 처음부터 알았었는걸."

"잠자코 있어요."

챈들러가 핀잔을 주었다. 창문에는 커튼 하나 없었다. 겨우 부연 하늘로 먼동이 트려 하고 있었다. 아직 아침이라고는 할 수 없었으나 이제 곧 아침이 된다. 챈들러는 가능한 모든 조치를 다해가며 죽음을 미루었으나, 생명의 실오라기는 시시각각 가늘어지더니 갑자기 눈 깜짝할 사이에 끊어지고 말았다. 어린아이와 같은 그 남편은 침대 발치에서 난간을 움켜쥔 채 그냥 서 있었다. 한마디도 하지 않았다. 그러나 그의 얼굴은 새파래지고 입술은 잿빛이었다. 혹시 이대로 실신해 버리지나 않을까 하고 챈들러는 한두 번 걱정스러운 듯이 그를 돌아보았다. 산파가 커다란 소리로 훌쩍거렸다. 그러나 그 소년은 아랑곳하지 않고 가만히 자기 아내의 주검만을 뚫어지게 바라보고 있

인간의 굴레 741

었다. 갈피를 못 잡는 인간의 표정이었다. 자신이 무엇을 잘못했는지도 모르면서 매를 맞는, 어딘가 그런 개의 표정 같았다. 필립과 기구를 챙기고 나서 챈들러가 소년에게 말했다.

"자네도 좀 자는 게 좋겠네. 혼이 단단히 났을 테니까."

"하지만 잘 데가 없습니다, 선생님."

그의 목소리에는 처량할 만큼 약해진 마음이 나타나 있었다.

"임시라도 좋으니 어디 잠깐 눈 붙이게 해줄 만한 사람도 없단 말인가?"

"없습니다."

"이 사람들은 이사해 온 지 겨우 일주일밖에 안 되었거든요. 그래서 아직 아는 사람이 없답니다."

산파가 끼어들었다.

챈들러는 조금 난처한 듯 망설였으나, 이윽고 그 소년에게로 가서 손을 내밀었다.

"이렇게 되어 버려서 정말 안됐네."

그 소년은 본능적이라고나 할까? 자기 손이 깨끗한가를 잠깐 보고 나서 비로소 내민 손을 잡았다.

"고맙습니다, 선생님."

필립도 그의 손을 잡았다. 챈들러는 다시 산파에게 날이 밝거든 사망진단서를 가지러 오도록 일러 주었다. 두 사람은 그 집을 나와 그저 묵묵히 걷기 시작했다.

"어때? 처음엔 좀 허둥지둥했겠지?"

드디어 챈들러가 입을 뗐다.

"네, 조금은."

"뭣하면 오늘 밤엔 자네에게 카드를 가져가지 말라고 수위에게 일러둘까?"

"어차피 내일 아침 8시면 끝나니까요."

"그래, 몇 사람이나 다루었나?"

"63명이나 받았습니다."

"그거 잘됐군. 그만하면 면허를 받겠군그래."

이윽고 두 사람은 병원에 도착했다. 주임은 또 누가 데리러 와 있지나 않은지 알아보러 들어갔다. 필립은 그대로 걸어갔다. 그 전날은 종일 무척 더운 날씨였으나 오늘 아침은 아직 일러서 한 줄기 상쾌함이 감돌고 있었다. 거리는 아직 고요했다. 도무지 잘 마음이 나지 않았다. 드디어 근무는 끝난 셈이다. 서두를 필요는 없다. 상쾌한 아침 공기와 정적을 마음껏 즐기면서 천천히 걸었다. 차라리 다리까지 나가서 강에서의 여명을 바라볼까? 거리 모퉁이에서 경관이 아침 인사를 건네 왔다. 그가 들고 있는 검은 가방을 보고 누구인가를 알아본 모양이었다.

"간밤에 퍽 늦게까지 수고하신 모양이군요."

필립은 고개를 끄덕여 인사를 대신하고 지나쳤다. 난간에 기대서서 아침 하늘을 바라봤다. 이 시각에는 대도시도 죽음의 도시 같았다. 하늘에는 구름 한 점 없었고, 겨우 부옇게 동이 트기 시작한 여명의 빛 속에서 별빛은 이미 엷어져 있었다. 강변에는 엷은 안개가 끼어서, 북쪽 낭떠러지에 있는 큰 건물은 마치 마법 섬의 궁전처럼 희미하게 보였다. 강 중류에는 나룻배가 몇 척 매어져 있다. 하늘도 땅도 왠지 답답할 정도로 장엄한, 이 세상 것 같지 않은 보랏빛 일색이었다. 그러나 그것들도 점점 모두 차갑고 희끄무레하게 빛이 바랬다고 생각하자, 그 순간 황금빛이 하늘을 흐르고 그 하늘을 무지갯빛으로 물들이면서 태양이 솟았다. 필립은 창백한 낯빛으로 죽음의 침대에 누워 있던 그 소녀와 그 침대 끝에 마치 상처 입은 동물처럼 우두커니 서 있던 그 소년의 환상을 아무래도 떨쳐 버릴 수가 없었다. 그 휑하고 더러운 방의 느낌이 한층 더 측은한 인상을 주었다. 얼마나 참담한 일인가? 이제 겨우 인생의 출발점에 섰는데 가혹한 운명은 그 여자의 생명 자체를 끊어 버리고 만 것이다.

그러나 곧바로 필립은 다시 생각했다. 그 여자의 앞길에 기다리는 것은 과연 무엇이었을까? 자꾸 자꾸 태어나는 아이들, 재미도 없는 가난과의 투쟁, 과로에 무참히도 좀 먹혀 가는 청춘, 비참하게 몰락해 버린 중년 여인, 그 아름답던 얼굴은 여위어서 창백해지고, 머리카락은 빠져 버리고, 아름답던 손은 노동으로 거칠어져서 마치 늙은 짐승의 발톱처럼 되어 버리는 광경이 그대로 눈앞에 보이는 것 같았다. 더욱이 남자는 어떨 것인가? 겨우 한창나이를 지난 그에게 오는 것은 으레 취직난이요, 값싼 임금 그리고 최후에는 비참한 가난뿐이었다. 여자 쪽은 바지런하고 절약하며 정말로 건강한 일꾼이었는지도 모른다. 그러나 그게 어떻단 말인가, 끝내는 양로원 신세를 지거나, 아니면 자식들이 보태주는 생활비로 겨우 목숨을 이어나가는 게 고작일 것이 뻔했다. 사실 앞날의 희망도 생각할 수 없을 때에 죽어 버렸다고 해서 누가 가엾다느니 말할 의리가 있겠는가?

그들이 바라는 것은 연민이 아니었다. 그들은 자신을 불쌍하다고 생각하지 않는다. 다만 운명으로서 체념하고 있을 뿐인 것이다. 모든 것은 자연의 법칙일 뿐이다. 그렇다, 만약 그렇지 않다면 그들은 대번에 강을 건너 저 당당한 건물들이 즐비한 곳을 태워 버리고, 약탈하고, 갖은 행패를 부렸을 것이 틀림없다. 그러나 바야흐로 평온한 날은 부옇게 밝아오고 얄팍하게 낀 안개 속 깊은 곳에는 모든 것들이 부드러운 햇빛 속에 떠 있다. 템스 강은 시시각각으로 엷은 먹빛, 장밋빛 그리고 녹색으로 빛나고 있었다. 그 엷은 먹빛은 진주층과 비슷하고 녹색은 노란 장미꽃의 꽃술을 떠올리게 했다. 서리 사이드의 부두며 창고 건물은 잡다하게 뭉쳐져서 이것이 또 아름답게 빛나고 있었다.

자기도 모르게 마음 설레는 무어라고 형용할 수 없는 아침 풍경이었다. 필립은 이 세상의 아름다움에 완전히 압도되었다. 이것만 있으면 나머진 어떻게 되든 상관없겠다고 문득 그렇게 생각했다.

115

겨울학기가 시작되기까지 삼사 주일 동안 필립은 외래 환자부에서 실습을 계속했고, 10월이 되자 다시 정규학과를 시작했다. 필립은 너무나 오랫동안 학교를 떠나 있었으므로 동료들은 모두 낯선 얼굴뿐이었다. 학년이 다르면 서로 거의 만날 일이 없었고, 필립의 동기생들은 대부분 이미 자격을 받아서 지방 병원이나 진료소 조수로 가기도 하고 개중에는 그대로 성 누가 병원에 근무하기도 했다. 지난 2년 동안 쉬었던 것이 도리어 정신적인 쉼이 되어서 힘을 주었으므로 필립은 이번에는 공부에도 몹시 열을 올렸다.

아델니 일가는 필립의 운이 트인 것을 알고 대단히 기뻐해 주었다. 필립도 큰아버지의 재산을 팔 때에 몇 가지를 골라내 두었다가 그들에게 선물했다. 샐리에게는 큰어머니의 유품인 금목걸이를 주었다. 그녀도 이제는 완전히 어른이 되어서 양장점에 수습생으로 다니고 있었다. 매일 아침 8시에는 집을 나가서 온종일 리젠트 거리에 있는 가게에서 일하는 것이다. 밝고 푸른 눈, 넓은 앞이마, 그리고 풍성한 머리칼이 윤기 있게 빛났다. 큼직한 엉덩이, 풍만한 가슴, 제법 건강해 보이는 여자였다. 그녀의 자태를 화제에 올리는 것이 아델니의 취미였으나 뚱뚱해지지 말라는 말을 하고 또 했다. 동물처럼 건강하면서도 여성다운 것이 샐리의 매력이었다. 그녀를 따르는 남자들도 꽤 많은 것 같았으나 그녀는 도무지 모르는 척하고 꿈떡도 하지 않았다. 연애 따위는 부질없다고 생각하는 것일까. 그러므로 젊은 남자들의 눈으로 보면 무척 가까이 접근하기 힘든 여자였는지도 모른다. 그녀는 나이에 비해서 너무나 어른스러웠다. 어머니를 도와서 집안일과 어린 동생들을 돌봐 왔기 때문인지 묘하게 주부다운 데가 있었다. 그래서인지 아델니 부인은 샐리가 너무 고집이 세서 큰일이라고 불평했다. 원래 말수가 적은 아이였으나 나이가 들어감에 따라서 어떤 조용한 유머라고나 할까, 그런 것이 생겼다. 때로는 겉보기에 냉담한 것과는 달리, 가슴속 깊은 곳에 동료들에 대한 흥미가 조용히 눈뜨기 시작한 것 같은 말을 입에 담게도 되었다. 필립은 아직까지도 샐리하고는 아무리 해도 이 집의 다른 식구들처럼 터놓고 친하게 지낼 수가 없었다. 때때로 샐리의 냉담함이 조금은 기분에 걸리기도 했다. 어딘지 수수께끼 같은 데가 있는 아가씨였다.

필립이 샐리에게 목걸이를 선물로 주었을 때 아델니는 언제나처럼 바보스러운 투로 필립에게 고맙다는 인사로 키스해야 한다고 했다. 그녀는 새빨개져서 뒤로 물러섰다.

"싫어요, 그런 거."

"저것이 은혜를 모르는구나. 어째서 싫지?"

"하지만 전 남자에게 키스받는 게 싫은걸요."

몹시 당황하는 그녀를 보고 필립은 우습기도 했으나 얼른 화제를 바꾸어서 아델니의 주위를 딴 데로 돌렸다. 그렇게 하는 것은 결코 어려운 일이 아니었다. 그러나 그 뒤에 또 아델니 부인도 같은 말을 꺼냈던 모양이다. 다음에 필립을 만났을 때 아주 짧은 시간이었으나 필립과 단둘이 되자, 샐리가 얼른 그 이야기를 꺼냈기 때문이다.

"지난번에 키스 같은 거 싫다고 했죠? 기분 나쁘게 생각하지 않으셨어요?"

"아아니, 조금도."
필립은 웃으면서 대답했다.
"그 목걸이가 고맙지 않아서가 아녜요."
그녀는 약간 얼굴을 붉히면서 미리 준비한 듯한 틀에 박힌 인사말을 했다.
"주신 목걸이는 정말 소중하게 간직하겠어요. 정말 기쁜걸요."
언제나 이야기 상대로서는 어쩐지 어려웠다. 모든 것을 잘 해주기는 하면서도 별로 이야기 같은 것은 할 필요가 없다고 생각하는 모양이었다. 그렇다고 해서 비사교적인 것도 아니었다. 어느 일요일 오후였는데 아델니 부부는 외출하고 없었다. 한 가족처럼 지내오는 사이였기 때문에 필립은 거실로 들어가서 책을 읽고 있었다.
그러자 샐리가 들어와 창가에 앉아서 바느질을 하기 시작했다. 계집애들의 옷을 모두 집에서 만들었으므로 샐리는 일요일이라고 해도 게으름을 피울 수가 없었다. 필립은 샐리가 자기와 이야기를 하려고 온 것이라 생각하고 책을 내려놓았다.
"책 읽으세요."
그녀는 말했다.
"혼자 계시는 것 같아서 온 것뿐이에요."
"샐리처럼 말 없는 사람도 드물어."
"우리 집에선 말은 아버지 한 분만 해도 충분할걸요."
비꼬는 말투는 아니었다. 다만 사실을 말하고 있을 뿐이었다. 이로써 그녀가 이미 아버지의 인간성을 빤히 헤아리고 있음을 알 수 있었다. 그렇다, 벌써 소녀시절의 영웅 같았던 아버지는 사라지고 그녀의 마음속에는 아버지의 유쾌한 말과, 한편으로는 가끔 생계에 곤란을 가져오는 그의 낭비벽이 하나의 비판의 대상으로 비쳤던 것이다. 아버지의 능숙한 말솜씨와 어머니의 실제적인 상식을 냉정하게 비교해 본다. 아버지의 쾌활함도 재미있지만 때로는 사실 견딜 수 없을 것이다. 필립은 몸을 굽히고 열심히 바늘을 놀리고 있는 샐리를 지켜보았다. 샐리는 보기만 해도 건강하고 튼튼한 이른바 진짜 숙녀였다. 납작한 가슴과 빈혈증에 걸린 핏기 없는 얼굴의 다른 처녀들과 함께 그녀가 가게에서 일하는 모습은 참으로 기묘한 광경이었다. 그러고 보니 밀드레드도 빈혈증이었다.

얼마 뒤 샐리에게도 구혼자가 나타난 모양이었다. 샐리도 가게에서 사귄 친구들과 함께 가끔 외출했는데 우연히 어떤 전기기사와 서로 알게 되었던 것이다.

장사에도 꽤 성공해서 그만하면 더할 나위 없이 좋은 청년이었다. 어느 날 샐리는 어머니에게 그 청년으로부터 구혼받은 이야기를 했다.

"그래서 너는 뭐라고 했니?"

"당분간은 아무하고도 결혼할 생각이 없다고 했죠."

그녀는 언제나 하는 버릇대로 잠깐 말을 끊었다.

"하지만 그 사람이 너무나 슬픈 표정을 짓기에, 그럼 한 번 일요일에 차 마시러 들르라고 했어요."

아델니로서는 기다리던 참이었다. 아버지로서 어떠한 위엄을 보이고 그 청년을 교육할 것인가 하고 그는 오후 내내 연기 연습을 되풀이해서 마침내는 아이들에게까지 웃음을 살 형편이었다. 마침 청년이 찾아오기 바로 전에 아델니는 어디서인지 이집트의 터키모자(착양 없는 동그란 모자로 꼭대기 중간에서 술이 늘어져 있다)까지 끄집어내선, 아무리 말려도 그것을 쓰겠다고 우겼다.

"어이없는 짓도 웬만큼 해두세요."

부인이 말했다. 그렇게 말하는 그녀도 검은 벨벳의 나들이옷을 입긴 했으나, 해마다 찌는 살 때문에 몹시 꼭 끼어서 답답해 보이기조차 했다.

"당신은 모처럼 찾아온 샐리의 기회를 망쳐 버릴 셈이군요."

그녀는 억지로라도 모자를 벗기려고 했으나 아델니는 재빨리 뒤로 물러서면서 말했다.

"아니, 손을 내밀다니! 난 무슨 일이 있어도 모자는 벗지 않을 거요. 오늘 오는 젊은 친구에게 이 집이 보통 집과는 다르다는 것을 처음부터 인식시켜 줘야 해."

"어머니! 아버지께서 그냥 쓰고 계셔도 괜찮지 않아요?"

예의 조용한, 마치 남의 일이기나 한 것 같은 투로 샐리가 말했다.

"도날드슨이 만약 그것을 이상하게 생각한다면 어서 가버리라고 하면 되잖겠어요. 오히려 시원할 거예요."

필립도 그 젊은이에게는 커다란 시련이 되겠다고 생각했다. 갈색 벨벳 윗옷과 커다랗게 늘어뜨린 보헤미안 넥타이, 게다가 붉은 터키모자, 이런 아델니의 옷차림은 아무것도 모르는 젊은 전기기사에게 틀림없이 놀라운 광경일 테니 말이다. 드디어 그가 찾아오자 우선 아델니가 에스파냐 귀족이 하듯이 과장된 예의로 맞아들였다. 그와 반대로 아델니 부인은 자연스럽고 수수하게 환영해주었다. 이리하여 모두 헌 다리미질용 테이블을 둘러싸고 등받이가 높다란 의자에 앉았다. 아델니 부인은 잘 닦은 사기 주전자에서 차를 따라 주었는데, 이것이 또한 오늘의 이 자리에 형용할 수 없는 영국의 전원풍 취미를 더해 주었다. 테이블 위에는 부인이 손수 만든 과자가 놓여 있었다. 잼도 손수 만든 것이었고, 차도 시골차였다. 이러한 모든 것이 제임스 1세 시대(17세기)의 이 집과 어우러져 색다른 묘미가 있었다. 아델니는 또 그대로 무슨 바람이 불었는지, 옛 비잔틴 역사 이야기를 장황하게 늘어놓기 시작했다. 마침 최근에 《로마 흥망사》의 끝부분을 조금 읽었을 뿐이었다는데, 아무튼 배우처럼 집게손가락을 내밀면서, 어리둥절해 있는 그 청년에게 데도오와 이레네의 극히 난잡한 이야기를 자꾸만 쏟아내는 것이었다. 아델니는 언제나처럼 허풍을 떨면서 거침없는 기세로 직접 전기기사에게 퍼부었다. 그 청년도 별수 없이 입을 다물고 부끄러운 듯 아래만 보고 있었으나 흥미롭게 듣고 있다는 듯이 이따금 고개를 끄덕였다. 물론 부인은 아델니의 이야기 같은 것은 전혀 듣고 있지 않았다. 다만 이따금 좀더 차를 드시죠라든가 또 과자며 잼을 권하기 위해 옆에서 말참견을 할 뿐이었다. 필립은 샐리를 가만히 관찰하고 있었다. 샐리는 그저 눈을 아래로 내리깐 채 있었으나, 주의만은 조금도 게을리하지 않았다. 샐리의 긴 속눈썹이 볼 위에 아름다운 그림자를 던지고 있었다. 그녀가 오늘 이 자리를 즐기고 있는지, 이 젊은 기사가 마음에 드는지는 사실 아무리 보아도 도무지 알 수가 없었다. 그녀는 참으로 이해하기 어려운 여자이다.

그러나 그 젊은 기사가 참으로 호감 가는 미남이라는 사실만은 확실했다. 그는 보기에도 밝고, 잘 정돈된 눈, 코 그리고 정직해 보이는 얼굴과 금발을 가진 수염 없는 미남이었다. 키도 후리후리하고 전체의 균형도 잘 잡혀 있었다. 필립도 그가 샐리에게 참으로 잘 어울리는 배필이 될 것이라고 생각할 수밖에 없었다. 그런 만큼 젊은 두 사람의 앞날에 기다리고 있을 행복을 생각하자 가슴 아플 만큼 부러웠다. 얼마 뒤 청년은 시간이 되었으니 돌아가겠다고 했다. 샐리는 말없이 일어나서 그를 현관까지 바래다주었다. 돌아오자 대번에 큰 소리로 아버지가 외쳤다.
"샐리, 참 좋은 청년이더라. 우리 기꺼이 그 사람을 맞아들이자꾸나. 곧 교회에 알려야겠다. 나는 축가를 지어야겠고."
샐리는 테이블 위의 그릇을 치우기 시작했다. 아버지의 말에는 아무 대답도 하지 않았으나 갑자기 흘끔 필립을 보더니 물었다.
"캐리 씨는 어떻게 생각하세요?"
그녀는 어쩐지 동생들이 부르는 것처럼 필립 아저씨라고 부르는 것은 싫다고 했고, 그렇다고 해서 그냥 이름만을 부르지도 않았다.
"참 훌륭한 배필이 될 것 같은데."
그러나 샐리는 다시 한 번 재빠르게 필립을 보고는 약간 얼굴을 붉힌 채 뒷걸음질했다.
"말하는 것만 봐도 참 다정하고 좋은 청년 같더라. 그런 사람이라면 어떤 처녀라도 행복하게 해줄 거야."
이번에는 부인도 맞장구쳤다. 샐리는 이 말을 듣고도 대답하지 않았다. 필립은 이상스러운 듯이 샐리의 얼굴을 바라보았다. 지금 어머니가 한 말을 곰곰이 되새기는 것일까? 혹은 다른 공상의 애인이라도 생각하는 것일까?
"어째서 아무 말도 하지 않는 거지? 사람이 말을 하고 있는데?"
아델니 부인은 조금 화가 난 것처럼 말했다.
"하지만 전 시원찮은 남자처럼 생각되는걸요."
"그럼 결혼하지 않겠단 말이니?"
"네, 그래요."
"넌 대체 뭘 바라는 거니?"
아델니 부인은 확실히 화가 난 모양이었다.
"참 단정하고 좋은 청년이야. 게다가 집안일도 훌륭하게 꾸릴 사람 같던데. 집에는 네 뒤에도 다 자란 애들이 얼마든지 있어. 이런 좋은 기회를 놓치면 벌 받을 거다. 그리고 힘든 일은 식모를 두고 시킬 수도 있잖니."
필립은 아델니 부인이 주부로서의 괴로움을 이렇게도 노골적으로 입에 담은 것을 처음 들었다. 아이들 하나하나를 키워내는 일이 얼마나 큰일인지는 필립도 잘 알고 있다.
"어머니, 이 혼담은 아무리 진행시키셔도 소용없어요. 전 절대로 결혼 같은 건 하지 않을 테니까요."

"계집애가 어쩌면 이렇게 고집이 세고 제멋대로일까?"

"그럼 저 스스로 벌어먹으라는 말씀이시겠죠. 그렇다면 전 언제든지 일하러 나가겠어요."

"바보 같은 소리 마. 그런 걸 너의 아버지가 허락하실 것 같니?"

필립은 문득 샐리의 눈과 마주쳤다. 그 순간 필립은 무언가 재미있어 하는 듯한 눈빛을 보았다. 아까부터 하던 말 속의 무엇이 그녀의 유머 감각을 자극한 것일까? 참으로 좀 색다른 처녀였다.

116

성 누가 병원에서의 마지막 1년은 필립도 온 힘을 다해 공부해야만 했다. 생활에는 모자람이 없었다. 걱정도 없었고 생활비도 쓸 만큼 있다는 것이 필립의 마음을 즐겁게 했다. 곧잘 돈을 경멸하는 말을 하는 사람들이 있는데, 과연 그가 돈 없는 생활을 해본 적이나 있는지 적이 의심스러웠다. 빈곤으로 사람은 좀스럽고 치사하고 인색하고 탐욕스러운 인간이 되고, 그 때문에 성격마저도 변하여 천한 각도에서 세상을 바라보게 되는 것이다. 한 푼 한 푼에 신경 써야만 하다 보면 돈이라는 의미가 괴상하리만큼 커지게 된다. 역시 인간은 돈 자체를 올바르게 평가하려면 어느 정도의 재산이 필요한 것이다. 아델니 가족 말고는 별로 만나는 사람도 없어서 고독한 생활임에는 틀림없었으나 필립은 조금도 쓸쓸하지 않았다. 언제나 장래에 대한 계획에 골몰했고 때로는 지나간 일들을 떠올려 보기도 했다. 이따금 옛 친구들을 떠올릴 때가 있었지만 그들을 만나보겠다는 생각은 전혀 하지 않았다. 다만 노라 네스비트만은 그 뒤 어떻게 되었는지 궁금했다.

그러나 그녀는 다른 이름이 되어 있을 텐데 공교롭게도 결혼 상대였던 남자의 이름을 까맣게 잊어버리고 말았다. 노라를 알게 된 것만은 지금도 좋았다고 생각하고 있다. 좋은 사람이었고 용기도 있었다. 어느 날 밤, 필립은 11시 좀 지나서 피카디리에서 우연히 로우슨의 모습을 보았다. 야회복을 입은 것으로 보아 연극을 보고 돌아가는 길인 것 같았다. 그러나 그 순간, 필립의 마음이 변하여 다급하게 골목길로 들어서고 말았다. 이럭저럭 2년 동안을 만나지 못했다. 일단 끊어져 버린 우정이 지금 새삼 제자리로 돌아가리라고는 생각되지 않았기 때문이다. 이미 서로가 나눌 말은 아무것도 없다. 필립의 마음은 이젠 그림 같은 것에 흥미가 없었다. 미를 즐긴다는 것만이라면 어린 시절보다도 도리어 강렬해진 듯도 한데, 그림 그 자체는 이미 대수로운 문제가 아니었다. 그의 관심은 온전히 이 풍부한 혼돈의 삶으로 어떤 무늬를 짜느냐는 데 있었다.

삶이라는 이 재료에 비하면 물감이나 언어에 대한 집착은 얼마나 하찮은가. 로우슨의 역할은 이미 끝난 셈이었다. 그와의 우정도 확실히 지금 필립이 짜기 시작한 무늬의 한 가지 모티프였음에는 틀림없다. 그러나 로우슨 개인에 대해서는 이미 그 이상의 관심은 아무것도 없었다. 그 사실까지 무시해 버리려는 것은 단순한 감상에 지나지 않았다.

이따금 밀드레드도 떠올려 보았다. 그 여자와 만날 것 같은 곳은 일부러 피해 다녔는데, 그런데도 어떤 때는 호기심에서라고나 할까, 아니면 자신도 알 수 없는 좀더 깊은 동기에서랄까, 자기도 모르게 피카디리나 리젠트 거리를 더욱이 그녀가 나돌 만한 시각에 걸어다녔다. 그때마다 곧잘 생각해 보지만, 도대체 만나고 싶은 것인지, 만나기 두려운 것인지 자기 스스로도 알 수가 없었다. 한번은 그녀와 비슷한 뒷모습을 본 적도 있었다. 순간 그 여자라고 알아차렸을 때 그것은 실로 기묘한 심정이었다. 이상야릇하게 마음이 아팠는데 생각해 보면 그것은 불안이기도 했고 또 불쾌한 놀라움이기도 했다. 그리고 급한 걸음으로 다가가 보고 다른 사람이었다는 것을 알았을 때에는 마음을 놓은 건지 실망한 건지 도무지 스스로도 가릴 수 없었다.

8월 초에 필립은 마지막 시험인 외과시험에도 붙어 드디어 졸업장을 받았다. 성 누가 병원 부속학교에 입학한 지 7년 만이었다. 나이는 이미 서른이 가까왔다. 개업자격의 면허증을 손에 들고 왕립 외과 의학교 사무실 계단을 내려오는 그의 가슴은 만족감으로 크게 뛰었다.

'드디어 이제부터가 나의 진짜 인생이다.'

다음 날은 사무실에 나가서 병원근무를 희망한다는 등록을 하고 왔다. 사무장은 검은 수염을 기른 유쾌하고 몸집이 작은 사람으로 필립에게는 언제나 친절하게 대해 주었다. 그는 필립의 졸업을 축하하고 나서 이렇게 말했다.

"그런데 자네, 겨우 한 달 동안이지만 남해안 지방에 가서 임시조수로 일해 볼 생각은 없나? 식사와 방을 제공하고 일주일에 3기니라는데 말일세."

"좋습니다."

"장소는 도싯셔 주에 있는 판리라는 곳인데, 사우드란 의사 선생을 도와주는 걸세. 당장에라도 떠나야겠어. 원래 있던 조수가 유행성 이하선염에 걸렸다는군. 무척 살기 좋은 곳 같던걸."

그러나 사무장 태도에는 무언가 조금 알 수 없는 데가 있었다. 어딘지 수상쩍었다.

"무언가 난처한 일이라도 있습니까?"

사무장은 조금 대답하기 꺼리더니 마치 달래기라도 하듯이 웃으며 대답했다.

"아니, 사실은 말일세, 그 의사가 퍽 까다로운 사람인가 보더군. 그래서 결국 아무 데서도 그에게 사람을 소개해 주지 않는다지 않는가. 마음먹은 것은 무엇이든 함부로 탁탁 말해 버리기 때문에 모두들 싫어한다는 거야."

"그렇다면 저처럼 이제 갓 졸업한 풋내기에 만족할까요? 아무튼 경험이라곤 아무것도 없는걸요."

"천만에. 그럴 리야 없지. 자네가 가주는 것만으로도 분명 기뻐해야 할 테니까 말일세."

그는 아주 사교적인 투로 말했다.

필립은 잠시 생각했다. 앞으로 이삼 주일 동안은 아무 할 일이 없었다. 조금이라도 돈을 벌 기회가 생겼다면 고마운 셈이다. 이곳 성 누가 병원이나, 그것이 안 되면 다른 병원에서 근무하고 계약 기간이 끝나면 무슨 일이 있어도 에스파냐로 휴가여행을 떠나고 싶었는데 그때의 비용으로 모아 두어도 좋은 것이다.

"좋습니다, 제가 가겠습니다."

"단, 한 가지 조건은 오늘 오후에 당장 떠나주어야겠는데. 그래도 괜찮겠나? 좋다면 지금 곧 전보를 치겠네."

필립으로서는 되도록 2, 3일 여유가 있었으면 싶었지만, 아델니 집 사람들과는 어젯밤 이미 만났고(졸업한다는 기쁜 소식을 곧바로 알리러 갔던 것이다) 당장 떠나서 안 될 이유란 별로 없었다. 짐이라곤 거의 없었다. 그래서 그날 밤 7시 지나서 판리 역에 도착하여 마차를 타고 사우드 의사를 찾아갔다. 병원은 나지막한 모르타르로 세워진 건물이었으며, 버지니아 담쟁이가 집을 온통 뒤덮고 있었다. 하녀가 나와서 필립을 곧 진찰실로 안내했다. 노의사가 책상에 기대앉아서 무엇인가 열심히 쓰고 있었다. 필립이 안내를 받아 들어가자 그는 얼굴을 들었으나, 일어서는 것도 아니고 말도 하지 않았다. 빤히 필립을 노려볼 뿐이었다. 필립은 깜짝 놀랐다.

"벌써부터 기다리신 것 같은데, 오늘 아침 성 누가 병원 사무장으로부터 전보를 안 받으셨습니까?"

"그래서 저녁식사를 30분이나 늦추고 있는 걸세, 자네, 얼굴과 손을 씻어야겠군."

"네."

아무튼 그가 좀 색다른 사람이라 필립은 오히려 유쾌했다. 그때 비로소 일어나는 그를 보니, 중키에 바싹 여윈 사나이로 백발이 된 머리를 짧게 깎고, 커다란 입을 입술도 보이지 않을 만큼 단단히 꽉 다물고 있었다. 깨끗이 면도를 하여 하얀 구레나룻은 조금만 남겼을 뿐 수염은 없었다. 그래서인지 위엄 있게 보이는 턱과 함께 얼굴이 더한층 네모나게 보였다.

그는 갈색 트위드 양복에 하얀 옷깃을 달고 있었으나 너무 커서 매우 헐렁헐렁했다. 아무리 보아도 19세기 중엽의 유복한 농부를 떠오르게 했다. 그가 문을 열고 말했다.

"저 방이 식당일세."

우선 정면의 문을 가리켰다.

"그리고 자네 침실은 저 2층 층계참으로 나가서 제일 첫 방일세. 준비가 다 되면 아래층으로 내려오게."

저녁을 먹는 동안 필립은 사우드가 자신을 줄곧 살펴보고 있음을 잘 알았으나 말은 거의 하지 않았다. 그 의사는 자기 조수의 이야기 따위는 듣고 싶지도 않은 것처럼 보였다.

"언제 자격을 땄지?"

"어제입니다."

"대학에도 다녔겠지."

"아닙니다."

"그렇지, 작년이었지. 조수가 휴가를 가겠다기에 부탁을 했더니 대학을 나왔다는 사람을 보냈더군. 나는 제발 두 번 다시는 사양하겠노라고 했네.

나는 그런 신사 따윈 딱 질색이거든."

그러곤 다시 잠자코 있었다. 저녁은 간단했으나 매우 좋았다. 필립은 겉으로는 평온한 체 꾸미고 있었지만 속으로는 흥분해서 떨고 있었다. 조수라고 하더라도 일자리가 생겼다는 것은 여간 기분 좋은 일이 아니었다. 갑자기 어른이라도 된 것 같은 기분에 웃음이 터질 것 같아 견딜 수가 없었다. 의사의 권위라는 것을 생각할수록 더욱더 웃음이 터질 것만 같았다.

이런 생각에 잠겨 있을 때 갑자기 사우드 의사가 말을 건넸다.

"지금 몇 살이지?"

"서른 살이 다 되었습니다."

"그런데 어제 졸업했다는 건 어찌 된 일인가?"

"그건 스물세 살이나 되어서 처음 공부를 시작한 데다가 도중에 2년 동안 멈춰야 했던 사정이 생겼었거든요."

"어째서인가?"

"돈이 없었습니다."

사우드는 이상하다는 표정으로 그의 얼굴을 보았으나 다시금 입을 다물어 버렸다. 식사가 끝나자 식탁에서 일어서며 그가 물었다.

"그런데 자네는 여기서 하는 일이 무엇인지 아나?"

"아뇨, 아무것도."

"우리 병원을 찾아오는 환자는 거의 전부가 어부와 그들의 가족들뿐일세. 나는 결국 어민조합의 병원을 하고 있는 셈일세. 예전에는 여기에 내 병원 하나뿐이었지. 그런데 이 고장을 상류계급의 해수욕장으로 만들기 시작하자, 또 한 사람이 저 언덕 위에 개업을 한 거야. 그래서 돈 있는 사람들은 모두 그 병원으로 가고 치료비도 제대로 낼 수 없는 사람들만 나를 찾아오게 되었다네."

그 병원과의 경쟁이 이 노인에게는 가장 괴로운 일인 것 같았다.

"그런데 저는 아직 경험이라곤 전혀 없습니다만……."

"경험이 있건 없건 자네들은 모두 아무것도 모르지."

그는 그 이상 아무 말도 하지 않고 방을 나가 버렸다. 필립은 혼자 남았다. 잠시 뒤 설거지를 하려고 들어온 식모에게 물어보니, 사우드 의사의 진료 시간은 아침 6시부터 저녁 7시까지라고 했다. 그날 밤의 진료는 이미 끝난 셈이었다. 필립은 자기 방에서 책을 가져다가, 파이프 담배를 피우며 읽기 시작했다. 지금까지 몇 개월 동안 의학서적 말고는 아무것도 읽지 않았으므로 말할 수 없이 즐거웠다. 10시가 되자 사우드가 들어와서 그를 보았다. 필립은 다리를 높이 쳐들고 책보기를 좋아했으므로, 그러기 위해서 의자를 하나 발판으로 하려고 끌어 붙여 놓고 있었다.

"흠, 자넨 꽤 편안하게 앉는 방법을 아는 것 같군."

사우드 의사는 조금 험한 표정으로 말했다. 만약 지금처럼 기분이 좋을 때가 아니었더라면 필립도 틀림없이 당황했을 것이다. 그러나 필립은 즐거운 듯이 눈을 빛내며 대답했다.

"못쓰나요, 이렇게 하면?"

사우드는 그를 힐끗 쳐다보았으나 아무런 대답도 하지 않았다.

"뭔가, 읽고 있는 게?"

"스몰렛의 《페러그린 피클의 모험》입니다."

"나도 스몰렛이 《페러그린 피클의 모험》을 썼다는 것 정도는 알고 있네."

"실례의 말씀입니다만, 의사들은 문학에 별로 흥미가 없는 것 같던데요?"

사우드 의사는 필립이 테이블 위에 놓은 책을 집어 들었다. 그 책은 바로 블랙스테이블의 큰아버지가 지녔던 판본 가운데 한 권이었다. 첫머리에 동판으로 인쇄된 그림이 있었고, 퇴색한 모로코가죽으로 꾸며진 얇은 책이었다. 책 안의 종이는 이미 낡아서 곰팡이 냄새가 나고, 곰팡이 핀 자리도 많았다. 사우드가 책을 손에 잡았을 때, 필립은 자기도 모르게 거의 본능적으로 두어 걸음 다가갔다. 희미한 미소가 그의 눈에 나타났다. 그러자 노의사도 빈틈없는 사람이어서 그것을 놓치지 않았다.

"내가 하는 일이 어째 우스운가?"

그는 냉랭하게 물었다.

"책을 매우 좋아하시는 것 같군요. 책을 다루시는 것만 보아도 대개는 알 수 있죠."

사우드는 곧 책을 내려놓고 말했다.

"아침식사는 8시 반일세. 알겠지?"

그는 그대로 방을 나가 버렸다.

'정말 재미있는 괴짜인걸!'

필립은 속으로 생각했다.

얼마 가지 않아서 어째서 조수들이 붙어나지 않는지 그 이유를 알게 되었다. 첫째로, 그는 최근 30년간 발견한 여러 신약을 단호하게 반대했다. 대번에 유행이 되어서 엄청난 효험이 있다고 평판이 자자한가 싶더니 몇 해 못 가서 사람들에게 잊히고 마는, 그러한 약을 그는 도저히 참을 수가 없다는 것이었다. 그도 역시 성 누가 병원 출신이었는데, 자기가 학생시절부터 써 왔던 몇 종류의 조제만을 이후 줄곧 처방해 온 것이다. 그의 말에 따르면 그 뒤 유행했던 어떤 약보다도 이편이 잘 듣는다는 것이다. 사우드 의사의 무균법(無菌法)에 대한 불신감에는 필립도 놀라지 않을 수가 없었다. 일반적인 사회 여론에 따라 일단 승인은 했지만, 필립이 병원에서 귀가 아프도록 줄곧 들어온 예방조치 같은 것은 전혀 상대도 하지 않았다. 마치 아이들을 상대로 병정놀이를 하는 사나이처럼 태연하다면 태연했지만 필립은 이건 좀 심하다 싶었다.

"옛날에 방부제가 생겼을 때, 그것만 있으면 다른 것은 아무것도 필요하지 않다고 생각한 일이 있지. 그런데 이번엔 또 무균법이라는군. 참으로 어이없는 노릇이지."

이 병원으로 보내지는 대부분의 젊은 의사들은 병원에서 배운 것밖에 모르는 주제에, 물론 병원에서 주워들어서 그렇겠지만, 일반 개업의에 대해서는 노골적인 경멸감마저 품고 온다. 그러나 실제 그들이 아는 것이라고는 병원에서 접하는 여러 가지 합병증 환자뿐이다. 이를테면 매우 익히기 힘든 부신(副腎)의 질병에 대한 치료법은 알아도 단순한 코감기는 전혀 모른다는 것이다. 요컨대 그들의 지식은 단순한 이론으로, 그것에 대해서만 무한한 자신감에 차 있었다.

사우드 의사는 그러한 젊은 의사들을 잠자코 입을 굳게 다문 채 관찰하며, 그들이 얼마나 무지하며 얼마나 허망한 자만심을 품었는가를 깨닫게 하는 데에 심술궂을 만큼의 기쁨을 느끼고 있었다. 환자라곤 대부분이 어부들뿐이었고, 따라서 병원은 몹시 불경기였다. 그의 처방은 모두 독특한 것이었고, 조수에게 곧잘 말하기를 복통으로 병원에 온 어부를 상대로 값비싼 약을 대여섯 가지나 섞어 조제해 주면 도대체 병원의 수지는 어떻게 맞추느냐는 것이었다. 또 젊은 의사들이 교양 없는 것도 불만거리였다. 그들이 읽는 것이라고는 〈스포츠 시보〉라든가 〈영국 의학 잡지〉 정도가 고작이고, 글씨도 서투르게 써서 읽을 수가 없을 뿐 아니라 오자투성이인 경우가 대부분이었다. 2, 3일 동안 사우드는 필립의 행동을 엄밀히 관찰했다. 기회만 생기면 가장 신랄한 핀잔을 주려고 노린 것이다.

그러나 필립도 이것을 눈치채고 있어서 오히려 가벼운 흥미를 느끼면서 진료에 임했다. 아무튼 일이 바뀌어서 무엇보다 좋았다. 그리고 독립감과 그것에 따르는 책임감을 느낄 수 있어서 기뻤다. 진찰실에는 별의별 종류의 사람들이 다 나타났다. 필립은 환자들에게 자신감을 줄 수 있다고 생각하니 즐거워졌다. 그리고 병이 나아가는 경과만 해도, 병원에서는 한 번씩 며칠 만에 간신히 보는 데 반하여 여기서는 끊임없이 관찰할 수 있는 것도 기뻤다. 몹시 지붕이 얕은 어부의 집을 왕진하고 다니는데, 그들의 집에는 고기 잡는 도구며, 돛이며 그리고 원양항해의 기념품, 이를테면 일본에서 가져온 칠기, 멜라네시아의 창이며, 각종 노, 이스탄불의 시장에서 사온 단검들이 늘어 놓여 있었다. 조그맣고 좀 답답한 방이었지만 거기에는 무언가 낭만적인 향기가 감돌았고, 게다가 소금 냄새를 풍기는 바닷바람은 어떤 신선함을 주었다. 필립은 어부들과 즐겨 이야기했다. 그네들도 필립이 조금도 거만하지 않은 사나이라는 것을 알자 곧잘 그들의 젊은 시절 원양항해 등에 대해서 긴 추억담을 이야기해 주었다.

필립은 한두 번 진단을 잘못한 일도 있었다. 이를테면 지금까지 한 번도 홍역 환자를 진찰한 일이 없었으므로, 처음 그 발진을 보았을 때 원인 불명의 피부병으로 오진해 버렸던 것이다. 또 한 번은 사우드 의사와 어떤 병의 치료법에 대하여 의견이 서로 어긋난 때도 있었다. 맨 처음에 의견충돌이 일어났을 때에는 사우드로부터 맹렬한 핀잔을 들었으나 필립은 오히려 웃으면서 들어 넘겼다. 필립도 말재주라면 자신이 있었으므로 대뜸 한두 마디 재치있게 대꾸를 해주었더니, 사우드 의사는 갑자기 입을 다물고 매우 이상한 듯 필립의 얼굴을 보는 것이었다. 필립의 얼굴은 진지했지만 눈은 벙글벙글 웃고 있었다. 늙은 의사는 아무래도 자신이 놀림을 당하고 있다고 생각한 모양이었다.

여태까지의 조수들 모두가 자기를 싫어하거나 두려워했던 만큼 이것은 전혀 새로운 경험이었다. 그는 당장 분통이 터져서, 이대로 다음 열차 편으로 쫓아 버릴까 하고도 생각했다. 여태까지 대로라면 그렇게 했을 테지만 이번에는 그렇게 되면 그야말로 필립이 비웃을 것 같아 걱정이 되었다. 그렇게 생각하자 갑자기 우스워졌다. 자신도 모르게 무의식중에 웃음으로 입술이 벌어지려고 해서 그도 하는 수 없이 얼굴을 돌렸다. 그리고 조금 뒤에 필립이란 놈이 계획적으로 자기를 장난스럽게 대하고는 혼자서 빙글거리고 좋아하고 있음을 깨닫게 되었다. 처음에는 조금 당황했으나 생각해 보니 그것도 유쾌한 일이었다.
"그놈 꽤 배짱 좋군그래."
그는 혼자서 재미있다는 듯 웃었다.
"배짱 대단한 놈인걸!"

117

필립은 아델니에게 편지로, 도싯셔에서 임시의사로 근무하고 있다는 소식을 알렸더니, 곧 회답이 왔다. 마치 보석이라도 뿌려 놓은 페르시아의 왕관처럼, 예의 허풍스러운 형용사를 잔뜩 늘어놓은, 판에 박은 듯한 문장, 그것도 자랑거리인 고딕체를 흉내낸 알아보기도 어려운 아름다운 필적으로 씌어 있었다. 그는 해마다 집안 식구가 함께 들르는 켄트 주의 홉 농장으로 올해도 가니까 필립도 오지 않겠느냐고 물었다. 더욱이 그를 설득하고 싶은 마음에서였겠지만, 필립의 영혼에 관해서 또 홉 덩굴에 대해서 더없이 아름답고 정성들인 문구를 늘어놓았다. 필립은 계약기간만 끝나면 그날로 출발하겠다는 회답을 보냈다. 비록 자신이 태어난 곳은 아니지만 태닛 섬에는 이상하게 애정이 갔다. 더욱이 하늘이 푸르기만 하다면, 아르카디아(그리스 남부의 주. 목가적·고립적 특징 때문에 여러 문학작품에서 낙원으로 묘사되었던 곳)의 올리브나무 숲과 같은 목가적인 자연 속에서 대지와 가까이하며 2주일을 보낼 수 있었다. 그 생각만 하면 가슴이 기쁨으로 뛰었다.

판리에서의 계약기간인 4주일은 눈 깜빡할 사이에 지나갔다. 벼랑 위에는 골프장을 둘러싸고 붉은 벽돌로 지은 별장 건물이 들어선 새로운 마을이 갑자기 생겨나고 있었다. 최근에는 여름철 체류객을 위하여 커다란 호텔 건물까지 세워졌다. 그러나 필립의 발걸음은 좀처럼 그쪽으로 옮겨지지 않았다. 그 밑의 항구 주변에는 지난 세기부터 내려오는 조그마한 석조 가옥들이 옹기종기 밀집해 있어서 가파르고 좁고 긴 공상을 불러일으킬 것 같은 고풍적인 아치를 남기고 있었다. 그리고 바닷가에는 손질이 잘된 조그만 정원이 있는 말쑥한 집들이 들어차 있었고, 그런 집에는 대개 은퇴한 선장들이나 바다 사나이들의 어머니나 과부가 살고 있었다. 조금 색다르고 참으로 평화로운 풍경이었다. 조그마한 항구에는 에스파냐 근동에서 소형의 부정기선이 곧잘 왔고 또 돛단배가 낭만의 바람에 실려 올 때도 있었다. 필립은 석탄배가 많이 떠 있던 너저분한 블랙스테이블의 항구를 떠올려 보았다. 이제는 하나의 고정관념이 되어 버린 저 동방의 나라들이며, 밝은 햇볕이 내리쬐는 열대 지방 섬들에 대한 동경심을 불어 넣어 준 것도 바로 그 항구였다. 그러나 지금 이 항구를 바라보고 있자면 언제나 거북한 것 같았던 그 북해의 해안과는 달리 깊고 넓은 태양이 한층 더 몸 가까이 느껴졌다. 넓고 끝없는 바다를 바라보면서 여기서는 그도 숨을 깊숙이 들이쉴 수가 있었다. 정든 영국의 해풍, 서풍이 그의 가슴을 부풀게 하면서도 동시에 조용한 휴식 속으로 빠져들게 하였다.

드디어 계약기간이 끝나는 마지막 주의 어느 날 밤이었다. 사우드 의사와 함께 조제하고 있을 때 한 어린아이가 외과입구에 왔다. 맨발에다 얼굴에 땟물이 줄줄 흐르는 초라한 소녀였다. 필립이 얼굴을 내밀었다.

"선생님, 아이비 레인에 있는 플레처 부인 댁에서 왔는데요. 지금 곧 와주실 수 없을까요?"

"무슨 일인데?"

사우드 의사가 버럭 소리를 질렀다.

그러나 소녀는 늙은 의사가 하는 말에는 아랑곳없이 또다시 필립 쪽을 보고 하던 말을 이었다.

"저 말이죠, 플레처 부인 댁의 작은 아드님이 다쳤어요. 제발 빨리 좀 와주세요."

"부인에게 내가 곧 간다고 해라."

사우드 의사는 소리로 대답했다.

소녀는 무언가 망설이는 것처럼 머뭇거리면서, 더러운 손가락을 더러운 입에 문 채 여전히 필립의 얼굴을 쳐다보고 있었다.

"왜 그러지?"

필립이 웃으면서 물었다.

"플레처네 아주머니께서요, 새로 오신 선생님더러 와 달라시던걸요."

조제실에서 무언가 소리가 났다고 생각하자, 사우드 의사가 복도로 나왔다.

"뭐라고? 플레처 부인이 내가 가면 싫다고 했단 말이냐?"

무서운 기세였다.

"그 여자는 그야말로 태어났을 때부터 돌봐 주었는데 어째서 그 더러운 자식 놈을 보러 가는데 내가 가면 안 된다는 거야? 응?"

소녀는 금방 울음이 터질 것 같은 표정이 되었다. 그러나 곧 마음을 돌렸는지 혀를 낼름 내밀고는, 어이없어 하는 사우드의 기세가 좀 꺾인 틈에 갑자기 바람처럼 달아나 버렸다. 노인은 분명히 불만인 것 같았다.

"무척 피곤하신 것 같군요. 게다가 아이비 레인이라면 꽤 먼 길인데요."

구태여 사우드 의사 자신이 갈 것까지는 없지 않느냐고 핑계를 만들어 주기 위해 필립이 한 말이었다.

그러나 늙은 의사는 낮은 소리로 한 번 신음하고 나서 말했다.

"웬걸, 다리가 하나 반밖에 없는 사람이라면 모르되 두 다리가 멀쩡하게 있는데 조금만 뛰어가면 되지."

필립은 얼굴이 새빨개졌다. 잠시 잠자코 서 있었다. 그리고 드디어 얼음장처럼 냉랭하게 내질렀다.

"저더러 가라는 겁니까? 선생님께서 가고 싶으신 겁니까?"

"내가 가서 무얼 하겠나? 자네더러 오라고 하지 않나?"

필립은 모자를 집어 들고 왕진을 나섰다. 돌아온 것은 8시가 다 되어서였다. 사우드 의사는 식당 난로에 등을 쬐면서 서 있었다.

"퍽 오래 걸렸군."

"죄송합니다. 왜 먼저 식사하지 않으셨습니까?"

"응, 기다리려 했던 걸세. 여태껏 플레처 부인 집에 있었나?"

"아니오, 돌아오는 길에 해지는 것을 구경하느라고 그만 시간 가는 것을 잊어버렸습니다."

늙은 의사는 대답하지 않았다. 그때 하녀가 구운 생선을 가지고 들어왔다. 필립은 그것을 매우 맛있게 먹었다. 갑자기 사우드가 물었다.

"어째서 해지는 것을 바라보았나?"

필립은 입속에 음식을 가득 담은 채 대답했다.

"왜 그런지 무척 기뻤기 때문이에요."
 늙은 의사는 이해하기 어려운 듯이 필립을 바라보고 있었다. 문득 희미한 미소가 그의 지치고 늙은 얼굴에 나타났다. 그 뒤 그들은 묵묵히 식사했다. 식사가 끝나고 식모가 폴트 주를 놓고 나가자 갑자기 노인이 의자 등받이에 기대앉아 필립의 얼굴에 구멍이 뚫릴 정도로 바라보기 시작했다.
 "오늘 내가 자네의 절름발이에 대해 이야기해서 조금 화났지?"
 "괜찮습니다. 사람들은 누구라도 제게 화만 나면 직접으로든 간접으로든 반드시 그 문제를 끄집어내는 것이 보통이니까요."
 "결국 그것이 자네의 약점이라는 것을 아니까 그렇지."
 필립은 정면에서 노인을 지그시 바라보았다.
 "그래서 선생님께서도 그것을 알아내서 무척 기쁘시다는 건가요?"
 늙은 의사는 아무 대답도 하지 않았으나 잔인하게 기뻐하는 듯한 소리 없는 웃음을 보였다. 그들은 얼마 동안 말없이 서로 노려보면서 앉아 있었다. 별안간 사우드 의사가 깜짝 놀랄 만한 말을 하기 시작했다.
 "어째서 여기에 계속 머물러 주지 않으려고 하나? 지금 이하선염에 걸린 사람은 그만두게 해도 괜찮은데 말일세."
 "대단히 고맙습니다만, 실은 가을부터 저는 오래 근무할 곳을 바라고 있습니다. 장래를 위해서도 그러는 편이 좋다고 생각해서요."
 "아니, 나는 말일세, 공동경영할 것을 생각하는 걸세."
 노인은 불쾌한 듯 말했다.
 "네? 그건 또 어째서지요?"
 필립도 놀라서 물었다.
 "이 고장에서 자네는 무척 인기가 있는 모양이니까 말일세."
 "하지만 그것이 선생님으로선 못마땅하신 점 아니었던가요?"
 필립은 무뚝뚝하게 물었다.
 "나도 개업한 지가 이미 40년이나 되네. 새삼스럽게 조수의 인기가 나보다 좋다고 해서 그런 것에 신경 쓰리라 생각하나? 절대로 그렇지 않아. 나와 환자 사이에는 감정 같은 것은 요만큼도 없네. 나는 환자들에게서 감사 따위 받을 생각도 없네. 치료비만 받으면 그만일세. 어떤가, 자네 생각은?"
 필립은 다시 한 번 생각해 본다기보다도, 어이가 없어 대답하지 않았다.

의사 면허를 갓 받은 풋내기를 상대로 공동경영을 제안하다니 누가 봐도 확실히 이례적이었다. 내놓고 이야기하지는 않았지만, 아무래도 필립이 그의 마음에 든 모양이었다. 속으로 적잖이 놀랐다. 성 누가 병원의 사무장에게 이야기하면 얼마나 재미있어 할까 싶었다.

"그래도 이 병원은 1년에 7백 파운드쯤은 벌 수 있다네. 자네 몫이 어느 정도인지는 계산해 보면 곧 알 수 있을 테지. 자네가 지급해야 하는 것은 조금씩 편리한 대로 해주어도 상관없네. 게다가 내가 죽으면 물론 이 병원은 자네에게 물려줌세. 여기저기 큰 병원으로 2, 3년 돌아다닌 끝에 스스로 개업할 수 있을 때까지 의무원 노릇을 하는 것보다는 이편이 훨씬 더 나을 텐데."

대개의 의사라면 곧바로 반가이 뛰어들 만한 이야기라고 필립도 생각했다. 요새는 의사가 너무 많아서 이 정도의 자리라도 확실함만 보장된다면 그가 아는 동료 대부분은 기쁘게 받아들일 것이다. 그러나 그는 "모처럼의 호의입니다만 아무래도 저는……" 하고 입을 떼었다.

"그러면 오랫동안 생각해 온 목적이 모조리 수포로 돌아가고 맙니다. 저도 여러 의미로 고생을 무척 많이 해왔습니다. 그러나 그 고생 속에서도 한 가지 희망만은 계속 품고 있었습니다. 즉 자격만 얻으면 멀리 여행을 떠난다는 것이었습니다. 지금도 아침에 잠이 깨면 저는 먼 길을 떠나고 싶어서 온몸이 근질근질합니다. 특별히 어디라고 정해진 것은 아닙니다만, 아무튼 어딘가로, 아직 본 적 없는 곳으로 가 보고 싶은 겁니다."

그 목표도 이제는 바로 눈앞에 있는 것 같았다. 내년 6월쯤이면 성 누가 병원에서의 의무기간도 끝날 것이다. 그렇게 되면 우선 에스파냐로 떠날 작정이었다. 그에게는 이른바 낭만의 대명사라고 할 수 있는 그 나라를 5, 6개월 동안 돌아다닐 수 있다. 에스파냐 여행을 마치면 다음에는 배를 타고 동양으로 갈 참이다. 가는 곳마다 희망찬 인생이 있으므로 시간 같은 것은 문제도 아니다. 형편에 따라서는 몇 해 동안이라도 사람들이 그다지 잘 방문하지 않는, 생활도 풍습도 이상스러운 먼 나라들을 돌아다닐 수도 있는 것이다. 무엇을 찾는 여행인지 그러한 여행에서 어떠한 수확이 있을지 그 자신도 알 수 없었다.

그러나 아무튼 무언가는 새로운 것을 얻을 수 있을 것이다. 풀면 풀수록 더욱더 미궁으로 빠져 버리는 삶의 신비, 그것에 대한 실마리 정도는 적어도 잡을 수 있으리라. 아니 설사 수확은 아무것도 없이 끝난다 하더라도 오랫동안 가슴을 좀먹어 오던 불안만큼은 확실히 덜 수 있으리라. 어쨌든 사우드 의사는 지금 필립에게 최대한의 호의를 베풀고 있다. 그것을 적당한 이유도 없이 거절한다는 것은 아무래도 마음이 내키지 않았다. 그래서 필립은 되도록 사무적으로 그리고 그의 독특한 겸손에 따라, 오랫동안 생각해 온 계획의 실행이 얼마나 중요한가를 일단 설명만은 해보았다.

  사우드는 조용히 필립의 이야기를 들었다. 날카로운 노인의 눈에 온화한 표정이 떠올랐다. 그가 자기의 제안을 너무 고집스럽게 말하지 않는 것 또한 고마운 호의처럼 생각되었다. 가끔 호의는 자칫하면 명령적으로 되기 쉽지만 이 노인은 필립이 말한 이유를 그럴 듯하다고 생각하는 것 같았다.

  그래서 그 이야기는 그것으로 그쳐 버리고 이번에는 노의사가 자기의 젊은 시절 추억을 꺼내기 시작했다. 영국 해군에 근무했는데 역시 바다와의 인연으로 제대 뒤 이 판리에 자리를 잡았다는 것이다. 옛날 태평양의 이야기며, 중국에서 겪은 여러 가지 모험담도 들려주었다. 보르네오의 수수족(首狩族) 토벌에 참가했던 일도 있었고, 사모아가 아직 독립 국가였던 시절에 대해서도 알고 있었다. 산호섬에도 곧잘 잠시 머물렀다고 했다. 필립은 황홀한 기분으로 열심히 들었다. 노의사는 조금씩 자신의 신상 이야기를 하기 시작했다. 지금은 홀아비 신세이며, 부인과는 30년 전에 사별했다는 것이다. 하나뿐인 딸은 로데시아의 농가로 출가했는데, 자기가 사위와 말다툼한 뒤로는 10년이 되도록 발길을 끊었다고 했다. 따라서 아내도 자식도 없었던 거나 마찬가지로 고독했다. 그가 무뚝뚝한 것도 사실은 이 완전한 환멸을 감추기 위한 허세에 지나지 않았던 것이다. 필립은 그가 참 비극적인 삶을 산다는 생각이 들었다. 노인은 죽음을 기다렸으나 초조해한다기보다 오히려 죽음을 증오하며 기다리고 있었다. 그는 늙음을 싫어하고 그 한계를 받아들이려 하지 않으면서도 한편으로는 죽음만이 고뇌에 찬 일생의 유일한 해결이라고 느끼고 있었다.

  바로 그러한 때에 우연히 필립을 만나게 된 것이다. 딸과의 오랜 이별—말다툼할 때 그녀가 남편의 역성을 들어 그는 손자들은 아직 한 번도 만나본 일이 없다—때문에 아득히 잊고 있었던 육친의 정이 우연히 필립에게 쏠리게 된 것이다. 처음에는 화가 났고, 자신이 노망났다고밖에는 생각되지 않았다. 그러나 왠지 필립에게는 무언가 그의 마음을 끄는 것이 있었다. 자기도 모르게 필립의 얼굴을 보면 벙글벙글 웃음이 나왔다. 무엇보다 필립은 절대로 그를 심심하게 하지 않았다. 한두 번 필립이 노인의 어깨에 손을 얹은 일이 있었다. 그 손길은 딸이 영국을 떠난 뒤로는 처음 느껴본 가장 정다운 손길이었다.

드디어 필립이 떠나는 날 노인은 정거장까지 배웅을 나왔다. 노인은 묘하게 서글퍼 견딜 수가 없었다.

"그동안 참으로 즐거웠습니다. 게다가 선생님께서 너무나 친절하게 해주셔서."

"하지만 돌아가는 것이 더 기뻐 보이는데?"

"여기서도 무척 유쾌했습니다."

"그러나 역시 넓은 세상으로 나가고 싶겠지. 아무렴, 자네는 아직 젊으니까 말일세."

노의사는 잠시 말을 끊더니 다시 말을 이었다.

"그러나 이것만은 잊지 말아 주게. 만약 자네의 마음이 변하거든 언제든지 돌아오게. 나의 제안은 언제까지나 변치 않을 테니까 말일세."

"참으로 고맙습니다."

필립은 객차의 유리창 밖으로 손을 내밀어 늙은 의사와 악수했다. 기차는 증기를 내뿜으며 역을 빠져나갔다. 필립은 이제부터 홉 농장에서 지낼 2주일 동안의 일을 생각했다. 친한 그들과 다시 만날 것을 생각하니 행복했다. 날씨가 좋은 것도 기뻤다. 하지만 사우드 의사는 무거운 걸음으로 텅 빈 집으로 돌아가고 있었다. 고독과 늙음이 뼈에 사무치게 느껴졌다.

118

필립이 퍼언에 닿은 것은 꽤 늦은 오후였다. 그곳은 아델니 부인의 고향이었고, 그녀에게 홉따기는 어릴 적부터 익숙한 일이었다. 그래서 지금도 해마다 남편과 아이들을 데리고 이 농장을 찾아오는 것이었다. 다른 켄트 사람들이 그러듯 그녀의 가족도 해마다 정해 놓고 갔는데, 조금이나마 돈을 벌 수 있어 즐거워서이기도 했지만, 그보다는 연례 여행으로서 몇 달 전부터 목을 빼고 기다리는 최고의 휴가이기 때문이었다. 여기서 하는 일은 조금도 힘들지 않았다. 야외에서 하는 공동작업이었고, 특히 아이들에게는 길고 즐거운 소풍이었다. 젊은 청년들이 처녀들을 알게 되는 것도 여기에서였고, 그날의 일이 끝난 긴 밤에는 둘이서 사랑을 속삭이며 언제까지나 오솔길을 돌아다녔다. 따라서 대개 홉따기의 계절이 끝나면 결혼식 계절이 되는 것이었다. 그들은 침대, 항아리, 냄비, 의자, 식탁 따위를 수레에 싣고 갔다. 결국 홉따기가 이어지는 동안 퍼언 마을은 텅텅 비게 된다.

이 지방 사람들은 매우 배타적이어서 이방인(런던에서 온 사람들을 그렇게 불렀다)들이 들어오는 것을 몹시 싫어했다. 이 이방인들을 경멸하기도 했지만 또 두려워하기도 했던 것이다. 거의가 나쁜 치들뿐이어서, 시골에서도 웬만한 집안 사람들은 결코 그들과 접촉하지 않았다. 홉따기를 하는 사람들은 전에는 모두 헛간에서 잤는데, 10년 전쯤부터는 농장에 딸린 목장 언저리에 오두막집이 세워져서, 아델니네 가족도 다른 사람들과 마찬가지로 해마다 같은 오두막집에 머물게 되었다.

아델니는 필립을 위해 여인숙에 방을 하나 얻어 놓고, 그 집에서 마차를 빌려 역까지 마중 나와 주었다. 여관은 홉 농장에서 4분의 1마일쯤 떨어져 있으나 그들은 필립의 방에 가방을 두고 오두막집이 있는 목장까지 걸어갔다. 오두막집이라고 해 봐야 얕고 긴 판자집을 12제곱피트씩 칸막이로 막은 것뿐이었다. 한 집마다 방 앞에 모닥불이 피워지고, 가족들이 모두 그것을 에워싸고 저녁식사가 만들어지는 광경을 바라보고 있었다.

아델니네 아이들도 바닷바람과 햇볕으로 얼굴이 모두 거무스름하게 탔다. 아델니 부인도 챙이 넓은 모자를 쓰니까 전혀 딴사람처럼 보였다. 오랜 도회지 생활도 물질적으로는 조금도 그녀를 변하게 하지 못했음을 잘 알 수 있었다. 부인은 태어난 곳도 자라난 곳도 어디까지나 순수한 시골이었고, 이렇게 시골에 데려다 놓으니까 마치 물 만난 물고기처럼 생기가 있었다. 부인은 베이컨을 기름에 튀기면서도 한편으로는 아이들에게 신경을 쓰고 있다가 필립을 보더니 넘칠 것 같은 미소를 보이면서 마음에서 우러나는 악수를 했다. 아델니는 전원생활의 즐거움에 대해서 열심히 이야기하기 시작했다.

"우리가 사는 그 도회지에서는 모두 태양과 빛에 굶주리고 있어요. 그런 것이 어디 생활입니까? 이른바 장기수(長期囚) 같은 삶이죠. 베티, 어때?

살림을 모두 정리해서 농장이라도 하나 살까? 어떻겠소?"

"당신의 전원생활이란 안 봐도 훤해요."

그녀는 벙글벙글 웃으면서 그를 놀리듯 말했다.

"겨울철이 되어서 진종일 비라도 한 번 와 보라지요. 그러면 곧바로 런던, 런던하고 야단법석하실 게 뻔해요."

그리고 필립을 보고 말을 이었다.

"저 양반은 말이죠, 여기에만 오면 언제나 이래요. 난 시골이 제일 좋다! 그러거든요. 그러면서도 무잎하고 순무잎도 구별 못하신단 말이에요."

"그래요, 오늘은 아버지가 아주 게으름을 피우셨어요. 아직 한 상자도 제대로 못 채우셨는걸요."

대뜸 제인이 솔직한 성격 그대로 말했다.

"아니다, 아버진 아직 연습중이란 말이야. 그러니까 내일은 한번 두고 보아라. 너희 것을 모두 합친 것보다도 훨씬 많이 따 보일 테니까."

"애들아, 저녁 먹어라."

아델니 부인이 불렀다.

"샐리는 어디 갔니?"

"여기 있어요, 어머니."

샐리는 말하면서 오두막에서 나왔는데 그 순간 타오르는 모닥불이 그녀의 얼굴에 또렷한 그림자를 만들었다. 최근 샐리가 양장점에 다니기 시작하면서부터 필립은 늘 그녀의 맵시 있는 원피스 차림만 보아 왔다. 오늘은 일할 때 입는 헐렁하고 간편한 무늬 있는 옷을 입었는데, 그 모습이 그렇게 매력적일 수 없었다. 걷어 올린 소매 아래 튼튼하고 포동포동한 팔을 드러내고, 머리에는 역시 챙 넓은 모자를 쓰고 있었다.

"동화에 나오는 젖 짜는 아가씨와 똑같잖아?"

필립은 샐리와 악수를 하면서 말했다.

"과연 홉밭의 가인이로다. 그렇죠, 선생?"

아델니가 외쳤다.

"애 샐리야, 만약 지주 도련님이라도 널 보시면 당장 구혼할 것이 틀림없겠다."

"어머 아버지, 미안하지만 지주 댁엔 도련님 따위는 안 계신다고요."

샐리가 대답했다.

샐리도 어딘가 앉을 데를 찾고 있었으므로 필립은 자기 옆에 자리를 만들어 주었다. 어둠 속에서 모닥불에 비치는 그녀의 모습은 무어라고 할 수 없을 만큼 멋졌다.

마치 전원의 여신이라고나 할까? 그 옛날 시인 헤리크가 그의 작품 속에서 찬양했던 그 건강하고 신선한 소녀들을 떠올리게 했다. 저녁은 버터 바른 빵과 바삭바삭 소리가 나는 베이컨, 아이들에게는 차 그리고 아델니와 필립에게는 맥주가 딸린 매우 간소한 것이었다. 아델니는 허겁지겁 음식을 먹으면서 한 입마다 큰 소리로 예찬했다. 루쿨루스(고대로마의 장군, 식탁의 예술을 꽃피운 인물)를 비웃고 브리야사바랭(18세기 말 프랑스인 미식가)에 대해서도 마구 혹평을 퍼붓는 것이었다.

"당신에게도 꼭 한 가지 좋은 점이 있군요. 무엇이라도 참으로 맛있게 잡수신다는 것, 정말이에요, 이것은."

아델니 부인이 말했다.

"오오, 더욱이 우리 마누라 베티의 솜씨로 만든 요리를 말이렷다!"

말할 때마다 입만큼이나 움직여 대는 집게손가락을 힘차게 내밀면서 아델니가 말했다.

필립도 참으로 즐거웠다. 모닥불을 에워싼 사람의 무리가 죽 이어지고, 그 불꽃이 또렷하게 밤하늘에 비치는 것을 그는 행복에 겨운 듯이 바라보았다. 목장의 변두리에는 커다란 느릅나무가 줄지어 서 있고 하늘에서는 별들이 반짝였다. 아이들은 웃으며 좋아했고 아델니까지도 동심으로 돌아가서 여러 가지 재미있는 이야기를 해 모두를 웃겼다.

"저 양반 말이죠, 여기에 오면 꽤 인기가 좋아요. 브리지스 부인이 그러더군요. 역시 아델니 씨가 계셔야 한다고요. 조금도 가만히 있지 않고 무언가를 하더래요. 집안의 가장이라기보다는 마치 학교의 아이들 같다고요."

아델니 부인이 말했다.

샐리는 잠자코 앉아 있었으나, 그러면서도 필립에게 무엇이 필요할까 참으로 자상하게 마음을 쓰고 있었다. 그것이 또 필립에게는 더 말할 수 없이 기뻤다. 샐리가 옆에 앉아 있기만 해도 퍽 즐거웠다. 이따금 눈을 돌려 햇볕에 그을어서 건강해 보이는 그녀의 얼굴을 흘끔 바라보았다. 한 번은 둘의 눈길이 문득 마주쳤는데 샐리는 조용하게 웃었다. 저녁식사가 끝나자 제인과 그 아래 동생이 설거지할 물을 길러 목장 아래 개울로 갔다.
"자아, 너희는 필립 아저씨에게 잠자리를 보여 드려라. 그리고 너희는 자야 하는 거다."
조그마한 손이 여러 개 필립을 붙잡고 오두막 쪽으로 끌고 갔다. 그는 안으로 들어가서 성냥을 켰다. 가구라고는 아무것도 없었다. 옷가지를 넣어둔 양철상자 옆으로 침대 같은 것이 세 개 벽을 따라 늘어서 있을 뿐이었다. 아델니가 뒤따라 들어와서 자랑스러운 듯이 설명했다.
"어때요? 여기서 자는 겁니다."
그는 소리 질렀다.
"스프링도 없고 백조의 깃털 이불도 없이요. 그래도 이렇게 푹 잠잘 수 있거든요. 선생은 제대로 이부자리에 들어가서 주무시겠죠? 아아, 그런 선생이 정말 딱하게 여겨지는군요."
침대라고는 하나 홉 덩굴을 두껍게 쌓아 올린 뒤에 짚을 엷게 깔고 다시 그 위에 담요를 깐 것뿐이었다. 홉따기를 하는 사람들은 종일 밖에서 일한 뒤에 향기로운 이 홉의 향기에 싸여서 그야말로 망아지처럼 푹 자는 것이었다. 9시쯤이 되면 목장 주위는 아주 조용해지고, 선술집에서 가게 문을 닫을 10시까지 눌러앉아 있는 사내들 한둘을 빼고는 모두 잠자리에 들어 있다. 아델니도 필립을 데리고 선술집으로 갔다.
그들이 나가기 전에 아델니 부인이 필립에게 물었다.
"우린 아침식사를 언제나 6시 15분 전에 하지만 그렇게 일찍 일어나는 것은 싫으시겠죠? 하지만 우리는 6시부터 일을 시작해야만 하거든요."
그때 아델니가 소리 질렀다.
"물론 필립 선생도 일찍 일어나 주셔야 해요. 그리고 우리와 똑같이 일하는 거예요. 자기 식비 정도는 벌어야 하니까. '일하지 않는 자 먹지도 말라' 거든. 안 그래요, 선생?"
그러자 부인이 또 말했다.
"그럼 애들이 아침식사 전에 해수욕을 가니까 돌아오는 길에 들르게 하죠. '졸리 세일러'(선술집이자 필립이 묵는 여인숙 이름) 앞을 지나가니까요."
"바닷가로 가는 길에 나를 깨워 주면 나도 같이 가서 해수욕을 하죠."
제인과 해롤드와 에드워드는 이 말을 듣자 환성을 올렸다. 그리고 이튿날 아침 곤히 잠들어 있던 필립은 아이들이 방으로 뛰어 들어오는 소리에 꿈에서 깨어났다. 아이들은 대번에 침대 위까지 뛰어올라왔으므로, 필립도 슬리퍼를 휘둘러서 그들을 쫓아낼 수밖에 없었다. 그는 옷을 입고 내려갔다. 이제 막 해가 솟아서 공기는 꽤 냉랭했으나 하늘에는 구름 한 점도 없고 태양은 황금빛으로 빛나고 있었다. 샐리는 코니의 손을 잡고 한 손에는 수영복과 수건을 안은 채 길 한복판에 서 있었다.

처음 본 그녀의 챙 넓은 볕 가리개 모자는 등꽃 빛깔이었고, 적동색으로 그은 얼굴이 그것과 무척 잘 어울려서 마치 사과처럼 아름다웠다. 필립을 보자 의젓한, 예의 그 아름다운 미소를 띠고 아침 인사를 했다. 그때 갑자기 필립은 샐리의 이가 무척 작고 새하얗고 또 아주 고르게 나 있어서 여간 아름답지가 않다고 생각했다. 어째서 지금까지 그것을 알아차리지 못했을까 이상스러웠다.

"저는 그냥 더 주무시게 해드리는 편이 좋겠다고 했는데도 이 애들이 무슨 일이 있어도 깨우겠다잖아요. 같이 가는 게 사실은 귀찮을 거라고 했는데도."

"아니, 기꺼이 가겠어."

그들은 길에서 내려가 늪지를 가로질렀다. 이렇게 1마일쯤 가면 바다였다. 바닷물은 차고 잿빛으로 빛나고 있었다. 필립은 보기만 해도 부르르 떨렸으나, 아이들은 옷을 훌훌 벗어 버리고는 함성을 지르며 물속으로 뛰어 들어갔다. 샐리만은 모든 행동이 의젓하고 점잖았으므로 아이들이 모두 필립을 에워싸고 물방울을 튀길 때에야 가까스로 물속으로 들어왔다. 필립의 유일한 재주가 바로 이 헤엄치는 것이었다. 물속에 들어가기만 하면 기분이 참으로 좋았다. 그가 돌고래며, 물에 빠진 사람 또는 뚱뚱한 여자가 머리를 물에 적시지 않으려고 애쓰는 꼴을 흉내내 보이자 아이들도 모두 그대로 따라 하기 시작해 한바탕 소란을 피웠다. 마침내 샐리가 무서운 얼굴을 해보이자 겨우 모두들 물에서 올라왔다.

"누구보다도 선생님이 가장 나빠요."

샐리가 어머니 같은 진지한 얼굴로 말했으므로 필립은 우습기도 하고 귀엽기도 했다.

"선생님이 계시지 않을 때는 모두 이렇게까지는 장난꾸러기들이 아니었거든요."

이윽고 모두가 함께 걸어서 돌아왔다. 샐리는 아름다운 머리를 한쪽 어깨 가득히 휘날리면서 모자는 손에 들고 있었다. 오두막집으로 돌아와보니 아델니 부인은 이미 농장으로 나간 뒤였다. 아델니는 챙이 넓은 중절모자에 다 낡은 바지를 입고 있었고, 아마 틀림없이 셔츠를 안 입은 탓이겠지만 윗옷의 단추를 위까지 꼭 잠그고 앉아서 나뭇가지를 태우며 생선을 튀기고 있었다. 기분이 매우 좋은 듯, 마치 천하에 두려울 게 없는 산적 같은 모습이었다. 그는 돌아오는 일행을 보자 구수한 냄새가 나는 생선을 요리하면서 셰익스피어의 희곡 《맥베스》에 나오는 마녀들의 합창 한 구절을 암송하기 시작했다.

"너희 빨리 나가 봐야지. 우물거리다간 어머니에게 혼난다."

아이들이 다가오자 그가 말했다.

조금 뒤에 해롤드와 제인은 버터 바른 빵을 손에 든 채 목장을 넘어서 홉밭으로 나갔다. 필립이 가장 늦게 농장에 닿았다. 홉밭이라면 필립에게는 어린 시절부터 그리던 광경의 하나였고 또 그 건조실은 켄트 주 특유의 풍물이었다. 샐리의 뒤를 따라 길게 이어지는 홉밭 고랑 사이를 걸어가는 것은 필립에게 신기하다기보다 고향에라도 돌아온 듯한 기분을 느끼게 했다. 태양은 이미 밝게 빛나고 짙은 그림자를 던지고 있었다. 푸른 물방울이 떨어질 것 같은 초록빛의 향연이 필립의 눈을 한껏 즐겁게 해주었다. 홉은 한창 무르익어서, 그것은 저 시실리의 시인들이 보랏빛 짙은 포도 열매에서 발견했다는 아름다움과 정열을 그대로 생각나게 했다. 걸으면서 필립은 사방에 넘쳐흐르는 풍성함에 완전히 압도되었다. 기름진 켄트 땅에서 향긋한 흙냄새가 풍기고, 들뜬 것처럼 부는 9월의 미풍은 상쾌한 홉의 향기를 가득히 감돌게 했다. 아델스탄은 본능적으로 마음이 들뜨는지 큰 소리로 노래 부르기 시작했다. 변성기에 접어든 열다섯 소년의 쉰 목소리였다. 샐리가 뒤돌아보며 말했다.

"아델스탄, 조용히 해. 안 그러면 소나기가 올 테니까."

잠시 뒤, 떠들썩한 소리가 나더니 홉따기 하는 사람들과 어울렸다. 서로 이야기를 나누면서도 모두들 일손을 재빨리 움직였다. 광주리를 옆에 놓고 저마다 의자며 걸상이며 상자에 걸터앉아서 따는데, 그중에는 커다란 주머니를 곁에 놓고 딴 홉을 그대로 던져 넣는 사람도 있었다. 어린아이들도 많았고 게다가 갓난아이들도 많았다.

임시로 마련한 요람에 들어 있는 아기도 있고, 헌 포대기에 싸여 갈색으로 마른땅 위에 그대로 눕혀진 아기도 있었다. 아이들은 딴다고 해봤자 아주 조금뿐이었고, 대부분 놀고 있었다. 뭐니뭐니해도 가장 일을 잘하는 것은 여자들이었다. 어릴 때부터 해온 일이어서 그런지 런던에서 온 '이방인'들보다 족히 2배는 될 만한 능률을 올렸다. 모두가 하루에 몇 부셸(1부셸=약 28킬로그램) 따는가 하는 것이 자랑거리였는데, 다만 돈이 옛날처럼 되어 주지 않는다는 것이 곧잘 하는 불평이었다. 옛날엔 5부셸에 1실링은 쳐줬는데, 지금은 그만큼 벌려면 8부셸이나 9부셸은 따야 했다. 옛날 같으면 솜씨가 좋은 사람은 한 철에 넉넉히 한 해 동안의 생활비 정도는 벌어 들였지만, 지금은 꿈도 꾸지 못했다. 다만 돈 들이지 않고 휴가를 즐길 수 있다는 것만이 아주 큰 은혜였다. 힐 부인은 홉따기를 해 번 돈으로 피아노 한 대를 샀다고 했다. 그러나 그녀는 워낙 유명한 노랑이이므로 아무도 그렇게까지 해서 피아노를 사고 싶진 않다고들 쑥덕댔다. 사실은 틀림없이 은행의 예금에서 얼마간 피아노 값으로 찾았을 것이라고 그렇게들 생각하고 있었다.

홉따기는 어린이를 제외한 열 사람씩 한 조를 만들고, 조마다 하나씩 큰 주머니를 맡았다. 아델니의 자랑은 이제 틀림없이 자기 식구들만으로 한 조가 될 날이 오리란 것이었다. 또 조마다 한 사람씩 있는 주머니 담당이 주머니 곁에 붙어 서서 끈 모양으로 된 홉을 집어넣었다(주머니란 나무틀에 베를 씌운, 높이 7피트가량의 자루로, 그것이 줄지어 홉밭의 고랑 사이에 늘어서 있었다). 아델니의 큰 소망은 아이들이 모두 자라 그들만으로 한 조가 되면, 그때에는 꼭 자신이 이 주머니 담당이 되겠다는 것이었다.

그러나 현재 그가 하는 일이란 홉따기보다는 전적으로 딴 사람들을 격려하고 다니는 것이었다. 아델니 부인은 30분쯤 일해서 벌써 한 바구니나 주머니 속에 넣은데 반해 아델니는 그곳으로 어정어정 다가가자 담배를 입에 문 채 겨우 천천히 홉을 따기 시작했다. 그는 아이들에게 엄마를 제외하고는 다른 누구에게도 오늘은 지지 않겠다고 날마다 장담했다. 그러고는 아프로디테가 프시케에게 준 시련을 갑자기 생각해 내어 프시케가 아직 보지 않은 새신랑을 그리워했다는 이야기 등을 아이들에게 들려주는 것이었다.

그는 이야기를 참 잘했다. 필립도 줄곧 벙글벙글하면서 들었는데 딴은 생각해 보면 이 정경에는 안성맞춤인 이야기였다. 더할 수 없이 짙푸르게 갠 하늘. 그리스의 하늘이라도 과연 이보다 더 아름다웠을 것인가? 금발머리에 장밋빛 볼, 건강하고 발랄하고 터질 것 같은 어린아이들, 미끈하게 자란 홉, 나팔 소리처럼 사람의 마음 밑바닥까지 두근거리게 하는 수목들의 푸른빛, 한없이 이어진 차양 모자를 쓴 홉따는 여자들, 눈으로 볼 수 있는 시야의 끝은 한 점이 되어서 사라진 푸른 오솔길의 야릇한 매혹—아마도 교수들의 저 서나 박물관 따위보다도 훨씬 풍부한 그리스의 넋이 여기에 있을 것이다. 그는 영국의 아름다움이 진심으로 고마웠다.

그러고는 구불구불 이어진 하얀 길, 산울타리, 느릅나무가 늘어선 푸른 목장, 펑퍼짐하게 이어진 언덕의 곡선, 그리고 그 꼭대기에 우거진 조그마한 숲, 널따랗게 퍼진 늪지대, 북해의 어둠과 우수, 이러한 정경을 떠올려 보았다. 그리고 그러한 아름다움을 알 수 있는 자신이 생각할수록 행복하게 여겨졌다. 그러는 동안에도 아델니는 다시 들뜨기 시작해, 로버트 캠프의 어머니는 얼마나 땄는지 물어보고 오겠다고 했다.

그는 밭에서 일하는 사람들을 하나도 빼놓지 않고 모두 알았으며, 더욱이 그들을 모두 세례명으로 불렀다. 그들의 집안 내력에서부터 나아가 그들이 세상에 태어난 뒤의 일까지 모조리 다 아는 것이다. 별로 나쁠 것은 없었지만, 그들 사이에서는 의젓한 신사인 체하며, 허물없이 정답게 지내면서도 묘하게 대범한 체해 보였다. 필립은 아델니와 같이 가기를 거절했다.

"전 식비를 벌 테니까요."

"딴은 그렇군요. 찬성! 일하지 않는 자 먹지도 말라니까 말이에요."

아델니는 손을 한 번 크게 흔들어 보이고는 천천히 걸어갔다.

119

필립은 자기 바구니가 없었으므로 샐리 곁에 앉아 있었다. 제인은 필립이 자기는 놔두고 샐리 언니만 도와준다고 심통을 부렸다. 그래서 필립은 샐리의 바구니가 가득 차면 다음에는 꼭 제인을 도와주겠다고 말하고야 말았다. 샐리는 자기 어머니에게 거의 뒤떨어지지 않는 솜씨였다.

"바느질하던 부드러운 손으로 따면 아프지 않아?"

필립이 물어보았다.

"아뇨, 그렇지 않아요. 역시 손이 부드러울수록 잘 따져요. 그러니까 홉따기는 남자보다 여자가 나은 셈이죠. 거친 일을 해서 손이 굳고 손가락이 딱딱해지면 도저히 이렇게는 딸 수 없을 거예요."

필립은 그녀의 재빠른 솜씨를 보고 있는 것이 퍽 좋았다. 가끔 그녀가 어머니 같은 눈길로 가만히 그의 동작을 지켜보았는데, 그것이 참으로 우습기도 하고 또 사랑스럽기도 했다. 그도 처음에는 아주 서툴러서 샐리가 웃곤 했다. 그녀가 들여다보면서 재치 있게 여러 송이를 한꺼번에 따는 방법을 가르칠 때 문득 두 사람의 손이 맞닿았다. 그 순간 샐리의 뺨이 빨개지는 것을 보고 필립이 오히려 놀랐다. 필립은 샐리가 한 사람의 성숙한 여인이라고는 도저히 생각되지 않았다. 그에게 샐리는 어디까지나 아직 소녀였고, 따라서 어린아이라고밖에 여겨지지 않았던 것이다. 그녀와 결혼하고 싶어 하는 청년이 몇 사람 나타난 것을 보면 역시 그녀는 이미 어린아이는 아닌 모양이었다. 이곳에 와서 며칠 되지 않았는데도 샐리의 이종오빠 되는 사람이 아침부터 밤까지 따라다녀서 샐리는 많은 사람으로부터 놀림받는 형편이었다. 피터 갠이라는 이 청년은 퍼언 근처에 사는 농부와 결혼한 아델니 부인 언니의 아들이었다. 그가 어째서 날마다 홉밭을 어정거리는지 모두들 그 이유를 알고 있었다.

아침 8시가 되면 뿔피리 소리가 울리고 아침을 먹는 휴식시간이 된다. 아델니 부인은 아직 식사할 만큼 일하지도 않았다고 했지만, 모두들 상관하지 않고 허기진 것처럼 먹었다. 그리고 다시 일을 하고 12시가 되면 또 점심식사 피리 소리가 울리는 것이다. 이따금 검사원이 기록을 맡아 보는 서기를 데리고 찾아왔다. 이 주머니에서 저 주머니로 돌아다니면서 딴 양을 적어 넣는데, 서기는 먼저 자기의 장부에 적어 넣은 다음 따는 사람들의 장부에 각각 써넣었다. 주머니가 가득 차면 1부셸의 바구니로 달아서 다시 엄청나게 큰 광주리에 집어넣는다. 그리고 이것을 저울로 다는 사람과 짐꾼이 끌고 가서 짐마차에 싣는 것이다.

아델니가 이따금 돌아와서는 이 집 부인은 얼마, 저 집 부인은 얼마 하고 각 조의 성적을 알리면서 제발 그들을 이겨 달라고 가족들에게 부탁하고 다녔다. 신기록을 세우는 것이 한결같은 소망이었으므로, 때로는 자기도 한 시간쯤 열을 내어 따기도 했으나, 다만 그러한 때라도 첫째의 즐거움은 어떻게든지 자신의 화사한 손을 사람들에게 보이는 것이었다. 그의 손은 매우 아름다웠다. 사실 오랜 시간을 들여서 손톱 손질까지 했다. 그러고 보니 필립도 들은 일이 있었다. 에스파냐 귀족들은 손가락을 희게 보호하기 위해 매일 밤 기름 먹인 장갑을 끼고 잔다면서 그는 끝이 뾰족한 자기의 손가락을 펴 보이며 말하곤 했다. 유럽의 목을 조른 그 무서운 손이 여자의 손보다도 더 화사하고 예쁜 손이었다는 것을 누가 알았겠느냐고 연극적으로 말했던 것이다. 그리고 아주 얌전하게 홉을 따면서 그는 자기 손을 정신없이 한숨을 쉬어가며 바라보았다.

그러나 그러기에도 진력이 나면 담배를 피우면서 필립에게 장황하게 문학이며 예술에 대한 이야기를 늘어놓기 시작했다. 오후는 날씨가 매우 무더우므로 자연히 일의 능률도 떨어지고 이야기도 자꾸 끊어졌다. 오전 중에 끊임없이 지껄이던 것과 달리, 이때는 이따금 생각난 듯 띄엄띄엄 한두 마디씩 입을 놀릴 뿐이다.

샐리의 윗입술엔 조그마한 땀방울이 맺히고, 일에 열중한 탓인지 입술이 조금 벌어져 있었다. 마치 터지려는 장미의 꽃봉오리와 같은 모습이었다.

작업이 끝나는 것은 건조실 형편에 달려 있었다. 때로는 일찌감치 가득 차 버렸고, 서너 시쯤에 그날 밤새도록 말릴 만큼의 홉을 모두 따버릴 때도 있었다. 그런 날에는 작업은 그것으로 끝났다. 그러나 대개 마지막 계량이 시작되는 것은 5시나 되어서였다. 일하는 조마다 계량이 끝나면 모두 연장을 모으고 또다시 재잘거리면서 천천히 돌아갔다. 여자들은 오두막집으로 돌아오면 또 청소를 하고 저녁 먹을 준비를 했다. 한편 남자들은 대부분 술집으로 갔다. 종일토록 작업을 한 뒤의 맥주 한잔처럼 즐거운 것이 또 있으랴.

아델니네 주머니는 가장 나중에 검사를 받았다. 검사원이 오자 아델니 부인은 마음을 놓은 것 같은 한숨과 함께 일어서서 등을 폈다. 대여섯 시간이나 같은 자세로 앉아 있었으므로 온몸이 완전히 굳은 것이다.

"자아, '졸리 세일러'에 가서 한잔 하기로 할까? 역시 매일 하는 일은 제대로 해두어야 하는 거야. 게다가 이것은 말하자면 가장 신성한 의무니까."

아델니가 말했다.

"그럼, 여보, 주전자 좀 가져가세요. 저녁에 먹게 1파운드 반만 사다 줘요."

아델니 부인이 말했다. 그녀는 돈을 한 장, 한 장 세어서 그에게 주었다.

선술집은 이미 손님으로 가득 차 있었다. 바닥에는 모래가 깔려 있으며,

주위에 벤치가 놓여 있고, 벽에는 빅토리아 왕조 시대 권투선수들의 누렇게 바랜 사진이 걸려 있었다. 단골손님들의 이름을 줄줄이 외는 이 가게의 주인은 벙글벙글 기분 좋게 웃으면서 판매대에서 몸을 반쯤 내밀고, 두 청년이 바닥에 세워둔 막대기에 쇠고리 던지기 하는 것을 바라보고 있었다. 그들이 실패할 적마다 다른 손님들의 놀려대는 듯한 웃음소리가 한꺼번에 일어났다. 필립 일행이 새로 들어가자 재빠르게 앉을 자리가 만들어졌다. 필립의 자리는 코르덴 바지를 무릎 아래에서 잡아맨 나이 많은 노동자와, 애교머리를 새빨간 앞이마에 맵시 있게 빗어 넘긴 반짝반짝 빛나는 얼굴의 열일곱쯤 돼 보이는 소년 사이였다. 아델니까지도 쇠고리 던지기를 하겠다고 고집을 부리기 시작했다. 그는 맥주 반 파인드를 걸고 용케 이겼다. 진 상대에게 건배하면서 말했다.

"난 경마 따위에서 이기는 것보다 맥주 내기에서 이기는 편이 더 좋아요."

테 넓은 모자를 쓰고 뾰족한 턱에 수염을 기른 모습이 이런 시골 사람들 사이에서는 이상하게 보였다. 주위 사람들이 모두 이상스럽게 여기는 것을 대번에 알 수 있었으나, 워낙 그의 기분이 좋은 데다가 그의 열광하는 태도는 곧 다른 사람들까지 그의 기분 속으로 끌어들이므로 모두 그를 싫어하기보다는 좋아하게 되었다. 좌중의 이야기는 활기를 띠어 갔다. 느릿하고 뚜렷한 태닛 섬을 쏙 빼다 박은 사투리로 농담이 오가고, 이따금 이 지방의 우스운 짓 잘하는 사람이 서툰 재담을 던지면 그때마다 웃음소리가 한꺼번에 와아 일어났다. 더없이 즐거운 모임이었다. 이들과 어울리면서도 기분이 좋아지지 않은 자는 어지간히 마음이 차가운 인간임에 틀림없다. 필립은 창 너머로 멍하니, 아직도 저녁 햇살이 남은 환한 바깥을 바라보고 있었다. 창에는 오두막집에서처럼 조그만 하얀 커튼이 빨간 리본으로 묶여 있었고, 창턱에는 제라늄 화분이 나란히 놓여 있었다. 그러는 동안에 하나 둘 자리에서 일어나 저녁식사가 준비되어 있을 목장 쪽으로 돌아가기 시작했다.

"자아, 이젠 가서 주무셔야겠군요. 아침 5시에 일어나서 하루 종일 밖에서 일해 보는 것은 처음일 테니까 말이에요."

아델니 부인이 필립에게 말했다.

"필립 아저씨, 우리하고 내일 아침에 또 해수욕하러 가요?"

사내아이들이 한꺼번에 우르르 외쳤다.

"암, 가고말고."

필립은 참으로 기분 좋게 피로했다. 저녁을 먹고 등 없는 의자에 앉아 용케 몸을 오두막의 벽에 기대고, 파이프를 줄곧 빨아대며 밤경치를 바라보고 있었다. 샐리는 여전히 일에 바쁜 것 같았다. 그녀가 몇 번씩 집 안을 들락날락 하면서 부지런히 움직이는 것을 필립은 멍하니 바라보고 있었다. 걸음걸이도 달라져 있었다. 이른바 여자답다기보다는 참으로 가볍고 활발하고 그리고 자신에 차 있었다. 엉덩이께에서 마치 두 다리를 흔드는 것처럼 걷는데, 땅을 디디는 발에도 강한 힘이 넘치는 것 같았다. 아델니는 이웃집 사람과 이야기하러 나가고 없었다. 조금 뒤에 아델니 부인이 누구에게 하는 말인지 혼잣말인지 커다란 소리로 외치는 것이 들렸다.

"에그머니, 차가 떨어졌구먼. 블랙 가게에서 사다 달라고 내가 바깥양반한테 그렇게 부탁했는데."

부인은 말을 거기서 잠깐 멈추었다가 조금 더 큰 소리로 외쳤다.

"얘, 샐리야. 너 얼른 블랙 가게에 뛰어 갔다오련? 차 반 파운드만 사 왔으면 좋겠구나. 떨어졌지 뭐냐."

"알았어요, 어머니."

반마일쯤 떨어진 곳에 블랙 부인이 운영하는 우체국과 잡화상을 겸한 조그만 가게가 있었다. 샐리는 걷어 올렸던 소매를 내리면서 밖으로 나왔다.

"함께 가줄까, 샐리?"

필립이 물었다.

"괜찮아요. 혼자 가도 무섭지 않아요."

"그야 무섭지는 않겠지. 한데 나도 마침 가서 잘 시간이 되었으니 잠깐 걸어서 다리 운동이나 할까 하던 참이니까."

샐리는 대답하지 않았다. 그러나 아무튼 둘은 함께 나섰다. 길은 조용하고 훤했다. 아무런 소리도 들리지 않는 여름밤이었다. 둘 다 거의 말을 하지 않았다.

"시간이 이렇게 늦었는데도 아직 무척 더운걸."

필립이 말했다.

"정말 드물게 더운 날씨예요."

두 사람 다 잠자코 있기는 해도 결코 따분하지는 않았다. 이렇게 함께 나란히 걷는 것만으로도 마음이 즐거웠다. 말 따위는 필요하지 않았다. 갑자기 어느 집의 싸리 울타리 근처에서 나직이 소곤거리는 소리가 들렸다. 자세히 보니 어둠 속에 사람 그림자 두 개가 어렴풋이 보였다. 그들은 울타리 밑 계단에 꼭 붙어 앉아서 필립과 샐리가 지나가도 꼼짝하지 않았다.

"누구일까요?"

샐리가 물었다.

"퍽 행복해 보이지 않아?"

"저 사람들은 틀림없이 우리도 애인 사이라고 생각했을 거예요."

이윽고 앞에 오두막의 불빛이 보이기 시작했고, 얼마 안 가서 닿았다. 등불이 눈부실 정도로 빛나고 있었다.

"퍽 늦었군요. 막 가게를 닫으려던 참이었죠."

블랙 부인은 벽시계를 보더니 덧붙여 말했다.

"벌써 9시가 다 됐잖아요?"

샐리는 홍차를 반 파운드 샀다. 아델니 부인은 한 번에 반 파운드 이상은 엄두를 내지 못했다. 그들은 다시 밖으로 나왔다. 가끔 이름 모를 밤 짐승의 울음소리가 날카롭게 어둠을 깨트렸으나 도리어 밤의 고요함이 더한층 깊어질 뿐이었다.

"가만히 서서 귀 기울여 보세요. 파도 소리가 들릴 거예요."

샐리가 말했다.

그들은 걸음을 멈추고 귀를 기울였다. 그렇게 생각해서 그런지 물가를 핥는 희미한 파도 소리가 들리는 것 같았다. 그들이 다시 싸리 울타리 앞을 지날 때에도, 아까 그 연인들은 아직 거기에 있었다. 지금은 이야기도 하지 않고 서로 꼭 껴안은 채 입술과 입술이 한데 포개져 있었다.

"한참 정신이 없는 모양이군요."

샐리가 말했다. 둘은 모퉁이를 돌았다. 그러자 순간 따뜻한 바람이 그들의 얼굴을 스쳤다. 대지가 생기를 뿜어내고 있었다. 진동하는 듯한 밤공기 속에서 무언가 이상한 것이 감지되고, 정체를 알 수 없는 무언가가 가만히 숨어서 기다리는 듯 느껴졌다. 정적, 그 자체가 갑자기 의미를 띠기 시작하고, 필립의 가슴은 이상야릇하게 뛰기 시작했다. 가슴이 가득 차서 마치 그대로 녹아 버릴 것 같은 기분이었다(진부하기 짝이 없는 표현이나, 지금은 이 이

인간의 굴레 777

상스러운 마음을 이보다 더 정확하게 나타내 주는 것이 없었다), 행복과 불안과 기대로 가슴이 떨렸다.

문득 필립은 제시카와 로렌조가 서로 속삭인 더할 나위 없이 아름다운 사랑의 속삭임이 생각났다(베니스의 상인 5막 1장). 그 흥겨운 기지, 기발한 생각 깊숙이에는 사랑의 불꽃이 활활 타오르고 있었다. 대기 속에 도대체 무엇이 깃들어 있기에 이토록 야릇하게 그의 감각을 눈뜨게 하는 것인지 그 자신도 알 수가 없었다. 지금은 이미 순수하고 정결한 영혼이 되어서 이 대지의 향기, 소리, 맛 모든 것을 마음껏 만끽하는 듯한 기분이었다. 이처럼 멋진 아름다움을 느끼고 겪어 본 일이 또 있던가. 혹시나 샐리가 무슨 말이든 꺼내서 모처럼의 이 마력을 깨뜨리지나 않을까 생각했으나, 샐리는 묵묵히 한마디도 하지 않았다.

결국 오히려 필립이 그녀의 목소리가 듣고 싶어졌다. 나직하고 풍부한 목소리는 전원의 밤 바로 그것의 소리였다. 둘은 홉밭의 입구까지 왔다.

오두막집으로 돌아가려면 그곳을 지나가야 했던 것이다. 필립이 먼저 들어가서 그녀를 위해 문을 열어 주고 기다렸다.

"그럼 이젠 잘 자."

"이렇게 멀리까지 바래다주셔서 고마워요."

그녀는 손을 내밀었다.

필립은 그 손을 잡으면서 말했다.

"싫지 않다면 작별의 키스 해주지 않겠어? 가족들에게 하는 것처럼."

"네, 좋아요."

필립은 절반쯤 농담으로 던진 말이었다. 그저 행복했으므로, 그리고 샐리가 좋은 데다가 너무나도 아름다운 밤의 영향도 있어서 어쩐지 키스만이라도 해보고 싶었던 것이다.

"그럼 잘 자."

그는 가볍게 웃으면서 샐리를 끌어당겼다. 샐리는 그에게 입술을 주었다. 부드럽고 따뜻하고 도톰한 입술이었다. 키스는 조금 오랫동안 이어졌다. 마치 꽃과 같은 입술이었다. 그리고 다음 순간 그는 자기도 모르게 두 팔로 그녀의 몸을 안고 있었다. 그녀는 잠자코 그가 하는 대로 몸을 맡겼다. 탄력 있고 건강한 육체였다. 그녀 가슴의 고동을 그는 가슴으로 확실히 느낄 수 있었다. 필립은 그대로 제정신을 잃어버린 것 같았다. 격류 같은 관능이 그를 압도해 버린 것이다. 그는 그녀를 어두운 울타리 그늘로 끌고 갔다.

120

필립은 죽은 것처럼 잠에 곯아떨어져 있었다. 깜짝 놀라 눈을 떠보니 해롤드가 깃털로 얼굴을 간질이고 있었다. 그가 눈을 뜬 것을 본 아이들은 환성을 올렸다. 너무 오래 자서 마치 술에 취한 듯한 기분이었다.

"어서 오세요, 게으름뱅이 아저씨. 빨리 안 오시면 샐리 언니가 먼저 가겠대요."

제인이 말했다.

그제야 처음으로 어젯밤의 일이 생각났다. 얼떨떨한 기분으로 반쯤 침대에서 일어났으나 곧 다시 누웠다. 어떻게 샐리와 만날 것인가, 갑자기 양심의 가책이 느껴졌다. 그리고 아침에 만나면 그녀는 그에게 뭐라고 말할 것인가? 얼굴을 보는 것이 두려웠다. 도대체 왜 그런 바보 같은 짓을 했단 말인가? 그러나 아이들은 그에게 여유를 조금도 주지 않았다. 에드워드는 수영복과 타월을 들고 나섰고, 아델스탄은 그의 이불을 걷어 젖혔다. 그리하여 3분 뒤에는 모두 큰길에 나와 있었다. 샐리는 그를 보자 생긋 웃었다. 지금까지와 조금도 변함없는 순진한 얼굴이었다.

"옷 입는데 무슨 시간이 그렇게 오래 걸리세요? 전 안 나오시는 줄 알았어요."

그녀의 태도에는 손톱만큼도 변한 데가 없었다. 그는 미묘한 변화, 아니면 아주 다른 어떤 변화가 있을 줄 알았다. 그에 대한 태도에는 부끄러움이라든가 노여움이라든가, 아니면 보다 친한 태도라든가, 아무튼 무슨 변화가 있을 것이라고 각오하고 있었다. 그런데 아무런 변화가 없는 것이다. 지금까지와 조금도 다름이 없었다. 웃고 떠들며 그들은 모두 바다를 향해 나갔다.

샐리만은 거의 입을 열지 않았지만 그녀야 늘 그랬으므로 별로 이상하게 보이지도 않았다. 그녀는 필립에게 말을 걸지도 않았고, 그렇다고 해서 피하지도 않았다. 필립은 어젯밤의 사건이 그녀에게 큰 변화를 주었으리라고 생각했던 만큼 모든 것이 그대로인 것을 보고 내심 크게 놀랐다. 혹시 꿈이었던가? 한쪽 손엔 여자아이 다른 손엔 사내아이를 붙잡고 걸어가며, 겉으로는 태연하게 말을 하면서도 마음속으로는 열심히 설명을 찾고 있었다. 샐리도 어제 일을 잊어버리고 싶은 것일까? 아마 필립과 마찬가지로 그녀도 어젯밤에 이성을 잃었는지도 모른다. 그렇다면 어디까지나 그 일을 이상한 조건 아래서 일어난 우발적인 사건으로 판단하고 이후 모든 것을 잊어버리기로 결정한 것일까? 그러나 그렇다면 그녀가 나이와 성격에 맞지 않는 무리한 사고력, 성숙한 판단력을 갖추었다는 이야기가 된다. 그는 자신이 샐리라는 여자에 대해 아는 게 없음을 깨달았다. 하여튼 처음부터 수수께끼 같은 데가 있는 여자였다.

그들은 물속에서 등 짚고 뛰어넘기를 했다. 어제와 마찬가지로 무척 소란스러웠다. 샐리는 여전히 어머니처럼 아이들을 감시하며 너무 멀리 나가면 불러들이곤 했다. 그리고 아이들이 잘 노는 동안에는 천천히 앞뒤로 헤엄쳐 다녔고, 가끔 등헤엄으로 가만히 떠 있기도 했다. 얼마 뒤 샐리는 물에서 나와 몸을 말리기 시작했다. 그리고 약간 명령조로 동생들을 불러냈.

그리하여 물속에는 필립만이 남게 되었다. 이 기회에 필립은 힘차게 헤엄쳐 보았다. 두 번째 아침이라 차가운 물에도 많이 익숙해져 신선한 바닷물이 말할 수 없이 상쾌했다. 팔다리를 마음대로 놀릴 수 있는 것만도 즐거워 그는 힘차게 물을 헤치며 나갔다. 그때 샐리가 수건을 몸에 감고 물가로 내려왔다.

"빨리 나오세요. 필립 씨."

마치 조그만 어린애라도 감독하는 듯한 말투였다. 너무나 억압적인 태도에 그는 웃으며 헤엄쳐 나왔으나 나오자마자 또 꾸지람을 들었다.

"그렇게 물속에 오래 있으면 어떻게 해요. 입술이 새파랗잖아요. 떨려서 이가 마주치지 않아요."

"네, 네, 나갑니다."

지금까지는 그에게 이런 태도로 말한 적이 한 번도 없었다. 어제저녁의 사건이 그녀에게 갑자기 그런 권리를 준 모양이었다. 그녀는 그를 마치 돌봐야 하는 어린애처럼 다루고 있었다.

이윽고 옷을 갈아입고 그들은 모두 집으로 향했다. 샐리는 그의 손을 보고 말했다.

"거 보세요, 손이 아주 새파랗게 됐잖아요."

"아, 괜찮아. 혈액순환 때문에 그러니까 곧 좋아질 거야."
"이리 좀 줘 보세요."
그리고 그의 두 손을 잡더니 교대로 비비기 시작했다. 그러자 곧 먼저처럼 되었다. 필립은 당황하면서도 기쁨에 넘쳐 가만히 샐리를 바라보았다.
어린애들이 있으므로 직접 대놓고 말할 수도 없고, 또 끝내 눈길이 마주치지도 못했다. 그러나 샐리가 일부러 그의 눈길을 피하려 한 것은 아니고, 다만 우연히 마주치지 않은 것으로 생각되었다. 그날 종일 샐리의 태도에는 필립과의 사이에 무슨 일이 있었다는 암시를 보일만한 점은 하나도 없었다. 다만 다른 날보다는 조금 말이 많아졌다고나 할까, 그것뿐이었다. 홉밭에서 모두 모여 앉아 다시 일을 시작할 때 샐리는, 필립이 말을 듣지 않고 추워서 새파랗게 될 때까지 물에서 나오지 않았다고 어머니에게 말했다. 참으로 믿을 수 없는 일이었다. 지난밤의 사건은 샐리에게 필립에 대한 보호 의식만을 일으킨 것 같았다. 그녀는 자기 동생에게 그렇듯 필립에게도 본능적인 모성애를 느끼는 모양이었다.
저녁때가 되어서야 그는 샐리와 다시 단둘이 있을 기회를 얻었다. 샐리는 저녁식사 준비를 했고, 필립은 모닥불 옆 풀 위에 앉아 있었다. 아델니 부인은 살 것이 있어 마을로 내려갔고, 아이들은 저마다 제멋대로 놀고 있었다. 필립에게는 다소 어색하기 짝이 없는 침묵도 그녀에게는 아무렇지 않은 모양이었다. 그는 어떻게 말을 시작해야 할지 몰랐다. 샐리는 다른 사람이 자기에게 말을 걸 때나 특별히 할 말이 있을 때가 아니면 거의 입을 열지 않는 여자였던 것이다. 결국 필립 쪽에서 참다못해 입을 열었다.
"샐리, 성나지 않았어?"
그녀는 조용히 눈을 들어 담담한 표정으로 그를 바라보았다.
"제가요? 왜 제가 성을 내죠?"
이 말에 필립은 어이가 없어 한마디도 나오지 않았다. 그녀는 냄비 뚜껑을 열고 한 번 저은 다음 다시 뚜껑을 닫았다. 맛좋은 냄새가 퍼졌다. 그녀는 다시 한 번 조용히 웃고 그를 보았다. 입술이 조금 벌어져 있었다. 아니, 눈이 웃었다는 게 더 알맞았다.
"저는 처음부터 당신이 좋았어요."
그의 심장이 무섭게 뛰고 피가 한꺼번에 뺨으로 몰리는 것을 느꼈다. 그는 억지로 웃는 얼굴을 지었다.
"난 전혀 몰랐는데."
"바보니까 그렇죠."
"왜 나를 좋아했지?"
"그건 저도 모르겠어요."
샐리는 장작을 발로 밀며 말했다.
"아마 전에 당신이 밖에서 자고 아무것도 먹지 못한 채 우리 집에 오신 그날부터 좋아진 것 같아요. 그 일을 기억하세요? 그래서 저는 어머니와 함께 아버지의 침대를 내드렸죠."
그는 이 말에 다시 얼굴을 붉혔다. 그녀가 그때의 일을 그렇게까지 잘 기억하리라곤 생각 못했기 때문이다. 물론 그는 참을 수 없는 치욕으로 이 일을 잘 기억하고 있었다.
"그래서 전 다른 남자한텐 조금도 마음을 주지 않았어요. 당신도 기억하시죠? 언젠가 어머니가 저더러 결혼하라던 그 사람, 너무 귀찮게 굴어서 차 시간에 오라곤 했지만 저는 처음부터 거절할 준비를 하고 있었어요."
점점 의외의 말에 필립은 어안이 벙벙했다. 정말 이상한 기분이었다. 잘은 모르겠지만 이것이 바로 행복일까? 그녀는 다시 한 번 냄비 속을 뒤적거렸다.
"꼬마들 빨리 돌아왔으면 좋겠는데, 어디를 갔을까? 저녁이 다 됐는데."
"내가 가서 찾아올까?"
필립이 물었다. 이런 사무적인 말이 오히려 마음 편했다.
"그럼 부탁드릴까요? 아, 저기 어머니가 오시네요."
그가 일어나자 그녀는 눈도 깜박이지 않고 그를 쳐다보았다.
"애들이 다 자면 오늘 밤에도 같이 산책하시지 않겠어요?"
"응."
"그럼 그 판자문께서 기다리세요. 일이 끝나면 곧 갈 테니까."
그는 판자문 가름대에 걸터앉아 별이 뜬 하늘을 보며 기다리고 있었다. 양쪽에는 바야흐로 익기 시작한 딸기나무로 울타리가 쳐져 있었다. 땅에서는 밤의 향기가 피어오르고, 상쾌한 바람이 부는 주위는 고요했다. 그의 가슴은 미친 듯이 뛰었다. 지금 자기의 상황을 잘 알 수 없었던 것이다. 그는 사랑이란 눈물과 격정과 광란이라고만 생각해 왔다. 그러나 샐리에게선 그런 걸 찾아볼 수가 없었다. 그러나 어쨌든 그녀가 스스로 몸을 맡긴 이상 역시 사랑이라고 생각할 수밖에 없었다. 그러나 과연 그녀의 사랑이 그에 대한 것일까? 만일 샐리가 그녀의 사촌 오빠, 키 크고 늘씬하고 그을은 얼굴에 더욱이 의젓하게 걷는 그 호남 피터 갠을 사랑했다면, 그는 당연하게 생각했을지도 모른다.

그러나 자신의 어디가 좋아 사랑한단 말인가. 그가 사랑이라고 생각하는 사랑을 샐리가 하고 있는지, 그것도 알 수 없었다. 그러나 그는 샐리의 순결성만은 확신하고 있었다. 그리고 보니 자신은 의식하지 못하나 그녀가 느끼는 여러 가지, 즉 대기와 홉과 아름다운 밤에 의한 도취, 자연 속에 자라난 본능, 사방에 충만한 부드러운 분위기, 어머니나 누이 같은 감정, 이런 것들이 서로 얽혀서 그러한 결과를 만든 것이 아닐까? 그런 것도 막연하나마 짐작 가는 바였다. 그리하여 샐리의 마음속에 사랑의 감정이 가득 찬 나머지 그녀가 줄 수 있는 모든 것을 그에게 바쳐 버린 것이 아닐까?

그때 문득 큰길에서 발소리가 들리고 어둠 속에 사람의 모습이 나타났다.

"샐리."

속삭이듯 그는 불렀다.

그녀는 걸음을 멈칫했다가 판자문 쪽으로 다가왔다. 그녀와 함께 깨끗한 전원의 향기가 풍겨왔다. 베어 놓은 건초의 냄새, 잘 익은 홉의 향기, 어린 풀의 신선한 냄새, 그러한 모든 것들이 송두리째 다가오는 것 같았다. 그녀의 입술이 필립의 입술에 재빨리 닿았다. 그리고 아름답고 건강한 그녀의 몸이 필립의 가슴에 힘껏 안겼다.

"우유와 꿀. 당신은 정말 우유와 꿀 같은 여자야."

그는 여자의 눈을 감게 하고 한쪽씩 교대로 눈두덩에 키스했다. 그녀의 건강하고 포동포동한 팔에는 옷소매가 팔꿈치까지 걷어져 있었다. 그는 샐리의 두 팔을 애무하면서 새삼 그 아름다움에 놀랐다. 어둠 속에서도 환하게 빛나는 그녀의 팔은 마치 루벤스의 그림처럼 아름답고 투명했으며 엷게 깔린 황금빛 털에 싸여 있었다. 색슨 족 여신의 팔이라고나 할까, 아니 신조차도 그토록 아름답고 자연스러운 소박미는 지니지 못했으리라. 필립은 모든 남성의 가슴에만 핀다고 예부터 전해 오는 정다운 꽃들, 접시꽃, 요크 랭커스터라 불리는 희고 붉은 장미, 니겔라, 왕수염패랭이, 인동덩굴, 참제비고

깔, 바위취 들이 활짝 피어 있는 오두막 정원을 눈앞에 그려보았다.
"어째서 나를 좋아하게 됐지? 나는 절름발이에다 평범하고 보잘것없는 사람인데."

샐리는 두 손으로 그의 얼굴을 감싸고 입술에 키스했다.
"당신은 정말 바보예요, 정말 바보예요."

121

홉따기가 끝나자 필립은 성 누가 병원 내과 상주의사 채용통지를 주머니에 넣고 아델니 가족과 함께 런던으로 돌아왔다. 그리고 우선 웨스트민스터에 적당한 방을 하나 얻어 10월 초순부터 일하기 시작했다. 일은 변화가 있어 재미있었다. 날마다 새로운 것을 배웠고, 점점 자신감도 생겼다. 샐리와도 자주 만나 하루하루가 그렇게 유쾌할 수 없었다. 외래 환자를 맡는 날 말고는 6시부터 자유로웠으므로 샐리가 일하는 양장점 가까이 가서 그녀가 나오길 기다렸다. 거기에는 늘 젊은 남자들이 몇 사람씩 출입구라고 쓰인 근처나, 조금 떨어진 길모퉁이에서 서성대며 기다리고 있었다. 그러면 양장점에서 여자들이 삼삼오오 떼를 지어 나오다가, 그들을 발견하고는 서로 쿡쿡 찌르고 웃곤 했다. 무늬 없는 검은 드레스를 입고 다니는 샐리는 농장에서 홉을 따던 그 샐리와는 사뭇 달라 보였다. 그녀는 빠른 걸음으로 나오다가 그를 보자 걸음을 멈추고 생긋 웃으며 인사했다. 둘은 같이 번화한 거리를 걸었다. 필립은 그날 병원에서 일어난 일을 얘기했고, 샐리는 양장점에서 있던 일을 얘기했다. 그는 샐리와 함께 일하는 여자들의 이름도 모두 알게 되었다. 서로 이야기하는 동안에 필립은 샐리가 늘 숨기고 있으나 예민한 감각의 소유자임을 발견했다.

그녀는 함께 일하는 동료나 남자감독에 대해서도 재미있는 비평을 했고, 때로는 뜻밖의 농담을 해서 필립을 웃기기도 했다. 아무리 우스운 이야기라도 하나도 우스울 것 없다는 듯이 심각하게 이야기하는 것이 그녀의 버릇이었다. 그러나 그 말 속에서 꽤 예민한 관찰이 엿보여 필립은 웃음을 터뜨리기도 했다. 필립이 웃을 때에는 샐리 역시 웃음을 띠어 그의 유머를 이해하고 있음을 나타내 주었다. 그들은 만날 때마다 악수했고 헤어질 때도 악수했다. 한번은 필립이 샐리에게 자기 하숙방에 가서 같이 차나 마시자고 한 일이 있었다. 그러나 샐리는 거절했다.

"아니에요, 안 가겠어요. 남 보기에 이상할 테니까요."

그들은 지금까지 서로 사랑한다는 말을 한 적이 없었다. 샐리는 다만 이렇게 같이 걷는 것 이상의 교제를 바라지 않는 것 같았다. 그녀가 필립과 함께 있기를 좋아한다는 것은 그도 잘 알 수 있었다. 그러나 그녀의 태도와 행동에는 여전히 이해하기 어려운 점이 있었다. 어쨌든 사귀면 사귈수록 필립은 샐리가 좋아졌다. 그녀는 모든 일에 유능하고 자제심이 있고 정직의 미덕을 갖추고 있었다. 그녀야말로 어떠한 어려운 환경에서도 믿을 수 있는 여자였다.

"당신은 참 훌륭한 여자야."

언젠가 필립이 불쑥 말했다.

"저는 다른 여자들과 조금도 다르지 않아요."

샐리와의 관계에선 사랑한다는 표현이 어울리지 않는 것 같았다. 그러나 그는 그녀를 매우 좋아했고 또 그녀와 같이 있으면 무척 즐거웠다. 샐리에게는 그의 마음을 부드럽게 해주는 그 무엇이 있었다. 열아홉 살밖에 안 되는 여점원에 대한 감정으로는 물론 쑥스러운 것이라고 생각했지만, 그러나 그는 샐리를 존경하고 있었다. 그녀의 신체부터가 그에게는 감탄의 대상이 되었다. 말하자면 그녀는 단 하나의 결점도 찾아볼 수 없는 놀랄 만한 동물이었다. 샐리의 육체적인 완전성은 언제나 그에게 어떤 두려움과 경탄을 일으켰으며, 그녀 앞에서 그 자신은 아주 하잘것없는 것처럼 느껴졌다.

그들이 런던으로 돌아온 지 3주일쯤 되던 어느 날 일이었다. 필립은 샐리가 오늘따라 같이 걸으면서도 유달리 말이 없는 것을 눈치챘다. 지금까지의 조용하던 표정이 양미간의 주름 때문에 조금 달라졌으며 금방이라도 얼굴이 찌푸려질 것 같았다.

"샐리, 왜 그래?"

그녀는 앞만 똑바로 쏘아본 채 고개를 돌리지 않았다. 얼굴빛도 약간 어두웠다.

"아이, 몰라요."

그러자 그는 곧 그 뜻을 알았다. 심장의 고동이 갑자기 빨라지더니 얼굴에서 피가 싹 가시는 것을 느꼈다.

"무슨 일이야? 무슨 걱정이……."

그는 그 자리에 걸음을 딱 멈추었다. 계속 걸을 힘이 없었다. 이렇게 될 줄은 꿈에도 상상하지 못했다. 샐리를 보니 입술이 떨리고 있었다. 억지로 울음을 참고 있는 모양이었다.

"아직 확실히는 모르지만 아마 별일은 아닐 거예요."

그들은 묵묵히 걸어갔다. 문득 정신을 차려보니 어느새 챈서리 레인 모퉁이까지 와 있었다. 그들이 언제나 헤어지는 장소였다. 그녀는 손을 내밀며 빙긋 웃고 말했다.

"너무 걱정하지 마세요. 될 수 있는 대로 밝게 생각해야죠."

샐리와 헤어진 필립은 미칠 것 같은 심정으로 걸음을 옮겨 놓았다. 무슨 바보 같은 짓인가! 우선 머리에 떠오른 것은 그 생각이었다. 어리석고, 추잡하고, 어쩔 수 없는 바보! 너무나 화가 치밀어 몇십 번이고 되풀이해 중얼거렸다. 자기가 생각하기에도 스스로 불쌍해 견딜 수 없었다. 어쩌자고 그런 짓을 저질렀단 말인가! 그렇게 자책하는 동안에도 그의 머리는 생각에 생각을 이어갔다. 그러나 그것은 악몽 속에서 본 퍼즐의 조각들처럼 도저히 맞출 수 없게 절망적으로 뒤죽박죽되어 버렸다. 이제 어찌할 것인가. 모든 것은 분명했다. 그렇게 오랫동안 꿈꿔온 목적을 이룰 날이 이제 겨우 코앞인데, 떠올릴 수조차 없는 자신의 어리석음 때문에 새로운 벽에 맞닥뜨리게 된 것이다. 한편 그토록 오랫동안 평화롭고 안정된 생활을 꿈꿔왔었음에도 그가 그것을 실현하지 못한 것은 스스로도 인정하는 자신의 무언가 큰 성격적 결함 때문이었다. 그 결함이란 미래의 삶에 대한 그의 열정이었다. 그래서 병원 근무를 하게 되자마자 여행 계획을 짜기 시작했던 것이다. 과거에는 미래의 계획을 너무 구체적으로 생각하지 않으려 했다. 자신의 현실에 비추어 보면 너무 실망스러웠기 때문이다. 그러나 지금은 미래의 목표가 눈앞에 보이고 참기 어려운 염원을 달성하기 위하여 발을 내디뎌도 반드시 실현될 것 같았다.

그는 먼저 에스파냐에 가보고 싶었다. 그가 늘 그리워하던 나라. 에스파냐의 정신, 낭만, 색채, 역사, 영광이 그의 피와 살 속에까지 스며 있었다. 다른 나라에서는 얻을 수 없는 특별한 계시를 이 나라에서는 얻을 수 있지 않을까. 그는 코르도바·세비야·톨레도·레온·타라고나·부르고스와 같은 옛 도시의 꾸불꾸불한 거리를 마치 어릴 적부터 걸어 다닌 것처럼 잘 알고 있었다. 에스파냐의 위대한 화가들은 그의 영혼을 사로잡고 있었다. 다른 나라의 어떤 그림보다도 그의 고통스럽고 불안한 마음에 더 깊은 의미가 있는 그들 걸작들과 대면할 것을 생각하면 벌써 그의 가슴은 흥분에 떨렸다. 다른 나라의 어떤 시인보다도 국민성을 잘 나타내는 위대한 에스파냐의 시인들에 관해서도 그는 이미 모두 읽어 훤히 알고 있었다. 그것은 그들이 그 영감의 원천을 세계문학의 커다란 조류에서 찾은 것이 아니라, 그들 나라의 향기 높은 열대 평야와 황량한 산악지대에 두었기 때문이다. 불과 2, 3개월만 있으면 영혼과 정열의 웅장한 표현에 가장 적합하다는 이들 에스파냐어를 날마다 주위에서 얼마든지 들을 수 있는 것이다.

에스파냐에서도 남쪽 안달루시아는 그의 정열을 만족시키기에는 너무 부드럽고 감각적이고 또 어느 면에선 지나치게 통속적이라고 느껴졌다. 그의 상상은 바람 부는 카스티야의 들판에, 거친 아라곤과 레온의 험한 산악지대에 더욱 즐겨 머물렀다. 이 미지와의 접촉이 그에게 무엇을 선사할지는 그 자신도 헤아릴 수 없었다. 그러나 그로써 더 멀고 더 낯선 곳들의 숱한 경이에 맞서 이해할 힘과 목적을 얻을 수 있으리라 느꼈다.

그러나 이것은 첫 단계에 지나지 않았다. 필립은 이미 선의(船醫)를 싣고 다니는 많은 선박회사와 연락해서 항로도 정확히 꿰고 있었고, 또 실제로 그 배에 탔던 사람들에게서 각 항로의 장단점을 모두 알아 놓았던 것이다. 그는 오리엔트 기선 회사와 말레이 동양기선 회사는 대상에서 제외해 놓았다. 이들 회사에서는 여간해서 좋은 자리를 얻을 수 없을뿐더러 객선에서는 선의의 자유 시간이란 거의 없기 때문이다. 이들 회사 말고도 동양으로 큰 부정기 화물선을 보내는 회사가 얼마든지 있었고, 그 배들은 하루 이틀, 혹은 2주일씩이나 도중의 여러 항구에 머물렀다. 그러므로 선의의 자유 시간도 많았고, 때로는 내륙으로 여행할 수도 있었다. 봉급도 싸고 음식도 그저 보통이었으므로 취직 희망자도 별로 많지 않았고, 런던에서 의사면허를 딴 사람이면 자리를 쉽게 얻을 수 있었다. 게다가 선객이라야 이름도 없는 항구에서 항구로 장사하러 다니는 사람이 몇 있을까 했으므로 배에서의 생활은 실로 한가롭고 즐거운 것이었다.

필립은 그 배들이 출항하는 항구의 이름을 모두 외고 있었다. 그리고 그 항구의 하나하나는 필립의 가슴에 눈부신 열대의 햇빛, 마력과 같은 색채,

신비와 정열에 넘치는 삶의 환상을 불러일으키는 것이었다. 인생! 그것만이 필립이 구하던 것이었다. 그런데 마침내 그 인생과 맞닥뜨릴 기회가 온 것이다. 아마 도쿄나 상하이에서 배를 바꾸어 타고 남태평양 섬들을 찾아다닐 수도 있을 것이다. 의사라면 어디든지 필요할 테니까 미얀마 깊숙이 들어가 볼 기회도 있을 것이고 또 수마르타나 보르네오의 무성한 정글을 찾아가는 것도 가능한 일일 것이다. 그는 아직 젊었고 세월의 흐름이란 생각할 필요가 없었다. 영국에는 친척도 친구도 별로 없으니, 몇 해 동안은 세계를 방문하며 인생의 아름다움과 놀라움과 다채로움을 보고 깨달을 수 있을 터였다.

그런데 지금 이런 일이 생기고 만 것이다. 그는 샐리가 잘못 판단했다고는 생각하지 않았다. 그것만은 분명했다. 아무튼 있을 수 있는 일이다. 자연은 샐리를 아이의 어머니가 되도록 만들어 놓은 것이다. 그는 자기가 어떻게 해야 하는지 잘 알고 있었다. 이런 사고쯤으로 장래의 인생행로를 조금이라도 그르치게 해서는 안 된다. 문득 그는 그리피스가 머리에 떠오르며 그 같으면 이러한 고백쯤은 거리낌 없이 들어 넘길 것이라고 생각했다. 그였다면 이런 상황에서는 약삭빠르게 삼십육계 줄행랑을 놓았을 것이다. 그 다음은 여자 쪽에서 적절히 최선을 다해서 처리하면 되는 것이다. 필립은 마음속으로 이번 일은 불가항력으로, 그가 나쁜 것도 샐리가 나쁜 것도 아니라고 생각했다. 그녀도 이미 세상을 알고 인생의 현실을 안다. 뭐든지 다 알면서 모험을 해본 게 틀림없었다. 그렇다면 이 따위 사건 하나로 그의 일생 설계를 망친다는 것은 어리석기 짝이 없는 일이었다. 그는 인생의 덧없음을 뼈저리게 느끼고 있고, 따라서 그 인생을 되도록 유익하게 쓰는 것이 얼마나 중요한가를 잘 아는 소수의 사람 가운데 하나였다.

물론 샐리를 위해서는 할 수 있는 데까지 잘해 주고 싶었다. 꽤 많은 돈을 줄 수도 있다. 강한 인간은 결코 자기의 목적은 저버리지 않는 것이다.

필립은 이 모든 것을 자신에게 일러 보았으나 그로서는 차마 그렇게 할 수가 없었다. 도저히 그럴 수는 없었다. 그는 자신을 너무나 잘 알고 있었다.

"아, 나는 이렇게 약한 인간이란 말인가?"

그는 절망적으로 중얼거렸다.

샐리는 그를 믿고 또 정말 친절하게 대해 주었다. 이치야 어찌 됐든 하여간 감정상 도저히 그럴 수 없다는 것을 알고 있었다. 자기가 그녀를 불행하게 만들었다는 생각이 머리에서 떠나지 않는다면 멀리 여행하는 중에 잠시도 마음이 편할 수 있겠는가. 더욱이 샐리의 부모가 그렇게 친절히 대해 주었는데 그들에게 배은망덕으로 보답할 수는 없는 일이었다. 그러므로 유일한 해결책은 될 수 있는 대로 빨리 샐리와 결혼하는 것이었다. 그렇다면 닥터 사우드에게 편지해서 자신의 결혼 소식과 지난번의 제안이 아직 변하지 않았다면 그렇게 하겠노라고 전해야 할 것이다.

가난한 마을 사람들에게 인술을 베푸는 것만이 그가 선택할 수 있는 유일한 길인 것 같다. 거기에서는 자기의 온전치 못한 다리도 문제가 되지 않고, 자기 아내의 소박한 모습도 웃음거리가 되지 않을 것이다. 샐리를 아내라고 생각하니 이상하게 기분이 좋았다. 신기한 생각과 다정한 마음이 끓어올랐다. 더구나 자기의 자식이라는 그 어린애를 생각하자 가슴 가득 애정이 솟아올랐다. 닥터 사우드가 그를 반갑게 맞아 줄 것은 거의 의심할 여지가 없었다. 그는 그 어촌에서 샐리와 함께 사는 모습을 그려보았다. 바다가 보이는 곳에 조그만 집을 짓고 그 자신은 가보지 못한 나라로 항해해 가는 큰 배들을 바라보며 살리라. 그렇다, 그게 그에게 가장 현명한 길일지도 모른다. 크론쇼는 말하지 않았는가. 공상의 힘으로 시간과 공간, 두 나라를 함께 가질 수 있는 인간에게는 인생의 현실 같은 건 전혀 문제가 안 된다고. 그 말이 옳다. 그렇다. 영원히 사랑하리라. 그러면 그 여자는 영원히 아름다울 것이다.

아내에게 줄 결혼선물은 그가 가진 가장 높은 희망으로 하리라. 자기희생! 필립은 이 아름다움에 심취되어 그날 밤을 지새웠다. 흥분한 나머지 책도 읽을 수가 없었다. 마치 쫓기는 듯한 심정으로 거리로 뛰어나왔다. 설레는 가슴으로 버드케이지 거리를 몇 번이나 오르내렸다. 안달 난 마음을 도저히 주체할 수가 없었다. 그가 구혼할 때의 샐리의 행복스러운 얼굴이 보고 싶었다. 시간이 그렇게 늦지만 않았더라도 그길로 샐리에게 뛰어갔을 것이다. 그는 아늑한 방에서 샐리와 함께 지낼 긴 밤을 눈앞에 그려 보았다. 바다가 보이도록 덧문을 열어 놓은 채 샐리는 고개를 숙여 바느질하고 그는 책을 읽는다. 갓을 씌운 램프 불이 샐리의 탐스러운 얼굴을 더욱 아름답게 비춘다. 둘은 자라나는 아이에 대해 이야기한다.

문득 그를 바라보는 샐리의 눈엔 사랑의 빛이 떠오른다. 그들은 환자인 어부들과 그들의 아내들과도 아주 친한 사이가 된다. 또 그와 샐리도 어부들의 단조로운 생활의 슬픔과 기쁨을 함께 맛본다. 이런 생각을 하다가도 그는 다시금 자기와 샐리의 사랑의 결정인 아들을 생각했다. 그는 벌써 아버지로서 애정을 느꼈으며 팔다리가 온전한 어린것의 몸을 어루만지는 기분이었다. 그 아이는 틀림없이 잘생겼을 것이다. 풍부하고 다채로운 인생에 대한 내 꿈을 송두리째 양보하리라. 길었던 과거의 편력을 되새겨 보며 그는 기꺼이 그 꿈을 내주기로 했다. 그의 반평생을 그토록 괴롭혔던 자신의 불편한 다리도 이제는 조용히 체념할 수 있었다. 그것이 그의 성격을 해친 것도 사실이나, 한편으로는 그에게 그만큼 기쁨을 가져다준 그 자기성찰의 힘이 바로 그 불구의 선물이었는지도 몰랐다. 그것이 없었던들 그의 미적 감수성과 예술·문학에 대한 사랑, 인생의 모든 일에 대한 끊임없는 흥미 따위는 생기지 않았을 것이다. 꽤 많은 비웃음도 받았다.

그러나 이것도 생각하기에 따라서는 그의 마음을 내향적으로 만들어 주어, 아마도 영원히 꽃다운 향기를 잃지 않을 그 아름다운 마음의 꽃을 피우게 해 주었다고 할 수도 있을 것이다. 세상에 정상적인 사람이 몇이나 되겠는가. 모두가 몸과 마음에 어떤 결함이 있는 법이다. 그는 자기가 여태까지 사귀어 온 많은 사람들을 되새겨 보았는데(온 세계는 그대로 병원이었다. 거기에는 법칙이나 이유가 없었다) 거기서 본 것은 오직 길게 이어진 병자의 행렬뿐이었다. 누구든 몸에 결함이 있거나 마음이 뒤틀려져 있었다. 약한 심장 허약한 폐처럼 육체의 병을 짊어진 사람이 있는가 하면, 무기력증, 알코올의존증 따위로 영혼이 병든 사람도 있었다. 이제 필립은 그 모든 사람들에게 마음으로부터 연민의 정을 느낄 수 있었다. 말하자면 모두가 맹목적인 운명의 장난감이 된 데 불과한 것이다. 그리피스의 배반도, 밀드레드가 준 고통도 이제는 모두 용서할 수 있었다. 그들로서도 도저히 어쩔 수 없었던 것이다. 단 한 가지 인간이 할 수 있는 일이란 사람의 선한 점은 받아들이고, 악한 점은 묵묵히 참는 것이었다. 죽음이 임박한 예수 그리스도의 말이 문득 떠올랐다.

"저들을 용서하여 주옵소서. 자기들이 하는 것을 알지 못함이니이다."

122

필립은 토요일, 국립 미술관에서 샐리와 만나기로 돼 있었다. 그녀는 일이 끝나는 대로 거기에 와서 필립과 함께 점심을 먹을 작정이었다. 그들이 만난 것은 이틀 전이었지만 그의 가슴에서는 기쁨이 한시도 떠나지 않았다. 그동안 한 번도 만나지 않은 것은 그만큼 기쁨을 오래 간직하고 싶어서였다. 그녀에게 뭐라고 말을 꺼낼까? 어떻게 말을 꺼낼까? 그는 몇 번이나 되풀이해서 생각했다. 그러나 이젠 아무리 해도 참고 있을 수가 없었다. 닥터 사우드에게 편지를 보냈었는데 전보로 답장이 왔다. '이하선염 환자 파면. 언제 오겠나?' 이런 전보까지 받아 놓은 것이다.

필립은 국회 앞길을 걸어 내려갔다. 맑은 날씨에 차가운 태양이 큰길 가득 햇볕을 쏟고 있었다. 거리는 사람들로 붐볐다. 엷은 안개가 껴서 그런지 빽빽이 들어선 건물들의 윤곽이 정묘하리만큼 부드러운 선을 그리고 있었다. 트라팔가르 광장을 건너갔다. 돌연 필립은 심장이 덜컥 내려앉았다. 밀드레드 같은 여자가 자기 앞을 걷고 있는 것이 아닌가. 모습도 비슷했고 그 여자의 버릇인 다리를 약간 끄는 것까지도 똑같았다. 거의 생각할 사이도 없이 그는 가슴을 울렁거리며 발걸음을 재촉해 그 여자를 따라갔다. 나란히 섰을 때 여자가 고개를 돌렸는데 전혀 본 적이 없는 사람이었다. 나이도 꽤 든 모양으로 누런 살빛에 주름이 많았다. 그는 다시 발걸음을 늦추었다. 안도의 숨을 몰아쉬기는 했으나, 그것은 다만 안심감뿐만 아니라 하나의 실망감이었다. 끝내 그 치정을 청산하지 못했단 말인가? 그토록 결심했는데도 그의 마음 밑바닥에는 그 천박한 여자에 대한 기묘한 갈망이 일생 붙어 다녀야 한단 말인가? 그 사랑으로 말미암아 너무나도 큰 상처를 입었기 때문인지 그는 그녀의 생각에서 완전히 벗어날 수가 없었다. 결국 죽음만이 이 감정을 청산해 줄 것인가?

그러나 그는 강인하게 그 고통을 억눌렀다. 그리고 그 다정한 푸른 눈매의 샐리를 생각했다. 자기도 모르는 새 입가에 미소가 떠올랐다. 그는 국립 미술관 계단을 올라 첫째 방에 들어가 앉았다. 샐리가 들어오면 곧 알아보기 위해서였다. 그림에 둘러싸여 있는 것은 언제나 기분이 좋았다. 특별히 어느 한 그림을 들여다보는 것은 아니었으나 훌륭한 색채와 선의 아름다움이 그의 영혼에 스며들었다. 그의 머리는 샐리 생각으로 가득 찼다. 이런 런던 구석에서 끌어내 준다면 얼마나 즐거울 것인가. 그녀의 모습은 아무래도 런던과는 어울리지 않았다. 말하자면 난초와 진달래꽃만 가득한 꽃집 앞의 한 송이 수레국화, 그것이 바로 그녀였다.

 그는 켄트의 홉 농장에서 본 이래 그녀는 결코 도시의 여자가 아니라는 것을 알았다. 저 도싯셔의 부드러운 하늘 아래에서 한층 아름답게 꽃피는 여자라고 믿었다. 샐리가 들어왔다. 그는 일어나서 맞이했다. 그녀는 팔목에 흰 커프스를 단 검은 옷을 입고 목에는 리넨 옷깃을 달고 있었다. 그들은 악수를 나눴다.

"오래 기다리셨어요?"

"응, 한 10분쯤. 배고프지 않아?"

"아니, 별로."

"그럼 여기 잠깐 앉아 있어도 괜찮을까?"

"그러세요."

 둘은 아무 말 없이 나란히 앉아 있었다. 아무튼 샐리가 옆에 있으니 즐거웠다. 태양 같은 건강이 기분 좋게 그의 몸을 훈훈하게 해 주었다. 생명의 빛이라고나 할까, 그러한 것이 후광처럼 그녀의 주위를 싸고 있었다.

"그래, 어떻게 됐어?"

 이윽고 그가 웃으며 입을 열었다.

"아, 그거요. 아무 일도 아니었어요. 괜한 걱정 했나봐요."

"그래?"

"기쁘시죠?"

 그의 가슴은 이상한 감정으로 가득 찼다. 그는 샐리가 걱정한 것을 확실하게, 근거가 있는 것으로 믿었으며 그것이 착오이리란 의심은 잠시도 해 본 일이 없었다. 그리고 보니 그가 새로 세운 모든 계획은 뒤집힌 셈이 되었다. 그처럼 공들여 만든 생활의 설계도 결국은 실현하지 못할 한낱 꿈에 지나지 않았던 것이다. 그는 다시금 자유의 몸이 되었다. 자유! 당초의 그의 계획을 하나도 포기할 필요가 없었고 자기 멋대로 살 수 있는 인생의 계획이 그대로 자기의 손안에 들어 있는 것이다. 그러나 그는 기쁘기는커녕 우울해질 뿐이었다. 마음은 오히려 침울해졌다. 미래가 이제는 자기 앞에 황량한 빈터로 펼쳐진 것처럼 느껴졌다. 그것은 마치 여러 해를 망망대해에서 위험과 궁핍을 무릅쓰고 항해하다가 마침내 아름다운 항구에 이르렀으나, 입항하려는 순간 급작스레 역풍이 불어와 또다시 바다로 밀려나간 느낌이었다.

뭍의 온화한 목장과 즐거운 숲을 늘 마음에 그려왔으므로 다시금 물결치는 망망한 바다로 되돌아갈 것을 생각하니 한없이 안타까웠다. 이제 와 또다시 그 고독과 폭풍에 도전할 용기는 없었다. 샐리는 맑은 눈으로 그를 바라보고 다시 물었다.

"기쁘시죠? 전 당신이 퍽 기뻐하실 줄 알았어요."

그는 괴로운 듯 얼굴을 돌려 그녀를 보았다.

"글쎄."

"이상하네요. 다른 사람 같으면 기뻐할 텐데요."

그는 처음으로 자신을 속이고 있었음을 깨달았다. 그가 결혼하기로 한 결정은 결코 자기희생이 아니었던 것이다. 다만 아내와 가정과 사랑을 갖고 싶었던 것이다. 그 모두가 지금 손가락 사이로 빠져나가자 그는 갑자기 절망감이 엄습해 오는 것을 느꼈다. 그가 참으로 원했던 것은 바로 그것이었다. 그까짓 에스파냐가 그와 무슨 상관이 있으며, 코르도바·톨레도·레온 따위가 무엇이란 말인가? 미얀마의 불탑이니 남태평양의 초호(礁湖)가 무슨 소용이 있단 말인가? 목적지는 바로 눈앞에 있는데. 반평생 그는 남의 말과 글이 주입한 이념만을 쫓아왔을 뿐 자신의 진실한 소원은 한 번도 추구해 본 일이 없었다. 그의 인생길은 언제나 어떤 일을 해야 한다는 의무감에 지배당해, 마음이 참으로 원하는 바를 좇은 적은 없었다. 이제 그런 헛된 생각은 집어던졌다. 지금까지 그는 미래에만 살면서 정작 중요한 현재는 모두 손가락 사이로 흘려버렸다. 자신의 이상? 그 무의미하기 짝이 없는 숱한 인생사들을 되도록 복잡하고 아름다운 무늬로 짜는 것? 그러나 그는 가장 단순한 무늬, 사람이 태어나서 일하고 결혼하고 아이를 낳고 마침내 죽음을 맞이하는 것이 가장 완벽한 무늬임을 깨닫지 않았던가. 행복에 몸을 내맡기는 것은 확실히 패배를 인정하는 것인지도 모른다. 그러나 그것은 어떤 승리보다 훌륭한 패배였다.

그는 샐리를 힐끗 보고 다시 눈길을 돌렸다. 대체 무슨 생각을 하고 있을까?

"나 당신에게 결혼 신청할 작정이었는데."

"저도 당신이 그래 주시지 않을까 생각했어요. 하지만 당신에게 방해만 될 것 같아서."

"방해라니? 그럴 리가 있나."

"그럼 에스파냐 여행은 어떻게 할 생각이세요?"

"그런 건 어떻게 알았어?"

"저도 조금은 알아요. 그야 당연하지요. 언젠가 아버지와 정색하고 애기하는 소릴 들었거든요."

"이제 그런 건 문제가 아니야."

필립은 잠깐 말을 끊었다가 다시 나직한 쉰 목소리로 말했다.

"하여튼 난 당신과 같이 있고 싶어. 당신을 떠날 수가 없어."

그녀는 대답하지 않았다. 뭘 생각하는지 알 수가 없었다.

"샐리 나와 결혼해 주겠어?"

그녀는 여전히 꼼짝하지 않았다. 얼굴에선 감정이 조금도 묻어나지 않았다. 이윽고 그녀가 시선을 내리깐 채 대답했다.

"당신이 원하시면."

"그럼 당신은 결혼하고 싶지 않단 말이야?"

"아니죠. 저도 물론 이젠 자기 집을 갖고 싶고, 또 그럴 때도 되었다고 생각하고 있어요."

필립은 빙긋 웃었다. 이제는 샐리의 성격도 어지간히 알았으므로 그녀의 그런 태도에도 별로 놀라지 않았다.

"그럼 나하고 결혼하는 게 싫단 말인가?"

"어머, 달리 결혼할 사람이 없잖아요."

"그럼, 이것으로 결정되었군."

"하지만 어머니와 아버지가 들으면 놀라실 거예요. 그렇죠?"

"아아, 난 행복해."

"저 배가 고파요."

"아아, 샐리!"

필립은 웃으면서 그녀의 손을 꼭 쥐었다. 그들은 일어나 미술관을 나왔다. 그리고 잠시 난간에 서서 트라팔가르 광장을 내려다보았다. 이륜마차, 역마차들이 빗살처럼 왕래하고 사람들이 사방으로 빠르게 오갔다. 태양이 찬란하게 빛나고 있었다.

서머싯 몸의 생애와 작품

윌리엄 서머싯 몸(William Somerset Maugham, 1874~1965)은 19세기 끝 무렵에 등장한 작가이다. 1890년대라면 한편에서는 자연주의가 한창 융성할 시기이고, 다른 한편에서는 그 반동으로 이른바 세기말적 유미주의(唯美主義: 탐미주의)가 그 현란한 꽃을 피워 이목을 집중시킬 때이다.

그런 상황 속에서 몸은 재빨리 시대적인 경향을 포착했다. 《램버스의 라이자》와 같은 추악과 비극을 직시하는 자연주의적 수법을 시도하는 한편, 그 무렵 한창 유행하던 오스카 와일드식의 유려한 문체를 열심히 본떴다. 희곡만 해도 처음엔 입센 경향의 문제극에 크게 기울었으나, 그것이 별로 흥행하지 않자 곧 상업극으로 눈길을 돌려 버렸다. 어디까지나 몸다운 행동이었다. 최초의 문제극적 의식이 전후의 극작에서는 상업주의의 가면 아래 교묘히 감추어졌다.

작가 몸과 돈을 떼어서 생각할 수는 없다. 그의 대표작 《인간의 굴레》도 돈이 동기였다고 보는 사람이 있을 정도이다. 작품의 주인공 필립이 돈 때문에 늘 전전긍긍하는 것은 곧 작가 자신의 모습이고, 그는 자신의 인생이 원활히 돌아가기 위해서는 돈이 절대적으로 필요하다고 굳게 믿고 있었다. 그것은 그대로 그의 불우했던 유년 시절과 바로 이어진다. 그는 어린 시절부터 남다른 고난 속에서 현실적인 기반의 필요성을 절실히 느꼈던 것이다.

몸의 가문과 성장

몸의 집안은 그 성이 가리키듯이 본디 켈트 즉 아일랜드계였다. 켈트계 문학이라 하면 옛날부터 영국 정통 문학과는 다른, 다소 이단적인 경향으로 간주되어 왔다. 물론 몸의 할아버지 대에 이미 런던에 정착했으므로 그것이 그의 문학에 짙은 색채를 남기진 못했을 것이다. 그러나 그의 작품이 그 영향에서 완전히 벗어나 있다고 할 수도 없다.

▲ 아버지 로버트 몸(위), 어머니 마리(아래)
▶ 소년 때의 몸(1884)

또한 몸은 프랑스 파리에서 나고 파리에서 자랐다. 아버지 로버트 몸이 파리 주재 영국 대사관에서 고문변호사로 있을 때 태어났던 것이다. 자연히 그는 프랑스 아이들과 똑같이 컸다. 그래서 프랑스어는 자연스럽게 익힌 반면, 정작 모국어인 영어는 가정교사에게 배우는 기묘한 상황이 벌어졌다. 그는 열 살 때 프랑스를 떠났으나 프랑스적인 것에 대한 친근감은 일생 변치 않고 깊은 뿌리가 되었다. 만년에 그는 "나를 가르쳐 준 것은 프랑스, 나에게 아름다움과 위트와 양식(良識)을 가르쳐 준 것도 프랑스 그리고 글 쓰는 법을 가르쳐 준 것도 프랑스였다"고 말했고, 또 "나는 국경을 넘어 프랑스에 들어갈 때면 늘 마음이 편안해지는 것을 느낀다"고도 했다.

몸은 반세기가 훨씬 넘도록 영문학의 영역에서 작가활동을 하면서도 어딘가 영국 소설의 전통과는 조금 동떨어진 고립된 존재였고, 문단에서 그의 작품에 대한 평가는 부당할 정도로 낮았다. 그 이유는 몸의 정신에 흐르는 이

윌리엄 서머싯 몸(1874~1965)   집필 중인 몸

러한 켈트적 요소와 프랑스적 요소 때문이 아닐까 싶다.

몸은 4형제 가운데 막내였다. 아버지 쪽 집안에선 법률가가 많이 나왔고, 문학적인 재능은 어머니 쪽에서 내려온 듯하다. 그러나 그는 열 살 때 고아가 되었다. 여덟 살 때 어머니를 잃고 2년 뒤엔 아버지까지 잃었다. 고아 몸은 영국 남부 위트스테이블에서 목사로 있는 작은아버지 집에 맡겨진다(《인간의 굴레》에선 어머니보다 아버지를 먼저 여읜 것, 작은아버지가 아니라 큰아버지 집에 맡겨진 것이 다르다). 친척 집에서의 불행한 생활, 캔터베리 킹즈 스쿨에서의 비참한 나날은 《인간의 굴레》의 내용과 다르지 않았다.

어머니의 죽음

여기서 그의 어머니에 대해 좀더 이야기해야 할 것 같다. 그의 어머니는 대단한 미인이고, 문학적 소양도 깊은 재원(才媛)이었던 듯하다. 그래서 그의 집 살롱에는 늘 유명한 문인이며 화가들이 자주 드나들었다고 한다. 세 형들은 교육 때문에 일찍부터 영국으로 보내졌고, 막내였던 몸은 어머니의 사랑을 독차지하며 자랐다. 그런 어머니가 그의 나이 여덟 살 때 폐결핵으로 세상을 떠난 것이다.

어머니와의 사별은 어린 그의 마음에 상상 이상의 깊은 상처를 주었다. 죽은 어머니에 대한 사모의 정이 하나의 오이디푸스 콤플렉스가 되어 그의 일생을 지배했기 때문이다. 《인간의 굴레》 첫 장에 죽음을 예감한 어머니가 자기의 모습을 어린 아들에게 남기기 위해 사진을 찍는 인상적인 장면이 있는데, 그것은 사실 그대로라고 한다. 몸은 그 사진을 평생 몸에서 떼어놓지 않았다.

그는 어렸을 때부터 지독한 말더듬이였다. 계속 교정 치료를 받아 꽤 나아지긴 했으나 만년까지도 더듬는 버릇이 모두 고쳐지지는 않았다. 《인간의 굴레》에서 이것이 절름발이로 바뀐 것은 잘 알려진 사실이다. 더듬는 버릇 때문에 유년 시절에 겪은 고뇌 역시 《인간의 굴레》에 그대로 묘사되어 있다.

이 두 가지 배경이 인기 작가가 된 뒤에도 그를 어딘가 고립적인 존재로 만들었다는 것은 만년에 발표된 그의 《요약하면》과 《작가의 수첩》을 보면 짐작할 수 있다.

작은아버지가 바라던 성직자의 길은 이미 신앙도 잃고 해서 포기, 의과대학에 진학했으나 그것도 곧 창작에 대한 유혹으로 중단하기에 이른다. 겨우 의사 자격을 얻긴 했으나 스물세 살 되던 1897년에 《램버스의 라이자》를 발표, 일약 신진 작가로 인정되자 그 뒤로는 줄곧 작가 생활만을 계속했다.

그러나 이 의학 수업에 대해서는 한 마디 언급해 두어야겠다. 그는 의학 그 자체에는 별로 열의가 없는 학생이었다. 그러나 실습생으로, 특히 빈민굴 주민들을 치료할 때에는 대단히 흥미를 느꼈다. 거기에는 허영도 거짓도 없는 적나라한 인간의 참모습이 있었다. 인간에 대한 끊임없이 관심을 기울인 그가 여기서 완전한 만족을 얻는 것은 당연한 일이라 하겠다. 처녀작 《램버스의 라이자》는 이 체험을 바탕으로 쓰인 것이다. 어쨌든 그 뒤에도 이 슬럼가의 왕진을 무척 재미있다고 썼으며, 또 뒤에 작가 생활을 하는 중에도 그 의사 생활만은 3, 4년 더 잇고 싶었다고 술회한 것을 보면, 그가 인간과 인생을 알 수 있는 이 기회를 얼마나 사랑했는지를 엿볼 수 있다.

〈프리데릭 부인〉

몸은 처녀작 《램버스의 라이자》에 이어 장편, 단편, 희곡 등을 닥치는 대로 썼으나 모두 순조롭게 등장하지는 못한다. 이들 작품은 후년 전집 속에서

▲《비》(1921)의 무대가 된 남태평양 사모아의 레인메이커 산 앞바다는 파고파고 만.

▶ 래플스 호텔
싱가포르에 있는 이 고급 호텔에서 몸은 《비》를 썼다.

▶ 영화 〈비에 젖은 욕정〉(1953)
원작은 몸의 《비》. 커티스 번하트 감독, 리타 헤이워드 주연. 미국 영화.

조차 끼이지 못한, 거의 습작에 가까운 것들이었다. 그는 연이어 고난을 겪다 1907년이 되어서야 희곡 작가로 겨우 인정을 받기 시작한다. 그가 쓴 희곡 〈프리데릭 부인〉이 런던의 코트 극장에서 공연되어 큰 성공을 거두었기 때문이다.

그의 타고난 글 구성력과 뛰어난 대화 표현력이 앞으로의 성공까지 보증해 주었다. 그리하여 1933년 쉰아홉 살에 〈셰피〉를 쓰고 극작의 붓을 꺾겠다고 선언할 때까지, 그는 거의 30편이 넘는 희곡을 썼고, 그 대부분이 성공을 거두어 돈도 벌었다.

그러나 자기비판은 의외로 엄격하여 자작 희곡선을 편집할 때는 그 가운데 18편밖에 고르지 않았다. 거기에서도 후세까지 남을 만한 것으로는 제1차 세계대전 중에서부터 전후에 걸쳐 발표된 〈순환〉〈높은 사람들〉 등 몇 편에 불과하다. 그러나 제1차 세계대전 뒤 모든 가치가 전도된 사회는 그의 풍속 희곡에는 더할 수 없이 좋은 시대였다. 그는 삽시간에 노엘 카워드와 함께 한 시기를 대표하는 화려한 극단의 총아가 되었다.

극작에 비하면 소설가로서의 평가는 꽤 늦은 편이었다. 1915년에 발표한 《인간의 굴레》가 별로 호평을 받지 못한 것이 그 좋은 예이다. 그러한 그를 일약 인기 작가로 끌어올린 것이 1919년에 발표한 《달과 6펜스》이다. 이 작품이 한 번 인정받은 뒤로는 고답적인 비평가는 제쳐놓고라도 그의 모든 작품에 세상의 이목이 모아졌고, 1930년에 발표한 《과자와 맥주》에 이르러서는 몸 문학의 원숙기에 접어들었다고 말할 수 있다.

두 차례의 세계대전

두 차례의 세계대전은 몸의 경험을 한층 깊이 있게 만들었다. 제1차 세계대전 때 그는 군의관에서 첩보원으로 돌아서서 제네바를 중심으로 활약했다. 제2차 세계대전 때는 이미 예순다섯의 나이인데도 영국 정부로부터 정보 선전 일을 위촉받아 때로는 일선에까지 나가 활약했는데, 유명한 마지노 선 붕괴에 휘말려 한때는 생사불명설까지 나돌았다.

그 밖에도 제1차 세계대전 때에는 볼셰비키 혁명을 막으라는 비밀 사명을 띠고 러시아인으로 가장하기도 하고, 제2차 세계대전 때에는 영국 정보부의 위촉으로 미국에 건너가 영·미 양국 간의 긴밀한 문화 선전 관계 일을 맡아

영화 〈비밀 첩보원〉(1936)
몸 원작으로, 알프레드 히치콕 감독, 존 길구드 주연. 몸의 첩보활동 경험이 녹아 있는 이 작품은, 제1차 세계대전 당시 스위스를 무대로 펼쳐지는 첩보 스릴러로 손에 땀을 쥐게 한다.

보기도 했다.

이러한 사명이 그의 삶에 오점이 되었는지 보탬이 되었는지는 알 수 없으나, 아무튼 이런 첩보 일을 하면서도 그는 역시 인간에 대한 깊은 흥미를 느꼈던 것 같다. 특히 몸이 주네브에서 첩보 활동을 할 때는 각국에서 그와 똑같은 사명을 띠고 온 사람들이 모두 태연한 태도로 암암리에 맹렬하게 활동하고 있었으므로, 인간 연구로는 더할 수 없이 좋은 기회가 되었을 것이다. 몸 자신도 이 무렵이 활기 넘치고 즐거웠다고 떠올리고 있다. 그의 작품에서 풍기는 짙은 인간의 냄새는 모두 이런 데서 나온 것이 아닌가 생각된다.

《회상》

작품 평가는 사람에 따라 다르게 마련이지만 육십 대에 접어들어 1937년에 쓴 《극장》, 1944년에 발표한 《면도날》, 그리고 뛰어난 콩트집 《코즈모폴리턴》(1936) 등은 매우 두드러진 작품들이다. 몸은 일흔넷 되던 1948년에는 장편 《카테리나》를 발표하는 동시에 모든 소설 창작을 중단한다고 발표하고, 다시 여든넷 되던 1958년에는 모든 저작 활동을 마친다고 선언했다.

그러나 그는 그 뒤 1962년 이 약속을 깨고 고백적인 수기 《회상》을 발표했다. 그리고 1965년 12월, 아흔한 해 동안의 화려하고도 긴 생애를 남프랑스 니스의 병원에서 마쳤다.

여기서 시간적으로는 다소 뒷걸음질이 되나 그의 가정생활, 여성 관계에 대해서 한두 마디 해 둘 필요가 있다. 몸은 이런 문제에 대해 언급한 적이 거의 없으므로 겉으로 나타난 사실밖에는 알려지지 않았다. 그런데 1962년에 와서 자전의 일부라고 할 수 있는 《회상》을 발표하여 베일에 가려졌던 그의 생활이 드러남과 동시에 세상에 많은 물의를 일으켰다.

▲ 몸의 캐리커처
사르 그림.

◀ 만년의 몸 초상
사자란드 그림.

《회상》에서 밝혀진 가장 주목할 만한 문제는 두 여성에 관한 부분이다. 한 여성은 그가 서른 살부터 서른일곱 살까지 거의 8년간 육체관계를 이어 온 로지라는 여배우이고, 또 한 사람은 몸 부인이 되었다가 뒤에 이혼한 시리 웰컴이다.

로지는 사랑스러운 여자였으나 (몸의 기록에 따르면) 다만 남성 관계에서 만은 거의 무도덕에 가까웠던 모양이다. 몸의 기록을 보면 그녀가 먼저 그에게 관심을 보이고 접근한 듯하며 그들의 관계는 약 8년간 이어졌다. 그런데 흥미 있는 것은 그들의 헤어질 때 얘기이다. 몸 쪽에서 마침내 결혼할 생각이 들어 말을 꺼내자, 그녀는 그 바로 전에 이미 어느 부자 청년과 결혼을 약속했다는 것이었다. 이것이 계기가 되어 그들은 아주 헤어지고 말았다.

두 번째 여인 시리 웰컴은 그로부터 2년 뒤인 1914년에 알게 되었는데,

두 사람은 얼마 사귀지 않아 곧 사랑에 빠졌다. 그러나 시리는 이미 결혼한 상태로, 남편인 웰컴과는 나이가 30년이나 차이나는 등 여러 가지 문제로 별거하고 있었다. 그녀는 돈도 많고 재주도 있는 예술가(유명한 실내 장식 디자이너)였고, 꽤 화려한 사교 생활을 보내고 있었다. 몸과의 관계가 세상에 알려지자, 그녀의 남편은 그때까지 미루었던 이혼을 결행한다. 1917년, 몸과 시리 사이에 딸 엘리자베스가 태어나면서 두 사람은 결혼했다. 결혼생활은 12년 동안 계속됐으나, 1929년 5월 불화로 헤어지면서 딸은 시리가 맡아 키우게 됐다. 그때 이미 몸의 나이 쉰다섯이었다. 그 뒤로 그는 다시 결혼하지 않았다.

영화 〈인간의 굴레〉(1964) 포스터
몸이 쓴 위대한 문예작품 《인간의 굴레》가 원작. 찻집 아가씨와 사랑에 빠진 의학도의 이야기. 켄 휴즈 감독, 킴 노박 주연. 미국 영화.

 그들이 이혼한 사정에 대해서는 여러 이야기가 있으나 몸은 그의 《회상》에서 그녀를 상당한 악처로 그려, 한때 그녀의 측근들이 대단히 반발했다. 몸과 오랫동안 친구였던 베벌리 니콜즈도 그중 하나이다. 그의 말을 빌리면 몸은 성도착적 경향이 있는 신경질적인 남자였고, 그녀는 남편을 사랑하는 헌신적인 여자였다는 것이다. 어느 쪽이 옳은지 추측하기 어렵지만, 다만 그의 오랜 비서였고 또 그 이상의 상대였을지도 모르는 제럴드 핵스턴이라는 인물이 이 부부 사이에 어떤 갈등의 원인이었던 것만은 확실하다.

 핵스턴은 미국 태생의 미남 청년이었는데, 도박을 좋아하고 행실이 나쁜 데다 성도착증까지 있어 영국에서는 환영받지 못하는 외국인으로 쫓겨난 일까지 있었다. 그러나 이 작가에게만은 지극히 유능하고 충실한 비서였던 모양으로, 몸은 그의 신변의 사소한 일까지 전부 맡아 해결해 주었다. 이러한 그를 두고 몸과 부인 시리 사이에 복잡한 감정적 갈등이 일어났을 것은 추측하기 어렵지 않다. 더구나 그를 둘러싸고 동성애적 경향이 있었다는 뒷소문도 더러 있는 것을 보면 그들 사이는 의외로 복잡한 것이었고, 몸은 우리가 상상하는 이상으로 여성으로부터 사랑받지 못한 불행한 인간이었는지도 모른다.

슬픈 숙명의 노년

그의 희곡이 극장에서 연이어 흥행하고 《달과 6펜스》로 일약 베스트셀러 작가가 되자 그에게 많은 돈이 들어왔다. 이혼한 1929년에는 남프랑스 리비에라 근교에 거대한 대저택도 사들였다. 그는 여기서 남은 생애를 보냈다. 현실주의자 몸은 《인간의 굴레》 프와네 교수의 입을 빌려 이런 소리를 했다.

"돈이란 이른바 육감 같은 거야. 이것이 없으면 나머지 오감도 도저히 온전한 기능을 발휘하지 못하는 법일세. …… 가난이야말로 예술가에겐 최고의 자극이라는 둥 하는 자들이 있는데, 그런 녀석들은 아직 가난의 고통을 진정으로 겪어 보지 못한 것이 뻔해. 가난이 사람을 얼마나 천박하게 만드는가를 아직 모르고 떠는 수작이지. 가난이란 사람을 한없이 비열하게 만들고 그 날개를 잘라버리고, 마치 암처럼 혼을 마구 파먹어 들어가는 것일세."

이런 의미에서 그는 성공했다고 할 수 있다. 그러나 부(富)가 진정한 의미에서 그를 행복하게 했는지는 의문이다. 가정생활과 여자관계에서 불행했다는 사실은 앞에서도 언급했다. 게다가 그의 만년의 약 10년은 쓸데없이 덤으로 산 느낌조차 없지 않다. 그 자신의 말대로 쉰아홉에 극작의 붓을 꺾고, 일흔넷에 소설 창작을 그만두고, 여든넷에 모든 문필 활동을 멈춘 것은 과연 잘한 선택이었을까. 게다가 그는 이 동안 여러 추태까지 남겼다.

그의 죽음을 기다리다 못한 조카 로빈이 그가 살아 있는데도 그의 사생활을 폭로하는 글을 썼다. 쓴 쪽도 나쁘지만 그런 것을 쓰게 한 쪽에도 책임이 없다고 할 수는 없다. 조카 로빈이, 작은아버지는 젊은 날 성공하기 위해 악마에게 영혼을 팔았다고까지 극언할 정도로 그는 여러 가지 추태를 남겼다. 유서에서 그의 모든 서한 공개를 일절 막았던 그가 갑자기 《회상》 같은 글을 써서 세상에 내놓은 것이 그 좋은 예이다. 여든여덟의 나이에 그가 왜 새삼스럽게 그런 글을 내놓아야 했을까. 거기에는 몇 가지 추측이 가능하다. 그 즈음 그의 딸 엘리자베스가 그를 상대로 소송을 제기했다. 그가 유서에서,

그녀가 자기 친딸이 아니라고 쓰고 자신의 모든 재산을 비서인 알랭 사르에게 넘긴다고 한 내용이 문제가 된 것이다. 소송은 물론 몸의 참패로 끝났지만, 그 나이가 되어 새삼 친자식 운운한 것은 확실히 상식에 어긋나는 이야기라고밖에 할 수 없다. 그러나 그의 꼴사나운 행동은 고독에서 온 비극이 아니었을까. 그는 자기의 일생은 오류투성이였다고 입버릇처럼 말했다고 한다. 그리고 매일 밤 잘 때마다 이대로 조용히 죽게 해 달라고 기도했다고 한다. 그러나 그러면서도 그는 죽는 날까지 목숨을 연장하는 치료를 게을리하지 않았다.

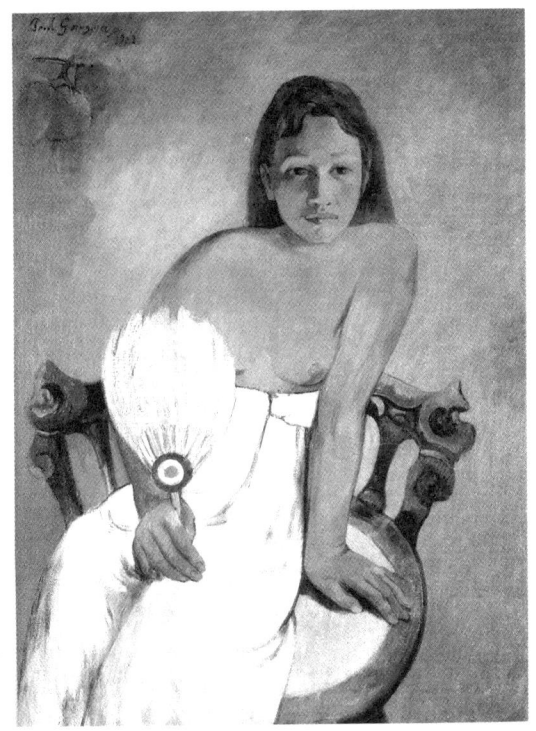

고갱이 그린 〈부채를 든 여인〉(1902)
빨간 머리의 아름다운 모델은 마르키즈 여인 토호타우아. 1903년 5월 8일 고갱은 히바오아 섬에서 눈을 감는다.

"인간은 온통 어두운 숲 속이다." 몸이 말했다. 인간의 본질은 모순 덩어리라는 것, 이 인간 존재의 불가지성이 이른바 그의 모든 작품을 관통하는 인간성의 비밀이었다. 그런데 뜻밖에도 그의 생활이 이를 그대로 입증하는 셈이 되었으니 참으로 아이러니하다.

그는 또 이렇게 말했다. "나는 비평가들로부터 '이십 대에는 잔인, 삼십 대에는 경박, 사십 대에는 익살, 오십 대에는 약간 할 줄 안다, 육십 대인 현재는 피상적이다'라고 평가받았다." 비평가들로부터 오랫동안 부당할 정도로 냉대를 받아 오면서도 그가 고독한 작가의 삶을 버틸 수 있었던 것은 이런 억지 태연, 강인한 태도에 있을 것이다. 그는 단순히 한 사람의 소설가로서가 아니라 슬픈 숙명에 따라 이 《회상》을 쓰지 않았을까 생각된다.

《인간의 굴레》

이 작품이 몸 90년의 생애에서 가장 뛰어난 대표작이라는 데에는 이론의 여지가 없다. 물론 평가는 개개인에 따라 다르고, 몸 자신은 《과자와 맥주》를 이보다 훨씬 뛰어난 작품이라 평하며 깊은 애착을 나타냈다고도 한다. 또 평론가 고딜의 말에 따르면, 몸은 30년 동안 한 번도 이 책을 읽은 일이 없다는, 약간 거짓말 같은 이야기도 남아 있다.

이 작품은 1915년, 몸의 나이 마흔하나 때의 것으로, 출판됐을 무렵에는 별다른 반향을 얻지 못했다가 《달과 6펜스》가 나온 뒤에야 재평가되었다. 여기서는 이 소설이 세상에 나오기까지의 과정에 대해 간단히 살펴보기로 한다.

이 소설이 어떻게 나왔는지는 몸 자신이 글과 강연을 통해 여러 번 말한 바 있다. 그가 이 작품의 첫 원고에 손을 댄 것은 의과대학을 갓 나와 에스파냐 여행을 하던 도중 세비야에 머물 때였다고 한다. 그때는 주인공의 운명도 똑같이 스물세 살에 끝났고 제목도 전혀 다른, 세기말적 냄새를 몹시 풍기는 것이었는데, 출판사와 교섭하는 동안 햇빛을 보지 못하고 말았다. 작가 자신은 뒤에 이것을 퍽 다행한 일이었다고 술회했다. 그 나이에 다루기에는 너무 벅찬 주제였다는 것이다. 그러는 동안 이 주제는 일단 파묻혀 버리고 말았다. 그는 상업극장을 상대로 화려한 통속 희곡을 쓰고 있었던 것이다.

그런데 마흔이 다 될 무렵부터 그는 다시 이 작품의 주제, 즉 그의 과거에 시달림 당하기 시작한다. 그는 이 무렵의 심정을 이렇게 쓰고 있다.

"잘 때나 걸을 때나 리허설 때나 파티에서나 나를 짓누르듯이 그것들이 되살아났으므로 나는 거기서 벗어나는 길은 하나뿐이라고 결론내렸다. 모조리 종이에다 쓰리라."

그래서 쇄도해 오는 극작의 주문도 모두 물리친 채 다시 원고를 쓰기 시작했다. 그때 그의 나이 서른일곱이었다.

탈고까지는 2년이 걸렸다고 한다. 그러나 그 사이에 제1차 세계대전이 일어났다. 그는 군의관으로 야전 병원에 근무했으므로 이 작품의 교정은 벨기에 전선에서 해야만 했고, 초판은 1915년에 나왔다. 출판 때 《아메리카의 비극》의 작가 드라이저에게서 최고의 찬사를 받았을 뿐, 그 밖에는 아무도 그의 작품을 언급하는 사람이 없었다. 이리하여 하마터면 파묻힐 뻔했다가 《달과 6펜스》가 성공을 거둠과 동시에 빛을 보게 된 것이다.

▲《달과 6펜스》 모델이 된 고갱의 자화상 죽기 얼마 전 병마에 시달리던 고갱의 가슴 아픈 자화상.

▶〈원시의 이야기〉(1902) 고갱이 죽기 얼마 전에 그린 누드화 가운데 하나.

　《인간의 굴레》가 자전적 소설이라는 것은 작가 자신도 부정하지 않는다.
　"《인간의 굴레》는 자서전이 아니라 자전적인 소설이다. 사실과 허구가 모두 하나가 되어 있다. 감정은 나 자신의 것이지만 사건은 실제와 꼭 들어맞진 않으며, 어떤 것은 친한 사람들이 겪은 것을 주인공에게 옮겨온 것이다."
　여기서 그의 생애와 소설의 내용을 비교해 보면 고아가 된 소년 시절부터 의과대학 시절까지는 대개 전기와 일치한다. 작은아버지도 다소 부풀려지기는 했으나 대체로 소설에서처럼 편협한 속물이었던 것 같다. 몸의 말더듬이도 필립의 절름발이로 바뀌었을 뿐 그로 인한 불행한 학교생활도 거의 그대로라고 보아도 좋다. 하이델베르크에 유학한 것도 같다. 공인회계사 수습 생활도 실제 겪었던 것 같다. 다만 몸 자신은 단지 2개월로 끝을 내고 만 것이 다를 뿐이다.
　그런데 파리로 가 미술수업을 하는 부분만은 완전한 허구이다. 크론쇼 외에 모델이 된 여러 인물과는 교제가 있었던 것 같으나 몸 자신이 미술수업을 한 사실은 없다. 신앙을 잃고 성직자가 될 꿈을 버린 뒤 의과대학에 들어간 것은 하이델베르크에서 돌아온 이듬해였으니까 비교적 순탄한 과정이었고, 소설 같은 파란은 없었던 것이다(필립이 신앙에 의혹을 품는 동기의 하나로 절름발이를 낫게 해달라고 신에게 비는 흥미로운 이야기가 있는데 절름발이를 말더듬이와 바꾸면 이것도 작자 자신의 경험이었던 것 같다).

의학생으로서의 몸은 가슴 깊이 작가가 되려는 꿈도 있고 해서 비교적 게으른 학생이었던 것만은 사실이다. 그렇다고 소설의 필립처럼 몇 번 낙제해 본 것은 아니었다. 퍽 순조롭게 의사 면허까지 얻었다. 그러나 외래담당으로 빈민촌에 나가 의사활동을 한 부분만은 거의 자기 체험의 기록이라고 보아도 좋다. 이것

고갱이 숨을 거둔 히바오아 섬 원주민 추장의 딸

은 또 처녀작 《램버스의 라이자》의 소재도 되었다. 그리고 그 뒤 겨우 목숨만 유지하는 노숙 생활이라든지, 린 앤드 세들리 상회에 근무하는 내용 같은 것은 완전한 허구로, 다른 사람의 경험담에서 소재를 끌어온 듯하다.

밀드레드와 샐리

이제 필립과 밀드레드와의 치정 관계, 그리고 나중에 결혼에 이르는 필립과 샐리와의 관계가 남는다. 밀드레드는 처음엔 모델이 없는 인물로 생각됐으나, 나중에 그가 《회상》을 발표함으로써 로지라는 여자와의 관계가 드러났다. 로지는 퍽 귀여운 여자이긴 했으나 남자관계가 방종하여 몸의 말에 따르면, 어떤 남자한테 저녁 대접이라도 받으면 그 보답으로 육체를 내주어야 한다고 생각할 정도로 무절제한 여자였던 것 같다. 그녀와의 관계가 1911년에 끝났고 또 《인간의 굴레》가 그 바로 뒤에 나온 것으로 보아 로지가 밀드레드

의 모델이 됐으리라 추측할 수 있다. 어쨌든 몸은 로지에게 나중까지도 퍽 흥미가 있었던 듯, 뒤에 《과자와 맥주》에서 이름도 그대로 로지라는 인물을 등장시켜 자신의 이상적인 여성상으로 부각시켰다.

그가 이토록 흥미를 느꼈으니 아마 로지는 밀드레드 같은 악녀는 아니었을 것이다. 다만 로지같이 성생활이 방종한 여자와 8년간이나 관계를 이어 가는 동안 얻은 경험이 어느 정도 밀드레드 안에 투영된 게 아닌가 생각된다.

몸이 여행했고 고갱이 머물렀던 타히티의 원주민 댄스

다음은 샐리이다. 이 여자는 완전한 허구임이 확실하다. 로지와의 관계가 끊어지고 유부녀 시리 웰컴과 만나기 시작한 것은 《인간의 굴레》 집필 무렵이었다. 그러나 시리 웰컴이 샐리의 모델이라고 생각하는 것은 지나친 속단이다. 성격적으로도 두 여자는 완전히 다르다. 샐리는 평범한 서민의 딸로 소박하고 순정적이며 가정적이고, 머리는 영리하나 결코 인텔리 냄새를 풍기지는 않는다. 나무랄 데 없는 가정적인 여성인 것이다. 거기에 비해 시리는 꽤 부유한 학자의 부인이었고, 그녀 자신이 국제적으로 이름난 실내 장식 디자이너였다. 전남편과는 별거 중으로 화려한 사교 생활을 하고 있었고 그동안에 많은 남성과 스캔들이 있었다.

샐리가 시리를 바탕으로 창조된 여성이 아니라면 어쩌면 그녀는 그즈음 몸이 작가 아내의 이상형으로서 그린 인물이 아닐까. 몸으로서는 글 쓰는 남편의 일에 간섭하지 않는 가정적인 아내를 바라는 마음이 없지 않았을 것이다.

몸은 언젠가 "베키 샤프 같은 여자도 좋으나 역시 같이 생활하기에는 어밀리어 같은 여성도 좋다"고 한 일이 있다. 둘 다 대커리의 대표작 《허영의 도시》에 나오는 여자인데 베키는 성격이 거세고 재주가 많은 여자이고 어밀리어는 샐리 그대로이다.

카타르시스의 문학

자전적 소설인 이 《인간의 굴레》는 카타르시스의 문학이다. 마흔이 가까운 몸이 과거 반생의 응어리를 한 번 배설하지 않고는 진정한 정신의 해방, 승화를 얻을 수 없다는 생각에서 쓰기 시작한 글이기에 그렇다. 그는 출판 직후 다음과 같이 심경을 토로했다.

"소망은 이루어졌다. 이 작품을 내놓으면서 나는 자신을 괴롭혀 온 고통에서도 또 불행한 과거의 기억에서도 완전히 벗어났다(과연 완전한 해방이었는지는 의문이지만)."

따라서 그가 "이 작품은 남을 즐겁게 하려고 쓴 것이 아니다. 무엇보다 먼저 나 자신, 나 자신의 어쩔 수 없는 관념에서 벗어나기 위해 쓴 것이다"라고 한 고백은 긍정해도 좋다. 줄곧 독자를 즐겁게 해주는 것만을 염두에 두고 써 온 그로서는 확실히 예외적인 작품이라 할 수 있다.

카타르시스 문학으로 쓰인 《인간의 굴레》는 그런 의미에서 한 영혼의 발전을 그린 역사이다. 작품 마지막에 가서 필립이 달한 철학, 그것은 그대로 마흔 살의 몸이 도달한 인생관임이 분명하다.

"인생에 의미 따위는 없다. 인간의 삶에는 아무런 목적도 없다. ……결국 죽음도 무의미하고 삶도 무의미한 것이다. ……직조공이 다만 자신의 미의식을 채우기 위해 정교한 무늬를 짜 나가듯이, 사람 또한 그렇게 살 수 있을 것이다. 또 사람의 행동이 자기 선택 밖의 것이라면, 인간의 삶이란 다만 한 조각 무늬를 만드는 데 지나지 않는 것이다. 반드시 어떤 행위를 해야 할 필요도 없거니와 했다고 해도 별다른 이익이 없다. 다만 자신의 기쁨을 위해 하는 것이다. …… 필립은 생각했다, 행복하려는 소망을 저버림으로써 마지막 환상을 떨쳐 버리리라."

그는 그리스도교 신앙을 버렸다. 교조적(敎條的) 윤리도 버렸다. 멋대로 설정한 행복의 환영을 쫓아 보상받지도 못할 환멸의 여행을 이어 갔다. 그리고 그 여행의 종점에서 행복의 환영이 모두 무너졌을 때 돌연, 인생은 무의미하다는 계시로 눈이 번쩍 뜨인 것이다. 그의 만년의 작품 《요약하면》에 나오는 "한 번밖에 없는 삶이기에 되도록 훌륭하게 보내리라 결심했다. 나는 내 인생을 하나의 무늬로 만들어…… 인간 본디의 모든 활동을……완전히 충족하여 마지막으로 죽음을 맞이하고 싶었다"는 것도 바로 그 무렵 그의 심정을 애기한 것이다. "내 생각의 한 장(章)이 끝나고 새로운 장이 시작되었다"는 말이 그대로 그의 확신이었던 것이다.

몸은 1950년, 이 작품의 요약판을 스스로 만들어 출판했다. 분량은 원작의 3분의 1밖에 되지 않았다. 따라서 이야기는 당연히 극단적으로 필립

서사모아 우포르 섬의 폭포

중심이 되고 주위의 풍부한 묘사는 사정없이 잘려 나갔다. 그렇게 되니 줄거리의 빈약함만 두드러지는 결과가 되었다.

몸은 발자크나 도스토옙스키나 디킨스의 작품 같은 아주 긴 장편소설을 전부 요약본으로 읽어도 상관없다는 묘한 이론을 내세운 사람이었다. 그 이론을 자기 작품에도 적용한 셈인데 《인간의 굴레》에서 그것은 모두 실패로 끝난 듯하다. 얼핏 아무 관계도 없어 보이는 곁가지가 원줄거리를 얼마나 풍부하게 살리는가 하는 것을 새삼 깨닫게 해주는 결과만 된 것이다.

크론쇼와 페르시아 융단

없어진 내용 가운데 특별히 언급해 두고 싶은 부분이 있다. 바로 크론쇼란 인물로, 몸은 요약판에서 그를 완전히 들어낸다. 자연히 페르시아 융단의 알레고리도 빠진다. 조역이긴 하나 또렷한 인상을 주는 크론쇼를 몸은 왜 무시했을까. 이 점은 요약판이 나왔던 그때에도 꽤 문제가 되었다. 그러나 몸의

폴리네시아의 모레아 섬 타히티에서 가까우며 영화 〈바리하이〉의 무대.

시각으로 보면 이런 조치도 어느 정도 이해된다. 앞서 말한 대로 크론쇼는 그 철학의 정점에서 창조된 인물이었는데, 만년의 몸의 눈으로 볼 때 그것은 무척 유치한 철학으로 비쳤을 게 틀림없다. 그래서 아예 크론쇼를 창조 이전으로 돌려보낸 것이다.

그러나 이 인물이 지금도 우리의 대단한 흥미를 끄는 것을 보면, 몸의 자기비판과 비평가를 비롯한 독자의 의견 사이에는 꽤 차이가 있는 듯하다.

스피노자의 《에티카》

《인간의 굴레 Of Human Bondage》라는 약간 기묘한 제목은 스피노자의 저서 《에티카 Ethica》에서 유래한 것이다. 스피노자는 몸이 가장 많은 영향을 받은 사상가이고 《에티카》는 그의 애독서 가운데 하나이다. 《에티카》 제4부의 제목은 '인간의 예속 또는 감정의 힘에 대하여'이다. 감정이란 이성에 대립되는 개념이다. 이 장의 한 구절을 보자.

"인간이 감정을 지배하고 제어할 수 없는 없는 무력한 상태를 나는 '속박된 상태'라고 부른다. 감정의 지배 아래 있는 사람은 자신의 주인이 아니라 이른바 운명의 노예이기 때문이다. 그런 사람은 눈앞에 선을 보면서도 악을 쫓을 수밖에 없다."

　주인공 필립은(어떤 의미에서 몸 자신은), 이 감정의 굴레에 매인 노예로서 반생을 살았다. 감정의 노예 필립은 그러나 굴레를 벗고, 지배당하는 인간에서 스스로 자신의 주인이 되는 자유로운 인간으로 커 간다. 그 과정의 정신사(精神史)를 그린 것이 이 작품 《인간의 굴레》이다.

서머싯 몸 연보

1874년　　1월 25일 윌리엄 서머싯 몸 파리에서 태어나다. 그의 집안은 본디 아일랜드 출신이나, 17세기 웨스트모얼랜드 주로 이주했다. 할아버지는 런던의 유명한 법정변호사. 아버지 로버트 몸 역시 파리에서 법률사무소를 열었고, 뒤에 파리 주재 영국 대사관의 고문변호사로 위촉되었다. 어머니는 영국 왕실의 피가 섞인 군인의 딸로서, 풍요한 금발, 아름다운 얼굴로 파리 사교계의 꽃이었다. 또한 그녀는 작가였던 어머니의 영향으로 글도 썼으며, 작가 메리메 등과도 친교가 있었다.

1882년(8세)　어머니 폐결핵으로 세상을 떠나다. 4형제의 막내로서 어머니의 사랑을 독차지해 온 그에게 어머니의 죽음은 너무도 큰 슬픔이었고, 스스로도 말하듯 지울 수 없는 상처였다. 자전적 소설 《인간의 굴레》는 이날의 슬픔으로부터 시작된다.

1884년(10세)　아버지 폐암으로 죽다. '역사상 가장 여행을 많이 한 작가' 몸은 아버지의 방랑벽을 이어받은 것 같다. 몸의 저서나 편지나 자택의 현관에 새겨진 거북이 등딱지 무늬는 아버지가 북아프리카 산속에서 가져온 것이었다. 고아가 된 그는 이제까지 살던 파리를 뒤로하고, 영국 남부의 켄트 주 위트스테이블의 목사인 작은아버지에게 가 살게 되며, 가까이에 있는 킹즈 스쿨의 부속 예비교에 입학한다. 작은아버지는 매우 완고한 사람이라, 그는 전혀 이해 받지 못한 채 자라나다.

1887년(13세)　킹즈 스쿨에 진학. 내성적인 성격, 프랑스 사투리가 섞인 영어, 게다가 타고난 말더듬 증세 때문에 급우들로부터 놀림당하고, 학교생활에 재미를 붙이지 못하다. 강압적인 작은아버지, 학교에서의 괴로운 경험은 정신 형성에 크게 영향을 주어

	그는 점점 고독하고 자의식이 강한 소년으로 성장해 가다.
1890년 (16세)	폐결핵에 감염되어 한 학기를 남 프랑스 이에르에서 전지 요양하다. 여기서 모파상을 비롯한 프랑스 작가들의 소설을 읽다.
1891년 (17세)	작은아버지를 설득, 학교로 돌아가지 않고 독일에서 유학하다. 아름다운 옛도읍에서 마음껏 해방을 맛보다. 하이델베르크 대학에서는 청강생으로 주로 어학과 수학을 공부하다. 각지에서 모여든 학생들과 사귐으로써 문학·예술에 대한 관심을 높이다. 이 무렵부터 신앙을 버리고 무신론자가 되다. 처음으로 이탈리아, 스위스 등지로 짧은 여행을 해 보고 비로소 여행의 즐거움을 알게 되다.
1892년 (18세)	귀국, 작가가 되겠다고 남몰래 결심하다. 작은아버지의 권고로 회계사 공부를 시작하지만, 자유로운 생활을 그려 성(聖)토머스 부속 의학교에 입학해 런던의 바이센트 광장 가까이에 하숙을 정하다. 그러나 의학에 본디부터 흥미가 없던 그는 학업은 적당히 넘기고 작가 수업에 전념하다. 의학생 시절, 인습과 사회적 가면 아래 감추어진 인간의 적나라한 모습을 가까이에서 관찰하여 귀중한 체험을 얻다. 뒷날 그의 작품에서 볼 수 있는 리얼리즘적 묘사며 유물론적인 세계관은 이 시기에 형성된 것이다.
1897년 (23세)	그의 첫 장편 소설 《램버스의 라이자 *Liza of Lambeth*》를 출판. 의학생 시절 런던 남부 램버스 빈민굴을 왕진하고, 부인과 조수로서 63명의 아기를 받아낸 경험을 바탕으로 한 작품. 모파상의 영향을 받은 사실주의 소설이다. 세평은 여러 가지였으나 작가로서 성공할 수 있다는 자신감을 갖게 되다. 의사 자격증을 얻지만 작가가 되기 위해 동경하던 에스파냐로 떠나다.
1898년 (24세)	르네상스 시대 이탈리아를 무대로 한 역사 소설 《성자만들기 *The Making of a Saint*》 출판. 역사 소설이야말로 성공의 지름길이라는 비평가의 속론에 현혹되어 쓴 것으로서, 평판은 썩 좋지 않았다. 《인간의 굴레》 원형이라 불리는 《스티븐 캐리

	의 예술적 기질 *The Artistic Temperament of Stephen Carey*》을 썼으나 출판은 하지 않다. 에스파냐에서 로마로 가다.
1899년(25세)	단편집《정위 *The Orientations*》출판.
1901년(27세)	장편《영웅 *The Hero*》출판. 보어 전쟁에서 암시받은 작품으로 스스로 재미없는 소설이라고 규정짓다.
1902년(28세)	장편《크래덕 부인 *Mrs. Craddock*》출판. 영국인의 속물근성을 냉소적으로 묘사하다. 첫 단막 희곡〈난파(難破)〉베를린에서 상연.
1903년(29세)	2월 1898년에 쓴 4막 희곡〈명예로운 사람 *A Man of Honour*〉상연. 그러나 성공을 거두지 못하자〈현세의 이득 *Loaves and fishes*〉〈프리데릭 부인 *Lady Frederick*〉상연도 단념하고 소설에 집중하기로 하다. 몸에게는 악전고투의 시절이었다.
1904년(30세)	이른바 일인칭 소설로 불리는 최초의 작품 장편《회전목마 *The Merry-Go-Round*》출판. 파리로 건너가다. 몽파르나스의 아파트를 빌려 보헤미안 생활을 하다. 그곳에서 작가 아놀드 베케트와 화가 제럴드 케리 등과 가까이 사귀다.《인간의 굴레》에 등장하는 그리피스와 크론쇼 등은 여기에 모인 예술가 지망생들을 모델로 한 인물. 로지(《과자와 맥주 *Cakes and Ale*》에 등장하는 여배우)와 연애를 시작해 8년 동안 관계를 이어가다.
1905년(31세)	여행기《성처녀의 나라 *The Land of Blessed Virgin*》출판. 이 안달루시아 지방 여행기에는 당시의 유미주의자(唯美主義者) 오스카 와일드의 화려한 문장과 환상적인 언어를 흉내 낸 흔적이 엿보인다. 세르반테스에 열을 올려 에스파냐에 머물다.
1906년(32세)	장편《주교의 앞치마 *The Bishop's Apron*》출판. 돈을 위해 쓴 작품이었으나 평판은 좋았다.
1907년(33세)	〈프리데릭 부인〉을 런던의 코트 극장에서 공연. 공백을 메우기 위해서였던 것이 뜻밖에도 큰 성공을 거둬 일 년 넘도록 장기흥행을 하다.

1908년(34세)	〈프리데릭 부인〉의 성공으로, 묻혀 있던 〈잭스트로우 *Jack Straw*〉〈도트 부인 *Mrs. Dot*〉까지 상연되다. 오랫동안의 꿈이었던 부와 명성을 얻다. 그러나 '마몬에게 영혼을 판 사나이'라는 비판을 받으며 통속 작가라는 낙인이 찍히다. 장편 《탐험가 *The Explorer*》《마술사》출판. 《마술사》는 위스망스의 영향을 받은 공포소설로, 때와 상황에 따라 사실주의 소설, 역사 소설, 주제 소설로 고양이 눈처럼 바뀐다.
1909년(35세)	희곡 〈페넬로페 *Penelope*〉〈스미스 *Smith*〉상연.
1910년(36세)	희곡 〈열 번째 사나이 *The Tenth Man*〉상연.
1911년(37세)	희곡 〈현세의 이득〉상연.
1912년(38세)	에스파냐의 세비야에서 자전적 소설 《인간의 굴레》집필에 착수. 인생은 무의미하나 생각하기에 따라서는 즐거운 것이기도 하다는 필립의 깨달음은 곧 몸의 인생관이기도 하다.
1914년(40세)	희곡 〈약속의 날 *The Land of Promise*〉을 상연. 이 무렵 시리 웰컴과 가까워지다. 시리는 실내 장식 디자이너로서 꽤 이름이 알려져 있었다. 7월 제1차 세계대전이 일어나자 호기심이 강한 몸은 프랑스 적십자 야전 의무대에 지원. 외과수술 조수 겸 구조 운전병으로서 프랑스 전선에 나가 부상병의 비참한 모습을 보고 깊은 충격을 받다. 작가이자 어학에 능한 것이 인연이 되어 정보국에 근무하게 되다. 총성을 들으면서 《인간의 굴레》를 교정보다.
1915년(41세)	스위스의 제네바를 근거지로 첩보 활동. 《인간의 굴레》출판. 미국에서 드라이저가 이 작품을 격찬해 주었으나 전쟁 중이니만큼 큰 반향은 불러일으키지 못하다.
1916년(42세)	첩보 생활로 건강을 해쳐 요양차 미국으로 건너가다. 다시 오래전부터 구상하던 소설 《달과 6펜스 *The Moon and Sixpence*》취재를 위해 타히티 섬을 비롯하여 남태평양의 여러 섬을 찾아가다.
1917년(43세)	중대 비밀 임무를 띠고 러시아에 가다. 톨스토이, 도스토옙스키, 체호프 등 대문호를 낳은 고장에 대한 매력에 끌려 병

약한 몸임에도 미국에서 일본을 거쳐 블라디보스토크에서 기차를 타고 시베리아를 횡단, 페트로그라드에 들어가다. 케렌스키 임시 정부와 독일과의 단독 강화를 저지함으로써 사회주의 정부 수립을 방해하는 것이 그의 임무였다. 시리와의 사이에 외동딸 엘리자베스가 태어나면서 두 사람 결혼하다.

1918년(44세) 북유럽을 거쳐 귀국. 러시아에서의 과로와 영양실조로 건강 악화, 스코틀랜드 북부의 요양소에서 휴양하다. 여기서, 폴 고갱의 극적인 생애에서 모티프를 얻은 《달과 6펜스》의 구상을 다듬다.

1919년(45세) 희곡 〈시저의 아내 Caesar's wife〉 〈가정과 미인 Home and Beauty〉 상연. 장편 《달과 6펜스》 출판. 베스트셀러가 되어 각국어로 번역되고 장편 작가로서 부동의 지위를 확립하다. 이것이 계기가 되어 《인간의 굴레》도 재평가받다. 이때가 몸의 황금시대.

1920년(46세) 희곡 〈미지의 것 The Unknown〉 상연. 중국 여행.

1921년(47세) 단편집 《나뭇잎의 하늘거림 The Trembling of a Leaf》 출판. 1916년의 태평양 여행의 수확. 〈비〉〈레드〉 등이 여기에 수록. 희곡 〈순환 The Circle〉 상연. 이 작품은 인간의 로맨틱한 꿈은 반드시 환멸로 끝난다는 것을 주제로 한, 몸 희곡의 최대 걸작이라 평가되다.

1922년(48세) 여행기 《중국의 병풍 On a Chinese Screen》 출판. 희곡 〈수에즈의 동쪽 East of Suez〉 상연. 둘 다 중국 여행에서 얻은 견문을 토대로 한 작품이다. 다음 해까지 보르네오, 말레이를 여행하다.

1923년(49세) 런던에서 희곡 〈높은 사람들 Our Betters〉 상연. 단편 《가정과 미인》 출판. 그 밖에 〈편지〉〈고향〉 등 십수 편의 단편 발표.

1924년(50세) 희곡 《현세의 이득》 출판.

1925년(51세) 장편 《오색의 베일 The Painted Veil》 출판. 의학생 시절에 읽은 단테의 《신곡》 가운데 한 구절에서 모티프를 얻은 작품이다.

1926년(52세)　단편집《카수아리나 나무 The Casuarina Tree》출판. 보르네오, 말레이 여행의 산물로서 〈오지 주둔소(奧地駐屯所)〉〈원유회〉를 수록하고 있다. 희곡 〈정숙한 아내 The Constant Wife〉 상연.

1927년(53세)　단편 《밀림의 발자국 Footprint in the Jungle》 출판. 〈편지 The Letter〉 각색 상연.

1928년(54세)　단편집《어센던 Ashenden》출판. 첩보활동 시대의 경험을 바탕으로 한 열다섯 편의 단편 수록. 희곡 〈성화 The Sacred Flame〉 뉴욕 상연. 이 작품을 비롯한 〈셰피〉등 네 편의 희곡은 입센류(流)의 문제작으로서 극계에서 물러날 각오로 상연한 것이다. 그 무렵 타락한 극단 풍조에 대한 저항.

1929년(55세)　5월 아내와 이혼. 남프랑스의 케이프 펠라 곶에 무어풍의 별장을 사다. 일 년 내내 열대식물이 무성한 그 집에는 르누아르, 마티스, 피사로, 피카소 등의 작품을 비롯해 세계 곳곳의 미술품이 가득했다.

1930년(56세)　여행기《일등실의 신사 The Gentleman in the Parlour》, 장편《과자와 맥주 Cakes and Ale》출판. 《과자와 맥주》는 문단 내막을 폭로한 면이 보이며, 그 무렵에 죽은 토마스 하디를 모델로 했다고 해서 물의를 일으키다. 희곡 〈가장 The Breadwinner〉 상연. 키프로스, 뉴욕 여행.

1931년(57세)　단편집 《일인칭 단수 First Person Singular》 출판. '나'라는 사람을 내세워 그가 이야기하는 식으로 쓴 단편 여섯 편 수록. 그의 대표작《달과 6펜스》《면도날》도 일인칭 소설이다.

1932년(58세)　장편《그늘진 인생 The Narrow Corner》, 단편집《책가방 The Book Bag》출판. 몸에게는 드문, 술을 배경으로 한 작품인데 그의 비관적인 인간관이 깔려 있다. 희곡 〈수고 For Services Rendered〉 상연.

1933년(59세)　영국 현대 작가의 소설·시·에세이를 뽑아 서문과 작품을 수록한《여행자 독본》을 뉴욕에서 발간. 희곡 〈셰피 Sheppey〉

	상연. 이 작품을 최후로 희곡과 결별하다. 에스파냐 여행.
1934년(60세)	단편집 《심판의 자리 The Judgement Seat》 출판. 지금까지의 단편을 거의 다 수록하다. 서인도 제도에 있는 프랑스 유형수의 섬 데귈을 방문했으나 기대한 만큼의 수확을 얻지 못하다.
1935년(61세)	여행기 《돈 페르난도 Don Fermando》 출판. 에스파냐 황금시대의 이색적인 성인·문인·화가·신비사상가 등의 생애를 논한 것으로서, 몸의 에스파냐에 대한 정열을 자못 흥미 있게 보여주다.
1936년(62세)	콩트집 《코즈모폴리턴 Cosmopolitans》 출판. 여행기 《남해 기행 My South Sea Island》 시카고에서 출판. 남미와 서인도 제도 여행.
1937년(63세)	장편 《극장 Theatre》 출판. 중년 여배우 줄리아가 젊은 연인과 사랑에 빠졌으나 마침내 애욕의 사슬을 끊고 오로지 예술에만 정진한다는 얘기로서, 몸 원숙기의 걸작이라 평가된다. 줄리아는 《과자와 맥주》의 로지와 함께 몸이 그린 여성상의 쌍벽.
1938년(64세)	자전적 회상록 《요약하면 The Summing up》 출판. 몸의 인생관 내지 문학관을 알 수 있는 중요한 저서이다. 인도 여행.
1939년(65세)	장편 《크리스마스 휴가 Christmas Holiday》 출판. 그 무렵 험악한 사회 정세와 정치적인 문제를 언급. 몸의 소설 중에서는 이색적인 작품이다. 9월 1일 제2차 세계대전이 일어나자, 자가용 요트 '세일러'호에 식량을 가득 싣고 마르세유로 탈출 기도. 뒤에 영국 정보국으로부터 정보수집 의뢰를 받고 마지노 전선 및 군수공장 시찰. 《세계문학백선 Tellers of tales》 뉴욕에서 출판.
1940년(66세)	평론 《싸우는 프랑스 France at War》 출판. 사기를 높이기 위해 전쟁미담을 수록한 것. 6월 15일 파리 함락, 카누를 타고 영국으로 탈출. 나치스의 블랙리스트에 올라 있었다. 10월 뉴욕으로 건너가 1946년까지 머물다.
1941년(67세)	자서전 《극히 개인적 Strictly Personal》 뉴욕에서 출판.

1942년(68세)   정보국의 의뢰를 받아 쓴 장편 《동트기 전 The Hour before the Dawn》을 출판.
1943년(69세)   《현대 영미 명작선》 출판. 엘리엇과 오든의 시, 스타인벡과 포크너의 소설 등을 폭넓게 싣고 있다.
1944년(70세)   장편 《면도날 The Razor's Edge》 출판. 전쟁으로 친구를 잃고 인생의 의의에 회의를 느껴, 연인도 직업도 버리고 정처 없이 구도의 여행에 오르는 한 청년의 이야기. 불안에 떠는 젊은 병사들의 마음을 사로잡아 몸 생애 최고의 베스트셀러가 되었다. 38년도의 인도 여행에서의 경험이 아로새겨져 있다.
1946년(72세)   장편 《예나 지금이나 Then and Now》 출판. 《인간의 굴레》 원고 미국 국회 도서관에 기증.
1947년(73세)   단편집 《환경의 동물 The Creatues of Circumstance》 출판. 〈대령의 아내〉〈요양소〉 등이 수록.
1948년(74세)   단편집 《이곳저곳 Here and There》 출판. 장편 《카테리나 Catalina》 출판. 이 작품은 16세기의 에스파냐를 무대로 한 몸 최후의 소설이며 이후 10년간은 문예 비평, 에세이에 전념하다. 《세계의 십대 소설 Ten Novel and Their Authors》 출판. 〈대령의 아내〉〈연(鳶)〉등 4개의 단편을 각색한 시나리오 〈사중주 Quartet〉 발표.
1949년(75세)   에세이 《작가의 수첩 A Writer's Notebook》 출판. 의학생 시절부터의 노트로서, 인생론과 각지의 풍물, 인물에 대한 감상, 창작 메모 등이 수록되어 있는데, 르나르의 《일기》에 자극을 받아 발표한 듯하다. 일흔다섯 생일을 축하하기 위해 샌프란시스코에 가다.
1950년(76세)   《인간의 굴레》 요약본 발간. 〈요양소〉 등 단편 셋을 각색한 시나리오 〈삼중주 Trio〉 발표.
1951년(77세)   10월 내셔널 북 리그의 정기 강연회에서 강연. 이어 평론집 《작가의 관점 The Writer's Point of View》 출판. 미국에도 '몸연구소'가 설립되어 몸의 문헌이 전시되다.
1952년(78세)   평론집 《방랑의 무드 The Vagrant Mood》 출판. 〈탐정소설의

	쇠망〉 등 여섯 편 에세이 수록. 직접 편집한 《키플링 산문선》 출판. 옥스퍼드 대학에서 명예 학위를 받다. 네덜란드 여행.
1953년(79세)	프랑스의 희곡을 번역한 〈고귀한 에스파냐 사람〉 출판.
1954년(80세)	80세를 축복하여 《과자와 맥주》의 호화 한정판 출판. BBC에서 '80년의 회고'가 방송되다. 엘리자베스 여왕으로부터 컴패니언 오브 오너의 칭호를 받다. 그리스와 로마 방문.
1955년(81세)	절판되었던 《크래덕 부인》의 신판 간행.
1956년(82세)	《마술사》 신판 간행. 《중국의 병풍》《일등실의 신사》《돈 페르난도》를 합본한 《여행기》 출판.
1957년(83세)	추억 깊은 하이델베르크 방문.
1958년(84세)	평론집 《관점 Point of View》을 출판. 이 책으로 60년에 걸친 작가 생활에 종지부를 찍는다고 선언하다. 윈스턴 처칠과 함께 왕립 대학 협회의 부회장에 선출되다.
1959년(85세)	일본 여행.
1961년(87세)	컴패니언 오브 리터레이처의 칭호를 얻다.
1962년(88세)	〈회상 Looking Back〉이란 제목의 글을 미국 잡지 〈쇼〉 6월호에서 8월호에 걸쳐 연재. 지금까지 언급한 적 없는 그의 결혼생활에 대해 말함으로써 독자들의 관심을 모으다. 그가 고른 그림에 해설을 더한 화집 《순수하게 자신의 즐거움을 위하여 Purely for My Pleasure》 출판.
1965년(91세)	12월 16일 남프랑스 니스의 앵글로 아메리칸 병원에서 영면(永眠)하다.

옮긴이 조용만(趙容萬)
경성제대 영문과를 졸업하고 고려대에서 문학박사 학위를 받다. 코리아타임스 논설위원·
서울대사대·동국대 영문학 강의. 고려대 영문과 교수를 지내다. 지은책《문학개론》《평전 :
육당 최남선》, 소설집《고향에 돌아와도》《영결식》《구인회 만들 무렵》, 수필집《방의 숙명》
《청빈의 서》, 옮긴책 조지 오웰《동물농장》코난 도일《셜록 홈즈 시리즈》등이 있다.

World Book 150
Somerset Maugham
OF HUMAN BONDAGE
인간의 굴레
서머싯 몸/조용만 옮김
1판 1쇄 발행/1977. 8. 10
2판 1쇄 발행/2011. 3. 10
2판 5쇄 발행/2020. 1. 1
발행인 고정일
발행처 동서문화사
창업 1956. 12. 12. 등록 16-3799
서울 중구 다산로 12길 6(신당동 4층)
☎ 546-0331~6 Fax. 545-0331
www.dongsuhbook.com
＊
이 책은 저작권법(5015호) 부칙 제4조 회복저작물 이용권에 의해 중판발행합니다.
이 책의 한국어 문장권 의장권 편집권은 저작권 법에 의해 보호받으므로
무단전재 무단복제 무단표절 할 수 없습니다.
이 책의 법적문제는「하재홍법률연구소 jhha@naralaw.net」에서 전담합니다.
＊
사업자등록번호 211-87-75330
ISBN 978-89-497-0732-7 04080
ISBN 978-89-497-0382-4 (세트)